BIBLIOGRAPHIE

DES

BIBLIOGRAPHIES

PAR

LÉON VALLÉE

DE LA BIBLIOTHÈQUE NATIONALE

PREMIÈRE PARTIE

CATALOGUE DES BIBLIOGRAPHIES GÉNÉRALES ET PARTICULIÈRES, PAR ORDRE ALPHABÉTIQUE D'AUTEURS, AVEC INDICATION COMPLÈTE DU TITRE, DES LIEU ET DATE DE PUBLICATION, DU FORMAT, ETC.

SECONDE PARTIE

RÉPERTOIRE DES MÊMES BIBLIOGRAPHIES PAR ORDRE ALPHABÉTIQUE DE MATIÈRES.

PARIS

EM. TERQUEM

LIBRAIRE-COMMISSIONNAIRE

15, BOULEVARD St MARTIN, 15

1883

BIBLIOGRAPHIE

DES

BIBLIOGRAPHIES

BIBLIOGRAPHIE

DES

BIBLIOGRAPHIES

PAR

LÉON VALLÉE

DE LA BIBLIOTHÈQUE NATIONALE

PREMIÈRE PARTIE

CATALOGUE DES BIBLIOGRAPHIES GÉNÉRALES ET PARTICULIÈRES, PAR ORDRE ALPHABÉTIQUE D'AUTEURS, AVEC INDICATION COMPLÈTE DU TITRE, DES LIEU ET DATE DE PUBLICATION, DU FORMAT, ETC.

SECONDE PARTIE

RÉPERTOIRE DES MÊMES BIBLIOGRAPHIES PAR ORDRE ALPHABÉTIQUE DE MATIÈRES.

PARIS

EM. TERQUEM

LIBRAIRE-COMMISSIONNAIRE

15, BOULEVARD St MARTIN, 15

1883

AVERTISSEMENT

Le nombre des bibliographies augmente tous les jours.

Mais, pour être vraiment utiles, ces travaux isolés demandaient à être réunis par un lien qui les indiquât aux travailleurs.

C'est pour satisfaire ce besoin que trois Bibliographies des bibliographies ont déjà paru.

La première, en 2 vol. in-4°, est presque inconnue; elle eut pour auteur, en 1782, l'Italien Tonelli.

La seconde est due à la plume autorisée du savant bibliographe allemand Petzholdt. Elle parut en 1866 sous le titre «Bibliotheca bibliographica».

La troisième, «Bibliography of bibliography», est l'œuvre de M. Sabin, qui la publia en 1872. Elle indique environ 1200 titres.

De ces trois ouvrages, celui de M. Petzholdt, est le seul qui soit classé méthodiquement. Il est suivi d'une table très abrégée par noms d'auteur. Mais le système adopté par M. Petzholdt présente de sérieux inconvénients dont le moindre est de classer le même ouvrage à des places différentes et avec des citations incomplètes.

Il m'a paru préférable et plus clair d'adopter le système inverse, et de donner dans la première partie du travail les titres complets accompagnés de leurs sous-titres et des autres renseignements bibliographiques.

J'ai cru aussi que le public préférerait trouver groupés au mot exact les articles qu'il lui fallait chercher auparavant dans des divisions générales.

Ce plan n'est pas scientifique, mais il permet à chacun de se procurer facilement les renseignements qui l'intéressent, et j'ai tenu à simplifier le plus possible les recherches de ceux qui n'ont pas l'habitude des grands systèmes bibliographiques.

La biobibliographie des écrivains et des artistes se lie trop intimement à une Bibliographie des bibliographies pour en être séparée. Je l'ai donc comprise dans mon répertoire, mais en n'admettant que les articles où se trouve soit la liste des travaux du biographié, soit celle des écrits auxquels il a donné lieu.

Il était très important de contrôler sur les ouvrages mêmes les titres que je donnais. Cette vérification a été faite sur les exemplaires possédés par la Bibliothèque Nationale. Seuls les articles ainsi collationnés sont précédés d'un astérisque (*). Ce signe sera utile au public en lui indiquant l'endroit où l'ouvrage peut être consulté, avantage très sérieux quand il s'agit d'opuscules tirés à fort petit nombre.

De l'absence d'un astérisque devant un titre il ne faudrait pas conclure que l'ouvrage n'existe pas à la Bibliothèque Nationale; en effet bien des volumes, communiqués au public ou pris pour des nécessités de service intérieur, n'étaient pas à leur place quand je les ai cherchés.

Cette bibliographie n'est pas un répertoire officiel; par suite je n'ai pas eu à m'occuper de l'état des exemplaires de la Bibliothèque, ni à signaler ceux qui sont incomplets ou présentent des particularités intéressantes.

Suivant une ancienne tradition de l'établissement, j'ai considéré comme pièces les travaux ayant moins de 48 pages; pour ceux-là seuls j'indique le nombre des pages.

Je prie ceux qui se serviront de ce répertoire d'être indulgents pour les imperfections qu'ils y rencontreront, et je remercie d'avance les personnes qui voudront bien me signaler des erreurs commises ou des articles non cités. J'utiliserai ces renseignements, soit dans un supplément, pour lequel j'ai déjà réuni un certain nombre de documents, soit dans une nouvelle édition s'il y a lieu.

Les ouvrages sérieux trouvent trop difficilement un éditeur, quand ils ne sont pas l'objet d'une spéculation commerciale, pour que je ne remercie pas ici M. E. Terquem, qui n'a pas craint de faire les frais d'impression d'un volume utile aux travailleurs, mais improductif pour lui. Qu'il accepte donc, ainsi que M. Paulin Teste et mes collègues, qui m'ont fourni plusieurs communications importantes, ces quelques lignes comme le témoignage de ma reconnaissance.

Léon Vallée.

PREMIÈRE PARTIE

Bibliographie

DES

BIBLIOGRAPHIES

PARTIE ALPHABÉTIQUE

* **Aagesen** (A.). — Fortegnelse over Retssamlinger, Retsliteratur m. m. i. Danmark, Norge, Sverig og til dels Finland, med Angivelse af vigtigere Lovbud fra en forholdsvis senere Tid. — Kjöbenhavn, Hos G. E. Gad, 1876, in-8°. 1

Abate (L'). Prof. Gio. Batt. Tiraboschi, arciprete di Corte di Mozzate. — Bergamo, tip. Pagnoncelli, 1881, in-16, 8 p. 2

Ext. des »Notizie patrie«, 1881.

* **Abbadie** (A. d'). — Notice sur les travaux scientifiques de M. Antoine d'Abbadie. — Paris, imp. de Mallet-Bachelier (1854), in-4°, 18 p. 3

* — Paris, imp. de Gauthier-Villars, 1867, in-4°, 25 p.

Abbot (E.). — Literature of the doctrine of a future life: or a catalogue of books relating to the nature, origin and destiny of the soul. — Philadelphia, 1864, in-8°. 4

Tirage à part de l'appendice bibliographique de l'ouvrage d'Alger: »Doctrine of a future life«.

* **Abriss einer Literatur des Buchhandels.** Separatabdruck aus der zweiten Auflage des Lehrbuch der Contorwissenschaft für den deutschen Buchhandel. Herausgegeben von Albert Rottner. — Leipzig, F. A. Brockhaus, 1862, in-4°, 25 p. 5

* **Abry** (A.). — Université de France. Faculté de théologie protestante de Strasbourg. Yves de Chartes, sa vie et ses ouvrages. Thèse... soutenue le 4 août 1841. — Strasbourg, imp. Schuler, 1841, in-4°, 30 p. 6

* **Académie royale** des sciences, des lettres et des arts de Belgique. Bibliographie académique, ou liste des ouvrages publiés par les membres correspondants et associés résidents. 1854. — Bruxelles, 1855, in-18. 7

Par Quételet.

* **Acerbi** (G.). — Quadro della letteratura e delle arti d'Italia nell' anno 1820 premesso in forma di proemio nel volume XXI del giornale scientifico-letterario intitolato Biblioteca italiana. — Milano, imp. regia stamperia, 1821, in-8°. 8

* **Achard** (C. F.). — Cours élémentaire de bibliographie, ou la science du bibliothécaire. Ouvrage mis à la portée des élèves des lycées et des écoles secondaires. — Marseille, imp. Achard, 1806-1807, 3 vol. in-8°. 9

* **Achiardi** (A. d'). — Bibliografia mineralogica, geologica e paleontologica della Toscana. — Roma, Barbera, 1875, in-8°. 10

Ext. du »Bolletino del R. Comitato Geologico d'Italia«. — Anno 1874, ni 3 a 12, anno 1875, ni 1 a 4. — Tiré à petit nombre.

* **Acker** (J. H.). — Supplementa ad bibliothecam philosophicam Struvianam. — Jenæ, apud Ernest Claud. Bailliar, (1714), in-8°. 11

* **Acta eruditorum** anno 1682(-1731) publicata. — Lipsiæ, J. Grossius, 1682 -1731, in-4°. 12

Acta Latomorum, ou chronologie de l'histoire de la Franche-Maçonnerie française et étrangère, contenant les faits les plus remarquables de l'institution, depuis ses temps obscurs jusqu'en l'année 1814; la suite des grands-maîtres; la nomenclature des rites, grades, sectes et coteries secrètes répandus dans tous les pays; la bibliographie des principaux ouvrages publiés sur l'histoire de l'ordre depuis 1723; avec un supplément dans lequel se trouvent les statuts de l'ordre civil institué par Charles XIII, roi de Suède, en faveur des francs-maçons; une correspondance inédite de Cagliostro; les édits rendus contre l'association par quelques souverains de l'Europe; enfin un grand nombre de pièces sur l'histoire ancienne et moderne de la Franche-Maçonnerie. — Paris, Dufart, 1815, in-8°. 13

Par Claude Antoine Thory.

* **Acta literaria et scientiarum Sueciæ,** anni 1730. Figuris æneis. — Upsaliæ, sumtibus Joh. Henr. Russwormii, in-4°. 14

* **Acta literaria Sueciæ** Upsaliæ publicata. — Upsaliæ et Stockholmiæ, apud Joh. Henricum Russworm, 1720 -1729, 2 vol. in-4°. 15

* **Actorum eruditorum** quæ Lipsiæ publicantur supplementa. — Lipsiæ, apud Joh. Grossii hæredes, 1692-1734, 10 vol. in-4°. 16

* **Ad nova acta eruditorum,** quæ Lipsiæ publicantur supplementa. — Lipsiæ, apud Joh. Grossii hæredes, 1735-1757, 8 vol. in-4°. 17

Adanson (M.). — Famille des plantes, contenant une préface historique sur l'état ancien et actuel de la botanique, et une théorie de cette science. — Paris, Vincent, 1763, 2 vol. in-8°. 18

La préface est suivie d'une »Table chronologique des auteurs qui ont écrit sur la botanique, à commencer depuis Zoroastre jusqu'à Jacquin, en 1762«.

Adda (J. d'). — Voy. Indagini storiche... sulla libreria Visconteo-Sforzesca.

* **Adeline** (J.). — L.-H. Brevière, rénovateur de la gravure sur bois en France, 1797-1869. Notes sur la vie et les œuvres d'un artiste normand. — Rouen, Augé, 1876, in-4°. 19

Adelung. — An historical sketch of sanscrit literature, with copious bibliographical notices of sanscrit works. Translated from the German [with numerous additions and corrections by D. A. Talboys]. — Oxford, Talboys, 1832, in-8°. 20

* — (Fr.). — Altdeutsche Gedichte in Rom, oder fortgesetzte Nachrichten von Heidelbergischen Handschriften in der vatikanischen Bibliothek. Nebst einer Vorrede über Handschriften von altdeutschen Gedichten in der churfürstlichen Bibliothek zu Dresden. — Königsberg, bey Friedrich Nicolovius, 1799, in-8°. 21

* —. — Nachrichten von altdeutschen Gedichten, welche aus der Heidelbergi-

schen Bibliothek in die Vatikanische gekommen sind. Nebst einem Verzeichnisse derselben und Auszügen. — Königsberg, bey Friedrich Nicolovius, 1796, in-16. 22

***Adelung** (Fr.). — Bibliotheca sanscrita. Literatur der Sanskrit-Sprache. Zweite durchaus verbesserte und vermehrte Ausgabe. — St.-Petersburg, gedruckt bey Karl Kray, 1837, in-8°. 23

—. — Kritisch-literarische Uebersicht der Reisenden in Russland bis 1700, deren Berichte bekannt sind. Eines grossen Demidowschen Preises gewürdigt. — St.-Petersburg, Eggers und Comp., 1846, 2 vol. gr. in-8°. 24

* —. — Versuch einer Literatur der Sanskrit-Sprache. — St.-Petersburg, gedruckt bei Karl Kray, 1830, in-8°. 25

—. — Voy. Storch (H.). Systematische Uebersicht der Literatur in Russland.

* —(J. Chr.). — Bibliotheca exhibens apparatum lectissimum librorum tam impressorum quam manuscriptorum nec non dissertationum ad omnium fere linguarum literaturæ geographiæ, historiæ aliarumque doctrinarum genus spectantium quibus licitat. lege pro parata pecunia distrahendis dies locusque publicis ephemeridibus suo tempore constituentur. — Dresdæ, typis viduæ Gerlachiæ, 1807, in-8°. 26

* —. — Directorium. D. i. chronologisches Verzeichniss der Quellen der Süd-Sächsischen Geschichte sofern selbige aus Geschichtschreibern aller Art und Denkmälern bestehen. — Meissen, bey K. Fr. W. Erbstein, 1802, in-4°. 27

—. — Kritisches Verzeichniss der Landkarten und vornehmsten topographischen Blätter der Chur- und Fürstlich-Sächsischen Lande. — Meissen, Erbstein, 1796, in-8°. 28

* **Adler** (J. G. Chr.). — Bibliotheca biblica serenissimi Würtenbergensium ducis olim Lorckiana. Edita, et a serenissimo duci inscripta. — Altonæ, ex officina J. D. A. Eckhardti, 1787, in-4°. 29

Adlung (J.). — Anleitung zur musikalischen Gelahrtheit worinn von der Theorie und Praxis der alten und neuen Musik, von den musikalischen Instrumenten, besonders der Orgel, Nachricht gegeben, und die in jedes Fach gehörigen Bücher bekannt gemacht werden. Zweyte Auflage, besorgt von Johann Adam Hiller. — Dresden und Leipzig, Breitkopf, 1783, in-8°. 30

* **Adolphus** (J.). — Memoirs of John Bannister, comedian. — London, Richard Bentley, 1839, 2 vol. in-8°. 31

Le T. II contient, p. 343-351: »An alphabetical list of characters performed by John Bannister during his theatrical life of thirty-seven years«.

Adressbuch der Adressbücher. Verzeichniss sämmtlicher der im deutschen Reich, Oesterreich und der Schweiz, sowie der in sonstigen Staaten der Erde erschienenen Staats-, Orts-, Fach- und Standes-Adressbücher, einschliesslich derjenigen Werke, welche ohne den Titel von Adressbüchern zu führen, ihres einschlägigen Inhalts wegen doch in diese Kategorie gehören. — Leipzig, Serbe, 1868, in-8°. 32

Adriani (G. B.). — Della vita e delle opere del P. Francesco Voersio primo istorico della città di Cherasco e della famiglia Campione delle antiche patrizie della medesima notizie del prof. G. B. Adriani. — Torino, dalla tip. Ribotta, 1855, in-8°. 33

Contient, pages 16-26, une table des écrits de Voersio.

—. — Indice analitico e cronologico di alcuni documenti per servire alla storia della città di Cherasco e delle antiche Castella di sua dipendenza dal secolo X al XVII con un breve cenno sugli antichi statuti e gli scrittori della stessa città raccolti e ordinati. — Torino, dalla società l'Unione tipografico editrice, 1857, gr. in-8°. 34

* **Adry.** — Notice sur la vie et les ouvrages, tant imprimés que manuscrits, du P. Houbigant,... Extrait du »Magasin encyclopédique«... mai 1806... — (S. l. n. d.), in-8°. 35

Paginé 123-149.

* **Advielle** (V.). — L'abbé J. H. R. Prompsault. Notice biographique et littéraire, suivie d'un appendice et d'un mémoire sur les Quinze-Vingts. — Paris, chez l'auteur, 1862, in-8°. 36

* **Aebi** (J. L.). — Die Buchdruckerei zu Beromünster im fünfzehnten Jahrhundert. Eine Festschrift zur Jubelfeier im Jahre 1870. — Einsiedeln, New-York und Cincinnati, Druck von Benziger, 1870, in-8°, 40 p. 37

* **Årskatalog** för svenska bokhandeln, 1876 (-1880). — Stockholm, C. A. Lindquist, 1877-1880, 5 vol. in-8°. 38

* **Afflitto** (E. d'). — Memorie degli scrittori del regno di Napoli. — In Napoli, nella stamperia Simoniana, 1782, in-4°. T. I. 39

* **Affo** (Ir.). — Memorie degli scrittori e letterati Parmigiani. — Parma, dalla stamperia reale, 1789-1833, 7 vol. in-4°. 40

Les T. VI-VII ont été continués par Angelo Pezzana et sont imprimés à la Ducale tipografia.

* —. — Saggio di memorie su la tipografia Parmense del secolo XV. — Parma, dalla stamp. reale, 1791, in-4°. 41

* **Affre** (H.). — Biographie aveyronnaise. — Rodez, imp. Broca, 1881, in-8°. 42

* **Agassiz** (L.). — Bibliographia zoologiae et geologiae. A general catalogue of all books, tracts, and memoirs on zoology and geology. Corrected, enlarged, and edited by H. E. Strickland. — London, printed for the Ray Society, 1848-1854, 4 vol. in-8°. 43

* **Agostini** (G. degli). — Notizie istorico critiche intorno la vita e le opere degli scrittori Viniziani. — Venezia, Occhi, 1752-1754, 2 vol. in-4°. 44

* **Agricola** (P. Fr.). — Sæculi XVIII. Bibliotheca ecclesiastica authorumque notitiæ biographicæ. — Hannoveræ, typ. Pockwitz, 1781-1782, 4 vol. in-8°. 45

* **Ahlfeld** (Fr.). — Die Missbildungen des Menschen, eine systematische Darstellung der beim Menschen angeboren vorkommenden Missbildungen und Erklärung ihrer Entstehungsweise. Mit Atlas. — Leipzig, Fr. Wilh. Grunow, 1880, in-8°. 46

* **Aigueperse** (P. G.). — Biographie, ou Dictionnaire historique des personnages d'Auvergne illustres ou fameux par leurs écrits, leurs exploits, leurs erreurs, leurs crimes ou leur rang. Avec portraits. — Clermont-Ferrand, Thibaut-Landriot, 1834, 2 vol. in-8°. 47

Le 1er volume a un 2e titre qui porte l'adresse du libraire Berthier et la date de 1836.

* — Clermont, Aigueperse, 1850, in-18.

* **Aimé-Martin** (L.). — Essai sur la vie et les ouvrages de Jacques-Henri Bernardin de Saint-Pierre. — Paris, Méquignon-Marvis, 1820, in-8°. 48

Supplément à l' »Essai sur la vie et les ouvrages de Bernardin de Saint-Pierre«, renfermant l'histoire de sa conduite pendant la Révolution et de ses relations particulières avec Louis, Joseph et Napoléon Buonaparte; par Louis Aimé-Martin. — Paris, imp. de J. Tastu, 1826, in-8°.

* —. — Mémoire sur la vie et les ouvrages de J.-H. Bernardin de Saint-Pierre, accompagné de lettres du maréchal Munich, de Duval, — Paris, Ladvocat, 1826, in-8°. 49

Aimé-Martin (L.). — Plan d'une bibliothèque universelle; études des livres qui peuvent servir à l'histoire littéraire et philosophique du genre humain; suivi du catalogue des chefs-d'œuvre de toutes les langues. — Bruxelles, Société belge de librairie, 1837, in-12. 50

Alard (N.). — Bibliotheca harmonico-biblica, quæ præter historiam harmonicam tradit notitiam scriptorum harmonicorum cujuscunque ætatis et religionis, tam perpetuorum quam singularium, nec omissis illis, qui vel specialius quoddam argumentum sacrum, vel bina oracula spiritus sancti ad antilogiarum calumnia vindicarunt. — Hamburgi, Kisner, 1725, in-8°. 51

—. — Decas Alardorum scriptis clarorum collecta a Nicolao Alardo. — Hamburgi, Felginer, 1721, in-8°. 52

Albani (A. R.). — Voy. Programmenrevue.

Albéri (E.). — Voy. Galileo Galilei. Le opere.

* **Alberici** (G.). — Catalogo breve de gl' illustri et famosi scrittori Venetiani, quali tutti hanno dato in luce qualche opera, conforme alla loro professione particolare. — Bologna, presso gli heredi di Rossi, 1605, in-4°. 53

* **Albert** (A.). — Dictionnaire portatif des prédicateurs françois, dont les sermons, prônes, homélies, panégyriques et oraisons funèbres sont imprimés. Où l'on a marqué les meilleures éditions qui en ont été faites, et les jugemens que les sçavans en ont portés. Avec de courtes analyses de tous les traités de l'éloquence de la chaire qui ont paru en françois. — A Lyon, chez Pierre Bruyset Ponthus, 1757, in-8°. 54

* — (J.-F.-M.). — Recherches sur les principes fondamentaux de la classification bibliographique précédées de quelques mots sur la bibliographie, d'un exposé des principaux systèmes bibliographiques, et suivies d'une application de ces principes au classement des livres de la bibliothèque royale. — A Paris, chez l'auteur, 1847, in-8°. 55

Albert (M.). — Lexici realis observationum physico-medicarum ex variis scriptoribus congestarum pars altera ad usum litteraturæ medicæ singularumque facultatum inter eruditos commodum directa omnibusque medicis causis ac casibus inserviens. — Halæ Magdeburgicæ, impensis Orphanotrophei, 1731, in-4°. 56

* —. — Tentamen lexici realis observationum medicarum ex variis authoribus selectarum, in usum litteraturæ medicæ ad suffragia peritorum et doctorum virorum conferenda et alleganda, editum, omniumque facultatum applicationi commendatum. — Halæ Magdeburgicæ, impensis Orphanotrophei, 1727, in-4°. 57

* **Alberti** (Ed.). — Lexikon der Schleswig - Holstein - Lauenburgischen und Eutinischen Schriftsteller von 1829 bis Mitte 1866. — Kiel, 1867-1868, 2 parties in-8°. 58

Albrecht (J. L.). — Gründliche Einleitung in die Anfangslehren der Tonkunst. Zum Gebrauche musikalischer Lehrstunden nebst einer Erklärung der vornehmsten sowohl in der Vokal- als Instrumentalmusik vorkommenden Kunstwörter, und einem kurzen Abrisse einer musikalischen Bibliothek abgefasset. — Langensalza, Martini, 1761, in-4°. 59

Albuquerque (A. Maria Seabra d'). — Voy. Bibliographia da imprensa da universidade de Coimbra.

* **Alde l'ancien**, Aldus Pius Romanus, et Henri Estienne, Henricus Stephanus secundus. — (Paris), imprimé chez Paul Renouard, 1838, in-8°, 15 p. 60

Ext. des »Annales de l'imprimerie des Estienne«. Signé A. A. R.

* **Aldine Magazine** (The) of biography, bibliography, criticism, and the arts. — London, printed by Joseph Masters, 1839, in-4°. T. I. 61

* **Alegambe** (Ph.). — Bibliotheca scriptorum societatis Jesu, post excusum anno 1608 catalogum r. p. Petri Ribadeneiræ, nunc hoc novo apparatu librorum ad annum reparatæ salutis 1642 editorum concinnata, et illustrium virorum elogiis adornata. — Antverpiæ apud Joannem Meursium, 1643, fol. 62

* **Alès** (An.). — Bibliothèque liturgique. Description des livres de liturgie, imprimés aux XVe et XVIe siècles, faisant partie de la bibliothèque de S. A. R. Mgr Charles-Louis de Bourbon (comte de Villafranca). — Paris, imp. A. Hennuyer, 1878, in-8°. 63

Tiré à 150 ex., sur papier de Hollande.

* — Les moines imprimeurs. — Paris, Téchener, 1873, in-8°, 11 p. 64

Alesandrescu-Urechia (V.). — Incercare bibliografica pentru Istria si Dalmatia. Estrasse din Annalele societatei academice. — Bucuresci, typ. societatei academice romane, 1878, in-4°, 20 p. 65

Alessandri (A.). — Voy. Mayr (G. S.) Biografie di scrittori e artisti musicali bergamaschi.

Alexandre (C.). — Oracula Sibyllina, textu ad codices manuscriptos recognito, Maianis supplementis aucto; cum Castalionis versione metrica innumeris pæne locis emendata, et, ubi opus fuit, suppleta; commentario perpetuo, excursibus et indicibus, curante C. Alexandre. — Parisiis, Didot fratres, 1856, 2 vol. gr. in-8°. 66

Le T. II se termine par: »Catalogus bibliographiæ Sibyllinæ, ex Fabricii bibliotheca græca, Harlesii variorumque notis ad Fabricium, etiam Hoffmanni ac recentiorum indiciis, nostrisque schedis«. — Pour la suite, voir l'article suivant.

* **Alexandre** (C.). — Oracula Sibyllina. Editio altera ex priore ampliore contracta, integra tamen et passim aucta multisque locis retractata. — Parisiis, apud Firmin Didot, 1869, gr. in-8°. 67

Contient, p. 418-419: »Supplementum bibliographiæ Sibyllinæ, initio facto ab editione nostra priore.«

Algemeene Boekenlijst ten dienste der lagere Scholen in de noordelijke provincien van het koningrijk der Nederlanden, eerst, uit kragt van art. 24 der wet van 3 April 1806, gearresteerd bij besluit van Zijne Excellentie den Minister van binnenlandsche Zaken van 8 Julij 1810, en nu met alle daartoe behoorende stukken, en supplementen op nieuw gedrukt en uitgegeven op last van zijne Majesteit den Koning vervat in Hoogstdeszelfsbesluit van 14 Junii 1815 no. 11. — 'sGravenhage, ter algem. Landsdrukkerij, 1815, in-8°. 68

Publié par A. Van den Ende.

Algemeene vaderlandsche Letter-Oefeningen, waarin de Boeken en Schriften, die dagelyks in ons Vaderland en elders uitkomen, oordeelkundig tevens en vrymoedig verhandeld worden. Benevens Mengelwerk, tot Fraaije Letteren, Konsten en Weetenschappen, betrekkelyk. — Te Amsterdam, by A. van der Kroe, 1800, in-8°. T. 1. 69

Alger (W. R.). — A critical history of the doctrine of a future life; with a complete bibliography of the subject. — Philadelphia, Childs, 1863, in-8°. 70

* **Alix** (E.). — Notice sur les travaux scientifiques de M. Edmond Alix. — Paris, imp. de Gauthier-Villars, 1879, in-4°, 43 p. 71

* **Alkan,** ainé. — Notice bibliographique sur la bibliothèque de M. Vivenel. — Paris, imp. Fournier, 1845, in-8°, 16 p. 72

Ext. du »Journal des Artistes«.

* **Allard** (G.). — La bibliothèque de Dauphiné, contenant les noms de ceux qui se sont distingués par leur sçavoir dans cette province, et le denombrement de leurs ouvrages, depuis XII siècles. — Grenoble, L. Gilibert, 1680, in-12. 73

*... — Grenoble, Ve Giroud et fils, 1797, in-8°.

Allatius (L.). — Apes Urbanæ, sive de viris illustribus qui ab anno 1630 per totum 1632 Romæ adfuerunt, ac typis aliquid evulgarunt. Et Joannis imperialis museum historicum virorum litteris illustrium elogia vitas eorundem et mores notantia complexum, præmissa præfatione Jo. Alberti Fabricii. — Hamburgi, Liebezeit, 1711, in-8°. 74

* **Alleaume.** — Notice biographique et littéraire sur les deux Porée. Ouvrage couronné par l'Académie des sciences, arts et belles-lettres de Caen, dans sa séance publique du 24 novembre 1853. — Caen, A. Hardel, 1854, in-8°. 75

Ext. des »Mémoires de l'Académie... de Caen.«

* **Allen** (C. F.). — Histoire de Danemark depuis les temps les plus reculés jusqu'à nos jours, avec une bibliographie et des tables généalogiques. Ouvrage couronné, traduit d'après la septième édition danoise par E. Beauvois. Complété pour les neuf dernières années du règne de Frédéric VII et enrichi d'une bibliographie et de trois cartes en couleur. — Copenhague, Höst et fils, 1878, 2 vol. gr. in-8°. 76

— (J. A.). — Voy. Hayden (F. V.). Department of the interior. Report of the U. S. geological survey of the territories. T. XI.

—. — History of north american pinnipeds. — Voy. Department of the interior U. S. geological survey of the territories. Miscellaneous publications.

— (W.). — An american biographical and historical dictionary, containing an account of the lives, characters, and writings of the most eminent persons in North America from its first settlement, and a summary of the history of the several colonies and of the United States. Second edition. — Boston, Hyde and Co., 1832, in-8°. 77

* **Allgemeine Bibliographie der Bautechnischen** und Kunstgewerblichen Wissenschaften. Uebersicht der auf diesen Gebieten im deutschen und ausländischen Buchhandel neu erschienenen Litteratur verbunden mit Bau- und Kunstgewerbe-Litteratur-Blatt. Herausgegeben von Karl Scholtze unter Mitwirkung von Architekten und Ingenieuren aus Deutschland, Oesterreich, Schweiz etc. — Leipzig, Karl Scholtze, 1876, in-4°. T. I. 78

C'est tout ce qui a paru.

* **Allgemeine Bibliographie der Militär-Wissenschaften.** Uebersicht der auf diesen Gebieten im deutschen und ausländischen Buchhandel neu erschienenen Literatur. — Leipzig, Fr. Luckhardt, 1872-1875, in-8°. 79

Se continue sous le titre: »Allgemeine Bibliographie der Kriegs-Wissenschaften. Uebersicht der auf diesem Gebiete neu erschienenen deutschen und ausländischen Schriftthums, verbunden mit Kriegs-Literatur-Blatt. Herausgegeben von der Verlagshandlung unter Mitwirkung von Offizieren aller Waffen. — Leipzig, F. Luckhardt, 1876-1882, in-8°«. Publié par Otto Mühlbrecht.

* **Allgemeine Bibliographie der Staats- und Rechtswissenschaften.** Uebersicht der auf diesen Gebieten im deutschen und ausländischen Buchhandel neu erschienenen Literatur. — Berlin, Puttkammer und Mühlbrecht, 1868-1881, in-8°. 80

* **Allgemeine Bibliographie für Deutschland.** Eine Uebersicht der Literatur Deutschlands, wie der bedeutendern Schriften des Auslandes, nebst Angabe künftig erscheinender Werke und andern auf den literarischen Verkehr bezüglichen Mittheilungen und Notizen.

Mit alphabetischen und systematischen Registern. — Leipzig, F. A. Brockhaus, 1836-1842, 7 vol. in-8°. 81

* **Allgemeine Bibliographie für Deutschland** verbunden mit dem literarischen Anzeigeblatt. Ein monatliches Verzeichniss aller neuen Erscheinungen im Felde der Literatur. Wissenschaftlich geordnet. Redacteur: J. de Marle. — Leipzig, J. C. Hinrich, 1843-1845, 3 vol. in-8°. 82

* **Allgemeine Bibliographie. Monatliches Verzeichniss** der wichtigern neuen Erscheinungen der deutschen und ausländischen Literatur. Zusammengestellt von Paul Trömel. — Leipzig, F. A. Brockhaus, 1856-1882, in-8°. 83

A partir de 1863, le titre ne porte plus de nom d'éditeur.

* **Allgemeine Bücherkunde** des Brandenburgisch-preussischen Staates. Bearbeitet in der Redaction des deutschen Reichs-Anzeigers und königlich preussischen Staats-Anzeigers. — Berlin, Druck und Verlag der Königlichen Geheimen Ober-Hofbuchdruckerei, 1871, in-folio. 84

* **Allgemeine Deutsche Biographie** auf Veranlassung Seiner Majestät des Königs von Bayern herausgegeben durch die historische Commission bei der königl. Akademie der Wissenschaften. — Leipzig, Duncker und Humblot, 1875-1882, 15 vol. in-8°. 85

S'arrête au mot Kannegiesser. — La publication continue.

Allgemeine Leipziger Zeitung für Buchhandel und Bücherkunde. — Leipzig, Weber, 1838-1839, 2 vol. in-4°. 86

* **Allgemeine literarische Correspondenz** für das gebildete Deutschland. — Leipzig, Foltz, 1877-1879, 5 vol. in-4°. 87

* **Allgemeine Literatur-Zeitung** zunächst für das katholische Deutschland. Herausgegeben unter Mitwirkung einer grossen Anzahl von Gelehrten von Dr. Theodor Wiedemann. — Wien, Ludwig Mayer, 1864-1873, in-fol. 88

* **Allgemeine Militär-Zeitung.** Herausgegeben von einer Gesellschaft deutscher Offiziere und Militärbeamten. — Leipzig und Darmstadt, Leske, 1838-1881, in-4°. 89

Contient une bibliographie militaire.

* **Allgemeine Press-Zeitung.** Annalen der Presse, der Literatur und des Buchhandels. Redigirt unter der Leitung von Jul. Ed. Hitzig, derzeit Vorsitzendem im literarischen Sachverständigen-Verein für die Preussischen Staaten in Berlin. — Berlin, Weber, 1840-1845, in-4°. 90

L'année 1845 a été publiée par A. Berger et a paru chez Brockhaus.

* **Allgemeine theologische Bibliothek.** — Mietau, bey Jacob Friedrich Hinz, 1774-1775, 5 vol. in-8°. 91

* **Allgemeine Zeitschrift für Geschichte,** herausgegeben von W. Adolf Schmidt. — Berlin, Veit, 1847-1848, in-4°. 92

Contient, t. VII et XI: „Fortsetzung des Walther'schen Repertoriums über die Schriften sämmtlicher historischen Gesellschaften Deutschlands, herausgegeben von W. Koner."

* **Allgemeiner typographischer Monats-Bericht** für Teutschland zum Behufe aller Ankündigungen, Anzeigen und Notizen des teutschen Buch- und Kunsthandels. — Priv. Landes-Industrie-Comptoir zu Weimar, 1811-1825, 15 vol. in-8°. 93

* **Allgemeiner Zeitschriften-Katalog.** Systematische Zusammenstellung von 860 im deutschen Buchhandel erscheinenden periodischen Schriften aus allen Wissenschaften, nebst einem Anhange von 230 der namhafteren politischen Tages- und Localblätter. Ein Hülfsbuch für Verleger bei Versendung von

Recensionsexemplaren, Inseraten und Beilagen, sowie für Sortimentsbuchhändler zum Gebrauche bei Einrichtung von Journal-Lesezirkeln. — Leipzig, in Commission bei G. Remmelmann, 1855, in-8°, 1re année. 94

* **Allgemeines Autor- und Litteraturlexikon** in alphabetischer und chronischer Ordnung bis 1778. — Hannover, Helwing, 1778, in-8°. 95

Par Berisch (H. W.).

* **Allgemeines Repertorium der Literatur** für die Jahre 1785 bis 1790. — Jena, in der Expedition der allgemeinen Literatur-Zeitung, 1793-1794, 3 vol. in-4°. 96

* —. — für 1791 bis 1795. — Weimar, im Verlage des Industrie-Comptoirs, 1800, 3 vol. in-4°. 97

* —. — für 1796 bis 1800. — Weimar, im Verlage des Landes-Industrie-Comptoirs, 1807, 2 vol. in-4°. 98

* **Allgemeines Sachregister** über die wichtigsten deutschen Zeit- und Wochenschriften. Voran als Einleitung ein raisonnirendes litterarisches Verzeichniss aller in diesem Jahrhundert bis jetzt erschienenen periodischen Blätter, nach Dezennien gearbeitet und mit einem Namenverzeichniss aller dabei befindlichen Mitarbeiter. — Leipzig, Weygand, 1790, in-8°. 99

Par J. H. Chr. Beutler.

* **Allgemeines Schwedisches Gelehrsamkeits-Archiv** unter Gustafs des Dritten Regierung. Von verschiedenen Gelehrten in Schweden ausgearbeitet, und herausgegeben von Christian Wilhelm Lüdeke. — Leipzig, Junius, 1781-1796, 7 vol. in-8°. 100

* **Allgemeines und in seine gehörige Classen** vertheiltes Bücherverzeichniss, und Hauptregister über die ersten zehn Bände der theologischen Bibliothek, welche von dem 1746. bis 1756. Jahre in hundert Stücken von Herrn Doctor Fried. Wilh. Kraft herausgegeben worden. — Leipzig, B. Chr. Breitkopf, 1758, in-8°. 101

Par Andr. Gottl. Masch.

* **Allgemeines Verzeichniss der Bücher,** welche in der Frankfurter und Leipziger Ostermesse des 1795. (-1837.) Jahres herauskommen sollen. — Leipzig, in der Weidmannischen Buchhandlung, 43 vol. in-8°. 102

Cette bibliographie se continue sous les deux titres suivants:

* Allgemeines Verzeichniss der Bücher, welche von Michaelis 1837 (-1849) bis Ostern 1838 (-1850) neu gedruckt ... Nebst einem Anhange von Schriften, die künftig erscheinen sollen. — Leipzig, in der Weidmannischen Buchhandlung, 13 vol. in-8°.

* Messkatalog. Verzeichniss der Bücher, Zeitschriften und Landkarten, welche von Michaelis 1850 (-1852) im Gebiete des deutschen Buchhandels erschienen sind und in der nächsten Zeit erscheinen werden, mit Angabe der Verleger, Bogenzahl und Preise. Nebst einem wissenschaftlich geordneten Verzeichniss der wichtigeren Werke. Neue Folge. — Leipzig, G. Wigands Verlag, 4 vol. in-8°.

* **Allibone** (S. A.). — A critical dictionary of English literature, and British and American authors, living and deceased, from the earliest accounts to the middle of the nineteenth century. Containing thirty thousand biographies and literary notices, with forty indexes of subjects. — Philadelphia, Childs and Peterson, 1859-1871, 3 vol. in-4°. 103

* —. — A critical dictionary of English literature and British and American authors living and deceased from the earliest accounts to the latter half of the nineteenth century. Containing over fortysix thousand articles (authors), with forty indexes of subjects. — Philadelphia, Lippincott, 1871-1872, 3 vol. in-4°. 104

* **Alliey** (Fr.). — Bibliographie complète, analytique, raisonnée et par ordre

alphabétique de tous les ouvrages connus en toutes les langues, sur le jeu de dames, soit à la française, soit à la polonaise. Troisième édition revue, corrigée et très augmentée par lui-même, auteur de la bibliographie également complète de tous les ouvrages qui ont paru sur le jeu d'échecs, composée de plus de six cents articles concernant les auteurs spéciaux relatifs à ce jeu, ou leurs traducteurs, et d'environ quatre cents autres touchant divers écrivains dans les livres desquels il en est plus ou moins parlé par occasion et de la bibliographie des ouvrages publiés sur le jeu de tric-trac. — Commerci, Ch. Cabasse, 1852, in-4°. 105

Allmän Catalog öfwer de uti Swerige och Finland ifrån början af detta ärhundrade utkomna Böcker och Skrifter, i Systematisk ordning författad, och enligt kongl. Maj:ts Nädigste Stadgande utgifwen af Boktryckeri-Societeten. Första Bandet, 1801-1805. — Stockholm, 1806-1808, in-8°. 106

* **Allou.** — Notice sur la vie et les travaux d'Alexandre Lenoir. Extrait du XVIe volume des »Mémoires de la Société royale des antiquaires de France«. — Paris, imp. de E. Duverger, 1842, in-8°, 24 p. 107

* **Allut** (P.). — Recherches sur la vie et sur les œuvres du P. Claude-François Menestrier, suivies d'un recueil de lettres inédites de ce père à Guichenon, et de quelques autres lettres de divers savans de son temps, inédites aussi. — Lyon, Scheuring, 1856, in-8°. 108

* —. — Étude biographique et bibliographique sur Symphorien Champier. Suivie de divers opuscules français de Symphorien Champier, l'Ordre de Chevalerie, le Dialogue de Noblesse et les Antiquités de Lyon et de Vienne. — Lyon, N. Scheuring, 1859, in-8°. 109

Almanach bibliographique pour l'année 1709, contenant le catalogue des livres imprimés dans ce royaume pendant l'année 1709. — Paris, 1709, in-12. 110

Par l'abbé de La Morlière.

Almeloveen (Th. J. ab). — Bibliotheca promissa et latens. Huic subjunguntur Georgii Hieronymi Velschii de scriptis suis ineditis epistolæ. — Gaudæ, apud Justum ab Hoeve, 1688, in-8°. 111

Almindeligt dansk-norsk Forlagscatalog. Udgivet af Forlagsforeningen: Kjobenhavn. Catalogus librorum in Dania et Norvegia editorum secundum eos, qui sumtus fecerunt, distributus. Editionem curavit societas bibliopolarum Hauniensis. — Hauniæ, typis excud. Luno, 1841, in-8°. 112

Il a paru 3 suppléments avec ces titres: »1[et] Supplement: Almindeligt dansk Forlagscatalog for Aarene, 1841 og 1842. Index librorum, qui annis 1841 et 1842 in Dania prodierunt. — Hauniæ, Luno, 1841, in-8°.

2[det] Supplement: Almindeligt dansk Forlagskatalog for Aarene 1843 og 1844. Index librorum, qui annis 1843 et 1844 in Dania prodierunt. — Hauniæ, Luno, 1845, in-8°.

3[die] Supplement: Almindeligt dansk Forlagscatalog for Aarene 1845 til 1849. Index librorum qui inde ab anno 1845 usque ad annum MCCCIL (sic) in Dania prodierunt. — Hauniæ, 1850, in-8°.«

Redigé par Fr. Fabricius.

* **Almirante** (J.). — Bibliografía militar de España. — Madrid, imprenta de Manuel Tello, 1876, in-4°. 113

Alnander (S.) et P. **Kindahl.** — Historia librorum prohibitorum in Suecia. Cujus specimen primum, consensu ampl. Senat. phil. Upsal. publicæ disquisitioni submittunt... in auditorio Carolino d. VII. junii, anni 1764. — Upsaliæ, in-4°, 36 p. 114

* **Alphabetical index** (An) to subjects, treated in the reviews, and other periodicals, to which no indexes have been published; prepared for the library of the Brothers in unity, Yale college. — New York, published by George P. Putnam, 1848, in-8°. 115

Par W. Fr. Poole.

Alphabetisch geordnetes Verzeichniss von Jugend- und Volksschriften, die zur Aufnahme in Schul-, Jugend- und Volksbibliotheken geeignet und durch alle deutsche Buchhandlungen zu beziehen sind. — Eisleben, Reichardt, 1841, in-8°, 34 p. 116

* **Alphabetische Naamlijst van Boeken,** Plaat en Kaartwerken, die gedurende de jaren 1833 tot en met 1849 in Nederland uitgegeven of herdrukt zijn; benevens opgave van den naam des uitgevers of eigenaars, het jaar van uitgave, het getal deelen, de platen en kaarten, het formaat en den prijs. Strekkende ten vervolge op de alphabetische naamlijst van Boeken van 1790 tot en met 1832 in Nederland uitgekomen, bewerkt door J. de Jong en uitgegeven bij de gebr. van Cleef. — Amsterdam, C. L. Brinkman, 1858, in-4°. 117

* **Alphabetische Naamlijst van Boeken,** Plaat-en Kaartwerken, die gedurende de jaren 1850 tot en met 1862 in Nederland uitgegeven of herdrukt zijn; benevens opgave van den naam des uitgevers of eigenaars, het jaar van uitgave, het getal deelen, de platen en kaarten, het formaat en de prijs. Strekkende ten vervolge op de alphabetische Naamlijst van Boeken van 1833 tot en met 1849 in Nederland uitgekomen. — Amsterdam, C. L. Brinkman, 1868, in-4°. 118

* **Alphabetische Naamlijst van Boeken,** welke sedert het jaar 1790 tot en met het jaar 1831, in Noord-Nederland zijn uitgekomen met aanduiding van het getal deelen, de platen en kaarten, het formaat, het jaar der uitgave, den naam des eigenaars, en de prijzen; strekkende ten vervolge op het naamregister van nederduitsche Boeken van R. Arrenberg. — In 'sGravenhage en te Amsterdam, bij de gebroeders van Cleef, 1832, in-4°. 119

* Un supplément pour les années 1790 à 1832 incl. a paru en 1835, avec mêmes titre et adresse que dessus.

Alphabetisches Verzeichniss aller Romane und Schauspiele, welche von 1700 bis 1827 in Deutschland etc. erschienen sind. — Leipzig, Brockhaus, 1813-1829, in-4°. 120

* **Alphabetisches Verzeichniss** der in den Jahren 1785-1790 im Druck erschienenen deutschen und ausländischen Bücher mit beygesetzten Ladenpreisen auch vieler in periodischen Werken stehenden einzelnen Abhandlungen. — Jena, in der Expedition der Allg. Lit. Zeitung, 1795, in-4°. 121

Alphabetisches Verzeichniss der in Deutschland und den durch Sprache und Literatur verwandten Ländern, bis Ende 1810 gedruckt erschienenen Romane und Schauspiele. — Leipzig, Brockhaus, 1803, (sic) in-4°. 122

* **Alphabetisches Verzeichniss der Romane** und Schauspiele, welche in Deutschland und in den durch Sprache und Literatur damit verwandten Ländern von 1700 bis zu Ende 1815 gedruckt erschienen sind. Zum Gebrauch der Leih- und Lesebibliotheken aus dem allgemeinen Bücher-Lexikon besonders abgedruckt. — Leipzig, bey Johann Friedrich Gleditsch, 1819, in-4°. 123

* **Alphabetisches Verzeichniss** der Schriften über Bäder und Mineralwasser, welche sich in der Bibliothek der medicinisch-chirurgischen Lesegesellschaft in Zürich befinden. — Zürich, 1832, in-8°. 124

Par Jac. Finsler.

* **Alter** (Fr. C.). — Bibliographische Nachrichten von verschiedenen Ausgaben orientalischer Bibeltexte, und der Kirchenväter. — Wien, gedruckt bei Johann Thomas Edl. v. Trattnern, 1779, in-8°. 125

* —. — Ueber Georgianische Litteratur. — Wien, gedr. bei von Trattnern, 1798, in-8°. 126

—. — Voy. Harwood (Ed.). Uebersicht verschiedener Ausgaben der griechischen und römischen Classiker.

* **Alvin** (L.). — André Van Hasselt. Sa vie et ses travaux. Étude. — Bruxelles, C. Muquardt, 1877, in-16. 127

* —. — Catalogue de la bibliothèque de F.-J. Fétis, acquise par l'État belge. — Bruxelles, C. Muquardt, 1877, in-8°. 128

* —. — Catalogue raisonné de l'œuvre des trois frères Jean, Jérôme et Antoine Wierix. — Bruxelles, Arnold, 1866, in-8°. 129

Avec trois suppléments.

* —. — Eugène Robin, poète, critique et publiciste. — Bruxelles, 1867, in-8°. 130

* —. — Fr. J. Navez. Sa vie, ses œuvres et sa correspondance. Avec un portrait. — Bruxelles, Bruylant-Christophe, 1870, in-12. 131

—. — Louis Gruyer. Sa vie, ses écrits, ses correspondances. — Bruxelles, 1867, in-8°. 132

* —. — Notice biographique sur le peintre bruxellois Henri de Caisne. — Bruxelles, Hayez, 1854, in-8°. 133

* —. — Notice sur François-Joseph Fétis. — Bruxelles, imp. Hayez, 1874, in-8°, 46 p. 134

Ext. de l' »Annuaire de l'Académie royale de Belgique«, 40e année, 1874. — Tiré à 50 ex.

* —. — Notice sur Léonard Jéhotte. — Bruxelles, imp. Hayez, 1862, in-8°, 34 p. 135

* —. — Notice sur Louis Calamatta, graveur, suivie du catalogue de l'œuvre du maître. — Bruxelles, F. Hayez, 1882, in-8°, 24 p. 136

* **Alwis** (J. D'). — A descriptive catalogue of sanskrit, pali, and sinlalese literary works of Ceylon. — Colombo, W. Skeen, 1870, in-8°, t. I. 137

* **Amalric** (d'). — Notice historique sur la vie et les ouvrages de M. le comte de Lacépède. — Paris, imp. de Rignoux, (s. d.) in-8°, 20 p. 138

Extrait de la »Revue encyclopédique. »87e cahier, T. XXIX. Huitième année, 2e série, mars 1826.

* **Amanton** (C. N.). — Lettres bourguignonnes, ou correspondance sur divers points d'histoire littéraire, de biographie, de bibliographie, etc. — Paris, A. A. Renouard, 1823, in-8°. 139

* —. — Notice sur M. Jean-Baptiste Volfius. — Dijon, imp. de Frantin, (s. d.), in-8°, 8 p. 140

Ext. du »Compte rendu des travaux de l'Académie des sciences, arts et belles-lettres de Dijon pour 1822-23«.

* **Amari** (M.). — Biblioteca arabo-sicula. Versione italiana. — Torino e Roma, Ermanno Loescher, 1880, in-8°, t. I. 141

La couverture imprimée porte: »Biblioteca arabo-sicula ossia raccolta di testi arabici che toccano la geografia, la storia, la biografia e la bibliografia della Sicilia. Raccolti e tradotti in Italiano da Michele Amari«.

* —. — Biblioteca arabosicula ossia raccolta di testi arabici che toccano la geografia, la storia, la biografie e la bibliografia della Sicilia messi insieme da Michele Amari e stampati a spese della società orientale di Germania. — Lipsia, F. A. Brockhaus, 1857-1875, in-8°, 2 vol. 142

Le t. II a pour titre: »Appendice alla biblioteca arabo-sicula per Michele Amari con nuove annotazioni critiche del prof. Fleischer, aggiunte e varianti notate dall'editore e correzioni, d'entrambi. Stampata a spese della società orientale di Germania.« — Lipsia...

* **Amat di San Filippo** (P.). — Bibliografia dei viaggiatori italiani ordinata cronologicamente ed illustrata. — Roma, coi tipi de Salviucci, 1874, gr. in-8°. 143

* **Amato** (E. de). — Pantopologia calabra in qua celebriorum ejusdem

provinciæ locorum, virorumque armis, pietate, titulis, doctrina, sanguine, illustrium, monimenta expenduntur. — Neapoli, ex typ. Mosca, 1725, in-4°. 144

Amende (C. K.). — Voy. Freymüthige Betrachtungen über alte und neue Bücher.

Amenduni (G.). — Dell'ufficio del bibliotecario: appunti. — Napoli, tip. dell'Accademia R. delle scienze, 1879, in-8°, 20 p. 145

American (**The**) **book-circular**, with notes and statistics. — New-York, Wiley and Putnam, 1843, in-8°. 146

* **Ames** (J.). — Typographical antiquities; or an historical account of the origin and progress of printing in Great Britain and Ireland; containing memoirs of our ancient printers, and a register of books printed by them, from the year 1471 to the year 1600... Considerably augmented, both in the memoirs and number of books by William Herbert. — London, printed for the editor, 1785-1790, 3 vol. in 4°. 147

* —. — Typographical antiquities; or the history of printing in England, Scotland and Ireland; containing memoirs of our ancient printers, and a register of the books printed by them. Considerably augmented by William Herbert. And now greatly enlarged, with copious notes, and illustrated with appropriate engravings; comprehending the history of English literature, and a view of the progress of the art of engraving, in Great Britain; by the rev. Thomas Frognall Dibdin. — London, printed for William Miller, 1810-1819, 4 vol. in-4°. 148

Le t. III est imprimé par John Murray et le t. IV est publié par Longman, Hurst.

* **Ami** (**L'**) **des livres.** Revue mensuelle des ventes et des bibliothèques publiques et particulières. — Paris, libr. française et étrangère, 1859-1865, 6 années, in-8°. 149

* **Aminson** (H.). — Bibliotheca templi cathedralis strengnesensis quæ maximam partem ex Germania capta est circa finem belli triginta annorum. — Stockholmiæ, imp. Isaac Marcus, 1863, in-8°. 150

— Supplementum, continens codices manuscriptos et libros, quos Johannes Matthiæ, episc. Strengn. templo dono dedit. — Stockholmiæ, imp. Is. Marcus, 1864, in-8°.

* **Amoreux** (P.-J.) — Notice historique et bibliographique sur la vie et les ouvrages de Laurent Joubert, chancelier en l'Université de médecine de Montpellier, au XVIe siècle; avec le portrait de Laurent Joubert. — Montpellier, imp. de Tournel, 1814, in-8°. 151

—. — Précis historique de l'art vétérinaire pour servir d'introduction à une bibliographie vétérinaire générale. — Montpellier, 1810, in-8°. 152

Amory (Th.). — Voy. Life (The) of John Buncle.

Amoureux (P. J.) — Voy. Recherches sur la vie et les ouvrages de P. Richer de Belleval.

* **Ampère** (A. M.). — Essai sur la philosophie des sciences, ou exposition analytique d'une classification naturelle de toutes les connaissances humaines. — Paris, Bachelier, 1834-1843, 2 vol. in-8°. 153

* **Amtliche Berichte** über die internationale Fischerei. — Ausstellung zu Berlin, 1880. Mit 323 in den Text gedruckten Holzschnitten. — Berlin, Paul Parey, 1881, in-8°. 154

Contient, p. 217-256: »Literatur«.

* **Amussat.** — Note sur les travaux scientifiques, de M. Amussat. — Paris, imp. de F. Malteste, 1842, in-4°, 28 p. 155

La couverture imprimée sert de titre.

* **Analisi e bibliografia dei romanzi** di cavalleria e dei poemi romanzeschi d'Italia. — Milano, dalla tipografia dell'autore, 1828-1829, 2 vol. in-4°. 156

Ce travail qui forme le t. III de la »Storia degli antichi romanzi di cavalleria« du docteur Giulio Ferrario, est un tirage à part dont Melzy, auteur de la bibliographie, qui sert d'appendice à cette histoire, destinait les 25 ex. à être distribués comme don à quelques amis.

* **Analyse et appréciation des travaux** et des titres scientifiques du docteur Justin Benoit. Rapport fait au sein de la commission, nommée par la Faculté de médecine, pour examiner les titres antérieurs de tous les candidats. — Montpellier, imp. de Boehm, 1853, in-4°, 31 p. 157

* **Analyse succincte des travaux** de M. Becquerel. — Paris, imp. de F. Didot, 1829, in-4°, 35 p. 158

* **Analyse succincte des travaux scientifiques** de M. Edmond Becquerel. — Paris, imp. de F. Didot frères, 1850, in-4°, 32 p. 159

Andeer (J.). — Ueber Ursprung und Geschichte der Rhaeto-Romanischen Sprache. — Chur, Hitz, 1862, in-8°. 160

Contient, p. 111-124: »Verzeichniss der bedeutendsten Bücher in rhaeto-romanischer Sprache.«

Andenken (Dem) Christian Friederich Wurm's, Professors der Geschichte am akademischen Gymnasium in Hamburg. — Hamburg, Perthes Besser et Mauke, 1859, in-8°. 161

Contient, pages 7—16: »Verzeichniss der sämmtlichen durch den Druck veröffentlichten Arbeiten Wurm's». — Publié par H. Schleiden.

Anders (Fr. J.) — Entwurf einer allgemeinen Geschichte und Literatur der Stenographie. — Coeslin, Hendess, 1855, in-8°. 162

Anderson (Chr. D.). — Verzeichniss der Abhandlungen, wodurch das Hamburgische Stadtrecht bis jtzt erläutert worden, nach den Titeln und Artikeln des Statuts von 1603 nebst alphabetischem Namenregister der Verfasser. — Hamburg, 1783, in-8°. 163

Contient surtout des dissertations académiques.

* **Anderson** (J. P.) — The book of British topography. A classified catalogue of the topographical works in the library of the British Museum relating to Great Britain and Ireland. — London, W. Satchell and Co., 1881, in-8°. 164

* — (Th.). — History of Shorthand with a review of its present condition and prospects in Europe and Amerika. — London, W. H. Allen, 1882, in-16. 165

Contient de nombreuses indications bibliographiques, notamment p. 193-210: »Supplementary lists of writers on Shorthand».

Anderssen (A.). — Voy. Neue Berliner Schachzeitung.

* **André.** — Notice sur le sculpteur Jean Girouard. Extrait des »Mémoires de la Société archéologique du département d'Ille-et-Vilaine». — Rennes, imp. de C. Catel, 1862, in-8°, 16 p. 166

— (K.). — Die Forst- und Jagd-Literatur der letzten zwanzig Jahre. Alphabetisches Verzeichniss der vorzüglichsten, vom J. 1840 bis Mitte 1859 erschienenen Werke aus den Gesammtgebieten der Forst- und Jagdkunde mit Einbeziehung der hervorragendsten ältern Fachwerke und einer kleinen Bildungsbibliothek. Mit Sachregister über die zweite und dritte Abtheilung. — Prag, André, 1860, in-8°. 167

—. — Die Landwirthschafts-Literatur der letzten dreizehn Jahre. Verzeichniss der vorzüglichsten von 1847 bis Mitte 1859 erschienenen Werke aus den Gesammtgebieten der Landwirthschaft, mit Einbeziehung hervorragender älterer Werke. Herausgegeben durch die Buch- und Kunsthandlung von Karl André in Prag. Mit ausführlichem Sachregister. — Prag, André, 1860, in-8°. 168

André. — Literatur der Bau- und Ingenieur-Kunde, nämlich: der Architectur, der Berg- und Hüttenkunde, des Maschinenwesens und Eisenbahnbaues, aus den letzten zwölf Jahren, mit Einbeziehung von wichtigen älteren Werken. — Nebst Sachregister. — Prag, André, 1861, in-8°. 169

—. — Literatur der Gewerbkunde seit den letzten zwölf Jahren. Verzeichniss vorzüglicher von Mitte 1849 bis Mitte 1860 erschienener Werke aus dem Gesammtgebiete der Fabrikation, der Kleingewerbe und der Handwerke. Mit Einbeziehung wichtiger älterer Werke. Mit einem Verzeichnisse der einschlägigen Zeitschriften und ausführlichem Sachregister. — Prag, André, 1861, in-8°. 170

* **Andreas** (V.). — Bibliotheca belgica: de Belgis vita scriptisq. claris. præmissa topographica Belgii totius seu Germaniæ inferioris descriptione. Editio renovata, et tertia parte auctior. — Lovanii, typis Jacobi Zegers, 1643, in-4°. 171

* —. — Bibliotheca belgica: in qua belgicæ seu Germaniæ inferioris provinciæ urbesq. viri item in Belgio vita scriptisque clari; et librorum nomenclatura. — Lovanii, apud Henricum Hanstenium, 1623, in-8°. 172

* —. — Catalogus clarorum Hispaniæ scriptorum qui latine disciplinas omnes humanitatis, jurisprudentiæ, philosophiæ, medicinæ ac theologiæ illustrando, etiam trans Pyrenæos evulgati sunt. Nunc primum ex omnibus Nundinarum catalogis ac bibliothecis diligenter collectus. — Moguntiæ, ex typographeo Balthasaris Lippij, 1607, in-4°. 173

* — et J. **Geiger**. — Hàntsé-wênfâ-schōu-kouang-tsóng-mou. Bibliotheca sinologica. Uebersichtliche Zusammenstellungen als Wegweiser durch das Gebiet der sinologischen Literatur. Als Anhang ist beigefügt: Verzeichniss einer grossen Anzahl ächt chinesischer Bücher nebst Mittheilung der Titel in chinesischen Schriftzeichen. — Frankfurt a. M. Völcker, 1864, in-8°. 174

* **Andreasch** (R.). — Sach- und Autorenregister über die ersten zehn Jahrgänge von Maly's Jahresbericht für Thier-Chemie. — Wiesbaden, J.-F. Bergmann, 1881, in-8°. 175

* **Andresen** (A.). — Der Deutsche Peintre-Graveur oder die deutschen Maler als Kupferstecher nach ihrem Leben und ihren Werken, von dem letzten Drittel des 16. Jahrhunderts bis zum Schluss des 18. Jahrhunderts, und in Anschluss an Bartsch's Peintre-Graveur, an Robert-Dumesnil's und Prosper de Baudicour's französischen Peintre-Graveur. Unter Mitwirkung von Rud. Weigel. — Leipzig, R. Weigel, 1864-1881, 5 vol in-8°. 176

Andreucci (O.). — Delle biblioteche più specialmente italiane el del loro ordinamento: considerazioni storico-critiche. — Roma, tip. Eredi Botta, 1873, in-8°. 177

* **Andrieu** (J.). — Jasmin et son œuvre. Esquisse littéraire et bibliographique. — Agen, J. Michel et Medan, 1881, in-8°. 178

* **Anger** (B.). — Notice sur les titres et travaux scientifiques du Dr. Benjamin Anger, candidat à l'Académie de médecine. — Paris, imp. de Martinet, 1877, in-4°, 16 p. 179

* **Anglia.** Zeitschrift für englische Philologie. Herausgegeben von Richard Paul Wuelcker. Mit einem kritischen Anzeiger. Herausgegeben von Moritz Trautmann. — Halle a/S., Max Niemeyer, 1878-1881, 4 vol. in-8°. 180

* **Anleitung, eine deutsche Freimäurerbibliothek** zu sammeln. — Stendal, bei Dan. Christ. Franzen und Grosse, 1783-1788, 2 vol. in-8°. 181

Publié par C.-L.-F. Rabe.

* **Anleitung für angehende Bibliothekare** und Liebhaber von Büchern. — Augsburg, bei Matthäus Riegers sel. Söhnen, 1786, in-12. 182

* **Annalen der Baierischen Litteratur** vom Jahre 1778 (-1779). — Nürnberg, Verlag der Grattenauerischen Buchhandlung, 1781(-1782), 2 vol. in-8°. 183

* **Annalen der neuesten theologischen Litteratur** und Kirchengeschichte. — Rinteln, gedruckt bei Ant. Henr. Bösendahl, 1789-1797, 9 vol. in-8°. 184

* **Annales des produits typographiques** en France. — Paris, imp. G. Doyen, 1832, in-4°. T. I. 185

* **Annales du bibliophile belge** et hollandais paraissant une fois par mois. — Bruxelles, Olivier, 1864-5, in-8°. T. I. 186

* **Annales du bibliophile,** du bibliothécaire et de l'archiviste pour l'année 1862, publiées par Louis Lacour. — Paris, Claudin et Meugnot, in-8°. T. I. 187

* **Annales typographiques,** ou notice du progrès des connoissances humaines. — A Paris, chez Michel Lambert, 1759, in-4°. 188

Par Morin d'Hérouville.

* **Annales typographiques,** ou notice, du progrès des connoissances humaines; dédiées à monseigneur le duc de Bourgogne, par une Société de gens de lettres. — Paris, chez Vincent, 1760-1763, 8 vol. in-8°. 189

Suite du précédent article.

* **Annali della tipografia Volpi-Cominiana** colle notizie intorno la vita e gli studj de' fratelli Volpi. — Padova, nel seminario, 1809, in-8°. 190

Publié par Fortunato Federici.

* — Appendice agli Annali della tipografia Volpi-Cominiana dell'abate Fortunato Federici. — Padova, nel seminario, 1817, in-8°, 33 p.

* **Anni 1661 bibliographia rr. pp. societatis Jesu** in regno Franciæ libros omnes ab illis eo anno editos, diligenter repræsentans, cum antecessione librorum anni 1662. — Parisiis, sumptibus Simonis Benard, 1662, in-4°, 15 p. 191

* **Annonces de bibliographie moderne,** ou catalogue raisonné et analytique des livres nouveaux. — Paris, Lavillette, 1790, in-8°. T. I-II. 192

* **Annuaire** Bulletin de la Société de l'histoire de France. — Paris, 1882, in-8°. 193

Les T. 1-9 ont été publiés en volumes dans la collection intitulée: »Société de l'histoire de France«. — Chaque livraison contient une bibliographie.

* **Annuaire de l'association** pour l'encouragement des études grecques en France. — Paris, 1882, in-8°. 194

Contient une bibliographie.

* **Annuaire de l'imprimerie** et de la librairie de l'Empire français. — Paris, Pillet, 1813, in-16. 195

* **Annuaire de l'imprimerie** et de la librairie françaises. — Paris, Baudouin frères, 1821, 1826, 2 vol. in-16. 196

* **Annuaire de la librairie belge ou** livre d'adresses de tous les libraires, imprimeurs, papetiers, fabricants de papiers, de cartons, d'encre d'imprimerie, fondeurs de caractères, etc. et une indication de tous les journaux et revues périodiques. — Bruxelles, imp. J. Ph. Van Assche 1881, in-16. 197

* **Annuaire de la librairie,** de l'imprimerie, de la papeterie, du commerce de la musique et des estampes, et des professions qui concourent à la publication des œuvres de la littérature des sciences et des arts. — Paris, cercle de la librairie, 1866-1881, in-16. 198

* **Annuaire de la librairie et de l'imprimerie belges** contenant la liste des libraires, imprimeurs, fabricants et mar-

chands de papiers, marchands d'estampes, dessinateurs, graveurs, en un mot de toutes les personnes qui, par leur profession, concourent à la publication des œuvres artistiques, littéraires et scientifiques. Publié par Alf. Castaigne. — Bruxelles, A. N. Lebègue, 1881, in-16. T. I. 199

* **Annual** (The) **american catalogue** containing an alphabetical list of books published in the United States, and imported during the year 1871. With a classified index. — New York, office of the Publishers' and Stationers' Weekly Trade circular, 1872, in-8°. 200

* **Annuario bibliografico italiano** pubblicato per cura del ministero della pubblica struzione, 1863 (-1864). — Torino, tip. Cerutti et Derossi, 1864-1865, 2 vol. in-8°. 201

Le T. II a été imprimé par Augusto Federico Negro.

* **Annual report** of the board of regents of the Smithsonian institution, showing the operations, expenditures, and condition of the institution for the year 1880. — Washington, government printing office, 1881, in-8°. 202

Contient, p. 403-439: »Bibliography of anthropology«. — p. 509-622: »a synopsis of the scientific writings of sir William Herschel. By Edward S. Holden and Charles S. Hastings«.

* **Anonymes et pseudonymes** français par un bibliophile russe. — Bruxelles, Méline, 1848, in-8°, 19 p. 203

Ext. du »Bulletin du bibliophile belge«. — Par Poltoratzky.

* **Anquetil** (aîné). — Notice sur la vie de M. Anquetil Du Perron. — S. l. n. d., in-8°, 8 p. 204

* **Antikrikus** (Der). — Lübeck, Schmidt und Donatius, 1768-1769, 2 vol. in-8°. 205

Antiqua literarum monumenta, autographa Lutherialiorumque celebrium virorum, ab a. 1517, usque ad a. 1546 reformationis ætatem et historiam egregie illustrantia, in serenissimi principis ac domini, domini Rudolphi Augusti, Brunsvicensium ac Luneburgensium ducis bibliotheca manuali Brunsvigæ recondita. — Brunsvigæ, ex officina Zilligeriana, 1690-1693, 3 vol in-8°. 206

Par Herm. v. d. Hardt. — Le T. III a paru à Helmstadii, typis Schnorrii.

* **Antiquary** (The): a monthly journal edited by James H. Fennell. — London, J. H. Fennell, dec. 1876, in-8°. 207

Antonelli (G.). — Ricerche bibliografiche sulle edizioni ferraresi del secolo XV. — Ferrara, tipografia di Gaetano Bresciani, 1830, in-4°. 208

—. — Saggio di una bibliografia storica Ferrarese. — (Ferrara, 1850), in-4°. 209

* **Antonio** (N.). — Bibliotheca Hispana sive Hispanorum qui usquam unquamve sive latinâ sive populari sive aliâ quâvis linguâ scripto aliquid consignaverunt notitia, his quæ præcesserunt locupletior et certior brevia elogia, editorum atque ineditorum operum catalogum duabus partibus continens, quarum hæc ordine quidem rei posterior, conceptu verò prior duobus tomis de his agit qui post annum secularem 1500 usque ad præsentem diem floruere. — Romæ, ex officina Nicolai Angeli Tinassii, 1672, 2 vol. in-fol. 210

* **Antonio de Leon.** — Epitome de la biblioteca oriental i occidental, nautica i geographica. — En Madrid, por Juan Gonzalez, 1629, in-4°. 211

Voy. aussi Léon Pinello.

* **Antonius Hispalensis** (N.). — Bibliotheca Hispana nova sive Hispanorum scriptorum qui ab anno 1500 ad 1584 floruere notitia. Nunc primum prodit recognita emendata aucta ab ipso auctore. — Matriti, de Ibarra, 1783-1788, 2 vol. in-fol. 212

* **Antonius Hispalensis** (N.). — Bibliotheca Hispana vetus, sive Hispani scriptores qui ab Octaviani Augusti ævo ad annum Christi 1500 floruerunt Curante Francisco Perezio Bayerio, qui et prologum, et auctoris vitæ epitomen, et notulas adjecit. — Matriti, vid. et hered. de Ibarræ, 1788, 2 vol. in-fol. 213

* **Antonius Senensis.** — Bibliotheca ordinis fratrum prædicatorum, virorum inter illos doctrina insignium nomina, et eorum quæ scripto mandarunt opusculorum, titulos et argumenta complectens. — Parisiis, apud Nivellium, 1585, in-8°. 214

* **Anzeiger für slavische Literatur.** — Leipzig, Brockhaus, 1881, in-8°. T. I. 215

* **Aoust.** — Notice sur les titres et travaux scientifiques de M. l'abbé Aoust. — Marseille, imp. de Barlatier-Feissat, (1867), in-8°, 28 p. 216

* **Aperçu sur les erreurs** de la bibliographie spéciale des elzevirs et de leurs annexes, avec quelques découvertes curieuses sur la typographie hollandaise et belge du XVIIe siècle; par le Bibliophile Ch. M. (Motteley). — Paris, de la typographie de Panckoucke, 1847, in-12, 40 p. 217

Tiré à 246 ex. — Suivi de la liste des éditions en petit format publiées par Ch. Motteley, 3 p.

* **Apjohn** (L.). — Memorable men of the nineteenth century. II. The earl of Beaconsfield: his life and work. — London, the Tyne publishing company, limited (1881), in-8°. 218

Se termine par la liste chronologique des œuvres de Beaconsfield.

Appell (J. W.). — Die Ritter-, Räuber- und Schauerromantik. Zur Geschichte der deutschen Unterhaltungs-Literatur. — Leipzig, Engelmann, 1859, in-8°. 219

* —. — Werther und seine Zeit. Zur Gœthe-Literatur. Dritte gänzlich umgearbeitete und vermehrte Auflage. — Oldenburg, Schulzesche Hof-Buchhandlung, 1882, in-8°. 220

Contient, p. 277-315: »Verzeichniss der Uebersetzungen und Wertheriana».

Appendice alla Serie dell' edizioni aldine ristampata in Padova l'anno 1790. — Padova, Pietro Brandolese, 1803, in-12. 221

Par Sante Fattori.

* **Appleton.** — Appletons' library manual; containing a catalogue raisonné of upwards of twelve thousand of the most important works in every department of knowledge, in all modern languages. — New-York, D. Appleton & Company, 1852, in-8°, en 2 parties. 222

* **Apuleius** (L.). — Opera ad optimas editiones collata. Præmittitur notitia literaria studiis societatis Bipontinae. — Bipontini, ex typographia societatis, 1788, in-8°. 223

Les pages XXV-XXXVIII contiennent: »Index editionum L. Apuleii Fabricio-Ernestino auctior, inque V ætates digestus«.

* —. — Opera omnia ex fide optimorum codicum aut primum aut denuo collatorum recensuit notas Oudendorpii integras ac ceterorum editorum excerptas adjecit perpetuis commentariis illustravit prolegomenis et indicibus instruxit G. F. Hildebrand. — Lipsiæ, sumtibus C. Cnoblochii, 1842, 2 vol. in-8°. 224

Le T. I contient, p. XV-XC: »De vita, scriptis, codicibus et editionibus Apuleii prolegomena.«

* **Arago.** — Analyse de la vie et des travaux de sir William Herschel. — Paris, Bachelier, 1843, in-16. 225

* —. — Eloge historique de Joseph Fourier, lu à la séance publique du 18 novembre 1833. — Paris, imp. de F. Didot frères (s. d.), in-4°. 226

* **Arago** (Fr.). — Histoire de ma jeunesse précédée d'une préface par Alex.

de Humboldt, et suivie d'une notice complétant l'histoire de sa vie et de ses travaux jusqu'à sa mort, d'après MM. Flourens, l'amiral Baudin, Combe, Barral et Chr. Deleutre, et sur des documents fournis par sa famille. — Bruxelles et Leipzig, Kiessling, Schnée et Cie., 1854, in-32. 227

* **Aragon.** — Un poête Roussillonais. Pierre Battle. Notice lue à l'académie de Montpellier le 18 décembre 1871. — Montpellier, Boehm, 1872, in-8°, 23 p. 228

Ext. des »Mémoires de l'académie des sciences et lettres de Montpellier (section des lettres)«.

* **Araoz** (Fr. de). — De bene disponenda bibliotheca, ad meliorem cognitionem loci et materiæ, qualitatisque librorum, litteratis perutile opusculum. — Matriti, ex officina Fr. Martinez, 1631, in-8°. 229

* **Arbellot.** — Etude historique et littéraire sur Adémar de Chabannes. — Limoges, imp. de Chapoulaud, 1873, in-8°. 230

Extrait du »Bulletin de la Société archéologique et historique du Limousin«. T. XXII. — La couverture imprimée sert de titre.

* **Archenholtz** (J. W. von). — Geschichte des siebenjährigen Krieges in Deutschland von 1756 bis 1763. — Berlin, Haude und Spener, in-8°, T. II. 231

Contient, p. 287-302: »Verzeichniss der bey dieser Geschichte als Materialien gebrauchten und zu Rathe gezogenen Bücher, nebst einigen Bemerkungen über den Werth derselben als historische Quellen betrachtet«.

* **Archiac** (A. d'). — Liste bibliographique, par ordre de dates, des travaux géologiques de M. D'Archiac. Octobre 1856. — Paris, L. Martinet, in-8°, 7 p. (45 art.). 232

La couverture imprimée sert de titre.

* —. — Notice sur la vie et les travaux de Jules Haime, lue à la Société géologique de France, dans la séance du 15 décembre 1856. — Paris, imp. de L. Martinet, 1857, in-8°, 12 p. 233

* **Archiac** (A.d'). — Notice sur la vie et les travaux de P. A. Dufrénoy, suivie d'une liste bibliographique de ses publications, lue à la Société géologique de France, dans la séance du 21 mai 1860. — Paris, imp. de L. Martinet, (s. d.) in-8°, 31 p. 234

* —. — Notice sur les travaux géologiques de M. le vicomte D'Archiac. — Paris, imp. de L. Martinet, 1847, in-4°, 31 p. 235

* —. — Notice sur les travaux géologiques publiés par M. D'Archiac de 1835 à 1847. — Paris, imp. de L. Martinet, 1856, in-8°, 35 p. 236

La couverture imprimée sert de titre.

* **Archiv für Anthropologie.** Zeitschrift für Naturgeschichte und Urgeschichte des Menschen. Organ der deutschen Gesellschaft für Anthropologie, Ethnologie und Urgeschichte... Herausgegeben und redigirt von A. Ecker, L. Lindenschmidt und dem Generalsecretair der deutschen anthropologischen Gesellschaft. — Braunschweig, Fr. Vieweg, 1882, in-4°. T. XIII, supplément. 237

Contient: »Verzeichniss der anthropologischen Literatur«. 143 p. Classé par pays.

* **Archiv für Eisenbahnwesen.** Herausgegeben im Ministerium der öffentlichen Arbeiten. — Berlin, Carl Heynemann, 1881-1882, in-8°. 238

Chaque n°. contient: »Uebersicht der neuesten Hauptwerke über Eisenbahnwesen und aus verwandten Gebieten«.

* **Archives du bibliophile** ou bulletin de l'amateur de livres et du libraire. — Paris, Claudin, 1858-1881, in-8°, 22 années. 239

* **Archives du bibliophile,** ou bulletin illustré de l'amateur de livres et du libraire. — Paris, Claudin, 1858-1861, in-8°. 240

* **Archivio storico Italiano** ossia raccolta di opere e documenti finora inediti o divenuti rarissimi risguardanti la storia d'Italia. Appendice. — Firenze, Vieusseux, 1846, in-8°. T. III. 241

Contient, p. 409-492: »Notizie bibliografiche dei lavori spettanti alla Storia politica, ecclesiastica e letteraria d'Italia pubblicati in Germania dal 1800 al 1846 raccolte e compilate da Alfredo Reumont«.

* **Archivio Veneto.** Pubblicazione periodica. — Venezia, tipografia del commercio di Marco Visentini, 1871 -1882, in-8°. 242

Contient la bibliographie des ouvrages relatifs à Venise.

* **Arconati Visconti** (G.). — Cenni bibliografici sui viaggi in Terra Santa. — Torino, tip. V. Bona, 1872, in-4°, 24 p. 243

Ext. de la »Nuova Antologia«.

* **Arenhold** (S. J.). — Conspectus bibliothecæ universalis historico-literario-criticæ epistolarum. Typis expressarum et mstarum. illustrium omnis ævi et eruditissimorum auctorum, ordine populorum et temporis studiose collectæ et quam primum in lucem edendæ consilium eruditorum examini submittit. — Hannoveræ, sumptibus hereduum Fœrsterianorum, 1746, in-4°. 244

* **Aretin** (J. Chr. v.). — Literarisches Handbuch für die baierische Geschichte und alle ihre Zweige. Literatur der Staatsgeschichte. — 1810, in-8°. 245

Il n'a paru que le 1er fasc.: »Literatur der Geographie und Statistik . . .«

* —. — Von den ältesten Denkmälern der Buchdruckerkunst in Baiern, und dem Nutzen ihrer näheren Kenntniss, vorgelesen in einer öffentlichen Versammlung der churfl. Akademie der Wissenschaften. — München, bey Joseph Lindauer, 1801, in-4°, 39 p. 246

* **Argelati** (F.). — Biblioteca degli volgarizzatori o sia notizia dall' opere volgarizzate d'autori, che scrissero in lingue morte prima del secolo XV. Opera postuma, coll' addizioni, e correzioni di Angelo Teodoro Villa milanese. — In Milano, per Federico Agnelli, 1767, 5 vol. in-4°. 247

* —. — Bibliotheca scriptorum mediolanensium, seu acta, et elogia virorum omnigena eruditione illustrium, qui in metropoli Insubriæ, oppidisque circumjacentibus orti sunt; additis literariis monumentis post eorumdem obitum relictis, aut ab aliis memoriæ traditis. Præmittitur clarissimi viri Josephi Antonii Saxii, ... historia literario-typographica mediolanensis ab anno 1465 ad annum 1500 nunc primum edita; una cum indicibus necessariis locupletissimis. — Mediolani, in ædibus palatinis, 1745, 2 vol. en 4 tomes in-fol. 248

* **Argens** (Marquis d'). — Mémoires contenant le récit des aventures de sa jeunesse, des anecdotes et des observations sur plusieurs événemens du règne de Louis XV, et des personnes de ce temps. Nouvelle édition, précédée d'une notice historique sur la vie de l'auteur, sur son séjour à la cour de Frédéric II, sur ses relations avec le prince et sur les personnes dont il est parlé dans l'ouvrage; et suivie de lettres du même auteur sur différens sujets. — Paris, F. Buisson, 1807, in-8°. 249

* **Aristotelis opera omnia** græce ad optimorum exemplarium fidem recensuit, annotationem criticam, librorum argumenta, et novam versionem latinam adjecit Jo. Theophilus Buhle. — Biponti, ex typographia societatis, 1791, in-8°. T. I. 250

Contient, pages 153-274: »Elenchus codicum et editionum librorum Aristotelis«.

* **Arisius** (Fr.). — Cremona literata seu in Cremonenses doctrinis, et literariis dignitatibus eminentiores chronologicæ adnotationes. Tom. I. priscorum temporum monumenta complectens usque ad annum millesimum quingen-

tesimum primum. Omnigena eruditione refertus, ac indicibus locupletissimus. Illustrissimis atque amplissimis ejusdem fidelissimæ urbis decurionibus dicatus. — Parmæ, typ. Pazzoni & Montii, 1702, in-fol.

Arisius (Fr.). — T. II. Totum sæculum sesquimillesimum complectens, multifariam editionem continens, cui aliquandò scriptorum orationes, sive ineditæ, sive raræ exscriptionis accesserunt. Adjecta etiam est in fine Mantissa insignium musicorum, qui in illo sæculo sesquimillesimo floruere. — Parmæ, typ. Montii, 1706. 251

Cremona literata, seu in Cremonenses doctrinis, ac literariis dignitatibus illustres ab anno 1601 ad 1741. Adnotationes, et observationes cum appendicibus Tom. III. Illustrissimo domino, atque amplissimo patri, Domino Marchioni Petro Aymo Goldono Vidono etc. dicatus. — Cremonæ, Ricchini, 1741, in-fol.

* **Armellini** (M.). — Catalogi tres episcoporum, reformatorum, et virorum sanctitate illustrium e congregatione casinensi alias s. Justinæ Patavinæ. — Assisii et iterum Romæ, 1755, Oct. Puccinelli, in-fol. 252

* —. — Bibliotheca Benedictino casinensis sive scriptorum casinensis congregationis alias S. Justinæ Patavinæ qui in ea ad hæc usque tempora floruerunt operum, ac gestorum notitiæ. — Assisii, 1731 - 1732, 2 vol. in-fol. 253

* **Arndius** (Car.). — Bibliotheca aulico-politica eaque selecta. h. e. scriptorum de ministris aulicis et vita aulica selectissimus et selectissima historiæ literariæ parte census atque recensus : præmisso discursu præliminari de formando ritè recteque studiorum politicorum cursu ejusque adminiculi necessarii debito et justo selectu. Unà cum Josuæ Arndii, parentis, ... nunc primum è Mss. edito. — Rostochii et Lipsiæ, sumtibus Joh. Henr. Ruswormii, 1706, in-8°. 254

* **Arndius** (C.). — Bibliotheca b. Mayeri biblica eaque continuata h. e. instructio isagogica eaque historico-critica de notitia autorum Lutheranorum, eorumque optimorum pariter ac selectissimorum, qui vel generales in omnes aut certe plerosque sacri codicis libros scripserunt commentarios, vel speciales in singulos bibliorum sacrorum libros, in supplementum bibliothecæ b. D. Joh. Frid. Mayeri biblicæ, ejusque armarii secundi Plutei tertii, sive sectionis tertiæ, ea, qua fieri potuit, diligentia constipata locupletataque præfatione concisa de selectissimis suo in genere bibliothecarum biblicarum è pontificiis, reformatis, et Lutheranis scriptoribus. Indice item autorum et rerum necessario. — Rostochii et Lipsiæ, Garmann, 1713, in-4°. 255

* —. — Bibliotheca politico-heraldica selecta h. e. recensus scriptorum ad politicam atque heraldicam pertinentium selectus ex præstantissimis præstantissimorum scriptorum monumentis conquisitus, rarioribus ex historia literaria observationibus illustratus et accuratioribus eruditorum judiciis constipatus. Cum præfatione de selectissimis bibliothecarum theologicæ, juridicæ medicæ et philosophicæ collectoribus. — Rostochii et Lipsiæ, Rusworm, 1705, in-8°. 256

* —. — Systema literarium idque historico-pragmaticum complectens præcipua scientiæ literariæ momenta, ea qua fieri potuit, industria explanata, partim quoad argumenti, quod in iisdem occurrit, sensum necessarium æque ac distinctum partim quoad usum in omni scientiarum genere salutarem, partim quoad scriptorum certas in classes distributorum selectum : una cum appendice dissertationum literariarum, quarum copia vel plane non amplius vel certe difficulter haberi poterit. — Lipsiæ et Rostochii, sumtibus Chr. Gott. Garmanni, 1714, in-4°. 257

Arnesen (M.). — Voy. Norsk Bog-Fortegnelse.

* **Arnold** (A.). — Wissenschaftskunde oder Encyclopädie und Methodologie der Wissenschaften für Alle, die einer höhern Bildung nachstreben. — Königsberg i. d. N., Windolff und Striese, 1844, in-8°. 258

* — (Th. J. J.). — Shakespeare-Bibliography in the Netherland. — The Haag, M. Nijhoff, 1879, in-8°, 36 p. 259

Ext. des »Bibliographische Adversaria«. La couverture imprimée sert de titre.

* **Arpes** (P. Fr.). — Feriæ æstivales. Sive scriptorum suorum historia. Liber singularis. — Hamburgi, impensis Jo. Christoph. Kisneri, 1726, in-8°. 260

* —. — Theatrum fati, sive notitia scriptorum de providentia, fortuna et fato. — Roterodami, 1712, in-8°. 261

Arrenberg (R.). — Voy. Alphabetische Naamlijst van Boeken in Noord-Nederland uitgekomen. — Voy. Naamregister.

Arrests du parlement et ordonnances de monseigneur l'archevesque de Paris. Portant la deffense et suppression des livres heretiques. Avec l'edict du roy, portant deffenses de faire aucun exercice public de la r. p. r. dans son royaume. Registré en parlement en la chambre des vacations le 22 octobre 1685. — Paris, chez Leonard, 1685, in-8°. 262

Artaud de Montor. — Voy. Dante. Le Paradis traduit de l'italien.

* **Arvood** (E.). — Voy. Harwood.

* **Asher** (A.). — A bibliographical essay on the scriptores rerum germanicarum. — London and Berlin, A. Asher, 1843, in-4°. 263

* — (G. M.). — A bibliographical and historical essay on the dutch books and pamphlets relating to New-Netherland and to the dutch West-India company and to its possessions in Brazil, Angola etc. Als also on the maps, charts, etc. of New-Netherland. With facsimiles of the map of New-Netherland by N. J. Visscher and of the three existing views of New-Amsterdam. Compiled from the dutch public and private libraries, and from the collection of Mr. Frederik Muller. — Amsterdam, Frederik Muller, 1854-1867, in-4°. 264

* **Asher** (G. M.). — Bibliographical essay on the collection of voyages and travels, edited and published by Levinus Hulsius and his successors at Nuremberg and Francfort from anno 1598 to 1660. — London and Berlin, A. Asher, 1839, in-4°. 265

Tiré à 120 ex.

* —. — A list of the maps and charts of New-Netherland, and of the views of New-Amsterdam. Being a supplement to his Bibliographical essay on New-Netherland. — Amsterdam, Muller, 1855, in-4°. 266

* —. — Viro venerabili Friderico Laurentio Hoffmann Hamburgensi etc. diem a. IX. Kall. Septembres a. 1860. quo die vitæ optimis studiis deditæ feliciter absolvit annum septuagesimum gratulantur faustissima quæque vota nuncupantes Georgius M. Asher et Fridericus Berolinenses. Inest Georgii M. Asher commentationis specimen de navigationum quas Batavi typis descripserunt collectionibus. — Berolini, typis academicis, gr. in-4°, 10 p. 267

Specimen tiré à 100 ex. dont quelques uns seuls ont été mis dans le commerce.

—. — Voy. Henry Hudson.

* **Asquini** (B.). — Cent' ottanta, e più uomini illustri del Friuli, quali fioriscono, o anno fiorito in questa età, raccolti e brevemente nelle sue classi disposti. Con una brieve notizia della storia dell' istesso Paese. — Venezia, Pasinello, 1735, in-8°. 268

Contient, pages 93—109: »Uomini del Friuli nelle lettere illustri. Dal 1665 sino al 1735«.

* **Asselineau** (Ch.). — Bibliographie romantique. Catalogue anecdotique et pittoresque des éditions originales des œuvres de Victor Hugo, Alfred de Vigny, Prosper Mérimée, Alexandre Dumas, Jules Janin, Théophile Gautier, Pétrus Borel etc., 2e édition, revue et très-augmentée, avec une eau forte de Bracquemond. — Paris, Rouquette, 1872, in-8°. 269

Tiré à 412 ex.: 300, in-8° carré, papier vélin collé; 100, in-8° jésus, papier vergé; 8, in 8° jésus, papier de Chine; 4 in-8° jésus papier de couleur.

* —. — Charles Baudelaire, sa vie et son œuvre. — Paris, Lemerre, 1869, in-18. 270

* **Assemaim** (J. S.). — Orientalische Bibliothek, oder Nachrichten von syrischen Schriftstellern. In einen Auszug gebracht von August Friedrich Pfeiffer. — Erlangen, Walther, 1776, in-8°. 271

Assezat (J.). — Voy. Restif de la Bretonne. Les contemporaines.

* **Assier** (Al.). — La Bibliothèque bleue depuis Jean Oudot 1er jusqu'à M. Baudot, 1600-1863. — Paris, Champion, 1874, in-8°. 272

Tiré à 120 ex. numérotés: 100 sur papier vergé, 10 sur papier rose, 10 sur papier chamois.

—. — Voy. Socard (A.). Livres liturgiques du diocèse de Troyes.

* **Association des artistes** peintres, sculpteurs, architectes, graveurs et dessinateurs. Exposition des œuvres de Edouard Imer. — Paris, imp. de A. Quantin, 1882, in-8°. 273

* **Associazione tipografico-libraria italiana.** — Catalogo collettivo della libreria italiana. — Milano, Via San Giovanni alla Conca, 7, 1878, in-4°. 274

* **Associazione tipografico-libraria italiana.** Raccolta dei periodici presentata all' esposizione nazionale del 1881 in Milano. Elenco per provincie con indici metodico e alfabetico. — Milano, Via S. Giovanni alla conca 7, 1881, in-4°. 275

* **Astruc** (J.). — De morbis venereis libri novem in quibus disseritur tum de origine, propagatione et contagione horumce affectuum in genere: tum de singulorum naturâ, ætiologiâ et therapeiâ, cum brevi analysi et epicrisi operum plerorumque, quæ de eodem argumento scripta sunt. Editio altera auctior et emendatior, in quâ additæ sunt duæ dissertationes novæ. — Lutetiæ Parisiorum, Cavelier, 1740, 2 vol. in-4°. 276

* **Athenagoræ philosophi Atheniensis opera.** Ad optimos libros mss. partim nondum collatos recensuit scholiis Parisinis nunc primum integris ornavit prolegomenis adnotatione versione instruxit indices adjecit Joh. Car. Th. Otto. Cum 2 speciminibus (lith.) codicum mss. — Jena, Mauke, 1857, gr. in-8°. 277

Forme le T. VII du »Corpus Apologetarum christianorum sæculi secundi«.

Aubepas. — Voy. Revue de bibliographie analytique.

* **Aubépin** (H.). — M. G. Delisle, sa vie et ses ouvrages. — Paris, A. Durand, 1856, in-8°. 278

Extrait de la »Revue bibliographique et critique du droit français et étranger«, décembre-avril 1856.

Aubry (A.). — Voy. Bulletin du bouquiniste.

* **Audiat** (L.). — F. Péron (de Cérilly), sa vie, ses voyages, et ses ouvrages. — Moulins, imp. de Enaut, 1855, in-16. 279

* —. — Un fils d'Estienne Pasquier. Nicolas Pasquier, ... Etude sur sa vie et ses écrits. — Paris, Didier, 1876, in-8°. 280

* **Audiffredus** (J. B.). — Specimen historico-criticum editionum italicarum sæculi XV. in quo præter editiones ab

Orlandio, Mettario, Denisio, Lærio, et a nonnullis bibliographis recentioribus hactenus relatas plurimæ aliæ recensentur omnesque plenius uberiusque describuntur: non paucæ contra eorundem sententiam elucidantur: varia item ad historiam typographicam et bibliographicam spectantia interseruntur. Accedunt indices IV locupletissimi. — Romæ, in typogr. Paleariniano, 1794, in-4°. 281

Publié par Marianus de Romanis.

* **Audin.** — Histoire de la vie, des ouvrages et des doctrines de Calvin. Sixiéme édition. — Paris, Bray et Retaux, 1873, in-18. 282

* —. — Histoire de la vie, des ouvrages et des doctrines de Calvin. Nouvelle édition revue, corrigée et augmentée. — Paris, Maison, 1843, 2 vol. in-8°. 283

* — 5e éd. — Paris, L. Maison, 1850, 2 vol. in-8°.

* — 5e éd. — Paris, L. Maison, 1850, 2 vol. in-12.

* — 6e éd. — Paris, L. Maison, 1856, 2 vol. in-18.

—. — Voy. Stapleton (Th.). Histoire de Thomas More.

* — (S. L. G. E.). — Osservazioni bibliografico letterarie intorno ad una edizione sconosciuta del Morgante Maggiore di Luigi Pulci eseguita in Firenze nel 1482 colla descrizione d'un' edizione del Decamerone di Gio. Boccaccio che credesi eseguita nella stamperia di S. Jacopo di Ripoli circa il 1483. — Firenze, nella stamperia arcivescovile dalla croce rossa, 1831, in-4°, 20 p. 284

Tiré à 170 ex. dont 16 sur papier de couleur et 4 sur velin.

* **Audley** (M. A.). — Frédéric Chopin, sa vie et ses œuvres. — Paris, Plon, 1880, in-18. 285

* **Audouin** (V.). — Notice sur les recherches d'entomologie agricole de M. V. Audouin, suivie de la notice analytique de ses travaux anatomiques, physiologiques et zoologiques. 1818-1838. — Paris, Bachelier, 1838, in-4°, 22 p. 286

Auerswald (H. v.). — Voy. Kraus (Chr. J.). Encyklopädische Ansichten.

* **Aufrichtige Nachricht von den Jüdischen Lehrern**, und ihren zur Exegesi u. Antiquität gehörigen Schriften; auch, wie man mit ihnen von Glaubens-Sachen zu handeln: nebst einer kleinen Bibliotheca Rabbinica. Imgleichen, von denen radicibus der hebräischen Sprache, und einem deutlichen alphabeto literaturæ hebraicæ hieroglyphico. Zu einer Probe von des Autoris noch nicht edirten exegetischen Lexico an den Tag geleget. — Halle im Magdeburgischen, Klemm, 1730, in-8°. 287

Par Friederich Opfergelt.

* **Auger** (L. S.). — Notice sur la vie et les ouvrages de Mme de La Fayette. Notice sur la vie et les ouvrages de Mme de Tencin (Signé: L. S. Auger). — (S. l. n. d.) in-8°, 23 et 16 p. 288

Tirage à part des préliminaires des Oeuvres complètes de Mmes La Fayette, de Tencin et de Fontaines.

Augoyat. — Voy. Abrégé des services du maréchal de Vauban.

Auphan. — Voy. Roch, Exposé des titres et travaux scientifiques du Dr. Serre, d'Uzès.

* **Auriac** (E. d'). — Notice sur Vincent Voiture. Extrait de la »Revue française«. — Paris, imp. de S. Raçon, 1855, in-8°, 14 p. 289

* **Auriol, . . .** (A.). — Notice sur la vie et les travaux de J. F. Fédérici. — Rochefort, imp. de C. Thèze, 1860, in-8°, 11 p. 290

Aurivillius. — Voy. Warmholtz (C. G.) Bibliotheca historica sueo-gothica.

* **Ausländischer Journal-Katalog von F. A. Brockhaus'** Sortiment und Antiquarium in Leipzig. Neue mit einer

systematischen Uebersicht vermehrte Ausgabe 1863. — Leipzig, Druck von Brockhaus (1862), gr. in-8°, 32 p. 291

* **Ausonius** (M.). — Opera ad optimas editiones collata præmittitur notitia literaria studiis societatis Bipontinæ. Editio accurata. — Biponti, ex typographia societatis, 1785, in-8°. 292

Les pages XVIII-XXVIII contiennent un: »Index editionum D. Magni Ausonii auctior Fabricio Ernestino et in III ætates digestus«.

* **Ausstellung meist originaler Druckschriften zur Erläuterung der Reformations-Geschichte**, mit besonderem Bezug auf die deutsche und hallische Kirchenverbesserung. Veranstaltet zur 300jährigen evangelischen Jubelfeier der Stadt Halle im Examinations-Saale der Franckeschen Stiftungen. — Halle, Gebauer-Schwetschkesche Buchdruckerei, 1841, in-8°. 293

Réuni par Gustav Schwetschke.

* **Auswanderer-Bibliothek.** — Verzeichniss der seit den letzten 10 Jahren erschienenen Schriften und Charten für Auswanderer mit Angabe der Stärke, der Verleger, der Preise und einer Uebersicht nach den verschiedenen Ländern und Staaten. — Rudolstadt, Frœbel, 1852, in-8°, 33 p. 294

* **Autran** (A.). — Souvenirs sur la vie et les écrits de Paul Autran. — Marseille, imp. de Barlatier-Feissat, 1874, in-8°. 295

Auvray (L.). — Voy. Bellier de La Chavignerie. Dictionnaire général des artistes.

* **Avé-Lallemant** (Fr. Chr. B.). — Das deutsche Gaunerthum in seiner social-politischen, literarischen und linguistischen Ausbildung zu seinem heutigen Bestande. Mit zahlreichen Holzschnitten. — Leipzig, Brockhaus, 1858-1862, 4 vol. in-8°. 296

Avenarius. — Voy. Brockhaus. Catalogue général de la littérature française.

* **Avezac** (d'). — Ouvrages, mémoires, études et notices sur divers sujets d'érudition et de critique appartenant principalement à la géographie et à l'histoire, publiés ou communiqués à divers corps savants par M. d'Avezac. — Paris, imp. de A. Lainé et J. Havard, 1863, in-4°, 7 p. 297

* **Axenfeld.** — Candidature à une chaire de pathologie interne vacante à la faculté de médecine de Paris. Exposé des titres du Dr. Axenfeld, candidat. — Paris, imp. de Martinet (1866), in-4°, 4 p. 298

Axner (D.). — Voy. Gestrin (S.). Dissertatio de libris in typographia Wisingsburgensi impressis.

* **Axon** (W. E. A.). — John Ruskin; a bibliographical biography. — (Manchester, 1879), in-8°, 39 p. 299

Ext. des »Papers of the Manchester literary Club«. T. V, 1879.

* —. — The smallest books in the world: a bibliographical note. Reprinted from Notes and Queries, oct. 2, 1876. Not published. — Manchester, Guardian works, s. d., in-8°, 6 p. 300

* **Ayala** (M. d'). — Bibliografia militare-italiana antica e moderna, divisa in sette parti. I. Su le arti militari in generale. — II. Architettura militare e assedii. — III. Dell' artiglieria e de' suoi regolamenti. — IV. Marineria e regolamenti navali. — V. Medicina militare, arti e ordini cavallereschi. — VI. Letteratura militare. — VII. Legislazione, amministrazione, lessicografia e poligrafia. — Torino, dalla stamperia reale, 1854, in-8°. 301

Ayscough (S.). — A general index to the monthly review, from its commencement, to the end ot the seventieth volume. — London, printed for Griffiths, 1786, 2 vol. in-8°. 302

T. I. containing a catalogue of the books and pamphlets characterized, with the size and price of each article, and references to the reviews wherein the account of them, with the bookseller's names are inserted. To which is added a complet index of the names mentioned in the catalogue.

— T. II. containing an alphabetical index to all the memorable passages, many of which relate to discoveries and improvements in the sciences and arts for near forty years past; with literary anecdotes, critical remarks &c. &c. contained in the Monthly review during that period.

Ayscough (S.). — A continuation of the general index to the monthly review, commencing at the seeventy-first, and ending with the eighty-first volume; completing the first series of that work. Part I. containing a catalogue, with the size and price, of all the publications reviewed, with references to the reviews in which the accounts of them were inserted: followed by an alphabetical index of the names of authors, whose works occur in that catalogue. Part II. contains a general index to the remarkable passages, and to the papers contained in the transactions or memoirs of societies, foreign and domestic, occurring in the review during that period. — London, 1796, in-8°. 303

* **Azais** (G.). — Publications de la Société pour l'étude des langues romanes. Vincent de Bataille-Furé, poëte béarnais. — Montpellier, au bureau des publications de la Société, 1873, in-8°, 7 p. 304

* **Azeglio** (R. d'). — Notizie inedite e documenti intorno alla vita di Giovenale Boetto e di Carlo Antonio Porporati intagliatori piemontesi dei secoli XVII e XVIII, con note di Giovanni Vico. — Torino, tip. Roux e Favale, 1880, in-12. 305

* **Azevedo** (A.). — F. David, coup d'œil sur sa vie et son œuvre. — Paris, au Ménestrel, 1863, gr. in-8°. 306

* **Azur-Dutil**. — Lamartine, sa vie et ses ouvrages. — Paris, Azur-Dutil, 1862, in-8°, 31 p. 307

* 3e éd. — Paris, Azur-Dutil, 1863, in-8°, 32 p.

* **Baas** (J. H.). — Grundriss der Geschichte der Medicin und des heilenden Standes. Mit Bildnissen in Holzschnitt. — Stuttgart, Ferdinand Enke, 1876, in-8°. 308

Contient, pages 852-859: »Literatur«.

* **Bacchi della Lega** (A.). — Bibliografia dei vocaboli ne' dialetti italiani raccolti e posseduti da Gaetano Romagnoli, compilata. — Bologna, presso Gaetano Romagnoli, 1876, in-8° et Appendice de 22 p., 1877. 309

2a Edizione. — Bologna, tip. G. Romagnoli, 1879, in-4°.

—. — Voy. Razzolini. Bibliografia dei testi di lingua a stampa.

* **Bach**. — Titres scientifiques de M. le Dr. Bach pour établir sa candidature à la chaire de médecine opératoire. — Strasbourg, autogr. de C. Fasoli et Ohlman (1855), in-4°. 310

* **Bachmann** (J.). — Geschichte des evangelischen Kirchengesanges in Mecklenburg, insbesondere der Mecklenburgischen Gesangbücher. Ein hymnologischer Beitrag. Rectoratsprogramm für 1879-1880. — Rostock, Stiller, 1881, in-8°. 311

* **Backer** (A. de). — Bibliothèque des écrivains de la compagnie de Jésus, ou notices bibliographiques 1° de tous les ouvrages publiés par les membres de la compagnie de Jésus, depuis la fondation de l'ordre jusqu'à nos jours; 2e des apologies, des controverses religieuses, des critiques littéraires et scientifiques suscitées à leur sujet. — Liège, imp. de L. Grandmont-Donders, 1853-1861, 7 vol. in-4°. 312

* **Bacmeister** (H. L. Chr.). — Russische Bibliothek, zur Kenntniss des gegenwärtigen Zustandes der Literatur in Russland. — St. Petersburg, Hartknoch, 1772-1787, 11 vol. in-8°. 313

* —. — Essai sur la bibliothèque et le cabinet de curiosités et d'histoire

naturelle de l'académie des sciences de Saint Pétersbourg. — Imp. privilegiée de Weitbrecht et Schnoor, 1776, in-8°. 314

Baden (G. L.). — Dansk-norsk historisk Bibliothek, indeholdende Efterrotning om de Skrifter, som bidrage til Dans-Norsk Historiekundskab. — Odense, 1815, in-8°. 315

* —. — Fortegnelse paa de romerske og graeske Klassiker, som haves oversatte i det Danske Sprog. — Kjöbenhavn, 1816, Schultz, in-8°. 316

Badin. — Voy. Géographie départementale.

Badius. — Voy. The Ship of fools.

Baechtold (J.). — Voy. Bibliothek älterer Schriftwerke der deutschen Schweiz.

* **Baedeker** (K.). — Palestine et Syrie. Manuel du voyageur. Avec 18 cartes, 43 plans, un panorama de Jérusalem et 10 vues. — Leipzig, Karl Baedeker, 1882, in-18. 317

Contient, p. 129-132: »Indication sommaire d'ouvrages relatifs à Jérusalem et à la Palestine«.

Bähr (B.). — Digitalis purpurea in ihren physiologischen und therapeutischen Wirkungen unter besonderer Berücksichtigung des Digitalin mit Benutzung der gesammten medicinischen Literatur monographisch dargestellt. Gekrönte Preisschrift. — Leipzig, T. O. Weigel, 1859, in-8°. 318

Contient, p. 5—13: »Uebersicht der Geschichte und Literatur«. (122 art.)

Bährens (J. Chr. Fr.). — Anzeige der griechischen und lateinischen Klassiker. Mit vorläufigen Einleitungen und Nachrichten von dem Schicksal ihrer Schriften, Ausgaben und Uebersetzungen; nebst einer Uebersicht der Bearbeiter der gesammten Philologie. — Halle, Hendel, 1786, in-8°. 319

* **Bäumler** (P. W.). — Möglichst vollständiges, alphabetisches Verzeichniss der in Deutschland und andern Ländern herausgekommenen Dissertationen. Als Supplement zu Wilhelm Heinsius allgemeinem Bücher-Lexicon. Angefangen von Joh. Jac. Lechner, fortgesetzt von Paul Wolfgang Bäumler, — Nürnberg, Riegel und Wiessner, 1833, in-4°, T. I. 320

Avec cet autre titre: »Catalogus dissertationum cum veterum, tum recentiorum, varii argumenti, secundum literarum ordinem conscriptus opera P. W. Bæumleri. — Norimbergæ«.

* **Baillet** (A.). — Jugemens des savans sur les principaux ouvrages des auteurs. Revûs, corrigés et augmentés par M. de la Monnoye. — A Paris, chez Charles Moette, 1722, 7 vol. in-4°. 321

* —. — Nouvelle édition, augmentée 1° de l'Antî-Baillet de Menage, avec des observations de Mr. de la Monnoye; 2° des reflexions sur les jugemens des savans; 3° des reflexions sur la vie de Descartes par Baillet; 4° des jugemens des savans sur les maitres d'eloquence par Mr. Gibert. — Amsterdam, aux depens de la compagnie, 1725, 8 vol. in-4°. 322

Baillière (J. B.). — Voy. Bulletin bibliographique des sciences physiques.

* **Baillon** (H.). — Candidature à la chaire de botanique de la Faculté des sciences de Paris. Notice sur les travaux scientifiques de M. Baillon. — Paris, V. Masson et fils, 1860, in-4°, 34 p. 323

* —. — Candidature à la chaire d'histoire naturelle médicale de la Faculté de médecine de Paris. Titres et travaux scientifiques de M. H. Baillon. — Paris, imp. de E. Martinet, 1863, in-4°, 16 p. 324

* **Bailly** (V.). — Notice historique sur la vie et les travaux du Dr. Villar, — Grenoble, imp. de Maisonville, 1858, in-8°. 325

La couverture imprimée sert de titre.

* **Bain** (A.). — John Stuart Mill. A criticism: with personal recollections. — London, Longmans, Green, and Co., 1882, in-8°. 326

Baker (D. E.). — Biographia dramatica, or, a companion to the Playhouse: containing historical and critical memoirs, and original anecdotes, of British and Irish dramatic writers, from the commencement of our theatrical exhibitions amongst whom are some of the most celebrated actors. Also an alphabetical account of their works, the dates when printed, and occasional observations on their merits. Together with an introductory view of the rise and progress of the British stage. A new edition: carefully corrected; greatly enlarged, and continued from 1764 to 1782. — London, print. for Rivingstons, 1782, 2 vol. in-8°. 327

* **Balaeus** (J.). — Illustrium majoris Britanniæ scriptorum, hoc est: Angliæ, Cambriæ ac Scotiæ summariū, in quasdam centurias divisum . . . a Japheto, sanctissimi Noah filio, ad annum domini 1548. — Gippeswici, 1548, in-4°. 328

* —. — Scriptorum illustriū maioris Brytannie, quam nunc Angliam et Scotiam vocant: catalogus: a Japheto per 3618 annos, usq. ad annū hunc domini 1557 ex Beroso, Gennadio, Beda, Honorio, Bostono, Buriensi, Frumentario, Capgrauo, Bostio, Burello, Trissa, Tritemio, Gesnero, Joanne Lelando, atq. aliis authoribus collectus, et IX centurias continens: in quo antiquitates, origines, annales, loca, successus, celebrioraq. cujusq. scriptoris facta, dicta, consilia, scripta, obitus, et alia scitu non indigna recensentur, recta ubiq. annorū supputatione servata: ut inde tam reproborum, quam electorum Ecclesiæ ministrorū facta, mysteriis in S. Joannis Apocalypsi descriptis in stellis, angelis, equis, tubis, tonitruis capitibus, coronis, montibus, phialis ac plagis, per ætates ejusdem ecclesiæ singulas, historicè et aptè respondeant. Accedunt his, appendices, unà cum actis romanorum pontificum, quæ eorum adulatores, Carsulanus, Platina, Stella, et similes omiserunt. Accedunt et filiorum, monachorum suorum facta: præcipuè fraterculorum mendicantium, quos in quarta tertiæ classis sectione locustæ adumbrant. Atq. hæc appendices adjunctam habent tam piorum patrum, quàm antichristorū in ecclesiis quasi perpetuam successionem, cum rarissimis diversarum terrarum ac gentium historiis et exemplis: ex quibus apparebunt eorum adulteria, stupra, contentiones, seditiones, sectæ, invidiæ, fallaciæ, veneficia, homicidia, ac principum proditiones cum innumerabilibus imposturis. — Basileæ, apud Oporinum, 1557, in-fol.

Posterior pars, quinque continens centurias ultimas, quas author, Johannes Baleus Sudouolgius, Anglus, ex Lelando antiquario, aliisque probis authoribus, non parvo labore collegit. His addita sunt Adami, Sethi, Enochi, Noachi, aliorumque veteris Testamenti patrum scripta, ut sciant homines, ab initio mortalium semper fuisse in ecclesia scriptores. Adjectæ sunt et descriptiones Angliæ, Scotiæ, Hyberniæ, Hebridum atque Orchadum insularum, cum aliis lectu non injucundis: ut tota res, cursusq. negotii, certius et compertius ab omnibus qui Brytanniam non viderunt, cognosceretur. Accesserunt et indices utriusque partis totius hujus operis, tam rerum quam nominum præcipuè memorabilium, valde locupletes. — Basileæ, apud Oporinum, 1559, in-fol. 329

* **Balard**. — Notice sur les travaux scientifiques de M. Balard. — Paris, Bachelier, 1844, in-4°, 22 p. 330

La couverture imprimée sert de titre.

* **Balbin** (B.). — Bohemia docta, opus posthumum editum, notisque illustratum ab Raphaele Ungar. — Pragae, lit. C. R. ad S. Clementem, 1776-1780, 3 vol. in-8°. 331

* **Baldamus** (Ed.). — Die Erscheinungen der deutschen Literatur auf dem Gebiete der Bau-, Maschinen- und Eisenbahnkunde und des Telegraphenwesens 1865-1871. Alphabetisch geordnet und mit einem Sachregister versehen. — Leipzig, Hinrich's Verlag, 1872, in-8°. 332

* — id — 1870-1874. Mit Anhang: Bergbau- und Hüttenkunde. Alphabetisch geordnet und mit einem Sachregister versehen. — Dresden, Hinrich, 1875, in-8.
* — id. — 1875-1879. — Leipzig, Hinrich, 1880, in-8°.

* —. — Die Erscheinungen der deutschen Literatur auf dem Gebiete der katholischen Theologie 1870-1874. Systematisch geordnet und mit einem alphabetischen Register versehen. — Leipzig, J. C. Hinrich, 1875, in-8°. 333

* — id. —. 1875-1879. — Leipzig, Hinrich, 1881, in-8°

* —. — Die Erscheinungen der deutschen Literatur auf dem Gebiete der Kriegswissenschaft und Pferdekunde 1865-1871. Mit einem Anhange: Die wichtigsten Karten und Pläne Europa's. Systematisch und mit alphabetischem Register. — Leipzig, Hinrich, 1872, in-8°. 334

* — id. — 1870-1874. — Leipzig, Hinrich, 1875, in-8°.

* — id. — 1875-1879. — Leipzig, Hinrich, 1880, in-8°.

* —. — Die Erscheinungen der deutschen Literatur auf dem Gebiete der Medicin und Pharmacie 1871-1875. Alphabetisch geordnet und mit einem Materienregister versehen. — Leipzig, Hinrich, 1876, in-8°. 335

* —. — Die Erscheinungen der deutschen Literatur auf dem Gebiete der protestantischen Theologie 1870-1874. Systematisch geordnet und mit einem alphabetischen Register versehen. — Leipzig, J. C. Hinrich, 1875, in-8°. 336

* — id. — 1875-1879. — Leipzig, Hinrich, 1880, in-8°.

Baldamus (E.). — Die literarischen Erscheinungen des deutsch-französischen Krieges 1870. Verzeichniss aller in Deutschland mit Bezug auf den Krieg erschienenen Bücher, Karten und Pläne. — Leipzig, Hinrich, 1871, in-8°, 4 Abth. 337

—. — Die literarischen Erscheinungen der letzten 10 Jahre 1856 bis 1865 auf dem Gebiete der Forst- und Jagdwissenschaft. Alphabetisch und systematisch geordnet. — Prag, 1866, in-8°, 47 p. 338

* —. — Die literarischen Erscheinungen der letzten 5 Jahre 1866-1870 auf dem Gebiete der Forst-, Haus- und Landwirthschaft, sowie des Gartenbaues. Alphabetisch geordnet und mit einem Materienregister versehen. — Leipzig, Hinrich, 1871, in-8°. 339

* — id. — 1871-1875. Alphabetisch geordnet und mit einem Materien-Register versehen. — Leipzig, Hinrich, 1876, in-8°.

* —. — Die literarischen Erscheinungen der letzten 11 Jahre 1856-1866 auf dem Gebiete der Land- und Hauswirthschaft, sowie des Gartenbaues. Alphabetisch und systematisch geordnet. Prag, Verlag von C. Reichenecker, 1867, in-8°. 340

* —. — Die literarischen Erscheinungen der letzten 15 Jahre 1850 bis Juli 1865 auf dem Gebiete der Bau-, Maschinen- und Eisenbahnkunde. Alphabetisch und systematisch geordnet, 2. Auflage. — Prag, Satow, 1865, in-8°. 341

* —. — Die literarischen Erscheinungen der letzten 15 Jahre 1850-1864 auf dem Gebiete der Gewerbskunde. Alphabetisch und systematisch geordnet. — Prag, Satow, 1865, in-8°. 342

Zweite unveränderte Auflage. — Prag, Satow, 1866, in-8°.

* —. — Die literarischen Erscheinungen der letzten 20 Jahre auf dem Gebiete der Baukunde. — Leipzig, Steinacker, 1865, in-8°. 343

* **Baldamus** (E.). — Die literarischen Erscheinungen der letzten 20 Jahre 1845-1864 auf dem Gebiete der Kriegswissenschaft. Mit einem Anhange der wichtigsten Karten und Pläne Europa's aus dem letzten Jahrzehnt. Unter Mitwirkung mehrerer Offiziere alphabetisch und systematisch geordnet. — Prag, Satow, 1865, in-8°. 344

* —. — Schleswig-Holstein-Literatur. Verzeichniss der in den Jahren 1863 und 1864 mit Bezug auf die Herzogthümer und den deutsch-dänischen Krieg erschienenen Bücher, Karten und Pläne. — Prag, 1865, in-8°, 31 p. 345

* **Baldinger** (Ern. G.). — Introductio in notitiam scriptorum medecinæ militaris antehac edita nunc vero limitatior et additamentis ab auctore additis recusa. — Berolini, apud A. Weverum, 1764, in-8°. 346

* —. — Litteratura universa materiæ medicæ, alimentariæ, toxicologiæ, pharmaciæ, et therapiæ generalis, medicæ atque chirurgicæ, potissimum academica. — Marburgi, in officina nova libraria academiæ, 1793, in-8°. 347

—. — Russische physisch-medicinische Litteratur dieses Jahrhunderts. 1. Stück. Teutsche Aerzte und Naturforscher in Russland, von Peter I. bis Catharina II. — Marburg, neue academ. Buchhandlung, 1792, in-8°. 348

—. — Ueber Litterargeschichte der theoretischen und praktischen Botanik. — Marburg, neue akadem. Buchhandlung, 1794, in-8°. 349

* **Ball** (B.). — Exposé des titres de M. B. Ball, agrégé de la faculté de médecine de Paris. — Paris, imp. de Hennuyer, 1876, in-4°, 4 p. 350

— (J.). — A guide to the western Alps. With an article on the geology of the Alps by M. E. Desor. — London, Longman, 1863, in-8°. 351

Contient, p. CXXV-CXXXV; »List of works relating to the Alps and of Alpine maps«.

* **Ball** (B.). — A guide to the western Alps. New edition. — London, Longmans, Green and Co., 1877, in-8°. 352

Les pages XV-XXII contiennent une bibliographie de livres et de cartes sur les Alpes occidentales.

Ballard (G.). — Memoirs of several ladies of Great Britain, who have been celebrated for their writings or skill in the learned languages, arts, or sciences. — Oxford, 1752, in-4°. 353

* **Ballets**, opera et autres ouvrages lyriques par ordre chronologique depuis leur origine; avec une table alphabétique des ouvrages et des auteurs. — A Paris, chez Cl. J. Baptiste Bauche, 1760, in-4°. 354

* **Ballhorn** (L. G.). — De libris quibusdam rarioribus eorum maxime qui latinas litteras adamarunt cura aut cognitione dignis. Prolusio I (-IV). — Hannoveræ, prelo Pockwiziano, 1765-1770, 4 parties in-4°. 355

* **Ballot de Sovot**. — Eloge de Lancret, peintre du roi. Accompagné de diverses notes sur Lancret, de pièces inédites et du catalogue de ses tableaux et de ses estampes, réunis et publiés par J. J. Guiffrey. — Paris, J. Baur et Rapilly (1874), in-8°. 356

La couverture imprimée sert de titre. — Le titre gravé porte: »Nicolas Lancret, sa vie et son œuvre 1690-1743«.

* **Ballu** (R.). — Catalogue des œuvres de Th. Couture exposées au palais de l'industrie, précédé d'un essai sur l'artiste. — Paris, A. Quantin, 1880, in-18, 46 p. 357

* **Baltard**. — Institut impérial de France. Académie des beaux-arts. Notice sur la vie et les ouvrages d'Au-

gustin Caristie, lue dans la séance du 14 mai 1870. — Paris, imp. de Didot, 1870, in-4°, 26 p. 358

* **Bancelin-Dutertre** (H.). — Annuaire des imprimeurs et des libraires de France. — Paris, 1828 - 1845, in-8°. 359

Banchi (L.). — »Contributo alla storia dello studio di Perugia nei sec. XIV e XV di Guido Padelletti« rassegna bibliografica. — Firenze, tip. Cellini e C., 1875, in-8°, 16 p. 360

Ext. de »l'Archivio storico italiano«.

* **Bandelier** (Ad. F.). — Notes on the bibliography of Yucatan and Central America; comprising Yucatan, Chiapas, Guatemala (the ruins of Palenque, Ocosingo, and Copan), and Oakaca (ruins of Mitla). A list of some of the writers on this subject from the sixteenth century to the present time. From Proceedings of the american antiquarian society, october 21, 1880. Worcester, press of chas. — Hamilton, 1881, in-8°, 39 p. 361

* **Bandinel** (B.). — A classed catalogue of the books relating to British topography and Saxon and Northern literature, bequeathed to the Bodleian library in 1794 by Richard Gough. — Oxford, at the Clarendon press, 1814, in-4°. 362

* **Bandinius** (A. M.). — De Florentina iuntarum typographia eiusque censoribus ex qua græci, latini, tusci scriptores ope codicum manuscriptorum a viris clarissimis pristinæ integritati restituti in lucem prodierunt. Accedunt excerpta uberrima præfationum libris singulis præmissarum. — Lucæ, Typis Fr. Bonsignori, 1791, in-8°, Pars I. 363

* **Bandurus** (A.). — Bibliotheca nummaria, sive auctorum qui de re nummaria scripserunt, in νομισματοφιλων germanorum gratiam cum notulis et indicibus recusa atque dissertationibus virorum doctorum de hoc argumento præmissa curante Jo. Alberto Fabricio. — Hamburgi, apud C. Liebezeit et T. C. Felginer, 1719, in-4°. 364

* — Lutetiæ Parisiorum, 1718 in-fol.

Baptista (J.). — Bibliotheca scriptorum utriusque congregationis et sexus Carmelitarum excalceatorum collecta per Martialem a Jo. Baptista. — Burdigalæ, 1730, in-4°. 365

Bar (L.). — Das internationale Privat- und Strafrecht. — Hannover, Hahn, 1862, gr. in-8°. 366

Contient, p. XIII-XVIII: »Literatur».

Barack. — Voy. Katalog der Kaiserlichen Universitäts- und Landesbibliothek in Strassburg.

* **Barante** (B. de). — Académie de Clermont. Notice sur la vie et les ouvrages de M. le Cte de Montlosier, lue à la séance du 15 septembre 1842. — Clermont-Ferrand, imp. de Thibaud-Landriot, 1842, in-8°, 32 p. 367

* —. — La vie politique de M. Royer-Collard, ses discours et ses écrits. — Paris, Didier, 1861, 2 vol. in-8°. 368

* 2e édition. — Paris, Didier, 1863, 2 vol. in-18.

* **Barbaste**. — Titres scientifiques de M. le Dr. Barbaste. — Le Mans, imp. de Monnoyer, 1873, in-8°, 14 p. 369

* **Barbaut** (M.). — Vie de Samuel Richardson, avec l'examen critique de ses ouvrages. Traduit de l'anglais par J. I. Leuliette. Suivi d'un essai sur le caractère des romanciers. — Paris, 1808, in-8°. 370

* **Barbeau de la Bruyère**. — Liste générale et alphabétique des portraits gravés des françois et françoises illustres jusqu'en l'année 1775; dans laquelle on indique le nom des graveurs, le format des portraits, avec quelques remarques sur leur beauté et leur rareté. Extraite du tome IV de la Bi-

bliothèque historique de la France du P. Lelong, augmentée par Fevret de Fontette, et publiée par Barbeau de la Bruyère. — Paris, Debure, 1809, in-fol. 371

* **Barbié du Bocage** (V. A.). — Bibliographie annamite. Livres, recueils périodiques, manuscrits, plans. Extrait de la Revue maritime et coloniale. (Février, mai et août 1866.) — Paris, Challamel aîné, 1867, in-8°. 372

* —. — Madagascar possession française depuis 1642. Ouvrage accompagné d'une carte dressée par M. V. A. Malte-Brun. — Paris, Arthus Bertrand (1857), in-8°. 373

Les pages 347 - 363 renferment une: Notice bibliographique. (142 art.)

* **Barbier** (A. A.) — Dictionnaire des ouvrages anonymes et pseudonymes composés, traduits ou publiés en français, avec les noms des auteurs, traducteurs et éditeurs; accompagné de notes historiques et critiques. — Paris, imp. bibliographique, 1806-1809, 4 vol. in-8°. 374

* — seconde édition revue, corrigée et considérablement augmentée. —Paris, chez Barrois l'aîné, 1822-1827, 4 vol. in-8°.

* —. — Dictionnaire des ouvrages anonymes. Troisième édition, revue, et augmentée par MM. Olivier Barbier, René et Paul Billard. Suite de la seconde édition des Supercheries littéraires dévoilées par M. J. M. Quérard publiée par MM. Gustave Brunet et Pierre Jannet. Avec une table Générale des noms réels des écrivains anonymes et pseudonymes cités dans les deux ouvrages. — Paris, P. Daffis, 1872-1880, 4 vol. in-8°. 375

* —. — Dissertation sur soixante traductions françaises de l'Imitation de Jésus-Christ, dédiée à sa majesté l'impératrice et reine. Suivie de considérations sur la question relative à l'auteur de l'Imitation. — Paris, Lefèvre, 1812, in-12. 376

* **Barbier** (A. A.). — Notice bibliographique sur les diverses éditions des ouvrages de J. J. Rousseau et sur les principaux écrits relatifs à sa personne et à ses ouvrages. Quatrième édition, mise dans un nouvel ordre et augmentée par M. Louis Barbier et par M. Quérard. — Paris, typ. de Firmin-Didot, 1836, in-8°, 44 p. 377

Ext. de la »France littéraire« de M. Quérard.

* —. — Notice des principales éditions des fables et des œuvres de Jean de La Fontaine. — Paris, imp. de Rignoux, s. d., in-8°, 16 p. 378

* —. — Notice des principaux écrits relatifs à la personne et aux ouvrages de J. J. Rousseau. — Paris, de l'imprimerie de Me Hérissant le Doux, in-8°, 43 p. 379

Ext. des »Annales encyclopédiques« du mois de juillet 1818.

* —. — 3e édition revue, corrigée et augmentée. — (Paris), imp. de Jules Didot, 1823, in-8°.

* —. — Notice du catalogue raisonné des livres de la bibliothèque de l'abbé Goujet. — S. l. ni d., in-8°, 38 p. 380

* —. — Notice sur la vie et les ouvrages de David Durand. — (S. l. 1809), in-8°, 16 p. 381

Extrait du Magasin encyclopédique, année VIII, T. IV, p. 487.

* —. — Seconde édition revue corrigée et augmentée. — Paris, imp. bibliographique, 1809, in-8°, 23 p.

* —. — Notice sur la vie et les ouvrages de M. Louis Théodore Hérissant. — Paris, imp. de J. B. Sajou, 1812, in-8°, 29 p. 382

Extrait du »Magasin encyclopédique«, numéro de novembre 1812.

* —. — Notice sur la vie et les ouvrages de Thomas Guyot, traducteur français du XVIIe siècle. — Paris, imp. de J. B. Sajou, 1813, in-8°, 36 p. 383

Ext. du »Magasin encyclopédique«.

* **Barbier** (A. A.) et N. L. M. **Dessessarts.** — Nouvelle bibliothèque d'un homme de goût, entièrement refondue, corrigée et augmentée, contenant des jugemens tirés des Journaux les plus connus et des critiques les plus estimés, sur les meilleurs ouvrages qui ont paru dans tous les genres, tant en France que chez l'étranger jusqu'à ce jour. — Paris, A. Bertrand, (1808-1810), 5 vol. in-8°. 384

—. — Voy. Catalogue des livres qui doivent composer la bibliothèque d'un lycée.

* **Barbier** (L.). — Notice biographique et littéraire sur M. Antoine Alexandre Barbier. Extrait du tome IV du »Dictionnaire des ouvrages anonymes et pseudonymes«. — Paris, Barrois aîné, 1827, in-8°, 30 p. 385

* — 2e éd. — Melun, imp. de Michelin, 1834, in-8°.

Barclay (A.). — Voy. The Ship of fools.

* **Baret** (E.). — Ménage, sa vie et ses écrits. — Lyon, imp. de L. Perrin, 1859, in-8°, 36 p. 386

Ext. de la »Revue centrale des Arts en province«.

* **Baretti** (J.). — Italian library; containing an account of the lives and works of the most valuable authors of Italy. With a preface, exhibiting the changes of the tuscan language, from the barbarous ages to the present time. — London, Millard, 1757, in-8°. 387

* **Barghon de Fort-Rion.** — Etude critique et littéraire sur Baour-Lormian. — Paris, imp. Hennuyer, 1856, in-8°, 16 p. 388

* **Baring** (D. E.). — Succincta notitia scriptorum rerum Brunsvicensium ac Luneburgensium quotquot hactenus innotuerunt, et in lucem editi sunt. Accedit quoque recensio legum atque constitutionum terrarum brunsvico-luneburgicarum singularium, omnia justo ordine disposuit ac digessit. — Hanoveræ, Fœrster, 1729, in-8°. 389

* **Barjavel.** — Dictionnaire historique, biographique et bibliographique du département de Vaucluse. — Carpentras, Devillario, 1841, in-8°. 390

* — (C. F. H.). — Notice sur la vie et les écrits du Père Justin. — Carpentras, imp. de L. Devillario, avril 1859, in-8°, 43 p. 391

Tiré à 50 exemplaires.

* **Barker.** — The Drama recorded; or, Barker's list of plays, alphabetically arranged, exhibiting at one view, the tittle, size, date, and author, with their various alterations, from the earliest period, to 1814; to which are added, notitia dramatica, or a chronological account of events relative to the English stage. — London, Barker, 1814, in-8°. 392

Baron (J. L.). — Voy. Lesage de Samine.

* **Barotti** (G.). — Memorie istoriche de' letterati Ferraresi. — Ferrara, stamp. camerale, 1777, in-fol. 393

* **Barral.** — Note sur les titres et travaux scientifiques de M. Barral. — Paris, imp. de E. Duverger, 1849, in-8°, 3 p. 394

* **Barrantes** (D. V.). — Aparato bibliográphico para la historia de Extremadura. — Madrid, tip. Pedro Nuñez, 1875-1879, 3 vol. in-8°. 395

* —. — Catálogo razonado y critico de los libros, memorias y papeles, impresos y manuscritos, que tratan de las provincias de Extremadura así tocante á su historia, religion y geografia, como á sus antigüedades, nobleza y hombres célebres. Obra premiada por la biblioteca nacional en el concurso público de 1862, é impresa de real órden. — Madrid, imp. de Rivadeneyra, 1865, in-4°. 396

* **Barré de Saint-Venant** (A.). — Notice sur la vie et les ouvrages de

Pierre Louis Georges, comte du Buat. — Lille, imp. de Danel, 1866, in-8°. 397

* **Barré de Saint-Venant** (A.). — Notice sur les travaux et titres scientifiques de A. Barré de Saint-Venant. — Paris, imp. de Bachelier, (1850), in-8°, 5 p. 398

Barret (Fr.). — The lives of the alchemistical philosophers, with a catalogue of books in occult chemistry, and a selection of the most celebrated treatises on the theory and practice of the Hermetic art. — London, 1815, in-8°. 399

* **Bartels** (M.). — Biblionomia historico-politico-geographica, continens secundum seriem alphabeti omnium fere authorum nomina, qui de imperiis, regnis, rebus publicis, provinciis, insulis, urbibus, montibus, fluminibusque scripserunt. — Venetiis, 1682, in-12. 400

* **Barth.** — A MM. les professeurs de la faculté de médecine. — Paris, imp. de V. Goupy, (1866), in-4°. 401

Exposé des titres à l'appui de sa candidature à la chaire d'anatomie pathologique.

* —. — Exposé des titres de M. Barth. — Paris, imp. de Goupy, (1876), in-4°. 402

* —. — Exposé des titres du Dr. Barth. — Paris, imp. de W. Remquet, 1855, in-4°, 21 p. 403

* — (J. M.). — Mantissa in B. J. Alb. Fabricii bibliographiam antiquariam, sive introductionem in notitiam auctorum, qui antiquitates hebraicas, græcas, romanas, germanicas et christianas scriptis illustrarunt. — Ratisbonæ, apud fratres Zunkel, 1751, in-4°. 404

* **Barthélemy** (E. de). — Etude sur Jean Bodin, sa vie et ses travaux (1530-1596). — Paris, Sandoz et Fischbacher, 1876, in-8°. 405

Ext. du T. XIII, 3e série des »Annales de la Société académique de St. Quentin«. Tiré à 50 ex.

* **Barthélemy** (J. J.). — Mémoires sur la vie et sur quelques uns des ouvrages de... écrits par lui-même en 1792 et 1793. — Paris, imp. de Didot jeune, an VII, gr. in-4°. 406

Barthelmess (R.). — Bibliographie der Freimaurerei in America. (Nachtrag zu der Bibliographie des Br. Kloss.) — New-York, Druck von Teubner, 1856, in-8°. 407

Tiré à petit nombre.

* **Barthés et Lowell's**. — Bi-monthly list of newly imported popular foreign works; together with portions of their valuable and well selected stock of new and second-hand bound books in all departments of literature and the fine arts. — London, 1860-1864, in-8°. 408

* **Barthez** (E.). — Titres et travaux scientifiques de M. le docteur E. Barthez. — Paris, lith. de Dancan (1855), in-4°, 6 p. 409

* —. — Paris, imp. de Martinet, 1855, in-4°, 12 p.

* **Bartholinus** (A.). — Bibliotheca danica a Thoma Bartholino et J. Mollero aucta nunc denuo revisa et usque ad hæc tempora continuata. — Hamburgi, sumptibus S. Heylii, 1716, in-8°. 410

* —. — De scriptis Danorum, liber posthumus, auctior editus a fratre Thoma Bartholino. — Hafniæ, sumptibus Haubold, 1666, in-8°. 411

* —. — De scriptis Danorum liber posthumus, anno 1666 auctior editus a fratre Thoma Bartholino; nunc denuo accurate recensitus, passim emendatus et supplementis plurimis actus atque illustratus a Johanne Mollero Flensburgensi; cujus etiam seorsim accedunt observationes ad eundem prolexiores. (Supplementa, huic editioni adjecta, typorum diversitas a textu autoris distinguit.) — Hamburgi, sumptibus Goth. Liebezeitii, 1699, in-8°. 412

Bartholinus (Th.). — De bibliothecæ incendio dissertatio ad filios. — Hafniæ, Haubold, 1670, in-8°. 413

Contient, pages 56—110: »une table des écrits imprimés et manuscrits de Bartholinus«.

* **Bartlett** (J. R.). — Bibliography of Rhode Island. A catalogue of books and other publications relating to the state of Rhode Island, with notes, historical, biographical and critical. — Providence, Alfred Anthony, 1864, in-4°. 414

* —. — Bibliotheca Americana. A catalogue of books relating to north and south America in the library of the late John Carter Brown of Providence, R. J. With notes. — Providence, 1871-1875, 4 vol. in-4°, 25 p. 415

Comprend les ouvrages publiés de 1482 à 1800. — Tiré à 50 ex. non mis dans le commerce.

* — (Th.). — Memoirs of the life, character, and writings of Joseph Butler, late Lord Bishop of Durham. — London, J. W. Parker, 1839, in-8°. 416

* **Barton** (G. B.). — Literature in New South Wales. — Sydney, Th. Richards, 1866, in-8°. 417

* **Bartsch** (Ad. de). — Catalogue raisonné de l'œuvre d'estampes de Martin de Molitor. — Nuremberg, Frauenholz, 1813, in-8°. 418

* —. — Catalogue raisonné de toutes les estampes qui forment l'œuvre de Lucas de Leyde. — Vienne, Degen, 1798, in-8°. 419

* — (A.). — Catalogue raisonné de toutes les estampes, qui forment l'œuvre de Rembrandt et ceux de ses principaux imitateurs. Composé par les sieurs Gersaint, Helle, Glomy et P. Yver. Nouvelle édition entièrement refondue, corrigée et considérablement augmentée. — Leipzig, Danz, 1880, gr. in-8°. 2 parties avec planches. 420

Réimpression textuelle de l'édition de 1797.

Bartsch (A.). — Le peintre graveur. — Vienne, imp. Degen, 1803-1821, 21 vol. in-8°. 421

Des suites ont été publiées par Robert-Dumesnil, Weigel, Heller, Pr. de Baudicour, Passavant, Andresen, Nagler.

* — (Fr.). — Catalogue des estampes de J. Adam de Bartsch. — Vienne, Tendler, 1818, in-8°. 422

—. (K.). — Voy. Koberstein, Grundriss der Geschichte der deutschen National-Litteratur.

* **Baruffaldi** (G.). — Della tipografia ferrarese dall' anno 1471 al 1500 saggio letterario bibliografico. — In Ferrara, per Giuseppe Rinaldi, 1777, in-8°. 423

* **Baruffaldus** (H.). — Dissertatio de poetis Ferrariensibus in qua non tantum præcipuorum poetarum, sed et illorum quorum opera, vel deperdita sunt, vel diffusa apparent, exactissima datur notitia, una cum eorum operum distincta enucleatione. — Ferrariæ, typis Bernardini Pomatelli, 1698, in-4°. 424

* **Baseggio** (G. B.). — Della vita e degli scritti di Giuseppe Barbieri. — Bassano, 1853, in-8°, 24 p. 425

* **Bassi** (A). — Pellerinaggio storico e descrittivo di Terra-Santa. — Torino, tip. subalpina, 1857, 2 vol. gr. in-8°. 426

Les pages 233-241 du T. I, contiennent une bibliographie de la Palestine.

* **Bataillard** (Ch.). — Martial de Paris, dit Martial d'Auvergne (Martialis Arvernus); notice sur sa vie et ses ouvrages. — Caen, A. Hardel, 1862, in-8°, 38 p. 427

Ext. des »Mémoires de l'Académie de Caen«.

Batines (Colomb de). — Voy. Colomb de Batines.

* **Bauchart** (E. Q.). — 1864-1874: Mes livres. — Paris, Damascène Morgand et Charles Fatout, 1877, in-8°. 428

* **Baudelot** (E.). — Notice sur les travaux de M. E. Baudelot. — Nancy, imp. de Berger-Levrault, 1873, in-4°, 36 p. 429

* **Baudens.** — Notice sur les travaux de M. Baudens. — Paris, imp. de Plon fr., 1854, in-4°, 8 p. 430

La couverture imprimée sert de titre.

* **Baudicour** (Pr. de). — Le Peintre-Graveur français continué, ou catalogue raisonné des estampes gravées par les peintres et les dessinateurs de l'école française nés dans le XVIIIe siècle, ouvrage faisant suite au Peintre-Graveur français de Robert-Dumesnil. — Paris, Me. Bouchard-Huzard, 1859, 2 vol. in-8°. 431

* **Baudot.** — Le docteur Bazin, sa vie et ses œuvres. Extrait des »Archives générales de médecine«, no. de février 1879. — Paris, Asselin, 1879, in-8°, 32 p. 432

* **Baudrimont** (A.). — Note des titres, travaux et publications scientifiques, agricoles et industrielles de M. A. Baudrimont. — Batignolles, imp. de Hennuyer (1849), in-8°, 8 p. 433

* —. — Notice analytique des travaux et publications scientifiques de M. A. Baudrimont. — Bordeaux, imp. de Gounouilhou, 1853, in-4°, 17 p. 434

* —. — Travaux et publications de A. Baudrimont. — Bordeaux, imp. de Gounouilhou, 1869, in-4°. 435

* — (E.). — Titres et travaux scientifiques de M. Ernest Baudrimont. — Paris, imp. de Thunot, 1867, in-4°, 20 p. 436

* **Bauer** (J. J.). — Bibliotheca librorum rariorum universalis. Oder vollständiges Verzeichniss rarer Bücher, aus den besten Schriftstellern mit Fleiss zusammen getragen und aus eigener vieljährigen Erfahrung vermehret. — Nürnberg, bey Martin Jacob Bauer, 1770-1791, 7 vol. in-8°, dont 3 de supplément. 437

La moitié de l'ouvrage et les suppléments sont de Bernhard Friederich Hummel.

Baumer (J. W.). — Bibliotheca chemica. — Giessæ, Krieger, 1782, in-8°. 438

* **Baumgarten** (H.). — Vor der Bartholomäusnacht. — Strassburg, K. J. Trübner, 1882, in-8°. 439

Les p. XIII-XVI contiennent la bibliographie. (72 art.)

* **Baumgartner** (A.). — Joost van den Vondel, sein Leben und seine Werke. Ein Bild aus der Niederländischen Literaturgeschichte. Mit Vondels Bildniss. — Freiburg im Breisgau, Herder, 1882, in-8°. 440

* **Bauquier** (J.). — Bibliographie de la chanson de Roland. — Heilbronn, Henninger frères, 1877, in-16, 24 p. 441

Baur (E. Chr.). — Primitiæ typographicæ Spirenses, oder Nachrichten von der ersten und berühmten Drachischen Buchdruckerey in der Reichsstadt Speyer und denen in dem XVten bis zu Anfang des XVIten seculi daselbst gedruckten merckwürdigen Büchern, wie auch dem ersten und raren Speyrischen Neuen Testament mitgetheilet. — Speyer, Zeuner, 1764, in-8°. 442

—. (S.) — Allgemeines historisches Wörterbuch aller merkwürdigen Personen, welche in dem letzten Jahrzehend des 18ten Jahrhunderts gestorben sind. — Ulm, 1803, in-8°. 443

—. — Neues historisch-biographisch-literarisches Handwörterbuch, von der Schöpfung der Welt bis zum Schlusse des 18ten Jahrhunderts. — Ulm, 1807-1810, 5 vol. in-8°. 444

* **Baxter et l'Angleterre religieuse** de son temps. — Paris, L. R. Delay, 1840, in-8°. 445

Contient, pages 399-406: »Nombre et classification de ses écrits«.

* **Bayard** (H.). — Titres scientifiques du docteur H. Bayard. — (Paris), imp. de Renouard (1845), in-8°, 4 p. 446

* **Bayeux fils (G. F. Ov.).** — Notice sur la vie et les ouvrages de feu M. Bayeux, ... Cet ouvrage a été lu dans une des séances particulières de l'académie de Caen. — Paris, imp. de Porthmann, an XII. 1803, in-8°, 38 p. 447

* **Bayle.** — Notice sur les travaux scientifiques de M. Bayle, candidat à la chaire de paléontologie du Muséum d'histoire naturelle. — Paris, imp. de L. Martinet, 1857, in-8°, 15 p. 448

* —. — Supplément à la liste des travaux scientifiques de M. Bayle. — Paris, imp. de Gaittet (1855), in-4°, 8 p. 449

La couverture imprimée sert de titre.

* —. — Notice historique sur la vie et les ouvrages de G. L. Bayle... Extrait du Traité des maladies cancéreuses. — Paris, imp. de Béthune, Belin et Plon, 1834, in-8°. 450

* — (A. L. J.). — Titres et travaux scientifiques de A. L. J. Bayle ... à l'appui de sa candidature à l'académie impériale de médecine (section de thérapeutique et d'histoire naturelle médicale). — Paris, Plon fr. (1852), in-4°, 7 p. 451

* —. — Paris, H. Plon, 1856, in-4°, 24 p. La couverture imprimée sert de titre.

* **Bayle-Mouillard.** — Eloge de Joseph Marie Baron de Gérando, ... ouvrage qui a partagé le prix proposé par l'Académie de Lyon. — Paris, J. Renouard, 1846, in-8°. 452

Bazin. — Chine moderne ou description historique, géographique et littéraire de ce vaste empire d'après les documents chinois. — Paris, Firmin Didot, 1837-1853, 2 vol. in-8°. 453

* **Beaulieu.** — Notice sur la vie et les ouvrages de C. N. Allou. — Paris, imp. d'E. Duverger, 1846, in-8°, 8 p. 454

Extrait des »Mémoires de la Société royale des Antiquaires de France«.

* —. — Notice sur la vie et les travaux de J. C. F. Ladoucette ... (Extrait de »l'Annuaire de la Société des antiquaires de France«, pour 1849). — Paris, imp. de Crapelet, 1849, in-18, 12 p. 455

* Paris, imp. de Crapelet, 1849, in-8°, 14 p.

* **Beaumarchey.** — Classement et titres sommairement expliqués de divers travaux philosophiques, littéraires et scientifiques imprimés, manuscrits ou autres de L. Beaumarchey. (Oeuvres et projets de vulgarisation). — Paris, Garnier frères, 1866, in-8°. 456

* **Beaumont** (E. de). — Institut impérial de France. Académie des sciences. Eloge historique d'Auguste Bravais lu à la séance publique annuelle du 6 février 1865. — Paris, imp. de Didot, 1865, in-4°. 457

* —. — Notice sur les travaux scientifiques de son Altesse le prince Charles Lucien Bonaparte. — Paris, imp. de Seringe, 1866, in-8°, 22 p. 458

La couverture imprimée sert de titre.

* **Beaupré** (J. N.). — Notice bibliographique sur les livres de liturgie des diocèses de Toul et de Verdun, imprimés au XVe siècle et dans la première moitié du XVIe. — Nancy, imp. Raybois, 1843, in-8°. 459

* —. — Nouvelles recherches de bibliographie lorraine. 1500-1550. — Nancy, Grimblot et veuve Raybois, 1853, in-8°. 460

* —. — Recherches historiques et bibliographiques sur les commencements de l'imprimerie en Lorraine et sur les progrès jusqu'à la fin du XVIIe siècle.

— Saint Nicolas de Port, imp. Trenel, 1845, in-8°. 461

Tiré à 300 ex.

* **Beaupré** (J. N.). — Recherches sur les commencements et les progrès de l'imprimerie dans le duché de Lorraine, le Barrois et les villes épiscopales de Toul et de Verdun. — Nancy, imp. de Raybois, 1842, in-8°. 462

Beauregard (Reveillé de). — Voy. Reveillé de Beauregard.

Beauvois (E.). — Voy. Allen (C. F.) Histoire de Danemark.

Beccaria (C.). — Dei delitti e delle pene. — Brescia, Bettoni, 1807, in-4°. 463

Contient, pages 149-158: »Catalogo delle edizioni e traduzioni del trattato dei delitti e delle pene raccolte da Giulio Beccaria«.

Beck (Chr. D.). — Akademische Programme: accessionum ad Fabricii bibliothecam græcam spec. I-II. — — Lipsiæ, litt. Rueckmannianis, 1827-1828, in-4°, 18 et 19 p. 464

—. — Artis latine scribendi præcepta suis scholis proposuit. — Lipsiæ, Leupold, 1801, in-8°. 465

—. — Commentarii de litteris et auctoribus græcis atque latinis scriptorumque editionibus. Pars I. Historiam litterarum græcarum et scriptorum græcorum complectens. Sectio I. — Lipsiæ, Fleischer, 1789, in-8°. 466

* —. — Monogrammata Hermeneutices librorum novi fœderis. — Lipsiæ, apud E. B. Schwickertum, 1803, in-8°. Pars prima. 467

— (J. L. G.). — Indicis codicum et editionum juris Justinianei prodromus. — Lipsiæ, Weidmann, 1823, gr. in-8°. 468

Mentionne 1428 éditions de 1468 à 1822.

* **Becker** (A. G.). — Literatur des Demosthenes. — Quedlinburg, Becker, 1830, gr. in-8°. 1. Abth. 469

Literatur des Demosthenes. 2. Abtheilung. Nachträge und Fortsetzung der Literatur vom Jahre 1830 bis zum Schlusse des Jahres 1833. Nebst Register. — Quedlinburg, Becker, 1834, gr. in-8°.

A aussi cet autre titre: »Demosthenes als Staatsbürger, Redner und Schriftsteller ...«

Becker (C.). — Jobst Amman, Zeichner und Formschneider, Kupferätzer und Stecher. Nebst Zusätzen von R. Weigel. Mit 17 Holzschnitten und Register. — Leipzig, R. Weigel, 1854, in-4°. 470

— (C. F.). — Die Choralsammlungen der verschiedenen christlichen Kirchen. Chronologisch geordnet. — Leipzig, Fleischer, 1845, in-8°. 471

* —. — Systematisch-chronologische Darstellung der musikalischen Literatur von der frühesten bis auf die neueste Zeit. Nebst einem Anhang: Choralsammlungen aus dem 16., 17. und 18. Jahrhundert. Nachtrag. — Leipzig, Verlag von Robert Friese, 1839, in-4°. 472

* —. — Die Tonwerke des XVI. und XVII. Jahrhunderts oder systematisch-chronologische Zusammenstellung der in diesen zwei Jahrhunderten gedruckten Musikalien. Nebst dem Portrait des Verfassers. — Leipzig, Ernst Fleischer, 1847, gr. in-4°. 473

— — Zweite mit einem Anhange vermehrte Ausgabe. — Leipzig, Fleischer, 1855, gr. in-4°.

* — (J. H.). — Versuch einer allgemeinen und besondern Nahrungsmittelkunde. Mit einer Vorrede von Dr. S. G. Vogel. — Stendal, bei Franzen und Grosse, 1810-1822, 5 vol. in-8°. 474

Beckmann (J.). — Anleitung zur Handlungswissenschaft, vornehmlich zum Gebrauche derer, welche sich mit Polizey, Cameralwissenschaft, Geschichte und Statistik beschäftigen wollen. Nebst Entwurf zur Handlungsbibliothek. — Göttingen, Vandenhœck und Ruprecht, 1789, in-8°. 475

* —. — Litteratur der älteren Reisebeschreibungen. — Göttingen, bey Joh. Fr. Röwer, 1808-1809, 3 vol. in-8°. 476

* **Béclard** (J.). — Eloge de M. Cruveilhier, prononcé le 4 mai 1875, dans la séance publique annuelle de l'Académie de médecine. — Paris, Masson, 1875, in-4°, 21 p. 477

* **Becq de Fouquières** (L.). — Isidore Alexandre Auguste Fils, sa vie et ses œuvres. — Paris, Charpentier, 1876, in-4°. 478

*—. — Lettres critiques sur la vie, les œuvres, les manuscrits d'André Chénier. — Paris, Charavay frères, 1881, in-16. 479

* **Becquerel** (E.). — Notice sur les travaux scientifiques de M. Edmond Becquerel. — Paris, imp. de F. Didot frères, fils et Cie., 1859, in-4°, 48 p. 480

* —. — Paris, imp. de Lainé et Havard, 1863, in-4°.

* **Beelitz** (C.). — Architectur-Katalog. Verzeichniss der vorzüglichsten Werke aus dem Gesammtgebiete des Bau- und Ingenieurwesens. Fünfte neu bearbeitete Auflage. Mit 39 in den Text gedruckten Holzschnitten. — Berlin, Riegel, 1861, in-8°. 481

* **Beer** (G. J.). — Bibliotheca ophtalmica, in qua scripta ad morbos oculorum facientia a rerum initiis usque ad finem anni 1797 breviter recensentur. — Vindobonæ, sumtibus Caroli Schaumburg, 1799, 3 vol. in-4°. 482

Avec cet autre titre: »Repertorium aller bis zu Ende des Jahres 1797 erschienenen Schriften über die Augenkrankheiten. — Wien, bei Carl Schaumburg, 1799.

* **Bégat** (Pr.). — Notice sur l'imprimerie à Nevers. — Nevers, imp. Bégat, 1864, in-8°. 483

* **Bégin**. — Appendice à l'exposé des titres de M. Bégin. — Paris, imp. de L. Martinet (1858), in-4°. 484

* —. — Exposé des travaux et des titres de L. J. Bégin, ... soumis à l'Académie royale des sciences de l'Institut. —(Paris), imp. de Moquet et Hauquelin, 1842, in-4°, 8 p. 485

* **Bégin**. — Notice sur les titres, les services et les travaux scientifiques du docteur L. J. Bégin. — Paris, imp. de L. Martinet, 1857, in-4°. 486

* **Béhier**. — Exposé des titres et travaux scientifiques de M. Béhier. — Paris, imp. de Hennuyer, 1864, in-4°, 18 p. 487

* —. — Paris, imp. de Hennuyer, 1866, in-4°, 19 p.

* —. — Titres et travaux scientifiques de M. Béhier. — Paris, imp. de Hennuyer, 1855, in-4°, 7 p. 488

Behrens (W. J.). — Voy. Botanisches Centralblatt.

Beise (Th.). — Voy. Recke (J. Fr.). Allgemeines Schriftsteller-Lexikon.

Bekker (E. J.). — Voy. Jahrbuch des gemeinen deutschen Rechts.

* **Bélanger**. — Note des travaux scientifiques de M. Bélanger. — (Paris), imp. de Bachelier (1843), in-4°, 5 p. 489

* **Belga** (P. L.). — Carmelitana bibliotheca, sive illustrium aliquot carmelitanæ religionis scriptorum, et eorum operum cathalogus. Jampridem a magno et incomparabili viro d. Joanne Trithemio ordinis sancti Benedicti abbate luculenter congestus: tandem centesimo pòst anno magna ex parte auctus, recognitus, et annotationibus illustratus, ac optimo ordine alphabetico digestus. — Florentiæ, apud Marescottum, 1593, in-4°. 490

* —. — Encomiasticon Augustinianum in quo personæ ord. Eremit. s. p. n. Augustini sanctitate, prælatura, legationibus, scriptis etc. præstantes enarrantur. — Bruxellis, apud Vivienum, 1654, fol. 491

* **Belgrand**. — Notice sur les travaux scientifiques de M. Belgrand. — Paris, imp. de Cusset, juillet 1871, in-4°, 27 p. 492

* **Belhomme**. - Académie de médecine. Candidature du Dr. Belhomme, dans la section d'anatomie pathologique. — Paris, imp. de Malteste, 1872, in-4°, 11 p. 493

* **Belin**. — Bibliographie ottomane, ou Notices des livres turcs imprimés à Constantinople durant les années 1284 et 1285 de l'hégire. — Paris, Challamel aîné, 1869, in-8°, 35 p. 494

— id. — années 1281, 1282 et 1283 de l'hégire. — Paris, Challamel, 1868, in-12.

*— id. — années 1286 et 1287 de l'hégire. — Paris, imp. nationale, 1872, in-8°, 37 p.

*— id. — années 1288 et 1289 de l'hégire. — Paris, imp. nationale, 1873, in 8°, 46 p.

*— id. — années 1290 et 1293 de l'hégire. — Paris, imp. nationale, 1877, in-8°.

Ext. du »Journal asiatique«.

*—. — Notice nécrologique et littéraire sur M. Jean Joseph Marcel. — Paris, imp. impériale, 1854, in-8°, 12 p. 495

Ext. du »Journal asiatique« n°. 7 de 1854.

* **Belin** (F. A.). — Notice biographique et littéraire. — Constantinople, imp. de Zellich, 1875, in-8°, 25 p. 496

* **Bellanger** (P.). — Jacques Savary. Sa vie et ses ouvrages. — Angers, 1857, in-8°. 497

* **Bellarminus** (R.). — De scriptoribus ecclesiasticis liber unus. Cum adjunctis indicibus undecim et brevi chronologia ab orbe condito usque ad annum MDCXII. Editio recognita et ab autore ipso auctior facta. — Lugduni, sumptibus H. Cardon, 1513, in-4°. 498

* —. — De scriptoribus ecclesiasticis liber unus. Adjunctis indicibus undecim et brevi chronologia ab orbe condito usque ad annum 1612. Ultima editio ab auctore aucta et recognita. — Lutetiæ Parisiorum, sumptibus S. Cramoisy, 1631, in-8°. 499

* **Bellarminus** (R.). — Lutetiæ Parisiorum, sumptibus S. Cramoisy. 1644. in-8°.

* —. — Ultima editio à mondis præcedentium sedulo ac diligenter expurgata. Cum appendice philologica et chronologica R. P. Philippi Labbe. — Parisiis, ex officina cramosiana, 1658, in 8°.

* —. — De scriptoribus ecclesiasticis liber unus. Cum adjunctis indicibus undecim et brevi chronologia ab orbe condito usque ad annum 1613. Editio ultima. — Lugduni, sumptibus M. Mayer, 1675, in-8°. 500

* **Bellecombe** (de). — Notice sur les grands travaux historiques de M. André de Bellecombe. Travaux admis à l'Exposition universelle de 1878, groupe II, classe 9. — Clermont (Oise), imp. de Daix (1878), in-8°, 24 p. 501

La couverture imprimée sert de titre.

Bellepierre de Neuve-Eglise (L. J.). — Voy. Catalogue hebdomadaire des livres nouveaux qui se publient en France.

* **Belleval** (R. de). — Etude sur la vie et les œuvres de Louis Charles de Belleval. — Paris, Dumoulin, 1875, in-8°, 32 p. 502

* **Bellier de La Chavignerie** (E.). — Biographie et catalogue de l'œuvre du graveur Miger, son portrait avec facsimile de son écriture. Réimpression de sa Lettre à M. Vien; ouvrage suivi de plusieurs tables. — Paris, J. B. Dumoulin, 1856, in-8°. 503

* —. — Recherches historiques, biographiques et littéraires sur le peintre Lantara; avec la liste de ses ouvrages, son portrait et une lettre apologétique de M. Couder. — Paris, J. B. Dumoulin, 1852, in-8°. 504

—. — Voy. Manuel bibliographique du photographe français.

Benecke (G. Fr.). — Voy. Müller (W.). Mittelhochdeutsches Wörterbuch.

Benedict (J.). — Weber.

Voy. The Great musician.

* **Benestor Lunel** (Ad.). — Résumé analytique des principaux travaux scientifiques et littéraires du docteur Adolphe Benestor Lunel, présenté pour sa candidature à l'académie impériale des sciences, belles-lettres et arts de Bordeaux. — Paris, chez l'auteur, 1859, gr. in-8°, 31 p. 505

* — Paris, imp. de Gaittet, 1864, in-8°.

* **Bengesco** (G.). — Voltaire. Bibliographie de ses œuvres. — Paris, 1882, in-8°. T. I. 506

* **Benjakob** (J. A.). — Ozar hasepharim; thesaurus librorum hebraicorum tam impressorum quam manuscriptorum. — Wilna, 1880, gr. in-8°, en 3 parties. 507

Benkert (K.). — Voy. Kertbeny. Volksliederquellen in der deutschen Litteratur.

* **Benoist** (E.). — Notice sur les travaux historiques et philologiques de M. E. Benoist. — Lyon, imp. de Perrin, 1867, in-8°, 8 p. 508

* **Benoit** (Ch.). — Chateaubriand, sa vie et ses œuvres, étude littéraire et morale. — Paris, Didier, 1865, in-18. 509

* — (J.). — Exposé des titres antérieurs de M. le docteur Benoit (Justin). — Montpellier, imp. de Bœhm (1850), in-4°, 17 p. 510

* —. — Montpellier, imp. de Bœhm, 1852, in-4°, 23 p.

* — (R.). — Grades et titres scientifiques du Dr. René Benoît. — Montpellier, imp. de Bœhm (1877), in-8°, 6 p. 511

* **Benson** (R.). — Memoirs of the life and writings of the rev. Arthur Collier, from a. d. 1704 to a. d. 1732. With some account of his family. — London, printed by Edward Lumley, 1837, in-8°. 512

* **Bent's literary advertiser**, and register of engravings, works on the fine arts, etc. — London, 1802—1860, in-4°. 513

* **Benvenuti** (L.). — Bibliografia Atestina: saggio. — Bologna, Nicola Zanichelli, 1881, in-8°. 514

Tiré à 300 ex.

Benzian (J.) — Voy. Hebräische Bibliographie.

Béraldi (H.). — Voy. Portalis (R.). Les graveurs du XVIIIe siècle.

* **Bérard**. — Exposé des titres de M. Bérard pour une place vacante à l'Académie royale de médecine (section de médecine opératoire). — Paris, imp. de Everat, 1er décembre 1837, in-8°, 3 p. 515

A 2 colonnes.

— (A. S. L.). — Voy. Essai bibliographique sur les éditions des Elzévirs les plus précieuses.

* **Béraud** (B. J.). — Notice sur les titres et les travaux de M. B. J. Béraud. — Paris, imp. de L. Martinet, 1er novembre 1856, in-4°, 15 p. 516

* **Bérenger** (Ad. di). — Saggio storico della legislazione Veneta forestale dal sec. VII al XIX. — Venezia, Ebhardt, 1863, gr. in-8°. 517

Contient, p. 131-135: »Bibliografia forestale italiana moderna«.

* **Bérenger-Féraud** (L. J. B.). — Notice sur les services et les travaux scientifiques de M. L. J. B. Béranger-Féraud. — Paris, imp. de Goupy, mai, 1875, in-4°, 23 p. 518

Berg (E. de). — Additamenta ad thesaurum literaturæ botanicæ index librorum botanicorum bibliothecæ Horti imperialis botanici petropolitani quorum inscriptiones in G. A. Pritzelii thesauro literaturæ botanicæ et in additamentis ad thesaurum illum ab Ernesto Amando

Zuchold editis desiderantur. — Halis, typis Plœtzianis, 1859, in-8°, 40 p. 519

Extrait de la »Zeitschrift f. d. gesammten Naturwissenschaften, herausgegeben von dem Naturw. Vereine für Sachsen und Thüringen in Halle, redigirt von C. Giebel und W. Heintz«, T. XII, p. 207-244. — Il a paru en outre: »Index II (-III). Petropoli. typ. Academiæ cæs. scient. 1862-1864, in-8°.

* **Berg** (E. de). — Catalogus systematicus bibliothecæ horti imperialis botanici Petropolitani. — Petropoli, typis academiæ cæsar. scientiar., 1852, gr. in-8°. 520

Tiré à 200 ex.

* —. — Repertorium der Literatur über die Mineralogie, Geologie, Paläontologie, Berg- und Hüttenkunde Russlands bis zum Schluss des XVIII. Jahrhunderts. Gedruckt auf Kosten der kais. mineralogischen Gesellschaft. — St. Petersburg, Buchdruckerei der kaiserlichen Akademie der Wissenschaften, 1862, in-8°. 521

Berger (A.). — Voy. Allgemeine Presszeitung.

* **Berger** (Ch.) et H. **Rey.** — Répertoire bibliographique des travaux des médecins et des pharmaciens de la marine française, 1696-1873; suivi d'une table méthodique des matières. — Paris, J. B. Baillière, 1874, in-8°. 522

Appendice aux »Archives de médecine navale«.

* **Berger** (E.). — Essai sur la vie et les ouvrages de Beaumarchais. — Angers, imp. de Cosnier et Lachèse, 1847, in-8°. 523

* — (J. E.). — Diatribe de libris rarioribus, horumque notis diagnosticis. Accedit mantissæ loco, scriptorum Marchiæ Brandenburgicæ brevis delineatio. Editio secunda priore auctior. — Berolini, impensis Christoph. Gottlieb Nicolai, 1729, in-4°, 24 p. 524

* **Bergeron** (G.). — Titres scientifiques de M. le Dr. Georges Bergeron. — Paris, imp. de Parent, 1879, in-4°, 20 p. 525

* — (J.). — Notice sur les titres et les travaux scientifiques de M. J. Bergeron, candidat à la place vacante de l'académie impériale de médecine dans la section d'hygiène publique de médecine légale et de police médicale. — Paris, imp. de Tunot, 1865, in-4°, 16 p. 526

Berghaus (H.). — Voy. Kritischer Wegweiser im Gebiete der Landkartenkunde.

* **Bergius** (J. H. L.). — Cameralisten-Bibliothek, oder vollständiges Verzeichniss derjenigen Bücher, Schriften und Abhandlungen, welche von dem Oeconomie- Policey- Finanz- und Cameralwesen und verschiedenen andern damit verbundenen Wissenschaften, auch von der dahin einschlagenden Rechtsgelehrsamkeit handeln. Mit einer Vorrede Christian Ernst von Windheims. — Nürnberg, bey G. P. Monath, 1762, in-8°. 527

Bergmann (E. v.). — Die Lehre von den Kopfverletzungen. Voy. Deutsche Chirurgie. No. 30.

Bericht über österreichische Literatur der Zoologie, Botanik und Paläontologie. Aus den Jahren 1850-53. — Wien, 1855, in-8°. 528

Berisch (H. W.). — Voy. Allgemeines Autor- und Litteraturlexikon.

* **Berjeau** (J. Ph.). — Le bibliophile illustré. Texte et gravures par J. Ph. Berjeau avec la collaboration de MM. Paul Lacroix (bibliophile Jacob), G. Brunet, J. W. Holtrop, J. B. Inglis, A. Bernard, O. Delepierre et autres. — Londres, W. Jeffs, 1862, in-4°. 529

* —. — The book-worm. — London, at the office, 4 Brydges Street, Covent Garden, 1866-1871, 5 vol. in-4°. 530

A partir de 1869 le titre devient: »The bookworm. A literary and bibliographical review edited and illustrated by J. Ph. Berjeau . . .«

* **Berjeau** (J. Ph.). — Catalogue illustré des livres xylographiques. — Londres, C. J. Stewart, 1865, in-8°. 531

* —. — Early dutch, german, and english, printers' marks. — London, at the office of the bookworm, 1869, in-8°. 532

Berkenhout (J.). — Biographia literaria; or, a biographical history of literature: containing the lives of english, scottish, and irish authors, from the dawn of letters in these kingdoms, to the present time, chronologically and classically arranged. — London, 1777, in-4°. T. I. 533

* **Berlan** (Fr.). — Bibliografia degli statuti municipali editi ed inediti di Ferrara. — Roma, tip. delle scienze matematiche e fisiche, 1878, in-4°. 534

Ext. du journal »Il Buonarrotti«, serie 2e. vol. 12, 1877-1878.

—. — Statuti italiani: Saggio bibliografico, con giunte di Nicolò Barozzi e di altri letterati italiani premessovi un discorso inedito sugli statuti municipali, letto nel IX congresso degli scienziati italiani da Leone Fortis. — Venezia, tipogr. del commercio, 1858, in-8°. 535

Tiré à 300 ex.

Berlichingen-Rossach (Fr. W. Götz von). — Voy. Götz von Berlichingen.

Berliner Blätter für Münz-, Sigel- und Wappenkunde. — Berlin, Schneider, 1862-1873, gr. in-8°. 536

Chaque fascicule se termine par une bibliographie.

* **Berluc-Perussis** (L. de). — Notice sur la vie et les œuvres de Gustave Rambot. — Aix, imp. de Illy, 1860, in-8°, 38 p. 537

Ext. des préliminaires des »Distractions« de G. Rambot. — Tiré à 164 ex., savoir: 150 papier fort, 10 papier de Hollande, 3 papier rose, 1 papier gris-clair.

* **Bernard.** — Ouvrages de M. Auguste Bernard, relatifs à l'histoire de l'imprimerie... — (Paris), imp. de C. de Mourgues (1857), in-8°, 2 p. 538

* — (A.). — Archéologie typographique. — Bruxelles, F. Heussner, 1853, in-8°, 47 p. 539

Ext. du T. I, 2e série, du »Bulletin du Bibliophile belge«. — Tiré à 100 ex.

—. — Geoffroy Tory, peintre et graveur, premier imprimeur royal, réformateur de l'orthographie et de la typographie sous François Ier. — Paris, E. Tross, 1857, in-8°. 540

* — Deuxième édition entièrement refondue. — Paris, Tross, 1865, in-8°.

* —. — Histoire de l'imprimerie royale du Louvre. — Paris, imp. impériale, 1867, in-8°. 541

Les pages 123 à 263 contiennent le catalogue chronologique des éditions de l'imprimerie royale du Louvre.

* —. — Notice historique sur la bibliothèque La Valette. — Lyon, imp. Vingtrinier, 1854, in-8°. 542

* —. — Recherches bibliographiques sur le roman d'Astrée. Deuxième édition revue et augmentée. — Montbrison, imp. Conrot, 1861, in-8°, 24 p. 543

* — Paris, Dumoulin, 1859, in-8°, 23 p.

—. — Voy. Biographie et bibliographie Foréziennes.

* — (C.). — Note sur les travaux du docteur Camille Bernard,... présentée à l'appui de sa candidature au titre de membre associé national de l'Académie impériale de médecine. — Montpellier, imp. de Ricard frères, 1856, in-8°. 15 p. 544

* — (Cl.). — Notice sur les travaux d'anatomie et de physiologie de M. Claude Bernard. — Paris, imp. de Martinet (1850), in-4°, 38 p. 545

* —. — Notice sur les travaux de M. Claude Bernard, candidat à une

place vacante à l'Académie des sciences dans la section de zoologie. — Paris, imp. de Martinet (1852), in-4°, 39 p. 546

* **Bernard** (Cl.). — Notice sur les travaux de M. Claude Bernard. — Paris, imp. de Martinet, juin 1854, in-4°, 45 p. 547

* — (Ed.). — Admodum reverendi et doctissimi viri, D. Roberti Huntingtoni, episcopi Rapotensis, epistolæ: et veterum mathematicorum, græcorum, latinorum, et arabum, synopsis: collectore viro clarissimo et doctissimo, D. Edwardo Bernardo, astronomiæ in academia oxoniensi professore Saviliano. Præmittuntur D. Huntingtoni & D. Bernardi vitæ. Scriptore Thoma Smitho. — Londini, Churchill, 1704, in-8°. 548

—. — (P.). Voy. Essai sur la vie et les ouvrages de l'abbé Prévost.

* **Bernardi**. — Essai sur la vie, les écrits et les lois de Michel de L'Hôpital. — Paris, Xhrouet, 1807, in-8°. 549

* — (J.). — Vita di Giambattista Bodoni. — Saluzzo, tipografia frattelli Lobetti-Bodoni, 1872, gr. in-4°. 550

* **Bernardin de Saint-Pierre**. — Paul et Virginie. Préface de Claretie. Variantes et bibliographie. — Paris, Quantin, 1878, in-8°. 551

* **Bernardus a Bononia**. — Bibliotheca scriptorum ordinis minorum s. Francisci Capuccinorum retexta et extensa, quæ prius fuerat a p. Dionysio Genuensi, contexta. — Venetiis, apud Sebastianum Coleti, 1747, in-fol. 552

* **Bernd** (Chr. S. Th.). — Allgemeine Schriftenkunde der gesammten Wappenwissenschaft, mit beurtheilenden und andern zur Bücher- und Gelehrtengeschichte gehörenden Bemerkungen und Nachweisungen. — Bonn, im Besorge von Jo. Aug. Gottl. Weigel, 1830-1841, 4 vol. in-8°. 553

Bernewitz (Fr. W.). — Verzeichniss derjenigen Schriften, welche dem Offizier zum Studium und zur Lektüre zu empfehlen sind. Nebst vorangeschickten Bemerkungen über das Studium des Offiziers und den Selbstunterricht und einer kurzen Anzeige pädagogischer Schriften für verheirathete Offiziere, welche ihre Kinder selbst unterrichten, oder eine sicherere Aufsicht über deren Unterricht führen wollen. — Weissenfels, gedr. bey Leykam, 1804, in-8°. 554

* **Bernhard** (F. J.). — Bibliographia theologica, ein Verzeichniss der theologischen Schriften Deutschlands und des Auslands für Theologen und Buchhändler. — Leipzig, Verlag von Vetter und Rostosky, 1836 - 1837, 2 vol. in-8°. 555

Le T. II. est imp. par Polet.

* **Bernhardi** (K.). — Wegweiser durch die deutschen Volks- und Jugendschriften. Ein Versuch unter Mitwirkung von Bedau. — Leipzig, Verlag von Gustav Mayer, 1852, in-8°. 556

Bernhardy (G.). — Grundlinien zur Encyklopädie der Philologie. — Halle, Anton, 1832, in-8°. 557

* **Bernstein** (J. G.). — Medicinisch-chirurgische Bibliothek oder Verzeichniss der medicinisch - chirurgischen Schriften, ingleichen der in sämmtlichen Zeitschriften des In- und Auslandes befindlichen Abhandlungen, Beobachtungen und Erfahrungen. Von 1750 bis mit Einschluss 1828. — Frankfurt a. M., in der Andreäischen Buchhandlung, 1829, in-8°. 558

* **Bernutz** (G.). — Notice sur les travaux scientifiques du Dr. G. Bernutz, candidat à la place vacante dans la section d'accouchements de l'Académie impériale de médecine. — Paris, imp. de Martinet, 1866, in-4°, 16 p. 559

* —. — Paris, imp. de Martinet (1862), in-4°, 12 p.

* **Bernutz** (G.). — Notice sur les travaux scientifiques du Dr. G. Bernutz, candidat à la place vacante dans la section de pathologie médicale de l'académie impériale de médecine. — Paris, imp. de Martinet, 1869, in-4°, 34 p. 560

* **Berr** (M.). — Essai sur la vie et les ouvrages de Paul-Jérémie Bitaubé, lu dans une séance de l'Académie libre des sciences, lettres et arts de Nancy. — Nancy, Vincenot (s. d.), in-8°, 19 p. 561

* **Bert** (P.). — Notice sur les titres et travaux scientifiques du Dr. Paul Bert, août 1868. — Paris, imp. de Martinet, 1868, in-4°, 48 p. 562

* —. — Notice sur les travaux scientifiques de M. Paul Bert (novembre 1878). — Paris, imp. de Martinet, 1878, in-4°. 563

* —. — Revue des travaux d'anatomie et de physiologie publiée en France pendant l'année 1864, présentée au congrès des sociétés savantes. — Caen, Leblanc-Hardel, 1865, in-8°. 564

* **Berthelin** (E.) — Etude sur Amadis Jamyn, poëte du XVIe siècle né à Chaource, près Troyes. Son temps, sa vie, ses œuvres. — Troyes, Bouquot, 1859, in-8°. 565

Extrait des »Mémoires de la Société académique de l'Aube«, T. XXIII, 1859.

* **Berthelot**. — Notice sur les travaux scientifiques de M. Berthelot. — Paris, Mallet-Bachelier, 1857, in-4°, 12 p. 566

La couverture imprimée sert de titre.

* — Paris, Gauthier-Villars, 1868, in-4°, 48 p.

* — Paris, Gauthier-Villars, 1872, in-4°, 33 p.

* **Berthier** (F.). — Notice sur la vie et les ouvrages de M. Auguste Bébian ancien censeur des études de l'institut royal des sourds-muets de Paris. — Paris, J. Ledoyen, 1839, in-8°, 46 p. 567

Berti (F. G. M.). — Raccolta d'alcune particolari operette spirituali, e profane proibite, orazioni, e divozioni vane, e superstiziose, indulgenze nulle, o apocrife, ed immagini indecenti, ed illecite, data alla luce la seconda volta con altre operette, e con im' aggiunta sommaria delli decreti, e constituzioni apostoliche pertinenti al s. uffizio, e delle proposizioni dannate da Martino V. Sino al regnante pontefice Innocenzo XIII., e con la notizia degli atti, e risoluzione nella causa de Riti Cinesi. — Pavia, per Rovedino, 1722, in-8°. 568

* **Bertillon**. — Exposé des travaux scientifiques du Dr. Bertillon, candidat à la place vacante à l'académie de médecine, dans la section des associés libres. — Paris, imp. de Parent, 1875, in-4°, 36 p. 569

* **Bertin** (A.). — Notice sur les travaux de M. A. Bertin. — Strasbourg, imp. de Vve. Berger-Levrault, 1863, in-4°. 570

La couverture imprimée sert de titre.

* — Paris, Gauthier-Villars, 1868, in-4°, 31 p.

* —. (E.). — Notice sur les titres et les travaux scientifiques du Dr. Emile Bertin, candidat à la chaire de médecine légale et de toxicologie vacante dans la faculté de médecine de Montpellier. — Montpellier, imp. de Boehm, 1874, in-4°, 14 p. 571

* — Paris, 1876, in-4°.

* **Bertkau** (Ph.). — Bericht über die wissenschaftlichen Leistungen im Gebiete der Entomologie während des Jahres 1880. — Berlin, Nicolai, 1882, in-8°. 572

* **Bertocci** (D. G.). — Repertorio bibliografico delle opere stampate in Italia nel secolo XIX. Storia. — Roma, tipografia di Mario Armanni, 1876-1880, 2 vol. in-8°. 573

Le 1er no. spécimen de l'ouvrage complet à été imprimé à Rome, en 1871, chez Salviucci.

Bertram (J. Fr.). — Parerga historico-litteraria, quibus continentur, dissertationes litterariæ, de rerum in ecclesia et republica Frisiæ orientalis gestarum, scriptoribus. Accedit satura, observationum ad historiam F. O. et ecclesiasticam et litterariam spectantium, olim edita, nunc vero dissertatiunculis, de antiquissimis Frisiæ finibus, nec non Frisica saxonum origine, quin et quibusdam aliis, aucta. — Bremæ, Saurmann, 1740, in-8°. 574

* **Bertrand** (G.). — Catalogue des manuscrits français de la bibliothèque de Saint-Pétersbourg. — Paris, imp. nationale, 1874, in-8°. 575

Ext. de la »Revue des Sociétés savantes« 5e Série, T. VI, 1873.

* — (J.). — Eloge de M. de Sénarmont. — Paris, imp. de C. Lahure, 1863, in-8°, 30 p. 576

Le titre, page I, porte en plus: »lu le 16 avril 1863, à la séance annuelle de la Société des amis des sciences«. — La couverure imprimée sert de titre.

* —. — Institut de France. Eloge historique de Elie de Beaumont, lu dans la séance publique annuelle de l'académie des sciences, le lundi 21 juin 1875. — Paris, imp. de Didot, 1875, in-4°, 28 p. 577

* —. — Notice des travaux mathématiques de M. J. Bertrand. — Paris, imp. de Crapelet, 1850, in-4°, 13 p. 578

* — Paris, imp. de Mallet-Bachelier, 1856, in-4°, 24 p.

* **Berville** (St. A.). — Etude sur Casimir Delavigne. — Paris, imp. de Malteste (1858), in-8°, 30 p. 579

* —. — Gresset sa vie et ses ouvrages, essai historique offert à la ville et à l'Académie d'Amiens. — Amiens, Lenoel-Herouart, 1863, in-8°. 580

* **Bescherelle**. — Publications de »La Renommée«. Fastes administratifs. Notice biographique sur la vie et sur les travaux de Jean Vatout. — Paris, au bureau, 1841, in-8°, 28 p. 581

La couverture imprimée sert de titre.

Beschorner (J. H.). — Die Reform des Advokatenstandes in Deutschland mit besonderer Beziehung auf das Königreich Sachsen, nebst einer Darstellung der Fortschritte der jenen Stand betreffenden Gesetzgebung in Ländern innerhalb und ausserhalb Deutschlands und einem Entwurfe zu einer Advokatenordnung. — Dresden und Leipzig, Arnold, 1840, in-8°. 582

Contient, p. 50-57: »Uebersicht von Schriften über das Advokatenwesen.«

* **Besenval** (de). — Contes. Avec une notice bio-bibliographique par Octave Uzanne. — Paris, Quantin, 1881, in-8°. 583

Petits conteurs du 18e siècle. — Tiré à petit nombre.

* **Beslay** (Fr.). — Lacordaire, sa vie, ses œuvres. — Paris, G. Douniol, 1862, in-18. 584

Extrait de la »Revue contemporaine«.

* **Besnier** (E.). — Notice sur les titres et travaux scientifiques du Dr. Ernest Besnier, à l'appui de sa candidature à l'académie de médecine (section d'hygiène). — Paris, imp. de Malteste, 1877, in-4°. 585

Besodnerus (P.). — Bibliotheca theologica, hoc est, index bibliorum præcipuorum, eorundemque interpretum, hebræorum, græcorum, et latinorum, tam veterum, quam recentium, in certas classes ita digestorum, ut primo intuitu apparere possit, qui in numero rabbinorum, patrum, lutheranorum, pontificiorum, aut cinglio-calvinianorum contineantur, quem consilio et ductu reverendi, excellentiss. et celeberrimi theologi, Dn. D. Christophori Pelargi, præceptoris sui venerandi, inprimis ex bibliotheca ejus instructissima in gratiam ministrorum ecclesiæ concinnavit. —Francofurti Marchionum, sumt. Thymii excud. Eichhorn (1608), in-4°. 586

Bethune (G. W.). — Voy. Walton and Cotton compleat angler.

* **Beuchot.** — Notice sur Fénelon, suivie d'une liste chronologique de ses écrits. — Lyon, imp. de M. P. Rusand, 1829, in-8°. 587

* — (A. J. Q.). — Extrait du Mercure de France. Répertoire de bibliographies spéciales, curieuses et instructives par M. Gabriel Peignot. — S. l. ni d., in-8°, 16 p. 588

Beuchot. — Voy. Nouveau nécrologe français.

* **Beughem** (C. à). — Apparatus ad historiam literariam novissimam, variis conspectibus exhibendus, quorum nunc primus quartus prodit, qui est bibliographia eruditorum critico-curiosa, seu dispositio harmonica scriptorum, operumque, quorum summaria et contenta in actis & ephemeridibus eruditorum universæ ferme Europæ exhibentur. — Amstelædami, apud Janssonio-Wæsbergios, 1689-1709, 4 vol. in-12. 589

* —. — Bibliographiæ eruditorum critico-curiosæ sive apparatus ad historiam literariam novissimam conspectus secundus. Id est dispositio harmonica scriptorum operumque quorum summaria et contenta in actis et ephemeridibus totius ferme Europæ. Accedit dispositio altera auctorum et operum in utroque conspectu recensitorum. — Amstelodami, apud Janssonio-Wæsbergios, 1694, in-12. 590

* —. — Bibliographia historica, chronologica et geographica novissima, perpetuo continuanda, sive conspectus primus catalogi librorum historicorum, chronologicorum, et geographicorum; tam sacrorum quam profanorum etc. Quibus ob argumentorum similitudinem sparsim suis locis inseruntur genealogicorum, heraldicorum, antiquiorum, numariorum, bibliothecariorum, aliorumque hujus generis scriptorum specimen. Quotquot currente hoc semisæculo, id est, ab anno reparatæ salutis 1651 per universam Europam, in quavis lingua, orientali, tum græca, latina, gallica, hispanica, italica, anglica, germanica et belgica, aut novi aut emendatiores et auctiores typis prodierunt. Accedit ejusdem Musæum seu syllabus iconum sive imaginum illustrium a sæculo hominum, quæ in ejus musæo spectantur. — Amstelædami, apud Janssonio-Wæsbergios, 1685, in-12. 591

* **Beughem.** — Bibliographia juridica et politica novissima: perpetuo continuanda sive cons pectus primus catalogi librorum juridicorum, canonicorum, legalium, politico-legalium, ut et politicorum, quotquot currente hoc semisæculo, id est ab anno reparatæ salutis 1651 per universam Europam, in quavis lingua, orientali tum græca, latina, gallica, hispanica, italica, anglica, germanica et belgica, aut novi aut emendationes et auctiores typis prodierunt. Undique acquisitis subsidiis adornata et adornanda opera ac studio. — Amstelædami, apud Janssonio-Wæsbergios, 1680, in-12. 592

* — — Amstelædami, apud Janssonio-Wæsbergios, 1681, in-12.

* —. — Bibliographia mathematica et artificiosa novissima perpetuo continuanda, seu conspectus primus catalogi librorum mathematicorum sc. arithmeticorum, geometricorum, astronomicorum, geographicorum, opticorum, harmonicorum et mechanicorum, quibus ob argumentorum similitudinem sparsim suis locis inseruntur mathematico-physicorum et physico mathematicorum, artificiosorum, et ad delectationem usumque vitæ humanæ conducentium scriptorum specimina. Quotquot currente hoc semiseculo, id est, ab anno reparatæ salutis 1651 in quavis lingua orientali; tum græca ac latina, gallica, italica,

hispanica et belgica, aut novi, emendatiores et auctiores typis prodierunt. Undique acquisitis subsidiis adornata et adornanda . . . Accedit ejusdem cosmographiæ sive Atlantis Majoris tam Blaviani quam Janssoniani brevis conspectus harmonicè exhibitus. — Amstelodami, apud Janssonio-Wæsbergios, 1688, in-12. 593

* **Beughem.** — La France sçavante id est, Gallia erudita, critica et experimentalis novissima. Seu, manuductio ad faciliorem inventionem et cognitionem non tam scriptorum operumque, quàm experimentorum, observationum, aliarumque rerum notatu dignarum cujusvis facultatis, artis et scientiæ, quarum summaria in ephemeridibus eruditorum hujus celeberrimi regni ab anno 1665 quo cœperunt, usque ad ann. 1687 recensentur. Juxta seriem cognominum autorum et titulorum adornata, et in aliqualem bibliothecæ formam triplici conspectu I. Chronologico. II. Personali. III. reali digesta. — Amstelodami, apud Abrahamum Wolfgang, 1683, in-12. 594

* —. — Incunabula typographiæ, sive catalogus librorum scriptorumque proximis ab inventione typographiæ annis, usque ad annum Christi 1500 inclusive, in quavis lingua editorum: opusculum sæpius expetitum, notisque historicis, chronologicis et criticis intermixtum. — Amstelodami, apud Joannem Wolters, 1688, in-12. 595

* —. — Syllabus recens exploratorum in re medica physica et chymica prout in miscellaneis medico-physicis naturæ curiosorum Germaniæ, Galliæ, Daniæ et Belgii sparsim extant in ordinem redactus et juxta indicem harmonice adornatus. — Amstelodami, apud Janssonio-Wæsbergios, 1696, in-12. 596

* **Beulé.** — Institut impérial de France. Eloge de M. Hippolyte Flandrin, lu dans la séance publique de l'académie, le 19 novembre 1864. — Paris, Didier, 1864, in-8, 31 p. 597

* **Beulé.** — Institut impérial de France. Notice sur la vie et les œuvres de Francisque Duret, lue dans la séance publique de l'Académie des beaux-arts, le 10 novembre 1866. — Paris, imp. de Didot, 1866, in-4°, 23 p. 598

* —. — Institut impérial de France. Notice sur la vie et les ouvrages de M. F. Halévy, lue dans la séance publique annuelle de l'Académie des beaux-arts du 4 octobre 1862. — Paris, imp. de F. Didot fr., 1862, gr. in-8°, 20 p. 599

* —. — Institut impérial de France. Notice sur la vie et les ouvrages de M. Hipp. Flandrin. Lu dans la séance publique de l'Académie des beaux-arts, le 19 nov. 1864. — Paris, imp. de Didot fr., 1864, in-4°, 23 p. 600

* —. — Institut impérial de France. Notice sur la vie et les ouvrages de M. Horace Vernet, lue dans la séance publique de l'Académie des beaux-arts, le 3 octobre 1863. — Paris, imp. de F. Didot frères, fils et Cie., 1863, in-4°, 23 p. 601

Beurtheilende Uebersicht derjenigen durch den Druck vervielfältigten Karten, Situations- und Festungs-Pläne von Europa, welche für deutsche Militairs von praktischem Interesse sind. Th. I. Central-Europa. Bearbeitet in der topographischen Abtheilung des königl. Preussischen General-Stabes. — (Berlin), 1849, in-4°. 602

Autographié.

Beuthner (A. Chr.). — Hamburgisches Staats- und Gelehrten-Lexicon, worin die Namen, das Leben und die Verdienste derjenigen Männer Geist- und Weltlichen Standes, angeführet werden, welche von der heilsamen Reformation bis auf gegenwärtige Zeit, in dieser Weltberühmten Stadt und derselben Gebiete, ein ansehnliches Ehren-Amt, oder eine hohe Würde bekleidet, sich durch Schriften berühmt gemacht, daselbst gebohren und in der Fremde Beförderung erhalten, bereits aber das Zeitliche gesegnet haben. — Hamburg, Brandt, 1739, in-8º. 603

Beutler (J. H. Chr.). — Voy. Allgemeines Sachregister über die wichtigsten deutschen Zeit- und Wochenschriften.

* **Beyer** (M. A.). — Memoriæ historico-criticæ librorum rariorum. Accedunt evangeli cosmopolitani notæ ad Jo. Burch. Menckenii de charletaneria eruditorum declamationes, in quibus exempla nonnulla præcipue Hispanorum adferuntur. — Dresdæ et Lipsiæ, apud Fridericum Hekel, 1734, in-8º. 604

Beyträge zu gründlicher Beurtheilung der besonderen Staatsrechtlichen Verhältnisse der königl. Sächs. Oberlausitz, auf den Grund der vorhandenen Verträge, Urkunden und anderer Quellen, mit Rücksicht auf die Constitution des Königreiches Sachsen. — Camenz, gedr. bei Krausche, 1832, in-8º. T. I. 605

Par George Friedrich Wiesand. — Contient, p. 102-111: »Die das Partikular-Staats-Recht der königl. sächs. Oberlausitz betreffende Litteratur«.

Beyträge zur Historie der Gelahrtheit worinnen die Geschichte der Gelehrten unserer Zeiten beschrieben werden. — Hamburg, Geissler, 1748-1750, 5 vol. in-8º. 606

Publié par Joh. Christoph Strodtmann.

Biagi (Z.). — Notizie intorno alla vita scientifica e privata del Prof. Cav. Giovanni Rossi. — Guastalla, coi tipi Lucchini, 1853, in-8º. 607

Contient la liste des travaux de Rossi.

Bianchi (E.). — Voy. Giornale delle biblioteche.

* — (T. X.). — Bibliographie ottomane ou notice des ouvrages publiés dans les imprimeries turques de Constantinople, et en partie dans celles de Boulac, en Egypte, depuis les premiers mois de 1856 jusqu'à ce moment. — Paris, imp. impériale, 1863, in-8º. 608

Ext. du »Journal asiatique«. 1859-1863.

* **Bianchi.** — Catalogue général et détaillé des livres arabes, persans et turcs imprimés à Boulac en Egypte depuis l'introduction de l'imprimerie dans ce pays, en 1822, jusqu'en 1842. — Paris, imp. royale, 1843, in-8º, 43 p. 609

Ext. du nº. 14 de l'année 1843 du »Journal asiatique.«

* **Bianconi** (J. J.). — Repertorio italiano per la storia naturale. Repertorium italicum complectens zoologiam, mineralogiam, geologiam et palæontologiam. — Bononiæ, sumpt. auctoris, 1853-1854, 2 vol. in-8º. 610

* **Bibles, testaments,** psalms and other books of the holy scriptures in English. In the collection of Lea Wilson. — London, 1845, in-4º. 611

Bibliografia (La) di Pietro **Fanfani** con parecchi documenti ed alcune coserelle in veri. — Firenze, tip. Cenniniana, 1874, in-8º. 612

Bibliofilo (Il), giornale dell' arte antica in istampe e scritture, ecc. colla relativa giurisprudenza, diretto da Carlo Lozzi. — Firenze, tip. succ. Le Monnier, 1881, in-8º (?). 613

* **Bibliografia agronomica,** saggio di un catalogo ragionato de' libri d'agricoltura e veterinaria scritti in Italiano o all' Italia spettanti. — Milan, Vº. A. F. Stella, 1844, in-12. 614

Forme Le T. 24 de »Biblioteca agraria«.

* **Bibliografia completa de las obras de don B. Vicuña Mackenna.** (Unica nómina completa, revisada i àutorisada por el autor.) Noventa volúmenes. — Santiago de Chile, imprenta del centro editorial, 1879, in-8º, 15 p. 615

La couverture imprimée sert de titre.

* **Bibliografia Dalmata** tratta da' codici della Marciana di Venezia. — Venezia, tip. Cecchini e Naratovich, 1845, in-8°, 45 p. 616

* **Bibliografia dei romanzi** e poemi romanzeschi d'Italia. Appendice all'opera del dottore Giulio Ferrario intitolata Storia ed analisi degli antichi romanzi di cavalleria e di poemi romanzeschi d'Italia. — Milano, dalla tipografia dell' autore, 1829, in-8°. (T. IV.) 617

* **Bibliografia dei romanzi** e poemi cavallereschi italiani. Seconda edizione corretta ed accresciuta. — Milano, Paolo Antonio Tosi, 1838, gr. in-8°. 618

Bibliografia italiana di elettricitá e magnetismo: saggio compilato per incarico del ministero di agricoltura, industria e commercio, dai professori F. Rossetti e G. Cantoni, in occasione della mostra internazionale di elettricità che si apri a Parigi nell' agosto 1881. — Padova, tip. F. Sacchetto, 1881, in-4°. 619

* **Bibliografia italiana** giornale dell' associazione tipografico-libraria italiana compilato sui documenti comunicati dal ministero dell' istruzione pubblica. — Firenze, associazione tipografico-libraria italiana, 1866-1881, 15 vol. gr. in-8°. 620

* **Bibliografia italiana**, ossia elenco generale delle opere d'ogni specie e d'ogni lingua stampate in Italia e delle italiane pubblicate all' estero. — Milano, presso A. F. Stella e figli, 1835-1844, 10 vol. in-8°. 621

— Nuova serie. — Milano, Stella, 1845-1846, 2 vol. in-8°.

* **Bibliografia italiana** ossia giornale generale di tutto quanto si stampa in Italia libri, carte geografiche, incisioni, litografie, e novità musicali, ecc. — Parma, dalla tipografia ducale, 1828, in-8°. T. I. 622

Le titre du T. II est: »Bibliografia italiana ossia giornale generale di tutto quanto si stampa in Italia. — Parma, dalla tip. di Pietro Tiaccadori, 1829«, in-8°.

* **Bibliografia Jugoslavenska** Knjiga prva Bibliografia Hrvatska. — U Zagrebu, Brzotis-kom Dragutina Albrechta, 1860, in-8°. 623

Avec cet autre titre: »Bibliografia Hrvatska Dio prvi Tiskane knjige. Uredio Ivan Kukuljević Sakcinski. — U Zagrebu, Brzotiskom Dragutina, Albrechta, 1860«.

* **Bibliografia od elenco ragionato** delle opere contenute nella collezione de' classici italiani. — Milano, dalla società tipografica de' classici italiani, 1814, in-8°. 624

La préface est signée: F. Fusi.

Bibliografia paleoetnologica italiana dal 1850 al 1871. — Parma, tip. Ubaldi, 1871, in-8°, 46 p. 625

* **Bibliografia polska.** Wykaz wszelakich tworów literatury polskiej, wychodzacych w. kraju i za granica. — Leipzig, F. A. Brockhaus, 1861-1862, in-8°. 626

* **Bibliografia pratese** compilata per un da Prato. — Prato, per Giuseppe Pontecchi, 1844, in-8°. 627

* **Bibliografia romana.** Buletin mensual al librariei generale din Romania si al librariei romane din streinatate. — Bucuresci, Alessandru Degenmann, 1879-1881, 3 vol. in-8°. 628

Bibliografia romana. — Voy. Ministero di agricoltura, industria e commercio.

* **Bibliografia scolastica** compilata a cura dell' associazione italiana per l'educazione del popolo e pubblicata per uso delle autorità scolastiche comunali e provinciali e dei maestri delle scuole elementari classiche e tecniche. — Roma, G. B. Paravia, 1871, in-18. 629

Bibliografia storica delle città, e luoghi dello stato pontificio, opera utile agli storici, antiquarj, giuristi, naturalisti, ed ogni altro amatore delle belle arti. — Roma, nella stamperia Giunchiana, 1792, in-4°, avec supplément. 630

Par l'abbé Ranghiasci.

* **Bibliografia straniera**, compimento alla bibliografia italiana di Milano. — Parigi, dall' istituto italiano, 1837, in-8°, nos. 1-3. 631

Bibliógrafo español (El) y estrangero. Periódico quincenal de la imprenta y libreria mapas, grabados, litografias y obras de música. Bajo la direccion de Dionisio Hidalgo y Carlos Bailly-Bailliere. — Madrid, 1857-1859, 3 vol. in-8°. 632

* **Bibliographe alsacien** (Le). Gazette littéraire, historique, artistique. — Strasbourg, imp. Berger-Levrault, 1863-1869, 4 vol. in-8°. 633

Sur le T. IV, on lit en outre: »Fondé et publié par Charles Mehl«.

* **Bibliographe français** (Le), ou le littérateur parisien et provincial, feuille générale d'annonces tant marchandes qu'analytiques et raisonnées des productions courantes des sciences, de la littérature et des arts pour Paris et les départements par une société de savants et de gens de lettres (décembre 1826-15 novembre 1827). — Paris, 1826-1827, 30 nos. en un vol. in-fol. 634

* **Bibliographe** (Le), journal des hommes de lettres, savants, professeurs. Contenant la liste des publications françaises et étrangères avec l'appréciation des plus marquantes. — Paris, tip. Lacrampe, 10 déc. 1840-28 oct. 1841, in-8°. 635

A partir de la page 129 le titre devient: »Le bibliographe, journal de la presse française et étrangère...«

Bibliographe (Le), recueil de notices bibliographiques, philologiques et littéraires. — Paris, Rouveyre, 1873-1874, in-8°. 636

* **Bibliographer** (The). A journal of book-lore. — London, Elliot Stock, 1881-1882, petit in-4°. 637

Bibliographia anni 1661 rr. pp. societatis Jesu in regno Franciæ, libros omnes ab illis eo anno editos repræsentans cum antecessione librorum anni 1662. — Parisiis, Bernard, 1662, in-4°. 638

* **Bibliographia Cramosiana**: sive catalogus librorum, quos Sebastianus Cramoisy, ab anno 1654 ubi desiit Bibliographia gallica universalis usque ad hunc annum 1659 excudit. — Parisiis, 1659, in-4°, 12 p. 639

* **Bibliographia Daciei.** Indice de scrieri attingetore, directu séu indirectu, de vechii locuitori ai Daciei. Publicata spre a facilita cercetarile concurrentiloru la premiulu instituitu de D. Alexandru Odobescu, membru societati academice romane. — Buccuresci, tip. Curtii, 1872, in-12. 640

Par Alexandru Odobescu.

* **Bibliographia gallica universalis**, hoc est, catalogus omnium librorum per universum Galliæ regnum, anno 1651 (1652 et 1653) excusorum. — Parisiis, apud Sebastianum Cramoisy, 1652 (-1654), in-4°. 641

* **Bibliographia historico-politico-philologica curiosa**, quid in quovis scriptore laudem censuramve mereatur, exhibens, cui præfixa celeberrimi cujusdam viri de studio politico bene instituendo dissertatio epistolica posthuma. — Germanopoli, 1677, in-12. 642

Bibliographia juridica, ein Verzeichniss der rechtswissenschaftlichen Schriften Deutschlands und des Auslands, für Rechtsgelehrte und Buchhändler herausgegeben von einem Bibliophilen, I. Heft, die Bibliographie von 1834 enthaltend. — Leipzig, Vetter und Rostosky, 1835, in-8°. 643

Publié par Emil Kind. — N'a pas été continué.

* **Bibliographia Parisina,** hoc est catalogus omnium librorum Parisiis anno 1649 inclusive excusorum. — Parisiis, Cramoisy, 1650, in-4°. 644

* **Bibliographia poetica:** a catalogue of English poets, of the twelfth, thirteenth, fourteenth, fifteenth, and sixteenth centurys, with a short account of their works. — London, printed by C. Roworth, 1802, in-8°. 645

Par Joseph Ritson.

* **Bibliographia storica** ossia collezione delle migliori e piu recenti opere di ogni nazione, intorno ai principali periodi e personaggi della storia universale. — Milano, G. Schiepatti, 1862, in-8°. 646

Bibliographia Zalusciana. Exhibens ill. excell. atque reverend. d. d. Jos. Andr. Comitis in Zaluskié Zaluski, Kioviensis atque Czernichoviensis episcopi, heroici ordinis aquilæ albæ equitis, tam edita quam edenda scripta, inspersis plurimis notis atque observationibus litterariis ex ejusdem illustrissimi præsulis scrinio desumtis; opus litterariæ historiæ polonæ amatoribus jucundum ac perutile partim Berdiczoviæ in typographeo Mariano, partim Varsaviæ Mizlerianis, collegiique societatis Jesu typis impressum annis 1763, 1764, 1765 et 1766, in-fol. 647

Par Joh. Dan. Janozki.

* **Bibliographiai Értesitó,** magyarország' és erdély' számára. — Pesten, Kiadja Heckenast G., 1840-1842, 3 vol. in-8°. 648

* **Bibliographical and retrospective miscellany** (The), containing notices of, and extracts from, rare, curious, and useful books, in all languages; original matter illustrative of the history and antiquities of Great Britain and Ireland; abstracts from valuable manuscripts, unpublished autograph letters of eminent characters; and notices of the principal books sales. — London, printed for John Wilson, 1830, in-12. 649

Bibliographical catalogue (A) of English writers on angling and ichthyology. — London, Smith, 1856, in-8°. 47 p. 650

Est joint aussi à: »Robert Blakey's historical sketches of the angling literature of all nations«. — London, Smith, 1856, in-12.

* **Bibliographical dictionary** (A), containing a chronological account, alphabetically arranged, of the most curious, sarce, useful and important books in all departments of literature . . . from the infancy of printing to the beginning of the nineenth century. With biographical anecdotes of authors, printers and publishers; a distinct notation of the editions principes and optimæ and the price of each article (where it could be ascertained), from the best London catalogues, and public sales of the most valuable libraries, both at home and abroad. Including the whole of the fourth edition of Dr. Harwood's view of the classics, with innumerable additions and amendments. To which are added, an essay on bibliography, with a general and particular account of the different authors on that subject, in latin, french, italian, german and english . . . a description of their works; first, improved, and best editions . . . With critical judgements on the whole, extracted from the best bibliographical and typographical authorities. And an account of the best english translation of each greek and latin classic. — Liverpool printed by J. Nuttall for W. Baynes, 1802-1806, 8 vol. in-12. 651

By Clarke. — L'Account a un titre special.

* **Bibliographical list** (A) of the works that have been published, or are known to exist in ms., illustrative of the various dialects of English. Compiled by members of the English dialect society, and edited by the rev. Walter W. Skeat. — London, published for the English dialect society by Trübner & Co., 1873-1879, in-8°, Part I-III. 652

Fait partie de »English dialect Society. Serie A«. La partie 3e est publiée par J. H., Nodal.

* **Bibliographie administrative**, ou nomenclature méthodique et raisonnée des recueils de lois et d'arrêts, des instructions et réglements ministériels, des traités de jurisprudence et de doctrine administratives, suivie d'une liste des documents officiels et des principaux ouvrages publiés en France sur les diverses matières de l'administration, par un Employé du ministère de l'intérieur. — Paris, Joubert, 1848, in-8°. 653

Par La Peyrie.

* **Bibliographie agronomique** ou dictionnaire raisonné des ouvrages sur l'économie rurale et domestique et sur l'art vétérinaire; suivie de notices biographiques sur les auteurs, et d'une table alphabétique des différentes parties de l'art agricole, avec indication des nos. qui renvoient soit à l'ouvrage, soit à l'auteur. Par un des collaborateurs du cours complet d'agriculture pratique. — Paris, imp. Colas, 1810, in-8°. 654

Par Victor Donatien de Musset-Pathay.

* **Bibliographie alsacienne.** Bulletin archéologique, historique et littéraire. Catalogue mensuel de livres anciens et modernes relatifs à l'histoire, à la littérature, aux beaux arts, et principalement à l'histoire d'Alsace. — Strasbourg, Ed. Piton, juillet 1861- mai 1862, in-8°. 655

* **Bibliographie catholique**, revue critique des ouvrages de religion, de philosophie, d'histoire, de sciences, d'éducation, etc. — Paris, à la direction de la bibliographie catholique, 1841-1882, in-8°. 656

* **Bibliographie clérico-galante.** Ouvrages galants ou singuliers sur l'amour, les femmes, le mariage, le théâtre, etc., écrits par des abbés, prêtres, chanoines, religieux, religieuses, évêques, archevêques, cardinaux et papes; par l'Apôtre bibliographe. — Paris, Laporte, 1879, in-8°. 657

Par M. A. Laporte.

* **Bibliographie contemporaine** (La), revue bi-mensuelle de tous les ouvrages nouveaux ou nouvellement réédités. — Paris, 1873-1878, 6 vol. in-fol. 658

A partir du 1er mars 1875, le titre devient »La Bibliographie contemporaine revue littéraire, scientifique et théâtrale...«

* **Bibliographie de l'arrondissement de Château-Salins.** — In-8°, 10 p. 659

Cet opuscule n'a pas de titre, de lieu d'impression, de date, ni de pagination. Les deux dernières pages sont imprimées sur papier bleu et contiennent la liste des publications de M. A. Benoit. (39 art.)

* **Bibliographie de Plombières** (Extrait des Lettres Vosgiennes). — Remiremont, imp. de Mougin, 1866, in-8°, 43 p. 660

Bibliographie der Bienenzucht oder Verzeichniss der neuesten Schriften, welche von der Bienenzucht und dem Bienenrechte handeln, für Oekonomen und Bienenfreunde. — Nürnberg, Korn, 1800, in-8°. 661

Par J. S. Gruber.

* **Bibliographie der Schweiz.** Bibliographisch-kritische Revue der neuen Erscheinungen der Schweiz. — Zürich, schweizerisches Antiquariat, 1871-1877, 7 vol. in-4°. 662

Avec traduction française. A partir de 1878, le titre devient: »Bibliographie und literarische Chronik der Schweiz.— Basel und Genf, 1878-1882«, in-4°.

* **Bibliographie des ingénieurs**, des architectes, des chefs d'usines industrielles, des élèves des écoles polytechniques et professionnelles et des agriculteurs. Revue critique des livres nouveaux par E. Lacroix. — Paris, E. Lacroix, 1857-1873, in-8°, en 4 séries. 663

* **Bibliographie des journaux publiés à Avignon**, et dans le département de Vaucluse. — Avignon, imp. de Seguin aîné, 1837, in-8°, 40 p. 664

* **Bibliographie des ouvrages relatifs à l'amour**, aux femmes, au mariage et

des livres facétieux, pantagruéliques, scatologiques, satyriques, etc. par M. le C. d'I***, contenant les titres détaillés de ces ouvrages, les noms des auteurs, un aperçu de leur sujet, leur valeur et leur prix dans les ventes, etc. IIIme édition entièrement refondue et considérablement augmentée. Ordre alphabétique par noms d'auteurs et titres d'ouvrages. — San-Remo, 1871-1873, Gay et fils, 6 vol. in-16. 665

Voy. aussi le no. 668.

* **Bibliographie des ouvrages relatifs aux pélerinages**, aux miracles, au spiritisme et à la prestidigitation imprimés en France et en Italie l'an du Jubilé 1875. — Turin, Jean Gay, 1876, in-16. 666

Tiré à 300 ex. numérotés dont 50 sur papier teinté et 250 sur papier vélin de fil à la forme.

* **Bibliographie des Pays - Bas**, avec quelques notes. — A Nyon, en Suisse, imp. Natthey, 1783, in-4°. 667

Par Bottin. — Tiré à 50 ex.

* **Bibliographie des principaux ouvrages relatifs à l'amour**, aux femmes, au mariage indiquant les auteurs de ces ouvrages, leurs éditions, leur valeur et les prohibitions ou condamnations dont certains d'entre eux ont été l'objet par le C. d'I***. — Paris, Gay, 1861, in-8°. 668

Tiré à 300 ex.

* **Bibliographie des Sociétés savantes** de la France. 1re Partie. Départements. — Paris, imp. nationale, 1878, in-8°. 669

Ext. de la »Revue des Sociétés savantes« 6e série, t. 6.

* **Bibliographie et bibliographe**. M. J. M. Quérard et ses travaux. — Paris, imp. de S. Raçon (1859), gr. in-8°, 3 p. 670

* **Bibliographie et iconographie** des œuvres de J. F. Regnard (8 février 1655 - 5 septembre 1709). — Paris, Rouquette, 1877, in-12. 671

* **Bibliographie étrangère**, ou répertoire methodique des ouvrages intéressans en tous genres, qui ont paru en langues anciennes et modernes dans les divers pays étrangers à la France pendant les années 1800 à 1805. — A Paris, chez Treuttel et Würtz, 1806, in-8°. 672

* **Bibliographie forestière** française, ou catalogue chronologique des ouvrages français ou traduits en français, et publiés depuis l'invention de l'imprimerie jusqu'à ce jour, sur la sylviculture, l'arboriculture forestière, et sur les matières qui s'y rattachent, phytographie, culture, exploitation, économie, législation, jurisprudence, statistique, histoire et administration forestières, industries concernant les bois; suivi d'un petit dictionnaire des auteurs y relatés, contenant l'indication de leurs ouvrages et de courtes notes biographiques. — Paris, au bureau des Annales forestières, 1851, in-8°. 673

Il a été tiré un autre titre ne différant du précédent que par ce qui suit: ...« suivi d'une table des auteurs mentionnés, contenant l'indication de leurs ouvrages par D. A. Jacquemart. — Paris, au bureau des Annales forestières, 1852«.

Bibliographie für Linguistik und orientalische Literatur. Herausgegeben von F. A. Brockhaus in Leipzig. Zusammengestellt von Paul Trömel. — Leipzig, Brockhaus, 1856 - 1858, 4 nos., in-8°. 674

Bibliographie géologique de la Normandie. — Le Havre, imp. Santallier, 1876, in-8°, 38 p. 675

1re Partie. Recueils, 1er fasc.

Bibliographie géologique et paléontologique de l'Italie. Par les soins du comité d'organisation du deuxième congrès géologique international à Bologne en 1881. — Bologne, N. Zanichelli, 1881, in-8°. 676

* **Bibliographie historique de la ville de Saint-Omer.** — Arras, Sueur-Charruey, 1880, in-4°. 677

Tiré à 50 ex. — Cette bibliographie a été composée pour être jointe à l'»Histoire de Saint-Omer« de M. Deschamps. La préface est signée: Bon Dard.

* **Bibliographie instructive**; tome dixième, contenant une table destinée à faciliter la recherche des livres anonymes qui ont été annoncés par M. de Bure le jeune dans sa Bibliographie instructive, et dans le catalogue de M. Gaignat, et à suppléer à tout ce qui a été omis dans les tables de ces deux ouvrages. Précédée d'un discours sur la science bibliographique, et sur les devoirs du bibliographe; et accompagnée de courtes notes servant de correctif à différens articles de la bibliographie, et d'additions à quelques uns de ceux dans lesquels les noms des auteurs anonymes n'avoient pas été devoilés. — A Paris, chez Gogué et Née de la Rochelle, 1782, in-8°. 678

* **Bibliographie jaune** (La), précédée d'une dédicace à tous aulcuns qui ne sont pas jaunes, d'un prologue d'Alcofribas et d'une étude historique et littéraire sur le jaune . . . conjugal, depuis sa découverte jusqu'à nos jours. Par l'Apôtre bibliographe. — A Cocupolis et à Paris, 1880, in-8°. 679

Tiré à 520 ex.: 5 sur chine, 15 sur papier vergé, 500 sur papier teinté.

* **Bibliographie juridique belge** publiée par la librairie Decq et Duhent, ou catalogue des ouvrages de législation, de jurisprudence, de droit public et d'administration imprimés en Belgique 1830-1879. — Bruxelles et Liège, Decq et Duhent, 1880, in-18. 680

* **Bibliographie Lesdiguiérienne.** — Rouen, imp. Renou et Maulde (1859), in-8°, 11 p. 681

Par A. Rochas. — Tiré en épreuves à 5 ex. et extrait de la »Biographie du Dauphiné«.

* **Bibliographie lyonnaise** au XVe siècle; par H. B. (Origines de l'imprimerie d'Alby en Languedoc, 1430-1484). — Lyon, imp. Pitrat aîné, 1881, in-8°, 15 p. 682

Ext. de la »Revue lyonnaise«, janvier 1881. Papier vergé teinté.

* **Bibliographie médicinale raisonnée**, ou essai sur l'exposition des livres les plus utiles à ceux qui se destinent à l'étude de la médecine. Avec une lettre de M. du Monchaux, médecin de l'université de Douay, sur les commentaires de M. le Baron Van Swieten, et sur quelques autres ouvrages. — Paris, chez Ganeau, 1756, in-12. 683

* **Bibliographie musicale** (La), catalogue paraissant tous les mois, annonces générales des publications musicales de tous les éditeurs de Paris. — Paris, Aubert, 1842, in-fol, n°s 1-2. 684

* **Bibliographie musicale de la France** et de l'étranger, ou répertoire général systématique de tous les traités et œuvres de musique vocale et instrumentale, imprimés ou gravés en Europe jusqu'à ce jour, avec l'indication des lieux de l'impression, des marchands et des prix. Suivi d'analyses des principaux ouvrages français, allemands, italiens et anglais, — de biographies d'artistes célèbres, — d'extraits des meilleurs morceaux sur la musique insérés dans d'autres ouvrages et journaux étrangers, — de notices sur les compositeurs et les virtuoses les plus célèbres des temps anciens et modernes, — de dissertations, d'anecdotes relatives à la musique et aux musiciens, de l'annonce, avec des renseignemens, de tous les journaux de musique, ou sur la musique, qui paraissent à Paris, dans les départemens de la France et dans les pays étrangers, — des détails sur les nouvelles inventions, les instituts de musique, les promotions, etc. — Un hymne à l'harmonie, — une Ode pour la fête de sainte Cécile, traduites de l'anglais de Guillaume Congreve et d'Alexandre Pope, avec la nomenclature des ad-

resses de tous les compositeurs, professeurs, imprimeurs, graveurs, copistes, éditeurs et marchands de musique, inventeurs, accordeurs, facteurs et loueurs d'instrumens, fabricans de cordes d'instrumens, acteurs lyriques et amateurs à Paris, dans les départemens et les principales villes étrangères. — A Paris, chez Niogret, 1822, in-8°. 685

Par César Gardeton.

* **Bibliographie nationale.** Dictionnaire des écrivains belges et catalogue de leurs publications 1830 - 1880. — Bruxelles, P. Weissenbruch, 1882, in-8°.

1re et 2e livraison. A-Capitaine. 686
En cours de publication.

* **Bibliographie ou catalogue général** et complet des livres de droit et de jurisprudence publiés jusqu'au 31 décembre 1856, classé dans l'ordre des codes, avec table alphabétique des matières et des noms des auteurs placée en tête de ce catalogue. — Paris, Cosse et Marchal, 1857, in-8°. 687

— — jusqu'au 1er novembre 1875, classé... — Paris, Marchal, Billard et Cie., 1875, in-8°.

* **Bibliographie parisienne**, ou catalogue d'ouvrages de sciences, de littérature, et de tout ce qui concerne les beaux arts, tels que la musique, la gravure, etc. imprimés ou vendus à Paris. Avec les jugements qui en ont été portés dans les écrits périodiques, ensemble l'énoncé des édits, arrêts, et déclarations du roi, etc. etc. Par une société de gens de lettres. — Paris, chez Desnos, 1770, in-8°. T. V. 688

* [**Bibliographie pour l'année** 1855. — Moscou, imp. d'Alexandre Semen] 1856, in-8°. 689

En russe.

Bibliographie provençale. Les chansons du Carrateyron, poëte du XVIe siècle par le Cher. B. de P. — Marseille, V. Boy, 1855, in-12, pièce. 690

* **Bibliographie Toulousaine.** Bulletin mensuel de l'amateur de livres. — Toulouse, 1859, in-8°. 691

Bibliographie universelle, ou analyse critique de toutes les productions littéraires et des ouvrages nouveaux concernant les sciences et les arts, l'agronomie et l'horticulture, par une société de savans français et étrangers, dirigée par M. Tollabi. — Paris, chez A. Poilleux, 1830, in-8°. T. I. 692

* **Bibliographie universelle.** Résumé périodique des publications nouvelles de tous les pays. — Paris, à l'institut italien, 1838-1841, in-8°. 693

Publié par François Pastori.

* **Bibliographie von Deutschland,** oder wöchentliches vollständiges Verzeichniss aller in Deutschland herauskommenden, neuen Bücher, Musikalien und Kunstsachen, mit Angabe der Bogenzahl, der Verleger und Preiss, nebst andern literarischen Nachrichten und vier dazu gehörigen Registern. — Leipzig. Industrie-Comptoir, 1826-1835, 10 vol. in-8°. 694

* **Bibliographisches Central-Organ** des österreichischen Kaiserstaates. Herausgegeben im hohen Auftrage des k. k. Ministeriums des Innnern. I. Jahrgang. (Als Fortsetzung der Allgem. Bibliographie f. d. Kaiserthum Oesterreich. VI. Jahrgang.). — Wien, L. C. Zamarski & C. Dittmarsch, 1859, in-4°. 695

* **Bibliologue de la Belgique** (Le) et du nord de la France. Journal de bibliologie, d'histoire littéraire, d'imprimerie et de librairie, publié avec la coopération de plusieurs bibliographes et hommes de lettres par Fréd. Hennebert. — Tournai, au bureau du Bibliologue, 1839, in-8°. T. I. 696

* **Bibliologue** (Le), **journal d'histoire littéraire**, de bibliographie générale, du commerce et des intérêts de la typographie, de la librairie en France et

des industries qui s'y rattachent, telles que: fonderie, papeterie, gravure, musique, cartes géographiques etc. Publié sous les auspices d'une société de bibliophiles et de libraires par M. Quérard. — Paris, imp. de Ducessois, 1833, in-8°. 697

* **Bibliomane** (Le). — Londres, Trübner, 1er janvier (-1er juillet) 1861, in-8°. 698

* **Bibliophile Belge** (Le). Bulletin trimestriel publié par la société des bibliophiles de Belgique. — Bruxelles, chez Fr. J. Olivier, 1866-1880, in-8°. 699

A partir de 1869 le titre devient: »Le Bibliophile belge, bulletin mensuel publié sous les auspices de la société des bibliophiles de Belgique. — Bruxelles, chez Fr. J. Olivier«.

* **Bibliophile belge** (Le). — Bruxelles, A. Van Dalb, 1845 - 1849, 6 vol. in-8°. 700

A continué sous le titre: »Bulletin du bibliophile belge, fondé par M. le baron de Reiffenberg, publié par J. M. Heberlé, sous la direction de M. Ch. de Chênedollé. — Bruxelles, Cologne et Bonn, Heberlé, 1850 1853, 3 vol. in-8°, avec table analytique pour les T. I-IX.

La 2e série a pour titre: Bulletin du bibliophile belge, publié par F. Heussner sous la direction de M. A. Sterckx. — Bruxelles, Heussner, 1854-1881, 28 vol. in-8°.

* **Bibliophile de l'ouest de la France**, revue mensuelle, spéciale aux départements suivants: Charente, Charente-Inférieure, Côtes du Nord, Dordogne, Finistère, Gironde, Ille-et-Vilaine, Indre-et-Loire, Loire-Inférieure, Maine-et-Loire, Morbihan, Deux-Sèvres, Vendée, Vienne et Haute-Vienne. Editeur: E. Lemarié. — Saint-Jean-d'Angély, 1866, in-4°. 701

Bibliophile du département de l'Aube (Le). — Troyes, 1853, in-8°. 702

* **Bibliophile du nord de la France** (Le), guide de l'amateur de livres. — Douai, L. Crepin, 1862-1869, in-8°. 703

* **Bibliophile français** (Le). Gazette illustrée des amateurs de livres, d'estampes et de haute curiosité. — Paris, Bachelin-Deflorenne, 1868-1878, 7 vol. in-4° & no. 1 de 1879. 704

* **Bibliophile français** (Le), revue mensuelle des livres anciens et modernes. — Paris, Bachelin-Deflorenne, 1862-1874, in-8°. T. I-XIII. 705

* **Bibliophile Orléanais** (Le), bulletin trimestriel de livres anciens et modernes, relatifs à l'Orléanais. — Orléans, Herluison, 1860-1868, in-8°. 706

A partir du 1er janvier 1864 le titre devient: »Le Bibliophile Orléanais, recueil littéraire et bibliographique, consacré à l'histoire de la province, publié avec le concours de plusieurs bibliophiles et littérateurs par H. Herluison«. — Orléans, Herluison, 1864—1868, in-8°.

* **Bibliopolisches Jahrbuch** für 1836 (-1841). — Leipzig, Verlag von J. J. Weber, 5 vol. in-8°. 707

Le titre devient ensuite: »Bibliopolisches und bibliographisches Jahrbuch für 1842-43«. — Leipzig, Verlag von J. Weber, 1842, in-8°.

* **Biblioteca della zoologia** e anatomia comparata in Italia. Rivista bibliografica bimestrale per Lorenzo Camerano e Mario Lessona. — Torino, Ermanno Lœscher, 1878-1880, 3 vol. in-8°. 708

* **Biblioteca e storia** di quei scrittori cost della citta' come del territorio di Vicenza che pervennero fin' ad ora a notizia del p. f. Angiol Gabriello di santa Maria Carmelitano Scalzo. — In Vicenza, per Gio. Battista Vendramini Mosca, 1772-1782, 6 vol. in-4°. 709

* **Biblioteca italiana** o sia notizia de libri rari italiani divisa in quattro parti cioè istoria, poesia, prose, arti e scienze; gia compilata da Niccola Francesco Haym romano, in questa impressione corretta, ampliata, e di giudizj intorno alle migliori opere arricchita con tavole copiosissime, e necessarie. —

— In Milano, appresso Giuseppe Galeazzi, 1771-1773, 2 vol. in-4°. 710

Publié par Ferdinando Giandonati.

* **Biblioteca italiana** ossia notizia de' libri rari italiani divisa in quattro parti cioè istoria, poesia, prose, arti e scienze, gia compilata da Niccola Francesco Haym. Edizione corretta, ampliata, e di giudizj intorno alle migliori opere arricchita. Con tavole copiosissime e necessarie. — Milano, Giovanni Silvestri, 1803, 4 vol. in-8°. 711

* **Biblioteca italiana**, o sia notizia de libri rari nella lingua italiana; divisa in quattro parti principali; cioè istoria, poesia, prose, arti e scienze. Annessovi tutto il libro dell' eloquenza italiana di mons. Giusto Fontanini col suo ragionamento intorno alla stessa materia. Con tavole copiosissime, e necessarie. — In Venezia, presso Angiolo Geremia, 1728, in-4°. 712

* **Biblioteca periodica anual** para utilidad de los libreros y literatos. Contiene un indice general de los libros y papeles que se imprimen, y publican en Madrid y las provincias de España; se anotan las librerias donde se venden; estan colocados por orden alfabetico los apellidos de los autores, ó traductores; y se da razon de los impressores, ciudades y años en que se han hecho las ediciones. — En la imprenta real (1784-1787), 3 vol. in-16. 713

Biblioteca scelta di libri italiani di scienze, arti, e letteratura di G. S. — Napoli, nel Gabinetto bibliograf. e tipograf., 1830, in-8°. 714

Publié par G. Selvaggi.

* **Biblioteque des theatres**, contenant le catalogue alphabetique des pièces dramatiques, opera, parodies, et opera comiques; et le tems de leurs représentations. Avec des anecdotes sur la plûpart des pièces contenuës en ce recueil, et sur la vie des auteurs, musiciens et acteurs. — Paris, Prault, 1733, in-8°. 715

Par Maupoint.

* **Bibliotheca acroamatica theologica**, juridica, medica, philosophica, historica et philologica, comprehendens recensionem specialem, omnium codicum msctorum græcorum, hebraicorum, syriacorum, arabicorum, turcicorum, armenicorum, æthiopicorum, mexicanorum, sinensium, etc. augustissimæ bibliothecæ Cæsareæ Vindobonensis, olim a duumviris cl. Petro Lambecio et Daniele Nesselio congesta; nunc autem propter insignem raritatem caritatem et præstantiam in hanc concinnam epitomen redacta et luci publicæ restituta a Jacobo Friderico Reimmanno. Accessit dissertatio præliminaris in qua de Spissis Lambecii et Nesselii voluminibus accurate disseritur et hujus instituti ratio prolixius explanatur, nec non index triplex copiosissimus, atque ad multifariam hujus compendii utilitatem demonstrandam ex amusim adaptatur. — Hannoveræ, sumptibus Nicolai Fœrsteri, 1712, in-12. 716

* **Bibliotheca americana**, being a choice collection of books relating to North and South America and the West-Indies, including voyages to the southern hemisphere maps, engravings and medals. — Paris, printed by Fain and Thunot, 1840, in-8°. 717

* **Bibliotheca americana**; or a chronological catalogue of the most curious and interesting books, pamphlets, state papers, etc. upon the subject of North and South America, from the earliest Period to the present, in print and manuscript; for which research has been made in the British Musæum, and the most celebrated public and private libraries, reviews, catalogues, etc. with an introductory discourse on the present state of literature in those countries. — London printed for J. Debrett, 1789, in-4°. 718

Par J. Debrett.

* **Bibliotheca americana vetustissima.** A description of works relating to America published between the years 1492 and 1551. — New-York, Geo. P. Philes, 1866, in-4°. 719

*Additions. — Paris, Tross, 1872, in-4°. Par Harrisse.

* **Bibliotheca americo-septentrionalis:** being a choice collection of books in various languages, relating to the history, climate, geography, produce, population, agriculture, commerce, arts, sciences, etc. of North America, from its first discovery to its present existing government; among which are many valuable articles and rare together with all the important official documents published from time to time by the authority of congress. — Paris, imp. Nouzou, 1820, in-8°. 720

Ce titre a aussi une traduction française.

* **Bibliotheca angelica** litteratorum litterarumque amatorum commoditati dicata Romæ in ædibus Augustinianis. — Romæ, apud Stephanum Paulinum, 1608, in-12. 721

* **Bibliotheca anti-Janseniana,** sive catalogus priorum eruditorumque scriptorum, qui Corn. Jansenii episc. iprensis et Jansenianorum hæreses, errores ineptiasque oppugnarunt. Cum præludiis historiæ, et cribratione farraginis Jansenisticæ. — Parisiis, ex officina Cramosiana, 1654, in-4°. 722

Par Phil. Labbe.

* **Bibliotheca Aprosiana,** liber rarissimus, et a nonnullis inter ανεκδοτας numeratus, jam ex lingua italica in latinam conversus. Præmisit præfationem notasque nonnullas addidit Johan. Christoph. Wolfius. — Hamburgi, literis Abrami Vandenhœck, 1734, in-8°. 723

* **Bibliotheca auctorum classicorum** et græcorum et latinorum, oder Verzeichniss derjenigen Ausgaben und Uebersetzungen griechischer und römischer Schriftsteller, welche vom Jahr 1700 bis zu Ende des Jahres 1830 in Deutschland erschienen sind, nebst den nothwendigsten und brauchbarsten Erläuterungsschriften derselben. Zuerst herausgegeben von Theodor Christian Friedr. Enslin. Jetzt aber neu bearbeitet und vermehrt von Christian Wilhelm Löflund. — Fünfte, sehr vermehrte und verbesserte Auflage. — Stuttgart, bei F. C. Löflund und Sohn, 1831, in-8°. 724

* — Supplement-Heft, enthaltend die Literatur vom Jahre 1830 bis Mitte 1839. Herausgegeben von Wilhelm Engelmann. — Leipzig, Verlag von Wilhelm Engelmann, 1840, in-8°.

* **Bibliotheca biblica,** das ist Verzeichnis der Bibel-Sammlung welche die durchlauchtigste Fürstinn und Frau Frau Elisabeth Sophia Maria erst verwittwete Herzogin zu Braunschweig und Lüneburg gebohrne Herzogin zu Schleswich-Holstein etc. zum Beweise der Ausbreitung und Verherrlichung des Nahmens Gottes in mancherley Sprachen, absonderlich der Teutschen durch Dr. Martin Luthern, gesammlet und in dero Bücher-Schatz auf dem grauen Hofe der christlichen Kirche zum besten aufgestellet hat. — Braunschweig, 1752, in-4°. 725

* **Bibliotheca Brunsvico-Luneburgensis.** Scriptores rerum Brunsvico-Luneburgensium justo materiarum ordine dispositos exhibens. — Wolffembutteli, impensis Jo. Christoph. Meisneri, 1744, in-8°. 726

* **Bibliotheca chymica,** oder catalogus von chymischen-Büchern, darinnen man alle diejenigen Autores findet die von dem Stein der Weisen, von Verwandlung der schlechten Metalle in bessere, von Berckwercken, von Mineralien, von Kräutern, von Thieren, von Gesund, und Sauer-Brunnen, von Warmen- und andern Bädern, von der Haushaltungs-Kunst, und was sonsten zu denen drey Reichen der Natur gehöret, geschrieben haben, und in der Roth-Scholtzischen

Bibliotheque verhanden seyn. Samt einigen Lebens-Beschreibungen berühmter Philosophorum. Ans Liecht gestellt. — Nürnberg und Altdorff, bey J. Daniel Taubers seel. Erben, 1727-1729, in-8°, en 5 parties. 727

Les 3e, 4e et 5e parties ont pour titre: »Bibliotheca chemica rothscholtziana darinnen man alle diejenigen autores findet . . .«

* **Bibliotheca compendiosa et portatilis** seu copia librorum et autorum in usum studiosi juris adornata in qua simul multi autores tecto nomine latentes sub vero nomine sistuntur a J. C. B. — Jenæ, apud Johannem Bielckium, 1704, in-12. 728

* **Bibliotheca Daneschioldiana**, seu catalogus librorum ... christiani comitis de Daneschiold in Samsœ. — Havniæ, typ. S. Reg. Maj., 1732, in-4°. 729

* **Bibliotheca diabolica**; being a choice selection of the most valuable books relating to the devil; his origin, greatness, and influence, comprising the most important works on the devil, satan, demons, hell, hell-torments, magic, witchcraft, sorcery, divination, superstitions, angels, ghosts, etc. with some curious volumes on dreams and astrology. In two parts, pro and conserious and humorous. Chronologically arranged with notes, quotations and proverbs, and a copious index. Illustrated with twelve curious designs. — On sale by Scribner, Welford & Armstrong, sept. 1874, gr. in-8°, 40 p. 730

* **Bibliotheca Dumbensis**, ou recueil de chartes, titres et documents relatifs à l'histoire de Dombes, publiés par Valentin-Smith. — Trévoux, imp. Damour, 1854-1864, in-4°, 2 vol. dont un de complément. 731

* **Bibliotheca ecclesiastica** sive de scriptoribus ecclesiasticis, qui ab anno Christi 1494, quo Joannes Trithemius desinit, ad usque tempora nostra floruerunt. Pars altera. Auberti Miræi, Bruxellensis, Decani Antverpiensis opus posthumum. Aubertus van den Eede, canonicus, sigillifer et scholiasticus antverpiensis publicabat. — Antverpiæ, apud Jacobum Mesium, 1649, in-fol. 732

* **Bibliotheca exotica**; sive catalogus officinalis librorum peregrinis linguis usualibus scriptorum, videlicet gallica, italica, hispanica, belgica, anglica, danica, bohemica, ungarica etc. omnium quotquot in officinis bibliopolarum indagari potuerunt, et in Nundinis Francofurtensibus prostant, ac venales habentur. La bibliotheque universail, contenant le catalogue de tous les livres, qui ont esté imprimés ce siecle passé, aux langues françoise, italienne, espaignole, et autres, qui sont aujourd'hui plus communes, depuis l'an 1500 jusqu'à l'an présent 1624 distribuée en certain ordre selon les matiéres y contenues, et les surnoms des autheurs. — A Frankfourt, par Balthasar Ostern, 1625, in-4°. 733

Bibliotheca geographica, oder systematisch geordnete Uebersicht . . . von Müldener.

Voy. Bibliotheca historico-geographica.

* **Bibliotheca geographica.** Verzeichniss der seit der Mitte des vorigen Jahrhunderts bis zu Ende des Jahres 1856 in Deutschland erschienenen Werke über Geographie und Reisen mit Einschluss der Landkarten, Pläne und Ansichten. Herausgegeben von Wilhelm Engelmann. Mit einem ausführlichen Sach-Register. — Leipzig, Verlag von Wilhelm Engelmann, 1857-1858, 2 vol. in-8°. 734

Bibliotheca geographico statistica et œconomico-politica. — Voy. Bibliotheca historico-geographica.

* **Bibliotheca hispano-americana.** A catalogue of spanish books printed in Mexico, Guatemala, Honduras, the An-

tilles, Venezuela, Columbia, Ecuador, Peru, Chili, Uruguay, and the Argentine Republic; and of portuguese books printed in Brazil. Followed by a collection of works in the aboriginal languages of America. — London, Trübner, 1870, in-16. 735

* **Bibliotheca historiæ literariæ critica,** eaque generalis, hoc est, catalogi bibliothecæ Reimmannianæ systematico-criticæ tomus secundus, in quo libri ad historiam literariam generalem spectantes, et bibliothecæ Reimmannianæ partem facientes, qua fieri potuit solertia enumerantur, et quid in unoquoque sit asterisco vel obelo dignum, ea, qua fas est, modestia et libertate indicatur. Accedit catalogus msctorum et designatio nummorum quorundam. — Hildesiæ, vid. Schrœderi, 1739, in-8°. 736

Fait par le possesseur Jacob Friedrich Reimmann.

* **Bibliotheca historica** oder systematisch geordnete Uebersicht der in Deutschland und dem Auslande auf dem Gebiete der gesammten Geschichte neu erschienenen Bücher. Herausgegeben von Dr. W. Müldener. — Göttingen, Vandenhœck und Ruprecht, 1862-1881, in-8°. 737

A partir de juillet 1880, l'éditeur est E. Ehrenfeuchter.

* **Bibliotheca historico-geographica,** oder systematisch geordnete Uebersicht der gesammten in Deutschland und dem Auslande auf dem Gebiete der gesammten Geschichte und Geographie neu erschienenen Bücher. Herausgegeben von E. A. Zuchold. — Göttingen, Vandenhœck und Ruprecht, 1853-1857, 5 vol. in-8°. 738

Dès le second semestre de 1853, l'éditeur devient Gustav Schmidt. — Cette bibliographie, dont la tomaison continue, prend, les titres suivants à partir de 1858.

1° Bibliotheca historico-geographica... — Göttingen, 1858-1861, in-8°. T. VI-IX. A partir de l'année 1861, l'éditeur est W. Müldener.

2° Bibliotheca geographico statistica et œconomico-politica, oder systematisch geordnete Uebersicht der in Deutschland und dem Auslande auf dem Gebiete der gesammten Geographie, Statistik und der Staatswissenschaften neu erschienenen Bücher, herausgegeben von W. Müldener. — Göttingen, Vandenhœck und Ruprecht, 1862-1869, in-8°. T. X-XVII.

3° Bibliotheca geographica oder... — Göttingen, 1870-1874, in-8°. T. XVIII-XXII.

* **Bibliotheca historico-geographica** oder Verzeichniss aller brauchbaren, in älterer und neuerer Zeit, besonders aber vom Jahre 1750 bis zur Mitte des Jahres 1824 in Deutschland erschienenen Bücher über Geschichte, Geographie und deren Hülfswissenschaften. Herausgegeben von Theodor Christian Friedrich Enslin. Nebst einem Materienregister. — Berlin und Landsberg a. d. W., im Verlage des Herausgebers, 1825, in-8°. 739

* **Bibliotheca historico-naturalis et physico-chemica** oder systematisch geordnete Uebersicht der in Deutschland und dem Auslande auf dem Gebiete der gesammten Naturwissenschaften neu erschienenen Bücher, herausgegeben von Ernst A. Zuchold. — Göttingen, Vandenhœck und Ruprecht, 1851, in-8°. T. I. 740

Au T. II le titre devient: »Bibliotheca historico naturalis, physico-chemica et mathematica oder systematisch geordnete Uebersicht der in Deutschland und dem Auslande auf dem Gebiete der gesammten Naturwissenschaften und der Mathematik neu erschienenen Bücher, herausgegeben von Ernst A. Zuchold. — Göttingen, Vandenhœck und Ruprecht, 1852-1881, in-8°«.

De juillet 1867 à juin 1871, l'éditeur est H. Guthe. De juillet 1871 à juin 1879 il devient A. Metzger et pour les livraisons suivantes F. Frenkel.

* **Bibliotheca historico-philologico-theologica**... — Bremæ, sumptibus Johannis Andreæ Grimmii, 1719-1726, 16 vol. in-8°. 741

* **Bibliotheca homœopathica** oder Verzeichniss aller bis Ende des Jahres 1841 erschienenen Werke und Schriften über

Homöopathie. Nach den Namen der Verfasser alphabetisch geordnet. 2te vermehrte und verbesserte Auflage von L. S. — Leipzig, Baumgärtner's Buchhandlung, 1842, in-12. 742

Par Schreck.

* **Bibliotheca hydriatica** oder Verzeichniss der wichtigsten bis zur Jubilate-Messe 1842 erschienenen Werke und Schriften über Wasserheilkunde, nebst den neuesten Schriften über vorzügliche Mineralbäder und dem Verzeichniss bereits vorhandener Wasserheilanstalten. Nach den Namen der Verfasser alphabetisch geordnet. — Leipzig, Baumgärtner's Buchhandlung, 1842, in-12. 743

Par E. Dietrich.

* **Bibliotheca judaica.** Bibliographisches Handbuch umfassend die Druckwerke der jüdischen Literatur einschliesslich der über Juden und Judenthum veröffentlichten Schriften nach alfabetischer Ordnung der Verfasser bearbeitet von Dr. Julius Fürst. — Leipzig, Verlag von Wilhelm Engelmann, 1849-1863, 3 vol. in-8°. 744

Le titre du T. III porte en outre: Mit einer Geschichte der jüdischen Bibliographie sowie mit indices versehen.

* **Bibliotheca juridica** oder geordnete Uebersicht auf dem Gebiete der Staats- und Rechtswissenschaft in Deutschland neu erschienenen Bücher, herausgegeben von Carl Joh. Fr. W. Ruprecht. — Göttingen, Vandenhœck und Ruprecht, in-8°. 745

T. I, 1848, 34 p. — T. II, 1849, 59 p.

* **Bibliotheca juridica** oder Verzeichniss aller brauchbaren, in älterer und neuerer Zeit, besonders aber vom Jahre 1750 bis zu Mitte des Jahres 1839 in Deutschland erschienenen Werke über alle Theile der Rechtsgelehrsamkeit und deren Hülfswissenschaften. Zuerst herausgegeben von Theod. Christ. Friedr. Enslin. Von neuem gänzlich umgearbeitete zweite Auflage von Wilhelm Engelmann. Nebst einem vollständigen Materienregister. — Leipzig, Verlag von Wilhelm Engelmann, 1840, in-8°. 746

Le faux titre porte: Zweite Auflage.

* **Bibliotheca juridica** oder Verzeichniss der in älterer und neuerer Zeit, besonders aber vom Jahre 1750 bis zur Mitte des Jahres 1848 in Deutschland erschienenen Werke über alle Theile der Rechtswissenschaft und deren Hülfswissenschaften. Herausgegeben von Wilhelm Engelmann. Supplement-Heft, enthaltend: die Literatur von der Mitte des Jahres 1839 bis zur Mitte des Jahres 1848. Nebst einem ausführlichen Materienregister. — Leipzig, Verlag von Wilhelm Engelmann, 1849, in-8°. 747

Bibliotheca juridica universalis, sive quæstionum juridicarum omnis generis, theoreticarum ac practicarum, veterum ac recentiorum, juris civilis, canonici, feudalis, publici ac privati, communis ac statutarii, ex variis doctorum decisionibus, consiliis, consultationibus, resolutionibus, tractatibus et aliis, quotquot fere in publicum prodierunt, scriptis juridicis, quam plurimæ myriades, olim a Johanne Jacobo Speidelio sub titulo sylloges variarum quæstionum compilatæ, et publici juris factæ: jam vero nova plane et longe accuratiori methodo ita adornatæ, ut singulæ quæstiones sub certas classes et titulos relatæ, in affirmantem vel negantem sententiam resolutæ, auctoritatibus et testimoniis doctorum roboratæ, resectis inutilibus, tædiose repetitis, et quæ alieno loco posita erant, justo ordine, congruo loco, propositis, sed et adjectione integrarum vocum, multorum millium novarum quæstionum ex recentissimis auctoribus juridicis, horumque quæstionibus prioribus, per totum opus aspersione et accessionibus, opus duplo plus auctum, ita, ud ad instar bibliothecæ locupletissimæ casus in foro et auditorio obvenientes inde facili negotio resolvi, et in spinosioribus controversiis et perplexis quibusvis quæstionibus consilium ex arena capi, quin et illæ statim decidi, decisæ autem doctorum suffragiis stabiliri possint, auctore Johanne Jacobo Curtio. Nunc denuo revisum, recognitum, novisque scriptorum, qui vel deerant, vel novissime demum, prodierunt, et infinitarum quæstionum additionibus, ditatum ac dotatum. Opera et studio B. auctoris ex filia nepotis Jacobi Davidis Mœglingii. — Norimbergiæ, Endteri heredes, 1728, in-fol. 2 vol. 748

Bibliotheca juridica. Verzeichniss der vorzüglichsten Werke aus allen Zweigen der Staats- und Rechtswissenschaften. 2te bis Ende Januar 1858 ergänzte Auflage. — Wien, Manz, in-8°. 749

* — Dritte sehr vermehrte Auflage. — Wien, Verlag von Fr. Manz, 1861, in-8°.

***Bibliotheca juridico-politica**, ordine alphabetico distributa, edita à B. H. W. et vel auctione, vel privata venditione distrahenda. — Lipsiæ, s. autoris prostat in ædibus Wüsthoffianis, 1704, in-4°. 750

Par Berthold Heinrich Wüsthoff.

Bibliotheca juris imperantium quadripartita sive commentatio de scriptoribus jurium quibus summi imperantes utuntur naturæ et gentium publici universalis et principum privati. — Noribergæ, Monath, 1727, in-4°. 751

Bibliotheca juris Lubecensis, complectens notitiam scriptorum ad jus Lubecense, subjunctis ubique novioribus constitutionibus, decretis et responsis, jus illud vel declarantibus, vel illustrantibus. Præfatus est Jo. Car. Henr. Dreyer. — Lubecæ, Bœckmann, 1776, in-4°. 752

Par Hermann Georg Bünekau.

Bibliotheca juris statutarii Hamburgensis, seu Dnn. Hamburgensium graduatorum aliorumque disputationes juridicæ, quæ ad jus statutarium et processum Hamburgensem facile possunt referri, sub duplici serie sive ordine 1. Juxta materias s. ordinem statutorum, inprimis titulorum et articulorum cujuscunque partis, 2. secundum nomina dnn. auctorum Hamburgensium ordine alphabetico, loco academiarum annoque adjecto. Una cum serie earum disputationum juridicarum, a dominis Hamburgensibus ab anno 1582 usque ad nostra tempora in diversis academiis habitarum. In usum Dnn. literatorum Hamburgensium et legum patriæ suæ amantium, quia dissertationes posteritatis etiam usibus conservari, literariæ reipublicæ interest, edita a C. J. F. — Hamburg, 1719, in-fol. 753

Par Car. Joh. Fogel.

Bibliotheca Lusitana; or catalogue of books and tracts, relating to the history, literature, and poetry, of Portugal: forming part of the library of John Adamson. — Newcastle on Tyne, print. by Hodgson, 1836, in-8°. 754

* **Bibliotheca mechanico-technologica et œconomica** oder systematisch geordnete Uebersicht aller der auf dem Gebiete der mechanischen und technischen Künste und Gewerbe, der Fabriken, Manufacturen und Handwerke, der Eisenbahn- und Maschinenkunst, der gesammten Bauwissenschaften, sowie der gesammten Haus-, Land-, Berg-, Forst- und Jagdwissenschaft in Deutschland und dem Auslande neu erschienenen Bücher herausgegeben von W. Müldener. — Göttingen, Vandenhœck & Ruprecht, 1862-1873, in-8°. 755

A partir de 1872 le titre devient: »Bibliotheca mechanico-technologica oder systematisch geordnete Uebersicht aller der auf dem Gebiete der Mechanik und Technik wie der gesammten Bau- und Ingenieur-Wissenschaften in Deutschland und dem Auslande neu erschienenen Bücher, herausgegeben von W. Müldener. — Göttingen . . .«

* **Bibliotheca mechanico-technologica** oder Verzeichniss der in älterer und neuerer Zeit bis zur Mitte des Jahres 1843 in Deutschland erschienenen Bü-

cher . . . herausgegeben von Wilhelm Engelmann. Zweite umgearbeitete Auflage. — Leipzig, Verlag von W. Engelmann, 1844, in-8°. 756

* —. — Supplement-Heft, enthaltend die Literatur von der Mitte des Jahres 1843 bis 1849 . . . — Leipzig, Verlag von W. Engelmann, 1850, in-8°.

* **Bibliotheca mechanico-technologica** oder Verzeichniss der in älterer und neuerer Zeit bis zu Anfang des Jahres 1834 in Deutschland und den angrenzenden Ländern erschienenen Bücher über alle Theile der mechanischen und technischen Künste und Gewerbe, Fabriken, Manufacturen, Handwerke, Mechanik und Maschinenbaukunst, mit Inbegriff der bürgerlichen, schönen, Land-, Wasser- und Strassen-Baukunst. Herausgegeben von Wilhelm Engelmann. Nebst einem Materien-Register und Nachweisungen über einzelne technische Aufsätze in Journalen etc. — Leipzig, im Verlage des Herausgebers, 1834, in-8°. 757

* —. — Supplement-Heft, enthaltend die Literatur von dem Jahre 1834 bis 1838. — Leipzig, Verlag von W. Engelmann, 1839 in-8°.

* **Bibliotheca medica.** A catalogue of american and british books periodicals, transactions etc. relating to medicine, surgery, dentistry, pharmacy, chemistry, and Kindred subjects, classified by subjects with an index by authors. — Cincinnati, Robert Clarke, 1878, in-8°. 758

* **Bibliotheca medico-chirurgica** et anatomico - physiologica. Alphabetisches Verzeichniss der medizinischen, chirurgischen, geburtshülflichen, anatomischen und physiologischen Bücher, welche vom Jahre 1750 bis zu Ende des Jahres 1847 in Deutschland erschienen sind. Herausgeben von Wilhelm Engelmann. Mit einem vollständigen Materien-Register. Sechste gänzlich umgearbeitete Auflage der Bibliotheca medico-chirurgica von Enslin. — Leipzig, Verlag von W. Engelmann, 1848, in-8°. 759

* —. — Supplement-Heft, enthaltend die Literatur vom Jahre 1848 bis Ende des Jahres 1867. — Leipzig, Verlag von W. Engelmann, 1868, in-8°.

* **Bibliotheca medico-chirurgica** et pharmaceutico-chemica oder Verzeichniss derjenigen medicinischen, chirurgischen, geburtshülflichen und pharmaceutisch-chemischen Bücher, welche vom Jahre 1750 bis zur Mitte des Jahres 1837 in Deutschland erschienen sind. Zuerst herausgegeben von Theod. Christ. Friedrich Enslin. Von neuem gänzlich umgearbeitet von Wilhelm Engelmann. Fünfte durchaus verbesserte und vermehrte Auflage. Nebst einem vollständigen Materienregister. — Leipzig, Verlag von Wilhelm Engelmann, 1838, in-8°. 760

* —. — Supplement-Heft, enthaltend die Literatur von der Mitte des Jahres 1837 bis gegen Ende des Jahres 1840. — Leipzig, Verlag von W. Engelmann, 1841, in-8°.

* **Bibliotheca medico-chirurgica**, pharmaceutico-chemica et veterinaria oder geordnete Uebersicht aller in Deutschland und im Auslande neu erschienenen medicinisch-, chirurgisch-, geburtshülflichen, pharmaceutisch-, chemischen und veterinär - wissenschaftlichen Bücher. Herausgegeben und verlegt von Vandenhœck und Ruprecht. — Göttingen, Vandenhœck und Ruprecht's Verlag, 1847-1881, 35 vol. in-8°. 761

Bibliotheca Mejicana. A Catalogue of an extraordinary collection of books and manuscripts, almost wholly relating to the history and literature of North and South America, particularly Mexico. — London, Puttick and Simpson, 1869, in-8°. 762

Bibliotheca nominalis curiosa seu notitia autorum et librorum maximam partem nostri ævi, juxta autorum nomina ordine alphabetico instituta. Editio secunda, emendatior. — Vitembergæ, Ludovici (1703), in-8°. 763

. . . Continuatio, adjecta Numophylacii curiosi designatione. — id., 1705, in-8°. Publié par Christian Gottlieb Ludovici.

* **Bibliotheca normannica.** Denkmäler normannischer Literatur und Sprache, herausgegeben von Herm. Suchier. — Halle, Niemeyer, 1879-1880, in-8°. T. I-II. 764

Le T. II a pour titre particulier: »Der Judenknabe. 5 Griechische, 14 Lateinische und 8 Französische Texte herausgegeben von Eugen Wolter«.

* **Bibliotheca œconomica** oder Verzeichniss der in älterer und neuerer Zeit bis zur Mitte des Jahres 1840 in Deutschland und den angränzenden Ländern erschienenen Bücher über die Haus- und Landwirthschaft und deren einzelne Zweige: den Wein- und Gartenbau, die Bienen-, Schaaf-, Rindvieh- und Pferdezucht, die Kochkunst u. s. w., so wie über die mit der Landwirthschaft verbundenen Gewerbe, als das Bierbrauen, Branntweinbrennen, Essigbrauen, Bleichen. Zuerst herausgegeben von Theod. Christ. Friedr. Enslin. Von neuem gänzlich umgearbeitete zweite Auflage von Wilhelm Engelmann. Nebst einem vollständigen Materienregister. — Leipzig, Verlag von Wilhelm Engelmann, 1841, in-8°. 765

* **Bibliotheca œnologica.** Zusammenstellung der gesammten Weinliteratur des In- und Auslandes. — Heidelberg, Carl Winter, 1875, in-8°. 766

Publié par E. Wagenmann. — Ext. des: Annalen der Oenologie.

* **Bibliotheca philologica** oder geordnete Uebersicht aller auf dem Gebiete der classischen Alterthumswissenschaft wie der älteren und neueren Sprachwissenschaft in Deutschland und dem Ausland neu erschienenen Bücher. Herausgegeben von Vandenhœck und Ruprecht. — Göttingen, Vandenhœck und Ruprecht's Verlag, 1848-1881, in-8°. 767

De janvier 1857 à décembre 1867 l'éditeur est Gustav Schmidt. De janvier 1868 à décembre 1879 il devient W. Müldener et depuis janvier 1880 E. Ehrenfeuchter.

* **Bibliotheca philologica** oder Verzeichniss derjenigen Grammatiken, Wörterbücher, Chrestomathieen, Lesebücher und anderer Werke, welche zum Studium der griechischen, lateinischen und orientalischen Sprachen gehören, und vom Jahre 1750, zum Theil auch früher, bis zur Mitte des Jahres 1839 in Deutschland und den angränzenden Ländern erschienen sind. Zuerst herausgegeben von Theod. Christ. Friedr. Enslin. Neue gänzlich umgearbeitete zweite Auflage von Wilhelm Engelmann. Nebst einer systematischen Uebersicht. — Leipzig, Verlag von Wilhelm Engelmann, 1840, in-8°. 768

Bibliotheca philosophica oder Verzeichniss der in älterer und neuerer Zeit, besonders aber vom Jahre 1750 bis zu Ende des Jahres 1823 in Deutschland erschienenen Bücher über alle Theile der Philosophie. Herausgegeben von Theod. Christ. Friedr. Enslin. Nebst einem Materienregister. — Berlin, der Herausgeber, 1824, in-8°. 769

* **Bibliotheca physico-medica.** Verzeichniss wichtiger älterer sowohl, als sämmtlicher seit 1821 in Deutschland gedruckter Bücher aus den Fächern der Physik, Chemie, Geognosie, Mineralogie, Botanik, Zoologie, vergleichenden und menschlichen Anatomie, Physiologie, Pathologie, Therapie, Materia medica, Chirurgie, Augenheilkunde, Geburtshülfe, Staatsarzneikunde, Pharmacie, Thierarzneikunde u. s. w. zu finden bei Leopold Voss. — Leipzig, L. Voss, 1835, in-8°. 770

* **Bibliotheca poetarum Polonorum** qui patrio sermone scripserunt. — Varsaviæ, apud Christoph Gottlieb Nicolai, s. d., in-4°. 771

Bibliotheca probata. Catalogue of books selected, examined, and arranged under the heads of bibles, Prayer-books, commentaries, devotional library, family library, parish library, parish school library, sunday school library, academic and school-district library; with full descriptive titles, characterizations, and prizes. To which is appended a list for the library of a parish minister, drawn with much care and consultation of learned authorities. Second edition. — New-York, Dana, 1857, in-8°. 772

* **Bibliotheca rerum metallicarum.** Verzeichniss der bis Mitte 1856 in Deutschland über Bergbau, Hütten- und Salinenkunde und verwandte Zweige erschienenen Bücher, Karten und Ansichten. Mit Sachregister. Zweite verbesserte und vermehrte Auflage. — Eisleben, Verlag von G. Reichardt, 1857, in-8°. 773

* — Nachtrag, den Zeitraum vom Juli 1856 bis Jan. 1864 umfassend. — Eisleben, Verlag von G. Reichardt, 1864, in-8°.
Publiés par G. Reichardt.

* **Bibliotheca sancta**, a. f. Sixto Senensi ordinis prædicatorum, ex præcipuis catholicæ ecclesiæ auctoribus collecta, et in octo libros digesta, ad sanctiss. Pium V pont. max. ab eodem auctore, antequam ex humanis excederet recognita, aucta atque nova chronologica tabula secundum temporum collationem, augmentata. Postmodum a reverendo societ. Jesu patre Joanne Hayo scoto, revisa, scholiisque illustrata. Ultima demum hac editione auctorum recentiorum accessione locupletata, plurimisque in locis tam hebraicis quam græcis à mendis expurgata. Opus post sacra biblia, omnibus veram ac sinceram theologiam profitentibus summopere necessarium. — Coloniæ Agrippinæ, ex officina Choliana, 1626, in-4°. 774

* **Bibliotheca scatologica**, ou catalogue raisonné des livres traitant des vertus et gestes de très noble et très ingénieux messire Luc (à rebours) seigneur de la chaise et autres lieux mêmement de ses descendants et autres personnages de lui issus. Ouvrage très utile pour bien et proprement s'entretenir ès-jours gras de carême-prenant. Disposé dans l'ordre des lettres K, P, Q traduit du prussien et enrichi de notes très-congruantes au sujet par trois savants en us. Dedié à M. Q. — Scatopolis chez les marchands d'Aniterges l'année scatogène 5850, in-8°. 775

Par P. Jannet, J. P. Payen et Aug. Veinant. Cet ouvrage, publié comme complément du Journal de l'Amateur de livres, année 1849, à été tiré à part à 150 ex.

* **Bibliotheca scriptorum classicorum** et græcorum et latinorum. Alphabetisches Verzeichniss der Ausgaben, Uebersetzungen und Erläuterungsschriften der griechischen und lateinischen Schriftsteller, welche vom Jahre 1700 bis zu Ende des Jahres 1846 besonders in Deutschland gedruckt worden sind. Herausgegeben von Wilhelm Engelmann. — Leipzig, Verlag von Wilhelm Engelmann, 1847, in-8°. 776

* —. — Supplement-Heft, enthaltend die Literatur von Anfang des Jahres 1847 bis Ende 1852. — Leipzig, 1853, in-8°.

* **Bibliotheca septentrionis eruditi** sive syntagma tractatuum de scriptoribus illius, seorsim hactenus editorum, quo I. Alb. Bartholini liber de scriptis Danorum, Norwagorum et Islandorum, posthumus, a Joh. Mollero, Flensburg a Cimbro plurimis in locis emendatus atque auctus, et hypomnematis insuper historico criticis prolixioribus, istorumque spicilegio, ac indice cognominum alphabetico, recens illustratus; II. Joh. Schefferi Suecia literata, hypomnematis historico-criticis ab eodem J. Mollero illustrata; III. Joh. Molleri, introductio ad historiam ducatuum Slesvicensis et Holsatici, rerum utriusque scriptores universos, aliosque præterea complures, fuse et accurate recens, ipsamque simul Chersonesi Cimbricæ historiam nova passim luce perfundens; IV. Ejusdem præfatio nova de gentium Borealium in litteras meritis, et historiæ literariæ atque ecclesiasticæ scriptoribus, historico-apologetica, junctim exhibentur. — Lipsiæ, sumptibus Gothofr. Libezeitzii, 1699, in-8°. 777

* **Bibliotheca Smithiana**, seu catalogus librorum D. Josephi Smithii Angli per cognomina authorum dispositus. — Venetiis, typis Jo. Baptistæ Pasquali, 1755, in-4°. 778

* **Bibliotheca theologica** oder systematisch geordnete Uebersicht aller auf dem Gebiete der evangelischen Theologie in Deutschland neu erschienenen Bücher. Herausgegeben von Carl Joh. Fr. W. Ruprecht. — Göttingen, Vandenhœck und Ruprecht's Verlag, 1848-1881, in-8°. 779

De 1867 à 1880, l'éditeur est W. Müldener, et à partir de 1880, E. Ehrenfeuchter.

* **Bibliotheca theologica** oder Verzeichniss aller brauchbaren, in älterer und neuerer Zeit, bis zum Schluss des Jahres 1831 in Deutschland erschienenen Werke über alle Theile der wissenschaftlichen und praktischen, besonders protestantischen Theologie. Nach dem »Handbuch der theologischen Literatur des Herrn Prof. Winer«, mit Zuziehung anderer zuverlässiger literarischer Hülfsmittel zuerst bearbeitet und herausgegeben von Th. Chr. Fr. Enslin, von Neuem durchgesehen und fortgesetzt von Christian Wilhelm Löflund. Nebst einem Materienregister. Zweite, vermehrte und verbesserte Auflage. — Stuttgart, bei F. C. Löflund und Sohn, 1833, in-8°. 780

Bibliotheca transsilvanica. Verzeichniss der über Siebenbürgen erschienenen Bücher, Landkarten etc. in 6 Abtheilungen: I. Geographie, Statistik, Reisen. II. Geschichte. III. Naturkunde, Mineralwasser, Bergbau. IV. Verfassung, Gesetzgebung, Verwaltung. V. Vermischtes. VI. Landkarten, Ansichten, Portraits. — Prag, Credner, 1864, in-8°, 29. p. 781

— Zweite vermehrte Auflage. — Prag, Credner, 1865, in-8°, 48 p.

Publié par Fr. Aug. Credner.

* **Bibliotheca veterinaria** oder Verzeichniss aller brauchbaren, in älterer und neuerer Zeit, bis zur Mitte des Jahres 1824 in Deutschland erschienenen Bücher über alle Theile der Thierkunde. Herausgegeben von Theodor Christian Friedrich Enslin. Nebst einem Materienregister. — Berlin und Landsberg a. d. W., 1825, in-8°. 782

Bibliothecæ Americanæ primordia: an attempt towards laying the foundation of an american library, in several books, papers, and writings, humbly given to the society for propagation of the gospel in foreign parts, for the perpetual use and benefit of their members, their missionaries, friends, correspondents, and others concern'd in the good design of planting and promoting christianity within her Majesty's colonies and plantations in the West-Indies. By a member of the said society. — London, print. for Churchill, 1713, in-4°. 783

Par White Kennet. Augmenté et publié par Thomas Watts.

Bibliothecæ Homileticæ pars prima; oder des Homiletischen Bücher-Vorraths erster Theil, vorstellend autores homileticos I. Uber die gantze Heil. Schrifft und zwar über ein jedes biblisches Buch, Capitel und Vers. II. Uber allerhand casus, Fälle, Begebenheiten und merckliche Materien. III. Ueber die vornehmsten Kirchen-Gesänge und geistliche Lieder. Auffs neue übersehen und auf die Helffte vermehrt. Nebst doppelter Zugabe; nemlich Anweisung (1) zu Leich-Abhandlungen. (2). Zu Lehr-Arten über die Evangelia, Episteln und Catechismum. Mit allem Fleiss und Treue zusammengetragen, und mit vollständigen Registern der Autorum und rerum versehen von Ephraim Prætorio. Die dritte Auflage. — Leipzig, Gleditsch und Sohn, 1711, in-4°. 784

* **Bibliothecæ scriptorum** societatis Jesu supplementa. Supplementum pri-

mum. — Romæ, apud Franciscum Bourlié, 1814, in-4°. 785

* **Bibliothek älterer Schriftwerke der deutschen Schweiz** und ihres Grenzgebietes. Herausgegeben von Jacob Bæchtold und Ferd. Vetter. — Frauenfeld, Verlag von J. Huber, 1879-1882, 3 vol. in-8°. 786

Chaque volume a en outre son titre particulier.

T. I: Die Strelinger Chronik. Ein Beitrag zur Sagen- und Legendengeschichte der Schweiz aus dem XV. Jahrhundert. Mit einem Anhang: Vom Herkommen der Schwyzer und Oberhasler. Herausgegeben von Dr. Jakob Bæchtold. — Frauenfeld.

T. II: Niklaus Manuel. Herausgegeben von Jakob Bæchtold. — Frauenfeld.

L'introduction contient la bibliographie des éditions.

T. III: Albrecht von Hallers Gedichte. Herausgegeben und eingeleitet von Dr. Ludwig Hirzel. — Frauenfeld...

Les p. 241—292 contiennent la bibliographie et la description des éditions.

* **Bibliothek der Forst- und Jagdwissenschaft** oder Verzeichniss der in älterer und neuerer Zeit, besonders aber vom Jahre 1750 bis gegen Ende des Jahres 1842 in Deutschland erschienenen Bücher über alle Theile des Forst- und Jagdwesens über die Fischerei und den Vogelfang. Zuerst herausgegeben von Theodor Christian Friedrich Enslin. Von neuem gänzlich umgearbeitet von Wilhelm Engelmann. Ein Supplement zur Bibliotheca œconomica. Nebst einem vollständigen Materien-Register. Zweite verbesserte und vermehrte Auflage. — Leipzig, Verlag von Wilhelm Engelmann, 1843, in-8°. 787

Bibliothek der gesammten deutschen National-Literatur. — Voy. Brant (Seb.). Das Narrenschiff.

* **Bibliothek der Handlungswissenschaft** oder Verzeichniss der vom Jahre 1750 bis zu Anfang des Jahres 1845 in Deutschland erschienenen Bücher über alle Theile der Handlungskunde und deren Hülfswissenschaften: des Buchhaltens, der Correspondenz, des Geldwesens, Rechnens, Handlungs- und Wechselrechts. Nebst einem Nachtrage enthaltend die wichtigsten Schriften der englischen, französischen, holländischen, italienischen und spanischen Sprache, und eine Uebersicht der Eisenbahnliteratur. Zuerst herausgegeben von Theod. Christ. Fried. Enslin. Zweite Auflage gänzlich umgearbeitet von Wilhelm Engelmann. Mit einem Materienregister. — Leipzig, Verlag von Wilhelm Engelmann, 1846, in-8°. 788

* **Bibliothek der Mecklenburgischen Ritter- und Landschaft.** — Rostock, Druck von Hirsch, 1858-1859, in-8°, 2 Abth. en 4 tomes. 789

»Erste Abtheilung: Mecklenburgica«.

* **Bibliothek der neueren Sprachen** oder Verzeichniss der in Deutschland besonders vom Jahre 1800 an erschienenen Grammatiken, Wörterbücher, Chrestomathien, Lesebücher und anderer Werke, welche das Studium der lebenden europäischen Sprachen betreffen, wie auch derjenigen ausländischen Classiker, welche ebendaselbst vom Jahre 1800 bis zum Anfange des Jahres 1841 zum Abdrucke gekommen sind. Herausgegeben von Wilhelm Engelmann. Nebst einer systematischen Uebersicht. — Leipzig, Verlag von Wilhelm Engelmann, 1842, in-8°. 790

* — — **Supplement-Heft**, enthaltend die Literatur vom Anfang des Jahres 1841 bis zur Mitte des Jahres 1849. — Leipzig, Verlag von W. Engelmann, 1850, in-8°.

* — — Zweites Supplement-Heft, enthaltend die Literatur von der Mitte des Jahres 1849 bis zur Mitte des Jahres 1868. — Leipzig, Verlag von W. Engelmann, 1868, in-8°.

* **Bibliothek der schönen Wissenschaften** oder Verzeichniss der vorzüglichsten, in älterer und neuerer Zeit, bis zur Mitte des Jahres 1836 in Deutschland erschienenen Romane, Gedichte, Schauspiele und anderer zur schönen Literatur gehöriger Werke, so wie der besten deutschen Uebersetzungen poetischer Werke aus lebenden fremden

Sprachen. Zuerst herausgegeben von Theod. Christ. Friedr. Enslin. Gänzlich umgearbeitet und neu herausgegeben von Wilhelm Engelmann. Zweite Auflage mit der Inhaltsangabe der Gesammt- und Sammelwerke. — Leipzig, Verlag von Wilhelm Engelmann, 1837, in-8°. 791

T. II. Die Literatur von der Mitte des Jahres 1836 bis zur Mitte des Jahres 1845. — Leipzig, Verlag von W. Engelmann, 1846.

* **Bibliothek des germanischen Nationalmuseums zu Nürnberg.** (Abgedruckt aus dem ersten Band der Schriften des germ. Nationalmuseums). — Nürnberg, lit. artist. Anstalt des germ. Museums, 1855, in-8°. 792

Bibliothek des preussischen Rechts in systematischer Materienfolge. Ein vollständiges Verzeichniss aller über das preussische Recht von den ältesten Zeiten an bis Ende Juni 1831 erschienenen Werke. Herausgegeben von einem Rechtsgelehrten. — Berlin, List, 1832, gr. in-8°. 793

Bibliotheque curieuse ou catalogue des livres nouvellement imprimés à Strasbourg, dont plusieurs se trouvent presentement dans la bibliotheque de monsieur le chevalier de Fourille à Paris. — Cologne, Marteau, s. d., in-4°. 8 p. 794

* **Bibliotheque d'un homme de goût,** ou avis sur le choix des meilleurs livres écrits en notre langue sur tous les genres de sciences et de littérature; avec les jugemens que les critiques les plus impartiaux ont porté sur les bons ouvrages, qui ont paru depuis le renouvellement des lettres jusqu'en 1772, par L. M. D. V. bibliothécaire de Mgr. le duc de **. — A Avignon, de l'imp. J. Blery, 1772, 2 vol. in-12. 795

Par L. Mayeul-Chaudon.

* **Bibliothèque d'un littérateur** et d'un philosophe chrétien, ou recueil propre à diriger dans le choix des lectures. — A Besançon, chez J. Petit, 1820. in-16 oblong. 796

Bibliothèque de G. de Pixérecourt avec des notes littéraires et bibliographiques de Ch. Nodier et P. Lacroix. — Paris, 1838, gr. in-8°. 797

Bibliothèque de l'École des chartes, revue d'érudition consacrée spécialement à l'étude du moyen âge. — Paris, 1839-1882, in-8°. 798

Chaque livraison contient une liste alphabétique des Livres nouveaux.—Depuis 1879, la liste alphabétique est accompagnée d'une table par matière, et d'une table géographique.

* **Bibliothèque de poche** par une société de gens de lettres et d'érudits... — Paris, Paulin, 1845-1855, 10 vol. in-8°. 799

T. I. Curiosités littéraires.
T. II. Curiosités bibliographiques par Ludovic Lalanne.
T. III. Curiosités biographiques par l'auteur des Curiosités littéraires.

Cette collection contient en outre: Curiosités théologiques par un bibliophile. — Paris, Delahays, 1861. — Par Gustave Brunet.

Bibliothèque dramatique de Pont de Vesle, augmentée et complétée par les soins du bibliophile Jacob (Paul Lacroix). Catalogue rédigé d'après le plan du catalogue Soleinne, et destiné à servir de complément à ce catalogue. — Paris, administration de l'Alliance des arts, 1847, in-8°. 800

Rédigé par Goizet.

* **Bibliothèque du théâtre françois** depuis son origine; contenant un extrait de tous les ouvrages composés pour ce théâtre, depuis les mystères jusqu'aux pieces de Pierre Corneille; une liste chronologique de celles composées depuis cette derniere époque jusqu' à présent; avec deux tables alphabétiques, l'une des auteurs et l'autre des pieces. — Dresde, Groell, 1768, 3 vol. in-8°. 801

* **Bibliothèque générale des écrivains de l'ordre de Saint Benoit,** patriarche des moines d'Occident; contenant une notice exacte des ouvrages de tout genre, composés par les religieux des diverses branches, filiations, réformes et congrégations de cet ordre, sous quelque dénomination qu'elles soient connues, avec les dates du temps où ces ouvrages ont paru; et les éclaircissements nécessaires pour en faire connaître les auteurs: par un religieux bénédictin de la congrégation de St. Vannes. — Bouillon, aux dépens de la société typographique, 1777-1778, 4 vol. in-4°. 802

Par Dom. J. François.

Bibliothèque historique à l'usage des dames, contenant un catalogue raisonné de tous les livres nécessaires pour faire un cours complet d'histoire en langue françoise, suivie d'un extrait de l'Histoire de la conquête de Constantinople, par Geoffroi de Villehardouin, et de celui de la vie de S. Louis, par le Sire de Joinville. — Paris, Moutard, 1779, in-8°. 803

Ext. des »Mélanges tirés d'une grande bibliothèque«.

* **Bibliothèque impériale.** Département des imprimés. Catalogue des sciences médicales. Publié par ordre de l'empereur. — Paris, Firmin Didot, 1857-1873, 2 vol. in 4°. 804

Le T. II a pour titre: »Bibliothèque nationale. Département des imprimés. Catalogue des sciences médicales. Publié par ordre du gouvernement. — Paris... Le faux titre porte: Catalogues de la Bibliothèque nationale. — Rédigé par M. Alphonse Pauly.

* **Bibliothèque impériale.** Département des imprimés. Catalogue de l'histoire de France. Publié par ordre de l'empereur. — Paris, Firmin Didot, 1855-1870, 10 vol. in-4°. 805

Le faux titre: »Catalogues de la Bibliothèque impériale«. — Le titre du T. XI. devient: »Bibliothèque nationale. Département des imprimés. Catalogue de l'histoire de France. Publié par ordre du gouvernement«. — Paris. — A partir du T. XII, ce catalogue cesse d'être imprimé. Il est autographié aux frais de l'établissement et ne se trouve pas dans le commerce. — Pour les autres répertoires, voy. aussi Bibliothèque nationale. Bibliothèque royale, et Bulletin mensuel des publications étrangères.

* **Bibliothèque impériale publique de St. Pétersbourg. Catalogue de la section des Russica,** ou écrits sur la Russie en langues étrangères. — St. Pétersbourg, imp. de l'académie impériale des sciences, 1873, 2 vol. gr. in-8°. 806

Par Modeste de Korff.

* **Bibliothèque internationale** universelle. — Paris, imp. A. Chaix, 1866. in-4°, 24 p. et un tableau. 807

Bibliothèque janséniste, ou catalogue alphabétique des livres jansénistes, quesnellistes, baianistes, ou suspects de ces erreurs; avec un traité dans lequel les cent et une propositions de Quesnel sont qualifiées en détail. Avec des notes critiques sur les véritables auteurs de ces livres, sur les erreurs qui y sont contenues et sur les condamnations qui en ont été faites par le Saint Siège, ou par l'Eglise gallicane, ou par les évêques diocésains. — Lyon, 1722, in-12. 808

Par Dominique de Colonia.

* — ... Troisième édition revue, corrigée et augmentée de plus de la moitié. — Bruxelles, Simon t'Sertetevens, 1739, 2 vol. in-8°.

Quatrième édition. — Bruxelles, S. t'Serstevens, 1744, 2 vol. in 12.

* **Bibliotheque janseniste,** ou catalogue alphabetique des principaux livres jansenistes, ou suspects de jansenisme, qui ont paru depuis la naissance de cette hérésie. Avec des notes critiques sur les veritables auteurs de ces livres, sur les erreurs qui y sont contenuës et sur les condamnations qui en ont été faites par le saint siège, ou par l'église gallicane, ou par les évêques diocesains. Seconde edition corrigée et augmentée de plus de la moitié. — (S. l.), 1731, in-12. 809

Bibliotheque Janséniste, ou Catalogue alphabétique des principaux Livres Jansénistes ou suspects de Jansénisme, qui ont paru depuis la naissance de cette Hérésie. Avec des Notes Critiques sur les véritables Auteurs de ces Livres, sur les Erreurs qui y sont contenuës et sur les condamnations qui en ont été faites par le Saint Siège, ou par l'Eglise Gallicane, ou par les Evêques Diocesains. — (S. l.), 1735, petit in-8°. 810

Par Dominique de Colonia. Cet ouvrage est suivi d'un: »Catalogue alphabétique des Livres propres à precautionner les Fidèles contre les Erreurs du Temps. Ou Bibliothèque antijanséniste«. 14 p.

Bibliotheque Jesuitique ou Catalogue des ouvrages composez nouvellement par les Jesuites à l'usage de l'église, ou par quelques personnes pieuses, à l'usage de la Société. Avec de courtes notes sur les endroits difficiles. — (Paris), 1716, in-8°. 811

* **Bibliothèque nationale.** Département des imprimés. Catalogue alphabétique des ouvrages mis à la libre disposition des lecteurs dans la salle de travail, précédé d'un avertissement et accompagné d'un plan de la salle. — Paris, H. Champion, 1879, in-16. 812

Rédigé par M. Thierry-Poux.

* **Bibliothèque nationale.** Bulletin mensuel des récentes publications françaises avec un appendice contenant l'indication des cartes géographiques et des livres anciens nouvellement entrés au département des imprimés. — Paris, Champion, 1882, in-8°. 813

* **Bibliothèque nationale.** Catalogue de l'histoire de la Grande-Bretagne. — Paris, 1878, in-4°. 814

Autographié. Tiré à 80 ex. N'est pas dans le commerce.

* **Bibliothèque nationale.** Département des imprimés. Notice des objets exposés. — Paris, H. Champion, 1878, in-12. 815

Par M. Thierry-Poux.

* **Biedert** (Ph.). — Die Kinderernährung im Säuglingsalter. — Stuttgart, Ferdinand Enke, 1880, in-8°. 816

Contient, pages 373-382: »Chronologisches Verzeichniss der Autoren« (153 art.).

* **Bienaymé** (I. J.). — Notice sur les travaux scientifiques de M. I. J. Bienaymé. — Paris, imp. de Bachelier (1852), in-4°, 4 p. 817

* **Bigmore** (E. C.) and C. W. H. **Wyman.** — A bibliography of printing with notes and illustrations. — London, Bernard Quaritch, 1880, in-4°. T. I. 818

Billard (P. et R.). — Voy. Barbier. Dictionnaire des ouvrages anonymes.

Billroth. — Die Krankheiten der Brustdrüsen.

Voy. Deutsche Chirurgie. no. 41.
Voy. Index medicus.

* **Binet** (J.). — Notice des travaux de M. J. Binet ... — Paris, imp. de Bachelier (1843), in-4°, 15 p. 819

Bingner (A.). — Literatur über das Grossherzogthum Baden in allen seinen staatlichen Beziehungen, von ca. 1750-1854. In systematischer Uebersicht zusammengestellt. — Karlsruhe, Müller, 1854, in-8°. 820

Binney (W. G.). — Bibliography of north American conchology.

Voy. Smithsonian miscellaneous collections. T. V.

* **Bio-bibliographie** de la reine Marie-Antoinette. — Paris, Dupray de la Mahérie, 1863, in-8°. 821

Par Léon de La Sicotière & Mathurin François Adolphe de Lescure.

* **Biographical anecdotes** of William Hogarth; with a catalogue of his works chronologically arranged, and occasional remarks. The second edition. — London, J. Nichols, 1782, in-8°. 822

Par John Nichols.

* **Biographical dictionary** (A) of the living authors of Great Britain and Ireland; comprising literary memoirs and anecdotes of their lives; and a chronological register of their publications, with the number of editions printed, including notices of some foreign writers whose works have been occasionally published in England. Illustrated by a variety of communications from persons of the first eminence in the world of letters. — London, printed for Colburn, 1816, in-8°. 823

* **Biographie** de Jacques Sarazin, sculpteur et peintre né à Noyon, en 1590, suivie du programme de la cérémonie de l'inauguration de sa statue qui aura lieu le dimanche 14 septembre 1851.—Noyon, E. Mary-Dupuis (1851), in-8°, 6 p. 824

* **Biographie des hommes célèbres**, des savans, des artistes et des littérateurs du département de la Somme.— Amiens imp. de R. Machart, 1835-1838, 2 vol. et un supplément in-8°. 825

* **Biographie et bibliographie Foréziennes**, recueillies par l'auteur de l'histoire du Forez. — Montbrison, imp. de Bernard aîné, 1835, in-8°. 826

Par Auguste Bernard jeune.

* **Biographie portative universelle** suivie d'une table chronologique et alphabétique où se trouvent répartis en cinquante quatre classes les noms mentionnés dans l'ouvrage par Lud. Lalanne, L. Renier, Th. Bernard, C. Laumier, S. Choler, J. Mongin, E. Janin, A. Deloye, C. Friess. — Paris, Garnier frères, 1851, in-16. 827

* **Biographie provençale**, par plusieurs hommes de lettres. — Draguignan, P. Garcin, 1836, in-8°. 828

* **Biographie provençale**, ou Dictionnaire historique raisonné des Provençaux qui depuis la révolution jusqu'à nos jours se sont distingués par leurs actions ou par leurs écrits; par une société de littérateurs, de jurisconsultes, de médecins et de commerçants. — Marseille, Camoin (1823), in-8°. 829

La couverture imprimée sert de titre.

* **Biographie toulousaine**, ou Dictionnaire historique des personnages qui se sont rendus célèbres dans la ville de Toulouse ou qui ont contribué à son illustration; par une société de gens de lettres. Ouvrage précédé d'un précis de l'histoire de Toulouse, de tables chronologiques des souverains, évêques . . . de cette cité, des papes, cardinaux, grands maîtres de Malthe, etc. qu'elle a fourni et des conciles qui s'y sont tenus. — Paris, L.-G. Michaud, 1823, 2 vol. in-8°. 830

* **Biographie universelle** (Michaud) ancienne et moderne, ou histoire par ordre alphabétique, de la vie publique et privée de tous les hommes qui se sont fait remarquer par leurs écrits, leurs actions, leurs talents, leurs vertus ou leurs crimes. Nouvelle édition, publiée sous la direction de M. Michaud, revue, corrigée et considérablement augmentée d'articles omis ou nouveaux, ouvrage rédigé par une société de gens de lettres et de savants. — Paris, C. Desplaces, 1854, 45 vol. in-4°. 831

* **Biographie universelle** ou dictionnaire historique contenant la nécrologie des hommes célèbres de tous les pays, des articles consacrés à l'histoire générale des peuples, aux batailles mémorables, aux grands évènemens politiques, etc. etc. depuis le commencement du monde jusqu'à nos jours. Par une société de gens de lettres, de professeurs et de bibliographes. — Paris, Furne, 1833, 6 vol. in-8°. 832

* **Biondelli** (B.). — Saggio sui dialetti gallo-italici. — Milano, Bernardoni di Gio., 1853, in-8°. 833

Contient, Part. I, p. 171-188; Part. II, p. 452-467; Part. III, p. 651-669: Bibliografia dei dialetti lombardi, emiliani e pedemontani.

* **Biot** (Ed.). — Notice historique sur la vie et les ouvrages de Newton. Extraite de la »Biographie universelle«, T. XXXI. — (Paris, s. d.), in-8°. 834

* —. — Notice sur la vie et les travaux de M. de Fortia d'Urban . . . (Extrait de l'»Annuaire de la Société des antiquaires de France« pour 1849.) — Paris, imp. de Crapelet, 1849, in-18, 18 p. 835

* — (J.-B.). — Notice sur Gay-Lussac, luc à la séance anniversaire de la Société royale de Londres, le 30 novembre 1850. Article de ... extrait du »Journal des savants«. — (Paris), imp. nationale, 1851, in-8°. 836

* **Birt** (Th.). — Das antike Buchwesen in seinem Verhältniss zur Litteratur. Mit Beiträgen zur Textgeschichte des Theokrit, Catull, Properz und anderer Autoren. — Berlin, Wilhelm Hertz, 1882, in-8°. 837

Bischof (H.). — Allgemeine Staatslehre, gestützt auf geschichtliche Grundlage und christliche Prinzipien zur Lösung der socialen Probleme des 19. Jahrhunderts für die Träger der allgemeinen deutschen Bildung und als Leitfaden bei akademischen Vorlesungen. — Giessen, Ferber, 1860, in-8°. 838

Contient, p. 19-28: »Literatur der allgemeinen Staatslehre und Werke über die Geschichte ihrer Literatur«.

Bismark (von). — Voy. Reuter-Bibliothek.

* **Bissolati** (St.). — Le vite di due illustri Cremonensi. — Milano, Brigola, 1856, in-4°. 839

Contient, pages 161-191: »Nota bibliografica sulle edizioni e traduzioni delle opere del Platina e del Vida«.

* **Biston** (P.). — Les titres de M. Stanislas Chodzko. — Châlons-sur-Marne, Martin, 1866, in-4°, 26 p. 840

La couverture imprimée sert de titre.

Bitchkoff (A. Th.). — Voy. Oundolski (V. M.). Esquisse de bibliographie slavo-russe.

Bizeul. — Voy. De Conradianus.

Björnstjerna (J.). — Voy. Förteckning på Svenska Calendarier.

* **Blache** (G.). — Titres et travaux scientifiques de M. G. Blache, docteur en médecine. — Paris, imp. de E. Brière (1855), in-4°, 12 p. 841

Le titre de départ porte: »Exposé des titres et travaux scientifiques de M. G. Blache«.

* **Blades** (W.). — The biography and typography of William Caxton, England's first printer. Second edition. — London, Trübner, 1882, in-8°. 842

* —. — How to tell a Caxton, with some hints where and how the same migth be found. — London, Henry Sotheran, 1870, in-16. 843

* —. — The life and typography of William Caxton, England's first printer, with evidence of his typographical connection with Colard Mansion, the printer at Bruges. Compiled from original sources. — London, 1861-1863, 2 vol. in-4°. 844

Tiré à 255 ex.

* —. — Numismatique de la typographie ou historique des médailles de l'imprimerie. Traduit du Printers' Register. Préface et annotations par Léon Degeorge. — Bruxelles, Gay et Doucé, 1880, in-fol. 845

Tiré à 200 ex. numérotés.

* —. — Shakspere and typography. Being an attempt to show Shakspere's personal connection with, and technical knowledge of, the art of printing. Also, remarks upon some common typographical errors, with especial reference to the text of Shakspere. — London, Trübner, 1872, in-8°. 846

Blainville (H. M. Ducrotay de). — Voy. Ducrotay de Blainville.

* **Blake** (A. V.). — The american bookseller's complete reference trade list, and alphabetical catalogue of books published in this country, with the publishers' and authors' names and prices arranged in classes for quick and convenient reference. — Claremont, N. W., published by Simeon Ide, 1847, in-4° et supplément (1848). 847

* **Blanc** (Ch.). — Institut de France. Académie des beaux-arts. Notice sur la vie et les ouvrages d'Augustin Dupré, graveur général des monnaies de la République, lue dans la séance trimestrielle des cinq classes de l'Institut, le 26 octobre 1870. — Paris, imp. de Didot (1870), in-4°, 16 p. 848

* **Blanchard** (E.) — Notice sur les principaux travaux de M. Emile Blanchard. — Paris, imp. de L. Martinet, novembre 1860, in-4°, 60 p. 849

* —. — Notice sur les travaux d'anatomie et de zoologie de M. Em. Blanchard, 1835-1850. — Paris, imp. de Plon, décembre 1850, in-4°, 36 p. 850

* **Blanchet** (P. H.). — Notice sur les travaux scientifiques de M. P. H. Blanchet. — Paris, imp. de Bachelier (1851), in-4°, 8 p. 851

* — Paris, imp. de Mallet-Bachelier, 1862, in-4°, 8 p.

Blanco y **Manuel de Assas** (Pedro **Pablo**). — El indicador Toletano, o guia del viajero en Toledo. Contiene el plano de la poblacion ..., finalmente un catálogo de libros que de propósito tratan de Toledo. — Madrid, Gonzales, 1851, in-12. 852

* **Blankenburg** (Fr. v.). — Litterarische Zusätze zu Johann George Sulzers allgemeiner Theorie der schönen Künste, in einzelnen, nach alphabetischer Ordnung der Kunstwörter auf einander folgenden, Artikeln abgehandelt. Mit einem Register über die in dem ganzen Werke vorkommenden Schriftsteller, Künstler und Schriften. — Leipzig, Weidmann, 1796-1798. 3 vol. in-8°. 853

* **Blanqui**. — Bibliographie des principaux ouvrages d'économie politique. Extrait de l'histoire de l'économie politique. — Paris, Guillaumin, 1842, in-8°. 854

* — (aîné). — Histoire de l'économie politique en Europe, depuis les anciens jusqu'à nos jours, suivie d'une bibliographie raisonnée des principaux ouvrages d'économie politique. Troisième édition. — Paris, Guillaumin, 1845, 2 vol. in-8°. 855

* —. — Notice sur la vie et les travaux de M. Huskisson, lue à la séance annuelle des cinq académies le 2 mai 1840. — Paris, au bureau de la Revue de législation, 1840, in-4°, 30 p. 856

Ext. de la »Revue de législation et de jurisprudence«, 2e série T. XI, 5e livr.

* —. — Notice sur la vie et les travaux de M. J. B. Say, lue à la séance annuelle des cinq académies, le 3 mai 1841. — Paris, au bureau de la Revue de législation et de jurisprudence, 1841, in-8°, 20 p. 857

Extrait de la »Revue de législation et de jurisprudence« publiée par M. Wolowski.

Blasche (J. Chr.). — Das Leben des Herrn Hofraths und Professors Georg Erhard Hambergers, nebst einer Nachricht von seinen Schriften, und gelehrten Streitigkeiten. — Jena, Güth, 1758, in-8°. 858

* **Blaufus** (J. W.). — Vermischte Beyträge zur Erweiterung der Kentniss seltener und merkwürdiger Bücher. — Jena, verlegts Johann Adam Melchiors sel. Witwe, 1753-1756, 2 vol. in-8°. 859

Bléger de Pierregrosse. — Voy. Notice biographique et bibliographique sur Louis de Perussis.

Blesson (L.). — Voy. Militair-Literatur-Zeitung. — Voy. Zeitschrift für Kunst... und Geschichte des Krieges.

* **Block** (M.). — Travaux de Maurice Block. — Nancy, imp. de Berger-Levrault, 1877, in-8°, 4 p. 860

* **Blot** (H.). — Titres services et notice analytique des travaux de M. Hippolyte Blot. — Paris, imp. de L. Martinet, 1862, in-4°, 32 p. 861

Blümner (H.). — Voy. Entwurf der Litteratur des Criminalrechts.

Bluhme (Fr.). — System des in Deutschland geltenden Kirchenrechts. — Bonn, Marcus, 1858, in-8°. 862

Contient, p. 3—10: »Quellen und Literatur«. — C'est la 2e livr., 3e Abth. de »Encyclopädie der in Deutschland geltenden Rechte«.

* **Blum** (A.). — Chirurgie de la main. Illustré de 84 figures intercalées dans le texte. — Paris, Asselin, 1882, in-8°. 863

Contient de nombreuses indications bibliographiques à la suite de chaque paragraphe.|

*— (Chr. J.). — Oblatum munus summi sacrorum Antistitis in Aula Dresdensi viro summe reverendo Domino D. Heinrico Pippingio hucusque ecclesiastæ in patria longe meritissimo gratulatur eaque occasione de eruditis Lipsiæ natis et scriptis claris disserit. —Lipsiæ, lit. Brandenburgerianis (1709), in-4°, 19 p. 864

* **Blume** (Fr.). — Bibliotheca librorum manuscriptorum italica. Indices bibliothecarum Italiæ ex schedis Maieri Eslingensis, Hænelii Lipsiensis, Gottlingii Jenensis, Car. Witth, suisque propriis. In supplementum itineris italici. — Gottingæ, impensis bibliopolii Dietericiani, 1834, in-8°. 865

* **Blume** (Fr.). — Encyclopædie der in Deutschland geltenden Rechte. — Bonn, bei Adolph Marcus, 1847, in-8°, I. Abth. 866

A aussi ce titre particulier: »Uebersicht der in Deutschland geltenden Rechtsquellen. Mit einer encyclopädischen Einleitung...«

—. — Grundriss des Pandektenrechts. Mit einem Quellenregister. Zweite erweiterte Ausgabe. — Halle. Anton, 1844, in-8°. 867

Contient, p. 3-14: »Bearbeitungen des Pandektenrechts.«

Blumenbach (J. Fr.). — Handbuch der Naturgeschichte. XII. rechtmässige Ausgabe. — Göttingen, Dieterich, 1830. in-8°. 868

Contient de très-nombreux renseignements bibliographiques.

* —. — Introductio in historiam medicinæ litterariam. — Gœttingæ, Dieterich, 1786, in-8°. 869

* —. — Synopsis systematica scriptorum quibus inde ab inauguratione Academiæ Georgiæ Augustæ d. XVII sept. 1737 usque ad sollemnia istius inaugurationis semisæcularia 1787 disciplinam suam augere et ornare studuerunt professores medici Gottingenses digessit et edidit. — Gottingæ, Dieterich, 1788, in-4°, 36 p. 870

* **Blumhof** (J. G. L.). — Bibliotheca ferri seu collectio librorum scriptorumque de ferro tractantium, systematice completa. In usum officinæ, ferrariæ peritorum, technologorum, literatorumque edidit. —Brunsvigæ, sumtibus Friederici Vieweg, 1803, in-8°. 871

L'ouvrage a aussi cet autre titre: »Vollständige systematische Literatur vom Eisen in mineralogischer, chemischer, technologischer, ökonomischer, cameralistischer und medicinischer Rücksicht«. — Braunschweig, bey Friedrich Vieweg, 1803, in-8°.

Blumröder (A. v.). — Meine Erlebnisse im Krieg und Frieden in der grossen Welt und in der kleinen Welt meines Gemüths. — Sondershausen, Eupel, 1857, in-8°. 872

Les pages 203-210 contiennent: »Meine literarischen Beschäftigungen und das Verzeichniss meiner Schriften.«

Boas (Ed.). — Deutsche Dichter. Novellen. — Berlin und Leipzig, Heymann, 1837, in-8°. 873

Contient, pages 237-310: »Faust und Göthe. Bibliographische Skizze.«

* **Boase** (G. Cl.) and W. **Prideaux Courtney**. — Bibliotheca Cornubiensis. A catalogue of the writings, both manuscript and printed, of Cornishmen, and of works relating to the county of Cornwall biographical memoranda and copious literary references. — London, Longmans, Green, Reader, and Dyer, 1874-1882, 3 vol. in-4°. 874

* **Bocher** (E.). — Les gravures françaises du XVIIIe siècle, ou catalogue raisonné des estampes, eaux-fortes, pièces en couleur, au bistre et au lavis, de 1700 à 1800. — Paris, Rapilly, 1875-1879, 5 vol. in-4°. 875

Chaque volume porte l'un des sous-titres suivants:

»1er fascicule. Nicolas Lavreince, avec un portrait gravé à l'eau-forte par M. Le Maire, d'après la photographie, communiquée par M. H. Vienne, d'une miniature conservée au musée de Stockholm.

2e fascicule. Pierre-Antoine Baudouin avec une reproduction héliographique, d'après le procédé Durand, d'une des planches les plus rares de l'œuvre, communiquée par M. Michelot.

3e fascicule. Jean Baptiste Siméon Chardin, avec un portrait gravé à l'eau-forte par M. Ch. Courtry, d'après l'estampe de Chevillet.

4e fascicule. Nicolas Lancret, avec un portrait gravé à l'eau-forte par M. Ch. Courtry.

5e fascicule. Augustin de Saint-Aubin.

Tiré à 475 ex.: 25 sur Whatmann, et les autres sur papier vergé.«

Bock (Ed.). — Wegweiser für evangelische Volksschullehrer. Methodische Anleitung zur Ertheilung und Einrichtung des Volksschul-Unterrichts überhaupt, wie zum Gebrauche des von dem königlichen evangelischen Schullehrer-Seminar zu Münsterberg herausgegebenen Volksschul-Lesebuches. Zweite Bearbeitung. — Breslau, Hirt, 1862, in-8°. 876

Le T. II contient, p. 62-84: »Materialien für Volksschriften-Bibliotheken und Lehrer Lesevereine.«

Bode (J. El.). — Anleitung zur allgemeinen Kenntniss der Erdkugel. Zweite durchgehends verbesserte und vermehrte Auflage. — Berlin, Himburg, 1803, in-8°. 877

Les p. 513-534 contiennent une bibliographie.

* — (W.). — Quellennachweis über die Lieder des hannoverischen und des lüneburgischen Gesangbuches samt den dazu gehörigen Singweisen. — Hannover, Helwing, 1881, in-8°. 878

* **Body** (A.). — Bibliographie Spadoise et des eaux minérales du pays de Liège. — Bruxelles, Olivier, 1875, in-8°. 879

Ext. du »Bibliophile Belge«. — Tiré à 100 ex.

Böckel (E. G. Ad.). — Voy. Ersch (J. S.). Literatur der Philologie. — Literatur der Theologie.

* **Bœcler** (J. H.). — Bibliographia critica scriptores omnium artium atque scientiarum ordine percensens nunc demum integra et emendatius edita accessionibusque ex reliquis scriptis Bœclerianis aucta recensuit Jo. Gottlieb Krause qui etiam præfationem, animadversiones et indices adjecit. — Lipsiæ, sumtibus heredum Jo. Grossii, 1715, in-4°. 880

* —. — Commentarius historico-politicus de rebus Turcicis, quem nunc primum ex manuscripto edidit, insimulque præfationem et summaria, una

cum instructissima scriptorum Turcicorum bibliotheca adjecit N. C. J. — Budissæ, Richter, 1717, in-8°. 881

Bœhlau (H.). — Quellen und Literatur des gemeinen Deutschen und Preussischen Strafrechts. — Weimar, Bœhlau, 1859, in-8°, 31 p. 882

* **Böhmer** (G. R.). — Bibliotheca scriptorum historiæ naturalis œconomiæ aliarumque artium ac scientiarum ad illam pertinentium realis systematica. — Lipsiæ, apud Joannem Fridericum Junium, 1785-1789, 8 vol. in-8°. 883

A aussi cet autre titre: »Handbuch der Naturgeschichte, Oeconomie und anderer damit verwandten Wissenschaften und Künste. — Leipzig«.

— (G. W.). — Handbuch der Litteratur des Criminalrechts in seinen allgemeinen Beziehungen, mit besondrer Rücksicht auf Criminalpolitik nebst wissenschaftlichen Bemerkungen. — Göttingen, Dieterich, 1816, in-8°. 884

— (J. H.). — Catalogus Scriptorum in Academia Fridericiana editorum. — Halæ, Magdeburgicæ, Grunert Typogr., 1729, in-4°. 885

Böhmische Litteratur auf das Jahr 1779. — Prag, Mangold, 1779, in-8°. 886

Par Joseph Dobrowsky.

Bœhtlingk (O.). — Voy. Schmidt (J.). Verzeichniss der Tibetischen Handschriften.

Bœlhouwer (Ad.). — Del catalogo dei novellieri italiani raccolti e posseduti da Giovanni Papanti. — Livorno tip. Vigo, 1872, in-8°, 20 p. 887

Tiré à 50 ex.

* **Bœrner** (Fr.). — Bibliothecæ librorum rariorum physico-medicorum historico-criticæ specimen primum. Socero suo illustri Brückmanno quum academiæ cæsareæ botanicæ florentinæ adscriptus esset sacrum. — Helmstadi, Stanno Leuckardiano, 1751 et 1752, 2 vol. in-4°. 888

Bœrner (Fr.). — Noctes Guelphicæ sive opuscula argumenti medico-literarii antehac separatim edita nunc collecta revisa aucta. Accedunt primitiæ Wittembergenses sub muneris professorii auspiciis publice propositæ. — Rostochii et Wismariæ, Berger et Brœdner, 1755, in-8°. 889

Contient, pages 15-52: »De vita moribus, meritis et scriptis Hieronymi Mercurialis commentatio.«

—. — Nachrichten von den vornehmsten Lebensumständen und Schriften jeztlebender berühmter Aerzte und Naturforscher in und um Deutschland mit Fleiss gesammelt und zum Druck befördert. — Wolfenbüttel, Meissner, 1748-1764, 3 vol. in-8°. 890

* —. — Relationes de libris physico-medicis partim antiquis partim raris. — Vitembergæ, in officina Ahlfeldiana, 1756, in-12. 891

* **Börsenblatt für den deutschen Buchhandel.** — Leipzig, 1834-1865, in-4°. 892

Un General-Register, 1834-1858, a paru à »Leipzig, Expedition des Börsenblattes, 1859«, in-4°.

Il y a aussi des suppléments avec ce titre: »Monatliches alphabetisches Verzeichniss der im deutschen Buchhandel erschienenen Neuigkeiten...«, in-4°, 1846-1865.

* **Bœtticher** (G.). — Die Wolfram-Literatur seit Lachmann. Mit kritischen Anmerkungen. Eine Einführung in das Studium Wolframs. — Berlin, Verlag von W. Weber, 1880, in-8°. 893

* **Bohn** (H. C.). — A catalogue of books. — London, Bohn, 1841, in-8°. 894

— (J. H.). — De fatis studii linguarum orientalium inter Europæos Programma quo orationem solemnem ob munus professoris linguarum orientalium ordinarii in academia Jenensi clementissime sibi demandatum, habendam significat. — Litteris Fickelscherrianis, 1769, in-4°. 895

* **Bohnensieg** (G. C. W.) & W. **Burck.** — Repertorium annuum literaturæ botanicæ periodicæ. — Haarlem, Erven Loosjes, 1872-1879, in-8°. T. I-VI. 896

* **Boileau** (P.). — Notice sur les travaux de M. P. Boileau. — Paris, Mallet Bachelier, 1858, in-4°, 14 p. 897

La couverture imprimée sert de titre.

* **Boinet.** — Exposé des titres scientifiques du Dr. Boinet à l'appui de sa candidature à la place vacante dans la section de thérapeutique de l'Académie impériale de médecine. — Paris, imp. de Raçon, 1868, in-4°, 48 p. 898

* — Paris, Masson, 1879, in-4°.

* —. — Exposé des titres scientifiques du Dr. Boinet à l'appui de sa candidature à la place vacante dans la section de thérapeutique et d'histoire naturelle médicale à l'Académie de médecine. — Paris, imp. Raçon, 1872, in-4°. 899

* — (A. A.). — Candidature à l'Académie impériale de médecine. Titres scientifiques du docteur A. A. Boinet, 1863. — Paris, imp. de E. Martinet, 1863, in-4°, 16 p. 900

* **Boisard** (F.). — Notice sur la vie et les ouvrages de M. P. F. Nicolas. — Caen, imp. de F. Poisson, 1816, in-8°, 16 p. 901

* —. — Notices biographiques, littéraires et critiques sur les hommes du Calvados qui se sont fait remarquer par leurs actions ou par leurs ouvrages. — Caen, imp. de Pagny, 1848, in-18. 902

Boissier de Sauvages. — Mémoires sur l'éducation des vers à soie. Divisés en trois parties, avec un traité sur la culture des mûriers, et un sur l'origine du miel. — Nismes, Gaude, 1763, in-8°. 903

Se termine par un »Catalogue des auteurs qui ont écrit sur les vers à soie et sur les mûriers, dont on a pû se procurer la connoissance.«

* **Boissieu** (Al. de). — Notice sur la vie et les travaux de J. C. Grégorj, conseiller à la cour d'appel de Lyon. — Lyon, imp. de L. Boitel, 1852, in-8°, 15 p. 904

* —. — Lyon, imp. de F. Dumoulin, 1853, gr. in-8°, 18 p.

* **Boitel.** — Ouvrages de M. l'abbé Boitel, chanoine titulaire de la cathédrale de Châlons sur Marne. — Châlons, imp. de T. Martin (1863), in-8°, 3 p. 905

*. — Châlons, imp. de Martin (1863), in-16, 7 p.

* — (L.). — Catalogue de la bibliothèque lyonnaise de Louis Coste rédigé et mis en ordre par Aimé Vingtrinier. Compte-rendu. — Lyon, imp. Vingtrinier, 1854, in-8°. 906

Ext. de la »Revue du Lyonnais«. VIIIe volume de la Nouvelle Série. — Tiré à 50 ex.

Boktryckerie societetens catalogue på de wid Tryckerierna i Riket, under deras egne Förlager nu befintelige Böcker och Skrifter. — Stockholm, 1753, in-8°. 907

Boktryckerie societetens förnyade Catalogue på de wid Tryckerierna i Riket, under deras egne Förlager nu besintelige Böcker och Skrifter. — Stockholm, 1760, in-8°. 908

* **Bolduanus** (P.). — Bibliotheca historica sive: elenchus scriptorum historicorum et geographicorum selectissimorum, qui historias vel universales totius orbis: vel particulares certæ cujusdam provinciæ, indeque extructa chronica, annales etc. quovis tempore idiomateve, usque ad annum præsentem

1620 scripserunt, justa serie ac methodo secundum partes ac regiones mundi, auctorumque nomina ordine alphabetico subnexa; additis classicorum utplurimum vitis succinctisque argumentis; cum indice gemino, rerum uno, auctorum altero: nec non loco, tempore et forma impressionis. Præmissa est præfatio de antiquitate, dignitate, necessitate, utilitate, jucunditate ac methodo historiarum. — Lipsiæ, excudebatur à fratre Friderico Lanckisio, 1620, in-4°. 909

* **Bolduanus** (P.).—Bibliotheca philosophica, sive: elenchus scriptorum philosophicorum atque philologicorum illustrium, qui philosophiam ejusque partes automnes aut præcipuas, quovis tempore idiomateve usque in annum præsentem redemptionis 1614 descripserunt, illustrarunt et exornarunt, secundum artes et disciplinas, tum liberales, tum mechanicas earumque titulos et locos communes, autorumque nomina ordine alphabetico digesta. Accesserunt græcæ latinæque linguarum tum prosarum, tum ligatarum autores classici; illorum ætates atque interpretes, ac inde extructa variarum linguarum lexica, loci communes, apophthegmata, colloquia, phrases, &c. additis ubivis loco, tempore et forma impressionis. Universis et singulis omnium artium et scientiarum studiosis, ad studia sua commodius formanda, maxime utilis et pernecessarius. — Jenæ, apud Joannem Weidnerum, 1616, in-4°. 910

* —. — Bibliotheca theologica, sive: elenchus scriptorum ecclesiasticorum illustrium, rabinorum, patrum, protestantium Calvinianorum, et pontificiorum, qui in sacros biblicos libros, veteris ac novi Testamenti, nec non præcipua doctrinæ christianæ capita et homilias de tempore, ab ipsis ecclesiæ christi incunabilis, usque in præsentem τῆς κοσμοσωτηρίας annum 1614. Hebraicè, græcè, latinè et germanicè commentati sunt, secundum seriem et ordinem librorum sacrorum: additis ubivis loco, tempore et forma impressionis. — Jenæ, apud Joannem Weidnerum, 1614, in-4°. 911

* **Boletin bibliografico español** y estrangero comprende todas las publicaciones nuevas españolas de obras, folletos, peridicos, grabados, litografias, cartas geográficas etc., muchas de las publicadas en los años pasados, y las mas principales hechas en el estrangero. Correspondiente al año 1840 (-1850). — Madrid, 1843-1850, 11 vol. in-8°. 912

A partir du T. IV, le titre devient: »Boletin... comprende: 1° todas las obras, folletos y periódicos que salen á luz en España, y las principales publicaciones del estranjero. 2° las obras que se han publicado hasta el anno de..„ en que se empezó este boletin. 3° los grabados litografias y cartas geograficas. 4° los libros antiguos y raros, tanto españoles como estranjeros. 5° libros de Lance. 6° anuncios diversos de imprenta y libreria. Por D. Dionisio Hidalgo«.

* **Boletin de la libreria.** — Madrid, M. Murillo, 1874-1881, 8 vol. gr. in-8°. 913

* **Boletin de la sociedad geografica de Madrid.** — Madrid, imprenta T. Fortanet, in-8°. 914

Le T. III, 2e sem. de 1877, contient pages 210-254: »Apuntos para la bibliografia Marroqui« (430 art.). La suite de cette bibliographie (nos. 431-632) se trouve pages 33-58 du T. V, 2e sem. de 1878.

Bolliaud-Mermet. — De la bibliomanie. — Paris, 1761, in-8°. 915

* **Bolton** (H. C.). — Index to the literature of manganese, 1596-1874. [Reprinted from the Annals of the lyceum of natural hystory, N.-Y., vol. XI, november 1875.] — Salem, printed at the salem press, 1876, in-8°, 44 p. 916

* **Bom** (G. D.). — Het Hooger onderwijs te Amsterdam van 1632 to onze Dagen. Bibliographische Bijdragen. — Amsterdam, Bom, 1882, in-8°. 917

* **Bonald** (de). — De la vie et des écrits de M. le vicomte de Bonald. — Avignon, imp. de Séguin aîné (1844), in-8°, 41 p. 918

* —. (Vte V. de). — De la vie et des écrits de M. le vicomte de Bonald. Défense de ses principes philosophiques ... — Avignon, Séguin aîné, 1853, in-8°. 919

* **Bonaparte** (Ch. L.). — Notice sur les travaux zoologiques de M. Charles Lucien Bonaparte ... — Paris, Bachelier, 1850, in-4°, 35 p. 920

* —. (L. L.). — Ouvrages publiés par le prince Louis-Lucien Bonaparte dans le courant de l'année 1862, après l'impression de son deuxième catalogue. — Londres, Strangeways et Walden, 1863, in-16, 4 p. 921

Comprend les n[os.] 100-115.

* —. — Ouvrages publiés par le prince Louis-Lucien Bonaparte dans le courant de l'année 1863. — Londres, Strangeways et Walden, 1863, in-16, 4 p. 922

Comprend les n[os.] 115-126, plus 3 articles non numérotés.

* **Bonaparte** (Les) **et leurs œuvres littéraires.** Essai historique et bibliographique, contenant la généalogie de la famille Bonaparte, et des recherches sur les sources de l'histoire des Bonaparte. — Paris, F. Daguin, 1845, in-8°. 923

Boncompagni (B.) — Della vita e delle opere di Gherardo Cremonese traduttore del secolo duodecimo e di Gherardo da Sabbionetta astronomo del secolo decimoterzo Notizie raccolte da Baldassarre Boncompagni. Dagli Atti dell' accademia pontificia de' nuovi lincei anno IV sessione VII del 27 giugno 1851. — Roma, tipogr. delle belle arti, 1851, gr. in-4°. 924

* —. — Della vita e delle opere di Guido Bonatti astrologo ed astronomo del secolo decimoterzo. Notizie raccolte. — Roma, typogr. delle Belle Arti, 1851, in-8°. 925

Ext. du »Giornale Arcadico«.

* **Boncompagni** (B.) — Della vita e delle opere di Leonardo Pisano matematico del secolo decimoterzo notizie raccolte da Baldassarre Boncompagni. Dagli Atti dell'-accademia pontificia de' nuovi lincei anno V. sessioni I, II e III. (1851-1852). — Roma, tipografia delle belle arti, 1852, in-4°. 926

* —. — Delle versioni fatte da Platone Tiburtino traduttore del secolo duodecimo. Notizie. — Roma, tipografia delle belle arti, 1851, in-4°, 42 p. 927

Ext. des »Atti dell' academia pontificia de' nuovi lincei«, anno IV — sessione VI dell' 11 maggio 1851.

—. — Voy. Bulletino di bibliografia delle scienze matematiche.

* **Bondurand** (E.). — Economie politique. F. Bastiat. — Paris, Guillaumin, 1879, in-8°. 928

* **Bonghi** (R.). — Bibliografia storica di Roma antica. Saggio e proposta. (Estratto dalla Monografia archeologica e statistica di Roma e campagna romana, presentata dal governo italiano alla esposizione universale di Parigi nel 1878). — Roma, tipografia Elzeviriana, 1879, in-4°. 929

* **Bonhomme** (H.). — Bibliophiles français sous le premier empire et la restauration. Pericaud et Breghot du Lut. — Lyon, imp. Vingtrinier, 1876, in-4°, 18 p. 930

Ext. de la »Revue du Lyonnais«
Papier vergé.

Bonicelli (J.). — Bibliotheca Pisanorum Veneta, adnotationibus nonnullis illustrata. — Venetiis, 1807, 3 vol. in-4°. 931

* **Bonnange** (F.). — Le bilan, de l'esprit humain. Projet d'un catalogue universel des productions intellectuelles.

Mémoire sur les moyens à employer pour dresser rapidement des catalogues exacts et complets des richesses renfermées dans les bibliothèques, les dépôts d'archives et les musées et collections. — Paris, Gauthier-Villars, 1874, in-8°, 39 p. et un plan. 932

* **Bonneau** (A.). — Haïti, ses progrès, son avenir, avec un précis historique sur ses constitutions, le texte de la constitution actuellement en vigueur et une bibliographie d'Haïti. — Paris, Dentu, 1862, in-8°. 933

* **Bonnetty.** — Table alphabétique, analytique et raisonnée de tous les auteurs sacrés et profanes qui ont été découverts et édités récemment dans les 43 volumes publiés par S. E. le Cardinal Mai ... — Paris, au bureau des Annales de philosophie chrétienne et de l'université catholique, 1850, in-8°. 934

Bontemps (G. M.). — Voy. Essai d'une bibliographie annuelle.

* **Bonvarlet** (A.). — François Louis Auguste Ferrier. Notice bio-bibliographique. — Lille, imp. de Lefebvre-Ducrocq, 1881, in-8°, 31 p. 935

* **Book circular** (The) a monthly record of new books and new editions classified according to subjects for the convenience of readers. — London, L. Reeve & Co., 1877-1878, in-8°. 936

Bookseller (The) **a handbook of british and foreign literature**, with which is incorporated Bent's literary advertiser, established in the year 1802. — London, publ. by Edward Tucker, 1863, in-8°. 937

* **Boot** (J. C. G.). — Notice sur les manuscrits trouvés à Herculanum. — Amsterdam, chez Johannes Müller, 1841, in-8°. 938

L'appendice indique les éditions des volumes d'Herculanum.

Borch O. von Borchen. — Voy. Borrichius (Ol.). Conspectus scriptorum chemicorum illustriorum.

* **Bordeaux** (R.). — Notice historique sur la vie et les travaux de M. Stanislas Gaillard de Saint-Germain, archéologue et compositeur de musique. — Caen, imp. de Delos, 1854, in-8°, 20 p. 939

Ext. de l'»Annuaire normand pour l'année 1854«.

* **Borellius** (P.). — Bibliotheca chimica. Seu Catalogus librorum philosophicorum hermeticorum in quo quatuor millia circiter, authorum chimicorum, vel de transmutatione metallorum, re minerali et arcanis, tam manuscriptorum, quam in lucem editorum, cum eorum editionibus, usque ad annum 1653 continentur. Cum ejusdem bibliothecæ appendice, et corollario. — Parisiis, C. du Mesnil et Th. Jolly, 1654, in-12. 940

* **Bories** (P.). — Notice sur les travaux chimico-pharmaceutiques de P. Bories. — Paris, imp. de Gueffier, 1826, in-8°. 941

Born (Jgnatius eques de). — Voy. Effigies virorum eruditorum ... Bohemiæ.

Bornhak (G.). — Lexikon der allgemeinen Litteraturgeschichte. Die Nationallitteratur der ausserdeutschen Völker aller Zeiten in geschichtlichen Uebersichten und Biographien, zugleich Lexikon der Poetik. — Leipzig, Verlag des bibliographischen Instituts, 1882, in-8°. 942

La couverture imprimée porte: »Meyers Fach-Lexika«.

* **Bornmüller** (Fr.). — Biographisches Schriftsteller-Lexikon der Gegenwart. Die bekanntesten Zeitgenossen auf dem Gebiet der Nationallitteratur aller Völker mit Angabe ihrer Werke. — Leipzig, Verlag des bibliographischen Instituts, 1882, in-16. 943

La couverture imprimée porte: »Meyers Fach-Lexika.«

Borrichius (Ol.). — Conspectus scriptorum chemicorum illustriorum, libellus posthumus cui præfixa historia vitæ ipsius ab ipso conscripta. — Havniæ, Garmann, 1697, in-4°. 944

Le nom de l'auteur est Ole Borch O. von Borchen.

* **Bory** (J. T.). — Les origines de l'imprimerie à Marseille. Recherches historiques et bibliographiques. — Marseille, V. Boy, 1858, in-8°. 945

Tiré à 100 ex.

* **Bosgoed** (M.). — Bibliotheca ichthyologica et piscatoria. Catalogue de livres et d'écrits sur l'histoire naturelle des poissons et des cétacés, la pisciculture, les pêches, la législation des pêches, etc. — Harlem, chez les héritiers Loosjes, 1874, in-8°. 946

Avec un autre titre en partie hollandais.

— (D. M.). — Prœve van eene Ichthyologische Bibliographie. Catalogus van Bœken en geschriften over de natuurlijke geschiednis van de wisschen, de kunstmatige vischteelt en de visscherijen; met vermelding van de charters, resolutien en ordonnantien betrekkelijk de Nederlandsche vischerijen. Uitgegeven van wege de Nederlandsche Maatschappij ter bevordering van nijverheid. — Haarlem, Erven Loosjes, 1871, in-8°. 947

N'est pas dans le commerce.

* **Bosredon** (Ph. de). — Bibliothèque timbrologique. Bibliographie timbrologique de la France et de la Belgique. — Bruxelles, J. B. Moens, 1878, in-8°. 948

* **Bossange**. — Ma bibliothèque française. — Paris, Hector Bossange, 1855, in-16. 949

Le faux titre porte: »Catalogue de la bibliothèque française«.

* **Boswell** (J.). — The life of Samuel Johnson, L. L. D. comprehending an account of his studies, and numerous works, in chronological order; a series of his epistolary correspondence and conversations with many eminent persons; and various original pieces of his composition, never before published. The whole exhibiting a view of literature and literary men in Great-Britain, for near half a century during which he flourished. The eigth edition, revised and augmented. — London, printed for T. Cadell and W. Davies, 1816, 4 vol. in-8°. 950

* **Botanischer Jahresbericht.** Systematisch geordnetes Repertorium der botanischen Literatur aller Länder. Herausgegeben von Leopold Just. — Berlin, Gebrüder Borntræger, 1873-1881, 7 années in-8°. 951

* **Botanisches Centralblatt.** Referirendes Organ für das Gesammtgebiet der Botanik des In- und Auslandes. Herausgegeben unter Mitwirkung zahlreicher Gelehrten von Dr. Oscar Uhlworm und Dr. W. J. Behrens. — Cassel, 1880-1882, in-8°. 952

Botfield (B.). — Bibliotheca membranacea Britannica; or, notices of early english books, printed upon vellum. — Londres, Philobiblon Society, 1855, in-8°, 28 p. 953

Ext. du T. II des »Miscellanies of the Philobiblon Society«.

—. — Præfationes et epistolæ editionibus principibus auctorum veterum præpositæ. — London, Bohn, 1861, in-4°. 954

A aussi cet autre titre: »Prefaces to the first editions of the greek and roman classics and of the sacred scriptures. Collected and edited...«

* **Botten-Hansen** (P.). — La Norvège littéraire. Catalogue systématique et raisonné de tous les ouvrages de quelque valeur imprimés en Norvège ou composés par des auteurs norvégiens au 19e siècle, accompagné de renvois, notes et explications littéraires, ainsi que de notices bibliographi-

ques sur les auteurs etc. Précédé d'une introduction historique. Edité par les soins de la commission royale de Norvège à l'exposition universelle de Paris en 1867. — Christiania, imp. de J. Chr. Gundersen, 1868, in-8°. 955

Bottin. — Voy. Bibliographie des Pays-Bas.

* **Bouchard** (Ch.). — Addition à l'exposé des titres scientifiques du Dr. Ch. Bouchard. — Paris, imp. de Pillet, 1879, in-4°, 14 p. 956

*— (L.). — Bibliographie. Ouvrages publiés jusqu'à ce jour sur les constructions rurales et sur la disposition des jardins. — Paris, Ve Bouchard-Huzard, mars 1860, gr. in-8°. 957

Ext. du: Traité des constructions rurales et de leur disposition... par L. Bouchard,... 2 vol. gr. in-8°. — La pagination de l'extr. est celle de l'ouvrage même.

* — — Deuxième édition augmentée. — Paris, Ve Bouchard-Huzard, mai 1870, gr. in-8°. — Comme dessus.

* —. — Notice nécrologique sur la vie et les travaux de M. Redouté. — Paris, imp. de Bouchard-Huzard, 1840, in-8°, 7 p. 958

Ext. des »Annales de la Société royale d'horticulture de Paris«, T. XXVII.

* **Bouchard-Huzard** (L.). — Notice bibliographique sur les publications faites par la société centrale d'agriculture de France, pendant un siècle, depuis son origine en 1761, jusqu'en 1862. Extrait des Mémoires de la société impériale et centrale d'agriculture de France, année 1861. — Paris, Bouchard-Huzard, 1863, in-8°, 34 p. 959

* **Bouchardat** (G.). — Exposé des titres et travaux scientifiques de G. Bouchardat. — Paris, imp. de Parent, 1879, in-4°, 23 p. 960

* **Boucher de la Richarderie.** — Bibliothèque universelle des voyages, ou notice complète et raisonnée de tous les voyages anciens et modernes dans les différentes parties du monde, publiés tant en langue française qu'en langues étrangères, classés par ordre de pays dans leur série chronologique; avec des extraits plus ou moins rapides des voyages les plus estimés de chaque pays, et des jugemens motivés sur les relations anciennes qui ont le plus de célébrité. — Paris, chez Treuttel et Würtz, 1808, 6 vol, in-8°. 961

* **Bouchitté** (H.). — Le Poussin, sa vie et son œuvre, suivi d'une notice sur la vie et les ouvrages de Philippe de Champagne le neveu. — Paris, Didier, 1858, in-8°. 962

* 2e édition. — Paris, Didier, 1858, in-18.

* **Bouchut** (E.). — Sommaire des titres scientifiques de M. Bouchut. — Paris, imp. de Martinet (1866), in-4°. 963

* —. — Travaux et titres scientifiques de M. E. Bouchut. — Paris, imp. de Martinet (1855), in-4°, 8 p. 964

* — Paris, imp. de Martinet (1859), in-4°, 8 p.

* — Paris, imp. de Martinet (1861), in-4°, 8 p.

* — Paris, imp. de Martinet (1863), in-4°, 15 p.

* — Paris, Parent, 1870, in-4°.

Bouck (J. L. de). — Kleiner Beitrag zur Kalender-Literatur. — Hamburg, gedr. von Kümpel, 1858, in-8°. 965

Aus den Hamburger literarischen und kritischen Blättern, n°. 68.

* **Boudet** (F.). — Exposé des titres scientifiques de M. Félix Boudet (candidat à la place vacante dans la section de physique et de chimie à l'Académie royale de médecine). — Paris, imp. de Fain et Thunot (1842), in-4°. 4 p. 966

* — Paris, imp. Thunot, 1848, in-4°, 4 p.

* — Paris, imp. Thunot, 1855, in-4°, 12 p.

* **Boudewijnse** (J.). — Catalogus der Bibliotheek van het indisch genootschap, te 'sGravenhage. Op niew bewerkt. — 'sGravenhage, Martinus Nijhoff, 1869, in-8°. 967

* **Boudin** (J. Ch.). — Notice analytique des travaux de M. J. Ch. Boudin,... à l'appui de sa candidature à l'Académie de médecine (section d'hygiène et de médecine légale). — Paris, V. Rozier, 1861, in-4°, 21 p. 968

Boué (Ami). — Chronologischer Katalog der Nordlichter bis zum Jahre 1856 sammt einer Bibliographie über diese Erscheinung. — Wien, Gerold Sohn, 1856, in-8°. 969

Ext. des: »Sitzungsberichte der mathemat. naturwiss. Classe der kais. Akademie der Wissenschaften, T. XXII«.

* **Boufflers** (de). — Eloge de M. de Beauvau, l'un des quarante de la ci-devant Académie française, prononcé à une séance publique de la 2e classe de l'Institut, le 12 thermidor an XIII. — Paris, Xhrouet, 1805, in-8°, 41 p. 970

* **Bougard** (E.). — Bibliographie des contes Rémois. — Paris, P. Rouquette, 1880, in-4°, 26 p. 971

Tiré à 100 ex.

* —. — Bibliotheca Borvoniensis, ou Essai de bibliographie et d'histoire contenant la reproduction de plaquettes rares et curieuses et le catalogue raisonné des ouvrages et mémoires relatifs à l'histoire de Bourbonne et de ses thermes. — Chaumont, Lhuillier, 1866, in-8°. 972

* **Bouginé** (C. J.). — Handbuch der allgemeinen Litteraturgeschichte nach Heumanns Grundriss. — Zürich, bey Orell, Gessner, Füssli und Comp., 1789-1792, 5 vol, in-8° et 2 vol. de supplément en 1800-1802. 973

* **Bougy** (A. de). — Histoire de la bibliothèque Sainte-Geneviève précédée de la chronique de l'abbaye, de l'ancien collège de Montaigu et des monuments voisins, d'après des documents originaux et des ouvrages peu connus. Suivie d'une monographie bibliographique ou catalogue des ouvrages, manuscrits et imprimés relatifs à Sainte-Geneviève, à son église, à son abbaye, aux chanoines réguliers de la congrégation de France ou génovéfains et à leur bibliothèque, par P. Poinçon. — Paris, comptoir des imprimeurs-unis, 1847, in-8°. 974

* —. — Stendhal (Henri Beyle), sa vie et son œuvre. — Paris, Cherbuliez, 1868, in-8°. 975

Ext. du journal »Le Dauphiné«.

* **Bouillart** (J.). — Histoire de l'abbaye royale de Saint-Germain des Prez. Contenant la vie des abbez qui l'ont gouvernée depuis sa fondation: les hommes illustres qu'elle a donnez à l'eglise et à l'état: les privileges accordez par les souverains pontifes et par les évêques: les dons des rois, des princes et des autres bienfaicteurs. Avec la description de l'eglise, des tombeaux et de tout ce qu'elle contient de plus mémorable. Le tout justifié par des titres authentiques, et enrichi de plans et de figures. — Paris, Dupuis, 1724, gr. in-fol. 976

Dans le Recueil des pièces justificatives, se trouve un: »Catalogue des livres composez par les religieux de S. Germain des Pres et autres de la congregation de S. Maur«.

* **Bouillaud** (J.). — Notice sur les titres et travaux de M. le Dr. J. Bouillaud, candidat à la place vacante dans la section de médecine et de chirurgie de l'académie des sciences. — Paris. imp. de Martinet, 1868, in-4°. 977

* **Bouillet** (M. N.). — Dictionnaire universel d'histoire et de géographie contenant 1° l'histoire proprement dite: Résumé de tous les peuples, anciens et modernes, avec la série chronologique des souverains de chaque état; notices sur les institutions publiques, les ordres monastiques, les ordres de chevalerie civils et militaires, sur les sectes religieuses, politiques, philosophiques; sur les grands événements: guerres,

batailles, traités de paix, conciles, etc. (avec leur date); explication des titres de dignités, de fonctions, et de tous les termes historiques; 2° la biographie universelle: vie des personnages historiques de tous les pays et de tous les temps, avec la généalogie des maisons souveraines et des grandes familles; saints et martyrs, avec le jour de leur fête; savants, artistes, écrivains, avec l'indication de leurs découvertes, de leurs opinions, de leurs écrits, ainsi que des meilleures éditions et traductions qui ont été faites de leurs ouvrages; 3° la mythologie: notices sur les divinités, les héros et les personnages fabuleux de tous les peuples, avec les diverses interprétations données aux principaux mythes et traditions mythologiques; notices sur les religions et les cultes divers, sur les fêtes, jeux, cérémonies publiques, mystères, ainsi que sur les livres sacrés de chaque nation; 4° la géographie ancienne et moderne: géographie comparée, faisant connaître l'état et les noms divers de chaque pays aux différentes époques; géographie physique et politique, avec la population telle qu'elle résulte des relevés les plus récents; géographie industrielle et commerciale, indiquant les produits de chaque contrée; géographie historique, mentionnant les événements principaux qui se rattachent à chaque localité. Nouvelle édition, revue, corrigée... et augmentée d'un supplément. — Paris, Hachette, 1857, in-4°. 978

* **Boulangé** (T.). — Histoire de saint François de Sales, sa vie, ses vertus, ses institutions, ses écrits et sa doctrine. — Le Mans, Julien, Lanier et Cie., 1847, in-8°. 979

* — Paris, Julien, Lanier et Cie., 1848, in-8°.

Boulard (A. M. H.). — Voy. Maton. Bibliothèque chronologique ... des auteurs testacéologiques.

* **Boulard** (A. M. H.). — Notice nécrologique sur la vie et les ouvrages de M. Antoine-Prosper Lottin, ancien libraire. (Signé: A. M. H. B. [Boulard.]). — (S. l. 1813), in-8°, 8 p. 980

Tirage à part des préliminaires du Catalogue de vente des livres de Lottin.

* Paris, imp. de J. B. Sajou. 1813. in-8°, 13 p.

Extrait du »Magasin encyclopédique«, numéro de février 1813.

* **Boulard** (M. S.). — Traité élémentaire de bibliographie, contenant la manière de faire les inventaires, les prisées, les ventes publiques et de classer les catalogues. Les bâses d'une bonne bibliothèque, et la manière d'apprécier les livres rares et précieux. Ouvrage utile à tous les bibliographes, et particulièrement aux bibliothécaires et aux libraires qui commencent. Pouvant servir d'introduction à toutes les bibliographies qui ont paru jusqu'à ce jour. — A Paris, chez Boulard, an XIII (1804), in-8° en 2 parties. 981

* **Boulatignier** (J.). — Rapport sur le concours ouvert pour un discours sur la vie et les ouvrages de François. Guillaume Jean Stanislas Andrieux. — — Paris, imp. de F. Malteste (1852). in-16, 14 p. 982

* **Bouley** (jeune). — Notice nécrologique sur François Narcisse Girard, professeur à l'Ecole vétérinaire d'Alfort. — Paris, imp. de Gueffier, 1825. in-8°, 14 p. 983

* — (H.). — Exposé des titres de H. Bouley, professeur de clinique à l'Ecole nationale vétérinaire d'Alfort, candidat à la place vacante à l'Académie nationale de médecine (section de médecine vétérinaire). — Paris, imp. de E. et V. Penaud (1852), in-4°, 24 p. 984

* —. — Notice sur la vie scientifique de M. Barthélemy aîné. Lue à la société centrale de médecine vétérinaire, dans sa séance solennelle du 26 dé-

cembre 1872. — Paris, imp. de Renou, Maulde et Cock, 1873, in-8°, 40 p. 985

Ext. du »Bulletin de la Société centrale de médecine vétérinaire«.

* **Bouley** (H.). — Notice sur les travaux de M. H. Bouley, inspecteur général des écoles impériales vétérinaires, membre de l'Académie de médecine. — Paris, imp. de Renou et Maulde, 1868, in-4°, 47 p. 986

* **Boullée** (A.). — Essai sur la vie, le caractère et les ouvrages de J. E. M. Portalis. — Paris, Didier, 1859, in-8°. 987

* —. — Histoire de la vie et des ouvrages du chancelier D'Aguesseau, précédée d'un discours sur le ministère public, suivie d'un choix de pensées et maximes tirées des ouvrages de D'Aguesseau, et d'une notice sur Henri D'Aguesseau, père du chancelier. — Paris, Desenne, 1835, 2 vol. in-8°. 988

* Nouvelle édition revue et corrigée. — Paris, Langlois et Leclerq, 1848, in-12.

* —. — M. de Barante, sa vie et ses œuvres. Extrait du »Correspondant«. — Paris, Douniol, 1867, in-8°, 31 p. 989

* **Boulliot**. — Biographie ardennaise, ou Histoire des Ardennais qui se sont fait remarquer par leurs écrits, leurs actions, leurs vertus ou leurs erreurs. — Paris, chez l'éditeur, 1830, 2 vol. in-8°. 990

* —. — Notice historique et bibliographique sur Daniel Tilenus. — Paris, Delance, 1806, in-8°, 31 p. 991

Extrait du »Magasin encyclopédique«.

* **Boulmier** (J.). — Etudes sur le seizième siècle. — Estienne Dolet. Sa vie, ses œuvres, son martyre. — Paris, Aubry, 1857, in-8°. 992

Contient, pages 283-296: »Bibliographie Dolétienne«.

* **Bouquet**. — Notice sur les travaux de mathématiques de M. Bouquet. — Paris, Gauthier-Villars, 1870, in-4°. 9 p. 993

* **Bouquet de La Grye**. — Liste des publications, mémoires, instruments et cartes dus à M. Bouquet de la Grye. — Paris, Gauthier-Villars, 1881, in-4°. 4 p. 994

* —. — Notice sur les travaux scientifiques de M. Bouquet de la Grye. — Paris, imp. de Gauthier-Villars, 1879, in-4°, 23 p. 995

* **Bour** (Ed.). — Liste des mémoires scientifiques de M. Edmond Bour. — Paris, Mallet-Bachelier, 1862, in-4°. 29 p. 996

La couverture imprimée sert de titre.

Bourbourg (Brasseur de). — Voy. Brasseur de Bourbourg.

* **Bourcier** (C.). — Andrieux sa vie et ses ouvrages. Discours qui a obtenu une mention honorable à la séance publique du 18 mai 1851 de la Société philotechnique de Paris. — Angers, imp. de Cosnier et Lachèse, 1851, in-8°, 30 p. 997

* **Bourdel** (A.). — Exposé des titres et travaux scientifiques du Dr. Ad. Bourdel, à l'appui de sa candidature à la chaire de clinique chirurgicale vacante dans la faculté de médecine de Montpellier. — Montpellier, imp. de Bœhm, 1875, in-8°, 26 p. 998

* **Bourdon** (Hipp.). — Exposé des titres et travaux scientifiques du Dr. Hipp. Bourdon, candidat à la place vacante dans la section d'anatomie pathologique de l'Académie impériale de médecine. — Paris, imp. de Martinet, 1866, in-4°, 24 p. 999

La couverture imprimée sert de titre.

* — Paris, imp. de Martinet, 1872, in-4°, 44 p.

* **Bourée.** — Notice sur la vie et les relations de voyage du capitaine Bossu, par feu Bourée, précédée de notices biographiques sur le docteur Bourée (par Jules Beaudouin et Gabriel Bourée). — Chatillon-sur-Seine, imp. de F. Lebeuf, 1852, in-8°. 1000

Tiré à 150 ex.

* **Bourgeat** (J.-B.). — Etudes sur Vincent de Beauvais, théologien philosophe, encyclopédiste, ou Spécimen des études théologiques, philosophiques et scientifiques au moyen âge, XVIIIe siècle, 1210-1270. Thèse pour le doctorat, présentée à la Faculté de théologie de Paris, le 28 juin 1856. — Paris, A. Durand, 1856, in-8°. 1001

* **Bourgeois.** — Note sur les publications médico-chirurgicales du docteur Bourgeois (d'Etampes). — Paris, imp. de L. Martinet (1858), in-4°, 23 p. 1002

* **Bourgery.** — Note sur les titres de M. Bourgery comme candidat à la chaire d'anthropologie au Muséum d'histoire naturelle. — (Paris), imp. de Renouard, s. d., in-4°, 14 p. 1003

* —. — Notice sur les titres de M. Bourgery comme candidat à l'une des deux places vacantes dans la section de médecine et de chirurgie de l'Académie des sciences. Janvier et février 1843. — (Paris), imp. de P. Renouard, 1843, in-4°, 28 p. 1004

* **Bourget** (J.). — Notice sur les travaux scientifiques de M. J. Bourget, directeur des études à l'école préparatoire de Sainte-Barbe. — Paris, imp. de Gauthier-Villars, 1871, in-4°, 18 p. 1005

* —. — Titres divers de M. Bourget, professeur de mathématiques à la faculté des sciences de Clermont-Ferrand (30 novembre 1863). — Clermont, imp. de F. Thibaud (s. d.), in-8°, 8 p. 1006

Bourgoin. — Voy. Bresson. Rapport sur la presse périodique départementale.

* — (Ed.). — Notice sur les travaux scientifiques de M. Edme Bourgoin. — Paris, imp. de Martinet, 1875, in-4°, 21 p. 1007

* **Bourgois.** — Notice sur les travaux de M. Bourgois, capitaine de vaisseau. — Paris, imp. de E. Thunot (1864), in-4°, 20 p. 1008

Bourguet (L.). — Voy. Traité des pétrifications.

* **Bourguignat** (J. R.). — Monographie du nouveau genre Filholia. — Saint-Germain, imp. Bardin, 1881, in-8°, 15 p. 1009

Est suivi, avec pagination séparée, de l'ouvrage: »J. R. Bourguignat. Ouvrages de mégalithologie, d'épigraphie, d'ostéologie et de paléontologie«, 16 p.

Bourquelot (F.). — Voy. Quérard (J.). La France littéraire.

Bousquet (C.). — Voy. Revue bibliographique du midi.

* **Boussinesq** (J.). — Notice sur les travaux scientifiques de M. J. Boussinesq. — Lille, imp. de Danel, 1880, in-4°. 1010

La couverture imprimée sert de titre.

* **Boussole du commerce de la librairie**, ou catalogue hebdomadaire et raisonné, propre à faire connaître les ouvrages nouveaux, ou réimprimés, publiés par les libraires de Paris et des départements. — Paris, imp. A. Henry, 1829-1830, in-8°, 1re & 2e années. 1011

* **Bouteiller** (E. de) et **G. de Braux**. — Notes iconographiques sur Jeanne d'Arc. — Paris, Claudin, 1879, in-8°, 39 p. 1012

* **Boutigny** (P. H.). — Notice des travaux scientifiques de P.-H. Boutigny. — Paris, imp. de Bachelier (1850), in-4°. 1013

* **Boutkowski** (Al.). — Dictionnaire numismatique pour servir de guide aux amateurs, experts et acheteurs des médailles romaines impériales et grecques coloniales avec indication de leur degré de rareté et de leur prix actuel au XIXe siècle. Suivi d'un résumé des ventes publiques de Paris et de Londres. (Fruit d'un travail de 14 ans). Rédigé sur un plan entièrement nouveau, accompagné d'indices littéraires sur les récentes découvertes, et de notices historiques peu connues sur les poètes, écrivains, architectes, peintres, sculpteurs et graveurs sur pierres fines qui illustrèrent chaque règne depuis Pompée le Grand jusqu'au Ve siècle de notre ère. — Leipzig, Weigel, in-8°. 1014

En cours de publication. Il a paru 26 livr. Chaque article est suivi de la Bibliographie des ouvrages qui y ont trait.

* **Bouton** (E.). — Esquisse biographique et bibliographique sur Claude Lejeune, natif de Valenciennes surnommé le Phénix des musiciens . . . 31 juillet 1845. — Valenciennes, imp. de Henry, 1845, in-8°, 39 p. 1015

Ouvrage couronné par la Société d'agriculture . . . de Valenciennes.

* **Bouvard** (E.). — Note des travaux de M. Eug. Bouvard. — Paris, imp. de Bachelier, 1846, in-4°, 5 p. 1016

Bover (J. M.). — Diccionario bibliográfico de las publicaciones periódicas de las Baleares. — Palma, viuda de Villalonga, 1862, in-8°. 1017

Bowker (R. R.). — Voy. The Library Journal.

* **Boyer, Chaussier, Duméril, Pelletan, Percy,** etc. — Rapports faits à l'Institut . . . sur les mémoires et les travaux du Dr. Faure. — Paris, chez l'auteur, 1828, in-8°. 1018

* **Boyer** (H.). — Histoire des imprimeurs et libraires de Bourges, suivie d'une notice sur ses bibliothèques. — Bourges, imp. de Jollet-Souchois, 1854, in-8°. 1019

* **Boyne** (W.). — The Yorkshire library. A bibliographical account of books on typography, tracts of the seventeenth century, biography, spaws, geology, botany, maps, views, portraits and miscellaneous literature, relating to the county of York. With collations and notes on the books and authors. — London, Taylor and Co., 1869, in-4°. 1020

Tiré à 150 ex.

* **Brachet** (A.). — Etude sur Bruneau de Tours, trouvère du XIIIe siècle. — Paris, Franck, 1865, in-8°, 15 p. 1021

Brachet (A.). — Voy. Diez (Fr.). Grammaire des langues romanes.

* **Braga** (Th.) — Bibliographia Camoniana. — Lisboa, imprensa de Christovão A. Rodrigues, 1880, in-4°. 1022

Tiré à 325 ex.: nos 1—25 sur papier de lin (Whatman); 26 à 325 sur papier velin (Montgolfier).

* **Bragge** (W.). — Bibliotheca Nicotiana; a catalogue of books about tobacco, together with a catalogue of objects connected with the use of tobacco in all its forms. Collected by William Bragge. — Birmingham, privately printed, 1880, in-4°. 1023

Tiré à 200 exemplaires.

* **Brame** (Ch.). — Notice biographique et indication des travaux de chimie, de physique, de médico-chirurgie et de thérapeutique de Charles Brame. — Tours, imp. de Mazereau, 1876, in-8°, 39 p. 1024

* —. — Notice sur les travaux d'hygiène du docteur Charles Brame, candidat à la claire d'hygiène vacante à la faculté de médecine de Montpellier. — Tours, imp. de Mazereau, 1876, in-8°, 31 p. 1025

* **Branca** (G.). — Bibliografia storica ossia collezione delle migliori e piu recenti opere di ogni nazione intorno ai principali periodi e personaggi della

storia universale. — Milano, Gaetano Schiepatti, 1862, in-8°. 1026

Brandes (H. B. Chr.). — Das ethnographische Verhältniss der Kelten und Germanen nach den Ansichten der Alten und den sprachlichen Ueberresten dargelegt. — Leipzig, Voigt und Günther, 1857, in-8°. 1027

Contient, p. 332—340: »Verzeichniss der vom Verf. benutzten Bücher«.

* **Brandolese** (P.). — Serie dell'edizioni aldine per ordine cronologico ed alfabetico. Seconda edizione con emendazioni e giunte. — In Padova, presso Pietro Brandolese, 1790, in-18. 1028

* **Brandt** (L.). — Das Reichsgesetz gegen die gemeingefährlichen Bestrebungen der Socialdemokratie vom 21. Oktober 1878 nebst den auf Grund desselben erlassenen Anordnungen und einem alphabetischen Verzeichniss der verbotenen Druckschriften und Vereine. Im amtlichen Auftrage zusammengestellt. — Berlin, Carl Heymann, 1882, in-8°. 1029

* **Brant** (Seb.). — Das Narrenschiff, nebst dessen Freiheitstafel. Neue Ausgabe nach der Original-Ausgabe besorgt und mit Bemerkungen versehen von Adam Walther Strobel. — Quedlinburg und Leipzig, Gottfr. Basse, 1839, in-8°. 1030

Forme le T. XVII de: »Bibliothek der gesammten deutschen National-Literatur von der ältesten bis auf die neuere Zeit«.

Brasichelles (F. Jo. M.). — Index librorum expurgandorum, in quo quinquaginta authorum libri præ cæteris desiderati emendantur. Editio secunda, multorum desiderio juxta exemplare romanum typis mandata. — Pedeponti vulgò, Stadt am Hof, sumptibus Joannis Gastl, 1745, in-8°. 1031

* — (Jo. M.). — Indicis librorum expurgandorum in studiosorum gratiam confecti. Tomus primus in quo quinquaginta auctorum libri præ cæteris desiderati emendantur in unum corpus redactus et publicæ commoditati æditus. — Romæ, ex typografia R. Cam. apost. 1607, in-12. 1032

* —. — Romæ primo, deinde Bergomi, typis Comini Venturæ, 1608, in-12.

Brasseur (Ph.). — Sydera illustrium Hannoniæ Scriptorum, per modum Præludii emissa, ordine statuum inter eos servato. Seu eorum elogia et scripta decasticis et octosticis, ac minori plerumque numero distincta. Hannonici Prodromi tertia pars et ultima. — Montibus Hannoniæ, Havart, 1637, in-8°. 1033

* **Brasseur de Bourbourg**. Bibliothèque Mexico-Guatémalienne, précédée d'un coup d'œil sur les études américaines dans leurs rapports avec les études classiques, et suivie du tableau, par ordre alphabétique des ouvrages de linguistique americaine contenus dans le même volume, rédigée et mise en ordre d'après les documents de sa collection américaine. — Paris, Maisonneuve, 1871, in-8°. 1034

* **Braun** (D.). — De scriptorum Poloniæ et Prussiæ historicorum, politicorum et JCtorum typis impressorum ac manuscriptorum in bibliotheca Brauniana collectorum, virtutibus et vitiis, catalogus, et judicium, post evolutionem exactam, sine odio aut studio, limatissimum. — Coloniæ, anno 1723. in-4°. 1035

Braun (Pl.). — Voy. Notitia historico litteraria de libris.

Braux (G. de). — Voy. Bouteiller (E. de). Notes iconographiques sur Jeanne d'Arc.

* **Bravais** (A.). — Liste des travaux de M. Auguste Bravais, . . . professeur d'astronomie à la Faculté des sciences de Lyon. — Paris, imp. de F. Locquin, 30 octobre 1843, in-8°. 7 p. 1036

* **Bravais** (A.). — Notice des travaux scientifiques de M. A. Bravais,... — Paris, imp. de Bachelier, 1851, in-4°, 15 p. 1037

La couverture imprimée sert de titre.

* — Paris imp. de Mallet-Bachelier, 1854, in-4°, 20 p.

* **Bravetti** (J.). — Indice de' libri a stampa citati per testi di lingua nel vocabolario de' signori accademici della crusca con una lettera preliminare ed alcune osservazioni. — Verona, presso il marchesani ed erede Merlo, 1798, in-8°. 1038

Bray (Th.). — Bibliotheca Parochialis, etc. or a scheme of such theological and other heads, as seem requisite to be perus'd, or occasionally consulted, by the reverend clergy. Together with the books which may be profitably read on each of those points, in order to promote the forming and erecting libraries of three degrees, viz. general, Decanal or Lending, and parochial, throughout her Majesty's Dominions, both at home and abroad. To which will be subjoijn'd an account how far the design has been hitherto advanc'd, and how practicable it may be to perfect the same. The II. edition, with large additions. — London, Wilkin and Hawes, 1707, in-8°. 1039

Breban (Corrad de). — Voy. Corrad de Breban.

* **Brébisson** (R. de). — Etude sur François Bonnemer, peintre et graveur, né à Falaise. — Caen, imp. de Le Blanc-Hardel, 1878, in-8°, 32. 1040

Ext. du »Bulletin de la Société des beaux-arts de Caen«.

* **Bredif**. — Segrais, sa vie et ses œuvres. — Paris, A. Durand, 1863, in-8°. 1041

* **Breghot du Lut & Péricaud** (aîné). — Biographie lyonnaise. Catalogue des Lyonnais dignes de mémoire, rédigé par M.M. Breghot du Lut et Péricaud aîné, et publié par la Société littéraire de Lyon. — Paris, Techener, 1839, in-8°. 1042

* **Breguet** (L.). — Notice sur les travaux de M. L. Breguet. — Paris, imp. de Bachelier, 1847, in-4°, 11 p. 1043

* — Paris, Mallet-Bachelier, 1857, in-4°, 12 p.

Les couvertures imprimées servent de titre.

* **Brehm** (G. N.). — Bibliographisches Handbuch der gesammten neuern, sowohl allgemeinen als besonderen griechischen und römischen Litteratur. — Leipzig, bei Caspar Fritsch, 1797-1800, 2 vol. in-8°. 1044

Brehme (A. G.). — Geschichte des Orients besonders Palästina's, älterer und neuerer Zeiten benebst einer Kritik biblischer Stellen. — Gotha, Ettinger, 1802, in-8°. 1045

Le T. III contient, p. 185-200; »Literatur für die Geschichte des Orients«.

* **Breitinger** (H.). — Lo studio dell' italiano, svolgimento della lingua letteraria: bibliografia per aiuto agli studiosi. Traduzione di Pietro Susani. — Siracusa, tip. di Andrea Norcia, 1880, in-8°. 1046

* **Breitkopf** (J. G. J.). — Ueber Bibliographie und Bibliophilie. — Leipzig, J. G. J. Breitkopf, 1793, in-4°, 30 p. 1047

—. — Verzeichniss musikalischer Bücher, sowohl zur Theorie als zur Praxis, und für alle Instrumente in ihre gehörigen Classen ordentlich eingetheilt. — Leipzig, 1760-1780, 6 vol. in-8°. 1048

Breitkopf. — Voy. Verzeichniss des Musikalien-Verlages.

* **Breschet** (G.). — Exposé des études médicales, des services administratifs, de l'enseignement public et

particulier et des travaux scientifiques de M. Gilbert Breschet. — Paris, imp. de P. Renouard, 1836, in-4°, 20 p. 1049

* **Breschet** (G.). — Note sur les travaux scientifiques publiés par G. Breschet, chirurgien ordinaire de l'Hôtel-Dieu. — Paris, imp. de Duverger (s. d.), in-4°, 6 p. 1050

* —. — Notice sur la vie et les ouvrages de André-Antoine Blancheton. — Paris, imp. de A.-F. Didot, 1831, in-8°. 1051

* **Bresse**. — Notice sur les titres et travaux scientifiques de M. Bresse. — Paris, Gauthier-Villars, 1868, in-4°, 23 p. 1052

* — Paris, Gauthier-Villars, 1880, in-4°, 30 p.

* **Bresson** (J.) et **Bourgoin**. — Rapport sur la presse périodique départementale, pendant les huit premiers mois de l'année 1832. — Paris, aux bureaux de l'administration de l'office-correspondance, septembre 1832, in-8°, 49 p. 1053

Suivi de la liste des ouvrages de J. Bresson.

* **Bretegnier** (L.). — Université de France. Faculté de théologie protestante de Strasbourg. Essai sur Vincent de Lérins. Thèse soutenue le 1 août 1854. — Colmar, imp. V^e^. Decker, 1854, in-8°, 32 p. 1054

* **Bretschneider** (E.). — Botanicon sinicum. Notes on chinese botany from native and western sources. — London, Trübner, 1882, in-8°. 1055

Breuer (C.). — Katalog über Käufe aus zweiter Hand oder Verzeichniss solcher Bücher, die aus dem Original-Verlage in grossen Partien oder ganzen Vorräthen mit oder ohne Verlagsrecht in fremde Hände übergegangen sind, nebst Angabe der früheren und der jetzigen Bezugsquellen und Bezugsbedingungen. — Berlin, Brandis, 1852, in-8°. 1056

* **Brewster** (D.). — Memoirs of the life, writings, and discoveries of sir Isaac Newton. — Edinburgh, Thomas Constable, 1855, 2 vol. in-8°. 1057

* **Bridger** (Ch.). — An index to printed pedigrees, contained in county and local histories, the heralds' visitations, and in the more important genealogical collections. — London, John Russell Smith, 1867, in-8°. 1058

Bridgman (R. W.). — A short view of legal bibliography, containing some critical observations on the authority of the reporters and other law writers, collected from the best authorities, and intented as a companion to the author's reflections on the study of the law; to which is added a plan for classifying a public or private library. — London, 1807, in-8°. 1059

* **Brief** discours de la vie et mort de M. Théodore de Beze, de Vezelay, avec le catalogue des livres qu'il a composez. — A Geneve, par Jan Cartel, 1610, in-8°. 1060

* **Brief** list (A) of some of the rarer and most curious old-book rarities in the library of J. O. Halliwell, esq. illustrative chiefly of early english popular literature. — West Brompton, for private circulation only, 1862, in-8°. 1061

Briegleb (Joh. Chr.). — Einleitung in die philosophischen Wissenschaften, nebst einem Abriss der Geschichte derselben und einem Verzeichniss der vornehmsten philosophischen Schriften. — Coburg, Ahl, 1789, in-8°. 1062

* **Brierre de Boismont**. — Titres scientifiques de M. Brierre de Boismont. — Paris, imp. de L. Martinet (1855), in-4°, 4 p. 1063

* **Briot** (Ch.). — Notice sur les travaux mathématiques de M. Ch. Briot. — Paris, Gauthier-Villars, 1870, in-4°, 13 p. 1064

* **Briquet**. — Titres scientifiques de M. le docteur Briquet. — Paris, imp. de L. Martinet (1859), in-4°, 8 p. 1065

* — (F. B.). — Dictionnaire historique, littéraire et bibliographique des françaises, et des étrangères naturalisées en France, connues par leurs écrits, ou par la protection qu'elles ont accordée aux gens de lettres, depuis l'établissement de la monarchie jusqu'à nos jours; dedié au premier consul. Avec le portrait de l'auteur. — Paris, Treuttel et Würtz, 1804, in-8°. 1066

Brismontier. — Voy. Dictionnaire des gens de lettres vivants.

Brissart-Binet (Ch. A.). — Voy. Cazin, sa vie et ses éditions.

* **British librarian** (The): exhibiting a compendious review or abstract of our most scarce, useful, and valuable books in all sciences, as well in manuscript as in print: with many characters, historical and critical, of the authors, theirantagonists, etc. In a manner never before attempted. — London, printed for Tho. Osborne, 1737, in-8°. 1067

* **British Museum**. A guide to the exhibition rooms of the departments of natural history and antiquities. — London, printed by order of the trustees, 1873, in-8°. 1068

Les p. 137—145 contiennent la »List of the British Museum publications«.
* Autre édition, 1874, in-8°.

* **Britton** (J.). — Memoirs of the life, writings, and character of Henry Hatcher, author of the »History of Salisbury«, etc. — London, printed for J. Britton, 1847, in-8°, 36 p. 1069

* —. — The rights of Literature; or an inquiry into the policy and justice of the claims of certain public libraries on all the publishers and authors of the United Kingdom, for eleven copies, on the best paper, of every new publication. — London, printed by A. J. Valpy, 1814, in-8°. 1070

Cet ouvrage se termine par un: »Catalogue of tracts concerning literary property etc. With their titles, nature, and date of publication«.

* **Brivois** (J.). — Bibliographie de l'œuvre de P. J. de Béranger, contenant la description de toutes les éditions, l'indication d'un grand nombre de contrefaçons, le classement des suites de gravures, vignettes, etc. — Paris, Conquet, 1876, in-8°. 1071

Tiré à 150 ex. sur grand papier de Hollande, numérotés de 1 à 150, et 500 ex. sur papier vergé, numérotés de 151 à 650.

* **Broca** (P.). — Eloge historique de M. P.-N. Gerdy, lu à la Société de chirurgie, le 2 juillet 1856. Extrait du »Moniteur des hôpitaux«. — Paris, au bureau du Moniteur des hôpitaux, 1856, in-8°. 1072

* —. — Exposé des titres et travaux scientifiques de M. Paul Broca, candidat à l'Académie impériale de médecine (section de médecine opératoire). — Paris, imp. de Martinet, 1863, in-4°. 1073

* —. — Exposé des titres et travaux scientifiques de M. Paul Broca, candidat à l'Académie des sciences (Section de médecine et de chirurgie). — Paris, imp. de Hennuyer, 1868, in-4°. 1074

* **Brochin**. — Exposé des travaux et titres de M. le docteur Brochin, pour sa candidature à une place vacante dans la classe des associés libres de l'Académie de médecine. — Paris, imp. de Pougin, 1873, in-4°, 15 p. 1075

Brockhaus (F. A.) — Voy. Bibliographie für Linguistik.

* **Brockhaus** (H.). — Brockhaus in Leipzig. Vollständiges Verzeichniss der von der Firma F. A. Brockhaus in Leipzig seit ihrer Gründung durch Friedrich Arnold Brockhaus im Jahre 1805 bis zu dessen hundertjährigem Geburtstage im Jahre 1872 verlegten Werke. In chronologischer Folge mit biographischen und literarhistorischen Notizen. — Leipzig, F. A. Brockhaus, 1872-1875, in-8°. 1076

* **Brockhaus'** Conversations-Lexikon. Allgemeine deutsche Real-Encyklopädie. Dreizehnte vollständig umgearbeitete Auflage. Mit Abbildungen und Karten. — Leipzig, F. A. Brockhaus, 1882, in-8°, T. I. 1077

Aura 16 volumes.

* **Brockhaus et Avenarius.** — Catalogue général de la littérature française contenant les ouvrages publiés en France, et ceux en langue française imprimés à l'étranger pendant l'année 1837. Les principales collections de la littérature française moderne, les grands ouvrages de luxe, les éditions illustrées, pittoresques, etc., les ouvrages paraissant par livraisons, complets ou en publication, enfin la liste des journaux politiques et littéraires publiés en France pour l'année 1838, avec table systématique pour les ouvrages imprimés en 1837 et les journaux de 1838. — Paris, Brockhaus et Avenarius, 1838, in-8°. 1078

* **Brofferio** (A.). — Cenni storici intorno all' arte tipografica e suoi progressi in Piemonte dall' invenzione della stampa sino al 1835 dettati dall' avvocato Angelo Brofferio giusta le memorie ed i documenti somministratigli dal tipografo, editore e librajo Giuseppe Pomba e da questo ora pubblicati. — Milano, a beneficio del fondo Vedove ed Orfani, 1876, in-4°. 1079

Bromley (H.). — Catalog of engraved british portraits, from Egbert the great to the present time. With an appendix, containing the portraits of such foreigners as either by alliance with the royal families etc. as may claim a place in the British Series. Methodically disposed in classes, and interspersed with a number of notices biographical and genealogical, never before published. — London, 1793, in-4°. 1080

* **Brongniart** (Ad.). — Société nationale et centrale d'agriculture. Notice sur Henri Dutrochet (lue à la séance publique du 10 octobre 1852). — Paris, imp. de Vve. Bouchard-Huzard (s. d.), in-8°, 22 p. 1081

* **Brook** (B.). — Memoir of the life and writings of Thomas Cartwright, the distinguished puritan reformer, including the principal ecclesiastical movements in the reign of queen Elizabeth. — London, John Snow, 1845, in-8°. 1082

* **Brossard** (S. de). — Dictionaire de musique, contenant une explication des termes grecs, latins, italiens et françois, les plus usitez dans la musique. A l'occasion desquels on rapporte ce qu'il y a de plus curieux et de plus nécessaire à sçavoir; tant pour l'histoire et la theorie, que pour la composition, et la pratique ancienne et moderne de la musique vocale, instrumentale, plaine, simple, figurée etc. Ensemble une table alphabétique des termes françois qui sont dans le corps de l'ouvrage, sous les titres grecs, latins et italiens; pour servir de supplément. Un traité de la manière de bien prononcer, sur tout en chantant, les termes italiens, latins et françois. Et un catalogue de plus de 900 auteurs, qui ont écrit sur la musique, en toutes sortes de temps, de pays et de langues. — Paris, Chr. Baltard, 1703, in-fol. 1083

Brosselard (C.). — Voy. Ministère de la guerre. Tableau de la situation des établissements français dans l'Algérie.

* **Brouardel** (P.). — Exposé des titres et travaux scientifiques du docteur Paul Brouardel, candidat à la chaire de médecine légale, vacante à la faculté de médecine de Paris. — Paris, imp. de Martinet, 1879, in-4°. 40 p. 1084

* —. — Exposé des titres et des travaux scientifiques du Dr. Paul Brouardel, candidat à la chaire de pathologie interne vacante à la faculté de médecine de Paris. — Paris, imp. de Martinet, 1876, in-4°, 36 p. 1085

* **Broussais** (C.). — Atlas historique et bibliographique de la médecine, composé de tableaux sur l'histoire de l'anatomie, de la physiologie, de l'hygiène, de la médecine, de la chirurgie et de l'obstétrique, etc. — Paris, Delaunay, 1829, gr. in-fol. 1086

* —. — Note des titres antérieurs du Dr. Casimir Broussais, né, le 10 février 1803, à Saint-Servan (dép^t^. d'Ille-et-Vilaine). — Paris, imp. de Lachevardière, 4 mars 1833, in-4°, 4 p. 1087

* —. — Note des titres du Dr. Casimir Broussais, candidat à l'académie royale de médecine (section de pathologie médicale). — Paris, imp. de Moquet et Hauquelin, mars 1842, in-4°, 3 p. 1088

* — (F. J. V.). — Liste des ouvrages composés et publiés par F. J. V. Broussais. — Paris, imp. de Lachevardière, s. d., in-4°, 4 p. 1089

* **Broussoux** (E.). — Université de France. Académie de Strasbourg. Faculté de théologie protestante. Sébastien Castellion, sa vie, ses œuvres et sa théologie. Thèse présentée à la faculté de théologie protestante et soutenue publiquement . . . pour obtenir le grade de bachelier en théologie. — Strasbourg, imp. de Heitz, 1867. in-8°. 1090

* **Brown** (J.). — Biblioteka pisarzów assystencyi polskiéj Towarzystwa Jezusowego powiekszona dwoma dodatkami, z Których pierwszy zawiera polskie i rossyjskie tlomaczenia, drugi wydania pisarzy Towarzystwa Jezusowego do innych assystencyi nalézacych w polsce i rossyi. Napisana we Lwowie odr. 1852 do 1855. Przeklad z lacinskiego X. Wladyslawa Kiejnowskiego. — Poznan, L. Merzbach, 1862, in-4°. 1091

* **Brown-Séquard** (E.). — Notice sur les travaux de M. E. Brown-Séquard, D. P. M. — Paris, imp. de L. Martinet, novembre 1855, in-4°, 46 p. 1092

* — Paris, Masson, 1878. in-4°.

* **Bruch** (J.-F.). — Discours sur la vie et les travaux de M. Théodore Kreiss, professeur au séminaire protestant de Strasbourg, prononcé le 7 juin 1860. — Strasbourg, imp. de Heitz, 1860, in-12, 22 p. 1093

Brückmann (Fr. Er.). — Bibliotheca animalis oder Verzeichniss der meisten Schriften so von Thieren und deren Theilen handeln, was hiervon sowohl Theologi, Icti, Medici, Historici, als auch Chymici, Physici und Jäger geschrieben, mit Fleiss colligirt und in alphabetische Ordnung gesetzt. — Wolffenbüttel, 1743, in-8°. 1094

Continuatio ... — Wolffenbüttel, 1747, in-8°.

* —. — Bibliotheca numismatica oder Verzeichniss der meisten Schrifften, so von Müntz-Wesen handeln, was hiervon so wohl Historici, Physici, Chymici, Medici, als auch Juristen und Theologi geschrieben, mit Fleiss colligirt und in alphabetische Ordnung gesetzt. — Wolffenbüttel, 1729, in-8°. 1095

— Erstes Supplement. — Wolffenbüttel, 1832. in-8°, 36 p.

* **Brüggemann** (L. W.). — A view of the english editions, translations and illustrations of the ancient greek and latin authors, with remarks. — Stettin, printed by John Samuel Leich, 1797, in-8°. 1096

Il a paru un Supplément en 1801.

* **Brümmer** (Fr.). — Deutsches Dichter-Lexikon. Biographische und bibliographische Mittheilungen über deutsche Dichter aller Zeiten. Unter besonderer Berücksichtigung der Gegenwart für Freunde der Literatur zusammengestellt. — Eichstatt und Stuttgart, Krüll, 1876, in-8°. 1097

Brünekau (H. G.). — Voy. Bibliotheca juris Lubecensis.

* **Brünnichius** (M. Th.). — Literatura danica scientiarum naturalium, qua comprehenduntur. I. Les progrès de l'histoire naturelle en Dannemarc et en Norvège. II. Bibliotheca patria autorum et scriptorum, scientias naturales tractantium. — Hafniæ et Lipsiæ, 1783, in-8°. 1098

* **Brugnoli** (G.), A. **Corradi e Cesare Taruffi.** — Bibliografia italiana delle scienze mediche compilata ... colla collaborazione del prof. cav. Antonio Alessandrini in Bologna, del dottor Francesco Bonucci in Perugia, del dottor Giacinto Namias in Venezia, del prof. Giacomo Sangalli in Pavia, del prof. Salvatore Tommasi in Torino. — Bologna, tip. di G. Monti al sole, 1858, in-8°. 1099

Serie I. T. I. 1-2.

* **Brunel** (I.). — The life of Isambard Kingdom Brunel, civil engineer. — London, Longmans, Green and Co., 1870, in-8°. 1100

Contient p. XVII-XXV: »List of reports and other original documents«. (85 art.)

Brunet (Ch.). — Marat, dit l'Ami du peuple. Notice sur sa vie et ses ouvrages. Avec un portrait gravé par Flameng, d'après le dessin de Gabriel. — Paris, Poulet-Malassis, 1862, in-8°. 1101

* **Brunet** (G.). — Curiosités bibliographiques et artistiques. Livres, manuscrits et gravures qui, en vente publique, ont dépassé le prix de mille francs. Tableaux payés plus de cinquante mille francs. — Genève, J. Gay, 1867, in-8°. 1102

Tiré à 250 ex. numérotés, plus 2 peaux vélin.

* —. — Essai sur les bibliothèques imaginaires. — Paris, imp. Ch. Lahure (1861), in-8°. 1103

Tiré à 25 ex.

* —. — Essais d'études bibliographiques sur Rabelais. — Paris, Techener, 1841, in-8°. 1104

Tiré à 60 ex.

* —. — Études sur la reliure des livres et sur les collections de bibliophiles célèbres. — Bordeaux, Charles Lefebvre, 1873, in-8°. 1105

Tiré à 115 ex. numérotés.

* —. — Fantaisies bibliographiques. — Paris. Jules Gay, 1864, in-12. 1106

Tiré à 262 ex. numérotés: 250 sur papier de Hollande et 12 sur papier de Chine.

* —. — La France littéraire au XVe siècle, ou catalogue raisonné des ouvrages en tout genre imprimés en langue française jusqu'à l'an 1500. — Paris, A. Franck, 1865, in-8°. 1107

* —. — Imprimeurs imaginaires et libraires supposés. Etude bibliographique suivie de recherches sur quelques ouvrages imprimés avec des indications fictives de lieux ou avec des dates singulières. — Paris, Tross, 1866, in-8°. 1108

* —. — Lettre au bibliophile Jacob, au sujet de l'étrange accusation in-

tentée contre M. Libri, . . . contenant des recherches sur les livres à la reliure de Grolier, sur les volumes elzéviriens non rognés et sur quelques particularités bibliographiques. — Paris, Paulin, 1849, in-8°, 32 p. 1109

* **Brunet.** — Notices et extraits de quelques ouvrages écrits en patois du midi de la France. Variétés bibliographiques. — Paris, Leroux, 1840, in-12. 1110

Tiré à 100 ex.

— (G.). — Recherches bibliographiques sur l'Arétin. — Paris, Techener, 1857, in-8°, 7 p. 1111

Ext. du »Bulletin du Bibliophile«.

* —. — Recherches sur diverses éditions Elzéviriennes faisant suite aux études de MM. Bérard et Pieters extraites des papiers de M. Millot, mises en ordre et complétées par Gustave Brunet. — Paris, Auguste Aubry, 1866, in-12. 1112

Tiré à 250 ex. sur papier vergé et 7 ex. sur papier de Chine.

Brunet (G.). — Voy. Le Bibliophile français. — Quérard (J. M.) œuvres posthumes. — Curiosités théologiques. — Le pseudonyme Philomneste junior.

* —. (J. Ch.). — Manuel du libraire et de l'amateur de livres, contenant 1° un nouveau dictionnaire bibliographique, dans lequel sont indiqués les livres les plus précieux et les ouvrages les plus utiles, tant anciens que modernes, avec des notes sur les différentes éditions qui en ont été faites, et des remarques pour en reconnaître les contrefaçons; on y a joint des détails nécessaires pour collationner les livres anciens et les principaux ouvrages à estampes; la concordance des prix auxquels les éditions les plus rares ont été portées dans les ventes publiques faites depuis quarante ans, et l'évaluation approximative des livres anciens qui se rencontrent fréquemment dans le commerce de la librairie; 2° une table en forme de catalogue raisonné, où sont classés méthodiquement tous les ouvrages indiqués dans le dictionnaire, et de plus un grand nombre d'ouvrages utiles, mais d'un prix ordinaire, qui n'ont pas dû être placés au rang des livres précieux. — Paris, Brunet, 1810, 3 vol. in-8°. 1113

* — Troisième édition augmentée de plus de deux mille articles et d'un grand nombre de notes. — Paris, chez l'auteur, 1820, 4 vol. in-8°.

* — Cinquième édition originale entièrement refondue et augmentée d'un tiers par l'auteur. — Paris, Firmin Didot, 1860-1865, 6 vol. in-8°.

Pour le supplément de cette édition voyez: Deschamps (P.).

* —. — Notice bibliographique sur la collection des Grands et Petits Voyages de de Bry, en latin et en allemand. — Paris, Didot, 1860, in-8°. 1114

Ext. du »Manuel du libraire« et tiré à 25 ex. sur papier de Hollande.

* —. — Notice sur les différentes éditions des heures gothiques, ornées de gravures, imprimées à Paris à la fin du quinzième siècle et au commencement du seizième. — Paris, chez Silvestre, 1834, in-8°, 37 p. 1115

Tiré à 30 ex. dont 25 sur grand papier vélin, 4 sur grand papier de Hollande, 1 sur vélin.

* — (J. Ch.). — Recherches bibliographiques et critiques sur les éditions originales des cinq livres du roman satirique de Rabelais et sur les différences de texte qui se font remarquer particulièrement dans le premier livre du Pantagruel et dans le Gargantua. On y a joint une revue critique des éditions collectives du même roman, et, de plus, le texte original des Grandes et inestimables croniques de Gargantua complété pour la première fois d'après l'édition de 1533 pour servir de supplément à toutes les éditions des œuvres de Rabelais. — Paris, Potier, 1852, in-8°. 1116

Brunet (J. Chr.). — Voy. Dictionnaire bibliographique, historique et critique.

Brunner (Chr. L.). — Handbuch der Literatur der Criminal-Rechtswissenschaft. — Bayreuth, Grau, 1804, in-8°. T. I. 1117

La suite n'a pas paru.

* — (L.). — Jacques Baldé, le grand poète de l'Alsace. Notice historique et littéraire. — Guebwiller, Jung, 1865, in-8°, 20 p. 1118

* — (S.). — Die Kunstgenossen der Klosterzelle. Das Wirken des Klerus in den Gebieten der Malerei, Skulptur und Baukunst. Biographien und Skizzen. — Wien, Braumüller, 1863, in-8°, en 2 parties. 1119

Contient, p. 592—598: »Literatur«.

* **Brunnfelsius** (Ot.). — Catalogus illustrium medicorum sive de primis medicinæ scriptoribus. — Argentorati, apud Joannem Schottū, 1530, in-4°. 1120

Brunox. — Voy. Catalogue de journaux publiés ou paraissant à Paris.

* **Bruns** (P. J.). — Beiträge zur kritischen Bearbeitung unbenutzter alter Handschriften, Drucke und Urkunden. — Braunschweig, bey Karl Reichard, 1802, in-8°, 1es Stück. 1121

Bruns (P. J.). — Voy. Henke (H. Ph. C.). Annales literarii.

* **Bruun** (Chr. V.). — Bibliotheca Danica. Systematisk fortegnelse over den danske Literatur fra 1482 til 1830, efter Samlingerne i det store Kongelige Bibliothek i Kjöbenhavn. Med Supplementer fra Universitetsbibliotheket i Kjöbenhavn og Karen Brahes Bibliothek i Odense. Udgivet med Understöttelse af den Kongelige danske Regjering, det Kongelige danske Videnskabernes Selskab, Samfundet til den danske Literaturs Fremme m. Fl. fra det store Kongelige Bibliothek. — Kjöbenhavn, F. Hegel, 1877-1879, in-4°, T. I-IV. 1122

* **Bry** (A.). — Raffet, sa vie et ses œuvres; accompagné de deux portraits, de Raffet lithographiés, de deux eaux-fortes inédites et de quatre facsimile. — Paris, E. Dentu, 1861, in-8°. 1123

* Edition augmentée de cinq fac-simile de lettres inédites de Raffet. — Paris, J. Baur, 1874, in-8°.

* **Bryce.** — Manitoba: its infancy, growth, and present condition. With maps, and illustrations. — London, Sampson Low, 1882, in-16. 1124

Contient, p. 365—368: »List of works consulted by the author«. (67 art.)

Brydges (Eg.) & J. **Haslewood.** — The british bibliographer. — London, printed for Triphook, 1810-1814, 4 vol. in-8°. 1125

* —. — Cimelia: seu examen criticum librorum ex diariis literariis linguâ præcipue gallicâ ab anno 1665 usque ad annum 1792 scriptis selectum. — Genevæ, ex typis G. Fick, sept. 1823, in-8°. 1126

Tiré à 75 ex.

Buchenau (G.). — Leben und Schriften des Burcard Waldis. — Marburg, Elwert, 1858, in-4°, 40 p. 1127

Buchner (J. A.). — Toxikologie. Ein Handbuch für Aerzte und Apotheker, so wie auch für Polizei- und Kriminal-Beamte. Zweite vermehrte und verbesserte Auflage. — Nürnberg, Schrag, 1827, in-8°. 1128

A aussi cet autre titre; »Vollständiger Inbegriff der Pharmacie in ihren Grundlehren und praktischen Theilen. Th. VII.« — Contient, p. 20—31: »Chronologisches Verzeichniss von Compendien und Dissertationen über Gifte, Vergiftungen und Gegengifte im Allgemeinen aus dem 15., 16. und 17. Jahrhunderte bis auf die neuere Zeit.«

* **Buchner** (K.). — Beiträge zur Geschichte des deutschen Buchhandels. — Giessen, J. Ricker, 1874, in-8°, 2 vol. 1129

I. Heft. Zur Geschichte des Selbstverlags der Schriftsteller. — II. Heft. Aus dem Verkehr einer deutschen Buchhandlung mit den Geschäftsgenossen.

— (O.). — Zweites Quellenverzeichniss zur Literatur der Meteoriten. Ein Anhang zu Kesselmeyer, über den Ursprung der Meteorsteine. — Frankfurt am M., Brœnner, 1863, in-4°. 1130

Ext. du T. IV des »Abhandlungen d. Senckenb. Naturforsch. Gesellschaft«. — Le 1er Quellenverzeichniss a paru en 1859-1861 dans le T. III de la même publication.

* **Bucquoy** (J.). — Exposé des titres et travaux scientifiques du Dr. J. Bucquoy, à l'appui de sa candidature à l'Académie nationale de médecine (section de pathologie médicale), novembre 1872. — Paris, imp. de Malteste, 1872, in-4°, 37 p. 1131

Budaeus (J. Chr. G.). — Voy. Singularia historico-litteraria Lusatica.

* **Budan de Boislaurent**. — Notice sur les travaux mathématiques de M. Budan de Boislaurent, inspecteur général des études. — Paris, imp. de A. Pihan Delaforest (s. d.), in-fol. plano. 1132

Buder (Chr. G.). — Voy. Repertorium reale pragmaticum. — Voy. Struvius, Bibliotheca historica selecta.

Budik (P. A.). — Vorbereitungsstudien für den angehenden Bibliothekar. — Wien, 1833, in-8°. 1133

* —. — Vorschule für Bibliothekarisches Geschäftsleben. — München, Georg Franz, 1848, in-8°. 1134

Bücherkunde der Katholisch-theologischen Literatur, oder möglichst vollständiges Verzeichniss von in älterer und neuerer Zeit bis Ende 1836 erschienenen gang- und brauchbaren Werken über alle Theile der Katholischen Religionswissenschaft, Kirchengeschichte, Kirchenrecht, kirchliche Statistik und Topographie, Kunst- und Gesetzkunde, religiöse Poesie etc., dann anderen, in entfernterer Beziehung zu Katholizismus, katholischem Kirchen-, Schul- und Erziehungswesen, Armenpflege u. s. w. stehenden Schriften. Mit Namen- und Sachregister, den richtigen Ladenpreisen und sonst nöthigen Nachweisungen. — Augsburg, Kollmann, 1837, in-8°. 1135

Publié par Michael Schmalhofer.

Büchner (K.). — Verzeichniss der im Jahre 1825 in Berlin lebenden Schriftstellern und Schriftstellerinnen. — Berlin, Duncker und Humblot, 1834, in-8°, 48 p., T, I. 1136

Le faux titre porte: »Gelehrtes Berlin im Jahre 1834. I.«

Büchting (Ad.). — Alphabetisch geordnete Register über die im Börsenblatte für den deutschen Buchhandel gesuchten, angebotenen und zu herabgesetzten Preisen angekündigten Bücher etc., mit Hinweisung auf die betreffende Nummer des Börsenblattes. Bearbeitet von Adolph Büchting. — Nordhausen, Verlag von Adolph Büchting, 1855, in-8°. 1137

I.: Juli-December 1854.

—. — Bibliographie für Bienenfreunde, oder Verzeichniss der in Bezug auf die Bienen von 1700 bis Mitte 1861 in Deutschland und der Schweiz erschienenen Bücher und Zeitschriften, mit Angabe des Formates und Verlagsortes, der Verleger und Preise derselben. Herausgegeben von Adolph Büchting. Mit einem Sachregister. — Nordhausen, Verlag von Adolph Büchting, 1861, in-8°. 1138

—. — Catalog der in den Jahren 1850-1859 in deutscher Sprache erschienenen belletristischen Gesammt- und Sammelwerke, Romane, Novellen,

Erzählungen, Taschenbücher und Theaterstücke in Original und Uebersetzung. Mit Angabe des Formates und Verlagsortes, der Jahreszahl, Verleger und Preise der Bücher, sowie mit Inhaltsangabe der Gesammt- und Sammelwerke. Ein Handbuch für Buchhändler, Leihbibliothekare und Literaturfreunde. Bearbeitet von Adolph Büchting. — Nordhausen, Verlag von Adolph Büchting, 1860, in-8°. 1139

T. II. 1860-1864 (1865).
T. III. 1865-1869 (1870).

Büchting (Ad.). — Catalog der in den Jahren 1850-1859 in deutscher Sprache erschienenen Theaterstücke in Original und Uebersetzung. Mit Angabe des Formates und Verlagsortes, der Jahreszahl, Verleger und Preise der Bücher, sowie mit Inhaltsangabe der Gesammt- und Sammelwerke. Ein Handbuch für Bühnen-Vorstände, Schauspieler, Theaterfreunde, Buchhändler und Leihbibliothekare. Bearbeitet von Adolph Büchting. Ein Abdruck aus des Bearbeiters Catalog der in den Jahren 1850-1859 in deutscher Sprache erschienenen belletristischen Gesammt- und Sammelwerke, Romane, Novellen, Erzählungen, Taschenbücher und Theaterstücke. — Nordhausen, Verlag von Adolph Büchting, 1860, in-8°. 1140

—. — Repertorium über die nach den halbjährlichen Verzeichnissen der J. C. Hinrichs'schen Buchhandlung in Leipzig in den Jahren 1857-1861 erschienenen Bücher, Landkarten etc. Nach den Wissenschaften geordnet und bearbeitet von Adolph Büchting. Mit einem Sachregister und specieller Hinweisung auf genannte Bücher-Verzeichnisse. — Nordhausen, Verlag von Adolph Büchting, 1863, in-8°. 1141

—. — Verzeichniss der zur hundertjährigen Geburtsfeier Friedrich von Schiller's erschienenen Bücher, Kunstblätter, Kunstwerke, Musikalien, Denkmünzen etc., mit Angabe des Formates und Verlagsortes, der Verleger und Preise derselben. Ein Beitrag zur Schiller-Litteratur. Herausgegeben von Adolph Büchting. Nebst einem Sachregister über die Bücher. — Nordhausen, Verlag von Adolph Büchting, 1860, in-8°. 1142

Bünemann (Jo. L.) — Notitiam scriptorum editorum atque ineditorum artem typographicam illustrantium intermixtis passim observationibus litterariis in memoriam sæculi tertii ab inventa typographia decursi occasione actus oratorii a sedecim juvenibus lectissimis a. 1740 die maii decima etc. habendi exhibet ac summos atque optimos quosque patronos et fautores ad eos benevole audiendos devotissime invitat. — Hanoveræ, sub prelo Hannigii, 1740, in-4°, 44 p. 1143

Bürger (H.). — Bibliothek der Veterinärkunde für Thierärzte und Oekonomen. — Berlin, Dümmler, 1823, in-8°. 1144

Büsch (J. G.). — Encyklopädie der mathematischen Wissenschaften. Zweite durchaus umgearbeitete und mit einer mathematischen Bibliographie vermehrte Ausgabe. Mit einem Kupfer. — Hamburg, Hoffmann, 1795, in-8°. 1145

—. — Vollständiges Verzeichniss von J. G. Büsch sämmtlichen Schriften, doch ausser verschiedenen kleinern gelegentlich und von Amts wegen geschriebenen Aufsätzen. — Hamburg, 1880, in-8°. 1146

Büsching (A. Fr.). — Beiträge zur Lebensgeschichte merkwürdiger Personen, insonderheit gelehrter Männer. — Halle, 1783-1789, 6 vol. in-8°. 1147

* — (M. A. Fr.). — Nachrichten von dem Zustande der Wissenschaften und Künste in den königlich dänischen Reichen und Ländern. — Kopenhagen, Ackermann, 1753 - 1757, 3 vol. in-8°. 1148

Büttner (J.). — Pomologische Bibliothek, oder: alphabetisches Verzeichniss der Pomologischen Schriften von Th. H. O. Burchardt, mit Zusätzen und Berichtigungen, nebst Urtheilen älterer und neuerer Schriftsteller über einige pomologische Schriften bis auf das Jahr 1805 festgesetzt. — Coburg, Ahl, 1806, in-8°. 1149

* **Bufalini** (Fr.). — Repertorio alfabetico per materia di oltre duemila opere di diritto costituzionale amministrativo e internazionale, di autori italiani e stranieri, antichi e moderni. — Milano, tip. Luigi di Giacomo Pirola, 1879, in-8°. 1150

* **Buhle** (J. G.). — Lehrbuch der Geschichte der Philosophie und einer kritischen Literatur derselben. — Göttingen, Vandenhök und Ruprecht, 1796-1804, 8 vol. in-8°. 1151

* —. — Versuch einer kritischen Literatur der russischen Geschichte. — Moskwa, N. S. Wsewolojsky, 1810, in-8°. 1152

T. I. Die Literatur der älteren allgemeinen nordischen Geschichte.

Buhle (Jo. Th.). — Voy. Aristotelis opera omnia græce.

* **Buhot de Kersers** (A.). — Etude littéraire sur le génie et les écrits du Cardinal de Retz. — Bourges, Just-Bernard, 1862, in-8°. 1153

* **Buignet** (H.). — Titres et travaux scientifiques de M. H. Buignet, candidat pour la place vacante à l'Académie impériale de médecine dans la section de pharmacie. — Paris, imp. Thunot, 1867, in-4°, 32 p. 1154

* — Paris, imp. de Thunot, 1868, in-4°.

* —. — Titres et travaux scientifiques de M. H. Buignet, candidat pour une place vacante dans le conseil d'hygiène publique et de salubrité du département de la Seine. — Paris, Thunot, 1865, in-4°, 22 p. 1155

* — Paris, Gauthier-Villars, 1868, in-4°, 32 p.

* —. — Titres et travaux scientifiques de M. H. Buignet, professeur agrégé à l'Ecole supérieure de pharmacie de Paris. — Paris, imp. de E. Thunot, 1861, in-4°, 16 p. 1156

La couverture imprimée sert de titre.

* **Bullen** (G.). — Catalogue of the library of the british and foreign bible society. — London, printed by Reed and Pardon, 1857, gr. in-8°. 1157

* —. — Caxton celebration 1877. Catalogue of the loan collection of antiquities, and appliances connected with the art of printing south Kensington. — London, printed at the Elzevir press, published by N. Trübner, in-8°. 1158

* **Bulletin bibliographique algérien** et oriental publié par Challamel aîné. — Paris, Challamel aîné, 1858-1859, 4 n^{os} gr. in-8°. 1159

* **Bulletin bibliographique des sciences médicales** et des sciences qui s'y rapportent, ou indication de tous les ouvrages qui se publient en France sur la médecine, la chirurgie, l'anatomie, la physiologie, la physique, la chimie, l'histoire naturelle, etc. suivi d'un catalogue de livres anciens et modernes, français et étrangers. — Paris, J. B. Baillière, 1843, in-8°. 1160

* **Bulletin bibliographique des sciences physiques**, naturelles et médicales publié par J. B. Baillière et fils. Année 1860 (-1863).— Paris, J. B. Baillière, 1861-1864, 4 vol. in-8°. 1161

* **Bulletin bibliographique** pour les publications relatives à l'économie politique, aux finances, au commerce, à l'administration, au paupérisme, et à toutes les questions sociales. — Paris, Guillaumin, 1849-1850, in-8°. 1162

* **Bulletin catholique de bibliographie**, ou compte-rendu mensuel des bons et

des mauvais livres, ainsi que de toutes les publications utiles, inutiles ou dangereuses, principalement en ce qui touche la religion et les bonnes mœurs . . . rédigé par M. P. C. Roux-Lavergne, sous la direction de M. Dufriche-Desgenettes. — Paris, au bureau du Journal, 1840, in-8°. T. I. 1163

Bulletin de bibliographie, d'histoire et de biographie mathématiques par Terquem. — Paris, Mallet-Bachelier, 1855-1861, 6 vol. in-8°. 1164

* **Bulletin de censure**, index français, examen critique et mensuel de tous les produits de la librairie française, publié par l'administration de la censure. — Paris, aux bureaux de la censure, 1843-1848, gr. in-8°. 1165

A partir de la 7e année, le titre devient: »Revue de l'ordre social (Bulletin de censure). Rédacteur en chef: Wallon.« — A Paris, Pillet fils, 1849-1850, 2 vol. gr. in-8°.

* **Bulletin de la librairie à bon marché**, paraissant tous les mois. — Paris, Ad. Delahays, 1858, in-8°. T. I. 1166

* **Bulletin de la presse et de la bibliographie militaires** publié par la 1re direction (2e sous-Direction) du ministère de la Guerre de Belgique. — Bruxelles, imp. de P. Vanderlinden, 1880-1881. 2 vol. in-8°. 1167

* **Bulletin de la Société des bibliophiles bretons** et de l'histoire de Bretagne. — Nantes, Société des bibliophiles, 4 vol. in-8°. 1168

Tiré à 250 ex. sur papier vergé pour les membres de la Société.

* **Bulletin de la société** pour l'amélioration et l'encouragement des **publications populaires**. — Paris, au siège de la société, 1862-1871. 10 années in-8°. 1169

* **Bulletin du bibliophile**, publié par Techener, — Paris, place de la colonnade du Louvre, 1834-1881, in-8°. 1170

Après avoir subi de légères variantes, le titre est depuis 1858:

»Bulletin du bibliophile et du bibliothécaire, revue mensuelle publiée par J. Techener ... — Paris, Techener, 1858-1881, in-8°.

* **Bulletin du bouquiniste** publié par Auguste Aubry. — Paris, Aubry, 1857-1881, 25 vol. in-8°. 1171

* **Bulletin du ministère de l'instruction publique**. 1878 (-1880). — Bruxelles, Guyot, 1879-1881, in-8°. 1172

Chaque livraison est accompagnée d'une partie non officielle contenant: »Bibliographie. Publications récentes relatives à l'éducation et à l'enseignement.« — Classé par ordre de pays.

* **Bulletin international du libraire** et de l'amateur de livres. — Paris, au bureau du Journal, 1856-1870, 15 années in-8°. 1173

A partir de la 7e année le titre devient: »Bulletin de la librairie et de l'amateur de livres«.

* **Bulletin mensuel des publications étrangères** reçues par le département des imprimés de la Bibliothèque nationale. — Paris, Klincksieck, 1877-1882, in-8°. 1174

A paru autographié de novembre 1874 à décembre 1876, et n'a pas été mis dans le commerce.

* **Bulletin trimestriel des publications défendues** en France imprimées à l'étranger. — s. t. s. l., août 1867-31 déc. 1869, nos 1-8, in-16. 1175

* **Bulletin universel de bibliographie** de la revue d'économie chrétienne. — Paris, imp. Le Clere, 1865, in-8°. T. I. nos 1-4. 1176

Bulletins de la Société historique et littéraire de Tournai. — Tournai, typ. veuve H. Casterman, 1880-1881, in-8°. T. XVIII-XIX. 1177

Contiennent un travail de M. Desmazières sur la »Bibliographie tournaisienne«. Ce travail, qui s'arrête à la fin de la domination française, renferme des notes sur 21 imprimeurs ou libraires de Tournai et donne la liste de 2650 publications faites par eux ou pour eux.

* **Bulletins** showing titles of books added to the Boston public library with bibliographical notes, etc. — Boston, 1881, in-8°. T. IV. 1178

Le titre de départ porte: »Bulletin of the Boston public library«.

* **Bulletino di bibliografia e di storia delle scienze matematiche** e fisiche, pubblicato da B. Boncompagni. — Roma, tip. delle scienze mathematiche e fisiche, 1868-1882, in-4°. 1179

* **Bumaldus** (Jo. A.). — Bibliotheca botanica, seu herbarijstarum scriptorum promota synodia; cui accessit individualis graminum omnium ab auctoribus hucusque observatorum numerosissima nomenclatura. — Bononie typis Heredis Benatii, 1657, in-12. 1180

* —. — Minervalia Bonon. civium anademata, seu bibliotheca bononiensis, cui accessit antiquiorum pictorum et sculptorum Bonon. Brevis catalogus. — Bononiæ, typis Hæredis Victorij Benatij, 1641, in-12. 1181

* **Burat** (Am.). — Notice sur les travaux géologiques de M. Amédée Burat. — Paris, imp. de Gratiot (1847), in-4°, 10 p. 1182

* — Paris, imp. de Gratiot, 1851, in-4°, 16 p.

Burck (W.). — Voy. Bohnensieg (G.). Repertorium annuum literaturæ botanicæ.

* **Burdach** (K. Fr.). — Die Literatur der Heilwissenschaft. — Gotha, bey Justus Perthes, 1810-1811, 2 vol. in-8°. 1183

* Un 3e volume, ou premier supplément pour les années 1811 à 1820, a paru en 1821 avec cet autre titre: »Handbuch der neuesten in- und ausländischen Literatur der gesammten Naturwissenschaften, und der Medicin und Chirurgie. — Gotha, J. Perthes, 1821, in-8°.

* **Burdin** (Ch.). — Notice sur la vie et les œuvres du poète Marc-Claude de Buttet, gentilhomme savoisien. — Chambéry, imp. de Didot frère et fils (1873), in-4°. 1184

* **Bureau** (E.). — Notice sur les travaux scientifiques de M. E. Bureau. — Paris, imp. de Martinet, 1874, in-4°, 38 p. 1185

* **Bureau of navigation.** Hydrographic office. Catalogue of charts, plans, and views published by the United States hydrographic office, with a liste of books sold to agents. — Washington, government printing office, 1873-1876, 3 vol. in-8°. 1186

Burgmann (J. M.). — Voy. Nova literaria.

* **Burkardt** (A.). — Anleitung zur Bücherkunde in allen Wissenschaften. Grundlage zu einer auserlesenen Bibliothek in allen Fächern. — Bern, in Kommission bey der neuen Societät, 1797, in-8°. 1187

Le véritable nom de l'auteur est: Joh. Georg Heinzmann.

* **Burmann** (C.). — Traiectum eruditum, virorum doctrina inlustrium, qui in urbe Trajecto, et regione Trajectensi nati sunt, sive ibi habitarunt, vitas, fata et scripta exhibens. — Trajecti ad Rhenum, J. a Paddenburg, 1738, in-4°. 1188

* **Burmannus** (P.). — Catalogus omnium rarissimorum ac selectissimorum librorum, qui in thesauro antiquitatum et historiarum Italiæ, Neapolis, Siciliæ, Sardiniæ, Corsicæ, Melitæ, etc. Joannis Georgii Grævii, ex consilio et cum præfationibus Petri Burmanni in folio XLV voluminibus reperiuntur. — Lugduni-Batavorum, apud Petrum Vander Aa, 1725, in-12, 17 p. 1189

* **Burnet** (J.). — Voy. Cotton (W.). Sir Joshua Reynolds and his works.

Bursian (C.). — Voy. Jahresbericht über die Fortschritte der classischen Alterthumswissenschaft.

* **Burton** (R. F.). — Camoens: his life and his Lusiads. A commentary. — London, Bernard Quaritch, 1881, 2 vol. in-8°. 1190

Busch (D. W. H.). — Lehrbuch der Geburtskunde. Ein Leitfaden bei akademischen Vorlesungen und bei dem Studium des Faches. Zweite Auflage. — Marburg, Garthe, 1833, in-8°. 1191

Contient. p. 675-784: »Literatur«.

Bussolin (P.). — Voy. Gamba (B.). Serie degli scritti impressi in dialetto veneziano.

* **Bussy**. — Note des travaux chimiques. — Paris, imp. de Fain (s. d.), in-8°, 12 p. 1192

Le titre de départ, page 2, porte en plus: de M. Bussy, ... professeur de chimie à l'école de pharmacie.

* —. — Notice sur les principaux travaux chimiques de M. Bussy. — Paris, imp. de Thunot (1850), in-4°, 11 p. 1193

* **Butler** (Ch.). — An Essay on the life of Michel de L'Hôpital. — London, Longman, 1814, in-8°. 1194

* —. — Horæ biblicæ; ... being a connected series of miscellaneous notes on the Koran, the Zend-Avesta, the Vedas, the Kings, and the Edda. — London, printed in the year 1797-1807, 2 vol. in-8°. 1195

* **Butters** (Fr.). — Ueber die Bipontiner und die editiones Bipontinæ. Programm der Kgl. Studien-Anstalt Zweibrücken zum Schlusse des Studienjahres 1876-77. — Zweibrücken, Druck von August Kranzbühler, 1877, in-8°. 1196

* **Butterworth** (J.). — A general catalogue of law books. The fifth edition corrected and enlarged. — London, J. Butterworth, 1818, in-16. 1197

* **Buxtorfius** (J.). — De abbreviaturis hebraicis liber novus et copiosus. Cui accesserunt operis Talmudici brevis recensio, ejusdemque librorum et capitum index: item bibliotheca rabbinica ordine alphabetico disposita, cum adpendice eidem inserta. Editione hac novissima omnia castigatiora, luculentis adnotationibus inlustrata, et novis abbreviaturis librorumque titulis aucta. — Herbornæ Nassaviæ, sumt. Andreæ, 1708, in-8°. 1198

* **Cabat**. — Institut impérial de France. Académie des beaux arts. Notice sur Brascassat, lue dans la séance ordinaire du 9 mai 1868. — Paris, imp. de Didot frères (1868), in-4°, 16 p. 1199

* **Cabinet d'un bibliophile rémois**. — Reims, 1862, in-8°, 32 p. 1200

Par Ad. Bourée.

* **Cadrès** (A.-A.). — Notice sur la vie et les ouvrages du Père Jean-Nicolas Grou. — Paris, V. Palmé, 1862, in-8°. 1201

Tiré à 250 ex.

* Seconde édition revue, corrigée, considérablement augmentée et accompagnée d'un fac-simile. — Paris, Palmé, 1866, in-8°.

* **Cæsar** (C. J.). — Opera ad optimas editiones collata studiis societatis Bipontinæ. Editio accurata. — Biponti, 1782, in-8°. 1202

Contient, pages XXIV-XLII: Index editionum C. J. Cæsaris auctior Fabriciano et in ætates digestus.

* **Cagniard de Latour**. — Notice des travaux du Bon Cagniard de Latour. — Paris, imp. de Dondey-Dupré (s. d.), in-4°, 6 p. 1203

* **Cagniard-Latour**. — Notice sur les travaux scientifiques de M. Cagniard-Latour. — Paris, imp. de Bachelier, 1851, in-4°, 25 p. 1204

La couverture imprimée sert de titre.

* **Cahours** (A.). — Notice sur les travaux scientifiques de M. Auguste Cahours. — Paris, imp. de Pollet (1844), in-8°, 15 p. 1205

* — Paris, Gauthier-Villars, 1868, in-4°.

Cailleau (A. Ch.). — Voy. Dictionnaire bibliographique, historique et critique.

* **Caillemer** (Ex.). — M. Frédéric Taulier, sa vie et ses œuvres (1806-1861). Discours prononcé à la Faculté de droit de Grenoble, le 18 novembre 1864. — Paris, A. Durand, 1864, in-8°, 40 p. 1206

* **Caligny** (An. de). — Notice sur les travaux scientifiques de M. Anatole de Caligny. — Versailles, imp. de Beau jeune, mars 1862, in-4°, 24 p. 1207

* **Callidius** (C. L.). — Illustrium Germaniæ scriptorum catalogus. Quo doctrina simul et pietate illustrium vita, et operæ celebrantur. Quorum potissimum ope, literarum studia, Germaniæ ab anno 1500 usque 1581 sunt restituta: et sacra fidei dogmata a profanis sectariorum novitatibus, et resuscitatis veteribus olim damnatis hæreseon erroribus vindicata. — Moguntiæ, typi inventricis, 1582, in-8°. 1208

* **Callisen** (A. C. P.). — Medicinisches Schriftsteller-Lexicon der jetzt lebenden Aerzte, Wundärzte, Geburtshelfer, Apotheker und Naturforscher aller gebildeten Völker. — Copenhague, auf Kosten des Verfassers gedruckt im königl. Taubstümmen - Institute zu Schleswig, 1830-1845, in-8°. T. I-XXXIII. 1209

* **Calmet** (dom.). — Bibliothèque lorraine, ou histoire des hommes illustres, qui ont fleuri en Lorraine, dans les trois Evêchés, dans l'archevêché de Trèves, dans le duché de Luxembourg, etc. — Nancy, A. Leseure, 1751, in-fol. 1210

— (A.). — Dictionnaire historique, critique, chronologique, géographique et littéral de la bible, enrichi d'un grand nombre de figures en taille-douce, qui représentent les antiquités judaïques. — Paris, Emery, 1722, 2 vol. in-fol. 1211

Il a paru, en 1728, 2 vol. de supplément tomés III-IV. — Le T. I. contient, pages I-CVIII: »Bibliothèque sacrée, ou catalogue des meilleurs livres que l'on peut lire pour acquérir l'intelligence de l'Ecriture« — et T. IV, pages 473-476 et I-CCXX: »Supplément à la Bibliothèque sacrée, avec un catalogue alphabétique des auteurs, dont il est fait mention dans la Bibliothèque sacrée, et dans ce supplément«.

* **Calvi** (D.). — Scena letteraria degli scrittori bergamaschi aperta alla curiositá de suoi concittadini. — In Bergamo, per li figliuoli di Marc' Antonio Rossi, 1664, in-4° en 2 parties. 1212

* **Calvoli** (G. C.). — Della biblioteca volante scanzia prima. — Firenze, Bonardi, 1677, in-8°. 1213

* Scanzia	II	—	Firenze, Bonardi, 1677.
* —	III	—	Napoli, S. Castaldo, 1685.
—	IV	—	Napoli, id. 1682.
—	V	—	Parma, dall' Oglio & Rosati, 1686.
* —	VI	—	Roma, Fr. de Lazari, 1689.
* —	VII	—	Parma, Rosati, 1692.
* —	VIII	—	Parma, Rosati, 1692.
—	IX	—	Venezia, Poletti, 1700.
—	X	—	Venezia, Abrizzi, 1705.
—	XI	—	Modona, Soliani, 1695.
* —	XII	—	Roma, Lazari, 1697.
* —	XIII	—	Roma, Lazari, 1697.
* —	XIV	—	Venezia, Albrizzi, 1698.
—	XV	—	Padova, Frambotti, 1703.
—	XVI	—	Venezia, Albrizzi, 1706.
—	XVII	—	Modena, Soliani, 1715.
—	XVIII	—	Ferrara, Barbieri, 1716.
—	XIX	—	Padova, Conzatti, 1717.
—	XX	—	Padova, id. 1718.
—	XXI	—	Berno, 1733.
—	XXII	—	Berno, 1736.
—	XXIII	—	Roma, del Komarek, 1739.

Voy. aussi Cinelli Calvoli.

* **Cambessedes**. — Liste des travaux de botanique publiés par M. Cambessedes. — Paris, imp. de A. Belin (1830), in-12, 3 p. 1214

Cambiaso y Verdes (N. Maria de). — Memorias para la biografia y para la bibliografia de la isla de Cadiz. — Madrid, imprenta de Amarita, 1829 in-4°. T. I. (seul paru). 1215

* **Cambry** (J.). — Essais sur la vie et sur les tableaux du Poussin. — Rome; et Paris, Le Jay, 1783, in-8°, 38 p. 1216

* — Paris, imp. de F. Didot l'aîné, an VII, in-8°.

Camerano (L.). — Voy. Biblioteca della zoologia ... in Italia.

* **Camerarius** (J. J. F.). — De re rustica opuscula nonnulla, lectu cum jucunda, tum utilia, jam primum partim composita, partim edita. — Noribergæ, in officina Gerlachin et Hæredum Montani, 1577, in-4°. 1217

Contient, p. 42-53: »Catalogus autorum, quorum scripta tam extant, quam desiderantur, qui aliquid in Georgicis et similibus scripserunt«.

* —. — Opuscula quædam de re rusticâ, partim collecta, partim composita a Camerario quorum Catalogus post præfationem habetur. Editio iterata auctior. — Noribergæ, 1596, in-8°. 1218

* **Campagnolles** (A. de). — Gustave de Larenaudière. Notice biographique et littéraire. — Vire, imp. de H. Barbot, 1864, in-18. 1219

Tiré à 20 ex. sur papier de chine et à 200 sur papier à la cuve.

* **Campaux** (A.). — François Villon, sa vie et ses œuvres. — Paris, A. Durand, 1859, in-8°. 1220

Campegius (S.). — Remacli Fuchsii illustrium medicorum, qui superiori sæculo floruerunt, ac scripserunt, vitæ, ita et fideliter excerptæ. Annexus in calce quorundam neotericorum medicorum catalogus, qui nostris temporibus scripserunt. — Parisiis, ap. Gromorsum, 1542, in-8°. 1221

* **Campell** (M. F. A. G.). — Annales de la typographie Néerlandaise au XVe siècle. — La Haye, Martinus Nijhoff, 1874, in-8°. 1222

* —. — 1er supplément. — La Haye, M. Nijhoff, 1878, in-8°, 30 p.

* **Campenon**. — Essais de mémoires, ou Lettres sur la vie, le caractère et les écrits de L.-F. Ducis, adressées à M. Odogharty de La Tour. — Paris, Nepveu, 1824, in-8°. 1223

Camus. — Bibliothèque choisie des livres de droit qu'il est le plus utile d'acquérir et de connaître. Cinquième édition, nouvellement revue et augmentée par Dupin aîné. — Bruxelles, 1833, in-8°. 1224

* — (A. G.). — Mémoire sur la collection des grands et petits voyages, et sur la collection des voyages de Melchisedech Thevenot. — Paris, Baudouin, frimaire an XI (1802), in-4°. 1225

Canale (M. G.). — Indicazione di opere e documenti sopra i viaggi, le navigazioni, le scoperte, le carte nautiche, il commercio, le colonie degl' Italiani nel medio evo, per una bibliografia nautica italiana. — Lucca, tip. Baccelli, 1862, in-8°, 41 p. 1226

* **Canditto** (A. E. de). — Jacob de Barbari et Albert Durer, la vie et l'œuvre du maître au caducée, ses élèves Durer, Titien, Marc-Antoine, Mabuse, Marguerite d'Autriche, catalogue et prix de ses quarante trois gravures. Deux portraits gravés. — Bruxelles, G. A. Van Trigt, 1881, in-8°. 1227

* **Canel** (A.). — Notice sur la vie et les écrits de l'abbé G. A. R. Baston,

chanoine de Rouen, évêque de Séez, etc. — Rouen, Lebrument, 1861, in-12. 1228

Canensius (M.). — Pauli II. Veneti pont. max. Vita ex codice Angelicæ bibliothecæ desumpta, cum vindiciis ipsius pontificis adversus Platinam ab Ang. Mar. Quirino. — Romæ, de Rubeis, 1740, in-4°. 1229

Les pages 105-288 contiennent: »Index editionum, quæ Romæ primum prodierunt post divinum typographiæ inventum, a germanis opificibus in eam urbem advectum plerisque omnibus earumdem editionum, seu præfationibus, seu epistolis, in medium allatis, cum brevibus observationibus ad easdem, rei typographicæ origini illustrandæ valde opportunis.

Canina (L.). — Indicazione topografica di Roma antica in corrispondenza dell' epoca imperiale. Quarta edizione. — Roma, 1850. 1230

On trouve, p. 4-25: »Novero delle principali pubblicazioni su Roma antica«.

Cantoni (G.). — Voy. Bibliografia italiana di elettricitá.

* **Cap** (P. A.). — Titres et travaux scientifiques de M. Paul Antoine Cap (candidat à la place vacante dans la section de physique et de chimie médicales à l'Académie royale de médecine) — Paris, imp. de Fain et Thunot (1842), in-4°, 4 p. 1231

* —. — Travaux et titres scientifiques de M. Paul-Antoine Cap. — Paris, imp. de Thunot (1853), in-4°, 7 p. 1232

* — Paris, imp. de Thunot, 1856, in-4°, 9 p.

* —. — Travaux scientifiques de M. Paul Antoine Cap. . . . — Paris, imp. de E. Martinet, 1864, in-4°, 11 p. 1233

Capitaine (Ul.) — Bibliographie Liégeoise. XVIe siècle. — Bruxelles, 1852, in-8°. 1234

Ext. du »Bulletin du Bibliophile Belge«.

* **Capitaine** (Ul). — Rapport sur la bibliothèque de la société liégeoise de littérature wallonne. — Liège, imp. Carmanne, 1859, in-8°, 47 p. 1235

* —. — Recherches historiques et bibliographiques sur les journaux et les écrits périodiques liégeois. — Liège, Desoer, 1850, in-16. 1236

Le faux titre porte: »Bibliographie Liégeoise. I.«.

—. — Recherches sur l'introduction de l'imprimerie dans les localités dépendant de l'ancienne principauté de Liège et de la province actuelle de ce nom. — Bruxelles, 1867, in-8°. 1237

Ext. du »Bibliophile belge«. — N'est pas dans le commerce.

Capparozzo (ab. A.). — Bibliografia Dantesca vicentina (Estr. dall' opera: Dante e Vicenza.) — Ivi, 1865, in-4°. 1238

* **Capelletti** (L.). — Novelle scelte in ogni secolo della letterature italiana, e corredate di note filologiche, storiche e biografiche, per uso delle scuole secondarie; aggiuntevi le notizie sugli autori delle novelle, ed un indice bibliografico. — Parma, Ferrari e Pellegrini succ. Adorni, 1880, in-8°. 1239

* **Capponi** (V.). — Bibliografia Pistoiese. — Pistoia, tip. Rossetti, 1874, in-8°. 1240

Tiré à 300 ex.

* —. — Biografia Pistoiese o notizie della vita e delle opere dei Pistoiesi illustri nelle scienze, nelle lettere, nelle arti, per azioni virtuose, per la santità della vita ec. dai tempi più antichi fino a' nostri giorni. — Pistoia, tipografia Rossetti, 1878, in-8°. 1241

—. — Progetto d'un catalogo scientifico o per ordine di materie da compilarsi per la R. Biblioteca Forteguerri di Pistoia. — Pistoia, tip. Niccolai, 1871, in-8°, 36 p. 1242

* **Carayon** (P. A.).) — Bibliographie historique de la compagnie de Jésus, ou catalogue des ouvrages relatifs à l'histoire des Jésuites depuis leur origine jusqu' à nos jours. — Paris, Auguste Durand, 1864, in-4°. 1243

* **Cardevacque** (Ad.). — Dictionnaire Biographique du département du Pas-de-Calais, ou histoire abrégée, par ordre alphabétique, de la vie publique et privée d'environ 3,000 personnages nés dans ce département qui se sont faits remarquer par leurs écrits, leurs talents, leurs vertus ou leurs crimes, avec indication de tous les ouvrages manuscrits ou imprimés ayant trait à chaque article. — Arras, imp. de Sueur-Charruey, 1879, in-4°. 1244

* **Carette** (A.). — Notice sur la vie et les ouvrages de M. Lemoine Devilleneuve, ... (Extrait de la »Gazette des Tribunaux« du 14. mai 1859.) — Paris, Cosse et Marchal, 1859, in-8°, 13 p. 1245

* **Carez** (L.). — Thèses présentées à la faculté des sciences de Paris pour obtenir le grade de docteur es-sciences naturelles. 1re thèse. Etude des terrains crétacés et tertiaires du nord de l'Espagne. 2e thèse. Propositions données par la faculté ... — Paris, F. Savy, 1881, in-8°. 1246

Contient, p. 65-73: »Liste des travaux cités ou consultés«. (124 art.)

* **Carnandet** (J.). — Les manuscrits de l'église Saint-Jean-Baptiste de Chaumont. — Saint-Dizier, Carnandet, 1876, in-8°, 31 p. 1247

* **Carné** (Cte de). — Extrait du »Correspondant.« Etude sur la vie et les ouvrages de M. de Chateaubriand. — Douniol, 1874, in-8°. 1248

* **Carnot.** Mémoires sur Carnot par son fils. — Paris, Pagnerre, 1861-1863, 2 vol. in-8°. 1249

Le T. II contient, p. 629-633: »Ouvrages de Carnot«.

* **Caro** (E.). — Du mysticisme au XVIIIe siècle. Essai sur la vie et la doctrine de Saint-Martin le philosophe inconnu. — Paris, 1852, in-8°. 1250

Caron. — Voy. Recherches bibliographiques sur le Télémaque.

Carpzovius (J. B.). — Neu eröffneter Ehren - Tempel Merckwürdiger Antiquiteten des Marggraffthums Ober-Lausitz etc. — Leipzig und Budissin, Richter, 1719, in-fol. 1251

Contient, p. 351-380: »Von denen Ober-Lausitzischen Historicis, und deren hinterlassenen Schrifften«.

* **Carrere.** — Lettres à M. Bacher, ... pour servir de réponse aux assertions d'un littérateur, critique, philologue, biographe et bibliographe moderne, publiées dans le Journal de médecine des mois d'avril, mai, juin, juillet, août, septembre, octobre et novembre 1777, sous le nom de M. Bacher. — A Londres, et se trouve à Paris, chez Mecquignon l'aîné, 1777, in-8°. 1252

Sur des sujets de médecine.

* **Carrère** (J. B. F.). — Catalogue raisonné des ouvrages qui ont été publiés sur les eaux minérales en général et sur celles de la France en particulier, avec une notice de toutes les eaux minérales de ce royaume, et un tableau des différens degrès de température de celles qui sont thermales. Publié d'après le vœu de la société royale de médecine. — A Paris, chez Cailleau, 1785, in-4°. 1253

* **Carrere** (J. F.). — Bibliothèque littéraire, historique et critique de la médecine ancienne et moderne. Contenant l'histoire des médecins de tous les siècles et de celui où nous vivons; celle des personnes savantes de toutes les nations qui se sont appliquées à quelque partie de la médecine, ou qui ont concouru à son avancement; celle des anatomistes, des chirurgiens, des

botanistes, des chymistes; les honneurs qu'ils ont reçus; les dignités auxquelles ils sont parvenus; les monuments qui ont été érigés à leur gloire. Le catalogue et les différentes éditions de leurs ouvrages le jugement qu'on doit en porter; l'exposition de leurs sentimens, l'histoire de leurs découvertes. L'origine de la médecine; ses progrès, ses révolutions; ses sectes; son état chez les différens peuples. — Paris, Ruault, 1776, 2 vol. in-4°. 1254

* **Carron du Villards.** — Titres littéraires du docteur Carron Du Villards. — Paris, imp. de Cosson (s. d.), in-4°, 3 p. 1255

* **Cartier** (E.). — Notice sur la vie et les travaux de M. Jean Rey, membre honoraire de la Société des antiquaires de France. Extrait de l'»Annuaire de la Société« pour 1850. — Paris, au secrétariat de la Société (1849), in-16, 16 p. 1256

Cartier (P.). — Voy. Traité des pétrifications.

* **Carus** (C. G.) — Lehrbuch der vergleichenden Zootomie. Mit stäter Hinsicht auf Physiologie ausgearbeitet, und durch zwanzig Kupfertafeln erläutert. Der zweiten durchgängig verbesserten, umgearbeiteten, vermehrten und mit durchaus neuen Tafeln versehenen Auflage. — Leipzig, Fleischer, 1834, in-8°, 2 vol. 1257

Le T. I contient, p. XV-XXXII: »Allgemeine Uebersicht der Literatur für vergleichende Zootomie«.

* —. — Traité élémentaire d'anatomie comparée, suivi de recherches d'anatomie philosophique ou transcendante sur les parties primaires du système nerveux et du squelette intérieur et extérieur, et accompagné d'un atlas de 31 pl. in-4° gravées. Traduit de l'allemand, sur la seconde édition par A. J. L. Jourdan. — Paris, J. B. Baillière, 1835, 3 vol. in-8°. 1258

La Bibliographie occupe les pages XLV-LXXVI du T. I.

* **Carus** (J. V.) — Jahresbericht über die im Gebiete der Zootomie erschienenen Arbeiten. I. Bericht über die Jahre 1849-1852. — Leipzig, Engelmann, 1856, in-8°. 1259

* —. — Zoologischer Jahresbericht für 1880. Herausgegeben von der zoologischen Station zu Neapel. — Leipzig, Verlag von Wilhelm Engelmann, 1881, in-8°. 1260

Carus (V. J.). — Voy. Engelmann (W.). Bibliotheca historico-naturalis.

Casali (Sc.). — Annali della tipografia Veneziana di Francesco Marcolini da Forli compilati. Puntata 1. — Forli, Casali, 1861, in-8°. 1261

Caspar (J.). — Verzeichniss der Bücher und Kupferwerke in der Bibliothek der Königl. Akademie der Künste zu Berlin, zum Gebrauch der diese Bibliothek benutzenden Künstler und Schüler der Akademie. — Berlin, gedr. bei Schade, 1854, in-8°. 1262

Cassino (S. E.). — Voy. Naturalist's directory.

Castaigne (Alf.). — Voy. Annuaire de la librairie et de l'imprimerie belges.

* **Castaigne** (J.-F.-Eus.). — Dissertation sur le lieu de naissance et sur la famille du chroniqueur Adémar, moine de l'abbaye de Saint-Cybard d'Angoulême, faussement surnommé de Chabanais, né vers 988 et mort vers 1030, accompagnée d'une note bibliographique sur la chronique et d'un tableau généalogique. — Angoulême, imp. de J. Lefraise, 1850, in-8°. 1263

Extrait du »Bulletin de la Société archéologique de la Charente«.

* — (E.). — Essai d'une Bibliothèque historique de l'Angoumois, ou catalogue raisonné des principaux ouvrages qui traitent des différentes branches de l'histoire de cette province.

— Angoulême, imp. de Lefraise, 1847, in-8°. 1264

Ext. des cinq premiers livres du »Bulletin de la société archéologique et historique de la Charente« Années 1845 et 1846. — Tiré à 100 ex.

* **Castaigne** (J.).— Notice sur Gustave Babinet de Rencogne, lue à la séance du 15 novembre 1877. — Angoulême, imp. G. Chasseignac, 1878, in-8°, 32 p. 1265

Extrait du »Bulletin de la Société archéologique et historique de la Charente, année 1877.« — Tiré à 150 ex.

* **Castan** (A.). — Notice sur les titres et les travaux scientifiques du Dr. A. Castan, candidat à la chaire de médecine légale et toxicologie, vacante dans la faculté de médecine de Montpellier. — Montpellier, Bœhm, 1873, in-4°, 23 p. 1266

* **Castellani** (C.). — Catalogo ragionato delle più rare e più importanti opere geografiche a stampa che si conservano nella bibliotheca del collegio romano. Opera premiata con menzione onorevole dal IX Congresso geografico internazionale. — Roma, Bocca, 1877, in-8°. 1267

Tiré à 200 ex.

* —. — Notizia di alcune edizioni del secolo XV con conosciute fin ora dai bibliografi un esemplare delle quali è conservato nella biblioteca Vittorio Emanuele di Roma. — Roma, coi tipi della tipografia romana, 1877, gr. in-8°, 38 p. 1268

Castries (Mis de). — Voy. Histoire littéraire des femmes françoises.

Castro (J.). — Voy. Villa-Amil. Ensayo de un catalogo sistemático.

Castro (J. Rodriguez de). — Voy. Rodriguez de Castro.

* —. (P. a). — Bibliotheca medici eruditi. — Patavii, typis Jo. Baptistæ Pasquati, 1654, in-12. 1269

* **Catalan**. — Notice sur les travaux scientifiques de M. Catalan. — Paris, Gauthier-Villars, 1875, in-4°, 20 p. 1270

* **Catalog der Bibliothek** der Ministerial-Abtheilung für Bergwerke, Hütten und Salinen. — Berlin, in Commission bei Wilhelm Hertz, 1852, in-4°. 1271

Il a paru un Nachtrag. — Berlin, Decker, 1854, in-4°, 48 p.

Catalog der Bibliothek des Königl. stenographischen Instituts zu Dresden nebst dem Regulative über die Benutzung derselben. — Dresden, Druck von Teubner, 1860, in-8°. 1272

Catalog der geographischen, geschichtlichen und militärischen Literatur des Grossherzogthums Baden. Mit Nachtrag bis 1865. — Mannheim, Wittwer in Comm., 1869, in-4°. 1273

Lithographié.

Catalog über die im Königlich Bayer'schen Hauptconservatorium der Armee befindlichen gedruckten Werke. — München, 1834, in-8°. 1274

— I. und II. Supplement. — München, 1844-1855, in-8°.

Catalog über die im Königlich Bayer'schen Hauptconservatorium der Armee befindlichen Landkarten und Pläne. — München, 1832, in-8°. 1275

Supplement. — München, 1848, in-8°.

* **Catalogen oft inventarisen** (Die) vanden quaden verboden boucken: ende van andere gœde, diemen den iongen scholieren leeren mach, na advys der Universiteyt van Loven. Met een edict oft mandement der Keyserlijcker Maiesteyt. — Te Loven geprint by Servaes van Sassen. 1550, in-4°. 1276

Catalogi duo operum Des. Erasmi Roterodami ab ipso conscripti et digesti: cum præfatione D. Bonifacii Amerbachii Jurecōs. ut omni deinceps imposturæ via intercludatur, ne pro Erasmico quisquam ædat, quod vir ille non scripsit dum viveret. Accessit in fine epitaphiorum ac tumulorum libellus quibus Erasmi mos defletur, cum elegantissima Germani Brixii epistola ad clarissimum virum D. Gul. Bellaium Langæum. — Basileæ, 1537, in-4°. 1277

* **Catalogi** duo primus auctorum omnium alter rerum antiquarum ex quibus triginta tria volumina antiquitatum græcarum romanarumque congesta sunt. — Venetiis, typis Joannis Baptistæ Pasquali, 1755, in-8°. 1278

La préface est signée : Joannes Polenus.

Catalogi librorum reprobatorum et prælegendorum ex judicio academiæ Lovaniensis. Cum edicto Cæsareæ majestatis evulgati. — Lovanii, ex officina Servatii Sasseni, jussu, gratia et privilegio cæsareæ Majestatis, 1550, in-4°. 1279

Catalogo cronologico delle opere proprie, e d'altrui pubblicate dal can. Domeníco Moreni. Anhang zu Moreni's Ausgabe von: Vita Dantis Aligherii a J. Mario Philelpho scripta nunc primum ex codice Laurentiano in lucem edita et notis illustrata. — Florentiæ, ex typogr. Magheriana, 1828, in-8°, 36 p. 1280

* **Catalogo das obras** impressas, e manuscritas de Antonio Pereira de Figueiredo da congregaçao do oratorio. — Lisboa, na officina de Simão Thaddeo Ferreira, 1800, in-4°. 1281

Par Francisco Manuel Trigoso de Aragão Morato.

* **Catalogo das obras** já impressas, e mandadas publicar pela Academia real das Sciencias de Lisboa : com os preços, por que cada huma dellas se vende brochada. 1840. — s. l., in-4°, 40 p. 1282

* **Catalogo das publicações da academia real das sciencias de Lisboa** que se acham á venda nas lojas dos seus commissarios Lisboa — J. P. Martins Lavado-Porto-Viuva Moré. — Lisboa, typographia da academia, 1865, in-8°. 1283

* **Catalogo de algunos autores españoles** que han escrito de veterinaria, de equitacion, y de agricultura contiene por orden cronologico, el año y lugar de su impresion, las ediciones que se han hecho, y un juicio imparcial del mérito de cada obra. — Madrid, en la imprenta de Joseph Herrera, 1790, in-4°. 1284

Par Bernardo Rodriguez.

Catalogo de libri (Il), li quali nuovamente nel mese di maggio nell' anno presente 1549 sono stati condannati, e scomunicati per heretici, da M. Giouan della casa legato di Vinetia, e d'alcuni frat. E aggiunto sopra il medesimo catalogo un judicio, et discorso del Vergerio. — s. l., 1549, in-4°. 1285

* **Catalogo de' novellieri italiani** posseduti dal conte Anton-Maria Borromeo gentiluomo Podovano. Edizione seconda con aggiunte, ed una novella inedita. — Bassano, dalla tipografia remondiniana, 1805, in-8°. 1286

La 1re édition a paru à Bassano en 1794, in-8°.

* **Catalogo della libreria Capponi** o sia de' libri italiani del sù Marchese Alessandro Gregorio Capponi, . . . Con annotazioni in diversi luoghi, e coll' appendice de' libri latini, delle miscellanee, e dei manoscritti in fine. — In Roma, appresso il Bernabò, e Lazzarini, 1747, in-4°. 1287

* **Catalogo della libreria di Carlo Branca**, preceduto da brevi cenni bibliografici. — Milano, co' tipi di Giuseppe Chiusi, 1844, in-4°. 1288

Catalogo delle carte e libri vendibili dall' Istituto topografico militare. — Firenze, tip. Giuliani, 1875, in-8°, 14 p. 1289

1er supplément 1881.

* **Catalogo delle opere a stampa** dell' abate Jacopo Morelli Veneziano. — In Padova, dalla tipografia e fonderia della Minerva, s. d., in-8°, 13 p. 1290

Catalogo delle opere dell' eminentiss. e reverendiss. signore **Cardinale Querini** uscite alla luce quasi tutte da' Torchj di me Gian-Maria Rizzardi stampatore in Brescia. — in-8°, 40 p. 1291

* **Catalogo delle opere di Francesco Cancellieri** romano pro-sigillatore della sacra penitenzieria e soprantendente della stamperia della s. c. di propaganda fide dimorante al mascherone di Farnese num. 63. 2. piano. — s. l. ni d., in-12, 16 p. 1292

Catalogo delle pubblicazioni della stamperia reale. — Firenze, stamperia reale, 1869, in-12, 40 p. 1293

* **Catalogo delle storie** particolari civili ed ecclesiastiche delle città e de' luoghi d'Italia, le quali si trovano nella domestica libreria dei fratelli Coleti in Vinegia. — Nella stamperia degli stessi, 1779, in-4°. 1294

* **Catalogo di alcune opere attinenti alle scienze** alle arti e ad altri bisogni dell' uomo le quali quantunque non citate nel vocabolario della crusca meritano per conto della lingua qualche considerazione. Aggiuntevi tre lezioni su le doti di una culta favella. — Milano, dalla tipografia mussi, 1812, in-8°. 1295

* **Catalogo di commedie italiane.** — Venezia, nella stamperia di Modesto Fenzo, 1776, in-12. 1296

Suivi d'un appendice de 18 p.

* **Catalogo di libri e periodici italiani** di scienze giuridiche e politiche. — Rome, juin 1876, in-8°. 1297

* **Catalogo di libri latini.** — In Venezia, appresso Antonio Graziosi, 1788, in-12. 1298

Par Farretti, d'après une note manuscrite de l'ex. de la Bibliothèque Nationale.

* **Catalogo di storie** generali, e particolari d'Italia. — In Venezia, per Pietra Savioni, 1782, in-12. 1299

Par Farretti, d'aprés une note manuscrite de l'ex. de la Bibliothèque Nationale.

Catalogo des livros, que se haõ de ler para a continuçaõ do diccionario da lingua portugueza, mandado publicar pela academia real das sciencias de Lisboa. — Lisboa, na typogr. da mesma academia, 1799, in-4°. 1300

Par Agostinho José da Costa da Macedo.

* **Catalogo ragionato de' libri stampati in Vicenza**, e suo territorio nel secolo XV. Con un' appendice de' libri de' Vicentini, o spettanti a Vicenza, che in quel secolo si stamparono altrove. — In Vicenza, 1796, in-16. 1301

Signé : F. Gio Tommaso Facciali.

* **Catalogue abrégé des recueils** de pièces fugitives, imprimées, manuscrites, ou originales, recherchées, rassemblées, et mises en ordre par M. Morel de Thoisy, qui les a remis à la Bibliotèque du Roy, en l'année 1725 . . . Il a été fait à la Bibliotèque du Roy un catalogue général de toutes les pièces contenues dans ces recueils . . . — S. l. in-4°, 16 p. 1302

* **Catalogue alphabétique des ouvrages condamnés**, ou relevé de toutes les publications officielles faites au moniteur, en exécution de la loi du 26 mai 1819, suivi d'un mémento des parquets, contenant la nomenclature des envois et des rapports périodiques ou accidentels à faire par MM. les procureurs du roi, etc. — Paris, au bureau du Journal du palais, 1836, in-8°. 1303

* **Catalogue d'un marchand** libraire du XVe siècle tenant boutique à Tours, publié par le Dr. Achille Chereau avec notes explicatives. — Paris, académie des bibliophiles, 1868, in-18. 1304

Tiré à 300 ex.

Catalogue d'une collection très-considérable de livres imprimés par les Elzevirs, de format in-folio, in-4° et in-8°, recueillis par un bibliophile pendant ces vingt dernières années, en France et dans les pays étrangers; accompagné de curieuses notes bibliographiques, et pouvant servir à l'étude de la bibliographie elzevirienne. — Paris, imp. Panckoucke, 1847, in-8°. 1305

Publié par J. Chenu.

Catalogue d'une collection unique de bibles et pseautiers hollandais, incunables, livres hollandais de théologie protestante et catholique, en éditions des 16e et 17e siècles. Dans cet ensemble se font remarquer de prime abord: des éditions hollandaises primitives; les écrits de nos réformateurs, martyrologues, confessions de foi, catéchismes, des livres réformés hollandais imprimés sous la croix, à l'étranger, écrits des anabaptistes, et autres sectaires, etc. Le tout décrit soigneusement, accompagné de notes bibliographiques et des tables nécessaires. Rassemblé et offert par le même à Amsterdam, novembre 1857, in-8°. 1306

Catalogue d'une précieuse collection de livres anciens manuscrits et imprimés de documents originaux, etc. sur les Francs-Maçons, — les Rose-Croix, le Mesmérisme, la magie, l'alchimie, les sciences occultes, les prophéties, les miracles, etc. Im Dreieck mit Zirkel und Winkelmaass. Archives G.·. du rit ecos.·. Phque — Paris, Tross, 1860, in-8°. 1307

***Catalogue de journaux** publiés ou paraissant à Paris, donnant leurs titres, sous-titres, rédacteurs principaux, le format et le mode de publication; comprenant les divers prix d'abonnement pour la France, l'indication des années de publication et des bureaux d'abonnement, et accompagné d'une table systématique par Victor Gébé. 2e édition refondue et augmentée, précédée d'une statistique de la presse et du tarif postal pour la France et l'Union générale des postes. — Paris, O. Lorenz, janvier 1877, in-12. 1308

10 ex. sur papier teinté.

Victor Gébé est le pseudonyme de G. Brunox.

* Troisième édition refondue et augmentée. Précédée d'une statistique de la presse et du tarif postal pour la France et l'union générale des postes et suivie de la liste des récompenses décernées à l'exposition universelle internationale de 1878 pour l'imprimerie et la librairie françaises et étrangères (Classe IX). — Paris, Brunox, 1879, in-12.

Cette édition a été rédigée et revue par L. Vallée. — Une quatrième édition a paru en avril 1881.

Catalogue de la Bibliothèque de A. G. B. Schayes. — Bruxelles, Heussner, 1859, in-8°. 1309

Contient, pages 120-124: Travaux académiques de Schayes.

***Catalogue de la bibliothèque du dépôt de la guerre.** — Bruxelles, Lesigne, 1847, in-4°. 1310

Deux suppléments ont paru sous ce titre: »Catalogue des accroissements de la bibliothèque du dépôt de la guerre. — Bruxelles, Parent, 1850-1860, 2 vol. in-4°«.

Catalogue de la bibliothèque du dépôt de la guerre. — Paris, Dumaine, 1861, 2 vol. in-8°. 1311

***Catalogue de la bibliothèque pomologique** de feu André Leroy pepiniériste à Angers. — Angers, imp. Lachèse et Dolbeau, 1879, in-fol., 21 p. 1312

***Catalogue de la bibliothèque romantique** de feu M. Charles Asselineau,... dont la vente a eu lieu les 1er et 3 décembre 1874 précédé d'une notice bio-bibliographique de M. Maurice Tourneux et du discours prononcé sur sa tombe par M. Théodore de Banville, suivi de la liste des prix de la vente, orné de deux portraits gravés par MM.

Aglaus Bouvenne et Fréd. Régamey et de deux ex-libris de M. Bracquemond. — Paris, Rouquette, 1875, in-8°. 1313

Contient une notice bibliographique des écrits de Charles Asselineau.

Catalogue de la Mappothèque du Dépôt de la guerre. — Bruxelles, imp. de Parent, 1849, in-4°. 1314

* **Catalogue** de la très-belle bibliothèque formée et délaissée par Mr. Louis Caspar Luzac ... — Leide, Van der Hoek, 1872, in-8°. 1315

Contient pages 1-10: »Notice biographique de Mr. Louis Caspar Luzac«; et pages 11-15: »Liste des œuvres des Messieurs Luzac, conservés dans la collection de famille«.

Catalogue de livres et d'une belle collection de cartes géologiques provenant de la bibliothèque de feu P. L. A. Cordier, membre de l'Institut (Académie des sciences); précédé d'une notice sur la vie et les travaux de Cordier et d'une liste chronologique et raisonnée de ses ouvrages. — Paris, Duprat, 1862, in-8°. 1316

* **Catalogue de livres imprimés dans les possessions** Néérlandaises aux Indes-Orientales. — La Haye, Martinus Nijhoff, décembre 1873, in-8°, 17 p. 1317

Catalogue de livres imprimés sur vélin, qui se trouvent dans des bibliothèques tant publiques que particulières, pour servir de suite au catalogue des livres imprimés sur vélin de la bibliothèque du roi. — A Paris, chez de Bure, 1824-1828, 4 vol. in-8°. 1318

* **Catalogue de tous les journaux** parus depuis le 25 février, pour servir à l'histoire de la révolution de 1848. — Paris, imp. de Soupe, s. d., in-4° plano, 1 p. 1319

Indication de 180 journaux.

Catalogue des accroissements de la bibliothèque du dépôt de la guerre. — Voy. Catalogue de la bibliothèque du dépôt de la guerre.

* **Catalogue des cartes,** plans et vues de côtes qui composent l'hydrographie française. — Paris, imp. de Dezauche, 1832, in-8°. 1320

* **Catalogue des cartes** et plans qui composent l'hydrographie française. — Paris, imp. royale, 1822, in-8°, 48 p. 1321

* **Catalogue des écrits,** gravures et dessins condamnés depuis 1814 jusqu'au 1er janvier 1850. Suivi de la liste des individus condamnés pour délits de presse. — Paris, Pillet fils, 1850, in-18. 1322

Par Gaillard.

* **Catalogue des journaux publiés à Paris en 1865,** classé par ordre alphabétique et par ordre méthodique, avec les prix pour Paris et les départements. 4e édition augmentée des adresses des bureaux d'abonnement. — Paris, Schulz et Thuillié, 1865, in-8°. 1323

* — Septième édition. — Paris, Schulz, 1873, in-8°.

* **Catalogue** (Le) des **livres cēsurez** par la faculté de theologie de Paris, 1544. Avec accession et addition puis ledict temps des livres nouvellement censurez par la dicte faculté jusques à present, 1547 avant Pasques. — On les vend au Palais à Paris, par Jehan André libraire juré, 1547, in-12. 1324

* **Catalogue des livres** composant la bibliothèque de J. Fr. Boissonade. — Paris, Duprat, 1859, in-8°. 1325

Contient, pages XXV-LXIV: »Notice biographique et littéraire sur J. Fr. Boissonade par Ph. Le Bas et la liste des articles de Boissonade insérés dans les journaux français« et pages 650-653: »Ouvrages publiés par Boissonade«.

Catalogue des livres composant la bibliothèque de l'école royale polytechnique. — Paris, Bachelier, 1840, in-fol. 1326

Tables par ordre alphabétique, des auteurs et des ouvrages anonymes. — Paris, Bachelier, 1841, in-fol.

Catalogue des livres composant la bibliothèque de la cour de cassation. IIe Partie. Jurisprudence. — Paris, Testu, 1819, in-8°. 1327

Supplément. — Paris, 1825, in-8°. — Rédigé par Breton.

Catalogue des livres composant la bibliothèque poétique de Viollet-le-Duc, avec des notes bibliographiques, biographiques et littéraires sur chacun des ouvrages catalogués. Pour servir à l'histoire de la poésie en France. — Paris, 1843, in-8°. 1328

Catalogue des livres d'histoire naturelle ouvrages et manuscrits relatifs à l'Amérique composant la bibliothèque de feu Alcide d'Orbigny, professeur de paléontologie au muséum d'histoire naturelle etc. — Paris, Baillière et fils, 1858, in-8°. 1329

Contient, pages 40-44: »Ouvrages de Alc. d'Orbigny«.

* **Catalogue des livres de l'imprimerie arménienne de Saint-Lazare.** — Venise, institut des Mekhitharistes, 1876, in-12, 37 p. 1330

* **Catalogue des livres** de la bibliothèque de A. de Hemptinne, fabricant de produits chimiques, à Molenbeek-Saint-Jean lez-Bruxelles. — Bruxelles, imp. de P. J, Leemans et Vanberendonek, 1869, in-8°. 1331

Tiré à 200 ex. et non mis dans le commerce.

Catalogue des livres defendus. Avec les regles establies par les peres deputez par le s. concile de Trente. Mis premierement en lumiere par le commandement de Pie IV. et puis augmenté par Sixte V. Et en fin corrigé et publié par mandement de Clement VIII. — Paris, Cramoisy, 1615, in-8°. 1332

Catalogue des livres défendus par la commission impériale et royale jusqu'à l'année 1786. — Bruxelles, 1788, in-8°. 1333

Catalogue (Le) **des livres examinez et censurez** par la faculté de theologie de l'université de Paris, depuis l'an mil cinq cens quarante et quatre, jusques à l'an mil cinq cens cinquante et un, suyvant l'edict du roy, donné à Chasteaubriant. Et publié en la cour de parlement le troisiesme de septembre, mil cinq cens cinquant et un: auquel sont adjoustez ceulx qui ont été visitez et censurez depuis la premiere impression. — Paris, par Dallier, 1556, in-8°. 1334

Catalogue (Le) **des livres examinez et cēsurez** par la faculté de theologie et de l'université de Paris, depuis l'an mil cinq cents quarante et quatre, jusques à l'an present, suyvāt l'édict du roy, donné à Chasteau Briant. Et publié en la court de parlemēt le troisiesme jour de septembre, audict an mil cinq cēts cinquāte et un. — Paris par Jehan André, in-8°. 1335

* **Catalogue des livres** imprimés de la bibliothèque du roy. Belles-lettres. — Paris, de l'imprimerie royale, 1750, 2 vol. in-fol. 1336

* — Jurisprudence. — Paris, imp. royale, 1753, in-fol. T. I-II.

* **Catalogue des livres** imprimés sur vélin de la bibliothèque du roy. — A Paris, chez de Bure, 1822-1828, 6 vol. in-8°. 1337

Par Van Praet.

* — A Paris, De Bure, 1823, in-fol. 1re partie. 1457-1470.

Ce catalogue n'a pas été continué sur ce plan et n'a jamais été publié. Il n'en a été conservé que 6 ex. sur papier et 2 sur vélin, pour lesquels ce titre a été imprimé.

* **Catalogue des livres** imprimez de la bibliotheque du roy. Théologie. — A Paris, de l'imprimerie royale, 1742, in-fol., 2e, 3e partie. 1338

Catalogue des livres publiés en langue russe par l'académie impériale des sciences de St. Pétersbourg. — St. Pétersbourg, 1857, in-8°. 1339

Avec un autre titre en russe.

Catalogue des livres publiés en langues étrangères par l'académie impériale des sciences de St. Pétersbourg et en vente chez ses commissionaires. — St. Pétersbourg, chez Eggers et comp., 1854, in-8°. 1340

Avec un autre titre en russe.

* **Catalogue des livres publiés en langues étrangères** par l'académie impériale des sciences de St. Pétersbourg. — St. Pétersbourg, imp. de l'académie impériale des sciences, 1867, in-8°. 1341

* **Catalogue des livres** qui doivent composer la bibliothèque d'un lycée, conformément à l'article XXVII de l'arrêté du 19 frimaire an XI. — A Paris, de l'imprimerie de la république, an XII = 1804, in-16, 44 p. 1342

Rédigé par A. A. Barbier.

Catalogue des livres réprouvés et des livres que l'on pourra lire aux enfans et escholles particulières, selon le jugement de l'université de Louvain. - Louvain, 1558, in-4°. 1343

* **Catalogue des ouvrages condamnés** comme contraires à la morale publique et aux bonnes mœurs du 1er janvier 1814 au 31 décembre 1873. Première période 1er janvier 1814 au 31 décembre 1849. Deuxième période 1er janvier 1850 au 31 décembre 1873. — Paris, libr. des publications législatives A. Wittersheim, 1874, in-8°. 1344

Catalogue des ouvrages condamnés depuis 1814, jusqu'à ce jour (1er septembre 1827), suivi du texte des jugemens et arrêts insérés au Moniteur. — Paris, 1827, in-18. 1345

Par Maynard de Franc (L. Mar. Just.).

Catalogue des ouvrages condamnés depuis 1814 jusqu'au 1er janvier 1850. (Extrait du Moniteur universel.) — Paris, imp. de Panckoucke, 1851, in-fol. 1346

* **Catalogue des ouvrages d'astronomie** et de météorologie qui se trouvent dans les principales bibliothèques de la Belgique, préparé et mis en ordre à l'observatoire royal de Bruxelles; suivi d'un appendice qui comprend tous les autres ouvrages de la bibliothèque de cet établissement. — Bruxelles, F. Hayez, 1878, in-8°. 1347

* **Catalogue des ouvrages de linguistique européenne** édités par le prince Louis Lucien Bonaparte. — Londres, George Barclay, s. d., in-16, 31 p. 1348

Tiré à 250 ex. N'est imprimé que sur le recto.

* **Catalogue des ouvrages** de M. Fourmont l'aîné... — Amsterdam, 1731, in-8°. 1349

* **Catalogue des ouvrages** de monsieur l'abbé de Maupertuy. Avec le jugement qu'en ont porté les divers journaux des sçavans. — s. l. 1733, in-12. 1350

* **Catalogue (2e) des ouvrages** destinés à faciliter l'étude comparative des langues européennes, édités par le prince Louis-Lucien Bonaparte. — Londres, imp. Strangeways et Walden, 1862, in-16. 1351

Tiré à 250 ex. Les pages ne sont imprimées qu'au recto.

Catalogue des ouvrages mis à l'Index, contenant le nom de tous les livres condamnés par la cour de Rome depuis l'invention de l'imprimerie jusqu'en 1825, avec les dates des décrets de leur condamnation. — Paris, Carnot, 1826, in-8°. 1352

Catalogue des ouvrages mis à l'Index, contenant le nom de tous les livres condamnés par la cour de Rome, avec les dates des décrets de leur condamnation. — Bruxelles, 1828, in-8°. 1353

* **Catalogue des ouvrages** qui ont été l'objet soit de condamnations, soit de poursuites judiciaires, depuis 1814 jus-

qu'au 1er janvier 1843. — Paris, imp. administrative de Paul Dupont, 1843, in-18. 1354

Catalogue des pièces qu'il est permis de représenter sur les théâtres des Pays-Bas Autrichiens, jusqu'à ce jour 12 avril 1786. — Bruxelles, 1787, in-8°. 1355

* **Catalogue des principales œuvres** des membres de la Société des auteurs et compositeurs de musique formant le répertoire le plus habituel des théâtres, concerts, café-concerts et bals publics, juillet 1857. — Paris, 1857, in-8°. 1356

* **Catalogue des publications** de la bibliothèque impériale publique de Saint-Pétersbourg, depuis sa fondation jusqu'en 1861, ainsi que des différents écrits qui la concernent spécialement, ou qui ont été publiés à son profit. St. Pétersbourg, 1861, in-4°, 38 p. 1357

Par Rod. Minzloff.

* **Catalogue des publications** de la librairie de la société bibliographique. — Paris, libr. de la société bibliographique, 1876, in-16. 1358

* — Paris, libr. de la société bibliographique, 1879, in-16.

Catalogue des séries de livres et diverses collections de documents concernant l'enseignement élémentaire des marins des équipages de la flotte qui figurent à l'Exposition universelle de 1878. — Nancy, et Paris, lib. Berger-Levrault et Cie., 1878, in-8°, 11 p. 1359

* **Catalogue des travaux typographiques** de l'imprimerie du gouvernement à Saint-Louis (Sénégal). — Saint-Louis (Sénégal), imp. du gouvernement, 1865, in-8°, 4 p. 1360

Pour l'exposition de Bordeaux.

* **Catalogue des travaux typographiques** de l'imprimerie du gouvernement à Saint-Louis (Sénégal). Exposition de Freetown. — Saint-Louis, imp. du gouvernement, 1864, petit in-4°, 4 p. 1361

* La couverture imprimée sert de titre.

* **Catalogue** en forme de prospectus des ouvrages de M. Buc'hoz, médecin de Monsieur, à Paris ... pour l'année 1788. — s. l. ni d., in-fol., 4 p. 1362

* **Catalogue** et repartition des œuvres de M. Arnauld, Docteur de la Maison et société de Sorbonne. — s. l. ni d., in-4°, 16 p. 1363

* **Catalogue** général des meilleures cartes géographiques et topographiques; plans de villes, sièges et batailles, cartes astronomiques; cartes marines et autres pièces publiées jusqu'ici en Europe. — A Paris, chez David le père, 1752, in-12. 1364

* **Catalogue général des œuvres dramatiques** et lyriques faisant partie du répertoire de la Société des auteurs et compositeurs dramatiques. Ce catalogue récapitulatif contient les ouvrages représentés jusqu'au 31 décembre 1859. Il est commun aux deux agences, et reproduit toutes les indications précédemment portées sur les divers mémoriaux. — Paris, A. Guyot et L. Peragallo, 1863, in-8°. 1365

* **Catalogue général** des ouvrages de propriété française publiés antérieurement au 12 mai 1854 et déposés en exécution de l'art. 2, § 5 de la convention littéraire du 22 août 1852; avec tables alphabétiques des ouvrages et des auteurs. — Bruxelles, imp. de A. Labroue, 1855, in-8°. 1366

La préface est signée: L. Gonne.

Catalogue général des romans, nouvelles, articles littéraires et scientifiques qui peuvent être reproduits par les journaux, en vertu d'un traité annuel avec la Société des gens de lettres. Mars 1873. — Paris, libr. de la Société des gens de lettres, 1873, in 8°, à 2 col. 1367

* **Catalogue hebdomadaire des livres nouveaux** qui se publient en France et chez l'étranger, depuis 1763 jusqu'en 1774, et depuis 1774 jusqu'en 1789, inclusivement (par Philippe-Denis-Pierres, imprimeur). — Paris, Despilly et Pierres, 1763-1789, 27 vol. in-8°. 1368

Par Bellepierre de Neuve-Eglise (L. Jos.).

* **Catalogue méthodique et chronologique** des publications du professeur A. L. A. Fée (25 mars 1863). — Strasbourg, imp. de E. Simon (1863), in-8°, 31 p. 1369

Catalogue of books in the Astor library, relating to the languages and literature of Asia, Africa and the Oceanic Islands. — New-York, Astor library, autographic press, 1854, in-8°. 1370

* **Catalogue** (A) **of books printed in England** since the Dreadful fire of London in 1666 to the end of Michaelmas term, 1695. With an abstract of the general bills of mortality since 1660. And the titles of all the classic authors cum notis variorum and those for the use of the dauphin. The fourth edition. — London, printed for R. Clavel at the Peacock, 1696, in-fol. 1371

* **Catalogue of books printed in the Bombay presidency** during the Quarter ending 30th. september 1867 (-31 st. December 1871), in-fol. 1372

Signé : J. B. Peile.

Catalogue (A) **of books, relating principally to America**, arranged under the years in which they were printed. — London, Rich, 1832, in-8°. 1373

* **Catalogue of early english poetry** and other miscellaneous works illustrating the british drama, collected by Edmond Malone, . . . and now preserved in the Bodleian library. — Oxford, at the university press, 1836, in-fol. 1374

* **Catalogue of map room** of the royal geographical society. March 1881. — London, John Murray, 1882, in-8°. 1375

Tiré à 250 ex.

* **Catalogue of maps**, prints, drawings, etc. forming the geographical and topographical collection attached to the library of his late majesty king George the third, and presented by his majesty king George the fourth to the British Museum. — London, printed by order of the trustees of the British Museum by G. Woodfall, 1829, 2 vol. in-8°. 1376

* **Catalogue** of printed books in the British Museum. — London, printed by order of the trustees, 1841, in-fol. T. I. 1377

* **Catalogue** of Printed Books, Manuscripts, Autograph Letters, and Engravings, collected by H. Huth; with Collations and Bibliographical Descriptions. — London, Ellis & W., 1880, 5 vol. in-8°. 1378

Catalogue of publications of societies and of other periodical works in the library of the Smithsonian institution, July 1, 1858. Foreign works. — Washington, Smithsonian Institution, 1859, gr. in-8°. 1379

* **Catalogue** of scientific papers. (1800-1863.) Compiled and published by the royal society of London. — London, printed by George Edward Eyre, 1867-1879. 8 vol. in-4°. 1380

* **Catalogue** of the library of the engineer department United States army. Part I. Subjects. Part II. authors. — Washington, 1881, in-8°. 1381

Imprimé seulement sur le recto.

* **Catalogue** (A) of the library of the hon. East-India company. — London, printed by J. & H. Cox, 1845-1851, in-4°, avec supplément. 1382

* **Catalogue** of the library of the royal medical and chirurgical society of London. — London, printed for the society, 1879, 3 vol. in-8°. 1383

Catalogue of the manuscript maps, charts, and plans of the topographical drawings in the British Museum. Printed by order of the trustees. — London, 1844, 2 vol. in-4°. 1384

* **Catalogue** of the mercantile library of Brooklyn. Authors, titles, subjects and classes. — New York, Brooklyn, 1877, in-4°. Part I. 1385

* **Catalogue** of the printed books and manuscripts bequeathed by Francis Douce, esq. to the Bodleian library. — Oxford, at the university press, 1840, in-fol. 1386

* **Catalogue** of the printed books in the library of the faculty of advocates. Edinburgh and London, William Blackwood, 1863-1877, 6 vol. et 1 vol. suppl. in-4°. 1387

* **Catalogue** (A) of the printed books in the library of the society of antiquaries of London. — London, printed by Bensley and Son, 1816, in-4°. 1388

* **Catalogue** (A) of the royal and noble authors of England with lists of their works. — London, printed at Strawlerry Hill, 1758, 2 vol. in-8°. 1389

* **Catalogue (A) of works in all departments of english literature**, classified; with a general alphabetical index. Corrected to march 1843. The full titles, sizes, prices, and dates of the last editions, are given. — London, Longman, Brown, Green and Longmans, in-8°. 1390

* **Catalogue** par ordre alphabétique des ouvrages imprimés de Gabriel Peignot, comprenant plusieurs ouvrages non indiqués dans les catalogues publiés précédemment. — Paris, Auguste Aubry, 1861, in-8°. 1391

Par Ph. Milsand. — Tiré à 300 ex.

* — Supplément. — Paris, Aubry, 1863, in-8°, 14 p.

Catalogue par ordre chronologique des cartes . . . hydrographie française.

Voy. Dépôt des cartes et plans de la marine.

Catalogue par ordre chronologique **des ouvrages** de gravure et de sculpture de J. Edouard Gatteaux, élève de son père, N. M. Gatteaux, et de Moitte. — Paris, imp. Claye, 1876, in-fol, 22 p., portr. et 34 pl. 1392

* **Catalogue par ordre géographique des cartes**, plans, vues de côtes, mémoires, instructions nautiques, etc. qui composent l'hydrographie française. Ministère de la marine et des colonies. — Paris, Challamel aîné, 1873, in-8°. 1393

Catalogue raisonné de l'œuvre de J. J. de Boissieu, orné d'un portrait du maître par lui-même (reproduction phototypique. — Lyon, lib. Lebrun; Paris, Rapilly, 1878, in-8°. 1394

Papier vergé.

* **Catalogue raisonné de la Bibliothèque elzevirienne.** 1853 - 1867. — Paris, Franck, 1866, in-16. 1395

Par Montaiglon (Anatole de).

*Nouvelle édition, 1853 - 1870. — Paris, Daffis, 1870, in-16.

* **Catalogue raisonné des écrits** de M. Armand Maizière. — Reims, imp. de E. Luton (1851), in-8°, 20 p. 1396

* **Catalogue raisonné des ouvrages** de **M. Raspail.** — Clichy, imp. Paul Dupont, 1877, in-12, 12 p. 1397

* **Catalogue raisonné des ouvrages** qui parurent en 1614 et 1615, à l'occasion des États. — S. l., 1789, in-12, 43 p. 1398

* **Catalogue raisonné**; or classified arrangement of the books in the library of the medical society of Edinburgh. Instituted 1737. — Edinburgh, printed for the society by Balfour and Jack, 1837, in-8°. 1399

* **Catalogue slave** bibliographique pour 1877(-1880), sous la rédaction de Jos. M. Hovorka et Jos. Záruba, publié par la société de collaborateurs libraires Bohèmes à Prague. — 4 vol. in-8°. 1400

* **Catalogue** supplémentaire de la bibliothèque de l'école des ponts et chaussées. — Paris, imp. nationale, 1881, in-8°. 1401

Catalogue systématique des principaux journaux scientifiques, littéraires et politiques publiés en Italie, avec indication des prix nets pour la France, l'Angleterre, l'Allemagne et l'Autriche. — Paris, Galette, 1873, in-8°. 1402

Catalogue systématique et raisonné de la nouvelle Littérature française, ou Résumé général des livres nouveaux en tous genres, cartes géographiques, gravures et œuvres de musique qui ont été publiés en France dans le cours de l'an 1797. — Paris, 1798, in-8°. 1403

Catalogue-tarif à prix forts et nets de tous les journaux publiés à Paris parus jusqu'en octobre 1875. 2e édition. — Paris, Ponchaud, 1875, in-8°, 32 p. 1404

Cataloguen of Inventarisen (Die) van den quaden verboden boucken: ende van andere gœde, die men den jongen scholieren leeren mag, na aduijs der Universiteyt von Loeven. Met een Edict of Mandement der Keyserlycker Majesteyt. — Loeven, by Servaes van Sassen, 1550, in-4°. 1405

Catalogues des livres reprouvez (Les), et de ceulz que lon pourra enseigner par ladvis de luniversite de Louvain. Avec ledict et mandement de la maieste imperiale. — A Louvain, par Servais Sassenus imprimeur juré, lan de grace 1550 avec grace et privilege de la majeste imperiale, in-4°. 1406

Catalogus bibliographicus librorum in Bibliotheca Cæs. reg. et equestris academiæ Theresianæ exstantium cum accessionibus originum typographicarum Vindobonensium et duobus supplementis nec non indice triplici systematico, bibliographico et typographico. — Viennæ, typ. vid. Alberti, 1801, in-4°. 1407

Le T. II. a pour titre: »Catalogus bibliographicus librorum latinorum sæculi primi typographici in bibliotheca ... exstantium cum duobus supplementis et indice triplici. — Vindobonæ, Degen, 1802, in-4°.

Et le T. III: Catalogus bibliographicus librorum latinorum et germanicorum sæculi primi typographici in Bibliotheca ... exstantium cum notitia hujus bibliothecæ et indice triplici. — Vindobonæ, Degen, 1803, in-4°.

Publié par Jos. de Sartori. — Tiré à 100 ex.

* **Catalogus bibliothecæ Bunavianæ.** — Lipsiæ, impensis viduæ B. C. Fritschii, 1750-1756, 3 tomes en 7 vol. in-4°. 1408

* **Catalogus bibliothecæ medicæ Cornelii Henrici à Roy**,... — Amstelodami, apud Ludovicum van Es, 1830, 5 vol. in-8°. 1409

Catalogus bibliothecæ theologicæ, systematico-criticus, in quo libri theologici, in bibliotheca Reimanniana extantes, editi et inediti, in certas classes digesti, qua fieri potuit solertia, enumerantur, et quid in unoquoque sit peculiare vel vulgare, quæ laudes et labes, quæ virtutes, quæ maculæ, quæ asterisco, quæ obelo digna, sine fuco et fallaciis, iraque et studio, at non intemperanter tamen, et temere, nec sine ratione et argumentis, indicatur, ut historicæ bibliognosiæ opes aliquantulum augeantur, et criticæ inopia, qua maxime premitur, his, quasi drachmulis quibusdam, quodammodo sublevetur. — Hildesiæ, Schrœder, 1731, in-8°. 1410

Par Jac. Friedr. Reimmann.

*** Catalogus** cujuscunque facultatis et linguæ librorum, abhinc 2 a 3 annorum spatio in Germania, Gallia, et Belgio, etc. novissime impressorum. Singulis semestribus continuandus. — Amstelædami, apud Janssonio-Wæsbergios, 1678-1681, in-4°. 1411

Catalogus der Bibliotheek van het Ministerie van Marine. — 'sGravenhage, ter algem. Landsdrukkérij, 1857, in-8°. 1412

N'est pas dans le commerce.

*** Catalogus** der Bibliotheek van het Ministerie van Oorlog. — 'sGravenhage, Nijhoff, 1864, in-8°. 1413

*** Catalogus** der Tentoonstelling van Voorwerpen betrekking hebbende op het Vorstelijk Stamhuis Oranje-Nassau en op de Wapen-, Geslacht-en Zegelkunde in het algemen, onder het Hooge beschermheerschap van Z. M. den Koning. In de Gothische Zaal te 'sGravenhage. Augustus en September 1880. — 'sGravenhage, Martinus Nijhoff, 1880, in-8°. 1414

Exposition héraldique de La Haye.

Catalogus dissertationum inauguralium medicarum academiæ Altorfinæ cum appendice dissertationum ejusdem argumenti sub præsidio habitarum ab inaugurationis anno 1623 ad hæc usque tempora concinnatus.—Altorfi, 1797, in-4°. 1415

Supplementa (ab a. 1798 usque ad a. 1805). — Norimbergæ, 1806, in-4°.

Catalogus dissertationum, quæ ad illustrandas res Suecicas faciunt, præsertim in argumentis historicis, ecclesiasticis, juridicis, literariis, œconomicis, physicis, et historia naturali. — Holmiæ, Salvius, 1765, in-4°. 1416

Catalogus editionum quæ prodierunt et librorum qui prostant in Romano typographeo S. Congregationis de propaganda fide, socio administro Petro Marietti Equite. — Roma, tipografia de propaganda fide, 1871, in-16. 1417

Autre édition en 1872.

*** Catalogus** editionum Quinti Horatii Flacci, ab anno 1476 ad ann. 1739 quæ in bibliotheca Jacobi Douglas, . . . adservantur. — Londini, 1739, in-4°, 39 p. 1418

Catalogus, eller upsats på alla the Kongl. Placater, Skrifter, Relationer, Wisor och Werser, som här i K. Wankijfska Tryckeriet utfärdade eller uptagne äro, ifrån thet siendtliga Infallet i Lifland, med thet som skrifwit år öfwer Narwiska Victorien til Junii månads slut 1701. — s. l. ni d., in-4°. 1419

*** Catalogus** etlicher sehr alten Bücher, welche newlich in Irrlandt auff einem alten eroberten Schlosse in einer Bibliothec gefunden worden. Anno 1666. — s. l. ni d. in-4°, 8 p. 1420

Catalogus Hæreticorum. Æditus Venetiis de commissione tribunalis sanctissimæ inquisitionis. Apud Gabrielem Julitum et fratres de Ferraris. Cum annotationibus Athanasii. Anno 1556. — In Regio Monte Borussiæ imprimebat Joannes Daubmannus, anno 1556, in-8°. 1421

Par P. P. Vergerius.

*** Catalogus** historico-criticus romanarum editionum sæculi XV. In quo præter editiones a Mættario, Orlandio, ac P. Lærio relatas et hic plerumque plenius uberiusque descriptas plurimæ aliæ quæ eosdam effugerunt, recensentur ac describuntur : non paucæ contra ab eodem P. L. aliisve memoratæ exploduntur: varia item ad historiam typographicam et bibliographicam pertinentia nunc primum pertractantur. — Romæ, ex typographio paleariniano, 1783, in-4°. 1422

Composé par Joannes Baptista Audiffredi, et publié par Marcus Palearinus.

* **Catalogus impressorum librorum bibliothecæ Bodleianæ** in academia oxoniensi. — Oxonii, e theatro Sheldoniano, 1738, 2 vol. in-fol. 1423

* **Catalogus impressorum librorum** quibus aucta est bibliotheca Bodleiana annis 1835-1847. — Oxonii, e typographeo academico, 1851, in-fol. 1424

Le faux titre porte: T. IV.

Catalogus librorum a commissione aulica prohibitorum. — Viennæ, Kaliwod, 1762, in-8°. 1425

— Vindobonæ, typis de Trattnern, 1765, in-8°.

— ... Supplementum de annis 1766, 1767, 1768, 1769, 1770. — Vindobonæ, 1771, in-8°.

Catalogus librorum a commissione Cæs. reg. Aulica prohibitorum. Editio nova. — Viennæ Austriæ, e typographeo Kaliwodiano, 1774, in-8°. 1426

— Viennæ Austriæ, typis Geroldianis, 1776, in-8°.

Catalogus librorum a commissione Cæs. reg. aulica prohibitorum ab anno 1763 ad annum 1768. — Viennæ, Kaliwod, 1768, in-8°. 1427

Catalogus librorum hæreticorum qui hactenus colligi potuerūt a juris catholicis, supplendus in dies, si qui alii ad notitiam devenerint, de commissione tribunalis, sanctissimæ inquisitionis venetiarum. — Venetiis apud Gabrielem Julitum de Ferraris et fratres, 1554, in-16. 1428

Catalogus librorum hæreticorum Romæ conflatus 1559. Continens alios quatuor catalogos, qui post decennium in Italia, nec non eos omnes qui in Gallia et Flandria post renatum evangelium fuerunt æditi. Cum nonnullis annotationibus Vergerii, quæ tirannidem, ineptias et fœditatem ipsius catalogi magis aperiant. — Regiomonti Borussiæ, Daubmann, 1560, in-8°. 1429

* **Catalogus librorum impressorum bibliothecæ Bodleianæ** in academia Oxoniensi. — Oxonii, e typographeo academico, 1843, 3 vol. in-fol. 1430

Catalogus librorum Joach. Gomez de la Cortina, March. de Morante, qui in ædibus suis exstant. — Matriti, Aguado, 1859, in-8°. 1431

Le T. V contient, pages 875 - 1159: »Examen critico de la vida y obras de Angelo Policiano, traduccion del original latino de Norberto Alejandro Bonafous«.

* **Catalogus librorum latinorum** in diversis Europæ partibus impressorum ab anno 1670 usque ad annum 1680. In eorum gratiam collectus qui scire cupiunt authores, qui isto tempore scripsere, in quo (ut notum est) humanum ingenium in omnibus rebus et scientiis tantopere se exercuit, et ad tantum fastigium provehi videtur, ut priorum temporum peritiam et cognitionem antecellere non injuria dici potest. — Londini, impensis Roberti Clavel, 1681, in-fol. 1432

* **Catalogus librorum officinæ Elzevirianæ.** Catalogue de l'officine des Elzevier (1628). Reproduction héliographique d'après l'exemplaire de la bibliothèque de Francfort-sur-le-Mein. Avec une introduction par Ernest Kelchner. — Paris, Joseph Baer, 1880, in-12, VIII et 15 p. 1433

Tiré à 250 ex. numérotés à la presse.

— La couverture imprimée porte: »Catalogus librorum officinæ Elzevirianæ, designans libros, qui tàm eorum typis et impensis prodierunt; quàm quorum aliàs copia ipsis suppetit. — Lugduni Batavorum, ex officinâ Elzeviriana, 1628«.

* **Catalogus librorum officinæ Ludovici** Elsevirii, (III), quem secundum exemplar quod unum adhuc cognitum est Bibliothecæ publicæ Hamburgensis. Hamburgi mense decembri anni 1867, typis Augusti Guilielmi Bartz L exemplis accuratissime recudendum curavit et viro Cl. Carolo Pieters, Gandavensi, de historia vitæ et editionum Elsevi-

riorum optime merito, d. d. Fridericus Laurentius Hoffmann, Hamburgensis. — in-16, 16 p. 1434

Avec cet autre titre: »Catalogus librorum officinæ Ludovici Elzevirii; designans libros, qui tam ejus typis et impensis prodierunt; quàm quorum aliàs copia ipsi suppetit«.—Amstelodami, apud Ludovicum Elzevirium, 1649.

* **Catalogus librorum omnium** facultatum et variarum linguarum, qui in officina Joannis Blaev, venales reperiuntur. — Amstelædami, apud Joannem Blæv, 1659, in-8°. 1435

* **Catalogus librorum** omnium, quos hactenus in lucem emisit, aut sub prælo habet Philippus Labbe, bituricus . . . ab amico collectus atque editus. — Lutetiæ Parisiorum, ex officina Cramosiana, 1656, in-4°, 36 p. 1436

*... Altera editio cum appendice librorum excusorum ab anno 1657 ad 1662.—Parisiis, sumptibus S. Benard, 1662, in-4°.

* **Catalogus librorum Parisiis excusorum** apud S. Huré, et F. Leonard, et aliorum librorum quorum copia apud ipsos exstat: præter alios externæ et diversæ editionis in omni facultate et idiomate libros apud eos prostantes qui hoc catalogo non continentur. — Parisiis, apud S. Huré et Fr. Leonard, 1656, in-12. 1437

Catalogus librorum per quinquennium a commissione aulica prohibitorum. — Viennæ, Kaliwod, 1758, in-8°. 1438

* **Catalogus librorum qui a p. Dionysio Petavio Aurelianensi,** e societate Jesu, **scripti fuerunt,** et in lucem editi. Ab anno ætatis vigesimo primo usque ad septuagesimum quo mortuus est. — Parisiis, apud Cramosios fratres, 1654, in-4°, 7 p. 1439

* **Catalogus librorum qui** hactenus **a facultate** theologiæ Parisiensi diligenter examinati, censuraque digni visi sunt. Le catalogue des livres censurez par la faculté de theologie de Paris. Ejusdem facultatis theologiæ Parisiensis articuli XXVI. Fidë et religionem christianam declarantes. — Antverpiæ, in ædibus Joan. Steelsii, 1545, in-12. 1440

* **Catalogus librorum** qui in historia et antiquitatibus patriæ sub imperio clementissimi regis nostri Dn. Caroli XI publicati sunt, et, vel jam editioni parati, vel adhuc summâ curâ elaborantur ab assessoribus collegii antiquitatum. Thyet år en Kort Upsatt på dhe Böcker som uthi swenska Historien och Antiquiteterne uplagde åro uthi wår aldranådigste Konungs Kon: Carls den Ellfftes Regementz Tijd, eller nu åro fårdige att uthgå; eller och dagelig under Handerne att förfärdigas af collegii antiquitatum assessorer. — Tryckt på Latin och Svenska, i Stockholm hoos Johan Georg Eberdt, 1690, in-fol. 29 p. 1441

Catalogus librorum, qui prohibentur mandato illustrissimi et reverend. d. d. Ferdinandi de Valdes, Hispal. archiepī, inquisitoris generalis Hispaniæ. Necnon et supremi sanctæ ac generalis inquisitionis senatus. Hoc anno 1559 editus. Quorum jussu et licentia Sebastianus Martinez excudebat Pinciæ. — Fue impresso en Valadolid. En casa de Sebastian Martinez, año de 1559. Pedro de Tapia, in-4°. 1442

* **Catalogus librorum, quos Petrus Lambecius** Hamburgensis, . . . composuit et in lucem edidit ab anno ætatis decimo nono usque ad quadragesimum quintum; nempe ab anno Christi 1647 usque ad annum 1673. — Vindobonæ, sive Wiennæ Austriæ typis Matthæi Cosmerovij, 1673, in-4°. 1443

Catalogus librorum rejectorum per consessum censuræ. — Viennæ, 1774, in-8°. 1444

I-III. 1755-1757, in-8°.

* **Catalogus librorum Sebastiani Mabre-Cramoisy,** typographi regii: sive quos

ipsemet edidit, aut quorum ab avo suo Sebastiano Cramosio editorum copiam habet. — Parisiis, via Jacobæa, sub ciconiis, 1675, in-4°. 1445

* **Catalogus oder Register** der bücher Herren Caspar Schwenckfelds, die er mehr dann von XXX jaren her geschriben und was durch ihn inn truck ist khommen. — s. l. ni d., in-4°. 1446

* **Catalogus rarissimorum** et præstantissimorum librorum, qui in thesauris romano, græco, italico et siculo continentur; secundum nomina auctorum per alphabeti ordinem digestus. — Leidæ, apud Petrum Vander Aa, 1725, in-8°. 1447

Catalogus scriptorum, a professoribus, in academia Fridericiana ab auspiciis academiæ usque ad annum 1704 editorum. — Halæ Magdeburgicæ, lit. Henckelii, in-4°. 1448

Catalogus scriptorum in Academia Fridericiana editorum a Justo Henningio Böhmero J. C. — Halæ Magdeburgicæ, Grunert typogr., 1729, in-4°. 1449

Catalogus scriptorum Thomasianorum decima tertia vice repetitus anno 1732. — Halæ Magdeburgicæ, lit. Salfeldii vid., in-4°. 1450

* **Catalogus universalis librorum in bibliotheca Bodleiana** omnium librorum, linguarum, et scientiarum genere refertissima, sic compositus; ut non solum publicis per Europam universam bibliothecis, sed etiam privatis musæis, aliisque ad catalogum librorum conficiendum usui esse possit. Accessit appendix librorum, qui vel ex munificentia aliorum, vel ex censibus bibliothecæ recens allati sunt, auctore Thoma James. — Oxoniæ, Joh. Lichfield & Jacobus Short, 1620, in-4°. 1451

* **Catalogus universalis librorum,** in omni facultate, linguaque insignium, et rarissimorum; non solum ex catalogis bibliothecarum Bodleianæ, Lugduno-Batavæ, Ultrajectinæ, Barberinæ, Thuanæ, Cordesianæ, Tellerianæ, Slusianæ, et Heinsianæ, sed etiam ex omnibus fere aliis prælo impressis magno labore et sumptu in usum studiosorum collectus. — Londini, apud Joannem Hartley, 1699, 2 vol. in-8°. 1452

* **Catalogus** van de Bibliotheek der Stad Amsterdam. — Amsterdam, 1856-1858, in-8°. 1453

Catalogus verschiedener Bücher, so von dem Churfl. Büchercensurcollegio theils als religionswidrig, theils als denen guten Sitten, theils auch als denen Landsfürstlichen Gerechtsamen nachtheilig verbothen worden. — Verlegts Johann Nepomuck Fritz in München, 1770, in-8°. 1454

Catalogus van de Bibliotheek der Maatschappij van Nederlandsche Letterkunde te Leiden. — Leiden, Luchmans, 1847-1849, 3 vol. in-8°. 1455

Bijvoegsel over de Jaren 1848-1852. — Leiden, Brill, 1853, in-8°.

Bijvoegsel over de Jaren 1853-1857. — Leiden, Brill, 1857, in-8°.

Cathay and the way thither; being a collection of medieval notices of China, translated and edited by colonel Henry Yule,... With a preliminary essay on the intercourse between China and the western nations previous to the discovery of the Cape route. — London, printed for the Hakluyt Society, 1866, 2 vol. in-8°. 1456

On trouve, pages 26-41 une bibliographie de la vie et des voyages d'Odoric; — pages 429 une bibliographie de Ibn Batouta; — et p. 548 une bibliographie de Goës.

* **Cattenburgh** (A. a). — Bibliotheca scriptorum remonstrantium, cui subjunctum est specimen Controversiarum inter remonstrantes et socinum ejusque asseclas, exhibitum ipsissimis scriptorum verbis. — Amstelædami, apud B. Lakeman, 1728, in-8°. 1457

Catullus Tibulus, Propertius cum Galli fragmentis et Pervigilio veneris. Præmittitur notitia literaria studiis societatis Bipontinæ. Editio accurata. — Biponti, ex typographia societatis, 1783, in-8°. 1458

Contient, pages XXXVIII-LVIII: »Index editionum Catulli, Tibulli, Properti, et Cornelii Galli in sex ætates digestus«.

* **Caussé** (S.). — Faculté de médecine de Montpellier. Nomination à la chaire de médecine légale et de toxicologie. Exposé des titres scientifiques, nominations, services publics, mémoires et publications de M. Séverin Caussé, à l'appui de sa candidature. — Albi, imp. de E. Desrue, 1873, in-8°, 35 p. 1459

* **Cauvet.** — Charles de Bourgueville, sieur de Bras, historien normand de la fin du XVIe siècle. — Paris, imp. impériale, 1868, in-8°, 11 p. 1460

* —. (J.). — Notice archéologique sur M. Arcisse de Caumont, lue à la séance solennelle de la Société des Antiquaires de Normandie, tenue le 1er décembre 1873 sous la présidence de M. Guizot. — Caen, Le Blanc Hardel, 1874, in-8°, 16 p. 1461

* **Cavanna** (G.). — Elementi para una bibliografia italiana intorno all' idro fauna, agli allevamenti degli animali acquatici e alla pesca raccolti solto gli auspici del R. Ministerio de agricoltura, industria e commercio, per la esposizione della pesca in Torino. — Firenze, coi tipi dell' arte della stampa, 1880, in-8°. 1462

* **Cave** (G.). — Chartophylax ecclesiasticus: quo prope MD scriptores ecclesiastici, tam minores, quam majores, tum catholici, tum hæretici, eorumque patria, ordo, secta, munera ætas et obitus; editiones operum præstantiores; opuscula, quin et ipsa fragmenta breviter indicantur. Scriptores dubii a certis, suppositii a genuinis, non extantes a superstitibus distinguuntur. A Chr. nato ad annum usq. 1517. Accedunt scriptores gentiles christianæ religionis oppugnatores; et brevis cujus vis sæculi conspectus. Adjecto ad calcem indice alphabetico-chronologico... addita nunc sunt Paralipomena ad hunc Chartophylacem Pauli Colomesii. — Lipsiæ, sumptibus Michaelis Güntheri, 1687, in-12. 1463

* **Cave** (G.). — Scriptorum ecclesiasticorum historia literaria a Christo nato usque ad sæculum XIV. facili methodo digesta. Qua de vita illorum ac rebus gestis, de secta, dogmatibus, elegio, stylo; de scriptis genuinis, dubiis, supposititiis, ineditis, deperditis, fragmentis; deque variis operum editionibus perspicue; agitur. Accedunt scriptores gentiles christianæ religionis oppugnatores; et cujusvis sæculi breviarium. Inseruntur suis locis veterum aliquot opuscula et fragmenta tum græca, tum latina hactenus inedita. Præmissa denique Prolegomena, quibus plurima ad antiquitatis ecclesiasticæ studium spectantia traduntur. Opus indicibus necessariis instructum. Accedit ab alia manu appendix ab ineunte sæculo XIV ad annum usque 1517. — Londini, typis et impensis Richardi Chiswell, 1688, in-fol. 1464

* —. — Scriptorum ecclesiasticorum historia literaria, a Christo nato, usque ad sæculum XIV. facili methodo digesta, et nunc auctior facta, qua de vita illorum ac rebus gestis, de secta, dogmatibus, elogio, stylo, de scriptis genuinis, dubiis, suppositiis, ineditis, deperditis, fragmentis; deque variis operum editionibus perspicuè agitur. Accedunt scriptores gentiles christianæ religionis oppugnatores; et cujusvis sæculi breviarium. Additur ad finem cujusque sæculi conciliorum omnium tum generalium, tum particularium historica notitia. Inseruntur suis locis veterum aliquot opuscula et fragmenta, tum græca, tum latina hactenus inedita. Præmissa denique prolegomena,

quibus plurima ad antiquitatis ecclesiasticæ studium spectantia traduntur. Accedunt ab aliis manibus duæ appendices, in unam congestæ, ab ineunte sæculo XIV. ad annum usque 1517. ab ipso autore correctæ et auctæ. Et ad calcem operis dissertationes tres, I. de scriptoribus ecclesiasticis incertæ ætatis. II. de libris et officiis ecclesiasticis græcorum. III. de Eusebii Cæsariensis arianismo, adversùs Joannem Clericum. Adjecti sunt catalogus autorum, et indices scriptorum et conciliorum atque rerum, alphabetico-chronologici, etc. Editio novissima, valde accuratior, et plurimis mendis, quibus priores scatebant repurgata, in qua, quid de novo præstitum, edocet proximè sequens pagina. — Genevæ, apud Gabrielem de Tournes, 1720, in-fol. 1465

* **Cave.** — Scriptorum ecclesiasticorum historia literaria facili et perspicua methodo digesta. Pars altera: qua plusquam DC. scriptores novi, editi, mss. deperditi recensentur; prioribus plurima adduntur; breviter, aut obscure dicta illustrantur; recte asserta vindicantur. Accedit ad finem cujusvis sæculi conciliorum omnium, tum generalium tum particularium, historica notitia. Ad calcem vero operis dissertationes tres. I. De scriptoribus ecclesiasticis incertæ ætatis. II. De libris et officiis ecclesiasticis græcorum. III. De Eusebii cæsariensis arianismo adversus Joannem Clericum. Adjecti sunt indices utilissimi, scriptorum et conciliorum alphabetico-chronologici. — Londini, typis et impensis Richardi Chiswell, 1698, in-fol. 1466

*Editio novissima ab autore ipsomet ante olitum recognita et auctior facta. — Oxonii, apud Josephum Pote, 1740-1743. 2 vol. in-fol.

* — Genovæ, sumptibus Chouet, 1705, in-fol.

* **Cavrois** (L.). — L'imprimerie à Arras, étude historique précédée d'un tableau de la succession des imprimeurs de cette ville. — Arras, imp. de la société du Pas de Calais, 1878, in-8°, 24 p. 1467

Ext. de l'»Annuaire du Pas de Calais«, 1878.

* **Cayrol** (L.-N.-J.-J. de). — Essai historique sur la vie et les ouvrages de Gresset. — Amiens, Caron-Vitet, 1844, 2 vol. in-8°. 1468

* —. — Essai sur la vie et les ouvrages du P. Daire, . . . avec les »Epîtres farcies« telles qu'on les chantait dans les églises d'Amiens au XIIIe siècle; publiées pour la première fois d'après le manuscrit original par M. M.-J. R. — Amiens, Caron-Vitet, 1838, in-8°. 1469

* **Cazeaux** (P.). — Titres scientifiques de M. le docteur P. Cazeaux (candidat pour la place vacante dans la section d'accouchement). — Paris, imp. de L. Martinet, avril 1850, in-4°, 4 p. 1470

* **Cazeneuve** (P.) — Titres et travaux scientifiques du docteur Paul Cazeneuve. — Lyon, imp. de A. L. Perrin, 1879, in-4°, 23 p. 1471

* **Cazenove** (R. de). — Notes sur deux bibliophiles lyonnais (1562-1867). Recherches sur Jean Grolier, sur sa vie et sur sa bibliothèque; par M. Le Roux de Lincy. Catalogue de la bibliothèque de M. N. Yemeniz, précédé d'une notice; par Le Roux de Lincy. Compte-rendu analytique. — Lyon, imp. Vingtrinier, 1868, in-8°, 51 p. 1472

Ext. de la »Revue du Lyonnais«. — Tiré à 103 ex. dont 3 sur papier vergé.

* **Cazin**, marchand libraire rémois, essai sur sa vie et ses éditions; par un cazinophile. — Reims, Brissart-Binet, 1859, in-12, 12 p. 1473

Par Brissart-Binet. — La couverture imprimée sert de titre.

* **Cazin, sa vie et ses éditions,** par un Cazinophile. — Cazinopolis, Châlons-

sur-Marne, typ. T. Martin, 1863, in-16 et in-8°. 1474

Par Brissart-Binet (Ch. A.).

* — Reims, Brissart-Binet, 1876, in-16.

* **Cecchetti** (B.). — Bibliografia della principessa Dora d'Istria. VI. ediz. — Firenze, tip. edit. dell' Associaz., 1873, in-8°, 22 p. 1475

Ext. de la »Rivista Europea«.

* **Ceillier** (Dom Remy). — Histoire generale des auteurs sacrés et ecclesiastiques, qui contient leur vie, le catalogue, la critique, le jugement, la chronologie, l'analyse et le dénombrement des différentes éditions de leurs ouvrages; ce qu'ils renferment de plus intéressant sur le dogme, sur la morale et sur la discipline de l'église; l'histoire des conciles tant généraux que particuliers, et les actes choisis des martyrs. — A Paris, chez P. A. Le Mercier père, 1729-1763, 23 vol. in-4°. 1476

Une table générale des matières de ces 23 vol. a été publiée par Laur. Et. Rondet à Paris, chez Nicolas Crapart, 1782, in-4°.

Celsus (A. C.). — De medicina libri octo ad optimas editiones collati præmittitur notitia literaria studiis societatis Bipontinæ. Editio accurata. — Biponti, ex typographia Societatis, 1786, in-8°. 1477

Contient, pages XVI-XXIV: »Index editionum Auli Cornelii Celsi Krausio-Ernestiano auctior et in ætates IV digestus«.

* **Celsus de Rosinis.** — Lyceum lateranense illustrium scriptorum sacri apostolici ordinis clericorum canonicorum regularium salvatoris lateranensis elogia. Libris viginti ad faciliorem ordinem digesta. In quibus eorum opera edita recensentur, editionesque notantur: et quæ manuscripta integra reliquerunt, in quibus nam bibliothecis asseruentur adducitur. Cum quadruplici indice auctorum, nationum, operum, et librorum sacræ scripturæ explicatorum. — Cæsenæ, ex typographia Nerii, 1649, 2 vol. in-fol. 1478

Censura in glossas et additiones juris canonici, omnibus exemplaribus hactenus excusis respondens. Ex archetypo romano, pontificis maximi jussu ædito. Librorum, titulorum, et capitulorum numerus, omnibus: paginarum vero Lugdun. et Venet. codicibus, post annum 1553. impressis, respondet. — Coloniæ, Cholinus, 1572, in-8°. 1479

* **Centenario de Camões.** Catalogo resumido d'uma collecção camoneana exposta na bibliotheca publica de Ponte Delgada, por occasião d'esta solemnidade nacional, 10 de junho de 1880. — S. Miguel, typ. do Archivo dos Açores, in-8°. 1480

Ceretti (don F.). — Notizia bibliografica sul generale conte Angelo Scarabelli-Pedocca di Mirandola. — Mirandola, tip. Cagarelli, 1873, in-8°, 32 p. 1481

* **Cerfberr de Médelsheim** (A.) — Biographie Alsacienne-Lorraine. — Paris, Alphonse Lemerre, 1879, in-16. 1482

Cerquetti (A.). — Bibliografia e lessicografia. — Forli, tip. Casali, 1871, in-16, 16 p. 1483

Ext. de la »Romagna«.

Cerroni (J. P.). — Bibliotheca Cerroniana seu catalogus librorum quos imprimis ad promovendam Bohemiæ et Moraviæ litteraturam edidit. — Viennæ, 1833, in-8°. 1484

Cerroti (F.). — Catalogo della biblioteca Romana-Sarti, parte prima: catalogo delle opere disposte secondo l'ordine alphabetico dei nomi dei loro autori o dei titoli delle opere stesse. — Roma-Firenze, tip. Bencini, 1881, in-4°. 1485

* **Chabert.** — Histoire résumée de l'imprimerie dans la ville de Metz, depuis l'introduction de cet art jusqu'au XIXe siècle (1482-1800). Suivie de

notes historiques sur Metz depuis les temps les plus reculés, recueillies et publiées par H. X. Lorette, libraire à Metz. — Metz, imp. de Nouvian (1851), in-fol., 16 p. 1486

Se termine par cette note: »Pour la suite des notes historiques sur Metz, voir les brochures La Vendetta, La Fête des trépassés. A la première occasion une cinquième livraison paraîtra, toujours sous le même format, et contenant des notes sur le Pays-Messin«.

* **Chaboisseau.** — Notes de bibliographie botanique. Extrait du Bulletin de la société botanique de France (T. XVII, 1870; et XVIII, 1871). — Paris imp. Martinet, 1872, in-8°, 27 p. 1487

Challamel (aîné). — Voy. Bulletin bibliographique algérien.

Challine (C.). — Voy. Naudé. La bibliographie politique.

* **Champfleury**. — Bibliographie céramique. Nomenclature analytique de toutes les publications faites en Europe et en Orient sur les arts et l'industrie céramiques depuis le XVIe siècle jusqu'à nos jours. — Paris, Quantin, 1881, in-8°. 1488

* —. — Essai sur la vie et l'œuvre des Lenain, peintres Laonnois. — Laon, imp. de E. Fleury et A. Chevergny, 1850, in-8°. 1489

* —. — Nouvelles Recherches sur la vie et l'œuvre des frères Le Nain. — Laon, imp. de E. Fleury, 1862, in-8°. 1490

* **Champier** (V.). — Les beaux-arts en France et à l'étranger. L'année artistique l'administration, les musées, les écoles, le salon annuel, chronique des expositions, les ventes de l'hôtel Drouot, l'art en province, l'art à l'étranger, bibliographie et nécrologie, documents officiels. — Paris, A. Quantin, 1879-1882, 4 vol. in-8°. 1491

* **Champion** (M.). — Frédéric Soulié, sa vie et ses ouvrages, orné de son portrait, et suivi des discours prononcés sur sa tombe par M. M. Victor Hugo, Paul Lacroix et Antony Béraud. — Paris, Moquet, 1847, in-12, 48 p. 1492

* —. — Les inondations en France depuis le VIe siècle jusqu'à nos jours. Recherches et documents contenant les relations contemporaines, les actes administratifs, les pièces officielles, etc. de toutes les époques; avec détails historiques sur les quais, ponts, digues, chaussées, levées, etc.; suivis de tableaux synoptiques par bassin, de l'hydrographie générale de la France; et d'un index bibliographique des ouvrages anciens et modernes traitant de la matière, publiés, annotés et mis en ordre pour servir aux études historiques statistiques, scientifiques et topographiques des inondations. — Paris, Dalmont et Dunod, 1858-1864, 6 vol. in-8°. 1493

* **Champollion - Figeac**. — Notice d'une édition de la danse Macabre antérieure à celle de 1486, et inconnue aux bibliographes. — Paris, imp. Sajou, 1811, in-8°, 17 p. 1494

* — (A.). — Notice historique et littéraire sur Charles duc d'Orléans, sur ses poésies, les manuscrits qui nous les ont conservées, et sur la première édition complète de ses ouvrages, servant d'introduction à cette édition publiée sur le manuscrit original de la bibliothèque de Grenoble, conféré avec ceux de Paris, de Londres et de Carpentras. — Paris, quai Malaquais n° 15, 1842, in-8°, 38 p. 1495

La couverture imprimée sert de titre.

— (J. J.). — Nouvelles recherches sur les patois ou idiomes vulgaires de la France; et en particulier sur ceux du département de l'Isère; suivies d'un essai sur la littérature dauphinoise, et d'un appendice contenant des pièces en vers ou en prose peu connues, des extraits de manuscrits inédits et un vocabulaire. — Paris, Goujon, 1809, in-8°. 1496

Contient une notice bibliographique des divers ouvrages imprimés en patois du département de l'Isère.

* **Champollion-Figeac.** — Résumé complet d'archéologie. — Paris, aux bureaux de l'encyclopédie portative, 1825-1826, 2 vol. in-8°. 1497

Le T. II contient une »bibliographie archéologique« — ces volumes font partie de l'»Encyclopédie portative«. Il a paru une seconde édition qui a pour titre: »Traité élémentaire d'archéologie ... suivi de la biographie des plus célèbres antiquaires, de la bibliographie archéologique ... — Paris, 1843, 2 vol. in-32«.

* **Chancel** (G.). — Charles Frédéric Gerhardt, sa vie et ses travaux. — Montpellier, imp. de Bœhm, 1857, in-8°, 19 p. 1498

* —. — Titres scientifiques de M. Gustave Chancel. — Paris, imp. de Thunot (1851), in-4°, 4 p. 1499

* **Chandler** (H. W.). — A catalogue of editions of Aristotle's Micomachean ethics and of works illustrative of them printed in the fifteenth century, together with a letter of Constantinus Paleocappa and the dedication of a translation of Aristotle's politics to Humphrey, Duke of Gloucester, by Leonardus Aretinus hitherto unpublished. Not published. — Oxford, 1868, in-4°, 47 p. 1500

Tiré à 35 ex.

* **Charaux** (A.). — Académie de Besançon. Faculté des lettres. Thèse historique et littéraire. Saint-Avite évèque de Vienne, en Dauphiné, sa vie, ses œuvres. — Paris, Colin, 1876, in-8°. 1501

* **Charavay.** — L'amateur d'autographes. — Paris, Charavay, 1862-1880, in-8°, 18 années. 1502

—. — Voy. Revue des autographes.

* **Charcot.** — Exposé des titres du Dr. J. M. Charcot. — Paris, imp. de Hennuyer, 1866, in-4°, 48 p. 1503

* (J. M.). — Exposé des titres scientifiques du docteur J. M. Charcot. — Paris, imp. de Martinet, 1872, in-4°. 1504

* — Versailles, imp. Cerf, 1878, in-4°.

* Supplément à l'Exposé des titres scientifiques du Dr. J. M. Charcot. — Versailles, imp. de Cerf, 1878, in-4°, 6 p. 1505

* **Chardon-La-Rochette.** — Notice sur la vie et les écrits de Mercier Saint-Léger. »Magasin encyclopédique«. — (s. l.) an VII, in-8°, 30 p. 1506

* **Charles** (E.). — Roger Bacon, sa vie, ses ouvrages, ses doctrines, d'après des textes inédits. Thèse présentée à la faculté des lettres de Paris. — Bordeaux, tip. G. Gounouilhou, 1861, in-8°. 1507

* **Charles Baudelaire.** Souvenirs, correspondances, bibliographie, suivis de pièces inédites. — Paris, Pincebourde, 1872, in-16. 1508

* **Charlevoix** (de). — Histoire et description générale de la Nouvelle France, avec le Journal historique d'un voyage fait par ordre du roi dans l'Amérique Septentrionale. — Paris, Giffart, 1744, 2 vol. in-4°. 1509

Le T. II contient, p. XLI-LXII: »Liste et examen des auteurs que j'ai consultés pour composer cet ouvrage«.

* — (P. de). — Histoire et description générale du Japon, où l'on trouvera tout ce qu'on a pu apprendre de la nature et des productions du pays, du caractère et des coûtumes des habitans, du gouvernement et du commerce, des révolutions arrivées dans l'empire et dans la religion; et l'examen de tous les auteurs qui ont écrit sur le même sujet. Avec les fastes chronologiques de la découverte du Nou-

veau Monde. Enrichi de figures en taille douce. — Paris, Julien Michel Gandouin, 1736, 2 vol. in-4°. 1510

Les pages 681-703 du T. II renferment: »Liste et examen des auteurs qui ont écrit sur l'histoire du Japon«. (160 art.) — L'édition de Paris, 1736, 9 vol. in-12 contient cette liste au commencement du T. IX.

* **Charlevoix** (F. X. de). — History and general description of New France. Translated, with notes, by John Gilmary Shea. — New-York, Shea, 1866-1872, 6 vol. in-4°. 1511

Le T. I contient, p. 67-96: »Critical List of authors whom i have consulted in composing this work«.

* **Charma** (A.). — Condorcet, sa vie et ses œuvres. — Caen, A. Hardel, 1863, in-8°. 1512

Extrait des »Mémoires de l'Académie des sciences, arts et belles lettres de Caen«.

* —. — Guillaume de Conches, notice biographique, littéraire et philosophique. — Paris, L. Hachette, 1857, in-8°. 1513

* —. — Saint Anselme. Notice biographique, littéraire et philosophique. — Paris, L. Hachette, 1853, in-4°. 1514

Extrait du XXe volume des »Mémoires de la Société des Antiquaires de Normandie«.

* **Charpentier.** — Exposé des titres et travaux scientifiques de M. le Dr. Charpentier. — Paris, imp. de Parent, 1879, in-4°. 1515

* **Chas** (J.). — Liste des ouvrages que M. J. Chas a publié depuis l'époque mémorable du 18 brumaire (15 frimaire an XIII). — (S. l. ni d.) in-8°, 2 p. 1516

* —. — Supplique présentée à S. M. l'empereur et roi, par M. J. Chas. — (s. l. ni d.) in-4°, 4 p. 1517

Demandant la récompense de ses travaux, de ses sacrifices, de sa fidélité, suivie d'une notice de ses ouvrages.

* **Chasles.** — Discours sur la vie et les œuvres de Jacques-Auguste de Thou, . . . lu dans la séance publique du 25 août 1824. — Paris, F. Didot père et fils, 1824, in-4°, 46 p. 1518

* —. — Discours sur la vie et les œuvres de Jacques-Auguste de Thou, qui a partagé le prix d'éloquence décerné par l'Académie française. — Paris, F. Didot père et fils, 1824, in-4°. 1519

* —. — Notice des travaux mathématiques de M. Chasles. — Paris, imp. de Bachelier (1843), in-4°, 39 p. 1520

* — (Ph.). — Francis Jeffrey. Fondation, développement et influence de la »Revue d'Edinbourg«. (Extrait de la »Revue contemporaine«, livraison du 15 juin.). — Paris, aux bureaux de la Revue contemporaine, 1853, in-8°, 40 p. 1521

* **Chassaignac.** — Exposé des titres de M. Chassaignac, candidat à l'académie impériale de médecine. — Paris, imp. de L. Martinet (1854), in-4°, 38 p. 1522

La couverture imprimée sert de titre.

* —. — Exposé des travaux de M. Chassaignac. — Paris, imp. de L. Martinet (1856), in-8°. 1523

La couverture imprimée sert de titre.

* —. — Titres antérieurs de M. Chassaignac, docteur en médecine. — Paris, imp. de Baudouin (s. d.), in-4°, 4 p. 1524

Chassang (A.). — Voy. La Bruyère. Oeuvres complètes.

* **Chasse aux bibliographes** (La) et antiquaires mal-advisés, suivie de beaucoup de notes critiques sur l'histoire de l'ancienne typographie, et sur diverses matières bibliologiques et bibliographiques, ainsi que de plusieurs éclaircissements sur la réformation des lettres en France, sur diverses parties de son droit public, et de celui de la Provence,

concernant principalement les affaires présentes, c'est-à-dire la contribution commune des trois ordres aux charges publiques de l'état, concernant également la manière très-reconnaissante, très-loyale et très-juste, dont son administration se conduit par rapport à la bibliothèque, que le marquis de Méjanes lui a léguée, et envers son premier bibliothécaire qui, sur ses fortes instances, a bien voulu sacrifier le séjour de Paris à son desir, par un des élèves que M. l'abbé Rive a laissés dans Paris. — A Londres, chez N. Aphobe, 1789, 2 vol. in-8°. 1525

* **Chassériau** (Fr.). — Notice sur M. Beautemps - Beaupré, . . . Extrait du »Moniteur Universel« des 19 juillet et 2 août 1874. — Paris, imp. de Panckoucke, 1854, in-8°, 36 p. 1526

* **Chasseur bibliographe** (Le), revue bibliographique, philologique, littéraire, critique et anecdotique, rédigée par une société de bibliographes et bibliophiles, suivie d'une notice de livres rares et curieux, la plupart non cités, à prix marqués. — Paris, François, 1862-1863, 2 vol. in-8°. 1527

Après une interruption, cette revue reparait en conservant sa tomaison générale et avec l'adresse: Paris, Léon Roudiez, 1867, in-8°.

Chastellain (G.). — Oeuvres publiées par le baron Kervyn de Lettenhove. — Bruxelles, Heussner, 1863, in-8°. 1528

Contient, pages XLVIII-LXIV: Ouvrages de Georges Chastellain. (57 art.)

* **Chatin** (Ad.). — Notice des travaux de M. Ad. Chatin (candidat à la chaire de botanique vacante à l'Ecole de Pharmacie de Paris). — Paris, imp. de Bachelier (1848), in - 4°, 8 p. 1529

La couverture imprimée sert de titre.

* —. — Notice sur les travaux scientifiques de M. Ad. Chatin. — Paris, imp. de Bachelier, 1852, in - 4°, 19 p. 1530

* — Versailles, imp. de Cerf, mars 1866, in-4°.

Les couvertures imprimées servent de titre.

Chaudon. — Voy. Nouvelle bibliothèque d'un homme de goût.

* **Chauffard** (Em.). — Exposé des titres du Dr. Em. Chauffard, . . . à l'appui de sa candidature à la chaire de pathologie générale (novembre 1866). — Paris, imp. Martinet, 1866, in-4°, 8 p. 1531

* Appendice . . . (mars 1870). — Paris, imp. Martinet, in-4°, 8 p.

Chaumelin (M.). — Voy. Revue bibliographique du midi.

Chaussier. — Voy. Boyer. Rapports... sur les mémoires... du Dr. Faure.

* **Chauveau** (A.). — Exposé des titres scientifiques de A. Chauveau, . . . candidat à la place vacante dans la section de médecine vétérinaire à l'Académie impériale de médecine. — Paris, imp. de Martinet, 1863, in-4°, 39 p. 1532

* **Chavanne** (J.), Dr. A. **Karpf**, F. **Chevalier de Le Monnier**. — The literature on the polar - regions of the earth. Edited by the Imp. roy. Geographical society of Vienna. — Vienna, Edw. Hölzel, 1878, in-8°. 1533

Avec un autre titre en allemand: Die Literatur der Polar-Regionen der Erde . . . — Wien, Edw. Hölzel.

* **Chaverondier** (Aug.) et E. F. **Maurice**. — Catalogue des ouvrages relatifs au Forez ou au département de la Loire publiés en 1864, 1865 et 1866. Extrait des Annales de la société impériale d'agriculture, industrie, sciences, arts et belles-lettres du département de la Loire, tome X. — Saint - Etienne, imp. Ve Théolier, 1867, in-8°. 1534

Cet ouvrage s'arrêtait à la page 146, mais les auteurs l'ont continué et ont repris la suite de la pagination. Il a été réimprimé un nouveau titre portant en plus que le précédent: »Première série. Période décennale 1864-1873«. Extrait ... T. X à XVII.—Saint-Etienne, imp. Théolier, 1874.

*—. — Publiés en 1874 (-1879) in-8°. Comme dessus.

* **Chaverondier** (Aug.) et E. F. **Maurice.** — Catalogue des ouvrages relatifs au Forez ou au département de la Loire. — Saint-Etienne, imp. Théolier frères, 1881, in-8°, 28 p. 1535

Ext. des »Annales de la Société d'agriculture, industrie, etc. du département de la Loire«, T. 24, année 1880.

* **Check list of Publications of the Smithsonian institution.** — New-York, 1872, in-8°. 1536

Chênedollé (Ch. de). — Voy. Le Bibliophile belge. — Voy. Mercier de Saint-Léger. Notice raisonnée des ouvrages.

* **Chénier** (L.-J. G. de). — Antide Janvier, notice historique sur sa vie et ses travaux, ... Mémoire couronné (1860) par la Société des sciences et arts de Poligny. — Poligny, imp. de Mareschal, 1862, in-8°, 28 p. 1537

Chenu (J.). — Voy. Catalogue d'une collection trés-considérable de livres imprimés par les Elzevirs.

Chéreau (A.). — Bibliographia patiniana. — Paris, 1879, in-8°. 1538

*—. — Candidature à la place de bibliothécaire adjoint de l'Académie impériale de médecine. Liste chronologique des publications du Dr. Archille Chereau. — Paris, imp. de Malteste, 1869, in-4°, 18 p. 1539

*—. — Candidature du Dr. Achille Chereau, à l'une des places vacantes parmi les associés libres de l'académie nationale de médecine. — Paris, imp. de Malteste (1872), in-4°, 4 p. 1540

*—. — Henri de Mondeville chirurgien de Philippe-le-Bel, roi de France. — Paris, Aug. Aubry, 1862, in-8°. 1541

Contient, p. 98-100: »Notice bibliographique sur Henri de Mondeville«.

* **Chereau** (A.). — Liste chronologique des publications littéraires, historico-médicales et scientifiques du docteur Achille Chereau, candidat à la chaire d'histoire de la médecine déclarée vacante à la faculté de médecine de Paris. — Paris, imp. de Malteste, 1879, in-8°, 20 p. 1542

Chereau (Ach.). — Voy. Catalogue d'un marchand libraire du XVe siècle.

* **Chéron** (P.). — Catalogue général de la librairie française au XIXe siècle indiquant, par ordre alphabétique de noms d'auteurs les ouvrages publiés en France du 1er janvier 1800 au 31 décembre 1855. — A Paris, chez P. Jannet, 1856-1859, 3 vol. gr. in-8°. 1543

Cet ouvrage s'arrête au mot: »Dubuisson«.

* **Chesneau** (E.). — Constant Dutilleux. 1807-1865. — Paris, Charavay, 1880, in-8°, 30 p. 1544

* **Chesneau** (E.). — Le statuaire J. B. Carpeaux. Sa vie et son œuvre. — Paris, Quantin, 1880, in-8°. 1545

* **Chevalier** (A.). — Etude sur la vie et les travaux scientifiques de Charles Chevalier. — Paris, imp. de Bonaventure et Ducessois, 1862, gr. in-8°. 1546

* — (Ul.). — Dante Alighieri. Bio-bibliographie. — Montbéliard, imp. Hoffmann, 1877, in-16, 22 p. 1547

Ext. du »Répertoire des sources historiques du moyen-âge«, 2e fasc.

*—. — François Pétrarque, bio-bibliographie. — Montbéliard, imp. Hoffmann, août 1880, in-16, 16 p. 1548

Ext. du »Répertoire des sources historiques du moyen-âge«, 4e fascicule.

*—. — Jeanne d'Arc, Bio-bibliographie. Montbéliard, imp. Hoffmann, août 1878, in-16, 19 p. 1549

Ext. du »Répertoire des sources historiques du moyen-âge«, 3e fasc.

* **Chevalier** (Ul.). — Notre Seigneur Jésus-Christ, bio-bibliographie. — Montbéliard, imp. P. Hoffmann, novembre 1878, in-16. 1550

Ext. du »Répertoire des sources historiques du moyen-âge«, 3e fasc.

* —. — Répertoire des sources historiques du moyen-âge. Bibliographie. — Paris, lib. de la Société bibliographique, 1877, in-8° à 2 col. 1551

L'ouvrage sera complet en 3 vol.

* —. — Saint Paul, apôtre, bio-bibliographie. — Montbéliard, imp. Hoffmann, juin 1880, in-32, 16 p. 1552

Ext. du »Répertoire des sources historiques du moyen-âge«, 4e fascicule.

* —. — Saint Pierre, apôtre, Bio-bibliographie. — Montbéliard, imp. Hoffmann, septembre 1880, in-16, 13 p. 1553

Ext. du »Répertoire des sources historiques du moyen-âge«, 4e fascicule.

* —. — La sainte vierge Marie, Bio-bibliographie. — Montbéliard, imp. Hoffmann, 1879, in-16, 22 p. 1554

Ext. du »Répertoire des sources historiques du moyen-âge«, 3e fasc.

Chevalier de Le Monnier (F.). — Voy. Chavanne. The literature on the polar-regions of the earth.

* **Chevallier** (A.). — Enumération des titres et travaux scientifiques de M. A. Chevallier, . . . — Paris, imp. de Renou et Maulde, 1862, in-8°, 43 p. 1555

* —. — (fils). — Enumération des travaux de M. A. Chevallier fils, chimiste, rédacteur en chef du Moniteur d'hygiène. — Paris, imp. de Renou et Maulde, 1867, in-4°, 8 p. 1556

* — Paris, imp. de Malteste, 1874, in-8°, 8 p.

* —. — Note sur divers travaux de M. le baron Thénard. — Paris, imp. de Renou et Maulde, 1863, in-8°, 12 p. 1557

* **Chevandier** (Eug.). — Notice sur les travaux de M. Eug. Chevandier. — Paris, imp. de Bachelier (1847), in-4°, 22 p. 1558

La couverture imprimée sert de titre.

* —. — Notice sur les travaux scientifiques de M. Eugène Chevandier. — Paris, Bachelier, 1852, in-4°, 24 p. 1559

La couverture imprimée sert de titre.

* **Chevremont** (F.). — Marat. Index du bibliophile et de l'amateur de peintures, gravures, etc. — Paris, chez l'auteur, 1876, in-8°. 1560

Tiré à 100 ex. numérotés sur papier vélin.

* **Chevreul** (H.). — Etude sur le XVIe siècle. Hubert Languet. — Paris, L. Potier, 1852, in-8°. 1561

* — Deuxième édition revue et augmentée. — Paris, L. Potier, 1856, in-8°.

* **China review** (The): or, notes and queries on the far east. Published every two months. — Hongkong, China Mail office, 1872-1881, 11 vol. in-8°. 1562

Chaque numéro contient sur la Chine: »Notices of new books« et »Collectanea bibliographica«.

* **Chmel** (J.). — Die Handschriften der K. K. Hofbibliothek in Wien, im Interesse der Geschichte, besonders der österreichischen, verzeichnet und excerpirt. — Wien, bey Carl Gerold, 1840-1841, 2 vol. in-8°. 1563

* **Choisy** (V.). — Notice sur Jean Vauquelin de La Fresnaye, poëte du XVIe siècle. — Falaise, imp. de Levavasseur, 1841, in-8°, 22 p. 1564

Extrait des »Mémoires de la Société académique de Falaise«. — La couverture imprimée sert de titre.

* **Choron** (Etne). — Notice sur la vie et les ouvrages de Louis de Héricourt. Extrait du »Bulletin de la Société historique et archéologique de Soissons.« — Laon, imp. de E. Fleury, 1863, in-8°, 28 p. 1565

* **Choulant** (L.). — Die anatomischen Abbildungen des XV. und XVI. Jahrhunderts. Historisch und bibliographisch erläutert. — Leipzig, L. Voss, 1843, in-4°, 28 p. 1566

—. — Die Anfänge wissenschaftlicher Naturgeschichte und naturhistorischer Abbildung im christlichen Abendlande. — Dresden, Druck von Blochmann, 1856, in-4°, 46 p. 1567

* —. — Bibliotheca medico-historica sive catalogus librorum historicorum de re medica et scientia naturali systematicus. — Lipsiæ, sumtibus Guil. Engelmann, 1842, in-8°. 1568

* —. — Der Curort Augustusbad bei Radeberg historisch, chemisch und medicinisch erläutert und nach seinen gegenwärtigen Einrichtungen beschrieben. — Dresden, Adler und Dietze, 1847, in-12. 1569

Les pages 69-78 contiennent : »Literatur des Bades Augustusbad bei Radeberg«.

—. — Geschichte und Bibliographie der anatomischen Abbildung nach ihrer Beziehung auf anatomische Wissenschaft und bildende Kunst. Nebst einer Auswahl von Illustrationen nach berühmten Künstlern, Hans Holbein, Lionardo da Vinci, Rafael und andere. In 43 Holzschnitten und 3 Chromolithographien herausgegeben von Rudolph Weigel. — Leipzig, Weigel, 1852, in-4°. 1570

* —. — Geschichte und Literatur der älteren Medicin. — Leipzig, Voss, 1841, in-8°. T. I. 1571

A cet autre titre:
»Handbuch der Bücherkunde für die ältere Medicin zur Kenntniss der griechischen, lateinischen und arabischen Schriften im ärztlichen Fache und zur bibliograph. Unterscheidung ihrer verschiedenen Ausgaben, Uebersetzungen und Erläuterungen. 2e durchaus umgearbeitete und stark vermehrte Auflage. — Leipzig.

—. — Graphische Incunabeln für Naturgeschichte und Medicin. Enthaltend Geschichte und Bibliographie der ersten naturhistorischen und medicinischen Drucke des XV. und XVI. Jahrhunderts, welche mit illustrirenden Abbildungen versehen sind. — Leipzig, 1858, in-8°. 1572

Ext. de l'»Archiv für die zeichnenden Künste«.

Choulant (L.). — Historisch-literarisches Jahrbuch für die Deutsche Medicin. — Leipzig, Voss, 1838-1840, in-8°. T. I-III. 1573

—. — Prodromus novæ editionis Auli Cornelii Celsi librorum octo de medicina quam curabit... Inest apparatus critici Celsiani tentamen bibliographicum. — Lipsiæ, Voss, 1824, in-4°, 42 p. 1574

—. — Vorlesung über die Kranioskopie oder Schädellehre, vor einem Kreise gebildeter Nichtärzte gehalten. Nebst einem Anhange, die Gesammtliteratur der Kranioskopie von Gall bis auf unsere Zeiten. — Dresden und Leipzig, Arnold, 1844, in-8°. 1575

* **Chrestien** (A. T.). — Exposé des titres scientifiques du Dr. A. T. Chrestien pour sa candidature à la chaire d'opérations et appareils vacante dans la faculté de médecine de Montpellier par la mort du professeur Estor. — Montpellier, imp. de Ricard fr., 1856, in-4°, 20 p. 1576

* —. — Exposé des titres scientifiques du Docteur A. T. Chrestien,... pour sa candidature à la chaire de physiologie vacante par la retraite du professeur Lordat. — Montpellier, imp. de Ricard frères, 1860, in-4°, 44 p. 1577

* **Christian** (J.). — Notice sur les travaux scientifiques de M. le Dr. J. Christian. — Nancy, imp. de Berger-Levrault, 1879, in-8°, 8 p. 1578

* **Christophe** (L'abbé). — Notice biographique et littéraire sur François

Zénon Collombet. — Lyon, imp. de Vingtrinier (1853), in-8°, 24 p. 1579

* **Chronique littéraire des ouvrages** imprimés et manuscrits de l'abbé Rive, des secours dans les lettres, que cet abbé a fournis à tant de littérateurs françois et étrangers, de quelque rang et profession que ce soit, de la confiance dont divers illustres amateurs l'ont honoré en lui remettant divers ouvrages très-savans à faire imprimer avec ses corrections et ses notes, et des jugemens que divers journaux françois aussi, ou étrangers ont portés sur ses ouvrages. — A Eleutheropolis, de l'imprimerie des Anti-Copet, des Anti-Jean-de-Dieu, des Anti-Pascalis,... s. d., in-8°. 1580

* **Chronological index to historical fiction (A)**; including prose fiction, plays and poems. Second and enlarged edition. 1875. — Boston, issued by the public library, in-4°. 1581

Par Justin Winsor.

Chronologisches Verzeichniss aller Schauspiele, deutscher und italienischer Opern, welche seit 1794-1807 in Wien aufgeführt worden sind etc. — Wien, Wallishausser (1808), in-8°. 1582

* **Ciaconius** (F. Alf.). — Bibliotheca libros et scriptores ferme cunctos ab initio mundi ad annum 1583 ordine alphabetico complectens. Primum in lucem prolata Parisiis 1729 studio et cum observationibus Francisci Dionysii Camusati, Vesuntini. Accesserunt nunc ejusdem de Germanis quibusdam, historiæ litterariæ conditoribus, et de scriptoribus elogiorum ac vitarum virorum illustrium judicia, ipsæque observationes auctiores et emendationes exhibentur. Opera Joannis Erhardi Kappii,... — Amstelodami et Lipsiæ, apud Joannem Casp. Arksteeum und Henricum Merkum, 1744, in-fol. 1583

* **Ciampi** (Seb.). — Bibliografia critica delle antiche reciproche corrispondenze politiche,ecclesiastiche,scientifiche, letterarie, artistiche dell' Italia colla Russia, colla Polonia, ed altre parti settentrionali il tutto raccolto ed illustrato con brevi cenni biografici delli autori meno conosciuti... — Firenze, per Leopoldo Allegrini e Giov. Mazzoni, 1834-1842, 3 vol. in-8°. 1584

Pour les T. II-III, l'adresse est : Firenze, per Guglielmo Piatti.

* **Cicero** (M. T.). — Opera ad optimas editiones collata præmittitur vita ex Plutarchi Græco latine reddita cum notitia literaria. Accedunt indices studiis societatis Bipontinæ. Editio accurata. — Biponti. ex typographia societatis, 1780-81, 11 vol. in-8°. 1585

Le T. I contient, pages LXXXI-CI : »Index editionum corporis Tulliani auctior illis, quos exhibent Fabricius in Bibliotheca latina et Ernestius in Sect. II. præf. ad Cic. opp. a se anno 1774 edita T. I, secundum ætates digestus«.

* **Cicogna** (E. A.). — Saggio di bibliografia veneziana. — Venezia, dalla tipografia di G. B. Merlo, 1847, in-4°. 1586

* **Cinelli Calvoli** (G.). — Biblioteca volante continuata dal dottor Dionigi Andrea Sancassani. Edizione seconda in miglior forma ridotta, e di varie aggiunte, ed osservazioni arricchita. — In Venezia, presso Giambattista Albrizzi Q. Girolamo, 1734-1747, 4 vol. in-4°. 1587

Voy. aussi le n° 1213.

* **Circonstances principales** de la vie du R. P. Quesnel, et ses principaux écrits. — (s. l. ni d.), in-fol. plano. 1588

* **Cittadella** (L. N.). — La stampa in Ferrara. Memoria. — Roma-Torino-Firenze, Bocca, 1873, in-8°. 1589

* **Civezza** (M. da). — Saggio di bibliografia geografica storica etnografica Sanfrancescana. — In Prato, per Ranieri Guasti, 1879, in-4°. 1590

* **Clapeyron** (Em.). — Notice sur les travaux de M. Emile Clapeyron, ingénieur en chef des mines. — Paris, imp. de Bachelier, 1847, in-4°, 7 p. 1591

* — Paris, imp. de Mallet-Bachelier, 1858, in-4°, 11 p.

Les couvertures imprimées servent de titre.

Claretie (J.). — Albert Glatigny. Sa bibliographie, précédée d'une notice littéraire et ornée d'un portrait gravé à l'eau-forte par M. Frédéric Régamey. — Paris, Baur, 1875, in-8°. 1592

Tiré à 100 ex.

* — — Bibliothèque originale. Petrus Borel le lycanthrope. Sa vie, ses écrits, sa correspondance, poésies et documents inédits. — Paris, Pincebourde, 1865, in-16. 1593

Tiré à 32 ex.

* **Clark** (P.). — Index to Trevelyan's life and letters of lord Macaulay (cabinet edition, 1878). — London, published for the index society by Longmans, Green and Co., 1881, in-4°. 1594

T. VI des »Index society publications«, 1879.

Clarke (Ad.). — View of the Succession of Sacred Literature, in a chronological Arrangement of Authors and their Works, from the Invention of alphabetical Characters, to the Year of our Lord, 1445. — London, 1821, 2 vol. in-12. 1595

— London, 1830, 2 vol. in-8°.

— London, 1831, 2 vol. in-8°.

Le second vol. est de J. B. B. Clarke.

* **Clarke's bibliotheca legum**; or complete catalogue of the common and statute law-books of the United Kingdom, with an account of their dates and prices, arranged in a new manner, interspersed with observations, from the best authorities, on the principal works. New edition, with numerous additions and corrections . . . by John Clarke. — London, printed for W. Clarke and sons, 1819, in-18. 1596

Clarke. — Voy. A bibliographical dictionary.

Clarke (Fr. W.). — The constants of nature. Voy. Smithsonian miscellaneous collections.

Clarmondus (Ad.). — Vita et scripta clarissimi viri, Wilhelmi Ernesti Tentzelii, potentissimi regis, ac electoris Saxoniæ Augusti a consiliis, et historici breviter ac festinanter conscripta exhibitaque. — Dresden und Leipzig, Mieth, 1708, in-4°, 28 p. 1597

* **Classical collector's vade mecum** (The): being an introduction to the Knowledge of the best editions of the greek and roman classics. — London, printed for Wilton and son, 1822, in-18. 1598

* **Classification and subject index for cataloguing** (A) and arranging the books and pamphlets of a library. — Amherst, mass., 1876, in-8°, 44 p. 1599

* **Classified catalogue of school** (A), college, classical, technical and general educational works in use in Great Britain in the early part of 1871. So arranged as to show at a glance what works are available in any given branch of education. — London, Sampson Low, 1871, in-8°. 1600

La préface est signée: Walter Low.

* **Classified catalogue of school** (A), college, classical, technical, and general educational works in use in the United Kingdom and its dependencies in 1876, so arranged as to show at a glance what works are available in any given branch of education. — London, S. Low, 1876, in-8°. 1601

* **Claudianus** (Cl.). — Opera quæ exstant ad optimas editiones collata. Præmittitur notitia literaria studiis societatis Bipontinæ. Editio accurata. —

Biponti, ex typographia Societatis, 1784, in-8°. 1602

Contient, p. XV-XXXII: »Index editionum Cl. Claudiani a Nicolao Niclas conscriptus et a Jo. Matth. Gesnero illustratus nunc ipso Fabriciano auctior et in IV ætates digestus«.

* **Claudin** (A.). — Antiquités typographiques de la France. Origines de l'imprimerie à Albi en Languedoc (1480-1484). Les pérégrinations de J. Neumeister compagnon de Gutenberg en Allemagne, en Italie et en France (1463-1484), son établissement définitif à Lyon (1485-1507) d'après les monuments typographiques et des documents originaux inédits avec notes, commentaires et éclaircissements. — Paris, A. Claudin, 1880, gr. in-8°. 1603

* **Clauer** (P.). — Une poignée de pseudonymes français recueillis dans la Bibliotheca personata du P. Louis Jacob de Saint-Charles. — Lyon, Aug. Brun, 1877, in-8°, 27 p. 1604

Tiré à 100 ex.

Claussin (de). — Catalogue raisonné de toutes les estampes qui forment l'œuvre de Rembrandt, et des principales pièces de ses élèves, composé par les sieurs Gersaint, Helle, Glomy et P. Yver. Nouvelle édition corrigée et considérablement augmentée. Dédié aux amateurs des beaux-arts. — Paris, Didot, 1824, in-8°. 1605

Le supplément a paru en 1828.

* **Clavell** (R.). — The general catalogue of books printed in England since the Dreadful fire of London 1666 to the End of Trinity. Term 1680. Together with the texts of single sermons, with the authors names: playes acted at both the theaters: and an abstract of the general bills of mortality since 1660. With an account of the titles of all the books of law, navigation, musick, etc. And a catalogue of school books. To which is now added a catalogue of latin books printed in foreign parts and in England since the year 1670. — London, printed by S. Roycroft for Robert Clavell, 1680, in-fol. 1606

* **Cléder** (Ed.). — Notice sur la vie et les ouvrages de P. de Corneille Blessebois. — Paris, A. Aubry, 1862, in-16. 1607

Tiré à 200 ex. numérotés, dont 180 sur papier vergé et 20 sur papier de Hollande.

* **Clément**. — Titres et travaux scientifiques du Dr. Clément. — Lyon, imp. de Perrin, 1879, in-4°, 12 p. 1608

* —. — Michel-Ange, Léonard de Vinci, Raphaël, avec une étude sur l'art en Italie avant le XVIe siècle et des catalogues raisonnés, historiques et bibliographiques. Illustré de 167 dessins d'après les grands maîtres. — Paris, Hetzel (1881), gr. in-8°. 1609

* — (D.). — Bibliotheque curieuse historique et critique, ou catalogue raisonné des livres difficiles à trouver. — A Göttingen, chez Jean Guillaume Schmid, 1750-1760, 9 vol. in-4°. 1610

L'adresse des T. VI-IX est: »Leipsic, Jean Fred. Gleditsch«.

— (J. M. B.). — Anecdotes dramatiques; contenant 1° toutes les pièces de théâtre, tragédies, comédies, pastorales, drames, opéra, opéra comiques, parades, proverbes, qui ont été joués à Paris ou en province, sur des théâtres publics, ou dans des sociétés particulières, depuis l'origine des spectacles en France, jusqu'à l'année 1775, rangés par ordre alphabétique. 2° Tous les ouvrages dramatiques qui n'ont été représentés sur aucun théâtre, mais qui sont imprimés, ou conservés en manuscrits dans quelques bibliothèques. 3° Un recueil de tout ce qu'on a pu rassembler d'anecdotes imprimées, manuscrites, verbales, connues ou peu connues; d'événemens singuliers, sérieux ou comiques, de traits curieux, d'épigrammes, de plaisanteries, de naïvetés et de bons-mots, auxquels ont donné lieu les représentations de la plupart des pièces de théâtre, soit dans leur nouveauté, soit à leurs reprises. 4° Les noms de tous les auteurs, poètes ou musiciens, qui ont travaillé pour tous nos théâtres, de tous les acteurs ou actrices célèbres qui ont joué à tous nos spectacles, avec un jugement de leurs ouvrages et de leurs talens, un abrégé de leur vie, et des anecdotes sur leurs personnes. 5° Un tableau accompagné d'anecdotes des théâtres de toutes les nations. — Paris, Ve Duchesne, 1775, 3 vol. in-8°. 1611

Par J. M. B. Clément et Jos. de La Porte.

* **Clement de Ris** (le comte). — Le marquis de Chennevières-Pointel, . . . Essai de bibliographie. Extrait du Bulletin du bibliophile. — Paris, Téchener, 1873, in-8°, 24 p. 1612

*—. — La Typographie en Touraine. (1467-1830). — Paris, Léon Techener, 1878, in-8°. 1613

* **Clément-Janin**. — Recherches sur les imprimeurs dijonnais et sur les imprimeries du département de la Côte d'Or. — Dijon, imp. Marchand, 1873, in-8°. 1614

Tiré à 140 ex.: 23 sur papier vergé; 40 sur papier véliné, et 77 sur papier ordinaire.

Clerico (G.). — Catalogo delle edizioni dei tipografi di Trino nei secoli XV e XVI. — Torino, tip. A. Vecco, 1870, in-8°, 23 p. 1615

* **Clessius** (J.). — Unius seculi, ejusque virorum literatorum monumentis tum florentissimi, tum fertilissimi: ab anno dom. 1500 ad 1602 nundinarum autumnalium inclusive, elenchus consummatissimus librorum; hebræi, græci, latini, germani, aliorumque Europæ idiomatum: typorum æternitati consecratorum. Quo quicquid in rebus divinis et humanis à magni nominis theologis, jurisconsultis, medicis, philosophis, historicis, etc. literis demandatum est, commodissima methodo deprehendere licet. Desumptus partim ex singularum Nundinarum catalogis, partim ex instructissimis ubique; locorum bibliothecis: atque in tomos duos partitus; quorum utilitas, et dispositionis ratio in præfatione habetur. — Francofurti, impenis Petri Kopffij, 1702, in-4°. 1616

La 2e partie a pour titre:

Catalogi librorum germanicorum alphabetici: das ist: Verzeichniss der teudtschen Bücher unnd Schrifften in allerley Faculteten unnd Künsten, so seyther anno 1500. bis auff die Herbstmess anno 1602 aussgangen und in die gewöhnliche Franckfurtische Catalogos sind gebracht worden, nach Ordnung der underschiedlichen Materien und des Alphabets in ein Corpus zusammen gezogen. — Gedruckt zu Franckfort am Meyn bey Johann Saurn, 1602, in-4°.

* **Clias**. — Notice sur les travaux de M. Clias pour le perfectionnement et l'enseignement de la gymnastique (décembre 1846). — Paris, imp. de Guiraudet et Jouaust (s. d.), in-4°. 1617

* **Clodius** (H. J.). — Primæ lineæ bibliothecæ lusoriæ seu notitia scriptorum de ludis præcipue domesticis ac privatis ordine alphabetico digesta. — Lipsiæ, apud J. Chr. Langenhemium, 1761, in-8°. 1618

* **Cloëz** (S.). — Notice sur les travaux scientifiques de S. Cloëz. — Paris, Gauthier-Villars, 1877, in-4°. 1619

* **Clos** (D.). — Notice sur les titres et travaux scientifiques de M. Dominique Clos, 1876. — Toulouse, imp. de Bonnal et Gibrac, 1876, in-8°. 1620

* **Cloué**. — Notice sur les travaux scientifiques de M. le vice-amiral Cloué. — Paris, imp. de Chaix, 1878, in-4°, 20 p. 1621

*— (G.). — Notice sur les travaux scientifiques et les services de M. G.

Cloué,... à l'appui de sa candidature à l'Académie des sciences (section de géographie et de navigation). — Paris, Gauthier-Villars, 1866, in-4°., 20 p. 1622

La couverture imprimée sert de titre.

* **Clouët** (J.) et Jos. **Dépierre**. — Dictionnaire bibliographique de la garance. Avec préface par M. J. Girardin,... Ouvrage couronné à l'exposition internationale d'horticulture d'Amsterdam de 1877. (Double grande médaille d'or). — Paris, Eugène Lacroix, 1879, in-4°. 1623

»Ext. du »Bulletin de la société industrielle de Rouen«, années 1877 et 1878.

* **Cobres** (Edler Jos. P. v.). — Büchersammlung zur Naturgeschichte. Deliciæ Cobresianæ. — Augsburg (Stettin in Ulm), 1781-1782, 2 vol. in-8°. 1624

Cocagne (B.). — Voy. Notice biographique et littéraire sur Alexandre Auguste Guilmeth.

* **Cocheris** (H.). — Notice bibliographique et littéraire sur le Philobiblion de Richard de Bury précédée d'une biographie de cet auteur. — Paris, Aug. Aubry, 1857, in-16. 1625

Ext. de la nouvelle édition du »Philobiblion«.

* —. — Lebeuf, sa vie et ses œuvres. Paris, Durand, 1863, in-8°. 1626

Tirage à part des préliminaires de la nouvelle édition de l'»Histoire du diocèse de Paris«.

* **Cocheris** (H.). — Table méthodique et analytique des articles du Journal des savants depuis sa réorganisation en 1816 jusqu'en 1858 inclusivement, précédée d'une notice historique sur ce journal depuis sa fondation jusqu'à nos jours. — Paris, A. Durand, 1860, in-4. 1627

* **Cochet**,... — Notice sur la vie et les écrits de Dom Guillaume Fillastre,... — Rouen, imp. de N. Périaux, 1841, in-8°, 31 p. 1628

* **Cochlæus** (J.). — Catalogus brevis eorum quæ contra novas sectas scripsit Joannes Cochlæus. — Per Franciscum Behem apud S. Victorem prope Moguntiam typographum, 1548, in-12. 1629

* **Codex nundinarius Germaniæ** literatæ bisecularis. Mess-Jahrbücher des deutschen Buchhandels von dem Erscheinen des ersten Mess-Kataloges im Jahre 1564 bis zu der Gründung des ersten Buchhändler-Vereins im Jahre 1765. Mit einer Einleitung von Gustav Schwetschke. Nebst drei Tafeln Facsimile's. — Halle, Schwetschke, 1850, in-fol. 1630

Voir aussi à Schwetschke.

* **Codices præclarissimi** in membrana et in charta græce, latine et italice exarati, ut ex titulo cujusdam apparet, apud S. comnum civem atheniensem asservati. Deinde sequuntur editiones Aldi, Juntæ, et Helzevirii ad exemplum bibliographiæ Galli Bruneti descriptæ. — Athenis, in ædibus Ch. Nicolaidis Philadelphensis, 1857, in-8°, 20 p. 1631

* **Coggeshall** (W. T.). — The newspaper record, containing a complete list of newspapers and periodicals in the United States, Canada and Great Britain, together with a sketch of the origin and progress of printing, with some facts about newspapers in Europe and America. — Philadelphia, Lay and Brother, 1856, in-8°. 1632

* **Cohen** (H.). — Guide de l'amateur de livres à vignettes du XVIIIe siècle, contenant la description d'un choix de plus de 450 ouvrages, illustrés par Boucher, Cochin, Gravelot, Eisen, Moreau, Marillier, Monnet, Le Barbier, etc., avec le détail du nombre de figures, vignettes et culs-de-lampe contenus dans chacun d'eux, et les noms de tous les artistes qui y ont coopéré comme dessinateurs ou comme graveurs. — Paris, Rouquette, 1870, in-8°. 1633

Tiré à 15 ex. sur Chine; 15 sur papier Whatman; 520 sur papier de Hollande.

* **Cohen** (H.). — Guide de l'amateur de livres à vignettes du XVIIIe siècle. Seconde édition revue, corrigée et enrichie du double d'articles et donnant entre autres augmentations la liste complète des ouvrages de Le Sage et de Rétif de la Bretonne. Frontispice à l'eau forte par J. Chauvet. — Paris, Rouquette, 1873, in-8°. 1634

* —. — Guide de l'amateur de livres à figures et à vignettes du XVIIIe siècle. Troisième édition entièrement refondue et considérablement augmentée par Charles Mehl. — Paris, chez P. Rouquette, 1876, in-8°. 1635

Tiré à 500 ex. sur papier de Hollande, à 100 sur papier vélin ordinaire, à 50 sur papier Whatman et à 1 ex. sur papier de Chine.

* —. — Guide de l'amateur de livres à vignettes (et à figures) du XVIIIe siècle. Quatrième édition revue, corrigée et enrichie de près du double d'articles, de toutes les additions de M. Charles Mehl, et donnant le texte de la deuxième édition intégralement rétabli. — Paris, P. Rouquette, 1880, in-8°. 1636

Tiré à 3 ex. sur Chine, 100 sur papier de Hollande; 900 sur grand papier vélin.

* **Cole** (J.). — A bibliographical and descriptive tour from Scarborough to the library of a philobiblist in it's Neighbourhood. — Scarborough, print. and published by John Cole... 1824, in-12. 1637

* **Coleccion de documentos** inéditos para la historia de España por el marqués de la Fuensanta de Valle D. José Sancho Rayon y D. Francisco de Zabalburu. — Madrid, imprenta de Miguel Ginesta, 1879, in-8°. T. LXX. 1638

Contient, p. 779-354: »Numero y clasificacion de los escritos del Padre Fray Bartolomé de las Casas.

Coletti (Gi. Bt.). — Bibliografia sanitaria ossia descrizione alfabetica degli autori e dei titoli delle opere, memorie, opuscoli, regolamenti, istituzioni, ecc. che trattano e fanno menzione di peste orientali, dei contagi, e di amministrazione sanitaria. Opere postuma. — Firenze, 1856, in-8°. 1639

Publié par Morelli.

* **Colin** (G.). — Constant Dutilleux, sa vie, ses œuvres. — Arras, imp. de Brissy, 1866, in-8°. 1640

* —. — Notice sur les travaux scientifiques de M. G. Colin,... à l'appui de sa candidature à l'Académie de médecine. — Paris, imp. de E. Martinet, 1864, in-4°, 37 p. 1641

* — (L.). — Titres présentés par le Dr. Léon Colin, à l'appui de sa candidature à une place dans la section d'hygiène à l'Académie de médecine. — Paris, imp. Martinet, 1877, in-4°, 8 p. 1642

La couverture imprimée sert de titre.

Collectio Salernitana ossia documenti inediti, e trattati di medicina appartenenti alla scuola medica Salernitana raccolti ed illustrati da C. Daremberg, e S. de Renzi; premessa la storia della scuola, e pubblicati a cura di Salvatore de Renzi. — Naples, typ. du Filiatre-Sebezio, 1859, in-8°. 1643

Contient, T. V, p. 113-172: »Notice bibliographique sur 81 Mss. français et étrangers relatifs à l'histoire de la médecine au moyen-âge, et spécialement à l'école de Salerne, et sur 246 éditions de l'école de Salerne, dont suivent les deux catalogues. Par Baudry de Balzac«.

Collectio scriptorum societatis Jesu. Tom. I. Scriptores provinciæ Austriacæ. — Viennæ, typis congregationis Mechitharisticæ, 1855, in-8°. 1644

Publié par Stöger.

* **Collection de matériaux** pour l'histoire de la révolution de France, depuis 1787 jusqu'à ce jour. Bibliographie des journaux, par M. D.......s, avocat

à la cour royale de Paris. — Paris, Barrois l'aîné, 1829, in-8°. 1645

Par Deschiens.

* **Collectionneur Champenois** (Le) Bulletin du curieux et de l'amateur. Histoire, archéologie, numismatique, sigillographie, documents manuscrits et imprimés, vues et plans des anciens monuments, gravures et portraits concernant la Champagne. — Chalons-sur-Marne, Auguste Denis, s. d., in-12. 1646

La préface est datée du 2 septembre 1871. Le 1er no n'a pas de pagination; le second s'arrête à la page 15.

Collet y Gurgui (J.). — Die Ovarialschwangerschaft vom pathologisch-anatomischen Standpunkte bearbeitet. — Stuttgart, J. G. Cotta, 1880, in-8°. 1647

Contient, pages 140-147 : »Literatur« (284 art.).

* **Colleville** (Ad. Este. de). — Musée biographique, ou Tablettes historiques des auteurs, artistes, savans, littérateurs... grands hommes, hommes célèbres par leurs exploits, leurs vertus ou leurs crimes, ainsi que des personnages marquans, anciens, modernes, et même contemporains, vivans de l'arrondissement d'Argentan, y compris également ceux qui environnent ce territoire; où l'on trouve: ces personnages classés d'après l'ordre numérique des cantons qui forment cet arrondissement, et auxquels ils appartiennent... — Caen, imp. de Bonneserre, 1834, in-8°. 1648

Colleville (A. de). — Voy. Revue bibliographique militaire.

* **Collier** (J. P.). — A bibliographical and critical account of the rarest books in the english language, alphabetically arranged, which, during the last fifty years, have come under the observation. — London, Joseph Lilly, 1865, 2 vol. in-8°. 1649

Collier (J. P.). — Voy. A defence of poetry.

* **Collignon** (Ed.). — Ecole polytechnique. Nomination d'un professeur de mécanique M. Edouard Collignon, répétiteur de mécanique, candidat. — Paris, imp. de Cusset (1872), in-4°, 3 p. 1650

* **Collin.** — Titres littéraires du sieur Collin, ou extraits des journaux sur »Le Maître d'éloquence française« et autres ouvrages de M. Collin,... — Paris, imp. de Vigor Renaudière, 1821. in-8°, 8 p. 1651

* — (E.). — Anonymer og pseudonymer i den danske, norske og islandske literatur sammt i fremmede literaturer, forsaavidt disse omhandle nordiske forhold, fra de aeldste tider indtil aaret 1860, — Kjöbenhavn, i commission Hos. Jac. Lund, 1869, in-8°. 1652

* **Collin de Plancy.** — Dictionnaire infernal, ou bibliothèque universelle sur les êtres, les personnages, les livres, les faits et les choses qui tiennent aux apparitions, à la magie, au commerce de l'enfer, aux divinations, aux sciences secrètes, aux grimoires, aux prodiges, aux erreurs et aux préjugés, aux traditions et aux contes populaires, aux superstitions diverses, et généralement à toutes les croyances merveilleuses, surprenantes, mystérieuses et surnaturelles. Deuxième édition, entièrement refondue, ornée de figures. — Paris, Mongie, 1825-1826, 4 vol., in-8°. 1653

* —. — 3e édition, entièrement refondue, augmentée de 250 articles nouveaux. — Paris, Mellier, 1844, in-8°.

* **Collins** (W. Wilkie). — Memoirs of the life of William Collins, with selections from his journals and correspondence. — London, Longman, 1848, 2 vol. in-8°. 1654

Le T. II contient, p. 341-354 : »Pictures printed by William Collins«.

* **Collombet** (F. Z.) — Chateaubriand, sa vie et ses écrits, avec lettres inédites à l'auteur. — Lyon et Paris, Perisse frères, 1851, in-8°. 1655

* —. — J. Reboul, de Nîmes, étude biographique et littéraire. — Lyon, imp. de L. Boitel, 1839, gr. in-8°. 1656

Tiré à 100 ex. — Publication de la »Revue du Lyonnais«.

* —. — Notice biographique et littéraire sur Joseph Berchoux, avec portrait. — Lyon, imp. de Pitrat, 1841, in-8°, 42 p. 1657

Ext. du »Réparateur«, journal de Lyon.

* **Colmeiro** (Don Miguel). — La botánica y los botánicos de la península Hispano-Lusitana. Estudios bibliográficos y biográficos. Obra premiada por la biblioteca nacional en el concurso público de enero de 1858, é impresa á expensas del gobierno. — Madrid, imprenta de M. Rivadeneyra, 1858, in-4°. 1658

* **Colomb** (R.). — Notice sur la vie et les ouvrages de M. Beyle (de Stendhal), par M.... son exécuteur testamentaire. — Paris, imp. de Schneider et Langrand, 1845, in-8°. 1659

* —. — 2e éd. — Paris, imp. de Vve Dondey-Dupré, 1854, in-8°.

Les couvertures imprimées servent de titre.

* **Colomb de Batines**. — Bibliografia Dantesca ossia catalogo delle edizioni, traduzioni, codici manoscritti e comenti della divina comedia e delle opere minori di Dante, seguito dalla serie de biografi di lui. Traduzione italiana fatta sul manoscritto francese dell' autore. — Prato, tipografia aldina editrice, 1845-1846, 2 vol. in-8°. 1660

Traduit par Giovanni Constantini.

* —. — Bibliografia delle antiche rappresentazioni italiane sacre et profane stampate nei secoli XV e XVI. — Firenze, per la societá tipografica a spese degli editori, 1852, in-8°. 1661

Tiré à 150 ex. numérotés.

* **Colomb de Batines**. — Bibliographie des patois du Dauphiné. — Grenoble, Prudhomme, 1835, in-8°, 16 p. 1662

Tiré à 150 ex. sur papier grand raisin et à 10 ex. sur papier de couleur. — Avait paru dans les nos. des 8, 10 et 12 juillet 1834 du »Courrier de l'Isère«, imprimé à Grenoble.

* —. — Catalogue des Dauphinois dignes de mémoire. — Grenoble, Prudhomme, 1840, in-8°, Ire partie (A. J.) 1663

Le faux titre porte: Matériaux pour servir à la rédaction d'une biographie générale du Dauphiné. — N'a pas été continué.

* —. — Lettre à M. Jules Ollivier (de Valence), membre correspondant de la société royale des antiquaires de France, contenant quelques documens sur l'origine de l'imprimerie en Dauphiné. — A Gap, imp. de A. Allier, octobre 1835, in-8°, 16 p. 1664

Cet opuscule forme le no 2 des »Mémoires bibliographiques, historiques et littéraires sur le Dauphiné«. — Tiré à 150 ex. dont 10 sur papier de couleur.

* —. — Matériaux pour servir à une histoire de l'imprimerie en Dauphiné. Fascicule 1er Vienne. — Gap, imp. de A. Allier, mars 1837, in-8°, 15 p. 1665

Ext. de la 1re livraison des »Mélanges biographiques et bibliographiques relatifs à l'histoire littéraire du Dauphiné par MM. Colomb de Batines et Jules Ollivier«. (Valence, imp. de Borel, 1837, in-8°.) — Tiré à 42 ex. sur papier vélin, dont 10 sur papier rose.

* **Colomb de Batines** et **Ollivier Jules**. — Mélanges biographiques et bibliographiques relatifs à l'histoire littéraire du Dauphiné. — Valence, Borel, 1837, in-8°. 1666

Tiré à 150 ex. dont 4 sur format in-4°.

* **Colombat**. — Candidature à une place vacante à l'Académie royale de médecine. Titres scientifiques du docteur Colombat (de l'Isère). — (Paris), imp. de Moquet (1841), in-4°, 8 p. 1667

* **Colonia** (P. de). — Histoire littéraire de la ville de Lyon, avec une bibliothèque des auteurs Lyonnois, sacrez et profanes, distribuez par siècles. — Lyon, Rigollet, 1728-1730, in-4°, 2 vol. 1668

Colonia (D. de). — Voy. Bibliothèque janséniste. — Voy. Dictionnaire des livres jansénistes.

* **Combes**. — Notice sur les travaux de M. Combes. — Paris, imp. de Fain et Thunot (1843), in-4°, 24 p. 1669

* — Paris, imp. de Fain et Thunot, in-4° (1847), 32 p.

* **Commentatio de primis Vindobonæ typographis.** Cum variis ad rem litterariam adnotationibus. — Vindobonæ, typis Georgii Ludovici Schulzii, 1764, in-4°, 48 p. 1670

Commentatio historica de vita et scriptis D. Heinrici Hœpfneri celeberrimi quondam in Academia Lipsiensi Theologi nec-non de recentioribus quibusdam controversiis de justificatione agitatis iterum in lucem edita Lipsiæ et Holmiæ sumtibus Kiesewetter. — 1739, in-4°. 1671

* **Comotti** (A.). — Bibliografia storico-critica dell' architettura civile ed arti subalterne. — Roma, stamperia vaticana, 1788-1792, 4 vol. in-4°. 1672

* **Compagnie parisienne d'éclairage et de chauffage par le gaz.** Eclairage et chauffage par le gaz. Bibliographie. — Paris, imp. Ethiou-Pérou et A. Klein, avril 1878, in-8°, 26 p. 1673

* **Compendio cronologico dei collaudi** e scritti vari editi ed inediti risguardanti le opere del fabbricatore d'organi Pacifico Inzoli di Crema. — Crema, tip. Campanini, 1877-1880, in-8°, 2 vol. 1674

* **Compendium historiæ litterariæ** novissimæ oder Erlangische gelehrte Anmerkungen und Nachrichten auf das Jahr 1748. — Coburg, gedruckt bey Georg Otto, in-12. 1675

* **Conchon** (H.). — Etudes historiques et littéraires sur J. Savaron. Ouvrage lu à l'Académie des sciences, belles-lettres et arts de Clermont-Ferrand. — Clermont, Thibaud-Landriot frères, 1846, in-8°. 1676

Conestabile (G. C.). — Di Giovan Battista Vermiglioli dei monumenti di Perugia Etrusca e Romana della letteratura e bibliografia Perugina nuove pubblicazioni. Con tavole e atlante. — Perugia, 1855-1856, 3 vol. in-4°. 1677

* **Connaissances nécessaires à un bibliophile.** Etablissement d'une bibliothèque, conservation et entretien des livres, de leur format et de leur reliure, moyens de les préserver des insectes. Des abréviations usitées dans les catalogues pour indiquer les conditions de la collation des livres, suivi d'un essai sur les moyens à employer pour détacher, laver et encoller les livres et sur la réparation de piqures de vers, de déchirures et des cassures dans le papier. — Paris, Edouard Rouveyre, 1877, in-18. 1678

Le faux titre porte: »Bibliothèque de l'amateur de livres«.

* **Connaissances nécessaires à un bibliophile.** 2e édition revue, corrigée et augmentée. — Paris, Ed. Rouveyre, 1878, in-18. 1679

Il a été tiré de cette éd. 50 ex. sur papier vergé, numérotés de 1 à 50, et 10 ex. sur papier de Chine, numérotés de 51 à 60.

* **Conringius** (H.). — De scriptoribus XVI post Christum natum seculorum commentarius, cum prolegome-

nis, antiquiorem eruditionis historiam sistentibus, notis perpetuis, et additionibus, quibus scriptorum series usque ad finem seculi XVII continuatur. — Wratislaviæ, apud Michaelem Hubertum, 1727, in-4°. 1680

* **Conseiller du bibliophile** (Le), publication destinée aux amateurs de livres rares et curieux et de belles éditions. Directeur M. C. Grellet. — Paris, aux bureaux du bibliophile, 1860-1877, in-8°. 1681

Conspectus dissertationum librorum omniumque scriptorum quæ ab anno 1681 usque ad annum 1729 edidit Fridericus Hoffmannus. — Halæ, typis Hilligeri, in-4°, 40 p. 1682

Conspectus scriptorum rerum Svio-Gothicarum, quotquot hactenus de prælaudatæ gentis elogiis, antiquitate, migrationibus, etc. etc., viris illustriss. nec non literatiss., historia naturali, agricultura, piscatura, etc. etc. per modum disput. academ. vel orationum in lucem prodiere, admixtis aliis partim ineditis, partim haud grandioris molis opusculis, non ubique obviis, sed quoad maximam partem in Germania et alibi rarissimis. Quorum collectionem labore XXXVI annorum conquisitam, sepositis tamen inutilibus et adornata meliori scriptorum per sectiones dispositione, sumtibus, si bibliopolæ adhuc denegare perseverant, propriis, nunc demum post Ferias Paschales anni proxime instantis, prælo submittere constituit C. v. N. — s. l., 1756, in-4°, 24 p. 1683

Par C. v. Nettelbladt.

Constantini (G.). — Voy. Colomb de Batines. Bibliografia Dantesca.

* **Constantin** (L. A.). — Bibliothéconomie. Instructions sur l'arrangement, la conservation et l'administration des bibliothèques. Avec six planches. — Paris, J. Techener, 1839, in-12. 1684

* **Constantinus** (R.). — Nomenclator insignium scriptorum, quorum libri extant vel manuscripti, vel impressi: ex bibliothecis Galliæ et Angliæ; indexque totius bibliothecæ, atq.; pandectarū doctissimi atque ingeniosissimi viri C. Gesneri. — Parisiis, apud Andream Wechelum, 1555, in-8°. 1685

* **Cooke** (G. W.). — Ralph Waldo Emerson; his life, writings and philosophy. — London, Sampson Low, 1882, in-8°. 1686

Cooper (W.). — A catalogue of chymicall books, in 3 parts. — London, 1675, in-8°. 1687

Ne contient que la littérature anglaise.

Cope (Edw. D.). — Check-List of north american batrachia. — Voy. Smithsonian miscellaneous collections T. XIII.

* **Coquelin** (Ch.) et **Guillaumin.** — Dictionnaire de l'économie politique, contenant l'exposition des principes de la science, l'opinion des écrivains qui ont le plus contribué à sa fondation et à ses progrès. La bibliographie générale de l'économie politique, par noms d'auteurs et par ordre de matières, avec des notices biographiques et une appréciation raisonnée des principaux ouvrages. Par Frédéric Bastiat, H. Baudrillart, Ad. Blaise, Blanqui, Maurice Block, Ch. de Brouckère, Cherbuliez, Michel Chevalier, Ambroise Clément, Al. de Clercq, Ch. Coquelin, Courcelle Seneuil, F. Cuvier, Dunoyer, Dupuit, Gustave Dupuynode, Léon Faucher, Joseph Garnier, Louis Leclerc, Alfred Legoyt, G. de Molinari, Maurice Monjean, Moreau Christophe, P. Paillottet, de Parieu, H. Passy, Quetelet, Ch. Renouard, Louis Reybaud, Nat. Rondot, Horace Say, Léon Say, Em. Thomas, Vée, Ch. Vergé, Vivien, J. de Vroil, Wolowski. Publié sous la direction de Charles Coquelin et Guillaumin. — Paris, Guillaumin, 1854-1855, 2 vol. in-8°. 1688

* **Cordier** (H.). — Bibliotheca Sinica. Dictionnaire bibliographique des ouvrages relatifs à l'empire chinois. — Paris, Leroux, 1878 - 1879, gr. in-8°, 2 vol. 1689

C'est le n° X des Publications de l'école des langues orientales vivantes.

* —. — A catalogue of the library of the north China branch of the royal asiatic society (including the library of Alex. Wylie), systematically classed. — — Shanghai, printed at the »Chingfoong« general printing office, 1872, in-8°. 1690

* **Corenwinder**. — Titres et travaux scientifiques de B^ln Corenwinder. — Lille, imp. de Danel, 1878, in-8°, 6 p. 1691

* **Cormont** (C.-L.). — Béranger, sa biographie, étude de ses œuvres. — Cambrai, imp. de A. Regnier et D. Boutteau, 1857, in-8°. 1692

* **Cornelius Nepos**. — Vitæ excellentium imperatorum ad optimas editiones collatæ. Præmittuntur vita a. G. J. Vossio scripta et notitia literaria. Accedunt indices studiis societatis Bipontinæ. — Biponti, ex typographia societatis, 1782, in-8°. 1693

Contient, pages XXIV-XXXIII: »Index editionum Cornelii Nepotis auctior Fabriciano et in ætates digestus«.

* **Cornil** (V.). — Notice sur les titres et travaux scientifiques de V. Cornil. — Paris, imp. de A. Davy, 1882, in-4°. 1694

* — Paris, imp. Martinet, 1872, in-4°, 28 p.

* —. — Titres et travaux scientifiques de V. Cornil, candidat à une place vacante dans la section d'anatomie pathologique à l'Académie de médecine. — Paris, imp. de Martinet, 1872, in-4°, 28 p. 1695

* **Cornu** (A.). — Notice sur les titres scientifiques de M. A. Cornu. — Paris, Gauthier-Villars, 1873, in-4°, 24 p. 1696

* **Coromilas** (D. A.). — Catalogue des livres publiés en Grèce depuis 1868 jusqu'en 1872 rédigé sur l'invitation de la Commission pour l'encouragement de l'industrie nationale en Grèce. — Athènes, imp. André Coromilas, 1878, in-8°. 1697

— . . . depuis 1873 jusqu'en 1877. — Athènes, imp. Coromilas, 1878, in-8°.

Corradi (Alf.). — Voy. Brugnoli (G.). Bibliografia italiana delle scienze mediche.

* **Corrard de Breban**. — Notice sur la vie et les œuvres de François Girardon de Troyes. 2e édition. — Troyes, Fèvre, 1850, in-8°. 1698

Tiré à 250 ex.

* —. — Recherches sur l'établissement et l'exercice de l'imprimerie à Troyes, contenant la nomenclature des imprimeurs de cette ville, depuis la fin du 15e siècle jusqu'à 1789, et des notices sur leurs productions les plus remarquables, avec fac-simile. — A Troyes, chez Bouquot, 1839, in-8°. 1699

Tiré à 125 ex. numérotés.

* — 2e édition corrigée et augmentée. — Paris, Delion, 1851, in-8°.

Tiré à 160 ex. numérotés.

* —. — Recherches sur l'établissement et l'exercice de l'imprimerie à Troyes, contenant la nomenclature des imprimeurs de cette ville depuis la fin du XVe siècle jusqu'à 1789, et des notices sur leurs productions les plus remarquables, avec fac-simile et marques typographiques. 3e édition revue et considérablement augmentée d'après les notes manuscrites de l'auteur, par Olgar Thierry-Poux. — Paris, Chossonnery, 1873, in-8°. 1700

* **Cortambert** (R.). — Notice sur la vie et les œuvres de M. Jomard. — Paris, imp. de De Soye et Bouchet, 1863, in-8°, 19 p. 1701

Extrait de la »Revue orientale et américaine«.

* **Cosson** (E.). — Notice sur les titres et travaux scientifiques de M. le docteur Ernest Cosson. 1871. — Paris, imp. de Martinet, 1871, in-4°, 28 p. 1702

* — Paris, imp. de Martinet, 1873, in-4°, 30 p.

* —. — Sur Emile Desvaux, ses études et ses publications botaniques. Extrait du »Bulletin de la Société botanique de France«, séances du 8 et du 12 août 1859 de la session extraordinaire tenue à Bordeaux. — Paris, imp. de Martinet, 1860, in-8°, 15 p. 1703

* **Costa** (E. H.). — Bibliographie der deutschen Rechtsgeschichte. — Braunschweig, C. A. Schwetschke und Sohn, 1858, in-8°. 1704

* **Coste.** — Notice analytique sur les travaux de M. Coste. — Paris, imp. de Moquet (s. d.), in-4°, 11 p. 1705

* **Cotta** (B.). — Geognostische Karten unseres Jahrhunderts. Zusammengestellt. — Freiberg, Engelhardt, 1850, in-8°. 1706

* **Cotton** (H.). — A list of editions of the bible and parts thereof in english, from the year 1505 to 1820. With an appendix containing specimens of translations, and bibliographical descriptions. — Oxford, at the Clarendon press, 1821, in-8°. 1707

* —. — The typographical gazetteer. — Oxford, at the Clarendon press, 1825, in-8°. 1708

* — (W.). — Sir Joshua Reynolds and his works. Gleanings from his diary, unpublished manuscripts, and from other sources. Edited by John Burnet. — London, 1856, in-8°. 1709

* **Cotton des Houssayes** (J. B.). — Des devoirs et des qualités du bibliothécaire. Discours prononcé dans l'assemblée générale de Sorbonne, le 23 décembre 1780. Traduit du latin en français, avec quelques notes par Gratet-Duplessis. — Paris, A. Aubry, 1857, in-8°, 13 p. 1710

Ext. du »Bulletin du Bouquiniste« n° du 1er sept. 1857. — Tiré à 100 ex.

* **Couaraze de Laa.** — Notice bibliographique sur les ouvrages de M. Couaraze de Laa,... — Albi, imp. de Desrue, 1871, in-8°, 4 p. 1711

La couverture imprimée sert de titre.

* **Couerbe** (J. P.). — Titres des divers Mémoires de chimie publiés par J. P. Couerbe (10 mars 1846). — Bordeaux, imp. de H. Gazay (s. d.), in-8°, 7 p. 1712

Coues (E.). — An account of the various publications relating to the travels of Lewis and Clarke. — Voy. Department of the interior. Bulletin of the U. S. geological ... survey of the territories.

—. — Birds of Colorado valley. — Voy. Department of the interior. U. S. geological survey of the territories. Miscellaneous publications.

—. — Birds of the Northwest. Fur-bearing animals. — Voy. Department of the interior. U. S. geological survey of the territories. Miscellaneous publications.

—. — Fourth instalment of ornithological bibliography. — Voy. Smithsonian miscellaneous collections. (19.)

—. — Monographs of North american rodentia. — Voy. Hayden (F. V.). Department of the interior. Report of the U. S. geological survey of the territories. T. XI.

* **Coulier** (P.). — Candidature à l'Académie de médecine. Notice sur les titres, les services et les travaux scientifiques du Dr. P. Coulier. — Paris, imp. de Martinet (1867), in-4°, 7 p. 1713

* **Courrier de l'amateur** (Le). Bulletin bibliographique à l'usage de l'ar-

tiste et du curieux. — Paris, Rapilly, 1859, in-8°, n°s 1-5. 1714

* **Courrier de la librairie**, journal de la propriété littéraire et artistique pour la France et l'étranger. — Paris, Jannet, 1856-1858, 3 vol. in-4°. 1715

* **Courty** (A.). — Etude sur la vie et les travaux scientifiques du professeur Estor, discours prononcé à l'ouverture du cours d'opérations. — Montpellier, S. Pitrat, 1856, in-8°, 36 p. 1716

Extrait des »Annales cliniques«.

* —. — Exposé des titres de M. A. Courty, candidat à la chaire d'opérations et appareils, vacante dans la Faculté de médecine de Montpellier. Mai 1856. — Montpellier, imp. de Ricard frères, 1856, in-4, 12 p. 1717

* **Cousin.** — Notices biographiques pour faire suite à l'éloge de M. Fourier, prononcé, dans la séance publique de l'Académie française, le 5 mai 1831. — Paris, imp. de Didot fr., 1831, 43 p., in-4°. 1718

—. — Note additionelle à l'Eloge de M. Fourier. (Signé: Victor Cousin) (Paris), imp. de Didot fr. (s. d.), in-4°, 8 p. 1719

* **Cousin d'Avalon.** — Gregoireana, ou Résumé général de la conduite, des actions et des écrits de M. le Cte Henri Grégoire, ... précédé d'une notice sur sa vie politique, littéraire et religieuse, contenant quelques anecdotes propres à faire connaître ce prélat. — Paris, Plancher, 1821, in-18. 1720

Cousin d'Avallon (Ch. Y.). — Voy. Dictionnaire biographique et bibliographique des prédicateurs.

* **Coze** (L.). — Exposé des titres du Dr. L. Coze, ... à l'appui de sa candidature à la chaire de matière médicale et pharmacie vacante à la faculté de médecine de Strasbourg. — Strasbourg, imp. de G. Silbermann (1858), in-4°, 4 p. 1721

Cozzo (G. S.). — Voy. Salvo Cozzo.

Cramer (C. F.). — Voy. Eschenburg, Manuel de littérature classique ancienne.

Cramer (R.). — Geschichte der Lande Lauenburg und Bütow. — Königsberg, Druck von Dalskowski, 1858, in 8°. 1722

Le T. I contient dans les Beilage, p. 3-9: »Literatur oder Quellen und Hülfsmittel zur Geschichte der Lande Lauenburg und Bütow«.

* **Crapelet** (G. A.). — Précis historique et littéraire sur Eustache Deschamps poète du XIVe siècle. — Paris, imp. de Crapelet, 1832, in-8°. 1723

Il a paru une »Addition«. (Signée: G. A. Crapelet) de 24 p. in-8°.

* —. — Les progrès de l'imprimerie en France et en Italie au XVIe siècle, et de son influence sur la littérature, avec les lettres-patentes de François Ier, en date du 17 janvier 1538, qui instituent le premier imprimeur royal pour le grec. — Paris, imp. Crapelet, 1836, in-8°. 1724

* —. — Robert Estienne, imprimeur royal, et le roi François Ier. Nouvelles recherches sur l'état des lettres et de l'imprimerie au XVIe siècle. Avec sept planches d'ornemens typographiques des Estienne et autres imprimeurs contemporains. — Paris, Dufart, 1839, in-8°. 1725

* **Cras** (H. C.). — Notice sur la vie et les écrits d'Élie Luzac. — Paris, imp. de J. B. Sajou, 1813, in-8°, 27p. 1726

Extrait du »Magasin encyclopédique«, numéro d'août 1813.

Credner (Fr. Aug.). — Voy. Bibliotheca transsilvanica.

* **Cresp.** — Notice sur la vie et les travaux d'Émerigon, lue à la rentrée

solennelle de la Faculté de droit d'Aix, le 19 nov. 1839. — Aix, imp. de Nicot et Aubin, 1839, in-8°. 1727

* **Cristofani** (Ant.). — Della vita e degli scritti del conte Bernardino di Campello, storico e letterato Spoletano del secolo XVII. Studi. — Assisi, tipografia Sensi, 1873, in-8°. 1728

Critischer Entwurf einer auserlesenen Bibliothek für den Liebhaber der Philosophie und schönen Wissenschaften. In einigen Sendschreiben an einen Freund. — Berlin, Haude und Spener, 1752, in-8°. 1729

Se termine par: »Verzeichnis der in dem Entwurfe angezeigten Werke und ihrer Verfasser«.

Cropp (F. A.). — Voy. Schröder (H.). Lexikon der hamburgischen Schriftsteller.

* **Croque-mort de la presse** (Le), nécrologie politique, littéraire, typographique et bibliographique de tous les journaux, pamphlets, revues, nouvelles à la main, satires, chansonniers, almanachs et canards périodiques, nés, morts, avortés, vivants, ressuscités ou metamorphosés à Paris, à Lyon, et dans les principales villes de France, depuis le 22 février jusqu'à l'installation du Président de la République, catalogue curieux et complet, comprenant plus de 1500 articles et plus de 6000 noms propres, indiquant minutieusement les titres, sous-titres, devises et épigraphes de chaque journal, revue, etc.: sa couleur politique apparente ou cachée, ses diverses spécialités; les noms de ses collaborateurs, gérants, fondateurs et parrains signataires ou anonymes; son format, le nombre de ses pages et de ses colonnes; ses conditions de prix et de périodicité; sa filiation politique et industrielle, les mystères de sa naissance et la date de sa mort; l'histoire de ses modifications et transformations secrètes; l'adresse des bureaux qu'il habitait; le nom de l'imprimeur, qu'il laisse souvent inconolables; les différents titres sous lesquels le même journal a recommencé son commerce, autre rue, autre numéro; les accidents qui ont hâté sa mort ou qui perpétueront son existence; son degré de rareté etc. etc. Suivi de l'art de déterrer les journaux morts, et de s'en faire 3000 livres de revenu par un bibliophile bien informé, actionnaire de 14 imprimeries, membre de 27 clubs, et rédacteur de 33 gazettes mortes et enterrées. — Paris, chez Lévy, 1er déc. 1848 - 6 janvier 1849, in-fol., 6 numéros ou convois. 1730

Par H. Delombardy.

* **Crowæus** (G.). — Elenchus scriptorum in sacram scripturam tam græcorum, quàm latinorum, etc. in quo exhibentur eorum gens, patria, professio, religio: librorum tituli, volumina, editiones variæ. Quo tempore claruerint vel obierint. Elogia item aliquot virorum clarissimorum. Quibus omnibus præmissa sunt s. biblia, partesque bibliorum, variis vicibus linguis, variis edita. — Londini, typis T. R. impensis authoris, 1672, in-12. 1731

Crusius (M.). — Schwäbische Chronick, worinnen zu finden ist, was sich von Erschaffung der Welt an biss auf das Jahr 1596 in Schwaben, denen benachbarten Gegenden, auch vieler anderer Orten, zugetragen, besonders der Ursprung, Geschlecht-Register, Verwandtschafften etc. vieler sowohl ausgestorbener als noch lebender hoher und niederer Schwäbischer Familien, die Stifftungen, Begebenheiten, Lage, Merckwürdigkeiten etc. deren in Schwaben gelegener Bisthümer, unmittelbarer und mittelbarer Abbteyen, Städte, Schlösser, geist- und weltlicher Orden etc. sodann die Lebensbeschreibungen und andere Zufälle berühmter Leute in Schwaben geist- und weltlichen Standes, Soldaten und Gelehrten etc. mit untermischten vielen Urkunden, Freyheits-Briefen, Genealogischen Tabellen, Grabschrifften und anderem mehr. Aus dem Lateinischen erstmals übersetzt, und mit einer Continuation vom Jahr 1596 biss 1733. auch einem vollständigen Register versehen. Nebst einer Vorrede, dem Leben des Autoris und einer Alphabetischen Nachricht von mehr dann tausenden gedruckt- und ungedruckten Schrifften, so Schwaben gantz oder zum Theil betreffen. Ausgefertiget von Johann Jacob Moser. — Franckfurt, Metzler und Erhard, 1733, in-fol. 1732

Contient: »Johann Jacob Mosers Bibliotheca scriptorum de Rebus suevicis oder kurtze Nachricht von mehr dann tausend gedruckt- und ungedruckten Schrifften, welche Schwaben gantz oder zum Theil angehen«.

* **Cubié** (J. B.). — Las mugeres vindicadas de las calumnias de los hombres. Con un catalogo de las españolas, que mas se han distinguido en ciencias y armas. — En Madrid, en la imprenta de Antonio Perez de Soto, 1768, in-12. 1733

* **Cubières de Palmezeaux** (M.). — Essai historique sur la vie et les écrits de François (de Neufchâteau), entremêlé de quelques conseils qu'on lui adresse sur son ministère; par un hermite de Seine-et-Marne. — Paris, J.-B. Chemin, an VII, in-8°. 1734

Cuisin (P.). — Voy. Dictionnaire des gens de lettres vivants.

Cummings (W. H.). — Purcell. — Voy. The Great musicians.

* **Cunningham.** — Lives of the most eminent british painters, sculptors and architects. Second edition. — London, 1830-1833, 6 vol. in-8°. 1735

* — (A.). — Notice biographique et littéraire sur sir Walter Scott. Traduite par A. J. B. Defauconpret. Suivie d'une notice bibliographique. — Paris, 1833, in-8°. 1736

* **Curnier** (L.). — Le Cal de Retz et son temps; étude historique et littéraire. — Paris, Amyot, 1863, 2 vol. in-8°. 1737

* —. — Rivarol, sa vie et ses œuvres. Ouvrage couronné par l'académie du Gard dans sa séance publique du 28 août 1858. — Nîmes, imp. de Ballivet, 1858, in-12. 1738

* **Curtius** (E.). — Peloponnesos, eine historisch-geographische Beschreibung der Halbinsel. — Gotha, Justus Perthes, 1851, 2 vol. in-8°. 1739

Les p. 140-147 du T. I renferment une bibliographie.

* **Cusco** (G.). — Candidature à l'Académie de médecine (section de médecine opératoire). Exposé des titres et travaux scientifiques du Dr. G. Cusco. — Paris, imp. de Martinet, 1879, in-4°. 1740

* —. — Candidature à l'Académie de médecine (section de pathologie chirurgicale). Exposé des titres et travaux scientifiques du Dr. G. Cusco. — Paris, imp. E. Martinet, 1880, in-4°. 31 p. 1741

* **Cuvier.** — Eloge historique de Jacques-Martin Cels, lu à la classe des sciences mathématiques et physiques de l'Institut, dans la séance publique du 7 juillet 1806. — Paris, imp. de Baudouin, 1807, in-4°. 1742

* —. — Institut royal de France. Eloge historique de M. Bosc, lu à la séance publique de l'Académie royale des sciences, le 15 juin 1829. — Paris, imp. de A.-F. Didot (s. d.), in-4°. 1743

Extrait des Mémoires du Muséum d'histoire naturelle.

* — (G.). — Recueil des éloges historiques lus dans les séances publiques de l'Institut de France. Nouvelle édition. — Paris, Didot, 1861. in-8°. 1744

Le T. I contient, pages XLVI-LV la: »Liste des ouvrages de M. Cuvier«.

* **Cyon** (E.). — Die Lehre von der Tabes dorsualis, kritisch und experimentell erläutert. — Berlin, Carl Sigism. Liebrecht, 1867, in-8°. 1745

Contient, pages 113-114: »Aufführung der Schriften, in welchen die angeführten Krankengeschichten mitgetheilt wurden«..

* —. — Methodik der physiologischen Experimente und Vivisectionen. Mit Atlas. — Giessen, J. Ricker, 1876, in-8°. 1746

Divisé en 6 chapitres suivis chacun de leur bibliographie.

* —. — Notice sur les titres et les travaux scientifiques de M. Elie de Cyon. — Paris, imp. de Lahure (1878). in-4°, 27 p. 1747

Cyprianus (E. S.). — Selecta programmata. Accessit dissertatio de regibus subditiciis. — Coburgi, Pfotenhauer, 1708, in-8°. 1748

Contient, p. 21-26: »De claris scriptoribus veteris rei militaris«.

Czvittinger (D.). — Bibliotheca scriptorum qui extant de rebus hungaricis. Als Anhang zu dessen: Specimen Hungariæ literatæ, etc. — Francofurti et Lipsiæ, typ. et sumpt. Kohlesii, 1711, in-4°. 1749

* —. — Specimen Hungariæ literatæ virorum eruditione clarorum natione Hungarorum, Dalmatarum, Croatarum, Slavorum atque Transylvanorum, vitas, scripta, elogia et censuras ordine alphabetico exhibens. Accedit bibliotheca scriptorum qui exstant de rebus hungaricis. — Francofurti et Lipsiæ, typis et sumptibus Jod. Guil. Kohlesii, 1711, in-4°. 1750

* **Dacier**. — Institut royal de France. Notice historique sur la vie et les ouvrages de M. Du Theil, . . . lue à la séance publique du vendredi 19 juillet 1816 (Extraite du »Moniteur« du 24 septembre 1816). — Paris, imp. de Vve Agasse (s. d.), in-8°, 12 p. 1751

* **Dacier**. — Institut royal de France. Notice historique sur la vie et les ouvrages de M. le Cte Lanjuinais, . . . lue à la séance publique du 25 juillet 1828. — (Paris), imp. de Vve Agasse (s. d.), in-8°, 15 p. 1752

Extrait du Moniteur du 28 août 1828.

* — — Institut royal de France. Notice historique sur la vie et les ouvrages de M. Visconti. Séance publique du 28 juillet 1820. — Paris, imp. de F. Didot (s. d.), in-4°, 20 p. 1753

* —. — Notice historique sur la vie et les ouvrages de Germain Poirier, membre de l'Institut national, lue dans la séance publique du vendredi 2 germinal an XII. — Paris, imp. de la république, an XII (-1804), in-8°, 23 p. 1754

* — Notice historique sur la vie et les ouvrages de M. Anquetil Duperron, ancien membre de l'académie des inscriptions lue à la séance publique du vendredi 1er Juillet 1808. — Paris, imp. L. P. Dubray, 1808, in-8°, 33 p. 1755

* —. — Notice historique sur la vie et les ouvrages de M. de Villoison, . . . lue dans la séance publique du vendredi 11 avril 1806. — Paris, imp. nationale, 1806, in-8°, 33 p. 1756

* —. — Notice sur la vie et les ouvrages de M. le comte de Choiseul-Gouffier. — Paris, imp. de F. Didot, 1819, in-8°, 24 p. 1757

* —. — Notice historique sur la vie et les ouvrages de M. de Sainte-Croix. Extrait du »Moniteur« n° 188, an 1811. — (S. l. n. d.) in-8°, 22 p. 1758

* —. — Notice historique sur la vie et les ouvrages de M. le Mis Garnier. — Paris, imp. de Vve Agasse (s. d.), in-8°. 1759

Le titre de départ, page 3, porte en plus: lue à la séance publique de l'Académie royale des inscriptions et belles-lettres de l'institut de France, le 26 juillet 1822, par M. Dacier.

Dacier. — Voy. Manne (de). Notice des ouvrages de M. D'Anville.

Da Costa de Macedo (Ag. J.). — Voy. Catalogo dos libros, que se haõ de ler para a continuçaõ do diccionario da lingua portugueza.

* **Dähnert** (J. C.). — Pommersche Bibliothek. — Greifswald, im Verlage des Verfassers, 1752-1756, 5 vol. in-4°. 1760

* **Dahl** (J. K.). — Die Buchdruckerkunst, erfunden von Johann Gutenberg, verbessert und zur Vollkommenheit gebracht durch Peter Schöffer von Gernsheim. Historisch - kritische Abhandlung. Mit dem Bildnisse Peter Schöffers. — Mainz, gedruckt bei Johann Wirth, 1832, in-8°. 1761

* **Dahlen** (H. W.). — Die Weinbereitung. Zugleich als sechster Theil zu Otto Birnbaum's Lehrbuch der landwirthschaftlichen Gewerbe. 7. Auflage. Mit 443 in den Text eingedruckten Holzstichen. — Braunschweig, Fr. Vieweg, 1882, in-8°. 1762

Contient, p. 1032-1038: »Benutzte Literatur«.

* **Dahlmann** (F. C.). — Quellenkunde der deutschen Geschichte. 3. Auflage. Quellen und Bearbeitung der deutschen Geschichte neu zusammengestellt von G. Waitz. — Göttingen, Verlag der Dieterischen Univ. Buchhandlung, 1869, in-8°. 1763

Dahn (F.). — Voy. Wietersheim (Ed. v.). Geschichte der Völkerwanderung.

* **Dairaine.** — Catalogue de l'œuvre de Jacques-Firmin Beauvarlet, d'Abbeville, précédé d'une notice sur sa vie et ses ouvrages. Extrait des »Mémoires« de la Société impériale d'émulation d'Abbeville. — Abbeville, imp. de P. Briez, 1860, in-8°, 17 p. 1764

* **Daire** (E.). — Notice historique sur la vie et les ouvrages de Turgot. Tirée de la nouvelle édition des »Oeuvres de Turgot« (collection des principaux économistes). — Paris, Guillaumin, 1844, in-8°. 1765

Dalrymple (A.). — Catalogue of authors who have written on Rio de la Plata, Paraguay and Chaco. — London, print. by Ballantine and Law, 1807, in-4°, 22 p. 1766

Dambach (O.). — Beiträge zu der Lehre von der Criminal - Verjährung. — Berlin, Guttentag, 1860, in-8°. 1767

Contient, p. 121-139: »Literatur der Criminal-Verjährung im römischen und gemeinen deutschen Rechte«. (125 art.)

Damianitsch (M.). — Die Literatur des allgemeinen bürgerlichen Gesetzbuches im Auszuge verfasst. — Wien, Lechner, 1850, in-8°. 1768

* **Damour** (A.). —. Notice des travaux minéralogiques de M. A. Damour. — Paris, imp. de Bachelier (1848), in-4°, 7 p. 1769

La couverture imprimée sert de titre.

* —. — Notice sur les travaux scientifiques de M. Damour. — Paris, imp. de Mallet-Bachelier, 1857, in-4°, 16 p. 1770

*— Paris, Mallet-Bachelier, 1858, in-4°, 16 p.

Les couvertures imprimées servent de titre.

* —. — Paris, Gauthier-Villars, 1876, in-4°, 24 p.

* **Dangeau** (L.). — Montesquieu. Bibliographie de ses œuvres. — Paris, Rouquette, 1874, in-8°, 35 p. 1771

Tiré à 100 ex. sur papier vergé.

* **Daniel.** — Le P. Beauregard, sa vie et ses travaux. Extrait des »Etudes de théologie, de philosophie et d'histoire. — Paris, Julien, Lanier, Cosnard et Cie, 1858, in 8°. 1772

* **Daniel.** — L'année politique ; avec un index raisonné, une table chronologique, une bibliographie, des notes, des documents et des pièces justificatives. — Paris, Charpentier, 1875-1882, in-18. 1773

Chaque volume se termine par un »Bulletin bibliographique«.

— (A. v.). — Handbuch der deutschen Reichs- und Staatenrechtsgeschichte. — Tübingen, Laupp, 1860, in-8°. Theil II, Band I. 1774

Contient, p. 1-228 : »Uebersicht des gedruckten Quellen- und Litteraturvorrathes für die politische Reichs- und Staatengeschichte«.

* — (Chr. Fr.). — Entwurf einer Bibliothek der Staats-Arzneikunde oder der gerichtlichen Arzneikunde und medicinischen polizey von ihrem Anfange bis auf das Jahr 1784. — Halle, in der Hemmerdeschen Buchhandlung, 1784, in-8°. 1775

* **Dansk Bibliographie** eller Fortegnelse over Böger, Tidsskrifter, etc. der i aaret 1843 ere udkomne eller paany oplagte i Danmark, med Angivelse af Format, Forlægger, Arkcantal, og Priis, literariske Bemærkninger og en videnskabelig Oversigt. — Kjöbenhavn, Andr. Fred. Host, 1843-1853. in-8°. 1776

* **Dansk Bogfortegnelse** for 1856 med et alphabetisk Register. — Kjöbenhavn, 1856-1878, udgivet og Forlagt af G. E. C. Gad, in-8°. 1777

* **Dante Alighieri.** — La divina commedia giusta la lezione del codice Bartoliniano. — Udine, frat. Mattiuzzi, 1823, in-8°. 2 vol. 1778

Les pages I-LIII du T. I contiennent : »Tavola de' testi a penna ed a stampa della Commedia di Dante consultati per la presente edizione e registrati secondo l'ordine delle città e delle librarie private e pubbliche tenuto nel loro esame«.

Publié par Quirino Viviani.

—. — Lyrische Gedichte. Uebersetzt und erklärt von Karl Ludwig Kannegiesser und Karl Witte. Zweite vermehrte und verbesserte Auflage. — Leipzig, Brockhaus, 1842, in-8°. 1779

Contient, pages V-LXXXII : »Bibliographisch-kritische Einleitung«.

* **Dante.** — Le Paradis, poème de Dante traduit de l'Italien, précédé d'une introduction, de la vie du poète, suivi de notes explicatives et d'un catalogue de 80 éditions et traductions de la Divine Comédie de cet auteur, par un membre de la Société Colombaire de Florence. — Paris, Treuttel et Würtz, 1811, in-8°. 1780

Par Artaud de Montor.

* **Dantès** (A.). — Tables biographiques et bibliographiques des sciences, des lettres et des arts indiquant les œuvres principales des hommes les plus connus en tous pays et à toutes les époques avec mention des éditions les plus estimées. — Paris, Delaroque frères, 1866, in-8°. 1781

* —. — Dictionnaire biographique et bibliographique, alphabétique et méthodique des hommes les plus remarquables dans les lettres, les sciences et les arts chez tous les peuples, à toutes les époques. 1re partie : Ordre alphabétique, par noms d'auteurs. 2e partie : Ordre méthodique, mentionnant les auteurs et leurs œuvres principales par ordre chronologique, par classes et par nationalités. 3e partie : Oeuvres remarquables et chefs-d'œuvre classés d'après l'ordre adopté pour la première partie. Supplément : Tableau chronologique, tableau des connaissances humaines, collections principales et journaux, etc. — Paris, Aug. Boyer, 1875-1877, in-8°, à 2 col. 1782

A paru en 22 livr.

Danz (Jo. Tr. L.). — Jo. Georgii Walchii bibliotheca patristica literariis annotationibus instructa. Editio nova emendatior et multum auctior adornata. — Jenæ, Crœker, 1834, in-8°. 1783

* **Danz** (J. E. L.). — Universal-Wörterbuch der theologischen, Kirchen- und religionsgeschichtlichen Literatur. — Leipzig, Fest'sche Verlagsbuchhandlung, 1843, in-4°, avec un supplément. 1784

Dard (Baron). — Voy. Bibliographie historique de la ville de Saint-Omer.

* **Daremberg** (G.). — Candidature à une place de membre correspondant national de l'académie de médecine, section de physique, chimie et pharmacie. Travaux scientifiques du Dr. G. Daremberg (de Menton). — Paris, imp. de Parent (1880), in-4°, 4 p. 1785

* —. — Titres de M. le Dr. Daremberg (25 février 1870). — Paris, imp. de Martinet (1870), in-4°, 4 p. 1786

* **Dareste** (C.). — Exposé des titres et des travaux scientifiques de M. Camille Dareste. — Paris, imp. de Martinet, 1868, in-4°, 28 p. 1787

* — Paris, imp. de Hennuyer, 1873, in-4°, 24 p.

* **Darling** (J.). — Cyclopædia bibliographica: a library manual of theological and general literature, and guide to books for authors, preachers, students, and literary men. Analytical, bibliographical, and biographical. — London, James Darling, 1854-1859, 2 vol. in-4°. 1788

* **Darondeau**. — Notice sur les travaux de M. Darondeau, ingénieur hydrographe de la marine à l'appui de sa candidature pour la place de membre-adjoint du bureau des longitudes, appartenant au département de la marine. — Paris, imp. de A. Lainé et J. Havard (1861), in-8°, 11 p. 1789

* —. — Notice sur les travaux de M. Darondeau, ingénieur hydrographe de la marine, à l'appui de sa candidature pour la place de membre du Bureau des longitudes, appartenant au département de la marine. — Paris, imp. de Lainé et Havard (1864), in-8°. 11 p. 1790

Darstellung der Begebenheiten des deutsch-dänischen Krieges von 1848, unter besonderer Berücksichtigung des Antheils Preussischer Truppen. Mit Karten und Plänen. Abth. I. Beiheft zum Militair-Wochenblatt für Juli, August und September 1852. Redigirt von der historischen Abtheilung des Generalstabes. — Berlin, Mittler, in-8°. 1791

Contient, p. V-XII: »Uebersicht und Beurtheilung der betreffenden Litteratur«.

Da Silva (J. F.). — Voy. Francisco da Silva.

Da Silva (Pereira). — Voy. Pereira da Silva.

* **Dassy** (L. T.). — L'Académie de Marseille, ses origines, ses publications, ses archives, ses membres, avec quatre planches de sceaux et de médailles. — Marseille, imp. Barlatier-Feissat, 1877, in-8°. 1792

* —. — Malaval aveugle de Marseille de 1627 à 1719. Étude biographique, bibliographique; appendice; avec portrait photographié. — Marseille, à l'institution des jeunes aveugles, 1869, in-8°. 1793

* **Dauban** (C. A.). — Ligier Richier, sculpteur lorrain, étude sur sa vie et ses ouvrages. — Paris, Ve J. Renouard, 1861, in-8°, 35 p. 1794

Ext. de la »Revue des sociétés savantes«.

* **Daubrée**. — Notice des travaux de M. Daubrée, doyen de la Faculté des sciences de Strasbourg ... — Paris, imp. de Mallet-Bachelier (1857), in-4°, 18 p. 1795

La couverture imprimée sert de titre.

* **Daunou.** — Notice historique sur la vie et les ouvrages de M. de Vanderbourg, ... lue à la séance publique

du 2 août 1839. — (Paris), imp. de F. Didot fr. (s. d.), in-4°, 18 p. 1796

* **Daunou**. — Notice historique sur la vie et les ouvrages de M. Van Praet..... luc à la séance publique du 9 août 1839. — (Paris), imp. de F. Didot frères (s. d.), in-4°, 16 p. 1797

* —. — Notice sur la vie et les ouvrages de M. François Thurot.... — (Paris), imp. de H. Fournier (1833), in-8°. 1798

* — — Notice sur la vie et les ouvrages de M. Parent-Réal. — Paris, imp. de Didot fr., 1839, gr. in-8°, 35 p. 1799

* — — Notice sur la vie et les ouvrages de M. Silvestre de Sacy. — (Paris), imp. royale, 1838, in-4°, 26 p. 1800

Daunou. — Voy. Notice sur la vie et les ouvrages de M. J. Chenier.

* **Daussy**. — Note sur les travaux de M. Daussy, ingénieur hydrographe en chef... (15 octobre 1842). — (Paris), imp. de Bachelier (s. d.), in-4°, 11 p. 1801

* — — Notice sur les travaux scientifiques de M. Daussy,... — Paris, imp. de Mallet-Bachelier, avril 1854 (s. d.), in-4°, 11 p. 1802

* **Davaine** (C.). — Notice sur les travaux d'histoire naturelle et de médecine de M. C. Davaine... — Paris, imp. de Remquet, Goupy et Cie. (1863), in-4°, 32 p. 1803

* —. — Suite de la notice sur les travaux scientifiques de M. C. Davaine. — Paris, imp. de Goupy (1866), in-4°, 8 p. 1804

* **David** (d'Angers). — Roland et ses ouvrages. — Paris, Pagnerre, 1847, in-8°, 40 p. 1805

Mémoire couronné par la Société royale des sciences de Lille.

* **David** (Em.). — Notice nécrologique sur Jacques Gibelin, docteur en médecine. — Paris, imp. de Rignoux (s. d.), in-8°, 7 p. 1806

Extrait de la »Revue encyclopédique«, T. XXXVII. IIIe cahier, dixième année. — Seconde série. — mars 1828.

* — (F.). — Institut impérial de France. Académie des beaux-arts. Notice sur Hector Berlioz, lue dans la séance du 30 juillet 1870. — Paris, imp. de Didot (1870), in-4°, 12 p. 1807

* — (J.). — Notice sur J. J. Champollion Figeac. — Fontainebleau, imp. de Bourges, 1867, in-8°, 14 p. 1808

* — (T. B. E.). — Notices historiques sur J. B.-A. Visconti et sur E. Q. Visconti... (Extrait de la »Biographie universelle«...) — (Paris), imp. de Everat (1827), in-8°, 20 p. 1809

* — (P.). — Notice sur la vie et les ouvrages de Firmin Didot... (Extrait du »Moniteur« du 12 septembre 1836.) — (Paris), imp. de Vve Agasse (s. d.), in-8°, 10 p. 1810

* **Davidson** (J.). — Bibliotheca Devoniensis: a catalogue of the printed books relating to the county of Devon. — Exeter, 1852, in-4°. 1811

* **Davies** (R.). — A Memoir of the York press, with notices of authors, printers, and stationers in the sixtheenth, seventheenth, and eighteenth centuries. — Westminster, Nichols and Sons, 1868, in-8°. 1812

* **Davis** (H.). — The life and writings of the rev. Dr. Chalmers. — London, James Gilbert, 1847, in-16. 1813

* — (W.). — An Olio of bibliographical and literary anecdotes and memoranda original and selected; including Mr. Cole's unpublished notes on the rev. Jas Bentham's history and an-

tiquities of ely cathedral. — London, published by J. Rodwell, 1814, in-12. 1814

* **De Conradianus** et de l'ouvrage qu'on lui attribue sous le titre de: »Descriptio utriusque Britanniæ«. Question bibliographique. — Nantes, imp. de Mellinet, 1836, in 8°. 1815

Signé: Bizeul.

* **De quelques livres imprimés au XVe siècle**, sur des papiers de différents formats. — Toulouse, imp. Louis et Jean Matthieu Douladoure (1875), in-8°, 30 p. 1816

De vita et scriptis Jacobi Böhmii oder ausführlich erläuterter historischer Bericht von dem Leben und Schriften des teutschen Wunder-Mannes und hocherleuchteten Theosophi Jacob Böhmens, aus bewährten und unverwerflichen Nachrichten mit aller Treue und Aufrichtigkeit in sieben Abtheilungen verfasset, und über alle vorige Editionen mit wichtigen Erläuterungen und Zusätzen vermehret, auch durchgehends mit Fleiss verbessert, und zum Vergnügen der Liebhaber dieses theuren Mannes und seiner sehr edlen Schriften, zum Druck befördert. — S. l., 1730, in-8°. 1817

* **Dean** (J. W.). — Notices of recent publications. Reprinted from the historical and genealogical register from april 1876 to october 1879. — Boston, press of David Clapp and Son, 1879, in-8°. 1818

Debacker (A.). — Voy. Ruelens. Annales plantiniennes.

Debrett (J.). — Voy. Bibliotheca americana.

* **De Bure** (G. Fr.). — Bibliographie instructive: ou traité de la connaissance des livres rares et singuliers. Contenant un catalogue raisonné de la plus grande partie de ces livres précieux, qui ont paru successivement dans la république des lettres, depuis l'invention de l'imprimerie, jusques à nos jours; avec des nottes sur la différence et la rareté de leurs éditions, et des remarques sur l'origine de cette rareté actuelle, et son degré plus ou moins considérable: la manière de distinguer les éditions originales, d'avec les contrefaites, avec une description typographique particulière du composé de ces rares volumes, au moyen de laquelle il sera aisé de reconnoître facilement les exemplaires, ou mutilés en partie, ou absolument imparfaits, qui s'en rencontrent journellement dans le commerce, et de les distinguer sûrement de ceux qui seront exactement complets dans toutes leurs parties. Disposé par ordre de matières et de facultés, suivant le système bibliographique généralement adopté; avec une table générale des auteurs, et un système complet de bibliographie choisie. — Paris, chez Guillaume-François de Bure le Jeune, 1763-1768, 7 vol. in 8°, sans tomaison. 1819

Le 1er (1763) traite des vol. de théologie; le 2e (1764), des vol. de jurisprudence et des sciences et arts; les 4 et 5e (1764-1765) des belles-lettres; les 6e, 7e et 8e (1768), de l'Histoire.

* —. — Supplément à la bibliographie instructive, ou catalogue des livres du cabinet de feu M. Louis Jean Gaignat, . . . avec une table alphabétique des auteurs. — A Paris, chez Guillaume François de Bure le jeune, 1769, in 8°, 2 vol. 1820

Debure (G. Fr.). — Voy. Rebude (G. F.). Musæum typographicum.

* **Década bibliográfica** (La), ó anunciador de libros impresos en todos los idiomas, que se hallan de venta ó se publiquan en todo el reino. — Madrid, imp. á cargo de A. Menendez, 1856, in-8°, 22 n°s. 1821

N'a pas été continué.

* **Decaisne** (E.). — Notice sur les principaux travaux scientifiques du Dr.

E. Decaisne. — Beauvais, imp. de Laffineur, 1875, in-4°, 37 p. 1822

***Decaisne** (J.). — Notice des principaux mémoires publiés de 1831 à 1847 par M. J. Decaisne. — Paris, imp. Martinet, 1847, in-4°, 16 p. 1823

*— — Notice des principaux mémoires publiés par M. J. Decaisne. — Paris, imp. de P. Renouard (1843), in 4°, 10 p. 1824

*—. — Société impériale et centrale d'agriculture. Notice historique sur M. Adrien de Jussieu. — Paris, imp. de Vve Bouchard-Huzard (s. d.), in 8°, 23 p. 1825

Ext. des »Mémoires de la Société impériale et centrale d'agriculture«, année 1854.

***Decanver** (H. C.). — Catalogue of works in refutation of methodism, from its origin in 1729, to the present time. Of those by methodist authors on lay-representation, methodist episcopacy, etc. etc., and of the political pamphlets relating to wesley's »calm address to our american colonies«. — Philadelphia, John Penington, 1846, in-4°. 1826

Decaux (G.). — Voy. La Fizelière (A. de). Essais de bibliographie contemporaine.

Dechambre (A.). — Exposé des travaux scientifiques du Dr. A. Dechambre candidat à la place vacante à l'Académie de médecine, dans la section des associés libres. — Paris, imp. de Martinet, 1875, in-4°, 34 p. 1827

Dechambre (A.). — Voy. Dictionnaire encyclopédique des sciences médicales.

***Dechamps** (A.). — Essai bibliographique sur la collection d'auteurs français in-32, publiée à Bruxelles par Laurent frères et par leurs continuateurs. 1828-1853. — Bruxelles, F. J. Olivier, 1879, in-8°, 19 p. 1828

Ext. du »Bibliophile belge«, T. XIII (1878).

***Dechen** (H. v.). — Geologische und mineralogische Litteratur der Rheinprovinz und der Provinz Westphalen, sowie einiger angrenzenden Gegenden. — Bonn, A. Henry, 1872, in 8°. 1829

Forme le T. II de: »Dechen, Erläuterungen zur geologischen Karte der Rheinprovinz und der Provinz Westphalen ... — Bonn, Verlag von A. Henry, 1872, in-8°.

*—. — Verzeichniss der wichtigsten geologischen Karten von Central-Europa. — Berlin, Schropp, 1871, in-8°. 1830

C'est un extrait de: »Erläuterungen zur geognostischen Uebersichtskarte von Deutschland, Frankreich, England und den angrenzenden Ländern. Zusammengestellt von Dr. H. von Dechen ... 2e Ausgabe, 1869«.

***Decker** (C. v.). — Algerien und die dortige Kriegführung. Nach offiziellen und andern authentischen Quellen, und den auf dem Kriegsschauplatze selbst gesammelten Nachrichten bearbeitet. — Berlin, Herbig, 1844, 2 vol. in-8°. 1831

Contient, T. I, p. XVII-XXIV et T. II, p. VIII-XII: »Bibliographie von Algérie«.

Decker (C. v.). — Voy. Militair-Literatur-Zeitung.

***Deckherrus** (Joh.). — De scriptis adespotis, pseudepigraphis, et suppositiis, conjecturæ. — S. l., 1681, in-12. 1832

Le faux titre porte: »Editio secunda priori auctior«.

*—. — Cum additionibus variorum. Editio tertia altera parte auctior. — Amstelædami, apud Isbrandum Haring, 1686, in-12.

***Deconchy** (F.). — Victor Baltard, sa vie, ses œuvres. Notice biographique. — Paris, Ducher, 1875, in-4°. 1833

***Decorde** (A.). — Notice nécrologique sur M. A. G. Ballin. — Rouen, imp. H. Boissel (1867), in 8°. 19 p. 1834

Ext. du »Précis analytique des travaux de l'académie impériale des sciences, belles-lettres et arts de Rouen«, année 1865-1866.

* **De Costa** (B. F.). — Verrazano the explorer: being a vindication of his letter and voyage, with an examination of the map of Hieronimo da Verrazano. And a dissertation upon the Globe of Ulpius. To which is prefixed a bibliography of the subject. — New-York, A. S. Barnes, 1880, in-4°. 1835

Decq. — Voy. Bibliographie juridique belge.

* **Decretum sacræ congregationis** eminentissimorum et reverendissimorum dominorum s. r. e. cardinalium à sanctissimo domino nostro Clemente papa XI. sanctaque sede apostolica ad indicem librorum, eorumque prohibitionem, expurgationem, et permissionem in universa republica christiana specialitèr deputatorum, ubique publicandum. — Romæ, typis rev. Cameræ apostolicæ, 1709, in-12. 1836

Deegen (J. M. D. L.).— Jahrbüchlein der deutschen theologischen Literatur. — Essen, Bädeker, 1819-1830, 7 vol. in-8°. 1837

Defauconpret (A. J. B.). — Voy. Cunningham (A.). Notice biographique et littéraire sur Walter Scott.

Defence of poetry (A), music, and Stage-plays, by Thomas Lodge, of Lincoln's Inn. To which are added, by the same author, an alarum against usurers; and the delectable history of Forbonius and Prisceria. With introduction and notes. — London, print. for the Shakespeare Society, 1853, gr. in-8°. 1838

Contient, pages LXVII-LXXVII: »Catalogue of Thomas Lodge's works.— Publié par J. Payne Collier«.

* **Deflinne-Mabille** (V.). — Précis historique et bibliographique sur la bibliothèque publique de la ville de Tournay. — Tournay, imp. de Renard-Dosson, 1835, in-8°. 1839

* **Defrémery** (C.). — Exposé des titres scientifiques de M. C. Defrémery, membre du conseil de la Société asiatique (25 mars 1854). — Paris, imp. de Didot fr., in-8°, 4 p. 1840

* —. — Exposé sommaire des titres scientifiques de M. C. Defrémery (20 mai 1867). — Paris, imp. de Lainé et Havard (1867), in-4°, 4 p. 1841

* **Degen** (J. Fr.). — Litteratur der deutschen Uebersetzungen der Griechen. — Altenburg, Richter, 1797-1798, 2 vol. in-8°. 1842

* — Nachtrag. — Erlangen, Walther, 1801, in-8°.

* —. — Versuch einer vollständigen Litteratur der deutschen Uebersetzungen der Römer. — Altenburg, Richter 1794-1797, in-8°. 1843

— Nachtrag. — Erlangen, Walther, 1799, in-8°.

* **Degeorge** (L.). — Hector Berlioz, sa vie et ses œuvres. La damnation, de Faust, 14 avril 1879 (première exécution complète en Belgique). — Bruxelles, imp. de Callewaert, 1879, in-8°. 1844

* —. — La maison Plantin à Anvers. Monographie complète de cette imprimerie célèbre aux XVI° et XVII° siècles ouvrage orné d'un portrait de Plantin, d'après Wierix, d'un tableau généralogique de la famille, d'un plan-coupe du rez-de-chaussée, d'une gravure de la cour intérieure et de la marque typographique du grand imprimeur. Deuxième édition augmentée d'une liste chronologique des ouvrages imprimés par Plantin à Anvers de 1555 à 1589. — Bruxelles, Gay et Doucé, 1878, in-8°. 1845

Degeorge (L.). — Voy. Blades (W.). Numismatique de la typographie.

* **De-Gregory** (G.). — Istoria della Vercellese letteratura ed arti. — Torino, tipografia Chirio e Mina, 1819-1824, 4 vol. in-4°. 1846

* **Dehaisnes** (C.). — Notice sur la vie et les travaux de M. E. de Coussemaker, correspondant de l'Institut. — Lille, imp. de Danel, 1876, in-8°. 1847

* —. — Notice sur M. Alfred Asselin. — Douai, Crépin, 1877, in-8°. 1848

Ext. des »Mémoires de la société d'agriculture, sciences et arts de Douai«, 2e série, T. XIII.

* — Notice sur la vie et les travaux de M. Desplanque, archiviste du Nord. — Lille, imp. de Danel, 1872, in-8°, 38 p. 1849

La couverture imprimée sert de titre.

* **Dehérain** (P. P.). — Notice sur les travaux scientifiques de M. P. P. Dehérain. — Paris, Gauthier-Villars, 1871, in-4°, 32 p. 1850

* — Paris, imp. de Martinet, 1877, in-4° 47 p.

* **Delaborde** (Vte H.) — Institut impérial de France. Académie des beaux-arts. Notice sur M. le Cte Duchatel, lue dans la séance ordinaire du 4 juillet 1868 — Paris, imp. de Didot frères, 1868, in-4°, 14 p. 1851

* **Delafosse**. — Notice sur les travaux scientifiques de M. Delafosse, . . . — Paris, imp. de E. Thunot, 1851, in-4°, 30 p. 1852

La couverture imprimée sert de titre.

* **Delage** (Yves). — Thèses présentées à la faculté des sciences de Paris pour obtenir le grade de docteur ès sciences naturelles. 1re thèse. Contribution à l'étude de l'appareil circulatoire des crustacés édriophthalmes marins. 2e thèse. Propositions données par la faculté . . . — Paris, typ. A. Hennuyer, 1881, in 8°. 1853

Contient, p. 158-161: »Index bibliographique«. (34 art.)

* **Delaloge d'Ausson** (Ed.). — Conférence Domat. Notice sur Etienne Pasquier, son époque et ses ouvrages. — Paris, imp. de Moquet (1855), in-8°, 31 p. 1854

La couverture imprimée sert de titre.

* **Delandine** (F. A.). — Bibliothèque de Lyon. Catalogue des livres qu'elle renferme dans la classe des belles-lettres, avec des remarques littéraires et bibliographiques sur les ouvrages du XVe siècle; les éditions rares et curieuses, leur prix, les noms des auteurs anonymes ou pseudonymes, des anecdotes historiques, etc. Précédé d'une histoire de l'imprimerie, ou précis sur son origine, son établissement en France, les divers caractères qu'elle a employés, les premiers livres qu'elle a produits, les inventions successives qui la perfectionnèrent, ses ornemens et les noms de ceux qui l'introduisirent dans les principales villes de l'Europe. — Lyon, Mistral (1816-1817), 2 vol. in-8°. 1855

* —. — Bibliothèque de Lyon. Catalogue des livres qu'elle renferme dans la classe de l'histoire, avec des remarques littéraires et bibliographiques sur les éditions du XVe siècle, les ouvrages rares et curieux, leur prix, les noms des auteurs anonymes ou pseudonymes, des anecdotes historiques sur la vie des écrivains, etc. Géographie, voyages, chronologie, histoire universelle, histoire sacrée et histoire ecclésiastique. — Paris, Renouard (s. d.), 2 vol. in-8°. 1856

* — (Fr. Ant.). — Les couronnes académiques, ou recueil des prix proposés par les Sociétés savantes, avec les noms de ceux qui les ont obtenus, des concurrens distingués, des auteurs qui ont écrit sur les mêmes sujets, le titre et le lieu de l'impression de leurs ouvrages; précédé de l'histoire abrégée des académies de France. — Paris, Cuchet, 1787, in-8°, 2 vol. 1857

* **Delandine**. — Histoire abrégée de l'imprimerie, ou précis sur son origine, son établissement en France, les divers caractères qu'elle a employés, les premiers livres qu'elle a produits, les inventions successives qui la perfectionnèrent, ses ornemens, les noms de ceux qui l'introduisirent dans les principales villes de l'Europe, et les ouvrages remarquables dont elle fut l'objet. — Paris, Renouard, s. d., in-8°. 1858

* —. — Manuscrits de la bibliothèque de Lyon, ou notices sur leur ancienneté, leurs auteurs, les objets qu'on y a traités, le caractère de leur écriture, l'indication de ceux à qui ils appartiennent, etc. Précédées 1° d'une histoire des anciennes bibliothèques de Lyon, et en particulier de celle de la ville; 2° d'un essai historique sur les manuscrits en général, leurs ornemens, leur cherté, ceux qui sont à remarquer dans les principales bibliothèques de l'Europe, avec une bibliographie spéciale des catalogues qui les ont décrits. — Paris, Renouard, 1812, 3 vol. in-8°. 1859

* —. — Mémoires bibliographiques et littéraires. — Paris, chez Renouard, s. d., in-8°. 1860

Tiré à 500 ex. in-8° et à 100 in-4°.

* **Delaunay** (D.). — Etude sur Alain Chartier. — Rennes, imp. de Oberthur, 1876, in-8°. 1861

* —. — Note des titres scientifiques et des travaux de M. Delaunay, ingénieur des mines. — Paris, Mallet-Bachelier, 1855, in-4°, 4 p. 1862

La couverture imprimée sert de titre.

* **Deleau**. — Travaux, publications et titres du docteur Deleau jeune, adressés à l'administration de l'institution royale des Sourds-Muets de Paris, pour obtenir la place de médecin de cet établissement. — Paris, imp. de E.-B. Delanchy (s. d.), in-4°, 4 p. 1863

* **Delécluze** (E. J.). — Notice sur la vie et les ouvrages de Léopold Robert, suivie de la description des quatre tableaux de ce peintre: L'improvisateur napolitain. — La madone de l'arc. — Les moissonneurs. — Les pêcheurs de l'Adriatique. Gravés par Z. Prévost. — Paris, Rittner et Goupil, 1838, in-8°. 1864

* **Delecourt** (J.). — Bibliographie de l'histoire du Hainaut, précédée du rapport de la commission chargée par le cercle archéologique de Mons, de présenter un plan de cette histoire. — Mons, imp. de Masquillier et Dequesne, 1864, in-8°. 1865

Ext. du tome V des »Annales du cercle archéologique de Mons«.

—. — Notice sur Arthur Dinaux, publiée par la Société des bibliophiles belges séant à Mons. — Mons, 1867, in-8°, 21 p. 1866

Delecourt (J.). — Voy. Essai d'un dictionnaire des ouvrages anonymes . . . publiés en Belgique.

* **Delepierre** (Oct.). — Analyse des travaux de la société des Philobiblon de Londres. — Londres, Trübner, 1862, in-8°. 1867

Tiré à 300 ex.

* —. — Essai historique et bibliographique sur les Rébus. — Londres, 1870, in-8°, pièce. 1868

—. — Etudes bio-bibliographiques sur les fous littéraires. — London, 1858, in-8°. 1869

* —. — Histoire littéraire des fous. — London, Trübner, 1860, in-8°. 1870

* —. — Supercheries littéraires. Pastiches. Suppositions d'auteur dans les lettres et dans les arts. — Londres, Trübner, 1872, in-8°. 1871

* **Delesse**. — Notice sur les travaux scientifiques de M. Delesse. — Paris, imp. de Thunot, 1857, in-4°, 24 p. 1872

* — Paris, Gauthier-Villars, 1869, in-4°, 31 p.

* — Paris, Gauthier-Villars, 1877, in-4°, 30 p.

* — id., 1878, in-4°, 40 p.

* **Delestre** (J.-B.). — Gros et ses ouvrages, ou Mémoires historiques sur la vie et les travaux de ce célèbre artiste. — Paris, J. Labitte (1845), in-8°. 1873

* **Deligand** (E.). — Notice historique sur Jean Cousin. — Sens, imp. de Duchemin, 1868, in-8°, 28 p. 1874

* **Delignières** (Em.). — Catalogue raisonné de l'œuvre gravé de Jean-Charles Le Vasseur, d'Abbeville, précédé d'une notice sur sa vie et ses ouvrages. Ext. des »Mémoires de la société impériale d'émulation d'Abbeville«. — Abbeville, imp. Briez, 1865, in-8°. 1875

* —. — Catalogue raisonné de l'œuvre gravé de Jean Daullé d'Abbeville, précédé d'une notice sur sa vie et ses ouvrages. Extrait des Mémoires de la Société d'émulation d'Abbeville. — Abbeville, 1872, in-8°. 1876

* —. — Edmond Levêque sculpteur d'Abbeville. Notice nécrologique avec la suite de ses travaux. Extrait des »Mémoires de la Société d'émulation d'Abbeville«. — Abbeville, imp. de Paillart, 1877, in-8°, 13 p. 1877

—. — Emile Rousseaux. Biographie et catalogue de son œuvre. Ext. des »Mémoires de la Société d'émulation d'Abbeville«. — Abbeville, imp. Paillart, 1878, in-8°, 34 p. 1878

* —. — L'œuvre littéraire de M. Ernest Prarond. Etude critique et bibliographique. Lecture faite à la Société d'émulation d'Abbeville dans la séance du 27 juillet 1876. — Amiens, 1876, in-12. 1879

* **Delioux de Savignac.** — Candidature à l'Académie impériale de médecine (section de thérapeutique et d'histoire naturelle médicale). Exposé des titres et travaux scientifiques du Dr. J. Delioux de Savignac. — Paris, imp. de Martinet, 1867, in-4°, 30 p. 1880

* **Delisle** (L.). — L'auteur du Grand Coutumier de France. — Paris, 1882, in-8°, 21 p. 1881

Ext. du T. VIII des »Mémoires de la Société de l'histoire de Paris et de l'Ile-de-France«, p. 140 à 160. — Jacques d'Ablèges.

* —. — Bibliotheca Bigotiana manuscripta. Catalogue des manuscrits rassemblés au XVIIe siècle par les Bigot, mis en vente aux mois de juillet 1706, aujourd'hui conservés à la Bibliothèque Nationale; publié et annoté par Léopold Delisle. — Rouen, imp. Boissel, 1877, in-4°. 1882

Publié par la Société des bibliophiles normands.

* —. — Mélanges de paléographie et de bibliographie. — Paris, Champion, 1880, in-8°. Avec atlas gr. in-fol. 1883

* —. — Notice sur les anciens catalogues des livres imprimés de la bibliothèque du roi. Extrait de la Bibliothèque de l'école des chartes, t. 43, 1882. — Paris, Champion, 1882, in-8°, 37 p. 1884

* —. — Notice sur Orderic Vital,... Extrait de l'édition d'Orderic Vital, publiée pour la Société de l'histoire de France. — Paris, imp. de C. Lahure, 1855, in-8°. 1885

Delisle (L.). — Voy. Notice sur la vie et les ouvrages de M. de Gerville. — Voy. Robert (Ulysse), Inventaire des Cartulaires.

Dell' Acqua (L.). — Voy. Elenco dei giornali esistente presso pubblici stabilmenti a Milano.

Della Chiesa (Fr. Ag.). — Voy. Francesco Agostino della Chiesa.

* **Dellac.** — Notice historique et biographique sur M. l'abbé Labouderie. — Paris, imp. de Jouaust, 1862, in-8°. 1886

* **Delle opere de' medici, e de' cerusici** che nacquero, o fiorirono prima del secolo XVI negli stati della real casa di Savoia altri monumenti raccolti da Vincenzo Malacarne Saluzzese, . . . — Torino, nella stamperia reale, 1789, in-4°. 1887

* —. — 1786, in-4°.

* **Deloche** (M. M.). — Etienne Baluze, sa vie et ses œuvres. — Paris, V. Didron, 1856, in-8°, 16 p. 1888

Delombardy. — Voy. Le croque-mort de la presse.

* **Delpech.** — Notice sur les titres et travaux scientifiques de M. A. Delpech, . . . candidat à la place vacante à l'Académie impériale de médecine dans la section d'hygiène, médecine légale et police médicale. — Paris, imp. de Thunot (1861), in-4°, 10 p. 1889

* — Paris, imp. de Thunot (1863), in-4°, 14 p.

* **Delpit** (J.). — Origines de l'imprimerie en Guyenne. — Bordeaux, imp. E. Forastié et fils, 1869, in-8°. 1890

* — (M.). — Notice sur M. de Fèletz. — (Extrait du »Moniteur Universel« des 11 septembre et 5 octobre 1850.) — Périgueux, imp. de A. Boucharie, 1851, in-8°, 32 p. 1891

La couverture imprimée sert de titre.

Del Plano (J. Fr. Lopez). — Voy. Lopez del Plano.

Deltour (F.). — Voy. Mourier (A.). Notice sur le doctorat-es-lettres.

* **Demarquay.** — Exposé des titres et travaux scientifiques de J. N. Demarquay. — Paris, imp. de Martinet, 1874, in-4°, 40 p. 1892

* **Demarquay.** — Exposé sommaire des titres et travaux scientifiques de M. Demarquay. — Paris, imp. de Hennuyer, 1863, in-4°, 16 p. 1893

* **De Marsy** (A.). — Bibliographie Compiègnoise. — Compiègne, imp. et lith. de V. Edler, 1875, in-8°. 1894

Ext. du »Bulletin de la Société historique de Compiègne«, T. 2. — Tiré à 140 ex.: 100 sur papier vélin, 20 sur papier vergé et 20 sur papier de couleur.

* —. — Bibliographie noyonnaise. — Paris, Champion, 1877, in-8°. 57 p. 1895

Ext. du T. 3 du »Bulletin du Comité archéologique de Noyon«. Tiré à 100 ex.: nos. 1-25, papier teinté; 26 à 100, papier vélin.

* —. — Bibliographie Picarde. — Amiens, typ. de Delattre-Lenoel, 1879-1880, 3 vol. in-8°. T. I, 17 p.; T. II, 22 p.; T. III, 27 p. 1896

Ext. de la »Picardie, revue historique, archéologique et littéraire«, publiée à Amiens. Nouv. Série T. II-III. Le T. I est tiré à 50 ex.: 1-25 sur papier teinté: 26-50 sur papier velin. — Le T. II à 60 ex.: 1 à 25 sur papier teinté, et les autres sur papier velin.

* —. — Essai de bibliographie tunisienne, ou indication des principaux ouvrages publiés en France sur la régence de Tunis. — Paris (Arras, imp. Rousseau-Leroy), 1869, in-8°, 48 p. 1897

* —. — Projet de bibliographie compiègnoise. Communication faite à la Société historique de Compiègne, dans sa séance du 24 novembre 1868. — Arras, typ. Rousseau-Leroy, 1869, in-8°, 7 p. 1898

* **Demersay** (L. A.). — Histoire physique et politique du Paraguay et des établissements des Jesuites; ouvrage accompagné d'un atlas, de pièces justificatives et d'une bibliographie. — Paris, Hachette, 1860-1864, 2 vol. in-8°. 1899

Demetrio moderno, ovo bibliografo juridico portuguez. O qual em huma breve dissertaçaõ historica, e critica propõem, e da huma clara, e distincta ideia de todas as preciozas reliquias, e authenticos monumentos antigos, e modernos da legislação portugueza; e igualmente de todos os livros, e obras dos jurisconsultos, e escriptores reyniculas theoricos, e practicos, que escréverãõ nos reynados dos senhores reyes de Portugal. A beneficio dos cultores da jurisprudentia theoretica destes reynos. — Lisboa, na off. de L. da Silva Godinho, 1781, in-8°. 1900

Par Antonio Barnabé de Elescano Barreto e Aragaõ.

***Demidoff** (P. de). — Catalogue systématique des livres de la bibliothèque de Paul de Demidoff. Arrangé suivant son système bibliographique. Disposé et mis en ordre par lui-même. Publié avec une préface par le professeur Fischer. — A Moscou, imp. aux dépens du propriétaire chez C. F. Schildbach, 1806, in-4°. 1901

* **Demogeot** (J. C.). — Etudes historiques et littéraires sur Ausone. — Bordeaux, Lanefranque (1838), in-8°. 1902

Le faux titre porte: »Université de France. Académie de Toulouse. Faculté des lettres. Thèse de littérature pour le doctorat«.

* **Demoyencourt**... (F.). — Discours sur la vie et les ouvrages de l'abbé Gaultier,... Extrait du »Journal d'éducation populaire«, Bulletin de la Société pour l'instruction élémentaire. — Paris, J. Renouard, 1845, in-8°. 1903

* **Denis** (A.). — Recherches bibliographiques en forme de dictionnaire sur les auteurs morts et vivants qui ont écrit sur l'ancienne province de Champagne ou essai d'un manuel du bibliophile champenois. — Chalons-sur-Marne, imp. de T. Martin, 1870, in-8°. 1904

* —(F.), P. **Poinçon** et **de Martonne**. — Manuels-Roret. Nouveau manuel de bibliographie universelle. — Paris, Roret, 1857, gr. in-8°. 1905

Le faux titre porte: »Encyclopédie-Roret. Bibliographie universelle«.

* — (M.). — Annalium typographicorum V. Cl. Michaelis Maittaire supplementum. — Viennæ, typis Josephi nobilis de Kurzbek, 1789, in-4°. T. I-II. 1906

* —. — Bibliografia. Traduzione con aggiunte eseguita sulla seconda edizione dall' abate Antonio Roncetti,... — Milano dalla società tipogr. de' classici italiani, 1846, in-8°. 1907

* —. — Einleitung in die Bücherkunde. Erster Theil. Mit Anmerkungen vermehret. — Bingen, Georg Christian Voigt, 1782, in-8°. 1908

* —. — Wien, gedruckt bey Joh. Th. Edl. v. Trattnern, 1777-1778, 2 vol. in-4°.

* —. — Zweyte verbesserte Ausgabe. — Wien, J. Th. Edl. v. Trattner, 1795-1796, 2 vol. in-4°.

* —. — Die Merkwürdigkeiten der k. k. garellischen öffentl. Bibliothek am Theresiano. — Wien, verlegt von Augustin Bernardi, 1780, in-4°. 1909

* —. — Nachtrag zu seiner Buchdruckergeschichte Wiens. — Wien, gedruckt bey Johann Thomas Edlen von Trattner, 1793, in-4°. 1910

* —. — Wiens Buchdruckergeschichte bis 1560. — Wien, bey Christian Friedrich Wappler, 1782, in-4°. 1911

Dennys (N. B.). — The treaty ports of China and Japan, a complete guide to the open ports of those countries, together with Peking, Yedo, Hongkong and Macao. Forming a guide book and vade mecum for travellers, merchants and residents in general. With 29 maps and plans by Wm. Fred.

Mayers,... — London, Trübner, 1867, in-8°. 1912

Les pages 1-26 de l'appendice C renferment un »Catalogue of books on China and Japan published in the english language«.

* **Department of the interior.** Bulletin of the United States geological and geographical survey of the territories. Bulletin nº 6 second series. — Washington, government printing office, 1876, in-8°. 1913

Contient, pages 417-444: »An account of the various publications relating to the travels of Lewis and Clarke, with a commentary on the zoological results of their expedition by Dr. Elliott Coues«.

T. V. Contient, pages 521-1067: Third instalment of american ornithological bibliography by D. Elliott Coues.

* **Department of the interior.** Second report of the United States entomological commission for the years 1878 and 1879, relating to the rocky mountain locust, and the western cricket and treating of the best means of subduing the locust in its permanent breeding grounds, with a view of preventing its migrations into the more fertile portions of the Trans-Mississippi country, in pursuance of appropriations made by congress for this purpose with maps and illustrations. — Washington, government printing office, 1880, in-8°. 1914

Contient, appendice IV: »Bibliography of some of the literature concerning destructive locusts. By B. Pickman Mann«.

* **Department of the interior.** United States entomological commission. Bulletin nº 4. The hessian fly, its ravages, habits, enemies, and means of preventing its increase by A. S. Packard. — Washington, government printing office, may 20 1880, in-8°, 43 p. 1915

Les pages 41-43 contiennent une bibliographie de la mouche hessoise.

* **Department of the interior.** United States entomological commission. Bulletin nº 6. General index and supplement to the nine reports on the insects of Missouri by Charles V. Riley. — Washington, government printing office, 1881, in-8°. 1916

* **Department of the interior.** United States geological survey of the territories. F. V. Hayden, U. S. geologist in-charge. Miscellaneous publications. — Washington, government printing office, 1874-1880, in-8°. 1917

No. 3. Birds of the Northwest: a Handbook of the ornithology of the region drained by the Missouri river and its tributaries. By Elliott Coues.

Chaque article est accompagné de ses sources bibliographiques.

No. 8. Fur-bearing animals: a monograph of North American Mustelidæ, in which an account of the wolserene, the martens or sables, the ermine, the mink and various other kinds of weasels, several species of skunks, the badger, the land and sea otters, and numerous exotic allies of these animals, is contributed to the history of North American mammals by Elliott Coues. Illustrated with sixty figures on twenty plates. —

Chaque article est accompagné de ses sources bibliographiques.

No. 10. Bibliography of North American invertebrate paleontology, being a report upon the publications that have hitherto been made upon the invertebrate paleontology of North America, including the West Indies and Greenland by C. A. White and H. Alleyne Nicholson.

No. 11. Birds of the Colorado valley a repository scientific and popular information concerning north American ornithology by Elliot Coues. Part first. Passeres to Laniidæ. Bibliographical appendix. Seventy illustrations.

No. 12. History of north american pinnipeds, a monograph of the walruses, sealions, sea-bears and seals of North America by Joel Asaph Allen.

Contient de nombreuses indications bibliographiques pour chacune de ces subdivisions.

* **Department of war, Corps of engineers.** List of publications of the en-

gineer department, U. S. army, including reports of explorations, etc., conducted under other branches of the department of war, exhibited at the international exhibition 1876, at Philadelphia. — Washington, government printing office, 1876, in-8°, 27 p. 1918

* **Depaul.** — Exposé des titres du docteur Depaul, candidat à la chaire d'accouchements, des maladies des femmes et des enfants, vacante à la faculté de médecine de Paris. — Paris, imp. de Pillet fils, 1862, in-4°. 1919

La couverture imprimée sert de titre.

* —. — Exposé des titres du docteur Depaul, . . . candidat à la place vacante à l'Académie nationale de médecine dans la section d'accouchements. — Paris, imp. de Pillet fils aîné (1850), in-4°, 7 p. 1920

* **Depéry.** — Biographie des hommes célèbres du département de l'Ain qui se sont distingués par leurs sciences, leurs talens, leurs actions, leurs vertus ou leurs vices. — Bourg, P. F. Bottier, 1833-1840, 2 vol. in-8°. 1921

Publiée comme annexe de l'»Annuaire de l'Ain«.

Dépierre (Jos.). — Voy. Clouet (J.). Dictionnaire bibliographique de la garance.

* **Dépôt des cartes et plans de la marine.** n° 515bis. Supplément au catalogue par ordre chronologique des cartes, plans, vues de côtes, mémoires et instructions nautiques qui composent l'hydrographie française. — Paris, imp. nationale, 1880, in-8°, 40 p. 1922

* 2e Supplément. — Paris, imp. nationale, 1881, in-8°, 12 p.

Deppen (O. v.). — Demagogie der Jesuiten, durch die Urtheile ausgezeichneter Personen und die eigenen Schriften und Handlungen der Ordensglieder bewiesen; ein politisch-historischer Versuch, allen Fürsten und Völkern, ganz vorzüglich dem deutschen Bunde gewidmet. — Leipzig, Völler, 1841, in-8°. 1923

Contient, p. 181-202: »Verzeichniss einiger der interessantesten den Jesuiten-Orden betreffenden Schriften, mit besonderer Rücksicht auf den Zweck des gegenwärtigen Werkes«.

* **Depping.** — Notice sur la vie et les travaux de J. B. J. Jorand, membre résidant de la société des antiquaires de France, lue à la séance du 20 octobre 1851, . . . Extrait de l'»Annuaire de la Société des antiquaires de France« pour 1852 — Paris, imp. de Crapelet, 1852, in-18, 11 p. 1924

* —. — Notice sur la vie et les travaux de M. de Freminville, associé correspondant de la Société des antiquaires de France . . . Extrait de l'Annuaire de la Société pour 1850. — Paris, imp. de Crapelet, 1850, in-18, 18 p. 1925

* **Deprez** (M.). — Notice sur les travaux scientifiques de M. Marcel Deprez. — Paris, Gauthier-Villars, 1880, in-4°, 25 p. 1926

Der Hardt (Rich. von). — Voy. Holmia literata.

Der Lühe (W. von). — Voy. Militair-Conversations-Lexikon.

* **Desbarreaux-Bernard.** — Anomalies des signatures dans les premiers livres où on les rencontre. — Toulouse, imp. Douladoure (1877), in-8°, 11 p. 1927

Ext. des »Mémoires de l'Académie des sciences, etc., de Toulouse«, 7e série, T. IX.

* —. — Catalogue des incunables de la bibliothèque de Toulouse. Imprimé aux frais de la ville. — Toulouse, Paul Privat, 1878, in-8°. 1928

* —. — La chasse aux incunables. — Toulouse, imp. de A. Chauvin, 1864, in-8°, 24 p. et 3 pl. 1929

Tiré à 100 ex.

* **Desbarreaux-Bernard.** — Coup d'œil biographique et littéraire sur un auteur dramatique du XVIIe siècle. — Toulouse, imp. de J. M. Douladoure (s. d.), in-8°, 16 p. 1930

Ext. des »Mémoires de l'Académie des sciences de Toulouse«.

* —. — Etablissement de l'imprimerie dans la province de Languedoc. — Toulouse, Edouard Privat, 1875, in-8°. 1931

* —. — Etude bibliographique sur une édition très-rare des Epistolæ Magni Thurci de Laudivio. — Toulouse, imp. Douladoure, 1878, in-8°, 15 p. 1932

Ext. des »Mémoires de l'Académie des sciences, etc. de Toulouse«, 7e série, T. X.

* —. — L'imprimerie à Toulouse aux XVe, XVIe et XVIIe siècles. — Toulouse, imp. de A. Chauvin, 1865, in-8°, 31 p. et 2 tableaux. 1933

Tiré à 150 ex.

* —. — L'imprimerie à Toulouse aux XVe, XVIe et XVIIe siècles. Seconde édition. — Toulouse, imp. A. Chauvin, 1868, in-8°. 1934

Le vol. ne contient que ce qui est relatif au XVe siècle et une note imprimée au bas de la page 136 annonce que le Catalogue des livres du XVIe siècle paraîtra prochainement.

* —. — La Marque des cinq plaies, étude bibliographique. — Toulouse, imp. Douladoure (1877), in-8°, 12 p. et 2 pl. 1935

Ext. des »Mémoires de l'Académie des sciences, etc., de Toulouse«, 7e série, T. IX.

* —. — Note bibliographique sur les almanachs de Baour. — Toulouse, imp. Douladoure, 1878, in-32, 8 p. 1936

Ext. de l'»Annuaire de l'Académie des sciences«, 1877.

* —. — Notice bibliographique sur les Institutes de Justinien éditées par Cujas. Extrait du »Recueil de l'Académie de législation«. — Toulouse, imp. Bonnal et Gibrac, 1877, in-8°, 8 p. 1937

* **Desbarreaux-Bernard** (B. Tib.). — Notice bibliographique sur Pierre Fabre, médecin à Toulouse au XVIIe siècle, avec quelques aperçus sur le spagyrisme, lue à l'Académie royale des sciences, inscriptions et belles lettres de Toulouse. — Toulouse, imp. de J.-M. Douladoure, 1847, in-8°, 18 p. 1938

* **Des Billiers** (l'abbé B.). — Catalogue méthodique des meilleurs ouvrages d'instruction religieuse et de piété, à conseiller aux fidèles suivant leur position, leur âge, et leurs besoins spirituels, indiquant aussi les ouvrages propres aux communautés religieuses et aux ecclésiastiques; extrait de la bibliographie catholique. 2e édition revue et corrigée. — Paris, au bureau de la bibliographie catholique, 1844, in-8°. 1939

* **Des Billons.** — Nouveaux éclaircissements sur la vie et les ouvrages de Guillaume Postel. — Liège, J. J. Tutot, 1773, in-8°. 1940

* **Deschamps** (P.). — Essai bibliographique sur M. T. Cicéron. Avec une préface par J. Janin. — Paris, L. Potier, 1863, in-8°. 1941

* **Deschamps** (P.) et G. **Brunet.** — Manuel du libraire et de l'amateur de livres. Supplément contenant 1° un complément du dictionnaire bibliographique de M. J. Ch. Brunet avec renvoi de chaque article, déjà cité dans le dictionnaire, aux numéros de la table raisonnée; la description minutieusement détaillée, d'après les originaux, d'un grand nombre d'ouvrages français et étrangers, inconnus de M. Brunet, ou négligés par lui comme ayant peu de valeur, alors qu'il rédigeait son manuel, ouvrages fort recherchés et

fort appréciés aujourd'hui. On y a joint une concordance des prix auxquels une partie de ces ouvrages ont été portés dans les principales ventes publiques de France et de l'étranger, depuis quinze ans, ainsi que l'évaluation approximative des livres dont il n'a pas été possible de citer d'adjudication. 2° la table raisonnée des articles au nombre d'environ 10,000, décrits au présent supplément. — Paris, Firmin Didot, 1878-1880, 2 vol. in-8°. 1942

Deschamps (P.). — Voy. Notice biographique et bibliographique sur Gabriel Peignot.

Deschiens. — Voy. Collection de matériaux pour l'histoire de la révolution de France.

* **Descloizeaux**. — Notice sur les travaux minéralogiques et géologiques de M. Descloizeaux, . . . — Paris, imp. de Mallet-Bachelier, 1856, in-4°, 14 p. 1943

* — Paris, Mallet-Bachelier, 1862, in-4°.

La couverture imprimée sert de titre.

* — Paris, Gauthier-Villars, 1869, in-4°.

* **Description d'un choix de livres** faisant partie de la bibliothèque d'un amateur bordelais en 1872. — A Bordeaux, imp. G. Gounouilhou, 1873. in-18. 1944

* **Desessarts** (N. L. M.). — Nouveau dictionnaire bibliographique portatif, précédé de conseils pour former une bibliothèque peu nombreuse, mais choisie, dans tous les genres; augmenté de quatre catalogues séparés servant à indiquer les principaux livres qui doivent composer la bibliothèque — d'un homme d'état; — d'un magistrat; — d'un militaire, — et des ministres des cultes; seconde édition. — A Paris, chez Desessarts, an XII, 1804, in-8°. 1945

* —. — Les siècles littéraires de la France, ou nouveau dictionnaire, historique, critique et bibliographique de tous les écrivains français, morts et vivans, jusqu'à la fin du XVIIIe siècle. Contenant: 1° les principaux traits de la vie des auteurs morts, avec des jugemens sur leurs ouvrages; 2° des notices bibliographiques sur les auteurs vivans; 3° l'indication des différentes éditions qui ont paru de tous les livres français, de l'année où ils ont été publiés, et du lieu où ils ont été imprimés. — Paris, chez l'auteur, 1800-1803, 7 vol. in-8°. 1946

Des Genettes (R. N. Dufriche, baron). — Essais de biographie et de bibliographie médicales. — Paris, 1825, in-8°. 1947

Tiré à 50 ex.

* **Desgranges**. — Notice des titres et travaux scientifiques du docteur Desgranges. — Lyon, imp. de Martin, 1878, in-4°, 8 p. 1948

* — (Al.). — Titres de M. Alix Desgranges à la chaire de langue turque, vacante au Collège de France. — Paris, lith. de Mlle Formentin (s. d.), in-fol., 4 p. 1949

* **Des Guerrois** (Ch.). — Le Président Bouhier, sa vie, ses ouvrages et sa bibliothèque. — Paris, Ledoyen, 1855, in-8°. 1950

Tiré à 200 ex. numérotés.

Deshauterayes. — Voy. Guignes (de). Abrégé de la vie et des ouvrages de M. Fourmont.

* **Deshayes** (G. P.). — Note des publications faites par M. G.-P. Deshayes (4 août 1838). — Paris, imp. de Bourgogne et Martinet (s. d.), in-4°, 8 p. 1951

Des Houssayes (C.). — Voy. Cotton des Houssayes.

* **Designatio scriptorum editorum et edendorum** a Christophoro Theophilo

de Murr. — Norimbergæ, 1802, in-12, 14 p. 1952

*— Editio altera, auctior. — Norimbergæ, 1805, in-12, 16 p.

* **Desjardins** (E.). — Notice historique et bibliographique sur Bartolomeo Borghesi. — Paris, imp. de Pillet fils aîné, 1860, in-8°, 16 p. 1953

Le faux titre porte: »A la république de Saint-Marin«.

*—. — Rapport sur les deux ouvrages de bibliographie américaine de M. Henri Harrisse, lu à la séance de la commission centrale, le 18 janvier 1867. Extrait du Bulletin de la société de géographie. — Paris, imp. Martinet, 1867, in-8°, 20 p. 1954

* **Desmarets**. — Histoire de Madeleine Bavent, religieuse du monastère de Saint Louis de Louviers. Réimpression textuelle sur l'édition rarissime de 1652, précédée d'une notice bio-bibliographique et suivie de plusieurs pièces supplémentaires. — Rouen, Lemonnier, 1878, in-18. 1955

— (A. G.). — Voy. Dictionnaire des sciences naturelles.

Desmaze (Ch.). — Le Chatelet de Paris, son organisation, ses privilèges — Prévots. Conseillers. Chevaliers du guet. Notaires. Procureurs. Commissaires. Huissiers. Registres. Prisons et supplices. Bazoche. Tribunal de la Seine (1060-1862). — Paris, Didier, 1863, in-8°. 1956

Contient, p. 417-423: »Bibliographie pour l'étude du Chatelet de Paris«.

*—. — XVIe siècle. P. Ramus, sa vie, ses écrits, sa mort (1515-1572). — Paris, Cherbuliez, 1864, in-18. 1957

* **Des Michels**. — Précis de l'histoire et de la géographie du moyen âge, depuis la décadence de l'empire romain, jusqu'à la prise de Constantinople par les Turcs-Ottomans. Ouvrage adopté par le conseil royal de l'université de France, et seul prescrit pour l'enseignement de l'histoire du moyen âge dans les collèges royaux et communaux. Huitième édition, considérablement augmentée et enrichie de la bibliographie générale et particulière du moyen âge. — Paris, Colas, 1842, in-8°. 1958

*—. — 9e édition. — Paris, Colas, 1846, in-8°.

Desmolets (N.). — Voy. Bibliotheca sacra.

* **Desnoiresterres** (G.). — Iconographie Voltairienne. Histoire et description de ce qui a été publié sur Voltaire par l'art contemporain. — Paris, Didier, 1879, in-4°. 1959

* **Desnos**. — Titres et travaux scientifiques du Dr. Desnos. — Paris, imp. de Malteste, 1879, in-4°. 1960

* **Desnoyers** (J.). — Notice biographique sur M. J. Duchesne, conservateur du département des Estampes à la Bibliothèque impériale. — Paris, imp. de C. Lahure (s. d.), in-8°, 18 p. 1961

Ext. du Bulletin de la Société de l'histoire de France, mai 1855.

*— (M. J.). — Indication des principaux ouvrages propres à faciliter les travaux relatifs à l'histoire de France. (Extrait de l'Annuaire de la société de l'histoire de France pour l'année 1837). — A Paris, imp. Crapelet, 1836, in-8°. 1962

Desor (E.). — Voy. Ball (John). A guide to the Western Alps.

* **Des Periers** (B.). — Contes ou nouvelles récréations et joyeux devis suivis du Cymbalum mundi, nouvelle édition revue et corrigée sur les éditions originales avec des notes et une notice par P. L. Jacob, bibliophile. — Paris, Garnier frères 1872, in-16. 1963

L'avertissement, p. I - XII, contient la liste des éditions.

* **Desplanque** (A.). — Notice sur la vie et les travaux de M. Victor Derode. Extrait des »Mémoires de la Société impériale des sciences de l'agriculture et des arts de Lille«, année 1867, 3e série, 4e volume. — Lille, imp. de Danel, 1868, in-8°, 28 p. 1964

* **Desportes** (N. H. F.). — Bibliographie du Maine, précédée de la description topographique et hydrographique du diocèse du Mans, Sarthe et Mayenne. — Le Mans, Pesche, 1844, in-8°. 1965

—. — Voy. Pesche. Biographie et bibliographie du Maine.

* **Despretz.** — Notice sur les travaux de M. Despretz. — (Paris), imp. de Plassan (1827), in-8°, 15 p. 1966

* — (C.). — Resumé des travaux de physique de M. C. Despretz. — Paris, imp. de Terzuolo (s. d.), in-4°, 31 p. 1967

* — — Paris, imp. de Terzuolo, in-4° (S. d.), 21 p.

* **Detmer** (A.). — Musterung unserer deutschen Jugend-Literatur, zugleich ein Wegweiser für Eltern in der Auswahl von passenden, zu Weihnachtsgeschenken sich eignenden Büchern. Zweite umgearbeitete Auflage. — Hamburg, Herold, 1844, in-8°. 1968

* **Deutsche Chirurgie.** Mit zahlreichen Holzschnitten und lithogr. Tafeln bearbeitet von ... herausgegeben von Dr. Billroth und Dr. Luecke. — Stuttgart, Ferdinand Enke, 1879-1882, in-8°. 1969

No. 5. Erysipelas. Bearbeitet von H. Tillmanns. Mit 18 Holzschnitten und 1 lithogr. Tafel. — Stuttgart ...
Contient, p. VII-XXIII : »Literatur«.

No. 10. Die Hundswuth. — Lyssa. (Rabies cania. — Hydrophobia.) von Albert Reder. — Stuttgart ...
Contient, p. VII-XIV : »Literatur«.

No. 14. Verbrennungen und Erfrierungen. Von E. Sonnenburg. Mit 6 Holzschnitten und 1 Tafel in Farbendruck. — Stuttgart.
Contient, p. IX-XVII : »Literatur«.

No 15. Die traumatischen Verletzungen von Dr. Carl Gussenbauer. Mit 3 Holzschnitten. — Stuttgart.
Contient, p. XIII-XX : »Literatur«.

No. 19. Handbuch der allgemeinen Operations- und Instrumentenlehre von Georg Fischer. Mit 176 Holzschnitten. — Stuttgart.
Contient, p. XIII-XXV : »Literatur«.

No. 20. — Anæsthetica von O. Kappeler. Mit 18 Holzschnitten, 105 Curven in Zinkographie und 3 lithograph. Tafeln. — Stuttgart.
Contient, p. IX-XVI : »Literatur«.

No. 26. Die Lehre von den Luxationen. von Dr. R. U. Krönlein. Mit 20 Holzschnitten. — Stuttgart.
Contient, p. IX-XIII : »Literatur«.

No. 30. — Die Lehre von den Kopfverletzungen von E. v. Bergmann. Mit 55 Holzschnitten und 2 lithographirten Tafeln. — Stuttgart.
Contient, p. XV-XXXI : »Literatur«.

No. 34. Krankheiten des Halses. Topographische Anatomie. Angeborne Krankheiten. Unterbindungen. Verletzungen von Georg Fischer. Mit 16 Holzschnitten. — Stuttgart.
Contient, p. IX-XX : »Literatur«.

No. 35. Die Krankheiten des unteren Theils des Pharynx und Oesophagus von Kœnig. Mit 13 Holzschnitten. — Stuttgart.
Contient, p. IX-XI : »Literatur«.

No. 37. Die Tracheotomie, Laryngotomie und Exstirpation des Kehlkopfes von Max Schüller. Mit 22 Holzschnitten. — Stuttgart.
Contient, p. XI-XXIV : »Literatur«.

No. 41. Die Krankheiten der Brustdrüsen von Th. Billroth. Mit 55 Holzschnitten und 8 Tafeln in Farbendruck. — Stuttgart.
Contient, p. VII-X : »Literatur«.

No. 44. Die Verletzungen des Unterleibes von J. N. Ritter von Nussbaum. Mit 31 Holzschnitten. — Stuttgart.
Contient, p. VII-VIII : »Literatur«.

No. 49. Die Stricturen der Harnröhre von Leopold Dittel. Mit 62 Holzschnitten. — Stuttgart.
Contient, p. IX-XXVII : »Literatur«.

No. 51. Die Endoskopie der Harnröhre und Blase von Joseph Grünfeld. Mit 22

Holzschnitten und drei Tafeln in Farbendruck. — Stuttgart.
Contient, p. XI-XVI: »Literatur«.

No. 64. Die chirurgischen Krankheiten der oberen Extremitäten von Paul Vogt. Mit 116 Holzschnitten und 2 Tafeln in Farbendruck. — Stuttgart.
Contient, p. XIII-XXXV: »Literatur«.

No. 65. Die Verletzungen der unteren Extremitäten von Hermann Lossen. Mit 44 Holzschnitten. — Stuttgart.
Contient, p. XI-XXXIV: »Literatur«.

* **Deutsche Literatur** (Die) von 1854-1867 über öffentliche Gesundheitspflege, zunächst in technischer Beziehung. Nebst einigen Mittheilungen aus der englischen und französischen Literatur und einer Uebersicht englischer Patente über Kloakenwesen, Desinfection und Verwerthung der Abfallstoffe. Für Techniker, Verwaltungsbehörden und Aerzte. — München, E. A. Fleischmann, 1868, in-8°. 1970

Deutscher Bühnen-Almanach. Herausgegeben für die »Perseverantia« Alters-Versorgnungs-Anstalt für Deutsche Theater-Mitglieder von L. Schneider. — Berlin, Bloch in Comm. 1861, in-8°. T. XXV. 1971

Contient, p. 305-318: »Dramatische Schriften, vom Oktober 1859 bis einschliesslich September 1860 erschienen und durch den Buchhandel zu beziehen. — Mitgetheilt von Leopold Lassar«.

* **Deutscher Zeitschriften-Katalog.** Systematisch geordnetes Verzeichniss der in Deutschland, Oesterreich-Ungarn und der Schweiz erscheinenden wissenschaftlichen und unterhaltenden Zeitschriften, Jahrbücher, Kalender, Abhandlungen und Jahresberichte gelehrter Gesellschaften und wissenschaftlicher Vereine, Ranglisten, Adress- und Staatshandbücher. Ostern 1873. — Leipzig, J. Weber, 1873, in-16. 1972

Deutscher Zeitungs-Katalog für das Jahr 1856 oder siebente, vollständig umgearbeitete Auflage. Verzeichniss der in Deutschland und den angrenzenden Ländern in deutscher Sprache erscheinenden periodischen Schriften mit Einschluss der politischen Zeitungen, Tage-, Wochen- und Intelligenzblätter. — Leipzig, Naundorf, 1856, in-8°. 1973

Un Supplément de 32 p. a paru en 1858 à Leipzig, chez Mierisch.

Devérité (L. Al.). — Voy. Notice pour servir à l'histoire de la vie et des écrits de S. N. H. Linguet.

* **Devic** (J. F. S.). — Histoire de la vie et des travaux scientifiques et littéraires de J. D. Cassini IV, ancien directeur de l'Observatoire... — Clermont (Oise), A. Daix, 1851, in-8°. 1974

* **Deville** (Ch.). — Notice sur les travaux scientifiques publiés par M. Ch. Deville. — Paris, imp. de Plon frères (1847), in-8°. 1975

* —. — Paris imp. de Plon frères (1851), gr. in-8°.

* — (H. Sainte-Claire). — Notice sur les titres scientifiques, adressée aux membres de l'Académie des sciences, à l'appui de sa candidature. — Paris, Mallet-Bachelier, 1857, in-4°, 32 p. 1976

La couverture imprimée sert de titre.

* **Devilliers** (C.). — Exposé des travaux et des titres du Dr. C. Devilliers fils à l'appui de sa candidature à la place vacante à l'académie impériale de médecine (section d'accouchements). — Paris, imp. de Renou et Maulde (1860), in-4°. 1977

* **Dezeimeris** (R.). — Notice sur Pierre de Brach, poëte bordelais du XVIe siècle. Ouvrage couronné par l'Académie impériale des sciences, belles-lettres et arts de Bordeaux. — Paris, A. Aubry, 1858, in-16. 1978

Dezeimeris. — Voy. Dictionnaire historique de la médecine ancienne et moderne.

Dezennien. — Voy. Allgemeines Sachregister über die wichtigsten deutschen Zeit- und Wochenschriften.

* **Dezobry** et **Bachelet.** — Dictionnaire général de biographie et d'histoire, de mythologie, de géographie ancienne et moderne comparée, des antiquités et des institutions grecques, romaines, françaises et étrangères. 6e édition. — Paris, Delagrave, 1873, 2 vol. gr. in-8°. 1979

* —. — Dictionnaire général des lettres, des beaux-arts et des sciences morales et politiques. 4e édition. — Paris, Delagrave, 1875, 2 vol. gr. in-8°. 1980

La 1re édition a paru en 1862.

Dibdin (Th. Fr.). — Aedes Althorpianæ; or an account of the mansion, books, and pictures, at Althorp; the residence of George John Earl Spencer. To which is added a supplement to the Bibliotheca Spenceriana. — London, printed by Nicol, 1822, in-4°, 2 vol. 1981

Le T. II a pour titre: »Supplement to the Bibliotheca Spenceriana; or a descriptive catalogue of the books printed in the fifteenth century, in the library of George John Earl Spencer«.

—. — A bibliographical antiquarian and picturesque tour in France and Germany. — London, printed for the author by Bulmer and Nicol, 1821, 3 vol. in-8°. 1982

* —. — A bibliographical antiquarian and picturesque tour in the Northern counties of England and in Scotland. — London, printed for the author by Richards, 1838, 2 vol. gr. in-8°. 1983

—. — The bibliographical decameron; or, ten days pleasant discourse upon illuminated manuscripts, and subjects connected with early engraving, typography, and bibliography. — London, printed for the author by Bulmer and Co., 1817, gr. in-8°, 3 vol. 1984

Tiré à 750 ex.

* —. — Bibliomania; or book madness: a bibliographical romance in six parts. Illustrated with cuts. — London, printed for the author by J. M. Creery, 1811, in-8°. 1985

* **Dibdin** (Th. Fr.). — The bibliomania; or book madness; containing some account of the history, symptoms, and cure of this fatal disease. In a epistle addressed to Richard Heber. — London, printed for Longman, Hurst, Rees, and Orme, 1809, in-8°. 1986

—. — Bibliotheca Spenceriana; or a descriptive catalogue of the books printed in the fifteenth century, and of many valuable first editions, in the library of George John Earl Spencer. — London, printed for the author by Bulmer and Co., 1814-1815, 4 vol. in-4°. 1987

* —. — A descriptive catalogue of the books printed in the fifteenth century, lately forming part of the library of the duke di Cassano Serra and now the property of George John Earl Spencer. With a general index of authors and editions contained in the present volume, and in the Bibliotheca Spenceriana and Aedes Althorpianæ. — London, printed for the Author by William Nicol, 1823, in-4°. 1988

* —. — An introduction to the knowledge of rare and valuable editions of the greek and latin classics; including the scriptores de rustica, greek romances, and lexicons and grammars: to which is added a complete index analyticus: the whole preceded by an account of polyglot bibles, and the best editions of the greek septuagint and testament. Second edition enlarged and corrected. — London, printed for W. Dwyer, 1804, in-8°. 1989

* —. — An introduction to the knowledge of rare and valuable editions of the greek and latin classics together with an account of polyglot bibles, polyglot psalters, hebrew bibles, greek

bibles and greek testaments; the greek fathers and the latin fathers. Fourth edition; greatly enlarged and corrected. — London, printed for Harding and Lepard, 1827, 2 vol. in-8°. 1990

* **Dibdin.** — An introduction to the knowledge of rare and valuable editions of the greek and roman classics: being, in part, a tabulated arrangement from Dr. Harwood's view, etc. With notes from Maittaire, de Bure, Dictionnaire bibliographique, and references to ancient and modern catalogues. — Glocester, printed by H. Ruff, 1802. in-12. 1991

*—. — Lettre trentième concernant l'imprimerie et la librairie de Paris, traduite de l'anglais, avec des notes, par G. A. Crapelet. — A Paris, imp. Crapelet, 1821, gr. in-8°. 1992

Le faux titre porte: »Voyage pittoresque en France et en Allemagne, relatif à la bibliographie et aux antiquités par le rev. Th. Frognall Dibdin«.

*—. — The library companion; or the young man's guide, and the old man's comfort, in the choice of a library. — London, printed for Harding, Triphook, and Lepard, 1824, in-8°. 1993

*— Second edition. — London, printed for Harding, Triphook and Lepard, 1825, in-8°.

*—. — Reminiscences of a literary life. — London, John Major, 1836, 2 vol. in-8°. 1994

Le titre du second vol. porte en outre: »With anecdotes of books, and of book collectors ...«

—. — Specimen bibliothecæ Britannicæ. Specimen of a digested catalogue of rare, curious, and useful books in the english language. — London, printed by Savage, 1808, in-8°. 1995

Tiré à 40 ex. — Il existe en outre 8 ex. in-4° accompagnés d'une gravure sur bois.

* **Dibdin.** — Specimen of an english de Bure. — London, Harding and Wright, printers, in-8°. 1996

La préface est datée du 16 mai 1810. — Tiré à 50 ex.

*—. — Supplement to the bibliotheca Spenceriana; or a descriptive catalogue of the books printed in the fifteenth century in the library of George John Earl Spencer. — London, Shakspeare press, 1822, in-4°. 1997

*—. — Typographical antiquities; or the history of printing in England, Scotland and Ireland: containing memoirs of our ancient printers, and a register of the books printed by them. Begun by the late Joseph Ames. Considerably augmented by William Herbert; and now greatly enlarged, with copious notes, and illustrated with appropriate engravings; comprehending the history of english literature, and a view of progress of the art of engraving, in Great Britain. — London, printed for Miller, 1810-1819, 4 vol. in-4°. 1998

Diccionario da lingua portugueza publicado pela academia real das sciencias. — Lisboa, typ. da mesma academia, 1793, in-fol. T. I. 1999

Contient, p. LIII-CC: »Catalogo dos autores que se lèião, e de que se tomárão as autoridades para a composição do diccionario da lingua Portugueza. Formado pela ordem das abbreviaturas dos nomes e appellidos dos mesmos autores, e dos titulos das obras anonymas«.

* **Dictionnaire bibliographique,** historique et critique des livres rares, précieux, singuliers, curieux, estimés et recherchés qui n'ont aucun prix fixe, tant des auteurs connus, que de ceux qui ne le sont pas, soit manuscrits, avant et depuis l'invention de l'imprimerie; soit imprimés, et qui ont paru successivement de nos jours, en françois, grec, latin, italien, espagnol, anglois, etc. Avec leur valeur réduite à

une juste appréciation, suivant les prix auxquels ils ont été portés dans les ventes publiques, depuis la fin du XVIIe siècle jusqu'à présent. Auxquels on a ajouté, des observations et des notes pour faciliter la connoissance exacte et certaine des éditions originales, et des remarques pour les distinguer des éditions contrefaites. Suivi d'un essai de bibliographie, où il est traité de la connoissance et de l'amour des livres, de leurs divers degrés de rareté, etc. — A Paris, chez Cailleau et fils, 1790-1802, 3 vol. in-8°. 2000

T. IV supplément. — Paris, Delalain, 1802, in-8°.

Par l'abbé Duclos avec la collaboration de Andr. Charl. Cailleau et J. Ch. Brunet.

* **Dictionnaire bibliographique**, ou nouveau manuel du libraire et de l'amateur de livres, contenant : l'indication et le prix de tous les livres tant anciens que modernes qui peuvent trouver leur place dans une bibliothèque choisie ; les renseignemens nécessaires pour distinguer les éditions les plus recherchées ; les signes caractéristiques de leur authenticité ; les prix auxquels les livres ont été portés dans les ventes les plus célèbres, et enfin des notes critiques, historiques et littéraires, à l'aide desquelles on peut se fixer soit sur l'importance bibliographique, soit sur le mérite de la plupart des ouvrages : augmenté d'un nombre considérable d'articles échappés aux bibliographes précédens, ou relatifs à des ouvrages publiés postérieurement aux leurs. Précédé d'un essai élémentaire sur la bibliographie ; par M. P***** — Paris, Ponthieu, 1824, 2 vol. in-8°. 2001

Par Etienne Psaume.

* **Dictionnaire biographique et bibliographique des predicateurs** et sermonnaires français, depuis le XVIe siècle jusqu'à nos jours... Suivi de préceptes sur l'art oratoire, extraits des ouvrages de Laharpe, Marmontel, Maury, etc. par l'abbé de La P***** ; précédé d'un essai historique sur l'éloquence de la chaire par B. de Roquefort. — Paris, Persan, 1824, in-8°. 2002

Par Charles-Yves Cousin, d'Avallon.

* **Dictionnaire de bibliographie française**. — Paris, au bureau de bibliographie française, 1811 1812, in-8°. T. I-II. 2003

Par G. Fleischer.

* **Dictionnaire des gens de lettres vivants** ; par un descendant de Rivarol. — Paris, chez les marchands de nouveautés, 1826, in-18. 2004

Par P. Cuisin et Brismontier, d'après M. Quérard.

Dictionnaire des hommes de lettres, des savants et des artistes de la Belgique, présentant l'énumération de leurs principaux ouvrages. — Bruxelles, 1837, in-8°. 2005

Par Vandermaelen (Philippe).

* **Dictionnaire des livres jansénistes**, ou qui favorisent le jansénisme. Nouvelle édition augmentée par le P. Louis Patouillet. — Anvers, Verdussen, 1752, 4 vol. in-12. 2006

Par Dominique de Colonia.

A paru aussi sous ce titre: »Dictionnaire des livres opposés à la morale des soi-disant Jésuites. — Bruxelles, 1763, 4 vol. in-12.

* —. — Anvers, J. B. Verdussen, 1755, in-12. T. I.

* **Dictionnaire des sciences médicales**. Biographie médicale. — Paris, Panckoucke, 1820-1825, 7 vol. in-8°. 2007

* **Dictionnaire des sciences naturelles**, dans lequel on traite méthodiquement des différens êtres de la nature, considérés soit en eux-mêmes, d'après l'état actuel de nos connoissances, soit relativement à l'utilité qu'en peuvent retirer la médecine, l'agriculture, le commerce et les arts. Suivi d'une bio-

graphie des plus célèbres naturalistes... par plusieurs professeurs du jardin du roi et des principales écoles de Paris. — Strasbourg, Levrault, 1816-1845, 61 vol. de texte. 2008

Outre les indications bibliographiques du volume contenant les biographies, on trouve à la suite des termes répondant à une division générale de l'histoire naturelle la bibliographie spéciale à chaque branche.

* **Dictionnaire des sciences philosophiques** par une société de professeurs de philosophie — Paris, Hachette, 1844-1852, 6 vol. in-8°. 2009

* **Dictionnaire du département de l'Eure.** Edition revue, corrigée, augmentée et mise à jour sur les documents officiels, suivie d'une carte du département et d'une bibliographie. — Evreux, imp. Charles Hérissey, 1882, in-8°. 2010

* **Dictionnaire encyclopédique des sciences médicales** publié sous la direction de MM. les docteurs Raige-Delorme et A. Dechambre . . . — Paris, Victor Masson, 1864-1878, in-8°. Série I-IV. 2011

Chaque division est suivie d'une bibliographie des ouvrages qui ont été publiés sur ce sujet.

1re série 21 vol.; 2e série 12 vol.; 3e série 6 vol.; 4e série 2 vol.

* **Dictionnaire historique et bibliographique** portatif des personnages illustres, célèbres ou fameux de tous les siècles et de tous les pays du monde, avec les dieux et les héros de la mythologie ... par L. G. P. Orné d'un grand nombre de portraits, avec une table encyclopédique et bibliographique, propre à faciliter l'ordre et l'arrangement des livres dans une bibliothèque. — Paris, Hacquart, Prudhomme, 1813, 4 vol. in-12. 2012

Par Gabriel Peignot.

* **Didiez** (R.). — Notice sur Auguste Dubois. — Valenciennes, imp. de Prignet (1854), in-8°, 14 p. 2013

Ext. des Archives du Nord.

* **Didion** (Is.). — Notice sur les travaux scientifiques de M. Is. Didion — Paris, Mallet-Bachelier, 1857, in-4°, 11 p. 2014

* — Paris, Gauthier-Villars, 1867, in-4°, 14 p.

Les couvertures imprimées servent de titre.

* **Didot** (A. F.). — Essai sur la typographie. Extrait du tome XXVI de l'Encyclopédie moderne. — Paris, F. Didot, 1851, in-8°. 2015

* —. — Essai typographique et bibliographique sur l'histoire de la gravure sur bois servant d'introduction aux costumes anciens et modernes de César Vecellio. — Paris, Didot frères et fils, 1863, in-8°. 2016

—. — Voy. Nouvelle biographie générale.

Diegerick (Alph.). — Essai de bibliographie Yproise. Etude sur les imprimeurs Yprois, 1547-1834. — Ypres, Lafonteyne, 1873-1881, in-8°. 2017

* —. — Notes sur l'origine de la typographie Courtraisienne. — Bruges, imp. d'Aimé de Zuttere, 1876, in-8°, 12 p. 2018

Ext. des »Annales de la société d'émulation, pour l'étude de l'histoire et des antiquités de la Flandre«, 4me série, T. I.

Dierbach (J. H.). — Repertorium botanicum, oder Versuch einer systematischen Darstellung der neuesten Leistungen im ganzen Umfange der Pflanzenkunde. — Lemgo, Meyer, 1831, in-8°. 2019

Dietmann (K. G.). — Die gesamte der ungeänderten Augsp. Confession zugethane Priesterschaft in dem Churfürstenthum Sachsen und denen einverleibten, auch einigen angrenzenden Landen, bis auf das ietzt laufende 1752te (-1763) Jahr, ausgefertiget. — Dresden und Leipzig, Richter, 1752-1763, 5 vol. in-8°. 2020

Dietrich (E.). — Voy. Bibliotheca hydriatica.

Dieu. Hymne du poete russe Derjavine. 1743-1816. Notice sur quinze traductions françaises de cette Hymne. 1811-1855. Suivie du texte russe. — Leipzig, Brockhaus, 1855, in-8°. 2021

Publié par Serge Poltoratzky.

* **Diez** (Fr.). — Grammaire des langues romanes. Troisième édition refondue et augmentée. Traduit par Auguste Brachet et Gaston Paris. — Paris, Franck, 1874-1876, 3 vol. in-8°. 2022

Le T. III contient, p. 447-454: »Liste des ouvrages cités«.

Diezmann (A.). — Voy. Gœthe-Schiller-Museum.

* **Digard de Lousta.** — Joseph Laurent Couppey, ancien juge au tribunal civil de Cherbourg, sa vie et ses écrits. — Cherbourg, Feuardent, 1854, in-8°. 2023

* **Digot** (A.). — Notice biographique et littéraire sur Dom Augustin Calmet, abbé de Senones. — Nancy, Wiener, 1860, in-8°. 2024

* —. — Notice biographique et littéraire sur François Xavier Breyé, ... garde des livres de S. A. R. Leopold Ier. — Nancy, imp. de A. Lepage, 1859, in-8°, 23 p. 2025

* —. — Notice biographique et littéraire sur Nicolas Volcyr, historiographe et secrétaire du duc Antoine. — Nancy, Grimblot et Vve Raybois, 1849, in-8°. 2026

Ext. des Mémoires de la Société des sciences, lettres et arts de Nancy.

* —. — Notice biographique et littéraire sur Valentin Jamerai-Duval. — Nancy, Grimblot et Vve Raybois, 1847, in-8°. 2027

Ext. des Mémoires de la Société royale des sciences, lettres et arts de Nancy.

* **Diguet** (Ch.). — Notice sur les imprimeurs des XVe et XVIe siècles. — Paris, Bachelin-Deflorenne, 1865. in-8°, 11 p. 2028

Ext. du »Bibliophile français«. (No. du 31 mars 1865.) — Tiré à 50 ex.

* **Dimmock's** special bibliography, no. 1. The entomological writings of John L. Leconte. Compiled by Samuel Henshaw. Edited by George Dimmock. — Cambridge, Mass., published by the editor, nov. 1878, in-8°, 11 p. 2029

* **Dimmock's** special bibliography, no 2. The entomological writings of George H. Horn. Compiled by Samuel Henshaw. Edited by George Dimmock. — Cambridge, Mass., published by the editor, jan. 1879, in-8°, 6 p. 2030

* **Dimmock's** special bibliography, no. 3. The writings of Samuel Hubbard Scudder. Compiled and edited by George Dimmock. — Cambridge, Mass., published by the editor, Aug. 1879, in-8°, 28 p. 2031

* **Dinaux** (A.). — Notice historique et littéraire sur le cardinal Pierre D'Ailly évêque de Cambrai au XVe siècle. Ouvrage qui a remporté une médaille d'or dans le concours proposé, par la Société d'emulation de Cambrai, pour l'année 1824. — Cambrai, S. Berthoud, 1824, in-8°. 2032

* **Dinouart.** — Santoliana, ouvrage qui contient la vie de Santeuil, ses bons mots, son démêlé avec les Jésuites, ses lettres, ses inscriptions, et l'analyse de ses ouvrages, etc. — Paris, Nyon, 1764, in-12. 2033

* **Dionysius Genuensis.** — Bibliotheca scriptorum ordinis minorum S. Francisci capucinorum contexta. In hac secunda editione accuratiùs coordinata, et ultra ducentorum scriptorum elucubrationibus locupletata, et aucta. Accedit catalogus omnium provinciarum, conventuum, missionum, ac reli-

giosorum, qui sunt in unaquaque provincia prout numerabantur in capitulo generali 1685. — Genevæ, ex typographia Joannis Baptistæ Scionici, 1691, in-4°. 2034

* **Diosdado Caballero** (R.). — De prima typographiæ Hispanicæ ætate specimen. — Romæ, apud Antonium Fulgonium, 1793, in-4°. 2035

* **Discours prononcés aux funérailles de M. J. D. Barbié Du Bocage,** ... suivis d'une notice sur sa vie et ses ouvrages. — Paris, imp. de Fain, 1826, in-4°, 14 p. 2036

Dissertatio epistolica de præcipuis Hesperidum scriptoribus, iisque tam antiquis quam recentioribus, latinæ Hesperidum Norimbergensium versioni ad eximium earundem auctorem præmissa ab interprete. — Norimbergæ, 1713, in-fol. 2037

Par Erhard Reusch.

* **Dissertation**, en forme de catalogue, des ouvrages de M. Buc'hoz, pour l'année 1790, qu'on peut trouver chez lui ... — (S. l. n. d.) in-fol. 2038

* **Dissertation sur les bibliothèques** avec une table alphabétique, tant des ouvrages publiés sous le titre de Bibliothèques, que des catalogues imprimés de plusieurs cabinets de France et des pays étrangers. — A Paris, chez Hug. Chaubert & Herissant, 1758, in-12. 2039

Par Durey de Noinville.

* **Dithmar** (J. Chr.). — Einleitung in die öconomischen Policey- und cameral-Wissenschaften. Nebst Verzeichniss eines zu solchen Wissenschaften dienlichen Büchervorrathes und ausführlichem Register. Mit neuen Anmerkungen zum Gebrauch ökonomischer Vorlesungen von Daniel Gottfried Schreber. Fünfte Ausgabe. — Frankfurt a. d. O., Kleyb, 1755, in-8°. 2040

Dittel (L.). — Die Stricturen der Harnröhre. — Voy. Deutsche Chirurgie. No. 49.

Divo Antonio (J. a). — Minorum fratrum, origine, domiciliove discalceatorum, attramento, et sanguine scriptorum bibliotheca pro supplemento Wadingianæ, incrementoque novæ Franciscanæ bibliothecæ, authorum omnium sub unico generali ministro in ordinibus tribus efformabilis. Opus grata methodo digestum, authorum elogiis circumdatum, martyrum agonibus distinctum, eruditionis studiosis in primis utilis. Ad illustrissimos d. d. d. Decanum, et Capitulum sanctæ Zamorensis ecclesiæ — Salmantice, ex typogr. E. Garcia de Honorato et S. Miguèl, 1728, in-4°. 2041

* **Dizé** (M. J.-J.). — Précis historique sur la vie et les travaux de Jean D'Arcet, ... lu à la séance publique du Lycée des Arts, le 10 germinal an X. — Paris, imp. de Gillé, an X, in-8°, 36 p. 2042

Dlabacž (G. J.). — Nachricht von den in böhmischer Sprache verfassten und herausgegebenen Zeitungen. Bearbeitet für die Abhandlungen der k. Böhmischen Gesellschaft der Wissenschaften. — Prag, gedr. bei Haase, 1803, in-8°, 31 p. 2043

Dobrowsky (J.). — Litterarisches Magazin von Böhmen und Mähren. — Prag, Schönfeld, 1786, in-8°. 2044

L'Anhang contient: »Allgemeine böhmische Bibliothek von Ungar«.

—. — Voy. Böhmische Litteratur.

* **Dochnahl** (Fr. J.). — Bibliotheca hortensis. Vollständige Garten-Bibliothek oder alphabetisches Verzeichniss aller Bücher, welche über Gärtnerei, Blumen- und Gemüsezucht, Obst- und Weinbau, Gartenbotanik und bildende Gartenkunst von 1750 bis 1860 in Deutschland erschienen sind. Mit An-

gabe der Verleger und Preise. Nebst einem chronologischen Sachregister. — Nürnberg, Verlag von W. Schmid, 1861, in-8°. 2045

* **Dodt** (J. J.). — Repertorium dissertationum belgicarum, sive index chronologicus et nominali-alphabeticus omnium dissertationum inauguralium, quæ ab anno 1815 usque ad annum 1830 auspiciis academiarum belgicarum sunt impressæ digessit . . . — Trajecti ad Rhenum, ex officina N. van der Monde, 1835, in-4°. 2046

* **Dœderlein** (J. Chr.). — Auserlesene theologische Bibliothek, darinnen von den wichtigsten theologischen in- und ausländischen Büchern und Schriften Nachricht gegeben wird. — Leipzig, verlegts Joh. Gottl. Immanuel Breitkopf, 1780 - 1792, 4 vol. in-8°. 2047

* —. — Theologisches Journal. — Jena, beym Herausgeber, 1792, in-8°. 2048

* **Dœdes** (J. J.). — Nieuwe bibliograpisch-historische Ontdekkingen. Bijdragen tot de kennis van de Geschiedenis der eerste Uitgaven van het nieuwe Testament in de Nederlandsche Taal, van de eerste Lotgevallen des Heidelbergschen Catechismus in het Nederlandsch, en van de oudste Drukken van het doopsgezinde Martelaarsbœk »het offer des Heeren«. — Utrecht, Kemink & Zoon, 1876, in-8°. 2049

Dœring (S. J. L.). — Critisches Repertorium der auf in- und ausländischen höhern Lehranstalten vom Jahre 1781 bis 1800 herausgekommenen Probe- und Einladungsschriften aus dem Gebiete der Arzneygelahrtheit und Naturkunde. Erste Abtheilung enthaltend das Verzeichniss der Schriften von 1781 bis 1790. — Herborn, Hohe-Schulbuchhandlung, 1803, in-4°. 2050

* **Doisy**. — Essai de bibliologie militaire. — A Paris, chez Anselin et Pochard, 1824, in-8°. 2051

* **Dolbeau**. — Notice sur les titres et travaux scientifiques du Dr. Dolbeau. — Paris, imp. de Martinet, 1866, in-4°, 16 p. 2052

* — Paris, imp. de Martinet, octobre 1868, in-4°, 35 p.

* **Doni**. — La libreria del Doni fiorentino, divisa in tre trattati. Nel primo sono scritti, tutti autori volgari, con cento e piu discorsi, sopra di quelli. Nel secondo, sono dati in luce tutti i libri, che l'autore ha veduti a penna, il nome de' componitori, dell' opere, i titoli e le materie. Nel terzo, si legge l'inventione dell' Academie insieme con i sopranomi, i motti, le imprese, e l'opere fatte da tutti gli academici. Libro necessario, e utile, a tutti coloro che della cognitione della lingua hãno bisogno, e che vogliono di tutti gli autori, libri e opere sapere scrivere e ragionare. — In Vinegia, appresso G. G. de' Ferrari, 1557, in-8°. . 2053

* —. — La libreria del Doni fiorentino. Nella quale sono scritti tutti gl' autori vulgari con cento discorsi sopra quelli. Tutte le traductioni fatte all' altre lingue, nella nostra et una tavola generalmente come si costuma fra librari. — In Vinegia, appresso Gabriel Giolito de Ferrari, 1550, in-12. 2054

* — di novo ristampata, corretta, e molte cose aggiunte che mancavano. — In Vinegia, appresso G. G. de Ferrari, 1550, in-12.

* —. — Di nuovo ristampata e aggiuntivi tutti i libri volgari posti in luce da trenta anni in quâ, e leuatone fuori tutti gli autori, e libri prohibiti. — In Vinegia, presso Altobello Salicato, 1580, in-8°. 2055

* **Dommer** (A. v.), — Autotypen der Reformationszeit auf der Hamburger

Stadtbibliothek. — Hamburg, Th. G. Meissner, 1881, in-4°, 24 p. 2056

100 articles.

Doorninck (J. Van). — Voy. Van Doorninck.

Doppelmayr (J. G.). — Historische Nachricht von den Nürnbergischen Mathematicis und Künstlern, welche fast von dreyen seculis her durch ihre Schrifften und Kunst-Bemühungen die Mathematic und mehreste Künste in Nürnberg vor andern trefflich befördert, und sich um solche sehr wohl verdient gemacht, zu einem guten Exempel, und zur weitern rühmlichen Nachahmung, in zweyen Theilen an das Liecht gestellet, auch mit vielen nützlichen Anmerckungen und verschiedenen Kupffern versehen. — Nürnberg, Monath, 1730, in-fol. 2057

* **Dorer** (Edm.). — Die Calderon-Literatur in Deutschland. Bibliographische Uebersicht. — Leipzig, W. Friedrich, 1881, in-8°, 42 p. 2058

* —. — Cervantes und seine Werke nach deutschen Urtheilen. Mit einem Anhange: Die Cervantes-Bibliographie. — Leipzig, Verlag von W. Friedrich, 1881, in-8°. 2059

* **Dorieux** (G.). — Charles-François-Joseph Mougin, sa vie et ses œuvres. — Amiens, imp. de Lemer, novembre 1861, in-4°, 4 p. 2060

Dorn (J. Chr.). — Bibliotheca theologica critica quam secundum singulas Divinioris scientiæ partes disposuit atque instruxit. — Francofurti et Lipsiæ, Bailliar et Vid. Meyer, 1721-1723, in-8°. 2061

* **Dosresmieulx** (Cl.). — Bibliographus belgicus seu librorum index, qui in regiis ac maxime catholicis Belgii provinciis anno christiano 1640 novi, vel emendatiores, vel auctiores prodierunt. — Insulis, apud Tussanum le Clercq, 1641, in-4°. 2062

* **Dottin** (C. L.). — Etude littéraire sur C. L. Mollevaut lue dans la séance de l'Athenée du Beauvaisis du 26 novembre 1844. — Clermont (Oise), imp. de E. Hersent, 1845, in-8°, 18 p. 2063

* **Douais** (C.). — Les sources de l'histoire de l'inquisition dans le midi de la France, aux XIIIe et XIVe siècles. Mémoire suivi du texte authentique et complet de la chronique de Guilhem Pelhisso et d'un fragment d'un registre de l'inquisition, publié pour la première fois. — Paris, Palmé, 1881, in-8°. 2064

* **Doublet de Boisthibault** (J.). — Notice historique sur la vie et les ouvrages de François Doublet. — Paris, H. Verdière, 1826, in-8°, 34 p. 2065

Doublet de Boisthibault. — Eure-et-Loire. — Voy. Loriol. La France.

* **Douglas** (J.). — Bibliographiæ anatomicæ specimen: sive catalogus omnium penè auctorum qui ab Hippocrate ad Harveum rem anatomicam ex professo, vel obiter, scriptis illustrârunt; opera singulorum, et inventa juxta temporum seriem complectens. — Londini, excudebat Guilielmus Sayes, 1715, in-8°. 2066

* —. — Editio secunda, priori auctior. — Lugduni Batavorum, apud Gisbertum Langerak, 1734, in-8°.

* — (R. K.). — Catalogue of chinese printed books, manuscripts and drawings in the library of the British Museum. Printed by order of the trustees of the British Museum. — London, sold by Longmans & Co., 1877, in-fol. 2067

* **Douret** (J. B.). — Institut archéologique du Luxembourg. Publications des membres de l'Institut. Bibliographie Bouillonnaise. 1760-1798. Année 1874. — Arlon, typ. P. A. Bruck, 1874, in-4°. 2068

* **Douret** (J. B.). — Notice des ouvrages composés par les écrivains Luxembourgeois. (Extrait des Annales de l'Institut archéologique du Luxembourg.) — Bruxelles, J. B. Douret, 1870, in-4°. 2069

Dove (R.). — Voy. Zeitschrift für Kirchenrecht.

* **Dowling** (J. G.). — Notitia scriptorum ss. patrum aliorumque veteris ecclesiæ monumentorum, quæ in collectionibus anecdotorum post annum Christi 1700 in lucem editis continentur, nunc primum instructa. — Oxonii, e typographeo academico, 1839, in-8°. 2070

* Δοκιμαστης, sive de librorum circa res theologicas approbatione, disquisitio historica; ex antiquis ecclesiæ, augustiss. senatus, et academiæ parisiensis monumentis cum cura et fide expressa. — Antwerpiæ, typis Bernardi salii, 1708, in-18. 2071

* **Doyère** (L.). — Institut national agronomique. Concours pour la chaire de zoologie appliquée à l'agriculture. Concurrent M. L. Doyère. — Paris, imp. de Bachelier (1849), in-4°, 22 p. 2072

* **Dozy** (R. P. A.) — Notices sur quelques manuscrits arabes. — Leyde, chez E. J. Brill, 1847-1851, in-8°. 2073

* **Drach**. — Notice des ouvrages de M. Drach... — Paris, imp. de Moquet (1857), in-8°, 4 p. 2074

* **Dräseke** (J.). — Der Brief an Diognetos nebst Beiträgen zur Geschichte des Lebens und der Schriften des Gregorios von Neocæsarea. — Leipzig, Verlag von Johann Ambrosius Barth, 1881, in-8°. 2075

* **Drake** (N.). — Shakspeare and his times, including the biography of the poet; criticisms on his genius and writings. — Paris, 1838, in-8°. 2076

* **Dramard** (E.). — Bibliographie géographique et historique de la Picardie ou catalogue raisonné des ouvrages tant imprimés que manuscrits, titres, pièces et documents de toute nature relatifs à la géographie et à l'histoire de cette province. — Paris, J. B. Dumoulin, A. Aubry, 1869, in-8°. T. I. 2077

La couverture imprimée porte la date 1881.

* —. — Bibliographie géographique et historique du Boulonnais. — Paris, Dumoulin, A. Aubry, 1868, in-8°. 2078

Il n'a paru que le 1er fasc. du T. I ou pages 1-208.

* —. — Bibliographie raisonnée du droit civil, comprenant les matières du code civil et des lois postérieures qui en forment le complément, accompagnée d'une table alphabétique des noms d'auteurs. — Paris, Firmin Didot et Cie, 1878, in-8°, à 2 col. 2079

* **Draudius** (G.). — Bibliotheca classica, sive, catalogus officinalis, in quo singuli singularum facultatum ac professionum libri, qui in quavis fere lingua extant, quique intra hominum fere memoriam in publicum prodierunt, secundum artes et disciplinas, earumque titulos et locos communes, authorumque cognomina singulis classibus subnexa, ordine alphabetico recensentur; additisque ubivis loco, tempore, forma impressionis, justa serie disponuntur. ... Annexum est sub finem supplementum materiarum, quæ vel omnino classes peculiares sortitæ non sunt, vel ab aliis, præter eos quos singulis classibus subjecimus, authoribus tractantur. — Francofurti, apud Nicolaum Hoffmannum, 1611, in-4°. 2080

* —. — ... disponuntur usque ad annum 1624 inclusive. Accesserunt hincinde præter eas, quas ex catalogis nundinarum collegimus, haud infimæ notæ materiæ ac rubricæ, non tam ex peculiaribus officinarum catalogis, quam etiam alicunde congestæ, quæque in prima editione non habentur. Quinetiam

norit emptor; bibliothecæ classicæ, quæ anno 1611 in lucem prodiit (ne bibliothecæ istius emptio emptori sit fraudi) supplementum, ab anno 1611 usque ad annum 1624 inclusive, propediem separatim editum iri. Accessit authorum in toto opere dispersorum, juxta ordinem alphabeticam observata cognominum ratione dispositio. — Francofurti ad Mœnum, impensis Balthasaris Ostern, 1625, in-4°.

* **Dreux du Radier**. — Bibliothèque historique et critique du Poitou, contenant les vies des savants de cette province . . . une notice de leurs ouvrages . . . la suite historique et chronologique des comtes héréditaires et celle des évêques de Poitiers. — Paris, Ganeau, 1754, 5 vol. in-12. 2081

— (J. Fr.). — Voy. Eloges historiques des hommes illustres de la province du Thymerais.

Dreyer (J. C. H.). — Voy. Bibliotheca juris Lubecensis.

* **Driver** (Fr. M.). — Bibliotheca monasteriensis sive notitia de scriptoribus monasterio Westphalis. — Monasterii, apud Frid. Theissing, 1799, in-8°. 2082

* **Dronke** (E.). — Beiträge zur Bibliographie und Litteraturgeschichte, oder Merkwürdigkeiten der Gymnasial- und der Städtischen Bibliothek zu Koblenz. — Koblenz, Verlag von J. Hölscher, 1837, in-8°. 2083

Druckschriften des Ludwig Ritter von Heufler nach der Zeit geordnet. (Bis Ende September 1855). — Wien, gedr. bei Grund, 1855, in-8°, 17 p. 2084

* **Druckschriften von Dr. Carl Friedrich Philipp von Martius**, von 1814-1854. — S. l. ni d., in-16, 8 p. 2085

* **Drujon** (F.). — Catalogue des ouvrages, écrits et dessins de toute nature poursuivis, supprimés ou condamnés depuis le 21 octobre 1814 jusqu'au 31 juillet 1877. Edition entièrement nouvelle, considérablement augmentée suivie de la table des noms d'auteurs et d'éditeurs et accompagnée de Notes bibliographiques et analytiques. — Paris, Edouard Rouveyre, 1878, gr. in-8°. 2086

* **Dryander** (J.). — Catalogus bibliothecæ historico-naturalis Josephi Banks, . . . — Londini, typis Gul. Bulmer et soc. 1798-1800, 5 vol. in-8°. 2087

Dubarle (E.). — Seine-et-Marne. — Voy. Loriol, La France.

* **Dubois** (A.). — L'Oeuvre de Blasset, ou plutôt Blassel, célèbre sculpteur amiénois (1600 à 1659). — Amiens, imp. de Caron et Lambert, 1862, in-8°. 2088

— (E.). — Ext. de la »Revue critique de législation et de jurisprudence«. Bibliographie juridique italienne. — Paris, imp. Cusset, 1872, in-8°, 15 p. 2089

— Paris, imp. Armons de Rivière, 1873, in-8°, 23 p.

* — (Fr.). — Académie impériale de médecine. Eloge de M. Magendie. Prononcé dans la séance publique annuelle du 15 décembre 1857. — Paris, J. B. Baillière, 1857, in-4°. 2090

La couverture imprimée sert de titre.

* — d'Amiens (Fr.). — Eloge de M. A. Richard, prononcé dans la séance annuelle de l'Académie impériale de médecine du 11 décembre 1860. Extrait des »Mémoires de l'Académie de médecine, T. XXV«. — Paris, J. B. Baillière et fils, 1861, in-4°, 26 p. 2091

* —. — Eloge de M. Thénard, prononcé dans la séance publique annuelle de l'Académie impériale de médecine du 9 décembre 1862. — Paris, J.-B. Baillière, 1863, in-4°, 31 p. 2092

* — (Fr.). — Notice sur les titres et sur les travaux de M. Fréd. Dubois (d'Amiens) . . . candidat à la place d'académicien libre vacante à l'Aca-

démie des sciences. — Paris, imp. de L. Martinet (1852), in-4°, 8 p. 2093

* **Dubois** (L.). — Notice historique et littéraire sur Valazé, membre de la Convention nationale . . . — Paris, Goujon fils, 1802, in-8°, 27 p. 2094

* —. — Biographie normande. Notice sur le chevalier de Clieu et bibliographie du café. — Caen, Le Gost-Clérisse, 1855, in-8°, 17 p. 2095

Ext. des »Mémoires de l'Académie des sciences, arts et belles-lettres de Caen«.

* **Dubreuil** (A.). — Notice sur les titres et les travaux scientifiques du Dr. A. Dubreuil, candidat à la chaire de clinique chirurgicale vacante dans la faculté de médecine de Montpellier. — Montpellier, imp. de Boehm, 1875, in-4°, 8 p. 2096

Dubrowin. — Histoire de la guerre et de la domination russe au Caucase. — Saint Pétersbourg, 1871, 1re partie. 2097

En russe. La 3e livr. du T. I renferme 2355 indications bibliographiques.

* **Dubrunfaut** (A. P.). — Institut impérial de France. Académie des sciences. IXe section, économie rurale. Place vacante par suite du décès de M. Rayer. Candidature d'Auguste Pierre Dubrunfaut. — Paris, imp. de Walder, 1868, in-4°, 37 p. 2098

* **Du Cange.** — Glossarium mediæ et infimæ latinitatis conditum a Carolo Dufresne domino Du Cange cum supplementis integris monachorum ordinis s. Benedicti D. P. Carpenterii Adelungii, aliorum, suisque digessit G. A. L. Henschel. — Parisiis, Firmin Didot, 1850, in-4°. 2099

T. VII continet glossarium gallicum, tabulas, indices auctorum et rerum, dissertationes.

* **Duchartre** (P.). — Notice sur les travaux de botanique de M. P. Duchartre, . . . — Paris, imp. de L. Martinet (1854). — Supplément à la »Notice . . .« — Paris, imp. de F. Didot frères (1856), in-4°, 24 p. 2100

* — Paris, imp. de Donnaud (1861), in-4°, 42 p.

* —. — Travaux relatifs à la botanique. — Paris, imp. de L. Martinet (1853), in-4°, 8 p. 2101

* **Duchesne.** — Notice sur la vie et les ouvrages de M. Jacques Berriat Saint-Prix, . . . décédé à Paris le 4 octobre 1845, lue à l'Académie delphinale de Grenoble, le 29 janvier 1847. — Grenoble, imp. de C.-P. Baratier, 1847, in-8°, 36 p. 2102

* — (A.). — Bibliothèque des autheurs, qui ont escript l'histoire et topographie de la France, divisée en deux parties, selon l'ordre des temps et des matières. — Paris, S. Cramoisy, 1618, in-8°. 2103

* — Seconde édition reveuë, et augmentée de plus de deux cens historiens. — Paris, S. Cramoisy, 1627, in-8°.

* — (E. A.). — Titres et travaux scientifiques de M. E.-A. Duchesne, . . . à l'appui de sa candidature dans la section d'hygiène et de médecine légale. — Paris, imp. de Mallet-Bachelier (1859), in-4°, 7 p. 2104

* — (J.). — Notice historique sur la vie et les ouvrages de Jules-Hardouin Mansart lue le 12 messidor à l'Athénée des arts de Paris. — (S. l. ni d.), in-8°, 31 p. 2105

Ext. du »Magasin encyclopédique«, août 1805.

Duclos. — Voy. Dictionnaire bibliographique historique.

Du Coudray. — Voy. Répertoire général de toutes les pièces de théâtre.

* **Ducros** (F.). — Extrait du »Journal général de l'instruction publique«. Mercredi 4 septembre 1861. Biblio-

graphie. Oeuvres de M. Boucher de Perthes, . . . — Abbeville, imp. de P. Briez (1861), in-8°, 6 p. 2106

* **Ducros** de Sixt (L.). — Notice historique sur la vie et les travaux du docteur Fodéré, . . . — Paris, imp. de Bailly, 1845, in-8°, 32 p. 2107

La couverture imprimée porte: »Souscription pour le monument à élever au docteur Fodéré, juin 1845«.

Ducrotay de Blainville (H. M.). — Manuel de malacologie et de conchyliologie; contenant: 1° une histoire abrégée de cette partie de la zoologie; des considérations générales sur l'anatomie, la physiologie et l'histoire naturelle des malacozoaires, avec un catalogue des principaux auteurs qui s'en sont occupés. 2° des principes de conchyliologie, avec une histoire abrégée de cet art et un catalogue raisonné des auteurs principaux qui en traitent. 3° Un système général de malacologie tiré à la fois de l'animal et de sa coquille, dans une dépendance réciproque, avec la figure d'une espèce de chaque genre. — Paris, Levrault, 1825, in-8°. 2108

*—. — Note analytique sur les travaux anatomiques, physiologiques et zoologiques de M. H.-M. Ducrotay de Blainville. — Paris, imp. de Huzard-Courcier (s. d.), in-4°, 18 p. 2109

*—. — Notice analytique sur les travaux anatomiques et zoologiques de M. H. M. Ducrotay de Blainville. — Paris, imp. de Lachevardière, 11 novembre 1825, in-4°, 27 p. 2110

Düringsfeld (Ida von). — Von der Schelde bis zur Maas. Das geistige Leben der Vlamingen seit dem Wiederaufblühen der Literatur. Biographien, Bibliographien und Proben. — Leipzig, Lehmann; Brüssel, Claassen, 1861, 3 vol. in-8°. 2111

* **Dufau** (P. A.). — Notice sur les travaux de M. Dufau (Pierre Armand). — Paris, imp. de W. Remquet (1859), in-4°, 7 p. 2112

* **Dufay** (J.-C.). — Notice sur la vie et les ouvrages de Wicar, peintre d'histoire ornée d'une lithographie, d'après un portrait original. — Lille, E. Durieux, 1844, in-8°. 2113

Ext. des »Mémoires de la Société royale des sciences, de l'agriculture et des arts de Lille«.

* **Dufour** (Ch.). — Essai bibliographique sur la Picardie, ou plan d'une bibliothèque spéciale, composée d'imprimés entièrement relatifs à cette province. — Amiens, imp. de Duval et Herment, 1850-1857, in-8°, 1re et 2e série. 2114

Ext. des »Mémoires de la société des antiquaires de Picardie«.

*—. — Pouillé des manuscrits, composant la collection de dom Grenier, sur la Picardie, à la Bibliothèque du roi. — Amiens, imp. de Ledien fils, 1839, in-8°. 2115

* — (C. H.). — Observations sur les tablettes et le catalogue biographique des écrivains du département de l'Allier, morts ou vivants, par M. A. Ripoud . . . pour servir d'appendice à l'opuscule sur la statistique dudit département, publié par C.-H. Dufour, . . . (20 juin 1844). — Moulins, imp. de M. Place (s. d.), in-4°, 18 p. 2116

La couverture imprimée sert de titre.

* — (J.-M.). — Questions illustres, ou bibliothèque des livres singuliers en droit; analyse d'un très-grand nombre de ces livres, et recueil d'arrêts sur les questions de droit singulières... — A Paris, chez Tardieu Denesle, 1813, in-12. 2117

* **Dufrénoy**. — Notice sur les travaux minéralogiques et géologiques de M. Dufrénoy, . . . — Paris, imp. de Fain et Thunot (s. d.), in-4°, 6 p. 2118

*— Paris, imp. Fain et Thunot (s. d.), in-4°, 8 p.

* **Du Fresne de Beaucourt** (G.). — Le chroniqueur Georges Chastellain. (Extrait de la »Revue bibliographique et littéraire«.) — Paris, imp. de Divry, 1866, in-8°, 12 p. 2119

Tiré à 25 ex.

* **Dufresse de Chassaigne.** — Titres de M. Dufresse de Chassaigne, inspecteur des eaux de Bagnols (Lozère) en faveur de sa candidature à l'inspection des eaux thermales du Mont-Dor. — Paris, imp. de Bourdier (1858), in-8°, 4 p. 2120

Dufriche-Desgenettes. — Voy. Bulletin catholique de bibliographie.

* **Dugast-Matifeux** (Ch.). — Notice sur la vie et les ouvrages de Jacques Bujault, laboureur à Chaloue près Melle. — Fontenay, imp. de Robuchon, 1849, in-16°, 15 p. 2121

* **Dugit** (E.). — De insula Naxo, thesim proponebat facultati litterarum Parisiensi. — Lutetiæ Parisiorum, apud Ernest Thorin, 1867, in-8°. 2122

Renferme, p. 126-127 : »librorum catalogus«.

On trouve encore une bibliographie de Naxos, du même auteur, aux p. 333-337 du »Bulletin de l'académie Delphinale«, 3e série, T. X (1875).

* **Duhamel** (L.). — Essai sur la vie et les œuvres Jean Rouxel, poëte et jurisconsulte caennais du XVIe siècle. — Caen, imp. de Ve Pagny, 1862, in-8°. 2123

Duhent. — Voy. Bibliographie juridique belge.

* **Dujardin.** — Ouvrages et mémoires publiés par M. Dujardin. — Paris, imp. de Fain et Thunot (1844), in-4°, 6 p. 2124

* — (F.). — Notice sur les travaux scientifiques de M. Felix Dujardin. — Paris, imp. de Martinet (1850), in-4°, 24 p. 2125

* **Dujardin-Beaumetz.** — Titres et travaux scientifiques. — Paris, imp. de Hennuyer, 1879, in-4°. 2126

Dujardin-Sailly. — Voy. Journal typographique.

* **Dumas.** — Institut de France. Eloge de MM. Alexandre Brongniart et Adolphe Brongniart, lu dans la séance publique annuelle de l'académie des sciences du 23 avril 1877. — Paris, imp. de Firmin Didot, 1877, in-4°, 40 p. 2127

* — (J.-B.). — Eloge historique d'Antoine-François-Marie Artaud, prononcé en séance publique de l'Académie royale des sciences, belles-lettres et arts de Lyon, le 15 mai 1839. — Lyon, imp. de Barret, 1840, in-8°, 44 p. 2128

* —. — Notice historique sur la vie et les ouvrages d'Antoine-François Delandine, . . . — Lyon, imp. de F. Mistral, 1820, in-8°. 2129

Dumast (P. G. de). — Catalogue des divers écrits imprimés de P. G. de Dumast. (A la date du 1er février 1873.) — Nancy, imp. Berger-Levrault, 1874, in-8°, 24 p. 2130

* —. — Liste des écrits imprimés de M. P.-G. de Dumast. — Nancy, imp. de Vve Raybois (1863), in-8°, 20 p. 2131

* **Du Mège** (A. L. Ch. A.). — Notice sur la vie et les écrits de Philippe Picot, baron de Lapeyrouse. — Toulouse, 1822, in-8°, 12 p. 2132

Ext. de la »Biographie toulousaine«. T. II.

* —. — Notice sur la vie et les ouvrages de M. Pierre Magi-Durival. — Toulouse, imp. de J. M. Douladoure, 1825, in-8°, 20 p. 2133

* **Duméril** (A. M. C.). — Considérations générales sur la classe des in-

sectes. — Paris, Levrault, 1823, in-8°. 2134

Contient, p. 240 - 266: »De la bibliographie entomologique, ou des auteurs principaux qui ont écrit sur les insectes, et indication des systèmes et des méthodes qu'ils ont proposés«.

Duméril. — Voy. Boyer. Rapports... sur les mémoires ... du Dr. Faure.

* —(Aug.).—Notice analytique sur les travaux zoologiques, anatomiques et physiologiques de M. Auguste Duméril, Décembre, 1860. — Paris, imp. de De Soye et Bouchet, 1860, in-4°, 23 p. 2135

* **Du Moncel** (Th.). — A MM. les membres de la Société philomatique. Exposé des travaux scientifiques de M. Th. Du Moncel. — Paris, imp. de Dubuisson (1860), in-8°, 16 p. 2136

* —. — Exposé des travaux scientifiques de M. Th. Du Moncel. — Paris, imp. de Dubuisson (1860), in-8°, 8 p. 2137

* **Dumont d'Urville**. — Notice sur les travaux de M. Dumont D'Urville. (Décembre 1829.) — Paris, imp. de J. Tastu, décembre 1829, in-8°, 8 p. 2138

* **Dumontpallier**. — Notice sur les titres et travaux scientifiques du Dr. Dumontpallier. — Paris, imp. de Cusset, 1879, in-4°. 2139

Dunkel (J. G. W.). — Historisch-critische Nachrichten von verstorbenen Gelehrten und deren Schriften, Insonderheit aber Denenienigen, welche in der allerneuesten Ausgabe des Jöcherischen allgemeinen Gelehrten-Lexicons entweder gänzlich mit Stillschweigen übergangen, oder doch mangelhaft und unrichtig angeführet werden.—Cöthen, Cörner, 1753-1760, 3 vol. in-8°. 2140

—. — Anhang von Zusätzen und Anmerkungen. — id. 1760, in-8°.

La 4e partie du T. III et l'Anhang ont été publiés par Schlichter après la mort de l'auteur.

* **Dunoyer** (Ch.). — Notice sur la vie et les ouvrages de M. Duméril. — Paris, imp. de De Soye et Bouchet (s. d.), in-4°, 4 p. 2141

Ext. du »Journal des Débats« du 17 octobre 1860.

* **Du Noyer** (Me.). — Bibliothèque originale. L'histoire du sieur abbé comte de Bucquoy, singulièrement son évasion du for-l'Evêque et de la Bastille. Avec préliminaire et appendice biographiques et bibliographiques. Frontispice à l'eau-forte. — Paris, Pincebourde, 1866, in-16. 2142

Tiré à petit nombre: 2 ex. sur peau vélin; 15 ex. sur papier de Chine, 15 ex. sur papier chamois. Chacun de ces ex. contient trois épreuves différentes de l'eau-forte et est numéroté.

* **Dunsterville** (Edw.) — Admirality catalogue of charts, plans, views and sailing directions, etc. edited and revised... Published by order of the lords commissioners of the admiralty. — London, 1869, in-8°. 2143

* **Duperrey** (L. J.) — Notice sur les travaux de M. L.-I. Duperrey... — Paris, imp. de Didot frères (1842), in-4°, 12 p. 2144

* **Du Petit-Thouars**. — Notice succincte sur les services à la mer et les travaux hydrographiques du vice-amiral Du Petit-Thouars. — Paris, imp. de J. Claye (1854), in-4°, 10 p. 2145

* **Dupin**. — Dissertation sur la vie et les ouvrages de Pothier, suivie de trois notices sur Michel l'Hospital, Omer et Denis Talon, et M. Lanjuinais. — Paris, Béchet aîné, 1827, in-12. 2146

* —. — Libertés de l'église gallicane. Manuel du droit public ecclésiastique français, contenant: les 83 articles des libertés, avec un commentaire; la déclaration du clergé de 1682 sur les limites de la puissance ecclésiastique; le concordat et sa loi organique; précédés des rapports de Portalis; avec

une exposition des principes sur les appels comme d'abus, les congrégations, les séminaires et l'enseignement public...; une chronologie des papes et des rois de France et le catalogue raisonné des principaux ouvrages sur le droit canonique, suivi d'un appendice contenant plusieurs questions sur l'index, le pouvoir des légats, l'abus des excomunications et la question romaine. — Paris, Plon, 1860, in-16. 2147

* **Dupin.** — Notices historiques, critiques et bibliographiques, sur plusieurs livres de jurisprudence française, remarquables par leur antiquité ou leur originalité. Pour faire suite à la bibliothèque choisie des livres de droit. — A Paris, chez B. Warée, 1820, in-8°. 2148

* **Dupin aîné.** — Notices historiques, critiques et bibliographiques, sur plusieurs livres de jurisprudence française remarquables par leur antiquité ou leur originalité. (Extraites du T. II des Lettres sur la profession d'avocat. Paris, 1832, 2 vol. in-8°). — Paris, imp. de Fain, in-8°. 2149

Dupin. — Voy. Camus. Bibliothèque choisie de livres de droit.

— (A. M. J. J.). — Bibliothèque choisie à l'usage des étudians en droit et des jeunes avocats, ou notice des livres qui leur sont le plus nécessaire; contenant l'indication des meilleures éditions du temps où les auteurs ont vécu, du mérite de leurs ouvrages et de leur degré d'utilité. Nouvelle édition, corrigée et augmentée. — Paris, 1828, in-8°. 2150

* — (Ch.). — Essai historique sur les services et les travaux scientifiques de Gaspard Monge. — Paris, Bachelier, 1819, in-4°. 2151

Il existe un tirage in-8°.

* — (L.) — Bibliotheque universelle des historiens; contenant leurs vies, l'abregé, la chronologie, la geographie, et la critique de leurs histoires; un jugement sur leur style et leur caractère; et le dénombrement des différentes éditions de leurs œuvres. Avec des tables chronologiques et geographiques. — Amsterdam, chez François L'Honoré, 1708, in-4°. 2152

Du-Pin (L. E.). — Dissertation préliminaire ou prolégomènes sur la bible. Pour servir de supplément à la bibliothèque des auteurs ecclésiastiques. — Paris, Pralard, 1701, 2 vol. in-4°. 2153

—. — Methodus studii theologici recte instituendi, cum indice quæstionum præcipuarum, quæ in cursu theologico examinandæ atque discutiendæ veniunt: adduntur præcipui auctorum libri in quocunque argumento legendi. Ex gallico in latinum sermonem vertit Jo. Martinus Christell. Præfationem de vita, scriptis, et fatis Du Pinii præmisit Joannes Frickius. — Augustæ Vindelicorum, Merz & Mayer, 1722, in-8°. 2154

* — (L. E.). — Nouvelle bibliothèque des auteurs ecclésiastiques, contenant l'histoire de leur vie, le catalogue, la critique, et la chronologie de leurs ouvrages; le sommaire de ce qu'ils contiennent: un jugement sur leur style, et sur leur doctrine, et le dénombrement des différentes éditions de leurs œuvres. Deuxième édition revue et corrigée. — Paris, Pralard, 1693-1715, in-4°, 19 vol. 2155

* **Duplay** (S.). — Exposé des titres et travaux scientifiques du Dr. Simon Duplay. — Paris, imp. Parent, 1872, in-4°, 17 p. 2156

* — Paris, Parent, 1880, in-4°, 30 p.

Duplessis (G.). — Essai d'une bibliographie générale des beaux arts. — Paris, Rapilly, 1867, in-8°. 2157

* —. — Essai de bibliographie, contenant l'indication des ouvrages rela-

tifs à l'histoire de la gravure et des graveurs. — Paris, Rapilly, 1862. in-8°, 48 p. 2158

Tiré à très-petit nombre.

* **Duplessis.** — Jehan de Paris, varlet de chambre et peintre ordinaire des rois Charles VIII et Louis XII par J. Renouvier. Précédé d'une notice biographique sur la vie et les ouvrages et la bibliographie complète des œuvres de Renouvier. — Paris, Aubry, 1861, in-8°. 2159

Tiré à 214 ex.

* —. — Notice sur la vie et les travaux de Gérard Audran. — Lyon, imp. de L. Perrin, 1858, in-8°. 39 p. 2160

—. — Voy. Nodier (Ch.). Description raisonnée d'une jolie collection de livres.

— (P. A.) — Bibliographie parémiologique. Etudes bibliographiques et littéraires sur tous les ouvrages consacrés aux proverbes dans toutes les langues suivies d'un appendice contenant un choix de curiosités parémiologiques. — Paris, Potier, 1847. in-8°. 2161

* **Dupont** (P.). — Histoire de l'imprimerie. — Paris, chez tous les libraires, 1854, 2 vol. in-4°. 2162

Le T. II contient une bibliographie de l'imprimerie.

Dupont de Nemours. — Voy. Mémoires sur la vie et les ouvrages de M. Turgot.

* **Dupont-White** ... — Notice sur Foy-Vaillant, célèbre antiquaire, né à Beauvais. — Amiens, imp. de Duval et Herment, 1843, in-18, 12 p. 2163

* **Dupré-Lasale** (E.). — Lettre à M. le directeur du Bulletin du bibliophile sur la bibliographie des poésies de l'Hospital. — Paris, Techener, 1881. in-8°, 8 p. 2164

Ext. du »Bulletin du bibliophile et du bibliothécaire«, août-septembre 1880.

Dupuis (A.). — Quelques notes bibliographiques pour servir à l'étude des ouvrages de Philippe de Comines et d'Auger de Bousbecques. — Lille, imp. Danel, 1871, in-8°, 47 p. 2165

Ext. des »Mémoires de la Société impériale des sciences, etc., de Lille«, 1870, 3e série, 8e vol.

* **Dupuit** (J.). — Titres scientifiques de M. J. Dupuit, inspecteur général des ponts et chaussées. — Paris, Mallet-Bachelier, 1857, in-4°, 32 p. 2166

Dupuy (P.). — Commentaire sur le traité des libertés de l'Eglise Gallicane de Pierre Pithou. Avec une préface, des notes et de nouvelles preuves. — Paris, Musier, 1715, 2 vol. in-4°. 2167

Contient entre autres: »Catalogue des principaux canonistes, avec des remarques sur la bonté de leurs ouvrages et sur le choix de leurs éditions«.

* **Dupuy de Lôme.** — Notice sur les travaux scientifiques de M. Dupuy de Lôme. — Paris, Gauthier-Villars, 1866, in-4°. 2168

La couverture imprimée sert de titre.

* **Du Puy de Montbrun** (E. H. J.). — Recherches bibliographiques sur quelques impressions néerlandaises du quinzième et du seizième siècle. Avec des planches xylographiques. — Leide, S. et J. Luchtmans, 1836, in-8°. 2169

* **Durand-Fardel** (M.). — Exposé des titres du docteur Max Durand-Fardel, candidat à la place vacante dans la section d'anatomie pathologique de l'Académie impériale de médecine. — Paris, imp. de Martinet (1853). in-4°, 11 p. 2170

* —. — Exposé des titres du docteur Max. Durand-Fardel, candidat à la place vacante dans la section d'histoire naturelle et thérapeutique médicale de l'académie impériale de médecine. — Paris, imp. de L. Martinet (1856), in-4°, 11 p. 2171

* — Paris, imp. Martinet (1864), in-4°, 16 p.

La couverture imprimée sert de titre.

* **Duranville** (L. de). — De la bibliophilie. — Rouen, Charles Métérie, 1873. in-8°, 45 p. 2172

Ext. du »Précis des travaux de l'académie des sciences, belles-lettres et arts de Rouen«, année 1871-1872. — Tiré à 60 ex.

* **Durdent** (R.-J.). — Histoire littéraire et philosophique de Voltaire. — Paris, A. Eymery, 1818, in-8° et in-12. 2173

* **Dureau** (A.). — Histoire de la médecine et des sciences occultes. Notes bibliographiques pour servir à l'histoire du magnétisme animal. Analyse de tous les livres, brochures, articles de journaux publiés sur le magnétisme animal en France et à l'étranger, à partir de 1766 jusqu'au 31 décembre 1868. 1re partie: Livres imprimés en France. — Paris, Joubert, 1869, in-8°. 2174

* —. — Notes bibliographiques pour servir à l'étude de l'histoire et de l'archéologie. 1re année 1863. — Paris, Joubert, 1866, in-12. 2175

* —. — Notice sur Joseph Aude, chevalier de Malte, poète, auteur dramatique, dit le secrétaire de Buffon. Présentée à la Société littéraire et scientifique d'Apt. Extrait du 5e volume des »Annales de la société littéraire, scientifique et artistique d'Apt. — Paris, Joubert, 1871, in-8°. 2176

La couverture imprimée sert de titre.

* **Duret**. — Notice biographique sur la vie et les ouvrages de Jean-François Vauvilliers. — (S. l. n. d.), in-8°, 12 p. 2177

Ext. du »Magasin encyclopédique«.

Durey de Noinville. — Voy. Dissertation sur les bibliothèques.

* **Durieux** (A.). — Les miniatures des manuscrits de la bibliothèque de Cambrai. Avec un catalogue des volumes à vignettes et un album de dix-huit planches in-4°, contenant plus de cent dessins (au trait fac-simile). Texte et planches. — Cambrai, Simon (1861), in-8°. 2178

Duro (C. Fernandez). — Voy. Fernandez Duro.

* **Durocher** (J.). — Notice sur les travaux scientifiques de M. J. Durocher. — Paris, imp. de E. Thunot (1856), in-8°. 2179

La couverture imprimée sert de titre.

* **Du Saussay** (A.). — Insignis liber de scriptoribus ecclesiasticis eminentissimi cardinalis Bellarmini continuatio, ab anno 1500, in quo desinit, ad annum 1600, quo incipit sequentis sæculi exordium. — Tulli Leucorum, les Laurents, 1665, in-4°. 2180

* **Dussieux** (L.). — Nouvelles Recherches sur la vie et les ouvrages d'Eustache Le Sueur, . . . Avec un catalogue des dessins de Le Sueur, par A. de Montaiglon, . . . — Paris, J.-B. Dumoulin, 1852, in-8°. 2181

Ext. des Archives de l'art français.

* **Duteil** (C.). — Athénée des arts de Paris. Assemblée générale du 5 septembre 1842. Rapport sur les travaux de M. le capitaine Goy. — Paris, imp. de Pecquereau, 1842, in-8°, 15 p. 2182

* **Duthillœul** (H. R.). — Bibliographie douaisienne. — A Paris, chez Techener, 1835, in-8°. 2183

* —. — Ou catalogue historique et raisonné des livres imprimés à Douai, depuis l'année 1563 jusqu'à nos jours, avec des notes bibliographiques et littéraires. Nouvelle édition considérablement augmentée. — Douai, imp. d'Adam d'Aubers, 1842. in-8°.

Le T. II qui va jusqu'à 1853, a été imp. à Douai en 1854. — Un appendice a été publié par E. Nève.

* **Dutrochet**. — Notice sur les principaux travaux de M. Dutrochet, . . . — Paris, imp. de J.-G. Dentu (1828), in-4°, 8 p. 2184

* **Dutroulau**. — Exposé des titres de M. le docteur Dutroulau à l'appui de sa candidature à la place de membre de l'Académie impériale de médecine, section d'hygiène et de médecine légale (Mai 1863). — Paris, imp. de Martinet (s. d.), in-4°, 8 p. 2185

* **Duval**. — Notice historique sur la vie et les ouvrages de M. Jourdain, dentiste. — Paris, Méquignon-Marvis, 1816, in-8°, 24 p. 2186

* — (J.). — Troisième discours sur les rapports entre la géographie et l'économie politique. Les puits artésiens du Sahara. Mémoire lu à la société de géographie de Paris dans la séance générale du 16 décembre 1866. (Extrait du Bulletin de la société de géographie de Paris). — Paris, Arthus Bertrand, 1867, in-8°. 2187

Contient une bibliographie des puits artésiens en général: une autre des puits artésiens dans l'Afrique septentrionale et une bibliographie générale du Sahara.

* — (M.). — Notice sur les titres et travaux scientifiques du Dr. Mathias Duval, candidat à l'académie de médecine (section d'anatomie et de physiologie). — Paris, imp. de Martinet, 1880, in-4°. 2188

* **Duval-Jouve**. — Notice sur les titres et ouvrages scientifiques de M. Duval-Jouve. — Montpellier, imp. de Boehm et fils, juin 1872, in-4°, 16 p. 2189

* — Montpellier, Bœhm, 1877, in-4°, 19 p.

Du Verdier. — Voy. Rigoley de Juvigny. Les bibliothèques françoises.

* **Duvernoy**. — Notice sur les travaux scientifiques de M. Duvernoy... — (Strasbourg), imp. de G. Silbermann (s. d.), in-8°, 35 p. 2190

* **Duvernoy** (G.-L.). — Notice historique sur les ouvrages et la vie de M. le Bon Cuvier. — Paris, F.-G. Levrault, 1833, in-8°. 2191

* —. — Notice sur les publications d'anatomie comparée, de physiologie, de zoologie et de médecine pratique de G.-L. Duvernoy... — Paris, imp. de P. Renouard, 1844, in-8°. 2192

* **Duvillers** (Fr.). — Ouvrages, notices, lettres, par Fr. Duvillers, architecte, ingénieur paysagiste dessinateur et ordonnateur de parcs et jardins au 1er janvier 1856... — Le Mans, imp. de Julien, Lanier et Cie., (s. d.), in-8°, 4 p. 2193

* **Duviquet**. — Notice sur la vie et les ouvrages de feu M. A.-M.-H. Boulard,... — Paris, imp. de Migneret, 1828, in-8°, 23 p. 2194

* **Duyckinck** (E. A. & G. L.). — Cyclopædia of american literature; embracing personal and critical notices of authors, and selections from their writings, from the earliest period to the present day: with portraits, autographs, and other illustrations. Edited by M. Laird Simons. — New-York, Zell, 1875, 2 vol. in 4°. 2195

Eastman (S.). — Voy. Norton's literary letter N°. 1.

* **Ebeling** (Fr. W.). — Die deutschen Bischöfe bis zum Ende des sechszehnten Jahrhunderts. Biographisch, literarisch, historisch und kirchenstatistisch. — Leipzig, Otto Wigand, 1858, in-8°, 2 vol. 2196

Les pages X-XVII du T. I; VI-XI du T. II donnent la liste des sources.

—. — England's Geschichtsschreiber. Von der frühesten bis auf unsere Zeit. Mit einem Register und zwei Beilagen. — Berlin, Herbig, 1852, in-8°. 2197

—. — England's Historische Literatur seit den letzten fünf Jahren. Mit einem completirenden Anschluss an die früheren Zeiträume. — Berlin, Herbig, 1852, in-8°, 46 p. 2198

C'est un supplément à son »England's Geschichtsschreiber«.

* **Ebeling.**—Geschichte der komischen Literatur in Deutschland seit der Mitte des 18. Jahrhunderts. — Leipzig, Verlag von Eduard Haynel, 1865-1869, 3 vol. in-8°. 2199

—. — Nicolo di Bernardo bei Macchiavelli's politisches System, zum erstemal dargestellt und biographisch, literarisch, historisch, und kritisch begründet. Zweite mit einem Nachtrag vermehrte Auflage. — Berlin, Stage, 1856, in-8°. 2200

* **Ebelmen.** — Notice sur les travaux scientifiques de M. Ebelmen, . . . — Paris, imp. de Fain et Thunot (1847), in-8°, 13 p. 2201

* —. — Paris, imp. de Bachelier, 1851. in-4°.

La couverture imprimée sert de titre.

* **Ebert** (Fr. A.). — Allgemeines bibliographisches Lexikon. — Leipzig, F. A. Brockhaus, 1821-1830, 2 vol. in-4°. 2202

* —. — A general bibliographical dictionary, from the german. — Oxford, at the university press, 1837, 4 vol. in-8°. 2203

—. — Torquato Tasso's Leben und Charakteristik nach Ginguéné dargestellt und mit ausführlichen Ausgabenverzeichnissen seiner Werke begleitet. — Leipzig, Brockhaus, 1819, in-8°. 2204

— (J. C.). — Leorinum eruditum, in quo viri, quos protulit Leoberga Silesiorum, scriptis et eruditione celebres, centuria quadam comprehenduntur ac breviter delineantur. — Wratislaviæ, Hubert, 1714, in-4°. 2205

Echard (J.). — Voy. Quetif (Jacob). Scriptores ordinis prædicatorum recensiti.

* **Echo bibliographique** (L'), guide du lecteur à travers les livres de religion, de philosophie, de science et d'enseignement. — Meaux, imp. A. Cochet, 1877-1878, in-4°. T. I. 2206

Eckenberger (J. J.). — De modernis antiquitatum hebraicarum scriptoribus dissertatio philologico-antiquaria quam amplissimæ facultatis philologicæ indultu pro loco in eadem obtinendo placidæ συμφιλολογούντων dispositioni submittet præses Nicolaus Möllerus respondente Johanne Jacobo Eckenberger d. 8. Aprilis anno 1693. — Jenæ, lit. Ehrichianis, in-4°. 2207

Ecker (A.). — Voy. Archiv für Anthropologie.

* **Eckhel** (J.). — Doctrina numorum veterum conscripta. — Vindobonæ, Degen, 1792, 8 vol. in-4°. 2208

Pars I. Vol. I.

Contient, p. p. CXLI-CLXXII: »Bibliotheca numismatica«.

* Addenda ... — Vindobonæ Volke, 1826, in-4°.

* **Ecole supérieure de pharmacie.** Concours d'agrégation, 1864. Notice sur les travaux scientifiques de M. Alphonse Milne Edwards. — Paris, imp. de Martinet, 1864, in-4°, 20 p. 2209

* **Edgard Boutaric.** 1829-1877. — Paris, imp. Plon (1878), in-8°, 29 p. 2210

Discours prononcés à ses funérailles et bibliographie complète de ses œuvres.

— La couverture imprimée sert de titre.

Edicta et decreta sacræ congregationis illustrissimorum s. r. e. cardinalium etc. Ad indicem librorum, eorumdemque permissionem, prohibitionem, expurgationem et impressionem, in universa republica christiana specialiter deputatorum ubique publicandum. — Romæ, ex typographia cam. apost. 1601-1623, in-12. 2211

Edictum librorum, qui post indicem fel. rec. Clementis VIII. prohibiti sunt, ex decreto illustriss. et reverendiss. dd. s. r. e. Cardinalium ad indicem deputatorum ubique publicandum. — Romæ, ex typographia cameræ apostolicæ, 1619, in-12. 2212

* **Edwards.** — Analyse succincte des principaux travaux de M. Edwards, docteur en médecine. — (Paris), imp. de C. Dezauche (s. d.), in-4°, 13 p. 2213

* — (Ed.). — Free town libraries, their formation, management and history; in Britain, France, Germany, and America. Together with brief notices of book-collectors, and of the respective places of deposit of their surviving collections. — London, Trübner, 1869, in-8° 2214

* — (Ed.). — Libraries and founders of libraries. — London, Trübner, 1864, in-8°. 2215

* —. — Memoirs of libraries: including a handbook of library economy. — London, Trübner, 1859, 2 vol. in-8°. 2216

— (H. S.). — Rossini and his school. — Voy. The Great musicians.

* **Effigies virorum eruditorum**, atque artificum Bohemiæ et Moraviæ, una cum brevi vitæ operumque ipsorum enarratione. — Pragæ, Gerle, 1773-1775, 2 vol. in-8°. 2217

Par Ignatius eques de Born.

Eggert (H.). — Voy. Militair-Conversations-Lexikon.

Eguiara y Eguren (Jo. Jos. de). — Bibliotheca mexicana, sive eruditorum historia virorum qui in America boreali nati, vel alibi geniti, in ipsam domicilio aut studiis asciti, quavis lingua scripto aliquid tradiderunt. — Mexici, 1755, in-fol. T. I. 2218

Ehrenfeuchter (E.). — Voy. Bibliotheca theologica. — Voy. Bibliotheca historica. — Voy. Bibliotheca philologica.

Eichhorn (K. Fr.). — Grundsätze des Kirchenrechts der katholischen und der evangelischen Religionspartei in Deutschland. — Göttingen, Vandenhoek und Ruprecht, 1831, in-8°. 2219

Contient, p. 321-454: »Quellen und Litteratur des Kirchenrechts«.

— (C.). — Voy. Upptäckta svenska Pseudonymer.

* **Eichsfeld** (Ephr. G.). — Relation vom Wittenbergischen Buchdrucker-Jubiläo 1740. Nebst einer historischen Nachricht von allen Wittenbergischen Buchdruckern, welche seit Erfindung der Buchdruckerkunst, sonderlich zur Zeit der Reformation Lutheri, allhier Druckereyen gehabt haben. — Wittenberg, gedruckt in eigener Officin, 1740, in-4°. 2220

* **Einari** (H.). — Sciagraphia historiæ literariæ islandicæ auctorum et scriptorum tum editorum tum ineditorum indicem exhibens. — Havniæ, imp. Sander & Schröder, 1777, in-8°. 2221

— Editio nova. — Havniæ et Lipsiæ, sumptibus Gyldendalii, 1786, in-8°.

* **Einige Nachrichten von der portugiesischen Litteratur**, und von Büchern, die über Portugall geschrieben sind. — Frankfurt an der Oder, bei Carl Gottlieb Strauss, 1779, in-12. 2222

* **Einleitung zur mathematischen Bücherkenntniss.** — Breslau, bey Johann Ernst Meyer, 1775-1787, 3 vol. in-8°. 2223

Par Johann Ephraim Scheibel. — Une partie a aussi pour second titre: Astronomische Bibliographie.

* **Eitner** (R.). — Bibliographie der Musiksammelwerke des XVI. und XVII. Jahrhunderts. Im Vereine mit Frz. Xav. Haberl, Dr. A. Lagerberg und C. F.

Pohl bearbeitet und herausgegeben. — Berlin, Verlag von Leo Liepmannssohn, 1877, in-8°. 2224

* **Ekama** (C.). — Catalogus van Boeken, Pamfletten, enz. over de Geschiedenis van Haarlem, van de omstreken, van eenige voorname inwoners en van het huis van Brederode, bijeengebragt. — Haarlem, De Erven Loosjes, 1874-1875, 3 parties gr. in-4°. *2225

Elascano Barreto e Aragao (A. B.). — Voy. Demetrio moderno.

Elci (A. M. d'). — Lettere bibliografiche con brevi note di Vito Capialbi. — Messina, 1851, in-8°. 2226

* **Elektrotechnische Zeitschrift.** Herausgegeben vom elektrotechnischen Verein. Redigirt von Dr. K. Ed. Zetzsche. — Berlin, Julius Springer, 1880-1882, in-4°. 2227

Chaque fascicule se termine par: »Bücherschau« et »Zeitschriftenschau«.

* **Elenchus librorum de apium cultura.** Bibliographie universelle d'agriculture recueillie par ordre de Mr. Auguste de Keller . . . — Milan, Ulrich Hoepli, 1881, in-16. 2228

La préface est signée: A. St.

Elenchus librorum omnium tum in Tridentino, Clementinoque indice, tum in aliis omnibus sacræ indicis congreg[nis] particularibus decretis hactenus prohibitorum; ordine uno alphabetico, per Fr. Franciscum Magdalenum Capiferreum ordinis prædicatorum dictæ congregationis secretarium digestus. — Romæ, ex typographia Cameræ apostolicæ, 1624, in-8°. 2229

*

— Romæ, id, 1632, in-8°.

— Mediolanæ, ex typographia archiepiscopali, 1635, in-12.

* **Elenchus librorum** omnium tum in Tridentino, Clementinoq. indice, tum in aliis omnibus sacræ indicis congreg[nis] particularibus decretis usque ad annum 1640 prohibitorum; ordine uno alphabetico per Fr. Franciscum Magdalenum capiferreum ordinis prædicatorum dictæ congreg[nis] secretarium digestus. Editio secunda aucta. — Romæ, ex typographia rev. Cam. Apost. 1640, in-12. 2230

Elenchus librorum omnium tum in Tridentino, Clementinoque indice, tum in aliis omnibus sacræ indicis congreg[nis] particularibus decretis usque ad annum 1648, prohibitorum; ordine uno alphabetico, per Fr. Franciscum Magdalenum Capiferreum, . . . digestus. — Romæ, ex typographia rev. Cam. Apost. 1648, in-8°. 2231

* **Elenchus propositionum et librorum prohibitorum.** — Mamurci, apud Carolum Gerardum Albert, 1708, in-12. 2232

— Editio secunda auctior et emendatior. — Namurci, apud Carolum Albert (1709), in-8°.

* **Elenchus seu index generalis** in quo continentur libri omnes, qui ultimo, seculi 1500 lustro, post annum 1593 usque ad annum 1600 in S. Romano imperio et vicinis regionibus novi auctivè prodierunt. Allgemeine Verzeichniss der newen Bücher so im H. römischen Reich und benachbarten Ländern nach dem Jahr Christi 1593 bis zu dem 1600 Jahr newe oder anderwelt gebessert und vermehret aussgangen, aus vorigen unterschiedlich gedruckten Catalogis mit besondern fleiss zusammen getragen. Subsequuntur singulis nundinis singulæ continuationes. — Prodit studium sumtumque in typographio suo, procutante Henningo Grosio, in-4°. 2233

Elenco dei giornali e delle opere periodiche dell' interno e dell' estero le cui associazioni si ricenovo dagli uffici della posta del regno d'Italia, anno 1870. — Milano, R. Stamperia, in-8°. 2234

Elenco dei giornali e periodiche esistente presso pubblici stabilmenti a Milano. — Milano, 1861, in-8°. 2235

Par Lucian dell' Acqua.

Elenco generale degli scritti editi ed inediti dell' illustre Pietro Paleocapa Senatore del regno. — Venezia, tip. Antonelli, 1871, in-8°. 2236

* **Elliot** (H. M.). — Bibliographical index to the historians of muhammedan India. — Calcutta, Thomas, 1849, in-8°. T. I. 2237

Elmgren (Sven G.). — Oefversigt af Finlands Litteratur ifràn år 1542 till 1770. Akademisk afhandling hvilken med tillstånd af historisk-filologiska fakulteten vid K. Alexandersuniversitetet i Finland till offentlig granskning framställes af Sven Gabriel Elmgren i hist.-filolog. lärosalen den 18 september 1861 p. v. t. f. m. — Helsingfors, Frenckell & Son, 1861, in-8°. 2238

* **Eloge de M.-J. de Chenier**, suivi d'un catalogue raisonné de tous ses ouvrages. Par J.-L. — Paris, Rosa, 1814, in-8°. 2239

Par Lingay.

* **Eloge du sieur La Mettrie**, avec le catalogue de ses ouvrages et deux lettres qui le concernent. — La Haie, Pierre Gosse junior, 1752, in-8°. 2240

* **Eloge funèbre** de M. Monge Cte de Peluze, par un élève de l'Ecole polytechnique; précédé d'une notice sur la vie et les ouvrages de cet homme célèbre. — Paris, Plancher, 1818, in-8°, 16 p. 2241

Par Guyon.

* **Eloges historiques des hommes illustres** de la province du Thymerais. Avec un catalogue raisonné de leurs ouvrages. Par D. D. — Paris, Berthier et de Poilly, 1749, in-8°. 2242

Par J. Fr. Dreux du Radier.

* **Eloy** (N. F. J.). — Dictionnaire historique de la médecine ancienne et moderne. Ou mémoires disposés en ordre alphabétique pour servir à l'histoire de cette science, et à celle des médecins, anatomistes, botanistes, chirurgiens et chymistes de toutes nations. — Mons, H. Hoyois, 1778, 4 vol. in-4°. 2243

Elvert (Chr. d'). — Voy. Schriften der historisch statistischen Sektion der k. k. mähr. schles. Gesellschaft des Ackerbaues.

Elzevir (Les) de la Bibliothèque impériale publique de St. Pétersbourg. — St. Pétersbourg, imp. de l'Académie impér. des sciences, 1862, in-8°. 2244

Publié par Rud. Minzloff.

* **Empis** (G. S.). — Note des titres de M. le Dr. G. S. Empis, candidat aux chaires vacantes à la faculté de Paris, dans la section de médecine. — Paris, imp. de Martinet (1867), in-4°, 4 p. 2245

Enchiridion ecclesiasticum sive præparatio pertinens ad sacramentum pœnitentiæ et sacri ordinis, editum a r. p. f. Gregorio Capuccino neapolitano uno ex deputatis patribus pro revisione librorum in civitate Neapolitana per illustriss. et reverendiss. archiepiscopum, nunc denuo auctum, et amplificatum ab eodem auctore, et tandem typis chalcographis traditum. Cura admodum excel. ac r. p. d. Horatii Venetia V. I. D. canonici ecclesiæ neapolitanæ ecclesiasticis viris ac philosophiæ, et legum studiosis valde utile, et necessarium. Cum privilegio s. Fran. Insti. regu. fr. min. — Venetiis, sumptibus J. Anelli de Maria bibliopolæ neapolitani. H. Polo typographo Veneto imprimente, 1588, in-8°. 2246

Enciclopedia nazionale politica, scientifica, storica, biografica, letteraria, artistica, industriale, commerciale, bibliografica. Opera illustrata da oltre duemila incisioni intercalate nel testo compilata conformemente alle nuove libertà ed ai nuovi bisogni del popoli, italiano per cura di Francesco Predaro — Milano, Vallardi, 1861, gr. in-8°, T. I. 2247

* **Encyklopädie der Rechtswissenschaft** in systematischer und alphabetischer Bearbeitung. Herausgegeben unter Mitwirkung vieler Rechtsgelehrter von Franz von Holtzendorff,... Dritte durchgehends verbesserte und erheblich vermehrte Auflage. — Leipzig, Verlag von Duncker und Humblot, 1877-1880, in-8°. T. I-II. 2248

T. II. Rechtslexikon... Dritte auf Grund der neuesten Reichsgesetzgebung vollständig umgearbeitete und unter besonderer Berücksichtigung des Verwaltungs- und des Handelsrechts bedeutend vermehrte Auflage. — Leipzig.

* **Engel** (R.). — Grades et titres scientifiques du Dr. R. Engel. — Nancy, imp. de Berger-Levrault, 1877, in-8°, 7 p. 2249

* **Engelmann** (W.). — Bibliotheca historico-naturalis. Supplement-Band, enthaltend die in den periodischen Werken aufgenommenen und die vom Jahre 1846-1860 erschienenen Schriften. — Leipzig, Verlag von W. Engelmann, 1861, in-8°. 2250

Avec cet autre titre:

»Bibliotheca zoologica. Verzeichniss der Schriften über Zoologie, welche in den periodischen Werken enthalten und vom Jahre 1846-1860 selbständig erschienen sind. Mit Einschluss der allgemein-naturgeschichtlichen, periodischen und palæontologischen Schriften. Bearbeitet von J. Victor Carus und Wilhelm Engelmann. — Leipzig, Verlag von W. Engelmann, 1861, 2 vol. in-8°.

* —. — Bibliotheca pharmaceutico-chemica oder Verzeichniss derjenigen pharmazeutisch - chemischen Bücher, welche seit der Mitte des vorigen Jahrhunderts bis zur Mitte des Jahres 1837 in Deutschland erschienen sind. Mit einem vollständigen Materienregister. Ein besonderer Abdruck aus der Bibliotheca medico-chirurgica et pharmaceutico-chemica. — Leipzig, Engelmann, 1838, in-8°. 2251

* **Engelmann**. — Bibliotheca philologica oder alphabetisches Verzeichniss derjenigen Grammatiken, Wörterbücher, Chrestomathieen, Lesebücher und andererWerke, welche zum Studium der griechischen und lateinischen Sprache gehören, und vom Jahre 1750, zum Theil auch früher, bis zur Mitte des Jahres 1852 in Deutschland erschienen sind. Nebst einer systematischen Uebersicht. Dritte umgearbeitete und verbesserte Auflage. — Leipzig, Engelmann, 1853, in-8°. 2252

—. — Bibliotheca philologica. Nro. 2. Bibliothek der neueren Sprachen oder Verzeichniss der in Deutschland besonders vom Jahre 1800 an erschienenen Grammatiken, Wörterbücher, Chrestomathien, Lesebücher und anderer Werke, welche das Studium der lebenden europäischen Sprachen betreffen, wie auch derjenigen ausländischen Classiker, welche ebendaselbst vom Jahre 1800 bis zu Anfange des Jahres 1841 zum Abdrucke gekommen sind. Nebst einer systematischen Uebersicht. — Leipzig, Engelmann, 1842, in-8°. 2253

— Supplement-Heft: enthaltend die Literatur vom Anfang des Jahres 1841 bis zur Mitte des Jahres 1849.

—. — Bibliotheca veterinaria oder Verzeichniss der in älterer und neuerer Zeit bis zur Mitte des Jahres 1842 in Deutschland erschienenen Bücher über alle Theile der Thierarzneikunde. Zuerst herausgegeben von Theodor Christian Friedrich Enslin. Von neuem gänzlich umgearbeitet. Nebst einem vollständigen Materien-Register. Zweite durchaus verbesserte und vermehrte Auflage. — Leipzig, Engelmann, 1843, in-8°. 2254

* —. — Daniel Chodowiecki's sämmtliche Kupferstiche. Beschrieben, mit

historischen, literarischen und bibliographischen Nachweisungen, der Lebensbeschreibung des Künstlers und Registern versehen. Mit drei Kupfertafeln: Copien der seltensten Blätter des Meisters enthaltend. — Leipzig, Engelmann, 1857, in-8°. 2255

Engelmann.—Nachträge und Berichtigungen zu Daniel Chodowieck's sämmtliche Kupferstiche. — Leipzig, Engelmann, 1860, in-8°, 28 p. 2256

Ext. de l'»Archiv für die zeichnenden Künste«, 1859.

* —. — Index librorum historiam naturalem spectantium ab anno 1700 ad 1846 in Germania, Scandinavia, Anglia, Gallia, Belgio, Italia atque Hispania impressorum.... Cum indice scriptorum et rerum. — Lipsiæ, sumptibus Guilielmi Engelmann, 1846-1861, 8°, 2 vol. 2257

Avec cet autre titre: »Bibliotheca historico-naturalis. Verzeichniss der Bücher über Naturgeschichte, welche in Deutschland ... erschienen sind ...«

— (W.). — Voy. Bibliotheca auctorum classicorum. — Voy. Bibliotheca geographica. — Voy. Bibliotheca juridica. — Voy. Bibliotheca mechanico technologica. — Voy. Bibliotheca medico-chirurgica. — Voy. Bibliotheca œconomica. — Voy. Bibliotheca scriptorum classicorum. — Voy. Bibliothek der Forst- und Jagd-Wissenschaft. — Voy. Bibliothek der Handlungswissenschaft. — Voy. Bibliothek der neueren Sprachen. — Voy. Bibliothek der schönen Wissenschaften.

English Catalogue (The) of books for 1862. A Supplement to the London, Catalogue, and the British Catalogue, containing a complete list of all the books published in Great Britain and Ireland, in the year 1862, with their sizes, prices, and publishers' names; also, of the principal books published in the United States of America. — London, Sampson Low, 1863, in-8°. 2258

* **Ensayo** para una coleccion de memorias de hombres celebres, prelados, escritores y sujetos notables en virtud y doctrina naturales de Guipuzcoa. — Florencia, imp. de la purisima concepcion de Rafael Ricci, 1876, in 8°. 2259

Enslin (Th. Chr.). — Bibliotheca architectonica oder Verzeichniss der in älterer und neuerer Zeit, bis zu Ende des Jahres 1824 in Deutschland erschienenen Bücher über alle Theile der bürgerlichen, schönen, Wasser- und Strassen-Baukunst. Nebst einem Materienregister. — Berlin und Landsberg a. d. W., Herausgeber, 1825, in-8°, 48 p. 2260

—. — Bibliotheca pædagogica oder Verzeichniss aller brauchbaren, in älterer und neuerer Zeit bis zur Mitte des Jahres 1823 in Deutschland erschienenen Bücher über die Erziehungskunst und den Unterricht in Bürger- und Volksschulen; nebst einem Materienregister und drei Anhängen, enthaltend: Vorschriften, Zeichenbücher und Schulatlasse. — Berlin, Enslin, 1823, in-8°. 2261

—. — Bibliothek der Kriegswissenschaften, oder Verzeichniss aller brauchbaren, in älterer und neuerer Zeit, bis zur Mitte des Jahres 1824 in Deutschland und Frankreich erschienenen Bücher über die Kriegskunst und Kriegsgeschichte, und über deren nöthigste Hülfswissenschaften, nämlich die Fechtkunst, Pferdewissenschaft, Schwimmkunst und Mathematik. — Berlin, im Verlage des Herausgebers, 1824, in-8°. 2262

—. — Voy. Bibliotheca auctorum classicorum. — Voy. Bibliotheca historico-geographica. — Voy. Bibliotheca philosophica. — Voy. Bibliotheca veterinaria.

Entwurf der Litteratur des Criminalrechts in systematischer Ordnung. — Leipzig, Grieshammer, 1794, gr. in-8°. 2263

Par Heinr. Blümner.

* **Enumération des travaux** de M. A. Chevallier de 1863 à 1876. — Paris, imp. de Malteste (1876), 7 p. 2264

* **Ephemerides literariæ** Helmstadienses. — Helmstadii, sumtu Orphanotrophei ibidem, 1770-1777, 8 vol. in-8°. 2265

* **Epistola ad virum inclutum C. G. Heyne** professorem Gottinganum sub tempus feriarum semisecularium almæ Georgiæ scripta. Exponitur de libris Lucani editis, qui seculo quintodecimo typographorum formulis descripti sunt. — Excusum a. d. IIII. idus decembres, in-8°, 36 p. 2266

Par Johann Aloysius Martyni-Laguna. — Tiré à 150 ex.

Erath (A. Uld.). — Conspectus historiæ Brunsvico-Luneburgicæ universalis in tabulas chronologicas et genealogicas divisus et historicorum cujusvis ævi perpetuis testimoniis munitus. Præmissæ sunt Bibliotheca Brunsvico-Luneburgensis et dissertatio critica de habitu totius operis. — Brunsvigæ, sumt. auctoris, 1745, in-fol. 2267

* **Erber** (B.). — Notitia illustris regni Bohemiæ scriptorum, geographica et chorographica, collecta. — Vindobonæ, Bernardi, 1760, in-fol. 2268

Ercolani (G. B.). — Ricerche storico analitiche sugli scrittori di veterinaria. — Torino, tipografia Ferrero e Franco, 1851-1854, 2 vol. in-8°. 2269

* **Erfurtische gelehrte Zeitung** auf das Jahr 1781(-1796). Herausgegeben unter der Aufsicht der Kuhrmaynzischen Akademie nützlicher Wissenschaften. — Erfurt, bey Georg Adam Keyser, in-8°. 2270

* **Erichson** (J.). — Bibliotheca runica worin zuverlässige Nachrichten von den Schriftstellern über die Runische Litteratur und von den dahin gehörigen Buchstaben, Grabsteinen, Calendern, Handschriften und Münzen ertheile werden. — Greifswald, Röse, 1766, in-4°, 36 p. 2271

* **Erlecke** (A.). — Bibliotheca mathematica. Systematisches Verzeichniss der bis 1870 in Deutschland auf den Gebieten der Arithmetik, Algebra, Analysis, Geometrie, Trigonometrie, Polygometrie und Stereometrie, Dynamik, Statik und Mechanik, Hydrologie, Hydrodynamik, Hydrostatik und Hydraulik, Cosmologie, Astronomie, Astrologie, mathematischen und physikalischen Geographie erschienenen Werke, Schriften und Abhandlungen. Mit Autorenregister u. s. w. — Halle, Verlag von A. Erlecke, 1872, in-8°. 2272

* **Ernesti** (J. A.). — Neue theologische Bibliothek, darinnen von den neuesten theologischen Büchern und Schriften Nachricht gegeben wird. — Leipzig, verlegts Bernhard Christoph Breitkopf, 1760-1769, 10 vol. in-12. 2273

* —. — Leipzig, verlegts Bernhard Christoph Breitkopf, 1771-1776, 4 vol. in-12.

— (J. H. M.). — Voy. Hirsching, Historisch-literarisches Handbuch berühmter ... Personen.

Erquar (M. J. D.). — Voy. Querard (J. M.).

Errera (Alb.). — Rassegna bibliografica di opere di economia politica e di diritto industriale. — Firenze, tip. dell' associazione, 1874, in-8°, 24 p. 2274

Ext. de la »Rivista Europea«.

* **Ersch** (J. S.). — Bibliographisches Handbuch der philosophischen Literatur der Deutschen von der Mitte des XVIII. Jahrhunderts bis auf die neueste Zeit. Nach J. S. Ersch in systematischer Ordnung bearbeitet und mit den nöthigen Registern versehen von Dr. Christian Anton Geissler. Dritte Auflage. — Leipzig, Brockhaus, 1850, in-8°. 2275

* **Ersch** (J. S.). — Das gelehrte Frankreich oder Lexicon der französischen Schriftsteller von 1771 bis 1796. — Hamburg, bey B. G. Hoffmann, 1797-1798, 3 vol. in-8°. 2276

Avec cet autre titre :
La France litéraire contenant les auteurs français de 1771 à 1796. — Hambourg, chez B. G. Hoffmann, 1797-1798, in-8°.

* —. — Handbuch der deutschen Literatur seit der Mitte des achtzehnten Jahrhunderts bis auf die neueste Zeit systematisch bearbeitet und mit den nöthigen Registern versehen. — Amsterdam und Leipzig, Kunst- und Industrie-Comptoir, 1812-1814, 2 vol. in-8° en 8 parties. 2277

* — Neue mit verschiedenen Mitarbeitern besorgte Ausgabe. — Leipzig, Brockhaus, 1822-1837, 4 vol. in-8°.

—. — Literatur der Geschichte und deren Hülfswissenschaften seit der Mitte des XVIII. Jahrhunderts bis auf die neueste Zeit; systematisch bearbeitet und mit den nöthigen Registern versehen. Neue fortgesetzte Ausgabe. Aus der neuen Ausgabe des Handbuchs der Deutschen Literatur besonders abgedruckt. — Leipzig, Brockhaus, 1827, in-8°. 2278

—. — Literatur der Jurisprudenz und Politik, mit Einschluss der Cameral-Wissenschaften seit der Mitte des XVIII. Jahrhunderts bis auf die neueste Zeit; systematisch bearbeitet und mit den nöthigen Registern versehen. Neue fortgesetzte Ausgabe von Johann Christian Koppe. Aus der neuen Ausgabe des Handbuchs der deutschen Literatur besonders abgedruckt. — Leipzig, Brockhaus, 1823, in-8°. 2279

—. — Literatur der Kriegskunst. Neue fortgesetzte Ausgabe von Fr. W. Schweigger-Seidel. — Leipzig, 1828, in-8°. 2280

—. — Literatur der Mathematik, Natur- und Gewerbs-Kunde mit Inbegriff der Kriegskunst und anderer Künste, ausser der Schönen, seit der Mitte des XVIII. Jahrhunderts bis auf die neueste Zeit; systematisch bearbeitet und mit den nöthigen Registern versehen. Neue fortgesetzte Ausgabe von Franz Wilhelm Schweigger-Seidel. Aus der neuen Ausgabe des Handbuchs der Deutschen Literatur besonders abgedruckt. — Leipzig, Brockhaus, 1828, in-8°. 2281

Ersch. — Literatur der Medicin seit der Mitte des XVIII. Jahrhunderts bis auf die neueste Zeit, systematisch bearbeitet und mit den nöthigen Registern versehen. Neue fortgesetzte Ausgabe von Friedrich August Benjamin Puchelt. Aus der neuen Ausgabe des Handbuchs der Deutschen Literatur besonders abgedruckt. — Leipzig, Brockhaus, 1822, in-8°. 2282

—. — Literatur der Philologie, Philosophie und Pädagogik seit der Mitte des XVIII. Jahrhunderts bis auf die neueste Zeit. Systematisch bearbeitet und mit den nöthigen Registern versehen. Neue fortgesetzte Ausgabe von Ernst Gottfried Adolph Böckel. Aus der neuen Ausgabe des Handbuchs der Deutschen Literatur besonders abgedruckt. — Leipzig, Brockhaus, 1822, in-8°. 2283

—. — Literatur der schönen Künste seit der Mitte des XVIII. Jahrhunderts bis auf die neueste Zeit; systematisch bearbeitet und mit den nöthigen Registern versehen. Neue bis zum Jahre 1830 fortgesetzte Ausgabe. Von Johann Karl August Rese und Christian Anton Geissler. Aus der neuen Ausgabe des Handbuchs der Deutschen Literatur besonders abgedruckt. — Leipzig, Brockhaus, 1840, in-8°, 2284

—. — Literatur der Theologie seit der Mitte des achtzehnten Jahrhunderts bis auf die neueste Zeit, systematisch bearbeitet und mit den nöthigen Registern versehen. Neue fortgesezte

Ausgabe von Ernst Gottfried Adolph Böckel. Aus der neuen Ausgabe des Handbuchs der Deutschen Literatur besonders abgedruckt. — Leipzig, Brockhaus, 1822, in-8°. 2285

Ersch. — Literatur der Vermischten Schriften seit der Mitte des XVIII. Jahrhunderts bis auf die neueste Zeit; systematisch bearbeitet und mit den nöthigen Registern versehen. Neue fortgesetzte Ausgabe von Christian Anton Geissler. Aus der neuen Ausgabe des Handbuchs der Deutschen Literatur besonders abgedruckt. — Leipzig, Brockhaus, 1837, in-8°. 2286

—. — Nachtrag zum gelehrten Frankreich von 1771 bis 1796. Ausser den Zusätzen und Verbesserungen, die neuen Artikel von 1797 bis mit 1800 enthaltend; nebst einem allgemeinen Materien-Register. — Hamburg, bey B. G. Hoffmann, 1802-1806, 2 vol. in-8°. 2287

Avec cet autre titre:
»Supplément à la France litéraire de 1771-96 contenant outre les additions et corrections, les nouveaux articles jusqu'en 1800. Avec une table générale des matières. — Hambourg, chez B. G. Hoffmann, 1802-1806.

—. — Nachträge zu den Verzeichnissen der in der vierten Ausgabe des gelehrten Teutschlandes angeführten anonymen Schriften und von Uebersetzungen der darin angegebenen Schriften in andere Sprachen. — Lemgo, Meyer, 1796, in-8°. 2288

A aussi cet autre titre:
»Nachtrag zu dem Verzeichnisse von Uebersetzungen der in der vierten Ausgabe des gelehrten Teutschlandes angegebenen Schriften. — Lemgo, Meyer, 1796, in-8°«.

—. — Repertorium über die allgemeinen deutschen Journale und andere periodische Sammlungen für Erdbeschreibung, Geschichte und die damit verwandten Wissenschaften. — Lemgo, Meyer, 1790-1792, 3 vol. in-8°. 2289

Ersch (J. S.). - Verzeichniss aller anonymen Schriften in der vierten Ausgabe des gelehrten Teutschlandes von Joh. Sam. Ersch fortgesetzt aus dem fünften Nachtrage. Nebst einem Verzeichniss von Uebersetzungen der darin angegebenen Schriften in andere Sprachen. — Lemgo, Meyer, 1796, in-8°. 2290

—. — Verzeichniss aller anonymischen Schriften in der vierten Ausgabe des gelehrten Teutschlands fortgesetzt aus dem dritten und vierten Nachtrage nebst einem Verzeichniss von Uebersetzungen der darin angegebenen Schriften in andere Sprachen. — Lemgo, Meyer, 1794, in-8°. 2291

—. — Verzeichniss aller anonymischen Schriften und Aufsätze in der vierten Ausgabe des gelehrten Teutschlands, und deren erstem und zweytem Nachtrage nebst einem Verzeichnisse von Uebersetzungen der darin angegebenen Schriften in andere Sprachen. — Lemgo, Meyer, 1788, in-8°. 2292

—. — Voy. Hamberger (G. Ch.). Das gelehrte Teutschland.

*—. — Zweyter Nachtrag zum gelehrten Frankreich seit 1771, ausser den Zusätzen und Verbesserungen zu dem Hauptwerke und dem ersten Nachtrage, die neuen Artikel bis 1805 enthaltend; nebst einem allgemeinen Materien-Register. — Hamburg, bey B. G. Hoffmann, 1806, in-8°. 2293

Avec cet autre titre:
»Second supplément à la France litéraire depuis 1771, contenant outre les corrections et additions au corps de l'ouvrage et au premier supplément les nouveaux articles jusqu'en 1805. Avec une table générale des matières. — Hambourg, chez B. G. Hoffmann, 1806, in-8°«.

* **Erslew** (Th. H.). — Almindeligt Forfatter-Lexicon for kongeriget Danmark med tilhörende Bilande, fra 1814 til 1840, eller Fortegnelse over de sammesteds födte Forfattere og Forfatte-

rinder, som levede ved Begyndelsen af Aaret 1814, eller siden ere födte, med Anförelse af deres vigtigste Levnets-Omstœndigheder og af deres trykte Arbejder; samt over de i Hertugdömmerne og i Udlandet födte Forfattere, som i bemeldte Tidsrum have opholdt sig i Danmark og der udgivet Skrifter. — Kjöbenhavn, Forlagsforeningens Forlag, 1843-1845, 3 vol. in-8°. 2294

La couverture imprimée du 1er cahier porte la date de 1841.

* —. — Supplement ... indtil Udgangen af Aaret 1853. — Kjöbenhavn, Forlagsforeningens Forlag, 1858-1868, 3 vol. in-8°.

* **Eryci Putanei bibliotheca,** sive operum omnium, quæ scripsit hactenus, edidit, designavit, catalogus. — Lovanii, ex officina H. Hastenii, 1622, in-12, 16 p. 2295

* **Eschenburg** (J. J.). — Entwurf einer Theorie und Litteratur der schönen Redekünste. Neue umgearbeitete Ausgabe. — Berlin, Nicolai, 1836, in-8°. 2296

—. — Manuel de littérature clasoique ancienne, contenant: 1° l'archéslogie; 2° une notice des auteurs classiques; 3° la mythologie; 4° les antiquités grecques et romaines. Traduit de l'allemand avec des additions par C. F. Cramer. — Paris, imp. Cramer, an X, 2 vol. in-8°. 2297

—. — Ueber W. Shakspeare. Mit Shakspeares Bildniss. — Zürich, bey Orell, 1787, in-8°. 2298

* **Escudier**. — Rossini, sa vie et ses œuvres. Avec une introduction de M. Méry. — Paris, Dentu, 1854, in-16. 2299

* **Esnault** (G.). — Notice sur M. Armand Bellée et ses travaux, lue à l'assemblée générale des membres de la »Société historique et archéologique du Maine«, le 19 décembre 1878. — Le Mans, imp. de Monnoyer, 1879, in-8°, 20 p. 2300

Ext. de la »Revue historique et archéologique du Maine«. T. V, 1879.

* **Espagne** (Ad.). — Exposé sommaire des titres antérieurs et des services du Dr. Adelphe Espagne, candidat à la chaire d'hygiène vacante dans la Faculté de médecine de Montpellier. — Montpellier, imp. de Boehm et fils (1864), in-4°, 12 p. 2301

* —. — Notice sur les titres et les travaux scientifiques du Dr. A. Espagne, candidat à la chaire de médecine légale et de toxicologie vacante dans la faculté de médecine de Montpellier. — Montpellier, imp. de Boehm, 1874, in-4°, 20 p. 2302

* **Esposizione Dantesca** in Firenze. Maggio 1865. Cataloghi. I. Codici e documenti. II. Edizioni. III. Oggetti d'arte. — S. l. ni d., gr. in-8°. 2303

Chaque partie a sa pagination séparée.

* **Esquirol**. — Notice sur les ouvrages imprimés du docteur Esquirol, — Paris, imp. de H. Tillard (1832), in-8°, 15 p. 2304

* **Essai bibliographique** sur les éditions des Elzévirs les plus précieuses et les plus recherchées, précédé d'une notice sur ces imprimeurs célèbres. — Paris, imp. Firmin Didot, 1822, in-8°. 2305

Par Bérard (A. S. L.).

* **Essai bibliographique** sur les ouvrages publiés par la proscription française. — Bruxelles, s. d., in-12, pièce. 2306

* **Essai d'un dictionnaire** des ouvrages anonymes et pseudonymes, publiés en Belgique au XIXe siècle et principalement depuis 1830, par un membre de la Société des bibliophiles belges. — Bruxelles, F. Heussner, 1863, in-8°. 2307

Par J. Delecourt. — Tiré à 100 ex.

*** Essai d'une bibliographie annuelle** ou résumé des différens catalogues de livres qui ont paru dans le cours de l'an 9; avec les prix des articles. — Paris, Debray, an X. 1802, in-8°. 2308

Par G. M. Bontemps.

*** Essai d'une bibliographie générale** du théâtre, ou catalogue raisonné de la bibliothèque d'un amateur, complétant le catalogue Soleinne, par J. D. F. — Paris, Tresse, 1861, in-8°. 2309

Par J. de Filippi.
Tiré à 200 ex.

*** Essai d'une bibliothèque militaire,** avec deux tables, l'une des auteurs et l'autre des matières. — Dresde, chez les frères Walther, 1783-1799, 2 vol. in-8°. 2310

Avec cet autre titre:
»Versuch einer vollständigen Militair-Bibliothek. — Dresden, in der Waltherischen Hofbuchhandlung, 1783«.

La préface est signée: Conrad Walther.

*** Essai de bibliographie russe,** ou dictionnaire complet des ouvrages originaux et des traductions publiés en langues slavonne et russe depuis l'introduction de l'imprimerie jusqu'à l'année 1813. — St. Pétersbourg, 1814, in-8°. T. II. 2311

En russe.

*** Essai historique** sur quelques gens de lettres nés dans le comté de Bourgogne; avec une notice de leurs écrits. — Besançon, imp. de Charmet, 1806, in-8°. 2312

Publié par Girod-Novillars.

*** Essai philologique** sur les commencemens de la typographie à Metz, et sur les imprimeurs de cette ville; puisé dans les matériaux d'une histoire littéraire, biographique et bibliographique de Metz et de sa province. — Metz, Ch. Dosquet, 1828, in-8°. 2313

Par Guillaume Ferdinand Teissier.

Essai portatif de bibliographie rédigé et imprimé par un libraire imprimeur de 18 ans pour son instruction particulière. — Paris, imp. de Didot jeune, 1796, in-8°. 2314

Tiré à 25 ex. — Par Ign. Fournier.

Essai sur l'imprimerie des Nutius, par C. J. N. Seconde édition. — Bruxelles, imp. de Vandereydt, 1858, in-8°. 2315

Publié par C. J. Nuyts.

*** Essai sur la vie et les ouvrages** de l'abbé Prévost. — (S. l. ni d.) in-8°. 2316

Par Pierre Bernard. — Tirage à part des »Préliminaires des Oeuvres choisies de l'abbé Prévost«, 1783.

* — Paris, Leblanc, 1810, in-8°.

*** Essai sur la vie et les ouvrages** de Pope. — (S. l. ni d.) in-18. 2317

Essai sur un nouvel ordre bibliographique pour la Bibliothèque impériale de St. Pétersbourg présenté par le C. d'E. A. Olenin et approuvé par le Directeur en chef en 1808. Traduit du russe par l'a. de Grandidier. — St. Pétersbourg, de l'imp. du gouvernement, 1809, in-4°. 2318

Avec un autre titre en russe. — N'est pas dans le commerce.

*** Essay towards an indian bibliography** (An). Being a catalogue of books, relating to the history, antiquities, languages, customs, religion, wars, literature, and origin of the american indians, in the library of Thomas W. Field. With bibliographical and historical notes, and synopses of the contents of some of the works least known. — New-York, Scribner, Armstrong and Co., 1873, in-8°. 2319

*** Essays de litterature** pour la connoissance des livres. 15 juillet 1702. — Paris, Moreau et Ribou, 1702-1704, 4 vol. in-12. 2320

Par l'abbé Anthelme Tricaud.

Estreicher (Ch.). — Bibliografia polska. 120,000 druków. Czesc I stulecie XIX. Katalog 50,000 druków polskich dub Polski dotyczacych od roku 1800 . . : Bibliographie polonaise de 120,000 imprimés polonais ou concernant la Pologne depuis 1800, formé par ordre alphabétique d'après les auteurs et les objets, avec l'indication des prix des libraires. Publication de la société des sciences de Cracovie, par les soins de la section bibliographique. — Cracovie, imp. de l'université de Jagellons, 1870-1875, 5 vol. in-8°. • 2321

* **Etex** (Ant.). — Ary Scheffer, étude sur sa vie et ses ouvrages, exposition de ses œuvres au boulevard des Italiens no 26. — Paris, A. Lévy, 1859, gr. in-8°, 35 p. 2322

*—. — J. Pradier, étude sur sa vie et ses ouvrages. — Paris, l'auteur, 1859, gr. in-8°, 48 p. 2323

La couverture imprimée sert de titre.

* **Etheridge** (R.) and R. **Logan Jack.** Catalogue of works, papers, reports, and maps, on the geology, palæontology, mineralogy, mining and metallurgy, etc. of the Australian Continent and Tasmania. — London, Edward Stanford, 1881, in-8°. 2324

* **Etrennes aux bibliographes,** ou notice abrégée des livres les plus rares avec leurs prix. — A Paris, chez Duchesne et chez Mérigot père, 1760, in-24. 2325

Par l'abbé Charles Ant. Jos. Le Clerc de Montlinot.

* **Etude biographique et littéraire** sur monseigneur de Belsunce, évêque de Marseille. — Marseille, Vve Camoin, 1853, in-8°, 24 p. 2326

Par F. Tamisier.

* **Etudes bibliographiques** sur les périodiques publiés à Dijon depuis leurs origines jusqu'au 31 décembre 1860. Journaux politiques, littéraires, scientifiques, de jurisprudence et d'administration. Almanachs et annuaires. Mémoires de l'académie et de la commission des antiquités par P. M. — Paris, Auguste Aubry, 1861, in-8°. 2327

Par Ph. Milsand. — Tiré à 100 ex. dont 1 sur papier de couleur et 7 sur papier vergé.

* **Etudes de bibliographie dauphinoise.** IV. Notes sur François Marc, jurisconsulte dauphinois, et sur Anemond Amabert imprimeur à Grenoble au XVIe siècle, par un bibliophile dauphinois. — Vienne, E. J. Savigné, 1877, in 8o, 9 p. 2328

Ext. de la Revue du Dauphiné et du Vivarais (janvier 1877). — Tiré à 50 ex. sur papier ordinaire et à 10 sur papier de Hollande.

* **Eudes-Deslongchamps.** — Notice sur la vie et les travaux de M. Frédéric Blot,... suivie de l'observation anatomico-pathologique d'une lésion organique fort remarquable du cœur, à laquelle il a succombé. — Caen, A. Hardel, 1842, in-4o, 28 p. 2329

Ext. des »Mémoires de la Société Linnéenne de Normandie«.

* **Eugène Delacroix,** sa vie et ses œuvres. — Paris, imp. de Claye, 1865, in-8°. 2330

* **Eug. Renault,** directeur des études et professeur à l'école véterinaire d'Alfort, à M. Membre de l'Académie des sciences. — Paris, imp. Remquet (1852), in-4°, 35 p. 2331

A la page 4 on lit: »Titres de candidature«.

* **Eulenberg** (H.). — Handbuch der Gewerbe-Hygiene auf experimenteller Grundlage bearbeitet. Mit 65 Holzschnitten. — Berlin, August Hirschwald, 1876, in-8°. 2332

Contient, pages 807-901: »Nachweis der Literatur nebst Erläuterungen«.

* **Evola** (F.). — Storia tipografica-letteraria del secolo XVI in Sicilia; con un catalogo ragionato delle edizioni in essa citate. — Palermo, tip. Lao, 1878, in-8°. 2333

* **Exact collection** (An) or catalogue of our english writers on the old and new testament, either in whole, or in part: whether commentators, elucidators, adnotators, or expositors, at large, or in single sermons. Very usefull for any ones Information as to what hath been writ upon any part of the holy scriptures. — London, printed by R. Davenport for John Williams, 1663, in-12. 2334

* **Exact reprint of the roman index expurgatorious** (An), the only vatican index of this kind ever published; edited with a preface, by Richard Gibbings, — Dublin, 1837, in-12. 2335

* **Excerpta ex indice librorum expurgatorum**, illustrissimi ac reverendis. d. d. Gasparis Quiroga, cardinalis et archiep. Toletani hispan. generalis inquisitoris jussu edito. De consilio supremi senatus s. generalis inquisit. Juxta exemplar, quod typis mandatum est Madriti apud Alphonsum Gomezium regium typographum anno 1584. — Argentorati, impensis Lazari Zetzneri, 1609, in-12. 2336

Exhibition of the works of industry of all nations, 1851. Catalogue of a collection of works on or having reference to the exhibition of 1851, in the possession of C. Wentworth Dilke. Printed for private circulation. — London, print. by Clowes and sons, 1855, in-4°. 2337

* **Ex-Libris** (Les) **français** depuis leur origine jusqu'à nos jours. Notes sur leur usage et leur curiosité. Fac-simile du plus ancien ex-libris français connu. — Paris, Rouquette, 1874, gr. in-8°, 54 p. 2338

Tiré à 100 ex. sur jésus vergé, paraphés par l'auteur.

* **Exner** (S.). — Untersuchungen über die Localisation der Functionen in der Grosshirnrinde des Menschen. Mit Unterstützung der Kaiserlichen Akademie der Wissenschaften zu Wien herausgegeben. Mit 25 Tafeln. — Wien, Wilhelm Braumüller, 1881, in-8°. 2339

Les pages 155-177 contiennent une bibliographie des ouvrages relatifs à ce sujet.

* **Exploration scientifique de l'Algérie** pendant les années 1840-1842, publiée par ordre du gouvernement et avec le concours d'une commission académique. Sciences historiques et géographiques. — Paris, imp. royale, 1846, in-4°. 2340

Le T. VIII qui a pour sous-titre: »Description géographique de l'empire du Maroc par Emilien Renou, . . . suivie d'itinéraires et de renseignements sur le pays de Sous et autres parties méridionales du Maroc recueillis par M. Adrien Berbruger, . . .« contient, pages 425-447 : »Liste des ouvrages relatifs à l'empire du Maroc par ordre chronologique« (258 art.), et pages 449-458 »cartes, plans et vues relatifs à l'empire du Maroc« (151 art.).

* **Extrait** du »Journal des économistes« no. 112, juillet 1850. Notice sur la vie et les écrits de M. Emile Vincens. — Batignolles, imp. de Hennuyer, (s. d.), in-8°, 8 p. 2341

Ey (Aug.). — Harzbuch oder der Geleitsmann durch den Harz. Zweite vermehrte und verbesserte Auflage. Mit 24 Stahlstichen und 1 Harzkarte. — Goslar, Brückner, 1855, in-8°. 2342

Contient, p. 478-484: Harzliteratur.

* **Eyriès** (G.). — Simart, . . . étude sur sa vie et sur son œuvre. — Paris, Didier (1860), in-8°. 2343

Eyring (J. N.). — Literatur der Arzeneygelehrsamkeit auf die Jahre 1775 bis 1777. — Göttingen, Vandenhœk's Wittwe, 1779, in-8°. 2344

—. — Litterarischer Almanach der Deutschen auf das Jahr 1775. Enthaltend ein Systematisches Verzeichniss derjenigen Schriften, welche die Juristische Litteratur des besagten Jahres ausmachen. — Göttingen, Wittwe Vandenhœk, 1776, in-8°. 2345

Eyring (J.N.). — Litterarischer Almanach der Deutschen auf das Jahr 1775. Enthaltend ein systematisches Verzeichniss derjenigen Schriften, welche die Litteratur der Geschichte und Philologie des besagten Jahres ausmachen. — Göttingen, Wittwe Vandenhœk, 1776, in-8°. 2346

—. — Litterarischer Almanach der Deutschen auf das Jahr 1775. Enthaltend ein systematisches Verzeichniss derjenigen Schriften, welche die Litteratur der Philosophischen und Schönen Wissenschaften und Künste des besagten Jahres ausmachen. — Göttingen, Wittwe Vandenhœk, 1776, in-8°. 2347

* —. — Synopsis historiæ literariæ qua orientis, græca, romana, item aliarum linguarum scriptis cultarum literatura tabulis synchronisticis exhibetur. — Gottingæ, apud B. Vandenhœkii viduam, 1783, in-4°. 2348

* **Eyssell** (A.-P.-Th.). — Doneau, sa vie et ses ouvrages, l'école de Bourges, synthèse du droit romain au XVI° siècle, son influence jusqu'à nos jours. Mémoire couronné par l'Académie des sciences, arts et belles-lettres de Dijon, traduit du latin de l'auteur et publié sous les auspices de cette société savante, par M. J. Simonnet. — Dijon, Vve Decailly, 1860, in-8°. 2349

* **Faber** (Fr.). — Documents authentiques et inédits tirés des archives générales du royaume et bibliographie concernant le théâtre français en Belgique depuis son origine jusqu'à 1830. — Bruxelles, imp. Felix Callewaert, 1880, gr. in-8°. 2350

* —. — Histoire du théâtre français en Belgique depuis son origine jusqu'à nos jours d'après des documents inédits reposant aux archives générales du royaume. — Bruxelles, Fr. J. Olivier, 1878-1880, 5 vol. in-8°. 2351

Le T. V contient, p. 199-320: »Bibliographie«.

* **Faber** (J. A.). — Decas decadum sive plagiariorum et pseudonymorum centuria, accessit exercitatio de lexicis græcis eodem auctore. — Lipsiæ, sumptibus hered. Frid. Lanckischii, 1689, in-4°. 2352

* — (J. P.). — Biographie du Cardinal Giraud, ... avec un essai analytique et des extraits de ses principaux ouvrages, suivie d'une notice sur Mgr Régnier, évêque d'Angoulême. — Cambrai, Simon (1851), in-8°. 2353

* **Fabre** (A.). — Antonius Arena. Notice historique et littéraire. — Marseille, V. Boy, 1860, in-16. 2354

Tiré à 200 ex.

* —. — Louis Bellaud de La Bellaudière, poëte provençal du XVI° siècle. Etude historique et littéraire. — Marseille, V. Boy, 1861, in-16. 2355

Tiré à 150 ex. sur papier vergé, 6 ex. sur beau papier chamois et 2 ex. grand in-8° sur papier vergé.

* **Fabre de-Saint-Véran** (l'abbé J.-D.). — Mémoire historique sur la vie et les écrits de Dom M. D'Inguimbert, évêque de Carpentras publié aujourd'hui pour la première fois avec des réflexions et des détails préliminaires, par C.-F.-H. Barjavel, D. M. — Carpentras, imp. de Devillario, 1859, in-8°. 2356

Tiré à 57 exemplaires.

* — Carpentras, imp. de Devillario, 1860, in-18.

* **Fabricius** (F.). — Dansk Bogfortegnelse for aarene 1841-1858. — Forlagt af Forlagsbureauet i Kjöbenhavn, 1861, in-4°. 2357

Fabricius (F.). — Voy. Almindeligt dansknorsk. Forlagscatalog.

* — (Jo. Alb.). — Bibliographia antiquaria, sive introductio in notitiam scriptorum, qui antiquitates hebraicas, græcas, romanas et christianas scriptis illustraverunt. Editio secunda, auctior et indice duplici rerum scriptorumque locupleta. — Hamburgi et Lipsiæ, impensis Christiani Liebezeit, 1716, in-4°. 2358

* — Editio tertia ex mscpto B. auctoris insigniter locupletata et recentissimorum scriptorum recensione aucta studio et opera Paulli Schaffshavsen. — Hamburgi, apud Joannem Carolum Bohn, 1760, in-4°.

* —. — Bibliotheca ecclesiastica, in qua continentur de scriptoribus ecclesiasticis S. Hieronymus cum veteri versione græca quam vocant Sophronii, et nunc primum vulgatis editoris notis, Hieronymum cum Eusebio accurate conferentibus: adjunctis præterea castigationibus Suffridi Petri et Jo. Marcianæi, nec non integris Erasmi, Mariani Victorii, Henr. Gravii, Aub. Miræi, Wilh. Ernesti Tentzelii, et Ern. Salomonis Cypriani annotationibus. Appendix de vitis evangelistarum et apostolorum, græce et latine. Appendix altera, quæ fertur jam sub titulo Hieronymi de duodecim doctoribus, jam sub nomine Bedæ de luminaribus ecclesiæ. Gennadius Massiliensis, annotatis lectionibus codicis antiquiss. corbejensis et subjunctis variorum notis, Suffridi Petri, Aub. Miræi, E. Sal. Cypriani. S. Isidorus Hispalensis, Ildefonsus Toletanus. Honorius Augustodunensis. Sigebertus Gemblacencis, appendices Juliani ac Felicis Toletani et tertia anonymi ad Isidorum et Ildefonsum. Henricus Gandavencis. Anonymus Mellicensis, A. R. F. Bernardo Pez nuper vulgatus. Petrus Casinensis de viris illustribus monasterii casinensis, cum supplemento Placidi Romani et Jo. Baptistæ Mari annotationibus. Jo. Trithemii abbatis spanhemensis liber de S. E. cum notis editoris. Aub. Miræi auctarium de S. E. et a tempore, quo desinit Trithemius, de scriptoribus sæculi XVI. et XVII. libri duo. Curante Jo. Alberto Fabricio. — Hamburgi, apud Christian Liebezeit et Theodor Christoph. Felginer, 1718, in-fol. 2359

* **Fabricius.**—Bibliotheca græca, sive notitia scriptorum veterum græcorum quorumque monumenta integra, aut fragmenta edita exstant: tum plerorumque è mss. a deperditis. — Hamburgi, sumptu Christiani Liebezeit, 1705-1728, 14 vol. in-4°. 2360

* —. — Bibliotheca græca sive notitia scriptorum veterum græcorum quorumcumque monumenta integra aut fragmenta edita exstant tum plerorumque e mss. ac deperditis ab auctore tertium recognita et plurimis locis aucta. Editio quarta variorum curis emendatior atque auctior curante Gottlieb Christophoro Harles. Accedunt b. J. A. Fabricii et Christoph. Augusti Heumanni supplementa inedita. — Hamburgi, apud Carolum Ernestum Bohn, 1790-1809, 12 vol. in-4°. 2361

* — (Jo. Alb.). — Bibliotheca latina mediæ et infimæ ætatis. Accedunt Wiponis proverbia ad Henricum Conradi imp. filium. — Hamburgi, 1734, in-8°. 2362

* —. — Bibliotheca latina mediæ et infimæ ætatis cum supplemento Christiani Schœttgenii editio prima italica a p. Joanne Dominico Mansi, . . . e mss. editisque codicibus correcta, illustrata, aucta. Accedunt in fine vetera plura monumenta tum a Fabricio olim tradita, cum hic primo adjecta. — Patavii, ex typographia seminarii, 1754, 6 vol. in-4°. 2363

* —. — Bibliotheca latina mediæ et infimæ ætatis cum supplemento Christiani Schœttgenii jam a p. Joanne Dominico Mansi, . . . e mss. editisque codicibus correcta illustrata aucta post editionem Patavinam an. 1754 nunc

denuo emendata et aucta, indicibus locupletata. Accedunt in fine vetera plura monumenta tum a Fabricio olim tradita, cum a cl. Mansio primo adjecta. — Florentiæ, typ. Thomæ Baracchi, 1858, 6 tomes en 3 vol. in-8°. 2364

* **Fabricius.** — Bibliotheca latina mediæ et infimæ ætatis liber IV, V & VI. Accedit doctrina D. Severini episcopi. — Hamburgi, ex officina piscatoria, 1734, in-8°. 2365

* —. — Bibliotheca latina mediæ et infimæ ætatis liber VII et VIII. Accedunt veteres rhythmi de vita monastica. — Hamburgi, ex officina piscatoria, 1735, in-8°. 2366

* —. — Bibliotheca latina mediæ et infimæ ætatis volumen quartum. Liber IX, X et XI. Accedunt supplementum somnii moralis Pharaonis, et Joannis sarisberiensis carmen de membris conspirantibus. — Hamburgi, ex officina piscatoria, 1735, in-8°. 2367

* —. — Bibliotheca latina mediæ et infimæ ætatis volumen quintum M. N. O. P. liber XII, XIII, XIV et XV. Accedit Notgeri Balbuli libellus de illustribus sacrarum scripturarum expositoribus, ad Salomonem, postea ab A. 891 tertium hujus nominis Constantiensem Episcopum. — Hamburgi, ex officina piscatoria, 1736, in-8°. 2368

* —. — Bibliotheca latina mediæ et infimæ ætatis volumen sextum P. Z. liber XVI, XVII, XVIII, XIX, XX, et XXI quos post fata viri summi addidit Christianus Schœttgenius. Accedit Cœlii Sedulii carmen de verbi incarnatione. — Hamburgi, sumptu J. C. Boehn, 1746, in-8°. 2369

* —. — Bibliotheca latina nunc melius delecta, rectius digesta et aucta diligentia Jo. Aug. Ernesti. — Lipsiæ, apud Weidmanni heredes et Reichium, 1773-1774, 3 vol. in-8°. 2370

* **Fabricius.** — Bibliotheca latina, sive notitia auctorum veterum latinorum. quorumque scripta ad nos pervenerunt, distributa in libros IV. Quintæ huic editioni ab auctore emendatæ accedit volumen alterum supplementi loco separatim excusum. — Hamburgi, B. Schiller, 1721-1722, in-8°. (3 vol.) 2371

* —. — Bibliotheca latina, sive notitia auctorum veterum latinorum, quorumcumque scripta ad nos pervenerunt, distributa in libros IV. Supplementis, quæ antea sejunctim excusa maximo lectorum incommodo legebantur, suis quibusque locis nunc primum insertis. — Venetiis, apud Sebastianum Coleti, 1728, 2 vol. in-4°. 2372

* —. — Centifolium Lutheranum sive notitia litteraria scriptorum omnis generis de C. D. Luthero ejusque vita, scriptis, et reformatione ecclesiæ, in lucem ab amicis et inimicis editorum digesta sub titulis C. C. atque in memoriam sæcularem divini beneficii ante hos ducentos annos repurgatis sacris Hamburgo præstiti grato et memori animo consignata. — Hamburgi, Kœnig et Richter, 1728-1730, in-8°, 2 vol. 2373

* —. — Centuria fabriciorum scriptis clarorum, qui jam diem suum obierunt: collecta. — Hamburgi, 1709. in-8°. 2374

— — Fabriciorum centuria secunda. Cum prioris supplemento, collecta et edita, etc. — Hamburgi, Felginer, 1727, in-8°.

* —. — Conspectus thesauri litterarii Italiæ, præmissam habens, præter alia, notitiam Diariorum Italiæ litterariorum, thesaurorumque ac corporum historicorum et academiarum, subjuncto peplo Italiæ Jo. Matthæi Toscani. — Hamburgi, sumtu Christ. Wilh. Brandt., 1730, in-8°. 2375

* —. — Delectus argumentorum et syllabus scriptorum qui veritatem religionis christianæ adversus atheos, epi-

cureos, deistas seu naturalistas, idololatras, judæos et Muhammedanos lucubrationibus suis asseruerunt. Præmissa sunt Eusebii Cæsariensis procemium et capita priora demonstrationis evangelicæ quæ in editionibus hactenus desiderantur, deprompta ex bibliotheca . . . Walachiæ principis Joannis Nicolai, Alexandri F. Maurocordati, et latine reddita. — Hamburgi, sumtu Theodori Christophori Felginer, 1725, in-4°. 2376

* **Fabricius.** — Historia bibliothecæ fabricianæ qua singuli ejus libri eorumque contenta et si quæ dantur variæ editiones augmenta epitomæ versiones scripta adversa et hisce oppositæ apologiæ sive defensiones auctorum errores et vitæ doctorumque virorum de auctor. illis eorumque libris judicia et alia ad rem librariam facientia recensentur scriptoresque anonymi et pseudonymi nec non scripta spuria indicantur. — Wolffenbuttelii, sumtibus Godofredi Freytagii, 1717-1724, 6 vol. in-4°. 2377

Les T. V-VI sont édités par Joh. Chr. Meisner.

*—. — Hydrotheologie oder Versuch, durch aufmerksame Betrachtung der Eigenschaften, reichen Austheilung und Bewegung der Wässer, die Menschen zur Liebe und Bewunderung ihres Gütigsten, Weisesten, Mächtigsten Schöpfers zu ermuntern. Nebst einem Verzeichniss von alten und neuen See- und Wasser-Rechten, wie auch Materien und Schriften, die dahin gehören unter XL. Titul gebracht. — Hamburg, König und Richter, 1734, in-8°. 2378

* —. — Isagoge in notitiam scriptorum historiæ gallicæ, qua continentur I Andreæ Du Chesne bibliotheca chronologica scriptorum ab originibus regni francici ad sua usque tempora. II Christiani Gryphii scriptorum sæculi XVII. de rebus Gallicis. III Herm. Diet. Meibomii de Gallicæ historiæ periodis et scriptoribus dissertatio. — Hamburgi, sumtu Chr. Liebezeit, 1708, in-8°. 2379

Fabricius. — Petri Lambecii prodromus historiæ literariæ, et tabula duplex chronographica universalis. Accedunt in hac editione præter auctoris iter Cellense, et Alexandri Ficheti arcanam studiorum methodum, atque ideam locorum communium, nunc primum in lucem editus Wilhelm Langii catalogus librorum mss. bibliothecæ medicæ. — Lipsiæ et Francofurti, Liebezeit, 1710, in-fol. 2380

* —. — Supplementa et observationes ad Vossium de historicis græcis et latinis, sive volumen quadripartitum, quo continentur: I Bernardi a Mallincrot paralipomenon de historicis græcis centuriæ circiter quinque. II. Lud. Nogarolæ de viris illustribus genere italis qui græce scripserunt. III Christophori Sandii notæ et animadversiones in G. Jo. Vossii libros III de historicis latinis. IV Jo. Hallervordi de historicis latinis spicilegium. — Hamburgi, Liebezeit, 1709, in-8°. 2381

—. — Voy. Allatius, Apes Urbanæ. — Voy. Bandurus, Bibliotheca nummaria.

* **Fabronius** (Ang.). — Vitæ Italorum doctrina excellentium qui sæculis XVII. et XVIII floruerunt. — Pisis, excud. Ginesius 1778-1805, 20 vol. in-8°. 2382

Les deux derniers volumes ont paru à Lucca, et ont été publiés par Domenico Pacchi après la mort de Fabronius.

Facciali (F. Gio. T.). — Voy. Catalogo ragionato de' libri stampati in Vicenza.

Faci (R. Alb.). — Bibliotheca, sive indiculus brevis auctorum provinciæ Arragoniæ ordinis Carmelitarum Cæsar. — Augustæ, 1762, in-4°. 2383

* **Færni (Gabrielis) Cremonensis** fabulæ centum ex antiquis auctoribus delectæ carminibusque explicatæ, et ejusdem

Carmina varia. — Parmæ, typis Bodonianis, 1793, gr. in-4°. 2384

Contient, pages 139-147: »G. Faerni fabularum editiones«.

* **Fage** (R.). — Note pour servir à l'histoire de l'imprimerie à Tulle. — Tulle, imp. Crauffon, 1879, in-8°, 24 p. 2385

Ext. du Bulletin de la Société des lettres, sciences et arts de la Corrèze (janvier 1879).

—. — Notice bibliographique sur Eustorg de Beaulieu (faisant suite à Eustorg de Beaulieu, poète et musicien du XVIe siècle). — Tulle, imp. Crauffon, 1880, in-8°. 2386

* —. — Les œuvres de Baluze cataloguées et décrites. — Tulle, imp. Crauffon, 1882, in-8°. 2387

Ext. du »Bulletin de la société des lettres, sciences et arts de la Corrèze«. 4e livr. 1881.

* **Faget** (V. F.). — Exposé des titres de M. V.-F. Faget, candidat à la chaire de chimie médicale et de pharmacie vacante dans la Faculté de médecine de Montpellier. Mai 1856. — Montpellier, imp. de Ricard fr., 1856, in-4°, 7 p. 2388

Falck (N.). — Gutachten über die Staatserbfolge im Herzogthum Schleswig, erstattet von N. Falck. Herausgegeben von einem Freund des Verstorbenen mit Einleitung, Uebersicht der Schriften über die Erbfolgefrage, mit Anmerkungen und Urkunden. — Kiel, Schwers, 1864, in-8°. 2389

* **Falk** (F.). — Die Presse zu Marienthal im Rheingau und ihre Erzeugnisse. (15. Jahrhundert.) Mit zwei Facsimile-Tafeln. — Mainz, Verlag von Victor von Zabern, 1882, in-8°, 31 p. 2390

Falke (E.). — Propädeutik und encyklopädische Thierheilkunde nebst ihrer neuern bessern Literatur. Als Leitfaden für Vorlesungen sowie für jeden Freund der Thierarzneikunst und für alle die sie als Lebensberuf wählen wollen. — Leipzig, Baumgärtner, 1850, in-8°. 2391

* **Falkenstein** (K.). — Geschichte der Buchdruckerkunst in ihrer Entstehung und Ausbildung. Ein Denkmal zur vierten Säcular-Feier der Erfindung der Typographie. Mit einer reichen Sammlung in Holz und Metall geschnittener Facsimiles der seltensten Holztafeldrucke, Nachbildungen von Typen aller berühmter Officinen und Proben von Kunstdrucken nach den neuesten Erfindungen unserer Zeit. — Leipzig, B. G. Teubner, 1840, in-4°. 2392

Falkmann (A.). — Voy. Preuss. Lippische Regesten.

Faloci Pulignani (d. M.). — Delle profezie del beato Tommasuccio da Foligno, terziario del XIV secolo: saggio bibliografico. — Foligno, tipolit. F. Campitelli, 1881, in-4°, 35 p. 2393

* **Falsan** (A.). — Notice sur la vie et les travaux de Vincent Eugène Dumortier. — Lyon, Georg, 1877, gr. in-8°, 31 p. 2394

Lue à la séance de la Société d'agriculture, histoire naturelle et arts utiles, à Lyon, le 23 Fév. 1877.

* **Fangé** (D.). — La vie du très-révérend Père D. Augustin Calmet, abbé de Senones avec un catalogue raisonné de tous ses ouvrages, tant imprimés que manuscrits... — Senones, Jos. Pariset, 1762, in-8°. 2395

* **Fantuzzi** (G.). — Notizie degli scrittori Bolognesi. — In Bologna, nella stamperia di San Tommaso d'Aquino, 1781-1794, 9 vol. in-fol. 2396

* **Faribault** (G. B.). — Catalogue d'ouvrages sur l'histoire de l'Amérique, et en particulier sur celle du Canada, de la Louisiane, de l'Acadie et autres

lieux, ci-devant connus sous le nom de Nouvelle-France; avec des notes bibliographiques, critiques et littéraires. — Québec, des presses de W. Cowan, 1837, in-8°. 2397

* **Farrat** (E.). — Notice des titres et travaux scientifiques du Dr. E. Farrat, candidat à la chaire d'hygiène, vacante dans la Faculté de médecine de Montpellier par la mort de M. le professeur Ribes. — Montpellier, imp. de J. Martel aîné, 1864, in-4°, 22 p. 2398

Farretti. — Voy. Catalogo dè libri latini. — Voy. Catalogo di storie generali... d'Italia.

Fasting (Cl. L.). — Forsög til en Fortegnelse over de udi Danmark og Norge fra Bogtrykkeriets Indförsel til 1789 aars udgang udkomne danske Skrifter. — Bergen, trykt hos Dahls Efterleverske, 1793, in-8°. 2399

Fattori (S.). — Appendice alla Serie dell' Edizioni Aldine ristampata in Padova l'anno 1790. — Padova, Pietro Brandolese, 1803, in-12. 2400

* **Fauconneau-Dufresne.** — Candidature de M. Fauconneau-Dufresne à l'Académie impériale de médecine. Exposé de ses titres. — Paris, imp. de N. Chaix (1852), in-4°, 7 p. 2401

* **Faudel.** — Bibliographie alsatique comprenant l'histoire naturelle, l'agriculture et la médecine, la biographie des hommes de science et les institutions scientifiques de l'Alsace. — Colmar, imp. et lith. de Camille Decker, 1874, in-8°. 2402

Ext. du »Bulletin de la société d'histoire naturelle de Colmar«, 14e et 15e année (1873-1874).

* **Favé.** — Notice des travaux scientifiques de M. Favé. — Paris, Gauthier-Villars, 1864, in-4°, 26 p. 2403

La couverture imprimée sert de titre.

* — Paris, Gauthier-Villars, 1876, in-4°, 13 p.

* **Favé.** — Notice sur les travaux scientifiques de M. Favé. — Paris, Gauthier-Villars, 1876, in-4°, 13 p. 2404

* **Favre** (P. A.). — Notice sur les travaux scientifiques de M. P.-A. Favre,... — Paris, Mallet-Bachelier, 1862, in-4°, 22 p. 2405

La couverture imprimée sert de titre.

* —. — Travaux scientifiques de M. P.-A. Favre, professeur de chimie à la Faculté des sciences de Marseille,... — Paris, imp. de J.-B. Gros et Donnaud (1857), in-4°, 3 p. 2406

* **Faye** (H.). — Note sur les travaux astronomiques de H. Faye,... — Paris, imp. de Bachelier, 1847, in-4°, 7 p. 2407

La couverture imprimée sert de titre.

* **Fayotte** (F.). — Notice sur la vie et les ouvrages de Charles Albert Demoustier. — (S. l. n. d.), in-12, 16 p. 2408

* —. — Notice sur la vie et les ouvrages de Colardeau. — (S. l. n. d.), in-8°, 8 p. 2409

Extrait du »Magasin encyclopédique«.

Feddersen (Harro). — Voy. Die Schleswig-Holsteinische Literatur.

Federici (F.). — Voy. Annali della tipografia Volpi-Cominiana.

Feierliche Sitzung (Die) der Kaiserlichen Akademie der Wissenschaften am 30. Mai 1860. — Wien, aus der k. k. Hof- und Staatsdruckerei, in-8°. 2410

Contient, pages 174-181: »Verzeichniss der Schriften von Joseph Grailich« et p. 187-194: »Verzeichniss der Schriften von Johann Friedrich Ludwig Hausmann«.

Felder (F. K.). — Gelehrten-Lexikon der katholischen Geistlichkeit Deutschlands und der Schweiz. — Landshut, gedruckt bey Thomann, 1817, in-8°. T. I. 2411

Les T. II-III ont été publiés par Franz Joseph Waitzenegger et ont pour titre: »Gelehrten- und Schriftsteller-Lexikon der deutschen katholischen Geistlichkeit.« — Landshut, 1820-1822, 2 vol. in-8°.

* **Félice** (P. de). — Lambert-Daneau (de Baugency-sur-Loire) pasteur et professeur en théologie 1530-1595. Sa vie, ses ouvrages, ses lettres inédites. Thèse pour le doctorat présentée à la faculté de théologie de Montauban. — Paris, G. Fischbacher, 1881, in-8°. 2412

*—. — Voy. Hagen, Etude littéraire et historique sur Pierre Daniel.

* **Feller** (F. X. de). — Biographie universelle, ou dictionnaire historique des hommes qui se sont fait un nom par leur génie, leurs talens, leurs vertus, leurs erreurs ou leurs crimes. Nouvelle édition, augmentée de plus de 3000 articles, rédigés par M. Pérennès. — Besançon, Outh.-Chalandre, 1844, 13 vol. in-8°. 2413

Fennell (J. H.). — Voy. The Antiquary.

* **Fermond** (Ch.). — Notice sur les titres, mémoires et ouvrages scientifiques de Ch. Fermond. — Paris, imp. de Pillet fils aîné, 1861, in-8°. 2414

* **Fernandez de Navarrette** (M.). — Biblioteca marítima española, obra póstuma. Impresa de real orden. — Madrid, imprenta de la viuda de calero, 1851, 2 vol. in-8°. 2415

* **Fernandez Duro** (C.). — A la mar Madera. Libro quinto de las disquisiciones náuticas. Comprende: fábrica de naos, su armamento, aparejo y arqueomientos, fabricadores, maestros, ingenieros, escritores, legislacion, bibliografía. — Madrid, imprenta de Aribau, 1880, in-8°. 2416

Fernbach's Journal für Leihbibliothekare, Buchhändler und Antiquare. Verantwortlicher Redakteur und Verleger L. und E. Fernbach jun. — Berlin, 1853-1870, 18 vol. in-4°. 2417

— (L.). — Der Theaterfreund. Handbuch für Theater-Directoren, Schauspieler, Theaterfreunde, Buchhändler und Leihbibliotheken. — Berlin, Bloch, 1860, 4 vol. in-8°. 2418

—. — Der wohl unterrichtete Theaterfreund. Ein unentbehrliches Handbuch für Buchhändler, Leihbibliothekare, Theaterdirektoren, Schauspieler und Theaterfreunde. Enthaltend ein Verzeichniss von sämmtlichen, seit 1700 bis 1859 erschienenen deutschen dramatischen Schriften, nach den Titeln alphabetisch geordnet. Nebst Angabe der Verfasser, Verleger, Druckorte, Formate und Preise. Mit Hinweisung bei den Titeln der in Gesammt-Ausgaben, Almanachen und andern Sammlungen enthaltenen einzelnen Stücke, wo solche zu finden sind. — Berlin, Cosmar und Krause, 1830-1850, in-8°, 3 vol. 2419

Fernow (C. L.).—Francesco Petrarca dargestellt von C. L. Fernow. Nebst dem Leben des Dichters und ausführlichen Ausgabenverzeichnissen herausgegeben von Ludwig Hain. — Altenburg und Leipzig, Brockhaus, 1818, in-8°. 2420

Ferrario (G.). — Progetto per un catalogo bibliografico secondo il sistema delle cognizioni umane di Bacone et d'Alembert formato dal dottore Giulio Ferrario. — Milano, dalla società tipogr. de' classici italiani, 1802, in-8°, 42 p. 2421

— (J.). — Le costume ancien et moderne, ou histoire du gouvernement, de la milice, de la religion, des arts, sciences et usages de tous les peuples. Amérique. — Milan, 1827, 2 vol. gr. in-4°. 2422

Contient une bibliographie américaine assez importante.

* **Ferrazzi** (G. J.). — Bibliografia ariostesca. — Bassano, tip. Sante Pozzato, 1881, in-18. 2423

* —. — Bibliografia petrarchesca. Edizione di soli 50 exemplari. — Bassano, tip. Sante Pozzato, 1877, in-8°. 2424

*—. — Enciclopedia dantesca: bibliografia, parte II; aggiuntavi la bibliografia Petrarchesca, vol. V et ultimo. — Bassano, tip. Pozzato, 1877, in-16. 2425

* — (G. J.). — Manuale Dantesco. — Bassano, 1865-1871, 4 vol. in-16. 2426

Le T. IV contient la Bibliographie.

*—. — Torquato Tasso: studi biografici-critici-bibliografici. — Bassano, tip. Sante Pozzato, 1880, in-16. 2427

Ferri (P. L.). — Biblioteca femminile italiana raccolta posseduta e descritta. — Padova, della tipogr. Crescini, 1842, in-8°. 2428

Ferro (Fr.). — Bibliografia degli Statuti della provincia di Treviso. — Treviso, typ. Andreola-Medesin, 1858, in-4°. 2429

* **Fertiault** (F.). — Les Amoureux du livre. Sonnets d'un bibliophile. Fantaisies d'un bibliomane. Commandements du bibliophile. Bibliophiliana. Notes et anecdotes. Tables et index analytiques. Préface du bibliophile Jacob (Paul Lacroix), 16 eaux-fortes par Jules Chevrier. — Paris, Claudin, 1876, in-8°. 2430

Tiré à petit nombre sur papier vergé à la forme. — Titre rouge et noir.

* **Férussac** (de). — Note supplémentaire à la Notice des travaux de M. de Férussac. — Paris, imp. de Fain (1825), in-8°, 3 p. 2431

* —. — Notice analytique sur les travaux de M. de Férussac, offrant un extrait des rapports faits à l'Académie par ses commissaires sur ceux de ces travaux qui lui ont été présentés. — Paris, imp. de Fain (s. d.), in-4°, 16 p. 2432

* **Ferwerda** (Ab.). — Catalogus universalis cum pretiis. Of de Boek-Negotie benevens de Kennisse en waarde derzelver Gemakkelyk gemaakt. Zynde eene Verzameling van eenige Duizenden van Boeken, zoo in het Latyn, Fransch als Nederduitsch, uit eene considerabele party Catalogen met Pryzen, zedert den Jaare 1709 tot 1771; in eene alphabetische order geschikt, met de Pryxen hoe veel elke Boek in jeder Verkopinge gekost heeft. Waar uit men kan zien, of een Boek, dikmaals, dan zeldzaam, voorkoomt. Beginnende van de Uitvinding der Druk-Konst tot deeze tyd. Zeer nuttig niet alleen voor veele Boekhandelaaren en derzelver Leerlingen of knegts, maar niet te missen van Professoren, Predikanten, Doctoren, Studenten, en alle die geene die maar eenige Lief hebberg voor de Kennisse en waarde der Boeken heeft. — Te Leeuwarden, by A. Ferwerda en G. Tresling, 21 vol. in-8°. 2433

Fétis (Ed.). — Voy. Le Prévost. Légende de saint Hubert.

* — (F. J.). — Biographie universelle des musiciens et bibliographie générale de la musique. Deuxième édition entièrement refondue et augmentée de plus de moitié. — Paris, Didot frères, 1860-1864, 6 vol. in-8°. 2434

—. — Biographie universelle des musiciens et bibliographie générale de la musique. Supplément et complément, publiés sous la direction de M. Arthur Pougin. — Paris, Firmin Didot, 1878-1881, 2 vol. in-8° à 2 col. 2435

Feuerbach (Ans. R. von). — Lehrbuch des gemeinen in Deutschland gültigen Peinlichen Rechts. Mit vielen

Anmerkungen und Zusatzparagraphen und mit einer vergleichenden Darstellung der Fortbildung des Strafrechts durch die neuen Gesetzgebungen herausgegeben von C. J. A. Mittermaier. XIV. sehr vermehrte und völlig umgearbeitete Originalausgabe. — Giessen, Heyer, 1847, in-8°. 2436

Contient, p. 1-29: »Prolegomena über den Begriff, die Quellen, Hülfswissenschaften und Literatur des peinlichen Rechts«.

* **Feugère** (L.). — Essai sur la vie et les ouvrages d'Etienne Pasquier. — Paris, Didot fr., 1848, in-18. 2437

* —. — Essai sur la vie et les ouvrages de Henri Estienne, suivi d'une étude sur Scévole de Sainte-Marthe. — Paris, J. Delalain, 1853, in-12. 2438

* —. — Etienne de La Boëtie, ami de Montaigne, étude sur sa vie et ses ouvrages; précédée d'un coup d'œil sur les origines de la littérature française. — Paris, Labitte, 1845, in-8°. 2439

* —. — Etude sur la vie et les ouvrages de Du Cange. — Paris; imp. de P. Dupont, 1852, in-8°. 2440

* **Feverlinus** (J. G.). — Bibliotheca symbolica evangelica Lutherana quam magno studio multisque impensis ipse dum vivebat collegit, disposuit et adjectis annotationibus descripsit. Pars prior libros ecclesiæ nostræ symbolicos cum insigni apparatu scriptorum ad eorum notitiam pertinentium simul etiam ordinationes et agenda ecclesiarum nostrarum atque catechismos nostros complectitur. Pars posterior scripta theologorum sæculi reformationis id est XVI una cum actis et historia colloquiorum religionis caussa institutorum comprehendit. Omnia ex schedis b. possessoris insigniter aucta et locupletata recensuit et in publicam utilitatem aptata cum necessariis indicibus edidit d. Joh. Bartholom. Riederer. — Norimbergæ, prostat apud Wolf. Schwartzkopf, 1768, in-12. 2441

* **Feverlinus** (J. C.). — Supellex libraria seu catalogus librorum ex omni scientiarum genere selectiorum partimque rariorum juxta seriem alphabeticam in qualibet forma digestus variis notis litterariis illustratus justisque instructus pretiis. — Prostat Suobaci in officina libraria enderesiana, 1768, in-8°. 2442

* **Fèvre.** — Un publiciste catholique. Vie et travaux de J. B. Carnandet, éditeur des Bollandistes. — Saint-Dizier, Pérottin-Carnandet, 1880, in-8°, 47 p. 2443

* — (J.). — Vie intime et travaux littéraires de Mgr Darboy. — Bar-le-Duc, imp. de L. Guérin, 1863, in-8°, 48 p. 2444

Fevret de Fontette. — Voy. Le Long (J.). Bibliothèque historique de la France.

* **Fichet** (Al.). — Arcana studiorum omnium methodus, et bibliotheca scientiarum, librorumque, earum ordine tributorum, universalis. — Ad editionem quæ prodiit Lugduni, apud Guillelmum Barbier, 1649, in-4°. 2445

Fichte (Ed.). — Johann Gottlieb Fichte. Lichtstrahlen aus seinen Werken und Briefen nebst einem Lebensabriss. Mit Beiträgen von Immanuel Hermann Fichte. — Leipzig, Brockhaus, 1863, in-8°. 2446

Contient, pages 122-132: »Chronologisch geordnetes Verzeichniss der Schriften von J. G. Fichte«.

— (J. H.). — Voy. Zeitschrift für Philosophie.

Fidler (D.). — Voy. Gottschlingius (C.). Bibliographia ethica.

* **Fiebig** (O.). — Corpus dissertationum theologicarum sive catalogus

commentationum, programmatum, aliarumque scriptionum academicarum ab antiquissimo usque ad nostrum tempus editarum, ad exegeticam dogmaticam, moralem ac reliquias disciplinas theologicas spectantium, quæ in uberrima collectione Weigeliana lipsiensi prostant. Præfatus est et indices tum locorum scripturæ sacræ, tum rerum ac nominum conscripsit O. Fiebig. — Lipsiæ, sumptibus T. O. Weigelii, 1847, petit in-4°. 2447

Fiebig (O.). — Voy. Wutig's Universal-Bibliographie.

* **Field** (Th. W.). — An essáy towards an Indian bibliography, being a catalogue of books relating to the history, antiquities, languages, customs, religion, wars, literature and origin of the american Indians. — New York, Scribner, 1873, in-8°. 2448

* **Fierville** (Ch.). — La vie et les écrits du père F. Martin, Cordelier de Caen, 1639-1726. — Caen, A. Hardel, 1862, in-8°, 48 p. 2449

Ext. du »Bulletin de la Société des Antiquaires de Normandie«.

* **Figaniere** (J. C. de). — Bibliographia historica Portugueza, ou Catalago methodico dos auctores Portuguezes e de alguns estrangeiros domiciliarios em Portugal, que tractaram da historia civil, politica e ecclesiastica d'estes reinos e seus dominios, e das nações ultramarinas, e cujas obras correm impressas em vulgar; onde tambem se apontam muitos documentos e escriptos anonymos que lhe dizem respeito. — Lisboa, typ. do Panorama, 1850, in-8°. 2450

* **Figuier** (L.). — Exposé des titres scientifiques de M. Louis Figuier, candidat à l'Académie de médecine. — (Paris), lith. de Bénard (1856), in-4°, 6 p. 2451

Fikenscher (G. W. A.). — Gelehrtes Fürstenthum Baireut oder biographische und literarische Nachrichten von allen Schriftstellern, welche in dem Fürstenthum Baireut geboren sind und in oder ausser demselben gelebet haben und noch leben in alphabetischer Ordnung verfasset. — Erlangen, Palm, 1801-1805, 12 vol. in-8°. 2452

Les T. 5 à 12 ont paru à Nuremberg chez Lechner.

* **Filhol** (E.). — Extrait des Mémoires de l'Académie impériale des sciences de Toulouse, VIe série, T. I., p. 207. Notice sur la vie et les travaux d'Augustin Dassier. — Toulouse, imp. de Ch. Douladoure (1863), in-8°, 8 p. 2453

Filippi (J. de). — Voy. Essai d'une bibliographie générale du théâtre.

* **Fillon** (B.) et **Ritter** (F.). — Notice sur la vie et les ouvrages de François Viete. — Nantes, imp. de C. Gailmard, 1849, in-8°. 2454

Fincke (J. P.) — Conspectus Bibliothecæ historicæ Saxoniæ inferioris, cujus specimen exhibet Scriptores Lubecenses. Accedit Kreysigii et Struvii Bibliothecarum Saxoniæ superioris historicarum collatio. — Hamburgi, litt. Piscatoriis (1744), in-4°, 31 p. 2455

—. — Topographia et bibliotheca historica Hamburgensis. Accedit index in Jo. Alb. Fabricii memorias Hamburgenses. — Hamburgi, excud. Beneke, 1739, in-8°. 2456

* **Fineschi** (V.). — Notizie storiche sopra la stamperia di Ripoli le quali possono servire all' illustrazione della storia tipografica fiorentina raccolte, e pubblicate. — In Firenze, nella stamperia di Francesco Moücke, 1781, in-8°. 2457

Finsler (J.). — Voy. Alphabetisches Verzeichniss der Schriften über Bäder.

Fischer. — Voy. Demidoff (P. de). Catalogue systématique des livres de la bibliothèque de Paul Demidoff.

Fischer (G.). — Handbuch der allgemeinen Operations- und Instrumentenlehre. — Voy. Deutsche Chirurgie. No. 19.

—. — Krankheiten des Halses. Voy. Deutsche Chirurgie. No. 34.

* —. — Beschreibung einiger typographischen Seltenheiten nebst Beyträgen zur Erfindungsgeschichte der Buchdruckerkunst. — Nürnberg, bey Joh. Leonh. Sixt. Lechner, 1800-1804, 6 parties in-8°. 2458

* —. — Essai sur les monumens typographiques de Jean Gutenberg, Mayençais, inventeur de l'imprimerie. — A Mayence, l'an 10, in-4°. 2459

— (Fr. Chrph. J.). — Litteratur des germanischen Rechts. Mit Beilagen. — Leipzig, Schwickert, 1782, in-8°. 2460

* **Fischer de Waldheim** (Gotth.). — Bibliographia palæonthologica animalium systematica. Editio altera, aucta, jussu Societatis Cæsareæ naturæ scrutatorum impressa. — Mosquæ, typis universitatis Cæsareæ, 1834, in-8°. 2461

* **Fizeau** (H.). — Notice sur les travaux de M. H. Fizeau. — Paris, imp. de Bachelier, 1850, in-4°, 16 p. 2462

* — Paris, imp. de Mallet-Bachelier, in-4°, 1859, 19 p.

La couverture imprimée sert de titre.

* **Flavien d'Aldéguier**. — Discours sur la vie et les écrits du maréchal de camp Comte de Guibert, . . . couronné le 5 juillet 1855 dans la séance publique de l'Académie de Montauban. — Toulouse, librairie centrale, 1855, in-8°. 2463

Le faux titre porte: »Etude sur la vie et les écrits du maréchal-de-camp comte de Guibert«.

* **Flavigny** (Ctesse de). — Sainte Catherine de Sienne. — Paris, A. Sauton, 1880, in-16. 2464

Contient, p. 395-439; »Bibliographie«.

Flechsig (R.). — Bad Elster im Königl. Sächsischen Voigtlande. Auf Anordnung des Königlich Sächsischen Ministeriums des Innern dargestellt. — Dresden, Druck von Ernst & Portéger (1864), gr. in-8°. 2465

Contient, p. IX-XII: »Literatur des Elsterbades«.

Fleischer. — Voy. Amari (Michele). Biblioteca arabosicula. — Voy. Dictionnaire de bibliographie française.

* — (G.). — Annuaire de la librairie. — Paris, Levrault frères, an X-1802, in-8°. T. I. 2466

Fletscher (R.). — Voy. Index medicus.

* **Fleury**. — Congrès scientifique de Saint-Etienne (Loire). Essai historique sur la vie et les ouvrages de Forget (Charles-Polydore) . . . lu le 10 septembre 1862, devant la 2e section du congrès (sciences médicales). — Saint-Etienne, imp. de Vve Théolier, 1863, in-8°, 22 p. 2467

* — (E.). — Les richesses archéologiques d'un catalogue. Etude sur le catalogue de M. de Joursenvault en ce qu'il touche à l'histoire du département de l'Aisne. — Laon, imp. de Ed. Fleury et Ad. Chevergny, 1852, in-8°, 42 p. 2468

Flindall (J. M.). — The amateur's pocket companion; or, a description of scarce and valuable engraved british portraits, also of the rare or curious books, as mentioned in the works of Granger, Bromley, Noble etc. With notes, including, the prices and descriptions of many rare prints, unnoticed by former writers, alphabetically arranged. — London, 1813, in-8°. 2469

* **Flori (L. Annæi) epitome rerum romanarum** L. Ampelii liber memorialis præmittitur notitia literaria studiis societatis Bipontinæ. Editio accurata. —

Biponti, ex typographia societatis, 1783, in-8°. 2470

Contient, pages X-XXIII: »Index editionum L. Annaei Flori auctior Fabriciano et in sex ætates digestus«.

* **Floto** (H.). — Dante Alighieri, sein Leben und seine Werke. — Stuttgart, Rud. Besser, 1858, in-8°. 2471

* **Flourens**. — Eloge historique d'Antoine-Laurent de Jussieu, . . . lu à la séance publique du 13 août 1838. — (S. l. n. d.) in-4°, 60 p. 2472

* —. — Eloge historique de François Magendie, suivi d'une discussion sur les titres respectifs de MM. Bell et Magendie à la découverte des fonctions distinctes des racines des nerfs. — Paris, Garnier frères, 1858, in-18. 2473

Contient, p. 163-174: »Liste chronologique des écrits de M. Magendie«.

* — — Institut impérial de France. Eloge historique de François Magendie, lu dans la séance publique annuelle du 8 février 1858. — Paris, imp. de F. Didot, 1858, in-4°. 2474

* —. — Institut national de France... Académie des sciences. Eloge historique d'Etienne Geoffroy Saint-Hilaire... lu dans la séance publique annuelle du 22 mars 1852. — Paris, imp. de F. Didot frères, 1852, in-4°, 40 p. 2475

* —. — Institut national de France, Académie des sciences. Eloge historique de Benjamin Delessert, lu dans la séance publique du 4 mars 1850. — Paris, imp. de F. Didot frères, 1850, in-4°, 46 p. 2476

* —. — Institut royal de France, Académie royale des sciences . . . Eloge historique de Pyramus de Condolle lu à la séance publique du 19 décembre 1842. — Paris, imp. de F. Didot frères, 1842, in-4°, 48 p. 2477

* **Flourens**.—Notice sur les principaux travaux de M. Flourens (1822-1828). — Paris, imp. de C. Thuau (s. d.), in-4°, 20 p. 2478

* — (P.). — Cuvier, histoire de ses travaux, Seconde édition . . . — Paris, Paulin, 1845, in-18. 2479

* —. — Histoire des travaux de Georges Cuvier. Troisième édition augmentée et en partie refondue. — Paris, Garnier frères, 1858, in-18. 2480

* —. — Histoire des travaux et des idées de Buffon. Seconde édition revue et augmentée. — Paris, L. Hachette, 1850, in-18. 2481

* **Focillon** (Ad.). — Notice sur la vie, les ouvrages et les travaux de G.-L. Duvernoy . . . — Paris, imp. de P. Dupont (1855), in-8°, 12 p. 2482

Ext. du »Journal général de l'instruction publique et des cultes.

* **Foderé**. — Notice sur la vie et les travaux de M. le Dr. de Villeneuve, . . . Extrait de la »Gazette des hôpitaux civils et militaires«. — (Paris), imp. de Plon frères (1853), in-8°. 2483

* **Försök** till historia om sveriges Boktryckerier. — Stockholm, P. A. Norstedt & Söner, 1871, in-16. 2484

* **Förteckning** öfver Kongl. Bibliothekets samling af samtida berättelser om sveriges krig. Jemte uppgift på saknade. — Stockholm, Iwar Hæggström, 1867, in-8°. 2485

Förteckning öfwer de i Swerige, under loppet af år 1821, från trycket utgifna Böcker och Skrifter, i wetenskaplig ordning författad. — (Stockholm), tryckt i Ecksteinska Tryckeriet, 1823, in-8°. 2486

Par Lorenzo Hammarsköld.

Förteckning på Svenska Calendarier för hwarje år ifrån 1600 til och med

1770. Samt på en del af de dår uti befintelige åtskillige Underråttelser. — Upsala, Erdman, 1771, in-8°. 2487

Par J. Björnstjerna.

* **Fogel** (C. J.). — Bibliotheca Hamburgensium eruditione et scriptis clarorum, qui per tria sæcula ad nostram ætatem floruerunt curis secundis ducentorum scriptorum numero adaucta a Car. Jo. Fogelio, Hamburgense, J. V. L. anno ætatis climacterico sexagesimo tertio die XX Junii per Dei gratiam superato. Non longe post B. Auctoris fata publici juris facta a Theod. Jac. Fogelio Hamburgense, Car. Jo. Filio. — Hamburgi, sumptibus Kœnigianis, 1738, in-fol. 2488

—. — Bibliotheca Hamburgensis tripartita, nempe theologico-medico-philosophica comprehendens disputationes, a viris, Hamburgi natis exercitii gratia et pro obtinendo gradu in academiis et gymnasiis habitas una cum indicibus alphabeticis Dnn. respondentium et denominatione academiarum, annorumque summo cum studio et animi causa ab annis 1556 Theologic., 1583 Medic. 1582 philosophic. usque ad nostra tempora, in memoriam Dnn. Hamburgensium sempiternam et excitamentum studiosorum Hamb. indefessum collecta et edita. — Hamburgi, Trausold, 1732, in-4°. 2489

—. — Primum supplementum sive desiderata ulterior continuatio antiquæ et inprimis novæ bibliothecæ, disputationum Dnn. Hamburgensium literatorum juridicæ, pleniorem in usum virorum Hamburgi natorum, qui ab anno 1731 usque ad 1736 accesserunt, et ad modum jam editæ bibliothecæ, Lipenio-Jenichianæ, summa cum admiratione laudabili et indefesso labore a Dn. clariss. Augusto Gottlob Jenichen elaboratæ, publicatum et collectum atque per tres sectiones loce indicis realis, præcipue quoad fere singulas juris statutarii Hamburg. materias in patriæ utilitatem editum anno Jubilæi smalcaldici secundo. — Hamburgi, Trausold, 1737, in-4°. 2490

Fogel. — Voy. Bibliotheca juris statutarii Hamburgensis.

* **Fogli bibliografici.** — S. l. ni d., Giambattista Sonzogno, in-12. 2491

10 fasc. avec une pagination spéciale pour chacun d'eux.

* **Foisy.** — Notice des éditions de Publius Syrus. Extraite de l'édition de cet auteur donnée par J. Chenu dans la bibliothèque latine française de C. L. F. Panckoucke 1835. — A Paris, imp. Panckoucke, juin, 1835, in-8°, 10 p. 2492

Le titre de départ porte: »Indication succincte (chronique et méthodique) de toutes les éditions de Publius Syrus qui nous sont connues jusqu'à ce jour: tant d'après les bibliographes que pour les avoir vues nous-mêmes«.

* **Folkard** (H. T.). — Wigan free public library. Index catalogue of books and papers relating to mining, metallurgy and manufacture. Reference department. — Southport, Robert Johnson & Co., 1880, in-4°. 2493

* **Fonssagrives.** — Titres présentés par M. Fonssagrives, médecin en chef de la marine à l'appui de sa candidature à la chaire d'hygiène vacante à la Faculté de médecine de Montpellier. (Mars 1864). — Paris, imp. de S. Raçon, in-4°, 8 p. 2494

Fontaine de Resbecq. — Voy. Thorin (E.). Répertoire bibliographique des ouvrages de législation.

* **Fontan.** — Exposé succinct, des travaux, des titres scientifiques, honorifiques et administratifs de M. le Dr. Fontan,... — Paris, imp. de Malteste (1861), in-4°, 4 p. 2495

* **Fontana** (A.). — Amphitheatrum legale in quolibet operum legalium author habet suam sedem ordine alpha-

betico collocatam seu bibliotheca legalis amplissima in qua recensētur omnes authores cum omnibus eorum operibus in jure editis, et in qua datur etiam sedes præcisa abecedario indice designata omnium, et quarumcumque rerum verborum, et materiarum, quæ in corpore juris pontificii, et cæsarei ac in supradictorum authorum operibus tàm ex professò, quam sparsim sed fusè pertractantur. Quinque partibus divisa ordine quem nobis pagina versa dabit, et ad publicam omnium utilitatem edita sub auspiciis serenissimi Raynutii II... — Parmæ, typis Josephi ab Oleo, et Hippolyti Rosati, 1688, 5 vol. in-fol. 2496

* **Fontanini** (G.). — Bibliotheca dell'eloquenza italiana con le annotazioni del signor apostolo Zeno,... accresciuta di nuove aggiunte. — Parma, per li fratelli Gozzi, 1803-1804, 2 vol. in-4°. 2497

* **Fontenay** (H. de). — Notice sur Jehan de Vesvre, érudit et poëte latin du XVIe siècle. Extrait des »Annales de la Société éduenne«. — Autun, imp. de M. Dejussieu, 1862, in-8°, 22 p. 2498

* **Fonvielle.** — Tableau synoptique des œuvres littéraires et politiques de M. le chevalier de Fonvielle,... depuis le 1er mai 1796 jusqu'au 1er mai 1834... — Paris, imp. de Poussielgue (s. d.), in-fol., 4 p. 2499

* **Foppens** (J. Fr.). — Bibliotheca belgica, sive virorum in Belgio vita, scriptisque illustrium catalogus, librorumque nomenclatura continens scriptores a clariss. viris Valerio Andrea, Auberto Miræo, Francisco Sweertio, aliisque, recensitos usque ad annum 1680. — Bruxellis, per Petrum Foppens, 1739, 2 vol. in-4°. 2500

L'ex. de la B. N. est interfolié et contient beaucoup de notes manuscrites. Il est complété par un T. III manuscrit qui n'a pas paru.

Forbes (J.). — A manual of select medical bibliography, in which the books are arranged chronologically according to the subjects and the derivations of the terms and the nosological and vernacular synonyms of the diseases are given. With an appendix containing lists of the collected works of authors, systematic treatises on medicine, transactions of societies, journals, etc. — London, 1835, in-8°. 2501

* **Forcella** (V.). — Catalogo dei manoscritti relativi alla storia di Roma che si conservano nella bibliotheca Vaticana. — Roma, fratelli Bocca, 1879-1880, 2 vol. in-8°. 2502

Forchammer. — Voy. Hauch. H. E. Oersted's Leben.

* **Forestié neveu** (E.). — Biographie de Tarn-et-Garonne. Etudes historiques et bibliographiques; publiées avec le concours de plusieurs écrivains. — Montauban, imp. Forestié neveu, 1860, in-8°, 1re série. 2503

* **Forestier.** — Notice de la vie et des ouvrages de M. Sallé. — (S. l. n. d.) in-8°, 30 p. 2504

Ext. du »Nouveau Code des curés«, T. IV, p. 413 et suivantes.

* **Forkel** (J. N.). — Allgemeine Litteratur der Musik oder Anleitung zur Kenntniss musikalischer Bücher, welche von den ältesten bis auf die neuesten Zeiten bey den Griechen, Römern und den meisten neuern europäischen Nationen sind geschrieben worden. Systematisch geordnet, und nach Veranlassung mit Anmerkungen und Urtheilen begleitet. — Leipzig, im Schwickertschen Verlage, 1792, gr. in-8°. 2505

* **Formey.** — Conseils pour former une bibliothèque peu nombreuse, mais choisie. Nouvelle édition corrigée et augmentée. Suivie de l'Introduction générale à l'étude des sciences et belles-

lettres par M. de la Martinière. — A Berlin, chez Haude et Spener, 1756, in-8°. 2506

L'auteur a publié, pages XVI à XXIV, une liste de ses ouvrages.

* **Fornari** (T.). — Delle Teorie economiche nelle Provincie Napolitane dal secolo XIII al MDCCXXXIV studii storici. — Milano, Ulrico Hœpli, 1882, in-8°. 2507

Etude sur 52 ouvrages d'écrivains napolitains.

Fortia d'Urban. — Voy. Holstenius (L.). Plan d'un atlas historique portatif. — Voy. Nouveau système bibliographique.

* **Fortschritte** (Die) **der Physik** im Jahre 1845 (-1877). Dargestellt von der physikalischen Gesellschaft zu Berlin. — Berlin, G. Reimer, 1845-1882. 2508

Chaque division est suivie de la bibliographie des ouvrages parus dans l'année et de celle des articles relatifs à la physique contenus dans les journaux et revues.

* **Fossius** (F.). — Catalogus codicum sæculo XV impressorum qui in publica bibliotheca Magliabechiana Florentiæ adservantur. — Florentiæ, excudebat Caietanus Cambiagius, 1793-1795, 3 vol. in-fol. 2509

* **Foucault** (L.). — Notice sur les travaux de M. Léon Foucault. — Paris, Bachelier, 1850, in-4°, 17 p. 2510

* — Paris, Mallet-Bachelier, 1859, in-4°, 32 p.

* — Paris, Mallet-Bachelier, 1863, in-4°, 34 p.

Les couvertures imprimées servent de titre.

* **Fouqué** (F.). — Santorin et ses éruptions. — Paris, G. Masson, 1879, in-4°. 2511

Renferme, p. XXXI et XXXII: bibliographie.

* **Fourcroy**. — Notice sur la vie et les travaux de Lavoisier, . . . précédée d'un discours sur les funérailles, et suivie d'une ode sur l'immortalité de l'âme. — Paris, imp. de la Feuille du cultivateur, an IV, in-8°. 2512

* **Fourgeaud-Lagrèze.** — Le Périgord littéraire. L'imprimerie en Périgord, ses origines, ses progrès, et ses principales productions (1498 - 1874). — Ribérac, imp. Condon, 1876, in-8°, 28 p. 2513

* **Fournel** (H.). — Bibliographie Saint-Simonienne, de 1802 au 31 décembre 1832. — Paris, Alexandre Johanneau, mars 1833, in-8°. 2514

* —. (V.). — Les contemporains de Molière, recueil de comédies, rares ou peu connues, jouées de 1650 à 1680 avec l'histoire de chaque théâtre, des notes et notices biographiques, bibliographiques et critiques. — Paris, Didot frères, 1863-1875, 3 vol. in-8°. 2515

Tom. I. Théâtre de l'hôtel de Bourgogne. — T. II. Hôtel de Bourgogne (suite). Théâtre de la cour (Ballets et mascarades). — T. III. Théâtre du marais.

* **Fourneyron**. — Analyse des travaux de M. B. Fourneyron. — (Paris), imp. de Bachelier (1843), in-4°, 33 p. 2516

* **Fournier** (Fr. Ign.). — Nouveau dictionnaire portatif de bibliographie, contenant plus de vingt trois mille articles de livres rares, curieux, estimés et recherchés, avec les marques connues pour distinguer les éditions originales des contrefaçtions qui en ont été faites, et des notes instructives sur la rareté ou le mérite de certains livres: on a fixé la valeur d'après les prix auxquels ces livres ont été portés dans les ventes les plus fameuses; précédé d'un précis sur les bibliothèques et sur la bibliographie, et suivi du catalogue des éditions citées par l'académie de la Crusca, des collections cum notis diversorum in-4°, cum notis variorum in-8°, ad usum Delphini, et des édi-

tions imprimées par les Aldes, les Elzevirs, Tonson, Cominus, Baskerville, Barbou, Didot, Herhan, etc.... Seconde édition, revue et considérablement augmentée. — A Paris, chez Fournier frères, mai 1809, in-8°. 2517

Fournier. — Voy. Essai portatif de bibliographie.

* — (Alf.). — Candidature à l'académie de médecine (section de pathologie médicale). Titres et travaux scientifiques du Dr. Fournier (Alfred). — Paris, imp. de Martinet, 1876, in-4°, 36 p. 2518

* **Fourquet** (G.). — Titres scientifiques et états des services publics soumis à l'appréciation de l'Ecole de médecine de Toulouse et du conseil académique, par G. Fourquet, ... — Toulouse, imp. de Manavit, 1852, in-8°, 26 p. 2519

Fraehn. — Indications bibliographiques relatives pour la plupart à la littérature historico - géographique des arabes, des persans et des turcs, spécialement destinées à nos employés et voyageurs en Asie. — St. Pétersbourg, de l'imp. de l'acad. imp. des sciences, 1845, in-8°. 2520

* **Fränkel** (G. H. Fr.). — Bibliotheca medicinæ militaris et navalis. Beiträge zur Literatur der Militair- und Schiffsheilkunde. — Glogau, Druck von Eduard Mosche, 1876, in-8°. T. I. 2521

* **Franc** (D.). — Disquisitio academica de papistarum indicibus librorum prohibitorum et expurgandorum, in qua de numero, autoribus, occasione, contentis, fine, damnis et jure indicum illorum disseritur, ut vicem LL. CC. sustinere, inque illam referri commode possit, quicquid uspiam occurret de librorum prohibitione aut depravatione. Præmissa est Cl. Arnoldi ad autorem epistola; adjectique sunt indices locupletissimi autorum atque rerum. — Lipsiæ, sumptibus Hæredum Friderici Lanckisii, 1684, in-4°. 2522

* **France** (N.). — Description historique et bibliographique de la collection de feu M. le comte H. de La Bédoyère, sur la Révolution française, l'empire et la restauration. — Paris, France, 1862, in-8°. 2523

* **France littéraire** (La), contenant. I. Les Académies établies à Paris et dans les différentes villes du royaume. II. Les auteurs vivans, avec la liste de leurs ouvrages. III. Les auteurs morts, depuis l'année 1751 inclusivement, avec la liste de leurs ouvrages. IV. Le catalogue alphabétique des ouvrages de tous ces auteurs. — Paris, chez la veuve Duchesne, 1769 - 1784, 4 vol. in-12. 2524

Les T. I - II sont de Jacq. Hébraïl et Jos. de Laporte; le T. III est de de Laporte seul, et le T. IV de Joseph André Guyot.

* **France littéraire** (La) ou almanach des beaux arts, contenant les noms et les ouvrages des gens de lettres, des sçavans et des artistes célèbres qui vivent actuellement en France. — A Paris, chez Duchesne, 1755, in-24. 2525

* — augmentée du catalogue des académies établies tant à Paris, que dans les différentes villes du royaume. — A Paris, chez Duchesne, 1756, in-24.

* — et d'un autre catalogue alphabétique des titres de chaque ouvrage, suivi du nom de son auteur, pour l'année 1758. — A Paris, chez Duchesne, 1758, in-12.

Par l'abbé de La Porte.

* **Francesco Agostino della chiesa di Saluzzo.** — Catalogo de scrittori Piemontesi, Savoiardi, e Nizzardi ... Hora del medesimo fatto ristampare con l'aggiunta d'altri tanti autori, e libri. — In Carmagnola, per Bernardino Colonna, 1660, in-4°. 2526

* —. — Catalogo di tutti li scrittori Piemontesi et altri de i stati dell'

altezza sereniss. di Savoia. — In Torino, appresso Cesare e Gio. Francesco FF, de Cavaleri, 1614, in-4°. 2527

* **Franchini** (G.). — Bibliosofia, e memorie letterarie di scrittori Francescani conventuali Ch'hanno scritto dopo l'anno 1585 raccolte da Giovanni Franchini da' Modena, e dà esso dedicate al reverendissimo padre ministro generale di tutto l'ordine Francescano de' minori Conventuali. — Modena, per gli eredi Soliani Stamperatori, 1693, in-4°. 2528

Tiré à 400 ex.

* **Francisco da Silva** (In.). — Diccionario bibliographico portuguez estudos applicaveis a Portugal e ao Brasil. — Lisboa, na imprensa nacional, 1858-1870, 9 vol. in-8°. 2529

Francke (H. G.). — Voy. Vitriarius (P. R.). De adminiculis juris publici romano-germanici commentatio.

* **Franckenau** (G. E. de). — Bibliotheca hispanica historico-genealogico-heraldica. — Lipsiæ, sumptibus Maur. Georgii Weidmanni, 1724, in-4°. 2530

Franckenbergæ commoditas, das ist: Der Chur-Fürstl. Sächss. Ober-Meissnischen Löblichen Amts-Stadt Franckenberg Gelegenheit etc. entworffen durch Johannem Vulpium. — Weissenfels, Wohlfart, 1704, in-4°. 2531

Contient la liste des ouvrages de Vulpius.

* **Francœur.** — Notice sur la vie et les ouvrages de M. L.-B. Francœur, ... — Paris, Mallet-Bachelier, 1853, in-8°, 16 p. 2532

* **François** (Alph.). — Notice sur la vie et les ouvrages de Casimir Delavigne, lue à la séance publique de la Société philotechnique, le 21 décembre 1845. — Paris, imp. de F. Malteste (s. d.), in-8°. 2533

François (dom. J.). — Voy. Bibliothèque générale des écrivains de l'ordre de Saint-Benoît.

* **Franken.** — L'œuvre gravé des Van de Passe. — Amsterdam, Frederik Muller, 1881, in 8°. 2534

* **Frantz** (J.). — Q. D. B. V. Alsatia litterata sub Celtis, Romanis, Francis. Præside Jeremia-Jacobo Oberlino, ... defendet Johannes Frantz, ... die VIII augusti A. R. S. MDCCLXXXII Argentorati, typ. J.-H. Heitzii (s. d.). — O. D. B. V. Alsatia litterata sub Germanis, sæculo IX et X. Præside Jeremia-Jacobo Oberlino, ... defendet auctor Christianus-Godefridus Frantz, ... die XXIII februari A. R. S. MDCCLXXXVI ... — Argentorati, typ. P.-J. Dannbach (s. d.). — Le tout en 1 vol. in-4°. 2535

Freiesleben (J. C.). — Voy. Systematische Uebersicht der Litteratur für Mineralogie.

Freinshemius (J. Ph.). — Voy. Livius (Titus). Historiarum libri qui supersunt omnes.

* **Frémont** (A. F. M.). — Recherches historiques et biographiques sur Pothier publiées à l'occasion de l'érection de sa statue. — Orléans, A. Gatineau, 1859, in-8°. 2536

Frenkel (F.). — Voy. Bibliotheca historico-naturalis.

Frenzel (F. A.). — Die Führer durch das Historische Museum zu Dresden mit Bezug auf Turnier- und Ritterwesen und die Künste des Mittelalters. Nebst einem Sach- und Namenregister, sowie einer Literatur der betreffenden Schriften. — Leipzig, R. Weigel, 1850, in-8°. 2537

* **Frère** (Ed.). — De l'imprimerie et de la librairie à Rouen, dans les XV° et XVI° siècles, et de Martin Morin célèbre imprimeur rouennais. — Rouen, Auguste Le Brument, 1843, in-8°. 2538

Tiré à 150 ex.

* **Frère.** — Des livres de liturgie des églises d'Angleterre (Salisbury, York, Hereford), imprimés à Rouen dans les XVe et XVIe siècles. Etude suivie du catalogue de ces impressions, de 1492 à 1557, avec des notes bibliographiques. — Se vend à Rouen chez Auguste Le Brument, avril 1867, in-8°. 2539

Tiré à 125 ex. tous sur papier grand raisin vergé.

*—. — Manuel du bibliographe normand, ou dictionnaire bibliographique et historique contenant: 1° l'indication des ouvrages relatifs à la Normandie, depuis l'origine de l'imprimerie jusqu'à nos jours; 2° de notes biographiques, critiques et littéraires sur les écrivains normands, sur les auteurs de publications se rattachant à la Normandie, et sur diverses notabilités de cette province; 3° des recherches sur l'histoire de l'imprimerie en Normandie. — Rouen, A. Le Brument, 1858-1860, 2 vol. in-8°. 2540

* —. — Notice historique sur la vie et les travaux de Marc-Isambart Brunel. — Rouen, imp. de A. Péron, 1850, in-8°, 33 p. 2541

Ext. du »Précis des travaux de l'Académie de Rouen«. (année 1850.) — Tiré à 100 ex.

* —. — Ancelot, sa vie et ses œuvres; Mémoire couronné par l'Académie de Rouen au concours de 1862. — Rouen, A. Lebrument, 1862, in-12. 2542

Ext. du »Nouvelliste de Rouen«. Octobre 1862. — Tiré à 100 ex.

Fresenio (J. Ph.). — Zuverlässige Nachricht von dem Leben, Tode und Schriften des Weiland Hochwürdigen und Hochgelehrten Herrn Johann Albrecht Bengels, der heiligen Schrift Doctors, Herzoglich Würtembergischen Consistorial - Raths und Prälaten zu Alpirsbach, etc., sowohl aus seinen eigenhändigen der gelehrten Welt hie und da bekannt gemachten Aufsätzen, als auch dessen Personalien gesammelt, und zum Druck befördert, nebst einem Denckmahl der Liebe aufgesetzt. — Frankfurt und Leipzig, s. d., in-8°. 2543

* **Fresnel** (Am.). — Notice biographique et littéraire sur F. Rever, avec portrait. — Paris, imp. de A. Mie, 1830, in-8°, 48 p. 2544

Freude (C. G. A.). — Wegweiser älterer und neuerer gemeinnützíger Schriften aus verschiedenen Wissenschaften nebst Versuch den Geist und Inhalt derselben darzustellen. — Ebersbach, 1858-1863, 5 vol. in-8°. 2545

* **Froville** (E. de). — De la police des livres au XVIe siècle. Livres et chansons mis à l'index par l'inquisiteur de la province ecclésiastique de Toulouse (1548-1549). — Paris, Aug. Durand, 1853, in-8°, 38 p. 2546

Tiré à 100 ex.

* **Freycinet** (de). — Essai sur la vie, les opinions et les ouvrages de Barthélemy Faujas de St.-Fond . . . — Valence, imp. de J. Montal, 1820, in-4°. 2547

* **Freymonius** (W.). — Elenchus omnium auctorum sive scriptorum, qui in jure tam civili quam canonico vel commentando, vel quibuscunque modis explicando et illustrando ad nostram ætatem usque claruerunt, nomina et monumenta, partim in lucem antehac prolata, partim in bibliothecis passim adhuc addita, complectens. Initio quidem a clariss. nostri seculi jurisconsultis, D. Joanne Nevizano, Ludovico Gomesio, Joanne Fichardo, et Joanne Baptista Zileto, summo studio ac diligentia collectus: ante quinquennium autem Joannis Wolfgangi Freymonii in Obernhausen opera et studio tertia fere parte auctior in lucem datus, et in justum atque concinnum ordinem digestus: jamque de-

nuo multorum accessione locupletatus. Recensentur in fine omnium authorum nomina, ordine alphabetico. — Francofurti ud Mœnum, 1585, in-4°. 2548

* **Freymüthige Betrachtungen** über alte und neue Bücher nebst einigen ungedruckten Sachen, Auszügen und Anmerkungen. Herausgegeben von Z. — Augsburg, bei Eberhard Kletts sel. Wittwe und Franck, 1784, in-8°. T. I. seul paru. 2549

Par C. K. Amende, d'après Kayser.

* **Freytag** (F. G.). — Analecta litteraria de libris rarioribus. — Lipsiæ, Weidmann, 1750, in-8°. 2550

* **Frick** (J. G.). — Commentatio de Druidis occidentalium populorum philosophis multo quam antea auctior ac emendatior. Accedunt opuscula quædam rariora historiam et antiquitates Druidarum illustrantia itemque scriptorum de iisdem catalogus. Recensuit, singula digessit ac in lucem edidit frater germanus Albertus Frickius. — Ulmæ, Bartholomæi et fil., 1744, in-4°. 2551

—. — Voy. Du Pin (L. E.). Methodus studii theologici recte instituendi.

Friedemann (Fr. Tr.). — Verzeichniss einer philosophischen Handbibliothek und der vorzüglichsten Schriften über allgemeine Studien, für deutsche Gymnasien und Universitäten, mit Andeutungen zu Wahl und Gebrauch, und einem kurzen bibliographisch-litterarischen Lexicon der Philologen alter und neuer Zeit. Zweite gänzlich umgearbeitete und stark vermehrte Auflage. — Leipzig, Cnobloch, 1835, in-8°. 2552

* **Friederici** (K.). — Bibliotheca orientalis oder eine vollständige Liste der im Jahre 1876(-1881) in Deutschland, Frankreich, England und den Colonien erschienenen Bücher, Broschüren, Zeitschriften u. s. w. über die Sprachen, Religionen, Antiquitäten, Literaturen, Geschichte und Geographie des Ostens. — Leipzig, O. Schulze, 6 vol. in-8°. 2553

Friedländer. — Verzeichniss der Druckschriften, welche auf Verordnung des Königl. Polizei-Präsidii in Berlin in den Leihbibliotheken nicht geführt werden dürfen. Dritte vermehrte Ausgabe, enthaltend die in dem Zeitraum vom 28. Febr. 1850 bis Ende des J. 1857 verbotenen Werke zusammengestellt. — Berlin, 1858, in-8°. 2554

N'est pas dans le commerce.

—. — Voy. Naturæ novitates.

* **Friedlander.** — Bibliographie méthodique des ouvrages publiés en Allemagne, sur les pauvres; précédée d'un coup d'œil historique sur les pauvres, les prisons, les hopitaux, et les institutions de bienfaisance de ce pays. — Paris, imp. de J. Smith, 1822, in-8°, 44 p. 2555

* **Friedreich** (J. B.). — Systematische Literatur der ärztlichen und gerichtlichen Psychologie. — Berlin, Verlag von Th. Chr. Fr. Enslin, 1833, in-8°. 2556

* **Friedrich** (J. Cph.). — Kritische Erörterungen zum übereinstimmenden Ordnen und Verzeichnen öffentlicher Bibliotheken. — Leipzig, Dyk'sche Buchhandlung, 1835, in-8°. 2557

Friesen (J. O. von). — Öfversigt af sveriges ornithologiska Litteratur. Akademisk Afhandling, som med Vidtberömda filos. Fakultetens i Upsala samtycke för Filosofiska Gradens erhållande Kommer att offentligen försvaras d. 16 Maj 1860. — Stockholm, Hörbergska Boktryck, 1860, in 8°, 44 p. 2558

* **Frisius** (J.). — Bibliotheca instituta et collecta primum a Conrado Gesnero: deinde in epitomen redacta, et novorum librorum accessione locupletata, tertiò recognita, et in duplum

post priores editiones aucta, per Josiam Simlerum: jam verò postremò aliquot mille, cùm priorum tùm novorum authorum opusculis, ex instructissima Viennensi Austriæ imperatoria bibliotheca amplificata. — Tiguri, excudebat Christophorus Froschoverus, 1583, in-fol. 2559

* **Frisius** (J. J.). — Bibliotheca philosophorum classicorum authorum chronologica. In qua veterum philosophorum origo, successio, ætas, et doctrina compendiosa, ab origine mundi, usque ad nostram ætatem, proponitur. Quibus accessit patrum ecclesiæ Christi doctorum: à temporibus apostolorum, usque ad tempora scholasticorum ad an. usque do. 1140 secundum eandem temporis seriem, enumeratio. — Tiguri, apud Joannem Wolphium typis Frosch, 1592, in-4°. 2560

* **Fritsch** (Alb.). — Skandinavische Bibliographie. — Leipzig, Albert Fritsch, 1869-1870, in-8°. 2561

* — (G.) — Die Eingeborenen Süd-Afrika's ethnographisch und anatomisch beschrieben. — Breslau, Ferdinand Hirt, 1872, in-4°. 2562

Les pages 510-512 renferment: Litteratur-Angabe. (99 art.)

Frobesius (J. N.). — Bibliotheca Meibomiana, hoc est Henrici Meibomii supellex libraria propter raritatem non minus quam varietatem scriptorum maxime conspicua a Jo. Nicolao Frobesio secundum disciplinas exactissime disposita. Accedit de recte ordinanda bibliotheca prolusio philosophica cum indice auctorum alphabetico. — Helmæstadi, litt. Drimbornianis, 1742, in-8°. 2563

Frontin (S. J.). — Opera ad optimas editiones collata. Præmittitur notitia literaria studiis societatis Bipontinæ. Editio accurata. — Biponti, ex typographia societatis, 1788, in-8°. 2564

Contient, pages XLIX-LXIII: »Index editionum Sex. Julii Frontini auctior Fabriciano et in IV ætates digestus«.

* **Frossard** (Ch. L.). — Le calendrier historial; notice bibliographique. Extrait du »Bulletin de la Société de l'histoire du protestantisme français« n° des 15 mars et 15 avril 1879. — Paris, Grassart, 1879, in-8°, 20 p. 2565

Frost (Alfr. J.). — Voy. Ronalds. Catalogue of books relating to electricity.

— (H. F.). — Schubert. Voy. The Great musicians.

* **Fuchs** (E.). — Das Sarcom des Uvealtractus. Mit 6 lithographirten Tafeln. — Wien, Wilhelm Braumüller, 1882, in-8°. 2566

Contient, p. 1-8: »Literatur-Verzeichniss« (270 art.)

Füldener (J. J.). — Bio- et bibliographia Silesiaca, das ist: Schlesische Bibliothec und Bücher-Historie, welche eine Erzehlung und Urtheile von den gedruckten Scriptoribus rerum Silesiacarum, nach ihrer Geburth, Geschlecht, Religion, Leben, Bedienungen, Fatis, Symbolis, Absterben und Schrifften, dererselben Editionen, Dedicationen, Format, Inhalt, Methode, Fehlern und Censuren, auch was sich sonst alles diessfals begeben und zugetragen, in sich fasset, und aus gedruckten und ungedruckten Schrifften und glaubwürdigen Scribenten colligiret, viele Fehler darbey corrigiret, die Scripta aber dann und wann mit nöthigen Nachrichten, und durch ein und andere noch nie gedruckte Documenta, suppliret, zur Hochschätzung und Lustre des Landes Schlesien, denen Liebhabern aber der Literatur und Historie derer Gelehrten, wie auch andern curieusen Personen zum nützlichen Gebrauch und Vergnügen, in besondern Repositoriis dargestellt, in Druck befördert, und in fine jedes Bandes mit vollkommenen Nominal- und Real - Registern ausgefertigter herausgegeben. — Gedruckt zu Lauban. Zufinden in Bresslau, 1731, in-4°. T. I. 2567

Fülleborn (G. G.). — Beyträge zur Geschichte der Philosophie. — Züllichau und Freystadt, Frommann, 1797, in-8°. 2568

Contient, pages 1-188: »Abriss einer Geschichte und Literatur der Physiognomik«.

Fürst (J.). — Voy. Bibliotheca judaica.

Fürstenau (J. H.). — Anleitung zu der Haushaltungskunst und denen dahin gehörenden vornehmsten Schriften. — Lemgo, Meyer, 1736, in-8°. 2569

* **Fuhr** (M.). — Pätheas aus Massilia. Historisch-kritische Abhandlung. — Darmstadt, Carl Wilhelm Leske, 1842, in-4°. 2570

Fuhrmann (W. D.). — Handbuch der theologischen Literatur oder Anleitung zur theologischen Bücherkenntniss für Studirende, Candidaten des Predigtamts und für Stadt- und Landprediger in der protestantischen Kirche; abgefasst und bis auf die neuesten Zeiten fortgeführt. — Leipzig, Fleischer der Jüngere, 1818 - 1821, 2 vol. in-8°. 2571

—. — Voy. Grohmann, Neues historisch biographisches Handwörterbuch.

* —. — Handbuch der classischen Literatur der Römer oder Anleitung zur Kenntniss der römischen classischen Schriftsteller, ihrer Schriften und der besten Ausgaben und Uebersetzungen derselben. Zum Gebrauch der Schullehrer, und aller Freunde der class. Literatur. — Rudolstadt, Verlag der Hof-Buch- und Kunsthandlung, 1809-1810, 4 vol. in-8°. 2572

Fuldenerus (J. J.). — Bio- et Bibliographia Silesiaca, oder Schlesische Bibliothek und Bücherhistorie. — Lauban, 1731, in-4°. 2573

Fulin (R.). — Pubblicazioni storiche relative alla regione veneta avvenute nell' anno 1879: catalogo. — Venezia, tip. di M. Visentini, 1880, in-8°, 30 p. 2574

* **Furchheim** (F.). — Biblioteca Pompejana: catalogo ragionato di opere pubblicate sopra Pompej ed Ercolano dalla scoperta delle due città fino ai tempi recenti; in italiano, francese, tedesco ed inglese; con appendice, intitolata: Opere sul Vesuvio. — Napoli, F. Furchheim, 1879, in-18, 37 p. 2575

Tiré à 250 ex.

Fusi (F.). — Voy. Bibliografia od elenco d. opere cont. nella collezione de classici italiani.

* **Fuss** (N.). — Lobrede auf Herrn Leonhard Euler in der Versammlung der Kayserlichen Akademie der Wissenschaften zu St. Petersburg den 23. October 1783 vorgelesen. Von dem Verfasser selbst aus dem französischen übersetzt und mit verschiedenen Zusätzen vermehrt, nebst einem vollständigen Verzeichniss der Eulerschen Schriften. — Basel, bey Johann Schweighauser, 1786, in-8°. 2576

* **Fuster**. — Principaux titres et travaux de M. le Dr. Fuster. — Montpellier, 27. novembre 1847, imp. de P. Grollier, in-8°, 15 p. 2577

* —. — Biblioteca Valenciana de los escritores que florecieron hasta nuestros dias con adiciones y enmiendas a la de D. Vicente Ximeno. — Valencia, José Ximeno, 1827 - 1830, 2 vol. in-fol. 2578

Le T. II a paru chez Ildefonso Mompié.

Gabelsberger Stenographen-Kalender auf das Jahr 1858 (-1873). . . — Dresden, Adler und Dietze, 15 vol. in-16. 2579

A partir de 1863, le titre devient: »Taschenbuch für Gabelsberger Stenographen auf die Jahre . . . Herausgegeben vom königl. stenographischen Institute. Red. von Zeibig. — Dresden, Dietze«.

— Publie la liste des travaux relatifs à la sténographie.

* **Gabler** (J. Ph.). — Neuestes theologisches Journal. — Nürnberg, bey J. C. Monath. und J. F. Kussler, 1798-1803, 12 vol. in-8°. 2580

* **Gachard.** — Actes des Etats Généraux des Pays-Bas, 1576-1585. Notice chronologique et analytique. — Bruxelles, Muquardt, 1861-1866, in-8°, 2 vol. 2581

Le T. I, contient, p. XXX-XLVI: »Liste des livres et livrets imprimés et des documents manuscrits qui ont été consultés pour la rédaction de cette notice«.

* **Gacon** (F.). — Histoire satirique de la vie et des ouvrages de M. Rousseau, en vers ainsi qu'en prose. — Paris, Ribou, 1716, in-12. 2582

* **Gadebusch** (Fr. K.). — Livländische Bibliothek nach alphabetischer Ordnung. — Riga, Hartknoch, 1777, 3 vol. in-8°. 2583

* **Gaedertz** (K. Th.). — Gabriel Rollenhagen, sein Leben und seine Werke. Beitrag zur Geschichte der deutschen Litteratur des deutschen Dramas und der niederdeutschen Dialektdichtung nebst bibliographischem Anhang. — Leipzig, S. Hirzel, 1881, in-8°. 2584

Gärtner (K. L.). — Voy. Leonhard. Propädeutik der Mineralogie.

* **Gagne** (Mme El.). — Mme de Bawr, étude biographique sur sa vie et ses ouvrages. — Paris, Didier, 1861, in-18. 2585

Gaillard. — Voy. Catalogue des écrits gravures ... condamnés depuis 1814.

Gaj (L.). — Voy. Saggio di bibliografia istriana.

* **Galavotti** (Ett.). — Cenno bibliografico sulla Vita di Lodovico Ariosto del marchese Gioachino Pepoli senatore del regno. — Ferrara, tip. dell' Eridano, 1875, in-24, 36 p. 2586

* **Galeron** (Fr.). — Notice sur les travaux littéraires de l'abbé de La Rue, et principalement sur ses manuscrits. — Caen, A. Hardel, 1837, in-8°, 29 p. 2587

Ext. des Mémoires de la Société des antiquaires de Normandie.

* **Galette** (Em.). — Petite bibliographie française. — Paris, E. Galette, 1873-1877, in-8°. 2588

* **Galiani** (F.). — Catalogo delle materie appartenenti al Vesuvio contenute nel museo, con alcune brevi osservazioni, opera del celebre autore de' Dialoghi sul Commercio de' grani. — Londra, 1772, in-12. 2589

Les p. 155-169 contiennent une »Bibliografia Vesuviana«.

* **Galileo Galilei.** — Le opere. Prima edizione completa condolta sugli autentici manoscritti Palatini e dedicata a S. A. I. e R. Leopoldo II Granduca di Toscana. — Firenze, Società editrice Fiorentina, 1856, in-4°. 2590

Le T. XV contient, pages I-L: »Bibliografia Galileiana«. — Publié par Eugenio Albèri.

* **Galimard** (A.). — Rapport fait au nom de la Société libre des beaux-arts, sur un ouvrage ayant pour titre »Eustache Lesueur, sa vie et ses œuvres«, par M. Ludovic Vitet ... — Paris, imp. de Ducessois, 1847, in-8°, 9 p. 2591

La couverture imprimée sert de titre.

* **Galitzin** (A.). — Bibliographie angevine. — Angers, imp. Cosnier et Lachèse (1861), in-8°, 5 p. 2592

Ext. de la »Revue de l'Anjou«, IVe vol. de la IIIe Série.

* **Gallardo** (B. J.). — Ensayo de una biblioteca española de libros raros y curiosos, formado con los apunta-

mientos de don Bartolomé José Gallardo, coordinados y aumentados por D. M. R. Zarco del Valle y D. J. Sancho Rayon. Obra premiada por la biblioteca nacional en la junta pública del 5 de Enero de 1862, é impresa à expensas del gobierno. — Madrid, imprenta de M. Rivadeneyra, 1863, in-4°. T. I. 2593

* **Gallarini** (G.) — Catalogo delle opere antiche e moderne italiane e forestiere che sono vendibili nella libreria di Giovanni Gallarini librajo bibliografo in Roma. Parte I. contenente molte edizioni rare, o rarissime dei due primi secoli della stampa, e de' seguenti. — Pubblicato nel mese di agosto, 1856, gr. in-8°. 2594

* **Gallus** (P.). — Bibliotheca medica. Sive catalogus illorum, qui ex professo artem medicam in hunc usque annum scriptis illustrârunt: nempe quid scripserint, ubi quâ formâ, quove tempore scripta excusa, aut manuscripta habeantur, Admiscentur obiter nonnulla scitu non indigna, collegit... — Basileæ, Waldkirch, 1590, in-8°. 2595

* **Gamba** (B.). — De' Bassanesi illustri, narrazione. Con un catalogo degli scrittori di Bassano del secolo XVIII. — Bassano, dalla Remondiniana, 1807, in-8°. 2596

* — (B.). — Delle novelle italiane in prosa bibliografia. Edizione seconda con correzioni ed aggiunte. — Firenze, tipografia all' insegna di Dante, 1835, in-8°. 2597

* — (B.). — Serie degli scritti impressi in dialetto Veneziano. Giuntevi alcune odi di orazio tradotte da Pietro Bussolin. — Venezia, dalla tipografia di Alvisopoli, 1832, in-16. 2598

* —. — Serie dei testi di lingua e di altre opere importanti nella italiana letteratura scritte dal secolo XIV al XIX. IV. edizione riveduta e notabilmente accresciuta. — Venezia, co' tipi del Gondoliere, 1839, in-4°. 2599

* **Gamba.** — Serie dell' edizioni de' testi di lingua italiana opera nuovamente compilata ed arrichita di un' appendice contenente altri scrittori di purgata favella. — Milano, dalla stamperia reale, 1812, 2 parties in-16. 2600

* **Gams** (P. B.). — Series episcoporum ecclesiæ catholicæ, quotquot innotuerunt a beato Petro apostolo. A multis adjutus. — Ratisbonæ, G. Jos. Manz, 1873, in-4°. 2601

Chaque division est suivie de: »Fontes«. — Il a paru un supplément avec ce titre: »Hierarchia catholica Pio IX. pontifico romano. Supplementum I ad opus... — Monachii, E. Stahl, 1879, in-4°.

* **Gand d'Alost** (J. de). — Recherches historiques et critiques sur la vie et les éditions de Thierry Martens (Martinus, Mertens). Ouvrage revu, annoté et augmenté de la galerie des hommes nés à Alost, qui se sont distingués aussi bien dans la philosophie, l'histoire et la politique, que dans les sciences et les arts. — Alost, imp. Spitaels-Schuermans, 1845, in-8°. 2602

* **Gandar** (E.).— A Rolland. Notice sur sa vie et ses ouvrages. — Metz, imp. de F. Blanc, 1863, gr. in-8°. 2603

* **Gandolfus** (D. Ant.). — Dissertatio historica de ducentis celeberrimis Augustinianis scriptoribus ex illis, qui obierunt post magnam unionem ordinis eremitici usque ad finem Tridentini concilij. Amplioris bibliothecæ Augustinensis edendæ previa, et ad posteros collectores ecclesiasticorum scriptorum directa. Addita sunt aliqua ad D. Nicolaum Tolentinatem, beatos quosdam, ac venerabiles ejusdem ordinis spectantia, nec non oratio D. P. Augustini Ante oculos etc.; cum versiónibus, annotationibus, et alia in laudem illius orthodoxæ doctrinæ. — Romæ, typis Joannis Francisci Buagni, 1704, in-4°. 2604

* **Gandon** (J.). — The life of James Gandon architect. With original notices of contemporary artists, and fragments of essays. From materials collected and arranged by his son. Prepared for publication by the late Thomas J. Mulvany. — Dublin, Hodges and Smith, 1846, in-8°. 2605

* **Gar** (T.). — Letture di bibliologia fatte nella regia università degli studi in Napoli durante il primo semestre del 1865. — Torino, stamperia dell' unione tipografico editrice, 1868, in-8°. 2606

Garassini (C.). — Dei libri scritti in inglese da Giovanni Ruffini italiano. — Firenze, tip. compositori tipografi, 1871, in-8°, 14 p. 2607

* **Garat** (D. J.). — Mémoires historiques sur la vie de M. Suard, sur ses écrits et sur le XVIIIe siècle. — Paris, A. Belin, 1820, 2 vol. in-8°. 2608

Garcia de la Huerta (Vicente). — Biblioteca militar española. — Madrid, imp. de Soto, 1760, in-8°. 2609

* — (don Vicente). — Theatro hespanol. Catalogo alphabetico de las comedias, tragedias, autos, zarzuelas, entremeses y otras obras correspondientes al theatro hespañol. — Con licentia en Madrid, en la imprenta real, 1785, in-8°. 2610

* **Garcin de Tassy.** — Histoire de la littérature hindoui et hindoustani. T. I. Biographie et bibliographie. — Paris, printed under the auspices of the oriental translation committee of Great Britain and Ireland. — Paris, Duprat, 1839, in-8°. 2611

* — 2e édition revue, corrigée et considérablement augmentée. — Paris, Labitte, 1870-1871, 3 vol. in-8°.

* **Gardaz** (Fr. M.). — Essai sur la vie et les ouvrages de Linguet, où ses démêlés avec l'ordre des avocats sont éclaircis, et où l'on trouve des notes et des réflexions dont la plupart sont relatives à cet ordre et à l'éloquence du Barreau. — Paris, Brunot-Labbe, 1809, in-8°. 2612

Gardeton (C.). — Voy. Bibliographie musicale de la France.

* **Gardiner** (S. R.) and J. B. **Mullinger.** — Introduction to the study of English history. — London, C. Kegan Paul, 1881, in-8°. 2613

Les pages 207 à 404 contiennent la bibliographie.

Garidel. — Histoire des plantes qui naissent en Provence, et principalement aux environs d'Aix, avec un catalogue historique des auteurs qui ont écrit sur les plantes. — Aix & Paris, chez Coustelier, 1719, in-fol. 2614

* **Garnier** (Ch.). — Institut de France. Académie des beaux arts. Notice sur Victor Baltard. Lu dans la séance du 30. mai 1874. — Paris, imp. de Didot, 1874, in-4°, 16 p. 2615

La couverture imprimée sert de titre.

* — (J.). — Notice sur la vie et les travaux de M. Rossi. — Paris, Guillaumin, 1848, in-8°, 12 p. 2616

Ext. du »Journal des économistes«, 15 décembre 1848.

* **Gasparin** (de). — Rappel des titres de M. F.-E. Guérin-Méneville, candidat à une place vacante dans la section d'économie rurale de l'académie des sciences... (15 janvier 1864). — Paris, imp. de Vve. Bouchard-Huzard (s. d.), in-4°, 8 p. 2617

* **Gastellier.** — Notice chronologique de mes ouvrages. — (Paris), imp. de Renaudière (s. d.), in-4°, 32 p. 2618

* **Gatien-Arnoult** (A. F.). — A. E. Edward Barry. Eloge-Notice sur sa vie, son enseignement et ses ouvrages. Lu à l'académie des sciences, inscriptions

et belles-lettres de Toulouse, en la séance publique du 8 juin 1879. — Toulouse, imp. de Douladoure, 1879, in-8°. 2619

Ext. des »Mémoires de l'académie des sciences, inscriptions et belles-lettres de Toulouse«.

* **Gatterer** (Chr. W. J.). — Allgemeines Repertorium der mineralogischen, bergwerks- und salzwerkswissenschaftlichen Literatur, nebst beygefügten kritischen Bemerkungen über den Werth der einzelnen Schriften. — Giessen, Heyer, 1798-1799, 2 vol. in-8°. 2620

—. — Literatur des Weinbaues aller Nationen, von den ältesten bis auf die neuesten Zeiten, nebst Kritiken und den wichtigsten literarischen Nachweisungen. — Heidelberg, Osswald, 1832, in-8°. 2621

* —. — Verzeichnis der vornehmsten Schriftsteller über alle Theile des Bergwesens. — Göttingen, Wittwe Vandenhoeck, 1787, 2 parties in-8°. 2622

La 2e partie contient la bibliographie de la résine.

* **Gaudin** (A.). — Liste des travaux de M. A. Gaudin. — Paris, imp. de A. Bailly, 1848, in-8°, 4 p. 2623

La couverture imprimée sert de titre.

* **Gaudry** (A.). — Alcide d'Orbigny, ses voyages et ses travaux. Extrait de la »Revue des Deux-Mondes«, livraison du 15 février 1859. — Paris, imp. de Claye, 1859, in-8°, 35 p. 2624

* —. — Notice sur la vie et les travaux du commandant Rozet, lue à la Société géologique de France, dans la séance du 21 février 1859. — Paris, imp. de L. Martinet (1859), in-8°, 12 p. 2625

* **Gaulle** (J. de). — Notes sur la vie et les ouvrages de M. Bidauld, paysagiste. — Paris, imp. de Dondey-Dupré (1847), in-8°, 8 p. 2626

* **Gaullieur** (E. H.). — Etudes sur la typographie genevoise du XVe au XIXe siècles, et sur l'introduction de l'imprimerie en Suisse. — Genève, Kessmann, 1855, in-8°. 2627

Extrait des p. 33-292 du T. II du »Bulletin de l'institut national genevois«.

* **Gault de Saint-Germain**. — Vie de Nicolas Poussin, considéré comme chef de l'Ecole françoise; suivie de notes inédites et authentiques sur sa vie et ses ouvrages, des mesures de la statue d'Antinoüs, de la description de ses principaux tableaux, et du catalogue de ses œuvres complètes. Ornées de planches gravées. — Paris, P. Didot, 1806, gr. in-8°. 2628

* **Gaultier de Claubry**. — Notice sur les travaux de M. H.-F. Gaultier de Claubry. — Paris, imp. de Chassaignon (1841), in-4°, 8 p. 2629

* **Gautier** (E.). — Bibliographie. Du prix courant des livres rares. — Nantes, And Guéraud, 1856, in-8°, 24 p. 2630

Ext. de la »Revue des provinces de l'ouest«. 3e année 1855-1856.
Tiré à 50 ex.

* — (T. F. A.). — Bibliothèque générale des écrivains bretons;... Deuxième partie, contenant la biographie des auteurs bretons qui ont vécu ou sont morts depuis 1789 jusqu'à nos jours (1850). — Brest, imp. de J. B. Lefournier aîné, 1850, in-8°, 47 p. 2631

* **Gauttier** (Ed.). — Ceylan ou recherches sur l'histoire, la littérature, les mœurs et les usages des Chingulais. — Paris, Nepveu, 1823, in-16. 2632

Les p. 284-288 renferment une bibliographie de l'île de Ceylan.

* **Gay** (Cl.). — Lettre adressée à M. le président de l'Académie des sciences par ..., relative à ses travaux scientifiques. — Paris, imp. de E. Thunot, 1856, in-4°, 12 p. 2633

* **Gay** (J.). — Bibliographie anecdotique du jeu des échecs. — Paris, Jules Gay, 1864, in-12. 2634

Tiré à 260 ex.

*—. — Bibliographie des ouvrages relatifs à l'Afrique et à l'Arabie. Catalogue méthodique de tous les ouvrages français et des principaux en langues étrangères traitant de la géographie, de l'histoire, du commerce, des lettres et des arts de l'Afrique et de l'Arabie. — A San Remo, 1875, in-8°. 2635

Tiré à 500 ex., plus 20 sur papier teinté.

*—. — Notice sur la vie et les travaux de Philippe Barker-Webb. Extrait du »Bulletin de la société botanique de France«. Séance du 25 janvier 1856. — Paris, imp. Martinet, 1856, in-8°, 16 p. 2636

—. — Voy. Saisie de livres prohibés.

* **Gay de Vernon** (le B^on^). — Congrès scientifique de France. XVIe session, tenue à Limoges. Gay Lussac; par... Notice biographique, lue à la séance d'ouverture le 12 septembre 1859. — Limoges, imp. de Chapoulaud frères, 1860, in-8°, 39 p. 2637

* **Gayot** (E.). — Travaux agronomiques de M. Eug. Gayot,... candidat à la société impériale et centrale d'agriculture de France (section d'économie des animaux). — Paris, imp. de Lainé et Havard (1863), in-4°, 3 p. 2638

* **Gazette bibliographique.** Année 1868-1869. — Paris, Alphonse Lemerre, in-16. 2639

* **Gazette ou journal universel de littérature.** Contenant les extraits, notices, annonces, etc. des livres nouveaux qui s'impriment dans toute l'Europe; les programmes de toutes les académies et sociétés savantes, littéraires, économiques, etc.; le précis des pièces de théâtre; les anecdotes littéraires; avec des observations sur les progrès de la littérature et des beaux arts, chez toutes les nations de l'Europe. — Aux Deux-Ponts, de l'imprimerie ducale, 1778, in-4°. 2640

* **Gazzera** (C.). — Notizie intorno alla origine ed al progresso dell' arte tipografica in Saluzzo. — Saluzzo, tip. Lobetti-Bodoni, 1831, in-8°, 21 p. 2641

* **Gébé** (V.). — Catalogue de journaux publiés ou paraissant à Paris en 1874 donnant leurs titres, sous-titres, rédacteurs principaux, le format et le mode de publication; comprenant les divers prix d'abonnement pour la France, l'indication des années de publication et des bureaux d'abonnement. Et accompagné d'une table systématique. — Paris, chez O. Lorenz, janvier 1875, in-16. 2642

Gébé est le pseudonyme de G. Brunox.

*—. — Troisième édition refondue et augmentée, précédée d'une statistique de la presse et du tarif postal pour la France et l'Union générale des postes et suivie de la liste des récompenses décernées à l'exposition universelle internationale de 1878 pour l'imprimerie et la librairie françaises et étrangères. (Classe IX.) — Paris, G. Brunox, janvier 1879, in-16.

Cette édition a été revue et augmentée par L. Vallée.

—. — Une quatrième édition a paru en 1881.

* **Gebhardt** (O. v.) und Ad. **Harnack.** — Texte und Untersuchungen zur Geschichte der altchristlichen Literatur. I. Band. Heft 1 und 2. Die Ueberlieferung der griechischen Apologeten des II. Jahrhunderts in der alten Kirche und im Mittelalter von Adolf Harnack. — Leipzig, Hinrich, 1882, in-8°. 2643

Gedenkbuch an Friedrich Schiller. Am 9. Mai 1855 funfzig Jahre nach dem Tode Schiller's herausgegeben vom Schiller-Verein zu Leipzig. — Leipzig, Thomas in Comm., 1855, in-8°. 2644

Contient comme appendice: »Verzeichniss der Schiller-Bibliothek zu Leipzig. — Publié par H. Wuttke.«

Geffcken (J.). — Der Bildercatechismus des fünfzehnten Jahrhunderts und die catechetischen Hauptstücke in dieser Zeit bis auf Luther mitgetheilt und erläutert. I. Die zehn Gebote, mit 12 Bildtafeln nach Cod. Heidelb. 438. — Leipzig, Weigel, 1855, in-4°. 2645

Geiger (L.). — Voy. Gœthe-Jahrbuch.

Geissler (Chr. Ant.). — Voy. Ersch (J. S.). Bibliographisches Handbuch der philosophischen Literatur der Deutschen. — Literatur der schönen Künste. — Literatur der vermischten Schriften seit der Mitte des XVIII. Jahrhunderts.

Geisthirt (J. C.). — Epistola historico-critica ad virum maxime reverendum celeberrimum doctissimumque Christoph. Augustum Heumannum, gymnasii goettingensis inspectorem etc., qua historia librorum, quos Johannes Sleidanus de quatuor summis imperiis conscripsit, continentur, et commentarii, additamenta, doctorum virorum varia judicia et quamplurimæ editiones recensentur, perscripta. — Isenaci, litt. Bœtii (1726), in-4°, 18 p. 2646

* **Gelcich** (E.). — Grundzüge der physischen Geographie des Meeres. Mit einem Anhang über Oceanschifffahrt. Nach den besten Quellen bearbeitet. — Wien, Alfred Hölder, 1881, in-8°. 2647

Contient, p. 204 et suiv.: »Verzeichniss der vorzüglichsten Segelhandbücher«.

* **Gelehrte Neuigkeiten** auf das Jahr 1749-1751. — Hamburg, bey Johann Adolph Martini, 1750-1752, 3 vol. in-8°. 2648

Gelehrte (das) **Ost-Friesland.** — Aurich, gedr. bey Vorgeest, 1785-1790, 3 vol. in-8°. 2649

Par Enno Johann Heinrich Tiaden.

Gelehrte (das) **Schlesien.** Oder: Anzeigen alter und neuer Schlesischer Schrifftsteller und ihrer so wohl gedruckten, als noch nicht gedruckten Schriften. Wozu noch, insoferne, auswärtige, gerechnet werden, als sie was von Schlesien geschrieben oder auch in Schlesien gelebt haben. Dieser Theil enthält I. Rybischii Monumenta sepulcror. viror. doct. II. Cunradi Silesia Togata per Schindlerum. III. Ursini Sil. explicat. catech. per Pareum S. IV. Crusii Miscellanea Silesiaca. I. Chronicon vetus Siles. in manuscripto. II. Grossii Siles. & Lusat. Sidera in mspt. III. Rhüdigers geistliche Seelenlust; in mspt. Anhang vermischter Nachrichten und Schriften, aus der bürgerlichen Kirchen- und Natur-Geschichte. — Breslau u. Leipzig, Horn, 1764, in-4°. 2650

Publié par Johann David Wolf.

Gelli (G.-B.). — Opere pubblicate per cura di Agenore Gelli. — Firenze, Le Monnier, 1855, in-8°. 2651

Contient, pages XXIX-XXXIII: »Bibliografia delle opere di Giovan-Batista Gelli«.

* **Gellius** (A.). — Noctium Atticarum libri XX ad optimas editiones collati præmittitur notitia literaria. Accedunt indices studiis societatis Bipontinæ. Editio accurata. — Biponti, ex typographia Societatis, 1784, 2 vol. in-8°. 2652

Le T. I. contient, pages VIII-XIX: »Index editionum Auli Gellii emendatior auctiorque Gronoviano et Fabriciano, in ætates IV digestus«.

Gembloux (P. de). — Voy. Pierquin de Gembloux.

Gemeiner (C. Th.). — Nachrichten von den in der Regensburgischen Stadtbibliothek befindlichen merkwürdigen und seltenen Büchern aus dem fünfzehenden Jahrhundert. — Regensburg, Montags Erben, 1785, in-8°. 2653

* **Gence** (J.-B.-M.). — Notice biographique sur Louis Claude de Saint-Martin, ou le philosophe inconnu. — Paris, imp. de Migneret, 1824, in-8°, 28 p. 2654

* **Gence** (J.-B.-M.). — Notice sur la vie et les ouvrages de Lesueur (Extrait de la »Biographie universelle«). — Paris, imp. de Éverat (1819), in-8°, 8 p. 2655

* **Généalogie historique de la maison de Gargan** suivie de ses dernières alliances et d'un armorial. — Metz, imp. Ch. Thomas, 1881, in-8°. 2656

Contient, p. 539-548: »Bibliographie ou ouvrages à consulter sur la maison de Gargan et sur ses alliances«.

* **Genio de' letterati** (Il) appagato colle notizie più scelte, e pellegrine de' libri moderni, e con altre abbondanti, ed erudite curiosità a varie scienze, ed arti appartenenti. Fattica da Giuseppe Malatesta Garuffi. — In Forlj, nella stamparia di Gio. Felice Dandi, 1709, in-4°. T. I-III. 2657

* **Gennadius** (S.). — Libellus, in quo catalogum illustrium ecclesiæ doctorum à D. Hieronymo consignatum pertexit, ac centum scriptores ordine recenset. Recognitus et quatuor diversarum editionum collatione emendatus. Cum Indice. — Helmæstadii, Lucius, 1612, in-4°. 2658

* **Gennadius Massiliensis.** — Liber de scriptoribus ecclesiasticis cum notis Auberti Miræi. Ernest Salomo Cyprianus recensuit et annotationibus illustravit. Præmittuntur Wilhelmi Ernesti Tenzelii florum sparsio ad s. Hieronymi librum de scriptoribus ecclesiasticis nec non variantes lectiones ex codice Bodleiano, Noribergense et Monseense. — Jenæ, sumtu Jo. Bielckii, 1703, in-4°. 2659

* **Geoffroy Saint-Hilaire** (Is.). — Lakanal, sa vie et ses travaux à la Convention et au Conseil des Cinq-Cents. Extrait de la »Liberté de penser«, nos 17 et 18, avril et mai 1849. — Paris, bureau de la revue, 1849, in-8°. 2660

* **Geoffroy-Saint-Hilaire** (Is.). — Notice nécrologique sur André Thouin ... — Paris. imp. de Rignoux (s. d.), in-8°, 7 p. 2661

Ext. de la »Revue encyclopédique« novembre 1824.

* —. — Vie, travaux et doctrine scientifique d'Etienne Geoffroy Saint-Hilaire, par son fils ... — Paris, P. Bertrand, 1847, in-8°. 2662

* — Paris, P. Bertrand, 1847, in-12.

* **Géographie départementale,** classique et administrative de la France, comprenant la topographie physique et politique, l'administration, la statistique, la production, l'industrie et le commerce, l'histoire, la biographie, l'archéologie et la bibliographie de chaque département ou province coloniale, en un seul volume indépendant de la collection complète. Suivie d'un dictionnaire descriptif de toutes les communes et localités remarquables du département, et accompagnée d'une carte spéciale revue avec soin sur les documents officiels les plus récents. Publiée sous la direction de M. Badin, ... et de M. Quantin ... — Paris, Dubochet, 1847-1848, 15 vol. in-12. 2663

Aisne, Ardennes, Aube, Cher, Côte d'Or, Eure-et-Loir, Indre, Loiret, Marne, Marne (Hte), Nièvre, Oise.

Georg Friderich Händels Lebensbeschreibung, nebst einem Verzeichnisse seiner Ausübungswerke und deren Beurtheilung; übersetzt, auch mit einigen Anmerkungen, absonderlich über den hamburgischen Artikel, versehen von Mattheson. — Hamburg, auf Kosten des Uebersetzers, 1761, in-8°. 2664

* **Georges** (Et.). — Pierre de Celle, sa vie et ses œuvres. — Troyes, Bouquot, 1857, in-8°, 38 p. 2665

Ext. de l'»Annuaire de l'Aube«. 1858.

* **Georgius** (Th.). — Allgemeines Europäisches Bücher-Lexicon, in wel-

chem nach Ordnung des Dictionarii die allermeisten autores oder Gattungen von Büchern zu finden, welche sowohl von denen patribus, theologis derer dreyen christlichen Haupt-Religionen, und darinnen sich befindlichen Sectirern; als auch von denen Juris-consultis, medicis, physicis, philologis, philosophis, historicis, geographis, criticis, chymicis, musicis, arithmeticis, mathematicis, chirurgis, und autoribus classicis, etc. etc. noch vor dem Anfange des XVI. seculi bis 1739 inclusive, und also in mehr als zweyhundert Jahren, in den europäischen Theile der Welt, sonderlich aber in Teutschland, sind geschrieben und gedrucket worden. Bey jedem Buche sind zu finden die unterschiedenen Editiones, die Jahr-Zahl, das Format, der Ort, der Verleger, die Anzahl der Bögen und der Preiss. Anfänglich von dem Autore nur zur Privat-Notitz zusammengetragen, nunmehro aber auf vieler inständiges Verlangen zum Druck befördert, und in vier Theile abgetheilet. — Leipzig, in Verlegung Gotthilfft Theoph. Georgi, 1742, 4 vol. in-fol. 2666

—. — Fünffter Theil. In welchem die frantzösischen, auctores und Bücher von allen Disciplinen, so von dem XVI seculo an bis auf gegenwärtige Zeit geschrieben und gedrucket worden sind, in alphabetischer Ordnung zu finden. Bey jedem Buche ist die Jahrzahl, der Ort, das Format, die Bogen und der Preiss, wie auch die unterschiedenen Ausgaben angemercket. Denen Liebhabern der frantzösischen Bücher zu Dienste herausgegeben. — Leipzig, in Commission zu verkauffen bei dem Auctore, 1753, in-fol.

***Georgius.**—Erstes (—Drittes) Supplement zu dessen allgemeinen Europäischen Bücher-Lexico, in welchem nach alphabetischer Ordnung die autores dererjenigen Bücher nachgetragen worden, so in denen vier erstern Theilen nicht enthalten: Desgleichen die von 1739 bis 1747 (-1757) inclus. neu-edirten, und wieder aufgelegten Bücher zu finden, welche von denen patribus, theologis, juris-consultis, medicis, physicis, philologis, philosophis, geographis, criticis, chimicis, musicis, arithmeticis, mathematicis, chirurgis, und auctoribus classicis etc. etc. Noch vor dem Anfange des XVI. Seculi, in dem europäischen Theile der Welt, sonderlich aber in Teutschland, sind geschrieben und gedruckt worden. Bey jedem Buche sind zu finden die unterschiedenen Editiones, die Jahr-Zahl, das Format, der Ort, der Verleger, die Anzahl der Bogen und der Preiss. — Leipzig, Verlegts Wolfgang Heinrich Schönermarck (1750-1758), 3 vol. in-fol. 2667

***Gerber** (Er. L.). — Neues historisch-biographisches Lexikon der Tonkünstler, welches Nachrichten von dem Leben und den Werken musikalischer Schriftsteller, berühmter Komponisten, Sänger, Meister auf Instrumenten, kunstvoller Dilettanten, Musikverleger, auch Orgel- und Instrumentenmacher, älterer und neuerer Zeit, aus allen Nationen enthält. — Leipzig, Kühnel, 1812-1814, 4 vol. in-8°. 2668

***Gerdes** (D.). — Florilegium historico-criticum librorum rariorum cui multa simul scitu jucunda adsperguntur, historiam omnem litterariam, et cumprimis reformationis ecclesiasticam illustrantia. Editio II auctior longè atque emendatior. — Groningæ et Bremæ, apud H. Spandaw et G. W. Rump, 1747, in-8°. 2669

*—. — Editio III. eaque ultima, superioribus auctior longè atque emendatior. — Groningæ et Bremæ, apud H. Spandaw et G. W. Rump, 1763, in-8°.

***Gerdy**. — Résumé des principales recherches d'anatomie, de physiologie, de chirurgie, etc., du Dr. Gerdy . . . — Paris, imp. de Cosson, 1843, in-8°. 2670

*—. — Second Résumé des principaux travaux d'anatomie, de physiologie, de chirurgie, etc. accomplis depuis 1843 par le Dr. Gerdy . . . — Paris, imp. de De Soye et Bouchet, 1855, in-8°, 14 p. 2671

* **Gères** (J. de). — Table historique et méthodique des travaux et publications de l'académie de Bordeaux. (Depuis 1712 jusqu'en 1875). — Bordeaux, imp. de G. Gounouilhou, 1877, in-8°. 2672

Est compris dans l'année 1879 de l'»Académie des sciences, belles-lettres, et arts de Bordeaux«.

* —. — Table méthodique des publications de l'académie de Bordeaux, depuis 1848 inclusivement jusqu'à 1860 exclusivement. — Bordeaux, 1860, in-8°. 2673

Dans les »Actes de l'académie« 1860, p. 259 à 287.

Gerhard (Fr.). — Verzeichniss solcher Schriften, welche sich zur Zusammenstellung von Volks-, Orts- und Dorfbibliotheken eignen. — Danzig, Gerhard, 1848, in-8°. 2674

* **Gerhardt** (Ch.). — Notice analytique sur les travaux de M. Charles Gerhardt . . . Novembre 1850. — Paris, imp. de E. Thunot (s. d.), in-4°, 20 p. 2675

* — (Ch.). — Titres scientifiques de M. Charles Gerhardt. Décembre 1848. — Paris, imp. de Thunot, in-4°, 4 p. 2676

*— Paris, imp. de Thunot, 1850, in-4°, 4 p.

Gerinal (F.). — Derniers vers de Mme Dufrénoy; précédés et suivis de pièces intéressantes sur sa vie et ses ouvrages. — Paris, Mongie, 1825, in-8°, 32 p. 2677

* **Gerlach** (J.). — Handbuch der allgemeinen und speciellen Gewebelehre des menschlichen Körpers. Zweite völlig umgearbeitete und mit zahlreichen Holzschnitten vermehrte Auflage. Neue Ausgabe. — Wien, Wilhelm Braumüller, 1860, in-8°. 2678

Chaque article est précédé de ses sources bibliographiques.

* **Germain** (A.). — Léon Ménard, sa vie et ses ouvrages, d'après les documents originaux les plus authentiques, mss. autographes, papiers de famille, etc. — Montpellier, imp. de Martel aîné, 1857, in-4°. 2679

* —. — Le Président Jean-Pierre D'Aigrefeuille, bibliophile et antiquaire, d'après une correspondance autographe de la Bibliothèque impériale de Paris. — Montpellier, imp. de Boehm et fils, 1862, in-4°, 44 p. 2680

Ext. des »Mémoires de l'académie des sciences et lettres de Montpellier«.

—. — Voy. Verdale (A. de). Catalogus episcoporum Magalonensium.

* **Germain de Saint-Pierre** (E.). — Notice sur les mémoires et les ouvrages de botanique publiés par E. Germain de Saint-Pierre . . . — Paris, imp. de Mallet-Bachelier, 1855, in-4°, 20 p. 2681

* **Germania.** Vierteljahrsschrift für Deutsche Alterthumskunde herausgegeben von Franz Pfeiffer. — Wien, Gerold's Sohn, 1856-1882, in-8°. 2682

Chaque année est accompagnée de sa bibliographie.

* **Gersaint** (E. F.). — Catalogue raisonné de coquilles et autres curiosités naturelles, on a joint à la tête du catalogue une liste des auteurs qui ont traité de cette matière . . . — Paris, Flahault, 1736, in-8°. 2683

Gersdorf (E. G.). — Voy. Leipziger Repertorium der deutschen und ausländischen Literatur. — Voy. Repertorium der gesammten deutschen Literatur.

Gervais (dom.). — Voy. La vie de saint Paulin.

* **Gervais** (Paul). — Discours prononcé sur la tombe de M. le professeur Auguste Duméril, suivi de la liste de ses travaux scientifiques. — Paris, imp. de Claye (1870), in-4°, 11 p. 2684

* —. — Notice sur les travaux de zoologie, d'anatomie comparée et de

paléontologie, publiés par M. Paul Gervais... — Paris, imp. de Vve. Bouchard-Huzard, 1861, gr. in-8°, 31 p. 2685

* **Geschichte der Kriege in Europa** seit dem Jahre 1792, als Folgen der Staatsveränderung in Frankreich unter König Ludwig XVI. — Berlin, Posen und Bromberg, Mittler, 1827-1853, 15 vol. in-8°. 2686

Par C. G. Schulz. — Se termine par: »Gedruckte Quellen welche der Verfasser für die Geschichte der Feldzüge &c. benutzt hat«.

* **Geschichts- und Romanen-Litteratur der Deutschen.** Zur Kunde der unterhaltenden prosaischen Schriften aus dem Gebiete der Wissenschaften, in einem Verzeichniss von 2866 der vorzüglichsten Schriften mit Preisen welche in einem Zeitraum von einem halben Jahrhundert erschienen sind. — Breslau, bey Wilhelm Gottlieb Korn, 1798, in-12. 2687

* **Gesner** (C.). — Bibliotheca vniversalis, sive catalogus omnium scriptorum locupletissimus, in tribus linguis, Latina, Græca, et Hebraica: extantium et non extantiū, veterum et recentiorum in hunc usq. diem, doctorum et indoctorum, publicatorum et in bibliothecis latentium. Opus novum et nō Bibliothecis tantum publicis privatisve instituendis necessarium, sed studiosis omnibus cujuscunq. artis aut scientiæ ad studia melius formanda utilissimum. — Tiguri apud Christophorum Froschoverum, 1545, in-fol. 2688

* —. — Conradi Gesneri philosophiæ interpretis et medici Tigurini, de libris a se editis epistola ad Guilielmum Turnerum,... — Tiguri, apud Christophorum Froschoverum, 1562, in-12, 32 p. 2689

* — (J. G.). — Verzeichnis der vor 1500 gedrukten auf der öffentlichen Bibliotheck zu Lübeck befindlichen Schriften... iezt aufs neue mit den Originalen verglichen, mit einigen Veränderungen, Zusätzen, und einer Vorrede zum Druck befördert von Ludewig Suhl. — Lübeck, bey Christian Gottfried Donatius, 1782, in-4°. 2690

Il a paru à Lubeck en 1783, du même auteur, une suite pour les ouvrages imprimés de 1500 à 1520.

* **Gestrin** (S.) et D. **Axner**. — Dissertatio de libris in typographia Wisingsburgensi impressis. — Upsaliæ, litteris viduæ direct. Joh. Edman, 1793, in-4°, 27 p. 2691

N'est pas dans le commerce.

Geuss (J. M.). — Ausführliche Abhandlung der Minirkunst. Erster theoretischer Theil. — Kopenhagen, Heinecke und Faber, 1776, in-8°. 2692

Contient, p. 255-280: »Nachrichten von Schriften die Minirkunst betreffend«.

* **Ghennady** (Gr.). — Dictionnaire de renseignements concernant les écrivains et des savants russes morts dans les XVIIIe et XIXe siècles et table des livres russes depuis 1725 jusqu'à 1825. — Berlin, 1876-1880, in-8°. T. I-II. (A-M). 2693

* —. — Les écrivains franco-russes. Bibliographie des ouvrages français publiés par des russes. — Dresde, imp. d'E. Blochmann et fils, 1874, in-8°. 2694

* —. — Liste des livres anonymes russes avec les noms des auteurs et des traducteurs. — St. Petersbourg, 1874, in-8°, 47 pages. 2695

En russe.

* **Giacomelli** (H.). — Raffet, son œuvre lithographique et ses eaux-fortes. Suivi de la Bibliographie complète des ouvrages illustrés de vignettes d'après ses dessins. Orné d'eaux-fortes inédites par Raffet et de son portrait par J. Bracquemond. — Paris, bureaux de la

Gazette des beaux-arts, 1862, gr. in-8°. 2696

Tiré à 300 ex.: 20 sur papier de couleur, 20 sur papier de Hollande, 260 sur papier vélin.

Giandonati (F.). — Voy. Biblioteca italiana.

Gibbings (R.). — Voy. An exact reprint of the roman index expurgatorius.

Gibbs (G.). — A dictionary of the chineck jargon. — Voy. Smithsonian miscellaneous collections.

* **Gibert.** — A MM. les membres de l'Académie royale de médecine. Appendice aux titres du docteur Gibert. — Paris, imp. de F. Malteste, 1er avril 1843, in-8°, 8 p. 2697

La couverture imprimée sert de titre.

* —. — Titres du docteur Gibert,... A MM. les membres de l'Académie royale de médecine. — Paris, imp. de F. Malteste, 1842, in-8°, 8 p. 2698

Giesecke (J. Chr.). — Handbuch für Dichter und Litteratoren oder möglichst vollständige Uebersicht der deutschen Poesie seit 1780. — Magdeburg, Verfasser, 1793, in-8°. T. I. (A-C.) 2699

Tout ce qui a paru.

Gieswald (H.). — Lehre von der Thermometrie, Pyrometrie, Hygrometrie, Psychrometrie und Barometrie in ihrer Gesammtheit dargestellt und nach den Quellen, namentlich auch zum Gebrauch für Techniker, bearbeitet. Nebst einem Anhange mit practischen Erläuterungen. Mit 14 Quarttafeln. — Weimar, Voigt, 1861, in-8°. 2700

Chaque division contient une introduction historique et sa bibliographie.

* **Gilardin** (Alph.). — J.-B. Dumas et ses œuvres. Notice lue dans la séance publique de l'Académie impériale du 23 décembre 1862. — in-8, 31 p. 2701

* **Gilbert.** — Notice sur la vie et les travaux de l'abbé Jean Labouderie, membre honoraire de la Société des antiquaires de France, lue à la séance du 19 nov. 1850,... Extrait de l'»Annuaire de la Société«... — Paris, imp. de Crapelet, 1851, in-18, 19 p. 2702

* **Gildemeister** (C. H.). — Johann Georg Hamann's, des Magus in Norden, Leben und Schriften. — Gotha, Perthes, 1857-1873, 6 vol. in-8°. 2703

Contient: T. I, pages XIII-XVI et T. IV, pages XVII-XXI: »Chronologische Uebersicht der Druckschriften Hamann's«.

* — (J.). — Bibliothecæ sanscritæ sive recensus librorum sanskritorum hucusque typis vel lapide exscriptorum critici specimen. — Bonnæ ad Rhenum, sumptus fecit H. B. Kœnig, 1847, in-8°. 2704

Gill (Th.). — Catalogue of the fishes of the east coast of North America. — Voy. Smithsonian miscellaneous collections (14).

—. — Arrangement of the families of mollusks — id. of mammals fishes. — Voy. Smithsonian miscellaneous collections T. X-XI.

—. — Material for a bibliography of north american mammals. — Voy. Hayden (F. V.). Department of the interior. Report of the U. S. geological survey of the territories. T. XI.

* **Gillet...** — Notice historique et bibliographique sur Chevrier. — Nancy, imp. de Ve. Raybois, 1864, in-8°. 2705

Ext. des »Mémoires de l'Académie de Stanislas« 1863. — Tiré à 120 ex. numérotés à la main, dont 30 sur papier fort, et un sur papier vélin.

* —. — Notices bibliographiques sur des livres peu connus. — Nancy, imp. A. Lepage, 1863, in-8°, 12 p. 2706

* **Gimma** (G.). — Idea della storia dell' Italia letterata esposta coll' ordine cronologico dal suo principio sino all' ultimo secolo, colla notizia delle storie

particolari di ciascheduna scienza, e delle arti nobili: di molte invenzioni: degli scrittori più celebri, e de' loro libri: e di alcune memorie della storia civile, e dell' ecclesiastica: delle religioni, delle accademie, e delle controversie in varj tempi accadute: e colla difesa dalle censure, con cui oscurarla hanno alcuni stranieri creduto: divisa in due tomi, colle tavole de' capitoli, e delle controversie nel primo: degli autori o lodati, o impugnati; e delle cose notabili nel secondo. Discorsi. — Napoli, nella stamp. di Mosca, 1723, 2 vol. in-4°. 2707

Ginanni (P. P.). — Memorie storico critiche degli scrittori Ravennati. — Faenza, Archi, 1769, 2 vol. in-4°. 2708

Chaque notice biographique est suivie de la liste des écrits de l'auteur.

* **Ginoulhiac** (Ch.). — Revue bibliographique et critique de droit français et étranger par une société de jurisconsultes et de savants, sous la direction de Charles Ginoulhiac. — Paris, Durand, 1853-1857, 4 vol. in-8. 2709

Ginsberg (H.). — Voy. Spinoza, Die Ethik.

Giorgi (Al. de). — Biografia di G. D. Romagnosi e catalogo delle sue opere con appendice di lettere inedite. — Parma, 1874, in-8° (?). 2710

* —. — Della vita e delle opere di Alberico Gentili, commentario. — Parma, tip. di A. Michele, 1876, gr. in-8°. 2711

* **Giornale bibliografico universale.** — Milano, tipografia di Francesco Sonzogno di Gio. Batt., 1807-1811, 9 vol. in-8°. 2712

* **Giornale de' letterati** per l'anno 1742 (-1759). — In Roma, appresso li fratelli Pagliarini, 1742-1760, in-4°. 2713

* **Giornale (Il) de letterati,** per tutto l'anno 1666 (-1696). — In Roma, per Nicolò Angelo Tinassi, 1666-1696, in-4°. 2714

* **Giornale de' letterati** pubblicato in Firenze. — Firenze, nella nuova stamperia di Gio. Paolo Giovannelli, 1742-1743, 4 vol. in-8°. 2715

* **Giornale delle biblioteche** fondato e diretto da Eugenio Bianchi. — Genova, 1867-1871, 5 vol. in-fol. 2716

* **Giornale generale** della bibliografia italiana. — Firenze, presso Molini, 1861-1863, 3 vol. in-8°. 2717

* **Giraldès** (J. A.). — Exposé des titres scientifiques du docteur J. A. Giraldès, ... candidat pour une place vacante à l'Académie impériale de médecine section d'anatomie et de physiologie. — Paris, imp. de L. Martinet, 1862, in-4°, 13 p. 2718

* —. — Notice sur la vie et les travaux de sir Benjamin C. Brodie, lue dans la séance solennelle de la société de chirurgie, le 14 janvier 1863. — Paris, tip. H. Plon, 1863, in-8°, 30 p. 2719

* **Girard** (Ch.). — American zoological botanical, and geological bibliography, for the year 1851. Prepared at the request of prof. Spencer F. Baird, ... I. Catalogue of works and papers in the departments of zoology, botany and geology, published in America. — in-8°, 19 p. 2720

Ext. de l'»American Journal of science and arts«, second series, vol. XIII.

* — (C.). — Smithsonian report. Bibliographia americana historico-naturalis, a. d. 1851. — Washington, Smithsonian Institution, december 1852, in 8°. 2721

* — (M.). — F. Péron, naturaliste, voyageur aux Terres Australes, sa vie, appréciation de ses travaux. Ouvrage couronné par la société d'émulation de

l'Allier, le 26 juin 1854, et publié sous ses auspices, avec le portrait de Péron, d'après le dessin de Lesueur. — Paris, J. B. Baillière, 1856, in-8°. 2722

* **Girard**. — Notice sur la vie et les travaux de M. Adolphe Doumerc. Extrait des »Annales de la Société entomologique de France«. — Paris, imp. de Malteste, 1869, in-16, 16 p. 2723

* **Girard de Cailleux**. — Exposé des titres et travaux scientifiques de M. Girard de Cailleux, à l'appui de sa candidature à l'Académie impériale de médecine (section d'hygiène publique et de médecine légale). — Paris, imp. de L. Martinet (1863), in-4°, 8 p. 2724

* **Girardin** (J.) et **Laurens** (Ch.). — Dulong, de Rouen, sa vie et ses ouvrages. — Rouen, imp. de H. Rivoire, 1854, in-8°. 2725

* **Girardin** (J.). — Notice sur les travaux de M. J. Girardin, professeur de chimie à Rouen. — Rouen, imp. de Périaux (s. d.), in-4°, 7 p. 2726

* — Rouen, imp. de Périaux, 1841, in-4°, 10 p.

* **Giraud**. — Notice historique sur la vie et les œuvres de Scipion Dupérier, prononcée le 16 janvier 1856, à la conférence de l'ordre des avocats. — Aix, imp. de Remondet-Aubin, 1856, in-8°, 22 p. 2727

* — (Ch.). — Institut de France. Notice sur la vie et les travaux de M. Bérenger. — Paris, imp. de Didot, 1878, in-4°, 38 p. 2728

* — (Oct.). — Etude sur la vie et les ouvrages du Marquis de Saint-Marc. Mémoire couronné par l'Académie de Bordeaux, en 1858. — Paris, A. Aubry, 1860, in-8°. 2729

* **Giraudet** (E.). — Les origines de l'imprimerie à Tours (1467-1550), contenant la nomenclature des imprimeurs depuis la fin du XVe siècle jusqu'en 1850. — Tours, imp. de Rouillé-Ladevèze, 1881, in-8°. 2730

Tiré à 175 ex.

* **Girault de St. Fargeau** (A.). — Bibliographie historique et typographique de la France. Ou catalogue de tous les ouvrages imprimés en Français depuis le 15e siècle jusqu'au mois d'avril 1845, classés 1° par ordre alphabétique des anciennes provinces; 2° par départements formés des dites provinces; 3° par ordre alphabétique des villes, bourgs ou villages compris dans ces differents départements. Contenant les titres d'environ 1800 ouvrages relatifs aux préliminaires généraux de l'histoire de France; l'indication d'environ 2000 cartes de France, plans des principales villes, etc.; plus de 12000 ouvrages concernant spécialement la ville de Paris; une table générale des auteurs; et une table géographique pouvant servir aussi de table des matières. — Paris, Didot frères, 1845, gr. in-8°. 2731

* — . — Histoire littéraire française et étrangère, ou analyse raisonnée des œuvres choisies de tous les écrivains qui se sont fait un nom dans les sciences et dans les lettres, terminée par la bibliographie de l'histoire littéraire et des journaux consacrés spécialement à la critique de tous les genres de littérature. — Paris, Lecou, 1852, in-8°. 2732

Un supplément a paru à Paris chez Ad. Delahays en 1854.

* **Girod-Chantrans**. — Notice sur la vie et les ouvrages du général D'Arçon,... Imprimé aux frais de la Société d'agriculture, commerce et arts du département du Doubs. — Besançon, imp. de Daclin, an IX (1801), in-12. 2733

* — Paris, Magimel, An X. 1802, in-12.

Girod-Novillars. — Voy. Essai historique sur quelques gens de lettres de Bourgogne.

***Gironcourt** (A. v.). — Repertorium der Militär-Journalistik des 19ten Jahrhunderts bis zum Jahre 1837. Sachlich geordnet. Zweite Auflage. — Kassel, Krieger, 1837, in-8°. 2734

***Girou de Buzareingues.** — Notice des travaux de M. Girou de Buzareingues, l'un des candidats présentés pour une place de correspondant vacante à la section d'agriculture et d'économie rurale de l'Institut. — Paris, imp. de Mme Huzard, 1826, in-4°, 3 p. 2735

***Girtanner** (Chr.). — Abhandlung über die venerische Krankheit. — Göttingen, Dieterich, 1789, 3 vol. in-8°. 2736

Les T. II-III contiennent la liste chronologique des écrivains qui ont traité des maladies vénériennes et l'examen critique de leurs ouvrages.

***Giuliari** (G. C.). — Della tipografia Veronese saggio storico-letterario. — Verona, tipografia di Antonio Merlo, 1871, in-4°. 2737

*—. — Della letteratura Veronese al cadere del secolo XV e delle sue opere a stampa. — Bologna, tipografia Fava e Garagnani, 1876, in-8°. 2738

***Giustiniani** (L.). — La biblioteca storica, e topografica del regno di Napoli. — In Napoli, nella stamperia di Vincenzo Orsini, 1793, in-4°. 2739

*—. — Memorie istoriche degli scrittori legali del regno di Napoli. — Napoli, nella stamperia Simoniana, 1787-1788, 3 vol. in-4°. 2740

*—. — Saggio storico-critico sulla tipografia del regno di Napoli. — In Napoli, nella stamperia di Vincenzo Orsini, 1793, in-4°. 2741

***Giustiniani** (M.). — Gli scrittori Liguri descritti. — In Roma, appresso di Nicol' Angelo Tinassi, 1667, in-4°. Parte prima. 2742

Glafey (Ad. Fr.). — Vollständigen Geschichte des Rechts der Vernunfft, worinnen die in dieser Wissenschaft ans Licht getrettenen Schrifften nach ihrem Inhalt und wahren Werth beurtheilet, zugleich auch von den Verfassern derselben die zum Verständniss ihrer Bücher dienlichen Nachrichten angezeiget werden, nebst einer Bibliotheca juris nat. et gentium, in welcher zugleich die einzelnen Dissertationes und andere kleinere Schrifften nach den Materien in alphabetischer Ordnung dargelegt werden. — Leipzig, Riegel, 1739, in-4°. 2743

***Glaire.** — Enseignement et principaux ouvrages de M. Glaire. — Paris, imp. de W. Remquet (1857), in-8°, 7 p. 2744

Candidature à la chaire d'hébreu du Collège de France.

***Gmelin** (J. Fr.). — Des Ritters Carl von Linné vollständiges Natursystem des Mineralreichs nach der zwölften lateinischen Ausgabe in einer freyen und vermehrten Uebersetzung. — Nürnberg, Raspe, 1777, in-8°, 4 vol. 2745

Le T. I contient, p. 83-306: »Eintheilung des Mineralreichs von verschiedenen Schriftstellern, nebst einem Verzeichnisse aller mineralogischen Schriften«.

***Gobley** (Th.). — Exposé des titres scientifiques de M. Gobley (candidat pour la place vacante à l'Académie nationale de médecine dans la section de pharmacie). — Paris, imp. de Thunot (1570), in-4°, 4 p. 2746

*—. — Titres et travaux scientifiques de M. Th. Gobley, . . . à l'appui de sa candidature à la place vacante à l'Académie impériale de médecine dans la section de pharmacie.

— Paris, imp. de Plon (1856), gr. in-8°, 16 p. 2747

La couverture imprimée sert de titre.

* — Paris, imp. de Thunot, 1861, in-4°, 35 p.

* **Godard** (L.). — Le Cardinal de La Luzerne, sa vie et ses ouvrages . . . (25 avril 1856). — Chaumont, imp. de C. Cavaniol (s. d.), in-4°. 2748

Tirage à part des préliminaires des »Oeuvres complètes« du Cardinal, publiées par M. l'abbé Migne.

* **Godart de Saponay**. — Extrait du »Bulletin de la Société pour l'instruction élémentaire« numéro de mai 1863. Notice nécrologique sur la vie et les travaux de M. Edme-François Jomard, . . . lue en séance du conseil d'administration. — Paris, imp. de S. Raçon (s. d.), in-8°, 24 p. 2749

* **Goedeke** (K.). — Goethes Leben und Schriften. — Stuttgart, Cotta, 1874, in-18. 2750

* — Zweite durchgesehene Auflage. — Stuttgart, Cotta, 1877, in-8°.

* —. — Grundriss zur Geschichte der deutschen Dichtung aus den Quellen. — Dresden, L. Ehlermann, 1862-1881, 3 vol. in-8°. 2751

—. — Pamphilus Gengenbach. — Hannover, Rümpler, 1855, in-8°. 2752

—. — Uebersicht der Geschichte der Deutschen Dichtung. — Dresden, Ehlermann, 1862, in-8°. 1. Hälfte. 2753

* **Goeler von Ravensburg** (Frdr. Frhrn). — Rubens und die Antike. Seine Beziehungen zum classischen Alterthum und seine Darstellungen aus der classischen Mythologie und Geschichte. Eine kunstgeschichtliche Untersuchung. Mit sechs Tafeln in Lichtdruck. — Jena, H. Costenoble, 1882, in-8°. 2754

Contient, p. 203-223: »Katalog der mythologischen, allegorisch-mythologischen und antik-geschichtlichen Gemälde und Zeichnungen von P. P. Rubens.

* **Goelicke** (Andr. Ott.). — Historia anatomiæ nova æque ac antiqua, seu conspectus plerorumque, si non omnium, tam veterum quam recentiorum scriptorum, qui a primis artis medicæ originibus usque ad præsentia nostra tempora anatomiam operibus suis illustrarunt. In usum philiatrorum edita. Una cum decade observationum physico-anatomico-chirurgicarum appendicis loco subjuncta et indice nominum rerumque locupletissimo. — Halæ Magdeburgicæ, Renger, 1713, in-8°. 2755

*—. — Historia chirurgiæ antiqua (et recentior), seu conspectus plerorumque, sinon omnium, scriptorum veterum, qui a primis artis medicæ incunabulis usque ad seculum decimum quintum inclusive chirurgicen operibus suis exornarunt; in usum philiatrorum edita. — Halæ Magdeburg. Renger, 1713, in-8°, en 2 parties. 2756

Göppert (H. R.). — Voy. Verhandlungen der kais. Leopoldinisch-Carolinischen Akademie der Naturforscher.

Goerling (J. Chr.). — Catalogus dissertationum et programmatum ad medicinam spectantium. — Erfordiæ, 1796, in-8°. 2757

* **Görres** (J.). — Die teutschen Volksbücher. Nähere Würdigung der schönen Historien-, Wetter- und Arzneybüchlein, welche theils innerer Werth, theils Zufall, Jahrhunderte hindurch bis auf unsere Zeit erhalten hat. — Heidelberg, bey Mohr und Zimmer, 1807, in-12. 2758

* **Goethe**'s Briefe. Verzeichniss derselben unter Angabe von Quelle, Ort, Datum und Anfangsworten. Uebersichtlich nach den Empfängern geordnet, mit einer kurzen Darstellung des Verhältnisses Goethe's zu diesen und unter Mittheilung vieler bisher ungedruckter Briefe Goethe's. Bearbeitet

von Fr. Strehlke. — Berlin, Verlag von Gustav Hempel, 1881, in-8°. 2759

* **Goethe - Jahrbuch.** Herausgegeben von Ludwig Geiger. — Frankfurt a. M., Rütten und Loening, 1880-1882, in-8°. 2760

Chaque volume se termine par la »Bibliographie«.

Goethe-Schiller-Museum. Herausgegeben von August Diezmann. — Leipzig, Gumprecht, 1858, in-8°. 2761

Contient, pages 130-143: Zu einer Schiller-Bibliothek. — Rassemblé par Hermann Hartung.

Götten (G. W.). — Das Jetzt lebende Gelehrte Europa, oder Nachrichten von den vornehmsten Lebens-Umständen und Schrifften, jetzt-lebender Europäischer Gelehrten; welche mit Fleiss gesammlet und unpartheyisch aufgesetzet hat G. W. Götten. — Braunschweig, Schröder, 1735-1740, 3 vol. in-8°. 2762

Le T. III a été publié par Ernst Ludwig Rathlef.

Götz von Berlichingen-Rossach (F. W.). — Geschichte des Ritters Götz von Berlichingen mit der eisernen Hand und seine Familie. Nach Urkunden zusammengestellt und herausgegeben. — Leipzig, Brockhaus, 1861, in-8°. 2763

Les pages 1-15 renferment la bibliographie des manuscrits et des éditions de Götz v. Berlichingen.

* **Götze** (J. Chr.). — Die Merkwürdigkeiten der Königlichen Bibliotheck zu Dresden ausführlich beschrieben und mit Anmerkungen erläutert. — Dresden, G. C. Walther, 1744-1748, 3 vol. in-4°. 2764

* — (L.). — Aeltere Geschichte der Buchdruckerkunst in Magdeburg. — Magdeburg, Verlag von Emil Baensch, 1872, in-8°. 2765

1e Abtheilung. Die Drucker des XV. Jahrhunderts. Mit 5 artistischen Beilagen.

* **Goeze** (J. M.). — Fortsetzung des Verzeichnisses seiner Samlung seltener und merkwürdiger Bibeln, in verschiedenen Sprachen, mit kritischen und literarischen Anmerkungen. — Hamburg und Helmstedt, Kühnlin, 1778, in-4°. 2766

* —. — Neue, für die Kritik und Historie der Bibel-Uebersetzung Lutheri, wichtige Entdeckungen, den Kennern und Freunden derselben, als eine Zugabe zu dem Verzeichnisse seiner Bibel-Samlung, mitgetheilt von Johan Melchior Gœze. — Hamburg und Leipzig, Breitkopf, 1777, in-4°. 2767

* —. — Versuch einer Historie der gedruckten Niedersächsischen Bibeln vom Jahr 1470 bis 1621. — Halle, bey Joh. Just. Gebauers Witwe, und Joh. Jac. Gebauer, 1775, in-4°. 2768

* —. — Verzeichnis seiner Samlung seltener und merkwürdiger Bibeln in verschiedenen Sprachen mit kritischen und literarischen Anmerkungen. — Halle, Gebauer, 1777, in-4°. 2769

* **Goffres.** — Exposé des titres de M. le docteur Goffres, candidat à la chaire d'opérations et appareils vacante dans la Faculté de médecine de Montpellier... — Montpellier, imp. de Bœhm, 1856, in-4°, 11 p. 2770

* — Montpellier, Bœhm, 1856, in-4°, 12 p.

* **Goguel** (G.). — Hommes connus dans le monde savant en France et à l'étranger nés ou élevés à Montbéliard; études, analyses, appréciations d'après leurs ouvrages, leurs notes, des documents authentiques, des pièces inédites, des renseignements intimes. — Strasbourg et Paris, Vve Berger-Levrault et fils, 1862, in-12. 2771

* **Goizet** (J.). — Dictionnaire universel du théâtre en France et du théâtre français à l'étranger: alphabétique, biographique et bibliographique, depuis l'origine du théâtre jusqu'à nos

jours. Avec biographies de tous les auteurs et des principaux artistes de toutes les époques par M. A. Burtal. — Paris, chez les auteurs (1867-1868), gr. in-8°. 2772

27 livraisons.

—. — Voy. Bibliothèque dramatique de Pont de Vesle.

* **Golbéry**... (de). — Notice sur la vie et les travaux de Jean-Gottfried Schweighæuser,... (Extrait de l'»Annuaire de la Société des antiquaires de France« pour 1849...) — Paris, imp. de Crapelet, 1849, in-18, 34 p. 2773

* **Goldast** (M.). — Catholicon rei monetariæ, sive leges monarchicæ generales de rebus nummariis et pecuniariis, quotquot ab orbe condito ad annum Christi 1620 in quatuor mundi monarchiis latæ et promulgatæ sunt. Accessit chronologia auctorum omnium, qui de re monetaria tractatus instituerunt inde a nativitate Christi usque ad annum 1620. — Francofurti ad M., Weiss, 1620, in-4°. 2774

Goldwitzer (Fr. W.). — Bibliographia dogmatica. Compendii dogmatices usui pernecessaria collecta et edita. — Salisbaci, de Seidel, 1831, in-8°. 2775

—. — Patrologie verbunden mit Patristik, bearbeitet für Theologen. — Nürnberg, Stein, 1834, 2 vol. in-8°. 2776

* **Goltz** (Al. Freiherr von der). — Thomas Wizenmann, der Freund Friedrich Heinrich Jacobi's, in Mittheilungen aus seinem Briefwechsel und handschriftlichen Nachlasse, wie nach Zeugnissen von Zeitgenossen. Ein Beitrag zur Geschichte des innern Glaubenkampfes christlicher Gemüther in der zweiten Hälfte des 18. Jahrhunderts. — Gotha, Perthes, 1859, in-8°. 2777

Le T. II contient, pages 285-288: »Verzeichniss der bereits gedruckten Aufsätze etc. Wizenmann's«.

* **Goncourt** (Ant.). — Catalogue raisonné de l'œuvre peint, dessiné et gravé d'Antoine Watteau. — Paris, Rapilly, 1875, in-8°. 2778

* — (Edm. de). — Catalogue raisonné de l'œuvre peint, dessiné et gravé de P. P. Prud'hon. — Paris, Rapilly, 1876, in-8°. 2779

* **Gonnard** (H.). — Monographie de la Diana ancienne salle des états de la province de Forez. — Vienne, Savigné, 1875, in-4°. 2780

La »Bibliographie« de la Diana se trouve aux pages 49-52.

Gonne (L.). — Voy. Catalogue général des ouvrages de propriété française.

* **Gonod** (B.). — Catalogue des ouvrages imprimés et manuscrits concernant l'Auvergne, extrait du catalogue général de la bibliothèque de Clermont-F[d]. (Puy de Dome); publié par l'académie des sciences, belles-lettres et arts de Clermont-Ferrand. — Clermont, imp. de Thibaud-Landriot, 1849, in 8°. 2781

— —. Puy de Dôme. — Voy. Loriol. La France.

* **Gonon** (P. M.). — Bibliographie historique de la ville de Lyon, pendant la Révolution française, contenant la nomenclature, par ordre chronologique, des ouvrages publiés en France ou à l'étranger, et relatifs à l'histoire de cette ville, de 1789 au 11 nivose an XIV de la République française. — Lyon, imp. de Marle, 1844, in-8°. 2782

Gonzalez (C.). — Compendiaria in Græciam via, sive præstantissimorum linguæ græcæ et latinæ scriptorum notitia, ad usum Hispanæ juventutis. — (Madriti), typogr. regia, 1792, in-8°. 2783

* —. — Compendiaria in Latium via, sive præstantiorum linguæ latinæ scriptorum notitia, ad usum Hispaniæ juventutis. — Ex typographia regia, 1792, in-16. 2784

Gonzalez (Fr. Fern.) — Plan de una biblioteca de autores arabes españoles, ó estudios biográficos y bibliográficos para servir á la historia de la Literatura arábiga en España. — Madrid, Lopez, 1861, in-4°. 2785

* — (Santos Diez). — Tabla ó breve relacion apologetica del merito de los españoles en las ciencias, las artes, y todos los demás objetos dignos de una nacion sabia y culta. — Madrid, en la imprenta de Blas Roman, 1786, in-16. 2786

* **Goovaerts** (A.). — Histoire et bibliographie de la typographie musicale dans les Pays-Bas. Avec neuf phototypies par M. Jos. Maes. Ouvrage couronné par l'académie royale des sciences, des lettres et des beaux arts de Belgique. — Anvers, Pierre Kockx, 1880, in-8°. 2787

Ext. du T. 29 des »Mémoires de l'académie royale de Belgique«.

* — (Alph.). — Levensschets van Ridder Leo de Burbure Toonzetter en Geschiedschrijver. — Antwerpen, A. Fontaine, 1871, in-8°, 28 p. 2788

* —. — La musique d'église, considérations sur son état actuel et histoire abrégée de toutes les écoles de l'Europe. — Anvers, bureau de la fédération artistique, 1876, in-8°. 2789

Se termine par une table alphabétique des musiciens.

* —. — Notice biographique et bibliographique sur Pierre Phalèse, imprimeur de musique à Anvers au XVIe siècle, suivie du catalogue chronologique de ses impressions (Extrait du Bibliophile Belge, T. III.). — Bruxelles, imp. de Toint-Scohier, 1869, in 8°. 2790

* —. — Origine des Gazettes et Nouvelles périodiques. Abraham Verhoeven d'Anvers, le premier gazetier de l'Europe. Etude bio-bibliographique. Avec 15 phototypies par M. Jos. Maes. — Anvers, 1880, in-8°. 2791

Tiré à 100 ex. numérotés et signés par l'auteur.

* **Goovaerts.** — Oorsprong der Gazetten en Periodische Nieuwstijdingen. Abraham Verhoeven van Antwerpen de eerste Gazettier van Europa. Bio-bibliographishe Studie . . . Uit het fransch vertaald door Edw. van Bergen. Mit 7 Phototypién door Jos. Maes. — Antwerpen, Peeter Kockx, 1881, in-8°. 2792

* **Gordon de Percel** (C.). — De l'usage des romans, où l'on fait voir leur utilité et leurs différens caractères: avec une bibliothèque des romans, accompagnée de remarques critiques sur leur choix et leurs éditions. — Amsterdam, veuve de Poilras, 1734, 2 vol. in-12. 2793

Le nom de l'auteur est Nic. Lenglet du Fresnoy.

Le T. II a pour titre: Bibliothèque des romans, avec des remarques critiques sur leur choix et leurs différentes éditions. — Amsterdam.

* **Gore** (Th.). — Catalogus in certa capita, seu classes, alphabetico ordine concinnatus, plerorumque omnium authorum (tam antiquorum quam recentiorum), qui de re heraldica latine, gallice, italice, hispanice, germanice, anglice, scripserunt: interspersis hic illic, qui claruerunt in re antiquaria, et jure civili, eâ saltem parte quæ heraldriæ facem accendit. — Oxon, typis Leon Lichfield, 1674, in-4°. 2794

* **Gori** (P.). — Pubblicazioni in morte di Vittorio Emanuele II re d'Italia. Bibliografia. — Firenze, coi tipi dei successori Le Monnier, 1879, in-12. 2795

Gosche (R.). — Ueber Ghazzâlîs Leben und Werke. Aus den Abhandlungen der königl. Akademie der Wissenschaften zu Berlin 1858. — Berlin, gedr. in der Druckerei der kön. Akad. d. Wiss., 1858, in-4°. 2796

* **Gosselin**. — Exposé des titres de M. Gosselin, . . . candidat à une place vacante à l'Académie de médecine (section de pathologie chirurgicale) . . . — Paris, imp. de Moquet (1850), in-4°, 8 p. 2797

* —. — Exposé des titres scientifiques de M. Gosselin. — Paris, imp. de Parent (1873), in-4°. 2798

* —. — Exposé des titres scientifiques de M. Gosselin, candidat à uue place vacante à l'académie des sciences (section de médecine et de chirurgie). — Paris, imp. de A. Parent, octobre 1873, in-4°. 2799

Gotthardt (J. Chr.). — Vollständiger Unterricht in der Bienenzucht. Ein Beitrag zur Beförderung landwirthschaftlicher Industrie. Zweite verbesserte und mit einem Repertorium der vorzüglichsten über die Bienenzucht erschienenen Schriften vermehrte Auflage. — Erfurt, Beyer und Maring, 1804, in-8°. 2800

Gottsched (Joh. Chr.). — Nöthiger Vorrath zur Geschichte der deutschen Dramatischen Dichtkunst, oder Verzeichniss aller Deutschen Trauer-, Lust- und Sing - Spiele, die im Druck erschienen, von 1450 bis zur Hälfte des jetzigen Jahrhunderts, gesammlet und ans Licht gestellet. — Leipzig, Teubner, 1757-1765 2 vol. in-8° und Anhang. 2801

Le supplément a aussi cet autre titre: »Gottfried Christian Freiesleben kleine Nachlese, zu des berühmten Herrn Professor Gottscheds nöthigem Vorrathe zur Geschichte der deutschen dramatischen Dichtkunst...«

Gottschling (C.) et D. **Fidler.** — Bibliographia ethica, qua nonnulli scriptores ethicæ præcipue Galli recensiti et judicati inclutæ facultatis philos. benigno indultu in academia Lipsiensi anno 1701, d. 12 febr. publicæ eruditorum considerationi offeruntur. — Lipsiæ, lit. Gözi, in-4°. 2802

Gottschling (C.) et D. **Fidler.** — Einleitung zur Wissenschafft guter und meistentheils neuer Bücher, von der deutschen, lateinischen griechischen, ebräischen, frantzösischen und engelländischen Sprache, von der historia naturali, artificiali, politica und der vornehmsten Reiche Europæ insonderheit: von der Genealogia, Geographia und Chronologia. Von der Logica, Physica, Metaphysica, Pneumatica, Mathesi, Ethica, Politica, Jure Naturæ, Oeconomia und Homilitica s. arte conversandi. Worbey zugleich ein bescheidenes Urtheil von denen meisten Autoribus gefället wird. — Dresden und Leipzig, Mieth, 1702, in-8°. 2803

* **Goubaux** (Arm.). — Exposé des titres et travaux scientifiques de M. Arm. Goubaux, . . . candidat à l'Académie impériale de médecine (section de médecine vétérinaire). — Paris, imp. de Renou et Maulde, 1864, in - 4°, 16 p. 2804

* — Corbeil, imp. de Crété fils, 1872, in-4°, 48 p.

* —. — Histoire de la vie et des travaux de Philippe - Etienne Lafosse, hippiatre, . . . lue à la Société impériale et centrale de médecine vétérinaire, dans sa séance du jeudi 12 novembre 1857. — Paris, imp. de E. Penaud, 1857, in-8°, 24 p. 2805

* **Goubeyre** (Imb.). — Titres et travaux scientifiques du docteur Imbert Gourbeyre, . . . à l'appui de sa candidature à la chaire vacante de thérapeutique et de matière médicale à la faculté de médecine de Montpellier . . . — Clermont-Ferrand, imp. de P. Hubler, 1863, in-8°, 16 p. 2806

* **Goujet**. — Bibliothèque des auteurs ecclésiastiques du dix - huitième siècle. Pour servir de continuation à celle de Du-Pin. — Paris, Pralard et Quillau, 1736, 2 vol. in-8°. 2807

Il y a des exemplaires sur le titre desquels le nom de Goujet ne figure pas.

* **Goujet**. — Bibliothèque françoise, ou histoire de la littérature françoise. Dans laquelle on montre l'utilité que l'on peut retirer des livres publiés en françois depuis l'origine de l'imprimerie, pour la connaissance des belles lettres, de l'histoire, des sciences et des arts; et où l'on rapporte les jugemens des critiques sur les principaux ouvrages en chaque genre écrits dans la même langue. — Paris, Mariette et Guérin, 1740-1756, 18 vol. in-8°. 2808

*—. — Mémoires historiques et littéraires dans lesquels on trouve une liste exacte de ses ouvrages. — La Haye, Du Sauzet, 1767, in-12. 2809

— (Cl. P.). — Voy. Vie de M. Du Guet.

* **Goulin** (J.). — Mémoires littéraires, critiques, philologiques, biographiques et bibliographiques pour servir à l'histoire ancienne et moderne de la médecine. — Paris, J. F. Bastien, 1777, 2 vol. in-4°. 2810

* **Goumy** (Ed.). — Etude sur la vie et les écrits de l'abbé de Saint-Pierre. Thèse pour le doctorat, présentée à la Faculté des lettres de Paris. — Paris, imp. de P.-A. Bourdier, 1859, in-8°. 2811

* **Gouraud** (H.). — Eloge de M. Récamier. — Paris, Charles Douniol, 1853, in-8°. 2812

* **Gournay** (F.-A. de). — Etude sur la vie et les ouvrages de Charles de Bourgueville . . . — Caen, A. Hardel, 1852, in-8°. 2813

Ext. des Mémoires de l'Académie des sciences, arts et belles-lettres de Caen.

*—. — Huet, . . . sa vie et ses œuvres, avec des extraits de documents inédits. — Caen, A. Hardel, 1854, in-8°. 2814

*—. — Malherbe, recherches sur sa vie et critique de ses œuvres. — Caen, A. Hardel, 1852, in-8°. 2815

Ext. des »Mémoires de l'Académie des sciences, arts et belles-lettres de Caen«.

Gowans (W.). — A catalogue of books on freemasonry, and kindred subjects. — New-York, Gowans, 1858, in-12. 2816

Gracklauer (O). — Bibliographie für Hundefreunde und Jäger. Verzeichniss sämmtlicher Schriften über Hundezucht, Dressur, Krankheit etc., welche von 1840 bis 1879 im deutschen Buchhandel erschienen sind, nebst einigen älteren guten Werken, und Angabe der besten Kunstblätter dieses Faches. — Leipzig, Gracklauer, 1879, in-8°, 16 p. 2817

—. — Die deutsche Literatur auf dem Gebiete der Pferdekunde von 1850-1879. In 30 Rubriken systematisch zusammengestellt. — Leipzig, Gracklauer, 1879, in-8°. 2818

— — Deutscher Journal - Katalog für 1875(-1880). Zusammenstellung von . . . Titeln deutscher Zeitschriften, systematisch in 44 Rubriken geordnet. — Leipzig, 1875 (-1880), in-8°. 2819

—. — Verzeichniss sämmtlicher Schriften über die gesammte Jagdwissenschaft von 1830 bis 1879. Nebst Angabe mehrerer ältern guten Werke. In 21 Rubriken systematisch zusammengestellt. — Leipzig, Gracklauer, 1879, in-8°, 48 p. 2820

—. — Verzeichniss sämmtlicher Schriften über Fischerei, Fischzucht etc., welche von 1820 bis 1879 im deutschen Buchhandel erschienen sind, nebst Angabe einiger älterer Werke. — Leipzig, Gracklauer, 1879, in-8°, 18 p. 2821

—. — Verzeichniss von 570 Titeln der gangbarsten Kalender, Jahrbücher und Almanachs. In 33 Rubriken systematisch zusammengestellt. Dritte vermehrte Auflage. — Leipzig, Gracklauer, 1879, in-8°, 15 p. 2822

* **Gracklauer** (O.). — Verzeichniss von Schriften aus dem Gebiete der Sozialwissenschaften, Sozialdemokratie, Commune, Internationale, bürgerliche Gesellschaft, Parteien, Presse und Arbeiterwesen. Systematisch zusammengestellt in 21 Rubriken. — Leipzig, O. Gracklauer, 1878, in-16, 40 p. 2823

* **Grad** (Ch.). — Etudes historiques sur les naturalistes de l'Alsace. Guillaume-Philippe Schimper, sa vie et ses travaux. 1808-1880. Notice lue à la Société d'histoire naturelle de Colmar. (Séance du 7 juillet 1880.) — Colmar, imp. de C. Decker, 1880, in-8°, 44 p. 2824

Contient, p. 41-44: »Index des publications du professeur G. Ph. Schimper«.

* **Gradmann** (J. J.). — Das gelehrte Schwaben: oder Lexicon der jetzt lebenden schwäbischen Schriftsteller: voraus ein Geburtstags Almanach und hintennach ein Ortsverzeichniss. — Ravensburg, beym Verf., 1802, in-8°. 2825

* **Græfe** (C.). — Die hippologische Literatur von 1848 bis einschliesslich 1857. Verzeichniss der in diesem Zeitraum über Alles, was das Pferd betrifft, erschienenen Bücher, mit biographischen Notizen über die Verfasser. — Leipzig, F. A. Brockhaus, 1863, in-8°. 2826

* **Grässe** (J. G. Th.). — Beiträge zur Literatur und Sage des Mittelalters. — Dresden, 1850, in-4°. 2827

* —. — Bibliotheca magica et pneumatica oder wissenschaftlich geordnete Bibliographie der wichtigsten in das Gebiet der Zauber-, Wunder-, Geister- und sonstigen Aberglaubens vorzüglich älterer Zeit einschlagenden Werke. Mit Angabe der aus diesen Wissenschaften auf der königl. Sächs. öff. Bibliothek zu Dresden befindlichen Schriften. Ein Beitrag zur sittengeschichtlichen Literatur. Zusammengestellt und mit einem doppelten Register versehen. — Leipzig, Verlag von W. Engelmann, 1843, in-8°. 2828

* **Grässe**. — Bibliotheca psychologica oder Verzeichniss der wichtigsten über das Wesen der Menschen- und Thierseelen und die Unsterblichkeitslehre handelnden Schriftsteller älterer und neuerer Zeit, in alphabetischer Ordnung zusammengestellt und mit einer wissenschaftlichen Uebersicht begleitet. — Leipzig, Verlag von Wilhelm Engelmann, 1845, in-8°. 2829

—. — Der Tannhäuser und Ewige Jude. Zwei deutsche Sagen in ihrer Entstehung und Entwickelung historisch, mythologisch und bibliographisch verfolgt und erklärt. Zweite vielfach verbesserte Auflage. — Dresden, Schönfeld, 1861, in-8°. 2830

* —. — Trésor de livres rares et précieux ou nouveau dictionnaire bibliographique contenant plus de cent mille articles de livres rares, curieux et recherchés, d'ouvrages de luxe, etc. Avec les signes connus pour distinguer les éditions originales des contrefaçons qui en ont été faites, des notes sur la rareté et le mérite des livres cités et les prix que ces livres ont atteints dans les ventes les plus fameuses, et qu'ils conservent encore dans les magasins des bouquinistes les plus renommés de l'Europe. — Dresde, R. Kuntze, 1859-1869, 7 vol. in-4° dont un vol. de supplément. 2831

* **Graf** (Ch. H.). — Essai sur la vie et les écrits de Jacques Lefèvre, d'Étaples. Thèse présentée à la Faculté de théologie protestante de Strasbourg, et soutenue publiquement le mardi 7 juin 1842. — Strasbourg, imp. Schuler, 1842, in-8°. 2832

* **Gran giornale di Europa** (Il) o sia la biblioteca universale in cui vengono a compendiarsi li giornali oltramantani piu' rinomati: ed a raccogliersi gli es-

tratti de' libri migliori, usciti alla luce dall' anno 1666, e susseguentemente, in ogni sorta di materie. — In Venezia, appresso Antonio Bortoli, 1725, in-4°. T. I. 2833

Grandidier (de). — Voy. Essai sur un nouvel ordre bibliographique pour la Bibliothèque impériale de St. Pétersbourg.

* **Grandidier** (T.). — Notice sur la vie et les ouvrages de l'abbé Grandidier. — Colmar, imp. de C. Decker (1858), in-8°, 8 p. 2834

* **Grant** (Sir A.). — Catalogue of native publications in the Bombay presidency up to 31st december 1864. Prepared under orders of government. Second edition. (With numerous additions and corrections.) — Bombay, printed at the education society's press, Byculla, 1867, in-8°. 2835

* **Granville** (A.-B.). — An Account of the life and vritings of Baron Guyton de Morveau,... From the »Journal of science and the arts«. — London, printed by W. Bulmer, 1817, in-8°. 2836

Grappin. — Voy. Notice historique sur la vie et les ouvrages de M. le général de Toulongeon.

Gratet-Duplessis. — Voy. Cotton des Houssayes. Des devoirs et des qualités du bibliothécaire.

* **Gratianus** (F. Th.). — Anastasis Augustiniana in qua scriptores ordinis eremitarum s. Augustini qui abhinc sæculis aliquot vixerunt, unà cum neotericis in seriem digesti sunt. — Antverpiæ, typis Hieronymi Verdussi, 1613, in-12. 2837

* **Gratiolet** (P). — Notice sur les travaux de M. Pierre Gratiolet. (22 mai 1855). — Paris, imp. de F. Malteste (s. d.), in-4°, 12 p. 2838

* —. — Titres scientifiques de M. Pierre Gratiolet. — Paris, Mallet-Bachelier, 1863, in-4°, 30 p. 2839

La couverture imprimée sert de titre.

* **Gray** (J. Edw.). — List of the books, memoirs, and miscellaneous papers. With a few historical notes. — London, printed for private distribution, 1872, in-8°. 2840

* **Great musicians** (The). Edited by Francis Hueffer. — London, Sampson Low, 1879-1881, in-8°. 2841

T. I. Richard Wagner by the editor.
T. II. Weber by sir Julius Benedict.
T. III. Non paru.
T. IV. Schubert by H. F. Frost.
T. V. Rossini and his school by H. Sutherland Edwards.
T. VI. Non paru.
T. VII. Parcel by William H. Cummings.
Sebastian Bach by Reginald Lane Poole.

* **Greco** (O.). — Bibliobiografia femminile italiana del XIX secolo. — Mondovi, tip. Issoglio, 1875, in-8°. 2842

— (L.). — Memoria degli scrittori che han trattato dei Tremuoti di Basilicato nel decimonono secolo, alla quale fanno seguito le deduzioni ricavate da essa, e dalla precendente intorno a coloro, che hanno scritto de Calabri Tremuoti dal 1783 al 1857, ed alcune avvertenze su di un tentativo di preservamento, e su i più convenevoli modi di proseguire gli studii Tremuotici. — Cosenza, 1858, in-8°. 2843

—. — Memoria delle principali opere intorno ai Calabri tremuoti dal 1783 al 1854, e degli studii più convenevoli sopra i medesimi. — Cosenza, tip. di Migliaccio, 1856, in-8°. 2844

Grefe (F. B.). — Hannovers Rechte. Dritte umgearbeitete, vervollständigte und verbesserte Auflage des Leitfadens zum Studium des Hannoverschen Privatrechts. — Hannover, Rümpler, 1860, in-8°. 2845

Contient, p. 3-15: »Allgemeinere Literatur des hannover. Rechts und seiner Hülfswissenschaften«.

* **Grégoire** (H.). — De la littérature des nègres, ou recherches sur leurs facultés intellectuelles, leurs qualités morales et leur littérature; suivies de notices sur la vie et les ouvrages de nègres qui se sont distingués dans les sciences, les lettres et les arts. — Paris, Maradan, 1808, in-8°. 2846

*—. — Rapport sur la bibliographie, présenté à la Convention nationale, le 22 germinal an II (1794). — Paris, chez Mc Kean et Cᵉ, 1873, in-18, 30 p. 2847

*—. — Rapport de Henri Grégoire, ancien évêque de Blois, sur la bibliographie, la destruction des patois et les excès du vandalisme, faits à la Convention du 22 germinal an II au 24 frimaire an III; réédités par un bibliophile normand (Charles Renard). — Caen, Massif, 1868, in-8°. 2848

* **Gregory** (G. de). — Istoria della Vercellese letteratura ed arti. — Torino, tipografia Chirio e Mina, 1819-1824, en 4 parties in-4°. 2849

* **Grellet** (H.). — Société académique de Laon. Notice sur la vie et les ouvrages du baron Alexandre de Théis. — Laon, imp. de E. Fleury, 1854, in-8°, 28 p. 2850

—. — Voy. Le conseiller du bibliophile.

* **Grellety**. — Bibliographie de Vichy. Enumération de toutes les publications faites sur Vichy, suivie d'une notice médicale sur les eaux et sur le traitement du diabète. — Vichy, imp. Wallon, 1879, in-8°. 2851

* **Grélot** (F.). — Notice bio-bibliographique sur M. Hippolyte Cocheris, conservateur de la bibliothèque Mazarine. — Paris, Bachelier - Deflorenne, 1873, gr. in-8°. 2852

Ext. du »Bibliophile français«. — Tiré à 40 ex.

* **Greswell** (E.). — A view of the early parisian greek press; including the lives of the Stephani; notices of other Contemporary greek printers of Paris; and various particulars of the literary and ecclesiastical history of their times. — Oxford, printed by S. Collingwood, 1833, 2 vol. in-8°. 2853

* — (W. Parr). — Annals of parisian typography, containing an account of the earliest typographical establishments of Paris; and notices and illustrations of the most remarkable productions of the parisian gothic press: compiled principally to shew its general character; and its particular influence upon the early english press. — London, printed for Cadell and Davies, 1818, in-8°. 2854

Griffiths (A. F.). — Bibliotheca Anglo-Poetica: or a Descriptive Catalogue of a rare and rich Collection of Early English Poetry: in the possession of Longman and Co. illustrated by occasional Extracts and Remarks critical and bibliographical, compiled by A. F. Griffiths. — London, print. by Davison, 1805, gr. in-8°. 2855

* **Grimaud** (Em.). — Charles Dovalle; notice biographique et littéraire (Extrait de la Revue de Bretagne et de Vendée). — Nantes, imp. de V. Forest, 1857, in-8°, 21 p. 2856

* **Grimaud de Caux** (G.). — Notice analytique concernant les travaux de philosophie, de physiologie et d'hygiène, publiés par G. Grimaud de Caux. — Paris, imp. Cosson, 1849, in-8°, 16 p. 2857

* **Grimaux** (E.). — Notice sur les travaux scientifiques de M. E. Grimaux. — Paris, imp. de Gauthier-Villars, 1881, in-4°, 33 p. 2858

* **Grimm** (J. und W.). — Deutsches Wörterbuch. — Leipzig, S. Hirzel, 1854, in-4°. 2859

Le T. I, contient, p. LXVIII-XCI: »Nhd. Quellenverzeichnis«.

* **Grimod de la Reyniere.** — L'alambic littéraire, ou analyses raisonnées d'un grand nombre d'ouvrages publiés récemment. — A Paris, chez l'auteur, 1803, 2 vol. in-8°. 2860

* **Grimont** (F.). — Manuel annuaire de l'imprimerie et de la librairie contenant 1° la législation française, ancienne et moderne, concernant l'imprimerie, la librairie, le colportage et la presse périodique; 2° l'analyse détaillée des législations étrangères relatives à la propriété littéraire et artistique; 3° les conventions internationales; 4° l'indication des formalités à remplir pour s'assurer en France et à l'étranger l'exercice du droit de propriété artistique, littéraire ou scientifique; 5° la liste, d'après les documents officiels, des imprimeurs et libraires français; 6° la liste des principaux libraires étrangers; 7° le catalogue complet des journaux et recueils périodiques actuellement publiés en France. — Paris, P. Jannet, 1855, in-16. 2861

* —. — Notice bibliographique sur M. Léon Boitel. — Paris, Jannet (s. d.), in-8°, 8 p. 2862

Ext. en partie du »Courrier de la librairie« du 19 janvier 1856.

* —. — Publication du Courrier de la librairie. La presse parisienne. Catalogue général des journaux politiques, littéraires, scientifiques et industriels, paraissant au mois de juillet 1857. — Paris, P. Jannet, 1857, in-8°, 34 p. 2863

* **Grisebach** (A.). — Bericht über die Leistungen in der geographischen und systematischen Botanik während des Jahres 1850(-1853). — Berlin, Nicolai, 1853-1856, in-8°. 2864

* —. — Bericht über die Leistungen in der Pflanzgeographie während des Jahres 1843. — Berlin, Nicolai, 1845, in-8°. 2865

* **Grisolle.** — Liste des titres de M. Grisolle, candidat à la chaire de thérapeutique et de matière médicale . . . vacante à la Faculté de médecine de Paris. — Paris, imp. de L. Martinet (1853), in-4, 7 p. 2866

Gröber (G.). — Voy. Zeitschrift für romanische Philologie.

* **Grohmann** (J. G.). — Neues historisch-biographisches Handwörterbuch, oder kurzgefasste Geschichte aller Personen, welche sich durch Talente, Tugenden, Erfindungen, Irrthümer, Verbrechen oder irgend eine merkwürdige Handlung von Erschaffung der Welt bis auf gegenwärtige Zeiten einen ausgezeichneten Namen machten. Nebst unparteiischer Anführung dessen, was die scharfsinnigsten Schriftsteller über ihren Character, ihre Sitten und Werke geurtheilet haben. — Leipzig, Baumgärtner, 1796-1799, 7 vol. in-8°. 2867

Il a paru trois volumes de supplément qui ont, avec le titre précédent, cet autre titre: »Die denkwürdigsten und verdienstvollsten Personen der alten und neuen Zeit, in kurzen biographischen und literarischen Nachrichten als Anhang und Nachtrag zu J. G. Grohmanns historisch-biographisches Handwörterbuch, gesammelt von W. D. Fuhrmann. — Leipzig, Baumgärtner, 1805-1808, 3 vol. in-8°.

— (P.). — Voy. Mittheilungen des österreich. Alpen-Vereines.

* **Gronovius** (L. Th.). — Auctuarium in bibliothecam botanicam, antehac a clariss. viro, botanico eximio d. d. Joanne Francisco Seguierio, conscriptam et editam prolatum. — Lugduni Batavorum, apud Cornelium Haak, 1760, in-4°. 2868

* —. — Bibliotheca regni animalis atque lapidei, seu recensio auctorum et librorum, qui de regno animali et lapideo methodice, physice, medice, chymice, philologice, vel theologice tractant, in usum naturalis historiæ studiosorum conscripta et edita. — Lugduni Batavorum, sumptibus auctoris, 1760, in-4°. 2869

* **Groppo** (Ant.). — Catalogo di tutti i drammi per musica recitati ne' teatri di Venezia dall' anno 1637 in cui ebbero principio le pubbliche rappresentazioni de' medesimi sin all' anno presente 1745. Con tutti gli scenarj, varie edizioni, ed aggiunte fatte a' drammi stessi. — In Venezia, apresso Antonio Groppo, in-12. 2870

* **Gross** (H.). — Deutschlands Dichterinen und Schriftstellerinen. Eine literarhistorische Skizze zusammengestellt. Zweite Ausgabe. — Wien, C. Gerold, 1882, in-8°. 2871

Grosse (J. M.). — Bibliotheca hydrographica, das ist vollständiges Verzeichniss aller bekandten Schrifften welche von denen Heil- Gesund und Sauer-Bronnen, warmen und wilden Bädern mineralischen und metallischen Wassern. — Nürnberg, Altdorff und Leipzig, 1729, in-4°. 2872

Grotefend (C. L.). — Geschichte der Buchdruckereien in den Hannoverschen Landen herausgegeben von G. Eulemann. — Hannover, 1840, in-4°. 2873

—. — Incunabeln-Sammlung von F. G. H. Culemann. — Hannover, (Druck von Culemann), 1844, in-8°, 38 p. 2874

N'est pas dans le commerce.

Growæus Sudovolgiensis (G.). — Elenchus scriptorum in sacram scripturam tam græcorum, quam latinorum, &c. in quo exhibentur eorum gens, patria, professio, religio; librorum tituli, volumina, editiones variæ. Quo tempore claruerint vel obierint. Elogia item aliquot virorum clarissimorum. Quibus omnibus præmissa sunt s. biblia, partesque bibliorum, variis linguis, variis vicibus edita. — Londini, Pitts, 1672, in-8°. 2875

Gruber (J. S.). — Beyträge zur Litteratur der Musik. — Nürnberg, in Comm. bey Gruber u. bey Lübecks seel. Erben in Bayreuth, 1785, in-8°. 2876

Gruber. — Literatur der Kaufleute oder Anführung zur Bücherkunde der Handlungswissenschaft und der damit verschwisterten Wissenschaften, zum Gebrauch für Rechtsgelehrte und Kaufleute. Ein Versuch. Zweite ganz umgearbeitete, sehr vermehrte und mit einem vollständigen Register versehene Auflage. — Frankfurt und Leipzig, 1794, in-8°. 2877

—. — Versuch eines Handbuchs der Literatur der bürgerlichen und Wasserbaukunst, oder systematische Anführung zur Kenntniss der besten Bücher in der bürgerlichen und Wasserbaukunst. — Nürnberg, Lechner, 1810, in-8°. 2878

— (J. v.). — Voy. Verzeichniss sämmtlicher Abhandlungen.

— (J. S.). — Voy. Bibliographie der Bienenzucht. — Voy. Versuch eines Entwurfs einer Bibliothek des deutschen peinlichen und Lehnrechts. — Voy. Westphal (E. Chr.). Systematische Anleitung zur Kenntniss der besten Bücher.

* **Grümbke** (J. J.). — Neue und genaue geographisch-statistisch-historische Darstellungen von der Insel und dem Fürstenthume Rügen. Zur nähern und gründlichen Kenntniss dieses Landes entworfen. — Berlin, Reimer, 1819, 2 vol. in-8°. 2879

Le T. II contient la liste des ouvrages qui traitent de Rügen.

Grünfeld (J.). — Die Endoskopie der Harnröhre und Blase. — Voy. Deutsche Chirurgie N°. 51.

* **Gryphius** (Chr.). — Apparatus sive dissertatio isagogica de scriptoribus historiam seculi XVII illustrantibus. — Lipsiæ, apud Thomam Fritsch, 1710, in-12. 2880

Guarinos (Juan Sempere y). — Voy. Sempere y Guarinos.

* **Guarniere** (P. Em.). — Breve biblioteca dell' architettura militare compilata da un padre a un suo figliuolo. Seconda edizione riveduta e aumentata dall' autore. — Milano, stamperia del Genio tipografico, 1803, in-4°. 2881

Gubernatis (Ang.). — Dizionario biografico degli scrittori contemporanei, ornato di 346 ritratti . . . — Firenze, tip. succ. Le Monnier, 1880, in-8°. 2882

En cours de publication.

* **Gubler** (Ad.). — Candidature à l'Académie de médecine . . . Exposé des titres et travaux scientifiques du docteur Adolphe Gubler . . . — Paris, imp. de Martinet, 1857, in-4°, 12 p. 2883

* — Paris, imp. de Martinet, 1864, in-4°, 44 p.

* **Gueneau de Mussy** (Noel). — Notice sur la vie et les travaux du professeur Chomel. Extrait de la 5e édition des »Eléments de pathologie générale«. — Corbeil, imp. de Crété, 1863, in-8°, 23 p. 2884

* **Guénot** (G.). — M. Romieu et ses œuvres. Extrait de la »Revue des beaux-arts«. — Paris, Ledoyen, 1853, in-12. 2885

Guenther (A. Fr.). — Quædam de Hermaphroditismo proponit et ad audiendam orationem pro rite adeundo munere professoris in academia chirurgico-medica, quæ Dresdæ floret, die V m. novbr. a. 1845 publice habendam humanissime invitat Augustus Fridericus Guenther. Cum tabula lithographica. — Dresdæ, ex officina Teubneri, 1845, in-8°. 2886

Contient, p. 1-12: »Index librorum de Hermaphroditismo agentium«.

* **Günther** (J.) und O. A. **Schulz**. — Handbuch für Autographensammler. Mit Holzschnitten und einer colorirten Tabelle. — Leipzig, Verlag von Otto August Schulz, 1856, in-8°. 2887

* **Guérard** (Alph.). — Exposé des titres antérieurs de M. le docteur Alph. Guérard (20 décembre 1843). — Paris, imp. de Bourgogne et Martinet (s. d.), in-4°, 4 p. 2888

* —. — Exposé des titres antérieurs du docteur Alph. Guérard, candidat à la chaire de matière médicale et de thérapeutique actuellement vacante à la faculté de médecine de Paris. (10 mars 1853). — Paris, imp. de L. Martinet, in-4°, 12 p. 2889

* —. — Exposé des titres de M. Alphonse Guérard pour une place vacante à l'Académie royale de médecine. — Paris, imp. de F. Locquin (15 mai 1838), in-8°, 3 p. 2890

* —. — Exposé des titres scientifiques de M. le Dr. Alph. Guérard . . . (10 mars 1855). — Paris, imp. de L. Martinet (s. d.), in-4°, 8 p. 2891

* — (B.). — Discours sur la vie et les ouvrages du président Jacq.-Aug. de Thou . . . Ce discours a obtenu la première mention honorable à l'Académie française. — Paris, Lheureux, 1824, in-8°, 48 p. 2892

* **Guérin** (Alph.). — Eloge de Vidal (de Cassis), lu à la Société de chirurgie, le 13 juillet 1859. — Paris, imp. de L. Martinet (s. d.). in-8°, 15 p. 2893

La couverture imprimée sert de titre.

* —. — Exposé des titres scientifiques du docteur Alphonse Guérin, candidat à l'académie de médecine. — Paris, imp. Martinet, 1866, in-4°, 24 p. 2894

* —. — Titres services et notice analytique des travaux de M. le docteur Alphonse Guérin, candidat à la place vacante de l'Académie de médecine dans la section de médecine opératoire. — Paris, imp. de L. Martinet, 1863, in-4°, 8 p. 2895

— (J.). — Voy. Vie d'Esprit Calvet.

* **Guérin - Méneville** (F. Ed.). — Liste des principaux travaux zoologiques de M. F.-Ed. Guérin-Méneville. — Paris, imp. de Cosson (s. d.), in-8°, 8 p. 2896

* —. — Notice sur les travaux de zoologie pure et appliquée à l'agriculture de M. F.-E. Guérin-Méneville . . . — Paris, imp. de Fain et Thunot (1847), in-4°, 16 p. 2897

* **Guerle** (Edm. de). — Milton, sa vie et ses œuvres. — Paris, 1868, in-8°. 2898

* **Guichard** (J. M.). — Notice sur le Speculum humanæ salvationis. — Paris, Techener, 1840, in-8°. 2899

* **Guide de l'acheteur en librairie**, journal mensuel . . . divisé en trois parties contenant. 1re partie. — Liste des livres nouvellement parus, avec indication de l'époque de mise en vente des principaux ouvrages sous presse; classés par genres et par éditeurs, de manière à se rendre compte immédiatement des nouveautés publiées par chacun des éditeurs de Paris et de la province, indiquant en outre leurs adresses et leurs conditions de vente. 2e partie. — Liste des livres tombés au rabais, classés par genre d'ouvrages et par ordre alphabétiques d'auteurs, avec le nom des libraires chez lesquels ils sont en vente. — 3e partie. Liste des livres en tous genres, nouveaux, modernes et anciens, neufs ou d'occasion, en vente audessous du cours, provenant de marchands de livres d'occasion. — Paris, Thérard, avril 1855-décembre 1856, gr. in-8°. 2900

* **Guide des arts** (Le) et sciences, et promptuaire de tous livres, tant composez que traduicts en françois. — Paris, Fr. Jaquin imp., 1598, in-8°. 2901

* **Guidi** (Ul.). — Annali delle edizioni e delle versioni dell' Orlando furioso e d'altri lavori al poema relativi. — Bologna, tipografia in via poggiale, 1861, in-8°. 2902

* **Guidi**. — Annali delle edizioni e delle versioni della Gerusalemme Liberata e d'altri lavori al poema relativi. — Bologna, presso la libreria Guidi, 1868, in-8°. 2903

Guiffrey (J. J.) — Voy. Ballot de Sovot. Eloge de Lancret.

* **Guigard** (J.). — Armorial du bibliophile avec illustrations dans le texte. — Paris, Bachelin-Deflorenne, 1873, in-8°. 2904

* —. — Bibliothèque héraldique de la France. — Paris, Dentu, 1861, gr. in-8°. 2905

* —. — Un écrivain Saintongeais, M. Castagnary. — Paris, imp. de Dupray de la Mahérie, 1865, in-8°, 8 p. 2906

* **Guignard** (Ph.). — Notice historique sur la vie et les travaux de M. Fevret de Saint-Memin. — Dijon, imp. de Loireau-Feuchot, 1853, in-8°, 22 p. 2907

* **Guignes** (de) et **Deshauterayes**. — Abrégé de la vie et des ouvrages de M. Fourmont — (S. l. n. d.), in-4°, 20 p. 2908

* **Guigniaut**. — Institut impérial de France. Académie des inscriptions et belles-lettres. Notice historique sur la vie et les travaux de M. le comte Alexandre de La Borde . . . lue dans la séance publique annuelle de cette Académie, le 7 décembre 1860. — Paris, F. Didot, 1861, gr. in-8°, 44 p. 2909

* — — Institut impérial de France. Notice historique sur la vie et les travaux de M. C. Fauriel, lue dans la séance publique annuelle de cette académie le 9 août 1861. — Paris, imp.

de F. Didot frères, fils et Cie., 1862, gr. in-8°. 2910

* **Guignaut.** — Notice historique sur la vie et les travaux de M. le comte A. de Laborde. — Paris, imp. impériale, 1868, in-4°, 44 p. 2911

Ext. du T. XXIII (1re partie), des »Mémoires de l'Académie des inscriptions et belles-lettres«.

* **Guilbert** (Ph.-J.-Et.-Vte). — Mémoires biographiques et littéraires, par ordre alphabétique, sur les hommes qui se sont fait remarquer dans le département de la Seine-Inférieure par leurs écrits, leurs actions, leurs talens, leurs vertus, etc. Ornés de gravures. — Rouen, F. Mari, 1812, 2 vol. in-8°. 2912

Guilbert Pixérécourt (R. Chr.). — Voy. Vie de Dalayrac.

* **Guild** (R. A.). — The librarian's manual; a treatise on bibliography, comprising a select and descriptive list of bibliographical works; to which are added, sketches of publick libraries. Illustrated with engravings. — New York, Charles B. Norton, 1858, in-4°. 2913

Tiré à 500 ex.

—. — Voy. Norton's literary register.

* **Guillaume.** — Archéologie Lorraine. Notice sur plusieurs éditions de la vie de Philippe de Gheldres, et sur divers objets qui ont appartenu à cette princesse. — Nancy, A. Lepage, 1853, in-8°, 44 p. 2914

Guillaumin. — Voy. Coquelin (Ch.). Dictionnaire de l'économie politique.

* **Guillon** (A.). — Notice sur l'édition princeps du recueil des œuvres de Cicéron, et sur Alexandre Minutianus auteur de cette édition. — (Paris), imp. de Pillet aîné, s. d., in 8°, 16 p. 2915

* — (J. E.). — Extrait du »Bulletin de la Société académique de Laon. T. IV«. Notice sur la vie et les ouvrages du Père Cotte, ... — Laon, imp. de Fleury, 1855, in-8°, 39 p. 2916

* **Guillory.** — Le marquis de Turbilly agronôme angevin du XVIIIe siècle. Deuxième édition, revue et augmentée, avec des appréciations historiques et critiques par MM. E. Chevreul et P. Clément ... — Paris, Guillaumin, 1862, in-18. 2917

* —. — Notice sur le Mis de Turbilly, agronôme angevin du XVIIIe siècle. — Angers, imp. de Cosnier et Lachèse, 1849, in-8°. 2918

Ext. du »Bulletin de la Société industrielle d'Angers«, no 4, 1849. — La couverture imprimée sert de titre.

* **Guillot** (N.). — Titres et travaux scientifiques de M. Natalis Guillot, docteur en médecine... — Paris, imp. de Gros (1852), in-4°, 19 p. 2919

* — Paris, imp. de Gros, 1855, in-4°, 19 p.

* **Guinier** (H.). — Exposé des titres et travaux scientifiques du docteur Henri Guinier, candidat à l'agrégation (section de médecine). Concours du 2 janvier 1857. — Montpellier, imp. de Ricard frères, 1856, in-4°, 22 p. 2920

* —. — Notice sur les titres et travaux scientifiques du docteur agrégé Henri Guinier, candidat à la chaire d'hygiène, vacante à la faculté de médecine de Montpellier par le décès de M. le professeur Ribes. — Montpellier, imp. de P. Grollier, 1864, in-8°, 28 p. 2921

* **Guise** (S.). — A catalogue of oriental manuscripts collected in Indostan. From the year 1777 till 1792, in-8°, 23 p. 2922

* **Guiter** (Em.). — Thèse pour le doctorat en médecine présentée et soutenue le 29 décembre 1881 ... Des cirrhoses mixtes. — Paris, imp. A. Parent, 1881, in-4°. 2923

Contient, p. 122-123: »Index bibliographique«. (39 art.)

* **Guizot.** — Institut national de France Académie française. Funérailles de M. Droz. Discours prononcé aux funérailles de M. Droz, le mardi 12 novembre 1850. — Paris, typ. de F. Didot (1851), gr. in-8°, 32 p. 2924

Se termine par la liste chronologique des ouvrages de Joseph Droz.

Gumposch (V. Ph.). — Die philosophische Literatur der Deutschen von 1400 bis auf unsere Tage. — Regensburg, Manz, 1851, in-8°. T. I. 2925

A aussi cet autre titre: »Die philosophische und theologische Literatur der Deutschen von 1400 bis auf unsere Tage«. — Le T. I a seul paru.

Gurgui (J. Collet y). — Voy. Collet y Gurgui (J.).

* **Gussago** (G. J.) — Memorie storico-critiche sulla tipografia Bresciana raccolte ed estese... — Brescia, per Nicolò Bettoni, 1811, in-4°. 2926

Gussenbauer (C.). — Die traumatischen Verletzungen. — Voy. Deutsche Chirurgie. N°. 15.

Gutbier (Ad.). — Voy. Rafael-Werk.

Gutenäcker (J.). — Verzeichniss aller Programme und Gelegenheitsschriften, welche an den K. Bayer. Lyzeen, Gymnasien und lateinischen Schulen vom Schuljahre 1823/24 bis zum Schlusse des Schuljahres 1859/60 erschienen sind, geordnet A. nach Studienanstalten, B. nach Verfassern, C. nach Gegenständen. Ein Beitrag zur Schul- und Literaturgeschichte Bayerns. — Bamberg, Buchner, 1862, in-4°. 2927

Guthe (H.). — Voy. Bibliotheca historico-naturalis.

Guttmann (P.). — Voy. Jahrbuch für practische Aerzte.

Guyon. — Voy. Eloge funèbre de M. Monge.

Gujot (J. A.). — Voy. La France littéraire.

* **Guyot** (C. et R. T.). — Liste littéraire philocophe ou catalogue d'étude de ce qui a été publié jusqu'à nos jours sur les sourds-muets; sur l'oreille, l'ouïe, la voix, le langage, la mimique, les aveugles etc. etc. — Groningue, J. Oomkens, 1842, in-8°. 2928

* — **de Fère.** — Biographie et Dictionnaire des littérateurs et des savants français contemporains, bibliographie, travaux littéraires et scientifiques. — Paris, au bureau du Journal des arts, des sciences et des lettres, 1859, in-4°. 2929

Le faux titre porte: »Bibliographie et dictionnaire des littérateurs et des savants.«

* —. — M. Canel (Alfred), littérateur et archéologue. Extrait du »Journal des arts, des sciences et des lettres«. — Amiens, imp. de Caron et Lambert (1859), in-12, 12 p. 2930

* —. — Notice sur les travaux de M. Coste (Pascal-Xavier), architecte... Extrait de l'ouvrage ayant pour titre »Biographie et dictionnaire des littérateurs et des savants français contemporains«. — Amiens, imp. de Caron et Lambert (1862), in-4°, 2 p. à 2 colonnes. 2931

* —. — Notice sur M. Edouard de La Barre Duparcq, ... Extraite de l'ouvrage ayant pour titre: »Biographie et dictionnaire des littérateurs et des savants contemporains«. — Amiens, imp. de Caron et Lambert (1860), in-4°, 4 p. 2932

* —. — Statistique des lettres et des sciences en France. Institutions et établissements littéraires et scientifiques. Dictionnaire des hommes de lettres, des savans existant en France, leurs ouvrages, leur domicile actuel etc. etc. — Paris, chez l'auteur, 1834-1835, 2 vol. in-8°. 2933

* **Guys** (H.). — Notice biographique et littéraire sur Pierre-Augustin Guys,...

— Marseille, imp. de Roux, 1858, in-8°, 39 p. 2934

* **Guys** (H.). — Notice historique sur la vie et les ouvrages de M. Joseph Agoub. — Marseille, imp. de Roux, 1861, in-8°, 24 p. 2935

Ext. du »Répertoire des travaux de la Société de statistique de Marseille«, T. XXIV, année 1860.

* **Gwinner** (Fr.). — Kunst und Künstler in Frankfurt am Main vom dreizehnten Jahrhundert bis zur Eröffnung des Städel'schen Kunstinstituts. — Frankfurt a. M., Baer, 1862, in-8°. 2936

Contient, p. IX-XVI: »Literatur«.

* — Zusätze und Berichtigungen ... — Frankfurt a. M., 1867, in-8°.

* **Haan** (W.). — Sächsiches Schriftsteller-Lexicon. Alphabetisch geordnete Zusammenstellung der im Königreich Sachsen gegenwärtig lebenden Gelehrten, Schriftsteller und Künstler nebst kurzen biographischen Notizen und Nachweis ihrer im Druck erschienenen Schriften. — Leipzig, Robert Schaefer's Verlag, 1875, in-8°. 2937

* **Haas** (C.-P.-M.). — Un Avocat du Midi, ses œuvres judiciaires, politiques, maritimes et d'économie sociale. — Paris, P. Dupont, 1862, in-16. 2938

Les »Prolégomènes« sont suivis d'un faux titre portant: »Frédéric Billot et ses œuvres«.

* — (E.). — Catalogue of sanskrit and pali books in the British Museum. Printed by permission of the trustees of the British Museum. — London, Trübner & Co., 1876, in-4°. 2939

Haberl (Fr. X.). — Voy. Eitner (R.). Bibliographie der Musik-Sammelwerke.

* **Hacker** (H. A.). — Literatur der syphilitischen Krankheiten vom Jahre 1794 bis mit 1829, als Fortsetzung der Girtanner'schen Literatur zu betrachten, welche in dem 2. und 3. Bande seines Werkes »Abhandlung über die venerischen Krankheiten« enthalten sind, und bis zu dem Jahre 1794 reicht. — Leipzig, Gleditsch, 1830, in-8°. 2940

— Neueste Literatur der syphilitischen Krankheiten (von 1830-1838) nebst Nachträgen zu früheren Jahren herausgegeben. — Leipzig, O. Wigand, 1839, in-8°.

Haden (F. S.). — Descriptive catalogue of Etched Work by Sir W. R. Drake. — London, Macmillan, 1880, in-8°. 2941

* —. — The etched work of Rembrandt. A monograph. Written as a introduction to a chronological exhibition of Rembrandt's Etchings — being the first of its kind — held at the Burlington fine arts club, may, 1877, for the purpose of introducing and substantiating new views as to the unauthentic character of certain of those Etchings. — London, 1879, in-8°. 2942

Haeberlin (Fr. D.). — Designatio librorum quorundam ab inventa typographia ad annum usque 1500 excusorum, excerpta ex catalogo bibliothecæ Krafftianæ, variis observationibus stipata et ita adornata, ut supplementi loco ad Maittairii Annales typographicos haberi queat. — Ulmæ, tip. Wagneri, 1740, in-8°. 2943

Haeghen (F. Van der). — Voy. Van der Haeghen.

* **Haeser** (H.). — Bibliotheca epidemiographica sive catalogus librorum de historia morborum epidemicorum cum generali tum speciali conscriptorum. — Jenæ, sumtibus Friderici Mauke, 1843, in-8°. 2944

* —. — Editio altera aucta et prorsus recognita. — Gryphisvaldiæ, ex libraria academica, 1862, in-8°.

* —. — Lehrbuch der Geschichte der Medicin und der epidemischen

Krankheiten. Dritte völlig umgearbeitete Auflage. — Jena, Verlag von Gustav Fischer, 1881, in-8°, 2 vol. 2945

Hagemann (J. G.). — Nachricht von den fürnehmsten Uebersetzungen der heiligen Schrift in andre Sprachen, nebst deren ersten und fürnehmsten Ausgaben. Zweite Auflage. — Braunschweig, Meyer, 1750, in-8°. 2946

La 1re éd. a paru à Quedlinburg en 1747.

* **Hagen**. — Etude littéraire et historique sur Pierre Daniel, d'Orléans. Traduit de l'allemand par Paul de Félice. Avec une introduction et un appendice. — Orléans, Herluison, 1876, in-8°. 2947

* — (H. A.). — Bibliotheca entomologica. Die Literatur über das ganze Gebiet der Entomologie bis zum Jahre 1862. — Leipzig, Verlag von W. Engelmann, 1862 - 1863, 2 vol. in-8°. 2948

— (K.). — Der Maler Johann Michael Voltz von Nördlingen (1784-1858) und seine Beziehung zur Zeit- und Kunstgeschichte in der ersten Hälfte des 19. Jahrhunderts. Mit einem Verzeichnisse seiner Werke. — Stuttgart, Ebner und Seubert, 1863, in-8°. 2949

Hagenbach (K. R.). — Encyklopädie und Methodologie der theologischen Wissenschaften. Sechste verbesserte Auflage. — Leipzig, Hirzel, 1861, in-8°. 2950

* **Hager** (M. J. G.). — Geographischer Büchersaal zum Nutzen und Vergnügen eröfnet. — Chemnitz, bey Johann David Stössels Erben, 1766-1778, 3 vol. in-12. 2951

Le premier fascicule a paru en 1764. L'ouvrage a 30 fascicules et le T. III porte en outre du titre précédent: »nebst einem nöthigen Register über die dritten zehn Stücke«.

* **Hahn** (G.). — Systematisch geordnetes Verzeichniss der Abhandlungen, Reden und Gedichte, die in den an den Preussischen Gymnasien und Progymnasien 1842-1850 erschienenen Programmen enthalten sind. — Salzwedel, Schmidt in Comm., 1854, in-4°. 2952

Suite de l'ouvrage de Winiewski.

* **Haigneré** (D.). — Etude sur la vie et les ouvrages de Mgr. François-Joseph-Gaston de Partz de Pressy. Ouvrage couronné par l'Académie d'Arras, dans sa séance solennelle du 26 août 1857. — Arras, imp. de A. Courtin, 1858, in-8°. 2953

* **Haillet de Couronne**. — Eloge de M. Du Boulay. — Rouen, Le Boucher fils, 1771, in-8°, 48 p. 2954

* **Hain** (L.). — Repertorium bibliographicum, in quo libri omnes ab arte typographica inventa usque ad annum 1500 typis expressi ordine alphabetico vel simpliciter enumerantur vel adcuratius recensentur. — Stuttgartiæ, Cotta, 1826 - 1838, 2 vol. en 4 tomes in-8°. 2955

—. — Voy. Fernow (C. L.). Francesco Petrarca.

* **Haji Khalfa.** — Lexicon bibliographicum et encyclopædicum a Mustapha ben Abdallah Katib Jelebi dicto et nomine Haji Khalfa celebrato compositum. Ad codicum Vindobonensium Parisiensium et Berolinensis fidem primum edidit latine vertit et commentario indicibusque instruxit Gustavus Fluegel . . . — Leipzig, published for the oriental translation fund of Great Britain and Ireland, 1835-1858, 7 vol. in-4°. 2956

Le T. I est suivi de la liste des ouvrages publiés par l'Oriental translation fund of Great Britain, et de ceux qui sont sous presse et en préparation.

* **Haldat** (de). — Eloge historique de Nicolas Saucerotte, lu à la séance

publique de la Société royale de Nancy, le 18 août 1814. — Nancy, imp. de F. Guivard, 1815, in-8°, 17 p. 2957

* **Haldat** (de). — Notice des travaux du docteur de Haldat, de Nancy, présentée à MM. les membres de l'Académie des sciences. — Paris, imp. de Bachelier (1841), in-4°, 4 p. 2958

* — Nancy, imp. de Raybois (1841), in-4°, 8 p.

* **Haldorsonius** (B.). — Lexicon Islandico-latino-danicum. Biörn Haldorsens islandske Lexikon. Ex manuscriptis Legati Arna-Magnæani cura R. K. Raskii editum. Præfatus est P. E. Müller. — Havniæ, Schuboth, 1814, in-4°. 2959

Le T. I contient, p. XVI-XXXIV: »Conspectus criticus librorum islandicorum impressorum ad antiquam litteraturam pertinentium«.

* **Halem** (L. W. C. von). — Bibliographische Unterhaltungen. — Bremen, in Commission bey Friedrich Wilmans, 1795, in-12. Erstes Bändchen. 2960

* **Halévy** (F.). — Institut impérial de France. Académie des beaux arts. Notice historique sur la vie et les travaux de M. Fontaine, lue à la séance publique du samedi 7 octobre 1854. — Paris, imp. de Didot fr., 1854, gr. in-8°, 40 p. 2961

* —. — Institut impérial de France. Académie des beaux arts. Notice historique sur la vie et les travaux de M. George Onslow, lue dans la séance publique annuelle du 6 octobre 1855. — Paris, imp. de F. Didot, 1855, gr. in-8°, 24 p. 2962

La couverture imprimée sert de titre.

* **Halévy** (F.). — Institut impérial de France. Académie des beaux arts. Notice sur la vie et les ouvrages de M. Adolphe Adam, lue dans la séance publique annuelle du samedi 1er octobre 1859. — Paris, imp. de Didot, 1859, gr. in-8°, 30 p. 2963

* **Halévy** (F.). — Institut impérial de France. Académie des beaux-arts. Notice sur la vie et les ouvrages de M. Paul Delaroche,... lue dans la séance publique annuelle du samedi 2 octobre 1858. — Paris, imp. de Didot fr., 1858, gr. in-8°, 32 p. 2964

* —. — Institut impérial de France... Notice sur la vie et les ouvrages de M. Simart, lue dans la séance publique annuelle du 12 octobre 1861. — Paris, imp. de Didot fr., fils et Cie, 1861, gr. in-8°, 24 p. 2965

* — (L.). — F. Halévy, sa vie et ses œuvres. Récits et impressions personnelles. Simples souvenirs. — Paris, Paul Dupont, 1862, in-8°, 48 p. 2966

* Seconde édition, revue et augmentée avec autographes et portrait d'après Roller. — Paris, Heugel, 1863, gr. in-8°.

* **Halkett** (S.) and J. **Laing**. — A dictionary of the anonymous and pseudonymous literature of Great Britain. Including the works of foreigners written in, or translated into the english language. — Edinburgh, William Paterson, 1882, in-8°. T. I. 2967

Hall (B. H.). — Voy. Norton's literary letter n° 2.

* **Hall** (F). — A contribution towards an index to the bibliography of the indian philosophical systems. Published by order of the Gov't N. M. P. — Calcutta, printed by C. B. Lewis, Baptist Mission Press, 1859, in-8°. 2968

* **Hallberg-Broich** (von). — Kriegsgeschichten, Reisen und Dichtungen. Aus den hinterlassenen Papieren des Herrn Freiherrn von Hallberg-Broich (Eremit von Gauting). Mit biographischen Skizzen über den Verfasser. — Landshut, Rietsch, 1862, in-8°. 2969

Contient. p. 209-220, une liste chronologique de tous les écrits d'Hallberg-Broich.

—. — Voy. Künssberg-Thurnau Kriegsgeschichten.

* **Haller.** — Conseils pour former une bibliothèque historique de la Suisse. — Berne, chés la societé typographique, 1771, in-12. 2970

*— (Alb. von). — Bibliotheca anatomica. Qua scripta ad anatomen et physiologiam facientia a rerum initiis recensentur. — Tiguri, apud Orell, Gessner, Fuessli et socc. 1774-1777, 2 vol. in-4°. 2971

*—. — Bibliotheca botanica. Qua scripta ad rem herbariam facientia a rerum initiis recensentur. — Tiguri, Orell, Gessner, Fuessli, et soc., 1771-1772, 2 vol. in 4°. 2972

—. — Bibliotheca medicinæ practicæ qua scripta ad partem medicinæ practicam facientia a rerum initiis recensentur. — Basileæ, Schweighauser, & Bernæ, Haller, 1776-1779, 3 vol. in-4°. 2973

Il a paru un T. IV: »... ex ejus schedis restituit, auxit et edidit Joachim Dieterich Brandis. — Basileæ, 1788«.

—. — Hermanni Boerhaave viri summi, suique præceptoris methodus studii medici emaculata et accessionibus locupletata. — Amstelædami, a Wetstein, 1751, 2 vol. in-4°. 2974

—. — Gedichte. — Voy. Bibliothek älterer Schriftwerke der deutschen Schweiz.

*— (G. Em. von). — Bibliothek der Schweizer-Geschichte und aller Theile, so dahin Bezug haben. Systematisch-chronologisch geordnet. — Bern, Haller, 1785-1788, 6 vol. in-8°. 2975

Les T. IV-VI, après la mort de l'auteur en 1786, ont été publiés par J. J. Stapfer.

* **Hallervordius** (J.). — Bibliotheca curiosa in qua plurimi rarissimi atque paucis cogniti scriptores, interque eos antiquorum ecclesiæ doctorum præcipuorum, et classicorum auctorum fere omnium ætas, officium, professio, obitus, scripta, horumque optimæ ac novissimæ editiones indicantur collecta. — Regimonti et Francofurti, sumptibus Martini Hallerwordii, 1676, in-4°. 2976

* **Halliwell** (J. Orch.). — A catalogue of chap-books, Garlands and popular histories, in the possession of James Orchard Halliwell. — London, for private circulation, 1849, in-16. 2977

*—. — A dictionary of old english plays existing either in print or in manuscript, from the earliest times to the close of the seventeenth century; including also notices of latin plays written by english authors during the same period. — London, John Russell Smith, 1860, in-8°. 2978

*—. — A hand-list of the early english literature preserved in the Douce collection in theBodleian library; selected from the printed catalogue of that collection. — London, for private circulation only, 1860, in-8°. 2979

Tiré à 51 ex.

*—. — A hand list of the early english literature preserved in the Malone collection in the Bodleian library; selected from the printed catalogue of that collection. — London, for private circulation only, 1860, in-8°. 2980

Tiré à 51 ex.

*—. — Shakesperiana. A catalogue of the early editions of Shakespeare's plays, and of the commentaries and other publications illustrative of his works. — London, John Russel Smith, 1841, in-8°, 46 p. 2981

* **Halvorsen** (J. B.). — Norsk Forfatter-Lexikon 1814-1880. Paa Grundlag af J. E. Krafts og Chr. Langes

»Norks Forfatter-Lexikon 1814-1856« samlet, redigeret og udgivet af J. B. Halvorsen. — Kristiania, den norske Forlagsforening, 1881, in-8°. 2982

En cours de publication.

Hamberger (C. H.). — Voy. Rossi (G. B. de). Historisches Wörterbuch der jüdischen Schriftsteller.

* — (G. Ch.). — Das gelehrte Teutschland oder Lexikon der jetzt lebenden teutschen Schriftsteller. Angefangen von ... Fortgesetzt von Johann Georg Meusel. Fünfte durchaus vermehrte und verbesserte Ausgabe. — Lemgo, im Verlage der Meyerschen Buchhandlung, 1796-1834, 23 vol. in-8°. 2983

Au T. XVIII on lit en outre: »Aus Meusel's Nachlasse herausgegeben von Johann Samuel Ersch«. — Aux T. XIX-XXI: »Bearbeitet von Johann Wilhelm Sigismund Lindner und herausgegeben von Johann Samuel Ersch«. — Au T. XXII: »Bearbeitet und herausgegeben von Johann Samuel Ersch«.

* —. — Das gelehrte Teutschland oder Lexicon der jetztlebenden Teutschen Schriftsteller zusammengetragen. — Lemgo, in der Meierschen Buchhandlung, 1767 - 1768, 3 vol. in-8°. 2984

* —. — Kurze Nachrichten von den vornehmsten Schriftstellern vor dem 16ten Jahrhundert. — Lemgo, 1766-1767, 2 vol. in-8°. 2985

* —. — Zuverlässige Nachrichten von den vornehmsten Schriftstellern vom Anfange der Welt bis 1500. Mit einer Vorrede Gr. Wohlgebohrn des Herrn Professors Gesner. — Lemgo, bei sel. Joh. Heinr. Meyers Witwe, 1756-1760, 3 vol. in-8°. 2986

* **Hamburgische bibliotheca historica,** der Studierenden Jugend zum Besten zusammen getragen. — Leipzig, bey Joh. Friedr. Gleditsch, 1715 - 1718, 6 vol. in-12. 2987

* — Register über die ersten zehn centurien. — Leipzig, bey J. F. Gleditsch, 1729, in-12.

Hamburgum literatum anni 1716. Calendis septemb. editum. — Hamburgi, Keil, in-8°, 48 p. 2988

* **Hamelin** (F.). — Essai sur la vie et les ouvrages d'Alcuin. Thèse pour le doctorat, présentée à la faculté des lettres de Rennes. — Rennes, imp. de Oberthur, 1873, gr. in-8°. 2989

* **Hamilton** (Al.) & L. **Langlés.** — Catalogue des manuscrits samskrits de la bibliothèque impériale, avec des notices du contenu de la plupart des ouvrages etc. — Paris, imp. bibliographique, 1807, in-8°. 2990

Hammarsköld (L.). — Förteckning på de i sverige från älldre till närvarande Tider utkomna Scholeoch Undervisnings-Böcker. Till följe af kongl. Uppfostrings - Committéens anmodan uppsatt och på des bekostnad utgifven. — Stockholm, Hedmansku Boktryck, 1817, in-8°. 2991

—. — Voy. Förteckning öfwer de i swerige. — Voy. Repertorium for swenska Bokhandeln. — Voy. Swenska Boktrycknings-Historien.

* **Hammer** (J. von). — Geschichte des Osmanischen Reiches, grossentheils aus bisher unbenützten Handschriften und Archiven. — Pest, Hartleben, 1831-1835, 10 vol. gr. in-8°. 2992

Le T. VII contient, p. 583-595: »Eine chronologische Liste der aus der Druckerei von Constantinopel hervorgegangenen Werke«; le T. VIII, p. 518-523: »Eine Liste der seit Einführung der Druckerei zu Kairo erschienenen Werke«; le T. IX, p. 689-690 un »Nachtrag«.

—. — Geschichte des Osmanischen Reiches grossentheils aus bisher unbenützten Handschriften und Archiven. — Pest, Hartleben, 1835, gr. in-8°, T. X. 2993

Contient, p. 57-336 et 377-388: »Verzeichniss der in Europa (ausser Constantinopel) erschienenen, osmanische Geschichte betreffenden Werke«.

* **Hammer-Purgstall.** — Literaturgeschichte der Araber. Von ihrem Beginne bis zu Ende des zwölften Jahrhunderts der Hidschret. — Wien, aus der k. k. Hof- und Staatsdruckerei, 1850-1856, 7 vol. in-4°. 2994

* **Hamst** (O.). — Handbook of fictitious names: being a guide to authors, chiefly in the lighter literature of the XIX th. century, who have written under assumed names, and to literary forgers, impostors, plagiarists, and imitators. — London, John Russell Smith, 1868, in-8°. 2995

* —. — A martyr to bibliography: a notice of the life and works of Joseph-Marie Quérard bibliographer. Principally taken from the autobiography of Mar. Jozon d'Erquar (anagram); with the notices of Gustave Brunet, J. Assezat, and Paul Lacroix (bibliophile Jacob); and a list of bibliographical terms, after Perquin, with notes and notices. — London, 1867, in-8°. 2996

Handbuch für Theologen, Buchhändler, Antiquare und Auctionatoren, so wie für alle diejenigen, welche eine genaue Kenntniss der neuesten theologischen Schriften erhalten wollen. — Berlin, 1803, in-8°. 2997

Handbuch zur Kenntniss der vorzüglichsten Ausgaben der griechischen und römischen Classiker, ihrer Uebersetzungen und Erläuterungsschriften nebst den richtigen Ladenpreisen derselben. Für Lehrer und Studirende. Von einem alten Schulmanne. — Halberstadt, Vogler, 1823, in-8°. 2998

* **Handelmann** (H.). — Geschichte von Brasilien. — Berlin, Springer, 1860, gr. in-8°. 2999

Contient, p. 969-989 : »Literatur«.

* **Haner** (G. J.). — De scriptoribus rerum Hungaricarum et transsilvanicarum sæculi XVII scriptisque eorundem. Opus posthumum. — Cibinii, Hochmeister, 1798, in-8°. 3000

Hanésse (C. L.). — Voy. Weber (C. F.). Repertorium der classischen Alterthumswissenschaft.

* **Hankius** (M.). — De Byzantinarum rerum scriptoribus græcis liber. Autorum quinquaginta, qui de Constantinopolitanis aliisque tam civilibus, quam ecclesiasticis antiquitatibus monumenta nobis reliquerunt, vitas, scripta, de scriptis judicia distinctiorem in modum recenset. Accesserunt sex indices. — Lipsiæ, sumtibus Johannis Adami, Kästneri, 1677, in-4°. 3001

* —. — De romanarum rerum scriptoribus, liber in eo quid contineatur, ad lectorem epistola docet. — Lipsiæ, Laurentii Sigismundi Cörneri bibliopolæ impendiis, 1669, in-4°. 3002

* —. — De romanarum rerum scriptoribus liber secundus. Autorum qui de romanis aliorumque populorum, tam civilibus, quam ecclesiasticis rebus, monumenta nobis reliquerunt, vitas, scripta, de scriptis judicia distinctiorem in modum recenset. Scriptores pars prior quinquaginta nondum commemoratos exhibet, posterior illos centum, de quibus liber primus agit, additamentis plenius illustrat. — Lipsiæ, Laurentii Sigismundi Cörneri bibliopolæ impendiis, 1675, in-4°. 3003

* —. — De silesiis indigenis eruditis post literarum culturam, cum christianissimi studiis, anno 965 susceptam, ab anno 1165 ad 1550. Liber singularis. Additi sunt sex indices. — Lipsiæ, Bauch Bibliop. Vratislav., 1707, in-4°. 3004

—. — De silesiis alienigenis eruditis ab anno Christi 1170 ad 1550. Liber singularis. Additi sunt sex indices. — Lipsiæ, Bauch Bibliop. Vratislav., 1707, in-4°. 3005

Suite du précédent.

Hanky (V.). — Bibliografie prvotisků českých od 1468 až do 1526 léta. (Vyňato z Casopisu českého Museum XXVI. roč. 3 a 4 sv.).— U Praze, tisk Jeřábkové, vedenim Hlaváčka, 1853, in-8°. 3006

Bibl. des incunables de Bohême.

* **Hannot** (J. B.). — Index ou catalogue des principaux livres condamnés et défendus par l'eglise; extrait fidelement du grand index romain, et d'un appendice fidelle, avec des reflexions historiques et theologiques sur les plus considerables decrets et constitutions des souverains pontifes, touchant les matieres du temps. — A Namur, chez Pierre Hinne, 1714, in-12. 3007

* —. — Index librorum prohibitorum ex magno indice romano et appendice unica fideliter excerptus. — Namurgi, typis Petri Hinne, 1714, in-12. 3008

Hanssens (L.). — Voy. Hélie (F.). Traité de l'instruction criminelle.

* **Hanus** (I. J.). — Quellenkunde und Bibliographie der bömisch-slovenischen Literatur-Geschichte vom Jahre 1348-1868. — Prag, Druck von Eduard Grégr, 1868, in-8°. 3009

—. — Die lateinisch-böhmischen Oster-Spiele des 14.-15. Jahrhunderts handschriftlich aufbewahrt in der K. K. Universitäts-Bibliothek zu Prag. — Prag, Bellmann, 1863, in-8°. 3010

Contient, p. 17-22: »Literatur über die Kirchendramen«.

—. — Systematisch und chronologisch geordnetes Verzeichniss sämmtlicher Werke und Abhandlungen der Königl. Böhmischen Gesellschaft der Wissenschaften. — Prag, Druck von Rohliček, 1854, in-8°. 3011

* **Hardoüin** (H.). — Essai sur la vie et sur les ouvrages de Charles Dufresne Du Cange. — Amiens, M.-S. Lenoël-Hérouard, 1849, in-8°, 48 p. 3012

* **Hardoüin** (H.). — Société des antiquaires de Picardie. Notice sur la vie et les ouvrages de M. François Guérard, . . . lue en séance publique le 12 juillet 1857. — Amiens, imp. de E. Herment, 1857, in-8°, 20 p. 3013

Ext. du T. XV des »Mémoires de la Société des antiquaires de Picardie«.

Hardt (H. von der). — Voy. Antiqua literarum monumenta.

* **Hardy**. — Titres et travaux scientifiques présentés par M. le docteur Hardy, à l'appui de sa candidature à la chaire de pathologie interne vacante à la Faculté de médecine de Paris. — Paris, imp. de Hennuyer, 1855, in-4°, 8 p. 3014

* — (Th. D.). — Descriptive catalogue of materials relating to the history of Great-Britain and Ireland. — London, 1862-1865, 2 vol. en 3 tomes in-8°. 3015

Fait partie des: »Rerum britannicarum medii ævi scriptores«.

Harland (R. H.). — Voy. Lock (Ch.). Sugar growing.

* **Harles** (Th. Chr.). — Brevior notitia litteraturæ romanæ in primis scriptorum latinorum. — Lipsiæ, Weidmann, 1799, in-8°. 3016

* —. — Introductio in notitiam litteraturæ romanæ inprimis scriptorum latinorum. — Noribergæ, in officina Felseckeriana, 1781, in-8°, 2 vol. 3017

* —. — Supplementa ad breviorem notitiam litteraturæ romanæ in primis scriptorum latinorum. — Lipsiæ, in libraria Weidmanniana, 1801, in-8°. Pars posterior. 3018

* **Harless** (Chr. Fr.). — Die Litteratur der ersten hundert Jahre nach der Erfindung der Typographie, in den

meisten Hauptfächern der Wissenschaften, mit besonderer Rücksicht auf klassische Philologie, Geschichte und Chronik, Erd- und Länderkunde, Reisen, Naturgeschichte, Medicin und ihre Zweige, Dichtkunst und Romantik. Ein Beitrag zur Geschichte dieser Wissenschaften im Mittelalter und seinem Uebergange zur neuern Zeit. — Leipzig, Fest'sche Verlagsbuchhandlung, 1840, in-8°. 3019

* **Harless** (G. Chr.). — Brevior notitia litteraturæ græcæ in primis scriptorum græcorum ordini temporis accommodata in usum studiosæ juventutis. — Lipsiæ, Weidmann, 1812, in-8°. 3020

Harnack (Ad.). — Voy. Gebhardt (Oscar von). Texte und Untersuchungen zur Geschichte der altchristlichen Literatur.

* **Harrison** (J. E.). — Myths of the Odyssey in art and literature. — London, Rivingston, 1882, in-8°. 3021

Contient, p. 215-219: Appendix of authorities. (111 art.)

* — (W. J.). — Geology of the counties of England and of North and South Wales. — London, Kelly, 1882, in-8°. 3022

Contient, p. XXV-XXVIII: »List of the more important books treating generally of the geology of England and Wales«. — Chaque chapitre est précédé en outre de la bibliographie spéciale au comté.

* **Harrisse** (H.). — Bibliographie de Manon Lescaut et notes pour servir à l'histoire du livre. Seconde Edition, revue et augmentée. — Paris, Morgand et Fatout, 1877, in-8°. 3023

* —. — Histoire du chevalier Des Grieux et de Manon Lescaut. Bibliographie et notes pour servir à l'histoire du livre, 1728-1731-1753. — Paris, Rouquette, 1857, in-8°. 3024

Tiré à 127 ex. dont 2 sur papier Whatman, tous numérotés.

* **Harrisse** (H.). — Notes pour servir à l'histoire, à la bibliographie et à la cartographie de la Nouvelle-France et des pays adjacents 1545-1700. Par l'auteur de la Bibliotheca americana vetustissima. — Paris, Tross, 1872, in-8°. 3025

—. — Voy. Bibliotheca americana vetustissima. — Voy. Introduccion de la imprenta en América.

* **Hart** (G.). — De Tzetzarum nomine vitis scriptis. Commentatio ex supplementis Annalium philologicorum seorsum expressa. — Lipsiæ, typis B. G. Teubneri, 1880, in-8°. 3026

* **Hartfelder** (K.). — Badische Literatur in den Jahren 1877 bis 1879. — Karlsruhe, G. Braun, 1881, in-8°. 3027

Ext. de la »Zeitschrift für die Geschichte des Oberrheins«.

Hartitzsch (Ad. C. H. von). — Das Erbrecht nach römischen und heutigen Rechten, bearbeitet nach Haubold. — Leipzig, Kayser, 1827, in-8°. 3028

Contient, p. 13-14: »Literatur des Erbrechts«. — Cette bibliographie n'est que pour les traités généraux. Les ouvrages particuliers sont indiqués dans le corps du volume.

* **Hartshorne** (C. H.). — The book rarities in the university of Cambridge. Illustrated by original letters and notes, biographical, literary, and antiquarian. — London, printed for Longman, Rees, . . . 1829, in-8°. 3029

Hartung (H.). — Voy. Gœthe-Schiller-Museum. — Voy. Schiller-Bibliothek.

* **Hartzheim** (J.). — Bibliotheca coloniensis, in qua vita et libri typo vulgati et manuscripti recensentur omnium archi-diœceseos coloniensis, ducatuum Westphaliæ, Angariæ, Moersæ, Cliviæ, Juliaci, Montium; comitatûs Arensbergæ, Marchiæ, Vestæ Recklinghusanæ, Territoriorum Ravensteinii, Ravensbergæ, Effendiæ, Werdenæ, civitatum, Colo-

niæ, Aquarum-Crani, Tremoniæ, indigenarum et incolarum scriptorum. Præmittitur chorographica descriptio omnium Parochiarum ad archi-diœceseos coloniensis hierarchiam pertinentium. Subjungitur index quadruplex: primus cognitionum; secundus nationum; tertius dignitatum et statuum; quartus materiarum, et speciatim historiographorum etiam anecdotorum, anonymorum, et mss. de his regionibus, et harum jure publico tractantium. Accedunt vitæ pictorum, chalcographorum, et typographorum celebrium nostratium. — Coloniæ Augustæ Agrippinensium, sumptibus Thomæ Odendall, 1447, in-fol. 3030

* **Harwood** (Ed.). — Prospetto di varie edizioni degli autori classici greci e latini tradotto dall' originale inglese del Dr. Eduardo Arvood corretto ed accresciuto da Maffeo Pinelli veneziano. — In Venezia, nella stamperia di Carlo Palese, 1780, in-8°. 3031

* — Rhagusii, 1787, in-8°.

* —. — A view of the various editions of the greek and roman classics, with remarks. The second edition corrected and enlarged. — London, printed for T. Becket, 1778, in-12. 3032

* — The third edition. — London, printed for Robinson, 1782, in-12.

* — The fourth edition. To which is added, a view of the prices of the early editions of the classics at the late sale of the Pinellian library. — London, printed for G. G. J. and J. Robinson, 1790, in-12.

* —. — Uebersicht verschiedener Ausgaben der griechischen und römischen Classiker mit Anmerkungen. Uebersetzt aus dem Englischen von Franz Carl Alter. — Wien, bei Johann George Weingand, 1778, in-8°. 3033

Harzen (E.). — Über Bartholomäus Zeitblom, Maler von Ulm als Kupferstecher. — Leipzig, R. Weigel, 1860, in-8°. 3034

Ext. de l'»Archiv für die zeichnenden Künste«.

* **Hase** (H.). — Nachweisungen für Reisende in Italien, in Bezug auf Oertlichkeit, Alterthümer, Kunst und Wissenschaft. — Leipzig, F. A. Brockhaus, 1821, in-12. 3035

Haslewood (J.). — Voy. Brydges (Eg.). The british bibliographer.

Hasse (Fr. Chr. A.). — Rector academiæ orationem in solemnibus typographiæ sæcularibus quartis Lipsiæ d. XXV. m. Junii h. x. 1840 in aula academica habendam indicit interprete Frid. Christ. Hasse. Typographiæ Lipsiensis, imprimis sæculi quarti, historiæ brevis adumbratio. Accedit tab. typorum orient. fr. Nies. — Lips., in-4°. 3036

— (Fr. R.). — Ad audiendam orationem de ontologico Anselmi pro existentia dei argumento pro aditu muneris professoris ordinarii in facultate theologorum evangelicorum die XIV. julii etc. habendam observantissimæ invitat. Inest enumeratio variarum Anselmianorum operum editionum. — Bonnæ, formis Georgii, 1849, in-8°, 25 p. 3037

* **Hassler** (K. D.). — Die Buchdrucker-Geschichte Ulm's zur vierten Säcularfeier der Erfindung der Buchdruckerkunst. Mit neuen Beiträgen zur Culturgeschichte, dem Faksimile eines der ältesten Drucke und artistischen Beilagen, besonders zur Geschichte der Holzschneidekunst. — Ulm, Verlag der Stettin'schen Buchhandlung, 1840, in-4°. 3038

* **Hatin** (E.). — Bibliographie historique et critique de la presse périodique française, ou catalogue systématique et raisonné de tous les écrits périodiques de quelque valeur, publiés ou ayant circulé en France depuis l'origine du journal jusqu'à nos jours. — Paris, Firmin Didot, 1866, in-8°. 3039

* —. — Les Gazettes de Hollande et la presse clandestine aux XVII° et

XVIIIe siècles. Eau-forte de Ulm. — Paris, chez René Pincebourde, 1865, in-8°. 3040

Le faux titre porte: »Collection de documents bibliographiques«.

* **Hauber.** — Histoire politique et littéraire de la presse en France avec une introduction historique sur les origines du Journal et la bibliographie générale des journaux depuis leur origine. — Paris, Poulet-Malassis et de Broise, 1859-1861, 8 vol. in-8°. 3041

* —. — La presse périodique dans les Deux-Mondes. Essai historique et statistique sur les origines du journal et sur la naissance et les développements de la presse périodique dans chaque état. Extrait de la bibliographie historique et critique de la presse périodique française. — Paris, Firmin Didot, 1866, in-8°. 3042

Le faux titre porte: »Essai sur la presse périodique«.

* — (Ev. D.). — Bibliotheca sive acta et scripta magica. Gründliche Nachrichten und Urtheile von solchen Büchern und Handlungen, welche die Macht des Teufels in leiblichen Dingen betreffen. Zur Ehre Gottes und dem Dienst des Menschen herausgegeben. — (Lemgo, gedruckt bei Meyer), 1738-1745, 3 tomes en 36 parties. 3043

Haubold (Chr. G.). — Doctrinæ Pandectarum lineamenta cum locis classicis juris in primis Justinianei et selecta litteratura maxime forensi in usum prælectionum adumbravit. — Lipsiæ, Hinrichs, 1820, in-8°. 3044

—. — Institutiones juris romani litterariæ Tomus I partem biographicam et bibliographicæ capita priora, maxime quæ ad jus antejustinianeum spectant, continens. — Lipsiæ, Hinrichs, 1809, in-8°. 3045

Hauch und **Forchhammer.** — H. E. Oersted's Leben. Zwei Denkschriften. Nebst einem chronologisch geordneten Verzeichniss von Oersted's sämmtlichen literarischen Arbeiten. Aus dem dänischen von H. Sebald. — Spandau, Martens, 1853, in-8°. 3046

* **Hauptmannus** (D. J. G.). — Notitia brevior auctorum veterum græcorum ac latinorum. — Geræ et Lipsiæ, apud H. G. Rothium, 1779, in-12. 3047

* **Hauréau** (B.). — Catalogue chronologique des œuvres imprimées et manuscrites de J. B. Gerbier que possède la bibliothèque des avocats à la cour impériale de Paris. — Paris, Durand, 1863, in-8°. 3048

* —. — Histoire littéraire du Maine. Nouvelle édition. — Paris, Dumoulin, 1870-1877, 10 vol. in-8°. 3049

Hausen (C. R.). — Leben und Character Christian Adolph Klotzens, Professors auf der Universität Halle u. s. w. entworfen. — Halle im Magdeb., Hemmerde, 1772, in-8°. 3050

Contient, pages 87-93: »Verzeichniss der Schriften«.

* **Hautefeuille** (P.). — Notice sur les travaux scientifiques de M. P. Hautefeuille. 1863-1869. — Paris, imp. de Gauthier-Villars, 1869, in-4°, 14 p. 3051

Hauterive (Cte d'). — Voy. Vattel (de). Le droit des gens.

Haven (S. F.). — Archæology of the United States or sketches, historical and bibliographical, on the progress of information respecting vestiges of antiquity in the U. S. — Washington, 1856, in-4°. 3052

* **Havet** (L.). — De saturnio Latinorum versu. Inest reliquiarum quotquot supersunt sylloge. — Parisiis, 1880, in-8°. 3053

Forme le 43e fascicule de la Bibliothèque de l'école des hautes études. Contient, p. 449-458: »Catalogus librorum«.

Hay (J.). — Voy. Bibliotheca sancta.

* **Hayden** (F. V.). — Department of the interior. Catalogue of the publications of the United States geological survey of the territories. — Washington, government printing office, 1874, in-8°, 20 p. 3054

* —. — Second edition (revised to december 31. 1876). — Washington, government printing office, 1877, in-8°, 38 p.

* —. — Third edition revised to december 31. 1878. — Washington, government printing office, 1879, in-8°, 54 p.

* —. — Department of the interior. Report of the United States geological survey of the territories. — Washington, government printing office, 1873, in-4°. 3055

T. V: »Zoology and botany. — Part. I. Synopsis of the acrididæ of North America by Cyrus Thomas«.

Les pages 3-6 contiennent: »authorities«.

T. XI. United States geological survey of the territories. Monographs of north american rodentia by Elliot Coues & Joel Asaph Allen. — Washington, government printing office, 1877, in-4°.

L'appendice B (pages 951-1081) contient: »Material for a bibliography of north american mammals. Prepared by Theodore Gill and Elliott Coues.

T. XII. United States geological survey of the territories. Freshwater rhizopods of North America by Joseph Leidy. — Washington, government printing office, 1879, in-4°.

—. Contient, pages 297 - 319: »Chief works and communications relating to the fresh-water rhizopods, with lists of the forms described...«

—. — Department of the interior. U. S. geological survey of the territories. Miscellaneous publications.

Haym (N. F.). — Voy. Biblioteca italiana o sia notizia de libri rari italiani.

* — (N.). — Notizia de' libri rari nella lingua italiana divisa in quattro parti principali; cioe, istoria, poesia, prose, arti e scienze. Anessovi tutto il libro della eloquenza italiana di Mons. Giusto Fóntanini, con il suo ragionamento intorno la detta materia. Con tavole copiosissime, e necessarie. — In Londra, per Giacob Tonson, e Giovanni Watts, 1726, in 8°. 3056

* **Haymann**. — Dresdens theils neuerlich verstorbene theils ietzt lebende Schriftsteller und Künstler wissenschaftlich classificirt nebst einem dreyfachen Register. — Dresden, Walther, 1809, in-8°. 3057

— (Chr.). — Kurzgefasste Geschichte der vornehmsten Gesellschaften der Gelehrten von den ältesten Zeiten an bis auf die gegenwärtige, aus glaubwürdigen Nachrichten verfertiget. — Leipzig, Lankischens Erben, 1743, in-8°, T. I. 3058

A aussi cet autre titre: »Kurze Nachrichten von Gesellschaften und gemeinschaftlich ausgefertigten Schriften derer Gelehrten, besonders derer Theologen, und unter diesen vornehmlich der Schrift-Ausleger. — Leipzig ...«

* **Hayward** (A.). — Autobiography, letters, and literary remains of mrs Piozzi (Thrale). Edited with notes, and a introductory account of her life and writings. Second edition. — London, 1861, 2 vol. in-16. 3059

* **Hazai és Külföldi** folyoiratok magyar tudományos repertóriuma. Kiadja a magyar tudományos akadémia. — Budapest, A. M. Tud. akadémia Könyvkiadó hivatalaban, 1874-1876, 2 vol. in-8°. 3060

En magyar.

* **Hazard-Mirault**. — Notice sur la personne et les travaux de M. Valmont de Bomare, lue dans la 79ᵉ séance publique de l'Athénée des Arts, le 15 mai 1808, par l'un de ses membres. — Paris, imp. de Dondey-Dupré (s. d.), in-4°, 12 p. 3061

* **Hazlitt** (W. Carew). — Hand-book to the popular, poetical, and dramatic literature of Great Britain, from the invention of printing to the restoration. — London, John Russell Smith, 1867, in-8°. 3062

* —. — Second series of bibliographical collections and notes on early English literature 1474-1700. — London, Bernard Quaritch, 1882, in-8°. 3063

* **Hebediesu.** — Ope Domini nostri Jesu Christi incipimus scribere tractatum continentem catalogum librorum Chaldæorum, tam ecclesiasticorum, quam profanorum. — Romæ, typis s. c. de propag. fide, 1653, in-12. 3064

* **Hebenstreit** (W.). — Dictionarium editionum tum selectarum tum optimarum auctorum classicorum et græcorum et romanorum ad optimos bibliographorum libros collatum emendavit, supplevit, notulisque criticis instruxit. Præmittitur præfatio, accedunt indices. — Vindobonæ, sumtibus C. Armbrusteri bibliopolæ, 1828, in-12. 3065

Heberlé (J. M.). — Voy. Le Bibliophile belge.

* **Hébert** (E). — Note sur les titres scientifiques et universitaires de M. E. Hébert, candidat à la chaire de géologie de la Faculté des sciences de Paris. Juin 1857. — Paris, imp. de L. Martinet (s. d.), in-8°, 16 p. 3066

* —. — Notice des travaux scientifiques de M. E. Hébert. — Paris, Mallet-Bachelier, 1861, in-4°, 19 p. 3067

La couverture imprimée sert de titre.

* **Hebräische Bibliographie.** Blätter für neuere und ältere Literatur des Judenthums. Redigirt von M. Steinschneider. Zugleich eine Ergänzung zu allen Organen des Buchhandels. — Berlin, Asher, 1858-1881, 21 vol. in-8°. 3068

A partir de 1869, l'éditeur est Julius Benzian.

Hébral (J.). — Voy. La France littéraire.

* **Hederich** (B.). — Notitia auctorum antiqua et media, oder Leben, Schriften, Editiones und Censuren der biblischen und entweder noch gantz oder auch nur in considerablen Fragmentis verhandenen fürnehmsten Griechischen und Lateinischen Kirchen- Scholastischen und Prosan-Scribenten so von Anfange an bis auf die Instauration der Studien im Occidente, gelebet und einem Gelehrten zu kennen nützlich und nöthig seyn, zum Behuffe der studirenden Jugend. — Wittenberg, bey Gottfried Zimmermann, 1714, in-12. 3069

Heeren (A. H. L.). — Voy. Oelrich (J. G. A.). Commentarii de scriptoribus ecclesiæ latinæ.

Heffter (J. C.). — Commentatio epistolica, qua magnificis, excellentissimis, experientissimis, doctissimisque musei disputatorii physico medici æstimatoribus et promotoribus, patronis, fautoribus et amicis, omni observantiæ et pietatis cultu devenerandis, grates quam maximas persolvit atque ulteriorem susceptorum suorum rationem exponit. — Zittaviæ Lusatorum, typ. Stremelii (1762), in-4°, 24 p. 3070

* —. — Museum disputatorium physico-medicum tripartitum. Instituti ratio et quædam de collectione, collocatione et utilitate dissertationum ad rem naturalem et medicinam spectantium momenta præmittuntur. Editio nova. — Zittaviæ Lusatorum, sumtibus Schœpsianis, 1763-1764, 2 vol. en 3 parties chacun, in-4°. 3071

* **Heinrich** (G. A.). — Histoire de de la littérature allemande. — Paris, A. Franck, 1870-1873, 3 vol. in-8°. 3072

Se termine par une liste alphabétique des auteurs.

* **Heinsius** (W.). — Allgemeines Bücher-Lexicon. Oder alphabetisches

Verzeichniss der in Deutschland und den angrenzenden Ländern gedruckten Bücher, nebst beygesetzten Verlegern und Preisen. — Leipzig, in der Buchhandlung des Verfassers, 1793, 4 vol. in-4° et un supplément (1798). 3073

* **Heinsius** (W.). — Allgemeines Bücher-Lexikon oder vollständiges alphabetisches Verzeichniss der von 1700 bis zu Ende 1810 erschienenen Bücher, welche in Deutschland und in den durch Sprache und Literatur damit verwandten Ländern gedruckt worden sind. Nebst Angabe der Druckorte, der Verleger und der Preise. — Leipzig, bey Johann Friedrich Gleditsch, 1812-1817, 5 vol. in-4°. 3074

Cet ouvrage se continue jusqu'à ce jour par séries de cinq années. Chaque série est en 2 volumes in-4°.

Heinzmann (Joh. G.). — Voy. Burkardt (A.). Anleitung zur Bücherkunde.

Heise's Handelsrecht. Nach dem Original-Manuscript. — Frankfurt a. M., Sauerländer, 1858, in-8°. 3075

Contient, p. 12-14: »Literatur des Handelsrechts«; p. 136-138: »Bibliothek des Wechselrechts« et p. 327-329: »Bibliothek des Seerechts«.

Heister (C. von). — Nachrichten über Gottfried Christoph Bereis, Professor zu Helmstetd von 1759 bis 1809. — Berlin, Nicolai, 1860, in-8°. 3076

La bibliographie occupe les pages 285-288.

* — (L.). — Institutiones chirurgicæ, in quibus quidquid ad rem chirurgicam pertinet, optima et novissima ratione pertractatur atque in tabulis multis æneis præstantissima ac maxime necessaria instrumenta itemque artificia, sive encheirises præcipuæ et vincturæ chirurgicæ repræsentantur. Opus quadraginta fere annorum, nunc demum, post aliquot editiones germanica lingua evulgatas, in exterorum gratiam latine altera vice longe auctius atque emendatius publicatum. Pars I. — Amstelædami, apud Janssonio-Wæsbergios, 1750, in-4°. 3077

Contient: »Bibliotheca chirurgica«, p. 1-48.

* **Heitz** (F.-C.). — Catalogue des principaux ouvrages et des cartes imprimés sur le département du Bas-Rhin. — Strasbourg, imp. de veuve Berger-Levrault, 1858, in-8°. 3078

* —. — Notes sur la vie et les écrits d'Euloge Schneider,. . . — Strasbourg, F.-C. Heitz, 1862, in-8°. 3079

* **Heksch** (A. F.). — Illustrirter Führer durch die Karpathen und oberungarischen Badeorte. Mit 30 Illustrationen und 5 Karten. — Wien, Hartleben's Verlag, 1881, in-18. 3080

C'est le n° 3 de: Hartleben's illustrirte Führer. — Contient pages XV-XVI: Quellen-Literatur. (42 art.)

Helbig (H.). — Voy. Fleurs des vieux poètes liégeois.

—. — Notice sur quelques livres rares du XVIe siècle. Cah. 1-4. — Gand, imp. Hebbelynck, in-8°. 3081

Ext. du »Messager des sciences historiques«, 1858-1861.

* **Helfert** (Frhr. v.). — Der Wiener Parnass im Jahre 1848. — Wien, Manz, 1882, in-8°. 3082

* **Hélie** (F.). — Traité de l'instruction criminelle ou théorie du code d'instruction criminelle. Edition augmentée en Belgique: d'une bibliographie générale du droit criminel, de la conférence avec les ouvrages des autres criminalistes français et belges, et de la jurisprudence de la cour de cassation et des cours d'appel de Belgique par J. S. G. Nypels et Léopold Hanssens. — Bruxelles, Bruylant-Christophe, 1863-1869, 3 vol. in-8°. 3083

La couverture imprimée porte en outre: Commentaire des commentaires, traité des traités sur la législation française applicable en Belgique.

* **Helland** (G.). — Etude biographique et littéraire sur Chenedollé . . . — Mortain, A. Lebel, 1857, in-8°. 3084

Hellbach (J. Chr. von). — Adels-Lexikon oder Handbuch über die historischen, genealogischen und diplomatischen, zum Theil auch heraldischen Nachrichten vom hohen und niedern Adel, besonders in den deutschen Bundesstaaten, so wie von dem östreichischen, böhmischen, mährenschen, preussischen, schlesischen und lausitzischen Adel. — Ilmenau, Voigt, 1825, in-8°. T. I. 3085

—. — Entwurf einer auserlesenen Bibliothek für Rechtsgelehrte mit zweckmäsiger Kritik und Ladenpreisen. Mit einem Sach- und Schriftenregister. — Erfurt, Keyser, 1787-1794, 2 vol. in-8°. 3086

Heller (J.). — Geschichte der Holzschneidekunst von den ältesten bis auf die neuesten Zeiten, nebst zwei Beilagen, enthaltend den Ursprung der Spielkarten und ein Verzeichniss der sämmtlichen xylographischen Werke. Mit sehr vielen Holzschnitten. — Bamberg, Kunz, 1823, in-8°. 3087

—. — Leben Georg Erlinger's, Buchdruckers und Formschneiders zu Bamberg, nebst einer vollständigen Aufzählung und Beschreibung seiner sämmtlichen gedruckten Schriften und Holzschnitte. Ein Beitrag zur Geschichte der Typographie, und als Ergänzung der Werke von Panzer, Sprenger und Bartsch. — Bamberg, Sickmüller, 1837, in-8°, 31 p. 3088

* —. — Das Leben und die Werke Albrecht Dürers. — Bamberg, Kunz, 1827-1831, 3 vol. in-8°. 3089

* —. — Lucas Cranach's Leben und Werke. — Bamberg, Kunz, 1821, in-8°. 3090

Avec cet autre titre: »Versuch über das Leben und die Werke Lucas Cranach's. Mit einer Vorrede vom Bibliothekar Jäck. — Bamberg«. —

— Zweite gänzlich umgearbeitete und vermehrte Auflage. — Nürnberg, Lotzbeck, 1854, in-8°.

Heller. — Zusätze zu Adam Bartsch's le Peintre Graveur. — Nürnberg, Lotzbeck, 1854, in-8°. 3091

* **Hello.** — Essai sur la vie et les ouvrages de Dumoulin (Lu à l'Académie des sciences morales et politiques dans la séance du 8 juin 1839). — Paris, bureau de la Revue de législation, 1839, in-8°. 3092

Ext. de la Revue de législation et de jurisprudence.

Helmken (Fr. Th.). — Handbüchlein der katholischen Predigerliteratur oder Verzeichniss der von 1800-1865 in Deutschland erschienenen Predigten. — Köln, Boisserée, 1865, in-8°. 3093

—. — Handbüchlein der katholischen Predigtliteratur, oder Verzeichniss der von 1865-1878 in Deutschland erschienenen Predigten. — Köln, Boisserée, 1878, in-8°, 22 p. 3094

—. — Verzeichniss katholischer Bücher, welche vom Jahre 1861 bis 1864 erschienen sind. — Köln, Boisserée, 1864, in-8°. 3095

id. — vom Jahre 1864 bis 1867. — Köln, Boisserée, 1868, in-8°.

Helms (H.). — Voy. Wuttig's Universal-Bibliographie.

* **Helmschrott** (J. M.). — Verzeichniss alter Druckdenkmale der Bibliothek des uralten Benediktiner - Stifts zum H. Mang in Fuessen. Mit litterarischen Anmerkungen begleitet. — Ulm. In Kommission der Stettinischen Buchhandlung, 1790, 2 vol. in-4°. 3096

Helyot (H.). — Voy. Histoire des ordres monastiques.

***Hendreich** (Chr.). — Pandectæ Brandenburgicæ, continentes. I. Bibliothecam, seu magnam, et, si additamenta accesserint, maximam auctorum impressorum et manuscr. partem: quibus adduntur auctorum quorundam vitæ, delectus; nomina plurimorum anonymorum, pseudonymorum etc. explicata. Idque in omnibus fere scientiis, et orbis terrarum linguis. II. Indicem materiarum præcipuarum, in iis contentarum: utrumque ordin. alphabetico. Additus erit Index 1. ætatum mundi, quibus auctores vixerunt. 2. chronologico-historicus, in adversis columnis monstrans, ubi quilibet historicorum scribere inceperit, et desierit. 3. Patriæ, seu nationum. 4. Linguarum quibus libri exarati. 5. Religionis, quam professi sunt auctores. 6. Vita generis. Appendix continebit: 1. Bibliothecam selectam. 2. Præcipuas mundi bibliothecas, et, has inter Electoralem Brandenburgicam pluribus describet. 3. Modum bibliothecas colligendi, augendi, ornandi, conservandi. 4. Claros bibliothecarios, eorumque officium. Finem faciet tomus, continens addenda et emendanda. — Berolini, typis viduæ Salfedianis, 1690, in-fol. 3097

***Henke** (H. Ph. C.) et P. Jac. **Bruns**. — Annales literarii. — Helmstadii, Leuckart, 1782-1789, in-8°, 16 vol. 3098

* —. — Commentarii de rebus novis literariis. — Helmstadii, Leuckart, 1778-1781, 4 vol. in-8°. 3099

—. — Elogium Augusto Ferdinando Comiti de Veltheim in suscipiendo Academiæ Juliæ Carolinæ magistratu a. d. II. Januar 1802. — Helmstadii, typ. Fleckeisen, 1802, in-4°, 39 p. 3100

***Henle** (J.). — Theodor Schwann. Nachruf. — Bonn, Max Cohen, 1882, in-8°. 3101

Contient, p. 48-49: »Verzeichniss der von Schwann in den Bulletin's der belgischen Akademie der Wissenschaften erstatteten Rapports«.

Hennebert (Fr.). — Voy. Le Bibliologue de la Belgique.

Hennicke (K. A.). — Beiträge zur Ergänzung und Berichtigung des Jöcher'schen allgemeinen Gelehrten-Lexikon's und des Meusel'schen Lexikon's der von 1750 bis 1800 verstorbenen teutschen Schriftsteller. — Leipzig, Vogel, 1811-1812, 3 vol. in-8°. 3102

***Henning** (Fr.). — Analecta litteraria epilepsiam spectantia. — Lipsiæ, apud Henricum Græff, 1798, in-4°. 3103

— (J. Chr.). — Bibliotheca seu notitia librorum rariorum latina et linguis cognatis, italica, hispanica, gallica, etc. item græca nec non hebræa, arabica, persica, æthiopica, armenica, etc. scriptorum inprimis in usum eorum, qui peregrinas adeunt bibliothecas ordine alphabetico instructa, in qua aliorum labores partim emendantur, partim non contemnendo numero augentur. Pars I. — Kiliæ, 1766, in-8°. 3104

Tiré à petit nombre. (40 ex.?)

— (R.). — Katalog der im Laufe des Jahres 1860 (-1861) erschienenen Land- und Forstwissenschaftlichen Werke sowie Gartenbau-Literatur. — Leipzig, Hennings, 1861 (-1862), 2 vol. in-4°, 15 p. et 24 p. 3105

Ne contient que la littérature allemande.

* **Henricy** (Ant.). — Notice sur l'origine de l'imprimerie en Provence. — Aix, A. Pontier, 1826, in-8°, 43 p. 3106

Ext. des »Mémoires de la société académique d'Aix«.

Henriquez (Chr.). — Phœnix reviviscens, sive ordinis Cisterciensis scriptorum Angliæ et Hispaniæ series. Libri II. — Bruxellæ, typ. Meerbecii, 1626, in-4°. 3107

***Henry**. — Notice sur les travaux de M. Henry fils. — Paris, imp. de Fain (s. d.), in-4°, 6 p. 3108

*— (Ch.). — Liste des travaux de Charles Henry. — Rome, 1880, in-4°, 6 p. 3109

*— (D. M. J.). — Sur la vie et les ouvrages de Pierre Puget. — Toulon, imp. de E. Aurel, 1853, in-8°. 3110

La couverture imprimée sert de titre.

— (J.). — Eulogy on prof. Alexander Dallas - Bache. — Voy. Smithsonian miscellaneous collections. (18.)

— (J.). — A memorial. Published by order of Congress. — Washington, government printing office, 1880, gr. in-8°. 3111

Renferme p. 364-374 : »List of the scientific papers of Joseph Henry« (environ 156 art.)

* — (P.). — Das Leben Johann Calvins des grossen Reformators; mit Benutzung der handschriftlichen Urkunden, vornehmlich der Genfer und Züricher Bibliothek,entworfen,nebst einem Anhang bisher ungedruckter Briefe und anderer Belege. — Hamburg, bei Friedrich Perthes, 1835 1844, 3 vol. in-8°. 3112

Le T. III contient, p. 175-252: »Literatur der Schriften Calvins«.

* **Henry Hudson** (T.) the Navigator the original documents, in which his carcer is recorded,collected,partly translated, and annotated with an introduction by G. M. Asher. — London, printed for the Hakluyt-Society, 1860, in-8°. 3113

Contient, p. 258-278: »Bibliographical list, containing the books, maps, etc. etc. mentioned in the present work«.

Henshaw (S.). — Voy. Dimmock's special bibliography.

Henze (Ad.). — Die Chirogrammatomantie, oder Lehre von der Handschriftendeutung. — Leipzig, Weber, 1862, in-8°. 3114

Contient, p. 5-8: »Literatur der Chirogrammatomantie«.

Henze (J. C. G.). — Entwurf eines Verzeichnisses veterinärischer Schriften und einzelner Abhandlungen, die zur theoretischen und praktischen Kenntniss von Pferden, Eseln, Mauleseln, Rindvieh, Schaafen, Ziegen und Schweinen den Vieharzneikundigen nützen können. — Göttingen und Stendal, Franzen und Grosse, 1781, in-8°. 3115

* **Héquet** (Ch.). — Notice biographique sur la vie et les travaux du docteur Leuret... — Nancy, Grimblot et Vve Raybois, 1852, in-12. 3116

* **Hérard**. — Titres et travaux scientifiques de M. Hérard candidat à la chaire vacante de pathologie médicale. — Paris, imp. de E. Martinet, 1864, in-4°. 3117

* —. — Titres et travaux scientifiques de M. Hérard, candidat à la place d'agrégé dans la section de médecine. — Paris, imp. de Martinet, 1856, in-4°, 11 p. 3118

* **Herbert** (H.). — Repertorium über einen Theil der Siebenbürgen betreffenden Literatur zusammengestellt. — Hermannstadt, Buchdruckerei der v. Closius'schen Erbin, 1878, in-8°. 3119

— (W.). — Voy. Ames (J.). Typographical antiquities.

* **Herbst** (W.). — Matthias Claudius der Wandsbecker Bote. Ein deutsches Stillleben. — Gotha, Perthes, 1857, in-8°. 3120

Se termine par la liste des écrits de Claudius. — Il a paru, en 1863, une édition très augmentée.

Herder-Literatur in Deutschland (Die). Vollständiger Katalog sämmtlicher in Deutschland erschienenen Werke J. G. von Herder's sowohl in Gesammt- als

Einzel-Ausgaben, aller bezüglichen Erläuterungs- und Ergänzungsschriften, wie endlich aller mit ihm in irgend einer Beziehung stehenden sonstigen literarischen Erscheinungen. Von 1769 bis Ende 1851. Supplement zu allen Werken J. G. von Herder's. — Cassel, Balde, 1852, in-8°, 22 p. 3121

* **Hergang** (K. G.). — Handbuch der pädagogischen Literatur. Ein literarischer Wegweiser für Lehrer an Volks- und Bürgerschulen ... mit kritischen Bemerkungen und anderen Notizen. — Leipzig, Druck und Verlag von Breitkopf und Härtel, 1840, in-8°. 3122

* **Héricourt** (d') et **Caron.** — Recherches sur les livres imprimés à Arras depuis l'origine de l'imprimerie dans cette ville jusqu'à nos jours. — Arras, typ. et lith. de Madame veuve Jean Degeorge, juillet 1851-août 1855, 3 vol. in-8°. 3123

Hering (Ed.). — Biographisch-literarisches Lexicon der Thierärzte aller Zeiten und Länder, sowie der Naturforscher, Aerzte, Landwirthe, Stallmeister u. s. w., welche sich um die Thierheilkunde verdient gemacht haben. Gesammelt von G. W. Schrader. Vervollständigt und herausgegeben. Mit 43 Portraits und 95 Namenzügen. — Stuttgart, Ebner & Seubert, 1863, in-8°. 3124

* **Hérissant** (L. Ant. Pr.). — Bibliothèque physique de la France, ou liste de tous les ouvrages, tant imprimés que manuscrits, qui traitent de l'histoire naturelle de ce royaume: avec des notes critiques et historiques. Ouvrage achevé par M***. (Coquereau), docteur régent de la même faculté. — A Paris, chez Jean Thomas Hérissant, 1771, in-8°. 3125

* **Herluison** (H.). — Plan d'une bibliothèque orléanaise, ou essai de bibliographie locale. — Orléans, H. Herluison, 1868, in-8°. 3126

Tiré à 100 ex.

* **Herluison** (H.). — Recherches sur les imprimeurs et libraires d'Orléans recueil de documents pour servir à l'histoire de la typographie et de la librairie orléanaise, depuis le XIVe siècle jusqu'à nos jours. — Orléans, H. Herluison, 1868, in-8°. 3127

Tiré à 78 ex.

* **Herpin** (J. Ch.). — Exposition universelle. Notice bibliographique et analytique sur les travaux du Dr. J. Ch. Herpin (de Metz), relatifs à l'économie publique, aux arts agricoles et industriels. (Octobre 1855). — Paris, imp. de Vve Bouchard-Huzard (s. d.), in-8°, 16 p. 3128

* **Herrgott** (F.-J.). — Titres soumis à S. E. M. le ministre de l'instruction publique; à MM. les membres de la Faculté de médecine et MM. les membres du conseil académique, ... à l'appui de sa candidature à la chaire de médecine opératoire vacante à la Faculté de médecine de Strasbourg. — Strasbourg, imp. de G. Silbermann (1856), in-4°, 4 p. 3129

* **Herrmann** (K.). — Bibliotheca Erfurtina. Erfurt in seinen Geschichts- und Bild-Werken, vorgeführt. — Erfurt, Selbstverlag des Verf.'s, 1863, gr. in-8°. 3130

* — (C. H.). — Bibliotheca Germanica. Verzeichniss der vom Jahre 1830 bis Ende 1875 in Deutschland erschienenen Schriften über altdeutsche Sprache und Literatur nebst verwandten Fächern, zugleich als vierter Theil der »Bibliotheca philologica«. — Halle a. S., Verlag von C. H. Herrmann, 1878, in-8°. 3131

* —. — Bibliotheca philologica. Verzeichniss der vom Jahre 1852 bis Mitte 1872 in Deutschland erschienenen Zeitschriften, Schriften der Akademien und gelehrten Gesellschaften, Miscellen, Collectaneen, Biographien, der Literatur über die Geschichte der Gymnasien,

über Encyclopädie und Geschichte der Philologie, und über die philologischen Hülfswissenschaften. — Halle a. S., Verlag von C. H. Herrmann, 1873, in-8°. 3132

* **Herrmann.**—Bibliotheca scriptorum classicorum et græcorum et latinorum. Verzeichniss der vom Jahre 1858 bis incl. 1869 in Deutschland erschienenen Ausgaben, Uebersetzungen und Erläuterungsschriften der griechischen und lateinischen Schriftsteller des Alterthums. — Halle a. S., Verlag von C. H. Herrmann, 1871, in-8°. 3133

La couverture imprimée porte en outre: »Bibliothecæ philologicæ pars II«.

Herrn M. Pescheck in Zittau an seinem Ehrentage d. 12. December 1841 die oberlausitzische Gesellschaft der Wissenschaften. — Görlitz, gedr. bei Heinze & Comp., gr. in-8°, 26 p. 3134

Contient la bibliographie des nombreux ouvrages de Pescheck.

* **Herschel** (J. F. W.). — Memoir of Francis Baily,... (From the monthly Notices of the Royal Astronomical Society, Vol. VI. November 1844.) — London, printed by Moyes and Barcley, 1845, in-8°, 48 p. 3135

Contient, p. 41-48: »List of Mr. Francis Baily's publications. Chronologically arranged«. — 90 art.

* **Hertzius** (M.). — Bibliotheca germanica, sive notitia scriptorum rerum germanicarum quatuor partibus absoluta, quarum I. eos complectitur auctores, qui de Germaniæ veteris et recentioris situ et qualitate, montibus, fodinis metallicis, sylvis, fluminibus, thermis et acidulis: de Germanorum nominibus propriis, linguâ, poesi, proverbiis, eorundem corporum habitu, heroibus libertate, imperio, ejusque statibus et membris, stemmatibus illustrissimis, torneamentis, insignibus, legibus fundamentalibus, actis publicis et comitiis, item: de religione, episcopatibus, monasteriis, sanctis, de academiis, viris doctis, et bibliothecis, etc. scripserunt: II. Auctores illos recenset, qui res gestas, potissimum vero in Germaniâ, partim à condito, partim vero à redemto orbe ad nostra usque tempora literarum monumentis consignarunt. III. Augustissimorum imperatorum Germanicorum à Carolo M. ad potentissimum et invictissimum DN. Leopoldum. P. Fel. Aug. hodie feliciter imperantem, brevem historiam, scriptoresque eos, qui de vita et rebus gestis eorum aliquid sunt commentati explicat: IV. Eos sistit auctores, qui de singularum Germaniæ provinciarum situ, illustrissimis atque serenissimis earum principibus, generosissimis comitibus et baronibus, rebus in iisdem gestis præcipuis, urbibus, basilicis, monasteriis, arcibus, oppidis, et si quà præterea alia memorià visuque digna se offerant, in publicum aliquid prodiderunt. — Erfurti, sumptibus Benjamin Kempells, 1679, in-fol. 3136

* **Hervé-Mangon.** — Notice sur les travaux de M. Hervé-Mangon. — Paris, imp. de E. Thunot (1865), in-4°, 29 p. 3137

* **Herwologia anglica**: hoc est, clarissimorum et doctissimorum aliquot Anglorum, qui floruerunt ab anno Christi 1500 usque ad presentem annum 1620 vivæ effigies, vitæ, et elogia. Authore H. H. — London, s. d., in-fol. 3138

Par H. Holland.

Hesekiel (Jo. Geo. L.). — Repertorium für Adelsgeschichte. Erstes Stück. Verzeichniss von Monographieen über die Geschichte nicht souverainer fürstlicher, gräflicher, freiherrlicher und adeliger Geschlechter. — Berlin, Heinicke, 1860, in-8°, 33 p. 3139

Hesse (L. Fr.). — Einladungsschriften zu den bevorstehenden öffentlichen Schulprüfungen. Verzeichniss gebohrner Schwarzburger, die sich als

Gelehrte oder als Künstler durch Schriften bekannt machten. — Rudolstadt, gedr. mit Froebel'schen Schriften, 1805-1830, 21 pièces in-4°. 3140

Hesse. — Verzeichniss Schwarzburgischer Gelehrten und Künstler aus dem Auslande. — Rudolstadt, gedr. mit Froebel'schen Schriften, 1831-1836, 6 vol. in-4°. 3141

* **Hessels** (J. H.). — Gutenberg: was he the inventor of printing? An historical investigation embodying a criticism on Dr. Van der Linde's »Gutenberg«. — London, Bernard Quaritch, 1882, in-8°. 3142

Tiré à 200 ex.

—. — Voy. Van der Linde.

* **Hetzel** (W. Fr.). — Geschichte der Hebräischen Sprache und Litteratur. Nebst einem Anhang, welcher eine kurze Einleitung in die, mit der Hebräischen Sprache verwandten orientalischen Dialekte enthält. — Halle, Hemmerde, 1776, in-8°. 3143

* **Heumann** (Chr. Aug.). — Conspectus reipublicæ literariæ sive via ad historiam literariam juventuti studiosæ aperta. Editio septima eademque ultima. — Hanoveræ, apud hæredes Nic. Foersteri et filii, 1763, in-12. 3144

* — Editio octava quæ ipsa est novæ recognitionis prima. — Hannoveræ, apud fratres Helwingos, 1791, in-12.

* — (Joh.). — Opuscula quibus varia juris Germanici itemque historica et philologica argumenta explicantur. — Norimbergæ, Lochner, 1747, in-4°. 3145

Contient, p. 480-672: »Specimen bibliothecæ glotticæ (quo librorum ad linguarum studium spectantium indices varii, generalis sc. latinus, italicus, gallicus, hispanicus, græcus, septentrionalis, slavicus et hungaricus, teutonicus, anglicus, hebræus, et orientalis, africanus et americanus exhibentur.

* **Heuschling** (X.). — Bibliographie historique de la statistique en Allemagne, avec une introduction générale. Manuel préparatoire à l'étude de la statistique. — Bruxelles, Decq, 1845, gr. in-8°. 3146

Le faux titre porte: »L'Allemagne statistique«.

* —. — Catalogue de la bibliothèque de la commission centrale de statistique. Extrait du tome V du Bulletin de la commission centrale. — Bruxelles, imp. Hayez, 1853, in-4°, 3147

Heussner (F.). — Voy. Le Bibliophile belge.

* **Heuzé** (G.). — Note sur les titres et les travaux de Gustave Heuzé, candidat à la Société impériale et centrale d'agriculture de France. — Paris, 1862, in-4°, 8 p. 3148

Heydenreich (K. H.). — Encyclopädische Einleitung in das Studium der Philosophie nach den Bedürfnissen unsers Zeitalters. Nebst Anleitungen zur philosophischen Litteratur. — Leipzig, Weygand, 1793, in-8°. 3149

Heyse (G.). — Beiträge zur Kenntniss des Harzes, seiner Geschichte und Literatur. Eine Reihe von Abhandlungen. — Aschersleben, Beyer, 1857, gr. in-8°, h. 1. 3150

* **Hidalgo** (D.). — Boletin bibliográfico español. — Madrid, imprenta de las escuelas pias, 1860-1868, 9 vol. in-8°. 3151

* —. — Diccionario general de bibliografia española. — Madrid, imprenta de las escuelas pias, 1862-1881, 7 vol. in-8°. 3152

* **Hielmstiernes Bogsamling.** — Tienende til oplysning af de under den danske regiering liggende staters litteratur. — Kjöbenhavn, Nicolaus Möller, 1782-1785, 2 vol. in-4°. 3153

Par Jean-Jacques Weber, sous la surveillance de P. F. Suhm.

* **Highley** (S.). — Catalogue of modern medical books to which is added a classified index of subjects, including the names of those authors who have treated upon them. — London, 1848, in-18. 3154

Hildebrand (Br.). — Voy. Jahrbücher für Nationalökonomie und Statistik.

— (E.). — Voy. Historisk tidskrift.

— (G. F.). — Voy. Apuleii opera omnia.

* **Hildebrandt.** — Bibliographie der Staats- und Rechtswissenschaften. Die Erscheinungen des deutschen Buchhandels auf dem Gebiete der Staats- und Rechtswissenschaften, Politik, Statistik und National-Oekonomie, des Finanz- und Bankwesens, sowie des Kirchenrechtes und der Kirchenpolitik. T. I. Von der Gründung des deutschen Kaiserreiches bis September 1876. — Leipzig, Carl Hildebrandt, 1877, in-8°. 3155

* **Hilgenfeldt** (C. L.). — Johann Sebastian Bach's Leben, Wirken und Werke. — Leipzig, 1850, in-4°. 3156

Hiller (J. Ad.). — Voy. Adlung (J.). Anleitung zur musikalischen Gelahrtheit.

* **Hillis** (J. D.). — Leprosy in British Guiana. An account of west indian leprosy. Illustrated with twenty lithographic plates, coloured and plain, from original drawings and photographs of patients at the asylum, and several engravings from camera-lucida drawings, by E. Noble Smith, . . . of pathological specimens, mounted and prepared, with explanatory remarks, by P. S. Abraham. — London, J. & A. Churchill, 1881, in-8°. 3157

Contient, p. 261-262: »List of works, periodicals, &c. refered to«. (56 art.)

Hinrich (J. C.). — Voy. Vierteljahrs-Catalog aller neuen Erscheinungen. — Voy. Verzeichniss der Bücher.

* **Hipler** (Fr.). — Literaturgeschichte des Bisthums Ermland. — Braunsberg und Leipzig, 1873, in-8°. 3158

* **Hirsch** und **Kowalski**. — Repertorium der neuern Deutschen Militär-Journalistik. — Berlin, A. Bath, 1878, in-8°. 3159

* **Hirsch** (C. Chr.). — Librorum ab anno I usque ad annum L sec. XVI. typis exscriptorum ex libraria quadam supellectile Norimbergæ privatis sumptibus in communem usum collecta et observata, Millenarius I (-IV) speciminis loco ad supplendos annalium typographicorum labores editus. — Noribergæ, prelo et sumptibus Felseckerorum, 1746-1749, 4 vol. in-4°. 3160

— (F.). — Voy. Mittheilungen aus der historischen Litteratur.

— (J. Chr.). — Bibliotheca numismatica exhibens catalogum auctorum qui de re monetaria et numis tam antiquis quam recentioribus scripsere, collecta et indice rerum instructa. — Norimbergæ, hered. Felseckeri, 1760, in-fol. 3161

* **Hirsching** (Fr. C. G.). — Historisch-literarisches Handbuch berühmter und denkwürdiger Personen welche in dem 18. Jahrhunderte gestorben sind. Oder kurzgefasste biographische und historische Nachrichten von berühmten Kaisern, Königen, Fürsten, grossen Feldherren, Staatsmännern, Päbsten, Erz- und Bischöffen, Cardinälen, Gelehrten aller Wissenschaften, Malern, Bildhauern, Mechanikern, Künstlern und andern merkwürdigen Personen beyderley Geschlechts. Herausgegeben von Friedrich Carl Gottlob Hirsching. — Leipzig, Schwickert, 1794-1815, 17 vol. in-8°. 3162

Continué et achevé par Johann Heinrich Martin Ernesti.

* **Hirt** (J. Fr.). — Orientalische und exegetische Bibliothek. — Jena, Fickel-

scherr, 1772-1776, 8 tomes en 4 vol. in-8°. 3163

* **Hirt** (L.). — Die Krankheiten der Arbeiter. Beiträge zur Förderung der öffentlichen Gesundheitspflege. — Leipzig, Ferdinand Hirt, 1871-1878, 4 vol. in-8°. 3164

Chaque volume contient la bibliographie des sujets qu'il traite et possède les titres particuliers suivants :

Ie Abtheilung. Die inneren Krankheiten der Arbeiter. T. I. Die Staubinhalationskrankheiten und die von ihnen besonders heimgesuchten Gewerbe und Fabrikbetriebe.

— T. II. Die Gasinhalations-Krankheiten und die von ihnen besonders heimgesuchten Gewerbe und Fabrikbetriebe.

— T. III. Die gewerblichen Vergiftungen und die von ihnen besonders heimgesuchten Gewerbe- und Fabrikbetriebe.

IIe Abtheilung. Die äusseren (sc. chirurgischen) Krankheiten der Arbeiter. —

Hirtenfeld (J.). — Allgemeines militärisches Handbuch. Organisation der europäischen Heere in Bezug auf Etat, Eintheilung, Dislocation, Bewaffnung, Ausrüstung, Uniformirung etc., und einer militärischen Bibliographie des Jahres 1853. Nach authentischen Mittheilungen aus den besten Quellen bearbeitet. — Wien, Gerold, 1854, in-8°. 3165

* **Hirtz.** — Exposé des titres scientifiques du Dr. Hirtz, . . . à l'appui de sa candidature pour la chaire de clinique et de pathologie médicales vacante à la Faculté de médecine de Strasbourg. — Strasbourg, imp. de G. Silbermann (1861), in-4°, 3 p. 3166

Hirzel (L.). — Voy. Bibliothek älterer Schriftwerke der deutschen Schweiz.

* — (S.). — Neues Verzeichniss einer Gœthe-Bibliothek (1769-1861). — Leipzig, gedruckt bei Breitkopf und Härtel, März 1862, in-12. 3167

* **Hispaniæ bibliotheca** seu de academiis ac bibliothecis. Item elogia et nomenlator clarorum Hispaniæ scriptorum, qui latine disciplinas omnes illustrarunt philologiæ, philosophiæ, medicinæ, jurisprudentiæ, ac theologiæ, tomis III distincta. In I. Hispaniæ religio, academiæ, bibliothecæ, episcopi, concilia, reges, etc. II. Elogia scriptorum veterum, recentium, theologorum, religiosorum, jurisconsultorum, medicorum, historicorum, poetarum. III. Elogia et nomenclator diversarum nationum Hisp. Baticorum, Lusitanorum, Carpetanorum, Aragonum, ac Valentinorum. — Francofurti, apud Claudium Marnium et hæredes Joan. Aubrii, 1608, in-4°. 3168

La dédicace est signée: A. S. Peregrinus, pseudonyme d'Andreas Schott.

* **Hissmann** (M.). — Anleitung zur Kenntniss der auserlesenen Litteratur in allen Theilen der Philosophie. — Göttingen und Lemgo, Meyer, 1778, in-8°. 3169

* **Histoire critique de la republique des lettres**, tant ancienne que moderne. — A Utrecht, chès Guillaume à Poolsum, 1712-1713, 2 vol. in-24. 3170

* **Histoire d'une bibliographie clérico-galante.** Sa naissance d'un chanoine et d'un journaliste. Le pourquoi. — Le comment. Par l'apôtre bibliographe. — Paris, M. A. Laporte, 1879, in-8°, 28 p. 3171

* **Histoire de la navigation**, son commencement, son progrès et ses découvertes jusqu'à présent. Traduit de l'anglois. Le commerce des Indes occidentales. Avec un catalogue des meilleures cartes géographiques et des meilleurs livres de voyages et le caractère de leurs auteurs. — Paris, Ganeau, 1722, 2 vol. in-12. 3172

* **Histoire de la vie et des ouvrages** de François Bacon . . . Suivie de quel-

ques uns de ses écrits, traduits pour la première fois en français par J. B. de Vauzelles. — Paris, F. G. Levrault, 1833, 2 vol. in-8°. 3173

Histoire de la ville de Reims depuis sa fondation jusqu'à nos jours, illustrée des plans de Reims ancien et moderne, et des vues des principaux de ses monuments. — Reims, Brissart-Binet, 1861, in-12. 3174

Par Ed. Fleury. Contient, p. 168-178: »Bibliographie rémoise«.

* **Histoire des ordres monastiques**, religieux et militaires, et des congregations seculieres de l'un et de l'autre sexe, qui ont esté establies jusqu'à present; contenant leur origine, leur fondation, leurs progrès, les événemens les plus considerables qui y sont arrivés, la decadence des uns et leur suppression, l'agrandissement des autres, par le moïen des differentes reformes qui y ont esté introduites, les vies de leurs fondateurs et de leurs reformateurs; avec des figures qui representent tous les differens habillemens de ces ordres et de ces congregations. — Paris, Coignard, 1714, in-4°. 3175

Par Hippolyte Helyot. — Le T. I contient, p. XXXV-XCVIII: »Catalogue des livres qui traitent des ordres monastiques, religieux, militaires, et des congrégations seculières que l'auteur a consultés«.

* **Histoire des traductions françoises de l'ecriture sainte**, tant manuscrites qu'imprimées, soit par les catholiques, soit par les protestans. Avec les changemens que les protestans y ont faits en differens tems dont on donne la preuve en marquant les biblioteques de Paris où elles se trouvent. Elle finit par des avis aux nouveaux catholiques pour lire utilement l'evangile. — A Paris, chez Charles Robustel, 1692, in-12. 3176

* **Histoire du théâtre françois**, depuis son origine jusqu'à présent, avec la vie des plus célèbres poëtes dramatiques, un catalogue exact de leurs pièces et des notes historiques et critiques. — Paris, Le Mercier, 1745-1749, 15 vol. in-12. 3177

Par François et Claude Parfaict.

* **Histoire littéraire de la congrégation de Saint-Maur**, ordre de S. Benoit, où l'on trouve la vie et les travaux des auteurs qu'elle a produits, depuis son origine en 1618, jusqu'à présent: avec les titres, l'énumération, l'analyse, les différentes éditions des livres qu'ils ont donnés au public, et le jugement que les savans en ont porté: ensemble la notice de beaucoup d'ouvrages manuscrits, composés par des Bénédictins du même corps. — Bruxelles et Paris, Humblot, 1770, in-4°. 3178

Par Tassin.

* **Histoire littéraire de la France** où l'on traite de l'origine et du progrès, de la décadence et du rétablissement des sciences parmi les Gaulois et parmi les françois; du goût et du génie des uns et des autres pour les lettres en chaque siècle; de leurs anciennes écoles; de l'établissement des universités en France; des principaux collèges; des académies des sciences et des belles lettres; des meilleures bibliothèques anciennes et modernes; des plus célèbres imprimeries; et de tout ce qui a un rapport particulier à la literature. Avec les éloges historiques des Gaulois et des François qui s'y sont fait quelque réputation, le catalogue et la chronologie de leurs écrits; des remarques historiques et critiques sur les principaux ouvrages; le dénombrement des différentes éditions; le tout justifié par les citations des auteurs originaux. Par des religieux benedictins de la congrégation de S. Maur. Nouvelle édition entièrement conforme à la précédente par M. Paulin Paris. — Paris, V. Palmé, 1865-1869, 15 vol. in-4°. 3179

A partir du T. 13 le titre devient: »Histoire littéraire de la France. Ouvrage commencé par des religieux bénédictins de la congrégation de Saint-Maur, et continué par une commission prise dans la classe d'histoire et de littérature ancienne de l'Institut. — Paris, Palmé«.

Histoire littéraire des femmes françoises, ou lettres historiques et critiques, contenant un précis de la vie et une analyse raisonnée des ouvrages des femmes qui se sont distinguées dans la Littérature françoise. Par une société de gens de lettres. — Paris, Lacombe, 1769, in-8°, 5 vol. 3180

Par Jos. de La Porte et J. Fr. de La Croix, Marquis de Castries.

* **Histoire littéraire des troubadours**, contenant leurs vies, les extraits de leurs pièces, et plusieurs particularités sur les mœurs, les usages, et l'histoire du douzième et du treizième siècles. — Paris, chez Durand, 1774, in-12. T. III. 3181

* **Histoires** (Les) **des anciens comtes d'Anjou** et de la construction d'Ambroise; avec des remarques sur chaque ouvrage. — Paris, J. Langlois, 1881, in-4°. 3182

Signé: de Marolles.

Historiæ Augustæ scriptores sex Aelius Spartianus, Julius Capitolinus, Aelius Lampridius, Vulcatius Gallicanus, Trebellius Pollio, Flavius Vopiscus ad optimas editiones collati. Præmittitur notitia literaria. Accedit index, studiis societatis Bipontinæ editio accurata. — Biponti, ex typogr. societatis, 1787, in-8°, T. I. 3183

Contient, p. XXIV-XXXVI: »Index editionum historiæ Augustæ scriptorum auctior Fabriciano et in III ætates digestus«.

Historiæ romanæ scriptores minores Sex. Aur. Victor, Sex. Rufus, Eutropius, Messala Corvinus ad optimas editiones collati. Præmittitur notitia literaria. Accedit index studiis societatis Bipontinæ. Editio accurata. — Biponti, ex typographia societatis, 1789, in-8°. 3184

Contient, pages XXIII-XLV: »Index editionum Sext. Aur. Victoris, Sex. Rufi, Eutropii et Messalæ Corvini auctior Fabriciano et in IV ætates digestus«.

* **Historische Zeitschrift** herausgegeben von Heinrich von Sybel. — München, liter. artist. Anstalt, 1859-1882, in-8°. 3185

Chaque volume contient la bibliographie historique de l'année.

* **Historisk tidskrift** utgifven af svenska historiska Föreningen genom E. Hildebrand. — Stockholm, kongl. Boktryckeriet, 1881, in-8°. 3186

Se termine, avec un titre et une pagination séparés, par: »Historisk bibliografi för sverige. — Stockholm, 1881«.

* **Hittorff**. — Institut impérial de France. Notice historique et biographique sur la vie et les œuvres de sir Charles Barry. Lue à la séance publique des cinq académies, le 14 août 1860. — Paris, 1860, in-4°, 32 p. 3187

Hitzig (J. Ed.). — Voy. Allgemeine Press-Zeitung.

Hoare (R. Colt). — A catalogue of books relating to the history and topography of Italy, collected during the years 1786, 1787, 1788, 1789, 1790. — London, 1812, in-8°. 3188

Hoburg (K.). — Die Belagerung der Stadt Danzig im Jahre 1734. — Danzig, Bertling, 1858, in-8°. 3189

Ext. des »Prov.-Blättern«. 3te Folge. B. II. — Contient p. 6-10: »Literatur«.

Hœfer. — Voy. Nouvelle biographie générale.

— (Alb.). — Ernst Moritz Arndt und die Universität Greifswald zu Anfang unseres Jahrhunderts. Ein Stück aus seinem und ihrem Leben. Mit einem Anhange aus Arndts Briefen. — Berlin, Weidmann, 1863, in-8°. 3190

Contient, pages 84-86, une table des travaux de Arndt.

* **Hœfer** (F.). — Enumération des travaux de M. Ferd. Hœfer, docteur en médecine. — Paris, imp. de F. Didot frères (Novembre 1852), in-4°, 8 p. 3191

Höpfner (L.). — Der Nachdruck ist nicht rechtswidrig. Eine wissenschaftliche Erörterung, begleitet von einigen Bemerkungen zu dem beigefügten, den versammelten Ständen des Königreichs Sachsen am 21. Novbr. 1842 vorgelegten Gesetzentwurfe, den Schutz der Rechte an literarischen Erzeugnissen und Werken der Kunst betreffend. — Grimma, Verlags-Comptoir, 1843, in-8°. 3192

Contient, p. 1-10: »Chronologische Uebersicht der betreffenden Litteratur«.

Hoffmann (C. A.). — Systematische Uebersicht und Darstellung der Resultate von zwey hundert und zwey und vierzig chemischen Untersuchungen mineralischer Wasser, von Gesundbrunnen und Bädern, in den Ländern des deutschen Staatenvereins und deren nächsten Begränzungen. Nebst Anzeige aller über diese Heilwasser erschienenen Schriften. — Berlin, Gädicke gedr., 1815, in-8°. 3193

* — (C. E. E.). — Lehrbuch der Anatomie des Menschen. Zweite umgearbeitete und vermehrte Auflage der Bearbeitung von Quain's Elements of anatomy. — Erlangen, Eduard Besold, 1877, 2 vol. in-8°. 3194

Chaque division est accompagnée de ses sources bibliographiques.

— (Christ. God.). — Guidi Panziroli de claris legum interpretibus libri quatuor. Accessere: Joannis Fichardi, Francofurt. Vitæ recentiorum Ictorum. Marci Mantuæ, Patavini, Epitome virorum illustr. Joan. Baptistæ de Gazalupis Historia interpretum et glossatorum juris. Catellani Cotæ recensio brevis insignium juris interpretum et doctorum. Matth. Gribaldi Mophæ catalogus interpretum juris civilis. Alberici Gentilis de juris interpretibus dialogi sex. Quibus tum vitæ Ictorum clarissimorum exponuntur, tum et fata restituti juris rom. ac jurisprudentiæ novissimæ origo, varia item academiarum historiam illustrantia recensentur. — Lipsiæ, Gleditschii b. fil., 1721, in-4°. 3195

Hoffmann. — Einleitung in das Jus Publicum des heil. röm. Reichs, welche nicht nur die eigentliche Beschaffenheit und Ordnung dieser Disciplin anzeiget, sondern auch eine vollständige Bibliothecam Juris Publici, darinnen die zu dem Teutschen Staats-Rechte gehörige Schrifften, als Collectiones legum et actorum imperii, Systemata juris publici, commentarii über die Reichs-Grund-Gesetze, insonderheit die zur Erläuterung des Westphälischen Friedens-Schlusses dienliche Schrifften &c. angeführet werden, eröffnet. — Franckfurt a. d. O., Conradi, 1734, in-8°. 3196

* — — Scriptores rerum Lusaticarum antiqui et recentiores, seu opus, in quo Lusaticae gentis origines, res gestæ, temporum vices, et alia ad Slavicarum Lusaticarum et vicinarum gentium antiquitates et historiam pertinentia monumenta recensentur, quidam nunc primum ex manuscriptis eruti, inter quos Christophori Manlii rerum Lusaticarum commentarii diu desiderati deprehenduntur, nonnulli vero ex libellis fugientibus, ob raritatem in corpus conjecti ex bibliotheca senatus Zittaviensis editi. Præfationem et in scriptores introductionem præmisit Chr. God. Hoffmannus. — — Lipsiæ, sumpt. Davidis Richteri, 1719, in-fol. 3197

— (Fr. Guil.). — Additamenta ad Theoph. Christoph. Harlesii breviorem notitiam litteraturæ græcæ inprimis scriptorum latinorum ordini temporis adcommodatam in usum scholarum adornavit. — Lipsiæ, Weidmann, 1829, in-8°. 3198

Hoffmann (Gottfr. Dan.). — Abhandlung von Philipp Melanchthons Verdiensten um die teutsche Reichs- und Staatsgeschichte nebst einem Vorbericht von denen auf seinen Tod herausgekommenen Schriften. — Tübingen, Cotta, 1760, in-4°. 3199

— (Fried. Lor.). — Ein bibliothekwissenschaftliches Gutachten, abgegeben zu Padua im Jahre 1631 von Johannes Rhodius. Aus einer Handschrift der hamburger Stadtbibliothek abgedruckt; nebst einigen den Verfasser betreffenden und anderen Erläuterungen von Friedrich Lorenz Hoffmann. — Hamburg, gedr. bei Meissner, 1856, in-4°, 16 p. 3200

Tiré à petit nombre; n'est pas dans le commerce.

— (F. L.). — Essai d'une liste chronologique des ouvrages et dissertations concernant l'histoire de l'imprimerie en Belgique et en Hollande. — Bruxelles, Heussner, 1859, in-8°. 3201

Ext. du »Bulletin du bibliophile belge«. — Tiré à 30 ex.

* —. — Essai d'une liste des collections de lettres écrites par Didier Erasme, de Rotterdam. — Bruxelles, 1869, in-8°. 3202

Ext. du »Bibliophile belge«.

—. — Johann Melchior Gœze, der Bibelsammler und Bibliograph. Sein Sohn Gottlieb Friedrich Gœze, der Schenker der väterlichen Bibelsammlung an die Hamburgische Stadtbibliothek. (Aus dem Serapeum abgedruckt). — Leipzig, T. O. Weigel, 1852, in-8°, 24 p. 3203

* —. — Lettres et publications de Henrick Agileus de Bois-le-Duc (1503-1595). Notice bibliographique. — Bruxelles, Heussner, 1863, in-8°, 22 p. 3204

Ext. du »Bulletin du bibliophile belge«. — Tiré à petit nombre.

Hoffmann (F. L.). — Essai d'une liste des ouvrages concernant l'histoire de l'imprimerie en Italie. — Bruxelles, Heberle, 1852, in-8°, 33 p. 3205

Ext. du T. IX du »Bulletin du bibliophile belge«. — Tiré à 150 ex.

* —. — La presse périodique française à Hambourg depuis 1686 jusqu'en 1848. Extrait du tome 1er, 2e Série, du Bulletin du bibliophile belge. — Bruxelles, Heussner, 1854, in-8°, 32 p. 3206

Tiré à 75 ex.

—. — Versuch einer Bibliographie der Geschichte der Buchdruckerkunst in Dänemark und in Schweden und Norwegen. — Dresden, Schönfeld, 1861, in-8°, 20 p. 3207

Ext. du »Neuer Anzeiger für Bibliographie und Bibliothekwissenschaft« de Petzholdt. — Tiré à 100 ex.

—. — Das Verzeichniss der Schriften des Desiderius Erasmus von Rotterdam von 1519 und seine Selbstberichte über dieselben in ihren verschiedenen Ausgaben bibliographisch bearbeitet nebst einigen literargeschichtlichen Bemerkungen. — Leipzig, Weigel, 1862, in-8°, 34 p. 3208

Ext. du »Serapeum«, 1862.

—. — Verzeichniss von Schriften, welche die Geschichte der Buchdruckerkunst in der Schweiz zum Gegenstande haben. — Halle, Druck von Schmidt, 1852, in-8°, 11 p. 3209

Ext. de l'»Anzeiger für Bibliographie und Bibliothekwissenschaft« de Petzholdt. — A été réimprimé en 1854.

—. — Vincent Placcius. Seine Leistungen auf dem Gebiete der Bibliographie, der anonymen und pseudonymen Schriften. Nebst einem kurzen Abrisse seines Lebens und Nachweis über seinen gelehrten Briefwechsel. — Leipzig, T. O. Weigel, 1857, in-8°, 16 p. 3210

Ext. du »Serapeum«. — Tiré à 30 ex.

* **Hoffmann** (J. D.). — De typographiis earumque initiis et incrementis in regno Poloniæ et magno ducatu Lithuaniæ cum variis observationibus rem et literariam et typographicam utriusq. gentis aliqua ex parte illustrantibus. — Dantisci, 1740, apud Georgium Marcum Knochium, in-4°. 3211

* — (S. F. W.). — Bibliographisches Lexicon der gesammten Litteratur der Griechen und Römer. — Leipzig, W. Nauck, 1830, in-8°. T. I. 3212

* — Zweite umgearbeitete, verbesserte und fortgesetzte Ausgabe. — Leipzig, A. F. Böhme, 1838-1845, 3 vol. in-8°.

* —. — Handbuch zur Bücherkunde für Lehre und Studium der beiden alten klassischen und deutschen Sprache. Nebst einem Verzeichniss der Alterthumsforscher und Philologen. — Leipzig, Carl Cnobloch, 1838, in-8°. 3213

* —. — Lexicon bibliographicum sive index editionum et interpretationum tum sacrorum tum profanorum. — Lipsiæ, sumptibus J. A. G. Weigel, 1832-1836, 3 vol. in-8°. 3214

* — **von Fallersleben.** — Martin Opitz von Boberfeld. Vorläufer und Probe der Bücherkunde der deutschen Dichtung bis zum Jahre 1700. — Leipzig, Verlag von Wilhelm Engelmann, 1858, in-8°, 32 p. 3215

* **Hoffmanns** (de). — Bibliographie des ouvrages composés ou traduits, publiés ou édités par M. le Mis de Fortia d'Urban . . . — Paris, E. Garnot, 1840, in-8°, 30 p. 3216

Tirage à part des pages 57-84 de l'»Essai sur la vie et les ouvrages de M. le marquis de Fortia d'Urban par le c^te^ de Ripert-Monclar«.

Hofmann (Fr.). — Voy. Jahresberichte über die Fortschritte der Anatomie.

Hofmann (J. A.). — Auserlesene jedoch vollständige Juristische Bibliothek, worinne die auserlesensten Wercke, Bücher und academische Abhandlungen, welche von allen Theilen der Rechtsgelahrheit, als Natur- Völcker- Griechischen- Römischen- Pabstlichen- Peinlichen- Teutschen- Lehn- Staats- Rechten, bis auf diese Zeit zum Vorschein gekommen, mit aufrichtigen Urtheilen, wie auch mit denen hiesigen Orts gewöhnlichen Preisen begleitet, verabfasset. Nebst einem vollständigen Register. — Jena, Schultze, 1748, in-8°. 3217

* **Hofmeister** (Ad.). — Handbuch der musikalischen Literatur oder allgemeines systematisch-geordnetes Verzeichniss der in Deutschland und in den angrenzenden Ländern gedruckten Musikalien auch musikalischen Schriften und Abbildungen mit Anzeige der Verleger und Preise. — Leipzig, bei Friedrich Hofmeister, 1852-1875, in-4°. 3218

—. — Voy. Verzeichniss sämmtlicher im Jahre 1852-1877 in Deutschland . . . gedruckter Musikalien. — Voy. Wistling (C. F.) Handbuch der musikalischen Literatur.

— (Fr.). — Handbuch der musikalischen Literatur, oder Verzeichniss der im deutschen Reiche und in den angrenzenden Ländern erschienenen Musikalien, auch musikalischen Schriften, Abbildungen und plastischen Darstellungen mit Anzeige der Verleger und Preise. In alphabetischer Ordnung mit systematisch geordneter Uebersicht . . . Herausgegeben und verlegt von Friedrich Hofmeister. — Leipzig, Druck von Hundertstund & Pries, 1880, in-4°. 3219

* —. — Musikalisch-literarischer Monatsbericht über neue Musikalien, musikalische Schriften und Abbildungen für das Jahr 1829(-1882). Als Fortsetzung des Handbuchs der musikalischen Literatur. — Leipzig, Hofmeister, 1829-1882, in-8°. 3220

* **Hofmeister.** — Verzeichniss der im Jahre 1852 (-1880) erschienenen Musikalien, auch musikalischen Schriften und Abbildungen mit Anzeige der Verleger und Preise. In alphabetischer Ordnung nebst systematisch geordneter Uebersicht. — Leipzig, Fr. Hofmeister, 1852(-1881), in-8°. 3221

Holden (Ed. S.). — Index catalogue of books and memoirs relating to nebulæ. — Voy. Smithsonian miscellaneous collections (14).

Holdenecker (Ach.). — Die Künstler der Jetztzeit in ihren Bildwerken. Uebersicht der in den Jahren 1862 und 1863 neu erschienenen Bildercyklen, Albums und illustrirten Prachtwerke nebst Repertorium zu dem die Publicationen von 1840 bis zum Jahr 1862 umfassenden Hauptkatalog »die Künstler der Neuzeit«. — Basel, Schweighauser, 1864, in-8°, 48 p. 3222

—. — Die Künstler der Neuzeit in ihren Bilder-Werken. Uebersicht der seit 1840 bis zum Jahr 1862 in Deutschland, Oesterreich und den Niederlanden nach Zeichnungen und Gemälden namhafter Künstler erschienenen Bildercyklusse und illustrirten Werke. Mit einem Anhang: Die Werke älterer Meister in neuern Reproductionen. — Basel, Schweighauser, 1862, in-8°. 3223

* **Hollard** (H.). — Notice sur les travaux et les publications scientifiques de M. Henri Hollard. — Paris, imp. de Meyrueis, 1860, in-4°, 8 p. 3224

* — Paris, imp. de Meyrueis, 1862, in-4°, 16 p.

Hollunder (Chr. Fürchteg). — Versuch einer Anleitung zur mineralurgischen Probir-Kunst auf trocknem Wege. Nach eigenen Erfahrungen und mit Benutzung der neuesten Entdeckungen. — Nürnberg, Schrag, 1826, in-8°. T. I. 3225

Contient, p. 11-93: »Von den zur Geschichte und Literatur der Dozimasie dienenden Werken«.

* **Holmia literata.** — Holmiæ, apud Theodorum Gotthardum Volgnau, 1701, in-4°. 3226

Holmia literata auctior et emendatior cum appendice de variis rerum Suecicarum scriptoribus. — Anno 1707, in-4°. 3227

Par Rich. von der Hardt.

Holstenius (Luc.). — Plan d'un atlas historique portatif, suivi d'une liste des écrivains et artistes célèbres, jusques et y compris le troisième siècle avant l'ère chrétienne; terminé par un catalogue raisonné des géographes grecs, composé en latin par Luc. Holstenius; publié pour la première fois avec une traduction françoise, par M. de Fortia d'Urban. — Paris, 1809, in-12. 3228

* **Holtrop** (J. G.). — Catalogus librorum sæculo XV° impressorum, quotquot in Bibliotheca regia Hagana asservantur. — Hagæ-Comitum, Nijhoff, 1856, in-8°. 3229

* — (J. W.). — Monuments typographiques des Pays-Bas au quinzième siècle. Collection de fac-simile d'après les originaux conservés à la bibliothèque royale de La Haye et ailleurs, publiée avec l'autorisation de son Excellence le ministre de l'intérieur. — La Haye, Martinus Nijhoff, 1868, in-fol. 3230

Tiré à 200 ex.

* — (L. S. A.). — Bibliotheek voor genees-, heel-, scheien artsenijmengkunde, of alphabetische naamlijst van alle Boeken, geschriften en stukken, betreffende ontleedkunde, geneeskunde, heelkunde, verloskunde, artsenijmengkunde, scheikunde, kruidkunde, natuurkunde en vee-artsenijkunde, welke in Nederland verschenen zijn, van het jaar 1790 tot 1840; zoowel afzonderlijk uitgegeven, als in Tijdschriften verspreid, of in de Werken der onderscheidene Genootschappen opgenomen;

voorzien van 1° eene latijnsch systematisch zaakregister. 2° Eene hollandsch-latijnsche Woordenlijst. 3° Eene alphabetische Naamlijst van vertalers en Schrijvers van Bijvoegselen en aanteekeningen op Werken van anderen. — Te 'sGravenhage, bij K. Fuhri, 1842, in-8°. 3231

Avec cet autre titre latin :

»Bibliotheca medico chirurgica et pharmaceutico-chemica, seu catalogus alphabeticus omnium librorum, dissertationum, etc. ad anatomiam, artem medicam, chirurgicam, obstetriciam, pharmaceuticam, chemicam, botanicam, physico-medicam et veterinariam pertinentium, et in Belgio ab anno 1790 ad annum 1840 editorum, cum separatim tum in diariis criticis et actis societatum : accedunt : 1° Index systematicus latinus. 2° Index belgico-latinus. 3° Index alphabeticus nominum eorum qui versiones dederunt, vel aliorum opera annotationibus suis illustraverunt. — Hagæ-Comitis, apud Conradum Fuhri, 1842«.

Holtzendorff (Fr. v.). — Voy. Encyklopädie der Rechtswissenschaft.

Homeyer (G.). — Die deutschen Rechtsbücher des Mittelalters und ihre Handschriften. — Berlin, Dümmler, 1856, in-8°. 3232

Hommelius (C. F.). — Bibliotheca juris rabbinica et Saracenorum arabica instructa. — Byruthi, Lubek, 1762, in-8°. 3233

—. — Litteratura juris editio secunda adeo reformata ut fere novum opus videri possit. — Lipsiæ, Fritsch, 1779, in-8°. 3234

* **Honegger** (J. J.). — Literatur und Cultur des neunzehnten Jahrhunderts. — Leipzig, 1865, in-8°. 3235

* —. — Russische Literatur und Cultur. Ein Beitrag zur Kritik derselben. — Leipzig, Brockhaus, 1880, in-8°. 3236

* **Honulez-Ardenne** (J. G. C. A. de). — Historia litteraria in Schemata et tabulas synopticas redacta, sive conspectus poli-historicus reipublicæ litterariæ seu orbis eruditi; in quo non solum famosiores coryphæi et auctores celebriorum sectarum, earumque assecIarum illustriorum ; sed etiam præcipua eruditorum dogmata . . . compendiose oculis subjiciuntur. — Francofurti ad Moenum, Knoch & Eslinger, 1762, in-8°. 3237

* **Hooykaas** (J. C.). — Repertorium op de Koloniale litteratuur of systematische inhoudsopgaaf van hetgeen voorkomt over de Koloniën (beoosten de Kaap), in mengelwerken en tijdschriften van 1595 tot 1865 uitgegeven in Nederland en zijne overzeesche bezittingen . . . ter perse bezorgd door Dr. W. N. du Rieu. — Amsterdam, 1877-1880, in-8°, 2 vol. 3238

Hopf (G. W.). — Mittheilungen über Jugendschriften an Aeltern und Lehrer nebst gelegentlichen Bemerkungen über Volksschriften. Vierte sorgfältig erweiterte Auflage. — Fürth, Schmid, 1856, in-12. 3239

Horne (Th. H.). — An Introduction to the critical study and knowledge of the Holy Scriptures. — London, 1818, 3 vol. in-8°. 3240

A supplement. — London, 1821, in-8°.

2e Ed. revised, corrected and enlarged. — London, 1821, in-8°, 4 vol.

A supplement. — London, 1822, in-8°.

3e Ed. revised. — London, 1822, 4 vol. in-8°.

4e Ed. — London, 1823, 4 vol. in-8°.

5e Ed. — London, 1825, 4 vol. in-8°.

6e Ed. corrected and enlarged. Illustrated with numerous Maps and Facsimiles of Biblical Manuscripts. — London, 1828, 5 t. en 4 vol. in-8° (le T. II est en 2 parties).

7e Ed. Enlarged and corrected. — London, 1834, 5 tomes en 4 vol. in-8°.

8e Ed. — London, 1846, 5 vol. in-8°.

9e Ed. — London, 1850, 5 vol. in-8°.

10e Ed. — London, 1856, 4 vol. in-8°. (Cette édition est entièrement remaniée.)

* **Horne** (Th.H.). — An introduction to the study of bibliography. To which is prefixed a memoir on the public libraries of the ancients. Illustrated with engravings. — London, printed by G. Woodfall for T. Cadell and W. Davies, 1814, in-8°. T. I-II. 3241

—. — Manual of biblical bibliography. — London, 1839, in-8°. 3242

Tiré à 200 ex.

* **Hortolès** (Ch.). — Etude du processus histologique des néphrites. Thèse présentée . . . à la faculté de médecine de Montpellier. — Lyon, imp. Pitrat aîné, août 1881, in-4°. 3243

Contient, p. 177-182: »Bibliographie«, 169 art.

* **Hottinger** (J. H.). — Bibliothecarius quadripartitus. I. Pars, quæ prolegomenis absolvitur, agit de officio bibliothecarii, bibliothecis, etc. II de theologia biblica. III de theologia patristica: cum appendice Leonis Africani hactenus ανεκδοτῳ, de scriptoribus arabicis. IV. De theologia topica; symbolica, et systematica; tam universali, quam particulari. — Tiguri, sumptibus Melchioris Stauffacheri, 1664, in-4°. 3244

* —. — Promtuarium, sive bibliotheca orientalis: exhibens catalogum, sive, centurias aliquot, tam authorum, quam librorum hebraicorum, syriacorum, arabicorum, ægyptiacorum, æthiopicorum, etc. addita mantissa bibliothecarum aliquot europæarum, tam publicarum, quàm privatarum; ex quibus, quid deinceps etiam præstari possit ab aliis, luculenter monstratur. Scriptum, quod theologorum, jurisconsultorum, medicorum et philosophorum accommodatum est studiis. — Heidelbergæ, typis et impensis Adriani Wyngaerden, 1658, in-4°. 3245

* **Houdoy** (J.). — Les imprimeurs Lillois. Bibliographie des impressions Lilloises 1595-1700. — Paris, Damascène Morgand et Charles Fatout, 1879, in-4°. 3246

* **Houssaye** (Ars.). — Jacques Callot, sa vie et son œuvre, 10 eaux fortes de Callot ou d'après Callot. — Paris, Maury (1875), in-fol., 36 p. 3247

Housse (L.). — Die Faustsage und der historische Faust. Eine Untersuchung und Beleuchtung nach positiv-christlichen Principien. — Luxemburg, Brück, 1862, in-8°. 3248

* **Houzeau** (J. C.) et A. **Lancaster**. — Bibliographie générale de l'astronomie ou catalogue méthodique des ouvrages, des Mémoires et des Observations astronomiques publiés depuis l'origine de l'imprimerie jusqu'en 1880. — Bruxelles, imp. Xavier Havermans, 1880-1882, gr. in-8°. 3249

La publication a commencé par le T. II dont 4 fasc. ont paru.

Hoyer (J. G.). — Geschichte der Kriegskunst seit der ersten Anwendung des Schiesspulvers zum Kriegsgebrauch bis an das Ende des achtzehnten Jahrhunderts. — Göttingen, Rosenbusch, 1797 - 1800, 2 vol. en 4 tomes in-8°. 3250

Contient la bibliographie spéciale, et forme la 7e partie de: »Geschichte der Künste und Wissenschaften seit Wiederherstellung derselben bis am Ende des 18. Jahrhunderts«.

—. —. Litteratur der Kriegswissenschaften und Kriegsgeschichte. Nebst Fortsetzung von 1831-1840. — Berlin, Herbig, 1832-1840, in-8°. 3251

A aussi cet autre titre: »Handbibliothek für Offiziere, oder: populaire Kriegslehre für eingeweihte und Laien. Bearbeitet und herausgegeben von einer Gesellschaft preussischer Offiziere, unter Leitung der Redaktion der Zeitschrift für Kunst, Wissenschaft und Geschichte des Krieges. T. II nebst Supplement.

* **Hoyois** (H. J.). — Musée bibliographique; collection d'ouvrages imprimés et manuscrits, dont le moindre

prix est de 1000 francs recueillis et publiés. — Mons, typ. de Hoyois-Derely, 1837, in-8°. 3252

* **Huart** (Cl.). — Bibliographie ottomane. Notice des livres turcs, arabes et persans imprimés à Constantinople durant la période 1294-1296 de l'hégire (1877-1879). Extrait du journal asiatique. — Paris, imp. Nationale, 1881, in-8°. 3253

* **Hubbard** (G.). — Saint-Simon, sa vie et ses travaux, suivi de fragments des plus célèbres écrits de Saint-Simon. — Paris, Guillaumin, 1857, in-18. 3254

* — (J. M.). — Catalogue of the works of William Shakespeare original and translated Barton Collection Boston public library. — Boston, printed by order of the trustees, 1878, in-4°. 3255

* **Hubert** (N.). — Die Literatur der Salzburger Mundart. Eine bibliographische Skizze. — Salzburg, im Verlage des Verfassers, 1878, in-8°, 31 p. 3256

* **Huberts** (W. J. A.). — Chronologische Handleiding tot de Beoefening van de Geschiedenis der Nederlandsche Letterkunde. — Te Dordrecht, bij H. Lagerweij, 1858, in-8°. 3257

* **Hüber-Saladin** (J.). — Le général Jomini, sa vie et ses écrits. Extrait du »Spectateur militaire« (décembre 1861). — Paris, imp. de L. Martinet, 1861, in-8°, 38 p. 3258

* **Hübner** (E.). — Grundriss zu Vorlesungen über die Geschichte und Encyklopädie der classischen Philologie. — Berlin, Weidmannsche Buchhandlung, 1876, in-8°. 3259

Hübner's Deutscher Zeitungs-Katalog 1861. Verzeichniss von 2400 in Deutschland und den angrenzenden Ländern erscheinenden periodischen Schriften mit Einschluss der politischen Zeitungen, Tage-, Wochen- und Intelligenzblätter. — Leipzig, Hübner, 1861, in-8°. 3260

Hübner (H.). — Deutscher Zeitungs-Katalog 1862. Verzeichniss von 2700 in Deutschland und den angrenzenden Ländern erscheinenden periodischen Schriften mit Einschluss der politischen Zeitungen, Tage-, Wochen- und Intelligenzblätter. — Leipzig, Hübner, 1862, in-8°. 3261

* — (Joh.). — Bibliotheca genealogica, das ist: Ein Verzeichniss aller alten und neuen genealogischen Bücher von allen Nationen in der Welt, den Liebhabern der politischen Wissenschaften zur Bequemlichkeit gesammelt und in eine richtige Ordnung gebracht. — Hamburg, bey Ch. W. Brandt, 1729, in-8°. 3262

* —. — Museum geographicum, das ist: ein Verzeichniss der besten Land-Charten so in Deutschland, Franckreich, England und Holland von den besten Künstlern sind gestochen worden. Nebst einem Vorschlage wie daraus allerhand grosse und kleine Atlantes können sortiret werden. In Ordnung gebracht, und mit einigen Anmerkungen erläutert von Johann Hübner. — Hamburg, Felginer (1726), in-8°. 3263

— (O.). — Voy. Stolle (Ed.). Die einheimische und ausländische Patentgesetzgebung.

Hueffer (Fr.). — Richard Wagner. Voy. The Great Musicians.

* **Hüffer** (Fr.). — Der Trobador Guillem de Cabestanh. Sein Leben und seine Werke. — Berlin, Heimann, 1869, in-8°. 3264

Hülskamp (F.). — Voy. Literarischer Handweiser zunächst für das katholische Deutschland.

* **Huerne de Pommeuse**. — Notice sur les travaux de M. Huerne de Pom-

meuse concernant l'économie rurale. — (Paris), imp. de F. Didot fr. (1833), in-8°, 11 p. 3265

* **Huet** (Alb.). — M. Billault, sa vie et ses œuvres. Notice. Deuxième édition. — Paris, Plon, 1865, in-8°. 3266

* — (F.). — Histoire de la vie et des ouvrages de Bordas-Demoulin. — Paris, collection Hetzel, M. Lévy frères, 1861, in-18. 3267

Hugo. — Beyträge zur civilistischen Bücherkenntniss der letzten vierzig Jahre, aus den Göttingischen Gelehrten Anzeigen und den Vorreden, besonders zu den Theilen des civilistischen Cursus, zusammen abgedruckt und mit Zusätzen begleitet vom Geheimen Justizrath Hugo. Beylage zum civilistischen Cursus und dem civilistischen Magazin. — Berlin, Mylius, 1828-1829, 2 vol. in-8°. 3268

Un T. III a paru à Berlin en 1844.

* **Huguier**. — Exposé des titres de M. Huguier à la place vacante à la Faculté de médecine de Paris. — Paris, imp. de Plon frères, Mai 1854, in-4°, 36 p. 3269

La couverture imprimée sert de titre.

* —. — Exposition des titres de M. Huguier à la place vacante à l'Académie royale de médecine. — (Paris), imp. de Plon frères (1846), in-4°, 24 p. 3270

La couverture imprimée sert de titre.

Huish (M. B.). — Voy. The Year's art.

* **Hullin** (Pr.). — Titres du docteur Prosper Hullin de Mortagne (Vendée) à la place de membre correspondant de l'Académie royale de médecine. — Paris, imp. de Bourgogne et Martinet (1845), in-4° plano. 3271

Humbert (Ed.). — Dans la forêt de Thuringe. Voyage d'étude. — Genève, imp. de Fick, 1862, in-4°. 3272

Contient, p. 491-498 : »Indication des sources«.

* **Hummel** (B. Fr.) — Bibliothek der deutschen Alterthümer, systematisch geordnet und mit Anmerkungen versehen. — Nürnberg, bey Ernst Christoph Grattenauer, 1787, in-8°. 3273

* — Zusätze und Verbesserungen. — Nürnberg, bey E. Chr. Grattenauer, 1791, in-8°.

* —. — Neue Bibliotheck von seltenen und sehr seltenen Büchern und kleinen Schriften samt beigefügten noch ungedruckten Briefen und andern Aufsätzen gelehrter Männer der vorigen Zeiten. — Nürnberg, in Verlag M. J. Bauers seel. Wittib, 1776-1781, 2 vol. in-8°. 3274

—. — Voy. Bauer (J. J.). Bibliotheca librorum rariorum universalis.

Hunnewell (J. F.). — Bibliography of the Hawaiian Islands. — Boston, 1869, 4°. 3275

* **Huot** (P.). — La vie et les œuvres de J.-J.-N. Huot, continuateur de Malte-Brun. — Versailles, imp. de Montalant-Bougleux, 1846, gr. in-8°, 48 p. 3276

* **Hupfauer** (P.). — Druckstücke aus dem XV. Jahrhunderte, welche sich in der Bibliothek des regulirten Chorstiftes Beuerberg befinden. Mit 23 Holzschnitten. — Augsburg, bei Conrad Heinrich Stage, 1794, in-8°. 3277

* **Hutchinson** (B.). — Biographia medica, or historical and critical memoirs of the lives and writings of the most eminent medical characters, that have existed from the earliest account of time to the present period. With a Catalogue of their literary productions. — London, 1799, 2 vol. in-8°. 3278

— New edition. — London, 1809, 2 vol. in-8°.

* **Hutin** (F.) — Candidature à l'Académie nationale de médecine. Titres

de M. F. Hutin... — Paris, imp. de L. Martinet (1850), in-4°, 2 p. 3279

* **Hutin** (F.). — Candidature à l'académie impériale de médecine. Titres présentés par M. F. Hutin. — (Paris), imp. de L. Martinet (1856), in-4°, 4 p. 3280

* **Huzard** (J. B.). — Bibliothèque théreutique. Notes bibliographiques concernant les ouvrages du duc de Nardo (Bélisaire Aquaviva) sur la vénerie et la fauconnerie. Fragment. — Paris, imp. Huzard, 1835, in-8°, 16 p. 3281

* —. — Notice bibliographique des différentes éditions du théâtre d'agriculture d'Olivier de Serres, lue à la classe d'histoire et de littérature ancienne de l'Institut de France, le 23 mai 1806. — A Paris, imp. de Mᵉ Huzard, 1806, in-4°, 24 p. 3282

—. — Notice chronologique des principaux ouvrages écrits ou traduits en français sur les bêtes à laine, et de quelques réglements faits à ce sujet. — Paris, 1793, in-8°. 3283

* —. — Notice historique et bibliographique des éditions et des traductions de l'Instruction pour les bergers, et des autres ouvrages de Daubenton sur les moutons et sur les laines. — Paris, imp. Huzard, 1810, in-8°, 24 p. 3284

* **Hyde** (Th.). — Catalogus impressorum librorum bibliothecæ Bodlejanæ in academia oxoniensi. — Oxonii, e theatro Sheldoniano, 1674, in-fol. 3285

* **Iconographe** (L')... — Paris, rue St. Benoit 8, 1840-1849, 10 vol. in-8°. 3286

* **Iconographie des estampes à sujets galants**, et des portraits de femmes célèbres par leur beauté, indiquant les sujets, les peintres, les graveurs de ces estampes, leur valeur et leur prix dans les ventes, les condamnations et prohibitions dont certaines d'entre elles ont été l'objet, etc.; par M. le C. d'I***. — Genève, Gay, 1868, in-8°. 3287

Tiré à 300 ex. numérotés, dont 25 sur grand raisin vergé.

* **Ideville** (H. d'). — Gustave Courbet. Notes et documents sur sa vie et son œuvre, avec 8 eaux-fortes par A. F. Martial et un dessin par Edouard Manet. — Paris, imp. Alcan-Lévy, 1878, in-4°. 3288

Tiré à 300 ex.

* **Imbonatus** (C. J.). — Bibliotheca latino-hebraica sive de scriptoribus latinis, qui ex diversis nationibus contra Judæos, vel de re hebraica utcumque scripsere: additis observationibus criticis, et philologico-historicis, quibus quæ circa patriam, ætatem, vitæ institutum, mortemque auctorum consideranda veniunt, exponuntur. Cum quadruplici indice, nominum, cognominum, heterodoxorum, et materierum. Loco Coronidis adventus Messiæ, a Judæorum blasphemiis, ac hæreticorum calumniis vindicatus, sacrarum scripturarum ss. patrum, conciliorum rabbinorumque suffragiis obsignatus. Geminas dissertationes theologico-historico-dogmaticas complectens. Unà Messiam in lege promissum advenisse, veteris testamenti, et rabbinorum, calculis demonstratur, alterà, omnes ferme hæreses contra divinitatem ac humanitatem Christi domini referuntur, et refelluntur. Ex hebraico, græco, latinoque codice, auctoritatibus depromptis. Præmittitur Chronotaxis totius sac. scripturæ, qua statuitur natale Christi anno ab orbe condito 4000. — Romæ, ex typogr. S. C. de propag. fide 1694, in-fol. 3289

* **Imprimerie en Bretagne** (L') au XVᵉ siècle, étude sur les incunables bretons, avec facsimile contenant la reproduction intégrale de la plus ancienne impression bretonne. Publiée par la

société des bibliophiles bretons, 1878, in-8°. 3290

Tiré à 400 ex., dont 250 in-4° vergé pour les membres de la Société.

Par M. A. Le Moyne de la Borderie.

* **Indagini storiche**, artistiche e bibliografiche sulla libreria Visconteo-Sforzesca del castello di Pavia compilate ed illustrate con documenti inediti per cura di un bibliofilo. — Milano, libreria editrice Gætano Brigola, 1875, in-4°. Parte prima. 3291

*—. — Appendice alla parte prima. — Milano, presso i principali libraj 1879, in-4°.

Par le marquis Jerôme d'Adda. — Tiré à 200 ex., dont 30 numérotés et sur papier spécial.

* **Index | auctorum**, et | librorū, qui ab officio, Sanctæ | rom. et universalis inquis | tionis caveri ab omnibus | et singulis in univer- | sa christiana re | publica mandantur, sub censuris | contra legentes, vel tenentes li- | bros prohibitos in bulla, quæ | lecta est in cœna Dñi | expressis, et sub alijs | pœnis in Decreto | ejusdem sacri | officij con | tentis. | — Romæ, apud Antonium Bladum, 1558, in-4°. 3292

— Bologna, per Antonio Giaccarello et Pelegrino Bonardo (1559), in-8°.

— Venetiis, Lilius & socii exud. 1559, in-8°.

* **Index auctorum et librorum**, qui tanquam hæretici aut suspecti aut perniciosi, ab officio S. R. inquis. reprobantur et in universa Christi republica interdicuntur. — Romæ, apud Anton. Bladum, 1557, in-4°. 3293

Index bohemicorum librorum prohibitorum, et corrigendorum ordine alphabeti digestus, reverendissimi, celsissimi s. r. j. principis domini domini Antonii Petri dei gratia, et sedis apostolicæ archi-episcopi Pragensis jussu collectus, atque editus. — Vetero Pragæ typis Joannis Caroli Hraba, inclyti Bohemiæ regni d. d. statuum typographi (1767), in-8°. 3294

* **Index - catalogue** of the library of the surgeon-general's office, United-States army. Authors and subjects. — Washington, government printing office, 1880, in-4°. T. I-II. 3295

Index dissertationum et scriptorum auctore Francisco Carolo Conradi J. C. Serenissimo Brunsvicensium ac Lunæburgensium Ducis consiliario aulico et in Academia Julia antecessore vel auspiciis ejus editorum. — Helmstadii, Weygand, s. d., in-4°, 8 p. 3296

Index et catalogus librorum prohibitorum, mandato illustriss. ac reverendiss. d. d. Gasparis a Quiroga, cardinalis archiepiscopi Toletani, ac in regnis Hispaniarum generalis inquisitoris, denuo editus. Cum consilio supremi senatus sanctæ generalis inquisitionis. — Madriti, apud Alphonsum Gomezium regium typographum, anno 1583, Tassado a cinco maravedis et pliego, in-4°. 3297

Index expurgatorius in libros theologiæ mysticæ d. Henrici Harphii, theologi eruditissimi, ordinis minorum, ac rerum divinarum contemplatoris eximii, ad exemplar eorundem librorum Romæ impressum, collectus. Ex decreto s. d. n. Clementis papæ VIII opera cartusianæ familiæ jussu superiorum. — Parisiis, Nivelle, 1598, in-8°. 3298

* **Index expurgatorius** librorum qui hoc seculo prodierunt, vel doctrinæ non sanæ erroribus inspersis, vel inutilis et offensivæ maledicentiæ fellibus permixtis, juxta sacri concilii Tridentini decretum: Philippi II regis catholici jussu et auctoritate, atque Albani Ducis consilio ac ministerio in Belgia concinnatus; anno 1571. — Antverpiæ, ex officina Christophori Plantini, 1571, in-4°. 3299

Publié par Franciscus Junius.

... Nunc primum in lucem editus et præfatione auctus ac regii diplomatis interpretatione. — Apud Joannem Mareschallum Lugdunensem, 1586, in-12.

* **Index expurgatorius** librorum ... (ut supra). Accessit huic editioni collatio censuræ in glossas juris canonici, jussu Pii V pontificis, anno 1572 editæ. — Cum iisdem glossis Gregorii XIII mandato, anno 1580 recognitis et approbatis, in-12. 3300

* — ... Rationem et usum collationis hujusce demonstrat præfatio doct. Joannnis pappi, theologi argentoratensis. — Impensis Lazari Zetzneri, 1599, in-12.

* **Index expurgatorius** librorum qui hoc sæculo prodierunt, ... (ut supra). Accesserunt huic editioni excerpta aliorum librorum expurgatorum, qui in indice hoc belgico desiderabantur, ex indice hispanico, illustrissimi ac reverendissimi d. d. Gasparis Quiroga,... hispan. generalis inquisitoris jussu edito, de consilio supremi senatus s. generalis inquisitionis juxta exemplar, quod typis mandatum est Madriti, apud Alphonsum Gomerzium, anno 1584. — Argentorati, impensis Lazari Zetzneri, 1609, in-12. 3301

Index général et systématique des matières contenues dans les 20 premiers volumes du Journal de Conchyologie, publiés sous la direction de MM. Crosse-Fischer, Bernardi et Petit de La Saussaye (1850-1872). — Paris, Savy, 1878, in-8°. 3302

Index librorum authorumque s. sedis apostolicæ, sacrique concilii Tridentini authoritate prohibitorum, insertis suo loco nonnullis in Tridentino indice non comprehensis, quorum tamen lectione omnibus Christi fidelibus in Bavaria existentibus interdixit reverendissimus in Christo pater ac Dñs, Dñs Felicianus, episcopus Scalensis, et Sanctissimi Dñi nostri Gregorii XIII ad Bavariæ et alias partes Germaniæ superioris nuncius, cum potestate legati de latere, etc. cum præfixo ejusdem reverendissimi Dñi Nuncii hac de re mandato. — Monachii, excudebat Berg, 1582, in-4°. 3303

Index librorum expurgatorum, illustrissimi ac reverendiss. d. d. Gasparis Quiroga, ... jussu editus. De concilio supremi senatus s. Generalis inquisit. — Madriti, apud Gomezium reg. typogr., 1584, in-4°. 3304

* **Index librorum** expurgatorum, ... (ut supra). Juxta exemplar, quod typis mandatum est Madriti, apud Alphonsum Gomezium regium typographum. Anno 1084. — Salmuri, apud Thomam Portav, 1601, in-4°. 3305

* **Index librorum prohibitorum** Alexandri VII pontificis maximi jussu editus. — Romæ, ex typographia reverendæ Cameræ, apostolicæ 1664, in-4°. 3306

* — Romæ, ex typ. reverendæ Cameræ apostolicæ, 1665, in-12.

Publié par Vincentio Fano.

* — Romæ, ex typ. rev. cam. apost., 1667, in-fol.

* **Index librorum prohibitorum** auctoritate Pii IV primum editus. Postea vero a Sixto V auctus et nunc demum s. d. n. Clementis papæ VIII jussu recognitus et publicatus. Additis regulis, ac exequendæ prohibitionis ratione. — Leodii, ex bibliopolio Henrici Hovij, 1607, in-12. 3307

— Coloniæ, sumptibus Bernardi Gualtheri, 1602, in-12.

* — id. — 1614, in-12.

* — Coloniæ, sumptibus Petri Henningii, 1620, in-12.

— id. — 1621, in-12.

* **Index librorum prohibitorum** Clementis X. pontificis maximi jussu editus. — Romæ, ex typographia rev. Cam. Apost., 1670, in-12. 3308

— Supplement. — 1675.

* **Index librorum prohibitorum**, cum regulis confectis per patres a Tridentina Synodo delectos, auctoritate sanc-

tiss. D. N. Pii IIII, pont. max. comprobatus. — Romæ, apud Paulum Manutium, 1564, in-4° et in-8°. 3309

* — Coloniæ, apud Maternum Cholinum, 1564, in-12.

Coloniæ, apud Cholinum, 1568, in-8°.

* — Leodii, impens. Hovii, 1568, in-8°.

* **Index librorum prohibitorum** . . . (ut supra). Cum appendice in Belgio, ex mandato regiæ cathol. majestatis confecta. — Antverpiæ, ex officina Christophori Plantini, 1570, in-12. 3310

Index librorum prohibitorum . . . (ut supra). Habita prius facultate, et authoritate a reverendo D. D. Leone de Lianoriis canonici, et generalis vicarii bonon. Ac insuper a r. p. inquisitore. — Bononiæ, 1564, in-4°. 3311

Index librorum prohibitorum . . . (ut supra). Nunc recens de mandato illustriss. ac reverendiss. d. Georgii Dalmeida metropolyt. archiepiscopi Olysipponensis totiusque Lusitanicæ ditionis inquisitoris generalis in lucem editus. Addito etiam altero indice eorum librorum qui in his Portugalliæ regnis prohibentur, cum permultis aliis ad eandem librorum prohibitionem spectantibus, ejusdem quoque illustriss. ac reverendiss. domini jussu. — Olysippone excud. Riberius, 1581, in-4°. 3312

* **Index librorum prohibitorum** . . . (ut supra). Una cum ijs qui mandato regiæ catholicæ maiestatis, et illustriss. ducis Albani, consilijque regij decreto, prohibentur, suo quæque loco et ordine repositis. — Leodii, impensis Henrici Houij, 1569, in-12. 3313

Index librorum prohibitorum cum regulis confectis per patres a Tridentina synodo delectos, auctoritate Pii IV editus, tum vero a Sixto V auctus et nunc demum s. d. n. Clementis pp. jussu recognitus. — Romæ et Ferrarie, apud Baldinum, 1599, in-8°. 3314

— Parisiis, 1599, in-8°.

Index librorum prohibitorum, cum regulis confectis per patres a Tridentina synodo delectos, auctoritate Pii IV. primum editus, postea vero a Sixto V., et nunc demum a sanctissimo d. n. Clemente papa VIII. recognitus, et auctus, instructione adjecta de imprimendi, et emendandi libros ratione. — Romæ apud Paulum Bladum impressorem Cameralem, 1593, in-4°. 3315

— Romæ, apud impressores camerales 1596, in-4° et in-12.

— Romæ et Bonon. apud hæredes Jo. Rossii, 1596, in-12.

— Veronæ, apud Franciscum a Donuis et Scipionem Varganum, 1596, in-12.

— Brixiæ, apud Bozzolam, 1620, in-8°.

Index librorum prohibitorum . . . (ut supra). Editio II. ad exemplar primæ Morettianæ anni 1596 cum appendice aliquot operum, quæ subinde prohibita censeri debent juxta formam concordatorum. — Venetiis, 1768, in-8°. 3316

* **Index librorum prohibitorum** cum regulis confectis per patres a Tridentina synodo delectos. Auctoritate Pii IIII primum editus, postea vero a Syxto V auctus et nunc demum s. d. n. Clementis papæ VIII jussu recognitus, et publicatus. Instructione adjecta. De exequendæ prohibitionis, deque sincere emendandi et imprimendi libros, ratione. — Coloniæ apud Gosuinum Cholinum, 1597, in-12. 3317

* — Taurini, apud Jo. Dominicum Tarinum, 1597, in-12.

* — Coloniæ, apud Gosuinum Cholinum, 1598, in-12.

* — Parisiis, apud Laurentium Sonnium, 1799, in-12.

* — Venetiis, apud Turrinum, 1644, in-12.

* — Venetiis, N. Morettus, 1596, in-12.

— Venetiis, apud Marcum de Claseris, 1597, in-8°.

— Olisiponæ, apud Petrum Cræsbeeck, 1597, in-4°.

— Vesontine, apud Nic. de Moingesse, 1598, in-8°.

— Venetiis, apud hæredes Dominici de Farris, 1607, in-8°.

— Zamosci, Lenscius, 1604, in-4°.

— Cracoviæ, in officina Petricouif, 1603, in-8°.

Index librorum prohibitorum . . . (ut supra). Impress. de mandato illustriss. et reverendiss. Domini D. Antonii de Matos de Norogna episcopi Helvensis, inquisitoris generalis Lusitaniæ, etc. — Olisipone. Apud Petrum Cræsbeeck, expensis Christ. Ortegæ bibliop. 1597, in-4°. 3318

Index librorum prohibitorum, . . . (ut supra). Quibus accessit de novo index librorum a sacra indicis congregatione passim ad annum usque. 1630. particularibus decretis suis locis consignatis prohibitorum. — Romæ et Tridenti apud Zanettum 1634, in-12. 3319

Index librorum prohibitorum: cum regulis confectis per patres a Tridentina synodo delectos, et cum adjecta instructione, de emendandis imprimendisque libris, et de exequenda prohibitione. Nunc in hac editione, congregationis cardinalium edictis aliquot, et librorum nuper scandalose evulgatorum, descriptione auctus. — Cracoviæ in officina Andreæ Petricovii, 1617, in-12. 3320

* **Index librorum prohibitorum** et expurgandorum novissimus. Pro catholicis Hispaniarum regnis Philippi IV, regis cathol. ill. ac r. d. d. Antonii a sotomaior supremi præsidis, et in regnis Hispaniarum, Siciliæ, et Indiarum generalis inquisitoris, etc. jussu ac studiis, luculenter et vigilantissimè recognitus inquisitionis generalis. Juxta exemplar excusum. — Madriti, ex typographæo Didaci Diaz, 1667, in-fol. 3321

Index librorum prohibitorum et expurgatorum. Denuo cum suis apendicibus usque hodie in lucem editis, typis mandatus illustriss. ac reverendiss. dd. Antonio Zapata, s. r. e. tituli sanctæ Sabinæ presbitero Cardinali in Hispaniarum regnis inquisitore generali, et regii status consiliario, &c. De ejusdem supremi senatus sanctæ generalis inquisitionis mandato. — Madriti 1612 et Panormi, ex typographia Maringo, 1628, in-fol. 3322

* **Index librorum prohibitorum** et expurgatorum ill^{mi} ac r^{mi} d. d. Bernardi de Sandoval et Roxas,... auctoritate et jussu editus... — Madriti, apud Ludovicum Sanchez, 1612, in-fol. 3323

* **Index librorum prohibitorum** et expurgatorum, ill^{mi} ac r. d. d. Bernardi de Sandoval et Roxas, . . . auctoritate et jussu editus. De concilio supremi senatus s. generalis inquisitionis Hispaniarum juxta exemplar excusum Madriti apud Ludovicum Sanchez typographum regium, anno 1612 cum appendice anni 1604. Auctus B. Turrett. præfatione et hispanic. decret. latina versione. Indicis huic libro nomen præfigitur apte: nam proprio sorices indicio pereunt. — Genevæ, sumptibus Jacobi Crispini, 1619, in-4°. 3324

Index librorum prohibitorum et expurgatorum . . . (ut supra) cum appendice anni 1614. — (Genevæ), sumptibus Jacobi Crispini, 1620, in-4°. 3325

Index librorum prohibitorum et expurgatorum novissimus Antonii a Sotomaior jussu ac studiis luculentissime ac vigilantissime recognitus. — Madriti, 1662, fol. 3326

Index librorum prohibitorum, Gregorii XVI. P. M. jussu editus. Editio novissima (ad finem anni 1853). — Neapoli, 1853, in-8°. 3327

* **Index librorum prohibitorum.** Innocentii XI pontificis maximi jussu editus. — Romæ, ex typografia rev. cam. apost. 1681, in-12. 3328

* — Romæ, ex typ. rev. cam. apost., 1683, in-12.

* —... usque ad annum 1681. Eidem accedit in fine appendix usque ad mensem Junii 1704. — Romæ, typis rev. cam. apost. 1704, in-12.

* —... Juxta exemplar romanum. — Recusus Pragæ, in aula regia, apud Josephum Antonium Schilhart, 1726, in-12.

Cette édition a 2 appendices à pagination séparée. Le titre du 2e est: Appendix novissima librorum prohibitorum ab anno 1704 usque ad totum mensem Martii 1716. Juxta exemplar romanum cum licentia ordinarii. — Recusa Vetero-Pragæ, in aula regia, apud Josephum Antonium Schilhart.

Index librorum prohibitorum Innocentii XI P. M. jussu editus, cum appendicibus usque ad mensem octobris 1746. — Romæ, in-8°. 3329

* **Index librorum prohibitorum** juxta exemplar romanum jussu sanctissimi domini nostri editum anno 1835. Accesserunt suis locis nomina eorum qui usque ad hanc diem damnati fuere. — Mechliniæ, P. J. Hanicq, 1838, in-12. 3330

* — Mechliniæ, P. J. Hanicq, 1852, in-12.

Cette édition est suivie d'un: »Supplementum ad indicem librorum prohibitorum continens nomina eorum qui usque ad hanc diem damnati fuerunt 1852«.

* **Index librorum prohibitorum.** Katalog über die in den Jahren 1844 und 1845 in Deutschland verbotenen Bücher. Beitrag zur Geschichte der Presse. — Jena, Friedrich Luden, 1845-1846 en 2 parties in-12. 3331

Index librorum prohibitorum ss^mi^ d. n. Benedicti XIV, pontificis maximi jussu recognitus, atque editus. — Romæ, ex typographia reverendæ Cameræ apostolicæ, 1758, in-4° et in-8° et appendice. 3332

* **Index librorum prohibitorum** sanctissimi domini nostri Benedicti XIV pontificis maximi jussu recognitus, atque editus. Editio postrema ceteris ornatior cum additamentis. — Romæ, ex typographia rev. cameræ apostolicæ, 1761, in-12. 3333

* —. — Romæ, id. 1764, in-8°.

* **Index librorum prohibitorum** sanctissimi domini nostri Gregorii XVI pontificis maximi jussu editus. — Romæ, ex typographia reverendæ Cameræ apostolicæ, 1835 (et 1841), in-8°. 3334

* — Editio novissima in qua libri omnes ab apostolica sede usque ad annum 1862 proscripti, suis locis recensentur. — Neapoli, J. Pelella, 1862, in-12.

Index librorum prohibitorum sanctissimi domini nostri Gregorii XVI pontificis maximi jussu editus Romæ 1841. Cum summi pontificis speciali confessione Modoetiæ 1850 recusus ex typographia instituti Paulinorum a. p. Aloysio Aug. Cornaggia Barnabita directi, in-8°. 3335

* **Index librorum prohibitorum** sanctissimi domini nostri Leonis XIII pont. max. jussu editus. Editio novissima in qua libri omnes ab Apostolica Sede usque ad annum 1880 proscripti suis locis recensentur. — Romæ, ex typographia polyglotta s. c. de propaganda fide, 1881, in-8°. 3336

* **Index librorum prohibitorum** sanctissimi domini nostri Pii sexti pontificis maximi jussu editus. — Romæ, ex typographia rev. cameræ apostolicæ, 1786, in-12. 3337

* — ... et sub Pio septimo ad annum usque 1806 continuatus. — Romæ, ex typographia rev. cameræ apostolicæ, 1806, in-12.

Index librorum prohibitorum sanctissimi d. n. Pii Sexti Pontificis maximi jussu editus. In hac editione adjecti sunt suis in locis libri novissime prohibiti usque ad annum 1787. — Romæ, 1787, in-8°. 3338

Index librorum prohibitorum sanctissimi domini nostri Pii septimi pontificis maximi jussu editus. — Romæ, ex typografia rev. Cameræ apostolicæ, 1819, in-8°. 3339

Index librorum prohibitorum usque ad annum 1704. regnante Clemente XI. p. o. m. — Romæ, ex typographia rev. Cam. apost. 1682, in-8°. 3340

Index librorum prohibitorum usque ad annum 1705, regnante Clemente XI p. o. m. — Romæ, ex tupographia rev. Cam. apost. de anno 1682 & ex foliis adjunctis usque ad annum 1705 ejusdem tupographie, in-8°. 3341

Index librorum prohibitorum usque ad annum 1711, regnante Clemente XI. p. o. m. — Romæ, ex typographia rev. Cam. apost. 1711, in-8°. 3342

Index librorum prohibitorum usque ad diem 4. Junii anni 1744. regnante Benedicto XIV. P. O. M. — Romæ, ex typogr. rev. cam. apost., 1744, in-8°. 3343

Index librorum prohibitorum usque ad diem 4. Junii anni 1744. regnante Benedicto XIV. p. o. m. additis prohibitionibus a s. c. emanatis usque ad annum 1752. — Romæ, ex typographia rev. cam. apost., in-8°. 3344

Index librorum prohibitorum usque ad totum mensem Martii 1716. regnante Clemente XI P. O. M. — Romæ, ex typographia rev. Cam. apost., 1716, in-8°. 3345

Index librorum prohibitorum usque ad totum mensem Martii 1717. regnante Clemente XI. p. o. m. — Romæ, ex typographia rev. cam. apost. 1717, in-8°. 3346

* **Index librorum** qui in Aldina officina ab ipso primum Aldo ab anno MCDXCII ad annū MDXIV. Deinde ab eius socero, Andrea Asulano, ad annum MDXXVIII. Tum ab Aldi, et simul Asulani filiis, ad annum MDXXXVI. Inde a Paulo, et fratribus, Aldi filiis, ad annum MDLXIII Venetiis impressi sunt. — S. l. ni d., in-4°, 24 p. 3347

Index materiæ medicæ: or, a catalogue of Simple Medicines. That are fit to be used in the Practice of Physick and Surgery . . . — London, printed for G. Strahan, 1724, in-4°. 3348

* **Index medicus** a monthly classified record of the current medical literature of the world compiled under the supervision of Dr. John S. Billings, . . . and Dr. Robert Fletcher. — New York, F. Leypoldt, 1879, in-4°. T. I. 3349

Index novus librorum expurgatorum inprimis catholicorum theologorum, tum aliorum quoq. celebriorum auctorum quarumcunq. facultatum et linguarum, causas religionis tamen non tractantium. Qui in isto præcedenti semestre undecumque vel omnino novi, vel denuo formâ, seu loco à prioribus editionibus diversi, vel accessione aliquâ locupletiores prodierunt: ad commodum reipub. christianæ, et omnium provinciarum recens confectus. Mandato speciali superiorum. — Impressus Moguntiæ apud Balthasarum Lippium, 1612, in-4°. 3350

* **Index operum B. Alberti Magni**, episcopi ratisponensis ex familia prædicatorum, desumptus ex iis quæ R. P. F. Bernardinus Gansolinus in laudem dicti Alberti typis dedit anno 1630. — Parisiis, apud Guillelmum Sassier, 1646, in-4°, 8 p. 3351

* **Indicateur (L') bibliographique.** — Bar-le-Duc, Louis Guérin, 15 juillet 1864-15 avril 1865, in-8°. 3352

***Indicateur (L') des bons livres à bon marché.** — Paris, 6 rue de Mezières, 1875-1876, 2 vol. in-4°. 3353

***Indicateur (L') des bons livres.** Echo bimensuel de la presse catholique. — Paris, chez J. Callou, 1861, in-8°. 1re année. 3354

*** Indication des écrits ou Mémoires publiés par M. Léon Dufour,** . . . docteur médecin . . . — Paris, imp. de J. Tastu (s. d.), in-4°, 11 p. 3355

*** Indication des ouvrages** publiés par le Dr. A.-N. Gendrin, classés d'après les dates de leur publication. — Paris, imp. de Crapelet (1833), in-8°, 32 p. 3356

*** Indication des principales publications historiques** de M. de La Fontenelle de Vaudoré. — Paris, imp. de Crapelet, 1839, in-8°, 15 p. 3357

*** Indication des travaux** publiés par A. Chevallier, pharmacien de Paris, de 1817 à 1830. — Paris, imp. de Rignoux (s. d.), in-8°, 8 p. 3358

***Indications bibliographiques** relatives pour la plupart à la littérature historico-géographique des arabes, des persans et des turcs, spécialement destinées à nos employés et voyageurs en Asie. — St. Pétersbourg, de l'imprimerie de l'académie impériale des sciences, 1845, in-8°. 3359

La préface est signée. Fræhn.

*** Indice delle opere stampate da Francesco Cancellieri** con i loro prezzi a moneta fina. — S. l. ni d., in-8°, 10 p. 3360

*** Indice general** alfabetico de todos los titulos de comedias, que se han escrito por varios autores, antiguos, y modernos. Y de los autos sacramentales, y alegoricos, assi de don Pedro Calderon de la Barca, como de otros autores classicos . . . — En Madrid, en la imprenta de Alfonso de Mora, 1735, in-4°. 3361

Indice general de los libros prohibidos, compuesto del índice último de los libros prohibidos y mandados expurgar hasta fin de deciembre de 1789 por el señor inquisidor general y señores del supremo consejo de la santa general inquisicion, de los suplementos del mismo, que alcanzan hasta 25 de agosto de 1805, y ademas de un Index librorum prohibitorum juxta exemplar romanum jussu ss. d. n. editum anno 1835, en el que van intercalados en sus respectivos lugares los prohibidos hasta fin de 1842. — Madrid, imp. de Palacios, 1844, in-4°. 3362

*** Indice ultimo de los libros prohibidos** y mandados expurgar: para todos los reynos y señorios del catolico rey de las Españas, el señor don Carlos IV. Contiene en resumen todos los libros puestos en el indice expurgatorio del año 1747, y en los edictos posteriores, asta fin de diciembre de 1789. Formado y arreglado con toda claridad y diligencia, por mandato del Excmo. sr. d. Agustin Rubin de Cevallos, inquisidor general, y señores del supremo consejo de la santa general inquisicion: impreso de su orden, con arreglo al exemplar visto y aprobado por dicho supremo consejo. — En Madrid, en la imprenta de don Antonio de Sancha 1790, in-4°. 3363

*** Indice y resumen** de los documentos que forman la antigua y nueva bibliotheca Pineda. Publicacion favorecida por la administracion del señor doctor Manuel Murillo. — Bogota, imprenta de el Tradicionista, 1873, 2 vol. in-8°. 3364

*** Indices expurgatorii duo,** testes fraudum ac falsationum pontificiarum; quorum prior jussu et auctoritate Philippi II regis hisp. atque Albani ducis consilio concinnatus est in Belgio, anno 1571. Posterior editus jussu d. d. Gasparis Guiroga, cardinalis et archiepiscopi Toletani hisp. generalis inquisitoris; de consilio supremi senatus s. generalis inquisit. juxta exemplar, quod typis mandatum est Madriti apud Alphonsum Gomezium regium typographum, anno 1571 recusus primo Salmuri in Gallia, et nunc secundò in Germania. Additus est majoris commoditatis gratia index librorum prohibitorum cum registris confectis per patres a Tridentino synodo delectos auctoritate Pii IV primum editus; postea verò à Sixto V auctus; denique Clementis VIII jussu recognitus et publicatus. — Hanoviæ, apud Guilielmum Antonium, 1611, in-12. 3365

* **Indices generales auctorum** et rerum . . . actorum eruditorum quæ Lipsiæ publicantur decennii, nec non supplementorum tomi . . . — Lipsiæ, apud Joh. Grossii hæredes, 1693-1745, 6 vol. in-4°. 3366

* **Indicis librorum expurgandorum** in studiosorum gratiam confecti. Tomus primus. In quo quinquaginta auctorum libri præ cæteris desiderati emendantur. Per fr. Jo. Mariam Brasichellen, . . . in unum corpus redactus, et publicæ commoditati æditus. — Romæ, ex typographia R. cam. apost. 1607, in-12. 3367

* —. — Romæ primo, deinde Bergomi, typis Comini Venturæ, 1608, in-12.

* **Ingleby** (C. M.). — Shakespeare, the man and the book: being a collection of occasional papers on the bard and his writings. Part the first. — London, Trübner, 1877, in-8°. 3368

Ingold. — Essai de bibliographie oratorienne. — Paris, Poussielgue et Sauton, gr. in-8°, livr. 1-3. 3369

La 4e doit paraître prochainement.

Inhaltsverzeichniss der Abhandlungen der Königl. Akademie der Wissenschaften zu Berlin aus den Jahren 1822 bis 1860. Nach den Klassen geordnet. — Berlin, Dümmler, 1862, in-8°, 27 p. 3370

Inhaltsverzeichnisse der zehn ersten Bände der Monumenta Germaniæ ed. G. H. Pertz. Aus dem zehnten Bande des Archivs der Gesellschaft für ältere deutsche Geschichtkunde besonders abgedruckt. — Hannover, Hahn, 1848, in-8°. 3371

Par G. H. Pertz et W. Wattenbach.

Inseraten - Versendungs - Liste. Verzeichniss der in Deutschland und in der Schweiz in deutscher Sprache erscheinenden bedeutenderen politischen und Local-Zeitungen, sowie der Zeitschriften wissenschaftlichen Inhalts, welche Inserate aufnehmen. Mit Angabe der Verleger, der Auflagen, der Insertionsgebühren, ob Beilagen angenommen und Recensionen geliefert werden, sowie mit anderen Nachweisungen. Nach den neuesten und sichersten Quellen zugesammelt. — Leipzig, Haendel, 1857-1869, in-fol. 3372

* **Institut archéologique de Luxembourg.** Publications des membres de l'institut. Bibliographie Bouillonnaise. 1760 - 1798. Année 1874. — Arlon, typ. de P. A. Bruck, 1874, in-4°. 3373

La couverture imprimée sert de titre.

* **Institut des provinces de France.** Bulletin bibliographique des sociétés savantes des départements contenant l'indication de leurs travaux et celle des publications individuelles qui paraissent en province. — Paris, Derache, 1851-1853, in-8°. T. I. 3374

* **Instruction générale** relative au service des bibliothèques universitaires. — Paris, Paul Dupont, 1880, in-8°, 39 p. 3375

Instruction pastorale de Monseigneur l'Evêque de Luçon sur l'index des livres prohibés. — Paris, Lecoffre et Cie, 1852, in-8°. 3376

***Introduccion de la imprenta en América**, con una bibliografiá de las obras impresas en aquel hemisferio desde 1540 à 1600 por el autor de la bibliotheca americana vetustissima. — Madrid, imp, de M. Rivadeneyra, 1872, in-8°. 3377

Par Henry Harrisse. — Tiré à 125 ex.

* **Introductio in notitiam scriptorum juris civilis**, saxonici et cameralis, juxta ordinem alphabeticum disposita et cum judicio et censurâ publici juris facta. — Nordhusæ, apud Carolum Christianum Neuenhahn, 1703, in-8°. 3378

* **Indroduction à la bibliographie de Belgique.** Relevé de tous les écrits périodiques qui se publient dans le royaume par les sociétés savantes, les administrations publiques, les associations et les particuliers, dressé par les soins de la section littéraire de la commission des échanges internationaux. — Bruxelles, Henri Manceaux, 1875, in-8°. 3379

* **Inventaire alphabétique** des livres imprimés sur vélin de la bibliothèque nationale. Complément du catalogue publié par Van Praet. — A Paris, chez H. Champion, 1877, in-8°. 3380

Iphofen (H. C.). — Lebensgeschichte Christian Felix Weisse'ns. Nach dessen eigenen Nachrichten erzählet von H. C. Iphofen und herausgegeben von G. F. Döhner. Aus dem Volksfreunde besonders abgedruckt. — Freiberg, Craz und Gerlach in Comm., 1826, in-8°. 3381

Contient, pages 95-113: »Vollständiges Verzeichniss der Schriften von und über Chr. F. Weisse; verfasset von Johann Wilhelm Sigismund Lindner«.

* **Ireland** (Al.). — In memoriam Ralph Waldo Emerson: recollections his visits to England in 1833, 1847-8, 1872-3, and extracts from unpublished letters. — London, 1882, in-8°. 3382

Contient, p. 119-120: »Articles on Emerson and his writings in the English and American periodicals«.

* **Irenicus** (Er.). — Bibliotheca gallo-svecica. Sive, syllabus operum selectorum, quibus Gallorum Suecorumque, hac tempestate, belli proferendi, pacis evertendæ, studia publico exhibentur. Accessit prologus: ad concordiam germanicam adhortatio. — Utopiæ, apud Udonem Neminem, vico ubique, ad insigne veritatis, hoc anno, in-12. 3383

Iseghem (A. F. Van). — Voy. Van Iseghem.

Isola (J. G.). — Sulla vita e sugli scritti di Monsignor Gius. Buscarini Vescovo della Diocesi di Borgo san Donnino: Commentario. — Modena, tip. Gaddi, 1873, in-8°. 3384

Istria (d'). — Voy. Bibliographie des principaux ouvrages relatifs à l'amour.

* **Ittigius** (Th.). — De bibliothecis et catenis patrum, variisque veterum scriptorum ecclesiasticorum collectionibus Basileensibus, Tigurinis, Parisiensibus, Coloniensibus, Lugdunensibus, Leidensibus, Ingolstadiensibus, Antverpiensibus, Romanis, Venetis, Mediolanensi, Moguntinis, Boni-Fontis, Insulana, Divionensi, Rotomagensi, Tolosana, Londinensibus, Dubliniensi, Oxoniensi, Lovaniensibus, Trajectensi, Genevensibus, Hamburgensibus, Cygneis, Lipsiensibus, et aliis tractatus variis observationibus et animadversionibus refertus. — Lipsiæ, sumptibus hæred. Friderici Lankisii, 1707, in-12. 3385

Ivory (W.). — Catalogue of the law books in the library of the society of writers to Her Majesty's signet in Scotland. Arranged systematically, with an alphabetical index of authors and subjects. — Edinburgh, 1856, gr. in-8°. 3386

* **Izambard** (H.). — La presse parisienne. Statistique bibliographique et alphabétique de tous les journaux, revues et canards périodiques nés, morts, ressuscités on métamorphosés à Paris depuis le 22 février 1848 jusqu'à l'em-

pire. Catalogue curieux et complet indiquant minutieusement les titres, sous-titres, devises et épigraphes de chaque journal, revue, etc.; son degré de rareté, sa couleur apparente ou cachée, ses diverses spécialités, les noms de ses collaborateurs, gérants, fondateurs, signataires ou anonymes, l'adresse des bureaux qu'il habitait, le nom de l'imprimerie, etc. etc. Précédé des lois actuelles qui régissent la presse, et suivi de la liste exacte de tous les journaux des départements. — Paris, F. H. Krabbe, 1853, in-12. 3387

Jack (R. L.). — Voy. Etheridge (Rob.). Catalogue of works ... on the geology.

* **Jackson** (B. D.). — Guide to the literature of botany; being a classified selection of botanical works, including nearly 6000 titles not given in Pritzel's »Thesaurus«. — London, published for the Index society by Longmans, Green & Co., 1881, in-8°. 3388

T. VIII des »Index society publications«.

*— (J.). — Liste provisoire de bibliographies géographiques spéciales. — Paris, Ch. Delagrave, 1881, in-8°. 3389

Une seconde édition très-augmentée a paru en 1882.

* **Jacob** (Alfr.). — Notice biographique et bibliographique sur M. L. C. H., comte de Widranges. — Bar-le-Duc, imp. Contant-Laguerre, 1881, in-8°, 23 p. 3390

Ext. du T. X des »Mémoires de la Société des lettres, sciences et arts de Bar-le-Duc«.

— (G.). — Voy. The Poetical register.

*— (L.). — Bibliographia Gallica universalis, hoc est, Catalogus omnium librorum per universum regnum Galliæ annis 1643-1644 et 1645 excusorum. Parisiis, sumptibus Roleti Le Duc, 1646, in-4°. 3391

*—. — Bibliographia gallica universalis, hoc est, catalogus omnium librorum per universum Galliæ regnum, anno 1646 excusorum. — Parisiis, sumptibus viduæ Joannis Camusat et Petri Le Petit, 1647, in-4°. 3392

* **Jacob.** — Bibliographia parisina, hoc est, catalogus omnium librorum Parisiis annis 1643 et 1644 inclusive excussorum. — Parisiis, sumptibus Roleti le Duc, 1645, in-4°. 3393

*—. — Bibliographia Parisina, hoc est Catalogus omnium librorum, Parisiis, anno 1645 inclusive excusorum. — Parisiis, Le Duc, 1646, in-4°. 3394

*—. — Bibliotheca pontificia duobis libris distincta. In primo agitur ex professo de omnibus romanis pontificibus a S. Petro usque ad S. D. N. Urbanum VIII. ac de pseudopontificibus, qui scriptis claruerunt. In secundo verò de omnibus auctoribus, qui cùm in generali, tùm in particulari eorum vitas, et laudes, necnon præcellentiam auctoritatémve posteritati consecràrunt. Cui adjungitur catalogus hæreticorum, qui adversus romanos pontifices aliquid ediderunt. Variis et locupletissimis indicibus exornata. Accedit fragmentum libelli S. Marcelli romani martyris, B. Petri apostoli discipuli, è pervetusto breviario ms. flaviniacensi desumptum, et hactenus ineditum. — Lugduni, sumptib. hæred. Gabr. Boissat et Laurentii Anisson, 1643, in-4°. 3395

*—. — De claris scriptoribus Cabilonensibus libri III. In I. agitur de iis, qui vel ortu vel aliquâ dignitate floruerunt. In II. qui in diœcesi et præfectura cabilonensi nati sunt. In III. qui in eadem diœcesi mortui sunt. — Parisiis, Cramoisy, 1652, in-4°. 3396

— (le bibliophile). — Voy. Lacroix (P.).

*— (S.). — Notice sur la vie et les ouvrages de feu M. Clicquot-Blervache. Additions à cette notice par M. de S.-

Léger. — Paris, imp. de J.-B. Sajou, 1815, in-8°, 16 p. 3397

Ext. du »Magasin encyclopédique«, année 1796, T. 4, nos. 13 et 15.

* **Jacobillus** (L.). — Bibliotheca Umbriæ sive de scriptoribus provinciæ Umbriæ alphabetico ordine digesta. Una cum discursu præfatæ provinciæ. — Fulginiæ, apud Augustinum Alterium 1658, in-4°. T. I. 3398

Jacobsen (Em.). — Chemisch-technisches Repertorium. Uebersichtlich geordnete Mittheilungen der neuesten Erfindungen, Fortschritte und Verbesserungen auf dem Gebiete der technischen und industriellen Chemie mit Hinweis auf Maschinen, Apparate und Literatur für Gewerbtreibende, Fabrikanten, technische Chemiker und Apotheker. — Berlin, Gaertner, 1862-1863, 2 années in-8°. 3399

Jacoby. — Chodowiecki's Werke. Oder: Verzeichniss sämtlicher Kupferstiche, welche der verstorbene Herr Daniel Chodoviecki, Direktor der königl. preuss. Academie der Künste, von 1758 bis zu seinem Tode 1800 verfertigt, und nach der Zeitfolge geordnet hat. Mit dem Bildnisse des Künstlers. — Berlin, Jacoby, 1814, in-8°. 3400

* **Jacquelain.** — Titres scientifiques de M. Jacquelain. Programme d'un cours de chimie appliquée à l'agriculture. Liste des mémoires présentés à l'académie des sciences par M. Jacquelain. — Paris, imp. de Bachelier, octobre 1850, in-4°, 20 p. 3401

La couverture imprimée sert de titre.

* — (V. A.). — Titres scientifiques et programme du cours de chimie de V.-A. Jacquelain. — Paris, imp. de L. Martinet (1849), in-4°, 15 p. 3402

Le titre de départ porte: »Titres scientifiques. Liste des mémoires présentés à l'académie des sciences par M. Jacquelain«.

* **Jacquemart** (D. A.). — Bibliographie forestière française, ou catalogue chronologique des ouvrages français ou traduits en français et publiés depuis l'invention de l'imprimerie jusqu'à ce jour, sur la sylviculture, l'arboriculture forestière, et sur les matières qui s'y rattachent... suivi d'une table des auteurs mentionnés, contenant l'indication de leurs ouvrages. Publié par les Annales forestières. — Paris, au bureau des Annales forestières, 1852, in-8°. 3403

* **Jacquemet.** — Candidature à la chaire de physiologie. Exposé des travaux et des titres scientifiques du docteur Jacquemet. — Montpellier, imp. de Bœhm, 1860, in-4°, 23 p. 3404

* **Jacquemier.** — Exposé sommaire des titres scientifiques présentés par le Dr. Jacquemier à l'appui de sa candidature à l'Académie impériale de médecine (section d'accouchements.). — Paris, imp. de L. Martinet, Septembre 1860. in-4°, 12 p. 3405

* **Jacquet** (E.). — Bibliothèque Malaye. Extrait du nouveau journal asiatique. — (Paris), imp. royale, s. d., in-8°. 3406

* **Jähn** (Fr. W.). — Carl Maria von Weber in seinen Werken. Chronologisch-thematisches Verzeichniss seiner sämmtlichen Compositionen nebst Angabe der unvollständigen, verloren gegangenen, zweifelhaften und untergeschobenen mit Beschreibung der Autographen, Angabe der Ausgaben und Arrangements, kritischen, kunsthistorischen und biographischen Anmerkungen, unter Benutzung von Weber's Briefen und Tagebüchern und einer Beigabe von Nachbildungen seiner Handschrift. — Berlin, Rob. Lienau, 1871, gr. in-8°. 3407

* **Jaennicke** (F.). — Die gesammte keramische Literatur. Ein zuverlässiger

Führer für Liebhaber, Gewerbetreibende und sonstige Interessenten, zugleich ein Supplement zu des Verfassers Grundriss der Keramik. — Stuttgart, Paul Neff, 1882, in-16. 3408

Jagemann (C. J.). — Geschichte des Lebens und der Schriften des Galileo Galilei. Mit des Galilei Porträt. — Weimar, Hoffmanns Witt. u. Erben, 1783, in-8°. 3409

Jahn (C. A.). — Versuch einer Lebensbeschreibung des Johann Rivius von Attendorn. — Bayreuth, in der Zeitungsdruckerey, 1792, in-8°. 3410

Les pages 63-108 contiennent la liste des écrits de Rivius.

— (O.). — Ludwig Uhland. Vortrag gehalten bei der Uhlandfeier in Bonn am 11. Februar 1863. Mit literarhistorischen Beilagen. — Bonn, Cohen & Sohn, 1863, in-8°. 3411

Contient, pages 217-231: »Chronologisches Verzeichniss der Gedichte«.

*—. — W. A. Mozart. — Leipzig, Breitkopf und Härtel, 1856, 4 vol. in-8°. 3412

Le T. I contient de nombreuses sources bibliographiques.

***Jahrbuch der deutschen Shakespeare-Gesellschaft** im Auftrage des Vorstandes herausgegeben durch F. A. Leo. — Weimar, A. Huschke, 1865-1882, in-8°. 3413

Le T. XVII est accompagné d'une table générale des volumes 1-16 et d'un catalogue de la bibliothèque de la Shakespeare-Gesellschaft allemande.

***Jahrbuch der Kaiserlich-Königlichen geologischen Reichsanstalt.** — Wien, Hölder, 1850-1882, in-8°. 3414

Il a paru, comme supplément au T. XXXI (1881): General-Bericht der Bände XXI-XXX des Jahrbuches und der Jahrgänge 1871-1880 der Verhandlungen der kaiserlich-königlichen geologischen Reichsanstalt. Zusammengestellt von Adolf Senoner.

Jahrbuch des gemeinen deutschen Rechts herausgegeben von E. J. Bekker, Th. Muther. — Leipzig, Hirzel, 1857-1863, 6 vol. in-8°. 3415

A la fin de chaque fascicule on trouve: »Literaturübersicht und Recensionenverzeichniss«.

***Jahrbuch für practische Aerzte.** Unter Mitwirkung von Fachgelehrten herausgegeben von Paul Guttmann. — Berlin, Aug. Hirschwald, 1878-1882, in-8°. 3416

Chaque division se termine par la bibliographie des ouvrages récemment parus sur le sujet.

***Jahrbücher des Vereins für meklenburgische Geschichte** und Alterthumskunde, aus den Arbeiten des Vereins herausgegeben von G. C. Friedrich Lisch. — Schwerin, 1857, in-8°. 3417

Contient, pages 225-262: »Beiträge zur ältern Buchdruckergeschichte Meklenburgs nebst einer Zusammenstellung der bisher beschriebenen meklenburgischen Druckdenkmale von Wiechmann-Kadow (C. M.)«.

***Jahrbücher für die deutsche Armee** und Marine. Verantwortlich redigiert von G. von Marées. — Berlin, Richard Wilhelmi, 1871-1882, in-8°. 3418

Chaque fascicule contient la table des articles publiés dans les revues militaires et la liste des ouvrages nouveaux.

***Jahrbücher für Nationalökonomie und Statistik.** Herausgegeben von Bruno Hildebrand. — Jena, Mauke, 1863-1881, gr. in-8°. 3419

Chaque fascicule se termine par une bibliographie.

***Jahresbericht über die erscheinungen** auf dem gebiete der germanischen philologie herausgegeben von der gesellschaft für deutsche philologie in Berlin. — Berlin, S. Calvary, 1880-1881, 2 vol. in-8°. 3420

***Jahresbericht über die Fortschritte** der classichen Alterthumswissenschaft, herausgegeben von Conrad Bursian... — Berlin, Calvary, 1873-1882, in-8°. 3421

Contient comme annexes: »Bibliotheca philologica classica« et »Biographisches Jahrbuch für Alterthumskunde«.

Jahresbericht über die Fortschritte und Leistungen im Gebiete der Fotografie, mit genauer Nachweisung der Literatur. I-III. Jahrgang 1855-1857. Von Karl Jos. Kreutzer. — Wien, Seidel, 1858-1861, 3 vol. in-8°. 3422

* **Jahresberichte über die Fortschritte der Anatomie** und Physiologie in Verbindung mit Prof. Chr. Aeby... herausgegeben von Dr. Fr. Hofmann und Dr. G. Schwalbe. — Leipzig, Verlag von F. C. W. Vogel, 1872-1881, 9 vol. in-8°. 3423

* **Jal** (A.). — Dictionnaire critique de biographie et d'histoire, errata et supplément pour tous les dictionnaires historiques d'après des documents authentiques inédits. — Paris, Henri Plon, 1867, in-4°. 3424

* **James** (C.). — Travaux scientifiques du docteur Constantin James. — Paris, imp. de L. Martinet (1856), in-4°, 4 p. 3425

La couverture imprimée sert de titre.

* — (Th.). — Index generalis librorum prohibitorum a pontificiis, unà cum editionibus expurgatis vel expurgandis juxta seriem literarum et triplicem classem. In usum bibliothecæ Bodleianæ, et curatoribus ejusdem specialiter designans. — Oxoniæ, excudebat Guilielmus Turner, 1627, in-12. 3426

* **Jamin** (J.). — Notice sur les travaux scientifiques de M. J. Jamin... — Paris, imp. de Bachelier, 1850, in-4°, 12 p. 3427

La couverture imprimée sert de titre.

* — Paris, Mallet-Bachelier, 1859, in-4°, 19 p. Il a paru avec continuation de pagination »... Deuxième partie contenant le résumé des recherches de physique exécutées depuis 1860. — Paris, Gauthier-Villars, 1868«, in-4°, p. 20-36.

* **Janicot** (J.). — Etude bibliographique et critique sur les eaux de Pougues, d'après des notes de feu le Dr. Félix Roubaud, ancien médecin inspecteur à Pougues, recueillies, complétées et publiées par le Dr. J. Janicot... — Paris, V. A. Delahaye et Cie, 1879, in-8°. 3428

Fasc. I: Documents médicaux du XVIe siècle.

Fasc. II Documents médicaux du XVIIe siècle.

Janitschek (H.). — Voy. Repertorium für Kunstwissenschaft.

Jannet (P.). — Voy. Bibliotheca scatologica.

* **Janozki** (J. D. A.). — Excerptum Polonicæ litteraturæ hujus atque superioris aetatis. — Vratislaviæ, apud Guil. Theoph. Kornium et Gampertum, 1764-1766, 4 vol. in-8°. 3429

La pagination se suit pour ces 4 vol.

* —. — Lexicon derer itztlebenden Gelehrten in Polen. — Breslau, verlegts Johann Jacob Korn, 1755, 2 vol. in-8°. 3430

— (J. D.). — Nachricht von denen in der Hochgräflich-Zaluskischen Bibliothek sich befindenden raren polnischen Büchern, herausgegeben. — Dresden, Walther, 1747-1749, 2 vol. in-8°. 3431

Le T. II a paru chez Korn.

* —. — Polonia litterata nostri temporis. — Vratislaviæ, Korn, 1750, in-8°. Pars I. 3432

—. — Voy. Bibliographia Zalusciana.

Janssonius ab Almeloveen (Th.). — De vitis Stephanorum, celebrium typographorum, dissertatio epistolica, in quâ de Stephanorum stirpe, indefessis laboribus, varia fortuna atque libris, quos orbi erudito eorundem officinæ emendatissimè impressos unquam exhibuerunt, subjecto illorum indice accuratius agitur: atque obiter multa scitu jucunda adsperguntur. Subjecta est H. Stephani Querimonia artis typographicæ. Ejusdem epistola de statu suæ typographiæ ad virum clarissimum Joan. Georg. Græviun. — Amstelædami, apud Janssonio-Waasbergios, 1683, in-8°. 3433

* **Janvier** (A.). — Notice des principaux ouvrages composés par A. Janvier. — (Paris), imp. de P. Didot aîné (s. d.), in-4°, 8 p. 3434

* **Jaubert.** — Notice sur la vie et les travaux de Boivin. Extrait du »Bulletin de la Société botanique de France«. (Séance du 10 novembre 1854). — Paris, imp. de L. Martinet, 1854, in-8°, 15 p. 3435

La couverture imprimée sert de titre.

* — (Cte). — Notice sur la vie et les travaux de M. Cordier. — Paris, imp. de Martinet (1862), in-8°, 28 p. 3436

* **Jaumes** (Alph.). — Notice sur les titres et les travaux scientifiques du Dr. Alphonse Jaumes, candidat à la chaire de médecine légale et de toxicologie vacante dans la faculté de médecine de Montpellier. — Montpellier, imp, Bœhm, 1874, in-4°, 10 p. 3437

* **Jeandet** (J. P. Ab.). — Etude sur le seizième siècle. France et Bourgogne. Pontus de Tyard seigneur de Bissy, depuis eveque de Chalon. Ouvrage couronné par l'academie de Macon (29 décembre 1859). — Paris, Auguste Aubry, 1860, in-8°. 3438

* **Jeanron.** — Extrait de la »Revue du Nord« n° 9 de 1837. Sigalon et ses ouvrages. — Paris, imp. de P. Baudouin (s. d.), in-8°, 15 p. 3439

Jellinek (Ad.). — Voy. Jolowicz (H.). Ausführliches Sach- und Namenregister zu De Rossi's historisches Wörterbuch der jüdischen Schriftsteller.

* **Jenichen** (G. A.). — Supplementa emendationes et illustrationes ad bibliothecam juridicam Lipenio-Jenichianam. — Lipsiæ, excudit Jo. Christian. Langenhemius, 1743, in-fol. 3440

—. — Unparteyische Nachricht von dem Leben und den Schriften der jetztlebenden Rechtsgelehrten in Teutschland. Nebst Anmerkungen über Joh. Jac. Mosers Lexicon der jetztlebenden Rechtsgelehrten in Teutschland. — Leipzig, Friese, 1739, in-8°. 3441

Jenicke (Ed.). — Voy. Mühlmann (G.). Repertorium der classischen Philologie.

* **Jewett** (Ch.). — Smithsonian report. On the construction of catalogues of libraries, and their publication by means of separate, stereotyped titles. With rules and examples. — Washington, published by the Smithsonian institution, 1853, in-8°. 3442

* **Jireček** (J. K.). — Bibliographie de la littérature bulgare moderne 1806-1870. — Vieha, typographie Sommert, 1872, in-8°, 48 p. 3443

Le titre est en bulgare; la couverture imprimée porte un titre français et bulgare.

* **Jobert de Lamballe.** — Exposé des titres et des travaux de M. Jobert de Lamballe à l'appui de sa candidature à l'Académie des sciences (section de médecine et de chirurgie). — Paris, imp. de Martinet, 1856, in-4°. 3444

* —. — Exposé des titres et notice sur les travaux de M. Jobert de Lamballe. — Paris, imp. de Martinet (1854), in-4°, 34 p. 3445

* — Paris, imp. de Martinet, 1855, in-4°, 44 p.

* — (Ant.). — M. Jobert (Antoine-Joseph) de Lamballe. Titres. —

Paris, imp. de F. Locquin (s. d.), in-4°, 4 p. 3446

* **Jobert de Lamballe.** — Notice analytique des travaux de M. Jobert (de Lamballe). Juin 1845. — Batignolles, imp. de Hennuyer et Turpin, 1845, in-4°, 14 p. 3447

* —. — Titres de M. Jobert (de Lamballe), candidat pour la place vacante dans la section de pathologie externe à l'Académie royale de médedecine. — (Paris), imp. de F. Locquin (s. d.), in-4°, 3 p. 3448

* **Jocher** (Ad.). — Obraz bibliograficzno-historyczny literatury i nauk w polsce, od wprowadzenia do niej druku po rok 1830 wlacznie, z pism janockiego, bentkowskiego, Ludwika Sobolewskiego, Ossolinskiego, Juszynskiego, Jana Winc. i Jerz. Sam. Bandków i. t. d. — Wilno, Nakladem i drukiem Józefa Zawadzkiego, 1840-1857, 3 vol. in-8°. 3449

Jochius (J. G.). — Prodromus bibliothecæ politicæ præmissus quo de bibliotheca politica ordinanda, scriptoribus Bibliothecarum, itemque methodorum studii politici agitur. — Jenæ, Oehrling, 1705, in-4°. 3450

Jœcher (Chr. G.). — Allgemeines Gelehrten-Lexicon, darinnen die Gelehrten aller Stände, sowohl männals weiblichen Geschlechts, welche vom Anfange der Welt bis auf jetzige Zeit gelebt und sich der gelehrten Welt bekannt gemacht, nach ihrer Geburt, Leben, merckwürdigen Geschichten, Absterben und Schriften aus den glaubwürdigsten Scribenten in alphabetischer Ordnung beschrieben werden. — Leipzig, 1750-1751, 4 vol. in-4°. 3451

* **Johanet** (A.). — Le marquis de Valori, étude historique et littéraire. — Paris, imp. de F. Didot frères, fils et Cie., 1859, gr. in-8°. 3452

Johann Georg Rosenmüller (D.). Sein Leben, Sinn und Wirken. Ein Denkmal für seine Verehrer. — Leipzig, Fischer, 1815, in-8°. 3453

Contient, pages 15-18; »Verzeichniss der von dem Verewigten herausgegebenen Schriften«.

Johann Otto Thiess. Geschichte seines Lebens und seiner Schriften aus und mit Aktenstükken. Ein Fragment aus der Sitten- und Gelehrtengeschichte des achtzehnten Jahrhunderts. — Hamburg, Kratzch, 1801-1802, 2 vol. in-8°. 3454

* **John** (J. D.). — Arzneywissenschaftliche Aufsätze böhmischer Gelehrten. — Prag und Dresden, Walther, 1798, in-8°. 3455

Contient, p. 226-282: »Versuch einer Litteratur über den Scheintod« et p. 283-315 »Verzeichniss der lebenden böhmisch-medizinischen Schriftsteller und ihrer Schriften«.

* **Johnius** (J. S.). — Parnassi Silesiaci sive recensionis poëtarum Silesiacorum quotquot vel in patria vel in alia etiam lingua musis litarunt centuria I. — Vratislaviæ, sumtu M. Rohrlachii, 1728, in-8°. 3456

* **Johnson** (J.). — Typographia, or printers' instructor: including an account of the origin of printing, with biographical notices of the printers of England, from Caxton to the close of the sixteenth century: a series of ancient and modern alphabets, and domesday characters: together with an elucidation of every subject connected with the art. — London, published by Longman, Hurst, Rees, 1824, 2 vol. in-12. 3457

* **Joliet** (Ch.). — Les pseudonymes du jour. — Paris, Achille Faure, 1867, in-12. 3458

* **Jolimont** (T. de). — Notice historique sur la vie et sur les œuvres

de Jacques Le Lieur, poëte normand du XVIe siècle... publiée pour la première fois. — Rouen, Le Brument, 1847, in-8°, 42 p. 3459

Ext. des »Principaux Edifices de la ville de Rouen en 1525«.

* **Jolly** (J.). — Notice sur la vie et les travaux judiciaires de A.-L.-M. Hennequin. — Paris, au bureau du journal de la magistrature et du barreau, 1840, in-8°, 24 p. 3460

Ext. du »Journal de la magistrature et du barreau«. Livraison de février 1840.

* **Jolowicz** (H.). — Ausführliches Sach- und Namenregister zu De Rossi's historisches Wörterbuch der jüdischen Schriftsteller und ihrer Werke. Mit onomatologischen Bemerkungen herausgegeben von Ad. Jellinek. — Leipzig, Heinrich Hunger, 1846, in-8°, 32 p. 3461

* —. — Bibliotheca ægyptiaca. Repertorium über die bis zum Jahre 1857 in Bezug auf Aegypten, seine Geographie, Landeskunde, Naturgeschichte, Denkmäler, Sprache, Schrift, Religion, Mythologie, Geschichte, Kunst, Wissenschaft etc. etc. erschienenen Schriften academischen Abhandlungen und Aufsätze in wissenschaftlichen und anderen Zeitschriften. Nebst einem alphabet. Namen-Register. — Leipzig, Verlag von Wilhelm Engelmann, 1858, in-8°. 3462

* — Supplement I. — Leipzig, Verlag von Wilhelm Engelmann, 1861, in-8°.

* **Joly** (N.). — Eloge historique d'Isidore Geoffroy Saint-Hilaire. — Toulouse, imp. de Douladoure (1863), in-8°, 24 p. 3463

Le titre de départ, page 3, porte: Extrait des »Mémoires de l'Académie impériale des sciences de Toulouse«, VIe série, T. I, p. 1. Eloge ... par le Dr. N. Joly.

* —. — Notice sur les travaux scientifiques de M. N. Joly ... — Toulouse, imp. de Bonnal et Gibrac, 1862, in-4°, 48 p. 3464

* **Joly** (M. N.). — Notice sur deux livres rarissimes qui font partie de ma bibliothèque, accompagnée de Pensées inédites de La Beaumelle, et d'une lettre autographe de La Condamine, relative à la première incarcération de l'auteur des Pensées à la Bastille. — Toulouse, imp. Bourdaloue, 1870, in-8°, 36 p. 3465

* **Jomard**. — Discours sur la vie et les travaux de G.-L.-B. Wilhem, prononcé à l'assemblée générale de la Société pour l'instruction élémentaire, le 5 juin 1842, avec un appendice, et le chant funèbre composé par M. Charles-Malo, musique de M. Joseph Hubeert. — Paris, Perrotin, 1842, in-12. 3466

* —. — Discours sur la vie et les travaux du baron de Gérando, prononcé à l'assemblée générale de la Société pour l'instruction élémentaire, le 30 avril 1843, ... avec la liste des ouvrages du baron de Gérando. — Paris, imp. de Schneider et Langrand, 1843, in-8°, 31 p. 3467

* —. — Notice sur la vie et les ouvrages de Cl.-L. Berthollet. — Anneci, imp. de A. Burdet, 1844, in-8°. 3468

On trouve imprimé après la page 63: Notice sur l'érection à Anneci du monument Berthollet. — Paginé V-XXVIII.

Jong (J. de). — Voy. Alphabetische Naamlijst van Bœken ... in Nederland uitgegeven.

* **Jonsius Holsatus** (J.). — De scriptoribus historiæ philosophicæ libri IV. — Francofurti, ex officina Thom. Matth. Götzii, 1659, in-4°. 3469

* —. — Nunc denuo recogniti atque ad præsentem ætatem usque perducti cura Jo. Christophori Dornii cum præfatione Burcardi Gothelfii Struvii. — Jenæ, apud viduam Meyerianam, 1716, in-4°.

* **Jordan**. — Histoire de la vie et des ouvrages de M. La Croze; avec des remarques de cet auteur sur di-

vers sujets. — Amsterdam, F. Changuion, 1741, 2 parties, in-8°. 3470

* **Jordan** (C.). — Notice sur les travaux de M. Camille Jordan à l'appui de sa candidature à l'académie des sciences (section de géométrie). — Paris, Gauthier-Villars, 1870, in-4°, 17 p. 3471

* — Paris, Gauthier-Villars, 1881, in-4°, 40 p.

— (D. S.). — Contributions to north american ichthyology. — Voy. Smithsonian miscellaneous collections.

* **Joret - Desclosières** (G). — Un écrivain national au XVe siècle. Alain Chartier. Etude. Suivie de notes biographiques et bibliographiques sur Alain Chartier, sa famille et ses écrits. — Paris, Dumoulin, 1876, in-8°. 3472

José (Fr. de S.). — Breve catalogo dos chronistas e escriptores portuguezes, que floreceram no assignalado anno 1550, a mais celebre epocha da linguagem Portugueza. Offerecido à ill^ma Senhora D. Maria Anna Pulqueria Caldeira Vellez de Pina Castello-branco. — Lisboa, imp. regia, 1804, in-8°, 22 p. 3473

* **Josse.** — Notice historique sur la vie et les travaux de feu Louis-Guillaume Laborie, membre du collège de pharmacie, lue à la séance publique de la dite société, le 25 brumaire an 8. — Paris, imp. de Quillau, in-8°, 15 p. 3474

* **Jouin** (H.). — Communication à la Société impériale d'agriculture, sciences et arts, concernant les œuvres écrites de David d'Angers, statuaire. — Angers, imp. de Lachèse, Belleuvre et Dolbeau, 1869, in-8°, 8 p. 3475

* —. — David d'Angers, sa vie, son œuvre, ses écrits et ses contemporains. — Paris, Plon, 1878, 2 vol. gr. in-8°. 3476

* **Journal de bibliographie médicale**, par une société de médecins. — A Paris, chez Gabon, 1806 - 1819, in-8°. 3477

* **Journal de l'amateur de livres.** — Paris, Jannet, 1848-1850, in-8°. 3478

Le T. I a pour titre d'abord: »Catalogue général de la librairie française. — Paris, Jannet, 1847«, puis: »Bibliographie universelle. Journal du libraire et de l'amateur de livres. — Paris, Jannet«.

* **Journal de l'imprimerie** et de la librairie en Belgique. — Bruxelles, Meline, Cans (puis Bruylant-Christophe), 1854-1863, 10 vol. in-8°. 3479

* **Journal de la compagnie bibliopéenne**, paraissant tous les mois. Revue sommaire et périodique des publications françaises et étrangères. Librairie, gravure, musique. — A Paris, dans les magasins de la compagnie bibliopéenne, 1840, in-4°. 3480

* **Journal de la librairie militaire.** Bulletin bibliographique mensuel. — Paris, J. Dumaine, 1875-1881, 6 vol. in-8°. 3481

* **Journal général d'annonces** d'objets d'arts et de librairie, contenant l'indication des œuvres de musique, estampes, cartes et plans géographiques ou astronomiques, médailles, livres, etc. publiés en France et à l'étranger. Avec des notices analytiques et raisonnées sur les productions nouvelles des arts et de la littérature. — Paris, imp. de Sétier, 1825-1826, in-8°. 3482

* **Journal général de la littérature de France**, ou indicateur bibliographique et raisonné des livres nouveaux de tous genres, cartes géographiques, estampes et œuvres de musique qui paraissent en France, classés par ordre de matières ... avec une notice des séances académiques et des prix qui y ont été proposés, les nouvelles découvertes ... — Paris, an VI-1839, 44 vol. in 8°. 3483

*** Journal général de la littérature étrangère**, ou indicateur bibliographique et raisonné des livres nouveaux en tous genres, cartes géographiques, gravures et œuvres de musique qui paraissent dans les divers pays étrangers à la France, classés par ordre de matières, avec la notice des objects traités par les sociétés savantes et des prix qui y ont été proposés, les nouvelles découvertes et inventions, la nécrologie des écrivains et artistes célèbres de l'Europe, des nouvelles littéraires et bibliographiques, etc. etc. — A Paris, chez Treuttel et Würtz, 1801-1841, in-8°. 3484

A partir de 1831, le titre devient: Journal général de la littérature de France... suivi d'un bulletin de la littérature étrangère . . .

*** Journal hebdomadaire de la librairie étrangère**, ou catalogue raisonné de la librairie académique de Strasbourg, contenant le titre, le prix et une notice détaillée des ouvrages nouveaux, dans toutes les parties des sciences et des arts, publiés chez l'étranger. — A Strasbourg, à la librairie académique, 1787-1789, in-12. 3485

*** Journal of the royal asiatic society** of Great Britain and Ireland. — London, 1834-1882, in-8°. 3486

Le T. XIV (1882) contient, p. 42-65: »On the present state of mongolian researches by B. Jülg«.

*** Journal typograghique et bibliographique**, publié par P. Roux. — Paris, chez l'éditeur, 22 sept. 1797 à sept. 1811, 14 vol. in-4°. 3487

A partir de 1804, l'éditeur est Dujardin-Sailly.

*** Jouve** (L.). — Bibliographie du patois lorrain. — Nancy, imp. de A. Lepage, 1866, in-8°,. 30 p. 3488

* —. — Bibliographie scientifique, médicale, historique et littéraire des eaux minérales et des stations thermales du département des Vosges. — Epinal, Victor Peyrou, 1873, in-8°. 3489

Ext. des »Annales de la société d'émulation des Vosges, 1873«.

Jozon D. Erquar (M.). — Voy. Un martyr de la bibliographie. Notice sur . . . Quérard.

*** Judée** (Ch. M. M.). — Liste des travaux scientifiques de M. Judée (Charles Martin Marie). — S. l. ni d., in-8°, pièce. 3490

Jülg (B.). — Voy. Vater (J. S.). Litteratur der Grammatiken.

*** Jugler** (J. Fr.). — Bibliotheca historiæ litterariæ selecta olim titulo introductionis in notitiam rei litterariæ et usum bibliothecarum insignita cujus primas lineas duxit Burc. Gotthelf Struvius. Post variorum emendationes et additamenta opus ita formavit ut fere novum dici queat. — Jenæ, Cuno, 1754-1763, 3 vol. in-8°. 3491

* — (J. H.). — Opuscula bina medico-litteraria, alterum specimen bibliothecæ ophthalmicæ primum, recensens auctores, qui usque ad Q. usque Sereni Sammonici ætatem in medicina ocularia unquam inclaruere; alterum de collyriis veterum variisque eorum differentiis. — Lipsiæ et Dessaviæ, 1785, in-8°. 3492

Julius (N. H.). — Bibliotheca germano-glottica oder Versuch einer Literatur der Alterthümer, der Sprachen und Völkerschaften der Reiche, germanischen Ursprung und germanischer Beymischung. — Hamburg, Perthes und Besser, 1817, in-8°. 3493

—. — Voy. Ticknor (G.). Geschichte der schönen Literatur in Spanien.

Jullien (A.). — Essai général d'éducation physique, morale et intellectuelle, suivi d'un plan d'éducation pratique pour l'enfance, l'adolescence et la jeunesse. — Paris, 1835, in-8°. 3494

Se termine par une »Bibliographie pédagogique ou choix d'ouvrages publiés sur la philosophie morale et sur l'éducation«.

Jung (J. And. von). — Voy. Pugiesische Grammatik.

***Junghuhn** (Fr.). — Java, seine Gestalt, Pflanzendecke und innere Bauart. Nach der zweiten, verbesserten Auflage des holländischen Originals in's Deutsche übertragen von J. K. Hasskarl. Zweite Ausgabe. — Leipzig, Arnold, 1857, in-8°. 3495

La 1re partie contient, p. 133-148: »Verzeichniss der Literatur über die Flora von Java mit erläuternden Bemerkungen«.

Jungmann (J.). — Historie literatury České aneb saustawný přehled spisu Českých s Krátkau historií národu, oswícení a jazyka. II. Wydání (Nakladem Ceského museum Císlo XXXII). — W Praze, Rziwnatz, 1849, in-8°. 3496

***Jussieu** (Adr. de). — Liste des travaux de botanique publiés par M. Adrien de Jussieu. — Paris, imp. de Fain (s. d.), in-8°, 2 p. 3497

Just (L.). — Voy. Botanischer Jahresbericht.

***Justin - Lamoureux.** — Notice biographique sur Pierre-Rémy Willemet, ... directeur du Jardin des plantes de Nancy ... — Bruxelles, 1808, in-8°, 20 p. 3498

***Justinianus** (F.). — Index universalis alphabeticus materias in omni facultate consulto pertractatas, earumque scriptores, et locos designans, appendice perampla locupletatus. Elenchus item auctorum qui in sacra biblia vel universè, vel singulatim, etiam in versiculos, data opera scripserunt, juxtà eorumdem bibliorum ordinem dispositus. — Romæ, ex typographia reverendæ Cameræ apostolicæ, 1612, in-fol. 3499

***Justus** (W.). — Chronologia, sive temporum supputatio, omnium illustrium medicorum, tam veterum quam recentiorum, in omni linguarum cognitione, a primis artis medicæ inventoribus et scriptoribus, usque ad nostram ætatem et seculum. — Francophorti ad Viadrum, Eichorn, 1556, in-8°. 3500

Juvigny (Rigoley de). — Voy. Rigoley de Juvigny.

***Kábdebo** (H.). — Bibliographie zur Geschichte der beiden Türkenbelagerungen Wien's 1529 und 1683. Mit einer lithographischen Tafel und 50 Holzschnitten. — Wien, Verlag von Faesy & Frick, 1876, in-8°. 3501

***Kade** (L. O.). — Mattheus le Maistre. Niederländischer Tonsetzer und Churfürstlich Sächsischer Kapellmeister, geb. 15 ... gest. 1577. Ein Beitrag zur Musikgeschichte des 16. Jahrhunderts, nach den Quellen bearbeitet und mit Musikbeilagen versehen. Eine von der allgemeinen Gesellschaft der Niederlande zur Beförderung der Tonkunst gekrönte und unter deren Mitwirkung herausgegebene Preisschrift. — Mainz, Schott's Söhne, 1862, in-8°. 3502

Contient, pages 113-116: »Verzeichniss der Werke le Maistre«.

Kästner (Abr. G.). — Geschichte der Mathematik seit der Wiederherstellung der Wissenschaften bis an das Ende des achtzehnten Jahrhunderts. — Göttingen, 1796-1800, 4 vol. in-8°. 3503

—. — Julius Bernhards von Rohr physikalische Bibliothek worinnen die vornehmsten Schriften die zur Naturlehre gehören, angezeiget werden, mit vielen Zusätzen und Verbesserungen herausgegeben. — Leipzig, Wendler, 1754, in-8°. 3504

***Kahlius** (L. M.). — Bibliothecæ philosophicæ Struvianæ emendatæ, continuatæ atque ultra, dimidiam partem auctæ. — Gottingæ, impensis Vandenhoeck et Cunonis, 1740, 2 vol. in-8°. 3505

Kaim (Is.). — Das Kirchenpatronatrecht nach seiner Entstehung, Entwickelung und heutigen Stellung im Staate mit steter Rücksicht auf die ordentliche Collatur. — Leipzig, Barth, 1845, in-8°. T. I. 3506

Contient, p. XXVII-XXXIV: »Literatur«.

Kaiser (H.). — Die preussische Gesetzgebung in Bezug auf Urheberrecht, Buchhandel und Presse. Zusammenstellung aller auf diesen Gebieten zur Zeit gültigen Gesetze und Verordnungen, nebst gerichtlichen Entscheidungen, Anmerkungen und Erläuterungen herausgegeben. — Berlin, Schroeder, 1862, in-8°. 3507

Contient, p. 2, 13-14, 23-28, 92-95, 209, 231-232: »Literatur«.

Kallenbach (H. W.). — Katalog ksiazek polskich drukowanych od roku 1850, do Końca roku 1855 wydany staraniem Ksiegarni. — Lwów, Z druk. Winiarza, 1856, in-8°. 3508

Kamptz (C. Alb. von). — Neue Literatur des Völkerrechts seit dem Jahre 1784. — Berlin, 1817, in-8°. 3509

* **Kan** (C. M.). — Proeve eener geographische Bibliographie van Nederlandsch Oost-Indië voor de Jaren 1865-1880 (Niet in den Handel). — Utrecht, J. L. Beijers, 1881, in-8°. 3510

—. — Voy. Veth (P. J.). Bibliografie van nederlandsche Boeken.

Kannegiesser (K. L.). — Voy. Dante Alighieri. Lyrische Gedichte.

Kanold (J.). — Voy. Neickelius (C. F.). Museographia.

Kapp (J. E.). — Voy. Ciaconius (F. A.). Bibliotheca libros et scriptores ferme cunctos . . . complectens.

Kappeler (O.). — Anæsthetica. — Voy. Deutsche Chirurgie. No. 20.

* **Kappler** (Fr.). — Handbuch der Literatur des Criminalrechts und dessen philosophischer und medizinischer Hülfswissenschaften; für Rechtsgelehrte, Psychologen und gerichtliche Aerzte. — Stuttgart, J. Scheible's Buchhandlung, 1838, in-8°. 3511

* —. — Juristisches Promtuarium; ein Repertorium über alle in den Jahren 1800 bis 1837 erschienenen Abhandlungen über einzelne Materien aus der gesammten Rechtswissenschaft (mit Ausschluss des Criminalrechts), welche in den verschiedenen Annalen, Archiven, Zeitschriften, Sammlungen von Rechtssprüchen und Gutachten etc. zerstreut vorkommen. Mit einem Supplementhefte vermehrte Ausgabe. — Stuttgart, Scheible, 1837, in-8°. 3512

* **Karataeff** (C.). — Bibliographie des finances, du commerce et de l'industrie, depuis l'époque de Pierre-le-Grand jusqu'aux temps actuels (de 1714 à 1879 inclusivement). Table systématique des livres, brochures et tirages à part d'articles (tirés de recueils, gazettes et journaux) imprimés en langue russe, et aussi de quelques ouvrages manuscrits se rapportant à l'époque susdite, avec indication de quelques critiques et remarques sur les livres et les articles. — St. Pétersbourg, imp. de V. Balachoeff, 1880, in-8°. 3513

En russe.

* **Karataïeff** (J.). — Description des livres slavo-russes imprimés en caractères cyrilliques 1491-1730. — St. Pétersbourg, imp. de Balacheff, 1878, in-8°. T. I. 3514

En russe.

Karpf (A.). — Voy. Chavanne (J.). The literature on the polar regions of the earth.

* **Katalog der Bibliothek** der deutschen Morgenländischen Gesellschaft. — Leip-

zig, in Commission bei F. A. Brockhaus, 1880-1881, in-8°. T. I-II. 3515

* **Katalog der Bibliothek** der königlichen geologischen Landesanstalt und Bergakademie zu Berlin. — Berlin, A. W. Schade, 1876, in-4°. 3516

Katalog der Bibliothek der königlichen polytechnischen Schule und der königlichen Baugewerkenschule zu Dresden. — Dresden, Druck von Meinhold, 1864, en 12 parties in-8°. 3517

Katalog der Bibliothek des Gabelsberger-Stenographen-Vereins zu Leipzig. Nebst den Bestimmungen über die Benutzung derselben. Aufgenommen am 30. Juli 1863. — Leipzig, Hartmann in Comm., 1863, in-8°. 3518

* **Katalog der Bibliothek** des k. k. polytechnischen Institutes in Wien. — Wien, Druck von Karl Ueberreuter, 1850, gr. in-8°. 3519

Par Ant. Martin.

* **Katalog der Bibliothek** des königlich preussischen grossen Generalstabes. — Berlin, in Commission bei Ernst Siegfried Mittler und Sohn, 1878, in-4°. 3520

* **Katalog der Bibliothek des königl. statistischen Bureaus zu Berlin.** — Berlin, Verlag des königlichen statistischen Bureaus, 1874-1879, 2 vol. in-4°. 3521

La »Zeitschrift des königlich preussischen statistischen Bureaus«, contient dans son fascicule III-IV de 1881: »Accesionsverzeichniss. Neue und antiquarische, der Bibliothek des königl. statistischen Bureau's in den Monaten April 1880 bis Ende Mai 1881 einverleibte Werke, nach Wissenschaften geordnet. Von Dr. P. Lippert«.

Katalog der Bibliothek des stenographischen Vereins zu Berlin. — Berlin, Mittler und Sohn, 1863, in-8°, 33 p. 3522

Katalog der gerichtlichen, geographischen und militärischen Literatur des Grossherzogthums Baden. Ein Handbuch für Historiker, Geographen und Militär. — Freiburg, Wagner, 1858, in-4°. 3523

Katalog der Gœthe-Ausstellung 1861. Verzeichniss von Gœthe's Handschriften, Zeichnungen und Radirungen, Drucken seiner Werke, Compositionen und Illustrationen seiner Dichtungen, Büsten, Medaillen und Gemälden, Portraits aus seinem Freundeskreise, Andenken und Erinnerungszeichen, welche im Concertsaale des Königlichen Schauspielhauses vom 19. Mai 1861 an ausgestellt sind. Mit zwei Schrifttafeln. — Berlin, Schröder, 1861, in-8°. 3524

* **Katalog der Kaiserlichen Universitäts- und Landesbibliothek in Strassburg,** Arabische Literatur. — Strassburg, Verlag von Karl J. Trübner, 1877, in-4°. 3525

La préface est signée: Dr. Barack.

Katalog der Pœlitzischen Bibliothek. — Leipzig, Druck von Höhm, 1839, in-8°. 3526

Contient, pages 1-13: »Verzeichniss der Schriften von Karl Heinrich Ludwig Pölitz«. — Publié par Karl Theodor Wagner.

Katalog der von Aug. Wilh. von Schlegel nachgelassenen Büchersammlung. Nebst einem chronologischen Verzeichnisse sämmtlicher von dem verstorbenen Prof. Aug. Wilh. von Schlegel verfassten und herausgegebenen Druckschriften. — Bonn, Heberle, 1845, in-8°. 3527

Katalog der von Sr. Maj. dem König Friedrich August von Sachsen nachgelassenen Kartensammlung. Ein Denkmal des Verstorbenen. — Dresden, Schönfeld, 1860, gr. in-8°. 3528

Publié par Julius Petzholdt.

* **Katalog ogólny ksiażek polskich** drukowanych od roku 1830. do 1850, czyli za lat dwadziescia jeden. Zoznaczeniem formatu, miejsca i roku

wyjścia, nakladcy, ceny pierwotnéj, oraz z dodaniem Podzialu Naukowego książek niniejszym spisem objetych. Zebral i wydal W. R. — Lipsk, F. A. Brockhaus, 1852, in-8°. 3529

Par Rafalski.

* **Katalog von kartographischen Werken**: Atlanten, Karten, Plänen etc. und Veranschaulichungsmitteln für den Unterricht in der astronomischen Geographie. — Neuwied und Leipzig, J. H. Heuser, 1877, in-8°. 3530

Kaufmann (Pet.). — Propädeutik zur Kameralistik und Politik, ein Handbuch der Encyklopädie, Methodologie und Litteratur der Kameral- und Staatswissenschaften, zum Gebrauche für Verwaltungsbeamte, Kameralbeflissene und Juristen. — Bonn, Habicht, 1833, in-8°. 3531

Contient, p. 111-116: »Verzeichniss der vorzüglichsten Schriften über Bergbau und Hüttenkunde«.

* **Kayser** (Alb. Chr.). — Ueber die Manipulation bey der Einrichtung einer Bibliothek und der Verfertigung der Bücherverzeichnisse nebst einem alphabetischen Kataloge aller von Johann Jakob Moser einzeln herausgekommener Werke — mit Ausschluss seiner theologischen — und einem Realregister über die in diesem Kataloge namhaft gemachten Schriften. — Bayreuth, im Verlag der Zeitungsdruckerei, 1790, in-8°. 3532

Les pages 71 à 123 contiennent l'indication des ouvrages de Moser.

* — (C.). — Gli Elsévier cenno storico-bibliografico. — Verona, stabilimento tip. G. Civelli, 1879, in-12. 3533

Estratto dal volume pubblicato in occasione delle nozze del Prof. G. L. Patuzzi.

* — (Chr. G.). — Deutsche Bücherkunde oder alphabetisches Verzeichniss der von 1750 bis Ende 1823 erschienenen Bücher, welche in Deutschland und in den durch Sprache und Literatur damit verwandten Ländern, gedruckt worden sind. Nebst Angabe der Druckorte, der Verleger und Preise. Mit einer Vorrede über die Geschichte der literarischen Waarenkunde von F. A. Ebert. — Leipzig, bei Joh. Friedr. Gleditsch, 1825-1827, 2 vol. in 8° et Anhang enthaltend Romane und Theater. 3534

* **Kayser.** — Index locupletissimus librorum qui inde ab anno 1750 ad annum 1832 in Germania et in terris confinibus prodierunt. Vollständiges Bücher-Lexikon enthaltend alle von 1750 bis zu Ende des Jahres 1832 in Deutschland und in den angrenzenden Ländern gedruckten Bücher. In alphabetischer Folge, mit einer vollständigen Uebersicht aller Autoren, der anonymen sowohl als der pseudonymen, und einer genauen Angabe der Kupfer und Karten, der Auflagen und Ausgaben, der Formate, der Druckorte, der Jahreszahlen, der Verleger und der Preise. — Leipzig, Ludwig Schumann, 1834-1835, 5 vol. in-4° et un index méthodique. 3535

Cet ouvrage continue à paraître par volumes comprenant un espace de 5 années. Outre le titre précédent, chaque volume a un titre particulier pour chaque période.

»Novus index locupletissimus . . .«

Keen (W. W.). — The toner lectures instituted to encourage the discovery of new truths for the advancement of medicine. Lecture V. On the surgical complications and sequels of the continued fevers. — Voy. Smithsonian miscellaneous collections (15).

* **Keferstein** (Chr.). — Geschichte und Litteratur der Geognosie, ein Versuch. — Halle, Lippert, 1840, in-8°. 3536

* **Kehrein** (J.). — Die dramatische Poesie der Deutschen. Versuch einer Entwickelung derselben von der ältesten Zeit bis zur Gegenwart. Beitrag zur Geschichte der deutschen National-

literatur. — Leipzig, Hinrichs, 1840, 2 vol. in-8°. 3537

Kehrein (J.). — Kurze Geschichte des deutschen katholischen Kirchenliedes von seinen ersten Anfängen bis zum Jahre 1631. Besonderer Abdruck aus des Verfassers Sammlung: »Katholische Kirchenlieder, Hymnen, Psalmen aus den ältesten deutschen gedruckten Gesang- und Gebetbüchern«. — Würzburg, Stahel, 1858, in-8°. 3538

Contient, pages 33-46: »Literatur des katholischen Kirchenliedes«.

Keil (C. A. G.). — Systematisches Verzeichniss derjenigen theologischen Schriften und Bücher deren Kenntniss allgemein nöthig und nützlich ist entworfen. Zweite vermehrte und verbesserte Ausgabe. — Stendal, Franz und Grosse, 1792, in-8°. 3539

— (G.). — Catalog des Kupferstichwerkes von Joh. Friedrich Bause mit einigen biographischen Notizen. Mit dem Portrait des Künstlers. — Leipzig, R. Weigel, 1849, in-8°. 3540

Tiré à 200 ex.

Kelchner (K.). — Die Buchdruckerei und ihre Druckwerke in Ober-Ursel. — Wiesbaden, Druck von Stein, 1863, in-8°, 32 p. 3541

Ext. des: »Annalen des Vereins für Nassauische Alterthumskunde und Geschichtsforschung. T. VII, 1«.

* **Kelly** (J.). — The american catalogue of books (original and reprints), published in the United States from Jan. 1861, to jan. 1866, with date of publication, size, price, and publisher's name. With supplement, containing pamphlets, sermons, and addresses on the civil war in the United States, 1861-1866; and appendix, containing names of learned societies and other literary associations, with a list of their publications, 1861-1866. — New York, John Wiley & son, 1866, in-8°. 3542

T. II, from jan. 1866 to jan. 1871. — New York, John Wiley, 1871, in-8°.

* **Kempius** (M.). — Charismatum sacrorum trias, sive bibliotheca anglorum theologica, in qua præstantissimorum hujus nationis theologorum, qui integro currente seculo ad præsens usque tempus floruerunt, partim etiam adhuc florent, scripta cuivis parti theologiæ adaptata recensentur, et pro valore merite commendantur, non nulla item de statu ecclesiæ anglicanæ proponuntur. In gratiam φιλοβρεταννων collecta atque tribus libris digesta, cum appendice de regia societate Londinensi indicibusque necessariis. — Impensis, Martini Hallervordii, ex officina Reichiana, 1677, in-4°. 3543

* **Kénévitch** (V.). — Bibliografitcheskiia... (Remarques bibliographiques et historiques sur les fables de Kryloff. Publiées par l'académie...) — Saint Pétersbourg, imp. de l'Académie, 1868, in-8°. 3544

Kennet (Wh.). — Voy. Bibliothecæ americanæ primordia.

Kerckhove (Van de). — Voy. Van de Kerckhove.

Kerdanet (Miorcec de). — Voy. Miorcec de Kerdanet.

* **Kerhallet** (de). — Notice sur les ouvrages et les services de M. de Kerhallet, capitaine de vaisseau. — Paris, imp. de Didot fr., fils et Cie (1861), in-4°, 4 p. 3545

* **Kerkorlay** (L. de). — Etude littéraire sur Alexis de Tocqueville. — Paris, Douniol, 1861, in-8°, 19 p. 3546

Ext. du Correspondant.

* **Kerl** (Br.). — Repertorium der technischen Literatur. Neue Folge die Jahre 1854 bis einschliesslich 1868 umfassend. Im Auftrage des königlich preussischen Ministeriums für Handel, Gewerbe und öffentliche Arbeiten. — Leipzig, Verlag von Arthur Felix, 1871-1873, 2 vol. in-8°. 3547

* —. — Jahrgang 1874(-1880). — Leipzig, 1875(-1882) 5 vol. in-8°.

* **Kertbeny** (K.). — A magyar nemzeti és nemzetközi irodalom Könyvészete. T. I. Magyarországra vonatkozó régi német nyomtatványok. 1454-1600, A vallás-és közoktatási magyar Királyi minister engedélyével. (Toldalék: a 15. és 16 szazad 371 magyar nyomtatványa német Kimutatasban, Szabó Károly eredetie után.). — Budapest, a magyar kir. egyetemi könyvnyomda Kiadvanya, 1880, in-8°. 3548

A aussi cet autre titre :

Bibliografie der ungarischen nationalen und internationalen Literatur. T. I. Ungarn betreffende deutsche Erstlings-Drucke. 1454-1600. Mit Bewilligung des kön. ung. Ministers für Kultus und Unterricht. (Anhang: Deutscher Ausweis der 371 Druckwerke in ungarischer Sprache des 15. und 16. Jahrhunderts. Nach Akademiker Karl Szabó.) — Budapest, Verlag der königl. ungarischen Universitäts - Buchdruckerei, 1880, in-8°.

* —. — A magyar nemzeti és nemzetközi irodalom könyvészete. 1441-1876. Tizenkét szakfüzetben. szerkesztette . . . Bibliografie ungarischer nationaler und internationaler Literatur. 1441-1876. In zwölf Fachheften redigirt. Ungarische Redaktion mit danebenstehenden deutschen Erläuterungen. — Budapest, Tettey, 1876, in-8°. 3549

A aussi cet autre titre :

»A magyar irodalom a világirodalomban. A magyar müvek idegen nyelven, önallóan megjelent forditásainak könyvészeti kimutatása. Die ungarische Literatur in der Weltliteratur. Bibliografischer Ausweis der in fremdsprachlichen Uebersetzungen und in selbstständiger Ausgabe erschienenen ungarischen Werke. — Budapest, Tettey, 1876, in-8°«.

—. — Volksliederquellen in der deutschen Litteratur (Aus Petzholdt's Anzeiger für Bibliographie und Bibliothekwissenschaft 1851 Nr. 915, 1031, 1163). — Halle, Schmidt, 1851, in-8°. 3550

Le vrai nom de l'auteur est K. Benkert.

* **Kerviler** (R.). — Essai d'un projet d'une bibliothèque historique de la Bretagne, suivie de la bibliographie de quelques publications périodiques de Lorient et de Rennes. (Extrait des Mémoires de l'association bretonne pour le congrès de Vannes 1874.). — Saint-Brieux, imp. de L. Prud'homme, 1875, in-8°. 3551

Le faux titre porte : »Projet de bibliographie bretonne«. — La pagination est celle des »Mémoires«.

* **Kerviler** (R.). — Essai d'une bibliographie raisonnée de l'Académie française. — Paris, lib. de la Société bibliographique, 1877, in-8°. 3552

Ext. du »Polybiblion«. — Tiré à 110 ex., dont 10 sur papier vélin et numérotés.

* —. — Jean Desmaretz sieur de Saint Sorlin, l'un des quarante fondateurs de l'académie française. Etude sur sa vie et sur ses écrits. — Paris, Dumoulin, 1879, in-8°. 3553

Ext. de la »Revue historique, nobiliaire et biographique«. — Tiré à 100 ex.

* —. — Le Maine à l'Académie française. Marin et Pierre Cureau de La Chambre (1596-1693). Etude sur leur vie et leurs écrits. — Le Mans, Pellechat, 1877, in-8°. 3554

Kesslin (Chr. Fr.). — Nachrichten von Schriftstellern und Künstlern der Grafschaft Wernigerode vom Jahre 1074 bis 1855; herausgegeben auf Kosten des wissenschaftlichen Vereins zu Wernigerode. — Magdeburg, Bänsch, in Comm., 1856, in-8°. 3555

Kestner (Chr. G.). — Bibliotheca medica optimorum per singulas medicinæ partes auctorum delectu circumscripta, et in duos tomos distributa. — Jenæ, Cuno, 1746, in-8°. 3556

* **Kett** (H.). — Elements of general knowledge, introductory to useful books in the principal branches of literature and science, with lists of the most approved authors, designed chiefly for

the junior students in the universities and the higher classes in schools. — Oxford, 1802, 2 vol. in-8°. 3557

* **Kidd** (S.). — Catalogue of the chinese library of the royal asiatic society. — London, printed by John W. Parker, 1838, in-8°. 3558

Kind (Em.). — Voy. Bibliographia juridica.

— (Th.). — Beiträge zur besseren Kenntniss des neuen Griechenlands, in historischer, geographischer und literarischer Beziehung. — Neustadt a. d. O., 1831, in-8°. 3559

Les p. 171 191 renferment: Uebersicht der das neue Griechenland betreffenden Werke und Schriften, insofern dieselben, seit 1821 erschienen, theils über die Geschichte seit 1821, die innere und äussere Beschaffenheit des Landes, über seine Sprache und Literatur lehrreichen Aufschluss geben, theils das Interresse der Völker an dem Kampfe der Griechen seit 1821 und an ihrer Sache überhaupt beurkunden.

Kindahl (P.). — Voy. Alnander (S. J.). Historia librorum prohibitorum in Suecia.

* **Kirchhoff** (Alb.). — Beiträge zur Geschichte des deutschen Buchhandels. — Leipzig, Verlag der J. C. Hinrichs'schen Buchhandlung, 1851-1853, 2 vol. in-12. 3560

T. I. Notizen über einige Buchhändler des XV. und XVI. Jahrhunderts.

T. II. Das XVII. und XVIII. Jahrhundert.

Le T. II a aussi ce titre particulier: »Versuch einer Geschichte des deutschen Buchhandels im XVII. und XVIII. Jahrhundert bis zu Reich's Reformbestrebungen«.

* **Kirsch** und **Kowalski**. — Repertorium der neuern deutschen Militär-Journalistik. — Berlin, Verlag von A. Bath, 1878, in-8°. 3561

Kist (N. C.). — Het terugkeeren der Waldensen in hunne Valleijen, in de jaren 1689 en 1690, geschetst door een' ooggetuigen. Volgens het onuitgegeven Handschrift medegedeelt. (Uit het Nederl. Archief voor Kerkel. Gesch. D. VI.). — Leiden, Luchtmans, 1846, in-8°. 3562

Contient, pages 109-140: »De Literatuur betreffende de Waldensen«.

* **Klaproth** (J.). — Verzeichniss der chinesichen und mandshuischen Bücher und Handschriften der Königlichen Bibliothek zu Berlin. Herausgegeben auf Befehl seiner Majestät des Königes von Preussen. — Paris, in der Königlichen Druckerei, 1822, in-fol. 3563

Klatte (C.). — Sammlung der vorzüglichsten Schriften über höhere Reitkunst und Pferdekunde. — Breslau, Korn d. ält., 1817, in-8°. 3564

* **Klefeker** (Jo.). — Bibliotheca eruditorum præcocium sive ad scripta hujus argumenti spicilegium et accessiones. — Hamburgi, apud Christianum Liebezeit, 1717, in-12. 3565

—. — Exercitatio critica de religione Erasmi quam in auditorio Gymnasii Hamb. ad d. XVIII. Mart. anni 1717. jubileo secundo ecclesiæ, divinis auspiciis reformari cœptæ, memorabilis. Præside Jo. Alberto Fabricio. — Hamburgi, typis Neumanni, in-4°. 3566

Contient, pages 10-24: »Verzeichniss der Schriften von und über Erasmus«.

* **Kleinert** (G. O.). — Bibliotheca homœopathica. Verzeichniss der im In- und Auslande erschienenen auf die Homöopathie Bezug habenden Schriften. Dritte bis zum Jahre 1861 fortgeführte Auflage. — Leipzig, Baumgärtner, 1862, in-8°. 3567

* **Kleinschrod** (C. Th.). — Skizze der deutschen Literatur über die Halurgie. — München, Lindauer in Komm., 1816, in-8°. 3568

Klemm (G.). — Voy. Verzeichniss einer Sammlung . . . erotischer Schriften.

* **Klemming** (G. E.). — Sveriges äldre liturgiska Literatur. Bibliografi. — Stockholm, kongl. Boktryckeriet, 1879, in-fol. 3569

Kletke (K.). — Die Quellenschriftsteller zur Geschichte des preussischen Staats, nach ihrem Inhalt und Werth dargestellt. — Berlin, Schroeder, 1858, in-8°. 3570

A aussi cet autre titre: »Quellenkunde der Geschichte des preussischen Staats«, T. I.

Klöden (G. A.). — Uebersicht der neueren Wandkarten und Atlanten. (Abgedruckt aus dem Schulblatt für d. Provinz Brandenburg.). — Berlin, Schropp, 1847, gr. in-8°. 3571

Klose (C. R. W.). — Voy. Schröder (H.). Lexikon der hamburgischen Schriftsteller.

* **Kloss** (G.). — Bibliographie der Freimaurerei und der mit ihr in Verbindung gesetzten geheimen Gesellschaften. Systematisch zusammengestellt. — Frankfurt am Main, Druck und Verlag von Johann David Sauerländer, 1844, in-8°. 3572

—(M.).—Die Turnschule des Soldaten. Systematische Anleitung zur körperlichen Ausbildung des Wehrmannes, insbesondere für den Feld- und Kriegsdienst. — Leipzig, Weber, 1860, in-8°. 3573

Contient, p. 3-61: »Geschichte und Literatur des Wehrturnens«.

—. — Voy. Neue Jahrbücher für die Turnkunst.

* **Klotz** (J. Chr.). — De libris auctoribus suis fatalibus liber singularis. — Lipsiæ, ex officina Langenhemia, 1768, in-8°. 3574

Klüber (J. L.). — Droit des gens moderne de l'Europe. Avec un supplément contenant une bibliothèque choisie du droit des gens. — Stuttgart, Cotta, 1819, 2 vol. in-8°. 3575

Klüber (J. L.). — Europäisches Völkerrecht. Mit einem Anhang, enthaltend eine Bibliothek für das Völkerrecht. — Stuttgart, Cotta, 1821, 2 vol. in-8°. 3576

—. — Voy. Pütter. Litteratur des Teutschen Staatsrechts.

Klügling (C. Fr.). — Additamenta ad Theoph. Christoph. Harlesii breviorem notitiam litteraturæ romanæ inprimis scriptorum latinorum ordini temporis adcommodatam in usum scholarum scripsit. — Lipsiæ, Weidmann, 1819, in-8°. 3577

Klüpfel (K.). — Gustav Schwab. Sein Leben und Wirken geschildert. — Leipzig, Brockhaus, 1858, in-8°. 3578

—. — Voy. Schwab (G.). Wegweiser durch die Litteratur der Deutschen.

* **Knapp** (W.). — Official editions and reprints of the index librorum prohibitorum issued in the sixteenth century. — New York, Francis Hart and Co., 1880, in-8°, 8 p. 3579

Knauth (Chr.). — Annales typographici Lusatiæ superioris, oder Geschichte der Ober-Lausitzischen Buchdruckereyen, darinnen von denen An- und Einrichtungen, glücklich- und unglücklichen Schicksale der Buchdruckereyen in Ober-Lausitz, derselben Drucker-Herren, und denen aus selbigen ans Licht erschienenen Schrifften, gehandelt wird, als ein Beytrag zu der Buchdrucker-Historie, mitgetheilet. — Lauban, Schill (1740), in-4°. 3580

—. — Derer Oberlausitzer Sörberwenden umständliche Kirchengeschichte, darinnen derselben Heidenthum, Bezwingung zur christlichen Religion, derselben erste Beschaffenheit, evangelische Reformation uud folgender Zustand des Christenthums, imgleichen die wendischen Kirchspiele, und dann der wendischen Sprache, Geschichte und Bücher, so zum Theil einen grossen Einfluss in die Kirchengeschichte der Oberlausitzer Deutschen hat, ordentlich und deutlich beschrieben. — Görlitz, gedr. bey Fickelscherer, 1767, in-8°. 3581

Contient, pages 386-426: »Von denen in Ober- und Niederlausitz gedruckten wendischen Büchern, auch Msten«.

Knebel (Imm. G.). — Handbuch der Literatur für die gerichtliche Arzneykunde, bis zum Ende des achtzehnten Jahrhunderts. Abth. I: Allgemeine Literatur der gerichtlichen Arzneykunde. — Görliz, Anton, 1806, in-8°. 3582

—. — Versuch einer chronologischen Uebersicht der Literargeschichte der Arzneiwissenschaft; zur Beförderung und Erleichterung des Studiums derselben verfasst. — Breslau, Hirschberg und Lissa, bey Korn d. Aeltern, 1799, in-8°. 3583

* **Knight** (Ch.). — The old printer and the modern press. — London, John Murray, 1854, in-16. 3584

* —. — William Caxton, the first English printer, a biography. — London, Charles Knight, 1844, in-16. 3585

* **Knijnüi Wiestnik journal**... (Le messager de la librairie, journal de la littérature russe...) — St. Pétersbourg, imp. de Lemantoff, 1860(-1862), 3 vol. in-4°. 3586

En russe.

* **Knoch** (G. L. O.). — Historisch-critische Nachrichten von der Braunschweigischen Bibelsammlung... — Wolffenbüttel, verlegts Johann Christoph Meissner, 1754, in-12. T. I. 3587

Knorr (J.). — Führer auf dem Felde der Clavierunterrichts-Literatur. Nebst allgemeinen und besonderen Bemerkungen. — Leipzig, Kahnt (1861), in-8°. 3588

* **Knortz** (K.). — An american Shakespeare-bibliography. — Boston, Schœnhof and Moeller (1876), in-12, 16 p. 3589

Knothe (H. F.). — Carl Friedrich Kretschmann (der Barde Rhingulph). Ein Beitrag zur Geschichte des Bardenwesens. — Zittau, Pahl 1858, in-4°, 32 p. 3590

Contient une bibliographie comprise dans les: »Anmerkungen«.

* **Koberstein** (A.). — Grundriss der Geschichte der deutschen National-Litteratur. Fünfte umgearbeitete Auflage von Karl Bartsch. — Leipzig, Vogel, 1872-1874, 5 vol. in 8° et une table. 3591

* **Koch** (Erduin J.). — Compendium der deutschen Literaturgeschichte von den ältesten Zeiten bis auf das Jahr 1781. — Berlin, im Verlag der Buchhandlung der Königl. Realschule, 1790, in-8°. 3592

* —. — Literarisches Magazin für Buchhändler und Schriftsteller... — Berlin, Franke, 1792, in-8°. Erstes Semester. 3593

* — (M.). — Kurzgefasste kritische Geschichte der Erfindung der Buchdruckerkunst, mit der ältesten Wiener und österreichischen Buchdruckergeschichte, nebst Widerlegung der Ansprüche der Städte Strassburg und Harlem auf die Erfindung, und Abfertigung der neuesten Behauptung: Gutenberg sei ein Böhme und geborener Kuttenberger. Im Anhange, Untersuchungen über den Kalender Johann's von Gmunden und den in Wien aufgefundenen ersten Kalender v. J. 1400-bis 1428. — Wien, Verlag von Singer und Gœring, 1841, in-8°. 3594

* **Köchel** (L. R. von). — Chronologisch-thematisches Verzeichniss sämmtlicher Tonwerke Wolfgang Amade Mozart's. Nebst Angabe der verloren gegangenen, unvollendeten, übertragenen, zweifelhaften und unterschobenen Compositionen desselben. — Leipzig, Breitkopf und Härtel, 1862, in-4°. 3595

Kœcher (H. Fr.). — Nova bibliotheca hebraica secundum ordinem bibliothecæ hebraicæ B. Jo. Christoph. Wolfii disposita analecta literaria hujus operis sistens. Cum præfamine Jo. Gottfr. Eichhornii. — Jenæ, hæred. Cunonis, 1783-1784, 2 vol. in-4°. 3596

— (J. Cp.). — Voy. Viri magnifici summeque reverendi domini Michaelis Fœrtschii . . . scripta.

* **Kœglerus** (Ign.). — Notitiæ s. s. bibliorum judæorum in imperio sinensi. Editio altera, auctior. Seriem chronologicam atque Diatriben de sinicis s. s. bibliorum versionibus addidit Christophor. Theophil. de Murr. Cum tabula æenea. — Halæ ad Salam, formis et sumtu J. C. Hendelii, 1805, in-8°. 3597

* **Köhler** (G.). — Zur Geschichte der Buchdruckerei in Görlitz. Eine Festschrift. — Görlitz, Gotthold Heinze, 1840, in-4°, 23 p. 3598

— (L.). — Führer durch den Clavierunterricht. Ein Repertorium der Clavierliteratur &c — Leipzig, Hamburg und New York, Schuberth, 1859, in-8°. 3599

—. — Gesangs-Führer. Ein Auszug empfehlenswerther Werke aus der gesammten Literatur für Solo- und Chorgesang. Mit eingestreuten Bemerkungen. — Leipzig, Schuberth (1863), in-8°. 3600

* **Kœler** (J. D.). — Sylloge aliquot scriptorum de bene ordinanda et ornanda bibliotheca. — Francofurti, apud Joannem Stein Bibliopol., 1728, in-4°. 3601

Kœnig. — Die Krankheiten des unteren Theils des Pharynx. — Voy. Deutsche Chirurgie No. 35.

König (H. J. O.). — Lehrbuch der allgemeinen juristischen Litteratur. Nebst einem Namen- und Sachen-Register über beyde Theile. — Halle, im Verlage des Waysenhauses, 1785, 2 vol. in-8°. 3602

* **König** (G. M.). — Bibliotheca vetus et nova, in qua hebræorum, chaldæorum, syrorum, arabum, persarum, ægyptiorum, græcorum et latinorum per universum terrarum orbem scriptorum, theologorum, Jctorum, medicorum, philosophorum, historicorum, geographorum, philologorum, oratorum, poëtarum, etc. Patria, ætas, nomina, libri, sæpiùs etiam eruditorum de iis elogia, testimonia et judicia summa fide atque diligentia ex quotidianâ autorum lectione depromta à prima mundi origine ad annum usque 1678. Ordine alphabetico digesta gratissima brevitate recensentur et exhibentur. — Altdorfi, impensis Wolffgangi Mauritii et hæredum Johannis Andreæ Endterorum. 1678, in-fol. 3603

***Kœnigswarter** (L. J.). — Sources et monuments du droit français antérieurs au quinzième siècle ou bibliothèque de l'histoire du droit civil français depuis les premières origines jusqu'à la rédactien officielle des coutumes. — Paris, Aug. Durand, 1853, in-16. 3604

* **Köppen** (P.). — Khronologitcheskii . . . (Indicateur chronologique des matériaux pour l'histoire des étrangers dans la Russie d'Europe . . .) — Saint-Pétersbourg, commissionnaires de l'Académie, 1861, in-8°. 3605

En russe.

Körting (G.). — Voy. Zeitschrift für neufranzösische Sprache.

Kohl (J. G.). — A descriptive catalogue of those maps, charts and surveys relating to America which are mentioned in vol. 3 of Hakluit's great work. — Washington, 1857, in-8°. 3606

Tiré à petit nombre.

* — (J. P.). — Introductio in historiam et rem literariam Slavorum, imprimis sacram, sive historia critica versionum slavonicarum maxime in-

signium, nimirum codicis sacri et Ephremi syri, duobus libris absoluta. — Altonaviæ, Korten, 1729, in-8°. 3607

* **Kolbe** (Br.). — Geometrische Darstellung der Farbenblindheit. (Mit drei Figurentafeln.) — St. Petersburg, Oskar Kranz, 1881, in-8°. 3608

Les pages 94-104 contiennent une bibliographie.

* **Kolenati** (F. A.). — Die Bereisung Hocharmeniens und Elisabethopols, der Schekinschen Provinz und der Kasbek in Central-Kaukasus. — Dresden, Kuntze, 1858, gr. in-8°. T. I. 3609

Avec cet autre titre: »Reiseerinnerungen«. — Se termine par la liste des travaux et des rapports de l'auteur.

* **Koner** (W.). — Repertorium über die vom Jahre 1800 bis zum Jahre 1850 in akademischen Abhandlungen, Gesellschaftsschriften und wissenschaftlichen Journalen auf dem Gebiete der Geschichte und ihrer Hülfswissenschaften erschienenen Aufsätze. — Berlin, Verlag der Nicolai'schen Buchhandlung, 1852-1856, 2 vol. in-8°. 3610

—. — Voy. Allgemeine Zeitschrift für Geschichte.

Kopp (J. H.). — Voy. Leonhard. Propädeutik der Mineralogie.

Koppe (J. Chr.). — Göttingische juristische Bibliothek, oder chronologisches Verzeichniss aller seit der Stiftung der Akademie zu Göttingen bis zu Ende des Jahres 1804 herausgekommenen juristischen Schriften. Nebst kurzen Biographien der öffentlichen und Privat-Rechtslehrer dieser Universität, literarischen Anmerkungen und einem vollständigen Register. — Rostock und Leipzig, Koppe, 1805, in-8°. 3611

Il n'a paru qu'un fascicule embrassant les années 1734-1774.

—. — Jetztlebendes gelehrtes Mecklenburg. Aus autentischen und andern sichern Quellen herausgegeben. — Rostock und Leipzig, Koppe, 1783-1784, 3 vol. in-8°. 3612

Koppe. — Lexicon der in Teutschlebenden juristischen Schriftsteller und akademischen Lehrer. — Leipzig, Kummer, 1793, in-8°. T. I. 3613

S'arrête à la lettre L. N'a pas été terminé.

—. — Voy. Ersch (J. S.). Literatur der Jurisprudenz und Politik.

Kordes (B.). — Lexikon der jetzlebenden Schleswig-Holsteinischen und Eutinischen Schriftsteller möglichst vollständig zusammengetragen. — Schleswig, Röhss., 1797, in-8°. 3614

—. — Voy. M. Johann Agricola's aus Eisleben Schriften.

Korff (M. de). — Voy. Bibliothèque imp. de St. Pétersbourg. Catalogue des Russica. — Voy. Minzloff (R.). Catalogue raisonné des Russica.

* **Korn** (G.). — Bibliothek der ökonomischen Litteratur, oder vollständiges alphabetisches Verzeichniss von ökonomischen - cameralistischen - Haus-Kunstlandwirthschafts- und Bergwerksbuchern, so bey dem Buchhändler Wilhelm Gottlieb Korn in Breslau für nebengesetzte Preise zu haben sind. — 1789, in-8°. 3615

* — (W. G.). — Taschenbuch für den Liebhaber der medicinischen Wissenschaften. Oder: vollständiges Verzeichniss von medicinischen, botanischen, physikalischen, anatomischen, chymischen und alchymistischen Büchern, so für beigesetzte billige Preise zu haben sind bey Wilhelm Gottlieb Korn in Breslau, 1787, in-8°. 3616

Kortholtus (Chr.). — De variis scripturæ sacræ editionibus tractatus theologico-philologicus, quo sex disputationibus in academia Holsatorum Kiloniensi publice habitis de textu divinarum literarum originario, ejusdemq.

translationibus, chaldaica, syriaca, græca, latina, samaritana, arabica, æthiopica, persica, armena, ægyptiaca, de celebrioribus item, quæ hucusq. prodierunt, operibus biblicis agitur, sed et discutiuntur ex instituto, quæ de scripturarum fontibus, versione LXX virali, Targuinina, latina vulgata, Card. Bellarminus, hujusq. propugnatores, Jacobus Gretserus et Vitus Erbermannus, Jesuitæ, minus recte disputant. — Kiloni, lit. reumanni, 1668, in-4°. 3617

Koschwitz (E.). — Voy. Zeitschrift für neufranzösische Sprache und Literatur.

Kowalski. — Voy. Hirsch. Repertorium der neuern deutschen Militär-Journalistik.

Krämer (A.). — Carl Theodor Reichsfreyherr von Dalberg, vormaliger Grossherzog von Frankfurt, Fürst-Primas und Erzbischof. Eine dankbare Rückerinnerung an sein wohlthätiges Leben, und eine Blume auf sein Grab. Zweite um das Dreyfache vermehrte Auflage. — Regensburg, gedr. bey Rotermundt, 1817, in-4°. 3618

Contient, pages 45-48: »Uebersicht der v. Dalberg'schen Schriften«.

* **Kraft** (M. Fr. W.). — Neue theologische Bibliothek, darinnen von den neuesten theologischen Büchern und Schriften Nachricht gegeben wird. — Leipzig, Verlegts Bernhard Christoph Breitkopf, 1746-1758, 13 vol. en 130 livr. in-8°. 3619

*— Anhang. — Leipzig, 1759, in-8°, 10 livr.

—. — Voy. Allgemeines und in seine gehörige Classen vertheiltes Bücherverzeichniss der theologischen Bibliothek.

* — (Jens E.). — Norsk Forfatter-Lexikon 1814-1856. Efter Forfatterens Död ordnet, forøget og udgivet af Christian C. A Lange. — Christiania, Dahl, 1863, in-8°. 3620

—. — Voy. Nyerup. Almindeligt Literaturlexicon for Danmark.

Kraus (Chr. J.). — Encyklopädische Ansichten einiger Zweige der Gelehrsamkeit. Nach dessen Tode herausgegeben von Hans von Auerswald. — Königsberg, Nikolovius, 1809, in-8°, 2 vol. 3621

Ce sont les T. 3 & 4 de: »Kraus. Vermischte Schriften über staatswirthschaftliche, philosophische und andere wissenschaftliche Gegenstände . . .«

Krause (J. G.). — Voy. Bœcler (J. H.). Bibliographia critica.

Krause (Th.). — Literati svidnicenses, oder: historische Nachrichten von Gelehrten Schweidnitzern, aus theils gedruckten, theils ungedruckten Urkunden zusammengetragen. — Leipzig und Schweidnitz, Böhm, 1732, in-4°. T. I. 3622

* **Krebel** (R.). — Geschichte und chronologische Uebersicht der Gesammtliteratur des Scorbuts. — St. Petersburg, 1849, in-8°. 3623

* —. — Russlands naturhistorische und medicinische Literatur. Schriften und Abhandlungen in nicht-russischer Sprache. — Jena, Druck und Verlag von Friedrich Mauke, 1847, in-8°. 3624

Krebs (J. Ph.). — Handbuch der philologischen Bücherkunde für Philologen und gelehrte Schulmänner. — Bremen, gedruckt und verlegt von Joh. Georg Heyse, 1822-1823, 2 vol. in-8°. 3625

Kreutzenfeld (V. von.). — Voy. Vigiliis von Kreutzenfeld.

Kreutzer (K. J.). — Voy. Jahresbericht über die Fortschritte . . . der Fotografie.

* **Kreysig** (G. Chr.). — Bibliotheca scriptorum venaticorum continens auctores, qui de venatione, sylvis, aucupio, piscatura et aliis eo spectantibus commentati sunt. — Altenburgi, apud P. E. Richterum, 1750, in-8°. 3626

* —. — Historische Bibliothec von Ober-Sachsen und einigen angrentzen-

den Ländern, nach allen Theilen der Historie gesammelt, in gehörige Ordnung gebracht, und mit nöthigen Registern versehen. Neue starck vermehrte und verbesserte Auflage. — Leipzig und Görlitz, in Commission bey Richter und compagnie zu haben (1749), in-8°. T. I. 3627

Kreysig (G. Chr.) — Vorschlag zu einer kleinen Sammlung von Scriptoribus nummorum Bracteatorum, mit Beybringung aller davon handelnden Scribenten. — Dresden und Leipzig, 1736, in-4°. 3628

Kreyssig (A. H.). — Leben des zweiten Professors an der königlich Sächsischen Landesschule St. Afra zu Meissen, Dr. Johann Gottlieb Kreyssig beschrieben von Hermann August Friedrich und nebst Anhängen herausgegeben von August Hermann Kreyssig. — Meissen, Druck von Klinkicht & Sohn, 1854, in-8°. 3629

Contient, pages 89-94 : »Catalogus librorum libellorumque et carminum ab Jo. Theoph. Kreyssigio editorum secundum annorum seriem digestus«.

* **Kreyszig** (Fr.). — Vorlesungen über Shakespeare, seine Zeit und seine Werke. — Berlin, 1874-1877, 2 vol. in-8°. 3630

Krieger (J. Chr.). — Handbuch der Literatur der Gewerbskunde, in alphabetischer Ordnung herausgegeben. Abth. I-II enthält die Literatur bis zum Jahr 1812. — Marburg, Verfasser, 1815-1820, in-8°. 3631

— Erster Supplementband, enthält die Literatur vom Jahr 1813-1820. — Marburg, 1822, in-8°.

* **Kries** (C. G.). — De Gregorii, turonensis episcopi, vita et scriptis. — Vratislaviæ, F. Hirt, 1839, in-8°. 3632

Kritischer Wegweiser im Gebiete der Landkarten-Kunde nebst andern Nachrichten zur Beförderung der mathematisch-physikalischen Geographie und Hydrographie. — Berlin, Schropp, 1829-1835, 7 vol. gr. in-8°. 3633

Publié par Heinrich Berghaus.

* **Kritisches Verzeichniss der Bücher** und Kupferstiche, welche in der Gröllischen Buch- und Kunsthandlung in Dresden zu haben sind. — Dresden, 1756, in-12. 3634

Kritische Vierteljahresschrift für Gesetzgebung und Rechtswissenschaft, herausgegeben von J. Pözl. — München, liter. artist. Anstalt, 1861, in-8°, T. III. 3635

Contient, p, 26-62 ; 354-396 et 552-620 : »Kritische Ueberschau der Literatur des katholischen Kirchenrechts seit 1855«.

Krönlein (R. U.). — Die Lehre von den Luxationen. — Voy. No. 26 de : Deutsche Chirurgie.

* **Krones** R. von **Marchland** (Fr.). — Grundriss der œsterreichischen Geschichte mit besonderer Rücksicht auf Quellen und Literaturkunde bearbeitet. — Wien, A. Hölder, 1882, in-8°. 3636

* **Kropff** (M.). — Bibliotheca mellicensis seu vitæ, et scripta inde a sexcentis et eo amplius annis Benedictinorum Mellicensium. — Sumptibus Joannis Pauli Kraus bibliopolæ Vindobonensis, 1747, in-4°. 3637

* **Krüger** (M. S.). — Bibliographia botanica. Handbuch der botanischen Literatur in systematischer Ordnung nebst kurzen biographischen Notizen über die botanischen Schriftsteller. Zum Gebrauche für Freunde und Lehrer der Pflanzenkunde. — Berlin, Haude und Spener, 1841, in-8°. 3638

—. — Handbuch der Literatur für die praktische Medicin und Chirurgie nach den einzelnen Fächern systematisch geordnet. Zum Gebrauch für praktische Aerzte und bei akademischen Vorlesungen. — Berlin, Richter, 1842, in-8°. 3639

A aussi cet autre titre: »Scripta medico-chirurgica selecta ad rerum pathologicarum ordinem usui medicorum et medicinæ studiosorum disposuit atque digessit . . .«

* **Krünitz** (J. G.). — Verzeichniss der vornehmsten Schriften von den Kinderpocken und deren Einpfropfung gesammelt. — Leipzig, bey Christian Gottlob Hilschern, 1768, in-12. 3640

Krüsike (J. Chr.). — Vindemiarum litterariarum specimen I. Quo de re libraria universe agitur et consilium de conlectionibus maderianis et schmidianis uno alterove tomo augendis suppeditatur. Accedit adpendix de scriptis rei Bibliothecariæ adfectis. Præfationis loco bibliothecæ b. parentis sui Pauli Georgii non ita pridem præmissum, nunc seorsim editum. — Hamburgi, Fickweiler et Brand, 1727, in-4°, 40 p. 3641

— Specimen II. Quo index scriptorum exhibetur, qui de libris, illorumque scriptione, lectione, censione, abusu, fatis atque pœnis vel data opera, vel per transennam commentati sunt, aut in adfectis nonnulla habuerunt. Præfationis loco parti novæ adparatus librarii b. parentis sui Pauli Georgii non ita pridem præfixum, nunc curis secundis emendatius editum. — Hamburgi, Brand, 1731, in-4°.

Krug (W. Tr.). — Allgemeines Handwörterbuch der philosophischen Wissenschaften, nebst ihrer Literatur und Geschichte. Nach dem heutigen Standpuncte der Wissenschaft bearbeitet und herausgegeben. — Leipzig, Brockhaus, 1827-1834, 5 vol. in-8°. 3642

—. — Die enzyklopädisch - philosophische Literatur. — Leipzig und Züllichau, 1805, in-8°. 3643

—. — Geschichte der Philosophie alter Zeit, vornehmlich unter Griechen und Römern. Zweite, vermehrte und verbesserte Auflage. — Leipzig, Fleischer, 1827, in-8°. 3644

Contient la bibliographie du sujet.

Krug (W. Tr.) — System der Kriegswissenschaften und ihrer Literatur, enzyklopädisch dargestellt. Nebst zwei militarisch-politischen Abhandlungen. — Leipzig, Rein, 1815, in-8°. 3645

—. — Versuch einer systematischen Enzyklopädie der schönen Künste. — Leipzig, Hempel, 1802, in-8°. 3646

Contient la bibliographie des beaux-arts.

Kubinyus (Al.). — Enchiridion lexici juris inclyti regni Hungariæ s. extractus universalis legum patriarum, omnes in toto corpore juris occurrentes materias, incluso opere tripartito et Kotinichio a S. Stephano Proto-Rege usque ad annum 1792 exhibens; additus est index scriptorum publico-politico-juridicorum. — Posonii, Weber, 1798, gr. in-8°. 3647

* **Kuczyński** (Arn.). — Thesaurus libellorum historiam reformationis illustrantium. Verzeichniss einer Sammlung von nahezu 3000 Flugschriften Luthers und seiner Zeitgenossen. Nach den Originalen aufgenommen und bearbeitet... Supplement zu den Handbüchern von Panzer, Weller, Gœdeke und Heyse. — Leipzig, T. O. Weigel, 1870, in-8°. 3648

* **Kühn** (C. G.). — Bibliotheca medica, continens scripta medicorum omnis ævi, ordine methodico disposita. — Lipsiæ, apud Siegfried Leberecht Crusium, 1794, in-8°, T. I. 3649

Künssberg-Thurnau. — Voy. Hallberg-Broich, Kriegsgeschichten.

* **Küster** (G. G.). — Bibliotheca historica Brandenburgica scriptores rerum Brandenburgicarum maxime Marchicarum exhibens in suas classes distributa et duplici indice instructa. — Vratislaviæ, sumtu Jo. Jacobi Kornii, 1743, in-8°. 3650

—. — Martin Friedrich Seidels Bilder-Sammlung, in welcher hundert gröstentheils in der Mark Brandenburg gebohrne, allerseits aber um dieselbe wohlverdiente Männer vorgestellet werden, mit beygefügter Erläuterung, in welcher derselben merkwürdigste Lebens-Umstände und Schriften erzehlet werden. — Berlin, in Buchladen bey der Real-Schule, 1751, in-fol. 3651

A aussi cet autre titre: »Icones et elogia virorum aliquot præstantium qui multum studiis suis consiliisque Marchiam olim nostram juverunt ac illustrarunt ex collectione Martini Friderici Seidel«.

Kuhlman (Q.). — Epistolæ duæ, prior de arte magnâ sciendi sive combinatoriâ, posterior de admirabilibus quibusdam inventis; è Lugduno-Batavâ Romam transmissæ cum responsoria viri in Orbe terrarum quadripartito celeberrimi Athanasii Kircher. — Lugd. Batavorum, imprimuntur pro auctore et venduntur à L. de Haes, 1674, in-8°. 3652

Contient, pages 44-50 la liste des ouvrages de Kircher.

***Kuhn** (Ad.). — Sagen, Gebräuche und Märchen aus Westfalen und einigen andern, besonders den angrenzenden Gegenden Norddeutschlands. Gesammelt und herausgegeben. — Leipzig, Brockhaus, 1859, in-8°. 3653

Contient, p. XIII-XVII: »Verzeichniss der in den Anmerkungen zu dieser Sammlung vorzugsweise benutzten Schriften«.

Kuinneth (G. Fr.). — Specimen bibliothecæ selectæ artis pharmaceuticæ, oder Versuch einer Bibliothek der Apothekerkunst. — Francofurti et Lipsiæ, 1796, in-8°, 48 p. 3654

Kuinoel (Chr. Th.). — Narratio de Johanne Friderico Fischero ad virum magnificum et summe reverendum Franciscum Volkmarum Reinhardum. — Lipsiæ, 1799, in-8°, 40 p. 3655

Contient, pages 37-40: »Uebersicht der sämmtlichen litterarischen Arbeiten Fischer's«.

Kundmann (J. Chr.). — Silesii in nummis, oder Berühmte Schlesier in Müntzen, so durch Grosse Helden-Thaten, durch Hohe und wichtige Amts-Würden, oder durch Gelehrsamkeit und Schrifften, Ihren Nahmen unvergesslich gemacht. Dem Druck nebst vielen Kupffern überlassen. — Bresslau und Leipzig, Hubert, 1738, in-4°. 3656

* **Kurtzmann** (L.). — Die polnische Literatur in Deutschland bibliographisch zusammengestellt. — Posen, Zupanski, 1881, in-8°. 3657

Kurz (H.). — Voy. Waldis (B.). Esopus.

Kurze Geschichte und Charakteristik aller Gesammtausgaben von Dr. Martin Luthers Werken mit besonderer Rücksicht auf die Erlanger Ausgabe bei Carl Heyder 1826-1849. — (Erlangen, 1850), in-8°, 16 p. 3658

Ext. de la »Zeitschrift für Protestantismus und Kirche, N. F. Band XIX«.

Kuster (G. G.). — Marchiæ litteratæ specimen I-XXIII, quo præmisso inaugurationes, exercitationes quasdam oratorias in Gymnasio Friedericiano etc. instituendas indicit. — Berolini, litt. Gæberti et aliis, 1740-1762, in-4°. 3659

* **Laban** (F.). — Die Schopenhauer-Literatur. Versuch einer chronologischen Uebersicht derselben. — Leipzig, F. A. Brockhaus, 1880, in-8°. 3660

Labanoff (Al.). — Voy. Lettres, instructions et mémoires de Marie Stuart.

* **La Barre Duparcq** (Ed. de). — De la création d'une bibliothèque militaire publique. — Paris, J. Corréard, 1849, in-8°, 43 p. 3661

* —. — Liste des comptes rendus d'ouvrages militaires publiés de 1846 à 1856 par le capitaine Ed. de La Barre Duparcq, tirés à 25 exemplaires, 1856. — Paris, imp. de J.-B. Gros et Donnaud (s. d.), in-8°, 7 p. 3662

***La Barre Dubarcq** (Ed. de). — Des sources bibliographiques militaires. — Paris, Ch. Tanera, 1856, in-8°, 31 p. 3663

***La Barrera y Leirado** (C. Alb. de). — Catálogo bibliográfico y biográfico del teatro antiguo español, desde sus origenes hasta mediados del siglo XVIII. Obra premiada por la biblioteca nacional en el concurso público de enero de 1860, é impresa á expensas del gobierno. — Madrid, imprenta de M. Rivadeneyra, 1860, in-4°. 3664

***Labbe** (Ph.). — Aristotelis et Platonis græcorum interpretum typis hactenus editorum brevis conspectus. Ex Athenæo philosophico, seu bibliotheca Aristotelis et Platonis interpretum omniumque cujuscumque sectæ philosophorum, qui græce aliquid scripsisse noscuntur, aut prælo excusum, aut in Mss. codicibus ad hunc usque diem reconditum. — Lutetiæ Parisiorum, 1657, in-4°, 31 p. 3665

*—. — Bibliotheca bibliothecarum curis secundis auctior. Accedit bibliotheca nummaria in duas partes tributa. I. de antiquis numismatibus. II. de monetis ponderibus et mensuris. Cui Mantissa antiquariæ supellectilis ex annulis, sigillis, gemmis, lapidibus, statuis obelicis, inscriptionibus, ritibus, similibusque, romanæ præsertim antiquitatis monimentis collecta. — Parisiis, apud Ludovicum Billaine, 1664, in-12. 3666

*—. — Editio secunda auctior et meliori ordine disposita. — Rothomagi, excudebat Thomas Maurry, 1672, in-12.

*— Editio III auctior, et meliori ordine disposita. Additus Joann. Seldeni angli liber de nummis. — Rothomagi, excudebat Antonius Maurry, 1678, in-12.

*—. — Speciminis antiquarum lectionum græcarum latinarumque supplementa decem, cum coronide libraria, seu catalogo catalogorum, bibliothecarum, nomenclatorum, indicum, elenchorum, &c. quibus scriptores in quavis arte ac professione præcipui, et libri ferme omnes, partim hactenus editi, partim inediti, et mss. repræsentantur. — Parisiis, apud Joannem Henault, 1652, in-4°. 3667

Labbe (Ph.). — Voy. Bellarminus (R.). De scriptoribus ecclesiasticis. — Voy. Bibliotheca anti-Janseniana.

***Labiche** (J. B.). — Notice sur les dépôts littéraires et la révolution bibliographique de la fin du dernier siècle d'après les manuscrits de la bibliothèque de l'Arsenal. — Paris, typ. A. Parent, 1880, in-8°. 3668

***Labitte** (Ad.). — 1864-1881. Mes livres. — Paris, Adolphe Labitte, 1881, in-8°. 3669

Tiré à 200 ex.

— (J.). — Voy. Zilettus (J. B.). Index librorum omnium juris tam pontificii quam cæsarei.

***Laborde** (L. de). — Débuts de l'imprimerie à Strasbourg, ou recherches sur les travaux mystérieux de Gutenberg dans cette ville, et sur le procès qui lui fut intenté en 1439 à cette occasion. — Paris, Téchener, 1840, gr. in-8°. 3670

***La Borderie** (A. de). — Archives du bibliophile breton, notices et documents pour servir à l'histoire littéraire et bibliographique de la Bretagne. — Rennes, Plihon, 1880, in-18, T. I. 3671

***Laborie.** — Titres de M. le docteur Laborie, candidat à la place déclarée vacante à l'Académie impériale de médecine dans la section d'accouchements. — Paris, imp. de N. Chaix (1860), in-4°, 14 p. 3672

***Laboulaye.** — Institut impérial de France. Académie des inscriptions et belles-lettres. Funérailles de M. le baron Barchou de Penhoën. Discours prononcé . . . à Saint-Germain-en-Laye le mercredi 1er août 1855. — Paris, imp. de F. Didot frères (s. d.), in-4°, 4 p. 3673

***Laboulbène** (A.). — Candidature à la chaire de thérapeutique de la Faculté de médecine de Montpellier. Notice sur les travaux du Dr. A. Laboulbène. Avril 1863. — Paris, imp. de W. Remquet et Cie. (s. d.), in-4°, 27 p. 3674

La couverture imprimée sert de titre.

* **Labrune.** — Etude sur la vie et les travaux de Desault, chirurgien célèbre du XVIIIe siècle, né en Franche-Comté. — Besançon. imp. de Jacquin, 1867, in-8°. 3675

Contient, p. 105-118: »Bibliographie relative à Desault«.

* **La Bruyère.** — Oeuvres complètes. Nouvelle édition avec une notice sur la vie et les écrits de La Bruyère, une bibliographie, des notes, une table analytique des matières et un lexique par A. Chassang. — Paris, Garnier frères, 1876, 2 vol. in-8°. 3676

Forme les T. 46-47 des »Chefs-d'œuvre de la littérature française«. — La bibliographie occupe les pages LI-LX du T. I.

*—. — Oeuvres. Nouvelle édition revue sur les plus anciennes impressions et les autographes et augmentée de morceaux inédits, des variantes, de notices, de notes, d'un lexique des mots et locutions remarquables, d'un portrait, d'un facsimile, etc. par U. G. Servois. — Paris, Hachette, 1865-1878, 3 vol. in-8°. 3677

Le faux titre porte: »Les grands écrivains de la France, nouvelles éditions publiées sous la direction de M. Ad. Regnier«. — Le T. III, 1re partie, pages 129-202 contient une importante notice bibliographique.

***Lacauchie** (A. E.). — Exposé des titres de M. A.-E. Lacauchie, soumis à l'Académie nationale de médecine (Juin 1852). — Paris, imp. de Martinet (s. d.), in-4°, 10 p. 3678

***Lacaze-Duthiers** (H. de). — Notice sur les travaux scientifiques de M. F.-J.-Henri de Lacaze-Duthiers, présentée à l'appui de sa candidature à l'Académie des sciences. — Paris, janvier 1862, in-4°. 3679

Il a paru en outre: »Deuxième notice. — Paris, décembre 1865«. — »Troisième notice. — Paris, juillet, 1871«, in-4°.

La Chapelle (J. Ribauld de). — Voy. Ribauld de la Chapelle.

Lachmann (K.). — Voy. Müller (P. E.). — Sagaenbibliothek des skandinavischen Alterthums.

* **La Combe** (de). — Charlet, sa vie, ses lettres et ses œuvres. Extrait de la »Revue contemporaine« liv. des 31 janvier et 15 février. — Paris, aux bureaux de la revue, 1854, in-8°. 3680

La couverture imprimée sert de titre.

*—. — Charlet, sa vie, ses lettres, suivie d'une description raisonnée de son œuvre lithographique. — Paris, Paulin et Le Chevalier, 1856, in-8°. 3681

* **Lacoste** (Al. de). — Essai biographique sur les travaux en chimie de M. Ed. Robin. — (s. l. 1853), in-8°. 3682

*—. — Note biographique sur les travaux et découvertes en chimie de M. Edouard Robin. — Paris, imp. de Boulé, 1842, in-8°, 37 p. 3683

* **Lacour** (L.). — Annuaire du bibliophile, du bibliothécaire et de l'archiviste pour l'année 1860(-1863). — Paris, chez Eugène Meugnot, 1860-1863, in-18. 3684

—. — Voy. Annales du bibliophile.

Lacroix (Alb.) et Fr. **Van Meenen.** — Notices historiques et bibliographiques sur Philippe de Marnix. — Bruxelles, Lacroix, Van Meenen et Cie., 1860, in-8°. 3685

Lacroix (E.). — Voy. Bibliographie des ingénieurs.

La Croix (J. Fr. de). — Voy. Histoire littéraire des femmes françoises.

* **Lacroix** (P. L.). — Bibliographie et iconographie de tous les ouvrages de Restif de la Bretonne, comprenant la description raisonnée des éditions originales, des réimpressions, des contrefaçons, des traductions, des imitations, etc., y compris le détail des estampes et la notice sur la vie et les ouvrages de l'auteur par son ami Cubières Palmézeaux, avec des notes historiques, critiques et littéraires par le bibliophile Jacob (P. L.). — Paris, Aug. Fontaine, 1875, in-8°. 3686

Tiré à 500 ex. sur papier de Hollande.

* — — Bibliographie Molièresque contenant 1° la description de toutes les éditions des œuvres et des pièces de Molière ; 2° les imitations et traductions des dites pièces ; 3° les ballets, fêtes de cour, poésies de Molière, etc.; 4° l'indication des ouvrages en tout genre concernant Molière, sa troupe et son théâtre, avec notes et commentaires par le bibliophile Jacob. — Turin, chez J. Gay et fils, 1872, in-8°. 3687

Tiré à 204 ex. numérotés : 150 sur format in-8° de carré, papier vélin ; 50 format in-12 d'écu, papier vergé ; 4 même format, papier de Chine.

* — — Bibliographie moliéresque. 2e édition, revue, corrigée et considérablement augmentée. — Paris, Aug. Fontaine, 1875, in-8°, avec portrait. 3688

Tiré à 500 ex. numérotés sur papier de Hollande, plus 50 ex. numérotés sur papier Whatman, avec le portrait avant la lettre.

* — — Catalogue de la bibliothèque de l'abbaye de Saint Victor au seizième siècle rédigé par François Rabelais, commenté par le bibliophile Jacob et suivi d'un essai sur les bibliothèques imaginaires par Gustave Brunet. — Paris, J. Techener, 1862, in-8°. 3689

Lacroix (P. L.). — Les Catalogues de livres et les Bibliophiles contemporains. Préface au catalogue de livres curieux de M. Auguste Fontaine par le bibliophile Jacob (P. L.). — Paris, Fontaine, 1877, in-8°, 24 p. 3690

* — — Les cent et une. Lettres bibliographiques à M. l'administrateur général de la Bibliothèque nationale. Première Série. — Paris, Paulin, 1849, in-8°. 3691

* —. — Dissertations bibliographiques par le bibliophile Jacob (P. L.). — Paris, Jules Gay, 1864, in-12. 3692

Tiré à 260 ex. numérotés dont 250 sur papier vergé et 10 sur papier de Chine.

* —. — Enigmes et découvertes bibliographiques par le bibliophile Jacob (P. L.). — Paris Ad. Lainé, 1866, in-12. 3693

Tiré à 260 ex. numérotés, dont 250 sur papier vergé et 10 sur papier de Chine.

* —. — Iconographie Moliéresque contenant la liste générale et complète des portraits de Molière, et celle des suites de vignettes publiées jusqu'aujourd'hui pour les œuvres de cet auteur; avec notes et commentaires par le bibliophile Jacob. — Nizza, J. Gay, 1872, in-32. 3694

Tiré à 100 ex. numérotés.

* 2e édition. — Paris, A. Fontaine, 1876, in-8°.

* —. — Mélanges bibliographiques par le bibliophile Jacob (P. L.). — Paris, lib. des Bibliophiles, 1871, in-12. 3695

Tiré à 310 ex. numérotés dont 300 sur papier vergé et 10 sur papier de Chine.

* —. — Nouvelles œuvres inédites de J. de La Fontaine, suivies de do-

cuments historiques contemporains avec une bibliographie générale de ses ouvrages par le bibliophile Jacob (P. L.). — Paris, Hachette, 1868, in-8°. 3696

* **Lacroix** (P. L.). — Rabelais, sa vie et ses ouvrages par le bibliophile Jacob (P. L.). — Paris, A. Delahays, 1859, in-16. 3697

—. — Voy. Bibliothèque de G. de Pixérecourt. — Voy. Bibliothèque dramatique de Pont de Vesle. — Voy. Des Periers (B.). Contes. — Voy. Rabutaux, de la prostitution en Europe.

La Croix du Maine. — Voy. Rigoley de Juvigny. Les bibliothèques françoises.

* **La Croze.** — Histoire d'un voyage littéraire fait en 1733 en France, en Angleterre, et en Hollande: avec un discours préliminaire touchant le systeme étonnant, et les athei detecti, du pere Hardouin; et une lettre fort curieuse concernant les prétendus miracles de l'abbé Paris, et les convulsions risibles du chevalier Folard. Seconde édition. — A La Haye, chez Adrien Mœtjens, 1736, in-12. 3698

* **Ladrague** (A.). — Sciences secrètes. — Moscou, imp. W. Gautier, 1870, in-4°. 3699

Tiré à 75 ex., plus les copies de chapelle et de dépôt. — Le faux titre porte: »Bibliothèque Ouvaroff. Catalogue spécimen«.

* **La Fage** (Adr. de). — Extraits du catalogue critique et raisonné d'une petite bibliothèque musicale. — Rennes, imp. de H. Vatar (1857), in-8°. 3700

Tiré à 100 ex.

* **La Faye** (de). — Catalogue complet des républiques imprimées en Hollande in-24 avec des remarques sur les diverses éditions. — Paris, imp. Panckoucke, 1842, in-12, 48 p. 3701

Tiré à 125 ex.

* —. — Catalogue complet des républiques imprimées en Hollande in-24 avec des remarques sur les diverses éditions. Nouvelle édition revue, corrigée et augmentée par J. Chenu. — Paris, L. Potier, 1854, in-12. 3702

Tiré à 200 ex. dont 2 sur peau vélin, et 4 sur papier vélin rose.

* **Laffetay.** — Notice sur la vie et les écrits de Roland des Talents, chanoine de Bayeux. — Bayeux, imp. de St. Ange Duvant fils, 1852, in-8°. 3703

Ext. des »Mémoires de la Société d'agriculture, sciences, arts et belles-lettres de Bayeux«.

* **Lafforgue** (Pr.). — Histoire de l'imprimerie à Auch jusqu'en 1790. Bibliographie. — Librairie. — Auch, imp. et lith. Félix Foix, 1862, in-8°, 19 p. 3704

Ext. du »Bulletin d'histoire et d'archéologie de la province ecclésiastique d'Auch«.

* **La Fizelière** (A. de) et G. **Decaux.** — Essais de bibliographie contemporaine. I. Charles Baudelaire. — Paris, libr. de l'Académie des bibliophiles, 1868, in-12. 3705

Tiré à 10 ex. sur Chine et à 350 sur papier vergé.

La Fizelière (Alb. de). — Histoire de la crinoline au temps passé. Suivie de la satyre sur les Cerceaux, paniers, etc. par le Chevalier de Nisard, et de l'indignité et l'extravagance des paniers par un prédicateur. — Paris, Aubry, 1859, in-12. 3706

Contient, p. 105-106: »Petite bibliographie des stoles, basquines, vertugales et paniers«.

* **Lafon** (A.). — Gergonne, sa vie et ses travaux. — Nancy, imp. de Vve Raybois (1861), in-8°. 3707

Ext. des »Mémoires de l'Académie de Stanislas«. — La couverture imprimée sert de titre.

* **La Fontaine.** — Oeuvres complètes. Nouvelle édition très-soigneuse-

ment revue sur les textes originaux avec un travail de critique et d'érudition, aperçus d'histoire littéraire, vie de l'auteur, notes et commentaires, bibliographie, etc. par M. Louis Moland. — Paris, Garnier frères, 1872-1886 (*sic*), 7 vol. in-8°. 3708

Forme les T. 33-39 des »Chefs-d'œuvre de la littérature française«. — La bibliographie se trouve aux pages 473-482 du T. 7.

Lagarrigue (F.). — Voy. Revue bibliographique du midi.

Lagerberg (A.). — Voy. Eitner (R.). Bibliographie der Musik-Sammelwerke.

* **La Gournerie** (E. de). — M. de Pontchâteau, sa vie et ses œuvres. Extrait de la »Revue des provinces de l'Ouest, 2e année, 1re et 2e livraison«. — Nantes, A. Guéraud, 1854, in-8°, 31 p. 3709

* **Lagrange** (E.). — Manuel du droit romain, ou explication des Institutes de Justinien, par demandes et par réponses; précédé d'une introduction historique à l'étude du droit romain et d'une bibliothèque choisie de ce droit. Huitième édition, revue et augmentée. — Paris, Mulot, 1861, in-12. 3710

La Huerta (V. Garcia de). — Voy. Garcia de la Huerta.

Laing (J.). — Voy. Halkett (S.). A dictionary of the anonymous . . . of Great Britain.

* **Laire.** — Dissertation sur l'origine et les progrès de l'imprimerie en Franche-Comté, pendant le quinzième siècle. — A Dole, imp. Jos. Fr. Xav. Joly, 1785, in-8°. 3711

* — (Fr. X.). — Index librorum ab inventa typographia ad annum 1500; chronologicè dispositus cum notis historiam typographico-litterariam illustrantibus. — Senonis, apud viduam et filium P. Harduini Tarbé, 1791, 2 vol. in-8°. 3712

* **Laire** (Fr. X.) et de **Salm Salm.** — Specimen historicum typographiæ romanæ XV. sæculi. — Romæ, sumptibus venantii Monaldini, 1778, in-8°. 3713

Les pages 121 à 298 contiennent un: »Index chronologicus et bibliographicus librorum XV. sæculo Romæ impressorum«.

—. — Voy. Serie dell' edizioni aldine.

* **Laisné** (A.-M.). — Notice bibliographique sur Alexandre de Villedieu, lue à la Société d'archéologie d'Avranches, le 1er septembre 1842 et complétée le 7 septembre 1843. — Avranches, imp. de Tostain (s. d.), in-8°, 4 p. 3714

* — — Notice bibliographique sur François Des Rues, lue à la Société d'archéologie d'Avanches, le 7 septembre 1843. — Avanches, imp. de E. Tostain (1843), in-8°, 8 p. 3715

* **Lajarte** (Th. de). — Bibliothèque musicale de l'opéra. Catalogue historique, chronologique, anecdotique publié sous les auspices du ministère de l'instruction publique et des beaux-arts. Avec portraits gravés à l'eau forte par Le Rat. — Paris, Jouaust, 1878, in-8°. T. I-II. 3716

* **Lakanal** (J.). — Exposé sommaire des travaux de Joseph Lakanal, . . . pour sauver, durant la révolution, les sciences, les lettres et ceux qui les honoraient par leurs travaux. — Paris, imp. de F. Didot frères, 1838, in-8°. 3717

* **La Lande** (J. de). — Bibliographie astronomique, avec l'histoire de l'astronomie depuis 1781 jusqu'à 1802. — Paris, de l'imp. de la République, an XI—1803, in-4°. 3718

* —. — Notice sur la vie et les ouvrages de Lavoisier. — (Paris), imp. du Magasin encyclopédique (s. d.), in-8°, 15 p. 3719

Extr. du »Magasin encyclopédique« T. V, p. 174.

* **Lallemand.** — Exposé des titres de M. C. F. Lallemand. — Paris, imp. de F. Didot frères, 1843, in-4°, 8 p. 3720

La couverture imprimée sert de titre.

Lallemant (N. et R.). — Voy. Le Verrier de la Conterie. L'école de la chasse aux chiens courants.

Lamarca (L.). — El Teatro de Valencia desde su origin hasta nuestras dias. — Valencia, 1840, in-8°. 3721

La Martinière (de). — Voy. Formey. Conseils pour former une bibliothèque peu nombreuse.

* **Lambert** (Ch. Ed.). — Les vicomtes de Bayeux précédés d'une notice sur la vie et les ouvrages de l'auteur par M. L. D. Gravure sur bois par Huyot. Extrait des Mémoires de la société d'agriculture, sciences, arts et belles lettres de Bayeux. — Bayeux, typographie St. Ange Duvant, 1879, in-8°. 3722

La couverture imprimée sert de titre.

* — (O.). — Angling literature in England; and descriptions of fishing by the ancients; with a notice of some books on other piscatorial subjects. — — London, Sampson Low, 1881, in-16. 3723

* **Lambinet** (P.). — Origine de l'imprimerie d'après les titres authentiques, l'opinion de M. Van Praet; suivie des établissemens de cet art dans la Belgique et de l'histoire de la stéréotypie; ornée de calques, de portraits et d'écussons. — Paris, H. Nicole, 1810, 2 vol. in-8°. 3724

* —. — Recherches historiques, littéraires et critiques, sur l'origine de l'imprimerie; particulièrement sur ses premiers établissements, au XVme siècle, dans la Belgique, maintenant réunie à la République française; ornées des portraits et des écussons des premiers imprimeurs belges. — Bruxelles, imp. d'Emmanuel Flon, vendémiaire an VII, in-8°. 3725

* **Lambron de Lignim** (H.). — Recherches historiques sur l'origine et les ouvrages de Michel Colombe, tailleur d'ymaiges du roi. Imprimé à 100 exemplaires. — Tours, imp. de Lecesne et A. Laurent, 1848, in-8°, 24 p. 3726

* **Lamé.** — Analyse des travaux de M. Lamé. — (Paris), imp. de Bachelier (1843), in-4°, 21 p. 3727

* **Lami** (E. O.) et A. **Tharel.** — Dictionnaire encyclopédique et bibliographique de l'industrie et des arts industriels contenant 1° pour l'industrie: l'étude historique et descriptive du travail national sous toutes ses formes, de ses origines, des découvertes et des perfectionnements dont il a été l'objet. Le matérial et les procédés des industries extractives, des exploitations rurales, des usines agricoles et des industries alimentaires, des industries textiles et de la confection du vêtement, des industries chimiques. Les chemins de fer et les canaux, les constructions navales. Les grandes manufactures. Les écoles professionelles, etc. 2° pour les arts appliqués à l'industrie: le dessin, la gravure; l'architecture et toutes les industries qui se rattachent à l'art. L'imprimerie. La photographie. Les manufactures nationales. Les écoles et les sociétés d'art. 3° pour la statistique: l'état de la production nationale; les résultats comparés de cette production et de celle de l'étranger pour les industries similaires. 4° pour la biographie: les noms des artistes, fabricants et manufacturiers français qui se sont distingués dans toutes les branches de l'industrie et des arts industriels. 5° L'histoire sommaire des arts et métiers: depuis les temps les plus reculés jusqu'à nos jours; les mots techniques; l'indication des principaux ouvrages se rapportant à l'art et à l'industrie. — Paris, Lami et Tharel, 1881, in-4°. T. I. 3728

* **La Monnoye** (de). — Histoire de M. Bayle et de ses ouvrages. Nouvelle édition augmentée des pièces suivantes: I. Exacte Revue de l'Histoire de M. Bayle, etc. contenant des corrections, et des additions considérables etc. II. Dissertation où l'on découvre le véritable auteur de l'»Avis aux réfugiéz« etc. Par M. de La Bastide. III. Trois lettres critiques sur les éditions faites à Rotterdam du Commentaire philosophique et des lettres de Mr. Bayle, avec une apostille curieuse, etc. IV. Factum des amis de M. Bayle, contre la nouvelle édition de son »Dictionnaire« qui se fait à Rotterdam. — Amsterdam, J. Desbordes, 1716, in-12. 3729

La Morlière (de). — Voy. Almanach bibliographique pour 1709.

* **Lamothe** (L. de). — L'Abbé Baurein, sa vie et ses écrits, avec quelques fragments inédits de cet auteur. — Bordeaux, T. Lafargue, 1845, in-12. 3730

* —. — Jouannet, sa vie et ses écrits. — Bordeaux, imp. de Durand, 1847, in-4°. 3731

Extrait de l'Essai de complément de la statistique ... de la Gironde.

* —. — Table méthodique des publications de l'Académie de Bordeaux. — Bordeaux, 1847, in-8°. 3732

Dans les: »Actes de l'Académie«, pages 751 à 795.

Lamouroux. — Compendio di botanica contenente l'organografia e tassonomia ossia descrizione di tutti gli organi e delle loro modificazioni; ed esposizione dei sintomi e metodi di classificazione, preceduto da una introduzione, storica, seguito da una biografia, da una bibliografia e da un vocabolario de' termini tecnici. — Milano, 1834, in-32. 3733

Lancaster (A.). — Voy. Houzeau (J. C.). Bibliographie générale de l'astronomie.

* **Lance** (Ad.). — Abel Blouet, sa vie et ses travaux. — Paris, B. Bance, 1854, in-8°, 32 p. 3734

Ext. de l'»Encyclopédie d'architecture«.

* —. — Jules Bouchet, architecte, sa vie et ses travaux (1er février 1860). — Paris, imp. de Bonaventure et Ducessois (s. d.), in-8°, 12 p. 3735

* —. — Notice sur la vie et les travaux de Paul-Marie Le Tarouilly, architecte. — Paris, B. Bance, 1855, in-8°, 8 p. 3736

* **Lancetti** (V.). — Pseudonimia ovvero tavole alfabetiche de' nomi finti o supposti degli scrittori con la contrapposizione de' veri ad uso de' bibliofili, degli amatori, della storia letteraria e di libraj. — Milano, Pirola, 1836, gr. in-8°. 3737

* **Lancizolle** (L. von). — Chronologisch-bibliographische Uebersicht der deutschen Nationalliteratur im 18. und 19. Jahrhundert, nach ihren wichtigsten Erscheinungen. Mit besonderer Rücksicht auf Goethe. Mit einem Vorwort von F. A. Pischon. — Berlin, Druck und Verlag von G. Reimer, 1846, in-8°. 3738

—. — Uebersicht der wichtigsten Schriften von und über Goethe. Mit Rücksicht auf sein Leben. Tabellarisch geordnet. — Berlin, Nicolai, 1857, in-8°. 3739

* **Landolt** (E.). — Manuel d'ophthalmoscopie. Avec figures dans le texte. — Paris, Octave Doin, 1878, in-18. 3740

Se termine par la liste des publications du même aucteur. (34 art.)

Landouzy (L.). — Table analytique générale décennale (1866 à 1875) des matières contenues dans les bulletins de la Société anatomique de Paris, précédée d'un catalogue des dessins, photographies, schèmes, tracés contenus dans l'album de la Société. — Paris, V. A. Delahaye, 1878, in-8°. 3741

Landshuth (L.). — ... Amude ha-Aboda (Columnæ cultus). Onomasticon auctorum hymnorum hebræorum eorumque carminum, cum notis biographicis et bibliographicis, e fontibus excusis et mss. digessit. — Berolini, typ. Bernstein, 1857-1862, in-8°. 3742

Langbaine (G.). — An account of the Englisch dramatik poets, or some observations and remarks on the lives and writings etc. — Oxford, 1691, in-8°. 3743

Lange (J. A.). — Brevis introductio in notitiam legum nauticarum, et scriptorum juris reique maritimæ, a celeberrimo quondam Icto Andrea Lange in lucem emissa, jam vero indicibus capitum ac materiarum locupletata, multisque in locis correctius edita. — Lubecæ, Böckmann, 1724, in-8°. 3744

— (J. Chr.). — Doct. Johann Bugenhagens oder Pomerani, ehemals Professoris und Superintendenten zu Wittenberg, auch berühmten Reformatoris vieler Länder und Städte. Erbauliches und Merckwürdiges Leben und Schriften. Zu einiger Erläuterung der Reformations und gelehrten Historie entworffen. — Budissin, Richter, 1831, in-8°. 3745

Les pages 80-92 contiennent la liste des écrits de Bugenhagen.

Langlès (L.). — Voy. Hamilton (Al.). Catalogue des manuscrits samskrits de la bibliothèque impériale.

* **Langlois** (C.). — Exposé des travaux de M. C. Langlois, ... à l'appui de sa candidature à l'Académie de médecine (section de physique et de chimie médicales). — Paris, imp. de Martinet, 1856, in-4°. 3746

* — (J. D.). — Nouvelle bibliothèque philosophique, contenant, 1° les notions préliminaires du nouveau système proposé; 2° son analyse, avec la table généalogique; 3° la classification des opérations de l'entendement humain, ou catalogue de bibliothèques, rédigée et mise en ordre. — A Paris, chez l'auteur et chez Laurens aîné, 1813, in-8°. 3747

* **Lanjuinais**. — Etudes biographiques et littéraires sur Antoine Arnauld, Pierre Nicole et Jacques Necker; avec une notice sur Christophe Colomb. — Paris, Baudouin frères, 1823, in-8°. 3748

* — (V.). — Notice historique sur la vie et les ouvrages du Comte Lanjuinais, ... Deuxième édition. — Paris, imp. de F. Didot frères, 1855, in-8°. 3749

* —. — Notice sur la vie et les ouvrages de J.-D. Lanjuinais (16 janvier 1832). — (Paris), imp. de Dondey-Dupré (s. d.), in-8°. 3750

* **Lansdell** (H.). — Through Siberia. With illustrations and maps. — London, Sampson Low, 1882, 2 vol. in-8°. 3751

Le T. II contient, pages 380-386: »Bibliography of Siberia«. (123 art.)

La Peyrie. — Voy. Bibliographie administrative.

* **Laplace**. — Notice sur les services militaires et les travaux scientifiques du vice-amiral Laplace. — (S. l., 1854), in-8°, 11 p. 3752

* **La Place de Montévray** (de). — Biographie orléanaise. Notice sur la vie et les ouvrages de M. Durzy ... — Orléans, imp. de Huet Perdoux, 1822, in-8°, 11 p. 3753

* —. — Recherches historiques et littéraires sur les almanachs orléanais. — Orléans, 1836, in-8°, 36 p. 3754

* **La Plane** (de). — Notices bibliographiques sur deux ouvrages impri-

més dans le XVe siècle et intitulés: l'un Breviarium in codicem par Jean Lefèvre, et l'autre Fasciculus temporum par Werner Rolewinck; suivies de la description exacte et complète de leur curieuse reliure en bois, ayant fait partie d'un livre de même matière gravé en relief à Aix en 1443, avec le portrait et les armes de René d'Anjou, au moyen d'un procédé totalement inconnu de nos jours, par Pierre de Milan, graveur de ce prince. — Paris, Louis Labbé, juin 1845, in-8°. 3755

* **La Platière** (S. de). — Vie philosophique, politique et littéraire de Rivarol. — Paris, Barba, 1802, 2 vol. in-12. 3756

Laporte (A.). — Voy. Bibliographie clérico-galante.

La Porte (J. de). — Voy. Clément, anecdotes dramatiques. — Voy. La France littéraire. — Voy. Histoire littéraire des femmes françoises.

* **Lapouyade** (J.-F.). — Essai sur la vie et les travaux de F.-R.-B.-Vatar Jouannet ... — La Réole, imp. de Pasquier, 1848, in-8°. 3757

* **Lappenberg** (J. M.). — Zur Geschichte der Buchdruckerkunst in Hamburg am 24. Juni 1840. — Hamburg, Johann August Meissner, 1840. in-4°. 3758

* **Laprade** (V. de). — Ballanche, sa vie et ses écrits. — Lyon, imp. de L. Boitel, 1848, in-8°. 3759

Notice lue à l'Académie des sciences, belles-lettres et arts de Lyon, dans sa séance publique du 25 janvier 1848. Extrait des »Mémoires de l'Académie«.

* **La Provostaye** (F. de). — Notice sur les travaux scientifiques de M. F. de La Provostaye ... — Paris, imp. de Bachelier, 1850, in-4°, 23 p. 3760

* — Paris, imp. de Mallet-Bachellier, 1859, in-4°, 48 p.

Les couvertures imprimées servent de titres.

Larcier (F.). — Voy. Picard (Edm.). Bibliographie générale . . . du droit belge.

La Reynière (Grimod de). — Voy. Grimod de la Reynière.

* **Largeteau.** — Notice sur les travaux de M. Largeteau, astronome adjoint du Bureau des longitudes. — (Paris), imp. de Bachelier (1843), in-4°, 4 p. 3761

* — Paris, imp. de Bachelier, 1847. in-4°, 4 p.

La couverture imprimée sert de titre.

* **La Rive** (A. de). — A.-P. de Candolle, sa vie et ses travaux. — Paris, J. Cherbuliez, 1851, in-12. 3762

* **La Rocca** (J. de). — Pierre-Napoléon Bonaparte. Sa vie et ses œuvres. Troisième édition revue et corrigée par l'auteur. — Paris, au bureau du journal »l'Avenir de la Corse«, 1867, gr. in-8°. 3763

* **La Roquette** (de). — Notice sur la vie et les travaux de M. Jomard. — Paris, imp. de L. Martinet, 1863, in-4°, 23 p. 3764

Le titre de départ, page 3, porte en plus: lue à l'assemblée générale de la Société de géographie le 13 décembre 1862. — Extrait du Bulletin de la Société de géographie (février 1863).

* —. — Notice sur la vie et les travaux de M. Pierre Daussy. Extrait du »Bulletin de la Société de géographie« (novembre et décembre 1861). — Paris, imp. de L. Martinet, 1861, in-8°, 27 p. 3765

* **Larrey** (H^te). — Candidature chirurgicale à l'Académie royale de médecine. Exposé des titres de M. H^te Larrey ... — Paris, imp. de Hauquelin et Bautruche (s. d.), in-8°, 7 p. 3766

* —. — Exposé des titres de M. H. Larrey. — Paris, imp. de Rignoux (s. d.), in-4°, 27 p. 3767

***Larrey.** — Rapport à la Société de chirurgie, sur les travaux de M. J.-R. Duval . . . — Paris, imp. de Plon frères (1854), in-8°, 5 p. 3768

***Larsen** (A.). — La vie et les œuvres de Peter Christen Asbjörnsen. Suivie d'un aperçu bibliographique par J. B. Halvorsen. Traduit par V. Molard. — Christiania, 1873, in-4°, 38 p. 3769

N'est pas dans le commerce. — La couverture imprimée porte: »La vie et les œuvres de P. Chr. Asbjörnsen. Esquisse bibliographique et littéraire«.

***Lartigue.** — Notice sur les travaux et les ouvrages d'hydrographie et de météorologie de M. Lartigue, capitaine de corvette (31 octobre 1842). — Paris, imp. de Vve Bouchard-Huzard (s. d.), in-4°, 7 p. 3770

***Lasaulx** (Arn. von). — Der Aetna. Nach den Manuscripten des verstorbenen Dr. Wolfgang Sartorius Freiherrn von Waltershausen herausgegeben, selbständig bearbeitet und vollendet. — Leipzig, Wilhelm Engelmann, 1880, in-4°. T. I. 3771

Renferme p. 329-346: Anhang III: Aetna-Literatur.

***La Saussaye** (L. de). — Notice sur la vie et les ouvrages de M. de Pétigny. Extrait de la Revue numismatique. Nouvelle série, T. IV, 1859. — Paris, imp. de E. Thunot, 1859, in-8°, 22 p. 3772

***La Serna** (C. de). — Mémoire sur l'origine et le premier usage des signatures et des chiffres, dans l'art typographique; communiqué à un ami. — Bruxelles, des presses d'Armand Gaborria, an IV, in-8°, 30 p. 3773

***La Serna Santander** (de). — Dictionnaire bibliographique choisi du quinzième siècle, ou description par ordre alphabétique des éditions les plus rares et les plus recherchées du quinzième siècle, précédé d'un essai historique sur l'origine de l'imprimerie, ainsi que sur l'histoire de son établissement dans les villes, bourgs, monastéres et autres endroits de l'Europe; avec la notice des imprimeurs qui y ont exercé cet art jusqu'à l'an 1500. — Bruxelles, imp. de J. Tarte, an XIII, 1805-1807, 3 vol. in-8°. 3774

Les T. II-III sont imprimés chez G. Huyghe.

***La Serna Santander** (de). — Mémoire historique sur la bibliothèque dite de Bourgogne, présentement bibliothèque publique de Bruxelles. — A Bruxelles, imp. A. J. D. de Braeckenier, 1809, in-8°. 3775

On trouve p. 109 et suivantes: »Notice des principaux poëtes belges antérieurs à l'an 1500«.

***La Sicotière** (L. de). — Notice historique et littéraire sur Dulaure. — Paris, imp. de Poupart-Davyl (18 mars 1862), in-12, 23 p. 3776

—. — Voy. Bio-bibliographie de la reine Marie Antoinette.

Lasor a Varea (Alph.). — Universus terrarum orbis scriptorum calamo delineatus, hoc est auctorum fere omnium, qui de Europæ, Asiæ, Africæ et Americæ regnis, provinciis, populis, civitatibus, oppidis . . . et de aliis tam super, quam subtus terram locis . . . de gentium quoque moribus, religione, legibus . . . Quovis tempore, et qualibet lingua scripserunt, cum anno, loco, et forma editionis eorum uberrimus elenchus . . . concinens studio et labore Lasor a Varea. — Patavii, typ. Olim Frambotti, 1713, 2 vol. in-fol. 3777

Le nom de l'auteur est Savonarola.

***Laspeyres** (Et.). — Geschichte der Volkswirthschaftlichen Anschauungen der Niederländer und ihrer Litteratur zur Zeit der Republik. Gekrönte Preisschrift. — Leipzig, Hirzel, 1863, in-4°. 3778

Nº. 9 des: »Preisschriften gekrönt und herausgegeben von der fürstlich Jablonowski'schen Gesellschaft zu Leipzig. XI«.

Lassar (L.). — Verzeichniss von sämmtlichen, während des Jahres 1852 im Buchhandel erschienenen deutschen dramatischen Schriften, nach den Titeln alphabetisch geordnet. Nebst Angabe der Verfasser, Verleger, Druckorte und Preise. Mit Hinweisung bei den Titeln der in Gesammt-Ausgaben, Almanachen und andern Sammlungen enthaltenen einzelnen Stücke, wo solche zu finden sind. — Berlin, Lassar, 1853, in-16, 32 p. 3779

* **Lasteyrie** (F. de). — Notice sur la vie et les travaux du P. Arthur Martin. Extrait du »Bulletin de la Société impériale des antiquaires de France, 1847, 1er trimestre.« — Paris, imp. de Lahure (1857), in-8°. 10 p. 3780

* **Lastri** (M.). — Biblioteca Georgica ossia catalogo ragionato degli scrittori di agricoltura, veterinaria, agrimensura, meteorologia, economia pubblica, caccia, pesca ec. spettanti all' Italia. — Firenze, nella stamperia Moücke, 1787, in-4°. 3781

* **Latassa** (F. de). — Bibliotheca antigua de los escritores aragoneses que florecieron desde la venida de Christo, hasta el año 1500. — En Saragoza, en la oficina de Medardo Heras, 1796. 2 vol. in-4°. 3782

* —. — Biblioteca nueva de los escritores aragoneses que florecieron desde el año de 1500 hasta 1599. — En Pamplona, en la oficina de Joaquin de Domingo, 1798-1802, 6 vol. in-8°. 3783

* — **y Ortin** (F. de). — Indice alfabético de autores para facilitar el uso de las bibliotecas antigua y nueva de los escritores aragoneses dadas à luz por . . . compuesto y publicado por Toribio del Campillo. — Madrid, imprenta de T. Fortanet, 1877, in-4°. 3784

* **Latour** (Am.). — Notice biographique sur M. le docteur Ségalas. Extrait de la Revue générale biographique, politique et littéraire, publiée sous la direction de M. E. Pascallet. (Livraison de septembre 1843). Deuxième édition. — Paris, imp. Lacombe, 1843, in-8°, 35 p. 3785

* — (J. B.). — Mémoires d'un bibliophile. Lettres sur la bibliographie à Mme la comtesse de Ranc. — Paris, Dentu, 1861, in-12. 3786

* **La Tour de Varan** (J. A. de). — Essai sur la formation d'une bibliothèque forézienne principalement pour établir le catalogue des ouvrages, mémoires, cartes, dessins et portraits relatifs à l'histoire ancienne du Forez comme province, et à son histoire moderne comme département de la Loire. — Saint-Etienne, Chevalier, 1864, gr. in-8°. 3787

* **Laugier.** — Notice sur les travaux de M. Laugier, candidat à la place vacante dans la section de médecine et de chirurgie à l'académie des sciences. — Paris, imp. de Martinet (1854), in-4°, 22 p. 3788

* —. — Notice sur les travaux scientifiques de M. Laugier, . . . — Paris, Mallet-Bachelier, 1855, in-4°, 42 p. 3789

Laurens (Ch.). — Voy. Girardin (J.) Dulong.

* **Laurent** (C.). — Histoire de la vie et des ouvrages de P. F. Percy, composée sur les manuscrits originaux. — Versailles, imp. de Daumont, 1827, in-8°. 3790

* **Laurop** (C. P.). — Handbuch der Forst- und Jagd-Literatur. Vom Jahre 1829 bis zum Jahre 1843 systematisch geordnet und herausgegeben. — Frank-

furt a. M., Sauerländer, 1844, in-8°. 3791

— id. Aus den Jahren 1844 und 1845 und Nachträge aus früheren Jahren enthaltend. — Frankfurt a. M., Sauerländer, 1846, in-8°.

* **Lauth** (Th.). — Nosologia chirurgica. Accedit notitia auctorum recentiorum Platnero. In usum prælectionum academicarum. — Argentorati, Kœnig, 1788, in-8°. 3792

* **Lavaud** (J.). — Notice sur Henri Grégoire,... — Paris, Corréard, 1819, in-8°. 3793

Lavauzelle (H. Ch.). — Voy. Revue mensuelle du bibliophile militaire.

Lavezzari. — Voy. Table générale analytique ... de la revue générale de l'architecture.

La Viéville (F. Le Cerf de). — Voy. Le Cerf de La Viéville.

Lavoix (H.). — Voy. Lemaire (Théophile). Le chant.

* **Lawätz** (H. W.). — Handbuch zum Gebrauche derjenigen die sich von der Gelehrsamkeit überhaupt einige Bücherkenntniss zu erwerben wünschen. — Halle, bey Johann Jacob Gebauer, 1788-1791, 4 vol. in-8°, 2 vol. de Nachtrag et 1 Dreyfaches Register. 3794

Avec cet autre titre: »Handbuch für Bücherfreunde und Bibliothekare«.

Une autre édition a le titre général suivant: »Bibliographie interessanter und gemeinnützigar Kenntnisse... Mit dem Schattenrisse des Verfassers und einer Vorrede des Herrn Doctor Krünitz in Berlin. — Halle, bey Johann Jacob Gebauer, 1793-1795, in-8°«.

* **Lebailly** (Arm.). — Hégésippe Moreau, sa vie et ses œuvres, documents inédits. Eau-forte par G. Staal. — Paris, Bachelin-Deflorenne, 1863, in-16. 3795

* — Paris, 1864, in-16.

La couverture imprimée porte en plus: »Collection du bibliophile français«.

* **Le Bas** (Ph.). — Notice biographique et littéraire sur M. J.-Fr. Boissonade. — Paris, imp. de C. Lahure, 1857, in-12. 3796

Ext. de la »Revue de l'instruction publique«.

Leben des Gelehrten Petri Lambecii, sacræ Cæsareæ Majestatis consiliarii, historiographi und Bibliothecarii. — Hamburg, Felginer, 1724, in-8°. 3797

Contient, pages 114-160: »Uebersicht der von Lambecius sowohl herausgegebenen, als auch derjenigen Schriften, welche derselbe noch herauszugeben beabsichtigt hatte«.

* **Leber** (M. C.). — De l'état réel de la presse et des pamphlets depuis François Ier jusqu'à Louis XIV; ou revue anecdotique et critique des principaux actes de nos rois et de quelques documens curieux et peu connus sur la publication et la vente des livres dans le seizième siècle. — Paris, Techener, 1834, in-8°. 3798

* **Leblanc**. — Titres de M. Leblanc, médecin vétérinaire à Paris. — Paris, imp, de Mme de Lacombe (s. d.), in-4°, 3 p. 3799

* — Paris, imp. de F. Malteste, 1850, in-4°, 38 p.

La couverture imprimée sert de titre.

* — (C.). — Exposé sommaire des titres et travaux scientifiques de M. Camille Leblanc, candidat à la place vacante dans la section de médecine vétérinaire. — Paris, imp. de F. Malteste, 1864, in-4°, 15 p. 3800

* ... — Paris, imp. de Renou et Maulde, 1872, in-4°, 16 p.

— (Ch.). — Manuel de l'amateur d'estampes, contenant: 1° un dictionnaire des graveurs de toutes les nations, dans lequel sont décrites les estampes rares, précieuses et intéressantes, avec l'indication de leurs différents états, et des prix auxquels ces estampes ont été portées dans les ventes publiques, en

France et à l'étranger depuis un siècle; 2° un répertoire des estampes dont les auteurs ne sont connus que par des marques figurées; 3° un dictionnaire des monogrammes des graveurs; 4° une table des peintres, sculpteurs, artistes et dessinateurs d'après lesquels ont été gravées les estampes mentionnées dans l'ouvrage, avec renvoi aux artistes qui ont reproduit leurs œuvres; 5° une table méthodique des estampes décrites dans le dictionnaire des graveurs et dans le Repertoire; et précédé de considérations sur l'histoire de la gravure, ses divers procédés, le choix des estampes et la manière de les conserver. Ouvrage destiné à faire suite au Manuel du libraire et de l'Amateur de livres, par J. Ch. Brunet. — Paris, Jannet, 1854-1858, 3 vol. gr. in-4°. 3801

N'a pas été terminé.

* **Leblanc** (F.). — Institut national agronomique. Concours pour la chaire de chimie appliquée à l'agriculture. Titres et travaux scientifiques de M. Félix Leblanc. — Paris, imp. de Plon frères (1850), in-4°, 39 p. 3802

*—. — Note sur les titres et travaux scientifiques de M. Félix Leblanc, ingénieur civil des mines... — Paris, imp. de Bachelier (1849), in-4°, 2 p. 3803

*— Paris, imp. de J.-B. Gros et Donnaud, 1857, in-4°, 3 p.

*— Paris, imp. de E. Donnaud, 1861, in-4°, 3 p.

* **Le Blond** (A. S.). — Notice historique sur la vie et les ouvrages de Jean-Etienne Montucla... membre... de la Société libre d'agriculture de Seine-et-Oise, présentée à la dite Société en sa séance du 25 nivôse an VIII. — Paris, an VIII, in 8°, 24 p. 3804

*—. — Notice historique sur la vie et les ouvrages de Noël-François de Wailly, membre de l'institut et de la Société libre d'institution, lue à la séance publique de cette Société, le 26 nivôse an X. — Paris, imp. de Mme Huzard (s. d.), in-8°, 16 p. 3805

* **Lebon** (L.). — Recherches bibliographiques sur les annuaires statistiques existant dans les différents pays. — Paris, imp. nationale, 1881, in-8°. 3806

Ext. du »Compte-rendu sténographique des conférences internationales de statistique tenues à Paris les 22, 23 et 24 juillet 1878.

La couverture imprimée sert de titre.

* **Lebreton** (J.). — Institut de France. Notice historique sur la vie et les ouvrages de M. Pajou, lue dans la séance publique du 6 octobre 1810. — Paris, imp. de Beaudouin (s. d.), in-4°, 8 p. 3807

*—. — Notice historique sur la vie et les ouvrages d'André-Ernest Grétry, ... lue à la séance publique de la classe des beaux-arts de l'Institut royal de France, le 1er octobre 1814. — (Paris), imp. de F. Didot (s. d.), in-4°, 34 p. 3808

*—. — Notice historique sur la vie et les ouvrages de Pierre Julien, ... lue à la séance publique de l'Institut, du 6 vendémiaire, an XIV. — Paris, imp. de Baudouin, an XIV, in-8°, 28 p. 3809

*— (Th.). — Biographie normande. Recueil de notices biographiques et bibliographiques sur les personnages célèbres nés en Normandie, et sur ceux qui se sont seulement distingués par leurs actions ou par leurs écrits. — Rouen, Le Brument, 1857-1861, 3 vol. in-8°. 3810

Tiré à 150 ex.

* **Le Brun-Dalbanne**. — Notice sur M. Corrard de Breban. — Troyes, imp. de Dufour-Bouquot, 1873, in-8°, 8 p. 3811

Ext. des »Mémoires de la Société académique de l'Aube«. T. XXXV, 1871.

* **Le Canu** (L. R.). — Notice sur les travaux de M. L.-R. Le Canu, pharmacien. . . — (Paris), imp. de Mme Huzard, 1832, in-8o, 19 p. 3812

* —. — Notice sur les travaux de M. L. R. Le Canu, à l'appui de sa candidature à la chaire de pharmacie et de chimie organique vacante à la faculté de médecine de Paris par la démission de M. Dumas. Juin 1852. — Paris, imp. Ve Dondey-Dupré, 1852, in-8o, 15 p. 3813

* **Lecarpentier** (C.). — Notice sur Jean-Georges Wille, graveur. — (Rouen), imp. de V. Guilbert (s. d.), in-8o, 4 p. 3814

* **Le Cerf de la Viéville** (F.). — Bibliotheque historique et critique des auteurs de la congrégation de St. Maur. Où l'on fait voir quel a été leur caractère particulier, ce qu'ils ont fait de plus remarquable; et où l'on done un catalogue exact de leurs ouvrages et une idée générale de ce qu'ils contiennent. — A la Haye, chez Pierre Gosse, 1726, in-12. 3815

* **Lechevalier St André** (J.). — Travaux de Jules Lechevalier St André, de 1830 à 1861. — Paris, imp. de Dubuisson (1861), in-8o, 4 p. 3816

* **Lechi** (L.). — Della tipografia Bresciana nel secolo decimoquinto. Memorie. — Brescia, tipografia Venturini, 1854, in-4o. 3817

Il a été tiré 150 ex. sur papier ordinaire; 50 ex. sur vélin; 3 sur papier anglais; 5 sur papier teinté.

Lechner (J. J.). — Voy. Bäumler (P. W.). Möglichst vollständiges Verzeichniss. — Catalogus dissertationum.

— (R.). — Voy. Oesterreichischer Catalog.

* **Leclerc** (Ch.). — Bibliotheca americana. Catalogue raisonné d'une très-précieuse collection de livres anciens et modernes sur l'Amérique et les Philippines classés par ordre alphabétique de noms d'auteurs. — Paris, Maisonneuve, 1867, in-8o. 3818

* **Leclerc.** — Bibliotheca americana. Histoire, géographie, voyages, archéologie et linguistique des deux Amériques et des iles Philippines. — Paris, Maisonneuve, 1878, in-8o. 3819

— (J. V.). — Voy. Montaigne (M. de). Essais.

Le Clerc de Montlinot (Chr. Ant. J.). Voy. Etrennes aux bibliographes.

* **Lecocq** (Ad.). — Notice sur Laurent Bouchet et ses poésies (1618-1695). — Chartres, imp. de Garnier (1875), in-8o. 3820

Tiré à 25 ex.

* **Lecointre** (E.). — Essai sur la vie et les ouvrages de Jehan et Pierre Robert, successivement lieutenants généraux au siège royal de la Basse-Marche. — Poitiers, imp. de Dupré, 1846, in-8o, 29 p. 3821

Ext. des »Mémoires de la Société des antiquaires de l'ouest«.

* **Lecoq** (F.). — Exposé des titres et travaux scientifiques de M. F. Lecoq, candidat à la place vacante à l'Académie impériale de médecine, section de médecine vétérinaire. — Paris, imp. de Vve Bouchard-Huzard, 1864, in-4o, 16 p. 3822

* —. — Notice sur les titres et les travaux scientifiques de Henri Lecoq, professeur d'histoire naturelle à la Faculté des sciences de Clermont-Ferrand. — Clermont, imp. de F. Thibaud (1857), in-4o, 12 p. 3823

Lecouvet (F. F. J). — Tournay littéraire, ou recherches sur la vie et les travaux d'écrivains appartenant par leur naissance ou leur séjour à l'ancienne province de Tournay-Tournésie. — Gand, imp. Hebbelynck, 1861, in-8o. T. I. 3824

Tiré à 100 ex.

* **L'Écuy**. — Essai sur la vie de Jean Gerson, ... sur sa doctrine, ses écrits et sur les événements de son temps auxquels il a pris part; précédé d'une introduction où sont exposées les causes qui ont préparé et produit le grand schisme d'Occident. — Paris, Chaudé, 1832, 2 vol. in-8°. 3825

* **Ledeboer** (A. M.). — Het Geslacht van Waesberghe. Eene Bijdrage tot de Geschiedenis der Boekdrukkunst en van den Boekhandel in Nederland. — 'sGravenhage, Nijhoff, 1859, in-8°. 3826

* —. — Notices bibliographiques des livres imprimés avant 1525 conservés dans la bibliothèque publique de Deventer. — Deventer, chez J. de Lange, 1867, in-8°. 3827

* **Ledebur** (C. von). — Tonkünstler-Lexicon Berlin's von den ältesten Zeiten bis auf die Gegenwart. — Berlin, L. Rauh, 1861, in-8°. 3828

— (L. von). — Repertorium der historischen Literatur für Deutschland, seit dem Jahre 1840. — Berlin, Lüderitz, 1843, in-8°. T. I. 3829

* **Ledru** (A.-P.). — Notices historiques sur la vie et les ouvrages de quelques hommes célèbres de la province du Maine: Mildebert, Fillastre, Foulon, Grandier, Gerberon, Garnier. — Le Mans, imp. de Monnoyer, 1817, in-8°. 3830

— ... Suite. — Le Mans, imp. de Monnoyer 1821, in-8°.

* **Le Duc** (Ph.). — Thomas Riboud et la Société littéraire de Lyon de 1778. — Lyon, imp. de L. Boitel, 1852, in-8°, 12 p. 3831

La couverture imprimée sert de titre.

* —. — Vie et poésies du président Riboud, avec le catalogue de ses ouvrages et une généalogie. — Bourg, imp. de Milliet-Bottier, 1862, in-16. 3832

Lefébvre de S. Il (de Saint-Ildephont). — Le médecin de soi-même, ou méthode simple pour guérir les maladies vénériennes avec la recette d'un chocolat aussi utile qu'agréable. Nouvelle édition augmentée des analyses raisonnées et instructives de tous les ouvrages qui ont paru sur le mal vénérien depuis 1740 jusqu'à présent, pour servir de suite à la bibliographie de M. Astruc, avec la traduction française de la dissertation de M. Boehm. — Paris, Lambert, 1775, in-8°, 2 vol. 3833

* **Lefèvre** (A.). — Société d'agriculture de Rochefort. Notice sur la vie et sur les travaux de M. Jean-Jacques-Auguste-Armand Souty, lue à la séance du 29 octobre 1851. — Rochefort, imp. de H. Loustau, 1851, in-8°, 22 p. 3834

Le Fèvre de Saint Marc. — Voy. La vie de M. Hecquet.

* **Lefort** (F.). — Notice sur la vie et les travaux de J. B. Biot. Extrait du »Correspondant«. — Paris, Douniol, 1867, in-8°, 46 p. 3835

* **Lefort** (J.). — Exposé des travaux scientifiques de M. Jules Lefort, ... à l'appui de sa candidature à la place vacante à l'Académie impériale de médecine, dans la section de pharmacie. — Paris, imp. de Pillet fils aîné, 1861, in-4°, 30 p. 3836

* —. — Résumé des travaux scientifiques de M. J. Lefort, pharmacien... — Paris, imp. de Pillet fils aîné, 18 août 1856, in-4°, 8 p. 3837

* **Legeay** (F.). — Nécrologie et bibliographie contemporaines de la Sarthe 1844-1880. — Le Mans, Leguicheux-Gallienne, 1881, in-8°. 3838

* **Légende de saint Hubert**, précédée d'une préface bibliographique et d'une introduction historique par Edouard

Fétis. — Bruxelles, A. Jamar, 1846, in-8°. 3839

* **Le Gentil** (C.). — Notice sur Dutilleux. — Arras, imp. de Courtin, 1866, in-8°. 3840

* **Leger** (L.). — Esquisse sommaire de la mythologie slave. (Extrait de la Revue de l'histoire des religions.) — Paris, E. Leroux, 1882, in-8°, 24 p. 3841

Se termine, pages 22-24 par une bibliographie.

* **Le Glay** (A.). — Fidèle Delcroix, sa vie et ses ouvrages. — Cambrai, imp. de P. Levêque, février 1844, in-18. 3842

* **Legouest** (V. A. L.). — Notice sur les titres, les services et les travaux scientifiques du docteur V.-A.-L. Legouest. (Avril 1863). — Paris, imp. de L. Martinet (s. d.), in-4°, 16 p. 3843

La couverture imprimée sert de titre.

* **Legrand** (A.). — Notice biographique de la vie et des travaux de M. César Moreau. — (Paris), imp. de Lange-Lévy (1843), in-8°, 8 p. 3844

* — (M.). — Rude, sa vie, ses œuvres, son enseignement. Considérations sur la sculpture. — Paris, Dentu, 1856, in-18. 3845

* **Le Héricher** (Ed.). — Etude scientifique sur M. Mangon-Delalande lue à la Société d'archéologie d'Avranches, dans la séance de décembre 1847. — Avranches, Tostain, 1848, in-8°, 15 p. 3846

La couverture imprimée sert de titre.

* **Lehmann** (J. G. C.) und C. **Petersen.** — Ansichten und Baurisse der neuen Gebäude für Hamburgs öffentliche Bildungsanstalten, kurz beschrieben und in Verbindung mit dem Plan für die künftige Aufstellung der Stadtbibliothek. Zur Feier der Einweihung am 5. Mai 1840. — Hamburg, gedruckt bei Johann August Meissner, 1840, in-4°. 3847

* **Leichius** (Jo. H.). — De origine et incrementis typographiæ Lipsiensis liber singularius ubi varia de litterariis urbis studiis et viris doctis, qui in ea claruerunt, inseruntur. Accedit librorum sec. XV excusorum ad Maittairii Annales supplementum. — Lipsiæ, in ædibus Bern. Christoph. Breitkopfii, anno typographiæ seculari III, in-4°. 3848

Leidy (J.). — Fresh-water rhizopods of North America. — Voy. Hayden (F. V.). Department of the interior. Report of the U. S. geological survey of the territories.

* **Leipziger Katalog** der im deutschen Buchhandel im letzten und theilweise in frühern Jahren im Preise herabgesetzten Bücher, zugleich ein Repertorium des Börsenblattes für den deutschen Buchhandel. — Leipzig, Verlag von Leopold Voss, 1852-1862, 5 vol. in-8°. 3849

Les T. I - II sont publiés par Herm. Hässel; les T. III-IV par E. A. Zuchold; le T. V par Gustav Herre.

* **Leipziger Repertorium** der deutschen und ausländischen Literatur. Unter Mitwirkung der Universität Leipzig herausgegeben von E. G. Gersdorf. — Leipzig, F. A. Brockhaus, 1843-1860, 18 années in-8°. 3850

* **Leipziger Zeitungs-Katalog** für 1841. Wissenschaftlich geordnetes Verzeichniss der in Deutschland erscheinenden periodischen Schriften mit Einschluss der politischen und Localblätter. Nebst Angabe der Verleger, der Preise, der Art und Weise des Erscheinens, der Auflage, der Insertions- und Beilagegebühren. Zum Gebrauche für Buchhändler, Bibliothekare, Lesezirkel, Museen und Zeitungs-Expeditionen. — Leipzig, Verlag von J. J. Weber, 1841, in-4°. 3851

Leirado (C. Alb. de La Barrera y). — Voy. La Barrera y Leirado.

* **Leitzmann** (J.). — Bibliotheca numaria. Verzeichniss sämmtlicher in dem Zeitraum 1800 bis 1866 erschienenen Schriften über Münzkunde. Zweite, stark vermehrte Auflage der Ausgabe von 1841. Nebst vollständigem Sachregister. — Weissensee, Verlag der G. F. Grossmann'schen Buchhandlung, 1867, in-8°. 3852

* — (J. J.). — Verzeichniss sämmtlicher seit 1800 bis jetzo erschienenen numismatischen Werke, als Fortsetzung der Bibliotheca numaria von J. G. Lipsius. — Weissensee, Druck und Verlag von G. F. Grossmann, 1841, in-8°. 3853

* **Le Jemble** (A.). — Epidémiologie de la fièvre jaune au Sénégal pendant l'année 1878. — Paris, Alphonse Derenne, 1882, in-8°. 3854

Contient, p. 115: »Index bibliographique«.

* **Le Joyand.** — Notices sur la vie, les travaux, les découvertes, la maladie et la mort de Michel Adanson, . . . — Paris, A. Bertrand, 1806, in-8°, 39 p. 3855

* **Lelandus** (J.). — Commentarii de scriptoribus Britannicis. Ex autographo Lelandino nunc primus edidit Antonius Hall. — Oxonii, e theatro Sheldoniano, 1709, 2 vol. in-8°. 3856

Lelewel (J.). — Bibljograficznych ksiag Dwoje, w Których rozebrane i pomnozone zostaly dwa dziela Jerzego Samuela Bandtke historja drukarń Krakowskich — tudziez historja bibljoteki uniw. Jagiell. w Krakowie a przydany Katalog inkunabulow Polskich. — Wilno, nakl. i druk. Zawadzkiego, 1823-1826, 2 vol. in-8°. 3857

* **Le Long** (Is.). — Boek-zaal der nederduytsche Bybels, geopent, in een historische Verhandelinge van de Oversettinge der Heyligen Schriftuure in de Nederduytsche Taal, sedert deselve eerst wierdt ondernomen; beneffens de Veranderingen, welke daar omtrent door de Gereformeerde, Luthersche, Mennoniten en Roomschgesinde, van tydt tot tydt tot nu toe gemaakt zyn. Met een omstandig Bericht, van meer dan Hondert oude Handtschriften, van Bybels en Bybelsche Boeken des Ouden en Nieuwen Testaments, tot op de Vindinge van de Druk-Konst; als meede van meer dan Duysendt diergelyke Exemplaaren, van verschillende Drukken, sedert de Vindinge der Druk-Konst, tot nu toe; alle in de Nederduytsche Taale. Doormengt met historische, taalkundige, geestelyke en Wereldtlyke Aanmerkingen, en met een meenigte van heerlyke en egte Bewys-Stukken gestaaft, daar van veele nooyt het licht gesien hebben. Met veel naauwkeurigheit, moeyte en Kosten, sedert veele Jaaren verzamelt, en beschreven. — t'Amsterdam, by Hendrik Vieroot, 1732, in-4°. 3858

* **Le Long** (J.). — Bibliotheca sacra in binos syllabos distincta, quorum prior qui jam tertio auctior prodit, omnes sive textus sacri sive versionum ejusdem quâvis linguâ expressarum editiones; nec non præstantiores mss. codices, cum notis historicis et criticis exhibet. Posterior vero continet omnia eorum opera quovis idiomate conscripta, qui huc usque in sacram scripturam quidpiam ediderunt, simul collecta tum ordine auctorum alphabetico disposita; tum serie sacrorum librorum. Huic coronidis loco subjiciuntur grammaticæ et lexica linguarum, præsertim orientalium, quæ ad illustrandas sacras paginas aliquid adjumenti conferre possunt. Labore et industria Jacobi Le Long. — Parisiis, Montalant, 1723, in-fol. 3859

Publié par N. Desmolets.

* —. — Bibliotheca sacra seu syllabus omnium fermè sacræ scripturæ editionum ac versionum secundùm se-

riem linguarum quibus vulgatæ sunt, notis historicis et criticis illustratus. Adjunctis præstantissimis Codd. msc.... — Parisiis, apud Andræam Pralard, 1709, 2 vol. in-8°. 3860

* — ... Totum opus cum additamentis, suo loco in nova hac editione collocatis, recensuit et castigavit, novis præterea editionibus, versionibus, codd. mss. notisque auxit Christianus Fridericus Bœrnerus,... — Antverpiæ, sumptibus Joh. Ludov. Gleditschii, 1709, in-8°.

* **Le Long.** — Bibliothecæ sacræ pars altera biblia linguis vulgaribus expressa concordias evangelicas concordantias bibliorum variantium lectionum collectiones elenchum chronologicum bibliorum excusorum eorundem delectum, indicem denique alphabeticum translatorum etc. complectens ex nova recensione C. F. B. — Lipsiæ, sumptibus Gleditschii et Weidmanni, 1709, in-8°. 3861

* —. — Bibliothèque historique de la France, contenant le catalogue de tous les ouvrages tant imprimez que manuscrits qui traitent de l'histoire de ce roïaume ou qui y ont rapport, avec des notes critiques et historiques. — Paris, Martin, 1719, in-fol. 3862

* — Paris, Osmont, 1719, in-fol.

* — Nouvelle édition revue, corrigée et considérablement augmentée par Fevret de Fontette. — Paris, Herissant, 1768-1778, 5 vol. in-fol.

Lelong (J.). — Voy. Scheuchzer (J. J.). Bibliotheca scriptorum historiæ naturalis.

* **Lemaire** (Th.) et H. **Lavoix.** — Le chant, ses principes et son histoire. — Paris, Heugel, 1881, in-4°. 3863

Contient, p. 443 454 : »Bibliographie du chant«.

Lemarié (E.). — Voy. Bibliophile de l'ouest de la France.

Lemcke (L.). — Handbuch der Spanischen Litteratur. Auswahl von Musterstücken aus den Werken der Klassischen spanischen Prosaisten und Dichter von den ältesten Zeiten bis auf die Gegenwart, mit biographisch-litterarischen Einleitungen. — Leipzig, Fleischer, 1855-1856, 3 vol. in-8°. 3864

* **Lemerre** (A.). — Le Livre du bibliophile. — Paris, Lemerre, 1874, in-12. 3865

Il a été tiré: 100 ex. sur papier Whatman; 25 sur papier de Chine ; 3 sur parchemin ; 3 sur vélin. Tous ces ex. sont numérotés et paraphés par l'éditeur.

* **Lemon** (R.). — Catalogue of a collection of printed broadsides in the possession of the Society of antiquaries of London. — London, published by the Society of antiquaries of London, 1866, gr. in-8°. 3866

Le Monnier (F.). — Voy. Raineri Biscia opere.

* **Lemonnyer** (J.). — Les journaux de Paris pendant la Commune, revue bibliographique et complète de la presse parisienne du 19 mars au 27 mai avec l'indication détaillée des titres, sous-titres, devises, formats, prix et transformations de chaque journal, le nom de ses rédacteurs, gérants et imprimeurs; le nombre de numéros parus; les éditions doubles, les numéros rares, les réimpressions et le moyen de les reconnaître, etc. etc. et une table alphabétique donnant le prix-courant de chaque collection. — Paris, J. Lemonnyer (1871), in-8°. 3867

Tiré à 25 ex. numérotés sur papier fin de Hollande; à 5 sur papier de Chine ; et à 5 sur papier de couleur.

Le Moyne de la Borderie (A.). — Voy. L'Imprimerie en Bretagne au XVe siècle.

* **Lempertz** (H.). — Bilder-Hefte zur Geschichte des Bücherhandels und der mit demselben verwandten Künste und Gewerbe. 65 Tafeln mit 280 bildlichen Darstellungen in Kupferstich, Lithographie, Farbdruck und Holzschnitt, mit Text. — Cöln, Verlag von J. M. Heberle (H. Lempertz), 1853-1865, in-fol. 3868

Lenglet du Fresnoy. — Histoire de la philosophie hermetique. Accompagnée d'un catalogue raisonné des écrivains de cette science. Avec le véritable philalethe, revû sur les originaux. — Paris, Coustelier, 1742, 2 vol. in-8°. 3869

Un T. III a paru à La Haye, chez Gosse.

*—. — Méthode pour étudier la géographie. Où l'on donne une description exacte de l'univers, formée sur les observations de l'académie royale des sciences. Avec un discours préliminaire sur l'étude de cette science, et un catalogue des cartes géographiques, des relations, voyages, et descriptions les plus nécessaires pour la géographie. — Paris, Rollin fils et de Bure l'aîné, 1736, 5 vol. in-8. 3870

* — 4e édition revue, corrigée et augmentée. — Paris, Tilliard, 1768, 10 vol. in-8°.

—. — Voy. Gordon de Percel.

*—. — Méthode pour étudier l'histoire, avec un catalogue des principaux historiens, et des remarques sur la bonté de leurs ouvrages et sur le choix des meilleures editions. Nouvelle edition, augmentée et ornée de cartes géographiques. — Paris, Gandouin, 1729, 4 vol. in-4°. 3871

Supplément de la méthode pour étudier l'histoire. Avec un supplément au catalogue des historiens, et des remarques sur la bonté, et le choix de leurs éditions. — Paris, Rollin fils et De Bure l'aîné, 1741, in-4°.

Lengnich (K. Benj.). — Beyträge zur Kenntniss merkwürdiger Bücher mit besonderer Rücksicht auf die Numismatik. — Danzig und Leipzig, Wedel, 1776, 2 vol. in-8°. 3872

—. — Nachrichten zur Bücher und Münzkunde. — Danzig, Wedel, 1780-1782, 2 vol. in-8°. 3873

*—. — Neue Nachrichten zur Bücher- und Münzkunde. — Danzig und Dessau, in der Buchhandlung der Gelehrten und bey dem Verfasser, 1782, 2 vol. in-8°, en 4 parties. 3874

***Lenning** (C.). — Encyclopädie der Freimaurerei, nebst Nachrichten über die damit in wirklicher oder vergeblicher Beziehung stehenden geheimen Verbindungen, in alphabetischer Ordnung, durchgesehen und, mit Zusätzen vermehrt, herausgegeben von einem Sachkundigen. — Leipzig, F. A. Brockhaus, 1822-1828, 3 vol. in-8°. 3875

Par F. Mosdorf.

***Lenoir** (A.). — Exposé des titres scientifiques du docteur A. Lenoir, chirurgien . . . etc., pour une place vacante à l'Académie nationale de médecine dans la section d'accouchements. — Paris, imp. de L. Martinet (1851), in-4°, 8 p. 3876

***Lenormant** (Ch.). — Eugène Burnouf. — Paris, C. Douniol, 10 juin 1852, in-8°, 15 p. 3877

*—. — Résumé des publications archéologiques de M. Ch. Lenormant (Janvier 1849). — Paris, imp. de A. René, in-4°, 8 p. 3878

***Lénström** (C. J.). — Sveriges Literatur-och Konst-historia. — Upsala, hos Bokhandlaren N. W. Lundequist, 1841, in-8°. 3879

Lenz (W. v.). — Beethoven. Eine Kunstindustrie. — Hamburg, Hoffmann, 1860, 5 vol. in-8°. 3880

Les T. III-V contiennent un catalogue critique de toutes les œuvres de Beethoven et leur analyse.

Leo (F. A.). — Voy. Jahrbuch der deutschen Shakespeare-Gesellschaft.

***Leon** (Ant. de). — Epitome de la biblioteca oriental i occidental, nautica i geografica. — Madrid, Juan Gonzalez, 1629, in-4°. 3881

C'est la première Bibliographie américaine qui ait été imprimée. Elle est connue aussi sous le nom de Pinelo, surnom adopté par l'auteur.

***Leon Pinelo** (A. de). — Epitome de la bibliotheca oriental, y occidental, nautica, y geografica . . . añadido, y enmendado nuevamente en que se contienen los escritores de las Indias orientales, y occidentales, y reinos convecinos, China, Tartaria, Japon, Persia, Armenia, Etiopia, y otras partes. Al rey nuestro señor. Por Mano del Marques de Torre-Nueva. —. En Madrid, en la oficina de Franscisco Martinez Abad, 1737-1738, 3 vol. in-fol. 3882

Leonhard, J. H. **Kopp** und K. L. **Gärtner**. — Propädeutik der Mineralogie. Mit 10 ill. u. schwarzen Kpf. — Frankfurt a. M., 1827, in-fol. 3883

Contient, p. 230-309: »Literatur der Mineralogie«.

***Leopardi** (D.). — Poesie scelte e commentate, precedute da un discorso sullo scetticismo dell' autore, e seguite da un saggio di bibliografia Leopardiana a cura di Licurgo Cappelletti; col ritratto del Leopardi riprodotto dall' unico disegno che si trova presso la famiglia in Recanati. — Parma, Ferrari e Pellegrini, 1881, in-8°. 3884

***Le Paige**. — Dictionnaire topographique, historique, généalogique et bibliographique de la province et du diocèse du Maine. — Le Mans, Toutain, 1777, 2 vol. in-8°. 3885

***Lépinois** (E. de). — Notice sur Claude Rabet, poëte chartrain du XVIe siècle. — Chartres, Petrot-Garnier, 1861, in-8°. 3886

Tiré à 80 ex.

*—. —. Notice sur Laurent Desmoulins, poëte chartrain. — Chartres, imp. de Garnier 1858, in-8°, 15 p. 3887

Tiré à 60 ex.

Leporin (Chr. P.). — Ausführlicher Bericht vom Leben und Schriften des durch gantz Europam berühmten Herrn D. Laurentii Heisteri, Allen, die von wahrer Gelehrsamkeit Profession machen, sonderlich denen Herren Medicis zum Dienst publiciret von Christian Polycarpo Leporin. — Quedlinburg, druckts Siewert, 1725, in-4°. 3888

* **Le Prévost** (H.). — Légende de saint Hubert (. . . .); précédée d'une préface bibliographique et d'une introduction historique, par Edouard Fétis. — Bruxelles, A. Jamar, 1846, in-18. 3889

* **Leprince D'Ardenay**. — Eloge historique de François Véron de Forbonnois, . . . lu à la Société libre des arts du Mans, dans sa séance du 29 brumaire an IX . . . — Le Mans, imp. de Pivron, an IX, in-8°, 16 p. 3890

Lepsius (C. R.). — Voy. Zeitschrift für ägyptische Sprache und Alterthumskunde.

Lequeux. — Voy. Mémoire sur la vie et les ouvrages de M. l'abbé Fr. Ph. Mesenguy.

* **Lereboullet**. — Notice nécrologique sur M. Nicolas Saucerotte, lue à la Société des sciences naturelles de Strasbourg, dans la séance du 2 juillet 1861. — Strasbourg, imp. de Vve Berger-Levrault (s. d.), in-4°, 11 p. 3891

* **Léris** (de). — Dictionnaire portatif historique et littéraire des théâtres, contenant l'origine des différens théâtres de Paris; le nom de toutes les pièces qui y ont été représentées depuis leur établissement, et celui des pièces jouées en province, ou qui ont simplement paru par la voie de l'impression depuis plus de trois siècles; avec des anecdotes et des remarques sur la plûpart; le nom, et les particularités intéressantes de la vie des auteurs, musiciens et acteurs; avec le catalogue de leurs ouvrages et l'exposé de leurs talens; une chronologie des auteurs, et des musiciens; avec une chronologie de tous les opéra, et

des pièces qui ont paru depuis trente trois ans. Seconde édition, revue, corrigée et considérablement augmentée. — Paris, Jombert, 1763, in-8°. 3892

* **Le Roux de Lincy**. — Recherches sur Jean Grolier, sur sa vie et sa bibliothèque, suivies d'un catalogue des livres qui lui ont appartenu. — Paris, L. Potier, 1866, in 8°. 3893

—. — Voy. Cazenove (R. de), Notes sur deux bibliophiles lyonnais.

* **Le Roy** (A.). — J. M. Quérard. — Liège, imp. de De Thier et Lovinfosse, 1863, in-16, 8 p. 3894

Extrait de la »Meuse« du 3 août 1863.

* — (On.). — Etudes morales et littéraires sur la personne et les écrits de J.-F. Ducis. — Paris, Dufey et Vézard, 1832, in-8°. 3895

* Seconde édition revue, corrigée et augmentée. — Paris, L. Colas, 1835, in-8°.

* **Le Roy de Bonneville** (C. M.). — Etude biographique et littéraire sur Cousin de Grainville. Mémoire couronné par la Société Havraise d'Etudes diverses, au concours de 1862. — Le Havre, imp. de Lepelletier, 1863, in-8°, 34 p. 3896

* **Leroy-d'Etiolles**. — Enumération, dans l'ordre de leur importance, des inventions, travaux scientifiques, ouvrages et mémoires du Dr. Leroy-D'Etiolles. — Paris, imp. de Lacrampe (1843), in-4°, 8 p. 3897

* —. — Exposé des titres scientifiques du Dr. Leroy-D'Etiolles, à l'appui de sa candidature à la place vacante dans la section de médecine et de chirurgie de l'Académie des sciences. — Paris, J.-B. Baillière, 1854, in-4°. 3898

* —. — Exposé sommaire des ouvrages, mémoires, travaux scientifiques et inventions du Dr. Leroy-D'Etiolles, à l'appui de sa candidature à l'Académie de médecine. — Paris, imp. de Lacrampe (s. d.), in-4°, 40 p. 3899

* **Lesage de Samine**. — Eloge de Charles Dufresne, seigneur Du Cange, avec une notice de ses ouvrages. Discours qui a remporté le prix de l'Académie d'Amiens en 1764. — Amiens, imp. de Vve Godart, 1764, in-12. 3900

Lesage de Samine est le pseudonyme de l'avocat J. L. Baron.

* **Lescure** (de). — Les autographes et le goût des autographes en France et à l'étranger; portraits, caractères, anecdotes, curiosités, ouvrage contenant la bibliographie analytique et critique des traités sur les autographes, des catalogues de vente et des recueils de fac-simile français et étrangers, et suivi d'un choix de lettres inédites de la Calprenède, Chamillart . . . — Paris, J. Gay, 1865, in-8°. 3901

* — (M. F. A. de). — La vraie Marie-Antoinette. Etude historique, politique et morale suivie du recueil réuni pour la première fois de toutes les lettres de la Reine connues jusqu'à ce jour dont plusieurs inédites, et de divers documents. — Paris, Dupray de la Mahérie, 1863, in-8°. 3902

Contient, pages 179-240: »Bio-bibliographie de Marie Antoinette«.

—. — Voy. bio-bibliographie de la reine Marie-Antoinette.

* **Lesèble** (O.). — Notice sur M. Jules Haime. Lu à la Société d'agriculture, sciences, arts et belles-lettres, dans la séance du 14 mars 1857. — Tours, imp. de Ladevèze, 1857, in-8°, 13 p. 3903

* **Le Soudier** (H.). — Catalogue-tarif à prix forts et nets des journaux, revues et publications périodiques parus à Paris jusqu'en décembre 1880, contenant les titres complets par ordre alphabétique, le nom des rédacteurs, le format, la tomaison, la date d'ori-

gine, le mode de publication, le nombre de pages, planches ou feuilles de chaque numéro, son poids, le prix des numéros vendus séparément, la durée des abonnements, leurs échéances, leurs prix forts et nets pour Paris, les départements, l'union postale 1re et 2e zone, et les autres pays, l'adresse des bureaux d'abonnement, ainsi que d'autres renseignements pratiques, suivi d'une table systématique et du tarif postal pour la France et l'étranger. — Paris, H. Le Soudier, 1881, in-8°. 3904

Catalogue tarif . . . jusqu'en décembre 1881 . . . — Paris, H. Le Soudier, 1882, in-8°.

* **Lesser** (Fr. Chr.). — Typographia iubilans, das ist kurtzgefasste Historie der Buchdruckerey, worinnen von dieser edlen Kunst Ursprunge und Anfange, Ausbreitung, Verbesserung, Zierrathen, Nutzen, wie nicht weniger von der Buchdrucker Eigenschaften und Pflichten, und dann von anderer Verhalten gegen dieselbe und deren Kunst-Verwandten kürtzlich gehandelt, und iedermann zum hertzlichen Lobe Gottes, der diese Kunst 300 Jahr erhalten, aufgemuntert wird; bey dem dritten Jubel-Fest derselben, welches dieses Jahr auf Johannis-Tag gefeyert wird, entworfen. — Leipzig, Verlegts Michael Blochberger, 1740, in-12. 3905

Lessing (G. Eph.). — Theologischer Nachlass. — Berlin, Voss und Sohn, 1784, in-8°.

Contient, pages 9-23: »Uebersicht der durch die Wolffenbüttler Fragmente veranlassten Streitschriften gegen und von Lessing«.

Lessing-Literatur (Die) **in Deutschland.** Vollständiger Catalog sämmtlicher in Deutschland erschienenen Werke Lessing's sowohl in Gesammt- als Einzel-Ausgaben, aller bezüglichen Erläuterungs- und Ergänzungsschriften, wie endlich aller mit ihm in irgend einer Beziehung stehenden sonstigen literarischen Erscheinungen. Von 1750 bis Ende 1851. Supplement zu allen Werken Lessing's. — Cassel, Balde, 1852, in-8°, 34 p. 3906

Lessona (M.). — Voy. Biblioteca della Zoologia . . . in Italia.

* **Lestiboudois** (Th.). — Notice sur les travaux scientifiques de M. Thém. Lestiboudois . . . — Paris, imp. de L. Martinet, 1856, in-4°, 36 p. 3907

* —. — Ouvrages publiés par M. Thém. Lestiboudois. — Paris, imp. de E. Duverger (1853), in-8°, 15 p. 3908

* **Létiévant.** — Exposé des titres et travaux du Dr. Létiévant. — Lyon, association typographique, 1881, in-4°, 23 p. 3909

* **Letillois.** — Biographie générale des Champenois célèbres morts et vivants, précédée des Illustres Champenois, poëme lyrique, et enrichie de plusieurs tables chronologiques très-précieuses pour l'intelligence de l'histoire artistique, littéraire et contemporaine de la Champagne. — Paris, au bureau du Journal des peintres, 1836, in-8°. 3910

* **Lettere sui primi libri a stampa** di alcune città e terre dell' Italia superiore parte sinora sconosciuti parte nuovamente illustrati. — In Venezia, nella stamperia di Carlo Palese, 1794, gr. in-4°. 3911

Chaque lettre a son titre particulier: »Lettera prima. Monumenti della tipografia Genovese nel secolo XV. — In Venezia, nella stamperia di Carlo Palese, 1794.

Lettera seconda. Primi monumenti della Pavese e Bresciana tipografia nuovamente scoperti. — Venezia, nella stamperia di Carlo Palese, 1794.

* **Lettre d'un gentilhomme suédois,** envoyée à un seigneur polonais, touchant l'état présent des affaires de France; avec le catalogue de tous les écrits qui ont été imprimés et publiés depuis le 6 janvier 1649 (jour de l'en-

lèvement du roi hors de la ville de Paris), jusqu'à ce jourd'hui, premier jour de mars. Paris, P. Du Pont 1649. — Seconde lettre . . . sur le sujet des affaires de France; avec la suite du catalogue . . . depuis le premier mars jusqu'à ce jourd'hui, 20e jour du présent mois (mars). — Paris, P. Du Pont, 1649, le tout in-4° pièce. 3912

Signé: P. D. L.

* **Lettres de l'abbé de St. L.*** de Soissons, à M. le baron de H*** sur différentes éditions rares du XVe siècle. — A Paris, chez Hardouin, 1783, in-8°. 3913

Leuckart (Fr. S.). — Einleitung in der Organiatrik und insbesondere die Zoïatrik oder Thierarzneikunde; für Vorlesungen über Thierarzneikunde und als Vorbereitung zum Studium derselben. Nebst Angabe der wichtigeren allgemeinen, teutschen und ausländischen, thierarzneilichen Schriften. — Heidelberg, Winter, 1832, in-8°. 3914

Leuliette (J. J.). — Voy. Barbaut, Vie de Samuel Richardson.

Leunis (J.). — Synopsis des Thierreichs. Ein Handbuch für höhere Lehranstalten und für Alle, welche sich wissenschaftlich mit Naturgeschichte beschäftigen und sich zugleich auf die zweckmässigste Weise, das Selbstbestimmen der Naturkörper erleichtern wollen. Mit vorzüglicher Berücksichtigung der nützlichen und schädlichen Naturkörper Deutschlands, so wie der wichtigsten vorweltlichen Thiere und Pflanzen bearbeitet. Zweite gänzlich umgearbeitete und vermehrte Auflage. — Hannover, Hahn, 1860, in-8°. 3915

Contient, p. XV-LXVI: »Literarischer Handweiser oder alphabetisches Verzeichniss der als Auctorität erwähnten Naturforscher und naturhistorischen Schriftsteller«.

Leupold (J.). — Prodromus bibliothecæ metallicæ, oder Verzeichniss der meisten Schriften, so von Dingen, die ad regnum minerale gezehlet werden, handeln; als da sind: die Metalle, Mineralien, Salien, Steine, Petrefacta, mancherley Erden, und in Summa aller Fossilien; was hiervon, sowohl Historici, Physici, Chymici, Medici, Mechanici, Juristen, als auch Theologi geschrieben, und was dergleichen Personen hiervon zu wissen nützlich ist, so corrigirt, ferner fortgesetzt und vermehrt worden von Franc. Ernest Bruckmann. — Wolffenbüttel, 1732, in-8°. 3916

* **Leuret**. — M. Leuret, . . . se présente comme candidat à la place vacante dans la section d'anatomie et de physiologie de l'Académie royale de médecine. — Paris, imp. de P. Renouard (s. d.), in-4°, 3 p. 3917

* **Levée** (J.-B.). — Biographie ou Galerie historique des hommes célèbres du Hâvre qui se sont fait un nom par leurs écrits, leurs actions . . . depuis la fondation de cette ville par François Ier, en 1516, jusqu'aux premières années du XIXe siècle. — Paris, A. Chasseriau, 1823, in-8°. 3918

Suivie d'un supplément et de la Biographie des contemporains. etc. — Paris, C.-J. Trouvé, 1828, in-8°.

* **Léveillé** (J. B.). — Résumé des travaux d'anatomie exécutés par J.-B. Léveillé, dessinateur d'anatomie . . . présenté à MM. les professeurs de l'école impériale des beaux-arts, à l'appui de sa candidature. — Paris, imp. de L. Martinet (1863), in-8°, 3 p. 3919

* **Lévêque** (Ch.). — Notice sur la vie et les œuvres de Charles Simart. — Paris, A. Durand, 1857, in-8°, 19 p. 3920

* **Le Verrier** (V. J.). — Exposé sommaire des recherches astronomiques de M. V.-J. Le Verrier. — (Paris), imp. de Bachelier (1845), in-4°, 22 p. 3921

La couverture imprimée sert de titre.

Le Verrier de La Conterie. — L'école de la chasse aux chiens courants; précédée d'une bibliothèque historique et critique des Thereuticographes. — Rouen, 1763, in-8°. 3922

La Bibliothèque est de Nicolas et Richard Lallemant.

* **Levot** (P. J.). — Catalogue général des livres composant les bibliothèques du département de la marine et des colonies. — Paris, imp. royale, 1838-1843, 5 vol. in-8°. 3923

* **Lévy** (M.). — Candidature à l'Académie nationale de médecine. Titres de M. Michel Lévy. — Paris, imp. de L. Martinet (1849), in-4°, 3 p. 3924

* —. — Titres et travaux scientifiques de M. Michel Lévy... — Paris, imp. de S. Raçon, 1864, in-4°, 16 p. 3925

* **Lewis** (J.). — The life of mayster Wyllyam Caxton, of the Weald of Kent, the first printer in England, in which is given an account of the rise and progress of the eart of pryntyng in England, during his time, till 1493. — London, 1737, in-8°. 3926

* —. — The New Testament of our lord and saviour Jesus Christ translated out of the latin vulgat by John Wiclif... To which is præfixt a history of the several translations of the H. Bible and N. Testament, &c. into English, both in Ms and print, and of the most remarkable editions of them since the invention of printing. — London, Thomas Page, 1731, in-fol. 3927

* **Lexicon literaturæ academico-juridicæ**, quo tituli dissertationum, programmatum aliarumque commentationum juridicarum ab academiarum initiis usque ad finem anni 1835 editarum et in libraria Gœthiana venalium alphabetico ordine continentur. Tomus I (-II) cui præfationem de origine et indole operis præmisit E. F. Vogel. Accedit index realis locupletissimus ordine materiarum alphabetico dispositus. — Lipsiæ, Gœthe, 1836-1837, 2 vol. in-8°. 3928

Contient environ 20000 Dissertations.

* **Leyserus** (P.). — Historia poetarum et poematum medii ævi decem, post annum a nato Christo CCCC, seculorum. Centum et amplius codicum mstorum ope carmina varia elegantia, ingeniosa, curiosa evulgantur, emendantur, recensentur. — Halæ Magdeb., sumptu novi bibliophilii, 1721, in-8°. 3929

* **Lhuillier** (Th.). — Seine et Marne. Essai de bibliographie départementale, ou catalogue des ouvrages imprimés et manuscrits, opuscules, brochures, cartes et plans, etc. tant anciens que modernes, ayant pour objet le département de Seine et Marne et les pays dont il est formé, sous les différents rapports historique, descriptif, statistique, topographique, archéologique et biographique. — A Meaux, au bureau du Journal de Seine et Marne, 1857, in-16. 3930

* **Liais** (E.). — Liste des mémoires et travaux de M. Emm. Liais... — Cherbourg, imp. de Bedelfontaine et Syffert, 1858, in-8°, 32 p. 3931

* **Lianovosani** (L.). — Bibliografia melodrammatica di Luigi Romanelli. — Milano, stab. Ricordi (1878), in-8°, 44 p. 3932

* —. — Saggio bibliografico relativo ai melodrammi di Felice Romani. — Milano, Ricordi (1878), in-8°. 3933

* **Liber Vagatorum.** Le livre des gueux. — Strasbourg, imp. de Berger-Levrault, 1862, in-8°. 3934

Tiré à 115 ex.: 10 sur Chine, 5 sur papier de couleur et 100 sur Hollande. — L'introduction de P. Ristelhuber, p. V-LXII, offre un intérêt bibliographique,

que compléte l'article publié par J. M. Wagner dans le no. 8 du »Serapeum« (1862), sous le titre de »Liber Vagatorum«.

* **Library Journal** (The) [monthly]. Managing Editor: Melvil Dewey. Bibliography: Charles A. Cutter. Pseudonyms and anonyms: James L. Whitney. General editor: R. R. Bowker. Journal of the american library association. — New York, F. Leypoldt, 1877-1881, in-4°. T. I-VI. 3935

A partir du T. IV, l'adresse devient: New York: office of publication...

Library manual (A); containing a Catalogue raisonné of upwards of twelve thousand of the most important works in every department of knowledge in all modern languages. — London, Delf (1847), in-8°. 3936

* **Libri in officina Roberti Stephani** typographi regii, partim nati, partim restituti et excusi. — S. l., 1546, in-12, 12 feuillets. 3937

Librorum authorumque S. Sedis apostolicæ, sacrique concilii Tridentini authoritate prohibitorum. Itemque eorum. Ex quibus integra bibliotheca catholica instituti rectè posait. Indices duo. Pro usu monasteriorum in Bavaria editi. — — Monachii, typis Adami Berg, 1569, in-4°. 3938

* **Librorum Gilberti Genebrardi** Benedictini theologi parisiensis, divinarum hebraïcarumque literarum professoris regii Catalogus. — Parisiis, apud Seb. Nivellium, 1591, in-12, 16 p. 3939

Librorum in Suecia prohibitorum sæculorum XVII et XVIII elenchus. — Gotheborgi, 1856, in-4°, 4 p. 3940

* **Librorum post indicem Clementis VIII** prohibitorum decreta omnia hactenus edita. — Romæ, ex typographia rev. cam. Apost., 1624, in-12. 3941

Librorum prohibitorum index, ex mandato regiæ catholicæ majestatis, et illustriss. ducis Albani, consiliique regij decreto confectus, et editus. — Antverpiæ, ex officina Christ. Plantini, 1569, in-16. 3942

Lichtenau. — Voy. Salza. Handbuch des Polizeirechts.

* **Lichtenberger** (J. Fr.). — Initia typographica. — Argentorati, Treuttel et Würtz, 1811, in-4°. 3943

* **Lichtenthal** (P.). — Manuale bibliografico del viaggiatore in Italia concernente località, storia, arti, scienze ed antiquaria. — Milano, per Antonio Fontana, 1830, in-12. 3944

* —. — Preceduto da un elenco delle opere periodiche letterarie che attualmente si pubblicano in Italia e susseguito da un appendice e da tre indici di viaggi di località e di autori. Terza edizione originale notabilmente accresciuta e migliorata. — Milano, per Giovanni Silvestri, 1844, in-12.

* **Licteriis** (Fr. de). — Codicum sæculo XV impressorum qui in regia Bibliotheca Borbonica adservantur catalogus ordine alphabetico digestus notisque bibliographicis illustratus. — Neapoli, ex regia typographia, 1828-1833, 3 vol. gr. in-fol. et un vol. de supplément (1841). 3945

* **Liden** (J. H.). — Catalogus disputationum, in academiis et gymnasiis Sueciæ, atque etiam, a Suecis, extra patriam habitarum, quotquot huc usque reperiri potuerunt. — Upsaliæ, typis Edmannianis, 1778-1779, 2 vol. in-8°. 3946

* **Lieutaud** (S.). — Liste alphabétique de portraits dessinés, gravés et lithographiés de personnages nés en Lorraine, pays messin et de ceux qui appartiennent à l'histoire de ces deux provinces avec une courte notice biographique sur chaque personnage, l'indication du format des portraits et les noms des artistes dont ils sont l'œuvre: deuxième édition corrigée et considé-

rablement augmentée. — Paris, Rapilly, juillet 1862, in-8°. 3947

Tiré à 200 ex.

* **Lieutaud** (S.). — Liste alphabétique de portraits français gravés jusque et y compris l'année 1775, faisant le complément de celle de la Bibliothèque historique de la France du P. Lelong, cinq volumes in-fol. Deuxième édition, revue, corrigée et considérablement augmentée. — Paris, chez l'auteur, 1846, in-4°. 3948

Tiré à 200 ex.

* —. — Liste alphabétique des portraits des personnages nés dans l'ancien duché de Lorraine, celui de Bar et le Verdunois dont il existe des dessins, gravures et lithographies, avec l'indication du format et le nom des artistes. — Paris, chez l'auteur, 1er août 1852, in-8°. 3949

Tiré à 200 ex.

* —. — Liste de portraits omis dans le père Lelong. Collection possédée et décrite par Soliman Lieutaud. — Paris, chez l'auteur, 1844, in-8°. 3950

* —. — Liste des portraits dessinés, gravés ou lithographiés des députés à l'Assemblée nationale de 1789, avec l'indication de leur format et le nom des artistes à qui ils sont dus, précédés d'une courte notice biographique sur chaque personnage. — Paris, chez l'auteur; et chez Rapilly et Guillemot, 1854, in-8°. 3951

Tiré à peu d'ex.

* —. — Recherches sur les personnages nés en Champagne dont il existe des portraits dessinés, gravés ou lithographiés. Liste des portraits, noms des artistes dont ils sont l'œuvre, indication du format, précédés d'une notice biographique. — Paris, chez l'auteur, et chez Rapilly, 1856, in-8°. 3952

Tiré à 200 ex.

* **Life** (The) of John Buncle. Containing various observations and reflections made in several parts of the World, and many extraordinary relations. — London, J. Noon, 1756, in-8°. 3953

Par Thomas Amory.

* **Life of Samuel Johnson** (The). With occasional remarks on his writings, an authentic copy of his will, a catalogue of his works, and a fac simile of his hand writing, with considerable additions and corrections. The second edition. To which is added Johnsoniana, or a selection of Dr. Johnsohn's bon-mots, observations etc. Most to which were never before published. — London, 1785, in-12. 3954

* **Ligeret Du Cloiseau.** — Notice historique sur la vie et les ouvrages de Etienne Bouhot, peintre d'intérieur — Semur, Migniot, 1854, in-8°, 23 p. 3955

La couverture imprimée sert de titre.

* **Lijst van niew uitgekomen boeken** in den Jare 1849. — Amsterdam, Schleijer, 1849, in-8°. 3956

Lilienthal (M.). — Biblischer Archivarius der heiligen Schrift alten-neuen Testaments, welcher nach vorhergegangenen guten Wahl und sorgfältigen Prüfung, vermittelst eines Nahmen-Registers. die besten Autores, so wohl von alten, als fürnehmlich von neuern Scribenten anzeiget, die über ein jedes Buch, Capitel und Vers des altenneuen Testaments geschrieben, und dessen Stellen, entweder auf exegetisch-philologische, oder homiletisch-practische Art abgehandelt und erläutert haben; mit möglichstem Fleiss und Richtigkeit zusammengetragen, und zum allgemeinen Nutzen herausgegeben. — Königsberg und Leipzig, Eckardt, 1745-1746, in-4°. 3957

—. — Theologisch - homiletischer Archivarius, in welchem die beste und meistentheils neueste Schriftsteller, nach vorhergegangenen guten Wahl und sorgfältigen Prüfung, angezeiget werden, welche über die vornehmste Materien, die in alle Theile der Gottesgelahrtheit einschlagen, geschrieben haben; mit möglichstem Fleiss und Richtigkeit zusammen getragen, und zum allgemeinen Nutzen herausgegeben. — Königsberg und Leipzig, Hartung, 1749, in-4°. 3958

Lima (Fr. B. de). — Gazeta litteraria, ou noticia exacta dos principaes escriptos modernos etc. — Porto, Lima, 1761-1762, 2 vol. in-4°. 3959

Le T. II a paru à Lisboa, chez Rodrigues.

Limmer (K. A.). — Entwurf einer urkundlichen Geschichte des gesammten Voigtlandes. — Gera, gedr. mit Albrecht'schen Schriften, 1825, in-8°. 3960

Contient, p. 1-44: »Literatur der Voigtländischen Geschichte«.

Linck (J. F.). — Monographie der von dem vormals K. Poln. und Churfürstl.-Sächs. Hofmaler und Professor etc. C. W. E. Dietrich radirten, geschabten und in Holz geschnittenen malerischen Vorstellungen. Nebst einem Abrisse der Lebensgeschichte des Künstlers. — Berlin, Linck, 1846, in-8°. 3961

Linde (A. van (ou) von der). — Voy. Van der Linde.

Lindenschmidt (L.). — Voy. Archiv für Anthropologie.

Lindner (J. W. S.). — Voy. Hamberger (G. Chr.). Das gelehrte Teutschland.

—. — Voy. Rassmann (F.). Kurzgefasstes Lexicon deutscher pseudonymer Schriftsteller.

Lingay (J.). — Voy. Eloge de M. J. de Chenier.

Lingenthal (K. E. Z. v.). — Voy. Zachariä von Lingenthal.

Linnaea entomologica. Zeitschrift herausgegeben von dem entomologischen Vereine in Stetten. — Leipzig, Fleischer, in-8°. 3962

Le T. XIII, 1859, p. 333-353, contient: »Bibliographia librorum entomologicorum in America boreali editorum. Auctore Guil. Sharswood«.

* **Linnaeus** (C.). — Bibliotheca botanica recensens libros plus mille de plantis huc usque editos, secundum systema auctorum naturale in classes, ordines, genera et species dispositos, additis editionis loco, tempore, forma, lingua etc. cum explicatione fundamentorum botanicorum pars. — Amstelodami, Schouten, 1736, in-8°. 3963

* —. — Philosophia botanica, in qua explicantur fundamenta botanica cum definitionibus partium, exemplis terminorum, observationibus rariorum, adjectis figuris æneis. Editio quarta studio Curtii Sprengel. — Halæ ad Salam, Kümmel, 1809, in-8°. 3964

Contient, p. 4-38: »Bibliotheca botanica«.

* **Linnström** (Hj.). — Svenskt Boklexikon. Åren 1830-1865. Utarbetadt af Hjalmar Linnström. — Stockholm, Samson & Vallin, 1880, in-8°. 3965

* **Lipenius** (M.). — Bibliotheca realis juridica, omnium materiarum rerum, et titulorum, in universo universi juris ambitu occurrentium. Ordine alphabetico sic disposita, ut primo aspectu tituli, et sub titulis autores justa serie collocati in oculos statim incurrant. Cui accedit autorum etc. passim allegatorum copiosissimus index. — Francofurti ad Mœnum, cura et sumptibus Johannis Friderici, 1679, in-fol. 3966

* —. — Bibliotheca realis juridica. Post Friderici Gottliebii Struvii curas recensuit opus innumeros errores sustulit ultra dimidiam partem optumis libris et dissertationibus fere omnibus auxit et accuratum scriptorum indicem adjecit Gottlob Augustus Jenichen. — Lipsiæ, sumtibus editoris prostat apud

Fridericum Matthiam Frisium, 1736, in-fol. 3967

* **Lipenius** (M.). — Bibliothecæ realis juridicæ. Supplementorum ac emendationum volumen secundum. Collegit et digessit Renatus Carolus s. r. i. l. B. de Senkenberg addita præfatione et duplici indice titulorum altero altero auctorum. — Lipsiæ, sumtibus Caspari Fritschii, 1789, in-fol. 3968

* —. — Bibliothecæ realis juridicæ supplementorum ac emendationum volumen tertium (-quartum). Auctore D. Lud. God. Madihn. — Vratislaviæ, sumtib. auctoris et in commissis apud Joh. Frid. Korn, 1816 - 1823, 2 vol. in-fol. 3969

* —. — Bibliotheca realis medica, omnium materiarum, rerum, et titulorum, in universa medicina occurrentium. Ordine alphabetico sic disposita, ut primo statim intuitu tituli, et sub titulis autores medici, justa velut acie collocati, in oculos statim et animos incurrant. Accedit index autorum copiosissimus. — Francofurti ad Mœnum, cura et sumptibus Johannis Friderici, 1679, in-fol. 3970

* —. — Bibliotheca realis philosophica omnium materiarum, rerum, et titulorum, in universo totius philosophiæ ambitu occurrentium, ordine alphabetico sic disposita, ut primo statim aspectu tituli, et sub titulis autores ordinata velut acie dispositi. In oculos pariter et animos legentium incurrant. In duos tomos divisa, quorum prior initium capit ad litera A. usque ad literam M, alter reliquas usque ad finem continet. Accedit index autorum et scriptorum copiosissimus. — Francofurti ad Mœnum, cura et sumptibus Johannis Friderici, 1682, 2 vol. in-fol. 3971

* —. — Bibliotheca realis theologica omnium materiarum, rerum et titulorum, in universo sacrosanctæ theologiæ studio occurrentium, ordine alphabetico sic disposita, ut primo statim aspectu tituli, et sub titulis autores justa velut acie collocati in oculos pariter et animos lectorum incurrant. In duos tomos divisa . . . Accedit index autorum copiosissimus. — Francofurti ad Mœnum, cura et sumptibus Johannis Friderici, 1685, 2 vol. in-fol. 3972

* **Lipenius** (M.). — Bibliotheca realis universalis omnium materiarum rerum et titulorum in theologia, jurisprudentia, medicina et philosophia occurrentium, melioris ordinis, commoditatis et distinctionis causâ, respectu IV. facultatum in IV partes, seu speciales bibliothecas theologicam, juridicam, medicam et philosophicam divisa, ordine alphabetico ita disposita, ut primo statim aspectu tituli, et sub titulis autores ordinata velut acie locati in oculos pariter et animos legentium incurrant, usque ad annum impressionis uniuscujusque partis. — Francofurti ad Mœnum, cura et sumptibus Johan. Friderici, 1685, in-fol. 3973

* **Lippe** (Ch. D.). — Bibliographisches Lexicon der gesammten jüdischen Literatur der Gegenwart und Adress-Anzeiger. Ein lexicalisch geordnetes Schema mit Adressen von Rabbinen, Predigern, . . . und Förderern der jüdischen Literatur in der alten und neuen Welt, nebst bibliographisch genauer Angabe sämmtlicher von jüdischen Autoren der Gegenwart publicirten, speciell die jüdische Literatur betreffenden Schriftwerke und Zeitschriften, in chronologischer Anordnung und Reihenfolge dargestellt. Ein Hand- und Nachschlagebuch zur Orientirung für Buchhändler, Rabbinen, Gemeinden und Freunde der jüdischen Literatur. — Wien, 1879-1881, in-8°. 3974

Lippert (P.). — Voy. **Katalog der Bibliothek des königl. statistischen Bureaus zu Berlin.**

Lipsius (J. G.). — Bibliotheca numaria sive catalogus auctorum qui usque ad finem seculi XVIII de re monetaria aut numis scripserunt. Rei numariæ, historiæ et artium studiosis, ut et jureconsultis, mercatoribus, argentariis, monetariis etc. compositus, cum indice rerum, et vocabulario germanico-lat. et gallico-lat. in usum eorum, qui, latinæ linguæ non satis gnari, hunc librum consulere volunt. Præfatus est brevi commemoratione de studii rei numismaticæ antiquioris vicissitudinibus Christ. Gottl. Heyne. — Lipsiæ, Schæfer, 1801, 2 vol. in-8°. 3975

* **Liron** (D. J.). — Bibliothèque generale des auteurs de France. Livre premier, contenant la bibliothèque Chartraine ou le traité des auteurs et des hommes illustres de l'ancien diocèse de Chartres : qui ont laissé quelques monumens à la postérité, ou qui ont excellé dans les beaux arts. Avec le catalogue de leurs ouvrages; le dénombrement des différentes éditions qui en ont été faites, et un jugement sur plusieurs des mêmes ouvrages. — A Paris, chez Jean Michel Garnier, 1719, in-4°. 3976

* **Lisch** (G. E. F.). — Geschichte der Buchdruckerkunst in Meklenburg bis zum Jahre 1540. Mit einem Anhange über die niederdeutsche Bearbeitung des Reineke Voss. Aus den Jahrbüchern des Vereins für meklenburgische Geschichte und Alterthumskunde besonders abgedruckt. Mit einer Steindrucktafel. — Schwerin, in Commission in der Stiller'schen Hofbuchhandlung in Rostock und Schwerin, 1839, in-8°. 3977

—. — Voy. Jahrbücher des Vereins für meklenburgische Geschichte.

* **Lisfranc.** — Notice analytique sur les travaux de M. Lisfranc . . . — (Paris), imp. de Auffray (1834), in-4°, 20 p. 3978

* — Paris, imp. de Fain et Thunot, 1843, in-4°, 29 p.

* **L'Isle de Sales** (J. de). — Vie littéraire de Forbonais. — Paris, Fuschs, 1801-an IX, in-8°. 3979

* **List of the books of reference** (A) in the reading room of the British Museum. Second edition revised. Printed by order of the trustees. — London, Woodfall and Kinder, 1861, in-8°. 3980

* **List of a selection of works** relating to electricity & magnetism exhibited by Latimer Clark at the Exposition internationale d'électricité. Paris 1881. — S. l. n. d., in-8°, 10 p. 3981

* **List of periodicals** and publications received in the library of the Asiatic society of Bengal. — Calcutta, printed by G. H. Rouse, 1878, in-8°, 6 p. 3982

* **List of publications of the engineer department**, U. S. Army, sent to the international congress of geographical sciences at Paris. — Washington, Government printing office, 1875, in-8°, 10 p. 3983

* **List of reports, maps,** etc., forwarded by the engineer bureau of the war department of the United States of America to the international geographical congress and exhibition at Venice, Italy, 1881. — Washington, government printing office, 1881, in-16, 11 p. 3984

* **List of the works** published by the Smithsonian Institution. — Washington, in-8°, 4 p. 3985

* **Liste bibliographique** des écrits de Mgr. Dupanloup, évêque d'Orléans. — Orléans, Herluison, 1878, in-8°, 31 p. 3986

* **Liste chronologique** des éditions, des commentaires et des traductions de Salluste. — s. l., imp. de Lottin, l'aîné, 1763, in-12, 24 p. 3987

* — 2e édition revue, corrigée et augmentée. — Paris, M. Lottin, 1768, in-12, 36 p.

Par Aug. Martin Lottin.

* **Liste chronologique** des orateurs qui ont prononcé le panégyrique de Jeanne d'Arc dans la chaire chrétienne, depuis l'an 1460 jusqu'à nos jours, avec la nomenclature bibliographique des éloges qui ont été imprimés. — Orléans, Herluison, 1869, in-8°, 16 p. 3988

* **Liste de tous les journaux de Paris**, publiés au 1er mars 1843. Contenant le mode de périodicité, le prix de l'abonnement et l'adresse des éditeurs. Nouvelle édition, corrigée et augmentée de tous les journaux qui ont paru depuis août 1842, époque de la publication de la première liste. — Paris, au bureau du Journal de la librairie, 1843, in-8°, 14 p. 3989

Ext. du »Journal de la librairie«.

Liste des cartes et plans de l'empire russe qui se trouvent au département géographique de l'académie impériale des sciences. — St. Pétersbourg, 9 novembre 1748, in-8°. 3990

En russe.

* **Liste des journaux de Paris**, au 1er août 1842. (Extrait de la Bibliographie de la France...) — Imprimerie de Pillet aîné, in-8°, 15 p. 3991

* **Liste des périodiques** reçus par le département des imprimés de la Bibliothèque nationale. — Paris, Klincksieck, 1882, in-8°, 28 p. 3992

* **Liste** des travaux de M. Brosset, membre de l'Académie Impériale des Sciences de St. Pétersbourg. — St. Pétersbourg, imp. de l'Académie Impériale des Sciences, 1880, in-8°. 3993

Ext. du »Bulletin de l'Académie Impériale des Sciences de St. Pétersbourg«.

* **Liste générale** exacte par ordre alphabétique de tous les journaux, revues, feuilles mensuelles, etc. publiés à Paris, avec les prix d'abonnement, leur périodicité et leur adresse... — Paris, A. Vincent, 1844, in-8°, 22 p. 3994

* **Lister** (T. H.). — Life and administration of Edward, first earl of Clarendon; with original correspondence, and authentic papers never before published. — London, printed for Longman, 1837-1838, 3 vol. in-8°. 3995

Le T. I contient, p. XXIII-XXIV: »A list of works refered to, of which there is more than one edition; showing to which edition reference is made«.

* **Literarische Correspondenz.** Herausgegeben und redigirt von Hans Adam Stœhr. — Leipzig, Verlag von Hermann Foltz, 1877, in-4°. T. I. 3996

* **Literarischer Handweiser** zunächst für das katholische Deutschland. Herausgegeben von Franz Hülskamp, und Herrmann Rump. — Münster, Druck und Verlag der Theissing'schen Buchhandlung, 1862-1880, in-8°. 3997

* **Literarisches Centralblatt** für Deutschland herausgegeben von Dr. Friedrich Zarncke, 1850 (-1880). — Leipzig, Georg Wigand's Verlag, 1851(-1881), in-4°. 3998

A partir de la 2e année, l'adresse devient: Leipzig, Avenarius.

* **Literarisches Wochenblat,** oder gelehrte Anzeigen mit Abhandlungen. — Nürnberg, im Verlag der Martin Jacob Bauerischen Buchhandlung, 1769-1770, 2 vol. in-8°. 3999

* **Literary annual register** (The) and catalogue raisonne of new publications for 1845. — London, E. Churton, in-4°. 4000

* **Literary memoirs** of living authors of Great Britain, arranged according to an alphabetical catalogue of their names; and including a list of their works, with occasional opinions upon

their literary character. — London, printed for R. Faulder, 1798, 2 vol. in-8°. 4001

. Par David Rivers.

* **Literatur der letzten fünf Jahre** (Die) (1865-1870) aus dem Gesammt-Gebiete des Bau- und Ingenieurwesens. — Wien, s. d., in-8°. 4002

* **Literatur der letzten sieben Jahre** (Die) (1870-1876) aus dem Gesammt-Gebiete des Bau- und Ingenieurwesens, mit Einschluss des Kunstgewerbes in deutscher, französischer und englischer Sprache. Herausgegeben von der Buchhandlung Gerold & Comp. in Wien. — Wien, Gerold & Comp., 1877, in-8°. 4003

* **Literatur der letzten zehn Jahre** (Die) aus dem Gesammt-Gebiete des Bau- und Ingenieurwesens, in deutscher, französischer und englischer Sprache. Herausgegeben und der 14. Versammlung deutscher Ingenieure und Architekten gewidmet von Carl Gerold's Sohn in Wien. — Wien, C. Gerold Sohn (1864), in-8°. 4004

* **Literatur über das Finanzwesen** des preussischen Staates. Beiheft des königlich preussischen Staatsanzeigers. November 1867. Zweite Auflage. — Berlin, Kommissions-Verlag der königlichen Geheimen Ober-Hofbuchdruckerei (R. v. Decker), 1867, in-fol. 4005

* **Literatur über das Hypothekenwesen** des preussischen Staates. (Beiheft des königl. preussischen Staats-Anzeigers.) — Berlin, Verlag der königlichen geheimen Ober-Hofbuchdruckerei, 1868, in-8°. 4006

* **Literaturblatt für germanische** und romanische Philologie. Unter Mitwirkung von Professor Dr. Karl Bartsch herausgegeben von Dr. Otto Behaghel, ... und Dr. Fritz Neumann, ... Verantwortlicher Redacteur: Dr. Fritz Neumann. — Heilbronn, Verlag von Gebr. Henninger, 1880, in-4°, T. I. 4007

Litteratur der Musik oder Anleitung zur Kenntnis der vorzüglichen musikalischen Bücher, für Liebhaber der musikalischen Litteratur bestimmt. Herausgegeben von einem Liebhaber der Musik. — Nürnberg, auf Kosten des Verfassers, 1783, in-8°. 4008

* **Littérature du dialecte alsacien.** Bibliographie der in Elsässischer Mundart erschienenen Schriften. — Strassburg, 1877, in-8°. 4009

Livet (Ch. L.). — Voy. Pellisson. Histoire de l'académie française. — Voy. Le mouvement littéraire.

* **Livius** (T.). — Historiarum libri qui supersunt omnes cum integris Jo. Freinshemii supplementis. Præmittitur vita a Jacobo Philippo Tomasino conscripta cum notitia literaria. Accedit index studiis societatis Bipontinæ. Editio accurata. — Biponti, ex typographia societatis, 1784, in-8°. 4010

Contient, pages XCVII-CLVI: »Index Titi Livii editionum post Drackenborchii, Fabricii, Ernestii et Harlesii curas auctior et in VI ætates s. classes digestus«.

* —. — Historiarum libri qui supersunt omnes ex recensione Arn. Drakenborchii cum indice rerum locupletiss. Accessit præter varietatem lectt. Gronovianæ et Creverianæ glossarium Livianum curante Augusto Guil. Ernesti. Editio nova emendatior. — Lipsiæ, Weidmann, 1801, in-8°. 4011

Le T. IV contient, pages 300-326: »Syllabus editionum præcipuarum Titi Livii«.

* **Livre** (Le), revue mensuelle. Bibliographie bibliographique. — Paris, A. Quantin, 1880, in-4°. T. I. 4012

* **Livre** (Le) revue mensuelle. Bibliographie moderne. — Paris, A. Quantin, 1880, in-4°, T. I-II. 4013

* **Livre** (Le), revue mensuelle. Bibliographie rétrospective. — Paris, A. Quantin, 1880, in-4°, T. I. 4014

***Livret des ana** (Le). Essai de catalogue manuel par E. H. L. bibliophile. — Dresde, 1837, in-16, 40 p. 4015

Tiré à 50 ex. — L'auteur est M. Ernst Herrmann Ludewig.

*** Llorente Lázaro** (R.). — Compendio de la bibliografia de la veterinaria española, con algunas noticias históricas de esta ciencia en nuestra patria, y con las reglas de moral á que debe el veterinario ajustar su conducta facultativa. — Madrid y Santiago, Calleja, 1856, in-8°. 4016

***Lock** (Ch. G. W.), G. W. **Wigner** and R. H. **Harland**. — Sugar growing and refining: a comprehensive treatise on the culture of sugar-yelding plants, and the manufacture, refining, and analysis of cane, beet, maple, melon, milk, palm, sorghum, and starch sugars; with copious statistics of their production and commerce, and a chapter on the distillation of rum. — London, Spon, 1882, in-8°. 4017

Contient, p. XV-XXI: »Literature of sugar«.

Löflund (Chr. W.). — Voy. Bibliotheca auctorum classicorum. — Voy. Bibliotheca theologica.

***Löher** (Fr.). — Jakobäa von Bayern und ihre Zeit. Acht Bücher niederländischer Geschichte. — Nördlingen, Beck, 1862-1869, 2 vol. in-8°. 4018

Le T. I contient, p. 401-430: »Quellen, Literatur und Noten«.

Loen (J. M. v.). — Voy. Le soldat.

Löper. — Voy. Verzeichniss der zur hundertjährigen Geburtstagsfeier Schillers...

Löscher (J. C.). — Curieuses Verzeichniss durchlauchtiger Personen, welche sich in theologischen Wissenschafften mit Schriften hervor gethan, oder sonst geübet, ob sie gleich weder Päbstl. Cardinals- Ertzbischöffl. und dergleichen römische Dignitäten besessen, nebst einem Anhang und discours über die Frage: Was von solcher Personen studiis theologicis zu halten sey? Andere Aufflage mit einer Nachlese vermehret. — Dresden, Miethische Erben, 1719, in-8°. 4019

***Lœscherus** (V. E.). — Literator celta, seu de excolenda literatura europæa, occidentali et septentrionali consilium et conatus. — Lipsiæ, sumtibus Jo. Christian. Martini, 1726, in-12. 4020

Lœschhorn (A.) und J. **Weiss**. — Wegweiser in der Pianoforte-Literatur. Verzeichniss von mustergültigen und anerkannten Pianoforte-Werken älterer und neuerer Zeit, in stufenweiser Schwierigkeitsfolge geordnet und herausgegeben. — Berlin, Weiss, 1862, in-8°. 4021

Löw (Ed.). — Theorie des Rechnungswesens und systematische Anleitung zur Buchführung im Staats- Kommunal- und Privathaushalte, nebst der Geschichte und Litteratur des Rechnungswesens; als Leitfaden zu akademischen Vorträgen und zum Selbstunterricht bearbeitet. — Berlin, Plahn, 1860, in-8°. 4022

Löwe (M. L.). — Grundriss der allgemeinen Hodegetik. Als Leitfaden bei dem Beginne der akademischen Studien und bei allgemeinen hodegetisch-methodologisch - encyclopädischen Vorträgen verfasst. — Dresden, Walther, 1839, in-8°. 4023

Ne contient que la littérature allemande.

***Lombart-Dumas** (Arm.). — Etude sur la vie et les travaux d'Emilien Dumas de Sommière, lue à l'Académie du Gard dans ses séances du 21 avril et du 5 mai 1877. — Nîmes, imp. de Clavel-Ballivet, 1878, in-8°. 4024

Ext. des »Mémoires de l'Académie du Gard«, année 1877.

* **Lomeier** (J.). — De Bibliothecis liber singularis. Editio secunda, priori multo auctior, et addito rerum indice locupletior. — Ultrajecti, ex officina Johannis Ribbii, 1680, in-8°. 4025

Lomenie de Brienne (Et. Ch.). — Voy. Serie dell' edizioni aldine.

Lommatzch (C. H. G.). — Narratio de Friderico Myconio, primo diœceseos Gothanæ superintendente atque ecclesiæ et academiæ Lipsiensis ante hæc tria fere secula reformatore, quam speciminis inauguralis loco æquorum censorum examini submittit. — Annæbergæ, Freier, 1825, in-8°. 4026

Contient, pages 112-115 une liste des écrits de Myconius.

London (W.). — A catalogue of the most vendible books in England, orderly and alphabetically digested. With a supplement. — London, 1658-1660, in-4°. 4027

* **London catalogue** (The) of books published in Great Britain. With their sizes, prices, and publishers' names, from 1814 to 1846. — London, Thomas Hogdson, 1846, in-8°. 4028

— ... 1831 to 1855. — London, Th. Hogdson, 1855, in-8°.

* **London catalogue** (The) of books, with their sizes, prices, and publishers. Containing the books published in London, and those altered in size or price, since the year 1814 to 1839. — London, published by Robert Bent, 1839, in-8°. 4029

*—. — since the year 1800 to march 1827. — London, published for the executor of the late W. Bent, 1827, in-8°.

* —. — since the year 1814 to december 1834. — London, published by Robert Bent, 1835, in 8°.

* **London catalogue** (The) of periodicals, newspapers and transactions of various societies with a list of metropolitan printing societies and clubs for 1880. Thirty-ninth annual edition. — London, Longmans Green & Co., 1880, in-8°, 16 p. 4030

Long (J.). — A descriptive catalogue of Bengali works, containing a classified-list of fourteen hundred Bengali Books and pamphlets, which have issued from the press, during the last sixty years, with occasional notices of the subjects, the price, and where printed. — Calcutta, printed by Sanders, Cones and Comp., 1855, in-8°. 4031

* **Longchamp et Wagnière**. — Mémoires sur Voltaire et sur ses ouvrages, suivis de divers écrits inédits de la marquise Du Chatelet, du président Hénault, de Piron, Darnaud, Baculard, Thiriot etc., tous relatifs à Voltaire. — Paris, A. André, 1826, 2 vol. in-8°. 4032

* **Longet**. — Exposé sommaire des travaux scientifiques de M. Longet, candidat à la chaire de médecine vacante au Collège de France. — Paris, imp. de L. Martinet (1855), in-4°, 24 p. 4033

* —. — Notice sur les travaux scientifiques de Longet, candidat à la place vacante dans la section de médecine et de chirurgie (académie des sciences). Janvier 1856. — Paris, imp. de Martinet (s. d.), in-4°. 4034

* **Longman, Brown** (Messrs.), and Co's. monthly list; containing the title, size, and prices of all new books published in Great Britain during each month. New Series. — London, 1842, in-4°. 4035

* **Loos** (C.). — Illustrium Germaniæ scriptorum catalogus. Quo doctrina simul et pietate illustrium vita, et operæ celebrantur. Quorum potissimum ope, literarum studia, Germaniæ ab anno MD usq. LXXXI. sunt restituta ... — Moguntiæ, Behm, 1582, in-8°. 4036

***Lopez del Plano** (J. Fr.). — Poesias selectas en gran parte inéditas y ahora por primera vez coleccionadas y precedidas de un prólogo de d. Jerónimo Borao. Publicadas por la excma. disputacion provincial.—Zaragoza, imprenta del hospicio provincial, 1880, in-8°. 4037

Contient une bibliographie des œuvres de Lopez del Plano, et fait partie de: »Biblioteca de escritores aragoneses publicada por la excma. disputacion provincial de Zaragoza. Seccion literaria. T. III«.

Lorck (C. B.). — Verzeichniss von in Dänemark, Norwegen, Schweden, Island und Finnland erschienenen Werken über die Geschichte und Geographie des skandinavischen Nordens nebst Land- und Seekarten. — Leipzig, C. B. Lorck, 1855, 43 p. 4038

Lorenz (Chr. G.). — Zur Erinnerung an Georg Joachim Gœschen. (Separat-Abdruck aus dem Programm der königl. Landesschule zu Grimma v. J. 1861.) — Grimma, Rœssler, in-4°, 40 p. 4039

Contient une bibliographie des travaux de Göschen.

*— (O.). — Catalogue annuel de la librairie française pour 1876 — Paris, O. Lorenz, 1877, in-8°. 4040

*—. — Catalogue général de la librairie française pendant 25 ans (1840-1865). — Paris, Lorenz, 1867-1871, 4 vol. in-8°. 4041

Se continue pour les années 1866-1875 (2 vol. 1876-1877), avec une table générale des matières pour les années 1840-1875 (2 vol. 1879-1880). A partir du T. V, le titre devient: »Catalogue général de la librairie française depuis 1840«.

*—. — Catalogue mensuel de la librairie française. — Paris, O. Lorenz, 1877-1878, 2 vol. in-8°. 4042

Lorette (X. H.). — Voy. Chabert. Histoire résumée de l'imprimerie dans la ville de Metz.

***Loriol.** — La France. Description géographique, statistique et topographique, présentant l'état actuel, physique, moral, politique, militaire, administratif, judiciaire, religieux, financier, agricole, industriel, commercial, scientifique et littéraire des départements de la France et de ses colonies; avec une carte et un dictionnaire topographique, biographique et bibliographique de chaque département, publiée sous les auspices de S. A. R. Mgr le duc d'Orléans, par M. Loriol. — Paris, Verdière, 1834-1836, 6 vol. in-8°. 4043

Cet ouvrage contient:

T. I. Le Haut-Rhin.
T. II. Le Bas-Rhin.
T. III. Seine-Inférieure par M. Viel.
T. IV. Orné par M. Odolant-Denos.
T. V. Puy-de-Dôme par B. Gonod.
T. VI. Eure-et-Loir par Doublet de Boisthibault.
T. VII. Seine et Marne par E. Dubarle.

***Los Rios** (Fr. de). — Bibliographie instructive, ou notice de quelques livres rares, singuliers et difficiles à trouver, avec des notes historiques, pour connaître et distinguer les différentes éditions, et leur valeur dans le commerce. — A Avignon, chez François Seguin, 1777, in-8°. 4044

— (V. de). — Discurso sobre los ilustres autores e inventores de artilleria que han florecido en España desde los reyes catolicos hasta el presente. — Madrid, 1767, in-8°. 4045

Lossen (H.). — Die Verletzungen der unteren Extremitäten. — Voy. Deutsche Chirurgie No. 65.

***Loth** (O.). — Ueber Leben und Werke des Abdallah Ibn ul Mu'tazz. — Leipzig, J. C. Hinrichs, 1882, in-8°. 4046

Lottin (A. M.). — Voy. Liste chronologique des éditions . . . de Salluste.

* **Lotz** (W.). — Statistik der deutschen Kunst des Mittelalters und des 16. Jahrhunderts. Mit specieller Angabe der Literatur bearbeitet. — Cassel, Fischer, 1862-1863, 2 vol. in-8°. 4047

A aussi cet autre titre: »Kunst-Typographie Deutschlands. Ein Haus- und Reise-Handbuch für Künstler, Gelehrte und Freunde unserer alten Kunst«.

Lotze (A.). — Friedrich Schneider als Mensch und Künstler. Ein Lebensbild nach Original-Mittheilungen, Original-Briefen und Urtheilen nahmhafter Kunstrichter bearbeitet von Friedrich Kempe. — Dessau, Neubürger in Comm., 1859, in-8°. 4048

Contient, pages 370 450, la liste des travaux de Fr. Schneider.

Louandre (Ch.). — Voy. Quérard (J.). La France littéraire.

* **Low** (S.). — An index to current literature: comprising a reference to author and subject of every book in the english language, and to articles in literature, science, and art, in serial publications 1859, 1860, 1861. — London, Sampson Low, son, 1862, gr. in-8°. 4049

*—. — The British catalogue of books published from october 1837 to december 1852; containing the date of publication, size, price, publisher's name, and edition. — London, Sampson Low and son, 1853, in-8°, T. I. 4050

*—. — The English catalogue of books. An alphabetical list of works published in the United Kingdom and of the principal works published in Amerika. With dates of publication, indication of size, price, edition, and publisher's name. — London, 1864-1882, 3 vol. in-8°. 4051

Le T. I comprend les années 1835 à janvier 1863; le T. II, les années 1863 à janvier 1872; le T. III les années 1872 à décembre 1880.

Low (W.). — Voy. A classified catalogue of school . . . works in use in Great Britain.

* **Lowndes** (W. Th.). — The bibliographer's manual of English literature containing an account of rare, curious, and useful books, published in or relating to Great Britain and Ireland, from the invention of printing; with bibliographical and critical notices, collations of the rarer articles, and the prices at which they have been sold in the present century. — London, William Pickering, 1834, in-8°, 3 vol. 4052

* —. New edition revised, corrected and enlarged by H. G. Bohn. — London, Bell & Daldy, 1865, 10 vol. et appendice in-8°.

* **Lowndes' british librarian**, or book-collector's guide to the formation of a library in all branches of literature, science, and art, arranged in classes, with prices, critical notes, references, and an index of authors and subjects. — London, published for the editor by Whittaker and Co, 1839-1842, in-8°. Part I-IX. 4053

Lubbock (J. W.). — Remarks on the classification of the different branches of human Knowledge. — London, Knight and Co., 1838, in-8°. 4054

* **Lucanus** (J. H.). — Historische Bibliothek vom Fürstenthum Halberstadt, oder Verzeichniss der den ältern und neuern Zustand dieses Landes betreffenden Schriften. — Halberstadt, Johann Heinrich Mevius, 1778, in-4°. 4055

* — (M. A.). — Pharsalia. Ejusdem ad Calpurnium Pisonem poemation præmittitur notitia literaria studiis societatis Bipontinæ. Editio accurata. — Biponti, ex typographia societatis, 1783, in-8°. 4056

Contient, pages XIX-XXVII: »Index editionum M. Annaei Lucani auctior Fabriciano et in quinque ætates digestus«.

* **Lucius** (P.). — Carmelitana bibliotheca, sive illustrium aliquot carmeli-

tanæ religionis scriptorum, et eorum operum cathalogus. Jampridem a magno, et incomparabili viro D. Joanne Trithemio ordinis sancti Benedicti abbate luculenter congestus : tandem centesimo pòst anno magna ex parte auctus, recognitus, et annotationibus illustratus, ac optimo ordine alphabetico digestus. — Florentiæ, apud Georgium Marescottum, 1593, in-4°. 4057

* **Lucretius** (T.). — De rerum natura libri sex ad optimas editiones collati accedit varietas lectionis cum indice rarioris et obsoletæ latinitatis studiis societatis Bipontinæ. Editio accurata. — Biponti, ex typograph. societatis, 1782, in-8°. 4058

Contient, pages XXII-XXVI: »Index editionum T. Lucretii Cari auctior Fabriciano et in tres ætates digestus«.

Ludewig (E. H.). — Voy. Le Livret des ana.

* — — The literature of american aboriginal languages. With additions and corrections by professor Wm. W. Turner. Edited by Nicolas Trübner. — London, Trübner and Co., 1858, in-8°. 4059

* —. — The Literature of american local history; a bibliographical essay. — New York, printed for the autor by R. Craighead, 1846, in-8°. 4060

Ludovici (Chr. G.). — Voy. Bibliotheca nominalis curiosa.

* **Ludwig** (Chr. Fr.). — Einleitung in die Bücherkunde der praktischen Medizin. Zum Gebrauche praktischer Aerzte und zu Vorlesungen bestimmt. — Leipzig, bey Siegfried Lebrecht Grusius, 1806, in-8°. 4061

Par Magné de Marolles.

—. — Universitatis litterariæ Lipsiensis h. t. procancellarius Christianus Fridericus Ludwigius panegyrin medicam a. 1806 concelebrandam indicit. Catalecta litteraria physica et medica. I. Bibliographia vasorum lymphaticorum. — in-4°. 4062

Ludwig (Chr. Fr.). — Wegweiser im Gebiete der Volksliteratur, für Vorsteher von Volksbibliotheken. — Darmstadt, Pabst, 1847, in-8°, 27 p. 4063

Lübke (W.). — Voy. Rafael-Werk.

Lübker (L.) und H. **Schröder**. — Lexikon der Schleswig-Holstein-Lauenburgischen und Eutinischen Schriftsteller von 1796 bis 1828 zusammengetragen. — Altona, Aue, 1829-1830, in-8°. 4064

Schröder a publié en outre: »Nachträge und Register . . . — Schleswig, gedr. im Kön. Taubstummen-Institut., 1831, in-8°«.

Luecke. — Voy. Deutsche Chirurgie.

Lüdde (J. G.). — Die Geschichte der Methodologie der Erdkunde. In ihrer ersten Grundlage, vermittelst einer historisch-kritischen Zusammenstellung der Literatur der Methodologie der Erdkunde. — Leipzig, Hinrichs, 1849, in-8°. 4065

—. — Die Methodik der Erde oder Anleitung die Fortschritte der Wissenschaft der Erdkunde in den Schul- und akademischen Unterricht leichter und wirklich einzuführen. Nebst Bemerkungen über die Wissenschaft der Erdkunde und Kritiken über deren neueste didactische Literatur. — Magdeburg, Bænsch, 1842, in-8°. 4066

Lüdeke (Chr. W.). — Voy. Allgemeines Schwedisches Gelehrsamkeits-Archiv.

Lünig (J. Chr.). — Bibliotheca deductionum S. R. J. Anietzo in eine geschicktere Ordnung gebracht, durchaus verbessert, und ansehnlich vermehret von Gottlob August Jenichen. — Leipzig, Lanckischens Erben, 1745, 4 vol. in-8°. 4067

* — (J. Chr.). — Corpus juris feudalis germanici, das ist: Sammlung derer

Teutschen Lehenrechte und Gewohnheiten, worinnen nicht nur die allgemeinen Reichs-Lehen-Rechte, sondern auch die in denen Teutschen Provintzien hergebrachte Jura Feudalia, in ihrer Ordnung, mehrentheils aus ungedruckten Nachrichten, beygebracht worden. Nebst einer vollständigen Bibliotheca juris feudalis, auch elencho und Register. Dem Publico zum Besten ans Licht gegeben. — Franckfurth a. M. bey Friedrich Lanckischens Erben, 1727, 3 vol. in-fol. 4068

* **Luminais** (R. M[le].). — Recherches sur la vie, les doctrines économiques et les travaux de J.-J.-Louis Graslin. Ouvrage couronné par la Société académique de la Loire-Inférieure. — Nantes, imp. de Vve C. Mellinet, 1862, in-8°. 4069

* **Lundstedt** (B.). — Förteckning på de böcker, som varit begagnade vid undervisningen i de svenska Elementarläroverken och Pedagogierna under läse året 1876-1877, jemte Uppgift på de särskilda läroverk, hvarest hvarje bok begagnats, upprättad. Aftryck ur Bidrag till sveriges officiela Statistik, P) Undervisningsväsendet. 2. — Stockholm, tryckt i central-tryckeriet, 1881, in-4°, 49 p. 4070

* **Lussac** (Ch. de). — Notice biographique sur la vie et les travaux politiques de M. le M[is.] de La Roche-Aymon, ... — Paris, imp. de A. Delcambre (1845), in-8°, 15 p. 4071

Revue biographique des hommes du jour. Les Contemporains.

Lycosthenes (C.). — Elenchus scriptorum omnium, veterum scilicet ac recentiorū, extantium et non extantiū, publicatorū atq. hinc inde in bibliothecis latitantium, qui ab exordio mundi usq. ad nostra tempora in diversis linguis, artibus ac facultatib. claruerunt, ac etiamnum hodie vivunt: ante annos aliquot a Conrado Gesnero editus, nūc verò primùm in Reipublicæ literariæ gratiam in compendium redactus, et autorum haud poenitenda accessione auctus. — Basileæ, per Operinum, 1551, in-4°. 4072

* **Lyell** (Ch.). — Life letters and journals of sir Charles Lyell, Bart. Edited by his sister-in law, mrs. Lyell. — London, John Murray, 1881, 2 vol. in-8°. 4073

L'appendice E du T. II contient. »Geological papers and works by Sir Charles Lyell.«

* **Maanedlige tillœg** til Adresse-contoirets Efterretninger om Böger og Skrifter. For Aaret 1767. — Trykt paa Kjöbenhavns Adressecontoirs Bekostning, in-4°. 4074

A partir de 1768 le titre devient: Kongelig privilegerede Adresse-Contoirs kritiske Journal om Böger og Skrifter for Aar 1768. Trykt paa det kongelige privilegerede Kiöbenhavns Adresse-Contoirs Bekostning, in-4°, 1768-1773.

Le titre devient ensuite:

Kjöbenhavns Kongel. privilegerede Adresse-Contoirs Nye kritiske Journal for Aar 1774. — Udgaaer fra Adresse Kontoiret, 1774-1779, in-4°.

Maassen (Fr.). — Geschichte der Quellen und der Literatur des canonischen Rechts im Abendlande bis zum Ausgange des Mittelalters. — Gratz, Leuschner und Lubensky, 1870, in-8°. T. I. 1-2. 4075

Macartan (L.). — Voy. Virlet. Rapport sur les travaux... de M. Duponchel.

* **Macé** (R.). — Voyage de Charles-Quint par la France, poème historique. Publié avec introduction, notes et variantes par Gaston Raynaud. — Se trouve à Paris, cher Alphonse Picard, 1879, in-8°. 4076

Contient, pages XXIII-XXXVI la bibliographie des »Entrées de Charles Quint« (39 art. imprimés).

Machado (D. B.). — Bibliotheca Lusitana historica, critica, e cronologica.

Na qual se comprehende a noticia dos authores portuguezes, e das obras, que compuseraõ desde o tempo da promulgaçaõ da ley da Graça até o tempo prezente. Offerecida a Augusta Magestade de D. Joaõ V. Nosso Senhor. — Lisboa, Off. de Fonseca, 1741-1752, 4 vol. in-fol. 4077

Les T. II-III ont paru chez Rodrigues, et le T. IV chez Ameno.

* **Mackeldey** (F.). — Lehrbuch des heutigen römischen Rechts. Nach dessen Tode durchgesehen und mit vielen Anmerkungen und Zusätzen bereichert von Konrad Franz Rosshirt. Eilfte Original-Ausgabe. — Giessen, G. Fr. Heyer, 1838, 2 vol. in-8°. 4078

Le T. I. contient, p. 1-190: »Einleitung, enthaltend die allgemeinen, historischen und literärischen Vorkenntnisse zum Studium des römischen Rechts«.

Mackenzie (G.). — The lives and characters of the most eminent writers of the Scots nation; with an abstract and catalogue of their works; their various editions; and the judgment of the Learn'd concerning them. — Edinburgh, print. by Watson & by Adams Junior, 1708-1722, in-fol. 4079

* **Macrobius** (A. Th.). — Opera ad optimas editiones collata. Præmittitur notitia literaria. Accedunt indices studiis societatis Bipontinæ. Editio accurata. — Biponti, ex typograph. Societatis, 1788, 2 vol. in-8°. 4080

Le T. I. contient, pages VI-XIV: »Index editionum Macrobii auctior Fabricio Ernestino inque III ætates digestus«.

* **Mac Sarcasm** (A.). — The life of Hannah More. With a critical review of her writings. — London, printed for T. Hurot, 1802, in-8°. 4081

* **Madden** (J. P. A.). — Lettres d'un bibliographe. — Versailles, imp. Aubert, 1868, in-8°. 4082

* — — Deuxième série. Ornées de facsimile. — Versailles, imp. Aubert, 1873, in-8°.

* — — Troisième série. Avec fac-simile. — Versailles, imp. Aubert, 1874, in-8°.

Sur les couvertures imprimées, l'adresse est: Paris, Tross.

* — — Quatrième série ornée de six planches et de plusieurs fac-simile. — Paris, Ernest Leroux, 1875, in-8°.

— — Suivies d'un essai sur l'origine de l'imprimerie de Paris. (Cinquième série, ornée d'un atlas.) — Paris, Ernest Leroux, 1878, in-8°.

Mader (J. J.). — Scriptorum insignium, qui in celeberrimis, præsertim Lipsiensi, Wittenbergensi, Franfordiana ad Oderam academiis, a fundatione ipsarum, usque ad annum Christi 1515 floruerunt, centuria, ab auctore ejus temporis anonymo concinnata, nunc vero in lucem edita. — Helmæstadi, Muller, 1660, in-4°, 38 p. 4083

Mæhly (J.). — Sebastian Castellio. Ein biographischer Versuch nach den Quellen. — Basel, Bahnmaier, 1863, in-8°. 4084

Contient, p. 99-103: »Chronologisches Verzeichniss der Schriften.«

Maes (Costantino). — Saggio d'indice per materie a sistema nuovissimo della biblioteca della R. Università di Roma. — Roma, 1881, in-4°. 4085

* **Mæstri** (P.). — Le pubblicazioni della direzione di statistica. Relazione a S. E. il ministro di agricoltura, industria e commercio con note bibliografiche e sommarii statistici... — Firenze, tip. Tofani, 1869, gr. in-8°. 4086

Contient les titres et l'analyse d'une série d'ouvrages relatifs à la statistique de l'Italie.

* **Maffei** (E.) & **Rua Figueroa** (R.). — Apuntes para una biblioteca española de libros, folletos y artículos, impresos y manuscritos, relativos al conocimiento y explotacion de las riquezas minerales y á las ciencias auxiliares... Acompañados de resenas bio-

gráficas y de un ligero resúmen de la mayor parte de las obras que se citan. — Madrid, imp. J. M. Lapuente, 1871-1872, 2 vol. in-8°. 4087

Maffei (Fr. Sc.). — Voy. Traduttori italiani. — Voy. Verona illustrata.

* **Maffre** (J.). — Le R. P. Lacordaire, sa vie et ses ouvrages. — Toulouse, Delboy, 1854, in-8°. 4088

* **Magasin pittoresque** (Le)... Table alphabétique et méthodique, suivie de la liste des rédacteurs, des dessinateurs et des graveurs pendant les quarante premières années 1833-1872. — Paris, imp. Best, 1873, in-4°. 4089

* **Magazin des Buch- und Kunst-Handels**, welches zum Besten der Wissenschaften und Künste von den dahin gehörigen Neuigkeiten Nachricht giebt. — Leipzig, bei Johann Gottlob Immanuel Breitkopf, 1780-1782, 3 vol. in-8°. 4090

Magazin für Ingenieur und Artilleristen herausgegeben von Andreas Böhm. — Giessen, Krieger, 1777, in-8°. T. I. 4091

Contient, p. 293-372: »Versuch einer Artillerie-Bibliothek, worin die vornehmsten die Geschützkunst betreffenden Schriften in chronologischer Ordnung angezeigt sind von Joachim Michael Geuss«. — Le T. IV, 1780, p. 199-317, contient: »Verbesserungen und Zusätze dazu«.

Le T. X, 1787, contient p. 259-368: »Versuch eines Verzeichnisses der Schriften, woraus man die sowohl ehemalige als jetzige Beschaffenheit der Festungen kennen lernen und von ihren Belagerungen Nachricht erhalten kann, aufgesetzt von Andreas Böhm. Mit Anhang. Bestehend in einer Fortsetzung und in einigen Zusätzen zu Scheibels Fortifications-Bibliotheke«.

* **Magne** (J. H.). — Exposé des titres de J. H. Magne candidat à la place vacante à l'académie impériale de médecine section de médecine vétérinaire. — Paris, imp. de Ve Bouchard-Huzard, 1863, in-4°, 24 p. 4092

* **Magne** (J. H.). — Note sur les titres et les travaux de J. H. Magne, candidat à la Société impériale et centrale d'agriculture de France dans la section d'économie des animaux. — Paris, imp. de Ve Bouchard-Huzard, 1862, in-4°, 7 p. 4093

* —. — Société impériale et centrale d'agriculture de France. Notice historique sur les travaux d'Emile Baudement. Lue à la séance du 24 janvier 1866. — Paris, imp. de Ve Bouchard-Huzard (1866), in-8°, 26 p. 4094

Ext. des »Mémoires de la Société impériale et centrale d'agriculture de France, année 1865.«

Magné de Marolles. — Voy. Ludwig (Christ. Fr.). Einleitung in die Bücherkunde der praktischen Medizin.

* **Magnin** (Ch.). — Notice historique sur J.-B.-B. Van Praet ... Extrait de la »Biographie universelle« T. 78. — Paris, imp. de E. Duverger (4 novembre 1845), in-8°, 7 p. 4095

* **Mahérault** (M. J. F.). — L'œuvre de Moreau le jeune, Catalogue raisonné et descriptif avec notes iconographiques et bibliographiques orné d'un portrait de l'auteur par Le Rat et précédé d'une notice bibliographique par Emile de Najac. — Paris, Labitte, 1880, in-8°. 4096

Mahn (C. A. F.). — Voy. Sprachwissenschaftliche Werke.

* **Mahrenholtz** (R.). — Molière's Leben und Werke vom Standpunkt der heutigen Forschung. — Heilbronn, Verlag von Gebr. Henninger, 1881, in-8°. 4097

C'est le T. II. des: »Französische Studien. Herausgegeben von G. Körting und E. Koschwitz. — Heilbronn ...« Les pages 362-387 contiennent une bibliographie de Molière.

Mahul. — Voy. Notice historique et bibliographique des journaux...

* **Maillard** (Ad.). — Etude sur la vie et les ouvrages de David (d'Angers), statuaire. — Angers, imp. de V. Pavie, 1838, in-8°, 30 p. 4098

La couverture imprimée sert de titre.

*— (F.). — Histoire des journaux publiés à Paris pendant le siège et sous la commune, 4 septembre 1870 au 28 mai 1871. — Paris, Dentu, 1871, in-8°. 4099

*—. — Les Publications de la rue pendant le siège et la Commune. Satires. Canards. Complaintes. Chansons. Placards et pamphlets. Bibliographie pittoresque et anecdotique. — Paris, Aubry, 1874, in-18. 4100

*— (L.). — Notes sur l'île de la Réunion (Bourbon). — Paris, Dentu, 1863, 2 vol. in-8° et atlas. 4101

Le T. I, p. 328 et suiv. contient une liste de 69 ouvrages consultés.

* **Maillot de la Treille.** — Notice de la vie et des ouvrages du Père F.-J. Des Billons. — Strasbourg, imp. de F. Levrault, 1790, in-8°. 4102

* **Maisonneuve.** — Titres et travaux scientifiques de M. Maisonneuve. — (Paris), imp. de Renouard (1848), in-4°, 8 p. 4103

*— (J. G.) — Titres et travaux scientifiques de M. le Dr. J. G. Maisonneuve présentés à la faculté de médecine de Paris à l'occasion d'une nomination à la place de professeur de clinique chirurgicale, le 30 mai 1854. — (Paris), imp. W. Remquet (1854), in-4°, 23 p. 4104

* **Maittaire** (M.). — Annales typographici ab artis inventæ origine ad annum 1500. — Hagæ Comitum, apud Isaacum Vaillant, 1719, in-4°. 4105

*— — ab anno 1500 ad annum 1536. Continuati. T. II. — Hagæ comitum, 1722, 2 parties in-4°.

* — — ab anno 1536 ad annum 1557, continuati: cum appendice. T. III. — Hagæ comitum, apud patres Vaillant, 1725 2 vol. in-4°.

* **Maittaire** (M.). — Annales typographici ab artis inventæ origine ad annum 1664. Editio nova auctior et emendatior. — Amstelodami, apud Petrum Humbert, 1773, in-4°. T. I. 4106

* Annalium typographicorum tomus quintus et ultimus; indicem in tomos quatuor præuntes complectens. — Londini, apud Gul. Darres et Cl. Du Bosc, 1741, 2 vol. in-4°.

* **Malacarne** (V.). — Delle Opere de' medici e de' cerusici che nacquero o fiorirono prima del secolo XVI negli Stati della real casa di Savoja, altri monumenti raccolti da Vincenzio Malacarne — Torino, Stamp. reale, 1789, in-4°. 4107

* **Malassis** (A. P.). — Théâtre de Marivaux. Bibliographie des éditions originales et des éditions collectives données par l'auteur. — Paris, P. Rouquette, 1876, in-12, 26 p. 4108

Tiré à 100 ex. papier vergé et 5 papier de Chine.

* **Malberg** (A.). — Die Literatur des Bau- und Ingenieur - Wesens der letzten 30 Jahre, oder Verzeichniss der vornehmlichsten Werke in deutscher, französischer, englischer, italienischer, holländischer, u. s. w. Sprache, welche die genannten Fächer betreffen. — Berlin, Ernst & Korn, 1852, in-8°. 4109

* **Malgaigne** (J. F.). — Candidature à une place vacante à l'Académie royale de médecine. Section de pathologie chirurgicale. Exposé des titres scientifiques de M. J. F. Malgaigne. — Paris, imp. de Bourgogne et Martinet (s. d.), in-8°, 16 p. 4110

*—. — Exposé des titres scientifiques de M. Malgaigne. — Paris, imp. de Fain et Thunot (1842), in - 4°, 4 p. 4111

***Mallet**. — The life of Francis Bacon, lord chancellor of England. — London, printed for Millar, 1740, in-8°. 4112

Contient, p. 166-197: »A Catalogue of all mylord Bacon's writings, as they are printed in the edition of 1740«.

* — (C.). — Mémoire sur la vie et les écrits de Jacques Beattie, philosophe écossais. Lu à l'académie des sciences morales et politiques, dans les séances des 8, 22 et 29 août 1863. — Paris, 1863, in-8°. 4113

Ext. du »Compte rendu de l'Académie«.

***Malleville** (Er. de). — Bibliographie du Périgord (XVIe siècle). — Paris, Auguste Aubry, 1861, in-8°. 4114

Tiré à 100 ex.

***Mallincrot** (B. a). — Paralipomenon de historicis græcis centuriæ quinque (plus minus) quibus præmittitur discursus de summo bono hominis in hujus vitæ miseria tractans et ostendens in quibus illud consistat, et quinam ex antiquis philosophis de illo præ aliis propius ad veritatem accesserint. — Coloniæ Agrippinæ, imprimebat vidua Hartgeri Woringen, 1656, in-4°. 4115

***Malloizel** (G.). — Bibliographie des travaux scientifiques et bibliographie biographique de Claude Bernard. — Paris, J. B. Baillière, 1881, in-8°. 4116

Ext. de l'»Oeuvre de Claude Bernard«.

Malone (Ed.). — Voy. Catalogue of early english poetry.

Malou** (J.). — Notice statistique sur les journaux belges (1830-1842). Lettre à sir Francis J, à Londres. — Bruxelles, imp. Hayez, 1843, in-4°, 35 p. et 3 tableaux. 4117

Ext. du »Bulletin de la commission centrale de statistique«.

***Malte-Brun** (V. A.). — Notice sur les voyages et les travaux de M. le Cte Stanislas d'Escayrac de Lauture. — Paris, imp. de Martinet, 1869, in-8°, 20 p. 4118

Ext. du »Bulletin de la Société de géographie«. (Février 1869).

***Maltzahn** (W. von). — Deutscher Bücherschatz des sechszehnten, siebenzehnten und achtzehnten bis um die Mitte des neunzehnten Jahrhunderts. Gesammelt und mit bibliographischen Erläuterungen herausgegeben. — Jena, Druck und Verlag von Friedrich Mauke, 1875, in-8°. 4119

Maltzahn (W. von). — Voy. Verzeichniss der zur hundertjährigen Geburtstagsfeier Schiller's ...

***Mamet** (H.). — Le président de Brosses, sa vie et ses ouvrages. Thèse présentée à la faculté des lettres de Paris. — Lille, imp. de Massart, 1874, in-8°. 4120

***Mancel** (M. G.). — Alain Chartier. Etude bibliographique et littéraire. Nouvelle édition. — Bayeux, imp. de St. Ange Duvant, 1849, in-8°, 44 p. 4121

* —. — Charles Porée. Etude bibliographique. — Caen, imp. Hardel, 1845, in-8°, 16 p. 4122

* —. — Jean-Baptiste Couture. Etude bibliographique. — Caen, imp. Woinez, 1847, in-8°, 12 p. 4123

* —. — Moisant de Brieux. Etude bibliographique. — Caen, imp. Hardel, 1844, in-8°, 19. 4124

* —. — Sanadon. Etude bibliographique. — Caen, imp. Hardel, 1846, in-8°, 14 p. 4125

Ext. de la »Revue de Caen«.

* —. — Tiphaigne de la Roche. Etude bibliographique. — Caen, A. Hardel, 1845, in-8°, 38 p. 4126

***Mandar** (C. F.). — De l'architecture des forteresses, ou de l'art de fortifier les places, et de disposer les établissemens de tout genre, qui ont rapport à la guerre. Première partie. Essai sur la fortification, où l'on expose les progrès de cet art, depuis son origine jusqu'à nos jours; les principes de l'ordonnance générale et particulière des forteresses, et le parallèle des projets des plus habiles ingénieurs. On y a joint la notice des ouvrages écrits sur l'art défensif. — Paris, Magimel, an IX-1801, in-8°. 4127

Mandement de l'imperiale maieste donne et publie en l'an XLVI. Avecq catalogue, intitulation, ou declaration des livres reprouvéz, faicte par Messieurs les docteurs en sacree theologie de luniversite de Louvain, a l'ordonnance et commandement. — Louvain, imp. par Servais van Sassen, 1546, in-8°. 4128

* **Mandement** de monseigneur l'archevesque de Paris sur la condamnation des livres contenus dans le catalogue suivant. — A Paris, chez François Muguet, 1685, in-4°. 4129

Le mandement a 8 p., et le catalogue, 36 p.

* **Mandosius** (Pr.). — Bibliothcea romana, seu romanorum scriptorum centuriæ. — Romæ, typis, ac sumptibus Ignatii de Lazzaris, 1682 - 1692, 2 vol. in-4°. 4130

* **Mangetus** (J. J.). — Bibliotheca chemica curiosa, seu rerum ad alchemiam pertinentium thesaurus instructissimus: quo non tantum artis auriferæ, ac scriptorum in ea nobiliorum historia traditur, lapidis veritas argumentis, et experimentis innumeris, immò et jurisconsultorum judiciis evincitur, termini obscuriores explicantur, cautiones contra impostores, et difficultates in tinctura universali conficienda occurrentes, declarantur; verùm etiam tractatus omnes virorum celebriorum qui in magno sudarunt elixyre, quique ab ipso Hermete, ut dicitur, Trismegisto, ad nostra usque tempora de chrysopœa scripserunt, cum principiis suis commentariis, concinna ordine dispositi exhibentur. Ad quorum omnium illustrationem additæ sunt quamplurimæ figuræ æneæ. — Genevæ, Chouet, 1702, 2 vol. in-fol. 4131

* **Mangetus** (J. J.). — Bibliotheca chirurgica, sive rerum ad artem Machaonicam quoquô modô spectantium thesauras absolutissimus; quo omnes prorsus humani corporis affectiones chirurgi manum, aut aliam aliquam ejusdem operam exposcentes, ordine alphabeticô explicantur; et per curationes, operationes, consilia, observationes, ac cadaverum anatomicas inspectiones, è variis, iisque præstantissimis autoribus, veteribus, ac recentioribus petitas, abundè; imo et curiosè tractantur. Cum figuris æneis necessariis. — Genevæ, sumptibus Gabrielis de Tournes, 1721, in - fol. 4 vol. 4132

* —. — Bibliotheca pharmaceutico-medica, seu rerum ad pharmaciam Galenico-chymicam spectantium thesaurus refertissimus, in quo, ordine alphabetico non omnis tantùm materia medica historicè, physicè, chymicè ac anatomicè explicata; sed et celebriores quæque compositiones, tum ex omnibus dispensatoriis pharmaceuticis, variis hactenus linguis in lucem editis, tum è melioris notæ scriptoribus practicis excerptæ: imo secretiores non paucæ præparationes chymicæ, mechanicæ etc. in curiosorum cujusvis ordinis usum, undequáque conquisitæ, abundè cumulantur. Cum indice materiarum locupletissimo, et figuris æneis necessariis. — Coloniæ, Allobrogum, Chouet, 1703, 2 vol. in-fol. 4133

* —. — Bibliotheca scriptorum medicorum, veterum et recentiorum: in qua sub eorum omnium qui a mundi primordiis ad hunc usque

annum vixerunt, nominibus, ordine alphabetico adscriptis, vitæ compendiô enarrantur; opiniones, et scripta, modestâ subinde adjecta ἐπικρίσει recensentur; ac sectæ præcipuæ, sub quârumque propriâ appelatione explicantur: sicque historia medica vere universalis exhibetur. Opus doctis omnibus maximique medicis utile, ac perjucundum: Pro quô concinnandô, necessaria undique: sive ex ipsis scriptoribus medicis antiquis, quorum opera ad nostra usque tempora pervenerunt: aut aliis, tùm iisdem contemporaneis, tum etiam subsequentibus, qui de illis verba fecerunt: sive variis dictionariorum compilatoribus, et scriptorum medicorum catalogis; miscellaneis, præterea, Germanor. curiosis; actis Bartholinianis; actis Lipsiensib. ephemerid. per totam Europam jam a multis annis, variis linguis emissis, etc. non mediocri labore ac curâ, sunt exquisita. — Genevæ, sumptibus Peraçhon et Cramer, 1740, 4 vol. in-fol. 4134

* **Manley** (J. J.). — Notes on fish and fishing. With illustrations. Cheaper edition. — London, Sampson Low, 1881, in-8°. 4135

Les pages 33 à 70 contiennent: »The literature of fishing«.

Mann (B. Pickman). — Voy Department of the interior. Second report of the U. S. entomological commission.

* **Manne** (de) & **Dacier**. — Notice des ouvrages de M. D'Anville, précédée de son éloge. — Paris, Fuchs, an X (1802), in-8°. 4136

* **Manne** (E. de). — Nouveau dictionnaire des ouvrages anonymes et pseudonymes la plupart contemporains avec les noms des auteurs ou éditeurs accompagné de notes historiques et critiques. Nouvelle édition revue, corrigée et très-augmentée, pouvant servir de supplément à tous les manuels de bibliographie jusqu'à ce jour. — Lyon, N. Scheuring, 1862, in-8°. 4137

* —. — Troisième édition revue, corrigée et très-augmentée. — Lyon, N. Scheuring, 1868, in-8°.

* **Manne** (E. de). — Nouveau recueil d'ouvrages anonymes et pseudonymes. — Paris, Gide, 1834, in-8°. 4138

* **Manni** (D. M.). — Della prima promulgazione de' libri in Firenze lezione istorica detta nell' academia degli apatisti la sera de' 5 di febbraio 1761. — In Firenze, nella stamperia di Pietro Gaetano Viviani, 1761, in-4°, VIII & 16 p. 4139

Manno (Ant.) e V. **Promis**. — Notizie di Jacopo Gastaldi cartografo piemontese del secolo XVI. — Torino, stamperia reale della ditta G. B. Paravia e Comp., 1881, in-8, 30 p. 4140

Ext. du T. XVI des »Atti della R. accademia delle scienze«.

Mannstein (H. F.). — Ober- und niedersächsisches Adelslexikon. Ein historisch-genealogisch-diplomatisch-heraldisch-statistisches Handbuch der fürstlichen, gräflichen, freiherrlichen und adeligen Geschlechter Ober- und Niedersachsens der älteren und neueren Zeit. Nebst Angabe der Quellen, einem Literaturverzeichnisse, tabellarischen Beiträgen zur Geschichte und Statistik des Adels, einem heraldischen Leitfaden, einer Sammlung heraldisch-kritischer Notizen und heraldischen Beilagen. — Dresden und Leipzig, Arnold, 1843, in-8°. 4141

Le T. I contient, p. IX-XLIII; »Alphabetische Uebersicht der allgemeinen und gesammten deutschen provinziellen Adelsliteratur«.

* **Mansion** (P.). — Notice sur la vie et les travaux de Rodolphe Frédéric Alfred Clebsch. Extrait du Bulletino di bibliografia e di storia delle scienze matematiche e fisiche Tome VIII, mars 1875. — Rome, imp. des sciences mathématiques et physiques, 1875, in-4°. 4142

Manuel de Assas (P. P. Blanco y). — Voy. Blanco y Manuel de Assas.

Manuel de Sá Mattos. — Bibliotheca chirurgico-anatomica, ou compendio historico-critico e chronologico sobre a cirurgia e anatomia, com a specificação de sus auctores, suas obras, etc. — Porto, Off. de Ribeiro, 1788, in-4°. 4143

* **Manuel bibliographique des amateurs,** contenant l'état général de tous les objets anciens et nouveaux qui sont relatifs aux lettres, aux sciences, aux arts, et qui se vendent journellement dans Paris, tels que les livres, les tableaux, les dessins, les estampes, les bronzes, les médailles, les pierres gravées, les curiosités naturelles et autres effets curieux, rares et précieux; avec les prix exactement recueillis et comparés entre eux; des descriptions; des éclaircissemens; des notes sur les auteurs célèbres et sur leurs ouvrages, etc. — A Paris, au bureau du Journal, 1780, 4 vol. in-8°. 72 cahiers par an. 4144

* **Manuel bibliographique du photographe** français, ou nomenclature des ouvrages publiés en France depuis la découverte du daguerréotype jusqu'à nos jours, par E. B. de L. — Paris, Aug. Aubry, 1863, in-16, 22 p. 4145

Par Bellier de La Chavignerie.

* **Manuel** de la **librairie,** contenant les noms des libraires et imprimeurs de la majeure partie des villes de l'Europe, précédé d'une instruction sur les lois et les règlemens de la librairie, les droits des auteurs et de leurs héritiers; suivi des principaux libraires étrangers, qui font des ventes à l'encan, et d'une notice des feuilles périodiques qui annoncent les ouvrages nouveaux. — A Paris, chez Désolneux, 1807, in-12. 4146

* **Manuel des châteaux,** ou lettres contenant des conseils pour former une bibliotheque romanesque, pour diriger une comédie de société, et pour diversifier les plaisirs d'un sallon. — A Paris, chez Moutard, 1779, in-8°. 4147

Le faux titre porte: »Mélanges tirés d'une grande bibliotheque. B«.

* **Manuel du bibliophile** et de l'archéologue Lyonnais. — Paris, Adolphe Delahaye, 1857, gr. in-8°. 4148

Par Jean Baptiste Monfalcon.

Le titre ci-dessus accompagnait une partie de la préface de l'ouvrage qui a paru plus tard sous le titre: Le nouveau Spon.

* **Manuel du cazinophile.** Le Petit format à figures, collection parisienne in-18 (vraie collection de Cazin). — Paris, A. Corroënne, Ed. Rouveyre, 1878, in-18. 4149

Titre rouge et noir. Papier vergé. — Tiré à 624 ex., dont 24 sur Chine, 500 sur papier vergé et sur papier de Hollande, et 100 format in-8°, grand papier.

Les 72 premières pages de cet ouvrage ont paru d'abord avec ce titre: »Bibliographie du petit format dit Cazin. — Paris, Corroënne, 1877, in-18«. — Le faux titre portait: »Bibliographie générale des petits formats dits Cazin«. — La couverture imprimée avait pour titre: »Etudes sur le petit format dit Cazin.«

* **Manzoni** (Al.). — L'edizione illustrata dei promessi sposi. Lettere a Francesco Gonin pubblicate e annotate da Filippo Saraceno. — Torino, fratelli Bocca, 1881, in-8°. 4150

* — (G.). — Studii di bibliografia analitica. Studio secondo de' primi inventori delle lettere a stampa per servire alle arti dello scolpire, del miniare e dello scrivere; de' libri e degli esemplari di caratteri intagliati o impressi sino alla metà del secolo XVI, e degli autori di essi. Con 8 tavole silografiche. — Bologna, presso Gaetano Romagnoli, 1882, in-8°. 4151

* — (L.). — T. I. Bibliografia degli statuti, ordini e leggi dei municipii ita-

liani compilata. — Bologna, presso Gaetano Romagnoli, 1876, in-8°. Parte prima. 4152

Bibliografia statutaria e storica italiana. — Bologna, G. Romagnoli, 1876, in-8°.

***Marais** (M.). — Histoire de la vie et des ouvrages de M. de La Fontaine . . . publiée pour la première fois avec des notes et quelques pièces inédites. — Paris, Renouard, 1811, in-12. 4153

Par Simon Chardon de La Rochette.

Marbach (G. O.). — Lehrbuch der Geschichte der Philosophie. Mit Angabe der Literatur nach den Quellen bearbeitet. — Leipzig, Wigand, 1838-1841, 2 vol. in-8°. 4154

Ces volumes ont aussi ces titres particuliers: T. I. »Geschichte der griechischen Philosophie« . . . — T. II. »Geschichte der Philosophie des Mittelalters« . . .

* **Marc** (A.). — Dictionnaire des romans anciens et modernes, ou méthode pour lire les romans d'après leur classement par ordre de matières. Dédié aux abonnés de tous les cabinets de lecture. — Paris, A. Marc, sept. 1819, in-8°. 4155

* —. — Supplément au dictionnaire des romans, du 30 septembre 1819 au 1er janvier 1824; avec un choix des meilleures productions, le cercle des plus célèbres romanciers, et le classement des auteurs avec leurs ouvrages. — A Paris, chez l'auteur, 1824, in-8°. 4156

* — du 1er janvier 1824 au 1er janv. 1828 . . . ornés de portraits. — Paris, chez l'auteur, 1828, in-8°.

* — (J. J.). — Candidature de l'Académie des inscriptions et belles-lettres. A. M. le président de l'Académie. — (Paris), imp. de Tastu, 30 avril 1830, in-8°. 4157

Signé: Le chevalier J. J. Marcel. — Tiré à 40 ex. N'a pas été mis en vente. — Titres de candidat.

* **Marchand** (Pr.). — Histoire de l'origine et des prémiers progrès de l'imprimerie. — A La Haye, chez la veuve Le Vier, et Pierre Paupie, 1740, in-4°. 4158

Les pages 54 à 93 contiennent une »Liste des prémières éditions de chacune des villes où l'imprimerie s'est établie pendant les 36 dernières années du XVe siècle«.

* —. — Supplément . . . ou additions et corrections pour cet ouvrage. — A Paris, imp. de Ph. D. Pierres, 1773, in-4°.

*,—. — Supplément à l'histoire de l'imprimerie, ou additions et corrections pour cet ouvrage. Edition revue et augmentée: avec un mémoire sur l'époque certaine du commencement de l'année à Mayence, durant le XVe siècle. — A Paris, imp. de Philip. Denys Pierres, 1775, in-4°. 4159

***Marchetti** (G.). — La parte migliore de' miei libri. — Torino, typografia di Vincenzo Bona, 1875, in-8°. 4160

Marchi (Fr. de'). — Architettura militare, illustrata da Luigi Marini. — Roma, da torchi di M. de Romanis e figli, 1810, in-fol. T. I. 4161

Contient, p. 57-172: »Biblioteca istorico-critica di fortificazione permanente«.

Marchland (Fr. Krones v.). — Voy. Krones von Marchland.

* **Marcille** (C.). — Notice sur Mathieu Cochereau, peintre Beauceron. — Chartres, imp. de Garnier, 1873, in-8°, 19 p. 4162

* **Marcondes-Resende** (Ign.). — Etudes sur le mécanisme de fermeture de l'arrière-cavité des fosses nasales dans la douche de Weber. Thèse pour le

doctorat en médecine présentée et soutenue le 10 février 1882. — Bordeaux, imp. de Gounouilhou, 1882, in-4°. 4163

Contient, p. 7 et 8: »Bibliographie«.

* **Marcou** (F. L.). — Etude sur la vie et les œuvres de Pellisson, thèse présentée à la faculté des lettres de Paris. — Paris, Didier, 1859. in-8°. 4164

* **Marczali** (H.). — Ungarns Geschichtsquellen im Zeitalter der Arpáden. Von der ungarischen Akademie der Wissenschaftten gekrönte Preisschrift. — Berlin, W. Hertz, 1882, in-8°. 4165

Marées (G. von). — Voy. Jahrbücher für die deutsche Armee und Marine.

Marezoll (Th.). — Das gemeine deutsche Criminalrecht als Grundlage der neueren deutschen Strafgesetzgebungen. Dritte vielfach umgearbeitete Ausgabe. — Leipzig, Barth, 1856, in-8°. 4166

Contient, p. 1-56: »Begriff, Geschichte, Quellen, Literatur und Hülfsmittel des gemeinen deutschen Criminalrechts«.

* **Margerie** (E. de). — M. Louis Veuillot et ses derniers ouvrages, étude politique et littéraire. Extrait du »Correspondant«. — Paris, C. Douniol, 1851, in-8°, 16 p. 4167

* **Margollé** (C.). — Vie et travaux de M. de Mirbel, d'après sa correspondance et des documents inédits. Extrait de la »Revue germanique et française«, livraisons du 1er juin et du 1er juillet 1863. — Saint-Germain, imp. de L. Toinon (s. d.), gr. in-8°, 40 p. 4168

* **Marguerite de Surville**, étude bibliographique; par l'abbé ***. — Paris, Douniol, 1875, in-8°, 16 p. 4169

Ext. de l'»Echo de l'Ardèche«.

Marianus de Romanis. — Voy. Audiffredus (J. B.). Specimen historico-criticum editionum italicarum sæculi XV.

Marie Stuart. — Lettres, instructions et mémoires de Marie Stuart, reine d'Ecosse; publiés sur les originaux et les manuscrits du State Paper Office de Londres et des principales archives et bibliothèques de l'Europe, et accompagnés d'un résumé chronologique par le prince Alexandre Labanoff. — Londres, Dolman, 1844, in-8°, T. VII. 4170

Contient, p. 3-24: »Notice des ouvrages imprimés qui renferment des lettres de Marie Stuart«.

Mariette (P. J.). — Traité des pierres gravées. — Paris, imp. de l'auteur, 1750, in-fol. 4171

Contient, p. 239-468: »Bibliothèque Dactyliographique, ou catalogue raisonné des ouvrages qui traitent des pierres gravées«.

—. — Voy. Montaiglon (A. de). Catalogue raisonné de l'œuvre de Claude Mellan.

* **Marin.** — Notice sur la vie et les ouvrages de Pontus de Thiard, seigneur de Bissi. — (S. l.), 1786, in-8°, 23 p. 4172

* — (Sc.). — Histoire de la vie et des ouvrages de M. de Châteaubriand, considéré comme poëte, voyageur et homme d'état: avec l'analyse de ses ouvrages. — Paris, Vimont, 1832, 2 vol. in-8°. 4173

* **Marionneau** (Ch.). — Bellier de la Chavignerie. — Nantes, imp. de Forest et Grimaud, 1871, in-8°, 4 p. 4174

Ext. de la »Revue de Bretagne et de Vendée«, n° de décembre 1871.

* —. — Brascassat, sa vie et son œuvre. Avec un portrait gravé par Bertinot et des fac-simile d'un dessin et d'un autographe. — Paris, Renouard, 1872, in-8°. 4175

* **Marius Michel.** — Essai sur la décoration extérieure des livres. — Paris, Damascène Morgand et Charles Fatout, 1878, in-8°, 16 p. 4176

* **Markham** (Cl. R.). — The fifty years' work of the royal geographical society. — London, John Murray, 1881, in-8°. 4177

Contient, pages 153-230 : List of papers in the »Journals« and »Proceedings« of the royal geographical society. — et, pages 246-255, la liste des publications de l'Hakluyt society.

* **Marklin** (G.). — Catalogus disputationum in academiis Scandinaviæ et Finlandiæ Lidenianus continuatus. — Upsaliæ, excudebant reg. Academiæ typographi, 1820, 3 parties in-8°, et un supplément. 4178

Marklin (G.). — Catalogus disputationum in academiis Sueciæ et Fenniæ habitarum Lidenianus iterum continuatus. Annis 1820-1855. — Upsaliæ, Wahlström & soc. 1856, in-8°. 4179

Contient : »Sect. I. Disputationes Upsalienses 3089 ; Sect. II. Disputationes Lundenenses 1779 ; Sect. III. Disputationes Fennorum 1216«.

—. — Ad catalogum disputationum in academiis et gymnasiis Sueciæ Lidenianum. Supplementa addidit. — Upsaliæ, reg. acad. typogr., 1820, in-8°. 4180

Marle (J. de). — Voy. Allgemeine Bibliographie für Deutschland.

* **Marmier** (X.). — Lettres sur l'Adriatique et le Montenegro. — Paris, Arthus Bertrand (1853), 2 vol. in-12. 4181

On trouve, p. I-IV du T. I une bibliographie de l'Adriatique et du Montenegro.

Marolles (de). — Voy. Les Histoires des anciens comtes d'Anjou.

* **Marquis** (L.). — Les rues d'Etampes et ses monuments, histoire, archéologie, chronique, géographie, biographie et bibliographie, avec documents inédits, plans, cartes et figures, pouvant servir de supplément et d'éclaircissement aux antiquités de la ville et du duché d'Etampes, de dom Basile Fleureau. Avec une préface par V. A. Malte-Brun. — Etampes, lib. Brière, 1881, in-8°. 4182

* **Marraccius** (H.). — Bibliotheca Mariana alphabetico ordine digesta, et in duas partes divisa. Quâ auctores, qui de Maria Deiparente Virgine scripsère. Cum recensione operum, continentur. Adjecto quintuplici indice, scilicet, cognominum, dignitatum, religionum, nationum et sæculorum, scriptorum Marianorum. — Romæ, typ. Caballi, 1648, in-8°. 4183

* **Marre** (Ar.). — Bibliographie malaise. Ouvrages du capitaine Badings, d'Amsterdam. Extrait du Journal asiatique. — Paris, imp. Nationale, 1881, in-8°, 6 p. 4184

* **Marsand** (A.). — Biblioteca Petrarchesca formata, posseduta, descritta ed illustrata dal prof. Antonio Marsand. — Milano, per Paola Emilio Giusti, 1826, in-fol. 4185

* **Marsden** (W.). — Bibliotheca Marsdeniana philologica et orientalis. A catalogue of books and manuscripts collected with a view to the general comparison of languages, and to the study of oriental literature. — London, printed by J. L. Cox, 1827, in-4°. 4186

N'a pas été mis dans le commerce.

* **Marshall** (Ch. et W.). — The latin prayer book of Charles II ; or, an account of the liturgia of Dean Durel, together with a reprint and translation of the catechism therein contained, with collations, annotations, and appendices. — Oxford, James Thornton, 1882, in-8°. 4187

* — (D.). — Printing an account of its invention and of William Caxton the first english printer. — London and Paris, A. Quantin and Co., 1877, in-4°. 4188

* **Marshall** (G. W.). — The genealogist's guide to printed pedigrees. Being a general search through geneological, topographical, and biographical works relating to the United Kingdom, together with references to family histories, peerage claims, etc. — London, George Bell & sons, 1879, in-8°. 4189

Martens (Ch. de). — Manuel diplomatique ou précis des droits et des fonctions des agens diplomatiques; suivi d'un recueil d'actes et d'offices pour servir de guide aux personnes qui se destinent à la carrière politique. — Paris, Treuttel et Würtz et Bossange, 1822, gr. in-8°. 4190

Contient, p. 577-620: »Bibliothèque diplomatique choisie«.

* (Ed.). — Note bibliografiche riguardante i molluschi, terrestri e fluviatili dell' Italia, con introduzione di C. Gentiluomo. — Torino e Firenze, Ermanno Lœscher, 1870, in-8°, 32 p. 4191

* — (G. F. de). — Précis du droit des gens moderne de l'Europe. Nouvelle édition, revue, accompagnée des notes de Pinheiro-Ferreira précédée d'une introduction et complétée par l'exposition des doctrines des publicistes contemporains et suivie d'une bibliographie raisonnée du droit des gens par Ch. Vergé. — Paris, Guillaumin, 1858, 2 vol. in-8°. 4192

* **Martial** (M. V.). — Epigrammata ad optimas editiones collata. Præmittitur notitia literaria studiis societatis Bipontinæ. Editio accurata. — Biponti, ex typographia societatis, 1784, in-8°. 4193

Contient, pages XXV-XL: »Index editionum M. Val. Martialis Fabriciano auctior et in V ætates digestus«.

* — (a. s. Joanne Baptista). — Bibliotheca scriptorum utriusque congregationis et sexus carmelitarum excalceatorum, collecta et digesta. — Burdigalæ, ex typographiâ Petri Sejourné, 1730, in-4°. 4194

* **Martin** (A.). — Histoire de la vie et des écrits de Pierre Gassendi. — Paris, Ladrange, 1853, in-12. 4195

—. — Voy. Stapleton (Th.). Histoire de Thomas More.

* —. — Etude sur les ex-dono et dédicaces autographes, avec reproductions autographes d'ex-dono de Victor Hugo, Balzac, Théophile Gautier, George Sand, Jules Janin, Joseph Autran, Victorien Sardou, Charles Monselet. — Paris, J. Baur, 1877, gr. in-4°, 40 p. 4196

—. — Voy. Katalog der Bibliothek des k. k. polytechnischen Institutes in Wien.

— (Chr. S.). — Schediasma historico-literarium de coleris doctrina scriptisque claris. Præmissa sunt Analecta potiorum hujus generis de eruditis homonymis, scriptorum, quæ apud cl. Mollerum et cel. Struvium non exstant. Vitembergæ, Koberstein, 1718, in-4°. 4197

* — (E.). — Histoire des monstres depuis l'antiquité jusqu'à nos jours. — Paris, C. Reinwald, 1880, in-8°. 4198

Les pages 385 et suiv. renferment une bibliographie des livres sur les démons et les sorciers.

* — (H.). — Académie impériale de Reims. Etude sur Linguet. Mémoire couronné dans la séance publique du 28 juillet 1859. — Reims, imp. de P. Dubois, 1861, in-8°. 4199

* —. — Jean Reynaud. — Paris, Furne, 1863, in-8°, 48 p. 4200

* — (J.). — Vincent de Lérins. Thèse présentée à la Faculté de théologie de Paris. — Saint-Cloud, imp. de Vve. Belin, 1859, in-8°. 4201

* —. — **A bibliographical catalogue of books privately printed; including**

those of the Bannatyne, Maitland and Roxburghe Clubs and of the private presses at Darlington, Auchinleck, Lee priory, Newcastle, Middle Hill, and Strawberry Hill. — London, Arch, Payne and Foss, 1834, in-8°. 4202

*—. — Second edition. — London, printed by Woodfall and Kinder, 1854, in-8°.

* **Martin** (W.). — Catalogue d'ouvrages relatifs aux iles Hawaii, essai de bibliographie Hawaiienne. — Paris, Challamel ainé, 1867, in-16. 4203

* **Martin-Lauzer** (A.). — Les eaux de Luxeuil. Bibliographie. — Paris, Adrien Delahaye, 1866, in-8°. 4204

* **Martin Saint-Ange** (G. J.). — Notice analytique sur les travaux de M. G. J. Martin Saint-Ange. — Paris, imp. de Moquet, 1850, in-4°, 40 p. 4205

* **Martinet** (E.). — Ministère de l'agriculture et du commerce. Exposition universelle internationale de 1878 à Paris. Groupe II. — Classe 9. Rapport sur l'imprimerie et la librairie. — Paris, imp. nationale, 1880, in-8°. 4206

Martini (P.). — Catalogo della biblioteca sarda del cavaliere Lodovico Baille preceduto dalle memorie intorno alla di lui vita. — Cagliari, tipogr. di Timon, 1844, in-8°. 4207

* **Martiny** (B.). — Milchwirtschaftliches Taschenbuch für 1882. — Bremen, Verlag von M. Heinsius, in-12. 4208

Contient, pages 102-106: »Literatur über Mölkereiwesen und verwandte Gebiete der letzten zwölf Jahre«.

Martonne (de). — Voy. Denis (F.). Manuels-Roret. Nouveau manuel de bibliographie universelle.

* **Marty-Laveaux** (Ch.). — Notice biographique sur Pierre Corneille. — Paris, imp. de Charles Lahure, 1868, in-8°. 4209

Cette notice, terminée par une table chronologique des écrits de Pierre Corneille a été écrite pour être placée à la tête de la nouvelle édition de ses Oeuvres faisant partie de la collection des »Grands écrivains de la France« et publiée de 1862 à 1868 par Hachette.

—. — Voy. Rabelais, œuvres.

Martyni-Laguna (J. Al.). — Voy. Epistola ad virum inclutum C. G. Heyne.

* **Martyrologe littéraire**, ou Dictionnaire critique de sept cents auteurs vivans, par un hermite qui n'est pas mort. — Paris, G. Mathiot, 1816, in-8°. 4210

Par A.-P.-G. Ménégault, d'après Barbier.

Marvin (T. G.). — Legal bibliography; or, a thesaurus of american, english, irish, and scotch law books, together with some continental treatises, interspersed with critical observations upon their various editions and authority. To which is prefixed a copious list of abbreviations. — Philadelphia, 1847, in-8°. 4211

Marx (K. Fr. H.). — Ueber die Wirksamkeit der Göttingischen gelehrten Anzeigen und meine Theilnahme an denselben. — Göttingen, Dieterich, 1863, in-8°. 4212

Mascaregna (F. M.). — Index auctorum damnatæ memoriæ, tum etiam librorum qui vel simpliciter, vel ad expurgationem usque prohibentur, vel denique jam expurgati permittuntur. Editus ... et in partes tres distributus quæ proxime sequenti pagella explicate censentur. De consilio supremi senatus sanctæ generalis inquisitionis Lusitaniæ. — Vlyssipone, ex officina Petri Craesbeeck, 1624, in-fol. 4213

* **Masch** (A. G.). — Beyträge zur Geschichte merkwürdiger Bücher. — Bützow und Wismar, bey Joh. Andr. Berger und Jac. Bœdner, 1769-1776, in-12 en 9 parties. 4214

*—. — Bibliotheca sacra post cl. cl. vv. Jacobi Le Long et C. F. Bœr-

neri iteratas curas ordine disposita, emendata, suppleta, continuata ab Andrea Gottlieb Masch... — Halæ, sumtibus J. J. Gebaueri, 1778-1785, 4 vol. in-4°. 4215

* **Massmann** (H. F.). — Literatur der Todtentänze. Beytrag zum Jubeljahre der Buchdruckerkunst. (Aus dem »Serapeum« besonders abgedruckt.) — Leipzig, T. O. Weigel), 1840, in-8°. 4216

* —. — Die Xylographa der Königlichen Hof- und Staatsbibliothek sowie der Königlichen Universitätsbibliothek in München. Aus dem »Serapeum« besonders abgedruckt. — Leipzig, T. O. Weigel, 1841, in-8°. 4217

* **Massougnes** (G. de). — Berlioz, son œuvre. — Paris, Dentu, 1870, in-8°. 4218

* — 2e édition. — Paris, Dentu, 1870, in-8°.

* **Mastrella.** — Notice sur la vie et les ouvrages de Charles Botta. — Paris, imp. de H. Fournier, 1837, in-8°, 32 p. 4219

Ext. de la »Revue rétrospective«, n° du 31 octobre 1837.

Materialien zu einer Geschichte des Buchhandels. — Leipzig, Feind, 1795, in-8°. 4220

Par J. C. F. Roch.

Matheron (L.). — Goya. — Paris, Schultz et Thuillié, 1858, in-16. 4221

Maton (G. G.) et Th. **Rackett.** — Bibliothèque chronologique et systématique ou méthodique des auteurs testacéologiques. Traduit de l'anglois par A. M. H. Boulard. — Paris, Garnery, 1811, in-8°. 4222

* **Matter.** — Notice sur la vie et les ouvrages de M. A. Dupont, instituteur. — Paris, Ducrocq (1868), in-18, 34 p. 4223

* **Matter.** — Notice sur la vie et les travaux de M. Philippe de Golbéry. Extrait du »Bulletin de la Société impériale des antiquaires de France« pour 1858. — Paris, imp. de C. Lahure (s. d.), in-8°, 13 p. 4224

* —. — Saint-Martin, le philosophe inconnu, sa vie et ses écrits, son maître Martinez et leurs groupes, d'après des documents inédits. — Paris, Didier, 1862, in-8°. 4225

* — 2e éd. — Paris, Didier, 1864, in-18.

* —. — La Vie et les travaux de Christian Bartholmess. Discours prononcé, le 11 novembre 1856. — Paris, Grassart, 1856, in-8°, 43 p. 4226

* **Matthæus** (Chr. Fr. de). — Accurata codicum græcorum mss. bibliothecarum mosquensium sanctissimæ synodi notitia et recensio... edita. — Lipsiæ, Joachim, 1805, in-8°. T. I. 4227

Mattheson. — Voy. Georg Friderich Händels Lebensbeschreibung.

* **Maunsell** (A.). — The first part of the catalogue of english printed bookes: which concerneth such matters of Divinities, as haue bin either written in our owne tongue, or translated out of anie other language: and haue bin published, to the glory of god, and edification of the church of Christ in England. Gathered into alphabet, and such method as it is, by Andrew Maunsel... — London, printed by John Windet for Andrew Maunsell, 1595, in-fol. 4228

* —. — The seconde parte of the catalogue of english printed bookes: eyther written in our owne tongue, or translated out of any other language: which concerneth the sciences mathematicall, as arithmetick, geometrie, astronomie, astrologie, musick, the arte of warre, and navigation: and also, of phisick and surgerie: which haue beene published to the glorie of god, and

the benefit of the commonweale of England. Gathered into alphabet, and such methode as it is. — London, print. by Roberts, 1595, in-fol., 27 p. 4229

Maupoint. — Voy. Biblioteque des théâtres.

* **Maurenbrecher** (R.). — Lehrbuch des gesammten heutigen gemeinen deutschen Privatrechtes. Zweite völlig neue Bearbeitung. — Bonn, Weber, 1840, in-8°. 4230

Le T. I contient, p. 78-88: »Uebersicht der Präjudiciensammlungen«.

* **Maurette** (O.). — Monseigneur Georges Darboy,... sa vie, ses œuvres. — Paris, bureaux de La Tribune sacrée, 1863, gr. in-8°, 16 p. 4231

* **Mauriac** (Ch.). — Titres et travaux scientifiques du Dr. Charles Mauriac. — Paris, imp. de Capiomont et Renault, décembre 1881, in-4°. 4232

* **Maurice**. — Notice sur la vie et les ouvrages de Lagrange (Extrait de la »Biographie universelle«). — (Paris), imp. de A. Boucher (1819), in-8°, 19 p. 4233

— (E. F.). — Voy. Chaverondier (A.). Catalogue des ouvrages relatifs au Forez.

* **Mauritius** (Er.). — Dissertationes et opuscula, de selectis jurispublici, feudalis et privati argumentis conscripta, et seorsim antehac diversis locis edita, jam vero explendis eruditorum diuturnis desideriis, in unum volumen collecta. Accessit præfatio Joannis Nicolai Hertii, succinctam illustris auctoris memoriam et vitæ delineationem complexa. Editio secunda curatior, emendatior, et ab infinitis ferè, qua prior scatebat, et quarum multæ ipsum turbabant sensum, mendis repurgata. Cum indice rerum et materiarum copiosiori. — Argentorati, Dulssecker, 1724, in-4°. 4234

Contient, p. 556-584: »Nomenclator scriptorum in jura feudalia«.

* **Maury** (A.). — Notice sur la vie et les ouvrages de J.-B.-Prosper Jollois... — Paris, imp. de E. Duverger, 1846, in-8°, 23 p. 4235

Ext. du T. XVIII des »Mémoires de la Société royale des antiquaires de France«.

* —. — Notice sur la vie et les ouvrages de M. de Villiers Du Terrage... Extrait du »Bulletin de la Société impériale des antiquaires de France«, 1847... — (Paris), imp. de Lahure (s. d.), in-8°, 14 p. 4236

* —. — Notice zur la vie et les travaux d'Edouard Biot,... lue à la séance du 19 octobre 1850. Extrait de l'»Annuaire de la Société des antiquaires de France pour 1851«. — Paris, imp. de Crapelet, 1851, in-18, 14 p. 4237

—. — Voy. Quérard (J.). La France littéraire.

* **Mauvais** (V.). — Notice sur les travaux astronomiques de M. Victor Mauvais. — (Paris), imp. de Bachelier (1843), in-4°, 6 p. 4238

Mauvais livres (Les), les mauvais journaux et les romans, avec un catalogue de mauvaises publications périodiques et de mauvais livres et une liste de romanciers du jour. Quatrième édition augmentée d'un catalogue d'une bibliothèque choisie. — Bruxelles, imp. de Vanderborght (1843), in-16. 4239

* **Mayer** (C. von). — Heraldisches ABC/Buch. Das ist: Wesen und Begriff der wissenschaftlichen Heraldik, ihre Geschichte, Literatur, Theorie und Praxis. Mit 66 zumeist in Farbendruck ausgeführten Tafeln, und 100 in den Text gedruckten Holzschnitten. — München, Finsterlin in Comm. 1857, in-8°. 4240

* — (J. Fr.). — Bibliotheca biblica, sive dissertationum de notitia auctorum, pontificiorum, reformatorum et Luthe-

ranorum, immo et judæorum, qui in sacram scripturam commentarios scripserunt, in academia Gryphiswaldensi in lucem emissarum decas. Editio altera. — Frankofurti et Lipsiæ, 1709, in-4°. 4241

Mayer (J. Fr.). — Aegidi Strauchi theologia moralis, in academia regia Pomeranorum è msto edita, atque disquisitioni publicæ exposita à Jo. Frid. Mayero, qui bibliothecam scriptorum theologiæ moralis et conscientiariæ adjecit. — Gryphiswaldiæ et Lipsiæ, Fickweiller, 1705, in-4°. 4242

— (J.). — Literatura fisyografii ziemi polskiéy. — Kraków, Friedlein, 1862, in-8°. 4243

Ext. du T. XXX de »Rocznik towarzystwa naukowego krakowskiego«.

Mayeul-Chaudon (L.). — Voy. Bibliotheque d'un homme de goût.

* **Maynard** (U.). — Jacques Crétineau-Joly. Sa vie politique, religieuse et littéraire, d'après ses mémoires, sa correspondance et autres documents inédits orné d'un portrait dessiné et gravé à l'eau-forte par A. J. Gilbert. — Paris, Firmin-Didot, 1875, in-8°. 4244

Maynard de Franc (L. M. J.). — Voy. Catalogue des ouvrages condamnés depuis 1814.

* **Mayor** (J. E. B.). — Bibliographical clue to latin literature edited after Dr. E. Hübner with large additions. — London and Cambridge, Macmillan and Co., 1875, in-8°. 4245

* **Mayr** (G. S.). — Biografie di scrittori e artisti musicali bergamaschi nativi od oriundi, raccolte e pubblicate dal prof. Antonio Alessandri con aggiunta degli scrittori musicali bergamaschi del P.Værini. — Bergamo, tip. Pagnoncelli, 1875, in-4°. 4246

Tiré à 300 ex.

* **Mazères** (Ad.). — Notice sur M. le Bon Tupinier... — Paris, A. Leneveu, 1842, in-8°, 16 p. 4247

La couverture imprimée sert de titre. Elle donne en outre la liste des ouvrages de Tupinier.

* **Mazzuchelli** (G.). — Gli scrittori d'Italia cioè notizie storiche, e critiche intorno alle vite, e agli scritti dei letterati italiani. — Brescia, Bossini, 1753-1763, 2 vol. en 6 tomes in-fol. 4248

* **Meaume** (Ed.). — Etude bibliographique sur les livres illustrés par Sébastien Le Clerc. — Paris, Léon Techener, 1877, in-8°. 4249

Ext. du »Bulletin du Bibliophile«, et tiré à 100 ex.

—. — Note sur les différents tirages des planches du livre intitulé: Austrasiæ reges et duces. Cologna 1591. — Paris, imp. Lahure, 1874, in-8°, 8 p. 4250

Ext. du »Bulletin du Bibliophile«, livr. de mars-avril 1874.

*—. — Recherches sur la vie et les ouvrages de Claude Deruet, peintre et graveur lorrain (1588-1660). — Nancy, Lepage, 1853, in-8°. 4251

*—. — Recherches sur la vie et les ouvrages de Jacques Callot. — Nancy, Grimblot et Vve Raybois, etc., 1853, in-8°. 4252

Ext. des Mémoires de l'Académie de Stanislas.

*— — Recherches sur la vie et les ouvrages de Jacques Callot suite au Peintre-graveur français de M. Robert-Dumesnil. — Paris, Jules Renouard, 1860, in-8°, en 2 parties. 4253

* **Mécène et Photius.** — Le bibliothécaire. Archives d'histoire littéraire, de biographie, de bibliologie et de bibliographie... — Paris, au bureau du bibliothécaire, 1844, in-8°. 4254

Il n'a paru que le n°. 1. (juillet 1844.)

Médelsheim (A. Cerfberr de). — Voy. Cerfberr de Médelsheim.

Meding (H.). — Bibliothèque du Paris Médical, enseignement et bibliographie de la médecine avec un plan de Paris indiquant les hopitaux, orné de seize vues des principaux hospices. A l'usage des étudiants en médecine. — Paris, Masson, 1855, in-12. 4255

Ext. et continuation jusqu'à l'année 1854 du T. II de »Paris Médical«.

* **Meerman** (G.). — De l'invention de l'imprimerie, ou analyse des deux ouvrages publiés sur cette matière. Suivi d'une notice chronologique et raisonnée des livres avec et sans date, imprimés avant l'année 1501 dans les dix sept provinces des Pays-Bas par M. Jacques Visser; et augmentée d'environ deux cents articles par l'éditeur. Avec une planche. — Paris, F. Schœll, 1809, in-8°. 4256

* —. — Plan du traité des origines typographiques. (Traduit du latin en françois.) — Amsterdam, et se trouve à Paris chez Aug. Mart. Lottin, 1762, in-12. 4257

* —. — Origines typographicæ. — Hagæ Comitum, apud Nicolaum Van Daalen, 1765, 2 vol. in-4°. 4258

* —. — Uitvinding der Boekdrukkunst, getrokken uit het latynsch werk van Gerard Meerman, met ene voorreden en aantekeningen van Henrik Gockinga; hierachter is gevoegt ene lyst der Boeken, in de Nederlanden gedrukt voor t year 1500, opgestelt door Jakob Visser. — Te Amsteldam, by Pieter van Damme, 1767, in-4°. 4259

* —. — Conspectus originum typographicarum proxime in lucem edendarum. — In usum amicorum typis descriptus, 1761, in-12. 4260

Meersch (P. C. Van der). — Voy. Van der Meersch.

* **Mège** (Fr.). — Les journaux et écrits périodiques de la Basse-Auvergne (département du Puy de Dôme). Notes pour servir à une bibliographie de l'Auvergne. — Paris, Aubry, 1869, in-12. 4261

Mehl (Ch.). — Voy. Le Bibliographe alsacien. — Voy. Cohen (H.). Guide de l'amateur de livres à figures.

Mehring (D. G. G.). — Voy. Schmidt (V. H.). Neuestes gelehrtes Berlin.

Meikle (W.). — The Canadian newspaper directory; or, advertiser's guide: containing a complete list of all the newspapers in Canada, the circulation of each, and all information in reference thereto. — Toronto, 1858, in-8°. 4262

* **Meinadier** (J. L.). — Notice sur la vie et les travaux de M. Jn Mazauric, pasteur. — Nimes, Gaude, 1822, in-8°, 20 p. 4263

* **Meiners** (C.). — Vergleichung des ältern und neuern Russlandes, in Rücksicht auf die natürlichen Beschaffenheiten der Einwohner, ihrer Cultur, Sitten, Lebensart und Gebräuche, sowie auf die Verfassung und Verwaltung des Reichs. Nach Anleitung der älterer und neuerer Reiseschreiber. — Leipzig, Fleischer, 1798, 2 vol. gr. in-8°. 4264

Les pages 1-43 de la préface du T. I renferment: »Kritisches Verzeichniss der Reisebeschreibungen und älteren Schriften, welche von Russland handeln«.

Meisner (H.). — Voy. Rohricht (R.). Deutsche Pilgerreisen nach dem heiligen Lande.

— (J. Chr.). — Voy. Fabricius (J.). Historia bibliothecæ fabricianæ.

Meissner (Chr. G.). — Litteratur des Oberlausitzschen Rechts. — Zittau und Leipzig, Schöps, 1800-1802, 2 vol. in-8°. 4265

* **Meissner** (Fr. L.). — Grundlage der Literatur der Pädiatrik, enthaltend die Monographien über die Kinder-Krankheiten. — Leipzig, Fest'sche Verlagsbuchhandlung, 1850, in-8°. 4266

* —. — Taubstummheit und Taubstummenbildung. Beobachtungen und Erfahrungen nebst einer Geschichte der Leipziger Taubstummen-Anstalt nach fünfundzwanzigjähriger Erfahrung. — Leipzig & Heidelberg, Winter, 1856, in-8°. T. I. 4267

Avec cet autre titre: »Taubstummheit, Ohr- und Gehörkrankheiten«. — Contient, p. 1-53: »Literatur-Uebersicht über Taubstummheit und Ohr- und Gehörkrankheiten, nebst einem Nachtrage«.

Meister (Chr. Fr. G.). — Bibliotheca juris naturæ et gentium. — Gœttingæ, Vandenhœck, 1749-1757, 3 vol. in-8°. 4268

— (G. J. Fr.). — Vorbereitung zu einer Kenntniss der vornehmsten juristischen Bücher. — Göttingen, Vandenhöck, 1750, in-8°. 4269

— (K. S.). — Das katholische deutsche Kirchenlied in seinen Singweisen von den frühesten Zeiten bis gegen Ende des siebzehnten Jahrhunderts. Auf Grund älterer Handschriften und gedruckter Quellen. — Freiburg im Br., Herder, 1862, in-8°. 4270

Contient, T. I, p. 5-12: »Uebersicht der Literatur zum deutschen Kirchenliede«.

Mejer (G.). — Bibliothecæ theologicæ contractæ libelli duo. — Bremæ, Cöler, 1660, in-12. 4271

* **Méjoff** (V. J.). — Archéologie russe, de 1859 à 1868 inclusivement. Indicateur bibliographique des livres et des articles publiés sur l'archéologie russe. — Saint-Pétersbourg, imp. de l'académie impériale des sciences, 1873, in-8°. 4272

En russe.

* **Méjoff.** — Bibliographie de l'histoire russe pour les années 1859-1864 inclusivement. — St. Pétersbourg, imp. Souchtchinski, 1866, in-8°. 4273

En russe.

— id.—1865-1876. — St. Pétersbourg, 1882, 2 vol. in-8°.

* —. — Bibliographie de la géographie, de la statistique et de l'ethnographie russes. Année... — Saint Pétersbourg, imp. de V. Bézobrazoff, 1865-1882, 9 vol. in-8°. 4274

Publication annexe du »Bulletin de la société impériale de géographie russe«.

* —. — Bibliographie de la question de l'amélioration du sort des paysans appartenant aux propriétaires fonciers dans la Russie méridionale de 1857 à 1860. — St. Pétersbourg, 1861, in-8°, 16 p. 4275

Ext. de l'»Osnova«. En russe.

* — Méjoff a publié la même année et à St. Pétersbourg: »Programme de l'ouvrage intitulé«: (comme dessus); 16 p. aussi. — Tiré à 150 ex.

* —. — Bibliographie de la question juive en Russie, de 1855 à 1875. Extrait de la »Bibliothèque juive«. — Saint-Petersbourg, imp. de A. E. Landau, 1875, in-8°. 4276

En russe.

* —. — Bibliographie pour les années 1856 et 1857, ou indicateur de livres, composé d'après les documents originaux tirés de la bibliothèque publique impériale par V. I. M. Edition de la société russe. — Moscou, imp. de Alexandre Semen, 1859, in-8°. 4277

* —. — Catalogue méthodique des livres russes en vente à la librairie d'Alexandre Fédorovitsch Basounoff... avec indication de 20000 articles de critique, comptes-rendus et notices bibliographiques se rapportant aux ouvrages portés sur le catalogue, et tirés

de toutes les publications périodiques et recueils publiés de 1825 à 1869. En outre, indication de plus de 400 traductions d'ouvrages russes en langues étrangères, publiées séparément. — Saint-Pétersbourg, libr. A. F. Basounoff, 1869, in-8°. 4278

En russe.

* — 3e et 4e supplément pour les années 1871-1873. — St. Pétersbourg, typ. Strasjulevic, 1873, in-8°.

* **Méjoff.** — Court aperçu statistique et bibliographique des ouvrages relatifs à la connaissance de la patrie russe publiés dans les années 1859-1868. — St. Pétersbourg, imp. de Bézobrazoff, 1870, in-8°, 26 p. 4279

En russe. — Ext. du no 5 des »Mémoires de la société russe de géographie«, 1870.

* —. — Les fêtes anniversaires de Lomonosoff, de Karamzine et de Kryloff. Indicateur bibliographique des livres et des articles publiés à l'occasion de ces anniversaires. — St. Pétersbourg, imp. de Bézobrazoff, 1871, in-18. 4280

En russe.

* —. — (V. J.). — Histoire de la littérature russe et de la littérature universelle. Matériaux bibliographiques, disposés dans l'ordre méthodique, relatifs à la littérature russe et à celle des autres dialectes slaves, aux littératures de l'Europe occidentale et de l'Amérique du Nord, à la littérature classique et à la littérature du Levant, édités en langue russe, soit en ouvrages distincts, soit en articles de publications périodiques, dans les 16 dernières années, c'est-à-dire de 1855 à 1870 inclusivement. — St. Pétersbourg, imp. de A. Benke, 1872, in-4°. 4281

En russe.

* —. — Indicateur bibliographique des livres et articles de journaux relatifs à la Russie méridionale. 1858-1860. — S. l. ni d., in-8°. 4282

* **Méjoff.** — Indicateur bibliographique des livres et des articles sur la linguistique publiés en Russie dans l'année 1859. — Voronèje, imp. de Goldstein, 1860, in-8°, 19 p. 4283

En russe. — Ext. des T. V-VI des »Mémoires de philologie«.

* —. — Indicateur bibliographique des livres et des articles publiées sur la linguistique dans les années 1860, 1861 et 1862. — Voronèje, imp. de Goldstein, in-8°, 24 p. 4284

En russe. — Ext. du no 6 des »Mémoires de philologie« 1863.

* —. — Indicateur bibliographique des livres et des articles relatifs aux sociétés fondées sur les principes de la réciprocité, aux associations d'artisans, à la situation de la classe ouvrière et de la petite industrie des produits vulgaires en Russie. Publié par la section pétersbourgeoise de la société impériale d'économie rurale de Moscou, comité des caisses d'épargne et des sociétés industrielles rurales. — St. Pétersbourg, imp. de Maïkoff, 1872, in-8°, 42 p. avec supplément. 4285

En russe.

* —. — Indicateur bibliographique des livres et des articles sur la jurisprudence publiés en Russie dans l'année 1864. — St. Pétersbourg, 1865, in-8°. 4286

En russe.

* —. — Indicateur bibliographique des livres et des articles sur la jurisprudence publiés en Russie dans l'année 1865. Appendice au »Journal du ministère de la justice«. — St. Pétersbourg, imp. du sénat dirigeant, 1866, in-8°. 4287

En russe.

* —. — Indicateur bibliographique des ouvrages russes sur l'ethnographie (livres et articles), pour les années

1860 et 1861. — Saint-Pétersbourg, imp. de V. Golovine, 1864, in-8°. 4288

En russe.

* **Méjoff.**— Jubilée de Pierre le Grand. Guide bibliographique de la littérature relative au jubilée de Pierre le Grand en 1872. Avec l'indication des livres et des articles relatifs à Pierre le Grand parus depuis 1865 jusqu'à 1876. — St. Pétersbourg, Typ. de l'académie imp. des sciences, 1881, in-16. 4289

En russe.

* —. — Matériaux pour l'histoire de l'instruction publique en Russie. Bibliographie de la pédagogique, de la didactique et de la science des méthodes en Russie pour les années 1864 et 1865... T. II (3839 articles et livres). — St. Pétersbourg, imp. Golovine, 1868, gr. in-8°. 4290

En russe.

* —. — Monographie bibliographique. T. I, fasc. 1. Travaux du comité central et des comités statistiques de gouvernements. Indicateur bibliographique des livres et des articles compris dans ces travaux, embrassant l'œuvre des comités de statistique depuis l'époque de leur institution jusqu'à l'an 1873. — St. Pétersbourg, imp. de V. Bézobrazoff, 1873, gr. in-8°. 4291

En russe. — Imprimé sur papier bleu.

* —. — Les publications périodiques en Russie dans les années 1862-1864. Matériaux pour l'histoire du journalisme russe. 1er complément. — St. Pétersbourg, imp. Bézobrazoff, 1864, gr. in-8°. 4292

* —. — La question des paysans en Russie. Collection complète des matériaux de l'histoire de la question des paysans imprimés en langue russe ou étrangère en Russie ou à l'étranger de 1764 à 1864. — St. Pétersbourg, 1865, in-8°. 4293

En russe.

* **Méjoff.**— Recueil des ouvrages et des articles sur le Turkestan... Guide systématique et alphabétique des ouvrages et des articles en russe et en langues étrangères. — St. Pétersbourg, 1878, in-8°, Tome I. 4294

En russe.

* **Mélanges bibliographiques.** Quelques livres non cités dans la quatrième et dernière édition du Guide de l'amateur de livres à vignettes et à figures du XVIIIe siècle. — Allemagne sur Colostre, et se trouve à Marseille, chez V. Boy, avril 1880, in-8°, 33 p. 4295

Par M. Moïse Schwab. — Tiré à 200 ex. dont 50 sur papier de Hollande et 150 sur papier vélin.

Mélanges historiques, littéraires, bibliographiques, publiés par la Société des bibliophiles bretons. — Nantes, à la Société des bibliophiles bretons, 1879, in-8°, pl. et fig. T. I. 4296

* **Mêlier.** — Candidature à l'académie de médecine. Titres de M. Mêlier. — Paris, imp. de A. Appert (1841), in-4°, 4 p. 4297

* **Mellinet** (C.). — Notice sur J.-B. de La Borde. — Nantes, imp. de C. Mellinet, 1839, in-8°, 22 p. 4298

* **Melzi** (G.). — Note bibliografiche edite per cura di un bibliofilo Milanese con altre notizie. — Milano, tipografia Bernardoni, 1863, in-4°. 4299

Publié par le marquis d'Adda.

—. — Voy. Bibliografia dei romanzi e poemi cavallereschi.

* —. — Dizionario di opere anonime e pseudonime di scrittori italiani o come che sia aventi relazione all' Italia di G. M. Milano, coi torchi di Luigi di Giacomo Pirola, 1848-1859, 3 vol. in-8°. 4300

* **Mémoire sur la vie et les ouvrages** de feu M. l'abbé François-Philippe Me-

senguy. — (s. l.), 1763, in-12, 22 p. 4301

Par l'abbé Lequeux.

* **Mémoire sur les travaux** de M. Piroux, pour faire commencer l'éducation et l'instruction des enfants sourds-muets dans les familles et dans les écoles primaires, accompagné de pièces justificatives ou données nancéiennes pour la solution des questions soumises à MM. les recteurs d'académie par le ministre de l'instruction publique, dans sa circulaire en date du 28 octobre 1863. — Paris, L. Hachette, 1864, in-4°. 4302

Mémoires de la société libre d'émulation de Liège. Procès verbaux des séances publiques et pièces couronnées. Nouvelle série. — Liège, imp. de de Thier et Lovinfosse, 1860, in-8°. T. I. 4303

Le Mémoire de Constantin Malaisse sur les découvertes paléontologiques faites en Belgique jusqu'à ce jour contient, p. 117-132 un »aperçu bibliographique«.

* **Mémoires pour servir à l'histoire** de la vie et des ouvrages de M. l'abbé Lenglet Du Fresnoy. — Londres, et Paris, Duchesne, 1761, in-12. 4304

Par J.-B. Michault, d'après Barbier.

* **Mémoires pour servir à l'histoire litteraire** des dix-sept provinces des Pays-Bas, de la principauté de Liege, et de quelques contrées voisines. — Louvain, de l'imprimerie académique, 1763-1770, 18 vol. in-8°. 4305

Publié par J. Noël Paquot.

* **Mémoires sur la vie et les ouvrages** d'Ed. Richer, en partie écrits par lui-même et publiés par F. Piet. — Nantes, Mellinet, 1836, in-8°. 4306

* **Mémoires sur la vie et les ouvrages** de M. Turgot, . . . — Philadelphie, 1782, 2 vol. in-8°. 4307

Par Dupont de Nemours, d'après Barbier.

* — — Philadelphie, 1788, 2 vol. in-8°.

* **Memoirs of the life and ministerial conduct**, with some free remarks on the political writings of the late lord Visc. Bolingbroke. — London, printed for R. Baldwin, 1752, in-8°. 4308

* **Mémorial des poudres et salpêtres** publié par les soins du service des poudres et salpêtres, avec l'approbation du ministre de la guerre. — Paris, imp. Gauthier-Villars, 1882, gr. in-8°. 4309

Contient un »bulletin bibliographique« relatif aux explosifs.

Memorial of protestant missionaries to the Chinese a list of their publications and obituary notices of the deceased. — Shanghai, 1867, in-8°. 4310

Par A. Wylie.

* **Mémorial topographique et militaire,** rédigé au dépôt général de la guerre; imprimé par ordre du ministre. — Paris, imp. de la République, an XI (1803), in-8°. 4311

Le n° 2, historique, contient, p. 42-122: »Notice sur les principaux historiens anciens et modernes, considérés militairement«. Suivie d'un »catalogue alphabétique des auteurs cités dans la notice, avec indication des meilleures éditions«.

Le n° 3, topographie, contient, p. 148-201 »Catalogue des meilleures cartes générales et particulières dont la connaissance peut être utile à un militaire«.

Memorias de litteratura portugueza, publicadas pela academia real das sciencias de Lisboa. — Lisboa, na officina da mesma academia, 1812, in-4°. 4312

Contient, T. VIII, pages 1-147: »Memoria sobre as origens da typografia em Portugal no seculo XV. & memorias para a historia da typografia portugueza do seculo XVI«.

* **Memorie bibliografiche** per la storia della tipografia pavese del secolo XV. raccolte e presentate da siro comi. — Pavia, dalla stamperia Bolzani, 1807, in-8°. 4313

***Memorie per la storia letteraria di Piacenza.** — Piacenza, Orcesi, 1789, 2 vol. in-4°. 4314

Publié par Cristoforo Poggiali.

***Memorie Trevigiane** sulla tipografia del secolo XV. per servire alla storia letteraria e delle belle arti d'Italia. — Venezia, presso Francesco Andreola, 1805, in-4°. 4315

Par Domenico Maria Federici de' Predicatori.

Mencke (J. B. & Fr. O.). — Bibliotheca virorum militia æque ac scriptis illustrium. — Lipsiæ, apud hæredes Lankisios, 1734, in-8°. 4316

*— (J. B.). — Catalogue des principaux historiens, avec des remarques critiques sur la bonté de leurs ouvrages et sur le choix des meilleures éditions. Nouvelle édition soigneusement revuë et augmentée de plusieurs livres et remarques. — A Lipsic, chez Jean Frederic Gleditsch, 1714, in-12. 4317

***Mendez** (Fr. Fr.). — Typographia española ò historia de la introduccion, propagacion y progresos del arte de la imprenta en España. A la que antecede una noticia general sobre la imprenta de la Europa, y de la China : adornado todo con notas instructivas y curiosas. — Madrid, imprenta de la viuda de D. Joachim Ibarra, 1796, in-4°. T. I. 4318

***Mendham** (J.). — An account of the indexes, both prohibitory and expurgatory, of the church of Rome. — London, Hatchard and son, 1826, in-8°. 4319

*—. — Index librorum prohibitorum a Sixto V., papa, confectus et publicatus: at verò a successoribus ejus in sede romana suppressus. — Londini, apud Jacobum Duncan, 1835, in-4°. 4320

*—. — The literary policy of the church of Rome exhibited, in an account of her damnatory catalogues of indexes, both prohibitory and expurgatory. With various illustrative extracts, anecdotes, and remarks. Second edition, much enlarged. — London, James Duncan, 1830, in-8°. 4321

Un supplément de 34 p. a paru en 1836.

Ménégault (A. P. G.). — Voy. Martyrologe littéraire.

***Menge** (H.). — Geschichte der deutschen Literatur mit besonderer Berücksichtigung der modernen Kulturbestrebungen, im Umrisse bearbeitet. — Wolfenbüttel, Julius Zwissler, 1877, in-8°. 4322

***Menière** (Chr.). — Recherches bibliographiques sur les minerais de fer, suivies d'une ancienne mine en Anjou. Extrait des Mémoires de la société académique de Maine-et-Loire, T. 33. — Angers, imp. Lachèse, Belleuvre et Dolbeau, 1877, in-8°, 20 p. 4323

***Mérat**. — Liste chronologique des travaux sur l'anatomie pathologique, la médecine, la thérapeutique, la matière médicale, la botanique, l'agriculture l'horticulture et la littérature, imprimés ou manuscrits (de 1803 à 1850) de M. le docteur Mérat. — Paris, imp. de L. Martinet (1849), in-8°, 16 p. 4324

Méray (A.). — Bibliographie des chansons, fabliaux, contes en vers et en prose, pièces comiques et burlesques, dissertations singulières, aventures galantes, amoureuses et prodigieuses, ayant fait partie de la collection de Viollet-le-Duc avec des notes biographiques et littéraires sur chacun des ouvrages cités. Nouvelle édition augmentée d'un avant-propos. — Paris, Claudin, 1859, in-8°. 4325

Mercier de Saint-Léger. — Notice raisonnée des ouvrages, lettres, dissertations, etc. publiés séparément, ou dans différents journaux par Mercier de Saint-Léger, depuis l'année 1760 jusqu'en 1799, rédigée en partie par lui-même; collationnée et augmentée... par Ch. de Chênedollé. — Bruxelles, 1853, in-8°. 4326

Ext. du »Bulletin du bibliophile belge«.

—. — Voy. Notice raisonnée des ouvrages de Gaspar Schott.

* **Mercklinus** (G. Abr.). — Lindenius renovatus, sive Johannis Antonidæ van der Linden de scriptis medicis libri duo: quorum prior, omnium, tam veterum, quàm recentiorum, latino idiomate, typis unquam expressorum scriptorum medicorum, consummatissimum catalogum continet; quo indicatur, quid singuli authores scripserint: nec non ubi, quâ formâ, et quo tempore, omnes eorum scriptorum editiones excusæ prostent: posterior verò Cynosuram medicam, sive, rerum et materiarum indicem, omnium titulorum vel thematum medicorum potiorum loca communia alphabetico hàcque novâ demum editione primùm adornato ordine suis loculis ita comprehendentem exhibet, ut inquirenti, quicquid desideraverit, velut digito, in multiplicem usum, clarissimè monstretur: noviter præter hæc additâ plurimorum authorum, quotquot nempe habere licuit, vitæ curriculorum succinctâ descriptione: adscitâ undique ab exteris medicis subsidiariâ ope, propriâque ultra decennium adhibitâ singulari operâ atque curâ a postremæ editionis anno 1662 usque ad præsentem continuati, dimidio penè amplificati, perplurimum interpolati, et ab extantioribus mendis purgati. — Norimbergæ, impensis Johannis Georgii Endteri, 1686, in-4°. 4327

* **Mercure étranger**, ou annales de la littérature étrangère. Par MM. Langlès, Ginguené, Amaury-Duval, ... Vanderbourg, Sevelinges, Durdent, Catteau-Calleville et autres hommes de lettres, tant français qu'étrangers. — A Paris, chez Arthus Bertrand et D. Colas, 1813-1814, 3 vol. in-8°. 4328

* **Mercurius rusticus**. Bibliophobia. Remarks on the present languid an depressed state of literature and the book trade. In a letter addressed to the author of the bibliomania. With notes by Cato Parvus. — London, Henry Bohn, 1832, in-8°. 4329

* **Merleker** (K. Fr.). — Musologie. Systematische Uebersicht des Entwickelungsganges der Sprachen, Schriften, Drucke, Bibliotheken, Lehranstalten, Literaturen, Wissenschaften und Künste, der Bibliographie und des literarhistorischen Studiums. — Leipzig, Brockhaus, 1857, in-8°. 4330

* **Mermet** (E.). — Annuaire de la presse française. — Paris, chez l'auteur, 1880-1882, 3 vol. in-18. 4331

Merridew (J.). — A catalogue of engraved portraits of nobility, gentry, clergymen and others, born or resident in, or connected with the county of Warwick, including a very accurate list of all the genuine engravings of Shakspeare, with biographical notices. — Coventry, 1849, in-4°. 4332

* **Merryweather** (F. S.). — Bibliomania in the middle ages. Or sketches of bookworms-collectors-bible students-scribes-and illuminators, from the anglo saxon and norman periods, to the introduction of printing into England; with anecdotes, illustrating the history of the monastic libraries of Great Britain, in the olden time. — London, Merryweather, 1849, in-12. 4333

* **Mertens** (G.). — Verzeichniss von Büchern, Landkarten etc. zu herabgesetzten Preisen, mit Angabe der Bezugsquellen, der Ladenpreise, der herabgesetzten Preise und anderen Nachweisungen. — Berlin, Mertens, 1851, in-8°. 4334

* **Merzdorf** (I. F. L. Th.). — Bibliothekarische Unterhaltungen. Mit Urkunden. — Oldenburg, Verlag der Schulzeschen Buchhandlung, 1844, in-8°. 4335

* —. — Neue Sammlung. — Oldenburg, Schnellpressendruck und Verlag der Schulze'schen Buchhandlung, 1850, in-8°.

* **Messager des sciences historiques,** ou Archives des Arts et de la Bibliographie de Belgique. Recueil publié par MM. A. van Lokeren, le baron de St. Genois, P. C. Van der Meersch et le Baron Kervyn de Volkaersbeke. — Gand, 1863-1882, Hebbelynck, in-8°. 4336

* **Messkatalog.** — Leipzig, Avenarius und Mendelssohn, 1853(-1860), 8 années à 2 vol. in-8°. 4337

Avec cet autre titre: »Bibliographisches Jahrbuch für den deutschen Buch-, Kunst- und Landkarten-Handel.—Leipzig«.

Metzger (A.). — Voy. Bibliotheca historico-naturalis.

* **Mettenius** (C.). — Alexander Braun's Leben nach seinem handschriftlichen Nachlass dargestellt. — Berlin, G. Reimer, 1882, in-8°. 4338

* **Metzger** (J. D.). — Skizze einer pragmatischen Literärgeschichte der Medicin. — Königsberg, Nicolovius, 1792, in-8°. 4339

Zusätze und Verbesserungen. — Königsberg, 1796, in-8°.

Meulen (Van der). — Voy. Van der Meulen.

* **Meunier** (Fr.). — Essai sur la vie et les ouvrages de Nicole Oresme. — Paris, imp. de C. Lahure, 1857, in-8°. 4340

Meurer (M.). — Philipp Melanchthon's Leben für christliche Leser insgemein aus den Quellen erzählt. — Leipzig und Dresden, 1860, in-8°. 4341

Contient, pages XIII-XV: »Kurze Uebersicht der wichtigsten Quellen und Bearbeitungen von Melanchthons Lebensgeschichte«.

Meursus (J.). — Athenæ Batavæ. Sive, de urbe Leidensi, et academiâ, virisque claris; qui utramque ingenio suo, atque scriptis, illustrarunt: libri duo. — Lugduni Batavorum, apud Cloucquiū, et Elsevirios, 1625, in-4°. 4342

* **Meusel** (J. G.). — Bibliotheca historica. Instructa a Burcardo Gotthelf Struvio aucta a Christi. Gottlieb Budero nunc vero a Joanne Georgio Meuselio ita digesta, amplificata et emendata, ut pæne novum opus videri possit. — Lipsiæ, apud heredes Weidmanni, 1782-1796, 3 vol. en 6 parties, in-8°. 4343

* —. — Historisch-litterarisch-bibliographisches Magazin. Errichtet von einer Gesellschaft litterarischer Freunde in und ausser Deutschland. — Zürich, bey Johann Caspar Füessly, 1788-1794, 5 vol. in-8°. 4344

L'adresse des 3 derniers vol. est: Chemnitz, bey Carl Gottlieb Hofmann, 1792-1794.

* —. — Leitfaden zur Geschichte der Gelehrsamkeit. — Leipzig, Fleischer, 1799-1800, 3 vol. in-8°. 4345

* —. — Lexikon der vom Jahr 1750 bis 1800 verstorbenen teutschen Schriftsteller. — Leipzig, bey Gerhard Fleischer, dem Jüngern, 1802-1816, 15 vol. in-8°. 4346

* —. — Litteratur der Statistik. — Leipzig, Fritsch, 1790, in-8°. 4347

Nachtrag ... — Leipzig, 1793.

Zweyter Nachtrag. — Lpz., 1797. — Une seconde édition en 2 vol. in-8°, a paru à Leipzig en 1806-1807.

—. — Voy. Hamberger (G. Chr.). Das gelehrte Teutschland. — Voy. Waldau (G. E.). Thesaurus bio- et bibliographicus.

***Meyboom** (P. J. M.). — Lijst van gedrukte Kaarten, voorhanden in het Archief der Genie van het Ministerie van Oorlog. Opgemaakt naar de Registers van het Archief. — 's Gravenhage, 1857, in-4°. 4348

Meyer (Andr.). — Biographische und literarische Nachrichten von den Schriftstellern die gegenwärtig in den Fürstenthümern Anspach und Bayreuth leben in alphabetischer Ordnung mitgetheilt. — Erlangen, Palm, 1782, in-8°. 4349

— (H. L.). — Bibliographia physico-medica, das ist: historische Abhandlung derer vornehmsten physicalischen und medicinischen Bücher, welche von uralten Zeiten her bis auf uns geschrieben sind. — Lüneburg, Lipper, 1704, in-12. 4350

*— (L. E.). — Die Buchdruckerkunst in Augsburg bei ihrem Entstehen. Eine Denkschrift zur Feier des vierten Säkular-Festes der Erfindung Guttenbergs. Von den Buchdruckern und Buchhändlern Augsburgs gewidmet. — Augsburg, Karl Kollmann, 1840, gr. in-8°. 4351

Mezger (G. C.). — Augsburgs älteste Druckdenkmale und Formschneiderarbeiten, welche in der vereinigten königl. Kreis- und Stadtbibliothek daselbst aufbewahrt werden. Nebst einer kurzen Geschichte des Bücherdruckes und Buchhandels in Augsburg. Mit 37 Abdrücken von Original-Holzschnitten aus dem 15. und 16. Jahrhunderte. — Augsburg, Himmer, 1840, in-4°. 4352

***Mézières** (Alf.). — Shakspeare, ses œuvres et ses critiques. — Paris, 1860, in-8°. 4353

2e édition. — Paris, 1865, in-18.

***Mialhe.** — Titres et travaux scientifiques de M. Mialhe, candidat à l'académie impériale de médecine dans la section de pharmacie. — Paris, imp. de L. Martinet, 1856, in-4°, 44 p. 4354

Miansaroff (M.). — Bibliotheca Caucasica et Transcaucasica. Essai d'une bibliographie systématique relative au Caucase, à la Transcaucasie et aux populations de ces contrées. — St. Pétersbourg, imp. de J. Bakst et de Hohenfelden et comp., 1874-1880, 2 vol. in-8°. 4355

***Michaud.** — Bibliographie des croisades, contenant l'analyse de toutes les chroniques d'orient et d'occident qui parlent des croisades. — A Paris, chez Michaud, 1822, 2 vol. in-8°. 4356

—. — Voy. Biographie universelle.

Michault (J. B.). — Voy. Mémoires pour servir à l'histoire de la vie et des ouvrages de ... Lenglet Du Fresnoy.

***Michel.** — Exposé des titres du Dr. Michel, à l'appui de sa candidature à la chaire de médecine opératoire, vacante à la faculté de médecine de Strasbourg. — Strasbourg, imp. de G. Silbermann (1856), in-4°, 7 p. 4357

*— (Fr.). — Bibliothèque anglo-saxonne. — Paris, Silvestre, 1737, gr. in-8°. 4358

*—. — Le pays Basque, sa population, sa langue, ses mœurs, sa littérature et sa musique. — Paris, Didot frères, 1857, in-8°. 4359

Contient, pages 476-532: »Bibliographie basque«.

***Michon** (J. B.). — Enoncé sommaire des titres de M. L. M. Michon. — Paris, imp. de J. B. Gros et Donnaud (1858), in-4°, 3 p. 4360

La couverture imprimée sert de titre.

*—. — Institut impérial de France. Etude littéraire sur le génie et les écrits du cardinal de Retz, discours qui a obtenu le prix d'éloquence décerné par l'Académie française dans sa séance publique annuelle du 23 juillet 1863. — Paris, imp. de F. Didot, 1863, gr. in-8°, 37 p. 4361

* **Middleton** (C.). — Bibliothecæ Cantabrigiensis ordinandæ methodus quædam; quam domino procancellario senatuique academico considerandam et perficiendam officii et pietatis ergô proponit. — Cantabrigiæ, typis academicis, 1723, in-4°, 24 p. et 1 tableau. 4362

* **Mifsud.** — Biblioteca maltese. Parte prima, che contiene l'istoria cronologica, e le notizie della persona, e delle opere degli scrittori nati in Malta, e Gozo sino all' anno 1650... — In Malta nel Palazzo, e stamperia di S. A. S. per d. Niccolò Capaci suo stampatore, 1764, in-fol. 4363

Migne. — Voy. Dictionnaire des sciences occultes.

* **Mignet.** — Institut impérial de France. Académie des sciences morales et politiques. Notice historique sur la vie et les travaux de M. le Comte Portalis, lue à la séance annuelle du 26 mai 1860. — Paris, imp. de F. Didot, 1860, gr. in-8°, 42 p. 4364

* —. — Institut de France. Notice sur la vie et les travaux de lord Brougham. Lue à la séance publique annuelle du 23 décembre 1871. — Paris, 1871, in-4°. 4365

* —. — Institut impérial de France. Notice historique sur la vie et les travaux de lord Macaulay. Lue à la séance publique annuelle du 13 juin 1863. — Paris, 1863, gr. in-8°. 4366

* —. — Institut national de France. Notice historique sur la vie et les travaux de M. Bignon,... lue à la séance publique annuelle du 23 août 1848. — Paris, imp. de F. Didot frères, 1848, gr. in-8°. 4367

* —. — Institut royal de France. Notice historique sur la vie et les travaux de M. Charles Comte,... lue dans la séance publique annuelle du 30 mai 1846. — Paris, imp. de Didot fr., 1846, gr. in-8°, 30 p. 4368

* **Mignet.** — Institut de France. Notice historique sur la vie et les travaux de M. Jouffroy,... lue dans la séance publique annuelle du 25 juin 1853. — Paris, imp. de F. Didot frères, 1853. gr. in-8°, 36 p. 4369

* —. — Institut impérial de France. Notice historique sur la vie et les travaux de M. Laromiguière,... lue à la séance publique annuelle du 5 janv. 1856. — Paris, imp. de Didot fr., 1856, gr. in-8°, 35 p. 4370

* —. — Institut impérial de France. Notice historique sur la vie et les travaux, de M. le Bon de Gérando,... lue dans la séance, du 16 déc. 1854. — Paris, imp. de F. Didot fr., 1854, gr. in-8°, 39 p. 4371

* —. — Institut national de France. Notice historique sur la vie et les travaux de M. Droz. Lu dans la séance publique annuelle du 3 avril 1852. — Paris, imp. de F. Didot frères, 1852, gr. in-8°, 35 p. 4372

* —. — Institut national de France. Notice historique sur la vie et les travaux de M. Rossi, lue à la séance publique annuelle du 24 novembre 1849. — Paris, imp. de F. Didot, 1849, in-4°, 38 p. 4373

* —. — Institut impérial de France. Notice historique sur la vie et les travaux de M. Victor Cousin, lue à la séance publique annuelle du 16 janvier 1869. — Paris, imp. de Didot frères, 1869, in-8°, 48 p. 4374

* — Paris, Firmin Didot, 1869, gr. in-8° 41 p.

* —. — Institut de France. Notice historique sur la vie et les travaux du duc Victor de Broglie, lue à la séance publique annuelle du 5 décembre 1874. — Paris, imp. de Didot, 1874, in-4°, 27 p. 4375

* **Mihalkovics** (V. v.). — Entwicklungsgeschichte des Gehirns. Nach Untersuchungen an höheren Wirbelthieren und dem Menschen. Mit 7 lithographirten Tafeln. — Leipzig, Verlag von Wilhelm Engelmann, 1877, in-4°. 4376

Contient, pages 169 - 170 : »Literaturverzeichniss«. (54 art.)

Militair-Conversations-Lexikon, bearbeitet von mehreren deutschen Officieren. Redigirt und herausgegeben von Hans Eggert Willibald von der Lühe. — Adorf, Verlags-Bureau, 1836, in-8°. 4377

Le T. V contient, p. 394-417 : »Militair-Literatur«.

* **Militair-Literatur-Zeitung**. Gegründet von C. v. Decker und L. Blesson. — Berlin, 1870 - 1882, in-4°. 4378

Militairische Bibliothek, ein alphabetisches Verzeichniss der in Deutschland erschienenen Werke über Kriegswissenshaft und Kriegsgeschichte; im Anhange die Literatur der Pferdewissenschaft, der Reit-, Fecht- und Schwimmkunst. — Berlin, Sander, 1815, in-8°. 4379

Mill (J. St.). — Grundsätze der politischen Oekonomie, nebst einigen Anwendungen auf die Gesellschaftswissenschaft. Aus dem englischen übersetzt und mit Zusätzen versehen von Adolph Sœtbeer. — Hamburg, Perthes-Besser und Mauke, 1852, in-8°. 4380

Le T. II contient, p. 461-510 : »Literatur-Nachweis der politischen Oekonomie für die Jahre 1840-1852«.

Miller (J. P.). — Systematische Anleitung zur Kenntniss auserlesener Bücher in der Theologie und in den damit verbundenen Wissenschaften, für Liebhaber der Literatur eingerichtet. — Leipzig, 1773, in-8°. 4381

— Zweite verbesserte und vermehrte Auflage. — Leipzig, 1775, in-8°.

— Dritte vermehrte Auflage. — Leipzig, 1781, in-8°.

—. — Voy. Revue de bibliographie analytique.

* **Millet** (J.). — Descartes, sa vie, ses travaux, ses découvertes avant 1637. Thèse pour le doctorat présentée à la faculté des lettres de Paris. — Paris, Didier, 1867, in-8°. 4382

Milliet-Dechale Camberiensis (Cl. Fr.). — Cursus seu mundus mathematicus. T. I. Editio altera ex manuscriptis authoris aucta et emendata, operâ et studio Amati Varcin. — Lugduni, ap. Anissonios, Posuel & Rigaud, 1690, in-fol. 4383

Contient, p. 1-108 : »Tractatus prœmialis de progressu matheseos et illustribus mathematicis«.

* **Millin** (A. L.). — Dictionnaire des beaux-arts. Cet ouvrage fait partie de ceux adoptés par le gouvernement pour la formation des bibliothèques des lycées. — Paris, Desray, 1806, in-8°, 3 vol. 4384

Les principaux articles sont suivis d'une bibliographie relative à l'objet dont il y est question.

* —. — Notice sur Pierre-Remy Willemet, ... — (Paris), imp. de la Société d'histoire naturelle (s. d.), in-4°, 8 p. 4385

* **Millon**. — Résumé des travaux scientifiques de M. E. Millon, professeur de chimie au Val-de-Grâce. (8 octobre 1844.) — (Paris), imp. de Crapelet (s. d.), in-4°, 8 p. 4386

* **Milman** (H. H.). — The life of Edward Gibbon. With selections from his correspondence and illustrations. To which is added essay on the study of literature by Edward Gibbon. — London, J. Murray, 1839, in-8°. 4387

* — Paris, Galignani, 1840, in-8°.

* **Milne-Edwards.** — Note sur les travaux scientifiques de M. H. Milne-Edwards. — (Paris), imp. de H. Tilliard (1832), in-8°, 11 p. 4388

* —. — Notice sur les travaux zoologiques, anatomiques, et physiologiques de M. H. Milne-Edwards, août 1838. — (Paris), imp. de P. Renouard (1838), in-4°, 37 p. 4389

* —. — Société nationale et centrale d'agriculture. Notice sur la vie et les travaux de Victor Audouin, lue dans la séance publique du 13 novembre 1850. — Paris, imp. de Vve Bouchard-Huzard, 1850, in-8°. 4390

* **Milsand** (Ph.). — Bibliographie des publications relatives au livre de M. Renan; »Vie de Jésus« (de juillet 1863 à juin 1864). — Paris, Dentu, 1864, in-18. 4391

* —. — Les élections dans le département de la Côte d'Or. 1789-1879. Députés et sénateurs. Fragment d'une bibliographie bourguignonne. — Dijon, Lamarche, 1880, in-8°. 4392

—. — Voy. Catalogue par ordre alph. des ouvrages imprimés de Gabriel Peignot. — Voy. Études bibliographiques sur les périodiques publiés à Dijon.

Miltitz (Fr. a). — Bibliotheca botanica secundum botanicæ partes, locos, chronologiam, formam, auctores, volumen, titulos, pretium et recensiones, concinnata. Præfatus est Ludovicus Reichenbach. — Berolini, Rücker, 1829, in-8°. 4393

A cet autre titre: »Handbuch der botanischen Literatur für Botaniker, Bibliothekare, Buchhändler und Auctionatoren, mit Angabe der Preise und Recensionen, etc. Mit einer Vorrede von Ludwig Reichenbach. — Berolini ... «

* **Minard.** — Principaux travaux de M. Minard, inspecteur général des ponts et chaussées. — Paris, imp. de E. Thunot (1850), in-4°, 4 p. 4394

* **Ministère de l'instruction publique.** Bibliothèques scolaires. Catalogue d'ouvrages de lecture indiqués au choix des instituteurs pour les adultes et les familles. — Paris, imprimerie nationale, 1878, gr. in-8°. 4395

* **Ministère de l'instruction publique,** des cultes et des beaux-arts. Catalogue de la bibliothèque de la commission des monuments historiques. — Paris, direction des beaux-arts, 1875, in-8°. 4396

* **Ministère de l'instruction publique** et des beaux arts. Catalogue des livres classiques pouvant être introduits dans les lycées et collèges. — Paris, imp. nationale, 1880, in-8°. 4397

* **Ministère de l'instruction publique** et des beaux-arts. Catalogue des livres pouvant être donnés en prix dans les lycées et collèges et introduits dans les bibliothèques de quartier et des professeurs. — Paris, imp. nationale, 1880, in-8°. 4398

* **Ministère de l'intérieur.** Bureau de traduction. Catalogue des ouvrages périodiques que reçoivent les principales bibliothèques de Belgique. — Bruxelles, G. Mayolez, 1882, in-8°. 4399

* **Ministère de l'intérieur.** Presse et colportage. Catalogue général des livres approuvés jusqu'au 1er janvier 1858. — Paris, imp. impériale, octobre 1858, in-4°. 4400

Ministère de la guerre. Tableau de la situation des établissements français dans l'Algérie en 1840. — Paris, imp. royale, décembre 1841, in-4°. 4401

Par C. Brosselard. — Les pages 425-446 renferment une bibliographie algérienne, ou catalogue d'ouvrages relatifs à l'Algérie (décembre 1841). (environ 663 art.)

* **Ministère de la justice.** Bibliothèque du comité de législation étrangère. Catalogue. Juillet 1879. — Paris, imp. nationale, 1879, in-8°. 4402

* **Ministère de la marine et des colonies.** n° 594. Catalogue par ordre géographique des cartes, plans, vues de côtes, mémoires, instructions nautiques, etc. qui composent l'hydrographie française. — Paris, imp. Nationale, 1878, in-8°. 4403

* **Ministero d'agricoltura**, industria e commercio. Ufficio centrale di statistica. Bibliografia statistica italiana compilata per occasione della IX^a^ sessione del congresso internazionale di statistica. — Roma, regia tipografia, 1876, in-16. 4404

* **Ministero di agricoltura**, industria e commercio: direzione di statistica. Bibliografia romana: notizie della vita e delle opere degli scrittori romani dal secolo XI fino ai nostri giorni. — Roma, tipografia Eredi Botta, 1880, in-4°. T. I. 4405

Autori che hanno scritto in questo primo volume: Venuti Teresa, Tommassetti Giuseppe, Seni Francesco, Scalzi Francesco, Pinto Giuseppe, Narducci Enrico, Labruzzi di Nexima Francesco, Forcella Vincenzo, Cugnoni Giuseppe, Conti Pio, Cerroti Francesco, Castagnola Paolo Emilio, Capannari Alessandro, Amati Girolamo.

* **Minjollat** (J.). — Notice sur le docteur François-Victor Bally médecin en chef de l'expédition de St. Domingue, né à Beaurepaire d'Isère, le 22 avril 1775, mort à Salon (Bouches-du-Rhône) le 21 avril 1866. — Vienne, imp. Savigné, 1867, in-8°, 11 p. 4406

* **Minzloff** (Ch. R.). — Souvenir de la bibliothèque impériale publique de St. Pétersbourg, contenant des gravures et autres feuilles volantes du XVe siècle, trouvées et publiées par Charles Rodolphe Minzloff. — Leipzig, F. A. Brockhaus, 1862, in-fol., 21 p. et 8 pl. 4407

— (R.). — Catalogue des éditions Aldines de la bibliothèque impériale publique. — St. Pétersbourg, 1854, in-4°. 4408

Lithographié.

* **Minzloff** (R.). — Catalogue raisonné des Russica de la bibliothèque impériale publique de Saint-Pétersbourg. — Saint-Pétersbourg, J. J. Glasounow, 1872, in-8°. 4409

T. I. Pierre le Grand dans la littérature étrangère. Publié à l'occasion de l'anniversaire deux fois séculaire de la naissance de Pierre le Grand, d'après les notes de monsieur le comte de Korff,... — St. Pétersbourg...

* —. — Notice sur les reliures anciennes de la bibliothèque impériale de Saint-Pétersbourg. — Paris, J. Techener, 1859, in-8°. 4410

—. — Voy. Catalogue des publications de la bibliothèque imp. publ. de St. Pétersbourg. — Voy. Les Elzevir de la bibliothèque impériale publique de St. Pétersbourg.

* **Miorcec de Kerdanet** (D.-L.-O.-M.). — Notices chronologiques sur les théologiens, jurisconsultes, philosophes, artistes, littérateurs, poètes, bardes, troubadours et historiens de la Bretagne, depuis le commencement de l'ère chrétienne jusqu'à nos jours, avec deux tables la première présentant, dans l'ordre alphabétique, tous les personnages dont il est fait mention dans ces notices; la seconde les rapportant aux villes et lieux auxquels ils appartiennent. — Brest, Michel, 1818, in-8°. 4411

* **Miquel.** — A messieurs les membres de l'Académie royale de médecine. Titres de M. le Dr. Miquel, candidat pour la place vacante à l'académie dans la section de thérapeutique. — (Paris), imp. de Everat (s. d.), in-4°, 4 p. 4412

— (F. A. W.). — Sumatra, seine Pflanzenwelt und deren Erzeugnisse. Deutsche Ausgabe. — Amsterdam & Utrecht, v. d. Post, 1862, gr. in-8°. 4413

Contient, p. XVII-XX: »Literatur«.

* **Mira** (G. M.). — Bibliografia siciliana ovvero gran dizionario bibliografico delle opere edite e inedite, antiche e moderne di autori siciliani o di argomento siciliano stampate in Sicilia e fuori opera indispensabile ai cultori delle patrie cose non che ai librai ed agli amatori di libri. — Palermo, ufficio tipografico diretto da G. B. Gaudiano, 1873-1881, in-4. T. I-II. 4414

*—. — Manuale teorico-pratico di bibliografia. — Palermo, stamperia Piola e Tamburelli, 1861-1863, 2 vol. gr. in-8°. 4415

* **Miræus** (A.). — Bibliotheca ecclesiastica, sive nomenclatores VII veteres. S. Hieronymus presbyter et doctor ecclesiæ, Gennadius Massiliensis, G. Isidorus Hispalensis, S. Ildefonsius Toletanus, Honorius Augustodunensis, Sigebertus Gemblacensis, Henricus Gandavensis... — Antverpiæ, apud Jacobum Mesium, 1739, in-fol. 4416

* —. — Elogia illustrium Belgii scriptorum, qui vel ecclesiam dei propugnarunt, vel disciplinas illustrarunt. Centuria decadibus distincta. Ex bibliotheca Auberti Miræi. — Antverpiæ, sumptibus viduæ et heredum Joannis Belleri, 1602, in-12. 4417

* **Miropolski** (S.). — L'éducation musicale populaire en Russie et dans l'Europe occidentale. — St. Pétersbourg, 1882, in-8°. 4418

Contient pages 242—252 une bibliographie musicale. — En russe.

* **Miruss** (A.). — Das europäische Gesandschaftsrecht, nebst einem Anhange von dem Gesandschaftsrechte des Deutschen Bundes, einer Bücherkunde des Gesandschaftsrechts und erläuternden Beilagen. — Leipzig, Engelmann, 1847, gr. in-8°, en 2 parties. 4419

—. — Die Gesetzgebung für die Hohenzollern'schen Lande seit deren Vereinigung mit der Krone Preussen, nebst den bezüglichen Staats-Verträgen, geschichtlichem Rückblicke, Uebersicht der Genealogie, Behörden und Literatur der Hohenzollern'schen Geschichte und Landeskunde, mit Anmerkungen. — Berlin, allg. Deutsche Verl.-Anstalt, 1856, in-8°. 4420

* **Miscellanées bibliographiques** publiés par Edouard Rouveyre et Octave Uzanne avec la collaboration de MM. Louis de Backer... — Paris, Edouard Rouveyre, 1878-1880, 3 vol. in-8°. 4421

Missiv an die Hocherleuchtete Brüderschaft des Ordens des Goldenen und Rosenkreutzes. Lux in cruce et crux in luce wegen seiner grossen Seltenheit und Wichtigkeit mit vier alten Ausgaben verglichen, und mit verschiedenen Lesarten versehen. Nebst einem noch nie im Druck erchienenen vollständigen historisch-kritischen Verzeichniss von 200 Rosenkreutzerschriften vom Jahr 1614 bis 1783. Als ein Beytrag zum Fictuldischen Probierstein. — Leipzig, Böhme, 1783, in-8°. 4422

* **Mistère** (Le) **du viel testament**, publié, avec introduction, notes et glossaire, par le baron James de Rothschild. — Paris, Firmin Didot, 1878-1881, 3 vol. in-8°. 4423

Fait partie des publications de la Société des anciens textes français. — Le T. III a été publié après la mort de M. Nathan-James — Edouard de Rothschild, par M. Emile Picot. La préface de chacun de ces volumes contient de nombreuses indications bibliographiques, notamment la »Bibliographie de l'Abraham sacrifiant de Théodore de Bèze« dans le T. II. et la bibliographie du »viel testament« dans les T. I et III.

Mitchell (Ch.). — The newspaper press directory: containing full particulars relative to each journal published in the United Kingdom and the British Isles; together with a complete guide to the newspaper press of each county, etc. for the year 1846. — London, published by Mitchell, in-12. 4424

* — Third edition, entirely revised. — London, published by C. Mitchell, in-12. — La préface est datée: april 1851.

* **Mitchell.** — The Newspaper press directory: containing full particulars relative to each journal, published in the United Kingdom and the British Isles. A complete guide to the newspaper press of each county, with the newspaper map of the United Kingdom, and a directory of magazines, reviews, and periodicals. — London, C. Mitchell, 1861, in-4°. 4425

Mittermaier (C. J. A.). — Grundsätze des gemeinen deutschen Privatrechts mit Einschluss des Handels-, Wechsel- und Seerechts. VII. völlig umgearbeitete und sehr vermehrte Auflage. — Regensburg, Manz, 1847, in-8°. 4426

Le T. I contient, p. 145-167: »Uebersicht über die Hülfsmittel zum Studium des deutschen Rechts, sowie über die Literatur des deutschen Privatrechts und die Rechte verwandter Völker.«

Mittermaier (C. J. A.). — Voy. Feuerbach (A. v.). — Lehrbuch des gemeinen in Deutschland gültigen Peinlichen Rechts.

* **Mittheilungen aus dem Antiquariate von S. Calvary** & Co. in Berlin. — Berlin, Verlag von S. Calvary, 1870, in-8°. T. I. 4427

* **Mittheilungen aus dem Gebiete des Seewesens.** Herausgegeben vom k. k. hydrographischen Amte, Marine-Bibliothek. — Pola, Gerold, 1873-1882, in-8°. 4428

Chaque numéro contient: »Verzeichniss der bedeutenderen, in das Seewesen einschlägigen Aufsätze aus maritimen, technischen und vermischten Zeitschriften, nach Fachwissenschaften geordnet«. Et »Bibliographie«.

* **Mittheilungen aus der historischen Litteratur** herausgegeben von der historischen Gesellschaft in Berlin und in deren Auftrage redigiert von Dr. Ferdinand Hirsch. — Berlin, R. Gærtner, 1873-1882, in-8°. 4429

Mittheilungen des österreichischen Alpen-Vereines. Redigirt von Edmund von Mojsisovics und Paul Grohmann. — Wien, Braumüller, 1863-1864, 2 vol. in-8°. 4430

Contient une importante bibliographie des livres, cartes, photographies &c. relatifs aux Alpes et parus depuis 1859.

* **Mizler** (L.). — Warschauer Bibliothek oder gründliche Nachrichten von verschiedenen Büchern und Schrifften sowohl alten als neuen, so in Pohlen herausgekommen. Worinnen zugleich von dem dermaligen Zustand der Gelehrsamkeit in Pohlen zuverlässige Nachricht gegeben wird. Bestehet aus vier Theilen nebst denen darzu gehörigen Registern auf das Jahr 1754. — Warschau und Leipzig, Mizler, 1775, in-8°. 4431

Moehsen (J. C. W.). — Verzeichniss einer Samlung von Bildnissen, grösten-theils berühmter Aerzte, so wohl in Kupferstichen, schwarzer Kunst und Holzschnitten, als auch in einigen Handzeichnungen: diesem sind verschiedene Nachrichten und Anmerkungen vorgesetzt, die so wohl zur Geschichte der Arzneygelahrtheit, als vornehmlich zur Geschichte der Künste gehören. Mit Vignetten. — Berlin, Himburg, 1771, in-4°. 4432

* **Modeer** (Ad.). — Bibliotheca Helminthologica seu enumeratio auctorum qui de vermibus scilicet cryptozois, gymnodelis, testaceis atque phytozoois tam vivis quam petrificatis scripserunt. — Erlangæ, apud Jo. Jacob Palmium, 1786, in-8°. 4433

* **Möbius** (Th.). — Catalogus librorum islandicorum et norvegicorum ætatis mediæ editorum versorum illustratorum skáldatal sive poetarum recensus Eddæ Upsaliensis. — Lipsiæ, apud W. Engelmannum, 1856, in-8°. 4434

* —. — Verzeichniss der auf dem Gebiete der altnordischen (altisländi-

schen und altnorwegischen) Sprache und Literatur von 1855 bis 1879 erschienenen Schriften. — Leipzig, Verlag von Wilhelm Engelmann, 1880, in-8°. 4435

Moegling (J. D.). — Voy. Bibliotheca juridica universalis.

* **Möllendorff** (P. G. & O. F. von). — Manual of chinese bibliography, being a list of works and essays relating to China. — Shanghai, Kelly & Walsh, 1876, in-8°. 4436

* **Mohl** (R. von). — Geschichte und Literatur der Staatswissenschaften. In Monographieen dargestellt. — Erlangen, Enke, 1855-1858, 3 vol. in-8°. 4437

* —. — Die Polizei - Wissenschaft nach den Grundsätzen des Rechtsstaates. Zweite umgearbeitete Auflage. — Tübingen, Laupp, 1844, in-8°. 4438

Le T. I contient, p. 61-68: »Allgemeine Literatur der Polizei-Wissenschaft.«

—. — Das Staatsrecht des Königreiches Württemberg. Neue Ausgabe der zweiten ganz umgearbeiteten Auflage. — Tübingen, Laupp, 1846, in-8°. T. I. 4439

Contient, p. 107-126: »Literatur der Quellen und Bearbeitungen des württembergischen Staatsrechtes«.

* **Mohnike** (G.). — Die Geschichte der Buchdruckerkunst in Pommern. — Stettin, Druck und Verlag von Aug. Ferdin. Bülow, 1840, in-8°. 4440

* **Mohr** (L.). — Les centenaires de Voltaire et J. J. Rousseau 30 mai-2 juillet 1878. Aperçu bibliographique. — Bâle, imp. Baur, s. d., in-8°, 38 p. 4441

La couverture imprimée sert de titre. — Tiré à petit nombre; n'est pas dans le commerce.

* —. —. Des impressions microscopiques. — Paris, Edouard Rouveyre, 1879, in-8°, 11 p. 4442

Il a été mis en vente 100 ex. — Ext. des Miscellanées bibliographiques.«

* **Mohr** (L.). — Littérature du dialecte alsacien. Bibliographie der in Elsässischer Mundart erschienenen Schriften. — Strassburg, Druck und Verlag von R. Schultz, 1877, in-8°, 22 p. 4443

Tiré à 100 ex. Ext. de l'»Elsässer Schatzkästel«.

* —. — Die periodische Fachpresse der Typographie und der verwandten Geschäftszweige. — Strassburg, 1879, in-8°, 35 p. 4444

Ext. des »Annalen der Typographie« nos. 432-433. — Tiré à 100 ex.

* —. — Schiller's Lied von der Glocke. Eine bibliographische Studie. — Strassburg, Verlag von R. Schultz, 1877, in-8°, 33 p. 4445

Ext. du »Neuer Anzeiger für Bibliographie und Bibliothekwissenschaft« 1877. — Tiré à 100 ex.

* **Mojana** (A. de). — Di una nuova edizione delle opere di S. Ambrogio recensione. — Milano, tip. di San Giuseppe, 1878, in-16, 14 p. 4446

Ext. du »Spettatore«, anno II, nos 302 al 306.

Mojsisovics (Ed. von). — Voy. Mittheilungen des österreich. Alpen-Vereines.

Moland (L.). — Voy. La Fontaine. Oeuvres complètes. — Voy. Molière, œuvres complètes. — Voy. Racine, œuvres complètes.

* **Molanus** (J.). — Bibliotheca materiarum quæ, a quibus auctoribus, cum antiquis, tum recentioribus sint pertractatæ. Docentibus, concionantibus, ac scriptoribus pernecessaria. Accedunt catalogi duo: I. Catholicorum s. scripturæ interpretum; biblicorum librorum ordine. II. Scholasticorum theologorum in divi Thomæ Aquinatis summam. — Coloniæ Agrippinæ, apud Joannem Kinchium, 1618, in-4°. 4447

* **Molbech** (Chr.). — Ueber Bibliothekswissenschaft oder Einrichtung und

Verwaltung öffentlicher Bibliotheken. Nach der zweiten Ausgabe des dänischen Originals übersetzt von H. Ratjen . . . — Leipzig, Verlag der J. C. Hinrichsschen Buchhandlung, 1833, in-8°. 4448

* **Molière.** — Oeuvres complètes. Nouvelle édition très - soigneusement revue sur les textes originaux avec un travail de critique et d'érudition aperçus d'histoire littéraire, biographie, examen de chaque pièce, commentaire, bibliographie, etc. par M. Louis Moland. — Paris, Garnier frères, 1863-1864, 7 vol. in-8°. 4449

La bibliographie occupe les pages 463 à 548 du T. VII. Le faux titre porte: Chefs d'œuvre de la littérature française. 1-7.

* **Molinari** (G. de). — L'abbé de Saint-Pierre, . . . sa vie et ses œuvres, précédées d'une appréciation et d'un précis historique de l'idée de la paix perpétuelle, suivies du jugement de Rousseau sur le »Projet de paix perpétuelle« et la »Polysynodie«, ainsi que du projet attribué à Henri IV, et du plan d'Emmanuel Kant, pour rendre la paix universelle, etc. etc. Avec des notes et des éclaircissements. — Paris, Guillaumin, 1857, in-18. 4450

* **Molini** (G.). — Operette bibliografiche. Con alcune lettere di distinti personaggi al medesimo precedute dalle notizie biografiche di esso scritte da G. A. — Firenze, con tipi di M. Cellini, 1858, in-8°. 4451

* **Molinier** (V.). — Notice sur la vie et les travaux de M. Laferrière, lue à la séance de l'Académie impériale des sciences, inscriptions et belles-lettres de Toulouse, du 11 juin 1863. — Toulouse, imp. de C. Douladoure, 1863, in-8°, 25 p. 4452

Extrait des Mémoires de l'Académie.

* **Moller** (Joh.). — Cimbria literata, sive scriptorum ducatus utriusque Slesvicensis et Holsatici, quibus et alii vicini quidam accensentur, historia literaria tripartita. Cujus Tom. I comprehendit scriptores universos indigenas, hisque immistos complures, quorum patria explorari necdum potuit. Tom. II adoptivos sive exteros complectitur, in eisdem ducatibus urbibusque vel officiis functos publicis, vel diutius commemoratos. Tom. III. exhibet quadraginta sex insignium scriptorum, partim indigenarum, partim adoptivorum, historias multo longiores; quæ, ob ingentem de iis dicendorum copiam, tomis præcedentibus (in quibus tamen breviter iidem celebrati sunt), inseri non potuerunt. In singulorum paulo celebriorum elogiis memorantur: 1. patria, ætas, officiorum aut vitæ genera, annique et dies, quoties investigari potuerunt, emortuales. 2. scripta, tam edita, in classes secundum linguarum diversitatem distincta, adjectisque utplurimum integris titulis enumerata, quam inedita, affecta, promissa, nec non falso quibusdam attributa. 3. eruditorum, de auctoribus, ac de libris illorum, judicia, tam, honorifica, quam sequiora; una cum aliorum, qui de iisdem consulendi sunt, indicibus. 4. controversiarum, quibus impliciti fuere, sacrarum aut literariarum, historia accuratior; nec non continuatorum, exegetarum, defensorum, adversariorum etc. Notitia: atque alia cognata, de non unius generis memorabilibus, monita. Opus magno quadraginta annorum labore et studio confectum, diuque desideratum: historiæ literariæ, ecclesiasticæ et civilis imo omnium disciplinarum studiosis utilissimum. Cum præfatione Joannis Grammii. Nec non indice necessario. — Havniæ, sumptibus et typis Orphanotrophii regii excudit Gottmann Frid. Kisel, 1744, in-fol. 4453

* **Moller.** — Homonymoscopia historico-Philologico-critica, sive schediasma παρεργικον de scriptoribus homonymis quadripartitum, in species horum varias, et multitudinis immensæ causas inquirens . . . quibus ista modis præ-

caveri possit, ostendens, consiliaque et subsidia varia bibliothecam homonymorum scripturo suggerens ... — Hamburgi, sumtibus G. Liebezetii, 1647, in-8°. 4454

—. — Voy. Bartholinus (A.). Bibliotheca danica.

Momo (C.). — Cenno bibliografico-critico. — Conegliano, tip. Cagnani, 1875, in-8°, 12 p. 4455

Monatlicher Anzeiger für gewerbliche Journalistik verbunden mit einer Bibliographie der gesammten Gewerbskunde. I. Jahrgang 1843 herausgegeben von Petzholdt. — Leipzig, Hartung, 1844, in-8°. 4456

Quelques exemplaires, non mis dans le commerce, ont cet autre titre: »Monatlicher Anzeiger für Gewerbliche Journalistik 1843. — Zugleich als Specialcatalog der in der Bibliothek des Dresdener Gewerbevereines befindlichen Journale 1843. Von Julius Petzholdt. — Dresden, gedr. bei Gärtner, 1844«.

Monchy (A.). — Bibliotheca sacra, seu repertorium biblicum, per quatuor libros distinctum, in quo omnes textus, ad quascumque veritates tractandas necessarii, recensentur. — Asheux, chez l'auteur, 1835-1836, 3 vol. in-8°. 4457

* **Mondello** (F.). — Bibliografia trapanese divisa in due parti ed illustrata con cenni bibliografico-critici e con varj documenti. — Palermo, tip. di Petro Montaina e comp. già del Giornale di Sicilia, 1877, gr. in-8°. 4458

***Mondot** (A.). — Histoire de la vie et des écrits de lord Byron. Esquisse de la poésie anglaise au commencement du XIXe siècle. — Paris, Durand, 1860, in-8°. 4459

***Mone** (Fr. J.). — Uebersicht der Niederländischen Volks-Literatur älterer Zeit. — Tübingen, Fues, 1838, in-8°. 4460

* **Monfalcon** (J. B.). — Bibliographie de la ville de Lyon. — Lyon, imp. de Louis Perrin, 1851, gr. in-8°. 4461

* —. — Catalogue par ordre alphabétique des bibliothèques du palais des arts à Lyon. — Lyon, imp. de Louis Perrin, 1844, in-fol. 4462

Ce titre et la préface sont suivis du titre suivant sur lequel le nom de l'auteur ne figure pas: **Bibliographie de la ville de Lyon, contenant l'indication des ouvrages imprimés ou manuscrits qui existent sur cette cité et sur le Lyonnais.** — Lyon, imp. de Louis Perrin, 1850, in-fol.

* —. — Histoire littéraire de la ville de Lyon. — Lyon. imp. de Léon Boitel, 1851, gr. in-8°. 4463

Ext. de la »Revue du Lyonnais«. — Tiré à 50 ex.

—. — Voy. Manuel du bibliophile et de l'archéologue Lyonnais. — Voy. Le Nouveau Spon. — Voy. Précis de l'histoire de la médecine et de bibliographie médicale. — Voy. Virgile, Oeuvres traduites.

* **Mongitore** (A.). — Bibliotheca Sicula, sive de scriptoribus Siculis, qui tum vetera, tum recentiora Sæcula illustrarunt, notitiæ locupletissimæ; in quibus non solùm Siculorum auctorum, qui ab hæc usque tempora scripserunt, codices excusi, vel manuscripti adnotantur; verùm etiam eorumdem patria, ætas, professio, munia, dignitates, memoranda, obitus, et epitaphia recensentur. Encomia itidem, quibus adhuc exteri scriptores siculos auctores exornarunt, in lectorum gratiam indicantur: nonnulli scriptorum lapsus corriguntur: pluresque Siculi scriptores vel ab alienigenis provinciis usurpati, veræ patriæ restituuntur. Accessit apparatus præliminaris operi prævius, complectens Sicanæ Historiæ prospectum, disquisitiones de nomine Siciliæ, Siculorum ingenio, et literis, et de Computo Olympiadum. — Panormi, ex typographia Bua Didaci 1707-1714, in-fol. 4464

Moniteur (Le) bibliographique. Revue catalogue de la librairie ancienne et moderne et de la librairie nouvelle. — Paris, libr. Fénelon, 1879-1881, 3 vol. in-8°. 4465

* **Moniteur** (Le) **de la librairie**, mémorial universel des publications françaises et étrangères, anciennes et modernes. — Paris, au bureau du moniteur de la librairie, 1842 - 1845, 5 vol. in-8°. 4466

* **Moniteur** (Le) **des bons livres**, journal fondé pour leur propagation dans les familles. — Paris, Napoléon Chaix et Cie, 1er mai 1864-12 avril 1865, in-8°. 4467

* **Monjean** (M.). — Notice sur la vie et les ouvrages de Turgot. — Paris, Guillaumin, 1844, in-8°. 4468

Ext. du »Journal des économistes«, no 33, août 1844.

Monk (J. H.). — The life of Richard Bentley. With an account of his writings, and anecdotes of many distinguished characters during the period in which he flourished. — London, 1830, in-4°. 4469

* **Monmerqué**. — Notice biographique et littéraire sur Mme de Saint-Surin. 3e édition. — Paris, imp. de Bonaventure et Ducessois, 1848, in-8°. 4470

Tiré à 100 ex.

* **Monneret.** — Titres scientifiques de M. Monneret. — Paris, imp. de J. B. Gros (1853), in-4°, 6 p. 4471

* **Monnier.** — Note sur les travaux de M. Monnier, ingénieur hydrographe de la marine de première classe. — Paris, imp. de Bachelier, 1842, in-8°, 14 p. 4472

* **Monselet** (Ch.). — Rétif de la Bretonne, sa vie et ses amours. Documents inedits; ses malheurs, sa vieillesse et sa vie, ce qui a été écrit sur lui; ses descendants. Catalogue complet et detaillé de ses ouvrages suivi de quelques extraits, avec un beau portrait gravé par Nargeot, et un facsimile. — Paris, Aug. Aubry, 1858, in-16. 4473

Tiré à 520 ex.

* **Monsieur de Voltaire** peint par lui-même, ou lettres de cet écrivain, dans lesquelles on verra l'histoire de sa vie, de ses ouvrages, de ses querelles . . . Avec un grand nombre d'anecdotes, de remarques et de jugements littéraires. — Lausanne, Cie des libraires, 1766, in-12. 4474

La préface et les notes sont attribuées à La Beaumelle, d'après Barbier.

* Trois éditions in-12 ont paru à Lausanne en 1768, 1772, 1775.

Montachet. — Notice sur la vie et les ouvrages de Domat. — Paris, imp. de Moquet (s. d.), in-8°, 26 p. 4475

* **Montaiglon** (An. de). — Catalogue raisonné de l'œuvre de Claude Mellan d'Abbeville. Précédé d'une notice sur la vie et les ouvrages de Mellan par P. J. Mariette. Extrait des mémoires de la société impériale d'émulation d'Abbeville. — Abbeville, imp. de P. Briez, 1856, in-8°. 4476

* —. — Notice historique et bibliographique sur Jean Pelerin dit le Viateur, chanoine de Toul, et sur son livre de Artificiali perspectiva. — Paris, Tross, 1861, in-8°. 4477

Tiré à 200 ex. sur papier vergé et à 100 ex. sur papier velin. Il y a aussi une édition, in-fol., 20 pages, tirée à 136 ex.

—. — Voy. Catalogue raisonné de la bibliothèque elzevirienne. — Voy. Dussieux, Nouvelles recherches sur Eustache Le Sueur.

* **Montaigne** (M. de). — Essais. Nouvelle édition avec les notes de tous les commentateurs choisies et commentées par M. J.-V. Le Clerc précédée d'une nouvelle étude sur Montaigne

par M. Prevost-Paradol. — Paris, Garnier frères, 1865-1866, 4 vol. in-8°. 4478

Forme les T. 13-16 des »Chefs d'œuvre de la littérature française«. — Le T. IV contient p. 445-460 une bibliographie de Montaigne.

* **Montelius** (O.). — Bibliographie de l'archéologie préhistorique de la Suède, suivie d'un exposé succinct des sociétés archéologiques suédoises. Dédié au congrès international d'anthropologie et d'archéologie préhistoriques par la société des antiquaires de Suède. — Stockholm, imp. centrale, 1875, in-8°. 4479

* **Montémont** (A.). — Notice sur la vie et les ouvrages de Lucy Aikin. — Paris, imp. de Selligue, 1834, in-8°, 16 p. 4480

* **Montfaucon** (B. de). — Bibliotheca bibliothecarum manuscriptorum nova: ubi, quæ innumeris pene manuscriptorum bibliothecis continentur, ad quodvis literaturæ genus spectantia et notatu digna, describuntur et indicantur. — Parisiis, apud Briasson, 1739, 2 vol. in-fol. 4481

* **Montrond** (M. de). — Jean Reboul, étude historique et littéraire. — Lille, Lefort, 1865, in-18. 4482

* **Monumenta typographica**, quæ exstant in bibliotheca collegii canonicorum regularium in Rebdorf. Collegit, notis illustravit, et edidit ejusdem collegii bibliothecarius a. d. 1787. — Eichstadii, typis Math. Caietan Schmid, in-4°. 4483

Monumenta varia inedita variisque linguis conscripta, nunc singulis trimestribus prodeuntia è museo Joachimi Friderici Felleri. — Jenæ, Bielcke, 1716 1717, in-4°. 4484

Contient, trim. VIII, et IX, p. 453-506: »Catalogus alphabeticus poetarum latinorum celebriorum, qui seculo XVI et XVII floruerunt, ex schedis, Joachim Felleri, ab ejusdem filio contextus«.

* **Moquin-Tandon**. — Eloge de Duméril, prononcé à la séance de rentrée de la faculté de médecine de Paris, le 15 novembre 1861. — Paris, imp. Rignoux (1861), in-4°, 43 p. 4485

La couverture imprimée sert de titre. — Le faux titre porte: »Séance de rentrée de la faculté de médecine de Paris, le 15 novembre 1861«. — Le titre de départ est: »Discours prononcé par M. le professeur Moquin Tandon dans la séance de rentrée de la faculté de médecine de Paris, le 15 novembre 1861«. — Se termine par la liste chronologique des travaux de M. Duméril.

* — (A.). — Notice sur les titres et les travaux scientifiques de M. Alfred Moquin-Tandon. — Paris, imp. Martinet, novembre 1852, in-4°, 7 p. 4486

* **Morand** (Fr.). — Essai bibliographique sur les principales impressions boulonnaises des 17me et 18me siècles; précédé d'une notice sur l'établissement de l'imprimerie à Boulogne-sur-Mer. — Boulogne, François Battu, 1841, in-8°, 47 p. 4487

* —. — Notices de bibliographie et d'histoire littéraire. — Boulogne-sur-mer, imp. de Ch. Aigre, 1868, in-12. 4488

* **Moreau** (Ad.). — Decamps et son œuvre, avec des gravures en fac-simile des planches originales les plus rares. — Paris, Jouaust, 1869, in-8°. 4489

* —. — E. Delacroix et son œuvre. Avec des gravures en fac-simile des planches originales les plus rares. — Paris, libr. des bibliophiles, 1873, in-8°. 4490

* — (C.). — Bibliographie des mazarinades publiée pour la société de l'histoire de France. — A Paris, chez Jules Renouard, 1850 - 1851, 3 vol. in-8°. 4491

* —. — Notice biographique sur Mr. James Orchard Halliwell, membre de

la Société royale de Londres. — Paris, imp. Lacombe (1856), in-8°, 3 p. 4492

***Moreau** (J.-L.). — Eloge de Félix Vicq-D'Azir, suivi d'un précis des travaux anatomiques et physiologiques de ce célèbre médecin présenté à l'institut. — Paris, Laurens, an VI, in-8°. 4493

* —. — Titres à l'appui de la candidature de M. J. Moreau (de Tours), à la place actuellement vacante à l'Académie de médecine (section d'anatomie pathologique). — Paris, imp. de F. Malteste (1852), in-4°, 3 p. 4494

* **Moreau de Jonnès** (Al.). — Notice des travaux de Alexandre Moreau de Jonnès. — Paris, imp. de Migneret, 1821, in-8°, 16 p. 4495

* — Paris, imp. de Migneret, 1825, in-8°, 15 p.

* —. — Notice des travaux scientifiques d'Alex. Moreau de Jonnès. — Paris, imp. de Bourgogne et Martinet, 1842, in-8°, 14 p. 4496

* **Morejon Hernandez** (Ant.). — Historia bibliografica de la medecina española. Obra póstuma. — Madrid, 1842-1852, 7 vol. in-8°. 4497

Le faux titre porte: »Biblioteca escojida de medicina y cirujia«.

* **Morel** (Mlle Oct.). — Essai sur la vie et les travaux de Marie-Joseph baron de Gérando, ... Mémoire couronné par l'Académie royale des sciences, belles-lettres et arts de Lyon. — Paris, Renouard, 1846, in-8°. 4498

Morel de Thoisy. — Voy. Catalogue abregé des recueils de pièces fugitives.

* **Morel-Fatio** (A.). — Calderon. Revue critique des travaux d'érudition publiés en Espagne à l'occasion du second centenaire de la mort du poète, suivie de documents relatifs à l'ancien théâtre espagnol. — Paris, E. Denné, 1881, in-8°. 4499

Morelli. — Voy. Coletti (G. B.). Bibliografia sanitaria.

* **Moreni** (D.). — Bibliografia storico-ragionata della Toscana o sia catalogo degli scrittori che hanno illustrata la storia della città, luoghi e persone della medésina. — Firenze, Ciardetti, 1805, 2 vol. in-4°. 4500

* **Morey** (P.). — Notice sur la vie et les œuvres d'Emmanuel Heré de Corny, premier architecte de S. M. Stanislas. — Nancy, imp. de Vve Raybois, 1863, in-8°. 4501

Ext. des »Mémoires de l'Académie de l'Académie de Stanislas«, 1862.

* **Morgan** (A. de). — Arithmetical books from the invention of printing to the present time being brief notices of a large number of works drawn up from actual inspection. — London, Taylor and Walton, 1847, in-8°. 4502

* — (H. J.). — Bibliotheca Canadensis: or a manual of canadian literature. — Ottawa, printed by G. E. Desbarats, 1867, in-4°. 4503

* **Morhofius** (D. G.). — Polyhistor, literarius, philosophicus et practicus cum accessionibus virorum clarissimorum Joannis Frickii et Johannis Molleri Flensburgensis. Editio quarta. Cui præfationem, notitiamque diariorum litterariorum Europæ præmisit Jo. Albertus Fabricius, nunc auctam et ad annum 1747, continuatam. — Lubecæ, Bœckmann, 1747, 3 vol. in-4°. 4504

* **Morin** (A.). — La littérature moderne 1850-1860 ou dictionnaire complet de tous les livres français publiés depuis 1850 jusqu'à 1860 inclusivement. — Paris, A. Morin (1862), in-8°. 4505

S'arrête à la page 144. Au mot Chauvel.

Morin d'Hérouville. — Voy. Annales typographiques.

* **Morin-Lavallée** (F. M.). — Essai de bibliographie Viroise, ouvrage posthume. — Caen, tip. de F. Le Blanc-Hardel, 1879, in-8°. 4506

Tiré à 100 ex.

* **Mortillaro** (V.). — Studio bibliografico. Seconda edizione. — Palermo, presso Filippo Solli, 1832, in-8°. 4507

La 1re édition a paru à Palerme en 1827, in-8°.

* **Morwitz** (E.). — Geschichte der Medicin. — Leipzig, Brockhaus, 1848-1849, 2 vol. in-8°. 4508

Le T. II contient : »Chronologisch-systematische Zusammenstellung der medicinischen Literatur«.

Mosdorf (F.). — Voy. Lenning (C.). Encyclopädie der Freimaurerei.

Moser (J. J.). — Beytrag zu einem Lexico der jetztlebenden Lutherisch- und Reformirten Theologen in und um Teutschland, welche entweder die Theologie öffentlich lehren, oder sich durch theologische Schriften bekannt gemacht haben. Mit einer Vorrede von demjenigen, was bey einer nüzlichen Lebens-Beschreibung, besonders eines Theologen, zu beobachten nöthig ist. — Züllichau, Frommann, 1740-1741, 2 vol. in-4°. 4509

—. — Bibliotheca juris publici s. r. germanici imperii, enthaltend eine genugsame Nachricht von denen autoribus, Innhalt, Einrichtung, Auflagen, Fatis, Recensionen, davon gefällten Urtheilen und anderem zu wissen nöthig- und nützlichem, sodann eine eigene unpartheyische und gründliche Beurtheilung der Tugenden und Fehler der von dem Staats-Recht des Heil. röm. Reichs handlenden alt- und neuen Schrifften. Nebst dreyen Registern Erstens über die mit und zweytens ohne Nahmen herausgekom̃ene hierinn recensirte Schrifften, so dann drittens über die darinn abgehandelte Materien. — Stuttgardt, Metzler u. Erhard, 1734, in-8°, en 3 parties. 4510

* **Moser**. — Gesammelte und zu gemeinnützigen Gebrauch eingerichtete Bibliothec von Oeconomischen- Cameral- Policey- Handlungs- Manufactur- Mechanischen und Bergwercks Gesetzen Schrifften und kleinen Abhandlungen. — Ulm, Gaum, 1758, in-8°. 4511

—. — Würtembergische Bibliothek, oder Nachricht von allen bekannten gedruckten und ungedruckten Schriften, welche das herzogliche Haus und Herzogthum Würtemberg oder einzelne Theile oder Personen betreffen. Vierte Ausgabe, mit Zusätzen und einer Vorrede von L. Tim. Spittler. — Stuttgart, Metzler, 1796, gr. in-8°. 4512

—. — Voy. Crusius (M.). Schwäbische Chronik. — Voy. Württembergisches Gelehrten-Lexicon.

* **Moss** (J. W.). — A manual of classical bibliography: comprising a copious detail of the various editions; commentaries, and works critical and illustrative; and translations into the english, french, italian, spanish, german, and, occasionally, other languages; of the greek and latin classics. — London, printed for W. Simpkin and R. Marshall, 1825, 2 vol. in-8°. 4513

—. — A manual of classical bibliography: comprising a copious detail of the various editions of the greek and latin classics, and of the critical and philological works published in illustration of them, with an account of the principal translations, into english, french, italian, spanish, german, etc. Second edition, completed to the end of 1836, by the addition of a supplement, containing a bibliographical index of several thousand editions which have appeared either here or abroad since the original publication of this work in 1825; with the prices at which they are at present sold or imported by the London Booksellers. — London, Bohn, 1837, 2 vol. in-8°. 4514

* **Motta** (E.). — Bibliografia storica Ticinese. Materiale raccolto. — Zurigo, tipografia J. Herzog, 1879, in-8°. 4515

—. — Dei diversi scrittori ticinesi appartenenti alla prima metà del nostro secolo. Note bibliografiche, — Bellinzona, tip. C. Colombi, 1881, gr. in-8°, 46 p. 4516

Ext. de l'»Educatore della Svizzera italiana«, anno 1880.

Motteley. — Voy. Aperçu sur les erreurs de la bibliographie spéciale des Elzevirs.

* **Mouan.** — Notice historique sur la vie et les travaux de M. Roux-Alphéran, lue dans les séances des 17 décembre 1858 et 4 janvier 1859. — Aix, imp. de Illy, 1859, in-8°. 4517

* **Moule** (Th.). — Bibliotheca heraldica magnæ Britanniæ. An analytical catalogue of books on genealogy, heraldy, nobility, knighthood, and ceremonies: with a list of provincial visitations, pedigrees, collections of arms, and other manuscripts: and a supplement, enumerating the principal foreign genealogical works. — London, printed for the author, 1822, gr. in-8°. 4518

Moulin (J.). — Catalogue of Shakespeare's works, translated into German. — Kamp, M. G. Lughten, 1855, in-8°, 12 p. 4519

—. — Omtrekken eener allgemeene litteratuur over William Shakspeare en deszelfs werken. — Kamp, 1845, 2 vol. in-8°. 4520

* **Mouravit** (G.). — Poètes et bibliophiles. Les devises des vieux poètes, étude littéraire et bibliographique. — Paris, Morgand et Fatout, 1879, in-4°, 47 p. 4521

Tiré à 100 ex. Papier vergé teinté.

* **Mourier** (Ath.). — Notes biographiques et littéraires sur Jean Bastier de La Péruse. — Angoulême, imp. de J. Lefraise, 1856, in-8°, 31 p. 4522

Extrait du »Bulletin de la Société archéologique et historique de la Charente«, T. I de la 2e série. — Tiré à 100 ex.

* **Mourier** (A.). & F. **Deltour.** — Notice sur le doctorat-es-lettres suivie du catalogue et de l'analyse des thèses françaises et latines admises par les facultés des lettres depuis 1810, avec index et table alphabétique des docteurs. Quatrième édition corrigée et considérablement augmentée. — Paris, Delalain (1880), in-8°. 4523

Un supplément a paru en 1882 pour les thèses de 1880-1881.

* **Mourik** (B.). — Naamrol der Rechtsgeleerde en historische Schryvers, welke over alle Rechtzaken en Voorvallen in de Rechten in Holland, by de Practizyns Gebruikelyk in't Nederduits geschreeven hebben. Aangetoond door en alphabetisch Register, om het geene men begeert aanstonds te kunnen zien, welke Schryvers over de Voorgemelde Zaaken Handelen, ten Gebruike von Advocaaten, Procureurs, Notarissen, Solliciteurs, en alle andere Liefhebbers. — T'Amsterdam, by Bernardus Mourik (1728), in-4°. 4524

* **Moutet** (F.). — Notice sur les titres et les travaux scientifiques du Dr. F. Moutet, candidat à la chaire de physiologie vacante dans la faculté de médecine de Montpellier par la retraite de M. le professeur Lordat. — Montpellier, imp. de J. Martel, 1860, in-4°, 31 p. 4525

* **Mouvement littéraire** (Le), journal raisonné du libraire, du bibliothécaire et de l'amateur de livres. Rédacteur en chef: Ch. L. Livet. — Paris, librairie générale, 1869, gr. in-4°. T. I. 4526

Mühlbrecht (O.). — Voy. Allgemeine Bibliographie der Staats- und Rechtswissenschaften.

* **Mühlmann** (G.) und Ed. **Jenicke.** — Repertorium der classischen Philologie und der auf sie sich beziehenden pädagogischen Schriften. — Leipzig, Verlag von Ludwig Schumann, 1845-1847, 3 vol. in-8°. 4527

Les T. II-III sont imprimés chez C. L. Fritzsche.

Müldener (W.). — Voy. Bibliotheca geographico statistica. — Voy. Bibliotheca historica. — Voy. Bibliotheca mechanico-technologica. — Voy. Bibliotheca philologica. — Bibliotheca theologica.

* **Mülinen** (Egb. Fr. von). — Prodromus einer schweizerischen Historiographie in alphabetischer Reihenfolge die Historiker aller Cantone und aller Jahrhunderte umfassend. — Bern, Huber und Comp., 1874, in-8°. 4528

Müller (Chr. G. D.). — Versuch einer Literatur der Schiffsbaukunst. — Stade, Friedrich, 1791, in-4°. 4529

* — (C. G.) Verzeichniss von Nürnbergischen topographisch-historischen Kupferstichen und Holzschnitten, gefertiget. — Nürnberg, gedruckt mit Bielingischen Schriften, 1791, in-8°. 4530

— (J. I.). — Gründliche Nachricht von dem Leben und Schriften des berühmten Leipziger Gottesgelehrten Herrn D. Johann Höpners, zum Drucke befördert, und mit einem Sendschreiben an Daniel Siegfried Klaubarten vermehret von Gottlob August Jenichen. — Leipzig, Langenheim, 1741, in-4°, 28 p. 4531

Les pages 21-28 contiennent la liste des ouvrages de Höpner.

— (J. M.). — Das gelehrte Hadeln oder historische Nachricht von gelehrten Hadelern ihrem Leben und Schriften aus den besten Urkunden gesamlet. — Otterdorf und Hamburg, bey dem Verfasser, 1754, in-8°. 4532

* — (J. T.). — Einleitung in die ökonomische und physikalische Bücherkunde und in die damit verbundenen Wissenschaften bis auf die neuesten Zeiten. — Leipzig, Schwickert, 1780-1784, 3 vol. in-8°. 4533

* **Müller** (J. W.). — Auserlesene mathematische Bibliothek oder alphabetisches und wissenschaftliches Verzeichniss der besten arithmetischen, algebraischen, geometrischen, trigonometrischen, geodätischen, mechanischen, optischen, astronomischen, geographischen, gnomonischen, chronologischen, architektonischen und militärischen alten und neuen bis 1820 herausgekommenen Schriften. — Nürnberg, J. L. S. Lechner, 1820, in-8°. 4534

—. — Repertorium der mathematischen Literatur, in alphabetischer Ordnung. — Augsburg und Leipzig, Jenisch und Stage (1822-1825), 3 vol. in-8°. 4535

— (P. Er.). — Sagaenbibliothek des Skandinavischen Alterthums in Auszügen, mit litterarischen Nachweisungen. Aus der dänischen Handschrift übersetzt von Karl Lachmann. — Berlin, Realschulbuchhandlung, 1816, gr. in-8°. 4536

* — (W.). — Mittelhochdeutsches Wörterbuch mit Benutzung des Nachlasses von Georg Friedrich Benecke ausgearbeitet von Dr. Wilhelm Müller. — Leipzig, S. Hirzel, 1854-1861, 3 vol. en 4 tomes in-8°. 4537

Le T. I, p. XV-XXI, contient: »Verzeichnis benutzter quellen und hilfsmittel«. — A partir du T. II, le nom de Friedrich Zarncke figure sur le titre à côté de celui de Wilh. Müller.

* **Muffat** (R.). — Notice bibliographique sur le parti catholique. — Annecy, 1856, in-8°, 16 p. 4538

* **Muller** (Fr.). — Beschrijvende Catalogus van 7000 Portretten, van Nederlanders, en van Buitenlanders, tot Nederland in betrekking staande, afkomstig uit de Collectiën: de Burlett,

Verstolk van Soelen, Lamberts, enz.; met twee uitvoerige Registers: 1° der Personen, systematisch gerangschikt; 2° der Portretten, volgens de Schilders en Graveurs; met eene uitvoerige Voorrede over Regeling en Beschrijving van dergelijke Verzamelingen, en eene gedetailleerde Opgave der vroeger verkochte. Alles verzameld en beschreven. — Amsterdam, Muller, 1853, in-8°. 4539

* **Muller.**—Catalogue of books, maps, plates on America, and of a remarkable collection of early voyages, offered for sale by Frederik Muller, at Amsterdam. Including a large number of books in all languages with bibliographical and historical notes and presenting an essay towards a Dutch-American bibliography. — Amsterdam, Frederik Muller, 1872, in-4°. 4540

—. — Catalogus van de Bibliotheek der Vereeniging ter bevordering van de belangen des Boekhandels. — Amsterdam, 1855, in-8°. 4541

—. — Essai d'une bibliographie Neerlando-Russe. Catalogue d'une collection remarquable de livres, atlas, cartes, portraits, planches, manuscrits hollandais et de plusieurs livres étrangers, tous concernant la Russie et la Pologne. Avec des notices bibliographiques et historiques sur les écrits des Aitzema, Blaeu, Massa, Waghenaer, Witzen, etc., plusieurs sur les portraits et planches historiques, et une table systématique. — Amsterdam, Muller, 1er octobre 1859, in-8°. 4542

—. — De Nederlandsche Geschiedenis in Platen. Beredeneerde Beschrijving van Nederlandsche Historieplaten, Zinneprenten en Historische Kaarten. Verzameld, gerangschikt, beschreven. I. Aflevering. Van het begin der Geschiedenis tot 1625. — Amsterdam, Muller, 1863, gr. in-8°. 4543

Mullinger (J. B.). — Voy. Gardiner. Introduction to the study of english history.

* **Mulot** (F. V.). — Notice historique sur la vie et les ouvrages de Demoustier. Lue dans la séance publique du Lycée des arts, le 30 floréal an 9. — Paris, imp. de Gillé fils, an 9, in-8°, 16 p. 4544

Mulvany (Th. J.). — Voy. Gandon. The life of James Gandon.

* **Munaret**. — Notice sur Mathias Mayor, sa vie et ses travaux. — Paris, G. Baillière, 1847, in-8°. 4545

* —. — Notice sur T. C. E. Edouard Auber, sa vie et ses travaux. — Lyon, imp. de Vingtrinier, 1874, in-8°, 32 p. 4546

* **Munch** (B. G.). — Primaria quædam documenta de origine typographiæ . . . — Altorfii, typis Johannis Adami Hesselii, 1740, in-4°. 4547

Munday (A.). — John a Kent and John a Cumber; a comedy. Printed from the original manuscript, the property of E. M. L. Mostyn. With other tracts by the same author. The introduction and notes by J. Payne Collier. — London, printed for the Shakespeare Society, 1851, gr. in-8°. 4548

Contient, pages LVI - LXXII: »List of Anthony Munday's works. Arranged according to dates«.

* **Munoz y Romero** (T.). — Diccionario bibliográfico-histórico de los antiguos reinos, provincias, ciudades, villas, iglesias y santuarios de España. Obra premiada por la biblioteca nacional en el concurso público de enero de 1858, é impresa á expensas del gobierno. — Madrid, imprenta de M. Rivadeneyra, 1858, in-4°. 4549

* **Muoni** (D.). — Le cinque giornate di Milano. Saggio bibliografico. (Seconda edizione riveduta ed aumentata.) — Milano, tip. di L. Bortolotti, marzo 1878, in-8°. 4550

* **Muquardt** (C.). — Bibliographie de la Belgique ou catalogue général de l'imprimerie et de la librairie belges. — Bruxelles, Muquardt, 1839-1882, in-8°. 4551

* **Murdoch** (J.). — Classified catalogue of tamil printed books, with introductory notices. — Madras, printed by Caleb Foster, 1865, in-12. 4552

* **Murhard** (Fr. G. A.). — Litteratur der mathematischen Wissenschaften. — Leipzig, bei Breitkopf und Härtel, 1797-1805, 5 vol. in-8°. 4553

Avec cet autre titre: »Bibliotheca mathematica«.

* —. — Versuch einer historisch-chronologischen Bibliographie des Magnetismus. — Kassel, in der Griesbachischen Hofbuchhandlung, 1797, in-8°. 4554

* **Murr** (Chr. Th. de). — Adnotationes ad bibliothecas Hallerianas botanicam, anatomicam, chirurgicam et medicinæ practicæ cum variis ad scripta Michaelis Serveti pertinentibus. — Erlangæ, J. J. Palm, 1805, in-4°. 4555

* —. — Bibliothèque de peinture, de sculpture, et de gravure. — A Francfort et Leipzig, chez Jean Paul Krauss, 1770, 2 vol. in-8°. 4556

—. — Collectio amplissima scriptorum de Klinodiis S. R. Imperii Germanici, de coronatione imperatoris germanici atque de rege romano et electoribus.—(Norimbergæ, apud auctorem), 1793, in-8°. 4557

* —. — Conspectus bibliothecæ glotticæ universalis, propediem edendæ operis quinquaginta annorum. — Norimbergæ, Monath-Küssler, 1804, in-8°, 32 p. 4558

* —. — Memorabilia bibliothecarum publicarum Norimbergensium et Universitatis Altdorfinæ. — Norimbergæ, sumtibus Johannis Hœschii, 1786-1791, 3 vol. in-8°. 4559

Le T. III a paru : in libraria Rawiana.

* **Murray** (Al.). — Account of the life and writings of James Bruce, of Kinnaird, author of travels to discover the source of the Nile in 1768, 1769 and 1773. — Edinburgh, 1808, in-4°. 4560

— (J. Andr.). — Enumeratio librorum præcipuorum medici argumenti. Recudi curavit et permulta additamenta adjecit Frid. Guil. ab Halem. — Aurici et Gottingæ, Winter, 1792, in-8°. 4561

Musæum typographicum Sohmianum, eller Förteckning på de Böcker och Skrifter om Boktryckeri-Konsten och dess Historia, jemte Portraiter af namnkunnige Boktryckare, samt Medailler i samma ämne, som blifvit samlade af Peter Sohm,... — Stockholm, tryckt i kongl. Fält-Tryckeriet, 1812, in-8°, 48 p. 4562

* **Musset Pathay.** — Histoire de la vie et des ouvrages de J. J. Rousseau, composée de documents authentiques, et dont une partie est restée inconnue jusqu'à ce jour; d'une biographie de ses contemporains, considérés dans leurs rapports avec cet homme célèbre; suivie de lettres inédites. — Paris, Pélicier, 1821, 2 vol. in-8°. 4563

— (V. D. de). — Voy. Bibliographie agronomique.

* **Musterkatalog für Volksbibliotheken.** Ein Verzeichniss von Büchern, welche zur Anschaffung für Volksbibliotheken zu empfehlen sind, herausgegeben von dem Gemeinnützigen Vereine zu Dresden. — Leipzig, Otto Spamer, 1882, in-8°. 4564

Muther (Th.). — Die Gewissensvertretung im gemeinen Deutschen Recht, mit Berücksichtigung von Particulargesetzgebungen, besonders der sächsischen und preussischen. — Erlangen, Deichert, 1860, in-8°. 4565

Contient, p. 152-160: »Bibliographisch-kritisches Verzeichniss der über die Gewissensvertretung teils abgesondert teils in Sammelwerken &c. erschienenen Schriften, Abhandlungen und Aufsätze«.

—. — Voy. Jahrbuch des gemeinen deutschen Reichs.

* **Mylius** (J. Chr.). — Bibliotheca anonymorum et pseudonymorum ad supplendum et continuandum Vincentii Placii Theatrum et Christoph. Aug. Heumanni schediasma de anonymis et pseudonymis . . . cum præfatione M. Gottlieb Stollii, Hamburgi, sumptibus Chr. W. Brandt, 1740, in-8°, 2 vol. 4566

* —. — Bibliotheca anonymorum et pseudonymorum detectorum, ultra 4000 scriptores; quorum nomina vera latebant antea, omnium facultatum scientiarum, et linguarum complectens, ad supplendum et continuandum Vincentii Placcii theatrum anonymorum et pseudonymorum, et Christoph. August. Heumanni schediasma de anonymis et pseudonymis, collecta et adornata a M. Joh. Christoph. Mylio, . . . cum præfatione M. Gottlieb Stollii, . . . — Hamburgi, sumptibus Christian Wilhelm Brandt, 1740, in-fol. 4567

Nachricht von dem Leben und den Schriften Veit Dietrichs, eines um die evangelische lutherische Kirche unsterblich verdienten Theologen als ein geringer Beitrag zur Reformationsgeschichte aus gedruckten und ungedruckten Quellen herausgegeben. — Altdorf und Nürnberg, Schüpfel, 1772, in-8°. 4568

***Nachrichten** (der erste [-vierte] Band der) von den neuesten Theologischen Büchern und Schrifften. — Jena und Leipzig, Verlegts Christian Friedrich Gollner, 1742-1748, 6 vol. in-8°. 4569

Nachtenhœfer (J. H.). — Institutiones juris bibliothecales, quibus juxta titulorum in institutionibus Justinianeis seriem, auctores tam veteres quam recentiores, præcipue dissertationes selectiores, recensentur. — Lipsiæ, litt. Reinholdianis, 1688, in-4°. 4570

La suite n'a pas paru.

* **Nachtrag zu die typographischen Denkmale** aus dem fünfzehenden, und Büchermerkwürdigkeiten aus den sechzehenden und siebenzehenden Jahrhunderten, welche sich in der Bibliothek des regulirten Korherrenstiften des heil. Augustin zu Neustift in Tyrol befinden. — Brixen, gedruckt bey Thomas Weger, 1791, in-4°. 4571

* **Nagler** (G. K.). — Die Monogrammisten und diejenigen bekannten und unbekannten Künstler aller Schulen, welche sich zur Bezeichnung ihrer Werke eines figürlichen Zeichens, der Initialen des Namens, der Abbreviatur desselben etc. bedient haben. Mit Berücksichtigung von Buchdruckerzeichen, der Stempel von Kunstsammlern, der Stempel der alten Gold- und Silberschmiede, der Majolicafabriken, Porcellan-Manufacturen u. s. w. Nachrichten über Maler, Zeichner, Bildhauer, Architekten, Kupferstecher, Formschneider, Briefmaler, Schreibkünstler, Lithographen, Stempelschneider, Emailleure, Goldschmiede, Niello- Metal und Elfenbein-Arbeiter, Graveure, Waffenschmiede u. s. w. Mit den raisonnirenden Verzeichnissen der Werke anonymer Meister, deren Zeichen gegeben sind, und der Hinweisung auf die mit Monogrammen oder Initialen bezeichneten Produkte bekannter Künstler. Ein für sich bestehendes Werk, aber zugleich auch Ergänzung und Abschluss des Neuen allgemeinen Künstler-Lexicons, und Supplement zu den bekannten Werken von A. Bartsch, Robert-Dumesnil, C. Le Blanc, F. Brulliot, J. Heller u. s. w. — München, Franz, 1858-1863, 3 vol. in-8°. 4572

* **Naigeon.** — Notice sur la vie et les ouvrages de J. Racine. — S. l. ni d., in-16, 16 p. 4573

* — (J. A.). — Mémoires historiques et philosophiques sur la vie et les ouvrages de D. Diderot. — Paris, Brière, 1821, in-8°. 4574

* **Namur** (A.). — Catalogue descriptif et explicatif des éditions incunables de la bibliothèque de l'Athénée Grand ducal de Luxembourg. — Bruxelles, F. Heussner, 1863, in-8°. 4575

* —. — Histoire et bibliographie analytique de l'Académie royale des sciences, des lettres et des beaux-arts de Belgique. 2e édition, considérablement augmentée. — Bruxelles, imp. Parent, 1852, in-8°. 4576

—. — Jean Rothe. — Bruxelles, Heussner, 1859, in-8°, 11 p. 4577

Ext. du T. XV du »Bulletin du Bibliophile belge«. — Tiré à 25 ex.

* — (P.). — Bibliographie académique belge ou répertoire systématique et analytique des mémoires, extraits de mémoires, dissertations, observations, essais et mémoires des prix publiés jusqu'à ce jour par l'ancienne et la nouvelle académie de Bruxelles précédée d'un précis historique de l'académie et suivie d'un répertoire alphabétique général des noms d'auteurs. — Liège, P. J. Collardin, 1838, in-8°. 4578

* —. — Bibliographie des ouvrages publiés sous le nom d'ana; accompagnée de notes critiques, historiques et littéraires. — Bruxelles, imp. Delevingne et Callewaert, 1839, in-8°. 4579

* —. — Bibliographie paléographico-diplomatico-bibliologique générale ou répertoire systématique indiquant; 1° tous les ouvrages relatifs à la paléographie; à la diplomatique; à l'histoire de l'imprimerie et de la librairie; à la bibliographie; aux bio-bibliographies et à l'histoire des bibliothèques; 2° la notice des recueils périodiques, littéraires et critiques des différents pays. Suivi d'un répertoire alphabétique général. — Liège, P. J. Collardin, 1838, in-8°, 2 vol. 4580

* **Namur** (P.). — Manuel du bibliothécaire, accompagné de notes critiques, historiques et littéraires. — Bruxelles, J. B, Tircher, 1834, in-8°. 4581

* —. — Projet d'un nouveau système des connaissances humaines. — Bruxelles, imp. Demortier, 1839, in-8°. 4582

* **Nanjio** (B.). — A catalogue of Japanese and Chinese books and manuscripts lately added to the Bodleian library. 1. a collection made by mr. A. Wylie in Japan, and Bought by the curators of the Bodleian library in 1881. 2. a collection presented by the Japanese gouvernment to mr. S. Amos. 3. a collection made by Professor Max Müller, and presented by him to the Bodleian library. — Oxford, at the Clarendon press, 1881, in-4°. 4583

Napiersky (C. E.). — Verzeichniss der neu erschienenen Schriften zur Geschichte Liv-, Ehst- und Kurlands. I. für die Jahren 1847-1855. — Riga, Kymmel, 1857, in-8°, 43 p. 4584

Ext. des »Mittheilungen aus der livl. Geschichte«.

—. — Voy. Recke (J. Fr. v.). Allgemeines Schriftsteller . . . Lexikon.

* **Napolski** (M. v.). — Leben und Werke des Trobadors Ponz de Capduoill. — Halle, Niemeyer, 1880, in-8°. 4585

* **Narbone** (Al.). — Bibliografia sicola sistematica o apparato metodico alla storia letteraria della Sicilia. — Palermo, stamperia di Giovanni Pedone, 1850-1855, 4 vol. in-8°. 4586

Narducci (Enr.). — Bibliografia topografica di Roma. — Roma, tipografia Elzeviriani, 1878, in-8°. 4587

Forme les p. 81-119 de: Ministero dell' interno. — Direzione generale di statistica. — Monografia della città di Roma e della campagna di Roma presentata all' esposizione universale di Parigi.

* —. — Saggio di bibliografia del Tevere presentato alla societa geografica italiana. — Roma, tip. G. Civelli, 1877, in-8° et appendice par Camillo Ravioli. 4588

Ext. du »Bolletino della società geografica«, Serie II, T. I.

Se trouve aussi p. 789-855 dans les »Atti della reale accademia dei Lincei«, 1875-1876. — Serie II, T. III, 2. Classe di scienze fisiche matematiche e naturali.

* **Nast** (J.). — Litterarische Nachricht von der hochteutschen Bibelübersezung welche vor mehr als 500 Jahren in den Klöstern Teutschlands üblich war, auch von Erfindung der Buchdruckerkunst biss zum Jahr 1518 vierzehnmal gedruckt worden. Samt einer Charakteristischen Beschreibung diser vierzehn Ausgaben, verfasset. — Stuttgart, bei Christoph Friedrich Cotta, 1779, in-12. 4589

Natorp (B. C. L.). — Kleine Schulbibliothek; ein geordnetes Verzeichniss auserlesener Schriften für Lehrer in Elementar- und niederen Schulen, mit beigefügten Beurtheilungen. Fünfte umgearbeitete Ausgabe. — Duisburg und Essen, Bädeker, 1820, in-8°. 4590

* **Naturæ novitates.** Bibliographie neuer Erscheinungen aller Länder auf dem Gebiete der Naturgeschichte und der exacten Wissenschaften. Herausgegeben von R. Friedländer & Sohn in Berlin. — Berlin, Friedländer, 1879-1880, in-8°. 4591

* **Naturalists' (The) Directory** for 1880. Containing the names, addresses, special departments of study, etc. of the naturalists, chemists, physicists, astronomers, etc. Also a List of the scientific Societies, of Scientific Periodicals, and the Titles of scientific Books published in America, from July 1, 1879, to Oct. 1, 1880. Edited by Samuel E. Cassino. — Boston, Cassino, 1880, in-8°. 4592

* **Naudé** (G.). — Advis pour dresser une bibliothèque présenté à monseigneur le president de Mesme. — Paris, chez François Targa, 1627, in-12. 4593

* —. — Seconde édition reveuë corrigée et augmentée. — Paris, chez Rolet le Duc, 1644, in-12.

* —. — Réimprimé sur la deuxième édition. (Paris, 1644). — Paris, Isidore Lisieux, 1876, in-18.

* **Naudé** (G.). — Bibliographia militaris in Germania primum edita cura G. Schubarti. — Jenæ, ex officina Nisiana, 1683, in-12. 4594

* —. — Bibliographia politica. — Venetiis, apud Fr. Baba, 1633, in-12. 4595

* — Wittebergæ, impensis B. Mevii, 1641, in-12.

* —. — Bibliographia politica et arcana status, cum notis et observationibus literario-criticis, quæ auctorem partim illustrant, partim supplent, partim corrigunt. Præmissa præfatione apologetica in qua Naudæus a variis liberatur imputationibus. Auctore Gladovio. Cura Lupi Fecialis. — Halæ, Magdeburg, Renger, 1712, in-8°. 4596

* **Naudé.** — La bibliographie politique contenant les livres et la methode necessaires à estudier la politique. Avec une lettre de monsieur Grotius, et une autre du sieur Haniel sur le mesme subiet. Le tout traduit du latin en françois. — A Paris, chez la vefve de Guillaume Pelé, 1642, in-8°. 4597

Traduit par C. Challine.

* **Naudet.** — Institut impérial de France. Académie des inscriptions et belles-lettres. Notice historique sur la vie et les travaux de M. Boissonade. — Paris, imp. impériale, 1868, in-4°. 4598

*—. — Institut impérial de France ... Notice historique sur la vie et les travaux de M. Boissonade lue dans la séance publique annuelle du 12 novembre 1858. — Paris, imp. de F. Didot frères, 1858, gr. in-8°. 4599

La couverture imprimée sert de titre.

*—. — Paris, imp. impériale, 1868, in-4°.

Ext. du T. XXIII (1re partie) des »Mémoires de l'académie des inscriptions et belles-lettres«.

*—. — Institut impérial de France. Notice historique sur la vie et les travaux de M. Guérard,.. lue dans la séance publique annuelle du 7 août 1857. — (Paris), imp. de F. Didot, 1857, in-4°, 32 p. 4600

*—. — Institut national de France. Notice historique sur la vie et les ouvrages de M. le Bon Walckenaer... lue dans la séance publique annuelle du 12 nov. 1852. — Paris, imp. de F. Didot fr., 1852, in-4°, 38 p. 4601

***Naudin** (Ch.). — Notice sur les travaux de M. Ch. Naudin, aide-naturaliste au Muséum d'histoire naturelle. — Paris, imp. de E. Martinet (1863), in-4°, 15 p. 4602

La couverture imprimée sert de titre.

Naumann (R.). — Voy. Serapeum.

* **Nauroy** (Ch.). — Bibliographie des impressions microscopiques. — Paris, Charavay frères, 1881, in-18. 4603

Tiré à 250 ex.

*—. — Bibliographie des plaquettes romantiques. — Paris, Charavay, 1882, in-32. 4604

Tiré à 260 ex. numerotés, dont 10 sur papier du Japon et 250 sur papier vélin teinté.

Navarrette (M. Fernandez de). — Voy. Fernandez de Navarrette (M.).

* **Navy department.** Bureau of medicine and surgery. Report on yellow fever in the U. S. S. Plymouth in 1878-9. Prepared under direction of Philip S. Wales, surgeon-general U. S. Navy. — Washington, government printing office, 1880, in-8°. 4605

Contient, pages 77-79 : alphabetical list of authorities cited.

* **Nay** (H.). — Bibliotheca Germanorum erotica. Verzeichniss der gesammten deutschen erotischen Literatur mit Einschluss der Uebersetzungen. Nachschlagebuch für Literaturhistoriker, Antiquare und Bibliothekare. Nach den zuverlässigsten Quellen. — Leipzig, 1875, in-8°. 4606

* **Nayral** (M.). — Biographie castraise, ou Tableau historique, analytique et critique des personnages qui se sont rendus célèbres à Castres ou dans ses environs, par leurs écrits, leurs talens, leurs exploits, des fondations utiles, leurs vertus ou leurs crimes; suivie de chroniques et antiquités castraises. — Castres, imp. de Vidal aîné, 1833-1837, 4 vol. in-8°. 4607

* —. — Notice biographique et littéraire sur Mme Eléonore de Labouïsse-Rochefort, ... — Castres, imp. de Vidal aîné, 1834, in-8°. 4608

* **Nécessité de créer des bibliothèques scientifiques** (De la) industrielles ou au moins d'ajouter aux bibliothèques publiques une division des sciences appliquée aux arts et à l'industrie. — Paris, L. Mathias, décembre 1847, in-8°. 4609

La couverture imprimée porte en outre: »Spécimen d'un Catalogue systématique à l'usage des bibliothèques proposées«.

* **Necker de Saussure** (Mme). — Notice sur le caractère et les écrits de

Mme de Stael. Avec le portrait de Madame de Stael. — Paris, Treuttel et Würtz, 1820, in-8° et in-12. 4610

Tirage à part de la Notice imprimée en tête de l'édition des Oeuvres complètes publiée par les mêmes libraires.

* **Nécrologe des hommes célèbres** (Le) de France, par une société de gens de lettres. — Paris, imp. de Moreau, etc., 1767-1782, 17 parties in-12. 4611

* —. — Mæstricht, J.-E. Dufour, 1775, 13 parties in-12.

Nécrologie Liégoise pour 1859. — Liège, Renard, 1863, in-8°. 4612

Par Ulysse Capitaine.

* **Nederlandsche Bibliographie.** Lijst van nieuw versehenen Boeken, Kaarten, enz. in het Koningrijk der Nederland. — s'Gravenhage, Nijhoff, 1856-1882, in-8°. 4613

* **Née de la Rochelle** (J. Fr.). — Recherches historiques et critiques sur l'établissement de l'art typographique en Espagne et en Portugal; avec une notice de villes où cet art a été éxercé pendant le quinzième siècle dans ces deux royaumes; extraites des récréations historiques et bibliographiques. — A Paris, chez Merlin, 1830, in-8°. 4614

* —. — Vie d'Etienne Dolet, imprimeur à Lyon dans le XVIe siècle; avec une notice des libraires et imprimeurs auteurs que l'on a pu découvrir jusqu'à ce jour. — Paris, Gogué et Née de La Rochelle, 1779, in-8°. 4615

Il a été tiré 25 ex. in-4°.

* **Negri Ferrarese** (G.). — Istoria degli scrittori fiorentini la quale abbraccia intorno a due mila autori, che negli ultimi cinque secoli hanno illustrata co in loro scritti quella nazione, in qualunque materia, ed in qualunque lingua, e disciplina: con la distinta nota delle lor' opere, cosi manoscritte, che stampate, e degli scrittori, che di loco hanno con lode parlato, o fatta menzione: opera postuma... — In Ferrara, per Bernardino Pomatelli Stampatore Vescovale, 1722, in-fol. 4616

* **Neickelius** (C. F.). — Museographia oder Anleitung zum rechten Begriff und nützlicher Anlegung der Museorum, oder Raritäten-Kammern, darinnen gehandelt wird. I. Von denen Museis, Schatz-, Kunst- und Raritäten-Kammern insgemein, welche heutiges Tages grösten theils annoch in vielen Europäischen Orten gefunden werden. II. Dem nachmals ein Anhang beygefüget ist, von vielen, welche vor Alters in der Welt berühmt gewesen. III. Im dritten Theile wird von Bibliothequen insgemein, als einem zu einem vollständigen und wohl eingerichteten Museo unentbehrlichen Wercke gehandelt. IV. Der vierte und letzte Theil aber ist eine Anmerckung oder unvorgreiffliches Bedencken von Raritäten-Kammern oder Museis insgemein. In beliebter Kürtze zusammen getragen, und curiösen Gemüthern dargestellt. Auf Verlangen mit einigen Zusätzen und dreyfachem Anhang vermehret von D. Johann Kanold... Nebst einem Register. — Leipzig und Breslau, bey Michael Hubert, 1727, in-4°. 4617

* **Neigebaur** (J. F.). — Handbuch für Reisende in Frankreich. Zweite verbesserte Auflage. — Leipzig, Volckmar, 1842, in-8°. 4618

En outre de nombreuses indications bibliographiques contenues dans le corps de l'ouvrage, on trouve, p. 66-79: »Verzeichniss der vorzüglichsten Zeitschriften« et p. 183-208: »Literarische Nachweisungen«.

* **Németh** (J.). — Memoria typographiarum inclyti regni Hungariæ et magni principatus Transsilvaniæ quam in systema redegit... — Pesthini, typis et sumptibus Joannis Thomæ Trattner, 1818, in-8°. 4619

Nesfield (J. C.). — Voy. A catalogue of sanscrit mss. existing in Oudh.

Nettelbladt (C. v.). — Voy. Conspectus scriptorum rerum svio-Gothicarum.

Nettelbladt (D.). — Initia historiæ litterariæ juridicæ universalis. Editio secunda, auctior et emendatior. — Halæ-Magdeburgicæ, Renger, 1764, in-8°. 4620

— (H.). — Succincta notitia scriptorum tum editorum tum anecdotorum, ducatus Megapolitani, historiam literariam, ecclesiasticam, politicam, jusque civile, feudale, ecclesiasticum et publicum illustrantium atque explicantium, quam secundum materiarum argumenta disposuit, et cum præfatione de ejus utilitate ac necessitate in addiscendis rebus Germaniæ, speciatim Megapoleos instruxit. Adcedit auctorum index brevem illorum historiam exhibens. — Rostochii, ex offic. Warningckiana, 1745, in-4°. 4621

—. — Verzeichniss allerhand mehrentheils ungedruckter zur Geschichte und Verfassung der Stadt Rostock gehöriger Schriften, Münzen, Verordnungen und Urkunden, sowohl nach der Zeit-Ordnung als nach denen darin enthaltenen Materien abgefasst. — Rostock, gedr. mit Rösischen Schriften, 1760, in-4°. 4622

Neu-eröffnete Bibliothec (Die), worinnen der studirenden Jugend und andern courieusen Liebhabern guter Unterricht von Bibliothequen, nebenst bequemer Anleitung dieselben anzulegen, wohl zu unterhalten, und nützlich zu gebrauchen, an die Hand gegeben wird. Welchem angefügt die vornehmsten Bibliothequen in Europa, und was Reisende vornehmlich bey deren Besichtigung zu beobachten haben. — Hamburg, Schiller, 1711, in-12. 4623

Contient, pages 284-298: »Series authorum qui bibliothecas et de bibliothecis scripserunt«.

* **Neubauer.** — Rapport sur une mission dans le midi de la France, à l'effet de cataloguer les manuscrits hébreux qui s'y trouvent, et en Italie pour recueillir des documents hébreux concernant l'histoire des rabbins français. 4624

Suivi de: »Rapport sur une mission dans l'est de la France, en Suisse et en Allemagne, pour l'histoire littéraire des rabbins français. — (Paris), imp. nationale, mars 1874, in-8°, en tout 25 p.

Neubauer (E. Fr.). — Nachricht von den itzt lebenden Lutherisch- und Reformirten Theologen in und um Deutschland, welche entweder die Theologie und heiligen Sprachen öffentlich lehren, oder sich sonst durch Theologische und Philologische Schriften bekannt gemacht haben; zum Nutzen der Kirchen- und Gelehrten-Historie also eingerichtet, dass man sonderlich daraus den gegenwärtigen Zustand der protestantischen Kirche erkennen kann: als eine Fortsetzung, Verbesserung und Ergänzung des Lexici der itztlebenden evangelisch-lutherischen und reformirten Theologen, ausgefertiget. — Züllichau, Waisenhaus, 1743-1746, 2 vol. in-4°. 4625

Neue Berliner Schachzeitung, herausgegeben von A. Anderssen und G. R. Neumann. — Berlin, Springer, avril 1865, in-8°. T. II. 4626

Contient, p. 97-102: »Verzeichniss der seit dem grossen Schachturnier zu London vom Jahre 1851 erschienenen deutsche Schachwerke«. (74 nos.)

Neue Jahrbücher für die Turnkunst. Freie Hefte für Erziehung und Gesundheitspflege. In gemeinschaft mit E. Friedrich, M. Schreber, A. Spiess und C. Wassmansdorf herausgegeben von M. Kloss. — Dresden, Schönfeld, 1856, in-8°. T. II. 4627

Contient, p. 357-363: »Verzeichniss der seit 1850 bis Ende 1856 neu erschienenen oder neu aufgelegten Schriften über Leibesübungen und deren Hülfswissenschaften«.

* **Neue theologische Annalen.** — 1798-1805, 8 vol. in-8°. 4628

***Neuer Anzeiger** für Bibliographie und Bibliothekwissenschaft. Herausgegeben unter Redaction von Dr. Julius Petzholdt. — Dresden, Schönfeld, 1856-1882, in-8°. 4629

Neues Hamburgisches Magazin, oder Fortsetzung gesammleter Schriften, aus der Naturforschung, der allgemeinen Stadt- und Land-Oekonomie, und den angenehmen Wissenschaften überhaupt. — Leipzig, Holle, 1771, in-8°. 4630

Contient, T. 55, p. 23-71: »Krünitz (J. G.). Verzeichniss der vornehmsten Schriften von der Sündfluth, der Naturgeschichte der Berge überhaupt, den Seegeschöpfen und versteinerten Körpern auf den Bergen, und dem Blocksberge insonderheit«.

Neues Lausitzisches Magazin. Unter Mitwirkung der Oberlausitzischen Gesellschaft der Wissenschaften herausgegeben und verlegt von Johann Gotthelf Neumann. — Görlitz, Zobel in Comm., 1824, in-8°. 4631

Le T. III contient, pages 464-478 une »bibliographie des écrits de Bartholomäus Scultetus, bourgmeistre de Görlitz«.

***Neues Repertorium** von seltenen Büchern und Schriften. — Nürnberg, 1795-1797, bei Johann Eberhard Zeh, in-8°, 3 parties et Anhang. 4632

Par George Ernst Waldau.

Neueste Länder- und Völkerkunde. Ein geographisches Lesebuch für alle Stände. — Weimar, geograph. Institut, 1806-1821, 22 vol. in-8°. 4633

Chacune des divisions de l'ouvrage est suivie de sa bibliographie.

Neueste Staat des Königreichs Portugall (Der), und der darzu gehörigen Länder inn- und ausserhalb Europa. Aus denen bewährtesten, alten und neuen, lateinischen, spanischen, frantzösischen, und andern Scribenten beschrieben, auch durchgehends mit nöthigen Allegatis, Diplomatibus, und Kupfern versehen. — Halle im Magdeb., Renger, 1714, in-8°. 4634

Le T. II contient, p. 596-686: »Von denen Scribenten, welche zur Notiz des Portugiesischen Staats dienlich sind; insonderheit aber von denen historicis von Portugall«.

Publié par Johann Jakob Schmauss.

***Neugebauer** (Fr. L.). — Zur Entwickelungsgeschichte des spondylolisthetischen Beckens und seiner Diagnose (mit Berücksichtigung von Körperhaltung und Gangspur). Mit 97 Holzschnitten im Texte. Casuistisch-kritische Monographie. — Halle, Max Niemeyer, 1882, in-8°. 4635

Contient, pages 8-12: »Verzeichniss der Litteratur über Spondylolisthesis«. (91 art.)

Neumann (Fr.). — Voy. Literaturblatt für germanische . . . Philologie.

— (G. R.). — Voy. Neue Berliner Schachzeitung.

— (J. G.). — Voy. Neues Lausitzisches Magazin.

* **Neumann-Spallart** (F. X. von). — Uebersichten der Weltwirthschaft. Jahrgang 1880. — Stuttgart, Julius Mayer, 1881, in-16. 4636

Se termine par: »Literatur-Nachweis«. Les années 1878 et 1879 ont pour titre: »Uebersichten über Produktion, Verkehr und Handel in der Weltwirthschaft«.

Nève (Em.). — Appendice à la bibliographie douaisienne de M. Duthillœul. — Bruxelles, J. M. Heberdé, 1850, in-8°. 4637

***Neveu** (E. F.). — Les débuts de l'imprimerie à Montauban (1518-1526). — Montauban, imp. Forestié Neveu, 1876, in-8°, 20 p. 4638

* **New (A) and correct catalogue of all the english books** which have been printed from the year 1700, to the present time, with their prices. To which is added, a complete list of law books, for the same period. Likewise

all the school books now in use. — London, printed in the year 1767, in-8°. 4639

* **Newcome** (W.). — An historical view of the english biblical translations: the expediency of revising by authority our present translation: and the means of executing such a revision. — Dublin, printed by John Exshaw, 1792, in-8°. 4640

Les p. 387-428 renferment: a list of various editions of the bible and parts thereof in english from the year 1526 to 1776. — First printed: London, 1778.

* **Nicard** (P.). — Notice historique sur la vie et les écrits de M. de Blainville. (16 août 1850.) — Paris, imp. de J. Claye (s. d.), in-8°. 4641

* **Nichols** (J. G.). — A descriptive catalogue of the works of the Cambden Society: stating the nature of their principal contents, the periods of time to which they relate, the dates of their composition, their manuscript sources, authors, and editors. Accompanied by a classified arrangement and an index, and by some illustrative particulars that have arisen since their publication. — Westminster, printed by and for J. B. Nichols and sons, 1862, in-4°. 4642

—. — Voy. Biographical anecdotes of William Hogarth.

Nicholson (Edw. B.). — Voy. Transactions and proceedings of the conference of librarians.

— (H. Alleyne). — Bibliography of North American invertebrate paleontology. — Voy. Department of the interior. U. S. geological survey of the territories. Miscellaneous publications.

* **Nicklès** (F. J. J.). — Notice sur les travaux scientifiques de M. F. J. J. Nicklès. — Paris, imp. de Mallet-Bachelier (1854), in-4°, 8 p. 4643

* **Nicklès** (J.). — Braconnot, sa vie et ses travaux. — Nancy, Grimblot et Vve Raybois, 1856, in-8°. 4644

Ext. des Mémoires de l'Académie de Stanislas.

* **Nicodemo** (L.). — Addizioni copiose alla biblioteca Napoletana del dottor Niccolo Toppi. — Napoli, per Salvator Castaldo, 1683, in-fol. 4645

Nicolai (F. von). — Nachrichten von alten und neuen Kriegs-Büchern, welche den Feld- und Festungs-Krieg entweder abhandeln, oder erläutern, nebst einer kurzen Beurtheilung derselben, aufgesetzt. — Stutgard, Cotta, 1765, in-8°. 4646

* — (R.). — Geschichte der römischen Literatur. — Magdeburg, Heinrichshofensche Verlagshandlung, 1881, in-8°. 4647

Après chaque auteur se trouve l'indication des éditions et des travaux publiés sur lui.

* **Nicolas** (M.). — Notice sur la vie et les écrits de Laurent Angliviel de La Beaumelle. — Paris, Cherbuliez, 1852, in-8°, 44 p. 4648

* **Nicolson** (W.). — The english historical library. In three parts. Giving a short view and character of most of our historians either in print or manuscript: with an account of our records, law-books, coins and other matters serviceable to the Undertakers of a general history of England. The second edition corrected and augmented. — London, printed for Timothy Childe at the White-Hart, 1714, in-fol. 4649

*... — The third edition, corrected and augmented. To which is added a letter to... White Kennet,... in defence of the English historical library, etc. — London, 1736, in-fol.

* —. — The english historical library: or, a short view and character of most of the writers now extant, either

in Print or Manuscript; which may be serviceable to the undertakers of a general history of this Kingdom. — London, printed for Ad. Swall and T. Child, 1696-1699, 3 vol. in-8°. 4650

Le titre du T. II est: The english historical library. Part II. Giving a catalogue of the most our ecclesiastical historians and some critical reflections upon the chief of them. With a preface; correcting the errors and supplying the defects of the former Part. . . . 1697.

Celui du T. III: ... Part III. Giving an account of our records, law-books and coins, from the conquest to the end of Q. Elizabeth's reign:, so far as they are serviceable to history . . . 1699.

* **Nicolson.** —The english, scotch and irish historical libraries. Giving a short view and character of most of our historians, either in print and manuscript. With an account of our records, law-books, coins, and other matters, serviceable to the Undertakers of a general history of England. The third edition, corrected and augmented. To which is added, a letter to the reverend White Kennet, D. D. in defence of the english historical library, &c. — London, printed for G. Strahan, 1736, in-fol. 4651

* —. — The english, scotch and irish historical libraries giving a short view and character of most of our historians, either in print or manuscript. With an account of our records, law-books, coins, etc. To which is added, a letter to the reverend White Kennet, D. D. in defence of the english historical library etc. a New edition, corrected. — London, printed for T. Evans, 1776, in-4°. 4652

La 2e partie a pour titre: The scottish historical library containing a short view and character of most of the writers, records, registers, law-books, etc. which may be serviceable to the undertakers of a general history of Scotland, down to the union of the two Kingdoms, in King James the sixth.

La 3e partie a le titre suivant: The irish historical library pointing at most of the authors and records in print or manuscript, which may be serviceable to the compilers of a general history of Ireland.

* **Nicolson.** — The irish historical library. Pointing at most of the authors and records in print or manuscript, which may be serviceable to the compilers of a general history of Ireland. — Dublin, printed for Taylor, 1724, in-8°. 4653

* —. — The scottish historical library: containing a short view and character of most of the writers, records, registers, law-books &c. which may be serviceable to the undertakers of a general history of Scotland down to the union of the two Kingdoms in K. James the VI. — London, printed for Childe, 1702, in-8°. 4654

* **Nicot**... — Notice nécrologique sur la vie et les travaux de M. Jules Teissier ... lue en séance publique du conseil général et du conseil municipal, le 30 août 1862. — Nîmes, imp. de Clavel-Ballivet, 1862, in-8°, 12 p. 4655

La couverture imprimée sert de titre.

Niemeyer (D. G.). — Bibliothek für Prediger und Freunde der theologischen Literatur. Neu bearbeitet und fortgesetzt von August Hermann Niemeyer und Heinrich Balthasar Wagnitz. — Halle, Waisenhausbuchhandlung, 1796-1798, 3 vol. in-8°. 4656

Il a paru un T. IV avec cet autre titre: »Neueste Bibliothek für Prediger und Freunde der theologischen Literatur, enthaltend die Schriften von 1796 bis 1810. — Halle und Berlin, Buchhandl. d. Hallischen Waisenhauses, 1812«.

* **Niepce** (L.). — La Bibliothèque de Claude Breghot du Lut. — Lyon, imp. Vingtrinier, 1876, in-8°, 14 p. 4657

Ext. de la »Revue du Lyonnais«.

—. — Notice sur les bibliothèques des frères de la Doctrine chrétienne à Lyon, et sur le pillage de leur maison de Caluire en 1870. — Lyon, imp. Vingtrinier, 1876, in-8°, 27 p. 4658

Ext. de la »Revue du Lyonnais«.

* **Niepce**. — Rapport sur les ouvrages présentés par M. J. Chevrier, à l'appui de sa candidature au titre de correspondant de la Société littéraire de Lyon, lu à la séance du 21 mars 1877. — Lyon, imp. de Portier, 1877, gr. in-8°, 45 p. 4659

* **Nierup** (R.) og J. E. **Kraft**. — Almindeligt Litteraturlexicon for Danmark, Norge, og Island; eller Fortegnelse over danske, norske og islandske, saavel afdöde som nu levende Forfattere, med Anforelse af deres vigtigste Leonets-Omstaendigheder og Liste over deres Skrifter. — Kjöbenhavn, trykt paa den Gyldendalske Boghandlings Forlag i det Schultziske Officin, 1820, in-4°. 4660

* **Niewsblad voor den Boekhandel** 1842. — 'sGravenhage, bij J. M. Van 'Thaaff, in-4°. 4661

* **Nisard** (Ch.). — Histoire de livres populaires ou de la littérature du colportage depuis le XV° siècle jusqu'à l'établissement de la commission d'examen des livres du colportage (30 novembre 1852). — Paris, librairie d'Amyot, 1854, 2 vol. in-8°. 4662

* —. — ... depuis l'origine de l'imprimerie jusqu'à l'établissement de la commission d'examen des livres du colportage — 30 novembre 1852. Deuxième édition revue, corrigée avec soin et considérablement augmentée. — Paris, E. Dentu, 1864, 2 vol. in-16.

* — (Th.). — Notice sur la vie et les travaux de l'abbé Guichené, curé de Saint-Médard (Landes). — Batignolles-Paris, chez l'auteur, 1863, in-8°, 16 p. 4663

Nissen (M.). — Norsk Bog-Fortegnelse. 1814-1847. Med Anhang, indeholdende: I. Land- og Sökarter. II. Indbydelsesskrifter. III. Politiske og Avertissements-Tidender. — Kristiania, Feilberg & Landmark, 1848, in-8°. 4664

Nobbius (C. F. A.). — Litteratura geographiæ Ptolomææ. — Lipsiæ, typis Tauchnitii, 1838, in-8°, 36 p. 4665

Gratulationsschrift der Nicolaischule in Leipzig zur Jubelfeier Heinrich Blümner's.

Nobbe (C. Fr. A.). — Programmata quibus ad aliquot adolescentum in academiam discedere parantium orationes in schola Nicolaitana etc. audiendas patronos fautores amicos rite invitat. Inest de Christiano Daniele Beckio narrationis P. I-III. — Lipsiæ, typis Staritzii, 1834-1837, in-8°. 4666

Contient la bibliographie des ouvrages relatifs à Beck.

Nodal (J. H.). — Voy. a Bibliographical list of the works . . . of the various dialects of english.

* **Nodier** (Ch.). — Bibliographie des fous. De quelques livres excentriques. A joindre au 21° Bulletin du bibliophile. — Paris, Techener, nov. 1835, in-8°, 40 p. 4667

* —. — Bibliographie entomologique, ou catalogue raisonné des ouvrages relatifs à l'entomologie et aux insectes, avec des notes critiques et l'exposition des méthodes. — A Paris, chez Moutardier, an IX, in-12. 4668

* —. — Bibliothèque sacrée grecque-latine; comprenant le tableau chronologique, biographique et bibliographique des auteurs inspirés et des auteurs ecclésiastiques, depuis Moïse jusqu'à Saint Thomas d'Aquin. Ouvrage rédigé d'après Mauro Boni et Gamba. — Paris, A. Thoisnier-Desplaces, 1826, in-8°. 4669

—. — Description raisonnée d'une jolie collection de livres (nouveaux Mélanges tirés d'une petite Bibliothèque), précédée d'une introduction par G. Duplessis, de la vie de Ch. Nodier, par

Francis Wey et d'une notice bibliographique sur ses ouvrages. — Paris, Techener, 1844, in-8°. 4670

—. — Voy. Bibliothèque de G. de Pixérécourt.

* **Noël.** — Notice sur la vie et les ouvrages de feu M. J.-B. Le Chevalier... — (Paris), imp. de Didot fr., 1840, in-8°, 24 p. 4671

* **Nösselt** (J. A.). — Anweisung zur Kenntniss der besten allgemeinen Bücher in allen Theilen der Theologie. Dritte verbesserte und sehr vermehrte Auflage. — Leipzig, in der Weygandschen Buchhandlung, 1790, in-8°. 4672

* **Nolhac** (J. B. M.). — Rapport sur les titres littéraires de M. Rossignol, lu dans la séance de l'Académie royale des sciences, belles-lettres et arts de Lyon, le mardi 17 août 1841. — Lyon, imp. de L. Perrin, 1841, gr. in-8°, 21 p. 4673

* **Nollet** (F. J.). — Notice historique sur la vie et les travaux de M. Louis-François de Villeneuve-Bargemont, marquis de Trans,... lue en séance de la Société Lorraine de l'union des arts, le 17 novembre 1850. — Nancy, chez l'auteur, 1851, in-8°, 24 p. 4674

* **Nonat** (A.). — Titres de M. A. Nonat pour la place actuellement vacante à l'Académie de médecine. — (Paris), imp. de Cosse et G. Laguionie (1842), in-8°, 7 p. 4675

Nopitsch (C. Fr.). — Chronologia et literatura medicinæ sive repertorium de medicinæ, chirurgiæ, pharmaciæ et chemiæ historia ac literatura, a rerum initio usque ad nostra tempora deductum. T. I. Catalogus medicorum, chirurgorum, philosophorum, chemicorum ac pharmacopoeorum, qui de omnibus, vel saltem plerisque morbis sive internis, sive externis, deque doctrinis, theoriis, sytematibus ac veterum diis, fanaticis, magis seu incantatoribus, denique de remediis, tam simplicibus, quam compositis scripsere. — Norimbergæ, Stein, 1830, in-4°. 4676

S'arrête au mot Andreas.

Nopitsch (C. Fr.). — Versuch einer Chronologie und Literatur nebst einem System der Blutentziehungen, in besonderer Beziehung auf das physiologische und pathologische Verhältniss des Blutes so wie dessen Berücksichtigung in gerichtlichen Fällen. Aus den vorzüglichsten Werken geschöpft. — Nürnberg, Winter, 1833. in-8°. 4677

* — (Chr. C.). — Literatur der Sprichwörter. Ein Handbuch für Literarhistoriker, Bibliographen und Bibliothekare. Zweite Ausgabe. — Nürnberg, Ferdinand von Ebner, 1833, in-8°. 4678

* **Norsk Bog-Fortegnelse.** 1848-1855. Med Anhang, indeholdende: I. Indbydelsesskrifter. II. Universitetsprogrammer. (Supplement til M. Nissens Bogfortegnelse 1814-1847.) — Christiania, Dahl, 1855, in-8°. 4679

Par Martin Arnesen.

* **Norton's literary gazette** and publishers' circular; a monthly record of works published in America, England, Germany and France; with a review of the current literature of the day; contents of leading american and english periodicals; advertisements of the trade, etc. — New-York, published by Charles B. Norton, 1851-1854, in-fol. 4680

* **Norton's literary letter**, comprising american papers of interest and a catalogue of rare and valuable books relative to America. — New-York, Charles B. Norton, 1857, in-4°, 48 p. n° 1. 4681

* **Norton's literary letter.** The bibliography of state of Maine, and other papers of interest; together with a ca-

talogue of a large collection of works upon bibliography and America. — New-York, Charles B. Norton, 1859, in-4°. 4682

No. 4. — La couverture imprimée sert de titre. — Le titre de départ porte: Bibliography of the United States. I. Maine. A descriptive catalogue of books and pamphlets relating to the history and statistics of Maine, or portion of it. Prepared by William Willis, of Portland, 1859.

* **Norton's literary letter**, comprising the bibliography of the state of New-Hampshire and other papers of interest; together with a catalogue of a large collection of works upon bibliography and America. — New-York, Charles B. Norton, 1860, in-4°, 45 p. 4683

New Series. No. 1. — La couverture imprimée sert de titre. — Le titre de départ porte: Bibliography of the United States. II. New-Hampshire. A descriptive catalogue of books and pamphlets relating to the history and statistics of New-Hampshire, or portions of it. Prepared by Samuel C. Eastman, of Concord, 1859«.

* **Norton's literary letter**, comprising the bibliography of the state of Vermont, and other papers of interest; together with a catalogue of rare and early-printed works upon America. — New York, Charles B. Norton, 1860, in-4°, 41 p. 4684

New Series. No. 2. — La couverture imprimée sert de titre. — Le titre de départ porte: »Bibliography of the United States. III. Vermont. A descriptive catalogue of books and pamphlets relating to the history and statistics of Vermont, or portions of it. Prepared by Benjamin H. Hall, of Troy, N. Y. 1860«.

Norton's literary register; or annual book list, for 1856. A catalogue of books, including new editions and reprints published in the United States during the year 1855; containing titles, number of pages, prices and names of publishers, with an Index of subjects. Prefixed to this catalogue of a list of the principal publishers in the United States. — New York, Norton, 1856, in-8°. 4685

Par R. A. Guild.

* **Nota d'alcune delle principali produzioni** scientifiche e letterarie del cavaliere Sigismondo Visconti, pubblicate in latino, in francese ed in italiano dal 1816 a tutto il 1845 in Francia ed in Italia. — S. l. ni d., tipografia Pirola, in-8°, 4 p. 4686

* **Note sur la librairie Hachette** et Cie. Juin 1878. — Paris, imp. Martinet, 1878, gr. in-8°. 4687

Est suivi du: Catalogue des ouvrages nouveaux publiés par librairie Hachette et Cie. de 1867 à 1878.

* **Note sur les journaux spéciaux.** — Paris, imp. Ch. Lahure, mars 1864, in-8°, 19 p. 4688

Il n'a été tiré que quinze épreuves de cette note.

* **Note sur les travaux** du Dr. C. Davaine et les prix qui lui ont été décernés par l'Académie des sciences, commençant par ces mots: La médecine est entrée dans une voie physiologique et expérimentale. — Paris, imp. de V. Goupy (1868), in-4°, 3 p. 4689

* **Notes pour servir à une bibliographie française de l'assurance sur la vie**; par un employé de la Compagnie d'assurances générales sur la vie. — Paris, imp. Ves Renou, Maulde et Cock, 1878, in-8°. 4690

* **Notes sur feu M. M. de Feltre**, et sur les Oeuvres musicales d'Alphonse de Feltre. — Paris, imp. de P. Dupont (1854), in-4°, 4 p. 4691

* **Notice abrégé de l'imprimerie nationale de Lisbonne.** Nouvelle édition. — Lisbonne, imp. nationale, 1869, in-8°. 4692

Avec cet autre titre: »Breve noticia da imprensa nacional de Lisboa. Nova edição. — Lisboa, imprensa nacional«. — Le texte est en français sur le verso et en portugais sur le recto.

* **Notice abrégée des livres imprimés sur velin** de la bibliothèque de feu M. le comte de Mac-Carthy. — Paris, 1815, in-4°, 31 p. 4693

Cette notice, extraite du »Catalogue de la bibliothèque de M. le comte de Mac-Carthy«, n'a été tirée qu'à 15 ex., dont 12 sur papier, et 3 sur vélin; ces trois derniers pour MM. Van Praet, J. J. de Bure et M. J. de Bure.

* **Notice biographique et bibliographique** sur Gabriel Peignot, par P. D. — Paris, J. Techener, 1857, in-8°. 4694

Par Pierre Deschamps.

* **Notice biographique et bibliographique** sur Louis de Perussis. — Avignon, imp. de Jacquet et J. B. Joudou, 1839, in-8°, 16 p. 4695

Par Bléger de Pierregrosse. — Ext. du »Messager de Vaucluse«, nos. 249, 254 et 258.

* **Notice biographique et littéraire** sur Alexandre-Auguste Guilmeth, de Brionne par B. C.— son ancien sécretaire. — Paris, imp. de F. Didot frères fils et Cie., 1860, in-8°, 32 p. 4696

Par Benjamin Cocagne.

* **Notice biographique sur la vie et les écrits** de Mme la princesse Constance de Salm-Dyck, publiée par MM. Tisseron et de Quincy. — Paris, imp. de A. Saintin (1845), in-8°, 20 p. 4697

Le faux titre porte: »Fastes nobiliaires«.

* **Notice biographique sur la vie et les travaux artistiques de M. Barroilhet,** par une société d'hommes de lettres français et étrangers. — Paris, à l'administration générale des Contemporains, 1845, in-8°, 16 p. 4698

* **Notice biographique sur la vie et les travaux** artistiques et scientifiques de M. Georges Kastner. — (Paris), à l'administration générale, 1845, in-8°. 4699

Signé: C. V. — Extrait des »Contemporains«.

* **Notice biographique sur la vie et les travaux** de Le Sueur, publiée dans le tome 1er des »Notabilités contemporaines« . . . — Paris, bureau de la revue, 1844, gr. in-8°, 16 p. 4700

* **Notice biographique sur la vie et les travaux** de M. F.-X.-P. Garnier, avocat aux conseils du roi et à la cour de cassation, par une Société d'hommes de lettres français et étrangers. — Paris, à l'administration générale, 1845, in-8°, 8 p. 4701

Extrait des Contemporains.

* **Notice biographique sur la vie et les travaux littéraires** de M. A. Bignan. — Paris, imp. A. Saintin, 1845, in-8°, 11 p. 4702

La couverture imprimée porte: »Les contemporains, revue biographique des hommes du jour, par une société d'hommes de lettres français et étrangers. — Paris . . .«

* **Notice biographique sur la vie et les travaux littéraires** de M. le Bon Guiraud, . . . — Paris, administration générale, 1845, in-8°, 11 p. 4703

Extrait des »Contemporains«.

* **Notice biographique sur la vie et les travaux littéraires** de M. St.-Cyr Poncet-Delpech. — Paris, imp. de Delcambre (1845), in-8°, 16 p. 4704

* **Notice biographique sur la vie et les travaux** politiques, administratifs et littéraires de M. le baron Ladoucette, . . . — Paris, à l'administration, 1844, in-8°, 19 p. 4705

Extrait des »Contemporains«, sous la direction de M. de Sainte-Vallière.

* **Notice biographique sur la vie et les travaux** politiques, judiciaires et

scientifiques de M. le Bon de Gaujal. — Paris, à l'administration générale, 1845, in-8°, 6 p. 4706

Extrait des »Contemporains«.

* **Notice biographique sur la vie et les travaux** scientifiques de M. Beunaiche de La Corbière. — Paris, Rue Notre-Dame-de-Lorette, 1845, in-8°, 6 p. 4707

La couverture imprimée porte: »Les Contemporains. Revue biographique des hommes du jour, par une société de gens de lettres français et étrangers.— Paris...«

* **Notice biographique** sur M. le docteur Ségalas. Extrait de la »Revue des contemporains« . . . par une Société de gens de lettres et de savants français et étrangers. — Paris, Galliot, 1846, in-8°, 8 p. 4708

* **Notice de l'œuvre** de François Girardon, . . . de Troyes, sculpteur ordinaire du roi . . . avec un précis de sa vie et des notes historiques et critiques. — Paris, Roret, 1833, in-8°. 4709

Tiré à 120 ex.

* **Notice des monumens typographiques** qui se trouvent dans la bibliothèque de monsieur le comte Alexis Razoumoffsky, . . . Avec une planche. — Moscou, de l'imprimérie de l'université impériale, 1810, in-8°. 4710

* **Notice des ouvrages de bibliologie,** d'histoire, de philologie, d'antiquités et de littérature, tant imprimés que manuscrits de Gabriel P . . . . . (Peignot). — Paris, imp. de Crapelet, 1830, in-8°. 4711

* **Notice des ouvrages imprimés** et manuscrits de l'abbé Rive. — Paris, imp. Gueffier, s. d., in-8°, 23 p. 4712

Notice des principaux ouvrages relatifs à l'art de la guerre et des fortifications, classés d'après le degré d'utilité dont ils peuvent être à l'instruction des jeunes officiers du génie. — An III, in-8°, 4 p. 4713

* **Notice des travaux bibliographiques de J. M. Quérard,** de Rennes (Ille-et-Vilaine), né le 25 décembre 1797. Avec les jugements portés par les critiques. — Paris, imp. Maulde et Renou, 1849, in-8°, 32 p. 4714

Ext. du »Bulletin du Bibliophile« publié par Techener.

* **Notice des travaux** d'un médecin de province, avec une vue rétrospective de la médecine pendant les cinquante dernières années. — Toulouse, imp. de A. Manavit, 1845, in-8°, 43 p. 4715

* **Notice des travaux** de M. Perne. — Paris, imp. de Fain (s. d.), in-8°, 14 p. 4716

Ext. du »Dictionnaire des découvertes«.

* **Notice** généalogique, biographique et littéraire sur Jacques du Fouilloux, gentilhomme Poitvin, auteur d'un célèbre traité de vénerie; suivie de la Bibliographie raisonnée de cet ouvrage et accompagnée de notes sur les écrivains théreutiques du Poitou, sur les chasseurs et les chiens renommés de cette province, etc. Avec deux lithographies. — Paris, Techener, 1852, in-8°. 4717

Ext. des Mémoires de la Société des Antiquaires de l'Ouest. — Par Pressac.

* **Notice** historique et bibliographique des journaux et ouvrages périodiques publiés en 1818. — Paris, Brissot-Thivars, 1819, in-8°. 4718

Par Mahul, d'après Barbier.

* **Notice historique et littéraire** sur la vie et les écrits du Cte François de Neufchâteau. — Paris, Techener, 1843, in-8°. 4719

Tiré à 100 ex.

* **Notice historique sur la vie et les ouvrages** de M. Bervic. — (Paris), imp. de Didot (s. d.), in-4°, 10 p. 4720

* **Notice historique sur la vie et les ouvrages** de M. le Gal de Toulongeon, ... lue par M. le secrétaire perpétuel en séance publique de la Société académique de Besançon, le 14 août 1813. — (S. l. n. d.), in-8°, 15 p. 4721

Par Grappin.

* **Notice historique sur la vie et les travaux scientifiques** et administratifs de M. le Bon Tupinier, par une société d'hommes de lettres français et étrangers. — Paris, imp. de P. Baudouin, 1847, in-8°, 28 p. 4722

Ext. des »Contemporains«.

* **Notice historique sur les principaux ouvrages** du philosophe inconnu, et sur leur auteur Louis-Claude de St. Martin. — (S. l. n. d.), in-8°, 24 p. 4723

Notice nécrologique sur Melchior Frédéric Soulié, poète et littérateur, décoré de juillet, mort à Bièvre, près Paris, le 23 sept. 1847; par Victor Hugo, Alexandre Dumas, Jules Janin, Paul Lacroix (bibliophile Jacob), Antony Béraud, Charles de Matharel et Charles Monselet, et terminée par la liste complète des œuvres de Frédéric Soulié. — Paris, imp. de Plon, 1847, in-8°. 4724

Ext. du »Nécrologe universel du dix-neuvième siècle«.

* **Notice pour servir à l'histoire** de la vie et des écrits de S.-N.-H. Linguet. — Liège, 1781, in-8°. 4725

Par Louis-Alexandre Devérité, d'après Barbier.

* — Liège, 1782, in-8°.

* **Notice raisonnée des ouvrages de Gaspar Schott**, jésuite; contenant des observations curieuses sur la physique expérimentale, l'histoire naturelle et les arts. Par M. l'abbé M***, abbé de Saint Leger de Soissons, ancien bibliothécaire de sainte Geneviève, etc. — Paris, chez Lagrange, 1785, in-8°. 4726

Par Mercier de Saint-Léger.

Notice raisonnée et critique des ouvrages historiques et militaires du commandant Ed. de La Barre Duparcq. Directeur des études à l'école de Saint-Cyr etc. — Paris, Tanera, 1863, in-8°, 17 p. 4727

* **Notice sur Colard Mansion**, libraire et imprimeur de la ville de Bruges en Flandre dans le quinzième siècle. — A Paris, chez de Bure frères, 1829, in-8°. 4728

Par J. B. B. Van Praet.

* **Notice sur deux anciens romans** intitulés les chroniques de Gargantua, où l'on examine les rapports qui existent entre ces deux ouvrages et le Gargantua de Rabelais, et si la première de ces chroniques n'est pas aussi de l'auteur de Pantagruel. Par l'auteur des nouvelles recherches bibliographiques. — Paris, chez Silvestre, décembre 1834, in-8°, 28 p. 4729

* **Notice sur J.-F. Double.** Extrait de l'»Encyclographie médicale«, cahier de décembre 1842. — Paris, au bureau de l'Encyclographie médicale, 1843, in-8°, 16 p. 4730

* **Notice sur J.-P.-J. D'Arcet**, commissaire général des monnaies, ... Extrait du »Bibliothécaire« n° 2. — Paris, imp. de F. Didot frères (1844), in-8°, 39 p. 4731

* **Notice** sur l'abbé Du Laurens. — (S. l. n. d.), in-12. 4732

Ext. du »Bulletin du bibliophile«.

* **Notice sur la personne et les écrits** de La Bruyère. — Paris, imp. de Monsieur, 1781, in-18. 4733

Par Jean-Baptiste-Antoine Suard, d'après M. Quérard. — Imprimé en tête des »Maximes et réflexions morales extraites de La Bruyère«, et tiré à 25 ex.

***Notice sur la vie et les écrits** de feu M. Larcher, . . . — (S. l. 1813), in-8°, 27 p. 4734

Attribué à Boissonade, d'après Quérard.

***Notice sur la vie et les écrits** de J.-B. Bossuet, . . . — Notice sur la vie et les écrits de Fénelon, . . . — Lille, imp. de L. Lefort (s. d.), in-12. 4735

Tirage à part, paginé 201-310.

***Notice sur la vie** et les écrits de M. Boyer, directeur au séminaire de Saint-Sulpice. — Paris, imp. de A. Le Clere (1843), in-8°. 4736

***Notice sur la vie** et les écrits de M. Pierre-François-Xavier Bourguignon D'Herbigny. — Lille, Vanackere (1846), in-8°, 8 p. 4737

***Notice sur la vie et les œuvres** de I. I. de Boissieu, ouvrage orné d'un portrait du maître d'après lui-même, d'un fac-simile de son écriture et de quelques dessins et croquis de sa main. Reproductions phototypiques. — Lyon, Brun, 1879, in-8°. 4738

Tiré à 150 ex. sur papier de Hollande.

***Notice sur la vie et les ouvrages** de C. P. J. Normand, architecte, dessinateur et graveur. — Paris, imp. de Ducessois (1842), in-8°, 16 p. 4739

***Notice sur la** vie et les **ouvrages** de Grainville, . . . — (S. l. n. d.), in-12, 12 p. 4740

Signé M. Le B . . .

***Notice sur** la vie et les **ouvrages** de Milhomme, statuaire, grand prix de 1801. Né à Valenciennes (Nord). — Paris, chez Melles Milhomme, 1844, in-8°. 4741

***Notice sur la vie et les ouvrages** de M. de Gerville. — Valognes, imp. de Vve H. Gomont, 1853, in-16. 4742

Signé: L. D. (Léopold Delisle).

Notice sur** la vie et les ouvrages de M.-J. de Chénier, . . . Par M.— Paris, Dabin, 1811, in-8°, 27 p. 4743

Par Daunou.

***Notice sur la vie et les ouvrages** de M. J.-L. David; avec portrait. — Paris, Dondey-Dupré père et fils, 1824, in-12. 4744

***Notice sur la vie et les ouvrages** de M. l'abbé L'Ecuy. — (Paris), imp. de A. Leclere (1834), in-8°, 16 p. 4745

***Notice sur la vie et les ouvrages** de M. Montaigne. (Extrait de la »Biographie générale publiée par MM. Firmin Didot, sous la direction de M. Hœfer. — Paris, imp. de Lainé et Havard (1861), in-8°, 4 p. 4746

***Notice sur la vie et les ouvrages** de M. Pougens, . . . suivie de deux élégies sur sa mort, par MM. A. F. Guilleré et de Loizerolles, et d'une lettre de M. Alph. de Lamartine. — Paris, Dondey-Dupré, 1834, in-8°, 40 p. 4747

***Notice sur la vie et les ouvrages** du R. P. Caillau . . . Extrait de la »Bibliographie catholique«, août et septembre 1850. — Paris, au bureau de la Bibliographie catholique, 1850, in-8°, 29 p. 4748

***Notice sur la vie et les travaux** de feu M. le docteur Le Glay, . . . (Extrait de l'»Annuaire statistique du département du Nord«, année 1864. — Lille, imp. de L. Danel (s. d.), in-8°, 15 p. 4749

***Notice sur la vie et les travaux** de Milton, pour servir d'introduction au »Paradis retrouvé«. Traduit en français par M. L. Bailhache. (Extrait du »Bulletin de la Société d'agriculture, sciences et arts de la Sarthe«.) — Le Mans, 1860, in-8°, 15 p. 4750

***Notice sur la vie et les travaux** de M. Daulne. — Alençon, imp. de de Broise (avril 1875), in-8°, 4 p. 4751

* **Notice sur la vie et les travaux** de M. le Baron Ladoucette. Extrait de »La France représentative« ... publiée sous la direction de M. J. Blard. — Paris, au bureau central, 1844, in-8°, 32 p. 4752

* **Notice sur la vie et les travaux littéraires** de Mme la princesse Constance de Salm-Dyck, ... publiée dans le tome II des »Archives de la France contemporaine« fondées par MM. de Rouyères. — Paris, imp. de F. Locquin, 1843, in-8°, 28 p. 4753

* **Notice sur la vie et les travaux scientifiques** de M. Audouard, ... médecin principal d'armée ... publiée dans le tome II des »Archives de la France contemporaine« ... fondées par MM. de Rouyères frères. — Paris, bureau de l'administration, 1843, in-8°, 29 p. 4754

* **Notice sur la vie et les travaux scientifiques** de M. Cruveilher, ... publiée dans le tome II des »Archives de la France contemporaine« fondées par MM. de Rouyères frères. — Paris, au bureau central de l'administration, 1843, in-8°. 4755

* **Notice sur la vie et les travaux scientifiques** de M. le baron Barbier, ... publiée dans le tome III des »Archives de la France contemporaine«, fondées par MM. de Rouyères frères. — Paris, bureau central de l'administration, 1843, in-8°, 40 p. 4756

* **Notice sur la vie et les travaux scientifiques** de M. Rostan publiée dans le tome II des »Archives de la France contemporaine«, fondées par MM. de Rouyères frères. — Paris, au bureau, 1843, in-8°. 4757

* **Notice sur la vie et les travaux scientifiques** de M. Ségalas, ... publiée dans le tome III des »Archives de la France contemporaine« fondées par M. Amédée Boudin. — Paris, au bureau, 1844, in-8°, 30 p. 4758

* **Notice sur la vie et sur les travaux** d'Emile Baudement, professeur au conservatoire impérial des arts et métiers. Extrait des »Annales du conservatoire. — Paris, imp. de Bourdier (1864), in-8°, 13 p. 4759

* **Notice sur le docteur Pontier**, savant bibliographe. — Aix, imp. de Pontier, 1833, in-8°, 7 p. 4760

* **Notice sur les écrits** et la vie du Dr. Bosquillon, ... — (Paris), imp. de Crapelet (s. d.), in-8°. 4761

* **Notice sur les écrivains érotiques** du quinzième siècle et du commencement du seizième. Extrait de l'ouvrage allemand du docteur J. G. Græsse de Dresde. Histoire universelle de la littérature. Traduit et annoté par un bibliophile français. — Bruxelles, imp. de A. Mertens et fils, 1865, in-12. 4762

Tiré à 150 ex. numérotés.

* **Notice sur les études littéraires**, historiques et bibliographiques de M. Bajot ... — Paris, imp. de Pommeret et Moreau (1852), in-8°, 16 p. 4763

* **Notice sur les ouvrages de M. Demarne**, et principalement sur ceux qui sont dans la collection de M. le comte de Narp. — Paris, imp. de Le Normant, 1817, in-8°. 4764

Ext. des »Annales encyclopédiques«, année 1817.

* **Notice sur les ouvrages** de M. Jules David concernant la langue grecque. — Paris, imp. de L. Martinet (1853), in-4°, 3 p. 4765

* **Notice sur les ouvrages** de M. Thomas Cauvin. (Extrait de »La Province du Maine«, janvier 1846.) — Le Mans, imp. de Gallienne, 1846, in-4°, 4 p. 4766

* **Notice sur les travaux de M.** le docteur Plouviez, médecin. Extrait de l'ouvrage ayant pour titre: »Biographie

et dictionnaire des littérateurs et des savants français contemporains«, publié par M. Guyot de Fère. — Amiens, Caron et Lambert, 1861, in-4°, 8 p. 4767

* **Notice sur les travaux** de M. Robinot, inspecteur général des ponts et chaussées. — Rennes, imp. de Oberthur, 1857, in-8°, 12 p. 4768

Ext. de l'»Auxiliaire breton«.

* **Notice sur les travaux** militaires, politiques et littéraires de M. le Cte de Salvandy... — Paris, imp. de Lacour (1847), in-8°. 4769

Ext. paginé 129 à 144.

* **Notice** sur M. Aldrick Caumont, jurisconsulte, et sur ses ouvrages. Extraite de l'ouvrage ayant pour titre: »Biographie et dictionnaire des littérateurs et des savants français contemporains«, publié par M. Guyot de Fère. — Amiens, imp. de Lambert-Caron (1863), in-4°, 4 p. 4770

* **Notice** sur M. Ch. Girou de Buzareingues. — Rodez, imp. de Carrère aîné (1856), in-8°, 12 p. 4771

* **Notice** sur M. Espanet (Joseph-Marie-Alexis), médecin. — Extrait, de l'ouvrage ayant pour titre: »Biographie et dictionnaire des littérateurs et des savants français contemporains«, publié par M. Guyot de Fère. — Amiens, imp. de Carion et Lambert (1862), in-4°, 2 p. à 2 colonnes. 4772

* **Notice** sur M. le Cte de Salvandy, de l'académie française,... publiée par MM. Tisseron et de Quincy. — Paris, au bureau central de l'administration, 1845, in-8°. 4773

* **Notice** sur M. le docteur Adolphe Lenoir,... publiée dans les »Archives des hommes du jour«, revue mensuelle, historique et nécrologique par MM. Tisseron et de Quincy. — (Paris), imp. De Lacombe (s. d.), in-8°, 4 p. 4774

* **Notice** sur M. le docteur Nonat (Auguste),... publiée dans les »Archives des hommes du jour«... — (Paris), imp. de Lacombe (s. d.), in-8°, 4 p. 4775

Notice sur M. Serge Poltoratzky, bibliophile et bibliographe russe, membre honoraire de la Bibliothèque impériale publique de Saint-Pétersbourg. — Paris, imp. de Remquet, 1854, in-8°, 20 p. 4776

Ext. du T. XI de la »France littéraire« de J. M. Quérard. — Tiré à 200 ex.

* **Notice sur quelques-uns des travaux** de M. Récamier. — Paris, imp. de A. Saintin, 1842, in-4°, 11 p. 4777

* **Notice** sur Robiquet (Pierre), de l'académie des sciences. — Paris, imp. de Carpentier-Méricourt, s. d., in-8°, 4 p. 4778

Ext. du »Biographe«.

Notices bibliographiques et résumé des principales publications statistiques du royaume d'Italie depuis le VIIe congrès statistique, par le secrétaire de la commission centrale de statistique près du ministère de l'agriculture et du commerce. — Venezia, typ. Antonelli, 1872, in-4°. 4779

* **Notices bibliographiques** sur les écrivains de la congrégation de la Mission; par un prêtre de la même congrégation. — Angoulême, imp. de J. B. Baillarger, 1878, in-8°. 1re Série. 4780

* **Notices historiques et scientifiques** sur le professeur Forget, discours prononcés à l'assemblée générale de l'association médicale du Bas-Rhin, à la Société de médecine de Strasbourg, et à la séance solennelle de rentrée des Facultés de l'Académie de Strasbourg, publiés et offerts par la Faculté de

médecine à MM. les souscripteurs au buste de Forget. — Strasbourg, imp. de G. Silbermann, 1861, in-8°. 4781

Chaque notice a un titre particulier.— La couverture imprimée sert de titre général.

* **Notices** sur N.-J.-B. Tripier. — Paris, imp. de H. Fournier, 1844, in-8°. 4782

Tiré à 60 ex.

* **Notices** sur Philippe-Daniel Duboy-Laverne, directeur de l'Imprimerie de la république. — Paris, imp. de Duverger, 1826, in-8°, 15 p. 4783

Noticia de las obras vascongadas que han salido a luz despues de las que cuenta el p. Larramendi. — San Sebastian, imp. de Baroja, 1856, in-8°, 10 p. 4784

* **Notitia dissertationum** aliorumque scriptorum a Joan. Francisco Buddeo,... aut ejus auspiciis editorum editio quarta prioribus auctior, et usque ad annum 1728 continuata. — Jenæ, apud Ernestum Claudium Bailliar, 1728, in-12. 4785

* **Notitia historico litteraria de libris** ab artis typographicæ inventione usque ad annum 1479 impressis: in bibliotheca liberi, ac imperialis monasterii ad ss. Udalricum et Afram Augustæ extantibus. Accedunt VIII tabulæ æreæ sexaginta primorum typographorum alphabeta continentes. — Augustæ Vindelicorum, sumptibus fratrum Veith, 1788, in-4°. 4786

Publié par Placidus Braun.

* **Notitia scriptorum** et dissertationum a Jo. Laur. Moshemio,... vel auspiciis eius editorum. — Helmstadii, Weygand, 1731, in-8°. 4787

Notizia de' novellieri italiani posseduti dal conte Anton Maria Borromeo,... con alcune novelle inedite. — Bassano, 1794, in-8°. 4788

* **Notizie biografiche** e letterarie in continuazione della biblioteca Modonese del cavalier abate Girolamo Tiraboschi. — Reggio, tipografia Torreggiani e compagno, 1833 - 1837, 5 vol. in-4°. 4789

La couverture imprimée porte: »Notizie biografiche e letterarie degli scrittori dello stato Estense«. — Le T. I a pour titre: »Di Luigi Cerretti modenese notizie biografiche e letterarie con prose e versi mancanti nell' edizioni dell' autore«. — La préface est signée: Torreggiani.

* **Notizie storiche di Pola.** Edite per cura del municipio. — Parenzo, tip. di Gaetano Coana, 1876, in-8°. 4790

Les pages 1 - 8 renferment une bibliographie relative à l'Istrie et à Pola.

* **Nottebohm** (G.). — Thematisches Verzeichniss der im Druck erschienenen Werke von Ludwig van Beethoven. Zweite vermehrte Auflage. Zusammengestellt und mit chronologisch-bibliographischen Anmerkungen versehen. — Leipzig, Breitkopf und Härtel, 1868, gr. in-8°. 4791

* **Nougarède de Fayet** (A.). — Notice sur la vie et les travaux de M. le comte Bigot de Préameneu,... — Paris, imp. de Crapelet, 1843, in-8°. 4792

* **Noulet** (J.-B.). — Eloge de M. le docteur Ducasse, lu à la séance publique de l'Académie des sciences, inscriptions et belles-lettres de Toulouse, le 3 juin 1860. — Toulouse, imp. de C. Douladoure, 1860, in-8°, 20 p. 4793

Ext. des Mémoires de l'Académie de Toulouse, 5e série, T. IV, p. 364.

* **Nourrisson.** — Le Cardinal de Bérulle, sa vie, ses écrits, son temps. — Paris, Didier, 1856, in-18. 4794

* **Nouveau Nécrologe français,** ou Liste alphabétique des auteurs nés en France ou qui ont écrit en français, morts depuis le premier janvier 1800. — Paris, Guitel, 1812, in-8°. 4795

Par A. J. Q. Beuchot.

* **Nouveau sistême bibliographique**, mis en usage pour la connaissance des enciclopédies, en quelque langue qu'elles soient écrites. Terminé par une ample table alphabétique et analytique des matières. — Paris, Treuttel et Wurtz, mai 1821, in-12. 4796

Par Fortia d'Urban.

* **Nouveau sistême de bibliographie** alfabétique, seconde édition, précédée par des considérations sur l'ortographe française; divisée en trois parties, ornée d'un portrait de Toth ou Hermès. — Paris, Treuttel et Wurtz, février 1822, in-12. 4797

Par Fortia d'Urban.

* **Nouveau Spon** (Le) ou manuel du bibliophile et de l'archéologue lyonnais. — Lyon, Aimé Vingtrinier, 1856, gr. in-8°. 4798

Par Jean Baptiste Monfalcon.

* **Nouvelle bibliothèque** d'un homme de goût, ou tableau de la Littérature ancienne et moderne, étrangère et nationale, dans lequel on expose le sujet, et l'on fait connoître l'esprit de tous les livres qui ont paru dans tous les siecles, sur tous les genres, et dans toutes les langues, avec un jugement court, précis, clair et impartial, tiré des journalistes les plus connus, et des critiques les plus estimés de notre temps. — A Paris, rue Saint Jacques, au Grand Corneille, 1777, 4 vol. in-12. 4799

Par l'abbé Chaudon.

* **Nouvelle biographie générale** depuis les temps les plus reculés jusqu'à nos jours avec les renseignements bibliographiques et l'indication des sources à consulter; publiée par MM. Firmin Didot frères, sous la direction de M. le Dr. Hœfer. — Paris, Firmin Didot, 1862-1866, 46 vol. in-8°. 4800

* **Nouvelle notice sur les travaux scientifiques** de M. Payer, 9 novembre 1854. — Paris, imp. de E. Martinet (s. d.), in-4°, 34 p. 4801

La couverture imprimée sert de titre.

Nouvion (V. de). — Publications de la Société d'études pour la colonisation de la Guyanne française n° 4. — Extraits des auteurs et voyageurs qui ont écrit sur la Guyanne, suivis du catalogue bibliographique de la Guyanne. — Paris, Béthune et Plon, 1844, in-8°. 4802

* **Nova acta eruditorum** anno 1732 (-1776) publicata. — Lipsiæ, J. Fr. Gleditschius, 1732-1776, in-4°. 4803

* **Nova librorum rariorum conlectio**, qui vel integri inseruntur vel adcurate recensentur. — Halis Magdeburg, in officina Rengeriana, 1709-1716, 5 vol. in-12. 4804

* **Nova literaria Germaniæ** anni 1703 (-1709) collecta Hamburgi. — Hamburgi, sumptibus Benjamini Schilleri, 7 vol. in-4°. 4805

Pour les années 1704-1709, l'adresse devient: »Lipsiæ et Francofurti, apud Christian. Liebezeit«.

* **Nova literaria maris Balthici** et septentrionalis, collecta Lubecæ 1704 (-1708). — Lubecæ et Hamburgi, literis et sumtibus Reumannianis, 5 vol. in-4°. 4806

Pour l'année 1708, l'éditeur est Ph. Wilh. Stock.

* **Nova literaria maris Balthici** et septentrionalis edita 1698(-1703). — Lubecæ, apud Petrum Böckmannum, 6 vol. in-4°. 4807

Nova literaria, quæ disputationes aliasque commentatiunculas theologicas, juridicas, medicas et philosophicas in præcipuis Germaniæ academiis et Gymnasiis novissime evulgatas, recensent et earum occasionem, finem et usum notis hinc inde annexis ostendunt mense martio a. 1727. — Lipsiæ unterm schwartzen Bret, in-4°. 4808

Publié par Johann Martin Burgmann.

* **Nova literaria Westfaliæ** in quibus tum varii generis scripta intra circuli hujus terminos recens edita accurate recensentur tum de eruditorum vitis aliisque ad rem Westfaliæ literariam pertinentibus exponitur. — Tremoniæ, impensis collectorum, 1718, in-8°. 4809

* **Novakovitsch** (St.). — Srpska bibliografiia... (Bibliographie serbe pour la littérature moderne 1741-1867). — Belgrade, imp. du gouvernement, 1869, in-8°. 4810

* **Novelle della repubblica delle lettere** dell' anno 1730(-1745)... — In Venezia, 1731-1745, in-4°. 4811

* **Novelle letterarie** pubblicate in Firenze l'anno 1740(-1787). — In Firenze, 1740-1787, in-4°. 4812

* **Novissimus librorum prohibitorum** et expurgandorum index pro catholicis hispaniarum regnis, Philippi IIII, reg. cath. anno 1640. — Madriti, ex Typographæo Didaci Diaz, 1640, in-fol. 4813

Novissimus librorum prohibitorum, et expurgandorum index pro catholicis Hispaniarum regnis Ferdinandi VI. regis catholici. — Index librorum prohibitorum, ac expurgandorum novissimus. Pro universis Hispaniarum regnis serenissimi Ferdinandi VI. regis catholici hac ultima editione illus^{mi} ac rev^{mi} dd. Francisci Perez de Prado, supremi præsidis, et in Hispaniarum, ac Indiarum regnis inquisitoris generalis jussu novitèr auctus, et luculentèr, ac vigilantissimè correctus. De consilio supremi senatus inquisitionis generalis juxta exemplar excussus. Adjectis nunc ad calcem quamplurimis Bajanorum, Quietistarum, et Jansenistarum libris. — Matriti, ex calcographia Fernandez, 1747, in-fol. 4814

Novissimus librorum prohibitorum et expurgandorum index pro catholicis Hispaniarum regnis, Philippi V. reg. cath. ann. 1707. Index expurgatorius Hispanus ab ex^{mo} d^{no} D. Didaco Sarmiento, et Volladares inceptus, et ab ill^{mo} d^{mo} d. Vitale Martin perfectus anno 1707. De consilio supremi senatus inquisitionis generalis et novissimus librorum prohibitorum et expurgandorum index pro catholicis Hispaniarum regnis Philippi V. regis catholici. Pars secunda, a littera L usque ad Z. cum integro indice cognominum auctorum primæ et secundæ classis. — Matriti, ex typographia musicæ, 1707, in-fol. 4815

* **Novus index librorum prohibitorum** et expurgatorum; editus autoritate et jussu eminent^{mi} ac reverend^{mi} D. D. Antonii Zapata, s. r. e. presbyt. card. tit. s. Balbinæ, protectoris Hispaniarum, inquisitoris generalis in omnibus regnis, et editionibus. Philippi IV: r. c. et ab ejus statu &c. De consilio supremi senatus s. generalis inquisitionis. — Hispali, ex typographæo Francisci de Lyra, 1632, in-fol. 4816

Le faux titre porte: »Novus librorum prohibitorum et expurgatorum index. Pro catholicis Hispaniarum regnis, Philippi IIII. reg. cath. an. 1632.

* **Novus index librorum prohibitorum**, juxta decretum sacræ congregationis illustriss. s. r. e. cardinalium a s. d. n. Urbano papa VIII sanctaque sede apostolica publicatum, Romæ 4 febr. 1627 auctus. Primum auctoritate Pii IV p. m. editus. Deinde à Sixto V ampliatus. Tertio à Clemente VIII recognitus. Præfixis regulis, ac modo exequendæ prohibitionis per r. p. f. Franciscum Foretium ord. præd. à disputatione ss. Trid. synodi secretarium. Antequemlibet librum noviter prohibitum præfixum est signum †. — Coloniæ Agrippinæ, apud Antonii Bœtzeri hæredes, 1627, in-8°. 4817

* **Novack** (K. G.). — Schlesisches Schriftsteller-Lexicon oder bio-biblio-

graphisches Verzeichniss der im zweiten Viertel des 19. Jahrhunderts lebenden schlesischen Schriftsteller. — Breslau, Verlag von Wilhelm Gottlieb Korn, 1836-1843, 6 vol. in-8°. 4818

***Nuove effemeridi siciliane** studj storici, letterarj, bibliografici in appendice alla biblioteca storica letteraria di Sicilia compilati da V. di Giovanni, G. Pitrè, S. Salomone-Marino. — Palermo, Luigi Pedone Lauriel, 1881, in-8°. 4819

***Nuovo metodo per sistemare una pubblica biblioteca** colla confutazione d'uno degli usati. — In Vicenza, per Giovanni Rossi, 1794, in-4°, 16 p. et un tableau. 4820

Nussbaum (J. N. Ritter von). — Die Verletzungen des Unterleibes. — Voy. Deutsche Chirurgie No. 44.

Nuyts (C. J.). — Voy. Essai sur l'imprimerie des Nutius.

Nyerup (Er.). — Spicilegii bibliographici specimen primum exhibens ex bibliotheca Havniensi supplementum annalium Maittairianorum et quidem primitiarum artis typographicæ decades duas, pro stipendio quadræ regiæ concinnavit. — Havniæ, 1782, in-8°. 4821

Nyerup (R.) & J. E. **Kraft**. — Almindeligt Literaturlexicon for Danmark, Norge, og Island eller Fortegnelse over danske, norske og islandske saavel af döde som nu levende Forfattere med Anförelse af deres vigtigste Levnets-Omstændigheder og Liste over deres Skrifter. — Kjöbenhavn, Gyldendal, 1820, in-4°. 4822

***Nyerup** (R.). — Biographische Skizze des königlichen dänischen historiographus P. F. Suhm. nebst dem Verzeichnis seiner Schriften. Aus dem dänischen. — Kopenhagen, F. Brummer, 1799, in-8°. 4823

* — Copenhagen, G. Bonnier, 1814, in-8°.

***Nypels** (J. S. G.). — Bibliothèque choisie de droit criminel (droit pénal et procédure criminelle) ou notice des ouvrages utiles à connaître, publiés dans les principales contrées de l'Europe et aux Etats-Unis d'Amérique, sur cette partie de la science du droit; avec l'indication des sources du droit criminel et des notes biographiques et critiques. — Bruxelles, Bruylant Christophe, 1864, gr. in-8°. 4824

—. — Voy. Hélie (F.). Traité de l'instruction criminelle.

* **Obédénare** (G.). — La Roumanie économique d'après les données les plus récentes. Géographie, état économique, anthropologie, avec une carte de la Roumanie. — Paris, Ernest Leroux, 1876, in-8°. 4825

Les pages 432-435 renferment une bibliographie.

* **Oberlinus** (J. J.). — Orbis antiqui monumentis suis illustrati primæ lineæ. — Argentorati, Stein, 1776, in-8°. 4826

Se termine par un catalogue en 99 pages des auteurs qui ont écrit sur les anciens monuments, sur la géographie ancienne, sur les médailles et sur les antiquités en général. — Une édition plus complète a paru en 1790.

* **O'Callaghan** (E. B.). — A list of editions of the holy scriptures and parts thereof, printed in America previous to 1860: with introduction and bibliographical notes. — Albany, Munsell and Rowland, 1861, in-4°. 4827

Occioni-Bonaffons. — Relazione del libro Saggio di bibliografia istriana, pubblicato a spese d'una società patria. Capodistria, dalla tipografia di Giuseppe Tondelli, 1864. Un vol. in-8° di pag. VII-484. — Firenze, tip. Cellini e. C., 1868, in-8°, 19 p. 4828

Ext. du T. VII, 2, de l'»Archivio storico italiano«.

* **Odin** (Fr.). — Commentarius de vita et scriptis Joannis Buherii, in se-

natu burgundico præsidis infulenti... scribente... — Dijon, imp. de P. de Saint, 1746, in-4°, 48 p. 4829

Odobescu (Al.). — Voy. Bibliographia Daciei.

Odolant-Denos. — Orne. — Voy. Loriol. La France.

Odorici (F.). — Voy. Robolotti (Fr.). Dei documenti storici e letterarj di Cremona.

Oekonomische Bibliothek, oder Verzeichniss der neuesten und besten deutschen Bücher und Aufsätze, welche in die Oekonomische, Politische und Cameral-Wissenschaften einschlagen. — Cassel, Cramer, 1767, in-8°. 4830

Oelrich (J. C. C.). — Beytrag zur Geschichte der vortreflichen ehemaligen fürstlichen Buchdruckerey zu Bard, im Königl. Schwedischen Pommern. — Butzow und Wismar, Berger und Boedner, 1764, in-8°, 16 p. 4831

* — (J. G. Arn.). — Commentarii de scriptoribus ecclesiæ latinæ priorum VI sæculorum ad bibliothecam Fabricii latinam accommodati. Præfatus est et editionem curavit A. H. L. Heeren. — Lipsiæ, in officina Weidmanniana, 1791, in-8°. 4832

— (J. C. C.). — Entwurf einer Pommerschen juristischen Bibliothek. — Berlin, Haude und Spener, 1763, in-8°. 4833

—. — Historische Nachricht von der vortreflichen ehemaligen fürstl. Buchdruckerey zu Bard in Pommern womit zugleich der Königlichen Greifswaldisch. Akademie zu ihrer dritten hundertiährigen Jubelfeyer Glück wünschet Johann Carl Conrad Oelrichs. — Alten-Stettin, gedr. bey Spiegels Wittwe, 1756, in-8°, 48 p. 4834

—. — Johann David Jänckens ausführliche und mit Urkunden versehene Lebensgeschichte des vortreflichen Kirchenlehrers D. Johann Bugenhagens, sonst auch D. Pommer genannt. Mit einer Vorrede von dem Schicksale dieses Buchs, auch mit nöthigen Zusätzen vermehrt, an vielen Orten verbessert, und mit dem Lebenslaufe des Verfassers von neuem ans Licht gebracht. — Rostock und Wissmar, Berger und Bödner, 1857, in-4°. 4835

Les pages 123 à 159 contiennent le »catalogue des ouvrages de Bugenhagen«.

Oelrich. — Zuverlässige historisch-geographische Nachrichten vom Herzogthum Pommern und Fürstenthum Rügen; welche ein historisch kritisches Verzeichniss aller diese Länder angehenden geographischen Schriften, auch Land- und Seekarten enthalten. — Berlin, Haude und Spener, 1771, in-8°. 4836

Oesfeld (C. W. v.). — Der Karten-Freund oder Anzeige und Beurtheilung neu erschienener Land und Seekarten und Grundrisse. — Berlin, Heymann. 1841-1842, 2 vol. in-8°. 4837

* **Oesterlein** (N.). — Katalog einer Richard Wagner-Bibliothek. Nach den vorliegenden Originalien zu einem authentischen Nachschlagebuch durch die gesammte, insbesondere deutsche Wagner-Literatur bearbeitet und veröffentlicht. — Leipzig, Verlag von Gebrüder Senf, 1882, in-8°. 4838

* **Oesterreichische Buchhändler-Correspondenz.** — Wien, 1860-1881, 21 vol. in-4°. 4839

Oesterreichischer Catalog. Verzeichniss aller im Jahre 1860 erschienenen Bücher, Zeitschriften, Kunstsachen, Landkarten und Musikalien. — Wien, Verein der österreich. Buchhändler, 1861, in-8°, 1re année. 4840

Il a paru 6 parties ayant chacune le titre particulier suivant: T. I. Verzeichniss aller im Jahre 1860 in Oesterreich erschienenen Bücher und Zeitschriften in deutscher Sprache, sodann in allen lebenden (mit Ausnahme der speciell österr. Landessprachen) und todten Sprachen. Zusammengestellt von F. Andriessen.

T. II. Verzeichniss aller im Jahre 1860 in Oesterreich erschienenen Bücher und Zeitschriften in böhmischer, polnischer, slovenischer, ruthenischer und serbischer Sprache. (Zusammengestellt von Franz Rziwnatz.)

T. III. Verzeichniss aller im Jahre 1860 in Oesterreich erschienenen Bücher und Zeitschriften in ungarischer Sprache. (Zusammengestellt von W. Lauffer.)

T. IV. Verzeichniss aller im Jahre 1860 in Oesterreich erschienenen Bücher und Zeitschriften in italienischer Sprache. (Zusammengestellt von Seligmann.)

T. V. Verzeichniss aller im Jahre 1860 in Oesterreich erschienenen Kunstsachen, Photographien und Karten. Zusammengestellt von Joseph Bermann.

T. VI. Verzeichniss aller im Jahre 1860 in Oesterreich erschienenen Musikalien. Zusammengestellt von Fr. Büsing. — Wien, Verein der österreich. Buchhändler, 1861, in-8°.

Publié par Rudolph Lechner.

* **Oesterreichischer Catalog.** Verzeichniss aller vom Jänner bis Dezember 1860(- 1870) in Oesterreich erschienenen Bücher, Zeitschriften, Kunstsachen, Landkarten und Musikalien. — Wien, Verlag des Vereins der österreichischen Buchhändler, 1861(-1871), 11 vol. in-8°. 4841

Publié par Rudolf Lechner.

* **Oettinger** (E. M.). — Archives historiques, contenant une Classification chronologique de 17000 ouvrages pour servir à l'étude de l'histoire de tous les siècles et de toutes les nations. — Carlsrouhe, Groos, 1841, gr. in-8°. 4842

Avec cet autre titre: »Historisches Archiv, enthaltend ein systematisch-chronologisch geordnetes Verzeichniss von 17000 der brauchbarsten Quellen zum Studium der Staats-, Kirchen- und Rechtsgeschichte aller Zeiten und Nationen. — Carlsruhe«.

* —. — Bibliographie biographique, ou dictionnaire de 26000 ouvrages, tant anciens que modernes, relatifs à l'histoire de la vie publique et privée des hommes célèbres de tous les temps. Nouvelle édition. — Bruxelles, J. Stienon, 1850, 2 vol. in-4°. 4843

Oettinger. — Bibliographie biographique universelle. Dictionnaire des ouvrages relatifs à l'histoire de la vie publique et privée des personnages célèbres de tous les temps et de toutes les nations, depuis le commencement du monde jusqu'à nos jours; contenant: 1° la désignation chronologique de toutes les monographies biographiques; 2° l'énumération de leurs diverses éditions, réimpressions et traductions; 3° les dates exactes de la naissance et de la mort des personnages mentionnés; 4° la date de l'avénement des souverains et celle du mariage des reines et des princesses; 5° l'indication des portraits joints aux ouvrages cités; 6° des renseignements sur les bibliothèques publiques où se trouvent les biographies indiquées; 7° des notes historiques et littéraires sur les auteurs et les écrits curieux, sur les ouvrages condamnés au feu, mis à l'index ou saisis par la police, ainsi que sur les écrits couronnés par les académies et les sociétés savantes, et sur les pamphlets, libelles, satires, pasquilles, etc. Enrichi du répertoire des bio-bibliographies générales, nationales et spéciales. — Bruxelles, Stienon, 1854, 2 vol. in-4°. 4844

* — Paris, A. Lacroix, 1866, 2 vol. gr. in-8°.

—. — Bibliotheca shahiludii. Bibliothèque du jeu des Echecs. Bibliothek des Schachspiels. Alphabetisch geordnetes Verzeichniss aller Werke, die über das Schachspiel im Druck erschienen sind. — Leipzig, Wilhelm Engelmann, 1844, in-8°. 4845

* —. — Carl Otto Reventlow, oder die Mnemonik in ihrer höchsten Ausbildung. Nebst einem Anhang, enthaltend die Literatur der Mnemonik.

Literar-historische Skizze. — Leipzig, Wigand, 1845, in-8°, 40 p. 4846

* **Oettinger.** — Iconographia Mariana oder Versuch einer Literatur der wunderthätigen Marienbilder, geordnet nach alphabetischer Reihenfolge der Orte, in welchen sie verehrt werden. Mit geschichtlichen Anmerkungen. — Leipzig, Remmelmann, 1852, in-8°. 4847

* **Oeuvre de Claude Bernard** (L'). Introduction par Mathias Duval. Notices par E. Renan, Paul Bert et Armand Moreau. Table alphabétique analytique des œuvres complètes de Claude Bernard, par le docteur Roger de La Coudraie,... Bibliographie des travaux scientifiques, mémoires, lectures et communications aux académies et sociétés savantes par G. Malloizel,... Avec un portrait de Claude Bernard. — Paris, J. B. Baillière et fils, 1881, in-8°. 4848

Olberg (Fr.). — Beiträge zur Literatur der Blattern und deren Einimpfung, vom J. 1768 bis 1790. — Halle, 1791, in-8°. T. I. 4849

Tout ce qui a paru.

* **Oldoin** (A.). — Athenæum Augustum in quo Perusinorum scripta publice exponuntur studio... erectum... — Perusiæ, typis et exspensis Laurentij Ciani et Francisci Desideri, 1678, in-4°. 4850

* —. — Athenæum Ligusticum seu syllabus scriptorum Ligurum nec non Sarzanensium, ac Cyrnensium reipublicæ genuensis subditorum. — Perusiæ, ex typographia episcopali, apud hh. Laurentii Ciani, et Franciscum Desidederium, 1680, in-4°. 4851

* —. — Athenæum romanum in quo summorum pontificum ac pseudopontificum, nec non s. r. e. cardinalium et pseudocard. scripta publicè exponuntur ... sub patrocinio Julii card. Spinolæ evulgatum. — Perusiæ, ex typographia camerali, apud heræedes Sebastiani Zechini, 1676, in-4°. 4852

Oldys (W.). — The british librarian: exhibiting a compendious review or abstract of our most sarce, useful and valuable books in all sciences as well in manuscript as in print: with many characters, historical and critical, of the authors, their antagonists, &c. — London, 1738, in-8°. 4853

* **Olearius** (J. G.). — Bibliotheca scriptorum ecclesiasticorum tomis duobus edita cum præfatione Jo. Francisci Buddei. — Jenæ, apud Jo. Felicem Bielckium, 1711, in-4°. 4854

La date imprimée de la 2e partie est 1710.

— (J. Chr.). — Kurtzer Entwurff einer nützlichen Lieder-Bibliotheck, darinne von geistlichen Liedern insgemein, auch insonderheit von denen autoribus, welche dergleichen verfertiget, erkläret, oder sonsten davon etwas angemercket, zur Probe eines weitläuftigen Wercks, gehandelt und zugleich allerhand gute Anmerckungen beigefüget hat. — Jena, Bielcke, 1702, in-12. 4855

Olenin (E. A.). — Voy. Essai sur un nouvel ordre bibliographique pour la Bibliothèque impériale de St. Pétersbourg.

* **Oliverii Legipontii,**... dissertationes philologico bibliographicæ, in quibus de adornandâ, et ornandâ bibliothecâ; nec non de manuscriptis, librisque rarioribus, et præstantioribus; ac etiam de archivo in ordinem redigendo, veterumque diplomatum criterio; déque rei nummariæ, ac musices studio, et aliis potissimum ad elegantiores literas spectantibus rebus disseritur... — Norimbergæ, impensis Pauli Lochneri et Mayeri, 1747, in-4°. 4856

Olivet (d'). — Voy. Pellisson.

* **Oliveyra** (d'). — Memoires de Portugal avec la bibliotheque Lusitane de-

diez a son excellence Monseigneur le comte d'Ericeyra &c. — Amsterdam, 1741, 2 vol. in-8°. 4857

* **Oliveyra.** — Memoires historiques, politiques et littéraires, concernant le Portugal, et toutes ses dependances; avec la bibliotheque des ecrivains et des historiens de ces etats. — La Haie, Moetjens, 1743, 2 vol. in-8°. 4858

* **Olivieri** (Ag.). — Carte e cronache manoscritte per la storia genovese esistenti nella biblioteca della R. Università Ligure indicate ed illustrate. — Genova, co' tipi del R. I. de' sordomuti, 1855, in-8°. 4859

Olivo y Otero (M.). — Manual de biografia y de bibliografia de los escritores españoles del siglo XIX. — Besançon, imp. Roblot, 1860, 2 vol. in-18. 4860

Fait partie de l'»Enciclopedia popular mejicana«.

* **Ollivier.** — Titres scientifiques du Dr. Ollivier (d'Angers). — (Paris), imp. de Locquin (s. d.), in-8°, 8 p. 4861

* — (C.-P.). — Notice sur la vie et les ouvrages de Béclard (15 décembre 1826). — Paris, imp. de Huzard-Courcier (1826), in-8°, 24 p. 4862

—. — Voy. Dictionnaire historique de la médecine ancienne et moderne.

— (J.). — Voy. Colomb de Batines. Mélanges biographiques et bibliographiques.

Om bibliografiska Systemer och Bibliotheksmethoder. Afhandling, som med tillstånd af Historisk-filologiska Fakulteten vid Kejserliga Alexanders-Universitetet i Finland till offentlig granskning framställes af K. Collan i historisk-filologiska lärosalen den 5. Oktober 1861. — Helsingfors, Frenckel & son, 1861, in-8°. 4863

* **Ompteda** (D. H. L. von). — Litteratur des gesammten sowohl natürlichen als positiven Völkerrechts. Nebst vorangeschickter Abhandlung von dem Umfange des gesammten sowohl natürlichen als positiven Völkerrechts, und Ankündigung eines zu bearbeitenden vollständigen Systems desselben. — Regensburg, Montags sel. Erben, 1785, 2 vol. in-8°. 4864

— Ergänzt und fortgesetzt von Carl Albert von Kamptz. T. III.

Ce volume a encore cet autre titre: »Neue Literatur des Völkerrechts seit dem Jahre 1784; als Ergänzung und Fortsetzung des Werks des Gesandten von Ompteda. — Berlin, Duncker und Humblot, 1817, in-8°«.

* **Ompteda** (Fr. von). — Neue vaterländische Literatur. Eine Fortsetzung älterer historisch-statistischer Bibliotheken der Hannoverschen Lande bis zum Jahre 1807. — Hannover, in Commission bey den Gebrüdern Hahn, in-8°. 4865

La préface est datée: Januar 1810.

* **Opera Jacobi Philippi Tomasini Patavini**, episcopi Aemoniensis, ... — Nundinis Francofurtensibus, Nicolaus Schirattus, 1649, in-4°, 4 p. 4866

Opfergelt (Fr.). — Voy. Aufrichtige Nachricht von den Jüdischen Lehrern.

* **Opinion de la presse sur les publications** de la librairie Paul Daffis. Bibliothèque elzévirienne, supercheries littéraires, anonymes, etc. — Paris, P. Daffis, août 1873, in-18. 4867

La couverture imprimée sert de titre.

Oppenheimer (R. D.). — ... Collectio Davidis, i. e. Catalogus celeberrimæ illius bibliothecæ hebrææ, quam indefesso studio magnaque pecuniæ impensa collegit, libros hebræos ex omni fere literarum genere tam editos quam manu exaratos continens. — Hamburgi, ex typographia Altonana fratrum Bonn, 1826, in-8°. 4868

Ce catalogue a été composé par Isaac Metz, et traduit en latin par Elieser Leser.

La préface est de Cornelius Müller. — La collection fait partie de la bibliothèque Bodleienne depuis 1829.

* **Opuscula omnia actis eruditorum Lipsiensibus inserata**, quæ ad universam mathesim, physicam, medicinam, anatomiam, chirurgiam, et philologiam pertinent; nec non epitomæ si quæ materia vel criticis animadversionibus celebriores. — Venetiis, typis Jo. Baptistæ Pasquali, 1740-1741, 2 vol. in-4°. 4869

* **Orbigny** (A. d'). — Notice analytique sur les travaux de M. Alcide d'Orbigny. — Paris, imp. de F. Locquin, s. d., in-4°, 28 p. 4870

* —. — Notice analytique sur les travaux de Zoologie de M. Alcide d'Orbigny. 1823-1850. — Corbeil, imp. L. S. Crété, 1850, in-4°, 47 p. 4871

* —. — Notice analytique sur les travaux zoologiques et paléontologiques de M. Alcide d'Orbigny. — Paris, imp. de Cosson, 1844, in-4°, 48 p. 4872

* **Ordinaire.** — Aix ancien et moderne, guide du baigneur et du touriste contenant d'importantes indications sur les principales eaux minérales de la Savoie. Marlioz, Saint-Simon, Challes, La Bauche, Saint-Gervais, Salins, Brides, Coise, Evian-les-Bains, Amphion, La Caille, Chamonix, Menthon-les-Bains. Ouvrage orné de planches. — Chez tous les libraires d'Aix-les-Bains, d'Annecy et de Chambéry, 1875, in-8°. 4873

Contient, p. 206-210: »Bibliographie d'Aix«.

Ordnung und Mandat Keiser Caroli V. vernewert im April anno 1550. Zu aussrotten und zu vertilgen, die Secten und Spaltung, welche entstanden sind, widder unsern heiligen christlichen glauben, und wider die Ordenung unser Mutter der heiligen christlichen Kirchen. Item ein Register der verworffenen und verbottenen Büchern, auch von guten Büchern, welche man inn der Schulen lesen mag. Item eine vermanung des Rectors der Universitet zu Löven. Item ein ander Keisers Mandat, von dem selbigen handel im 40. jar ausgangen. Transferit aus einem gedruckten Brabendischen Exemplar. — S. l. ni d., in-4°. 4874

Ordonnance et edict de lempereur Charles le Quint (L), renouvelle au mois Dauril MCCCCC. cincquante, pour lextirpation des sectes et erreurs pullulez contre nostre saincte foy catholicque, et les constitutions et ordonnãces de nostre mere saincte eglise. Avec le cathalogue des livres reprouvez et prohibez. Et aussi des bons livres qui se debvrõnt lire et enseigner aux ieusnes escoliers, per laduis de luniversite de Louuain. — Imprime audict Louuain par Seruais Sassenus imprimeur jure, par commandement de sa Maieste, in-4°. 4875

* **Ordre chronologique des deuils de cour**, qui contient un précis de la vie et des ouvrages des auteurs qui sont morts dans le cours de l'année 1763 (-1765). — Paris, imp. de Moreau, 1764-1766, 3 vol. in-12. 4876

* **Ordres éguestres. Documents sur les ordres du Temple et de Saint-Jean-de-Jerusalem** en Rouergue, suivis d'une notice historique sur la Légion d'honneur et du tableau raisonné de ses membres dans le même pays. — Rodez, imp. de N. Ratery, 1861, in-8°. 4877

Contient, p. 113-118: »Note des principaux ouvrages relatifs aux Templiers«.

* **Orlandi** (P. Ant.). — Notizie degli scrittori Bolognesi e dell' opere loro stampate e manoscritte. — In Bologna, per Costantino Pisarri all' insegna di s. Michele, 1714, in-4°. 4878

—. — Origine e progressi della stampa o sia dell' arte impressoria e notizie dell' opere stampate dall' anno 1457 sino all' anno 1500. — (Bologna, 1722), in-4°. 4879

Orme (W.). — Bibliotheca biblica: a select list of books on sacred literature; with notices, biographical, critical, and bibliographical. — Edinburgh, 1824, in-8°. 4880

Ornithologia methodice digesta, atque iconibus æneis ad vivum illuminatis ornata a Sav. Manetti, Lorentio Lorenzi, et Violante Vanni. Ornitologia o storia naturale degli Uccelli, trattata con metodo e adornata di figure intagliate in rame e miniate al naturale, con illustrazione latina ed italiana. — Florentiæ, in ædibus Mouchianis, 1767, gr. in-fol. 4881

Le T. I contient: »Bibliotheca ornithologica, sive auctorum omnium catalogus quorum opera edita sunt, et qui de avibus vel in genere vel in specie, rebusque aliis ad aves signanter spectantibus, scripserunt«.

* **Ortloff** (J. A.). — Handbuch der Litteratur der Philosophie. — Erlangen, in der Waltherschen Buchhandlung, 1798, in-8°. 1e Abth. 4882

Ory (E.). — Une restitution bibliographique pour servir à l'histoire de l'imprimerie Mussipontaine. — Pont-à-Mousson, imp. Eug. Ory, 1878, gr. in-8°. 4883

* **Osmont** (J. B. L.). — Dictionnaire typographique, historique et critique des livres rares, singuliers, estimés et recherchés en tous genres; contenant par ordre alphabétique, les noms et surnoms de leurs auteurs, le lieu de leur naissance, le temps où ils ont vécu, et celui de leur mort, avec des remarques nécessaires pour en distinguer les bonnes éditions, et quelques anecdotes historiques, critiques et intéressantes, tirées des meilleures sources. On y a joint le prix qu'ils se vendent la plupart dans les ventes publiques. — A Paris, chez Lacombe, 1768, 2 vol. in-8°. 4884

* **Öst** (N. Chr.). — Literaturlexicon. Fortsœttelse af Literaturlexiconet ved Nyerup og Kraft. — Kjöbenhavn, 1826-1827, in-8°. n° 1-6. 4885

Otero (M. Olivo y). — Voy. Olivo y Otero.

* **Othmer** (G.). — Vademecum des Sortimenters. Zusammenstellung der wissenswürdigsten Erscheinungen auf dem Gebiete der gesammelten Werke und Schönen Literatur, nebst genauer Angabe der Preise und Verleger sowie kurzen biographisch-bibliographischen Notizen. — Hannover, im Selbstverlage des Verfassers, 1861, in-8°. 4886

Otroutchef. — Aperçu de tous les documents, manuscrits ou imprimés qui concernent l'art militaire en Russie, jusqu'à l'année 1725. — St. Pétersbourg, 1856, in-8°. 4887

N'a pas été mis dans le commerce.

Ottino (G.). — Brevi cenni di bibliografia. — Firenze, tip. Pellas, 1870, in-16, 40 p. 4888

Tiré à 60 ex. numérotés.

* —. — Di Bernardo Cennini e dell' arte della stampa in Firenze nei primi cento anni dall' invenzione di essa. — Firenze, 1871, in-8°. 4889

* —. — Saggio di una bibliografia della Lega Lombarda. — Milano, tip. Bernardoni, 1876, in-8°, 27 p. et supplément de 8 pages, 1877. 4890

Ext. de l'»Omaggio della Società Storica-Lombarda al VII Centenario della battaglia di Legnano«.

* —. — La stampa in Ancona. — Milano, tip. Bernardoni, 1878, in-16, 12 p. 4891

Tiré à 60 ex.

* —. — La stampa periodica, il commercio dei libri e la tipografia in Ita-

lia. XV febrajo 1873. — Milano. G. Brigola, 1875, gr. in-4°. 4892

Tiré à 200 ex.

Otto (E.). — Aufruf zur Gründung von Dorflesevereinen und Dorfbibliotheken, nebst einem Verzeichnisse guter Volksschriften. Aus dem badischen Volksblatte besonders abgedruckt. — Mannheim, Bensheimer, 1847, in-8°, 16 p. 4893

* — (Fr.). — Die Gesammtliteratur Niederlands, oder Leben und Wirken der holländischen Schriftsteller seit dem dreizehnten Jahrhundert bis auf unsere Zeit. — Hildburghausen, Verlag des bibliographischen Instituts, 1838, in-8°. 4894

— (G. Fr.). — Lexikon der seit dem funfzehenden Jahrhunderte verstorbenen und jetztlebenden Oberlausizischen Schriftsteller und Künstler, aus den glaubwürdigsten Quellen möglichst vollständig zusammengetragen. — Görlitz, gedr. bey Burghart, 1800-1803, 3 vol. in-8°. 4895

Schulze (Joh. Dan.) a publié un supplément en 1821.

— (J. C. T.). — Voy. Athenagoræ opera.

* **Oudin** (F. C.). — Supplementum de scriptoribus vel scriptis ecclesiasticis a Bellarmino omissis, ad annum 1460, vel ad artem typographicam inventam. — Parisiis, apud Antonium Dezallier, 1686, in-8°. 4896

* **Oukazatel po diélame pétchati.** (Indicateur des œuvres de la presse [du 1er janvier au 15 déc. 1874]). — St. Pétersbourg, imp. du ministère de l'intérieur, in-4°. 4897

En russe. Catalogue bimensuel.

* **Oundolski** (V. M.). — Esquisse de bibliographie slavo-russe. Avec compléments par A. Th. Bitchkoff et A. Victoroff. Publié par le musée public de Moscou et musée Roumiantseff. — Moscou, imp. de Gratcheff, 1871, in-4°. 4898

Avec cet autre titre: »Indicateur chronologique des livres slavo-russes en caractères ecclésiastiques (slavons) de l'an 1491 à l'an 1864. Première livraison. Esquisse de bibliographie slavo-russe par V. M. Oundolski ...«

* **Ouvrages condamnés et défendus** par la sacrée congrégation de l'index pendant l'année 1852 et le 26 avril 1853. — Paris, typ. Raçon, in-8°, 8 p. 4899

* **Ouvrages publiés en France** depuis 1840 par des pères de la compagnie de Jésus. — Paris, typ. Hennuyer, 1859, in-8°, 32 p. 4900

Overbeck (J. D.). — De vita moribus scriptis viri Erici Simonis Henrici a Seelen liberalium artium magistri gymnasii Lubecensis subrectoris et bibliothecæ publicæ præfecti designati filii patre viro maxime reverendo amplissimo doctissimo Joanne Henrico a Seelen sanctæ theologiæ licentiato gymnasii ejusdem rectore polyhistore meritis multis ac magnis longe lateque inclyto dignissimi commentatio diligenter et calamo veri amante scripta. — Lubecæ, apud Greenium, 1756, in-4°. 4901

* **Ovidius** (P.). — Opera ad optimas editiones collata. Præmittitur vita ab Aldo Pio Manutio collecta cum notitia literaria studiis societatis bipontinæ. Editio accurata. — Biponti, ex typogr. societatis, 1783, 3 vol. in-8°. 4902

Le T. I contient, pages XLV-LXXVI: »Index editionum P. Ovidii Nasonis auctior Fabriciano et in quatuor ætates digestus«.

Pacchi (D.). — Voy. Fabronius (A.). Vitæ Italorum doctrina.

Packard (A. S.). — The hessian fly. — Voy. Department of the interior. U. S. entomological commission. Bulletin n° 4.

Padiglione (C.). — Bibliografia di San Marino. — Napoli, de Angèlis, 1866, in-12. 4903

— (C.). — Dizionario bibliografico e istorico della Repubblica di San Marino, contenente le indicazioni delle opere, dell' efemeridi e degli opuscoli che trattano della stessa in qualsivoglia argomento. — Napoli, tip. della Gazzetta di Napoli, 1872, in-4°. 4904

* **Pächtermünze** (Fr.). — Bibliothek der ältern Litteratur. Oder historische Auszüge, Uebersetzungen, Anekdoten und Charaktere. Aus verschiedenen, theils kostbaren, theils seltenen Werken, für die Liebhaber einer ernsthaften und nützlichen Litteratur. — Zürich, Orell, 1793, in-8°, T. I. 4905

* **Page** (H. A.). — Thomas de Quincey: his life and writings. With unpublished correspondence. — London, 1877, 2 vol. in-16. 4906

* **Pagès** (L.). — Bibliographie japonaise, ou catalogue des ouvrages relatifs au Japon qui ont été publiés depuis le XVe siècle jusqu'à nos jours. — Paris, Benjamin Duprat, 1859, in-4°. 4907

* **Paillard-Ducléré.** — Notice biographique sur la vie et les travaux de M. Paillard-Ducléré, publiée dans le tome 1er des »Notabilités contemporaines«. — Paris, au bureau, 1844, gr. in-8°, 8 p. 4908

* **Paillet-de-Warcy** (L.). — Histoire de la vie et des ouvrages de Voltaire, suivie des jugemens qu'ont portés de cet homme célèbre divers auteurs estimés. — Paris, Mme Dufriche, 1824, 2 vol. in-8°. 4909

* **Paitoni** (J. M.). — Biblioteca degli autori antichi greci, e latini volgarizzati, che abbracia la notizia delle loro edizioni: nella quale si esamina particolarmente quanto ne hanno scritto i celebri Maffei, Fontanini, Zeno, ed Argellati. In fine si dà la notizia de' volgarizzamenti della biblia, del messale, e del breviario. Opera librario-litterarico-critica, necessaria a tutti i bibliotecarj, e libraj, ed utile a tutti gli amatori della letteratura italiana. — In Venezia, appresso Gaspare Storti, 1774, 5 vol. in-4°. 4910

* **Pajot.** — Candidature à l'académie impériale de médecine. Titres scientifiques, services dans l'enseignement et publications du Dr. Pajot. — Paris, imp. de E. Martinet, 1863, in-4°, 14 p. 4911

* —. — Chaire d'accouchements vacante à la faculté de médecine de Paris. Titres scientifiques et services dans l'enseignement du docteur Pajot, candidat à la chaire d'accouchements et ayant occupé cette chaire comme suppléant de M. P. Dubois pendant trois semestres. — Paris, imp. de L. Martinet (1862), in-4°, 8 p. 4912

— (H.). — Duhamel, sa vie et ses ouvrages. Extrait de la »Revue du nord de la France«. — Lille, imp. de Vanackere, 1855, in-8°, 13 p. 4913

* —. — Feutry, sa vie et ses ouvrages. Extrait de la »Revue du nord de la France«. — Lille, imp. de Lefebvre-Ducrocq, 1854, in-8°, 22 p. 4914

* —. — Notes bibliographiques. I. Les historiens de Lille. Deuxième édition augmentée. — Lille, imp. d'Edouard Reboux, 1860, in-8°, 41 p. 4915

* —. — Notes bibliographiques. II. Catalogue raisonné des écrits de feu André Le Glay, . . . — Lille, imp. de L. Danel, 1864, in-8°, 25 p. 4916

Ext. des »Mémoires de la Société impériale des sciences, de l'agriculture et des arts de Lille«. — Tiré à 100 ex.

* —. — Notes bibliographiques. III. Les Poètes de Lille. — Lille, Horemans, 1864, in-8°. 4917

Tiré à 200 ex. numérotés dont 185 sur papier vélin et 15 sur papier de Hollande.

* **Palau** (C.). — Bibliografia aracnologica italiana. — Pisa, tip. Nistri e C., 1878, in-16, 15 p. 4918

Palearinus (M.). — Voy. Catalogus historico-criticus romanarum editionum sæculi XV.

* **Palisot de Beauvois** (A. M. J.). — Notice des ouvrages de A. M. J. Palisot de Beauvois. — Paris, imp. de Me Huzard, s. d., in-8°, 4 p. 4919

Palm (J. J.). — Versuch einer Handbibliothek der ökonomischen Litteratur mit Preissen nach Sächsischem und Reichsgeld, wie auch einem Materien-Register. — Erlangen, Palm, 1790, in-8°. 4920

* **Palmén** (E. G.). — L'œuvre demi-séculaire de la société de littérature finnoise et le mouvement national en Finlande de 1831 à 1881. Traduction. — Helsingfors, société de littérature finnoise, 1882, in-8°. 4921

Contient, p. 127-131: »Publication de la société de littérature finnoise«.

Palmieri (L.). — Annali del reale osservatorio meteorologico Vesuviano. — Napoli, Detken, 1859, in-4°, T. I. 4922

Contient comme Annexe: »Biblioteca Vesuviana«, 18 p.

* **Pambour** (de). — Analyse des ouvrages et principaux mémoires publiés ou présentés à l'Académie des sciences par M. de Pambour, rédigée à l'appui de sa candidature dans la section de mécanique. — Paris, Bachelier, 1843, in-4°, 44 p. 4923

Pameyer (G.). — Université de France. Faculté de théologie de Strasbourg. Pierre d'Ailly, sa vie et ses ouvrages. Thèse présentée à la faculté de théologie protestante de Strasbourg, 1840, in-8°. 4924

* **Pangkofer** (J. A.) & J. R. **Schnegraf**. — Geschichte der Buchdruckerkunst in Regensburg. Mit zwei lithographirten Tafeln. — Regensburg, Verlag von G. Joseph Manz, 1840, in-8°. 4925

Pantanelli (D.). — Bibliografia geologica e paleontologica della provincia di Siena. — Roma, tip. Barbèra, 1878, in-8°. 4926

Se trouve aux pages 300-327 du T. IX. du Bolletino del R. Comitato geologico d'Italia.

* **Panzer** (G. W.). — Aelteste Buchdruckergeschichte Nürnbergs. Oder Verzeichniss aller von Erfindung der Buchdruckerkunst bis 1500 in Nürnberg gedruckten Bücher mit litterarischen Anmerkungen. — Nürnberg, in der Grattenauerischen Buchhandlung, 1789, in-4°. 4927

* —. — Annalen der ältern deutschen Litteratur oder Anzeige und Beschreibung derjenigen Bücher welche von Erfindung der Buchdruckerkunst bis 1520 in deutscher Sprache gedruckt worden sind. — Nürnberg, bey Ernst Christoph Grattenauer, 1788, in-4°. 4928

* —. — Annales typographici ab artis inventæ origine ad annum 1500 post Maittairii Denisii aliorumque doctissimorum virorum curas in ordinem redacti, emendati et aucti. — Norimbergæ, impensis Joannis Eberhardi Zeh, 1793-1803, 11 vol. in-4°. 4929

* —. — Ausführliche Beschreibung der ältesten Augspurgischen Ausgaben der Bibel mit litterarischen Anmerkungen. — Nürnberg, bei George Peter Monath, 1780, in-4°. 4930

* —. — Conspectus monumentorum typographicorum seculi decimi quinti ad ductum annalium typographicorum hujus seculi a se editorum dispositus. — Norimbergæ, impensis Joannis Eberhardi Zeh, 1797, in-4°. 4931

C'est le T. V des »Annales« qui parut d'abord avec ce titre particulier.

* **Panzer** (G. W.). — Entwurf einer vollständigen Geschichte der deutschen Bibelübersezung D. Martin Luthers vom Jahr 1517 an, bis 1581. Zweyte mit Zusätzen vermehrte Ausgabe. — Nürnberg, in der Bauer- und Mannischen Buchhandlung, 1791, in-8°. 4932

* Avec: Zusätze...

* —. — Geschichte der Nürnbergischen Ausgaben der Bibel von Erfindung der Buchdruckerkunst an bis auf unsere Zeiten. — Nürnberg, bei Gabriel Nicolaus Raspe, 1778, in-4°. 4933

* —. — Versuch einer kurzen Geschichte der römisch - catholischen deutschen Bibelübersetzung. — Nürnberg, bey George Peter Monath, 1781, in-4°. 4934

* —. — Zusätze zu den Annalen der ältern deutschen Litteratur oder Anzeige und Beschreibung derjenigen Bücher welche von Erfindung der Buchdruckerkunst an bis 1520 in deutscher Sprache gedruckt worden sind. — Leipzig, bey Christian Adolph Hempel, 1802, in-4°. 4935

* **Papadopoulo-Vrétos** (A.). — Catalogue des livres imprimés en grec-moderne ou en grec-ancien par des grecs depuis la chute de Constantinople jusqu'en 1821. — Athènes, 1845, in-4°. 4936

Le titre est en grec et en français.

* **Papanti** (G.). — Catalogo di novellieri italiani in prosa raccolti e posseduti... Aggiuntevi alcune novelle per le maggior parte inedite. — In Livorno, pei tipi di Franc. Vigo, 1871, 2 vol. in-8°. 4937

* **Papillon.** — Bibliotheque des auteurs de Bourgogne. — Dijon, Marteret, 1742, 2 vol. in-fol. 4938

* — (J. H. F.). — La vie et l'œuvre de Charles-Frédéric Gerhardt, suivie de notes et de développements scientifiques. — Paris, Mallet-Bachelier, 1863, in-8°. 4939

* **Pappafava** (Vl.). — Delle opere che illustrano il notariato. — Zara, 1880, in-8°. 4940

* **Parallèle des trois principaux poëtes** tragiques françois, Corneille, Racine et Crébillon; précédé d'un abrégé de leurs vies et d'un catalogue raisonné de leurs ouvrages, avec plusieurs extraits des observations faites par les meilleurs juges sur le caractère particulier de chacun d'eux, ouvrage qui peut servir de supplément à l'édition du Théâtre de Corneille par M. de Voltaire, et d'introduction à la lecture des Chefs-d'œuvres tragiques de la scene françoise. — Paris, Saillant, 1765, in-12. 4941

Paran. — Bibliographie et iconographie d'Honoré de Balzac. — Paris, Rouquette, 1881, in-8°. 4942

—. — Bibliographie et iconographie des œuvres de Pétrus Borel et d'Alexandre Dumas père, avec deux portraits. — Paris, Rouquette, 1881, in-8°. 4943

* **Parascandolo** (Ad.). — Supplimento alla biblioteca storico-typografica degli Abruzzi di Camillo Minieri Riccio composto sulla propria collezione. — Napoli, tipografia di F. Giannini, 1876, in-8°. 4944

Paravia (P.-A.). — Memorie Veneziane di letteratura e di storia. — Torino, dalla stamp. reale, 1850, in-8°. 4945

Contient, pages 61-114: »Della vita e delle opere di Anton-Féderigo Seghezzi,« et p. 203-246: »Della vita e degli scritti di Carlo Cappello Patrizio Veneziano.«

* **Parchappe** (M.). — Exposé des principaux résultats des travaux de Max. Parchappe, présenté par l'auteur à l'Académie impériale de médecine de

Paris. — Paris, imp. de L. Martinet, 1855, in-8°, 27 p. 4946

* **Pardessus.** — Index bibliographique des ouvrages cités dans les cinq premiers volumes de la »Table chronologique des diplômes, chartes, titres et actes imprimés concernant l'histoire de France«. — Paris, imp. royale, 1846, in-fol. 4947

* — (J. M.). — Bibliothèque de droit commercial, précédée d'un discours sur l'origine et les progrès de ce droit. — Paris, imp. d'A. Egron, 1821, in-8°. 4948

—. — Cours de droit commercial. VIe édition. — Bruxelles, Tarlier, 1836, in-4°. 4949

Le T. III contient, p. 793-807: »Bibliothèque de jurisprudence commerciale.«

* **Parent.** — Essai sur la bibliographie, et sur les talens du bibliothécaire. — A Paris, à l'imprimerie-librairie chrétienne, an IX, in-8°. 4950

Parfaict (Fr. et Cl.). — Voy. Histoire du théâtre françois.

* **Pâris.** — Notice sur les travaux de M. le contre-amiral Pâris. — Paris, imp. de Ve Bouchard-Huzard, 1863, gr. in-8°, 11 p. 4951

Paris (G.). — Voy. Diez (Fr.). Grammaire des langues romanes.

* — (P.). — De la bibliothèque royale et de la nécessité de commencer, achever et publier le catalogue général des livres imprimés. Deuxième édition, dans laquelle on a complété le plan de classification bibliographique, et répondu à quelques objections. — Paris, Techener, 1847, in-8°. 4952

* —. — Notice historique sur la vie et les ouvrages de M. J. Duchesne aîné conservateur des estampes de la bibliothèque impériale. — Paris, imp. de S. Raçon, 1855, in-8°, 16 p. 4953

La couverture imprimée sert de titre.

* **Paris** (P.). — Notice sur M. Van Praet, ... (Extrait du XVe volume des »Mémoires de la Société royale des antiquaires de France«.). — (Paris), imp. de E. Duverger (1839), in-8°, 32 p. 4954

— (P.). — Voy. Histoire littéraire de la France.

* **Pariset.** — Titres de M. le docteur Pariset. — (Paris), imp. de Cosson (1842), in-4°, 3 p. 4955

* **Parisot** (V.). — Fourier, sa vie, ses œuvres. Simple esquisse extraite de la »Biographie universelle«. — Paris, Mme C. Desplaces, 1856, in-18. 4956

On trouve aussi dans le feuilleton de la »Bibliographie de la France«, année 1837, n°s 45 et 46 une notice donnant l'indication des diverses parties de chacun des ouvrages de Fourier.

* —. — Principales publications de M. Val. Parisot, professeur de littérature étrangère à la faculté des lettres de Douai. — Paris, imp. de Moquet (1857), in-8°, plano. 4957

* **Pars** (Adr.). — Index batavicus, of naamrol van de batavise en hollandse schrijvers. Van Julius Cesar af, tot dese tijden toe. Mit Kopere Afbeeldsels. — Tot Leiden, bij Abraham de Swart, 1701, in-4°. 4958

Partsch (P.). — Katalog der Bibliothek des K. K. Hof-Mineralien Cabinetes in Wien. zusammengestellt. Herausgegeben von der Kais. Kön. Geologischen Reichsanstalt. — Wien, Braumüller, 1851, in-4°. 4959

* Partus litterarius, hoc est brevis, strictaq. recensio operum, quæ edidit, editionique paravit, aut etiam molitur R. P. D. Aloysius Novarinus veronensis Cler. reg. cum epistola ad clarissimum virum Gabrielem Naudæum in qua auctoris in scribendo mens aperitur. — Veronæ, apud Merlum, 1646, in-8°, 16 pag. 4960

***Pascal** (M.). — Essai historique sur la vie et les travaux de Bougainville, suivi de la relation de son Voyage autour du monde. — Marseille, Olive, 1831, in-8°. 4961

***Pasquier.** — Notice historique sur Etienne Pasquier ou Introduction à l'interprétation des Institutes de Justinien, ouvrage inédit d'Etienne Pasquier. — Paris, typogr. Plon, 1847, in-4°. 4962

***Passa** (Th.). — Ary Scheffer, étude sur sa vie et ses œuvres. Extrait de la »Revue chrétienne« n° 10, Octobre 1859. — Paris, C. Meyrueis, 1859, in-8°, 22 p. 4963

***Passano** (G.). — I novellieri italiani in prosa indicati e descritti. Seconda edizione migliorata e notevolmente accresciuta. — Stamperia reale di Torino della ditta G. B. Paravia e C., 1878, 2 vol. in-8°. 4964

***Passavant** (J. D.). — Le Peintre-Graveur. Contenant l'histoire de la gravure sur bois, sur métal et au burin jusque vers la fin du XVIe siècle. L'histoire du Nielle avec complément de la partie descriptive de l'essai sur les Nielles de Duchesne aîné. Et un catalogue supplémentaire aux estampes du XVe et XVIe siècle du Peintre-Graveur de Adam Bartsch. — Leipzig, R. Weigel, 1860-1864, 6 vol. in-8°. 4965

***Passerini** (L.). — La bibliografia di Michelangelo Buonarroti e gli incisori delle sue opere. — In Firenze, coi tipi di M. Cellini, 1875, in-4°. 4966

***Passy** (A.). — Notice biographique sur M. Louis Graves. — Paris, imp. de Martinet (1860), in-8°, 10 p. 4967

* —. — Notice sur les travaux scientifiques de M. Antoine Passy. — Paris, imp. de Mallet-Bachelier (1851), in-4°, 4 p. 4968

***Pasteur** (L.). — Notice des travaux de M. L. Pasteur, ... — Paris, imp. de Mallet-Bachelier, 1856, in-4°, 16 p. 4969

* — Paris, imp. de Mallet-Bachelier, 1861. in-4°, 31 p. et une »Addition« de 3 p. in-4°.

* — Paris, imp. de Mallet-Bachelier, 1862, in-4°, 35 p.

***Pastoret** (de). — Institut national de France. Eloge historique sur la vie et les ouvrages de M. le Bon Denon,... lu dans la séance publique annuelle des cinq Académies, le 25 octobre 1851. — Paris, imp. de F. Didot frères, 1851, in-4°, 22 p. 4970

Pastori (Fr.). — Voy. Bibliographie universelle.

***Patin**... — Discours sur la vie et les ouvrages de Jacques-Auguste de Thou... lu dans la séance publique du 25 août 1824. — Paris, F. Didot père et fils, 1824, in-4°, 48 p. 4971

***Patté.** — Enumération des ouvrages de M. Patté, architecte, adressée aux différens membres de l'Institut national des sciences et des arts. — (Paris), imp. de Langlois (s. d.), in-8°, 15 p. 4972

Patterson. — Catalogue of charts of the U. St. Coast survey. — Washington, 1877, in-4°. 4973

Paucker (J.). — Die Literatur der Geschichte Liv-, Ehst- und Curlands aus den Jahren 1836 bis 1847 in übersichtlicher Zusammenstellung nebst einem Anhang über die Wirksamkeit der Allerhöchst bestätigten ehstländischen literärischen Gesellschaft von 1844 bis 1847. — Dorpat, Laakmann, 1848, in-8°. 4974

***Paul** (C.). — Notice sur Delioux de Savignac, lue à la Société de thérapeutique, dans la séance du 25 octobre 1876. — Paris, imp. de Hennuyer (1876), in-8°, 10 p. 4975

Paul (O.). — Moritz Hauptmann. Eine Denkschrift zur Feier seines siebenzigjährigen Geburtstages am 13. October 1862. Mit einem Vorworte von Adolf Felchner und einem Verzeichnisse der im Druck erschienenen Werke Moritz Hauptmann's. — Leipzig, Dörffel, 1862, in-8°, 31 p. 4976

Contient la liste des travaux de M. Hauptmann.

* **Paulitschke** (Ph.). — Die Afrika-Literatur in der Zeit von 1500 bis 1750 n. Ch. Ein Beitrag zur geographischen Quellenkunde. Gelegentlich des II. deutschen Geographentages zu Halle a. S. veröffentlicht. — Wien, Brockhausen und Bräuer, 1882, in-8°. 4977

* — (Ph.). — Die geographische Erforschung des Afrikanischen Continents von den ältesten Zeiten bis auf unsere Tage. Ein Beitrag zur Geschichte der Erdkunde. Zweite vermehrte und verbesserte Auflage. — Wien, Brockhausen und Bräuer, 1880, in-8°. 4978

Renferme de très nombreuses indications bibliographiques sur chaque partie de l'Afrique et sur les îles voisines.

* **Paullus** (S.). — Historia literaria, sive dispositio librorum omnium facultatum ac artium, secundum materias, in usum philobiblorum congesta. — Argentorati, sumptibus auctoris, 1671, in-8°. 4979

* **Pauly** (Alph.). — Bibliographie des sciences médicales. Bibliographie. Biographie. Histoire. Epidémies. Topographies, endémies. Dédié à l'association générale des médecins de France. — Paris, Tross, 1874, in-8°. 4980

A paru en 3 livraisons.

* —. — Notice sur Louis-Michel Petit, précédée d'un aperçu de l'histoire de la gravure en médailles. Avec un portrait gravé par H. Brévière. — Paris, A. Taride, 1858, in-8°, 23 p. 4981

Pauly. — Voy. Bibliothèque impériale. Dept. des imprimés. Catalogue des sciences médicales.

* **Paumier** (L.-D.). — Eloge historique de Samuel Bochart, rouennais, pasteur de l'église réformée de Caen, avec des notes supplémentaires sur sa vie et ses ouvrages. — Rouen, imp. de N. Périaux, 1840, in-8°, 47 p. 4982

Paur (Th.). — Ueber die Quellen zur Lebensgeschichte Dante's. — Görlitz, Heyn, 1862, in-8°. 4983

Ext. du T. 39 du »Neues Lausitzisches Magazin«.

* **Pavie** (Th.). — Notice sur les travaux de M. Eug. Burnouf. — Paris, imp. de Dupont, 1853, in-8°, 28 p. 4984

On trouve aussi de M. Barthélemy Saint-Hilaire, dans le »Journal des Savants« (août et septembre 1852), une liste explicative des travaux de M. E. Burnouf.

* **Pawlowski** (G.). — Congrès bibliographique international tenu à Paris du 1er au 4 juillet 1878 sous les auspices de la société bibliographique. — Les travaux bibliographiques de 1867 à 1878. — Paris, au siège de la société bibliographique, 1879, in-8°. 4985

Ext. du »Recueil des travaux du congrès«. — Tiré à 200 ex. dont 25 sur papier vergé.

* **Payen.** — Notice sur les travaux de chimie agricole de M. Payen, et sur les principaux résultats de ses recherches de chimie générale. — Paris, imp. de Me Huzard, 1839, in-4°, 24 p. 4986

* —. — Supplément à la notice sur les titres de M. Payen. Agriculture, chimie organique et physiologie expérimentale. — Paris, imp. L. Bouchard-Huzard, 1840, in-4°, 8 p. 4987

La couverture imprimée sert de titre.

* — (J. F.). — Notice bibliographique sur Montaigne. — Paris, imp. de E. Duverger, 1837, in-8°. 4988

Cette notice à été rédigée pour le Panthéon littéraire; elle est placée en tête du volume des œuvres de Montaigne qui fait partie de cette collection. (gr. in-8° à 2 colonnes). On a tiré pour l'auteur, en in-8° ordinaire, un certain nombre d'exemplaires non mis en vente.

* **Payen.** — Notice bio-bibliographique sur La Boëtie, l'ami de Montaigne, suivie de »La Servitude volontaire«, donnée pour la première fois selon le vrai texte de l'auteur d'après un manuscrit contemporain et authentique. — Paris, F. Didot frères, 1853, in-8°. 4989

* —. — Notice sur les Mémoires et Conférences de J. B. Denis conseiller et médecin du roi. Ext. du »Bulletin du bibliophile«. — Paris, imp. Maulde et Renou, 1857, in-4°, 12 p. 4990

Tiré à 12 ex.

— (J. P.). — Voy. Bibliotheca scatologica.

* **Payer**. — Note sur les travaux scientifiques de M. Payer. — Paris, Bachelier, 1852, in-4°. 4991

* **Pécholier**. — Notice sur les titres et travaux scientifiques du Dr. Pécholier, candidat à la chaire d'hygiène vacante dans la faculté de médecine de Montpellier. — Montpellier, imp. de Bœhm et fils (1864), in-4°, 11 p. 4992

* **Péclet**. — Notice sur les travaux de M. Péclet. — (Paris), imp. de Bachelier (1841), in-4°, 15 p. 4993

* **Pecqueur**. — Note sur les travaux de O. Pecqueur. — Batignolles, imp. de Hennuyer, 1847, gr. in-8°, 19 p. 4994

Pedone-Lauriel (L.). — Bibliografia del VI centenario del Vespro siciliano. — Palermo, Pedone Lauriel, 1882, in-16. 4995

Tiré à 250 ex. numérotés.

* **Peignot** (G.). — Bibliographie curieuse, ou notice raisonnée des livres imprimés à cent exemplaires au plus, suivie d'une notice de quelques ouvrages tirés sur papier de couleur. — A Paris, 1808, in-8°. 4996

Tiré à 100 ex. sur grand papier vélin, numérotés et signés par l'auteur.

* —. — Dictionnaire critique, littéraire et bibliographique des principaux livres condamnés au feu, supprimés ou censurés; précédé d'un discours sur ces sortes d'ouvrages. — Paris, Renouard, 1806, 2 vol. in-8°. 4997

* —. — Dictionnaire historique et bibliographique, abrégé des personnages illustres, célèbres ou fameux de tous les siècles et de tous les pays du monde, avec les dieux et les héros de la mythologie. — Paris, Haut-Cœur et Gayet, 1822, 3 vol. in-8°. 4998

* —. — Dictionnaire raisonné de bibliologie, contenant, 1° l'explication des principaux termes relatifs à la bibliographie, à l'art typographique, à la diplomatique, aux langues, aux archives, aux manuscrits, aux médailles, aux antiquités, etc. 2° des notices historiques détaillées sur les principales bibliothèques anciennes et modernes; sur les différentes sectes philosophiques; sur les plus célèbres imprimeurs, avec une indication des meilleures éditions sorties de leurs presses, et sur les bibliographes, avec la liste de leurs ouvrages; 3° enfin l'exposition des différens systèmes bibliographiques, etc.... A Paris, chez Villier, an X, 1802, 3 vol. in-8°. 4999

* — — Supplement. — Paris, Renouard, an XII-1804, in-8°.

* —. — Essai de curiosités bibliographiques. — A Paris, chez Ant.-Augustin Renouard, an XIII-1804, in-8°. 5000

* —. — Essai historique sur la lithographie, renfermant: 1° l'histoire de

cette découverte; 2° une notice bibliographique des ouvrages qui ont paru sur la lithographie; et 3° une notice chronologique des différents genres de gravures qui ont plus ou moins de rapport avec la lithographie — Paris, Renouard, 1819, in-8°. 5001

* **Peignot.** — Manuel bibliographique, ou essai sur les bibliothèques anciennes et modernes, et sur la connaissance des livres, des formats, des éditions; sur la manière de composer une bibliothèque choisie, classée méthodiquement, et sur les principaux ouvrages à consulter dans chaque partie de l'enseignement des écoles centrales; le tout suivi de plusieurs notices bibliographiques, instructives et curieuses. — A Paris, an IX (1800), in-8°. 5002

* —. — Manuel du bibliophile, ou traité du choix des livres, contenant des développemens sur la nature des ouvrages les plus propres à former une collection précieuse, et particulièrement sur les chefs-d'œuvre de la littérature sacrée, grecque, latine, française et étrangère; avec les jugemens qu'en ont portés les plus célèbres critiques; une indication des morceaux les plus saillans de ces chefs-d'œuvre; la liste raisonnée des éditions les plus belles et les plus correctes des principaux auteurs, anciens et modernes, avec les prix; la manière de disposer une bibliothèque, de préserver les livres de toute avarie, avec des détails sur leurs formats, sur les différens genres de reliûres, etc. etc. et une ample table des matières. — A Dijon, Victor Lagier, 1823, 2 vol. in-8°. 5003

* —. — Mélanges littéraires, philologiques et bibliographiques, contenant des recherches sur l'étymologie des noms propres dans les premiers temps de la monarchie, etc.; sur l'origine connue de quelques mots de la langue française avant la révolution; sur les langues et particulièrement sur les ouvrages polyglottes, avec l'Oraison dominicale et quelques mots rendus en un grand nombre de langues; sur la disposition de l'écriture chez les différens peuples; sur la langue celtique et gauloise; sur les différentes éditions de l'art de vérifier les dates, etc. etc. — A Paris, chez Antoine-Augustin Renouard, 1818, in-8°. 5004

* **Peignot.** — Notice sur la vie et les ouvrages de C. N. Amanton, membre de l'académie des sciences ... de Dijon. — Dijon, Lagier, 1837, in-8°, 23 p. 5005

Tiré à 80 ex. — Ext. des »Memoires de l'académie de Dijon 1836.«

* —. — Nouvelles Recherches littéraires, chronologiques et philologiques sur la vie et les ouvrages de Bernard de Lamonnoye, avec des notes renfermant quelques détails relatifs à Dijon et à la Bourgogne; enrichies du portrait de La Monnoye et d'un fac-simile de son écriture. — Dijon, V. Lagier, 1832, in-8°. 5006

Tiré à 100 ex. dont 12 sur papier vélin.

* —. — Recherches historiques et bibliographiques sur les autographes et sur l'autographie, avec notes, citations et tables. — Paris, Techener, 1836, in-8°. 5007

* —. — Recherches historiques et bibliographiques sur les imprimeries particulières et clandestines qui ont existé tant en France qu'à l'étranger, depuis le XVe siècle jusqu'à nos jours. Avec indication des principaux ouvrages sortis de ces sortes de presses. — Paris, Alkan ainé, s. d., in-8°. 5008

Prospectus de 14 p.

* —. — Recherches historiques et littéraires sur les danses des morts et sur l'origine des cartes à jouer. Ouvrage orné de cinq lithographies et de vignettes. — Dijon, Lagier, 1826, in-8°. 5009

Tiré à 310 ex. dont 10 sur papier vélin.

* **Peignot** (G.). — Recherches historiques, littéraires et bibliographiques sur la vie et les ouvrages de M. de La Harpe. — Dijon, imp. de Frantin, 1820, in-12. 5010

Tirage à part des préliminaires de l'édition du »Cours de littérature«, publiée la même année par le même libraire.

* —. — Répertoire bibliographique universel, contenant la notice raisonnée des bibliographies spéciales publiées jusqu'à ce jour, et d'un grand nombre d'autres ouvrages de bibliographie, relatifs à l'histoire littéraire, et à toutes les parties de la bibliologie. — Paris, chez Antoine Augustin Renouard. 1812, in-8°. 5011

* —. — Répertoire de bibliographies spéciales, curieuses et instructives, contenant la notice raisonnée 1° des ouvrages imprimés à petit nombre d'exemplaires; 2° des livres dont on a tiré des exemplaires sur papier de couleur; 3° des livres dont le texte est gravé; et 4° des livres qui ont paru sous le nom d'Ana. Le tout rédigé et publié avec des remarques historiques, littéraires et critiques. — A Paris, chez MM. Renouard et Allais, 1810, in-8°. 5012

* —. — Traité du choix des livres, contenant 1° des observations sur la nature des ouvrages les plus propres à former une collection peu considérable, mais précieuse sous le rapport du goût. 2° Des recherches littéraires sur la prédilection particulière que des hommes célèbres de tous les temps ont eue pour certains ouvrages. 3° Un mémorial bibliographique des éditions les plus correctes et les plus belles des chefs-d'œuvre de la littérature sacrée, grecque, latine, française et étrangère. 4° Enfin une notice sur l'établissement d'une bibliothèque, sa construction, sa division, le soin que l'on doit prendre des livres, etc. etc. — Paris, chez Antoine-Augustin Renouard, 1817, in-8°. 5013

* **Peignot** (G.). — Variétés, notices et raretés bibliographiques; recueil faisant suite aux curiosités bibliographiques. — Paris, Ant. Aug. Renouard, 1822, in-8°. 5014

La préface est suivie de cet autre titre: »Lettre sur un ouvrage anglais relatif à la bibliographie et aux antiquités, récemment publié à Londres; et sur la traduction partielle que l'on vient d'en faire à Paris; avec des notes bibliographiques, et un post-scriptum sur les ouvrages d'un prix très-élevé, sur l'utilité des éditions dites princeps, et sur la difficulté d'en déterminer quelques unes: Ouvrage qui peut faire suite aux Curiosités bibliographiques. Par M. Gabriel P******. — Paris, Ant. Aug. Renouard, 1822.

— (G.). — Voy. Dictionnaire historique et bibliographique portatif des personnages illustres. — Voy. Recherches sur les ouvrages de Voltaire.

Peigne (J. B.). — Voy. Ribauld de la Chapelle. — Histoire de Vercingétorix.

Peile (J. B.). — Voy. Catalogue of books printed in the Bombay presidency.

* **Peisse** (L.). — Note contenant l'indication des ouvrages de M. Louis Peisse, candidat aux places vacantes à l'Académie des sciences morales et politiques de l'institut (section de philosophie), par la mort de MM. Edwards et Degérando. — (Paris), imp. de F. Malteste, 15 déc. 1843, in-4°, 4 p. 5015

* **Peligot** (E.). — A MM. les membres de l'Académie des sciences. Lettres et notice sur les travaux scientifiques de M. Eug. Peligot. — (Paris), imp. de Bachelier (1852), in-4°, 18 p. 5016

La couverture imprimée sert de titre.

* —. — Notice sur les travaux scientifiques de M. Eug. Peligot. — Paris, imp. de Bachelier, 1844, in-4°, 34 p. 5017

* **Pelletan.** — A. MM. les membres de l'Académie des sciences. Exposé

des titres de M. Pelletan, aux suffrages de MM. les membres de l'Académie des sciences, pour obtenir, dans la section de physique, la place devenue vacante par la perte de M. Savard. — (Paris), imp. de Renouard (1841), in-4°. 5018

—. — Voy. Boyer. Rapports... sur les mémoires... du Dr. Faure.

* **Pelletier** (J.). — Analyse succincte des mémoires et observations chimiques publiés par J. Pelletier. — (Paris), imp. de Mᵉ Huzard, 1837, in-4°, 32 p. 5019

*—. — Notice sur les Recherches chimiques publiées par J. Pelletier. — Paris, imp. de Fain, 1829, in-8°, 11 p. 5020

Pellicer y Saforcada (J. A.). — Ensayo de una bibliotheca de traductores españoles donde se da noticia de las traducciones que hay en castellano de la sagrada escritura, santos padres, filosofos, historiadores, medicos, oradores, poetas, asi griegos como latinos; y de otros autores que han florecido antes de la invencion de la imprenta. Preceden varias noticias literarias para las vidas de otros escritores españoles. — Madrid, de Sancha, 1778, in-4°. 5021

* **Pellisson** et d'**Olivet.** — Histoire de l'académie française avec une introduction, des éclaircissements et notes par M. Ch. L. Livet. — Paris, Didier et Cⁱᵉ, 1858, 2 vol. in-8°. 5022

Le T. II contient, pages 513-535: Catalogue des œuvres laissées par les académiciens morts avant l'année 1700.

* **Peltier** (F. A.). — Notice sur la vie et les travaux scientifiques de J. C. A. Peltier. — Paris, imp. de E. Bautruche, 1847, in-8°. 5023

* **Pelzeln** (A. von). — Bericht über die Leistungen in der Naturgeschichte der Vögel während des Jahres 1880. — Berlin, Nicolai, 1882, in-8°. 5024

* **Pennino** (A.). — Catalogo ragionato dei libri di prima stampa e delle edizioni aldine e rare esistenti nella Biblioteca nazionale di Palermo, e preceduto da una relazione storica sulla medesima del dott. cav. Filippo Evola. — Palermo, tip. Lao, 1875-1880, 2 vol. in-8°. 5025

* **Percheron** (A.). — Bibliographie entomologique, comprenant l'indication par ordre alphabétique de noms d'auteurs 1° des ouvrages entomologiques publiés en France et à l'étranger, depuis les temps les plus reculés jusque et y compris l'année 1834; 2° les monographies et mémoires contenus dans les recueils, journaux et collections académiques françaises et étrangères; accompagnée de notices sur les ouvrages périodiques, les dictionnaires et les mémoires des sociétés savantes: suivie d'une table méthodique et chronologique des matières. — A Paris, chez J. B. Baillière, 1837, 2 vol. in-8°. 5026

Percy. — Voy. Boyer. Rapports ... sur les mémoires ... du Dr. Faure.

* **Perdonnet** (A.). — Notions générales sur les chemins de fer. Statistique, histoire, exploitation — accidents — organisation des compagnies — administration — tarifs — service médical — institutions de prévoyance — construction de la voie — voitures — machines fixes — locomotives, nouveaux systèmes — suivies des biographies de Cugnot, Séguin et George Stephenson; d'un mémoire sur les avantages respectifs des différentes voies de communication; d'un mémoire sur les chemins de fer considérés comme moyens de défense du pays et d'une bibliographie raisonnée. — Paris, Lacroix et Baudry (1859), in-8°. 5027

Peregrinus (A. S.). — Voy. Hispaniæ bibliotheca.

Pereira da Silva. — Rapport sur les travaux géodésiques, topographiques, hydrographiques et géologiques du Portugal 1878. — Lisbonne, imp. nationale, 1878, in-8°. 5028

Les pages 36-38 contiennent 12 articles ayant trait à la géologie du Portugal, et les pages 43-50 un »Catalogue des publications de la direction générale des travaux géodésiques du Portugal envoyés à l'exposition universelle de Paris«.

* **Perels** (F.). — Das internationale öffentliche Seerecht der Gegenwart. — Berlin, Ernst Siegfried Mittler, 1882. in-8°. 5029

Contient, pages XVI-XXII : »Uebersicht der benutzten literarischen Hülfsmittel«.

Perennès. — Voy. Feller, Biographie universelle.

Perez (Fr.). — Voy. Antonius Hispalensis. Bibliotheca hispana vetus.

Pericaud. — Nouvelles recherches sur les éditions lyonnaises du XVe siècle. — Lyon, 1840, in-8°. 5030

* — (A.). — Bibliographie Lyonnaise du quinzième siècle. 1473-1500. — Lyon, imp. de Pélagaud et Lesne, 1840, in-8°. 5031

Tiré à 200 ex.

* —. — Bibliographie lyonnaise du XVe siècle. — Lyon, imp. de Louis Perrin, 1851, in-8°. 5032

Tiré à 200 ex.

* —. — Deuxième Partie contenant le catalogue des imprimeurs et des libraires de Lyon de 1473 à 1500, la table méthodique des éditions lyonnaises du 15e siècle. — Lyon, imp. de Chanoine, 1852, in-8°.

Tiré à 200 ex.

* —. — Troisième partie. — Paris, chez J. F. Delion et P. Jannet, 1853, in-8°. 31 p.

* —. — Quatrième partie. Additions et corrections. — Lyon, imp. de Chanoine, 1859, in-8°, 24.

La 4e partie est suivie d'une Notice des ouvrages imprimés et manuscrits d'Ant. Pericaud — et d'un supplément à cette liste.

* **Péricaud.** — Essai sur la vie et les écrits de Du Cerceau, par A. P. (Antoine Péricaud). — Lyon, imp. de G. Rossary, 1828, in-8°. 5033

* — (M. A.). — Esquisse sur la vie et les écrits de M. D'Aigueperse, lue à la Société littéraire de Lyon en juin 1861. — Lyon, imp. d'A. Vingtrinier, 1861, in-8°, 23 p. 5034

Imprimé par ordre de la Société.

* **Perier** (J. A. N.). — Le Dr. Boudin. Notice historique sur sa vie et ses travaux, lue à la Société d'anthropologie dans la séance solennelle du 20 juin 1867; suivie d'un index bibliographique. — Paris, Rozier, 1867, in-8°, 39 p. 5035

Ext. du »Recueil des Mémoires de médecine, de chirurgie et de pharmacie militaires«, 3e série, T. 19. — La couverture imprimée sert de titre.

* —. —. Notice historique sur la vie et les travaux du docteur Boudin lue à la société d'anthropologie dans la séance solennelle du 20 juin 1867 suivie d'un index bibliographique de ses ouvrages. — Paris, imp. Hennuyer, 1868, in-8°, 41 p. 5036

Ext. des »Mémoires de la Société d'Anthropologie«. T. III.

* **Perin** (Ch.). — Recherches bibliographiques sur le département de l'Aisne. Catalogue et table des livres, chartes, lettres patentes, édits, arrêts, lois, biographies, notices et documents imprimés, concernant le département de l'Aisne. — Paris, Havard, 1866-1867, 2 vol. in-8°. 5037

* **Perles** (J.). — R. Salomo b. Abraham b. Adereth. Sein Leben und seine Schriften nebst handschriftlichen Beilagen zum ersten Male herausgegeben. — Breslau, Schletter, 1863, in-8°. 5038

Perlet (Fr. Chr. G.). — M. Christianis Victoris Kindervatori ecclesiarum scholarumque in ducatu Saxo-Isenacensi superintendentis etc. posthuma seu orationes inaugurales aliquot scholasticæ unacum vita atque indice scriptorum ipsius. Adjecit orationem suam. Isenaci, Wittekindt, 1807, in-8°. 5039

* **Pernwerth von Bärnstein** (A.). — Beiträge zur Geschichte und Literatur des deutschen Studententhumes von Gründung der ältesten deutschen Universitäten bis auf die unmittelbare Gegenwart, mit besonderer Berücksichtigung des XIX. Jahrhundertes. — Würzburg, A. Stuber, 1882, in-8°. 5040

* **Perrey** (Al.). — Bibliographie seismique. — Dijon, imp. Rabutôt (1858), in-8° en 3 parties. 5041

Ext. des »Mémoires de l'académie de Dijon«.

La pagination continue pour les parties 1 et 2; la troisième, qui a sa pagination séparée, mais dont les nos font suite à ceux des ouvrages précédents, a pour titre: »Bibliographie séismique. Catalogue de livres, mémoires et notes sur les tremblements de terre et les phénomènes volcaniques. Collection de M. Alexis Perey«. — Cette dernière partie est aussi ext. des »Mémoires de l'Académie, 1865«.

* **Perrier** (Ch.). — Notice sur la vie et les œuvres du chevalier Delatouche, mort à Châlons, le 5 avril 1781. — Châlons, Laurent, 1858, in-8°, 42 p. 5042

Le faux titre porte: Société d'agriculture ... de la Marne.

* **Perrossier** (C.). — Notice bio-bibliographique sur M. l'abbé Jouve, chanoine de Valence. — Lyon, imp. Vingtrinier, 1874, in-8°, 40 p. 5043

* **Persius Flaccus** et **Juvenal**. — Satiræ ad optimas editiones collatæ. Accedit Sulpiciæ satira. C. Lucilii satirographorum principis fragmenta. Editio accurata. — Biponti, ex typographia societatis, 1785, in-8°. 5044

Contient, pages XVI-L: »Index editionum tum Persii, tum Juvenalis vel singulorum, vel secum junctorum longe auctior Fabricio Ernestino et in quatuor ætates digestus«.

* **Person** (C. C.). — Notice des travaux scientifiques de M. C. C. Person. — Paris, imp. de Bachelier (1843), in-4°, 16 p. 5045

* **Persoz** (J.). — Note sur les travaux de J. Persoz, docteur de la faculté des sciences de l'académie de Paris ... — Paris, imp. de Béthune (s. d.), in-8°, 7 p. 5046

Pertz (G. H.). — Voy. Inhaltsverzeichnisse der zehn ersten Bände der Monumenta Germaniæ.

* **Pesche** (J. R.) et N. H. F. **Desportes**. — Biographie et bibliographie du Maine et du département de la Sarthe, faisant suite au dictionnaire statistique du même département. — Le Mans, Monnoyer, 1828, in-8°. 5047

* —. — Dictionnaire topographique, historique et statistique du département de la Sarthe, suivi d'une biographie et d'une bibliographie. — Le Mans, imp. de Monnoyer, 1829-1842, 6 vol, in-8°. 5048

Le T. VI se termine par la liste des travaux de M. Pesche.

* **Peter** (Fr.). — Die Literatur der Faustsage bis Ende des Jahres 1848. Systematisch zusammengestellt. Als Manuscript gedruckt. — Leipzig, 1849, in-8°, 24 p. 5049

* —. — Die Literatur der Faustsage bis Ende des Jahres 1850 systematisch zusammengestellt. Zweite vermehrte und verbesserte Auflage. — Leipzig, Friedrich Voigt, 1851, in-8°, 46 p. 5050

Petersen (C.). — Voy. Lehmann (J. G. C.). Ansichten und Baurisse der neuen Gebäude für Hamburgs öffentliche Bildungsanstalten.

— (C. F.). — Handbuch der griechischen Litteraturgeschichte. Mit einem

Vorworte von August Matthiä. — Hamburg, Hoffmann und Campe, 1834, gr. in-8°. 5051

Petersen (J. W.). — Voy. Placidus (J. W.).

Petite bibliographie biographico-romancière, ou dictionnaire des romanciers, tant anciens que modernes, tant nationaux qu'étrangers; avec un mot sur chacun d'eux, et la notice des romans qu'ils ont donnés, soit comme auteurs, soit comme traducteurs; précédé d'un catalogue des meilleurs romans publiés depuis plusieurs années. — Paris, Pigoreau, oct. 1821, in-8°. 5052

Par Alex. Nic. Pigoreau.

Petite bibliographie portative, ou répertoire, par ordre alphabétique, des titres des meilleurs romans en tout genre, pouvant servir de renseignement et de guide aux personnes qui veulent se former une bibliothèque variée, curieuse et amusante, pour la ville et la campagne. — Paris, Delaguette imp., 1817, in-8°. 5053

***Petite revue des bibliophiles dauphinois**, ou correspondance entre tous les amateurs dauphinois qui ont quelque question à poser, quelque réponse à faire ou quelque trouvaille ou curiosité à signaler. Mélanges historiques et littéraires. — Grenoble, imp. Edouard Allier, 1869-1874, in-8°. 5054

* **Petity** (de). — Bibliothèque des artistes et des amateurs: ou tablettes analytiques, et méthodiques, sur les sciences et les beaux arts; dédiée au roi. Ouvrage utile à l'instruction de la jeunesse, à l'usage des personnes de tout âge et de tout état, orné de cartes et d'estampes en taille douce: avec une table raisonnée des auteurs, sur l'usage et le choix des livres. — Paris, Simon, 1766, in-4°. 5055

Le T. II contient une table raisonnée des Auteurs sur l'arithmétique.

* **Petreius** (F. Th.). — Bibliotheca cartusiana, sive illustrium, sacri cartusiensis ordinis scriptorum catalogus. Accesserunt origines omniū per orbem cartusiarum, quas eruendo publicavit rever. d. Aubertus Miræus . . . — Coloniæ, apud Antonium Hieratum, 1609, in-12. 5056

Petri (H. Ph.). — Gedächtnissschrift auf die verstorbenen Gelehrten, Staatsmänner und andere denkwürdige Personen des Jahres 1827. Zugleich als ein Anhang von J. G. Meusel's gelehrtem Deutschland. — Berlin, Petri, 1829, in-8°. 5057

Petronius (T.). — Satiricon cum supplementis Nodotianis. Accedunt veterum poetarum catalecta. Præmittitur notitia literaria studiis societatis Bipontinæ. Editio accurata. — Biponti, ex typographia societatis, 1790, in-8°. 5058

Contient, pages XX-XXXVI: »Index editionum T. Petronii Arbitri Ernestino-Harlesiano auctior et in V ætates digestus«.

Petrowitch (Sc.). — Essai de bibliographie raisonnée. — Paris, Ernest Leroux, 1881, in-8°. 5059

* **Petrus** (S.). — De scriptoribus Frisiæ, decades XVI et semis: in quibus non modo peculiares Frisiæ, sed et totius Germaniæ communes antiquitates plurimæ indicantur et veterum historicorum ac geographorum loci, hactenus non intellecti explicantur. Causæque redduntur dilucidæ, cur veteres Germani præter meritum ruditatis et imperitiæ a quibusdem in literaria arguantur. — Franequeræ, Horreus, 1699, in-8°. 5060

* **Pettitgrew** (Th. J.). — Bibliotheca Sussexiana. A descriptive catalogue, accompanied by historical and biographical notices, of the manuscripts and printed books contained in the library of his royal higness the duke of Sussex etc. in Kensington Palace. — London, Longman and Co., 1827-1839, 2 vol. in-4°. 5061

***Petzoldt** (J.). — Anzeiger für Literatur der Bibliothekwissenschaft. Mit Autoren- und Bibliotheken-Registern. Jahrgang 1840 (-1846). — Dresden und Leipzig, Arnoldische Buchhandlung, 1841-1856, 5 vol. in-8°. 5062

*—. — Bibliographia Dantea ab anno 1855 inchoata. Accedit conspectus tabularum Divinam Comœdiam vel stilo vel calamo, vel penicillo adhibitis illustrantium. — Dresdæ, sumtibus G. Schönfeld, 1872, in-8°. 5063

* Supplementum ... — Dresdæ, 1876, in-8°.

—. — Nova editio supplemento aucta. — Dresden, Schönfeld, 1876, in-8°.

*—. — Bibliographia Dantea ab anno 1865 inchoata, accedente conspectu tabularum Divinam Comœdiam vel stilo vel calamo vel penicillo adhibitis illustrantium. Nova editio duobus supplementis aucta. — Dresdæ, sumtibus G. Schœnfeld, 1880, in-8°. 5064

—. — Bibliographisch - kritische Uebersicht der Kaspar-Hauser-Litteratur. Aus dem »Neuen Anzeiger für Bibliographie und Bibliothekwissenschaft«. — Dresden, Druck von Blochmann und Sohn, 1859, in-8°, 12 p. 5065

Tiré à 30 ex. — N'est pas dans le commerce.

*—. — Bibliotheca bibliographica. Kritisches Verzeichniss der das Gesammtgebiet der Bibliographie betreffenden Litteratur des In- und Auslandes in systematischer Ordnung bearbeitet. Mit alphabetischem Namen- und Sachregister. — Leipzig, Engelmann, 1866, in-8°. 5066

—. — Catalogi bibliothecæ secundi generis principalis Dresdensis specimen IX. Catalogus bibliothecæ Danteæ. Nova editio. — Dresden, Burdach, 1855, in-8°. 5067

—. — Catalogi bibliothecæ secundi generis principalis Dresdensis specimen X. Friedrich August König von Sachsen. Ein bibliographischer Beitrag. Neue aus dem Anzeiger für Bibliothekwissenschaft 1852 und 1855 vermehrte Ausgabe. — Dresden, 1857, Burdach, in-8°, 18 p. 5068

Petzoldt (J.). — Catalogi bibliothecæ secundi generis principalis Dresdensis specimen XI. Maria Antonia Walpurgis Kurfürstin von Sachsen, gebor. Prinzessin von Bayern. Ein Beitrag zu einer deutschen Nationalliteratur. Neue aus dem Anzeiger für Bibliographie und Bibliothekwissenschaft 1856 abgedruckte Ausgabe. — Dresden, 1857, Schönfeld, in-8°, 32 p. 5069

—. — Catalogus Bibliothecæ Danteæ. — Dresdæ, Walther, 1844, in-8°. 5070

* —. — Catalogus bibliothecæ danteæ Dresdensis a Philalethe b. rege Joanne Saxoniæ conditæ auctæ relictæ. — Lipsiæ, in ædibus B. G. Teubneri, 1882, in-8°. 5071

—. — Catalogus bibliothecæ Theocriteæ. — Dresden, Schönfeld, 1866, in-8°, 24 p. 5072

—. — Catalogus »Indicis librorum prohibitorum et expurgandorum«. Specimen quod maxime viris prænobilissimis et perillustribus præfectis bibliothecarum Berolinensis, Bruxellensis, Dresdensis, Florentinæ etc., eo consilio, ut catalogum ex opibus suis corrigant, suppleant atque augeant rite pie offert auctor. — Dresden, Schönfeld, 1859, in-8°, 34 p. 5073

Ext. du »Neuer Anzeiger für Bibliographie und Bibliothekwissenschaft«.

—. — Chronologische Uebersicht von bibliographischen Systemen. — Dresden, Schönfeld, 1860, in-8°. 5074

Ext. du »Neuer Anzeiger für Bibliographie und Bibliothekwissenschaft«.

Petzoldt (J.). — Eine Wanderung in das Sächsische Erzgebirge. — Dresden, Schönfeld, 1861, in-8°, 15 p. 5075

Bibliographie extraite du »Neuer Anzeiger für Bibliographie und Bibliothekwissenschaft« et tirée à 30 ex.

—. — Georg Paul Alexander Petzholdt. Biographisch-litterarische Skizze. Abdruck aus dem Neuen Anzeiger für Bibliographie und Bibliothekwissenschaft, Oktoberheft 1857. — Dresden, Druck von Blochmann & Sohn, in-8°, 12 p. 5076

Tiré à 50 ex.

* —. — Handbuch deutscher Bibliotheken. Mit 7 lithographirten Tafeln. — Halle, Druck und Verlag von H. W. Schmidt, 1853, in-8°. 5077

* —. — Katechismus der Bibliothekenlehre. Anleitung zur Einrichtung und Verwaltung von Bibliotheken. Mit 16 in den Text gedruckten Abbildungen und 15 Schrifttafeln. — Leipzig, Verlagsbuchhandlung von J. J. Weber, 1856, in-18. 5078

C'est le T. XXVII de: »Weber's illustrirte Katechismen . . . — Leipzig, Weber, 1856«.

—. — Kritische Uebersicht der naturwissenschaftlichen Bibliographie. — Dresden, Schönfeld, 1862, in-8°, 45 p. 5079

Ext. du »Neuer Anzeiger für Bibliographie und Bibliothekwissenschaft«.

—. — Literatur der Sächsischen Bibliotheken zusammengestellt und bevorwortet. — Dresden, Arnold, 1840, in-8°. 5080

A cet autre titre: »Zur Geschichte der Sächsischen Bibliotheken«.

—. — Plauensche Bibliothek. Verzeichniss von Schriften über den Plauenschen Grund. — Dresden, gedr. auf Kosten des Verf.'s in der Gärtner'schen Offizin, 1846, in-8°, 16 p. 5081

Petzoldt (J.). — Uebersicht der gesammten militairischen Bibliographie. — Dresden, Schönfeld, 1857, in-8°, 23 p. 5082

Ext. du »Neuer Anzeiger für Bibliographie und Bibliothekwissenschaft«.

—. — Urkundliche Nachrichten zur Geschichte der sächsischen Bibliotheken. — Dresden, Schönfeld, 1855, in-8°. 5083

—. — Versuch einer Dante Bibliographie von 1865 an. — Dresden, Schönfeld, 1868, in-8°, 33 p. 5084

Ext. du »Neuer Anzeiger für Bibliographie und Bibliothekwissenschaft«.

Nachtrag. — Dresden, Schönfeld, 1869, in-8°.

—. — Zur Litteratur der Kriege in Folge der französischen Revolution 1789-1815. (Probe aus dem Kataloge der Kriegsbibliothek des Kronprinzen Albert von Sachsen). — Dresden, Schönfeld, 1868, in-8°, 26 p. 5085

—. — Zur Peter'schen Faustlitteratur. Abgedruckt aus dem Anzeiger für Bibliographie und Bibliothekwissenschaft, Jahrgang 1851. — Halle, Schmidt, 1851, in-8°, 12 p. 5086

—. — Voy. Monatlicher Anzeiger für gewerbliche Journalistik. — Voy. Neuer Anzeiger für Bibliographie.

* **Peytier.** — Note sur les travaux géographiques exécutés par le colonel Peytier. — Paris, imp. de Maulde et Renou (1854), in-4°, 4 p. 5087

* **Pez** (B.). — Bibliotheca Benedictino-Mauriana. Seu de ortu, vitis et scriptis Patrum Benedictorum e celeberrima Congregatione S. Mauri in Francia. Libri II. Autore Bernardo Pez, qui etiam veterem insignem Anonymum de scriptoribus Ecclesiasticis addidit, et hic primùm ex Bibliotheca Mss. Mellicensi in lucem asseruit. Cum permissu Superiorum. — Augustæ Vindelicorum et Græcij, Veith fratr., 1716, in-8°. 5088

* **Pezzana** (A.). — Catalogo de' libri impressi in Parma dall' anno 1472 àl 1500 sino ad ora conosciuti nuovamente compilato. — Parma, dalla ducale tipografia, 1846, in-4°. 5089

—. — Voy. Affo (J.). Memorie degli scrittori Parmigiani.

* **Pfaff** (Chr. M.). — Introduction in historiam theologiæ literariam notis amplissimis, quæ novum opus conficiunt, illustrata. — Tubingæ, sumtibus Jo. Georgii & Christiani Godof. Cottæ, 1724-1726, 3 vol. in-4°. 5090

* **Pfeiffer** (A. F.). — Beyträge zur Kenntniss alter Bücher und Handschriften. — Hof, in der Vierlingschen Buchhandlung, 1783-1786, en 3 parties in-8°. 5091

— (Fr.). — Voy. Germania.

— (L.). — Universal-Repertorium der deutschen medicinischen, chirurgischen und obstetricischen Journalistik des neunzehnten Jahrhunderts. Nach alphabetischer Ordnung zusammengestellt. — Cassel, Krieger, 1833, in-8° en 2 parties. 5092

Pfingsten (J. H.). — Handbuch der chemischen Artillerie. — Jena, akadem. Buchhandlung, 1789, in-8°. 5093

Contient, p. 234-274: »Verzeichniss der vornehmsten in- und ausländischen Schriften über die gesammte Artillerie«.

* **Pfudel** (E.). — Mittheilungen über die Bibliotheca Rudolfina der königl. Ritter-Akademie zu Liegnitz. — Liegnitz, Druck von H. Krumbhaar, 1876-1878, en 3 parties in-4°. 5094

* **Phædrus**. — Fabulæ Aesopiæ novissime recognitæ et emendatæ. Accedunt Publii Syri Sententiæ Aviani et Anonymi veteris fabulæ denuo castigatæ. Editio accurata. — Biponti, ex typographia societatis, 1784, in-8°. 5095

Contient, pages XXII-XXXIII: »Index editionum Phædri Fabricio-Ernestino et Brotieriano auctior et in III ætates digestus« et pages XLIV-XLVI: »Index editionum Aviani fabularum auctior Fabriciano«.

* **Phædrus**. — Liberti fabularum Aesopiarum libri V. Ex recensione Petri Burmanni. Cum selectis variorum notis et suis observationibus edidit Jo. Gottl. Sam. Schwabe. — Halæ, Gebauer, 1779, in-8°. 5096

La partie I contient, pages XXVIIII-LXX: »De codicibus mss., editionibus, versionibus Phædri«:

Phélippeaux (de Saint Savinien). — Notice biographique et bibliographique sur Philippe Le Goust, médecin du XVIIe siècle. — Paris, lib. V. A. Delahaye, et Cie., 1879, in-8°. 5097

Ext. des »Archives de toxicologie«, n° de mai 1879.

* **Philip** (R.). — The life, times and characteristics of John Bunyan, author of the »Pilgrim's progress«. — London, Th. Ward, 1839, in-8°. 5098

Contient, p. 546-565: »Bunyan's bibliography«.

Philipp (D.). — Alphabetisches Sachregister der wichtigsten technischen Journale für den Zeitraum vom 1. Januar 1847 bis 30. Juni 1864. — Berlin, Mittler & Sohn, 1847-1864, in-8°. 5099

* **Philippe** (J.). — Les gloires de la Savoie. — Paris, J. B. Clarey, 1863, in-8°. 5100

Philippi II regis catholici edictum. De librorum prohibitorū catalogo observando. — Leodii, impens. Hovii, 1570, in-8°. 5101

* **Phillips**. — Titres scientifiques de M. Phillips, ingénieur des mines. — Paris, imp. de E. Thunot, 1857, in-4°, 32 p. 5102

*— Paris, Gauthier-Villars, 1864, in-4°, 42 p.

La couverture imprimée sert de titre.

***Phillips**(Ed.).—Theatrum poetarum anglicanorum containing the names and characters of all the english poets, from the reign of Henry III to the close of the reign of Queen Elizabeth. First published in 1675, and now enlarged by additions to every article. — Canterbury, 1800, in-8°. 5103

* Third edition. Reprinted at the expence and with the notes of sir Egerton Brydges. — Geneva, 1824, in-8°.

Tiré à 100 ex.

* — (L. B.). — The dictionary of biographical reference containing one hundred thousand names, together with a classed index of the biographical literature of Europe and America. — London, Sampson Low, Son, and Marston, 1871, in-4°. 5104

***Philobiblion** (The). A monthly bibliographical Journal. Containing critical notices of, and extracts from, rare, curious, and valuable old books. — New York, 1862, in-4°, T. I. 5105

* **Philomneste** (Junior). — La bibliomanie en 1878. Bibliographie rétrospective des adjudications les plus remarquables faites cette année et de la valeur primitive de ces ouvrages. — Bruxelles, Gay et Doucé, 1878, in-8°. 5106

Philomneste Junior est le pseudonyme de Gustave Brunet.

Tiré à 500 ex.

* — La Bibliomanie en 1880 . . . Bruxelles, Gay et Doucé, 1881, in-8°.

Tiré à 500 ex.

* La Bibliomanie en 1881 . . . — Bruxelles, Gay et Doucé, 1882, in-8°.

Tiré à 500 ex.

* —. — Les livres cartonnés. Essais bibliographiques. — Bruxelles, Gay et Doucé, 1878, in-8°. 5107

Tiré à 500 ex.

***Philomneste**(Junior). —Livres payés en vente publique 1000 fr. et au dessus, depuis 1866 jusqu'à ce jour. Aperçu sur la vente Perkins, à Londres. Etude bibliographique. — Bordeaux, Ch. Lefebvre, 1877, in-8°. 5108

Tiré à 275 ex. numérotés, dont 25 sur papier de Hollande et 250 sur papier vergé.

* —. — Livres perdus. Essai bibliographique sur les livres devenus introuvables. — Bruxelles, Gay et Doucé, 1882, in-8°. 5109

* **Phitakaer** (J. G.). —Anagrapheana, sive bibliographiæ peculiaris librorum ana dictorum, iisque affinium prodromus. — Valencenis, typis H. J. Prignet, 1821, in-12, 34 p. 5110

Tiré à 100 ex.

* **Phœbus** (Ph.). — Der typische Frühsommerkatarrh oder das sogenannte Heufieber, Heu-Asthma. — Giessen, Ricker, 1862, in-8°. 5111

Contient, p. 3-6: »Quellen-Literatur«.

* **Physionomie** de la presse, ou catalogue complet des nouveaux journaux qui ont paru depuis le 24 février, jusqu'au 20 août, avec le nom des principaux rédacteurs. Par un chiffonnier. — Paris, Rue de Moscou-Amsterdam, 3, et chez tous les libraires et marchands de journaux, 1848, in-18. 5112

La préface est signée: »Le père Jean, chiffonnier de son état, — littérateur par occasion«.

* **Piazzoli** (J.). — Catalogue d'une collection de livres anciens et modernes, rares et curieux, avec notes historiques et bibliographiques. — Milan, Dumolard frères, 1878, in-8°. 5113

* **Picard** (Ed.) et **F. Larcier.** — Bibliographie générale et raisonnée du droit belge. Relevé de toutes les publications juridiques parues depuis 1814 réunies, mises en ordre et annotées

pour la rédaction des Pandectes belges. — Bruxelles, Ferdinand Larcier, 1882, in-8°. 5114

En cours de publication. Il a paru une livraison s'arrêtant, page 300, au nom Dwelshauvers-Altmeyer.

Picci (G.). — I luoghi più oscuri e controversi della Divina Commedia di Dante dichiarati da lui stesso con tre appendici. — Brescia, tipogr. della Minerva, 1843, in-8°. 5115

Contient, pages 267-285: »Biblioteca Dantesca del secolo decimonono«.

* **Piccola Bibliografia** idrologica minerale della provincia di Bergamo, data come saggio di una bibliografia generale bergamasca. — Bergamo, tip. Gaffuri e Gatti, 1880, in-8°, 31 p. 5116

Tiré à 100 ex. — La préface est signée: Giuseppe Veralli.

* **Pichon** (J.). — Notices biographiques et littéraires sur la vie et les ouvrages de Jean Vauquelin de La Fresnaye et Nicolas Des Yvetaux, gentilshommes et poètes normands, 1536-1649. — Paris, imp. de Techener, 1846, in-8°, 22 p. 5117

* **Pichot** (A.). — Notice sur Walter Scott et ses écrits. — Paris, 1821, in-12, 39 p. 5118

* —. — Sir Charles Bell. Histoire de sa vie et de ses travaux. — Paris, Michel Lévy, 1858, in-18. 5119

* **Picinelli** Milanese (F.). — Ateneo dei letterati Milanesi. — In Milano, nella stampa di Francesco Vigone, 1670, in-4°. 5120

* **Picot** (E.). — Bibliographie cornélienne, ou description raisonnée de toutes les éditions des œuvres de Pierre Corneille, des imitations ou traductions qui en ont été faites, et des ouvrages relatifs à Corneille et à ses écrits. — Paris, Aug. Fontaine, 1876, in-8°, avec portrait. 5121

* **Pidoux**. — Exposé des titres de M. le docteur Pidoux, candidat à la place vacante dans la section de thérapeutique et d'histoire naturelle médicale de l'Académie impériale de médecine. — Paris, imp. de F. Malteste, 1864, in-4°, 22 p. 5122

La couverture imprimée sert de titre.

* **Piedagnel** (Al.). — Jules Janin. Nouvelle édition, très-augmentée, avec une bibliographie, un portrait à l'eau forte par Boilvin et un fac-simile d'autographe. — Paris, Sandoz et Fischbacher, 1876, in-8°. 5123

Il a été tiré à part 4 ex. sur peau vélin et 10 ex. sur papier de Chine, paraphés et numérotés par les éditeurs.

* **Pierquin de Gembloux.** — Histoire littéraire, philologique et bibliographique des patois. — Paris, Techener, 1841, in-8°. 5124

* —. — Travaux scientifiques et littéraires de Pierquin de Gembloux. — Bourges, imp. de Manceron, 1er janvier 1840, in-4°, 12 p. 5125

* **Pierron** (Al.). — Histoire de la littérature romaine. Huitième édition augmentée d'un appendice bibliographique. — Paris, Hachette, 1879, in-8°. 5126

Piet (F.). — Voy. Mémoires sur la vie et les ouvrages d'Ed. Richer.

* **Pieters** (Ch.). — Analyse des Matériaux les plus utiles pour de futures Annales de l'Imprimerie des Elsevier. — Gand, mars 1843, in-8°. 5127

Tiré à 50 ex.

* —. — Annales de l'imprimerie des Elsevier, ou histoire de leur famille et de leurs éditions. Seconde édition, revue et augmentée. — A Gand, chez C. Annoot-Braeckman, 1858, in-8°. 5128

— Additions et corrections. — Gand, Annoot-Braeckman, 1860, in-8°.

Pieters (Ch.). — Annales de l'imprimerie elsevirienne, ou histoire de la famille des Elsevier et de ses éditions. — A Gand, chez C. Annoot-Braeckman, 1851, in-8°. 5129

* **Pigeotte** (L.). — Catalogue de documents concernant l'histoire de la médecine à Troyes appartenant à la bibliothèque de cette ville et provenant du cabinet de feu M. Francis Carteron. — Troyes, imp. et lith. Dufour-Bouquot, 1869, in-8°, 28 p. 5130

* —. — Catalogues d'ouvrages et pièces concernant Troyes, la Champagne méridionale et le département de l'Aube, provenant du cabinet du docteur François Carteron et appartenant à la bibliothèque de Troyes. — Troyes, imp. Bertrand-Hu, 1875, in-8°. 5131

* **Pignot** (J. H.). — Un jurisconsulte au seizième siècle. Barthélemy de Chasseneuz, premier commentateur de la Coutume de Bourgogne et président du Parlement de Provence. Sa vie et ses œuvres. — Paris, Larose, 1880, in-8°. 5132

Pigoreau (Alex. Nic.). — Voy. Petite bibliographie biographico-romancière.

Pigorini. — Bibliografia paleoetnologica italiana dal 1850 al 1871. — Parma, tip. Rossi Ubaldi, 1871, in-8°, 46 p. 5133

* — (L.). — Matériaux pour l'histoire de la paléoethnologie italienne. Bibliographie. — Parme, imp. Ferrari et fils, 1874, in-8°. 5134

Pihan-Delaforest (A. Aug.). — Bibliothèque géographique, historique et statistique de la France, ou recueil bibliographique de tout ce qui a été publié sur les provinces, diocèses, colonies, départements, arrondissements, villes, bourgs, châteaux, fleuves, rivières, canaux, chemins de fer, etc. etc. — Paris, 1835, in-8°. 5135

* **Pihan-Delaforest** (A. Aug.). — Essai sur la vie et les ouvrages de M. S.-F. Schœll. — Paris, imp. de A. Pihan de La Forest, 1834, in-8°. 5136

Pinciani (P. G.). — Intorno alla vita e alle opere del P. Giambattista Pinciani D. C. D. G. gia professore nel collegio romano e presidente del collegio filosofico dell' università romana ec. Discorso del P. Angelo Secchi letto all' Accademia Tiberina il dì 19. maggio 1862 seguito da un elenco degli scritti del medesimo P. Pinciani e da un inno del sig. Paolo Tornassi. — Roma, tipografia delle scienze matematiche e fisiche, 1862, in-8°. 5137

Pinçon (P.). — Voy. Bougy (A. de). Histoire de la bibliothèque Sainte-Geneviève.

* **Pindar.** — Carmina cum lectionis varietate et adnotationibus iterum curavit Chr. Gottl. Heyne. Nova editio correcta et ex schedis Heynianis aucta. — Lipsiæ, Vogel, 1817, in-8°. 5138

Le T. I contient, pages XXX-XLVI: »Editionum recensum aliorumque libellorum notitias qui ad Pindarum studiumque in eo illustrando collocandum aliquo modo spectare possunt«.

* **Pinelo** (Ant. de Leon). — Epitome de la bibliotheca oriental y occidental, nautica y geografica. Añadido, y enmendado nuevamente, en que se contienen los escritores de las Indias orientales, y occidentales, y reinos convecinos China, Tartaria, Japon, Persia, Armenia, Etiopia y otras partes. — En Madrid, Francisco Martinez Abad, 1737-1738, 3 vol. in-fol. 5139

Voy. aussi: Antonio de Leon.

* **Pinson** (P.). — Essai de bibliographie étampoise, avec notes historiques, biographiques et littéraires. — Paris, Willem, 1873, in-8°. 5140

Tiré à 50 ex. sur papier vélin, et 10 sur papier vergé.

* **Pinto de Sousa** (J. C.). — Bibliotheca historica de Portugal, e seus dominios ultramarinos: na qual se contém varias historias daquelle, e destes ms. e impressas em prosa, e em verso, só, e juntas come as de outros estados, escritas por authores portuguezes, e estrangeiros; com hum resumo das suas vidas, e das opiniões que ha sobre o que alguns escrevêraõ: dividida em quatro partes: A I. Consta de historias desto reino, e do ultramar em prosa, e em verso por authores portuguezes. Ms. A. II. De historias deste reino, e do ultramar em prosa e em verso por A. A. Portuguezes impressas. A. III. De historias deste reino, unicamente relativas ás vidas, positivamente escritas por A. A. Portuguezes, de certos Soberanos de Portugal, de algumas de suas Augustas esposas, e de varios dos seus serenissimus descendentes só em prosa ms., e impressas. A. IV. De historias deste reino, o de ultramar por A. A. estrangeiros, tambem só em prosa, impressas... Nova ediçaõ, correcta e amplamente augmentada... — Lisboa, na typographia do Arco do Cego, 1801, in-8°. 5141

* **Piorry.** — Académie impériale de médecine. Notice biographique sur le docteur Victor Bally. — Paris, J. B. Baillière, 1866, in-8°, 11 p. 5142

* — (P. A.). — Exposé analytique des principaux travaux d'anatomie, de physiologie d'hygiène, de chirurgie, de médecine pratique et de littérature philosophique de P. A. Piorry, à l'appui de sa candidature à l'académie des sciences (section de médecine et de chirurgie). — Paris, J. B. Baillière, 1856, in-4°. 5143

* —. — Extrait du Bulletin de l'académie impériale de médecine. 1866. T. XXXI, p. 830. Notice biographique sur le docteur Victor Bally. — Paris, imp. E. Martinet (1866), in-8°, 8 p. 5144

* **Piorry** (P. A.). — Travaux divers auxquels s'est livré M. Piorry (Pierre-Adolphe). — Paris (1831), in-4°, 4 p. 5145

* **Piper** (F.). — Karls des Grossen Kalendarium und Ostertafel aus der Pariser Urschrift herausgegeben und erläutert nebst einer Abhandlung über die lateinischen und griechischen Ostercykeln des Mittelalters. Mit einer Tafel in Steindruck. — Berlin, Decker, 1858, in-8°. 5146

* **Pipping** (H.). — Sacer decadum Septenarius memoriam theologorum nostra ætate clarissimorum renovatam exhibens. Accessit septenarius eorum qui, utut theologi professione haud fuerint, scripta tamen ediderunt, aut transtulerunt, aut inchoata reliquerunt theologica. — Lipsiæ, Fritsch, 1705, 2 vol. in-8°. 5147

Il a paru un T. III ayant pour titre: »Trias decadum memoriam theologorum nostræ ætatis clarissimorum renovatam exhibens, sacro decadum septenario ante biennium vulgato jungenda, ut suam sortiatur integritatem theologorum recentissimorum centuria. — Lipsiæ, Fritsch, 1707«, in-8°.

* **Pitseus** (J.). — Relationum historicarum de rebus anglicis tomus primus quatuor partes complectens, quorum elenchum pagina sequens indicat. — Parisiis, apud Rolinum Thierry et Sebastianum Cramoisy, 1619, in-4°. 5148

* **Placcius** (V.). — De scriptis et scriptoribus anonymis atque speudonymis syntagma. In quo ad sesquimille omnis generis argumenti linguarumque scripta, partim nullis, partim falsis nominibus præfixis antehac edita, genuinis suis atque veris auctoribus restituuntur. — Hamburgi, sumptibus Christiani Guthii, 1674, in-4°. 5149

Avec cet autre titre: »De scriptoribus occultis detectis tractatus duo, quorum prior anonymos detectos, in capita, pro argumentorum varietate distinctos, posterior pseudonymos detectos catalogo alphabetico, exhibet. — Hamburgi, sumptibus Christiani Guthii, 1674«.

Cet ouvrage est accompagné du suivant: »Joannis Rhodii dani auctorum suppositorum catalogus, ad autographum ejusdem fideliter expressus, in quo scriptores anonymi et pseudonymi complures manifestantur, opusculum posthumum ex musæo Vincentii Placcii, Hamburgensis, cum etiam notæ sparsim adjectæ sunt. — Hamburgi, apud Christianum Guht«.

* **Placcius** (V.). — Theatrum anonymorum et pseudonymorum, ex symbolis et collatione virorum per Europam doctissimorum ac celeberrimorum, post syntagma dudum editum, summa beati auctoris cura reclusum, et benignis auspiciis summe reverendi ac consultissimi viri, dn. Matthiæ Dreyeri, . . . cujus et commentatio, de summa et scopo hujus operis accedit, luci publicæ redditum. Præmissa est præfatio et vita auctoris, scriptore Jo. Alberto Fabricio, . . . cum indicibus necessariis. — Hamburgi, sumptibus viduæ Gothofredi Liebernickelii, 1708, in-fol. 5150

Placidus (J. W.). — Litteratur der Staatslehre. Ein Versuch. — Strasburg, 1798, in-8°. 1. Abth. 5151

L'auteur s'appelle Joh. Wilh. Petersen.

* **Plaine** (Fr.). — Essai historique sur les origines et les vicissitudes de l'imprimerie en Bretagne. — Nantes, A. L. Morel, 1876, in-4°, 43 p. 5152

Ext. de la »Revue de Bretagne et de Vendée«. — Tiré à 50 ex. sur papier vergé et à 50 sur papier mécanique.

* **Planchon** (J. E.). — Notice sur la vie et les travaux de Jacques Cambessèdes. Extrait du »Bulletin de la société botanique de France«, T. X, p. 543. — Mende, imp. de Privat, 1865, in-8°, 44 p. 5153

* **Planque**. — Bibliographia medica. — S. l. ni d., in-4°. 5154

Cet ouvrage inachevé s'arrête à la page 624, et a été interrompu par l'auteur qui avait l'intention d'en reprendre l'impression après que serait achevée celle de sa »Bibliothèque choisie de médecine«.

* **Plantin** (Ol.). — Vindemiola literaria, in qua Hellas sub arcto, sive merita Svecorum in linguam græcam brevissime et modeste exponuntur. — Vitembergæ, Zimmermann, 1736, in-8°. 5155

Plarre (E. M.). — Schediasma πρόδρομον de scriptoribus rerum Marchico-Brandenburgensium quo eruditis ac patriæ amantibus viris institutum suum adjecta ad illud juvandum προφωνήσει publice exponit. — Typis Schlechtigerianis, Berolini, 1706, in-8°. 5156

* **Plateau** (J.). — Bibliographie analytique des principaux phénomènes subjectifs de la vision depuis les temps anciens jusqu'à la fin du XVIIIe siècle. — Bruxelles, 1878, in-4°. 5157

T. 42 des »Mémoires couronnés et autres mémoires de l'Académie de Belgique«.

* **Plato**. — Quæ exstant græce ad editionem Henrici Stephani accurate expressa cum Marsilii Ficini interpretatione. Præmittitur L. III Lærtii de vita et dogm. Plat. cum notitia literaria. Accedit varietas lectionis. Studiis societatis Bipontinæ. — Biponti, ex typographia societatis, 1781, in-8°. 5158

Contient, T. I, pages LXI-XCIV: »Jo. Alberti Fabricii notitia literaria ex biblioth. græca Hamburgi 1712, 4, edita lib. III, cap. 1 p. 1-41 de Platone ejus scriptis interpretibus et editionibus nunc rectius digesta emendata aucta et continuata a G. C. Crollio«.

* **Platt** (Th. P.). — A Catalogue of the ethiopic biblical manuscripts in the royal library of Paris, and in the library of the british and foreign bible society; also some account of those in the Vatican library at Rome. With remarks and extracts. To wich are added, specimens of versions of the new Testament into the modern lan-

guages of Abyssinia: and a grammatical analysis of a chapter in the amharic dialect: with fac-similes of an ethiopic and an amharic manuscript. — London, printed by Richard Watts, 1823, in-4°. 5159

* **Platzmann** (J.). — Verzeichniss einer Auswahl amerikanischer Grammatiken, Wörterbücher, Katechismen u. s. w. — Leipzig, K. F. Köhler's antiquarium, 1876, in-8°, 38 p. 5160

Plautus (M. A.). — Comœdiæ superstites viginti ad optimas editiones collatæ. Accedit index rarioris et obsoletæ latinitatis studiis societatis Bipontinæ editio accurata. — Biponti, ex typographia Ducali, 1779, in-8°. 5161

Le T. I. contient, pages XLII-XLV: »Index editionum Plauti auctior Fabriciano«.

* **Plinius Secundus** (C.). — Epistolæ et panegyricus. Accedunt alii panegyrici veteres. Præmittitur notitia literaria studiis societatis Bipontinæ. Editio accurata. — Biponti, ex typographia societatis, 1789, in-8°. 5162

Contient, T. I, pages XXXVII-LXXIII: »Index editionum C. Plinii auctior Fabriciano et in V ætates digestus«.

* —. — Historiæ naturalis libri XXXVII ex recensione Joannis Harduini. Præmittitur notitia literaria. Accedit index studiis societatis Bipontinæ. Editio accurata. — Biponti, ex typographia societatis, 1783, in-8°. 5163

Contient, T. I, pages XXXI-XLVIII: »Index editionum C. Plinii Secundi emendatior et auctior Fabriciano in quinque ætates digestus«.

* **Ploucquet** (G. G.). — Bibliotheca medico-practica et chirurgica realis recentior, sive continuatio et supplementa initiorum bibliothecæ medico-practicæ et chirurgicæ sive repertorii medicinæ practicæ et chirurgiæ. — Tubingæ, apud Joannem Georgium Cottam, 1799-1803, 4 vol. in-8°. 5164

* **Ploucquet** (G. G.). — Initia bibliothecæ medicopracticæ et chirurgicæ realis sive repertorii medicinæ practicæ et chirurgiæ. — Tubingæ, apud Joannem Georgium Cottam, 1793-1797, 8 vol. in-4°. 5165

* —. — Literatura medica digesta sive Repertorium medicinæ practicæ, chirurgiæ atque rei obstetriciæ. — Tubingæ, apud Joannem Georgium Cottam, 1808-1809, 4 vol. in-4°. 5166

* —. — Continuatio et supplementum I. — Tubingæ, apud C. F. Osiander, 1814, in-4°.

* **Pluquet** (Ad.). — Bibliographie du département de la Manche. — Caen, Massif, 1873, in-8°. 5167

* — (Fr.). — Notice sur la vie et les écrits de Robert Wace, poëte normand du XIIe siècle; suivie de citations extraites de ses ouvrages, pour servir à l'histoire de Normandie. — Rouen, J. Frère, 1824, gr. in-8°. 5168

* **PoccIantius** (M.). — Catalogus scriptorum Florentinorum omnis generis, quorum, et memoria extat, atque lucubrationes in literas relatæ sunt ad nostra usque tempora 1589. Cum additionibus ferè 200 scriptorum fratris Lucæ Ferrinij, . . . atque cum tabulis locuplectissimis ipsum exornantibus. — Florentiæ, apud Philippum Junctam, 1589, in-4°. 5169

* **Pökel** (W.). — Philologisches Schriftsteller-Lexikon. — Leipzig, Alfred Krüger, 1881, in-8°. 5170

Pölitz (K. H. L.). — Die Staatswissenschaften im Lichte unsrer Zeit dargestellt. — Leipzig, Hinrichs, 1823-1824, 5 vol. in-8°. 5171

Chacune des divisions est suivie de sa bibliographie.

Poetical register (The): or the lives and characters of all the English poets. With an account of their writings, Adorned with curious sculptures engraved by the best masters. — London, Betteswortb, 1723, 2 vol. in-8°. 5172

Publié par Giles Jacob.

* **Poëy** (A.). — Bibliographie cyclonique. Catalogue comprenant 1008 ouvrages, brochures et écrits qui ont paru jusqu'à ce jour sur les ouragans et les tempêtes cycloniques. Deuxième édition corrigée et considérablement augmentée. (Extrait des Annales hydrographiques 1865). — Paris, imp. Paul Dupont, 1866, in-8°. 5173

—. — Expériences sur les ombres prismatiques observées à la Havane, en rapport avec la déclinaison du soleil et l'état atmosphérique; suivies d'une revue bibliographique des auteurs qui se sont occupés des ombres colorées. — Paris, Mallet-Bachelier, 1861, in-8°. 5174

Pöze (J.). — Voy. Kritische Vierteljahresschrift für Gesetzgebung und Rechtswissenschaft.

* **Poggendorff** (J. C.). — Biographisch-literarisches Handwörterbuch zur Geschichte der exacten Wissenschaften enthaltend Nachweisungen über Lebensverhältnisse und Leistungen von Mathematikern, Astronomen, Physikern, Chemikern, Mineralogen, Geologen u. s. w. aller Völker und Zeiten. — Leipzig, J. A. Barth, 1863, 2 vol. in-8°. 5175

* **Poggiali** (G.). — Serie de' testi di lingua stampati, che si citano nel vocabolario degli accademici della crusca. Con una copiosa giunta d'opere di scrittori di purgata favella, le quali si propongono per essere spogliate ad accresciamento dello stesso vocabolario. — Livorno, presso Tommaso Masi e comp., 1813, 2 vol. in-8°. 5176

Pohl (C. F.). — Voy. Eitner (R.). Bibliographie der Musik-Sammelwerke.

Poinçon (P.). — Voy. Denis (F.). — Manuels-Roret. Nouveau manuel de bibliographie universelle.

* **Poirson.** — Liste des ouvrages publiés par M. Poirson. — Paris, imp. de A. R. Lainé et J. Havard (1862), in-4°, plano. 5177

* **Poirson-Prugneaux** (Q.). — Encyclopédie du jeu de dames, comprenant une nouvelle notation pour le jeu de dames. Le traité complet du jeu de dames à la polonaise, par Blonde. La liste universelle des coups de dames (4008 coups avec leur position et leur solution); la bibliographie complète de ce jeu, par Alliey, suivie de la bibliographie complète du jeu de trictac, par le même. Publié par Q. Poirson-Prugneaux, et ornée de planches lithographiées en couleur. — Commerci, Cabasse, 1855, in-8°. 5178

* **Poiseuille.** — Note sur les travaux de M. Poiseuille. — Paris, imp. de Maulde et Renou (1842), in-4°, 4 p. 5179

* — Paris, imp. de Bachelier (1843), in-4°, 10 p.

* — Paris, imp. de Mallet-Bachelier (1856), in-4°, 12 p.

* — Paris, imp. de Martinet (1860), in-4°, 16 p.

* **Poisot** (Ch.). — Notice sur Charles Brifaut, . . . — Dijon, imp. de Marie (1859), in-8°, 8 p. 5180

* **Poisson** (S. D.). — Catalogue des ouvrages et mémoires scientifiques de Siméon-Denis Poisson. — Paris, imp. de Bachelier, 1851, gr. in-4°, 28 p. 5181

* **Poitou** (E.). — Le Duc de Saint-Simon, sa vie et ses écrits. Discours qui a obtenu le prix d'éloquence décerné par l'Académie française dans sa séance du 30 août 1855. Extrait de la »Revue des Deux-Mondes«, livraison du 1er sept. 1855. — Paris, au bureau, 1855, in-8°, 32 p. 5182

La couverture imprimée sert de titre.

Polenus (J.). — Voy. Catalogi duo.

* **Polnische Bibliothek.** — Warschau und Leipzig, 1788, Grölls, in-8°, Heft IV-IX. 5183

Poltoratzky. — Voy. Anonymes et pseudonymes français.

— (S.). — Projets d'un dictionnaire bibliographique universel et d'une encyclopédie bibliographique publiés en 1819 et en 1832. — Saint-Pétersbourg, imp. de Pratz, avril 1852, in-8°. 5184

Ext. de la Revue étrangère. Mars 1852.

— (S.). — Voy. Dieu. Hymne du poëte russe Derjavine.

* **Polyanthea** librorum vetustiorum, italicorum, gallicorum, hispanicorum, anglicanorum, et latinorum. — Genevæ, typis G. Fick, 1822, in-8°. 5185

* **Polytechnische Bibliothek.** Verzeichniss der in Deutschland und dem Auslande neu erschienenen Werke aus den Fächern der Mathematik und Astronomie, der Physik und Chemie, der Mechanik und des Maschinenbaues, der Baukunst und Ingenieurwissenschaft, des Berg- und Hüttenwesens. Mit Inhaltsangabe der wichtigsten Fachzeitschriften. — Leipzig, Verlag von Quandt und Händel, 1866-1880, 15 vol. in-12. 5186

* **Polytechnische Bücher-Kunde**, oder beurtheilendes Verzeichniss der vorzüglichsten Bücher über Chemie, Technologie, Fabrikwissenschaft, Mechanik und einzelne Gewerbszweige. Ein Hülfsbuch für Privatpersonen und Buchhändler zur Kenntniss und Auswahl zu kaufender Bücher. Dritte, ganz umgearbeitete Ausgabe. — Nürnberg, Verlag von C. Leuchs & Comp., 1841, in-8°. 5187

* **Pompa** (R. C.). — Bibliografia filosofica. Corona dell' Italia filosofica contemporanea. — Salerno, stabil. tip. Nazionale, 1880, in-12. 5188

La couverture imprimée porte. T. I.

* **Pompa.** — L'Italia filosofica contemporanea, o cenni bibliografico-critici intorno filosofi italiani viventi. Parte 3a. — Salerno, stab. tip. Nazionale, 1878-1880, 3 vol. in-12. 5189

Ponamoreff (G.). — Littérature russe relative à Jérusalem et à la Palestine. — St. Pétersbourg, imp. de l'académie des sciences, 1877, in-8°. 5190

En russe.

* **Poncelet.** — Notice analytique sur les travaux de Poncelet, chef de bataillon du génie. — (Paris), imp. de Bachelier, s. d., in-4°, 36 p. 5191

* **Poncet** (A.). — Exposé des titres scientifiques du Dr. Antonin Poncet. — Lyon, association typographique, 1882, in-4°, 48 p. 5192

* **Pongerville** (de). — Notice sur la vie et les ouvrages de M. J.-F. Thurot, . . . Extrait de »La France littéraire«, T. IV, 12 livraison. — Paris, imp. de Pinard, 1834, in-8°, 8 p. 5193

* **Pons** (A. J.). — Les éditions illustrées de Racine. Deux portraits à l'eau forte. — Paris, A. Quantin, 1878, in-8°. 5194

Tiré à 300 ex. numérotés à la presse: No 1 sur peau vélin: nos 2-16 sur Whatman; nos 17-31 sur Chine; nos 32 à 300 sur Hollande. Le no 1 a trois suites de gravures, les nos 2-31 deux suites, les nos 32 à 300 une suite. — On lit en tête de la couverture imprimée: »Bibliothèque de l'art et de la curiosité.«

* — (Z.). — Essai sur la vie et les ouvrages de Pierre Puget. — Paris, Delaunai, 1812, in-8°. 5195

* **Pontécoulant** (G. de). — Notice sur les travaux scientifiques de M. G. de Pontécoulant. — Paris, imp. de Fain et Thunot (s. d.)., in-8°, 8 p. 5196

* **Pontmartin** (A. de). — **Joseph Autran, sa vie et ses œuvres. Extrait du »Correspondant«.** — **Paris, Douniol**, 1877, in-8°, 31 p. 5197

Poole (R. L.). — Voy. The Great musicians.

* — (W. Fr.). — An index to periodical literature. — New-York, Charles B. Norton, 1853, in-8°. 5198

— (W. Fr.). — Voy. An alphabetical index to subjects treated in the reviews.

* **Porry** (E. de). — Alfred de Vigny. Etude morale et littéraire. — Marseille, imp. de Arnaud, 1864, in-16, 28 p. 5199

* **Port** (C.). — Dictionnaire historique, géographique et biographique de Maine et Loire. — Paris, J. B. Dumoulin, 1874-1878, 3 vol. in-8°. 5200

* **Portalis** (R.) et H. **Béraldi.** — Les graveurs du XVIIIe siècle. — Paris, D. Morgand et C. Fatout, 1881, 2 vol. in-8°. 5201

Portmann (Chr.). — Bibliotheca poetica, das ist ein angenehmer Poëtischer Bücher-Vorrath, welcher die meisten und berühmtesten teutschen Poëten und ihre Schrifften, über allerhand sowohl fröliche als traurige Begebenheiten, auf Käyser, Könige, Fürsten, Grafen, Frey-Herren und Edelleute, &c. Doctores und Licentiaten Theol. Jur. Medic. et Philos. etc. Vornehme Kauff- und Handels-Leute, und gute Freunde, &c. Wie auch auf Hoh- und Niedrigen Standes Frauenzimmer, in richtiger Ordnung præsentiret, denen studirenden Musen-Söhnen zu sonderbarem Nutzen dargestellt, excerpiret, und, auf Begehren, an den Tag gegeben. — Chemitz, Stössel, 1702, in-8°. 5202

Les p. 81-157 ont le titre particulier suivant: »Als ein Anhang folget nunmehro, denen Anfängern in der Poësie zum Besten, Praxis Bibliothecæ hujus poetica, in welcher ihnen deutlich gewiesen wird, wie sie Gelehrter Leute Carmina geschickt imitiren, und durch solche Imitation ein eintziges Carmen unvermerckt auff vielfältige casus appliciren können, geschrieben von C. P.) Nebst einem Titelkupfer«.

Portugiesische Grammatik. Nebst einigen Nachrichten von der portugiesischen Litteratur, und von Büchern, die über Portugall geschrieben sind. — Frankfurt an der O., Strauss, 1778, in-8°. 5203

Publié par Andreas v. Jung.

* **Postansque** (A.). — Théodore-Agrippa D'Aubigné, sa vie, ses œuvres et son parti. Thèse pour le doctorat. — Montpellier, imp. de J. Martel aîné, 1854, in-8°. 5204

Postremus catalogus hæreticorum Romæ conflatus 1559. Continens alios quatuor catalogos, qui post decennium in Italia, nec non eos omnes, qui in Gallia et Flandria post renatum evangelium fuerunt æditi. Cum annotationibus Vergerii, 1560, in-16. 5205

* **Potier.** — Exposé des travaux de M. Elie de Beaumont. — Paris, imp. de Lahure (1875), in-8°. 5206

* **Potiquet** (A.). — Bibliographie du canton de Magny-en-Vexin. 2e édition. — Magny-en-Vexin, Petit, 1878, in-8°, 67 p. 5207

Tiré à 25 ex.

* — — 1er supplément. — Magny en Vexin, Bourgeois, 1881, in-8°.

* — (Fr. G. A.). — Ouvrages publiés par M. François Gabriel Alfred Potiquet. — Paris, imp. G. Jousset, juin 1875, in-8°, 4 p. 5208

* — (A.). — Recherches historiques et statistiques sur Magny-en-Vexin, suivies d'une bibliographie. — Magny-en-Vexin, 1876, in-8°, 39 p. et 3 pl. 5209

Tiré à 20 ex.

* **Potthast** (A.). — Bibliotheca historica medii ævi. Wegweiser durch die Geschichtswerke des europäischen Mittelalters von 375-1500. Vollständiges Inhaltsverzeichniss zu »Acta sanctorum« der Bollandisten. Anhang

Quellenkunde für die Geschichte der europäischen Staaten während des Mittelalters. — Berlin, Hugo Kastner, 1862, in-8°. 5210

* — Supplement. Nebst einer Zeitfolge der römischen Päpste der deutschen Kaiser und Könige sowie sämmtlicher deutschen Bischöfe. — Berlin, W. Weber, 1868, in-8°.

Potthast (A.). — Voy. Regesta pontificum romanorum.

* **Potton** (A.). — Prix Jean-Jacques Ampère fondé à l'académie impériale des sciences, belles-lettres et arts de la ville de Lyon, par M. et Me Cheuvreux. Etude sur la vie et les travaux de Jean-Jacques Ampère. Discours prononcé dans la séance publique de l'académie impériale des sciences, belles-lettres et arts de Lyon, le 18 décembre 1866. — Lyon, association typographique lyonnaise, 1867, gr. in-8°. 5211

* — (A. F. F.). — Le docteur Prunelle, sa vie et ses travaux. Notice historique lue dans la séance publique de la société de médecine de Lyon, le 5 février 1855 (imprimé par ordre de la société de médecine). — Lyon et Montpellier, M. Savy, 1855, in-8°. 5212

* — (F. F. A.). — Etudes historiques et critiques sur la vie, les travaux de Symphorien Champier, et particulièrement sur ses œuvres médicales. — Lyon, imp. de A. Vingtrinier, 1864, gr. in-8°. 5213

* —. — Notice historique sur la vie et les travaux de Jean-Louis Brachet,... lue en janvier 1859, dans la séance publique de la Société impériale de médecine de Lyon, publié par son ordre. — Lyon, imp. de A. Vingtrinier, 1859, in-8°. 5214

* **Potvin** (Ch.). — Bibliographie de Chrestien de Troyes. Comparaison des manuscrits de Perceval le Gallois. Un manuscrit inconnu; chapitres uniques du manuscrit de Mons, autres fragments inédits. — Bruxelles, 1863, in-8°. 5215

* **Potvin** (Ch.). — Le Roman du renard mis en vers d'après les textes originaux précédé d'une introduction et d'une bibliographie. — Bruxelles, Van Meenen et Cie., 1861, in-8°. 5216

* **Pouchet** (F. Ar.). — Notice sur les travaux de zoologie et de physiologie de M. F. Archimède Pouchet. — Rouen, imp. de C. F. Lapierre, 1861, in-4°, 35 p. 5217

* **Pougin** (A.). — Bellini, sa vie et ses œuvres. (Portrait par Desjardins, et deux autographes.) — Paris, L. Hachette, 1868, in-12. 5218

* —. — Boieldieu, sa vie, ses œuvres, son caractère, sa correspondance. Edition ornée d'un portrait de Boieldieu gravé sur acier par M. Desjardins d'après le tableau peint par Boilly en 1800 et du fac-simile d'une lettre autographe de Boieldieu. — Paris, Charpentier, 1875, in-12. 5219

—. — Voy. Fétis (F. J.). Biographie universelle des musiciens.

* **Poujoulat.** — Histoire de Saint-Augustin, sa vie, ses œuvres, son siècle, influence de son génie. — Paris, J. Labitte, 1845, 3 vol. in-8°. 5220

* — 2e éd. — Paris, A. Vaton, 1852, 2 vol. in-18.

* — 3e éd. — Paris, A. Vaton, 1852, 2 vol. in-8°.

* **Poulet-Malassis** (A.). — Les exlibris français depuis leur orgine jusqu'à nos jours. Nouvelle édition revue, très-augmentée et ornée de vingt-quatre planches. — Paris, P. Roquette, 1875, gr. in-8°. 5221

Tiré à 350 ex.

—. — Théâtre de Marivaux. Bibliographie des éditions originales et des éditions collectives données par l'auteur. — Paris, Rouquette, 1875, in-8°. 5222

Tiré à 100 ex.

* **Pourcelet** (P. A.). — Le guide du bibliothécaire dans les collèges et les communautés, ou méthode de classement et d'organisation d'une bibliothèque considérable, spécialement dans un établissement religieux. Extrait d'abord du T. X de la bibliographie catholique, puis considérablement augmenté dans cette édition. — Paris, librairie d'Adrien Le Clerc, 1856, in-8°. 5223

* **Pouy** (F.). — Nouvelles recherches sur les almanachs et calendriers à partir du XVIe siècle avec description et notes. — Amiens, imp. A. Douillet, 1879, in-8°. 5224

* —. — Recherches historiques et bibliographiques sur l'imprimerie et la librairie et sur les arts et industries qu's'y rattachent dans le département de la Somme, avec divers fac-simile. — Paris, Benjamin Duprat, 1863, in-4°. 1re partie. 5225

Tiré à 120 ex.: 20 sur papier de couleur, 100 sur papier ordinaire.

* —. — Recherches historiques sur l'imprimerie et la librairie à Amiens avec une description de livres divers imprimés dans cette ville. — Amiens, typ. de Lemer ainé, 1861, in-8°. 5226

Le faux titre porte: »Première partie«.

* —. Recherches sur les almanachs et calendriers artistiques, à estampes, à vignettes, à caricatures, etc. principalement du XVIe au XIXe siècle avec notices bibliographiques sur les almanachs divers notamment à l'époque de la révolution. — Amiens, imp. Emile Glorieux, 1874, in-8°. 5227

Le faux titre porte: »1re partie Almanachs, artistiques, à estampes«.

* **Power** (J.). — A handy-book about books, for book-lovers, book-buyers, and book-sellers. — London, John Wilson, 1870, in-8°. 5228

* —. — List of irish periodical publications (Chiefty literary) from 1729 to the present time. Reprinted from »Notes and Queries«, march and april, 1866, and »The irish literary inquirer«, n° IV with additions and corrections. Printed for private distribution only. London, A. D. 2000-134, in-4°. 5229

Tiré à 200 ex. dont 30 sur papier teinté.

* **Poyet** (P.). — Essai de bibliographie Limousine comprenant 1° origines de l'imprimerie à Limoges. 2° Liste des premiers imprimeurs, libraires et relieurs du Limousin. Appendice: débuts de la papeterie dans cette province. 3° Biographie des Barbou de Lyon, Limoges et Paris (en préparation). — Limoges, imp. de Chapoulaud frères, 1862, in-8°. 5230

Ext. des »Bulletins de la société archéologique et historique du Limousin«, 1861-1862.

L'appendice a paru p. 115-139 du T. XIII du »Bulletin« de cette société et n'a pas été tiré à part.

Praet (Van). — Voy. Van Praet.

Praetorio (E.). — Voy. Bibliothecæ homileticæ pars prima.

Praktischer Wegweiser durch die christliche Volksliteratur. Herausgegeben vom Evangelischen Schriftenverein für Rheinland und Westphalen. — Bonn, Marcus, 1859, in-8°. 5231

— Erster Nachtrag. — Bonn, 1863, in-8°.

Prange (Chr. Fr.). — Entwurf einer Akademie der bildenden Künste. — Halle in Magdeburg, Renger, 1778, in-8°, T. II. 5232

Contient, p. 237-313: »Von den Schriften welche theils von den bildenden Künsten selbst handeln, theils einen mittelbaren Einfluss in dieselbe haben«.

—. — Voy. Systematisches Verzeichniss aller derjenigen Bücher welche die Naturgeschichte betreffen.

* **Pratje** (J. H.). — Historische Nachrichten von Joh. Chr. Edelmanns, eines berüchtigten Religionsspötters, Leben, Schriften und Lehrbegrif, wie auch von den Schriften die für und wider ihn geschrieben worden, gesamlet und mitgetheilet. — Hamburg, Brandt, 1753, in-8°. 5233

—. — Zwote verbesserte und sehr vermehrte Auflage. — Hamburg, Brandt, 1755, in-8°.

—. — Kurzgefasste, aber zuverlässige Nachrichten von dem Leben, den Schriften und der Familie Sr. Hochwürden Magnificenz, des Herrn Johann Heinrich Pratje königlich Grossbritannischen und churfürstlich Braunschweig-Lüneburgischen Generalsuperintendent in den Herzogthümern Bremen und Verden, und Consistorialraths, u. s. w. seinen würdigen Eltern am festlichen Tage Ihrer goldenen Hochzeit ehrfurchtsvoll und glückwünschend überreichet von Ihrem gehorsamsten Sohne Johann Hinrich Pratje. — Stade, gedr. bey Friedrich, 1784, in-4°. 5234

Contient, pages 24-30: Schriftenübersicht.

* —. — Kurzgefasster Versuch einer Verdenschen Schulgeschichte. In einem Sendschreiben an die gesamte Geistlichkeit der Herzogthümer Bremen und Verden, worin denselben die General-Kirchenvisitation und die Synoden &c. angezeiget werden. — Stade, gedr. mit Friedrichschen Schriften, 1764, in-4°. 5235

Contient des indications bibliographiques et se complète par les pièces suivantes : »Kurzgefasster Versuch einer Buxtehudischen Schulgeschichte. In einem Sendschreiben &c. — id. 1765, in-4°, 40 p.

»Kurzgefasster Versuch einer Stadischen Schulgeschichte. 1-4 Stück. In vier Sendschreiben &c. — id., 1766-1769«, in-4°, 4 vol.

»Kurzgefasster Versuch einer Geschichte der Schule und des Athenäi bey dem königlichen Dom zu Bremen. 1-3 Stück. — id., 1771-1774, in-4°«.

* **Précis de l'histoire de la médecine** et de bibliographie médicale, contenant l'indication et la classification des ouvrages les meilleurs, le plus utiles, la description des éditions rares ou de luxe, et des considérations sur les soins que demande la conservation des bibliothèques. — Paris, Béchet, 1826, in-12. 5236

Par J. B. Monfalcon.

* **Predari** (Fr.). — Bibliografia enciclopedica Milanese, ossia repertorio sistematico ed alfabetico delle opere edite ed inedite che illustrano la topografia, la idrografia, la zoologia, la botanica, la mineralogia, la pubblica economia, la legislazione, l'archeologia, la storia civile, politica, diplomatica, militare, ecclesiastica, litteraria, artistica, industriale, non che gli usi, costumi, dialetti, feste, ecc. di Milano e suo territorio. — Milano, tipografia Carrara, 1857, in-8°. 5237

—. — Enciclopedia nazionale politica.

Pregitzer (J. U.). — Suevia et Wirtenbergia sacra, sive status christianæ religionis in his regionibus post extirpatum gentilismum per episcopatuum, abbatiarum, præpositurarum, collegiorum sacrorum, monasteriorum, aliarumque universitatum fundationes et progressus, conciliorum, synodorum colloquiorum canones, decreta, acta, confessorum, aliorumque præcipuorum ecclesiæ doctorum ministeria et scripta publica, ipsamque adeò reformationem, juxta seculorum seriem servato annalium ordine, brevi compendio exhibitus. Opus posthumum et planè novum, singulari cura revisum et cum variis supplementis editum à b. auctoris filio, Georgio Conrado Pregitzer. — Tubingæ, Cotta, 1717, in-4°. 5238

Presburg (J. M.). — Register van alle Regterlijke Uitspraken in de Nederlandsche Tijdschriften en Verzamelingen vermeld. — Leyden, Hazenberg, Zoon, 1852, gr. in-8°. 5239

Pressac. — Voy. Notice généalogique, biographique et littéraire sur Jacques Du Fouilloux.

Preusker (K.). — Bürger-Bibliotheken und andere, für besondere Leserklassen erforderliche Volks-Bibliotheken, so wie Gewerb-Museen, öffentliche Vorlesungen, Lese- und andere Bildungsvereine zur Wohlfahrt des Bürgerstandes, als dringendes Bedürfniss der Zeit, nach Gründung, Leitung, Bücherbedarf, etc. geschildert. — Meissen, Klinkicht und Sohn, 1850, in-8°. 5240

* —. — Ueber öffentliche, Vereins- und Privat-Bibliotheken; so wie andere Sammlungen Lesezirkel und verwandte Gegenstände, mit Rücksicht auf den Bürgerstand; Behörden, Bildungsanstalten, literarischen und Gewerb-Vereinen, wie überhaupt jedem Wissenschaftsfreunde gewidmet. — Leipzig, Hinrichs, 1839-1840, 2 parties in-8°. 5241

Chaque partie a aussi cet autre titre: I. Ueber Stadt-Bibliotheken für den Bürgerstand, deren Nützlichkeit, Gründungs- und Aufstellungsart, damit zu verbindende Sammlungen und Orts-Jahrbücher. — II. Ueber Vereins-, Schul-, Dorf- und Privat-Bibliotheken, wissenschaftliche Sammlungen, Lesezirkel-Einrichtung und verwandte Gegenstände. — Leipzig, Hinrichs, 1839-1840, in-8°.

Preuss (J. D. E.). — Voy. Table chronologique générale des ouvrages de Frédéric-le-Grand.

Preuss (O.) und A. **Falkmann**. — Lippische Regesten. Aus gedruckten und ungedruckten Quellen bearbeitet. — Lemgo und Detmold, Meyer, 1860, in-8°. Heft I. 5242

Contient, p. 1-48: »Literatur der lippischen Geschichte«.

* **Prévost** (C.). — Académie des sciences. Candidature pour la chaire d'histoire naturelle du collège de France. M. Constant Prévost. — (Paris), imp. de Lachevardière, 21 août 1832, in-8°, 27 p. 5243

* —. — Notes relatives à la présentation dans la section de minéralogie et de géologie de l'académie des sciences. — (Paris), imp. de Plassan (s. d.), in-4°, 7 p. 5244

* —. — Notice supplémentaire sur les travaux de M. Constant Prévost (1840 à 1847). — Paris, imp. de L. Martinet (1847), in-4°, 20 p. 5245

* — (P.). — Notice de la vie et des écrits de Bénédict Prevost, professeur de philosophie à la faculté de théologie protestante de Montauban... — Genève, J. J. Paschoud, 1820, in-8°. 5246

Prideaux Courtney (W.). — Voy. Boase. Bibliotheca Cornubiensis.

* **Prior** (J.). — Memoir of the life and character of the right hon. Edmund Burke, with specimens of his poetry and letters, and an estimate of his genius and talents, compared with those of his great contemporaries. Third edition. — London, H. and E. Sheffield, 1839, in-8°. 5247

Contient, p. XXIII-XXVIII: »List of the chief writings of the right hon. Edmund Burke, arranged, as nearly as possible, in chronological order, and with reference to the volumes of his works (8vo. edit.) in which they may be found«.

* **Priou**. — Quelques Réflexions sur la vie et les ouvrages de Le Sage, écrivain breton, créateur du roman de caractère, lues le 7 décembre 1842, dans la séance générale de la Société royale académique du département de la Loire-Inférieure... — Nantes, imp. de C. Mellinet (1843), in-8°, 18 p. 5248

* **Prioux** (St.). — Claude-Robert Jardel, bibliographe et antiquaire. —

— Paris, Dumoulin, 1859, in-8°, 44 p. 5249

Prittwitz (von). — Voy. Repertorium für den Festungskrieg.

Pritzel (G. A.). — Iconum botanicarum index locupletissimus. Die Abbildungen sichtbar blühender Pflanzen und Farnkräuter aus der botanischen und Gartenliteratur des XVIII. und XIX. Jahrhunderts in alphabetischer Folge zusammengestellt. — Berlin, Nicolai, 1855, gr. in-4°. 5250

Les »Abhandlungen der naturforschenden Gesellschaft zu Halle«, 1854, T. II, p. 67-74, contiennent: »Catalogus librorum in Pritzelii thesauri omissorum, quos Societati Halensi naturæ curiosorum offert E. A. Zuchold«.

*— — Thesaurus literaturæ botanicæ omnium gentium inde a rerum botanicarum initiis ad nostra usque tempora, quindecim millia operum recensens. — Lipsiæ, F. A. Brockhaus, 1851, in-4°. 5251

* — Editionem novam reformatam curavit ... — Lipsiæ, F. A. Brockhaus, 1872, in-4°.

***Prix Monthyon** (Les), recueil des traits de vertu et indication analytique des ouvrages qui ont obtenu les prix fondés par M. de Monthyon. Nouvelle morale en action, précédée d'une notice sur ce vertueux philantrope et ses diverses fondations. — Paris, au bureau de la Bibliothèque des villes et des campagnes, 1833, in-18. 5252

Le faux titre porte: »Bibliothèque des villes et des campagnes. Livraison d'octobre 1833«.

Proceedings of the Boston society of natural history. — Boston, 1841-1876, 18 vol. in-8°. 5253

Le T. VII contient, p. 213-222: »a chronological index to the entomological writings of Thaddeus William Harris«.

***Profillet** (A.). — De la Vie et des ouvrages de François Villon. Thèse présentée à la Faculté des lettres de Nancy. — Châlons-sur-Marne, imp. de T. Martin, 1856, in-8°. 5254

Programmenrevue oder Schul-Archiv. Eine Zeitschrift für Schule und Wissenschaft, im Verein mit mehreren Gelehrten herausgegeben von A. R. Albani. — Dresden, Adler und Dietze, 1846-1847, 2 vol. in-8°. 5255

Promis (C.). — Della vita e delle opere degli italiani scrittori di artiglieria, architettura e meccanica militare, da Egidio Colonna a Francesco de' Marchi, 1250-1560. — Torino, Chirio e Mina, 1842, in-4°. 5256

— (V.). — Voy. Manno (A.) Notizie di Jacopo Gastaldi.

***Prony**. — Note sur les services et les travaux de M. de Prony, directeur de l'Ecole impériale des ponts et chaussées, vendémiaire an XIII. — (s. l.), in-4°, 11 p. 5257

* **Propugnatore** (Il), studii filologici, storici e bibliografici. — Bologna, 1868-1880, in-8°. 5258

Prospetto degli scritti publicati da Tomaso Antonio Catullo professore emerito di storia naturale nell' I. R. Università di Padova compilato da un suo amico e discepolo. — Padova, tipogr. di Sicca, 1857, gr. in-4°. 5259

Tiré à 150 ex.

***Prost** (A.). — Les chroniques vénitiennes. — Paris, V. Palmé, 1882, in-8°, 48 p. 5260

Ext. de la »Revue des questions historiques«, avril 1882. — Contient, p. 34-48: »Répertoire des chroniques Vénitiennes«.

* —. — J. F. Blondel et son œuvre. — Metz, Rousseau-Pallez, 1860, in-8°. 5261

***Prouhet** (E.). — Notice sur la vie et les travaux d'Olry Terquem.... —

Paris, Mallet-Bachelier, 1862, in-8°, 11 p. 5262

Ext. du »Bulletin de bibliographie, d'histoire et de biographie mathématiques«, T. VIII. — La couverture imprimée sert de titre.

* **Prouhet** (E.). — Notice sur la vie et les travaux de M. Ch. Sturm... — Paris, Mallet-Bachelier, 1856, in-8°, 19 p. 5263

Ext. du »Bulletin de bibliographie, d'histoire et de biographie mathématiques«, mai et juin 1856.

* **Prox** (J. H.). — Q. D. B. V. De poetis Alsatiæ eroticis medii ævi, vulgo Von den Elsæssischen Minnesingern, præside Jeremia-Jacobo Oberlino,... disputabit auctor Joh.-Henricus Prox, ... die XVIII septembris A. R. S. MDCCLXXXVI... — Argentorati, typ. Lorenzii et Schuleri (s. d.), in-4°, 34 p. 5264

* **Proyet** (D.). — Exposé très-succinct des travaux et des services rendus par le sieur M. D. Proyet, ex-fabricant d'horlogerie... — Paris, imp. de E. Proux, 16 août 1837, in-4°, 12 p. 5265

* **Prutz** (R. E.). — Geschichte des deutschen Journalismus. Zum ersten Male vollständig aus den Quellen gearbeitet. — Hannover, Verlag von C. F. Kius, 1845, in-8°. T. I. 5266

Psaume (Et.). — Voy. Dictionnaire bibliographique ou nouveau manuel du libraire.

Pubblicazioni dell' editore Natale Battezzati di Milano: Saggio di catalogo col sistema da lui proposto ed adottato dal congresso tipografico-librario tenutosi in Napoli nel mese di settembre 1871. — Milano, N. Battezzati, 1872, in-16. 5267

* **Publicationen des Vereins für Nassauische Alterthumskunde** und Geschichtsforschung von 1827-1877. — Wiesbaden, Jul. Niedner (1879), in-8°, 24 p. 5268

* **Publications de Gruel Engelmann** éditeurs. — Paris, 35 rue Boissy-d'Anglas (1875), in-4°, 14 p. 5269

* **Publications de „La Renommée“**. Notice biographique sur la vie et sur les travaux de M. le Bon Larrey, par A. L. — Paris, bureaux de La Renommée, 1841, in-8°, 22 p. 5270

La couverture imprimée sert de titre.

* **Publications lorraines.** Publications de la société d'archéologie lorraine. — Nancy, imp. de Vagner (1877), in-8°. 5271

Publishers' circular (The) and general record of british and foreign literature; containing a complete alphabetical list of all new works published in Great Britain and every work of interest published abroad (with the size, price, number of pages and plates). — London, publ. by Sampson Low, 1837-1882, in-8°. 5272

* **Publishers' trade-list** (The) annual, embracing the full trade lists of american publishers, together with an alphabetical reference list of books recorded in the publishers' weekly from January 16, 1873, to June 27, 1874, and the american educational catalogue for 1874. With alphabetical indexes of firms and trade specialities. — New York, office of the Publishers weekly, 1874, in-4°. 5273

* **Publishers' trade-list** (The) annual embracing the full trade-lists of american publishers with alphabetical indexes to the principal books of each publisher represented also the american educational catalogue for 1875. With alphabetical indexes of firms and trade specialities. — New York, office of the publishers' weekly, november 1875, in-4°. 5274

* **Publishers' trade-list** (The) annual embracing the full trade-lists of american publishers. With indexes of publishing firms and trade specialities, re-

presented in the annuals for 1873, 1874, 1875 and 1876; a publishers' directory; a guide to works for trade reference; the revised constitution (and officers) of the american book trade association, and a review of books and stationery at the centennial exhibition. — New York, office of the publishers' weekly, july 1876, in-4°. 5275

* **Publishers' trade-list** (The) annual 1877(-1878). Preceded by the first (a second) provisional supplement of the american catalogue (being a reference list of books recorded in the publishers' weekly from july 1, 1876 (-1877), to june 30, 1877(-1878), with additional titles, corrections, changes of price and publisher, etc.), and the american educational catalogue for 1877 (-1878). With. a sketch and portraits of the Harper Brothers. — New York, office of the publishers' weekly, august 1877(-1878), in-4°, 2 vol. 5276

* **Publishers' trade-list** (The) annual 1879 embracing the latest catalogues supplied by the publishers; preceded by an order list for 1879; a classified summary and alphabetical reference list of books recorded in the publishers' weekly from july 1, 1878, to june 30, 1879, with additional titles, corrections, changes of price and publisher, etc. (forming a third provisional supplement to the american catalogue); and the american educational catalogue for 1879. — New York, F. Leypoldt, september 1879, in-4°. 5277

* **Publishers' trade-list** (The) annual 1880 embracing the latest catalogues supplied by the publishers; preceded by an order list for 1880; a classified summary and alphabetical reference list of books recorded in the publishers' weekly from july 1, 1879, to june 30, 1880, with additional titles, corrections, changes of price and publisher, etc. (forming a fourth provisional supplement to the american catalogue); and the american educational catalogue for 1880. — New York, F. Leypoldt, october, 1880, in-4°. 5278

Puchelt (Fr. Aug. B.). — Voy. Ersch (J. S.). Literatur der Medicin.

* **Pucheran**. — Notice sur les travaux scientifiques de M. Pucheran, docteur en médecine. — Paris, imp. de E. Thunot, 1860, in-4°, 36 p. 5279

La couverture imprimée sert de titre.

Pünjer (B.). — Voy. Theologischer Jahresbericht.

* **Pütter** (J. St.). — Litteratur des Teutschen Staatsrechts. — Göttingen, Vandenhoek, 1776-1783, 3 vol. in-8°. 5280

Johann Ludwig Klüber a publié un T. IV qui a en outre cet autre titre: »Neue Litteratur des teutschen Staatsrechts als Fortsetzung und Ergänzung der Pütterischen. — Erlangen, Palm, 1791, in-8°«.

—. — Neuer Versuch einer juristischen Encyclopädie und Methodologie nebst etlichen Zugaben 1. von Land- und Stadtgesetzen; 2. von Schriftstellern, die solche erläutert; 3. von Vergleichung besonderer Ordnungen, insonderheit fürstlicher und gräflicher Verzichte; 4. von brauchbaren juristischen Büchern; 5. von des Verfassers eignen Schriften. — Göttingen, Wittwe, Vandenhoeck, 1767, in-8°. 5281

* **Püttlingen** (J. V. von). — Darstellung der Literatur des österreichischen allgemeinen bürgerlichen Gesetzbuches. — Wien, gedruckt bey I. P. Sollinger, 1827, in-8°. 5282

* **Puiseux**. — Notice sur les travaux scientifiques de M. V. Puiseux. — Paris, imp. de Mallet-Bachelier (1856), in-4°, 7 p. 5283

* — Paris, imp. de Mallet-Bachelier (1862), in-4°, 10 p.

Pulignani (M. F.). — Voy. Faloci Pulignani.

Putnam (G. P.). — The Book-Buyers' manual; a catalogue of foreign and american books in every department of literature, with a classified index. — New York, 1852, in-8°. 5284

* **Quantin** (A.). — Les origines de l'imprimerie et son introduction en Angleterre. — Paris, imp. A. Quantin, 1877, in-4°. 5285

Tiré à 275 ex.

—. — Voy. Géographie départementale.

* **Quatrefages** (de). — Notice sur les travaux zoologiques et anatomiques de M. A. de Quatrefages. — (Paris). imp. de L. Martinet (1850), in-4°. 5286

* — Paris, imp. de L. Martinet, 1852, in-4°.

* **Quatremère-de-Quincy**. — Institut royal de France. Notice historique sur la vie et les ouvrages de M. Chalgrin, . . . lue à la séance publique du samedi 5 oct. 1816. — Paris, imp. de Didot fr. (s. d.), in-4°, 16 p. 5287

* —. —. Notice historique sur la vie et les ouvrages de M. Peyre. — Paris, imp. de Didot (s. d.), in-4°, 12 p. 5288

* —. — Notice historique sur la vie et les ouvrages de M. Vincent, . . . lue à la séance publique du samedi 4 octobre 1817. — Paris, imp. de F. Didot (s. d.), in-4°, 12 p. 5289

* **Quentin-Bauchart** (E.). — 1864-1874. Mes livres. — Paris, Adolphe Labitte, 1881, in-8°. 5290

* **Qüer** (J.). — Flora Española, ó historia de las plantas que se crian en España. — Madrid, J. Ibarra, 1762, in-4°. 5291

Le T. II contient, p. 105-128: »Catalogo de los autores españoles que han escrito de historia natural«.

* **Quérard** (J. M.). — Les auteurs déguisés de la littérature française au XIXe siècle. Essai bibliographique pour servir de supplément aux recherches d'A. A. Barbier sur les ouvrages pseudonymes. — Paris, au bureau du bibliothécaire, 1845, in-8°. 5292

* **Quérard** (J. M.). — De la bibliographie générale au XIXe siècle et plus particulièrement du Manuel du libraire et de l'amateur de livres. Lettre à M. Jacques Charles Brunet. — Paris, imp. Hennuyer, 1863, in-8°. 5293

* —. — Bibliographie Voltairienne. — Paris, Firmin Didot et Daguin frères (1842), in-8°. 5294

Tiré à 250 ex. et ext., sauf l'introduction et quelques additions, de la XXe livr. de la France littéraire.

* —. — Les Bonaparte et leurs œuvres littéraires, essai historique et bibliographique contenant la généalogie de la famille Bonaparte. — Paris, 1845, in-8°. 5295

* —. — La France littéraire, ou dictionnaire bibliographique des savants, historiens et gens de lettres de la France, ainsi que des littérateurs étrangers qui ont écrit en français, plus particulièrement pendant les XVIIIe et XIXe siècles. Ouvrage dans lequel on a inséré, afin d'en former une bibliographie nationale complète, l'indication 1° des réimpressions des ouvrages français de tous les âges; 2° des diverses traductions en notre langue de tous les auteurs étrangers anciens et modernes; 3° celle des réimpressions faites en France des ouvrages originaux de ces mêmes auteurs étrangers, pendant cette époque. — Paris, Didot frères, 1827-1839, 10 vol. in-8°. 5296

Une continuation par Louandre, A. Maury et Bourquelot a paru à Paris chez F. Daguin et Delaroque de 1842 à 1857 en 6 vol. sous le titre: »La littérature française contemporaine, 1827-1849 . . .«

* —. — Notice bibliographique des ouvrages de M. de La Mennais, de

leurs réfutations, de leurs apologies et des biographies de cet écrivain. — Paris, l'éditeur, rue Mazarine 60 et 62, 1849, in-8°. 5297

Ext. du T. II des »Supercheries littéraires dévoilées«, de l'auteur. Tiré à petit nombre.

* **Quérard** (J. M.). — Oeuvres posthumes publiées par G. Brunet. Livres à clef. — Bordeaux, Charles Lefebvre, 1873, 2 vol. in-8°. 5298

Tiré à 300 ex. numérotés.

* —. — Oeuvres posthumes publiées par G. Brunet. Livres perdus et exemplaires uniques. — Bordeaux, Charles Lefebvre, 1872, in-8°. 5299

Tiré à 300 ex. numérotés.

* —. — Omissions et bévues du livre intitulé La littérature française et contemporaine par MM. Ch. Louandre et F. Bourquelot, ou correctif de cet ouvrage. Correctif du T. II Bon-Chr. — Paris, l'éditeur, 1848, in-8°, 34 p. 5300

* —. — Retouches au nouveau dictionnaire des ouvrages anonymes et pseudonymes de M. E. de Manne par l'auteur des Supercheries littéraires dévoilées. — Paris, Juillet, 1862, in-8° pièce. 5301

* —. — Les Robespierre. Monographie bibliographique. — Paris, l'éditeur, 1863, in-8°, 44 p. 5302

Tiré à 100 ex. — Ext. du T. XII de la »France littéraire«.

—. — La Roumanie: Moldavie, Valachie et Transylvanie (ancienne Dacie), la Serbie, le Montenegro et la Bosnie. Essai de bibliographie française historique des ces principautés. Extrait du journal le Quérard. — Paris, A. Franck, 1857, in-8°. 5303

* —. — Les supercheries littéraires dévoilées. Galerie des auteurs apocryphes, supposés, déguisés, plagiaires et des éditeurs infidèles de la littérature française pendant les quatre derniers siècles: ensemble les industriels littéraires et les lettrés qui se sont anoblis à notre époque. — Paris, l'éditeur, 1847-1853, 5 vol. in-8°. 5304

—. — Voy. Le Bibliologue, journal d'histoire littéraire.

* **Quérard** (Le). Archives d'histoire littéraire, de biographie et de bibliographie françaises. Complément périodique de la France littéraire par l'auteur de la France littéraire, des Supercheries littéraires dévoilées, etc. etc. — Paris, au bureau du Journal, 1855-1856, 2 vol. in-8°. 5305

Quételet. — Voy. Académie roy. des sc. de Belgique. Bibliographie académique.

* **Quetif** (J.). — Scriptores ordinis prædicatorum recensiti, notisque historicis et criticis illustrati, opus quo singulorum vita, præclareque gesta referuntur, chronologia insuper, seu tempus quo quisque floruit certo statuitur: fabulæ exploduntur: scripta genuina, dubia, supposititia expenduntur, recentiorum de iis judicium aut probatur, aut emendatur: codices manuscripti, variæque e typis editiones, et ubi habeantur, indicantur: ordinis veri sodales ab alienigenis invasi vindicantur, dubii, et extranei, falsoque ascripti ad cujusque seculi finem rejiciuntur, et suis restituuntur: præmittitur in prolegomenis notitia ordinis qualis est ab an. 1501 ad an. 1720 tum series capitulorum generalium iis annis habitorum, denique index eorum qui ad ecclesiasticas dignitates promoti fuerunt, vel in hoc tomo laudatorum, vel alias ab aliis omissorum inchoavit r. p. f. Jacobus Quetif s. t. p. absolvit r. p. f. Jacobus Echard. — Lutetiæ Parisiorum, apud J. B. Christophorum Ballard & Nicolaum Simart, 1719-1721, 2 vol. in-fol. 5306

* **Quinctilianus** (M. F.). — Opera ad optimas editiones collata. Præmittitur notitia literaria studiis societatis

Bipontinæ. Editio accurata. — Biponti, ex typographia Societatis, 1784, in-8°. 5307

Le T. I, contient, pages XXV-XLV: »Index editionum M. Fab. Quinctiliani Institutionum et declamationum Gesneriano et Fabricio-Ernestino emendatior et auctior illarum quidem in V ætates, harum in IV digestus«.

Quincy (de). — Voy. Tisseron. Notice biographique sur la vie et les travaux scientifiques de M. le comte Pillet-Will. — Voy. Tisseron. Notice biographique sur . . . Pillet-Will. — Voy. Tisseron. Notice sur M. le docteur Bayard.

***Quinzaine bibliographique** (La), courrier du bibliophile et du libraire paraissant deux fois par mois. — Paris, chez J. Gay et fils, 1865, in-8°. 5308

* **Quissac**. — Faculté de médecine de Montpellier. Nomination à la chaire d'anatomie, vacante dans cette faculté par le décès de M. le professeur Ribes. Titres scientifiques de M. Quissac, candidat à cette chaire. — Montpellier, imp. de P. Grollier, 1852, in-8°, 8 p. 5309

* — Montpellier, Grollier, 1864, in-4°, 11 p.

* —. — Faculté de médecine de Montpellier. Nomination à la chaire d'opérations et appareils, vacante dans cette faculté. Titres scientifiques de M. J. Quissac, . . . candidat à cette chaire. — Montpellier, imp. P. Grollier, 1856, in-8°, 9 p. 5310

* — (J.). — Faculté de médecine de Montpellier. Nomination à la chaire de physiologie vacante dans cette faculté par la retraite du professeur Lordat. Titres scientifiques de M. J. Quissac, . . . candidat à cette chaire. — Montpellier, imp. de P. Grollier, 1860, in-8°. 5311

* **Rabaut de S.-Etienne**. — Lettre sur la vie et les écrits de M. Court de de Gébelin, adressée au Musée de Paris. — Paris, Valleyre aîné, 1784, in-4°, 28 p. 5312

Rabe (C. L. F.). — Voy. Anleitung eine deutsche Freimäurerbibliothek zu sammeln.

* **Rabelais**. — Les œuvres de Maistre François Rabelais, accompagnées d'une notice sur sa vie et ses ouvrages, d'une étude bibliographique, de variantes, d'un commentaire, d'une table des noms propres et d'un glossaire par Ch. Marty-Laveaux. — Paris, Lemerre, 1868-1881, 4 vol. in-8°. 5313

L'ouvrage aura 5 vol.

* **Rabiet**. — »La Renommée«. Fastes philanthropiques. Notice biographique sur la vie et les travaux de M. le chevalier Eynard. — Paris, aux bureaux de La Renommée, 1842, in-8°, 43 p. 5314

La couverture imprimée sert de titre.

* **Rabut** (Fr.). — Bulletin bibliographique de la Savoie . . . suivi d'une table des auteurs et des imprimeurs savoisiens. — Chambéry, imp. du gouvernement, 1860, in-8°. 5315

Ext. du T. V des »Mémoires et documents publiés par la société savoisienne d'histoire et d'archéologie«.

* **Rabutaux**. — De la prostitution en Europe depuis l'antiquité jusqu'à la fin du XVI° siècle. Avec une bibliographie par M. Paul Lacroix. Planches hors texte, gravées par MM. Bisson et Cottard d'après les dessins fac-simile de M. A. Racinet fils sous la direction artistique de Ferdinand Seré. — Paris, Duquesne, 1881, in-8°. 5316

* **Raciborski**. — Note sur les travaux scientifiques de M. le docteur Raciborski, à l'occasion de sa candidature pour une place vacante dans la section de pathologie médicale de l'Académie royale de médecine, an 1843. — Paris, imp. de Cosson, 1843, in-4°, 4 p. 5317

* —. — Titres scientifiques de M. le Dr. Raciborski. — Paris, imp. de W. Remquet (1857), in-4°. 2 p. 5318

* **Racine** (J.). — Oeuvres complètes avec une vie de l'auteur et un examen de chacun de ses ouvrages par M. Saint-Marc Girardin. — Paris, Garnier frères, 1869-1877, 8 vol. in-8°. 5319

Forme les T. 20-27 des »Chefs-d'œuvre de la littérature française«. — Le T. VIII contient p. 515-543 une bibliographie. — Le titre du T. III porte en outre: . . . et M. Louis Moland. Le titre des T. IV-VII ne fait plus mention du nom de M. Saint Marc Girardin.

Rackett (Th.). — Voy. Maton (G. G.). Bibliothèque chronologique . . . des auteurs testacéologiques.

* **Rafael - Werk** sämmtliche Tafelbilder und Fresken des Meisters in Nachbildungen nach Kupferstichen und Photographien herausgegeben von Adolf Gutbier . . . Mit erläuterndem Text von Wilhelm Lübke. Lichtdruck von Martin Rommel in Stuttgart. — Dresden, Verlag von Adolf Gutbier, 1882, in-4°. 5320

A paru en 46 livr. et 1 vol. de texte. Ce dernier a aussi le titre particulier suivant: »Rafaels Leben und Werke von Wilhelm Lübke . . .«

Rafalski. — Voy. Katalog ogólny Ksiazek polskich.

* **Raggi** (Or.). — Della vita e delle opere di Pietro Tenerani del suo tempo e della sua scuola nella scultura; libri tre. Con 15 tavole. — Firenze, successori Le Monnier, 1880, in-8°. 5321

Raige - Delorme. — Voy. Dictionnaire encyclopédique des sciences médicales. — Voy. Dictionnaire historique de la médecine ancienne et moderne.

* **Raineri Biscia** (C.). — Opere della biblioteca nazionale pubblicate dal cav. Felice Le Monnier e successori descritte ed illustrate. — In Livorno, F. Vigo, 1880, in-8°. 5322

* **Rainguet** (P. D.). — Biographie saintongeaise, ou Dictionnaire historique de tous les personnages qui se sont illustrés par leurs écrits ou leurs actions dans les anciennes provinces de Saintonge et d'Aunis formant aujourd'hui le département de la Charente - Inférieure depuis les temps les plus reculés jusqu'à nos jours. — Saintes, M. Niox, 1851, in-8°. 5323

* **Rambaud** (A.). — Histoire de la Russie depuis les origines jusqu'à l'année 1877. Ouvrage couronné par l'académie française. Deuxième édition. — Paris, Hachette, 1879, in-8°. 5324

Contient, pages 713-720: »Note bibliographique«.

* **Ramirez** (D. Br. A.). — Diccionario de bibliografia agronomica y de toda clase de escritos relacionados con la agricultura; seguido de un indice de autores y traductores con algunos apuntes biograficos. Obra premiada por la biblioteca nacional en concurso público de 5 de enero de 1862 é impresa á expensas del gobierno. — Madrid, imprenta de M. Rivadeneyra, 1865, in-4°. 5325

* **Ramond.** — (Exposé des titres de M. Ramond, commençant par ces mots:) Louis Ramond, associé de l'Institut national, a obtenu les premières voix de la classe des sciences physiques et mathématiques pour la place vacante dans la section d'histoire naturelle et de minéralogie. — (S. l. ni d.) in-4°, 2 p. 5326

Ranfft (M.). — Leben und Schriften aller Chursächsischen Gottesgelehrten, die mit der Doctor - Würde gepranget und in diesem ietztlauffenden Jahrhundert das Zeitliche geseegnet, mit glaubwürdiger und unpartheyischer Feder in zwey Theile nach alphabetischer Ordnung mit Fleiss beschrieben, und mit vielen nützlichen Anmerkungen aus der Kirchen- und Gelehrten - Historie erleutert. Nebst einem vollständigen Register. — Leipzig, Deer, 1742, in-8°. 5327

Ranghiasci (L.). — Voy. Bibliografia storica d. città d. stato pontificio.

* **Rapetti.** — La défection de Marmont en 1814 ouvrage suivi d'un grand nombre de documents inédits ou peu connus, d'un précis des jugements de Napoléon 1er sur le maréchal Marmont, d'une notice bibliographique, avec extraits de tous les ouvrages publiés sur le même sujet etc. etc. — Paris, Poulet-Malassis et De Broise, 1858, in-8°. 5328

* —. — Rapport sur les travaux et les préparations du docteur F. Thibert, concernant la pathologie et l'histoire naturelle, fait au nom d'une commission . . . Jourdan, rapporteur. — Lyon, imp. de L. Boitel, 1846, in-8°, 8 p. 5329

Ext. des »Mémoires de l'Académie royale des sciences, belles lettres et arts de Lyon«.

* —. — Rapports de l'Académie des sciences sur les travaux de M. Duclos . . . — Paris, imp. de Fain, 1832, in-8°, 5330

La couverture imprimée sert de titre.

* —. — Rapports et notes sur les travaux de M. Ph. Grouvelle, ingénieur civil . . . — Sceaux, imp. de Munzel frères, 1855, gr. in-8°. 5331

Raschig (K. G.). — Neuestes vollständiges Handbuch der Bienenkunde und Bienenzucht; nebst einer Anleitung zur vortheilhaften Verwendung des Wachses und des Honigs. Als Anhang ein Bienenkalender und eine Uebersicht der Literatur der Bienenzucht. Für Bienenwirthe und Bienenfreunde. Nach den vorzüglichsten Bienenschriftstellern und eignen Beobachtungen und Erfahrungen bearbeitet. Mit 4 Kupfertafeln. — Berlin, Amelang, 1829, gr. in-8°. 5332

Raspe (R. E.). — Des Freih. v. Münchhausen wunderbare Reisen und Abenteuer zu Wasser und zu Lande, wie er dieselben bei der Flasche im Zirkel seiner Freunde selbst zu erzählen pflegte. Zuerst gesammelt und english herausgegeben von R. E. Raspe. Uebersetzt und hier und da erweitert von G. A. Bürger. Siebente Originalausgabe der deutschen Bearbeitung. Mit einleitenden Notizen über das Leben und die Schriften des Verfassers, so wie über die Quellen und Vorbilder des Münchhausen und die Literatur der erdichteten Reisen überhaupt. Mit 16 Federzeichnungen von Hosemann. — Göttingen, Dieterich, 1855, gr. in-12. 5333

Rassmann (Fr.). — Deutscher Dichternekrolog, oder gedrängte Uebersicht der verstorbenen deutschen Dichter, Romanenschriftsteller, Erzähler und Uebersetzer, nebst genauer Angabe ihrer Schriften. — Nordhausen, Happach, 1818, in-8°. 5334

* —. — Kurzgefasstes Lexicon deutscher pseudonymer Schriftsteller von der ältern bis auf die jüngste Zeit aus allen Fächern der Wissenschaften. Mit einer Vorrede über die Sitte der literarischen Verkappung von J. W. S. Lindner. — Leipzig, bei Wilhelm Nauck, 1830, in-8°. 5335

—. — Pantheon deutscher jetzt lebender Dichter und in die Belletristik eingreifender Schriftsteller; begleitet mit kurzen biographischen Notizen und der wichtigsten Literatur. — Helmstedt, Fleckeisen, 1823, in-8°. 5336

* —. — Uebersicht der aus der Bibel geschöpften Dichtungen älterer und neuerer deutschen Dichter; mit Einschluss derartiger Uebersetzungen. Ein Wegweiser für Literatoren, Freunde der Dichtkunst, Geistliche und Schullehrer. — Essen, bei G. D. Bädeker, 1829, in-8°. 5337

* **Rathery** (E.-J.-B.). — Vauquelin Des Yveteaux. — Paris, A. Aubry, 1854, in-8°. 5338

Ext. du Moniteur universel.

* **Rathgeber** (G.). — Laokoon. Geschrieben als Gegenstück zu Lessing's

Laokoon. — Leipzig, Weigel, 1863, in-4°. 5339

Contient, p. 52-91: »Schlangenbuch«.

Rathlef (E. L.). — Geschichte jeztlebender Gelehrten, als eine Fortsetzung des Jeztlebenden Gelehrten Europa. — Zelle, Deetz, 1740 - 1747, 12 vol. in-8°. 5340

Les T. 9-12 ont été publiés comme suite à l'ouvrage de Rathlef par Johann Christoph Strodtmann.

—. — Voy. Götten. Das jetztlebende Gelehrte Europa.

* **Ratjen** (H.). — Johann Carl Heinrich Dreyer, . . . und Ernst Joachim von Westphalen, . . . Beitrag zur Geschichte der Kieler Universität und der juristischen Literatur. — Kiel, akademische Buchhandlung, 1861, in-8°. 5341

Contient, pages 175-183: »Chronologisches Verzeichniss von Dreyer's Druckschriften«.

—. — Verzeichniss der Handschriften der Kieler Universitätsbibliothek welche die Herzogthümer Schleswig und Holstein betreffen. — Kiel, akadem. Buchhandlung, 1858, 2 vol. in-8°. 5342

—. — Voy. Molbech (Chr.). Ueber Bibliothekwissenschaft.

* **Raulin** (V.). — Description physique de l'île de Crète; publiée sous les auspices de M. le ministre de l'instruction publique. — Paris, Arthus Bertrand, 1869, 2 vol. in-8°. 5343

Renferme T. II, p. 953 970 l'histoire et la bibliographie botanique et p. 1041-1071 la bibliographie.

* —. — Notice sur les travaux scientifiques de M. Cordier, professeur de géologie au Muséum d'histoire naturelle de Paris . . . lue à la Société géologique de France, le 4 novembre 1861. — Bordeaux, Coderc, Degréteau et Poujol, 1862, gr. in-8°. 5344

Ext. des »Actes de la Société Linnéenne de Bordeaux, T. XXIII, 6e livr.«.

Raumer (K. von). — Geschichte der Pädagogik vom Wiederaufblühen klassischer Studien bis auf unsere Zeit. — Stuttgart, Liesching, 1857, gr. in-8°. 5345

Contient, T. II, pages 498-501: »Literatur von Pestalozzi«, T. II, pages 479-483: »Literatur von Wolfgang Ratich«, p. 489-492: »Pädagogische Werke des Comenius«.

* —. — Palästina. Vierte vermehrte und verbesserte Auflage. — Leipzig, Brockhaus, 1860, in-8°. 5346

Contient, p. 1-19: »Von den Quellen«.

Raupach (G. Ehr.). — Kurze historische Nachricht von dem Leben und Schriften des weiland hochwolehrwürdigen Herrn, Herrn Bernhard Raupachs, um die evangelisch-lutherische Kirche wolverdienten Theologi, und in die 21 Jahre treufleissig gewesenen Predigers an der St. Nicolai Haupt-Kirche in Hamburg glaubwürdig beschrieben und nebst zwo desselben Predigten wie auch einem theologischen Bedenken herausgegeben. — Hamburg, gedruckt bey Stromer, 1746, in-4°. 5347

Contient, p. 27-29, la bibliographie des écrits de Raupach.

* **Ravelli** (G.). — Bibliografia Mascheroniana, ossia catalogo bibliografico delle opere a stampa dell' abbate Lorenzo Mascheroni, con un elenco de' suoi manoscritti. — Bergamo, tip. Gaffari e Gatti (1881), in-8°. 5348

Tiré à 150 ex. numérotés, dont 10 sur papier de luxe, y compris 1 ex. de format in-4°.

* **Ravier.** — Répertoire de librairie, contenant, 1° toutes les lois rendues sur la librairie et l'imprimerie, depuis le réglement de 1723 inclusivement, jusqu'à ce jour; 2° un extrait des plus beaux ouvrages de divers catalogues, formant ensemble 900 pages, avec les prix d'adjudication en vente publique, suivi d'une table alphabétique; précédé d'un coup d'œil sur la librairie fran-

çaise, et de réflexions sur le stéréotypage, les cabinets littéraires, les salles de ventes publiques et la révision; avec divers morceaux sur les contrefaçons, etc.... — Paris, chez Crapart, Caille et Ravier, 1807, in-8°. 5349

* **Rayer** (P.). — Note sur les travaux de P. Rayer. — (Paris), imp. de P. Renouard (1843), in-4°, 32 p. 5350

* —. — Travaux publiés par M. Rayer. — (Paris), imp. de P. Renouard (1842), in-4°, 4 p. 5351

* **Raynald** (H.). — Samuel Johnson, étude sur sa vie et sur ses principaux ouvrages. Thèse de doctorat présentée à la faculté des lettres de Paris. — Paris, Durand, 1856, in-8°. 5352

* **Razzolini** (L.) ed **A. Bacchi della Lega.** — Bibliografia dei testi di lingua a stampa citati dagli academici della crusca. — Bologna, presso Gaetano Romagnoli, 1878, in-8°. 5353

Re (F.). — Saggio di bibliografia georgica, ossia indice ragionato delle principali opere di agricoltura si antiche che moderne; a guida della studiosa gioventu. — Venezia, Pezzana, 1802, in-8°. 5354

* **Read** (Ch.). — Notice sur la vie et les travaux de P.-L.-A. Cordier,... suivie d'une liste chronologique et raisonnée de ses ouvrages. 2e édition revue et augmentée de son Mémoire posthume sur l'origine des roches calcaires et des dolomies ouvert par l'académie des sciences, le 17 février 1862. — Paris, B. Duprat, 1862, in-8°. 5355

La 1re édition parut en tête du Catalogue de vente des livres de Cordier.

* **Réal** (G. de). — La science du gouvernement... — Amsterdam, Arkstée, 1764, in-4°. 5356

Le T. VIII, contient: »L'examen des principaux ouvrages composés sur des matières de gouvernement«.

* **Réaume** (E.). — Extraits de Montaigne, avec table bibliographique, étude, notes explicatives et glossaire. — Paris, Eug. Belin, 1881, in-12. 5357

* —. — Histoire de Jacques-Bénigne Bossuet et de ses œuvres. — Paris, Vivès, 1869, 3 vol. in-8°. 5358

Reber (B.). — Voy. Stockmeyer (I.). Beiträge zur Basler Buchdruckergeschichte.

* **Reboul** (R.). — Anonymes, pseudonymes et supercheries littéraires de la Provence ancienne et moderne. — Marseille, Marius Lebon, 1879, in-8°. 5359

Ext. du »Bulletin de la Société des études scientifiques et archéologiques de la ville de Draguignan«. — Tiré à 100 ex.

* —. — Bibliographie des ouvrages écrits en patois du midi de la France et des travaux sur la langue romano-provençale. — Paris, Techener, 1877, in-8°. 5360

* —. — Les cartons d'un ancien bibliothécaire de Marseille. Variétés bio-bibliographiques, historiques et scientifiques. — Draguignan, imp. Latil, 1875, in-8°. 5361

Ext. du »Bulletin de la Société d'études scientifiques et archéologiques de la ville de Draguignan«.

* — (R.-M.). — Louis-François Jauffret sa vie et ses œuvres. Orné d'un portrait photographié. — Paris, J. Baur et Détaille, 1869, in-8°. 5362

Tiré à 155 ex.: 120 sur papier vélin; 30 sur papier de Hollande; 4 sur papier chamois; 1 sur papier gris.

* —. — Petite bibliothèque héraldique généalogique de la Provence. — Pise, chez la Direction du Journal héraldique, 1881, gr. in-8°, 35 p. 5363

* —. — Un littérateur oublié. — Paris, A. Claudin, 1881, in-8°, 48 p. 5364

Laurent-Pierre Bérenger.

Rebude (G. F.). — Musæum typographicum, seu collectio in quâ omnes ferè libri in quâvis facultate ac linguâ rarissimi notatuque dignissimi accuratè recensentur. — Parisiis, Debure jun., 1755, in-12. 5365

Tiré à 12 ex. — Par Guill. Franç. Debure jun.

Recensio scriptorum editorum a Wilh. Christiano Justo Chrysandro, . . . — Rintelii, typ. Enaxii, 1751, in-4°. 5366

* **Recherches bibliographiques sur le Télémaque**, les oraisons funèbres de Bossuet et le discours sur l'histoire universelle par M.*** directeur au séminaire de Saint-Sulpice. Seconde édition, revue. — Paris, Perisse frères, 1840, in-8°. 5367

Par Caron. — On joint au vol.: »Additions et corrections (janvier 1850). — Paris, typ. de Firmin Didot, 8 p.

* **Recherches sur l'origine et le premier usage des registres,** des signatures, des réclames, et des chiffres de page dans les premiers livres imprimés. — A Paris, chez Barrois l'aîné, 1783, in-8°. 5368

Il a paru en plus: »Nouvelles observations sur les signatures, contenant des additions et corrections aux recherches précédentes«, 8 p. in-8°.

* **Recherches sur la vie et les ouvrages** de Pierre Richer de Belleval, fondateur du jardin botanique donné par Henri IV à la faculté de médecine de Montpellier, en 1593; pour servir à l'histoire de cette faculté et à celle de la botanique. — Avignon, J. A. Joly, 1786, in-8°. 5369

Par P. Jos. Amoureux.

* **Recherches sur les ouvrages de Voltaire,** contenant, 1° des réflexions générales sur ses écrits; 2° une notice raisonnée des différentes éditions de ses œuvres choisies ou complètes, depuis 1732 jusqu'à ce jour; 3° le détail des condamnations juridiques qu'ont encourues la plupart de ses écrits; et 4° l'indication raisonnée des principaux ouvrages où l'on a combattu ses principes dangereux. Par J. J. E. G..... avocat. — A Paris, chez les marchands de nouveautés, 1817, in-8°. 5370

Par Gabriel Peignot.

Recke (J. Fr. v.) & K. Ed. **Napiersky.** — Allgemeines Schriftsteller- und Gelehrten-Lexikon der Provinzen Livland, Esthland und Kurland. — Mitau, Steffenhagen, 1827-1832, in-8°. 5371

Il a paru en outre: Nachträge und Fortsetzungen, unter Mitwirkung von C. E. Napiersky bearbeitet von Theodor Beise-Mitau, Steffenhagen, 1859-1861, in-8°.

* **Recklinghausen** (F. v.). — Ueber die multiplen Fibrome der Haut und ihre Beziehung zu den multiplen Neuromen. Festschrift zur Feier des fünfundzwanzigjährigen Bestehens des pathologischen Instituts zu Berlin Herrn Rudolf Virchow dargebracht. Mit 5 Tafeln. — Berlin, August Hirschwald, 1882, in-8°. 5372

Contient, pages 132-136: »Literaturverzeichniss«. (168 art.)

* **Recognitio librorum omnium Roberti Bellarmini** s. r. e. cardinalis amplissimi, ab ipso reverendissimo et illustrissimo auctore edita. Accessit correctorium errorum, qui typographorum negligentia in libros ejusdem cardinalis editionis Venetæ irrepserunt. — Ingolstadii, ex typ. Adami Sartorii, 1608, in-8°. 5373

* **Recueil de pièces concernant la bibliothèque** de M. Louis-Antoine Coste imprimé aux frais de sa veuve. — Lyon, imp. Vingtrinier, 1855, in-8°. 5374

La préface est signée: Aimé Vingtrinier.

Recueil des traités, conventions et actes diplomatiques concernant l'Autriche et l'Italie (1703-1859). — Paris, Amyot, 1859, in-8°. 5375

Contient, p. 1-5: »Bibliographie«.

Reder (A.). — Die Hundswuth. — Voy. Deutsche Chirurgie. N°. 10.

* **Redgrave** (S.). — A dictionary of artists of the english school: painters, sculptors, architects, engravers, and ornamentists. With notices of their lives and works. New edition revised. — London, G. Bell, 1874, in-8°. 5376

* **Reech** (F.). — Aperçu de mes titres à la candidature d'une place vacante à l'Académie des sciences dans la section de mécanique. — Paris, imp. de Mallet-Bachelier, 1858, in-4°, 15 p. 5377

La couverture imprimée sert de titre.

* **Réfuveille** (J.-A.). — Boïeldieu, sa vie, ses œuvres. Artistes contemporains. Adrien Boïeldieu. — Rouen, Dubust, 1851, in-8°, 43 p. 5378

La couverture imprimée sert de titre.

* **Regesta pontificum romanorum** inde ab a. post Christum natum 1198 ad a. 1304 edidit Augustus Potthast. Opus ab academia litterarum Berolinensi duplici præmio ornatum ejusque subsidiis liberalissime concessis editum. — Berolini, Rud. de Decker, 1874-1875, 2 vol. in-4°. 5379

Le T. II contient, p. 2139-2157: »Index librorum adhibitorum«.

* **Régeste Genevois**, ou répertoire chronologique et analytique des documents imprimés relatifs à l'histoire de la ville et du diocèse de Genève, avant l'année 1312. Publié par la société d'histoire et d'archéologie de Genève. — Genève, 1866, in-4°. 5380

* **Registrande der geographisch-statistischen Abtheilung** des Grossen Generalstabes. — Berlin, Mittler, 1869-1882, 12 vol. in-8°. 5381

A cet autre titre: »Neues aus der Geographie, Kartographie und Statistik Europa's und seiner Kolonien. I.(-XII.) Jahrgang. Quellennachweise, Auszüge und Besprechungen zur laufenden Orientirung bearbeitet vom Grossen Generalstabe, geographisch-statistische Abtheilung«.

* **Regnauld** (J.). — Candidature à l'Académie impériale de médecine. Exposé sommaire des titres de M. Jules Regnauld. — Paris, imp. de Bénard (1856), in-4°, 6 p. 5382

* **Régnault** (E.). — Crétineau-Joly et ses livres. Extrait des »Etudes religieuses«. — Paris, Lecoffre, 1875, in-8°. 5383

* **Regnier** (Ad.). — Notice des publications et des travaux de philologie et de grammaire comparée de M. Adolphe Regnier. — Paris, imp. de J. Claye, avril 1854, in-4°, 7 p. 5384

Regno d'Italia. Ministero dei lavori pubblici. Catalogo dei lavori monografici e degli oggetti inviati all' esposizione universale di Parigi, nel 1878. — Roma, tip. Elzeviriana, 1878, in-4°. 5385

Contient, p. 87-129: »Pubblicazioni degli Ufficiali ed exufficiali del genio civile«.

Rehbinder (N. Graf). — Die belletristische Literatur der Ostseeprovinzen Russlands von 1800 bis 1852. Sonder-Abdruck aus dem Inlande. — Dorpat, gedr. bei Laakmann, 1853, in-8°. 5386

* **Reich** (Ed.). — Die Fortpflanzung und Vermehrung des Menschen aus dem Gesichtspunkte der Physiologie und Bevölkerungslehre betrachtet. — Jena, Hermann Costenoble, 1880, in-8°. 5387

Contient, pages 344-364: »Literatur« (268 art.).

* —. — Das Leben des Menschen als Individuum. Die Leibes- und Seelen-Beschaffenheit der menschlichen Persönlichkeit und deren Beziehung zu Gesundheit und Wohlfahrt im gesell-

schaftlichen Zusammenleben. — Berlin, Gustav Hempel, 1881, in-8°. 5388

Contient, pages 345-361 : »Wissenschaftliche Nachweisungen«. (256 art.)

* **Reichard** (J. Jac.). — Sylloge opusculorum botanicorum cum adjectis annotationibus. — Francofurti ad M., apud Varrentrapp filium & Wenner, 1782, in-8°. Pars I. 5389

* **Reichardt** (C. F.). — Centro-Amerika. Nach den gegenwärtigen Zuständen des Landes und Volkes, in Beziehung auf die Verbindung der beiden Oceane und im Interesse der deutschen Auswanderung bearbeitet — Braunschweig, Vieweg und Sohn, 1851, in-8°. 5390

Contient, p. 255-256 : »Die neuere Literatur über Central-Amerika. Die neueren Schriften über die Verbindung der beiden Oceane«.

— (G.). — Voy. Bibliotheca rerum metallicarum.

Reichenbach (L.). — Voy. Miltitz (Fr.). Bibliotheca botanica.

* **Reichhart** (P. G.). — Die Druckorte des XV. Jahrhunderts nebst Angabe der Erzeugnisse ihrer erstjährigen typographischen Wirksamkeit. Mit einem Anhange: Verzeichniss der je ersten Typographen und jener Druckorte deren allererste Drucker bis jetzt unbekannt geblieben sind. Aus den zuverlässigsten Quellen zusammengestellt und alphabetisch geordnet. — Augsburg, Fidelis Butsch, 1853, in-4°. 5391

Reichlen (G.). — Das allgemeine Staatsrecht und das gemeine deutsche Staats- und Bundesrecht. — Regensburg, Manz, 1862, gr. in-8°. Abth. I. 5392

Contient, p. 35-196 : »Die Literatur des allgemeinen und gemeinen deutschen Staats- und Bundesrechts«.

* **Reid** (J.). — Bibliotheca scoto-celtica; or an account of all the books which have been printed in the gaelic language. With bibliographical and biographical notices. — Glasgow, John Reid, 1832, in-8°. 5393

* **Reiffenberg** (de). — Des marques et devises mises à leurs livres par un grand nombre d'amateurs. — Paris, Rouveyre, 1875, in-8°, 29 p. 5394

Tiré à petit nombre.

* —. — Notice sur François-Juste-Marie Raynouard. — Bruxelles, imp. de Hayez, 1839, in-16, 15 p. 5395

Ext. de l'»Annuaire de l'Académie royale de Bruxelles«.

—. — Principes de logique, suivis de l'histoire et de la bibliographie de cette science. — Bruxelles, 1833, in-8°. 5396

—. — Voy. Le Bibliophile belge.

Reil (W.). — Monographie des Aconit. Eine Zusammenstellung dessen physiologischen und therapeutischen Wirkungen mit Benutzung und genauer Angabe aller Quellen der gesammten medicinischen Litteratur. Gekrönte Preisschrift. — Leipzig, T. O. Weigel, 1858, in-8°. 5397

Contient, p. 143-144 : »Litteratur des Aconit«.

Reimar (H. S.). — De vita et scriptis Joannis Alberti Fabricii commentarius. Accedunt argumenta historico-critica ex epistolis viror. claror. ad Fabricium præterea Christiani Kortholti parentatio Lipsiensis et variorum epicedia. — Hamburgi, vid. Felgineria, 1737, in-8°. 5398

* **Reimmann** (J. Fr.). — Historia literaria de fatis studii genealogici apud Hebræos, græcos, romanos et Germanos, in qua scriptores harum gentium potissimi enumerantur et totus genealogiæ cursus ab orbe condito ad nostra usque tempora deducitur. — Sumptibus G. E. Strunzii, 1702, in-8°. 5399

* **Reimmann** (J. Fr.). — Historiæ literariæ exotericæ et acroamaticæ particula sive de libris genealogicis vulgatioribus et rarioribus commentatio in qua plurima hujus commatis opera, obvia et non obvia, impressa et mscta, edita et inedita recensentur, adeoq. ad bibliothecam scriptorum genealogicorum congerendam non aspernanda subministratur materies. Accedit disquisitio historica de necessitate scepticismi in studio genealogico. — Lipsiæ et Quedlinburgi, sumptibus G. E. Strunzii (1710), in-8°. 5400

La deuxième partie a pour titre: »Historiæ literario-genealogicæ sectio secunda in qua de libris genealogicis rarioribus seorsim agitur adeoque historiæ arcanæ litterariæ exhibetur specimen. — Quedlinburgi, prelo Joh. G. Siverti (s. d.).

—. — Voy. Bibliotheca acroamatica theologica. — Voy. Bibliotheca historiæ literariæ critica. — Voy. Catalogus bibliothecæ theologicæ.

* **Reinaud**. — Notice des ouvrages arabes, persans, turcs et français, imprimés à Constantinople. — (Paris), imp. de Firmin-Didot frères, in-8°, 18 p. 5401

Ext. du »Bulletin universel des sciences«, cahier de nov. 1831, section VII.

* —. — Notice historique et littéraire sur M. le b^on^ Silvestre du Sacy, lue à la séance générale de la Société asiatique, le 25 juin 1838. — Paris, imp. royale 1838, in-8°. 5402

Ext. du »Journal asiatique«. 2e édition. — Paris, Ve Dondey-Dupré, 1838, in-8°.

* —. — Notice sur le dictionnaire bibliographique arabe, persan et turk, de Hadji-Khalfa, édition de M. Gustave Fluegel, lue à la séance générale de la société asiatique du 28 juin 1859. — (Paris), imp. impériale, 1859, in-8°, 26 p. 5403

Ext. du n° 9 de l'année 1859 du »Journal asiatique«.

* **Reinwald** (C.). — Catalogue annuel de la librairie française. — Paris. Reinwald, 1859-1869, in-8°. 5404

* **Reis** (P.). — Etude sur Broussais et sur son œuvre. — Paris, Asselin. 1869, in-8°. 5405

* **Reisnes**. — Olivier de Serres, agronome du XVI° siècle, sa vie, ses travaux, ses écrits. — Privas, Roure fils, 1858, in-8°. 5406

* **Relationes von gelehrten Neuigkeiten**, worinn ein Extract aller in Teutschland, Holland, Engelland, Frankreich, Italien etc. in allerley Sprachen herauskommenden gelehrten Journale, auch gewisser anderer Theilweis fortgesetzter Schrifften, ingleichem Nachrichten von kürtzlich verstorbener Gelehrten Leben und Schriften . . . ertheilet werden. — Tübingen, Ebertus, 1730-1731, in-8°. 5407

* **Rémusat** (Ch. de). — Bacon, sa vie, son temps, sa philosophie, et de son influence jusqu'à nos jours. — Paris, Didier, 1857, in 8°. 5408

* — Deuxième édition. — Paris, 1858, in-8°.

* **Remy** (J.). — Voyage au pays des Mormons, relation, géographie, histoire naturelle, histoire, théologie, mœurs et coutumes, ouvrage orné de 10 gravures sur acier et d'une carte. — Paris, Dentu, 1860, gr. in-8°. 5409

Le T. II contient, p. 499-506: »Bibliographie Mormonne«.

* **Renard** (Jh.). — Notice bibliographique sur les ouvrages imprimés du P. Cl. Fr. Ménestrier. Complément aux recherches de M. P. Allut sur les Oeuvres de cet auteur. — Lyon, imp. Mougin-Rusand, 1881, in-8°, 14 p. 5410

* — (N.-A.). — Notice historique sur la vie et les travaux de Gustave de Coriolis. Extrait des »Mémoires de

l'Académie de Stanislas 1861«. — Nancy, imp. de Vve Raybois (1862), in-8°, 28 p. 5411

La couverture imprimée sert de titre.

* **Renaud** (C.). — Monographie statistique et bibliographie des enfants trouvés, abandonnés et assistés. — Paris, imp. Turfin et Ad. Juvet, 1864, in-8°. 5412

* **Renda-Ragusa** (H.). — Siciliæ bibliotheca vetus, continens elogia veterum siculorum, qui literarum fama claruerunt. — Romæ, typis Bernabò, anno sæculari 1700, in-4°. 5413

* **Renier** (J. S.). — Catalogue de l'œuvre de Michel Natalis, graveur liégeois. — Liège, imp. de H. Vaillant-Carmanne, 1871, in-8°. 5414

Ext. du »Bulletin de l'Institut archéologique liégeois«.

* **Renommée** (La). Fastes parlementaires et scientifiques. Notice sur la vie et les travaux de M. J. Cordier, député du Jura et de l'Ain... (Signé: F. M.) — Paris, bureaux de La Renommée, 1842, in-8°, 23 p. 5415

Signé: F. M.
La couverture imprimée sert de titre.

* **Renou**. — Notice des ouvrages et de la vie du C^en Antoine, architecte, membre de l'Institut national, . . . lue à la séance du 9 nivôse de la Société libre des sciences, lettres et arts. — (S. l. n. d.), in-8°, 14 p. 5416

* **Renouard** (A. A.). — Annales de l'imprimerie des Alde, ou histoire des trois Manuce et de leurs éditions. — A Paris, chez Antoine Augustin Renouard, an XII, 1803-1812, 2 vol. et un supplément. 5417

* —. — Seconde édition. — Paris, A. Renouard, 1825, 3 vol. in-8°.

* —. — Troisième édition. — Paris, Jules Renouard, 1834, in-8°.

Elle est accompagnée d'une »Notice sur la famille des Junte et liste sommaire de leurs éditions jusqu'en 1550. — Imprimé chez Paul Renouard, 1834, in-8°, 68 p.«

* **Renouard** (A. A.). — Annales de l'imprimerie des Estienne, ou histoire de la famille des Estienne et de ses éditions. — A Paris, chez Jules Renouard, 1837-1838, 2 vol. in-8°. 5418

* 2e Edition. — Paris, J. Renouard, 1843, in-8°.

* —. — Catalogue de la bibliothèque d'un amateur, avec notes bibliographiques, critiques et littéraires. — Paris, A. Renouard, 1819, 4 vol. in-8°. 5419

* **Renz** (W. Th. v.). — Literatur-Geschichte von Wildbad in Text-Proben und Biographieen nebst einer Beigabe die Lage, das Klima, die heutigen Curmittel der Krankheits-Kreis und die Frequenz-Statistik Wildbads. Mit zehn Abbildungen im Text und einer Tafel, den »Grundriss der Bäder« darstellend. — Stuttgart, Greiner & Pfeiffer, 1881, in-4°. 5420

Renzi (S. de). — Voy. Collectio Salernitana.

Répertoire des cartes publié par l'Institut royal des ingénieurs néerlandais. — La Haye, van Langenhuysen frères et Nijhoff, 1856-1865, in-8° en 8 livr. 5421

* **Répertoire des ouvrages de droit**, de législation, et de jurisprudence, publiés spécialement en France depuis 1789 jusqu'à la fin de novembre 1853, suivi d'une table analytique et raisonnée des matières. — Paris, Cotillon, 1854, in-8°. 5422

* — Répertoire . . . depuis 1789 jusqu'à la fin de juillet 1854, suivi d'une table analytique et raisonnée des matières. Deuxième édition revue et augmentée. — Paris, Cotillon, août 1854, in-8°.

* . . . depuis 1789 jusqu'à la fin de mai 1855, suivi d'une table analytique et raisonnée des matières. Troisième édition, revue et augmentée. — Paris, Cotillon, mai 1855, in-8°.

* — Depuis 1789 jusqu'à la fin de décembre 1856 suivi d'une table analytique et raisonnée des matières. — Paris, Cotillon, 1er janvier 1857, in-8°.

* **Répertoire général de toutes les pièces de théâtre,** qui se représentent ordinairement, tant à Paris que dans la plupart des autres grandes villes du royaume de France; avec les noms de leurs auteurs et la date de leurs premières représentations... par M. C. du C***. — S. l. ni d., in-8°, 16 p. 5423

Par M. du Coudray.

* **Répertoire général des livres français sur l'agriculture,** l'économie domestique, rurale et politique, la médecine vétérinaire; avec des notes typographiques sur quelques ouvrages. Précédé d'une introduction sur la bibliographie et la critique. — A Paris, chez A. Marchant, octobre 1810, in-8°, 1re partie. 5424

Repertorio della litteratura italiana; ovvero guida alla conoscenza delle piu nuove produzioni letterarie d'Italia. — Lipsia, Schumann, 1806, in-8°. 5425

Publié par Aug. Schumann.

* **Repertorio universale** delle opere dell' instituto archeologico dall' anno 1864-1873. — Roma, tipi del Salviucci, 1875, in-8°. 5426

* **Repertorium bibliographicum;** or some account of the most celebrated british libraries. — London, William Clarke, 1819, gr. in-8°. 5427

* **Repertorium der chemischen Litteratur** von 494 vor Christi Geburt bis 1806 in chronologischer Ordnung aufgestellt von den Verfassern der systematischen Beschreibung aller Gesundbrunnen und Bäder in und ausser Europa. — Jena und Leipzig, bei Christian Ernst Gabler, 1806-1812, 2 vol. en 4 parties. 5428

* **Repertorium der gesammten deutschen Literatur.** Herausgegeben im Vereine mit mehreren Gelehrten von E. G. Gersdorf. — Leipzig, F. A. Brockhaus, 1834-1842, 34 vol. in-8°. 5429

Repertorium der in dem Zeitraume vom 1. Januar 1850 bis 1. Januar 1856 der Bibliothek und Plankammer des Königlichen Generalstabes zugewachsenen Bücher, Karten und Pläne. Extra-Beiheft pro 1856. — Berlin, Mittler, 1856, in-8°. 5430

C'est un supplément du » Militair-Wochenblatt redigirt von der historischen Abtheilung des Generalstabes«.

Repertorium för Swenska Bokhandeln. — Stockholm, November och December 1822 in-4°. — Januari till September 1823, in-8°. 5431

Par Lorenzo Hammarsköld.

Repertorium für den Festungskrieg. Als Manuscript ausschliesslich für Offiziere der preussischen Armee gedruckt. — Berlin, gedr. in der Deckerschen geh. Ober-Hofbuchdruckerei, 1856, in-8°. 5432

— Nachtrag zu dem im Jahre 1856 erschienenen Repertorium für den Festungs-Krieg &c. — Berlin, Mittler, 1860, in-8°.

Publié par von Prittwitz.

* **Repertorium für Kunstwissenschaft.** Redigirt von Dr. Hubert Janitschek. — Stuttgart, Verlag von W. Spemann, 1876-1881, 5 vol. in-8°. 5433

Chaque fascicule contient une bibliographie.

Repertorium juris Hannoverani, oder Nachweisungen der wichtigsten Erläuterungen der bewährtesten hannoverschen Practiker zu dem im Königreiche Hannover geltenden Rechte, welche in deren Werken und Zeitschriften zerstreut sind. Ein Beitrag zur Literatur des gesammten hannoverschen Rechts. Zweiter unveränderter Abdruck. — Stade, Pockwitz, 1854, in-8°. 5434

Par E. W. G. Schlüter.

Repertorium oder systematisches Verzeichniss der vorzüglichsten Schriften, welche über die Erziehungskunde und Unterricht bis zum J. 1821 erschienen sind. — Prenzlau, Ragoczy, 1822. in-8°. 5435

Repertorium reale pragmaticum juris publici et feudalis imperii romano-Germanici. Oder des Heil. Röm. Reichs Staats- und Lehn-Recht sowohl überhaupt, als das besondere der Geist- und Weltlichen Chur- und Fürsten, Grafen und Frey-Herren, der Reichs-Städte und Reichs-Ritterschaft; enthaltend den Kern der Reichs-Grundgesetze, Reichs- und Wahltags-Acten, Urkunden, Deductionen, Responsorum und Schriften der berühmtesten Staats- und Lehn-Rechts-Lehrer. In alphabetische Ordnung gebracht; nebst Anführung der neuesten und besten von jedem Titul herausgekommenen Abhandlungen: so, dass dieses Werk zugleich als eine hinlängliche Bibliotheca Juris publici et feudalis dienen wird. Durchaus mit nöthigen Remissionen versehen: damit man bey Aufschlagung eines Titels das erheblichste nicht allein sogleich finden, sondern auch wie eine Materie aus der andern folget, oder mit ihr zusammen hanget, mit leichter Mühe nachschlagen kan. Mit einer Vorrede Christian Gottlieb Buders. — Jena, Cuno, 1751, gr. in-4°. 5436

***Report of the second annual meetings of the Index society.** To which are added three appendixes: 1. Indexes of portraits in the »British gallery of portraits« ... 2. Index of abridgments of patents. 3. Index of obituary notices for 1879. — London, published for the Index society by Longmans, Green & Co., 1880, in-8°. 5437

T. VII des »Index society publications«.

***Requin.** — M. le docteur Requin à MM. les membres de l'académie impériale de médecine. (Candidature pour la section d'anatomie pathologique). — Paris, imp. L. Martinet, 1853, in-4°, 17 p. 5438

***Requin.** — M. le docteur Requin à MM.les membres de l'Académie nationale de médecine. (Candidature pour la section de pathologie médicale). — Paris, imp. de Martinet, 20 mars 1850, in-4°, 4 p. 5439

Rese (J. K. A.). — Voy. Ersch (J. S.). Literatur der Schönen Künste.

***Restif de la Bretonne.** — Les contemporaines ou aventures des plus jolies femmes de l'âge présent. Choix des plus caractéristiques de ces nouvelles pour l'étude des mœurs à la fin du XVIIIe siècle. Vie de Restif. Restif écrivain. Son œuvre et sa portée. Bibliographie raisonnée des ouvrages de Restif. Annotations tirées surtout des autres écrits de l'auteur par J. Assezat. — Paris, C. Marpon et E. Flammarion (1882), 3 vol. in-12. 5440

Résumé des collections G. Gancia. — Milan, imp. Bernardoni, 1877, in-4°, 20 p. 5441

Retemayer (A.). — Voy. Verzeichniss und Insertions-Tarif der in Deutschland ... erscheinenden Zeitungen.

***Reume** (A. de). — Recherches historiques, généalogiques et bibliographiques sur les Elsevier. — Bruxelles, imp. de la Société typographique Belge, 1847, in-8°. 5442

*—. — Variétés bibliographiques et littéraires. — Bruxelles, imp. de la Société des beaux arts, 1848, gr. in-8°. 5443

Tiré à 100 ex. numérotés. Le faux titre porte en outre: »I. Imprimeurs belges«.

***Reumont** (A.). — Bibliografia dei lavori pubblicati in Germania sulla storia d'Italia. — Berlin, Ridolfo Decker, 1863, in-8°. 5444

Reumont (A.). — Della diplomazia italiana del secolo XIII al XVI. — Firenze, Barbéra, Bianchi e comp., 1857, in-8°. 5445

L'»Anhang« contient, p. 275-294: »Bibliografia«.

* —. — Notizie bibliografiche dei lavori pubblicati in Germania sino al 1849 sulla storia d'Italia. — Firenze, tipografia Galileiana, 1849, in-8°, avec 2 suppléments. 5446

Ext. de l'»Appendice dell' Archivio storico italiano« n° 18 du T. III pour le 1er suppl. et du n° 23 pour le second.

Reusch (Er.). — Voy. Dissertatio epistolica de præcipuis hesperidum scriptoribus.

* **Reuss** (Ed.). — Bibliotheca novi testamenti græci cujus editiones ab initio typographiæ ad nostram ætatem impressas quotquot reperiri potuerunt collegit, digessit, illustravit . . . — Brunsvigæ, apud C. A. Schwetschke et filium, 1872, in-8°. 5447

— (Fr. A.). — Mineralogische Geographie von Böhmen. — Dresden, Walther, 1793, in-4°. 5448

Contient, p. I-XIV: »Mineralogische Schriftsteller von Böhmen«.

* —. — Beschreibung merkwürdiger Bücher aus der Universitäts-Bibliothek zu Tübingen vom Jahr 1468-1477 und zweyer hebräischen Fragmente. — Tübingen, bey Jacob Friederich Heerbrandt, 1780, in-8°. 5449

* —. — Das gelehrte England oder Lexikon des jetzlebenden Schriftsteller in Grossbritannien, Irland und Nord-Amerika nebst einem Verzeichniss ihrer Schriften. Vom Jahre 1770 bis 1790. — Berlin & Stettin, Nicolai, 1791, 2 vol. in-8°. 5450

Avec cet autre titre: Alphabetical Register of all the authors actually in Great-Britain, Ireland and in the United Provinces of North-America, with a catalogue of their publications. From the year 1770 to the year 1790. — Berlin . . . Il a paru en outre, aussi avec titre anglais: »Nachtrag und Fortsetzung vom Jahr 1790 bis 1803. — Berlin, Nicolai, 1804«, 2 vol. in-8°.

Reuss (Fr. A.). — Repertorium commentationum à societatibus litterariis editarum secundum disciplinarum ordinem digessit. — Gœttingæ, Dieterich, 1801-1821, 16 vol. in-4°. 5451

On trouve dans le T. I une bibliographie sur l'histoire naturelle générale et une bibliographie zoologique.

* — (R.). — Bibliothèque Alsatique. Catalogue des livres, manuscrits, dessins, gravures, cartes, autographes, etc. de feu M. F. C. Heitz, imprimeur-libraire . . . avec notice préliminaire. — Strasbourg, imp. Heitz, 1868, in-8°. 5452

Reuter-Bibliothek. — Karlsruhe, Müller, 1827, in-16. T. III. 5453

Contient, p. 1-381: »Reuter-Literatur«. — Publié par le comte von Bismark.

* **Reveillé de Beauregard.** Notice sur Mgr Jean-Baptiste Duvoisin, évêque de Nantes, et sur ses ouvrages. — Nantes, imp. de Mellinet-Malassis (s. d.), in-8°, 15 p. 5454

* **Revue analytique des ouvrages écrits en Centons**, depuis les temps anciens jusqu'au XIXe siècle par un bibliophile belge. — Londres, Trübner and Co., 1868, in-8°. 5455

Par Van de Weyer. — Tiré à 112 ex.

* **Revue bibliographique.** Bulletin analytique des principales publications de la France et de l'étranger. — Paris, imp. Paul Dupont, 1856, in-8°. 5456

* **Revue bibliographique** comptes-rendus critiques des ouvrages religieux, scientifiques, historiques et littéraires, journal du clergé, des ordres religieux, des familles et des maisons d'éducation. — Paris, Auguste Bouret, 1857, in-8°. 5457

***Revue bibliographique de droit et de jurisprudence.** 1868-1869. 1re année. Partie analytique: Etudes et comptes-rendus. Partie bibliographique: Liste complète des ouvrages publiés du 1er septembre 1868 au 30 août 1869. Principaux ouvrages publiés en Allemagne, en Angleterre, en Belgique, aux Etats-Unis, en Hollande, en Italie, en Pologne, en Suède. Sommaires des journaux juridiques. Publications nouvelles. — Paris, Pichon-Lamy et Dewez, 1869-1870, 2 vol. in-8°. 5458

***Revue bibliographique** de l'année 1845 (et 1846) par Ch. P. — Vouziers, imp. Flamant, 1846 (et 1847), 2 vol. in-12. 5459

* **Revue bibliographique de philologie** et d'histoire. Recueil mensuel publié par la librairie Ernest Leroux. — Paris, Ernest Leroux, 1874-1875, 2 vol. gr. in-8°. 5460

***Revue bibliographique du midi** de la France, de l'Algérie et des colonies publiée par une société de bibliophiles sous la direction de MM. Marius Chaumelin et Casimir Bousquet. — Marseille, au bureau de la revue, 1855, in-8°. 5461

***Revue bibliographique du midi**, organe spécial des auteurs, libraires, éditeurs, etc. Recueil mensuel rédigé par une société d'écrivains et de journalistes. Directeur-gérant: Fernand Lagarrigue. — Béziers, aux bureaux de la Revue bibliographique, 1857-1858, in-8°. 5462

***Revue bibliographique du royaume des Pays-Bas** et de l'étranger, ou indicateur général de l'imprimerie et de la librairie. — Bruxelles, P. J. de Mat, 1822-1830, 9 vol. in-8°. 5463

***Revue bibliographique et littéraire** de l'œuvre des agrégations pour la propagation des bons ouvrages. — Paris, chez M. H. Vrayet de Surcy, 1865-1880, in-8°. 5464

***Revue bibliographique.** Journal de bibliologie, d'histoire littéraire, d'imprimerie et de librairie, publié par deux bibliophiles. — Paris, au bureau de la revue bibliographique, 1839, in-8°. T. I. 5465

***Revue bibliographique**, journal des publications nouvelles. — Paris, imp. Dubuisson, 1854, in-8°. 5466

***Revue bibliographique militaire.** — Paris, au bureau de la revue, et à la librairie militaire de J. Dumaine, 1852, in-4°. 5467

Rédigée par A. de Colleville.

***Revue bibliographique**, moniteur de l'imprimerie et de la librairie françaises, journal des publications nouvelles paraissant tous les quinze jours. — Paris, imp. Dupray de la Mahérie, 1862-1863, in-fol. 5468

***Revue critique d'histoire et de littérature**... — Paris, Leroux 1866-1882, in-8°.

***Revue de bibliographie analytique**, ou compte-rendu des ouvrages scientifiques et de haute littérature publiés en France et à l'étranger; paraissant tous les mois. Par MM. Miller et Aubenas. — Paris, chez MM. Marc Aurel et Benjamin Duprat, 1840-1845, 6 vol. in-8°. 5469

***Revue de la reliure et de la bibliophilie.** — Paris, typ. de Rouge frères, Dunon et Fresné, 1869, in-8°. 5470

***Revue des autographes**, des curiosités de l'histoire et de la biographie paraissant le 15 de chaque mois sous la direction de Gabriel Charavay. — Paris, rue des Poitevins 5, 1866, in-4°. T. I. 5471

* **Revue des questions historiques.** — Paris, Victor Palmé, 1866-1882, 16 vol. in-8°. 5472

Contient, dans chaque n°, une revue des périodiques étrangers et une bibliographie historique.

* **Revue littéraire**, bulletin de bibliographie. — Paris, Direction de la revue, 1881, in-4°. 5473

C'est un »Supplément littéraire mensuel au Journal ,l'Univers'«.

* **Revue mensuelle du bibliophile militaire.** Publication du journal la France militaire. Propriétaire-gérant Henri Charles-Lavauzelle. Secrétaire de rédaction M. de Queyries. — Paris, au bureau du journal, in-8°. 5474

Le premier n° porte la date: 15 décembre 1881.

* **Rey** (E. G.). — Les familles d'outremer de du Cange. — Paris, imp. impériale, 1869, in-4°. 5475

Le faux titre porte: »Collection de documents relatifs à l'histoire de France publiés par les soins du ministre de l'instruction publique. Première série. Histoire politique«. — Les pages 971-991 renferment une table des auteurs et des ouvrages cités (environ 545 articles) ayant trait à l'histoire de Chypre, de la Syrie et de l'Arménie.

* — (H.). — Notes sur la géographie médicale de la côte occidentale d'Afrique. Extrait du Bulletin de la société de géographie (janvier, février, mars 1878) de Paris. — Paris, 1878, in-8°. 5476

* **Reybard.** — Notice sur les travaux scientifiques du docteur Reybard (de Lyon) candidat au titre de membre correspondant de l'académie impériale de médecine. — Paris, imp. de L. Martinet (1862), in-4°, 12 p. 5477

La couverture imprimée sert de titre.

* **Reynal.** — Exposé des titres de M. Reynal, chef de service de clinique à l'Ecole vétérinaire d'Alfort, candidat à la place vacante à l'académie nationale de médecine (section de médecine vétérinaire). — Paris, imp. de Remquet (1852), in-4°, 15 p. 5478

* Paris, Remquet (1855), in-4°, 24 p.

* **Reynal.** — Exposé des titres de M. Reynal professeur à l'école impériale vétérinaire d'Alfort . . . candidat à la place vacante à la société impériale et centrale d'agriculture de France (section d'économie des animaux). — Paris, imp. Remquet (1863), in-4°, 16 p. 5479

* —. — Exposé des titres de M. Reynal professeur de pathologie, de thérapeutique et de police sanitaire à l'école impériale vétérinaire; candidat à la place vacante à l'académie impériale de médecine (section de médecine vétérinaire). — Paris, imp. W. Remquet, 1861, in-4°, 24 p. 5480

* **Rezabal y Ugarte** (J. de). — Biblioteca de los escritores que han sido individuos de los seis colegios mayores: de San Ildefonso, de la universidad de Alcalá, de Santa Cruz, de la de Valladolid, etc.; con varios indices. — Madrid, en la imprenta de Sancha, 1805, in-4°. 5481

Rhees (W. J.). — The scientific writings of James Smithson. — Voy. Smithsonian miscellaneous collections. (21.)

* **Rhoné** (A.). — Auguste Mariette, esquisse de sa vie et de ses travaux, avec une bibliographie de ses œuvres. — Paris, imp. Quantin, 1881, in-8°, 32 p. 5482

Ext. de la »Gazette des beaux arts«, septembre 1881.

* **Riant** (P.). — Expéditions et pèlerinages des Scandinaves en Terre-Sainte. — Paris, imp. de Ad. Lainé et J. Havard, 1865, gr. in-8°, et un vol. de tables, 1869. 5483

Ce dernier renferme, p. 47-76 une table des ouvrages cités (environ 600).

* **Ribadeneira** (P.). — Bibliotheca scriptorum societatis Jesu. Opus inchoatum a Petro Ribadeneira, anno salutis 1602. Continuatum a Philippo Alegambe, usque ad annum 1642. Recognitum, et productum ad annum Ju-

bilæi 1675 a Nathanaele Sotvello. — Romæ, ex typographia Jacobi Antonii de Lazzaris Varesii, 1676, in-fol. 5484

* **Ribadeneira** (P.). — Illustrium scriptorum religionis societatis Jesu Catalogus. — Antverpiæ, ex officina Plantiniana, 1608, in-8°. 5485

* —. — Hac secunda editione auctus. — Lugduni, J. Pillehotte, 1609, in-8°.

* **Ribauld de La Chapelle** (J.). — Histoire de Vercingétorix publiée, par J.-B. Peigue . . . Avec une notice sur l'auteur et sur ses écrits. — Clermond-Ferrand, Thibaud-Landriot, 1834, in-8°. 5486

Ribeiro (J. S.). — Primeiros traços d'uma resenha di litteratura portugueza. — Lisboa, impr. nacional, 1853, in-8°. T. I. 5487

* **Ribes**. — Exposé sommaire des titres que le Dr. Ribes a l'honneur de présenter à l'appui de sa candidature à l'Institut. — Paris, imp. de Terzuolo (1842), in-4°, 8 p. 5488

* **Ribière** (H.). — Essai sur l'histoire de l'imprimerie dans le département de l'Yonne et spécialement à Auxerre, suivi du catalogue des livres, brochures et pièces imprimés dans cette ville de 1580 à 1857. — Auxerre, imp. Perriquet, 1858, in-8°. 5489

Riccardi (P.). — Bibliografia Galileiana. — Modena, tip. L. Gaddi, 1872, in-4°. 5490

—. — Sulle opere di Alessandro Volta; note bibliografiche. — Modena, società tipog. già tip. Soliani, in-4°, 40 p. 5491

Ext. des »Atti della R. Acad. di scienze, lettere ed arti di Modena«, T. XVII.

* — (J. P.). — Biblioteca matematica italiana dalla origine della stampa ai primi anni del secolo XIX. — Modena, tipografia dell' erede Soliani, 1870, in-4°. T. I. 5492

T. II: Modena, societa tipografica modenese, 1873-1876.
Tiré à 250 ex.

* **Riccio** (C. M.). — Biblioteca storico-topografica degli Abruzzi composta sulla propria collezione. — Napoli, pe' tipi di Vincenzo Priggiobba, 1862, in-8°. 5493

* — (C. M.). — Memorie storiche degli scrittori nati nel regno di Napoli. — Napoli, 1844, in-4°. 5494

* **Rich** (O.). — Bibliotheca americana nova, or a catalogue of books in various languages, relating to America, printed since the year 1700 compiled principally from the works themselves. — London, O. Rich, 1835-1844, 2 vol. in-8°. 5495

* **Richard**. — Extraits d'une petite biographie des savants et littérateurs nés dans l'arrondissement de Remiremont. — Epinal, Gley, 1841, in-12, 12 p. 5496

* — (A.). — Notice sur les ouvrages et mémoires de botanique publiés par M. Achille Richard. — Paris, imp. de J. Tastu (s. d.), in-8°, 7 p. 5497

* — (A. V.). — Der Kurfürstlich Sächsische Kanzler Dr. Nicolaus Krell. Ein Beitrag zur Sächsichen Geschichte des 16. Jahrhunderts nach den in dem Königl. Sächs. Hauptstaatsarchiv in Dresden, der Stadtbibliothek in Leipzig, etc. befindlichen und noch nicht benutzten Originalurkunden bearbeitet. — Dresden, Kuntze, 1859, 2 vol. in-8°. 5498

Le T. I contient, pages XV-LIV: »Verzeichniss der Quellen und Materialien«.

* — (Ch.). — Notice sur la vie et les travaux de E.-H. Langlois . . . — Rouen, E. Le Grand, 1838, in-8°. 5499

Tiré à 118 ex. dont 6 sur papier de couleur.

***Richardson** (Ch. F.). — The choice of books. — London, Sampson Low, 1881, in-12. 5500

* **Richerand.** — Notice sur la vie et les ouvrages de Bordeu. — (Paris), imp. de Crapelet (1817), in-8°, 24 p. 5501

* **Richet** (A.). — Exposé sommaire des titres et travaux scientifiques de M. A. Richet. — Paris, imp. de L. Martinet (1858), in-4°, 8 p. 5502

La couverture imprimée sert de titre.

* — (Ch.). — Exposé des titres et travaux scientifiques de M. Charles Richet. — Paris, imp. de A. Quantin, 1882, in-4°, 27 p. 5503

* **Richou** (G.). — Inventaire de la collection des ouvrages et documents réunis par J. F. Payen et J. B. Bastide sur Michel de Montaigne. Rédigé et précédé d'une notice. Suivi de lettres inédites de Françoise de Lachassagne. — Paris, Léon Téchener, 1878, in-8°. 5504

Richter (A. v.). — Geschichte der dem russischen Kaiserthum einverleibten deutschen Ostseeprovinzen bis zur Zeit ihrer Vereinigung mit demselben. — Riga, Kymmel, 1857, in-8°. 5505

Le T. I contient, p. 1-23: »Quellen und Literatur der Geschichte der Ostseeprovinzen«.

* — (B.). — Kurze Anleitung eine Bibliothek zu ordnen und in der Ordnung zu erhalten. Mit sechs lithographirten Tabellen. — Augsburg, Verlag der Karl Kollmann'schen Buchhandlung, 1836, in-8°. 5506

— (Fr. I.). — Wissenschaftskunde. — Wien, Mechitar.-Congregat.-Buchhandlung in Comm., 1847, in-12. 5507

* — (P. E.). — Verzeichniss der Periodica aus den Gebieten der Literatur, Kunst und Wissenschaft im Besitze der k. öffentlichen Bibliothek zu Dresden. Nach Titeln, Herausgebern und Materien geordnet und mit Unterstützung der Generaldirection der königl. Sammlungen für Kunst und Wissenschaft herausgegeben. — Dresden, Hermann Burdach, 1880, in-4°. 5508

Ricoboni (L.). — Histoire du théâtre italien, depuis la décadence de la comédie latine; avec un catalogue des tragédies et comédies italiennes imprimées depuis l'an 1500 jusqu'à l'an 1660, et une dissertation sur la tragédie moderne. Avec des figures qui représentent leurs différens habillemens. — Paris, Cailleau, 1730-1731, 2 vol. in-8°. 5509

* **Riedel** (J. M.). — Commentatio de vita et scriptis Georgii Nicolai Kriegkii rectoris pædagogii ilfendensis. — S. l. ni d., in-4°. 5510

Riederer (J. B.). — Voy. Feverlinus (J. G.). Bibliotheca symbolica evangelica Lutherana.

Riemann (H.). — Musik-Lexikon-Theorie und Geschichte der Musik, die Thon-Künstler alter und neuer Zeit. Mit Angabe ihrer Werke nebst einer vollständigen Instrumentenkunde. — Leipzig, Verlag des bibliographischen Instituts, 1882, in-8°. 5511

La couverture imprimée porte: »Meyers Fach-Lexika«.

* **Rigaud** (P.). — Exposé des titres de M. le professeur P. Rigaud, à l'appui de sa candidature à la chaire d'anatomie vacante dans la faculté de médecine de Montpellier. — Montpellier, imp. de J. Martel, 1853, in-4°. 8 p. 5512

* **Rigaud de Lisle.** — Titres de M. Rigaud de Lisle pour remplacer M. Yvart, comme correspondant dans la section d'économie rurale de l'Institut. — (S. l. ni d.), in-4°, 3 p. 5513

* **Rigoley de Juvigny.** — Les bibliothèques françoises de la Croix du

Maine et de Du Verdier sieur de Vauprivas; nouvelle édition, dédiée au roi, revue, corrigée et augmentée d'un discours sur le progrès des lettres en France, et des remarques historiques, critiques et littéraires de M. de la Monnoye et de M. le président Bouhier, ... de M. Falconet,... — A Paris, chez Saillant et Nyon, 1772-1773, 6 vol. in-4°. 5514

Riley (Ch. V.). — General index and supplement to the nine reports on the insects of Missouri. — Voy. Department of the interior. U. S. entomological commission.

* **Rimbault** (Ed. F.). — Bibliotheca Madrigaliana. A bibliographical account of the musical and poetical works published in England during the Sixteenth and Seventeenth Centuries, under the titles of madrigals, ballets, Ayres, Canzonets, etc. — London, Smith, 1847, in-8°. 5515

* **Ringhoffer** (C.). — Die Flugschriften-Literatur zu Beginn des spanischen Erbfolgekriegs. — Berlin, 1881, in-8°. 5516

* **Rink** (Fr. Th.) und J. S. **Vater.** — Arabisches Syrisches und Chaldäisches Lesebuch, das arabische grösstentheils nach bisher ungedruckten Stücken mit Verweisungen auf die Grammatik und mit erklärenden Wortregistern herausgegeben. — Leipzig, Crusius, 1802, in-8°. 5517

Contient, pages 277-292: »Litteratur der in Arabischer Sprache gedruckten Schriften«.

Rinne (J. K. Fr.). — Theoretische deutsche Stillehre überhaupt philosophisch und sprachlich neu entwickelt. — Stuttgart, Balz, 1840, in-8°. 5518

A aussi cet autre titre: »Die Lehre vom deutschen Stile philosophisch und sprachlich entwickelt«. Le T. I, 1 contient, p. 159-168: »Uebersicht der bedeutenderen Schriften, die in deutscher Sprache über den deutschen Stil oder doch mit besonderer Beziehung auf denselben geschrieben sind«.

* **Ripert-Monclar** (de). — Essai sur la vie et les ouvrages de M. le Mis de Fortia d'Urban,... — Paris, E. Garnot, 1840, in-8°. 5519

Est suivi de la bibliographie générale et raisonnée de ses ouvrages par M. de Hoffmanns.

* **Ripoll.** — Titres scientifiques produits par M. A. Ripoll,... à l'appui de sa candidature à la chaire de médecine légale vacante à l'Ecole préparatoire de médecine et de pharmacie de Toulouse. — Toulouse, imp. de A. Chauvin, 1855, in-8°, 14 p. 5520

La couverture imprimée sert de titre.

* **Ristelhuber** (P.). — Bibliographie alsacienne. 1869. — Strasbourg, chez J. Noiriel, 1870, in-8°. 5521

* —. — 1870. Chronique de la guerre avec les documents officiels et autres. — Strasbourg, Noiriel, 1871, in-8°.

* —. — 1871. Chronique de l'état de siège. — Strasbourg, J. Noiriel, 1872, in-8°.

* —. — 1872. Quatrième série contenant les réponses au conseil d'enquête des capitulations. — Strasbourg, J. Noiriel, 1873, in-8°.

Ristelhueber (J. B.). — Wegweiser zur Literatur der Waisenpflege, des Volks-Erziehungswesens, der Armenfürsorge, des Bettlerwesens und der Gefängnisskunde. — Cöln, Schmitz, 1831, in-8°. 5522

Un T. II a paru à Köln, gedr. von Schlösser, 1840, in-8°.

Ritson (Jos.). — Voy. Bibliographia poetica.

Ritter (F.). — Voy. Fillon (B.). Notice sur ... François Viete.

* — (J. Ig.). — Handbuch der Kirchengeschichte. Sechste Auflage. Durchgesehen und herausgegeben von Ennen. — Bonn, Marcus, 1862, 2 vol. in-8°. 5523

Contient l'indication des sources bibliographiques.

Rivain (C.). — Table générale par ordre alphabétique des matières contenues dans les quinze premiers volumes de l'Histoire littéraire de la France, dictionnaire encyclopédique de l'état des sciences et des lettres depuis les temps les plus reculés jusqu'au XIIe siècle exclusivement. — Paris, Palmé, 1875, in-4°, à 2 col. 5524

Rivers (D.). — Voy. Literary memoirs of living authors of Great Britain.

* **Rivière** (A.). — Article inséré le 7 mars 1840 dans la »Gazette de France« . . . Coup d'œil sur les travaux scientifiques de M. Arago . . . — Paris, imp. de Lacour (1848), in-8°, 8 p. 5525

*—. — Liste des principaux travaux de M. A. Rivière, docteur ès-sciences. — Paris, imp. de A. Lainé et J. Havard (1861), in-8°, 15 p. 5526

Rivoire (C.) et A. **Truchelut**. — Coutumes et usages des étangs de la Dombes et de la Bresse. Réunis, mis en ordre, annotés et suivis de la bibliographie des Etangs et d'un tableau des mesures locales. — Bourg, imp. Authier et Barbier, 1881, in-8°. 5527

Publication du comité des géomètres des arrondissements de Bourg et de Trévoux (Ain.).

* **Rivot**. — Titres scientifiques de M. Rivot. — Paris, imp. de Hennuyer (1861), in-4°, 15 p. 5528

La couverture imprimée sert de titre.

* **Robert** (A.). — Exposé des titres de M. Alphonse Robert pour une place vacante à l'Académie royale de médecine, section de pathologie externe. — Paris, imp. de Cosson, 15 juillet 1840, in-4°, 3 p. 5529

*— . . . section de médecine opératoire. — Paris, imp. de Bourgogne et Martinet (1846), in-4°, 4 p.

* **Robert** (C. A.). — Exposé des titres scientifiques de M. C. A. Robert. — Paris, imp. L. Martinet (1848), in-4°, 5 p. 5530

*— (Ul.). — Inventaire des cartulaires conservés dans les bibliothèques de Paris et aux Archives nationales. Suivi d'une bibliographie des cartulaires publiés en France depuis 1840. — Paris, Alph. Picard, 1878, in-8°. 5531

Ext. du »Cabinet historique«. Tiré à 350 ex. dont 50 sur papier vergé. — La Bibliographie des cartulaires est de M. Leopold Delisle.

* **Robert-Dumesnil** (A. P. F.). — Le Peintre-Graveur français, ou catalogue raisonné des estampes gravées par les peintres et les dessinateurs de l'école française. Ouvrage faisant suite au Peintre-Graveur de M. Bartsch. — Paris, imp. de Me Huzard, 1835-1844, 7 vol. in-8°. 5532

* **Robertson** (W.). — The history of America. — London, printed for W. Strahan, 1777, 2 vol. in-4°. 5533

Les p. 523-535 renferment: »A Catalogue of spanish books and manuscripts (224 art.)«. Dans la trad. française de 1778 (Paris, Panckoucke, 2 vol. in-4°) cette liste se trouve, T. II, p. 526-538. Dans l'édition de Londres (Strahan, 1800-1801, 3 vol. in-18), elle se trouve en tête du T. I.

* **Robillard de Beaurepaire** (E. de). — M. de Caumont, sa vie et ses œuvres. — Caen, imp. de Le Blanc-Hardel, 1874, in-8°. 5534

Ext. des »Mémoires de l'Académie des sciences, arts et belles-lettres de Caen«.

*—. — Raymond Bordeaux, ses œuvres et sa correspondance. — Caen, imp. de Le Blanc Hardel, 1878, in-8°. 5535

Ext. du »Bulletin de la Société des antiquaires de Normandie«.

* **Robin** (Ch.). — Notice sur les travaux d'anatomie et de zoologie de

M. Charles Robin. — Paris, imp. de Martinet, 1860, in-4°. 5536

La couverture imprimée sert de titre.

— Une suite, paginée 61-90, a paru in-4° en 1865, à Paris. Le titre de départ porte: »Travaux publiés depuis l'année 1861«.

* **Robin** (Ch.). — Notice sur les travaux d'anatomie pathologique de M. Charles Robin. — Paris, imp. de Martinet, 1856, in-4°, 32 p. 5537

* —. — Notice sur les travaux d'histoire naturelle, d'anatomie et de pathologie de M. Charles Robin. — Paris, imp. de Martinet (1852), in-4°, 40 p. 5538

* —. — Notice sur les travaux scientifiques de M. le Dr. Ch. Robin. — Paris, imp. de Bachelier, 4 décembre 1848, in-8°. 5539

* **Robinet**. — Notice sur l'œuvre et sur la vie d'Aug. Comte, par le docteur Robinet, son médecin et l'un de ses treize exécuteurs testamentaires. — Paris, Dunod, 1860, in-8°. 5540

Contient, p. 624-628: la liste des ouvrages d'Auguste Comte et celle des publications de l'école positive.

* — 2e éd. — Paris, R. Pincebourde, 1864, in-8°.

* —. — Notice sur les travaux de M. Robinet. — (1843), in-4°, 6 p. 5541

* **Robinson** (Ed.). — Biblical researches in Palestine, Mount Sinai, and Arabia Petræa. A journal of travels in the year 1838 by E. Robinson and E. Smith, undertaken in reference to biblical geography, drawn up from the original diaries, with historical illustrations by Edward Robinson. — London, Crocker, 1841, 3 vol. in-8°. 5542

Le T. III, pages 3-28 de l'appendice, renferme: »Chronological list of works on Palestine and Mount Sinaï«.

—. — 3e édition. — London, Murray, 1867, 3 vol. in-8°.

Renferme; T. II p. 533-555: »A chronological list of works on Palestine, Jerusalem, and mount Sinaï«.

* **Robinson** und E. **Smith**. — Palästina und die südlich angrenzenden Länder. Tagebuch einer Reise im Jahre 1838 in Bezug auf die biblische Geographie unternommen von E. Robinson und E. Smith. Nach den Original-Papieren mit historischen Erläuterungen herausgegeben von Eduard Robinson. — Halle, Buchhandlung des Waisenhauses, 1841, 3 vol. in 8°. 5543

Le T. I, p. XVI-XXXIX contient: »Chronologisches Verzeichniss der Werke über Palästina, den Berg Sinai und die angrenzenden Gegenden«.

* **Robiquet** (E.). — Candidature à l'Académie impériale de médecine. Notice sur les titres scientifiques de E. Robiquet, candidat pour la place vacante à l'académie impériale de médecine (section de chimie et de physique). — Paris, imp. de E. Thunot, 1856, in-4°, 7 p. 5544

La couverture imprimée sert de titre.

* —. — Eloge de M. Soubeiran, prononcé à la séance de rentrée de l'Ecole de pharmacie, le 16 novembre 1859. — Paris, imp. de Renou et Maulde, 1859, in-8°, 16 p. 5545

La couverture imprimée sert de titre.

* — (H. E.). — Notice sur les titres scientifiques de H. E. Robiquet. — Paris, imp. de E. Thunot (1853), in-4°, 4 p. 5546

La couverture imprimée sert de titre.

Robolotti (Fr.). — Dei documenti storici e letterarj di Cremona lettera a Federico Odorici di Brescia corredata da alcuni disegni di monumenti Cremonesi de' tempi romani e di mezzo illustrati dallo stesso Odorici e da alcuni documenti inediti. — Cremona, tip. di Feraboli, 1857, gr. in-4°. 5547

Rocca (A.). — Bibliothecæ theologicæ et scripturalis epitome, sive index ordine alphabetico digestus ad promtius invenienda et facilius intelligenda quæ in scripturam sacram a doctoribus sanctis et a præcipuis aliquot theologis elucubrata sunt. — Romæ, 1594, in-8°. 5548

Roch (J. C. F.). — Voy. Materialien zu einer Geschichte des Buchhandels.

* **Roch** (L.) et **Auphan.** — Exposé des titres et travaux scientifiques du Dr. Serre, d'Uzès. — Alais, imp. de Vve Veirun (1856), in-4°, 22 p. 5549

* **Rochambeau** (Mis de). — Galerie des hommes illustres du Vendomois. Antoine de Bourbon... — Vendome, typ. Lemercier, 1879, in-8°. 5550

Se termine par la liste des ouvrages de Rochambeau (33 art.).

* —. — Les imprimeurs vendomois et leurs œuvres (1623-1879). Deuxième édition. — Vendome, Lemercier, 1880, in-8°, 35 p. 5551

* **Rochas** (A.). — Biographie du Dauphiné, contenant l'histoire des hommes nés dans cette province qui se sont fait remarquer dans les lettres, les sciences, les arts, etc.; avec le catalogue de leurs ouvrages et la description de leurs portraits. — Paris, Charavay, 1856-1860, 2 vol. in-8°. 5552

* —. — Extrait de la »Biographie du Dauphiné«. Guy Allard, historien et généalogiste du Dauphiné, sa vie et ses ouvrages. — Paris, Charavay, 1854, gr. in-8°, 6 p. 5553

* **Rochas** (Ad.). — Notices biographiques et littéraires sur MM. Hugues Berriat, Jacques, Charles et Félix Berriat-Saint-Prix. Extraits de la »Biographie du Dauphiné«. — Paris, Charavay, 1854, in-8°, 14 p. 5554

—. — Voy. Bibliographie Lesdiguiérienne.

* **Roche** (Ed.). — Travaux scientifiques de M. Edouard Roche, chargé de la chaire de mathématiques à la faculté des sciences de Montpellier. — Montpellier, imp. de Bœhm, 1851, in-8°, 7 p. 5555

Rodriguez (B.). — Voy. Catalogo de algunos autores españoles.

* — (Fr. J.). — Biblioteca Valentina. Compuesta por el M. r. p. M. Fr. Josef Rodriguez, . . . por su muerte, interrumpida su impression. Aora continuada, y aumentada con el prologo, y originales del miomo autor. Aú adidas algunas enmiendas, y correcciones, como las dexò el autor entre sus originales, con que se mejoran muchos lugares de su obra. Juntase la continuacion de la misma obra, hecha por el M. r. p. M. Fr. Ignacio Savalls, . . . Dedicada a la M. I. ciudad de Valencia. — En la misma, por Joseph Thomàs Lucas, 1747, in-fol. 5556

* **Rodriguez de Castro** (J.). — Biblioteca española. Tomo primero, que contiene la noticia de los escritores rabinos españoles desde la epoca conocida de su literatura hasta el presente. — En Madrid, en la imprenta real de la Gazeta, 1781, in-fol. 5557

* **Roeder** (Jo. P.). — Catalogus librorum qui sæculo XV a. c. n. Norimbergæ impressi sunt, collectus et conscriptus. — Typis Arnoldianis, 1742, in 4°. 5558

* **Röding** (J. H.). — Allgemeines Wörterbuch der Marine. — Hamburg, bey Nemnich, Leipzig, bey Böhme, 1793, 2 vol. in-4°. 5559

Le T. I, contient, p. 6-287: Allgemeine Literatur der Marine.

* **Römer** (C. H. v.). — Handbuch für Gesandte. Erster Theil die Literatur des natürlichen und positiven Gesandschaftsrechts enthaltend. —

Leipzig, bey Friedrich Schneidern, 1791, in-8°. 5560

* **Roënnius** (Jo.). — Jo. Roënni' rotomagensis, index elogiorum. quæ hactenus, maximam partem, diversis temporibus edita, nunc in quinque decadas tributa, paucis mensibus, simul excudentur. Ad Nicolum Trosnelum, . . . — Parisiis, typogr. Fr. Jacquini, 1611, in-8°, 46 p. 5561

Rössig (C. G.). — Die neuere Litteratur der Polizey und Cameralistik, vorzüglich vom Jahr 1762 bis 1802 nach alphabetischer Ordnung der Gegenstände, und nach der Chronologie gesammelt und herausgegeben. — Chemnitz, Jacobäer, 1802, 2 vol. in-8°. 5562

Rœst (M.). — Voy. Rosenthal (L.). Catalog der Hebraica.

* **Roger** (H.). — Candidature à une place vacante à l'Académie impériale de médecine (section de pathologie médicale). Exposé des titres scientifiques du Dr. Roger (Henri). — Paris, imp. de F. Malteste (1862), in-4°, 16 p. 5563

* **Rogg** (J.). — Bibliotheca mathematica sive criticus librorum mathematicorum, qui inde ab rei typographicæ exordio ad anni 1830mi usque finem excusi sunt, index ad varios usus commode dispositus. — Tubingæ, sumptibus L. F. Fues, 1830, in-8°. Sectio I. 5564

Avec autre titre en allemand.

* **Rohlf** (H.). — Geschichte der deutschen Medicin. — Stuttgart, Ferdinand Enke, 1875-1880, 2 vol. in-8°. 5565

Avec cet autre titre: »Die medicinischen Classiker Deutschlands«. — Stuttgart . . .

La 1re Abth. comprend la bibliographie et la biographie de: Werlhof der Grosse. — Der Ritter v. Zimmermann. — Wichmann der Diagnostiker. — Der Archiater Hensler. — Stieglitz der Kritiker. — Marx der Einzige. — Der alte Heim. — Der Kliniker Peter Krukenberg.

Et la 2e Abth.: Lebrecht Friedrich Benjamin Lentin. — Samuel Gottlieb von Vogel. — Johann Peter Frank. — Kurt Sprengel. — Johann Georg Rœderer. — Lukas Johann Boër, — Justus Heinrich Wigand. — Franz Carl Naegele.

Rohricht (R.) und H. **Meisner**. — Deutsche Pilgerreisen nach dem heiligen Lande. — Berlin, Weidmann, 1880, in-8°. 5566

Se termine par une bibliographie.

* **Rolland** (E.). — Notice sur les travaux et titres scientifiques de M. E. Rolland. — Paris, Gauthier-Villars, 1864, in-4°, 22 p. 5567

La couverture imprimée sert de titre.

* — Paris, Gauthier-Villars, 1872, in-4°, 39 p.

* — (J. F.). — Conseils pour former une bibliothèque, ou catalogue raisonné de tous les bons ouvrages qui peuvent entrer dans une bibliothèque chrétienne. — A Lyon, chez J. F. Rolland, 1833-1843, 3 vol. in-8°. 5568

* **Rollet** (P.). — De la Vie et des écrits de M. le Cte de Gasparin. Notice lue, dans sa séance mensuelle du 4 janvier 1863, à la Société d'agriculture, sciences et arts d'Orange. — Paris, imp. de S. Raçon (1863), in-8°, 44 p. 5569

* —. — Notice sur la vie et les poésies d'Augustin Boudin. — Avignon, imp. de Aubanel frères, 1879, in-8°. 5570

* **Romanet** (de). — Notice sur les travaux de M. le Vte de Romanet, . . . à l'appui de sa candidature à la place d'académicien libre, vacante par le décès de M. le duc de Raguse. — Paris, imp. de Ve Bouchard-Huzard, 1852, in-8°, 15 p. 5571

* **Ronalds** (Fr.). — Published by the society of telegraph engineers. — Cata-

logue of books and papers relating to electricity, magnetism, the electric telegraph, etc. including the Ronalds library. With a biographical memoir. Edited by Alfred J. Frost . . . —London, E. & F. N. Spon, 1880, in-8°. 5572

Roncetti (A.). — Voy. Denis (M.). Bibliografia.

* **Rondelet** (A.). — Notice historique sur la vie et les ouvrages de J.-N.-L. Durand . . . — Paris, imp. de Pihan de La Forest, 1835, in-8°, 11 p. 5573

Rondet (L. Et.). — Voy. Ceillier (R.). Histoire générale des auteurs sacrés.

***Ronzier-Joly.** — Exposé des titres, services et travaux scientifiques du docteur Ronzier-Joly, candidat pour l'agrégation en médecine à la faculté de Montpellier. — Montpellier, imp. de Bœhm, 1857, in-8°, 11 p. 5574

* **Roorbach** (O. A.). — Bibliotheca Americana. Catalogue of american publications, including reprints and original works, from 1820 to 1848, inclusive. — New York, Orville A. Roorbach, 1849, in-8°. 5575

—. — Bibliotheca Americana. Catalogue of american publications, including reprints and original works, from 1820 to 1852, inclusive. Together with a list of periodicals published in the United States. Compiled and arranged by O. A. Roorbach. — New York, Orville A. Roorbach, october 1852. 5576

Supplement, a Catalogue of American Publications, from October 1852, to May 1855 including also a repetition of such books as have either changed prices or publishers during that period. — New York, May 1856, in-8°.

Addenda, a Catalogue of American Publications from May 1855, to March 1858. — New York, 1858, in-8°.

* —. — Supplement to the bibliotheca americana: comprising a list of books (re-prints and original works), which have been published in the United States within the past year. Also omissions and corrections of errors, as far as ascertained, which occurred in the former work. Together with a list of periodicals. — New York, George P. Putnam, 1850, in-8°. 5577

Roos (J. Fr.). — Jo. Bernhard de Rossi Annales typographiæ Ebraicæ Sabionetenses appendice aucti ex italicis latinos fecit. — Erlangæ, Palm, 1783, in-8°. 5578

* **Rooses** (M.). — Christophe Plantin imprimeur Anversois. — Anvers, J. Maes, 1882, in-fol. 5579

* **Ropartz** (S.). — Etudes sur quelques ouvrages rares et peu connus — XVIIe siècle—, écrits par des Bretons ou imprimés en Bretagne. Suivies d'Une bibliothèque de jurisprudence bretonne, par M. le comte Corbière, ancien ministre. — Nantes, A. L. Morel, 1879, in-8°. 5580

Tiré à 300 ex.

* **Roquefort** (J. B. B.). — Glossaire de la langue romane, rédigé d'après les manuscrits de la Bibliothèque impériale, et d'après ce qui a été imprimé de plus complet en ce genre; contenant l'étymologie et la signification des mots usités dans les XI, XII, XIII, XIV et XVe siècles, avec de nombreux exemples puisés dans les mêmes sources; et précédé d'un discours sur l'origine, les progrès et les variations de la langue françoise . . . — Paris, B. Warée, 1808, 2 vol. in-8°. 5581

Un supplément a paru à Paris chez Chasseriau et Hécart en 1820. — Le T. II contient, p. 755-780 une »Table alphabétique des noms des auteurs et des titres de leurs ouvrages, tant manuscrits qu'imprimés, dont on s'est servi pour la composition de ce glossaire; on y a joint une courte notice sur plusieurs anciens poëtes françois, le siècle où ils ont vécu, et quelques réflexions sur leurs ouvrages«.

Rosenadler (C. All.). — Förteckning på en Samling af tryckta svenska Böcker hwilka d. 21 October 1780 blifvit i gåfva öfverlemnade til Kongl. Svenska vetenskaps Akademien. — Stockholm, tryckt hos Kumblin, 1780, in-4°. 5582

* **Rosenbaum** (J.). — Additamenta ad Lud. Choulanti bibliothecam medico-historicam. — Halis Saxonum, sumptibus Jo. Fr. Lipperti, 1842, in-8°. 5583

* —. — Specimen secundum. — Halis Saxonum, apud C. A. Schwetschke et filium, 1847, in-8°.

* **Rosenberg** (M.). — Quellen zur Geschichte des Heidelberger Schlosses. Mit einer Einleitung: das Heidelberger Schloss in seiner Kunst- und culturgeschichtl. Bedeutung von Dr. K. B. Stark in Heidelberg. Mit acht photo- und lithographischen Tafeln. — Heidelberg, Carl Winter, 1882, in-4°. 5584

* **Rosenkranz** (K.). — Diderot's Leben und Werke. — Leipzig, Brockhaus, 1866, 2 vol. in-8°. 5585

* —. — Neue Studien. T. IV. Zur Literaturgeschichte. Zur Geschichte der neueren deutschen Philosophie, besonders der Hegel'schen. — Leipzig, Erich Koschny, 1878, in-8°. 5586

Contient, notamment p. 440-462: »Alphabetische Bibliographie der Hegel'schen Schule«.

Rosenmüller (E. Fr. K.). — Handbuch für die Literatur der biblischen Kritik und Exegese. — Göttingen, Vandenhœk und Ruprecht, 1797-1800, 4 vol. in-8°. 5587

* **Rosenthal** (G. E.). — Encyklopädie der Kriegswissenschaften das ist: Kriegskunst, Kriegsbaukunst, Artillerie, Minierkunst, Pontonier - Feuerwerkerkunst, und Taktik, ihrer Geschichte und Literatur in alphabetischer Ordnung. Mit einer Vorrede von (G. E.) Müller. — Gotha, Ettinger, 1794-1803. 8 vol. in-4°. 5588

Forme la 5e partie de l'Encyklopädie aller mathematischen Wissenschaften« de Rosenthal.

Rosenthal (G. E.). — Litteratur der Technologie das ist: Verzeichniss der Bücher, Schriften und Abhandlungen, welche von den Künsten, den Manufakturen und Fabriken, der Handlung, den Handwerkern und sonstigen Nahrungszweigen, als auch von denen zum wissenschaftlichen Betriebe derselben erforderlichen Kenntnissen aus dem Naturreiche, der Mathematik, Physik, und Chemie handeln. Nach alphabetischer Folge des Jacobsson'schen Wörterbuchs geordnet. — Berlin und Stettin, Nicolai, 1795, in-4°. 5589

* — (L.). — Catalog der Hebraica und Judaica aus der L. Rosenthal'schen Bibliothek. Bearbeitet von M. Rœst. — Amsterdam, 1875, 2 vol. in-8°. 5590

Roskovány (A.). — De matrimoniis mixtis inter catholicos et protestantes. Tom. I. Quinque-Ecclesiis, typ. lycei episcopalis, 1842, in-8°. 5591

Contient la bibliographie des mariages mixtes principalement pour la Hongrie, la Transylvanie et l'Autriche.

* —. — Matrimonium in ecclesia catholica potestati ecclesiasticæ subjectum: cum amplissima collectione monumentorum, et literatura. — Pestini, typis Athenæi, 1870-1871, 2 vol. in-8°. 5592

Rossberg. — Voy. Wuttig (G. W.). Bibliotheca juridica.

* **Rossetti** (de). — Catalogo della raccolta che per la bibliografia del Petrarca e di Pio II, e gia' posseduta e si va continuando. — Trieste, nella tipografia di Giovanni Marenigh, 1834, in-8°. 5593

* **Rossetti** (de).— Edizione singolarissima del canzoniere del Petrarca descritta ed illustrata. Con un fac-simile inciso in rame. — Trieste, dalla tipografia Marenigh, 1826, in-8°. 5594

— (F.). — Voy. Bibliografia italiana di elettricità.

Rossetti Pietracila. — La libreria Guicciardini sulla riforma religiosa in Italia nel secolo XVI, nella biblioteca nazionale di Firenze. — Firenze, tip. Pellas, 1877, in-16, 14 p. 5595

Rosshirt (K. Fr.). — Voy. Mackeldey (F.). Lehrbuch des heutigen Römischen Rechts.

* **Rossi** (J. B. de). — Annales hebræo-typographici sec. XV. Descripsit fusoque commentario illustravit. — Parmæ, ex regio typographeo, 1795, in-4°. 5596

*—. — Annales hebræo-typographici, ab an. 1501 ad 1540. Digessit notisque hist.-criticis instruxit. — Parmæ, ex regio typographeo, 1790, in-4°. 5597

*—. — Annali Ebreo-tipografici di Cremona. — Parma, dalla stamperia imperiale, 1808, in-8°, 24 p. 5598

*—. — Annali Ebreo-tipografici di Sabbioneta sotto Vespasiano Gonzaga distesi, ed illustrati. — Parma, presso Filippo Carmignani, 1780, in-4°, 32 p. 5599

—. — Apparatus hebræo-biblicus seu mss. editique codices sacri textus quos possidet novæque var. lectionum collationi destinat. — Parmæ, ex regio typographeo, 1782, in-8°. 5600

*—. — Bibliotheca judaica antichristiana qua editi et inediti judæorum adversus christianam religionem libri recensentur. — Parmæ, ex regio typographeo, 1800, in-8°. 5601

*—. — De hebraicæ typographiæ origine ac primitiis seu antiquis ac rarissimis hebraicorum librorum editionibus seculi XV disquisitio historico-critica. — Parmæ, ex regio typographeo 1776, in-4°. 5602

* **Rossi** (J. B. de). — De ignotis nonnullis antiquissimis hebr. textus editionibus ac critico earum usu. Accedit de editionibus hebræo biblicis appendix historico critica ad nuperrimam bibliothecam sacram. — Erlangæ, sumtibus Joannis Jacobi Palm, 1782, in-4°. 5603

*—. — De typographia hebræo-ferrariensi commentarius historicus quo Ferrarienses judæorum editiones hebraicæ, hispanicæ, lusitanæ recensentur et illustrantur. — Parmæ, ex regio typographeo, 1780, in-8°. 5604

*—. — Dell' origine della stampa in tavole incise e di una antica e sconosciuta edizione zilografica. — Parma, dalla stamperia imperiale, 1811, in-8°, 12 p. 5605

*—. — Dizionario storico degli autori Ebrei e delle loro opere. — Parma, dalla reale stamperia, 1802, 2 vol. in-8°. 5606

*—. — Dizionario storico degli autori arabi più celebri e delle principali loro opere. — Parma, dalla stamperia imperiale, 1807, in-8°. 5607

*—. — Historisches Wörterbuch der jüdischen Schriftsteller und ihrer Werke. Aus dem italienischen übersetzt von Dr. C. H. Hamberger. — Leipzig, Verlag von L. Fort, 1839, in-8°. 5608

*—. — Libri stampati di letteratura sacra ebraica ed orientale della biblioteca del dottore G. B. de Rossi, divisi per classes e con note. — Parma, della stamperia imperiale, 1812, in-8°. 5609

*—. — Memorie storiche sugli studj e sulle produzioni del dottore G. Ber-

nardo de Rossi da lui distese. — Parma, dalla stamperia imperiale, 1809, in-8°. 5610

* **Rossi-Scotti** (G. B.). — Della vita e delle opere del cav. Francesco Morlacchi di Perugia... Memorie istoriche precedute dalla biografia e bibliografia musicale perugina dell' istesso autore. — Perugia, tip. Bartelli, 1860, in-4°. 5611

* **Rossiiskaïa bibliografia**... (Bibliographie russe. Annuaire des publications périodiques en Russie. Table complète des journaux et gazettes, en toutes langues, paraissant dans l'empire russe. Avec addition d'une table systématique complète. 1880.) — St. Pétersbourg, Emile Hartier, 1880, in-8°. 5612

En russe.

* **Rousskaia Istoritcheskaia bibliographia**... (Bibliographie historique russe. Année 1855. — Saint Pétersbourg, chez les commissionnaires de l'académie impériale des sciences) 1861, in-8°. 5613

* **Rossotti à Monteregali** (A.). — Syllabus scriptorum Pedemontii, seu de scriptoribus pedemontanis in quo brevis librorū, patriæ, generis, et nonnunquā, vite notitia traditur. Additi sunt scriptores Sabaudi, Monferratenses, et comitatus Niciensis. Accessit quadruplex index. Materiarum, cognominum, patriæ, et religionum. Cum appendice. — Monteregali, typis Francisci Mariæ Gislandi, 1667, in-4°. 5614

Rotermund (H. W.). — Verzeichniss von den verschiedenen Ausgaben der sämtlichen Schriften Dr. Martin Luthers, wie sie der Zeit nach im Druck erschienen sind. Aus dem IV. Bande der Fortsetzung und Ergänzungen des Jöcherischen Gelehrten Lexikons besonders herausgegeben. — Bremen, gedr. bey Jöntzen, 1813, in-8°. 5615

Rotermund (H. W.). — Verzeichniss von den verschiedenen Ausgaben der sämtlichen Schriften Philipp Melanchthons, wie sie der Zeit nach im Druck erschienen sind. — Bremen, gedr. bey Jöntzen, 1814, in-8°. 5616

Ext. du T. IV de: »Fortsetzung und Ergänzungen des Jöcherischen Gelehrten Lexikons«.

* **Roth** (J.). — Der Vesuv und die Umgebung von Neapel. Eine Monographie. — Berlin, Hertz, 1857, in-8°. 5617

Contient, p. 32-53 et 405-478: »Vesuv-Literatur«.

* — (J. Th.). — Beiträge zum deutschen Staatsrecht und zur Litteratur desselben. Ein Nachtrag zu Pütter's Litteratur. — Nürnberg, Monath und Kussler, 1791, in-8°. 5618

—. — Litteratur der Staatsverhältnisse zwischen Deutschland und Frankreich. — Weissenburg, Jacobi, 1798, in-8°. T. I. 5619

N'a pas été continué.

— (P.). — Mecklenburgisches Lehenrecht.—Rostock, Stiller, 1858, in-8°. 5620

Contient, p. 16-22: »Literatur des Mecklenburgischen Lehenrechts«.

Roth-Scholtz (F.). — Voy. Vorheidenius (J.). Imagines et elogia.

Rothe (I. V.). — Handbuch für die medizinische Litteratur nach allen ihren Theilen; oder Anleitung zur Kenntniss der besten auserlesenen medizinischen Bücher, mit beygesetztem Inhalt, Werth, Jahrzahl, angeführten Rezensionen, historischen, biographischen und andern Anmerkungen, in systematischer Ordnung. Ein Versuch zum Gebrauch angehender Aerzte. — Leipzig, Kleefeld, 1799, in-8°. 5621

Rothschild (J.). — Voy. Le mistère du viel testament.

Rottner (Alb.). — Voy. Abriss einer Literatur des Buchhandels.

* **Roubaud** (F.). — Hydrologie médicale. Pougues, ses eaux minérales, ses environs. Troisième édition illustrée. — Paris, E. Dentu, s. d., in-16. 5622

Contient, p. 309-315: »Bibliographie des eaux de Pougues. (Ordre chronologique.)«

* **Rouby** (Ed.). — La cartographie au dépôt de la guerre. Notice historique et descriptive sur les publications du dépôt de la guerre. — Paris, Dumaine, 1876, in-8°. 5623

* **Rouget** (Ch.). — Notice à l'appui de la candidature de M. le Dr. Charles Rouget à la chaire de physiologie vacante à la faculté de médecine de Montpellier. — Paris, imp. de L. Martinet (1860), in-4°. 28 p. 5624

* — (G.). — Notice sur Abel de Pujol, peintre d'histoire, membre de l'institut né à Valenciennes, Nord, le 20 janvier 1785, mort à Paris le 28 septembre 1861, inhumé dans le cimetière sous Monmartre. — Valenciennes, imp. de Prignet, 1861, in-8°. 5625

* **Rousselle** (H.). — Bibliographie Montoise. Annales de l'imprimerie à Mons depuis 1580 jusqu'à nos jours. — Mons, Bruxelles, Decq, 1858, gr. in-8°. 5626

* **Rouveyre** (Ed.). — Connaissances nécessaires à un bibliophile. 3e édition revue, corrigée et augmentée. Ouvrage accompagné de 7 planches et de 5 spécimens de papier. — Paris, Ed. Rouveyre, 1879, in-8°. 5627

Il a été tiré 100 ex. de luxe dont 4 sur parchemin, 6 sur papier du Japon, 10 sur papier de Chine, et 30 sur papier Whatmann; 50 sur Whatman aussi, mais imprimés en deux couleurs (rouge minéral et bleu flore).

La 1re édition avait pour titre: »Bibliothèque de l'amateur de livres. Connaissances«.

Rouveyre (Ed.). — Voy. Miscellanées bibliographiques.

* **Roux**. — Notice des principaux travaux de M. Roux ... — Paris, imp. de H. Tilliard (s. d.), in-4°, 8 p. 5628

— (P.). — Voy. Journal typographique.

Roux-Lavergne (P. C.). — Voy. Bulletin catholique de bibliographie.

Rouyer. — Fragments d'études de bibliographie lorraine. — Nancy, 84 p., in-8°. 5629

* **Rouyères** (A. de). — Notice sur la vie et les travaux scientifiques de M. P.-L. Alphée Cazenave, médecin de l'hôpital Saint-Louis, publiée dans le tome 11 des »Archives de la France contemporaine« ... — Paris, bureau de l'administration, 1843, in-8°. 5630

* **Rovetta de Brixia** (P. F. A.). — Bibliotheca chronologica illustrium virorum provinciæ Lombardiæ sacri ordinis prædicatorum qui ab ordine condito, ad hæc usque tempora, in orthodoxæ fidei defensionem, in catholicarum veritatum propugnationem, in apostolicæ sedis exaltationem, in Hæreticorum depressionem, inquè Christi Fidelium utilitatem, respectivè calamum acuere. Accedit syntaxis eorum, qui ex eadem Lombardiæ provinciæ, ob eximiæ doctrinæ merita, primas ordinis dignitates obtinuere ... — Bononiæ, typis Josephi Longi, 1691, in-fol. 5631

* **Rozet**. — Liste des travaux du capitaine Rozet, candidat à la place vacante dans la section de géologie et de minéralogie. — Paris, imp. de F. Didot, 26 nov. 1847, in-8°, 15 p. 5632

* — Paris, imp. de L. Martinet, 1851, in-8°, 16 p.

* —. — Notice historique sur la vie et les ouvrages de M. le baron Henrion de Pansey. — Paris, T. Barrois père et B. Duprat, 1829, in-8°. 5633

* **Rozet.** — Notice sur la vie et les travaux du commandant E. Le Puillon de Boblaye, lue à la Société géologique de France, dans la séance du 1er avril 1844. — Paris, imp. de Bourgogne et Martinet, 1844, in-8°, 11 p. 5634

* **Rozier** (V.). — Essai d'une bibliographie universelle de la médecine, de la chirurgie et de la pharmacie militaires. — Paris, Victor Rozier, 1862, in-8°. T. I. 5635

Rozum (J. V.). — Seznam Českých Knih, obrazů a hudebnich výtvorů, Které posud na skladě jsou. Knihkupcům a vůbek milovnikům literatury Ceské sestavil. — U Praze, Pospišil, 1854, in-4°. 5636

* **Rozy** (H.). — Chauveau Adolphe, sa vie, ses œuvres, son enseignement. — Paris, Thorin, 1870, in-8°. 5637

Rua Figueroa (R.). — Voy. Maffei (E.). Apuntes para una biblioteca española.

* **Ruault** (N.). — Eloge de Nicolas Poussin, discours qui a remporté le prix de littérature décerné par la Société d'agriculture, sciences et arts du département de l'Eure, dans sa séance publique, tenue à Evreux le 4 juillet 1808. — Paris, imp. de H. Agasse, 1809, in-8°. 5638

* **Ruble** (Alph. de). — Notice des principaux livres, manuscrits et imprimés qui ont fait partie de l'exposition de l'art ancien au Trocadéro. — Paris, Léon Techener, 1879, in-8°. 5639

* **Rudhart** (G. Th.). — Thomas Morus. Aus den Quellen bearbeitet. — Nürnberg, Friedrich Campe, 1829, in-8°. 5640

Contient, p. 428-458: »Uebersicht der Literatur«.

* **Rudolphi** (E. C.). — Die Buchdrucker-Familie Froschauer in Zürich. 1521-1595. Verzeichniss der aus ihrer Officin hervorgegangenen Druckwerke. Zusammengestellt und geordnet. — Zürich, Verlag von Orell, Füssli & Co., 1869, in-8°. 5641

Rudolphus (C. Asm.). — Entozoorum, sive vermium intestinalium historia naturalis. — Amstelædami, sumt. tabernæ libr. et artium, 1808, in-8°. 5642

Le T. I contient, p. 1-172: »Bibliotheca entozoologica«.

Rüdiger (J. C. C.). — Neuester Zuwachs der teutschen, fremden und allgemeinen Sprachkunde in eigenen Aufsätzen, Bücheranzeigen und Nachrichten. — Leipzig, Kummer, 1785, in-8°. Stück IV. 5643

Contient, p. 1-185: »Uebersicht der neuern Litteratur der teutschen Sprachkunde seit Gottscheden, als Nachtrag und Fortsetzung zu Reichards Geschichte«.

Rühs (Fr.). — Entwurf einer Propädeutik des historischen Studiums. — Berlin, Realschulbuchhandlung 1811, in-8°. 5644

Chaque division de l'ouvrage est accompagnée de sa bibliographie.

* **Ruelens** (Ch.). et P. A. **Debacker**. — Annales plantiniennes depuis la fondation de l'imprimerie plantinienne à Anvers jusqu'à la mort de Chr. Plantin (1555-1589). — Paris, Tross, 1866, in-8°. 5645

Ext. du »Bulletin du bibliophile belge«, années 1858 à 1865. — Tiré à 200 ex.

—. — Voy. Un publiciste catholique du XVIe siècle.

* **Ruelle** (Ch. Em.). — Bibliographie générale des Gaules. Répertoire systématique et alphabétique des ouvrages, mémoires et notices concernant l'histoire, la topographie, la religion, les antiquités et le langage de la Gaule jusqu'à la fin du Ve siècle. 1re période. Publications faites depuis l'origine de l'imprimerie jusqu'en 1870 inclusivement. — Paris, chez l'auteur, 1880. in-8°. 5646

* **Ruffhead** (Ow.). — The life of Alexander Pope, compiled from original manuscripts, with a critical essay on his writings and genius. To which are added Mr. Pope's letters to a lady (never before published). — Dublin, 1769, 2 vol. in-12. 5647

Rufus (Q. C.). — De rebus gestis Alexandri Magni libris cum supplementis Jo. Freinshemii. Præmittitur notitia literaria. Accedit index studiis societatis Bipontinæ. Editio II. emendatior et auctior. — Argentorati, ex typographia societatis, anno IX. (1801), in-8°. 5648

Le T. I contient, pages XXVI-L : »Index editionum Q. Curtii Rufi auctior Fabriciano in quatuor ætates digestus«.

Rump (H.). — Voy. Literarischer Handweiser.

* **Rumpf** (H. F.). — Allgemeine Literatur der Kriegswissenschaften. Versuch eines systematisch-chronologischen Verzeichnisses aller seit der Erfindung der Buchdruckerkunst, in den vornehmsten europäischen Sprachen, erschienenen Bücher über sämmtliche Kriegswissenschaften. — Berlin, Reimer, 1824-1825, 2 vol. in-8°. 5649

A aussi cet autre titre: »Littérature universelle des sciences militaires. Essai d'un catalogue systématique et chronologique des livres militaires, qui ont paru depuis l'invention de l'art de l'imprimerie, dans les langues principales de l'Europe«.

* **Rungius** (Chr.). — Miscellanea literaria, de quibusdam ineditis historiæ Silesiacæ scriptoribus ac operibus. — Olsnæ, typis Johannis Theophili Straubelii, 1712, in-4°. 5650

* —. — Specimen II. — Brigæ, impressum apud B. Godofredi Gründeri viduam, 1713, in-4°.

* —. — Specimen III. — Wratislaviæ apud Michaelem Hubertum, 1714, in-4°.

* **Rupertsberger** (M.). — Biologie der Käfer Europas. Eine Uebersicht der biologischen Literatur gegeben in einem alphabetischen Personen- und systematischen Sach-Register nebst einem Larven-Cataloge. — Linz a. d. Donau, Selbstverlag des Verfassers. 1880, in-8°. 5651

* **Ruprecht** (R.). — Bibliotheca chemica et pharmaceutica. Alphabetisches Verzeichniss der auf dem Gebiete der reinen, pharmaceutischen, physiologischen und technischen Chemie in den Jahren 1858 bis Ende 1870 in Deutschland und im Auslande erschienenen Schriften. Mit einem ausführlichen Sachregister. — Göttingen, Vandenhœck und Ruprecht's Verlag, 1872, in-8°. 5652

— (C. J. Fr. W.). — Voy. Bibliotheca juridica. — Voy. Bibliotheca medico-chirurgica. — Voy. Bibliotheca philologica. — Voy. Bibliotheca theologica.

Sabattini. — Di alcune edizioni del secolo XV. — Firenze, tip. Gazzetta d'Italia, 1878, in-8°, 12 p. 5653

* **Sabbatai Cantor.** — ... [Sefer sifté Yéchénim. (Le livre [intitulé] les lèvres des dormants. — Zolk, 1806)], in-4°. 5654

Traité de bibliographie en hébreu rabbinique, avec un supplément par Rubinstein.

Sabin (J.). — The american bibliopolist. A literary register and monthly catalogue of old and new books, and repository of notes and queries. — New-York, 1869, in-8°. 5655

* —. — A bibliography of bibliography or a handy-book about books which relate to books, being an alphabetical catalogue of the most important works descriptive of the literature of Great Britain and America, and more than a few relative to France and Germany. — New-York, Sabin, 1877, in-8°. 5656

* —. — Dictionary of books relating to America from its discovery to the

present time. — New-York, Sabin, 1867-1882, in-8°. 5657

En cours de publication.

* **Sabin** (J.). — A list of the editions of the works of Louis Hennepin and Alonso de Herrera. Extracted from a dictionary of books relating to America. — New York, J. Sabin, 1876, in-8°, 16 p. 5658

La couverture imprimée sert de titre.

* —. — A list of the printed editions of the works of fray Bartolomé de las Casas, bishop of Chiapa. Extracted from a dictionary of books relating to America. — New York, J. Sabin, 1870, in-8°, 27 p. 5659

La couverture imprimée sert de titre.

* **Sac** (Ign. Z.). — Elementi di bibliografia ossia regole per la compilazione del catalogo alfabetico di una pubblica biblioteca. — Verona, 1872, in-8°. 5660

* **Sacchi** (F.). — I tipografi ebrei di Soncino: studi bibliografici. — Cremona, tip. Ronzi e Signori, 1878, in-8°. 5661

* **Sacher** (Fr.). — Bibliographie de la Bretagne, ou catalogue général des ouvrages historiques, littéraires et scientifiques parus sur la Bretagne, avec la liste des revues publiées en cette province, les prix approximatifs des volumes rares, etc. — Rennes, J. Plihon, 1881, in-8°. 5662

Sachregister, technischer Journale, zum Gebrauche für Ingenieure, Architecten, Chemiker und Gewerbtreibende. Herausgegeben von dem Verein »Hütte« I. Jahrgang 1863. — Berlin, Ernst und Korn, 1864, in-8°. 5663

Sacken (C. R. Osten). — Catalog of the described diptera of North America. — Voy. Smithsonian miscellaneous collections.

* **Sacy** (S. de). — Notice abrégée sur la vie et les ouvrages de M. de La Porte Du Theil, insérée dans le catalogue de sa bibliothèque. — (S. l. n. d.), in-8°, 11 p. 5664

* —. — Notice sur la vie et les ouvrages de M. Abel Rémusat, lue à la séance publique de l'Académie des inscriptions, le 25 juillet 1834. — (Paris), imp. de Ve Agasse (s. d.), in-8°, 22 p. 5665

Ext. du »Moniteur«.

* —. — Notice sur la vie et les ouvrages de M. de Chézy. — (Paris), imp. de G. Eberhart, 1835, in-8°, 32 p. 5666

Le titre de départ, page 3, porte en plus: lue à la séance publique de l'Académie des inscriptions et belles lettres du 14 août 1835, par M. le Bon Silvestre de Sacy.

* —. — Notice sur la vie et les ouvrages de M. le baron Dacier, lue à la séance publique de l'Académie des belles-lettres, le 25 juillet 1834. — Paris, imp. de Vve Agasse (s. d.), in-8°, 20 p. 5667

Ext. du Moniteur du 23 août 1834.

* —. — Notice sur la vie et les ouvrages de M. Saint-Martin, lue à la séance publique de l'Académie des inscriptions et belles-lettres, le 5 août 1836. Extrait du »Moniteur« du 11 août 1836. — Paris, imp. de Ve Agasse (s. d.), in-8°, 15 p. 5668

* —. — Notice sur la vie et les ouvrages de M. Thurot, lue à la séance publique de l'Académie des inscriptions et belles-lettres, le 5 août 1836 . . . (Extrait du »Moniteur« du 25 août 1836. — (Paris), imp. de Vve Agasse (s. d.), in-8°, 23 p. 5669

Saforcada (J. Ant. Pellicer y). — Voy. Pellicer y Saforcada.

* **Saggio di bibliografia istriana** pubblicato a spese di una società patria.

— Capodistria, dalla tipografia di Giuseppe Tondelli, 1864, in-8°. 5670

Par Lodovico Gaj (?).

* **Saggio di cartografia** della regione Veneta. — Venezia, a spese della Società, 1881, petit in-fol. 5671

Le faux titre porte: »Monumenti storici pubblicati dalla r. deputazione veneta di storia patria. Vol. VI. Serie Quarta. Miscellanea. Vol. I.

* **Sagittarius** (C.). — Primitiæ professionis historicæ. Hoc est, dissertatio de præcipuis scriptoribus historiæ Germanicæ. Oratio de utilitate ex historia germanica capienda. Exercitatio de Eccardo I duce Thuringiæ et marchione Misniæ anno 1502 Jenæ sepulto. — Jenæ, apud Johannem Bielckium, 1675, in-4°. 5672

* **Saint-Amour** (J.). — Notice sur M. le baron Larrey. — Paris, imp. Ch. Thomas (1842), in-8°. 5673

Ext. du »Biographe«.

* —. — Un mot sur la vie et les œuvres de David (d'Angers)... à propos de l'inauguration de la statue de Jean-Bart à Dunkerque, le 7 septembre 1845. — Dunkerque, imp. de C. Drouillard (1845), in-8°, 20 p. 5674

* **Saint-Genois** (J. de). — Les couvertures et feuilles de garde des vieux livres et des manuscrits. — Paris, Rouveyre, 1875, in-8°, 16 p. 5675

Tiré à petit nombre.

Saint Marc Girardin. — Voy. Racine (J.). Oeuvres complètes.

* **Saint-Maurice** (Ch.). — Eloge de Xavier Sigalon, couronné par l'Académie de Nîmes. — Paris, L. Maison, 1848, in-8°, 31 p. 5676

* **Saint-Pulgent** (de). — Hyppolyte Flandrin et ses œuvres. (Extrait de la »Revue du Lyonnais«). — Lyon, imp. de A. Vingtrinier, 1864, in-8°, 24 p. 5677

* **Saint-Victor** (P. de). — Notes bibliographiques sur le catalogue de M. Auguste Fontaine, 1874. — Paris, Auguste Fontaine, 1875, in-16, 24 p. 5678

Ext. du »Moniteur universel« du 9 décembre 1873.

* **Sainte-Beuve** (C.-A.). — Notice sur M. Littré, sa vie et ses travaux. — Paris, L. Hachette, 1863, in-8°. 5679

Ext. des »Nouveaux Lundis«.

* **Sainte-Claire Deville** (Ch.). — Notice sur les travaux scientifiques de M. Charles Sainte-Claire Deville. — Paris, imp. de Mallet-Bachelier, 1856, in-4°. 5680

La couverture imprimée sert de titre.

Sainte larme de Selincourt (La). — Notice historique et bibliographique; par un bibliophile picard. — Amiens, imp. Douillet, 1876, in 8°, 16 p. 5681

Sainte-Marie (E. de). — Extrait du recueil des notices et mémoires de la Société archéologique de Constantine. Bibliographie carthaginoise. — Constantine, L. Arnolet, 1875, in-8°, 47 p. 5682

* **Sainte-Vallière** (T. de L. et). — Notice sur la vie et les travaux de M. le baron de Watteville, inspecteur général des établissements de bienfaisance . . . publiée dans les »Archives des hommes du jour« . . . — (Paris), imp. de Mme de Lacombe (1847), in-8°, 8 p. 5683

* —. — Notice sur la vie et les travaux . . . de M. Robert Fleury, . . . publiée dans les »Archives des hommes du jour« . . . — (Paris), imp. de Mme de Lacombe (1847), in-8°, 6 p. 5684

* **Saisie de livres prohibés** faite aux couvents des Jacobins et des cordeliers à Lyon, en 1694. Nouvelle édition, augmentée d'un répertoire bibliographique; par Jean Gay. — Turin, imp. V. Bona, 1876, in-16. 5685

Tiré à 300 ex. numérotés dont 50 sur papier teinté et 250 ex. sur papier vélin de fil à la forme.

Salgado (J. A.). — Bibliotheca Lusitana escolhida, ou catalogo dos escriptores Portuguezes de melhor nota quanto a linguagem, com a relaçaõ de suas principaes obras colligido de diversos authores. — Porto, typ. commercial Port., 1841, in-8°. 5686

* **Sallustius** (C. Cr.). — Opera novissime recognita emendata et illustrata. Præmittuntur vita a Jo. Clerico scripta et notitia literaria studiis societatis Bipontinæ. Editio II accuratior et auctior. — Biponti, apud Petrum Hallanzy, 1780, in-8°. 5687

Contient, p. XXV-XXXIX: »Index editionum Sallustii auctior Fabriciano et secundum ætates digestus«.

* **Salm** (C. de). — Notice sur la vie et les ouvrages de Mentelle. — Paris, F. Didot, 1839, in 8°, 40 p. 5688

Salm Salm (de). — Voy. Laire (Fr. X.). Specimen historicum typographiæ romanæ.

* **Salmon** (Alph.). — Notice sur les titres et sur les travaux scientifiques de M. le Dr. Alph. Salmon . . . — Chartres, imp. de Garnier, 14 mars 1860, in-8°, 8 p. 5689

— (Fr.). — Traité de l'étude des conciles, et de leurs collections, divisé en trois parties; avec un catalogue des principaux auteurs qui en ont traité, et des éclaircissemens sur les ouvrages qui concernent cette matière, et sur le choix de leurs éditions. Nouvelle édition revûë et corrigée exactement, où l'on trouvera dans leur ordre les additions qui sont à la fin de la première, avec quelques jugemens des savans sur ce traité et les nouvelles corrections, communiquées par l'auteur. — Suivant l'édition de Paris, 1726, in-8°. 5690

* La 1re édition a paru à Paris, chez Cailleau, en 1724, in-4°.

* **Salvá** (V.). — A Catalogue of spanish and portuguese books, with occasional literary and bibliographical remarks. — London, M. Calero spanish printer, 1826-1829, 2 vol. in-8°. 5691

* **Salvadori** (T.). — Fauna d'Italia. Parte seconda. Uccelli. — Milano, Francesco Vallardi, s. d, in-8°. 5692

Contient, p. XLVII-LVII: »Bibliografia ornitologica italiana«. — Fait partie de »L'Italia sotto l'aspetto fisico, storico, artistico e statistico«.

* **Salverte** (E.). — Notice sur la vie et les ouvrages de Charles-Louis Cadet-Gassicourt, pharmacien . . . — Paris, Baudouin fils, 1822, in-8°, 40 p. 5693

* **Salvioni** (Ag.). — Del modo di ordinare una pubblica biblioteca ragionamento. — Bergamo, dalla tipografia Crescini, 1843, in-8°, 32 p. 5694

* **Salvo** (de). — Lord Byron en Italie et en Grèce, ou aperçu de sa vie et de ses ouvrages, d'après des sources authentiques. Accompagné de pièces inédites et d'un tableau littéraire et politique de ces deux contrées. — London, Treuttel et Würtz, 1825, in-8°. 5695

* **Salvo-Cozzo** (G.). — Giunte e correzioni alla lettera A della Bibliografia siciliana di G. M. Mira. — Palermo, tipogr. Virzi, 1881, in-8°. 5696

Salza (C. v.) und **Lichtenau**. — Handbuch des Polizeirechts mit besondrer Berücksichtigung der im Königreiche Sachsen geltenden Polizeigesetze. — Leipzig, Hartmann, 1825, 2 vol. in-8°. 5697

Contient: T. I, p. 16-25: »Von den Hülfswissenschaften, den Quellen, und der Litteratur der Polizeiwissenschaft«. — T. II, p. 126-159: »Literarische Zusätze«.

* **Samazeuilh** (J. F.). — Biographie de l'arrondissement de Nérac. — Nérac, J. Bouchet, 1857, 5 vol. in-12. 5698

* **Sander** (Ant.). — De Brugensibus eruditionis fama claris libri duo . . . — Antverpiæ, apud Gulielmum a Tongris, 1624, in-4°. 5699

* —. — De Gandavensibus eruditionis fama claris libri tres . . . — Antverpiæ, apud Gulielmum a Tongris, 1624, in-4°. 5700

* —. — De scriptoribus Flandriæ libri tres. Ad. illustres ejusdem provinciæ ordines. — Antwerpiæ, apud Gulielmum a Tongris, 1624, in-4°. 5701

* —. — Hagiologium Flandriæ sive de sanctis ejus provinciæ liber unus. — Antverpiæ, apud Gulielmum a Tongris, 1624, in-4°. 5702

* **Sandifort** (Ed.). — Natuur-en genees-kundige Bibliotheek. Bevattende den zaakelyken inhoud van alle nieuwe Werken, welke, in de Geneeskunde en Natuurlyke Historie, buiten ons Vaderland uitkomen. — In 'sGravenhage, by Pieter van Cleef, 1765-1775, 11 vol. in-8°. 5703

* **Sandius** (Chr. Chr.). — Bibliotheca Anti-Trinitariorum, sive catalogus scriptorum, et succincta narratio de vita eorum auctorum, qui præterito et hoc seculo, vulgo receptum dogma de tribus in unico deo per omnia æqualibus personis vel impugnarunt, vel docuerunt solum patrem D. N. J. Christi esse illum verum seu altissimum Deum. Opus posthumum. Accedunt alia quædam scripta, quorum seriem pagina post præfationem dabit. Quæ omnia simul juncta compendium historiæ ecclesiasticæ unitariorum qui Sociniani vulgo audiunt, exhibent. — Freistadii, apud J. Aconium, 1684, in-8°. 5704

* **Sanson** (A.). — Exposé des titres et travaux scientifiques de M. André Sanson, . . . candidat à l'Académie impériale de médecine (section de médecine vétérinaire). — Paris, imp. de Renou et Maulde, 1864, in-4°, 28 p. 5705

* **Santarem** (de). — Recherches historiques, critiques et bibliographiques sur Améric Vespuce et ses voyages. — Paris, Arthus Bertrand, 1842, in-8°. 5706

Sante Fattori. — Voy. Appendice alla serie dell' edizioni aldine.

* **Sapey** (C.-A.). — Essai sur la vie et les ouvrages de Guillaume Du Vair, . . . — Paris, Joubert, 1847, in-8°. 5707

* **Sarcey** (Fr.). — Paul-Louis Courier, écrivain. — Paris, imp. de Jouaust, sept. 1876, in-8°. 5708

Tiré à 50 ex.

* **Sardini** (G.). — Edizioni del secolo XV ignote ai maggiori bibliografi e fatte conoscere da Giacomo Sardini nella sua opera Jensoniana le quali si conservano in alcune biblioteche Lucchesi. — Lucca, nella stamperio Bonsignori, 1798, in-8°. 5709

* **Sarteschus Lucensis** (Fr.). — De scriptoribus congregationis clericorum regularium matris dei . . . — Romæ, typ. Angeli Rotilii, 1753, in-4°. 5710

Sartori (J. de). — Voy. Catalogus bibliographicus librorum in bibliotheca academiæ Theresianæ.

Sassenay (de). — Chypre, histoire et géographie. — Paris, Ch. Delagrave, 1878, in-8°, 32 p. 5711

Contient une bibliographie de Chypre (61 art.).

* **Saubertus** (J.). — Historia bibliothecæ reip. Noribergensis, duabus oratiunculis illustrata, quarum altera de ejus structoribus et curatoribus, altera de rarioribus quibusdam et scitu dignis agit... Accessit ejusdem cura et studio appendix de inventore typographiæ itemq. catalogus librorum proximis ab inventione annis usq. ad A. C. 1500 editorum. — Norisbergæ, typis Wolfgangi Enderi, 1643, in-12. 5712

* **Saucerotte** (V.). — Notice historique sur la vie et les ouvrages de

Nicolas Saucerotte, lue à la Société de médecine de Paris, dans sa séance du 17 mai 1814. — Paris, imp. de L.-G. Michaud, 1814, in-8°, 14 p. 5713

Saunders (Tr.). — A catalogue of maps of the British possessions in India and other parts of Asia. Published by order of her Majesty's secretary of state for India in council. — London, W. H. Allen, 1870, in-8°. 5714

— Continuation to a catalogue ... — London, Allen, 1872, in-8°, 14 p.

* **Saurel** (L.). — Exposé des titres, des services et des travaux scientifiques du docteur Louis Saurel, candidat pour l'agrégation en chirurgie à la faculté de médecine de Montpellier. — Montpellier, imp. de J.-A. Dumas, 1857, in-8°, 16 p. 5715

La couverture imprimée sert de titre.

* **Sautreau de Marsy.** — Précis sur la vie et les ouvrages d'Houdar de La Motte. — Paris, 1785, in-12, 46 p. 5716

Ext. des Annales poétiques, T. XXXIV.

Sauvages (Boissier de). — Voy. Boissier de Sauvages.

Savage (J.). — The librarian; being an account of scarce, valuable, and useful english books, manuscript libraries, public records, &c. &c. — London, printed by and for W. Savage, 1808-1809, 3 vol. in-8°. 5717

Savalls (Ign.). — Voy. Rodriguez (Fr. Jos.). Biblioteca Valentina.

Savigné (E. J.). — Notice historique sur les plans et vues de la ville de Vienne. — Vienne, imp. Savigné, in-8°, 16 p. et plan. 5718

* **Savigny** (Fr. C. von). — Geschichte des römischen Rechts im Mittelalter. Zweyte Ausgabe. — Heidelberg, Mohr, 1834-1851, 7 vol. in-8°. 5719

Le T. III contient, p. 1-82: »Von den eigenthümlichen Quellen der betreffenden Literargeschichte und den Schriftstellern über dieselbe«.

Savonarola. — Voy. Lasor a Varea.

Sax (Chr.). — Onomasticon literarium, sive nomenclator historico-criticus præstantissimorum omnis ætatis, populi, artiumq. formulæ scriptorum. item monumentorum maxime illustrium, ab orbe condito usque ad sæculi, quod vivimus, tempora digestus, et verisimilibus, quantum fieri potuit, annorum notis accommodatus. E recognitione longe auctiori et emendatiori, ita ut non tam editio altera, quam novus omnino liber censeri debeat. — Trajecti ad Rhenum, à Paddenburg, Wild & Altheer, van Schoonhoven & soc. 1775-1790, 7 vol. in-8°. 5720

— Onomastici literarii Mantissa recentior, sive pars VIII, nomenclatoris scriptorum, cujuscumque bonarum artium disciplinæ novissimorum, qui vel superstites adhuc sunt, vel nuper decesserunt. — Veteri ad Rhenum Trajectu, Paddenburg, 1803, in-8°.

* **Saxius** (J. Ant.). — Historia literario-typographica Mediolanensis, in qua de studiis literariis antiquis et novis in hac metropoli institutis: de tempore inductæ Mediolanum typographiæ: et primis hujus artis opificibus: de viris doctrina illustribus, qui sæculo XV, in eadem urbe floruere, atque eorumdem Msstis operibus in Ambrosiana bibliotheca servatis disseritur. Adjecta sunt appendix epistolarum, quæ libris, tunc ibidem editis, affixæ legebantur; et catalogus codicum Mediolani impressorum ab anno 1465 ad annum 1500. — Mediolani, in ædibus palatinis, 1745, in-fol. 5721

—. — Voy. Argelati. Bibliotheca scriptorum mediolanensium.

* **Scartazzini** (G. A.). — Dante in Germania. Storia letteraria e bibliografia Dantesca alemanna. Parte prima storia critica della letteratura dantesca

alemanna dal secolo XIV sino ai nostri giorni. — Milano, Ulrico Hoepli, 1881, in-4°. 5722

* **Schaab** (C. A.). — Die Geschichte der Erfindung der Buchdruckerkunst durch Johann Gensfleisch genannt Gutenberg zu Mainz, pragmatisch aus den Quellen bearbeitet, mit mehr als dritthalb Hundert noch ungedruckten Urkunden, welche die Genealogie Gutenberg's, Fust's und Schöffer's in ein neues Licht stellen. — Mainz, auf Kosten des Verfassers, 1830-1831, 3 vol. in-8°. 5723

Le T. III contient, p. 437-455 : »Literatur der Erfindungsgeschichte der Buchdruckerkunst«.

* **Schad** (G. Fr. C. von). — Versuch einer Brandenburgischen Pinacothek, oder Bildergallerie der beyden nunmehr kœniglich-preussischen Fürstenthümer in Franken: Anspach und Bayreuth, nebst beygefügtem Verzeichnisse der vorhandenen Landkarten, Abrisse und Prospekten von Staedten, Schlössern u. s. w. dieser Laendern. Mit Kupfern. — Nürnberg und Leipzig, in der Martin Pechischen Buch- und Kunsthandlung, 1792, in-8°. 5724

* **Schaden** (Ad. v.). — Gelehrtes München im Jahre 1834; oder Verzeichniss mehrerer zur Zeit in Bayerns Hauptstadt lebenden Schriftsteller und ihrer Werke. Aus den von ihnen selbst entworfenen oder revidirten Artikeln zusammengestellt und herausgegeben. — München, Druck von Rösl, 1834, in-8°. 5725

* —. — Artistisches München im Jahre 1835; oder: Verzeichniss gegenwärtig in Bayerns Hauptstadt lebender Architekten, Bildhauer, Tondichter, Maler, Kupferstecher, Lithographen, Mechaniker &c. Aus den von ihnen selbst entworfenen oder revidirten Artikeln zusammengestellt und als Seitenstück zum gelehrten München im Jahre 1834 herausgegeben. — München, A. Weber, 1836, in-8°. 5726

* **Schäfler** (J.). — Handlexikon der Katholischen Theologie für Geistliche und Laien. Herausgegeben im Vereine mit mehreren Gelehrten geistlichen und weltlichen Standes. — Regensburg, Georg Joseph Manz, 1881, in-8°. T. I. 5727

* **Schall** (C. Fr. W.). — Anleitung zur Kenntniss der besten Bücher in der Mineralogie und physikalischen Erdbeschreibung, nach chronologischer und geographischer Ordnung gesammlet und herausgegeben. Nebst einer Vorrede von Herrn Joh. Carl Wilh. Voigt. Zweyte vermehrte Ausgabe. — Weimar, bey C. L. Hoffmanns Wittwe und Erben, 1789, in-12. 5728

Schaller (K. A.). — Handbuch der klassischen philosophischen Literatur der Deutschen von Lessing bis auf gegenwärtige Zeit. Abth. I. die speculativ-philosophische Literatur enthaltend. — Halle, Hemmerde und Schwetschke, 1816, in-8°. 5729

* **Schamelius** (J. M.). — Numburgum literatum, in quo viros, quos vel protulit Numburgum, urbs ad Salam episcopalis, vel fovit ac aluit, eruditione aut scriptis præstantes, secundum temporum seriem breviter recenset. Accedunt variæ epistolæ Pflugii, Lutheri, Melanchthonis, Reinesii, Daumii, Sagittarii, Speneri, Petr. Albini, Frankii a Franckenau, adhuc nondum editæ. — Lipsiæ, sumpt. hæred. Lanckisianorum, 1727, in-4°. 5730

* **Scharf** (G.). — On the principal portraits of Shakespeare. (From »Notes and queries.«). — London, 1864, in-16, 15 p. 5731

Schedel (J. Chr.). — Neues Handbuch der Literatur und Bibliographie für Kaufleute. — Leipzig, Baumgärtner, 1796, gr. in-8°. 5732

* **Schefferus** (J.). — Suecia literata seu de scriptis et scriptoribus gentis

Seciæ. Opus postumum. — Holmiæ, Typis & impensis H. Keyser, 1680, in-8°. 5733

* **Schefferus** (J.). — Suecia literata seu de scriptis et scriptoribus gentis Sueciæ, opus postumum, Holmiæ initio anno 1680 excusum, nunc autem denuo emendatius editum, et Hypomnematis historicis illustratum a Johanne Mollero... — Hamburgi, sumptibus Gothofr. Liebezeit, 1698, in-12. 5734

* **Scheffler** (G.). — Etude littéraire sur Boileau-Despréaux, sa vie et ses écrits. — Posen, Jolowicz, 1876, in-8°, 45 p. 5735

* **Scheibel** (J. Ephr.). — Geschichte der seit dreihundert Jahren in Breslau befindlichen Stadtbuchdruckerey als ein Beitrag zur allgemeinen Geschichte der Buchdruckerkunst. Mit 4 Bildnisse und 4 erläuternden Kupferplatten. — Breslau, bei Grass und Barth, 1804, in-4°. 5736

—. — Voy. Einleitung zur mathematischen Bücherkenntniss.

Scheibmaier (Ant.). — Entwurf von Grundlagen und Vorschriften zur Bildung militärisch-organisirter freiwilliger Feuerwehren mit allen ihren Einrichtungen und Brandverfahren. Als Beitrag zur Errichtung und zu Verbesserungen von Feuerwehren in grossen und kleinen Städten nebst einer Bücherkunde dieses Faches als Anhang. — München, Franz, 1860, in-8°. 5737

Scheler (A.). — Aufzeichnungen eines Amsterdamer Bürgers über Swedenborg. Nebst Nachrichten über den Verfasser (Joh. Christ. Cuno). — Hannover, Rümpler, 1858, in-8°. 5738

Contient une liste des travaux de Cuno.

—. — Hubert Thomas, de Liège, Conseiller-Secrétaire des électeurs palatins, Louis VI et Frédéric II. Notice littéraire. — Bruxelles, Devroye, 1858, in-8°. 5739

Contient, pages 20-27: »Liste raisonnée des écrits de Thomas«.

Schelhammerus (G. Chr.). — Joh. Rhodii introductio ad medicinam et bibliotheca medica. — Helmstadii, 1687, in-4°. 5740

* **Schelhorn** (J. G.). — Angeli Mariæ card. Quirini,... liber singularis de optimorum scriptorum editionibus quæ Romæ primum prodierunt post divinum typographiæ inventum, a Germanis opificibus in eam urbem advectum: plerisque omnibus earum editionum seu præfationibus, seu epistolis in medium allatis. Cum brevibus observationibus ad easdem, rei typographicæ origini illustrandæ valde opportunis. Recensuit annotationes, rerumque notabiliorum indicem adjecit, et diatribam præliminarem de variis rebus, ad natales artis typographicæ dilucidandos facientibus præmissit. — Lindaugiæ, impensis Jacobi Ottonis, 1761, in-4°. 5741

* —. — Anleitung für Bibliothekare und Archivare. — Ulm, auf Kosten der Stettinischen Buchhandlung, 1788-1791, 2 vol. in-8°. 5742

* —. — Ergötzlichkeiten aus der Kirchenhistorie und Literatur. — Ulm und Leipzig, auf Kosten der Bartholomäischen Handlung, 1762, 3 vol. in-8°. 5743

* **Scheller** (K. F. A.). — Bücherkunde der sassisch-niederdeutschen Sprache, hauptsächlich nach den Schriftdenkmälern der Herzogl. Bibliothek zu Wolfenbüttel. — Braunschweig, gedrukkt im fürstl. Waisenhause, 1826, in-8°. 5744

* **Schenckius** (J. G.). — Biblia iatrica, sive bibliotheca medica macta, continuata, consummata, qua velut favissa, auctorum in sacra medicina scriptis cluentium, reiq. medicæ monumentorum ac divitiarum thesaurus clauditur. — Francofurti, sumptibus Antoni Hummij, 1609, in-8°. 5745

* **Schenkenberg** [genannt Schenkelberg] (F. C. A.). — Die lebenden Mineralogen. Adressen-Sammlung aller in Europa und den übrigen Welttheilen bekannten Oryktognosten, Geognosten, Geologen und mineralogischen Chemiker mit Angabe ihrer interessanteren Werke, Abhandlungen und Aufsätze; nebst einem Anhang, Aufzählung und kurze Notizen über alle kaiserlichen, königlichen Museen und Privat-Sammlungen, Verzeichniss aller Societäten, aller Journale und Zeitschriften in Bezug auf Mineralogie. — Stuttgart, E. Schweizerbart'sche Verlagshandlung, 1842, in-8°. 5746

Scherer (Al. N.). — Literatura pharmacopoearum collecta. — Lipsiæ et Soraviæ, Fleischer, 1822, in-8°.. 5747

A aussi cet autre titre: »Codex medicamentarius Europæus. Sectio VII«.

Scherschnik (L. J.). — Nachrichten von Schriftstellern und Künstlern aus dem Teschner Fürstenthum gesammelt. — Teschen, Prochaska, 1810, in-8°. 5748

* **Scherzer** (C.). — Wanderungen durch die mittelamerikanischen Freistaaten Nicaragua, Honduras und San Salvador. Mit Hinblick auf deutsche Emigration und deutschen Handel. — Braunschweig, Westermann, 1857, in-8°. 5749

Contient, p 510 512: Bibliographisches Verzeichniss der neueren und neuesten Werke und Abhandlungen über die fünf Freistaaten Central-Amerikas. (47 art.)

Schetelig (Chr. H.). — Bibliotheca disputationum theologico-philologico-exegeticarum in V. & N. Testamentum, sive notitia, repræsentans elegantiores disputationes in illustriora et selectiora V. & N. Testamenti loca, ab excellentissimis theologis, tam priscæ quam nostræ ætatis, publice hucusque in celeberrimis academiis et Gymnasiis illust. maximam partem conscriptas, ac citra ullum aut locorum aut annorum, aut meritorum præjudicium in usum exercitationum similium secundum seriem utriusque testamenti congestas. — Hamburgi, lit. Saalicathianis, 1736, in-4°. 5750

Schetelig (J. And. G.). — Historische Abhandlung von einigen höchst seltenen und wegen des unglücklichen Schicksals ihres Verfassers merkwürdigen Schriften Johann Bissendorffs, eines Zeugen der evangelischen Wahrheit im siebenzehnten Jahrhunderte entworfen. — Hamburg, gedr. von Piscator (1770), in-4°, 48 p. 5751

* —. — Ikonographische Bibliothek. — Hannover, bei den Gebrüdern Hahn, 1795-1797, 1 vol. en 4 part. in-8°. 5752

—. — Nachrichten von dem Leben und den Schriften des Herrn M: Arnold Greve, weiland hochverdienten Archidiakonus der Gemeine zu St. Catharinen in Hamburg, gröstentheils aus hinterlassenen Handschriften des Wohlseeligen ans Licht gestellt. — Hamburg, gedr. bey Harmsen, 1757, in-8°. 5753

* **Scheuchzer** (J. J.). — Bibliotheca scriptorum historiæ naturalis omnium terræ regionum inservientium. Historiæ naturalis Helvetiæ prodromus. Accessit celeberrimi viri Jacobi Lelong, ... de scriptoribus historiæ naturalis Galliæ. — Tiguri, typis Heideggeri, 1751, in-8°. 5754

* —. — Nova literaria helvetica, collecta. — Tiguri, apud Davidem Gessnerum, 1702-1708, in-8°. 5755

* **Scheurl** (H. J.). — Bibliographia moralis ad magnificum, nobilissimum, amplissimum consultissimumq. virum, dn. Johannem Schwartzkopff, serenissimi celsissimiq. principis ac dn. dn. Augusti Brunswic. ac Luneburgensium ducis etc. cancellarium opt. meritum. — Helmstadiis, Muller, 1648, in-8°. 5756

* **Schielen** (J. G.). — Bibliotheca enucleata. seu artifodina artium ac scientiarum omnium. Exhibens apographa, elenchos, et pericopas in jurisprudentia physica, medicina, politica, mathematica, et philosophia, nec non in sacris ac prophanis historiis passim occurrentes, et in alphabeti seriem, lexici instar, digestas. Opus omnibus prædictarum facultatum doctoribus, professoribus, bibliothecariis, registratoribus, advocatis, ac studiosis, ut in auctorum cognitionem pervenire, ac in promptu habēre possint, unde ex illorum monumentis materiam desumant, ad epistolas, chrias, et orationes componendas ad discursus formandos, ad integros tractatus compilandos, non solum usui quotidiano accommodatissimum, sed propriis cujusque studiorum conatibus infinite augendum. — Ulmæ, sumtibus Matthæi Wagners, 1679, in-4°. 5757

Schiller-Bibliothek. — Leipzig, Hartung, 1855, in-8°, 40 p. 5758

Publié par Hermann Hartung.

Schiller - Literatur (Die) **in Deutschland.** Vollständiger Catalog sämmtlicher in Deutschland erschienenen Werke Fr. von Schiller's sowohl in Gesammt- als Einzelausgaben, aller bezüglichen Erläuterungs- und Ergänzungsschriften, wie endlich aller mit ihm in irgend einer Beziehung stehenden sonstigen literarischen Erscheinungen. Von 1781 bis Ende 1851. Supplement zu allen Werken Fr. von Schiller's. — Cassel, Balde, 1852, in-8°. 5759

* **Schilling** (Fr. Ad.). — Lehrbuch für Institutionen und Geschichte des römischen Privatrechts. — Leipzig, Barth, 1834, 3 vol. in-8°. 5760

Le T. I contient, p. 128-176 : »Ausgewählte Literatur des römischen Rechts und der darauf bezüglichen Hülfswissenschaften«.

* **Schimek** (M.). — Handbuch für einen Lehrer der böhmischen Literatur. — Wien, gedruckt bei Christian Friederich Wappler, 1785, in-8°. 5761

Schimmelpfeng (Th.). — Hommel redivivus oder Nachweisung der bei den vorzüglichsten älteren und neueren Civilisten vorkommenden Erklärungen einzelner Stellen des Corpus juris civilis. — Cassel, Fischer, 1858 1859, 3 vol. in-8°. 5762

Schindel (C. W. O. A. von). — Die deutschen Schriftstellerinnen des neunzehnten Jahrhunderts. — Leipzig, Brockhaus, 1823 - 1825, 3 vol. in-8°. 5763

* **Schindler** (Ant.). — Biographie von Ludwig van Beethoven. III., neu bearbeitete und vermehrte Auflage. Mit dem Portrait Beethovens und 4 Facsimile. — Münster, Aschendorff, 1860, in-8°. 5764

Contient la liste des œuvres de Beethoven de 1795 à 1814.

— (H. Br.). — Der Aberglaube des Mittelalters. Ein Beitrag zur Culturgeschichte. — Breslau, Korn, 1858, in-8°. 5765

Contient, pages XI-XXII : »Literatur«.

* **Schinmeier** (J. Ad.). — Versuch einer vollständigen Geschichte der schwedischen Bibel-Uebersetzungen und Ausgaben mit Anzeige und Beurtheilung ihres Werths. Nebst einem Anhange von einigen seltenen Handschriften und den Lebensumständen der dabey interessirten merkwürdigsten Personen aus den bewährtesten Quellen gesammlet. — Flensburg und Leipzig, in der Kortenschen Buchhandlung, 1777-1782, in-4°, en 4 parties. 5766

* **Schlagintweit** (Em.). — Buddhism in Tibet illustrated by literary documents and objects of religious worship. With an account of the Buddhist systems preceding it in India. — Leipzig, Brockhaus, 1863, gr. in-8°. 5767

Contient, p. 331-369 : »Literature. An alphabetical list of the works and memoirs connected with Buddhism, its dogmas, history and geographical distribution«.

* **Schlagintweit** (Em.). — Indien in Wort und Bild. Eine Schilderung des indischen Kaiserreiches. — Leipzig. Heinrich Schmidt & Carl Günther, 1881, 2 vol. in-fol. 5768

Le T. II se termine par : »Verzeichniss der von der englischen und indischen Regierung zum Dienstgebrauch herausgegebenen und zur Benutzung für »Indien in Wort und Bild« eingesandten Werke« (150 art.).

Schleiden (H.). — Voy. Dem Andenken Christian Friederich Wurm's.

* **Schleiermacher** (A. A. E.). — Bibliographisches System der gesammten Wissenschaftskunde mit einer Anleitung zum Ordnen von Bibliotheken, Kupferstichen, Musikalien, wissenschaftlichen und Geschäftspapieren. — Braunschweig, Verlag von Friedrich Vieweg und Sohn, 1852, in-8°, 2 vol. 5769

Schleswig - Holsteinische Literatur (Die). Verzeichniss der seit Erlass des »offenen Briefes« 1846 bis Ende 1852 erschienenen, die Herzogthümer und ihren jüngst geführten Krieg betreffenden oder mitberührenden Bücher, Karten u. s. w. von H. F. — Leipzig, Avenarius und Mendelssohn, 1853, in-8°. 5770

Par Harro Feddersen.

* **Schletter** (H. Th.). — Handbuch der juristischen und staatswissenschaftlichen Literatur. — Grimma, Verlags-Comptoir, 1843, in-4°. T. I. 5771

Schletterer (H. M.). — Das deutsche Singspiel von seinen ersten Anfängen bis auf die neueste Zeit dargestellt. — Augsburg, Schlosser, 1863, in-8°. 5772

A cet autre titre : »Zur Geschichte dramatischer Musik und Poesie in Deutschland. T. I«.

* **Schletterer** (H. M.). — Katalog der in der Kreis- und Stadt-Bibliothek, dem städtischen Archive und der Bibliothek des historischen Vereins zu Augsburg befindlichen Musikwerke. Beilage zu den Monatsheften für Musikgeschichte. — Berlin, T. Trautwein, 1878, in-8°. 5773

* **Schleusner** (J. Fr.) und C. Fr. **Stäudlin.** — Göttingische Bibliothek der neuesten theologischen Literatur. — Göttingen, im Vandenhœk- und Rupretschen Verlag, 1795-1799, 4 vol. in-8°. 5774

Schlichter. — Voy. Dunkel (J. G. W.). Historisch critische Nachrichten von verstorbenen Gelehrten.

* **Schlickum** (O.). — Lateinisch-deutsches Special-Wörterbuch der pharmazeutischen Wissenschaften nebst Erklärung der griechischen Ausdrücke sowie einem Autoren-Register der Botanik. Zum Gebrauche bei sämmtlichen Pharmacopeen, dem Hager'schen Manuale pharmaceuticum und anderen pharmazeutischen wie botanischen Schriften und Floren bearbeitet. — Leipzig, Ernst Günther, 1879, in-8°. 5775

Contient, pages 599 612 : »Verzeichniss der wichtigeren botanischen Autoren-Namen nebst deren gebräuchlichen Abkürzungen«.

* **Schlockow.** — Die Gesundheitspflege und medizinische Statistik beim preussischen Bergbau. Mit Unterstützung Sr. Excellenz des Herrn Ministers der öffentlichen Arbeiten und unter Zugrundelegung des Materials der Preussischen Knappschaftsvereine dargestellt. Mit sieben graphischen Darstellungen. — Berlin, Carl Heymann, 1881. in-8°. 5776

Contient, pages 14-24 : »Quellen und Material der Untersuchung«.

Schlüter (E. W. G.). — Voy. Repertorium juris Hannoverani.

Schmaler (J. G.). — Voy. Zeitschrift für slavische Literatur.

Schmauss (J. J.). — Voy. Der neueste Staat des Königreichs Portugall.

Schmelzing (J.). — Systematischer Grundriss des praktischen europäischen Völker-Rechtes. Für akademische Vorlesungen und zum Selbst-Unterricht entworfen. — Rudolstadt, Hof-, Buch- und Kunsthandlung, 1818-1819, 2 vol. in-8°. 5777

Contient, T. I p. 58-65: »Litteratur der Völker-Rechts-Wissenschaft«. T. II, p. 277-290: »Litterarische Quellen für die Kenntniss der Völker-Verträge«.

* **Schmid** (Ant.). — (Tschaturanga-vidjâ.) Literatur des Schachspiels. Gesammelt, geordnet und mit Anmerkungen herausgegeben. — Wien, Carl Gerold, 1847, in-8°. 5778

— (C. Chr. Erh.). — Allgemeine Encyklopädie und Methodologie der Wissenschaften. — Jena, akademische Buchhandlung, 1810, in-4°. 5779

Schmidt (Andr. G.). — Anhalt'sches Schriftsteller-Lexikon, oder historisch-literarische Nachrichten über die Schriftsteller, welche in Anhalt geboren sind oder gewirkt haben, aus den drei letzten Jahrhunderten gesammelt und bis auf unsere Zeiten fortgeführt; nebst einem Anhange. — Bernburg, Gröning, 1830, in-8°. 5780

* —. — Gallerie deutscher Pseudonymer Schriftsteller vorzüglich des letzten Jahrzehents. Ein Beitrag zur neuesten Literargeschichte. — Grimma, Verlags-Comptoir, 1840, in-4°. 5781

—. — Nachlese auf dem Felde der Anhalt'schen Literatur gehalten. Eine Glückwünschungsschrift dem Herrn Johann Christian Gotthelf Schincke, Prediger bei der Feier seiner 25-jährigen Amtsführung den 31. August 1831, überreicht. — Dessau, Fritsche und Sohn, 1831, in-8°, 32 p. 5782

— (C.). — Zur Geschichte der ältesten Bibliotheken und der ersten Buchdrucker zu Strassburg. — Strassburg, C. F. Schmidt, 1882, in-8°. 5783

* **Schmidt** (Ch.). — La Vie et les travaux de Jean Sturm, premier recteur du gymnase et de l'Académie de Strasbourg,... Avec le portrait de Sturm. — Strasbourg, C.-F. Schmidt, 1855, in-8°. 5784

— (G.). — Voy. Bibliotheca historico-geographica. — Voy. Bibliotheca philologica.

* — (J. A. Fr.). — Handbuch der Bibliothekswissenschaft, der Literatur- und Bücherkunde. Eine gedrängte Uebersicht der Handschriftenkunde, der Geschichte der Buchdruckerkunst und des Buchhandels, der Bücherkenntniss (Bibliographie) im engern Sinne, der Bibliothekenkunde und Bibliothekonomie und der literärhistorischen Schriften... — Weimar, Bernhard Friedrich Voigt, 1840, in-8°. 5785

* — (J.). — Joannes Parvus Sarisberiensis, quomodo inter æquales antiquarum literarum studio excelluerit demonstrare conatus est. — Vratislaviæ, apud M. Friedländer, 1839, in-8°. 5786

— (J. J.). & O. **Bœhtlingk**. — Verzeichniss der Tibetischen Handschriften und Holzdrucke im asiatischen Museum der Kais. Akademie der Wissenschaften. (Aus d. Bulletin-historico-philolog. de l'acad. impér. d. sciences de St. Pétersbourg.) — St. Petersburg, 1847, in-8°. 5787

Schmidt (K. Chr. L.). — Voy. Systematisches Verzeichniss der auserlesenen Bücher . . . der Theologie.

— (V. H.) und D. G. G. **Mehring**. — Neuestes gelehrtes Berlin; oder literarische Nachrichten von jetztlebenden Berlinischen Schriftstellern und Schriftstellerinnen. Gesammelt und herausgegeben. — Berlin, Maurer, 1795, 2 vol. in-8°. 5788

Schmidt (W. Ad.). — Voy. Allgemeine Zeitschrift für Geschichte.

* **Schmidt's Jahrbücher der In- und Ausländischen gesammten Medicin.** Redigirt von B. Winter. — Leipzig, Otto Wigand, 1834-1881, in-8°. 5789

Chaque livraison contient une importante bibliographie médicale raisonnée.

Schmied (V. J.). — Verzeichniss der Buch- Kunst- und Musikalien-Handlungen in Böhmen nebst den verwandten Zweigen: Leihbibliotheken, Buchdruckereien pp.; einer Anführung der Prager Firmen, welche Commissionen besorgen, mit ihren Committenten und deren Commissionären am Leipziger und Wiener Platze, ferner Angabe der erscheinenden Zeitungen und Zeitschriften. — Prag, Schmied, 1862, in-8°, 19 p. 5790

* **Schmit Ritter v. Tavera** (C.). — Bibliographie zur Geschichte des österreichischen Kaiserstaats. — Wien, L. W. Seidel, 1858, in-8°. Ie Abth. T. I-II. 5791

Ces deux vol. ont chacun un autre titre particulier:

T. I. Bibliographie zur Geschichte Oesterreichs unter Carl V. und Ferdinand I.

T. II. Bibliographie zur Geschichte der Habsburgischen Regenten von Rudolph I. bis Maximilian I.

* **Schmitz** (B.). — Encyclopädie des philologischen Studiums der neueren Sprachen. — Greifswald, Koch, 1859, in-8°. 5792

Contient, p. 66-269: »Litterarische Einleitung in das Studium der neueren Sprachen«. Il a paru 3 suppléments de 1860 à 1864.

* —. — Die neuesten Fortschritte der französisch-englischen Philologie. — Greifswald, Akademische Buchhandlung, 1866-1869, 2 vol. in-8°. 5793

Le T. II a paru chez L. Bamberg.

* **Schnée** (A.). — Trente années de la littérature belge. Bibliotheca Belgica. Catalogue général des principales publications belges depuis 1830 jusqu'à 1860. — Bruxelles, Auguste Schnée, 1861, in-8°. 5794

* **Schneegans** (W.). — Abt Johannes Trithemius und Kloster Sponheim. — Kreuznach, Reinhard Schmithals, 1882, in-8°. 5795

Contient, p. 287-293: »Verzeichniss der Schriften des Trithemius«.

Schnegraf (J. R.). — Voy. Pangkofer (J. A.). Geschichte der Buchdruckkunst in Regensburg.

* **Schneider** (J.). — Die kirchliche und politische Wirksamkeit des Legaten Raimund Peraudi (1486-1505). Unter Benutzung ungedruckter Quellen. — Halle, Max Niemeyer, 1882, in-8°. 5796

Contient, p. VII-XII: »Verzeichniss der benutzten Literatur«. (106 art.)

— (L.). — Voy. Deutscher Bühnen-Almanach.

Schneller (D. And.). — Herrn Belidors vermischte Werke über die Befestigungskunst und Artillerie, worinnen insonderheit eine ganz neue Theorie von den Minen und die Lehre vom Globe de compression enthalten sind, in deutscher Sprache herausgegeben und mit Anmerkungen, nebst einer angehängten Fortifications- und Artilleriebibliothek, auch nöthigen Kupferplatten versehen. — Braunschweig, Fürstl. Waisenhaus-Buchhandl., 1769, in-8°. 5797

Schnittspahn (G. Fr.). — Nachweis der Abbildungen der Obstarten aus der deutschen, belgischen, holländischen und theilweise französischen pomologischen Literatur zusammengestellt. — Darmstadt, Diehl, 1860, in-12. Abth. I. 5798

* **Schnurrer** (Chr. Fr. de). — Bibliotheca arabica. Auctam nunc atque integram edidit. — Halæ ad Salam, typis et sumtu J. C. Hendelii, 1811, in-8°. 5799

* **Schnurrer** (Chr. Fr.). — Slavischer Bücherdruck in Würtemberg im 16. Jahrhundert. Ein litterarischer Bericht. — Tübingen, Cotta, 1799, in-8°. 5800

Schober (H. Em.). — Encyclopädie der Landwirthschaftswissenschaft. Nebst einer Uebersicht über die neuere deutsche landwirthschaftliche Literatur. — Dresden, Schönfeld, 1856, in-8°. 5801

—. — Lehrbuch der Landwirthschaft für Land- und Staatswirthe, namentlich für Studirende an höheren landwirthschaftlichen Lehranstalten und Universitäten. — Dresden und Leipzig, Arnold, 1848-1855, 4 vol. in-8°. 5802

Mit Angabe der betreffenden wichtigeren Litteratur.

* — (J.). — Johann Jakob Wilhelm Heinse. Sein Leben und seine Werke. Ein Kultur- und Literaturbild. Mit Heinse's Portrait. — Leipzig, Wilhelm Friedrich, 1882, in-16. 5803

* **Schoell.** — Histoire de la littérature grecque profane, depuis son origine jusqu'à la prise de Constantinople par les Turcs; suivie d'un précis de l'histoire de la transplantation de la littérature grecque en Occident. Seconde édition, entièrement refondue sur un nouveau plan, et enrichie de la partie bibliographique. — Paris, Gide fils, 1823-1825, 8 vol. in-8°. 5804

— (Fr.). — Répertoire de littérature ancienne, ou choix d'auteurs classiques grecs et latins, d'ouvrages de critique, d'archéologie, d'antiquités, de mythologie, d'histoire et de géographie anciennes, imprimés en France et en Allemagne. Nomenclature de livres latins, françois et allemands sur diverses parties de la littérature. Notice sur la stéréotypie. — Paris, Fr. Schoell, 1808, 2 vol. in-8°. 5805

* **Schoenemann** (C. Tr. G.). — Bibliotheca historico-literaria patrum latinorum a Tertulliano principe usque ad Gregorium M. et Isidorum Hispalensem ad bibliothecam Fabricii latinam accommodata. — Lipsiæ, in libraria Weidmannia, 1792-1794, 2 vol. in-8°. 5806

Schoettgenius (Chr.). — Commentatio I-III de indicibus librorum prohibitorum et expurgandorum eorumque Nævis variis, qua præmissa, Mæcenates ac Fautores scholæ Crucianæ ad orationes publice audiendas etc. honorifice invitat Christianus Schoettgenius. — Dresdæ, imp. Harpeter, 1732-1733, in-4°, 38 p. 5807

* **Scholl** (F. L.). — Tableau systématique de la littérature militaire et des sciences auxiliaires depuis l'an 1830. — Darmstadt, Charles, Guillaume Leske, 1842, in-8°. 5808

Avec autre titre en allemand.

Scholtze (K.). — Voy. Allgemeine Bibliographie der Bautechnischen Wissenschaften.

Scholz (Chr. G.). — Voy. Tlustek (G.). Pädagogischer Wegweiser.

Schoolcraft (H. R.). — A bibliographical catalogue of books, translations of the Scriptures, and other publications in the Indian Tongues of the United States; with brief critical notices. — Washington, Alexander printer, 1849, in-8°, 28 p. 5809

* **Schott** (Andr.). — Catalogus catholicorum s. scripturæ interpretum, serie librorum biblicorum. — Coloniæ Agrippinæ, apud Joannem Kinchium, 1518, in-4°, 44 p. 5810

—. — Voy. Hispaniæ bibliotheca.

— (A. L.). — Einleitung in das Eherecht zu akademischem und gemeinnüzlichem Gebrauch. — Nürnberg, Felssecker, 1786, in-8°. 5811

Contient: »Litteratur des Eherechtes«.

* — (G. E.). — Handbuch der pädagogischen Literatur der Gegenwart. Ein nach den Haupt-Lehrfächern über-

sichtlich geordnetes Verzeichniss der namhaftesten literarischen Erscheinungen auf dem Gebiete der Pädagogik... — Leipzig, Verlag von Julius Klinkhardt, 1869-1873, 3 vol. in-8°. 5812

* **Schott** (W.). — Verzeichniss der chinesischen und Mandschu-Tungusischen Bücher und Handschriften der Königlichen Bibliothek zu Berlin. Eine Fortsetzung des im Jahre 1822 erschienenen Klaproth'schen Verzeichnisses. — Berlin, gedruckt in der Druckerei der Königlichen Akademie der Wissenschaften, 1840, in-8°. 5813

* **Schotte** (F.). — Repertorium der technischen, mathematischen und naturwissenschaftlichen Journal-Literatur. Unter Benutzung amtlicher Materialien mit Genehmigung des Königl. Preuss. Ministeriums für Handel, Gewerbe und öffentliche Arbeiten. — Leipzig, Verlag von Quandt und Händel, 1869-1871, 3 vol. in-8°. 5814

Schouw (J. J. Fr.). — Grundzüge einer allgemeinen Pflanzengeographie. — Berlin, Reimer, 1823, in-8°. 5815

Contient, p. 26-34: »Verzeichniss der die Pflanzengeographie betreffenden Werke und Abhandlungen«.

Schrader (G. W.). — Voy. Hering (Ed.). Biographisch-literarisches Lexicon der Thierärzte.

* **Schrauf** (A.). — Katalog der Bibliothek des K. K. Hofmineralien-Kabinets in Wien. Zweite vermehrte und umgeänderte Auflage neu geordnet auf Grundlage der von weiland Custos Partsch verfassten ersten Auflage. — Wien, C. Gerold Sohn, 1864, in-8°. 5816

Schreber (D. G.). — Voy. Dithmar (J. Ch.). Einleitung in die öconomischen Policey- und cameral-Wissenschaften.

Schreck. — Voy. Bibliotheca homœopathica.

* **Schreiber** (H.). — Leistungen der Universität und Stadt Freiburg im Breisgau für Bücher- und Landkartendruck. Festrede gehalten bei der vierten Säcularfeier der Typographie am 24. Juni 1840. — Freiburg im Breisgau, Adolph Emmerling, in-8°. 5817

* **Schrettinger** (M.). — Handbuch der Bibliothek-Wissenschaft besonders zum Gebrauche der Nicht-Bibliothekare, welche ihre Privat-Büchersammlungen selbst einrichten wollen. Auch als Leitfaden zu Vorlesungen über die Bibliothek-Wissenschaft zu gebrauchen. — Wien, Fr. Beck, 1834, in-8°. 5818

—. — Versuch eines vollständigen Lehrbuchs der Bibliothek-Wissenschaft oder Anleitung zur vollkommenen Geschäftsführung eines Bibliothekars in wissenschaftlicher Form abgefasst. — München, Jos. Lindauer, 1808-1829, 2 vol. in-8°. 5819

Schriften der historisch-statistischen Sektion der k. k. mähr. schles. Gesellschaft des Ackerbaues, der Natur- und Landeskunde, redigirt von Christian d'Elvert-Brünn, Ritsch und Grosse, 1856, in-8°. T. IX. 5820

Contient, p. 1-66: »Ueber die balneographische Literatur Mährens, von Melion. Nebst einem Anhange von d'Elvert«.

Schriften (Die) des Dr. L. Zunz, des Begründers der jüdischen Wissenschaft, zu seinem 63. Geburtstage (10. Aug. 1857) zusammengestellt. Mit Anmerkungen von M. St. — Berlin, Friedländer'sche Buchdruckerei, 1857, in-8°, 16 p. 5821

Par M. Steinschneider.

* **Schröder** (H.). — Lexikon der hamburgischen Schriftsteller bis zur Gegenwart. Im Auftrage des Vereins für hamburgische Geschichte. — Hamburg, auf Kosten des Vereins, 1851-1879, 7 vol. in-8°. 5822

Le T. IV a été publié par F. A. Cropp et C. R. W. Klose. — Voy. aussi: »Lübker (L.). Lexikon der Schleswig-Holstein-Lauenburgischen Schriftsteller«.

* **Schröder** (J.H.). — Incunabula artis typographicæ in Svecia. Quibus sollemnia inaugurationis philosophicæ a condita academia Upsaliensi septuagesimæ quintæ celebranda... — Upsaliæ, excudebant regiæ academiæ typographi, 1842, in-4°, 32 p. 5823

* **Schroeter** (Ad.). — Geschichte der deutschen Homer-Uebersetzung im XVIII. Jahrhundert. — Jena, Hermann Costenoble, 1882, in-8°. 5824

Contient, p. 11-19 la liste des traducteurs allemands d'Homère.

Schröter (Chr. G.). — Deutliche Anweisung zum General-Bass, in beständiger Veränderung des uns angebohrnen harmonischen Dreyklanges, mit zugänglichen Exempeln: wobey ein umständlicher Vorbericht der vornehmsten vom General-Basse handelnden Schriften dieses Jahrhunderts. — Halberstadt, Gross, 1772, in-4°. 5825

— (J. S.). — Für die Litteratur und Kenntniss der Naturgeschichte sonderlich der Conchylien und der Steine. Mit Kupfern. — Weimar, Hoffmanns sel. Witwe u. Erben, 1782, 2 vol. in-8°. 5826

—. — Neue Litteratur und Beyträge zur Kenntniss der Naturgeschichte vorzüglich der Conchylien und Fossilien. Nebst Kupfertafeln. — Leipzig, Müller, 1784-1787, 4 vol. in-4°. 5827

Schubart (G.). — Voy. Naudé. Bibliographia militaris.

* **Schubarth.** — Repertorium der technischen Literatur die Jahre 1823 bis Einschl. 1853 umfassend. Zum Gebrauche der königlich technischen Deputation für Gewerbe. Herausgegeben im Auftrage des königlichen Ministeriums für Handel, Gewerbe und öffentliche Arbeiten. — Berlin, Verlag der Deckerschen Geheimen Ober-Hofbuchdruckerei, 1856, in-8°. 5828

Schubert (F. L.). — Wegweiser in der Gesangs-Literatur für den Solo- und Chorgesang. Nach praktischen Erfahrungen zusammengestellt. — Leipzig, Wengler, 1861, in-16. 5829

— (F.). — Wegweiser in der Musik-Literatur für Pianofortespieler nach geordneter Schwierigkeitsfolge. — Leipzig, Wengler, 1860, in-16. 5830

Schuderoff (J.). — Versuch einer Kritik der Homiletik nebst einem beurtheilenden Verzeichnisse der seit Mosheim erschienenen Homiletiken. — Gotha, Perthes, 1797, in-8°. 5831

* **Schück** (J.). — Aldus Manutius und seine Zeitgenossen in Italien und Deutschland. Im Anhange: Die Familie des Aldus bis zu ihrem Ende. — Berlin, Dümmler, 1862, in-8°. 5832

Les pages 20-52 renferment: »Catalog der Bücher Aldus' des Aelteren, 1494-1515«.

Schüller (M.). — Die Tracheotomie. — Voy. Deutsche Chirurgie N°. 37.

Schürer (Em.). — Voy. Theologische Literaturzeitung.

Schütte (F.). — Repertorium der Militär-Literatur in den zwei letzten Decennien. Ein Handbuch sachlich geordnet und zum Gebrauch für Militair-Bibliotheken und Offiziere deutscher Heere zusammengestellt. — Stralsund, Löffler, 1842, in-8°. 5833

* **Schüz** (P. H.). — Commentarius criticus de scriptis et scriptoribus historicis, tam antiquis, quam novis, ad faciliorem et veriorem historiæ qua ecclesiasticæ qua profanæ notitiam concinnatus, atque animadversionibus ac dissertationibus illustratus. — Ingolstadii et Monachii, sumptibus Joan. Franc. Xaverii Cräz, 1761, in-4°. 5834

* **Schuler-Libloy** (Fr.). — Deutsche Rechtsgeschichte. Mit 3 historisch-politischen Karten. — Wien, Braumüller, 1863, in-8°. 5835

***Schulte** (Joh. Fr. v.). — Die Geschichte der Quellen und Literatur des canonischen Rechts von Gratian bis auf die Gegenwart. — Stuttgart, 1875, 3 vol. in-8°. 5836

*—. — Lehrbuch des katholischen Kirchenrechts auf Grundlage der kirchlichen Quellen und der Staatsgesetze in Oesterreich und den übrigen deutschen Bundesstaaten nebst dessen Literaturgeschichte und einer Statistik der katholischen Kirche in Oesterreich (mit Ausschluss Italiens) und den übrigen deutschen Bundesstaaten. — Giessen, Ferber, 1863, gr. in-8°. 5837

Schultes (J. A.). — Grundriss einer Geschichte und Literatur der Botanik von Theophrastos Eresios bis auf die neuesten Zeiten, nebst einer Geschichte der botanischen Gärten, zum Gebrauche bey Vorlesungen und zum Selbstunterrichte. — Wien, Schaumburg, 1817, in-8°. 5838

Avec cet autre titre: »Anleitung zum gründlichen Studium der Botanik. Wien, T. I«.

Schulz (C. G.). — Voy. Geschichte der Kriege in Europa.

— (J. Chr. Fr.). — Bibliothek der griechischen Literatur. — Giessen, Krieger, 1772, in-8°. 5839

Avec Nachtrag.

—. — Geschichte des osmanischen Reichs, von seiner Stiftung an bis auf gegenwärtige Zeiten. Nach dem Französischen des Hrn. de la Croix mit Verbesserungen. — Leipzig, Schwickert, 1772, in-8°. T. III. 5840

Contient, p. 411-427: »Verzeichniss der vornehmsten Schriftsteller von der Geschichte und dem Zustande des türkischen Reichs«.

***Schulz** et **Thuillié**. — Catalogue des journaux publiés à Paris en 1867, classé par ordre alphabétique et par ordre méthodique avec les prix pour Paris et les départements, et les adresses des bureaux d'abonnements. Cinquième édition. — Paris, Schulz et Thuillié, avril 1867, gr. in-8°. 5841

* — Catalogue des journaux publiés à Paris en 1869 . . . sixième édition augmentée et corrigée, contenant la loi relative à la presse. — Paris, Schulz et Thuillié, avril 1869, gr. in-8°.

***Schulz** (O. A.). — Gutenberg oder Geschichte der Buchdruckerkunst von ihrem Ursprung bis zur Gegenwart . . . Mit 8 Holzstichen. — Leipzig, Verlag von Schulz und Thomas, 1840, in-8°. 5842

On trouve, p. 109-123: »Typographische Bibliothek, oder Verzeichniss der vorzüglichsten Schriften über die Buchdruckerkunst«.

—. — Voy. Günther. Handbuch für Autographensammler.

Schulze (J. D.). — Supplementband zu J. G. Otto's Lexikon der Oberlausitzischen Schriftsteller und Künstler, zum Theil aus dem Nachlasse des Verstorbenen und mit Unterstützung der Oberlausitzischen Gesellschaft der Wissenschaften und anderer Gelehrten bearbeitet. — Görlitz und Leipzig, Zobel, 1821, in-8°. 5843

*— (W. N.). — Die reichsrechtliche Literatur seit Entstehung des norddeutschen Bundes 1867 bis Ende 1874. In lexicalisch-chronologischer Ordnung aufgestellt. Mit Materien-Register. — Leipzig, Verlag von Th. Stauffer, 1875, in-16. 5844

Schumann (A.). — Jacob Savary und seine beiden Söhne. Ein Beitrag zur Kaufmännischen Biographie und Bibliographie. — Ronneburg, Schumann, 1799, in-8°, 22 p. 5845

—. — Voy. Repertorio della letteratura italiana.

Schummel (J. G.). — Uebersetzerbibliothek zum Gebrauche der Uebersetzer, Schulmänner und Liebhaber der alten Litteratur. — Wittenberg und Zerbst, Zimmermann, 1774, in-8°. 5846

Un complément a été publié par F. Grillo en 1785, p. 27-110, dans le périodique »Für ältere Litteratur und Neuere Lectüre — Leipzig, in-8°«.

Schwab (G.) und K. **Klüpfel**. — Wegweiser durch die Litteratur der Deutschen. Ein Handbuch für Laien. Zweite verbesserte und vermehrte Auflage. — Leipzig, Mayer, 1847, in-8°. 5847

Il a paru 5 suppléments de 1853 à 1862.

* — (J. B.). — Johannes Gerson, Professor der Theologie und Kanzler der Universität Paris. Eine Monographie. — Würzburg, Stahel, 1858, in-8°. 5848

* — (M.). — Bibliographie de la Perse. — Paris, Ernest Leroux, 1876, in-8°. 5849

—. — Voy. Mélanges bibliographiques.

Schwabe (J. G. S.). — Voy. Phædrus. Liberti fabularum æsopiarum libri V.

Schwalbe (G.). — Voy. Jahresberichte über die Fortschritte der Anatomie.

* **Schwarz** (Ild.). — Anleitung zur Kenntniss derjenigen Bücher, welche den Candidaten der Theologie, den Stadt- und Landpredigern, Vicarien etc. in der catholischen Kirche wesentlich nothwendig und nützlich sind. Nebst einem Vorbericht, und einer freyen Charakteristik des berühmten Verfassers von J. B. Schad. — Coburg, bey Johann Christoph Daniel Sinner, 1804, 2 vol. in-8°. 5850

—. — Handbibliothek für angehende Theologen etc. oder Anleitung zur Kenntniss derjenigen Bücher, welche den Candidaten der Theologie, den Stadt- und Landpredigern, Vicarien etc. in der Katholischen Kirche wesentlich nothwendig und nützlich sind. Nebst einem Vorbericht und einer Charakteristik des Verfassers von J. B. Schad. — Coburg, Sinner, 1804-1806, 3 vol. in-8°. (?) 5851

Avec cet autre titre: »Handbibliothek für Theologen, Hofmeister, Erzieher und Schullehrer der katholischen Kirche«.

* **Schwebelé** (Ed.). — Catalogue des ouvrages anglais et américains de la bibliothèque de l'école impériale des ponts et chaussées. — Paris, imp. E. Thurot, 1856, gr. in-8°. 5852

La couverture imprimée sert de titre.

* **Schweickhard** (Chr. L.). — Beyträge zur Literatur über die Kuhpocken und ihre Impfung vom Jahr 1795 bis 1807. — Carlsruhe, C. F. Müller, 1809, in-8°. 5853

—. — Tentamen catalogi rationalis dissertationum ad anatomiam et physiologiam spectantium ab anno 1539 ad nostra usque tempora. — Tubingæ, Cotta, 1798, in-8°. 5854

Contient 3328 dissertations.

* —. — Tentamen catalogi rationalis dissertationum ad artem obstetriciam spectantium ab anno 1515 ad nostra usque tempora. — Francofurti ad Mœnum, 1795, in-8°. 5855

—. — Tentamen catalogi rationalis dissertationum ad medicinam forensem et politiam medicam spectantium ab anno 1569 ad nostra usque tempora. — Francofurti ad M., Macklot, 1796, in-8°. 5856

* **Schweiger** (F. L. A.). — Handbuch der classischen Bibliographie. — Leipzig, bei Friedrich Fleischer, 1830-1834, 3 vol. in-8°. 5857

Schweigger-Seidel (Fr. W.). — Voy. Ersch (J. S.). Literatur der Kriegskunst, — Literatur der Mathematik.

* **Schweitzer** (H.). — Molière und seine Bühne. Molière-Museum. Sammelwerk zur Förderung des Studiums des Dichters in Deutschland . . . in zwanglosen Heften herausgegeben von Dr. Heinrich Schweitzer. — Wiesbaden,

Selbstverlag des Herausgebers, März 1882, 4 vol. in-8°. 5858

Contient la bibliographie des ouvrages récents relatifs à Molière et le compte-rendu détaillé des plus importants.

Schwetschke (C.). — Voy. Ausstellung meist originaler Druckschriften zur Erläuterung der Reformations-Geschichte.

* — (G.). — Codex nundinarius Germaniæ literatæ continuatus. Der Mess-Jahrbücher des Deutschen Buchhandels Fortsetzung die Jahre 1766 bis einschliesslich 1846 umfassend. Mit einem Vorwort. — Halle, G. Schwetschke, 1877, in-fol. 5859

Voy. aussi Codex nundinarius Germaniæ literatæ-bisecularis.

—. — Geschichte des L'Hombre. — Halle, Schwetschke, 1863, in-8°. 5860

Contient, p. 59-87 : »Die L'Hombre-Litteratur«.

* —. — Vorakademische Buchdruckergeschichte der Stadt Halle. Eine Festschrift. Mit einem Anhange: I. Ehren-Rettung des sächsischen Merseburg, als des Druckorts »Marsipolis« und »Merssborg« von 1473, und mithin als der ältesten norddeutschen Druckstätte. II. Supplementarisches zu Hain, Ebert, Schaab und Wetter und zwei Tafeln Abbildungen. — Halle, Gebauer, 1840, in-4°. 5861

* **Schwilgué** (Ch.). — Notice sur la vie, les travaux et les ouvrages de mon père, J.-B. Schwilgué ... — Strasbourg, imp. de G. Silbermann, 1857, in-8°. 5862

* — 2e éd. — Strasbourg, imp. de A. Christophe, 1858, in-8° et in-16.

Schwindel (G. J.). — Vollständige und reele Priester-Bibliothec, in welcher nicht nur eine Bibliotheca exegetico-biblica; catechetica; thetico-polemica; moralis, casualis, ascetico-mystica; und Homiletico-post Illatorio - Passionalis, jede besonders gedruckt, enthalten ist; sondern auch 2) diejenigen auctores, welche von verschiedenen Theol. Materien etwas edirt haben, ordine alphabetico, recensiret werden. Mit beygesetzten judiciis und elogiis; nebst subnectirten indicibus auctorum necessariis. — Nürnberg, gedr. bey Adelbulner, 1721, in-4°. 5863

—. — Voy. Thesaurus bibliothecalis.

* **Science and art department of education**, of the committee of council south Kensington. The first proofs of the universal catalogue of books on art, compiled for the use of the national art library and the schools of art in the United Kingdom. By order of the lords of the committee of council of education. — London, Chapman and Hall, 1870, 2 vol. in-4°. 5864

* **Scott** (W.). — Vie de John Dryden, renfermant l'histoire de la littérature anglaise depuis la mort de Skakspeare jusqu'en 1700. Traduite de l'anglais sur la deuxième édition, — Paris, Ch. Gosselin, 1826, 2 parties in-12. 5865

Scriba (H. Ed.). — Biographisch-literarisches Lexikon der Schriftsteller des Grossherzogthums Hessen im ersten Viertel des neunzehnten Jahrhunderts. —Darmstadt, Leske, 1831-1843, 2 parties in-8°. 5866

La 1re partie comprend : »Die Schriftsteller des Jahres 1843 in theils neuen Mittheilungen, theils in Fortsetzung der in der ersten Abtheilung enthaltenen Artikel, nebst den Nekrologen der von 1800-1843 verstorbenen Schriftsteller des Grossherzogthums Hessen«. — La 2e partie a paru chez Jonghaus.

* **Scriptores ordinis S. Benedicti** qui 1750-1880 fuerunt in imperio austriaco-hungarico. — Vindobonæ, sumptibus ordinis, 1881, in-4°. 5867

Scriptores rei rusticæ veteres latini e recensione Jo. Matth. Gesneri cum ejusdem præf. et lexico rustico. Vol. I. Præmittitur notitia literaria studiis societatis Bipontinæ. Editio accurata. — Biponti, ex typographia societatis, 1787, in-8°. 5868

Contient, p. CXXXI-CXLVII: »Index editionum rei rusticæ scriptorum auctior Gesneriano et in V ætates digestus«.

Scudder (S. H.). — Catalogue of the Orthoptera. — Voy. Smithsonian miscellaneous collections. T. VIII.

* **Seabra d'Albuquerque** (Ant. M.). — Bibliographia da imprensa da universidade de Coimbra nos annos de 1872 e 1873 (et 1874-1875). — Coimbra, imprensa da universidade, 1874 -1875, 2 vol. in-8°. 5869

Sebald (H.). — Voy. Hauch. H. E. Oersted's Leben.

* **Sédillot** (A.). — Travaux et publications de M. A. Sédillot. — St. Denis, imp. de Moulin (1862), in-8°, 3 p. 5870

* — (C.). — Note des titres présentés par le docteur C. Sédillot, . . . à l'appui de sa candidature à l'Académie de médecine (Section d'anatomie et de physiologie.) 1829. — Paris, imp. de Terzuolo (s. d.), in-8°, 4 p. 5871

* **Seelen** (J. H. von). — Athenæ Lubecenses sive de Athenæi Lubecensis insignibus meritis, per institutionem optimorum virorum acquisitis, in Rempublicam sacram, civilem et litterariam commentarius, præter gloriosas memorias quorundam consulum Lubecensium, quos sequuntur alii viri meritissimi ad senatum Lubecensem pertinentes, multas præstantissimorum theologorum, ictorum, medicorum, philologorum et philosophorum vitas, partim renovatas, partim nunc primum litteris consignatas, adjectam scriptorum editorum et non editorum notitiam habentes, complectens. Accedit Athenæi Lubecensis historia. — Lubecæ, Bœckmann, 1719-1722, 4 vol. in-8°. 5872

—. — Commentatio de vita, scriptis et meritis in rempublicam literariam viri summe venerandi, excellentissimi eruditissimique Joan. Christoph Wolfii, adhuc orientalium linguarum profess. Hamburg. nunc ad ædem D. Catharinæ ibidem pastoris primarii theologi et philologi longe celeberrimi literis consignata observationibusque nonnullis exegeticis, philologicis, historico-ecclesiasticis, literariis, philosophicis instructa. — Stadæ, Holwein, 1717, in-4°. 5873

Seelen (J. H. von). — De adornanda bibliotheca christiana, sive notitia scriptorum de Christo, consilium. — Lubecæ, Bœckmann, 1723, in-8°. 5874

* —. — Memoria Stadeniana, sive de vita, scriptis ac meritis Diederici a Stade commentarius, varia simul historica, philologica et inprimis teutonica, complectens. — Hamburgi, sumtu Theod. Christoph. Felginer, 1725, in-8°. 5875

* —. — Nachricht von dem Ursprung und Fortgang der Buchdruckerey in der Käys. Freyen und des H. Röm. Reichs Stadt Lübeck, worinn die Lübeckischen Buchdrucker und allerlei von Ihnen gedruckte merckwürdige Bücher und Schriften angeführet und beschrieben werden. Bey Gelegenheit des in diesem 1740sten Jahre einfallenden Buchdrucker-Jubilæi ertheilet, und mit verschiedenen zur Gelehrten Historie gehörigen Anmerckungen versehen. — Lübeck, J. Schmidt, 1740, in-12. 5876

* —. — Nachricht von einer sehr raren zu Augspurg auf Pergament gedruckten und 1535. vollendeten Lutherischen Bibel. In einem Send-Schreiben an den Besitzer derselben, den Wohlgebohrnen Herrn Hrn. Jürgen Stolle, . . . ertheilet. — Lübeck, gedrückt von J. N. Green, 1747, in-4°, 39 p. 5877

* —. — Stada literata doctorum virorum Stadæ anno 1711 viventium vitas honores atque opera edita et inedita exhibens. — Stadæ, sumtibus H. Brummeri, 1711, in-4°. 5878

* **Seelhorst** (R. von). — Deutschland's Militair-Literatur im letzten Jahrzehnt 1850 bis 1860 nebst einer Zusammenstellung der wichtigsten Karten und Pläne Europa's. — Berlin, A. Bath, 1862, in-8°. 5879

Seemiller (S.). — Bibliothecæ academicæ Ingolstadiensis incunabula typographica seu libri ante annum 1500 impressi circiter mille et quadringenti; quos secundum annorum seriem disposuit, descripsit, et notis historico-litterariis illustravit. Cum adprobatione theologicæ facultatis. Fasc. I. qui libros complectitur nota anni insignitos ultra centum et viginti, eosque omnes ante annum 1477 impressos. Accedunt totidem fere libri nota anni impressa carentes, sed probabilissime ante annum 1477, vel certe ante annum 1480 impressi. — Ingolstadii, Krüll, 1787, in-4°. 5880

— Fasc. II. qui libros complectitur nota anni impressa insignitos ultra ducentos et viginti eosque omnes septennii spatio ab anno 1477-1483 impressos. Accedunt quadraginta et amplius nota anni impressa carentes, sed probabilissime quoad majorem partem pariter ante annum 1484 impressi. — Ingolstadii, 1788, in-4°.

— Fasc. III qui libros complectitur nota anni impressa insignitos ultra ducentos et sexaginta, eosque omnes sexennii spatio ab anno 1484-1489 impressos. Accedunt libri triginta et amplius nota anni impressa carentes, sed probabilissime quoad majorem partem pariter ante annum 1489 impressi. — Ingolstadii, 1789, in-4°.

Fasc. IV. — Ingolstadii, 1792, in-4°.

* —. — De latinorum bibliorum cum nota anni 1462 impressa duplici editione Moguntina exercitatio bibliographico-critica ... — Ingoldstadii, typis S. V. Haberberger, 1785, in-4°, 10 p. 5881

* **Séguer** (C.). — Université de France. Faculté de théologie protestante de Strasbourg. La Noue, notice sur sa vie et ses écrits. Thèse ... soutenue le ... décembre 1854. — Colmar, imp. Ve Decker, in-8°, 40 p. 5882

* **Seguierius** (J. Fr.). — Bibliotheca botanica, sive catalogus auctorum et librorum omnium qui de re botanica, de medicamentis ex vegetabilibus paratis, de re rustica, et de horticultura tractant. Accessit bibliotheca botanica Jo. Ant. Bumaldi, seu potius Ovidii Montalbani Bononiensis — Hagæ-comitum, apud Joannem Neaulme, 1740, in-4°. 5883

* —. — ... Accessit bibliotheca botanica Jo. Ant. Bumaldi, seu potius Ovidii Montalbani bononiensis nec non auctuarium in bibliothecam botanicam Cl. Seguierii opera Laur. Theod. Gronovii. — Lugduni Batavorum, apud Cornelium Haak, 1760, in-4°.

* **Seguierius** (J. Fr.). — Plantæ Veronenses seu stirpium quæ in agro Veronensi reperiuntur methodica synopsis. Accedit ejusdem Bibliothecæ botanicæ supplementum. — Veronæ, typis seminarii, 1745, 2 vol. in-8°. 5884

* **Seguin** (Ed.). — Jacob-Rodrigues Péreire, premier instituteur des sourds et muets en France (1744-1780)... Notice sur sa vie et ses travaux, et analyse raisonnée de sa méthode; précédées de l'éloge de cette méthode par Buffon. — Paris, J. B. Baillière, 1847, in-18. 5885

Seidensticker (J. A. L.). — Einleitung in den Codex Napoleon, handelnd von dessen Literatur-Geschichte-Plan und Methode-Verbindung mit der übrigen französischen Legislation-Quellen-Verhältniss zu den älteren Gesetzen und Rechten, zu den supplementarischen Dispositionen und zur Doctrin-Verbreitung. — Tübingen, Cotta, 1808, gr. in-8°. 5886

* **Seiters** (J. Ch. A.). — Bonifacius, der Apostel der Deutschen. Nach seinem Leben und Wirken geschildert. — Mainz, bei Kirchheim, Schott und Thielmann, 1845, in-8°. 5887

Seivert (J.). — Nachrichten von Siebenbürgischen Gelehrten und ihren

Schriften. — Pressburg, Weber und Korabinski, 1785, in-8°. 5888

* **Seizinger** (J. G.). — Bibliothekstechnik mit einem Beitrag zum Archivswesen. Nebst 44 Formularen. — Leipzig, H. Costenoble, 1855, in-8°. 5889

* —. — Theorie und Praxis der Bibliothekswissenschaft. Grundlinien der Archivswissenschaft. Mit 6 Formularen. — Dresden, L. Ehlermann, 1863, in-8°. 5890

Selchow (J. H. Chr. de). — Specimen bibliothecæ juris Germanici provincialis ac statutarii. Editio V auctior et emendatior. — Gœttingæ, vid. Vandenhœckii, 1782, in-8°. 5891

A cet autre titre: »Elementa juris germanici privati hodierni ex ipsis fontibus deducta. T. II. Editio VI. prioribus auctior et emendatior«.

Selecta bibliotheca juridica tripartita alphabetica, 1) nominalis, 2) realis, 3) ad librorum et titulorum in Pandectis seriem directa ex Compendio juris Lauterbachiano collecta. — Stuttgardia, litt. Lorberianis, 1698, in-8°. 5892

Selvaggi (G.). — Voy. Biblioteca scelta di libri italiani di scienze.

Sempere y Guarinos (J.). — Ensayo de una biblioteca española de los mejores escritores del reynado de Carlos III. — Madrid, en la imp. real, 1785-1789, 6 vol. in-8°. 5893

* **Senarmont** (H. de). — Notice des travaux de M. H. de Senarmont, ... — (Paris), imp. de Bachelier (1848), in-4°, 13 p. 5894

* — Paris, imp. de Bachelier, 1851, in-4°, 19 p.

Les couvertures imprimées servent de titre.

* **Senator** (H.). — Die Albuminurie im gesunden und kranken Zustande. Mit einer lithogr. Tafel. — Berlin, A. Hirschwald, 1882, in-8°. 5895

Se termine par une bibliographie de 102 art.

* **Senebier** (J.). — Histoire littéraire de Genève. — A Genève, chez Barde & Manget, 1786, 3 vol. in-8°. 5896

* **Seneca** (L. A.). — Opera ad optimas editiones collata. Præmittitur notitia literaria studiis societatis Bipontinæ. — Biponti, ex typographia societatis, 1782, in-8°. 5897

Le T. I contient, pages XXVIII-XL: »Index editionum L. Annaei Senecæ auctior Fabriciano et in tres ætates digestus«.

—. — Tragœdiæ ad optimas editiones collatæ. Præmittitur notitia literaria studiis societatis Bipontinæ. Editio accurata. — Biponti, ex typographia societatis, 1785, in-8°. 5898

Contient, pages IX-XIX: »Index editionum tragicorum latinorum emendatior et auctior Fabricio-Ernestino in quatuor ætates digestus«.

* **Sénemaud** (Ed.). — Un Document inédit sur Antoine Vérard, libraire et imprimeur. Renseignements sur le prix des reliures, des miniatures et des imprimés sur velin, au XVe siècle. — Angoulème, imp. de A. Nadaud, 1859, in-8°, 7 p. 5899

Ext. des »Archives du Bibliophile« n° 17 et du »Bulletin de la Société archéologique et historique de la Charente« 1859. — Tiré à 100 ex.

* **Septenville** (L. de). — Notice sur John-Théodore Dupont-White, lue à la Société des antiquaires de Picardie, dans sa séance générale du 20 juillet 1851. — Amiens, imp. de Duval et Herment, 1851, in-8°, 13 p. 5900

Ext. du »Bulletin de la Société des antiquaires de Picardie« nos 2 et 3, 1851.

* **Serapeum.** Zeitschrift für Bibliothekwissenschaft, Handschriftenkunde und ältere Litteratur. Im Vereine mit

Bibliothekaren und Litteraturfreunden herausgegeben von Robert Naumann. — Leipzig, T. O. Weigel, 1840-1870, 31 vol. in-8°. 5901

* **Serie de' testi di lingua** usati a stampa nel vocabolario degli accademici della crusca con aggiunte di altre edizioni da accreditati scrittori molto pregiate, e di osservazioni critico-bibliografiche. — Bassano, dalla tipografia Remondiniana, 1805, in-8°. 5902

* **Serie dell' edizioni Aldine** per ordine cronologico ed alfabetico. — In Pisa, presso Luigi Raffaeli, 1790, in-8°. 5903

* — Seconda edizione con emendazioni e giunte. — In Padova, presso Pietro Brandolese, 1790, in-12.

* — Terza edizione . . . — Firenze, presso Giuseppe Molini, 1803, in-8°.

Par Et. Ch. Lomenie de Brienne, avec la collaboration de Fr. Xav. Laire.

Serpilius (G.). — Voy. Verzeichnüss einiger Rarer Bücher.

* **Serret** (J. A.). — Notice sur les travaux mathématiques de M. J.-A. Serret, . . . — Paris, imp. de Bachelier (1851), in-4°, 14 p. 5904

* — Paris, imp. de Mallet-Bachelier, 1856, in-4°, 23 p.

* — Paris, imp. de Mallet-Bachelier, 1860, in-4°, 32 p.

* **Serullas.** — Analyse succincte des travaux de M. Serullas, professeur de chimie à l'hôpital militaire d'instruction de Paris. — Paris, imp. de A. Henry, 1829, in-4°, 20 p. 5905

* **Servois** (J. P.). — Notice sur la vie et les ouvrages du d^r Samuel Johnson. — Cambrai, imp. A. F. Hurez, 1823, in-8°. 5906

* — Deuxième édition ornée d'un portrait e l'auteur. — Nevers, Fay, 1877, in-8°.

— (G.). — Voy. La Bruyère. Oeuvres.

* **Seyfried** (Chr.). — Tentamen historicum de vita et meritis Pauli Fagii quod sub præsidio Jac. Guilielmi Feverlini, . . . d. XXV. aprilis a s. r. 1736 placido eruditorum examini submittit auctor respondens. — Altorfii Nor., typ. Meyerianis, in-4°, 32 p. 5907

Contient, pages 25-30: la liste des travaux imprimés et mss. de Fagius.

Sforza (G.). — Saggio di una bibliografia storica della Lunigiana. — Modena, G. T. Vincenzi e nipoti, 1874, in-4°. T. I. 5908

Ext. de: »Atti e memorie delle RR. diputazioni di Storia patria per le provincie Modenesi e Parmensi, vol. VI, fasc. III. — Modena, tip. Vincenzi, 1872«.

Shakspeare-Literatur (Die) in Deutschland. Vollständiger Catalog sämmtlicher in Deutschland erschienenen Uebersetzungen W. Shakspeare's sowohl in Gesammt- als Einzel-Ausgaben, aller bezüglichen Erläuterungs- und Ergänzungsschriften, wie endlich aller mit ihm in irgend einer Beziehung stehenden sonstigen literarischen Erscheinungen. Von 1762 bis Ende 1851. Supplement zu allen Uebersetzungen und Erläuterungsschriften W. Shakspeare's. — Cassel, Balde, 1852, in-8°, 44 p. 5909

Shakespeare Society's papers (The). — London, printed for the Shakespeare Society, 1847, in-8°. 5910

Le T. III contient, pages 58-83: »On the earliest quarto editions of the plays of Shakespeare«.

Shakespeareiana. Verzeichniss von Schriften von und über Shakespeare. Zur Feier des 300-jährigen Jubiläums am 23. April 1864. — Wien, Czermak, 1864, in-8°, 16 p. 5911

* **Shaksperiana.** Catalogue of all the books, pamphlets, etc. relating to Shakspeare. To wich are subjoined, an account of the early quarto editions of the great dramatist's plays and

poems, the prices at which many copies have sold in public sales; together with a list of the leading and esteemed editions of Shakespeare's collected works. — London, printed for John Wilson, 1827, in-8°. 5912

* **Shea** (J. G.). — A bibliographical account of catholic bibles, testaments, and other portions of scripture, translated from the latin vulgate and printed in the United States. — New-York, Cromoisy press, 1859, in-8°, 48 p. 5913

* **Shepherd** (R. H.). — The bibliography of Carlyle a bibliographical list arranged in chronological order of the published writings in prose and verse of Thomas Carlyle (from 1820 to 1881). — London, Elliot Stock (1881), in-16. 5914

* —. — Bibliography (The) of Dickens. A bibliographical list arranged in chronological order of the published writings in prose and verse of Charles Dickens (from 1834 to 1880). — London, Elliot Stock (1880), in-16. 5915

* —. — The bibliography of Ruskin a bibliographical list arranged in chronological order of the published writings in prose and verse of John Ruskin from 1834 to the present time (october 1878). — New-York, J. Wiley, 1878, in-8°, 44 p. 5916

* —. — The bibliography of Thackeray a bibliographical list arranged in chronological order of the published writings in prose and verse and the sketches and drawings of William Makepeace Thackeray (from 1829 to 1880) a companion and supplement to the edition de luxe. — London, Elliot Stock (1881), in-8°. 5917

* —. — Memoirs of the life and writings of Thomas Carlyle. — London, 1881, 2 vol. in-16. 5918

* **Ship of fools** (The) translated by Alexander Barclay. — Edinburgh, William Paterson, 1874, 2 vol. in-8°. 5919

Par Badius. — Le T. I contient, p. XXIII-LXXXVI : »Notice of Barclay and his writings« — et p. XCIII-CIX : »Bibliographical catalogue of Barclay's works«.

* **Shurtleff** (N. B.). — A decimal system for the arrangement and administration of libraries. — Boston, privately printed, 1856, in-4°. 5920

* **Sibbern** (N. P.). — Bibliotheca historica dano-norvegica, sive de scriptoribus rerum Dano-Norvegicarum commentarius historico literarius. — Hamburgi et Lipsiæ, impensis Christiani Liebezeit, 1716, in-12. 5921

* **Sicard** (G.). — Notice sur la vie et les travaux de M. Jean Baptiste Alphonse Chevallier, suivie des discours qui ont été prononcés sur sa tombe et de la liste de ses nombreux travaux. — Paris, imprimerie de Malteste, 1880, in-8°. 5922

* **Sickel** (R.). — Repertorium über die in den Jahren 1802 bis mit 1834 erschienenen Sammlungen juristischer Aufsätze und rechtlicher Entscheidungen. — Leipzig, Gebr. Reichenbach, 1835, 2 vol. gr. in-8°. 5923

* **Sidoine Apollinaire.** — Oeuvres, texte latin, publiées pour la première fois dans l'ordre chronologique, d'après les manuscrits de la Bibliothèque nationale, accompagnées de notes des divers commentateurs, précédées d'une introduction contenant une étude sur Sidoine Apollinaire, avec des dissertations sur sa langue, la chronologie de ses œuvres, les éditions et les manuscrits, par M. Eugène Barret, . . . — Paris, E. Thorin, 1878, in-8°. 5924

* **Siennicki** (St. J.). — Recueil des éditions des imprimeurs célèbres de l'Italie, de la France et de la Belgique, conservés dans la bibliothèque de l'université impériale de Varsovie. Les Alde, les Junte, les Estienne et les Plantin. Ouvrage enrichi de 41 plan-

ches. — Varsovie, imp. de M. Ziemkiewicz et V. Noakowski, 1878, in-8°. 5925

* **Sievers** (E. W.). — William Shakspeare. Sein Leben und Dichten. — Gotha, 1866, in-8°. 5926

Sighart (J.). — Albertus Magnus. Sein Leben und seine Wissenschaft. Nach den Quellen dargestellt. — Regensburg, Manz, 1857, in-8°. 5927

Les pages VII-XII contiennent une bibliographie générale.

* **Sigismondo da Venezia** (Fr.). — Bibliografia universale sacra e profana disposita in ordine cronologico con cenni sugli autori ed illustrazioni sugli scritti loro. Opera originale italiana. — Venezia, tip. di G. B. Merlo, 1842, in-8°. 5928

* **Silius Italicus** (C.). — Libri septemdecim ad optimas editiones collati. Præmittitur notitia literaria studiis societatis Bipontinæ. Editio accurata. — Biponti, ex typographia societatis, 1784, in-8°. 5929

Contient, pages X-XVIII: »Index editionum C. Silii Italici Drakenborchiano et Fabricio-Ernestino auctior in quatuor ætates digestus«.

* **Sillig** (P. H.). — Die Shakespeare-Literatur bis Mitte 1854 zusammengestellt und herausgegeben. Ein bibliographischer Versuch, eingeführt von H. Ulrici. — Leipzig, Dyk, 1854, in-8°. 5930

* **Silvestre** (A.-F.). — Notice biographique sur M. André Thouin, professeur de culture au jardin du roi . . . — Paris, imp. de Mme Huzard, 1825, in-8°, 27 p. 5931

Ext. des »Mémoires de la Société royale et centrale d'agriculture«.

*—. — Notice biographique sur M. Jean-Augustin-Victor Yvart, membre . . . de la Société royale et centrale d'agriculture . . . lue à la séance publique de la Société, le 29 avril 1832. — Paris, Mme Huzard, 1832, in-8°, 18 p. 5932

Ext. des »Mémoires de la Société royale et centrale d'agriculture«.

* **Silvestre** (L. C.). — Marques typographiques ou recueil des monogrammes, chiffres, enseignes, emblèmes, devises, rébus et fleurons des libraires et imprimeurs qui ont exercé en France, depuis l'introduction de l'imprimerie en 1470, jusqu'à la fin du seizième siècle: à ces marques sont jointes celles des libraires et imprimeurs qui pendant la même période ont publié, hors de France, des livres en langue française. — Paris, P. Jannet, 1853, in-8°. 5933

2e Partie. — Paris, imp. Renou et Maulde, 1867, in-8°.

* **Silvestri** (L. S.). — Della vita e delle opere di Gioachino Rossini. Notizie biografico-artistico-aneddotico-critiche compilate su tutte le biografie di questo celebre italiano e sui giudizi della stampa italiana e straniera intorno alle sue opere. — Milano, a spese dell' autore, 1874, in-8°. 5934

—. — Effemeridi storico-critico-statistico-biografico-artistico-bibliografiche teatrali o serie cronologica di tutte le rappresentazioni melodrammatiche, coreografiche, ecc., ecc. poste sulle scene dei pubblici e privati teatri di Milano dal 1547 a tutt' oggi. — Milano, presso il compilatore, 1874, in-8°. 5935

*— (Or.). — Bibliografia generale risguardante la vulcanologia, mineralogia, geologia, paleontologia e paleoetnologia della provincia di Catania e delle isole vulcaniche adjacenti alla Sicilia. — Bologna, Nicola Zanichelli, 1881, in-8°. 5936

Ext. de la »Bibliographie géologique et paléontologique de l'Italie compilée par les soins du comité d'Organisation du 2e congrès géologique international à Bologne en 1881«.

* **Siméon**. — Institut royal de France. Notice historique sur M. le Cte de Forbin, lue à l'Académie des beaux-arts, le 27 mars 1841. — Paris, imp. de Panckoucke (s. d.), in-8°, 15 p. 5937

Ext. du Moniteur Universel du 28 mars 1841.

* **Simler** (J.). — Bibliotheca instituta et collecta primum a Conrado Gesnero, deinde in Epitomen redacta et novorum librorum accessione locupletata, jam vero postremo recognita, et in duplum post priores editiones aucta. — Tiguri, apud Christophorum Froschoverum, mense Martio, 1574, in-fol. 5938

* —. — Epitome bibliothecæ Conradi Gesneri, conscripta primum a Conrado Lycosthene; nunc denuo recognita et plus quam bis mille authorum accessione (qui omnes asterisco signati sunt) locupletata. — Tiguri, apud Christophorum Froschoverum, 1555, in-fol. 5939

* **Simmons** (S. F.). — An account of the life and writings of the late William Hunter, read, on the 6th of august 1783, at a general meeting of the society of physicians of London. — London, J. Johnson, 1783, in-8°. 5940

* **Simon**. — Notice sur la vie et les ouvrages de M. Grosley . . . — Troyes, Sainton, 1812, in-8°, 24 p. 5941

— (Chr. Fr. L.). — Literatur der Theologie hauptsächlich des neunzehnten Jahrhunderts. — Leipzig, Köhler, 1813, in-8°. 5942

A aussi cet autre titre: »Fortsetzung von J. A. Nösselt's Anweisung zur Kenntniss der besten allgemeinern Bücher in allen Theilen der Theologie. — Leipzig...«

* —. — Nouvelle bibliotheque historique et chronologique des principaux auteurs et interpretes du droit civil, canonique et particulier de plusieurs états et provinces depuis Irnerius; avec les caracteres de leurs esprits, et des jugemens sur leurs ouvrages. Ensemble l'idée d'un bon maire. — Paris, R. Pepie, 1692-1695, 2 vol. in-12. 5943

* —. ... Ensemble l'idée d'un bon juge et une dissertation touchant les coutumes. Nouvelle édition. — Paris, R. Pepie, 1692, in-8°.

* **Simon** (L.). — Etudes sur la vie et les travaux d'Antoine Petroz rapport lu à la société médicale homœopathique de France. — Paris, imp. de S. Raçon (1864), in-8°, 48 p. 5944

* **Simonin**. — Notice sur la vie et les ouvrages de feu M. le docteur de Haldat Dulys, lue à la Société de médecine de Nancy, le 26 octobre 1853. — Nancy, Grimblot et Vve Raybois, 1854, in-8°, 20 p. 5945

—. — Tables alphabétiques des matières et des noms d'auteurs contenus dans les trois premières séries des Mémoires de l'Académie de Stanislas (1750-1866). — Nancy, imp. Ve Raybois, 1870, in-8°. 5946

* **Simonnet** (J.). — Essai sur la vie et les ouvrages de Gabriel Peignot accompagné de pièces de vers inédites. — Paris, Aug. Aubry, 1863, in-8°. 5947

Tiré à 350 ex. dont 285 sur papier mécanique, 50 sur papier vergé, et 15 sur papier de couleur.

* —. — Le Président Fauchet, sa vie et ses ouvrages. — Paris, Durand, 1864, in-8°. 5948

Ext. »de la Revue historique de droit français et étranger«, n° de sept.-octobre 1863.

* **Sims** (R.). — A manual for the genealogist, topographer, antiquary, and legal professor, consisting of descriptions of public records; parochial and other registers; wills; county and family histories; heraldic collections in public libraries, etc. etc. — London, Smith, 1856, in-8°. 5949

Sincerus (Cl.). — Vollständige Leben und Schriften grosser Juristen. — Wittenberg, Ludewig, 1713-1718, 3 vol. in-8°. 5950

L'auteur est Joh. Georg v. Kulpis.

*—(Th.). — Bibliotheca historico-critica librorum opusculorumque variorum et rariorum; oder: analecta litteraria von lauter alten und raren Büchern und Schrifften. — Nürnberg, Adam Jonathan, 1736, in-12. 5951

* —. — Librorum nonnisi veterum rariorumque proximis ab inventione typographiæ annis, usque ad a. 1682 in quavis facultate et lingua editorum notitia historico-critica. Oder Theophili Sinceri neue Nachrichten von lauter alten Büchern, so von Anfang der edlen Buchdruckerei bis a. 1682. Da sich die Acta eruditorum Lipsiensia angefangen, ans Licht getreten sind, nebst allerhand hin und wieder eingestreuten dienlichen Auszügen aus einem vieljährigen Brief-Wechsel, auch andern gelehrten und curieusen Sachen. Denen zum besten, so gerne alte und rare Bücher wollen kennen lernen, herausgegeben und mit nöthigen Registern versehen. — Frankfurt und Leipzig, 1748, in-4°. T. I. 5952

—. — Nachrichten von lauter alten und raren Büchern. — Franckfurt und Leipzig, 1831-1832, in-8°, en 6 part. 5953

*—. — Neue Sammlungen von lauter alten und raren Büchern. — Franckfurt und Leipzig, zu finden bey Johann Stein, in Nürnberg, 1733-1734, 3 vol. in-8°. 5954

—. — Notitia historico-critica. Librorum veterum rariorum. Oder: Neue Nachrichten von lauter alten und raren Büchern. Nebst beygefügten Anmerkungen und Auszügen eines vieljährig gehaltenen Brief-Wechsels. Denen zum Besten, so gerne alte rare Bücher wollen kennen lernen, ausgefertiget und mit zwey Registern versehen. — Frankfurt und Leipzig, 1753, in-4°. 5955

Singularia historico - litteraria Lusatica, oder Historische und Gelehrte auch andere Merckwürdigkeiten derer beyden Marggrafthümer Ober- und Nieder-Lausitz, worinnen verschiedene zur Erläuterung der Lausitzischen Staats-, Kirchen- und Lehns-Verfassungen, auch zur Historie dienliche Nachrichten communiciret, so wohl auch die in dieser Provintz herausgekommene gelehrte Schrifften und Neuigkeiten recensiret werden, sammt verschiedenen Anmerckungen und Register. — Leipzig und Budissin, Richter, 1732-1740, 2 vol. in-8°. 5956

Publié par Johann Christian Gotthelff Budæus.

* **Sinker** (R.). — A catalogue of the fifteenth-century printed books in the library of Trinity college, Cambridge. — Cambridge, Deighton, Bell, and Co., 1876, in-8°. 5957

* **Sinner** (G. R. L. von). — Bibliographie der Schweizergeschichte, oder systematisches und theilweise Beurtheilendes Verzeichniss der seit 1786 bis 1851 über die Geschichte der Schweiz, von ihren Anfängen an bis 1798, erschienenen Bücher. Ein Versuch. — Bern, Stämpflische Verlagshandlung & Zürich, Friedrich Schulthess, 1851, in-8°. 5958

***Sirand** (**A. M. A.**). — Bibliographie de l'Ain, avec une table des auteurs cités, contenant les numéros d'ordre correspondant à leurs ouvrages; précédée d'une histoire de l'imprimerie dans le département de l'Ain. — Bourg-en-Bresse, typog. Milliet-Bottier, février 1851, in-8°. 5959

* **Siret** (Ad.). — Dictionnaire historique des peintres de toutes les écoles depuis l'origine de la peinture jusqu'à nos jours, contenant 1° un abregé de l'histoire de la peinture chez tous les

peuples. 2° des tableaux présentant la nomenclature des peintres par ordre chronologique, par écoles, etc. 3° la biographie des peintres par ordre alphabétique avec désignation d'école; 4° l'indication de leurs principaux tableaux avec désignation des lieux où ils se trouvent; 5° la caractéristique de leur style ou de leur manière; 6° le prix auquel ont été vendus, dans les ventes célèbres des trois derniers siècles, y compris le dix-neuvième, les tableaux principaux; 7° six cents monogrammes environ des principaux peintres. Deuxième édition revue et considérablement augmentée. — Paris, A. Lacroix, 1866, gr. in-8°. 5960

* **Sistême général de bibliographie alfabétique**, appliqué au tableau enciclopédique des connaissances humaines, et en particulier à la phitologie. — Paris, imp. chez Lebègue, octobre 1819, in-12. 5961

* **Sisteray**. — Rapport sur la candidature de M. le Dr. Laurent Armand au titre de membre correspondant de la société de médecine et de chirurgie de Bordeaux. — Bordeaux, imp. de Gounouilhou, 1878, in-8°, 15 p. 5962

Sivers (Jegór von). — Cuba, die Perle der Antillen. Reisedenkwürdigkeiten und Forschungen. — Leipzig, Fleischer, 1861, in-8°. 5963

Contient, p. 341-346 : Schriften über Cuba.

Sixt (Chr. H.). — Petrus Paulus Vergerius, päpstlicher Nuntius, Katholischer Bischof und Vorkämpfer des Evangelium's. Eine reformationsgeschichtliche Monographie. — Braunschweig, Schwetschke und Sohn, 1855, in-8°. 5964

Contient, pages 595-601 : »Index librorum a Vergerio editorum«.

Sixtus senensis. Bibliotheca sancta criticis, ac theologicis animadversionibus, nec non duplici adjecto sacrorum scriptorum elencho adaucta et inlustrata a Pio Thoma Milante. — Neapoli, ex typogr. Mutiana, 1742, 2 vol. in-fol. 5965

* **Skandinavisk Forlagscatalog**, eller alphabetisk Fortegnelse over de i Danmark, Norge og Sverrig udkomne Skrifter, fra 1ste Januar... 1843 til... (31 Dec. 1844). Med Angivelse af Trykkested, Störrelse, Forlægger og Priis (Paany gjennemseet og forögel Udgave.). — Kjöbenhavn, George A. Jæger, 1843-1845, 3 vol. in-12. 5966

* **Skeat** (W. W.). — An etymological dictionary of the english language. — Oxford, at the Clarendon press, 1882, in-4°. 5967

Contient, p. XXIII-XXVIII : »Books referred to in the dictionary«.

—. — Voy. a Bibliographical list of the works ... of the various dialects of english.

* **Skeen** (W.). — Early typography. — Colombo, Ceylon, 1872, in-8°. 5968

* **Skutsch** (H.). — Bibliotheca Silesiaca. Systematisch geordnetes Verzeichniss einer reichhaltigen Sammlung von Büchern und Manuscripten aus dem Gebiete der schlesischen Literatur. Ein Beitrag zur Schlesischen Bibliographie. Zur fünfzigjährigen Jubelfeier der Breslauer Universität herausgegeben. — Breslau, Schletter, 1861, in-8°. 5969

* **Slane** (de). — Travaux littéraires de M. le Bon de Slane. — Paris, imp. de Fain et Thunot (1847), in-4°, 6 p. 5970

Slevogt (G.). — Nachricht von einigen auserlesensten, grösstentheils raren, alten und neuen juristischen Büchern. — Jena, 1725, in-8° en 2 parties. 5971

* **Smith** (Ed.-H.). — Recherches sur la vie et les principaux ouvrages de Samuel Bochart. Mémoire lu à l'Académie des sciences, etc., de Caen, le 28 juin 1833. — Caen, A. Hardel, 1835, in-8°, 41 p. 5972

* **Smith** (Ed.-H.). — Samuel Bochart. Recherches sur la vie et les ouvrages de cet auteur illustre. Mémoire adressé à l'Académie royale des sciences, arts et belles-lettres de Caen, le 28 juin 1833. — Caen, imp. de Chalopin, 1833, in-8°. 5973

Tiré à 200 ex. — Le faux titre porte: »Académie royale des sciences, arts et belles lettres de la ville de Caen. Eloge de Bochart«.

—. — Voy. Robinson (Ed.). Biblical researches in Palestine. — Palästina und die südlich angrenzenden Länder.

* — (J. R.). — A bibliographical list of the works that have been published, towards illustrating the provincial dialects of England. — London, John Russell Smith, 1839, in-8°, 24 p. 5974

* —. — Bibliotheca Cantiana: a bibliographical account of what has been published on the history, topography, antiquities, customs, and family history of the county of Kent. — London, John Russell Smith, 1837, in-8°. 5975

* — (J.). — Bibliotheca anti-Quakeriana; or a catalogue of books adverse to the society of friends, alphabetically arranged; with biographical notices of the authors, together with the answers which have been given to some of them by friends and others. — London, Joseph Smith, 1873, in-8°. 5976

* —. — A descriptive catalogue of friends' books, or books written by members of the society of friends, commonly called quakers, from their first rise to the present time, interspersed with critical remarks, and occasional biographical notices, and including all writings by authors before joining, and by those after having left the society, whether adverse or not, as far as known. — London, Joseph Smith, 1867, 2 vol. in-8°. 5977

* **Smithsonian miscellaneous collections.** — Washington, published by the Smithsonian institution, 1862-1881, 21 vol. in-8°. 5978

Contient:

T. III. Catalogue of the described Diptera of North America. Prepared for the Smithsonian Institution by R. Osten Sacken.

T. III. Catalogue of publications of societies and of other periodical works in the library of the Smithsonian Institution, July 1, 1858. Foreign works.

T. IV. Synopsis of the neuroptera of North America. With a list of the South American species, prepared for the Smithsonian institution by Hermann Hagen.

Contient, pages XI-XVII: Authorities.

T. V. Bibliography of North American Conchology previous to the year 1860. Prepared for the Smithsonian Institution by W. G. Binney. Part I: American authors.

La Part II: Foreign authors, se trouve dans le T. IX.

T. V. Catalogue of publications of the Smithsonian Institution. Corrected to June 1862.

T. VII. A dictionary of the chinook jargon, or trade language of Oregon. Prepared for the Smithsonian institution by George Gibbs.

Contient, pages XIII-XIV: Bibliography of the Chinook Jargon.

T. VIII. Catalogue of the Orthoptera of North America described previous to 1867. Prepared for the Smithsonian Institution by Samuel H. Scudder.

Contient, pages V-XX: Authorities.

T. IX. Catalogue of publications of societies and of periodicals works belonging to the Smithsonian Institution, january 1, 1866.

T. X. Arrangement of the families of Mollusks. Prepared for the Smithsonian Institution by Theodore Gill.

Contient, pages 31-37: List of authors refered to.

T. XI. Arrangement of the families of mammals, with analytical tables. Prepared for the Smithsonian Institution by Theodore Gill.

Contient, pages 31-41: Bibliography, or list of authors refered to.

— Arrangement of the families of fishes, or classes pisces, marsipobranchii, and leptocardii. Prepared ... by Theodor Gill.

Contient, pages 27-45: Bibliography.

T. XII. The constants of nature. Part I, Specific gravities; Boiling and melting points; and chemical formula. Compiled by Frank Wigglesworth Clarke.

Contient pages 4-10: A list of the more important of the papers used in compiling the following tables. La Part II-III se trouve dans le T. XIV; la bibliographie occupe les pages 5-7.

T. XIII. Check-List of North American batrachia and reptilia; with a systematic list of the higher groups, and an essay on geographical distribution. Based on the specimens contained in the U. S. national museum by Edward D. Cope.

Contient, pages 97-101: Bibliography.

T. XIII. Contributions to North American ichthyology based primarily on the collections of the United States national museum, by David S. Jordan.

Contient, pages 105-111: Bibliography of american fresh-water Siluridæ.

T. XIV. Catalogue of the fishes of the east coast of North America by Theodore Gill.

Contient, pages 37-44: Bibliography of east coast fishes.

— List of publications of the Smithsonian Institution, July, 1877.

— Index catalogue of books and memoirs relating to nebulæ and clusters, etc. by Edward S. Holden.

T. XV. Bibliographical index to North American botany; or citations of authorities for all the recorded indigenous and naturalized species of the flora of North America, with a chronological arrangement of the synonymi. By Sereno Watson. Part I. Polypetalæ.

— The toner lectures instituted to encourage the discovery of new truths for the advancement of medicine. Lecture V. on the surgical complications and sequels of the continued fevers. By William W. Keen. Delivered february 17, 1876.

Contient, pages 59-68: Bibliography.

T. XVI. Catalogue of the described diptera of North America by C. R. Osten Sacken. (Second edition).

Contient, pages XXVII-XLVI: Authorities.

T. XVIII. Eulogy on prof. Alexander Dallas Bache, late superintendent of the United States coast survey. By prof. Joseph Henry.

Contient, pages 376-383, la liste chronologique des travaux de D. Bache. (146 art.)

T. XIX. Fourth instalment of ornithological bibliography: being a list of faunal publications relating to british birds. By Dr. Elliott Coues.

Occupe les pages 359-477 du T. II des Proceedings of the United States national museum.

T. XXI. The scientific writings of James Smithson. Edited by William J. Rhees.

Contient, pages V-VII: Scientific writings of James Smithson.

* **Smitmer** (Fr. P. v.). — Literatur der geist- und weltlichen, und Militair- und Ritterorden überhaupt, so wie des hohen Johanniter- oder Maltheser Ritterordens und seiner Besitzungen insbesondere. Neu umgearbeitet und vermehrt. — Amberg, Seidel, 1802, gr. in-8°. 5979

* **Smitt** (Fr. von). — Geschichte des Polnischen Aufstandes und Krieges in den Jahren 1830 und 1831. Nach authentischen Quellen dargestellt. — Berlin, Duncker und Humblot, 1848, 3 vol. gr. in-8°. 5980

Le T. III contient, p. 605-627: »Quellen und Hülfsmittel, die der Verfasser bei Abfassung seines Werkes benutzt hat«.

* **Snegireff** (J.). — Dictionnaire des écrivains profanes indigènes ou étrangers qui ont écrit en Russie. Servant de supplément au dictionnaire des écri-

vains sacrés par le métropolitain Eugène. — Moscou, imp. de l'Université, 1838, 1 vol. in-8°. 5981

* **Snellaert** (F. A.). — Vlæmsche Bibliographie, of lyst der nederduitsche Boeken, in Belgie sedert 1830 uitgegeven. — Gent, H. Hoste, 1851, in-8°. 5982

Uitgaven van het Willems'-Fonds. N°. 1.

* —. — Vlæmsche Bibliographie, of lyst der nederduitsche Boeken, van 1830 tot 1855 in Belgie uitgegeven. — Gent, Drukkery van Eug. Vanderhæghen, 1857, in-8°. 5983

Uitgaven van het Willems' - Fonds. N°. 26.

Soave (M.). — Dei Soncino, celebri tipografi italiani nel secolo XV e XVI; con elenco delle opere da essi date alla luce. — Venezia, tip. Longo, 1878, in-8°. 5984

Publié à l'occasion du 4e congrès des Orientalistes à Florence (session de 1878).

* **Sobolstchikoff** (B.). — (Du classement des bibliothèques publiques et de la composition de leurs catalogues. — St. Pétersbourg, imp. de l'académie impériale), 1859, in-8°. 5985

En russe.

* —. — Principes pour l'organisation et la conservation des grandes bibliothèques. — Paris, Jules Renouard, 1859, in-12. 5986

* **Socard.** — Esquisse sur la vie et les travaux littéraires de Courtalon-Delaistre. — Troyes, Bouquot, 1853, in-8°, 13 p. 5987

* — (Al.). — Bibliographie. A propos d'un vieux livre. — Troyes, imp. et lith. Dufour-Bouquot, 1865, in-8°, 8 p. 5988

Contient la liste des ouvrages de Jean Rochette.

* —. — et Al. **Assier.** — Livres liturgiques du diocèse de Troyes imprimés au quinzième et au seizième siècle. Ouvrage orné de 86 gravures originales. — Paris, A. Aubry, 1863, in-8°. 5989

* **Socard** (Al.). — Livres populaires imprimés à Troyes de 1600 à 1800. Hagiographie, — ascétisme. Ouvrage orné de 120 gravures tirées avec les bois originaux. — Paris, A. Aubry, 1864, in-8°. 5990

* —. — Livres populaires. Noëls et cantiques imprimés à Troyes depuis le XVIIe siècle jusqu'à nos jours. Avec des notes bibliographiques et biographiques sur les imprimeurs troyens. Ouvrage orné de vingt gravures originales, avec la musique de plusieurs airs. — Paris, A. Aubry, 1865, in-8°. 5991

* — (Em.). — Catalogue de la bibliothèque de la ville de Troyes. Histoire. — Troyes, Bertrand-Hu, 1875-1880, 6 vol. in-8°. 5992

* —. — Catalogue de la bibliothèque de la ville de Troyes. Ouvrages intéressant l'histoire de Troyes et du département de l'Aube. — Troyes, Bertrand-Hu, 1880-1881, 2 vol. in-8°. 5993

* —. — Notice biographique et littéraire sur Courtalon-Delaistre, curé de Sainte-Savine-lès-Troyes. — Troyes, Dufey-Robert, 1855, gr. in-8°, 40 p. 5994

* —. — Supplément à la bibliographie des Mazarinades. — Paris, Henri Menu, 1876, in 8°, 31 p. 5995

Ext. du Cabinet historique, T. XXII. — Tiré à 250 ex. sur papier vergé.

* **Société d'anthropologie de Paris.** Catalogue de la bibliothèque au 1er janvier 1877. — Paris, Georges Masson, 1877, in-8°. 5996

La couverture imprimée sert de titre.

* **Société des gens de lettres. Reproduction littéraire Catalogue général** des romans, nouvelles, articles littéraires et scientifiques qui ne peuvent être reproduits par les journaux qu'en vertu d'un traité annuel avec la société des gens de lettres. 1er octobre 1860... — Paris, imp. de E. Brière, gr. in-8°, 40 p. 5997

* **Société des traités religieux de Paris. Catalogue analytique** des traités publiés depuis 1821 jusqu'en 1876 suivi d'un Catalogue par ordre alphabétique et de plusieurs listes de traités classés selon les sujets et les diverses catégories de lecteurs. — Paris, Agence de la société des traités, 1876, in-16. 5998

* **Société fraternelle des protes des imprimeries de Paris**... Notice sur Valentin (Robert-François), prote de l'imprimerie de MM. Plon frères... — Paris, imp. de Bachelier, 1849, in-8°, 11 p. 5999

* **Société impériale et centrale d'agriculture de France**... Candidature de M. Eugène Thiac. — Paris, imp. de Lainé et Havard (1864), in-4°, 4 p. 6000

* **Sömmering** (S. Th.). — De morbis vasorum absorbentium corporis humani, sive dissertationis quæ præmium retulit societatis Rheno-Trajectinæ anno 1794. Pars pathologica. Accedit index scriptorum de systemate absorbente. — Trajecti sumptibus Varrentrappii ad Mœnum 1795, in-8°. 6001

Sœtbeer (Ad.). — Voy. Mill (J. St.). Grundsätze der politischen Oekonomie.

* **Sohncke** (L. A.). — Bibliotheca mathematica. Verzeichniss der Bücher über die gesammten Zweige der Mathematik, als: Arithmetik, höhere Analysis, construirende und analytische Geometrie, Mechanik, Astronomie und Geodäsie, welche in Deutschland und dem Auslande vom Jahre 1830 bis Mitte des Jahres 1854 erschienen sind. Mit einem vollständigen Materienregister. — Leipzig, Verlag von Wilhelm Engelmann, 1854, in-8°. 6002

Soldat (Le), ou le métier de la guerre considéré comme le métier d'honneur. Avec un essai de bibliothèque militaire par Monsieur de **. — Francfort sur le M., Fleischer, 1743, in-8°. 6003

Par Joh. Michael v. Loen.

* **Solignac** (de). — Eloge historique de M. Tercier, prononcé à la séance publique de l'Académie royale des sciences et belles lettres de Nancy, le 20 octobre 1767. — Nancy, imp. de Leseure (s. d.), in-8°, 23 p. 6004

Solinus (C. J.). — Polyhistor ad optimas editiones collatus. Præmittitur notitia literaria. Accedit index. Editio accurata. — Biponti, ex typographia societatis, 1794, in-8°. 6005

Contient, pages VII-XIV: »Index editionum C. J. Solini Polyhistoris auctior Fabricio-Ernestiano in tres ætates digestus«.

* **Some account of the book printed at Oxford** in 1468, under the title of Exposicio sancti Jeronimi in simbolo apostolorum. In which is examined its claim to be considered the first book printed in England. — London, printed by Ballantine and Byworth, 1812, in-8°, 44 p. 6006

* **Some french bibliographies.** By J. D. O. Reprinted from the Bookseller. — London, office of »the Bookseller«, 1881, in-18. 6007

Tiré à 160 ex. numérotés.

Someren (J. F. Van.). — Voy. Van Someren.

* **Somma delle opere** che in tutte le scienze et arti piu nobili, et in varie lingue ha da mandare in luce l'**Academia Ventiana**, parte nuove, et non

piu stampate, parte confedelissime tradottioni, giudiciose correttioni, ed utilissime annotationi riformate. — L'Academia Venetiana, 1558, in-fol. 6008

* **Sommervogel** (P. C.). — Table méthodique des Mémoires de Trévoux (1701-1775). — Paris, Aug. Durand, 1864-1865, in-16, 2 part. en 3 vol. 6009

Sonnenburg (E.). — Verbrennung und Erfrierungen. — Voy. Deutsche Chirurgie. No. 14.

* **Sopikoff** (B.). — Essai de bibliographie russe, ou dictionnaire complet des ouvrages originaux et des traductions imprimés en slavon et en russe depuis l'origine de l'imprimerie jusqu'en l'année 1813 avec une préface servant d'introduction à cette science tout-à-fait nouvelle en Russie, avec l'histoire de l'origine et des progrès de la typographie en Europe et particulièrement en Russie, avec des remarques sur les livres anciens rares, et leurs éditions différentes, et de courtes notices. Puisé à des sources authentiques. — St. Pétersbourg, 1813-1821, 5 vol. in-8°. • 6010

En russe.

* **Soprani** (R.). — Li scrittori della Liguria e particolarmente della maritima. — In Genova, per Pietro Giovanni Calenzani, 1667, in-4°. 6011

* **Sorel** (M. C.). — La bibliotheque françoise ou le choix et l'examen des livres françois qui traitent de l'éloquence, de la philosophie, de la devotion et de la conduite des mœurs; et de ceux qui contiennent des harangues, des lettres, des œuvres meslées, des histoires, des romans, des poësies, des traductions, et qui ont servy au progrez de nostre langue. Avec un traité particulier, où se trouve l'ordre, le choix et l'examen des histoires de France. — A Paris, par la compagnie des libraires du palais, 1664, in-12. 6012

* — Seconde edition reveüe et augmentée. — A Paris, par la compagnie des libraires du palais, 1667, in-12.

Contient, p. 389 429: »L'ordre et l'examen des livres attribuez à l'autheur de la Bibliothèque françoise«.

* **Soret** (H.). — Notice sur la vie et les ouvrages de M. Henri Vienne . . . — Tarbes, T. Telmon, 1862, in-8°, 15 p. 6013

La couverture imprimée sert de titre.

* **Sotheby** (S. Leigh). — The typography of the fifteenth century: being specimens of the production of the early continental printers, exemplified in a collection of fac similes from one hundred works, together with their water marks. Arranged and edited from the bibliographical collections of the late Samuel Sotheby. — London, Thomas Rodd, 1845, in-fol. 6014

*—. — Principia typographica. The Blockbooks, or xylographic delineations of scripture history, issued in Holland, Flanders, and Germany, during the fifteenth century, exemplified and considered in connexion with the origin of printing. To which is added an attempt to elucidate the character of the paper-marks of the period. A work contemplated by the late Samuel Sotheby, and carried out by his son Samuel Leigh Sotheby. — London, printed for the author by Walter Mc Dowall, 1858, in-fol. 6015

* **Sotvellus** (N.). — Bibliotheca scriptorum societatis Jesu. Opus inchoatum a Petro Ribadeneira, anno salutis 1602. Continuatum a Philippo Alegambe, usque ad annum 1642. Recognitum et productum ad annum Jubilæi 1675. — Romæ, ex typographia Jacobi Antonii de Lazzaris Varesii, 1676, in-fol. 6016

* **Soubbotine** (A. P.). — Bibliographie sur la question des impositions

directes et des revenus de la douane... — St. Petersbourg, 1880, in-4°. 6017

En russe.

* **Soubeiran**. — Titres scientifiques de M. Soubeiran. — Paris, imp. de Thunot (1853), in-4°, 3 p. 6018

* **Souberbielle**. — Académie de médecine. Nomination d'un membre titulaire dans la section de médecine opératoire. Candidature de M. Souberbielle. — Paris, imp. de Béthune et Plon (1834), in-8°, 16 p. 6019

* **Soucaille** (A.). — Notice biographique et littéraire sur l'académicien. Esprit de Béziers. (Extrait du »Bulletin de la Société archéologique, scientifique et littéraire de Béziers«.). — Béziers, imp. de Me Ve Millet, 1867, in-8°. 6020

* **Souiry**. — Etudes historiques sur la vie et les écrits de saint Paulin. — Bordeaux, P. Ducot, 1853-1854, 2 vol. in-8°. 6021

* **Soulice** (L.). — Essai d'une bibliographie du département des Basses-Pyrénées, période révolutionnaire 1789-1800. Extrait des Mémoires présentés au congrès scientifique de France (Institut des provinces), dans sa 39e session, tenue à Pau en 1873. — Pau, Aug. Lafon, 1874, in-8°. 6022

* **Soulier** (V.-L.). — Liste chronologique des éloges de nombre de savans nés à Montpellier, et de plusieurs savans étrangers qui y ont fait leur demeure et qui se sont tous distingués dans les sciences, ou dans les lettres, ou dans les arts; par V.-L. S. ... — Montpellier, Vve Picot, 1818, in-8°, 16 p. 6023

* **Soupé** (A. Ph.). — Essai critique sur la littérature indienne et les études sanscrites avec des notes bibliographiques. — Grenoble, Vellot, 1856, in-12. 6024

Sousa (J. C. Pinto de). — Voy. Pinto de Sousa.

Sousa Farinha (B. J. de). — Voy. Summario da bibliotheca Luzitana.

Sovot (Ballot de). — Voy. Ballot de Sovot.

* **Sowinski** (A.). — Les musiciens polonais et slaves, anciens et modernes. Dictionnaire biographique des compositeurs, chanteurs, instrumentistes, luthiers, constructeurs d'orgues, poëtes sacrés et lyriques, littérateurs et amateurs de l'art musical. Précédé d'un résumé de l'histoire de la musique en Pologne et de la description d'anciens instruments slaves. Notices sur la bibliographie musicale polonaise. Fragments de compositions de grands-maîtres polonais et détails sur les pèlerinages célèbres en Pologne. — Paris, Le Clère, 1857, gr. in-8°. 6025

* **Spach** (L.). — M. F. Colin, doyen honoraire de la faculté des lettres de Strasbourg. Notice littéraire et biographique, lue à la séance de la Société littéraire de Strasbourg du 11 juillet 1865. — Strasbourg, imp. de Silbermann, 1865, in-18, 12 p. 6026

* —. — Théodore Kreiss. Extrait de la »Revue d'Alsace«. — Colmar, imp. de C. Decker (1861), in-8°. 6027

* — (I.). — Nomenclator scriptorum medicorum. Hoc est: elenchus eorum, qui artem medicam suis scriptis illustrarunt, secundum locos communes ipsius Medicinæ; cum duplici indice et rerum et authorum conscriptus. — Francofurti, impensis N. Bassæi, 1591, in-8°. 6028

* —. — Nomenclator scriptorum philosophicorum atque philologicorum. Hoc est: succincta recensio eorum qui philosophiam omnesque ejus partes quovis tempore, idiomateve usq. ad annum 1597 descripserunt, illustrarunt, et exornarunt, methodo artificiosa se-

cundum locos communes ipsius philosophiæ, cum duplici indice, rerum uno, autorum altero. — Argentinæ, apud Ant. Bratramum, 1598, in-8°. 6029

***Specimen bibliothecæ hispano-majansianæ** sive idea novi catalogi critici operum scriptorum hispanorum, quæ habet in sua bibliotheca Gregorius Majansius generosus Valentinus. Ex museo Davidis Clementis. — Hannoveræ, impensis Jo. Guil. Schmidii, 1753, in-4°. 6030

* **Spencer** (H.). — Political institutions: being part V of the principles of Sociology. (The concluding portion of Vol. II.). — London, Williams and Norgate, 1882, in-8°. 6031

Contient, p. 756-770: »References«.

Spengler (L.). — Geheimrath Dr. Diel. Eine biographische Skizze, vorgetragen bei der Feier der Enthüllung des Diel'schen Denkmals zu Bad-Ems, am 12. September 1860. Als Manuscript gedruckt. Mit dem Bildnisse von Diel. — Bad-Ems, gedr. bei Sommer (1860), in-8°, 17 p. 6032

Contient, pages 12-15: »Uebersicht von Diel's Schriften«.

—. — Die medicinische Literatur Nassau's 1854. — Weilburg, Lanz, 1855, in-4°. 6033

Ext. des »Mittheilungen des Vereins Nassauischer Aerzte 1854-1855«.

Spicilegio delle edizioni Messinesi pubblicata da Gio. Nobolo. — Messina, 1811, in-8°. 6034

* **Spiegelberg** (O.). — Lehrbuch der Geburtshülfe für Aerzte und Studirende. Mit 144 Holzschnitten und Lithographien. — Lahr, Moritz Schauenburg, 1878, in-8°. 6035

Chacune des divisions est accompagnée de ses sources bibliographiques.

* **Spielmann** (J. R.). — Institutiones chemiæ prælectionibus academicis adcommodatæ. Editio altera, revisa, aucta, polita. — Argentorati, Bauer, 1766, in-8°. 6036

Contient, p. 351-381: »Syllabus auctorum«.

* **Spiers**. — Titres de M. Spiers aux fonctions de professeur ou de répétiteur d'anglais de l'école polytechnique. — (Paris), imp. de Crapelet (1844), in 4°, 3 p. 6037

* **Spinoza**. — Die Ethik des Spinoza im Urtexte herausgegeben und mit einer Einleitung über dessen Leben, Schriften und Lehre versehen von Hugo Ginsberg. — Leipzig, Erich Koschny, 1875, in-12. 6038

Contient, p. 51-57: »Literatur das Leben, die Schriften und die Lehre Spinozas behandelnd«. — La couverture imprimée porte en outre: »Spinozæ opera philosophica . . .«. avec cette adresse: Heidelberg, Georg Weiss, 1882.

* **Spiriti** (S.). — Memorie degli scrittori cosentini. — Napoli, de' Muzii, 1750, in-4°. 6039

***Spissok** . . . (Liste des ouvrages anonymes russes avec les noms des auteurs et des traducteurs. G. G.) — St. Petersbourg, 1874, gr. in-8°, III, 47 p. 6040

Par Gennady (?).

Sprachwissenschaftliche Werke herausgegeben von Dr. C. A. F. Mahn in Berlin. — Druck von Brandes und Schultze in Berlin, 1856, in-8°, 8 p. 6041

* **Sprengel** (C.). — Literatura medica externa recentior seu enumeratio librorum plerorumque et commentariorum singularium, ad doctrinas medicas facientium, qui extra Germaniam ab anno inde 1750 impressi sunt. — Lipsiæ, F. A. Brockhaus, 1829, in-8°. 6042

—. — Voy. Linnæus (C.). Philosophia botanica.

* **Sprenger** (P. Pl.). — Aelteste Buchdruckergeschichte von Bamberg, wo diese Kunst, neben Mainz, vor

allen übrigen Städten Deutschlands zuerst getrieben worden. Aus der Dunkelheit hervorgezogen und bis 1534 fortgeführt, auch mit ein Paar Abhandlungen versehen. — Nürnberg, Grattenauer, 1800, in-4°. 6043

Springinsguth (D.). — Aurifodina biblica, exhibens catalogum locupletissimum auctorum, qui ab ipsis inde ecclesiæ incunabulis sacræ scripturæ editiones ejusque expositiones procurarunt, itemque consilia varia de studio exegetico. — Stralsund, 1671, in-4°. 6044

* **Squier** (E. G.). — Monograph of authors who have written on the languages of central America, and collected vocabularies, or composed works in the native dialects of that country. — London, Trübner, 1861, in-4°. 6045

Tiré à 100 ex.

* **Stackhouse** (Th.). — Memoirs of the life, character, conduct, and writings of Dr. Francis Atterbury, late Bishop of Rochester, from his birth to his banishment. The second edition. — London, 1727, in-8°. 6046

Stäudlin (C. Fr.). — Voy. Schleusner (J. Fr.). Göttingische Bibliothek der neuesten theologischen Literatur.

* **Stamm** (A. Th.). — Krankheiten-Vernichtung, Nosophthorie. Hygienische Lehre der Entstehung, Verhütung und der Wege zur Ausrottung vieler der furchtbarsten Krankheiten . . . Zweite allgemeinverständliche und bereicherte Auflage. — Zürich, Caesar Schmidt, 1881, in 8°. 6047

Contient, pages 31-34 une bibliographie de la peste.

Stapfer (J. J.). — Voy. Haller (G. E. v.). Bibliothek der Schweizer-Geschichte.

* **Stapleton** (Th.). — Histoire de Thomas More grand chancelier d'Angleterre sous Henri VIII. Traduite du latin par M. Alexandre Martin, avec une introduction, des notes et commentaires par M. Audin. — Paris, L. Maison, 1849, in-8°. 6048

Contient, p. 443-466: »Sources et documents«.

* **Starovolscus** (S.). — Scriptorum polonicorum ἑκατοντας, seu centum illustrium Poloniæ scriptorum elogia et vitæ. — Venetiis, apud hæredes Damiani Zenarii, 1627, in-4°. 6049

* **Statistica del regno d'Italia. Acque minerali.** Anno 1868. — Firenze, tip. Tofani, 1869, in-4°. 6050

Contient, p. XXVII-XXX une: Bibliografia delle acque minerali.

* **Statius** (P. P.). — Opera ad optimas editiones collata. Præmittitur notitia literaria studiis societatis Bipontinæ. Editio accurata. — Biponti, ex typographia societatis, 1785, in-8°. 6051

Contient, pages XIII-XXIV: »Index editionum P. Papinii Statii auctior Fabricio Ernestino et in IV ætates digestus«.

* **Steiermärkische Geschichtsblätter** herausgegeben von Dr. J. v. Zahn. — Graz, Leykam-Josefsthal, 1880-1882, in-8°. 6052

Chaque fascicule se termine par: »Historisch-Bibliographische Notizen für Steiermark.

* **Steiff** (K.). — Der erste Buchdruck in Tübingen (1498-1534). Ein Beitrag zur Geschichte der Universität. — Tübingen, H. Laupp, 1881, in-8°. 6053

* **Steigenberger** (G.). — Literarisch-kritische Abhandlung über die zwo allerälteste gedruckte deutsche Bibeln, welche in der Kurfürstl. Bibliothek in München aufbewahrt werden. Mit Anhange, und vier Kupfertafeln. — München, gedruckt bey Joseph Zangl, 1787, in-4°. 6054

* **Steiger** (E.). — The periodical literature of the United States of America with index and appendices. — New York, E. Steiger, 1873, in-4°. 6055

* **Stein** (S. Th.). — Entwickelungsgeschichte und Parasitismus der menschlichen Cestoden. Aetiologie, Pathologie und Therapie der Bandwurmkrankheiten des Menschen... — Lahr, Moritz Schauenburg, 1882, gr. in-4°. 6056

T. I de: »Die Parasitären Krankheiten des Menschen«. — On trouve, pages 50-51 la liste des ouvrages consultés et page 52 celles des monographies et traités publiés par l'auteur.

* **Steinschneider** (M.). — Catalogus librorum hebræorum in bibliotheca Bodleiana. Jussu curatorum digessit et notis instruxit. — Berolini, typis Ad. Friedlænder, 1852-1860, in-4°. 6057

—. — Jewish literature from the eighth to the eighteenth century with an Introduction on Talmud and Midrash; a historical essay from the german. Revised throughout by the author. — London, 1857, in-8°. 6058

* —. — Manuale bibliographicum opera recensens tum theoretica tum practica quæ de lingua agunt hebraica. Appendicis instar ad Gesenii historiam L. H. et Le-Long-Maschii bibliothecam S. — Lipsiæ, sumptibus Fr. Chr. Guil. Vogelii, 1859, in-8°. 6059

Avec cet autre titre: »Bibliographisches Handbuch über die theoretische und practische Literatur für hebräische Sprachkunde. Ein selbständiger Anhang zu Gesenius. Geschichte der hebräischen Sprache und Le-Long-Masch's biblioth. sacra«.

—. — Die Schriften des Dr. L. Zunz, des Begründers der jüdischen Wissenschaft, zu seinem 63. Geburstage (10. Aug. 1857) zusammengestellt. Mit Anmerkungen. — Berlin, Friedländer, 1857, in-8°. 6060

—. — Voy. Hebräische Bibliographie. — Voy. Die Schriften des Dr. L. Zunz.

Stemler (J. Chr.). — Historie und Führung des Lebens Johann Martin Schamelii, weyland Oberpfarrers in Naumburg und der Rathsschule Inspectoris, welche er zum Gedächtnis selbst aufgezeichnet, nebst einigen hinzugefügten Nachrichten von dessen Leben, Tode und Schriften und einer Vorrede von unschuldigen Bemühungen, sein Gedächtniss zu erhalten, herausgegeben von dessen Schwiegersohne. — Leipzig, Lankischens Erben, 1743, in-4°. 6061

Stengel (J.). — Apparatus librorum theologicorum realis alphabeticus, das ist: Vorrath theologischer Bücher, welche unter gehörige Titul nach denen Materien in alphabetischer Ordnung mit Fleiss gebracht, und auf Begehren ausgefertiget. — Ulm, Bartholomäi, 1724, in-8°. 6062

Stepf (J. H.). — Gallerie aller juridischen Autoren von der ältesten bis auf die jetzige Zeit mit ihren vorzüglichsten Schriften nach alphabetischer Ordnung aufgestellt. — Leipzig, Lauffer, 1820-1825, 4 vol. gr. in-8°. 6063

N'a paru que jusqu'à la lettre K.

* **Stephanus** (H.). — Epistola, qua ad multas multorum amicorum respondet, de suæ typographiæ statu, nominatimque de suo thesauro linguæ græcæ. In posteriore autem ejus parte, quàm misera sit hoc tēpore veterum scriptorum conditio, in quorundam typographorum prela incidentium, exponit. Index librorum qui ex officina ejusdem Henrici Stephani hactenus prodierunt. — Anno 1569 excudebat Henricus Stephanus, in-12. 6064

Sterckx (A.). — Voy. Le Bibliophile belge.

* **Steven's american bibliographer.** — Chiswick (London), C. Whittingham, 1854, in-8°. 6065

Il n'a paru que les nos. 1 et 2 de janvier et février 1854, tirés à 100 ex. La suite a eu pour titre: »Historical nuggets bibliotheca americana«.

* **Stevens Gmb Fsa** etc. (Henry). — American books with tails to' em

A private pocket list of the incomplete or unfinished american periodicals transactions memoirs judicial reports laws journals legislative documents and other continuations and works in progress supplied to the British Museum and other libraries. Privately printed. — London, at Steven's Bibliographical nuggetory n° 4 July 1873, in-16. 6066

* **Stevens Gmb Fsa** etc. (Henry). — Bibliotheca geographica et historica or a catalogue of a nine days fale of rare & valuable ancient and modern books maps charts manuscripts autograph letters et cetera illustrative of historical geography & geographical history general and local annals biography genealogy statistics ecclesiastical history poetry prose and miscellaneous books very many relating to north and south America and others to Europe Asia Africa Australia and Oceanica collected used and described. With an introduction on the progress of geography and notes and annotatiunculæ on sundry subjects together with an essay upon the Stevens system of photobibliography. — London, Henry Stevens, 25 july 1872, in-8°. Part. I. 6067

* —. — Catalogue of my english library collected and described. — London, printed by C. Whittingham, nov. 1853, in-12. 6068

N'est pas dans le commerce.

* —. — Historical nuggets. Bibliotheca americana, or a descriptive account of my collection of rare books relating to America. — London, printed by Whittingham and Wilkins, 1862, 2 vol. in-12. 6069

N'a pas été mis dans le commerce.

* —. — The Humboldt library. A catalogue of the library of Alexander von Humboldt. With a bibliographical and biographical memoir. — London, Henry Stevens, 5th. nov. 1863, in-4°. 6070

* **Stevens Gmb Fsa** etc. (Henry). — Schedule of 2000 american historical nuggets taken from the Stevens Diggings in september, 1870, and set down in chronological order of printing from 1490 to 1800 (1776) described and recommended as a supplement to my printed bibliotheca americana. — London, oct. 1 1870, in-fol., 20 p. 6071

* **Stewart** (D.). — Account of the life and writings of William Robertson. (Read before the Royal Society of Edinburgh.) Second edition. — London, 1802, in-8°. 6072

* —. — Essais historiques sur la vie et les ouvrages de William Robertson. Ecrits à sa prière, contenant des lettres inédites de Robertson, de MM. Hume, Walpole, lord Lyttleton et autres écrivains célèbres et traduits de l'anglais par I. G. Ymbert. — Paris, 1806, in-8°. 6073

Stieber (F. C. G.). — Voy. Wenck (C. F. Ch.). Opuscula academica.

Stiernman (Andr. Ant.). — Aboa literata, continens omnes fere scriptores, qui aliquid ab academiæ ejusdem incunabulis a. c. 1640 in lucem publicam edidisse pro tempore deprehenduntur, cum præcipuorum potiorumque virorum vitis brevi subjuncta academiæ historia, una cum catalogo Cancellariorum, procancellariorum atque professorum recensu promotionum tam in theologia quam philosophia. Collecta cura et studio propriisque edita sumptibus Andreæ Antonii Stiernmans. — Holmiæ, Horrn, 1719, in-4°. 6074

* —. — Anonymorum centuria prima ex scriptoribus gentis sviogothicæ, quorum auctores in lucem publicam protaxit. — Holmiæ, Horrn, 1724, in-8°. 6075

— Centuria secunda anonymorum nec non decas prima pseudonymorum ex scriptoribus gentis suiogothicæ. In qua hæresis Fr. Menii de sacrosancta trinitate exhibetur. — Holmiæ, Horrn, 1726, in-8°.

* **Stiernman** (Andr. Ant.). — Bibliotheca suiogothica, in qua præmissa de philosophia Gothorum eorumque in literas meritis, dissertatione, reges, heroes, magnates, atque viri ab antiquissimis retro temporibus, sc. anno mundi MMMCCCLXII. Eruditionis fama clari atque insignes enumerantur: eorumque scripta edita, inedita, deperdita ac affecta accurate luci restituuntur publicæ. Additis auctorum vitis, epitaphiis, inscriptionibus sepulcralibus, epigrammatibus, elogiis et judiciis eruditorum de illis heic, illicque congestis, ut et nummis symbolicis in memoriam eorum cusis. Quibus, suo loco, potiora regni et ecclesiæ acta inseruntur collecta et in VII justæ magnitudinis tomos distributa. — Holmiæ, typis Hartw. Gercken, 1731, in-4°. 6076

Stiller (K. Chr.). — Deutsche Bücherkunde der Freimaurerei und der damit in wirklicher oder vorgeblicher Beziehung stehenden geheimen Verbindungen, Orden und Secten. Allen ger. u. vollk. St. Johannis-Logen Deutschlands gewidmet. — Rostock und Schwerin, im Verlage des Verf.'s, 1830, in-8°. 6077

* **Stimming** (A.). — Bertran de Born, sein Leben und seine Werke, mit Anmerkungen und Glossar. — Halle, M. Niemeyer, 1879, in-8°. 6078

* **Stintzing** (R.). — Geschichte der populären Literatur des römisch-kanonischen Rechts in Deutschland am Ende des fünfzehnten und im Anfang des sechszehnten Jahrhunderts. — Leipzig, S. Hirzel, 1867, in-8°. 6079

—. — Ulrich Zasius. Ein Beitrag zur Geschichte der Rechtswissenschaft im Zeitalter der Reformation. Mit urkundlichen Beilagen. — Basel, Schweighauser, 1857, in-8°. 6080

Contient, pages 345-353: »Uebersichtliche Mittheilungen über Zasius hinterlassene Schriften«.

* **Stirling** (W.). — Velasquez und seine Werke. — Berlin, Schindler, 1856, in-8°. 6081

Contient, pages 194-224: »Catalog von Abdrücken nach Werken des Velasquez«.

Stock (Ph. W.). — Voy. Nova literaria maris Balthici.

* **Stockhausen** (J. Chr.). — Critischer Entwurf einer auserlesenen Bibliothek für den Liebhaber der Philosophie und schönen Wissenschaften, zum Gebrauch seiner Vorlesungen entworfen. Dritte verbesserte und vermehrte Auflage. — Berlin, bey Haude und Spener, 1764, in-8°. 6082

* **Stockmeyer** (Imm.) und B. **Reber.** — Beiträge zur Basler Buchdruckergeschichte. Zur Feier des Johannistages 1840 herausgegeben von der historischen Gesellschaft zu Basel. — Basel, Schweighauser, 1840, in-4°. 6083

* **Stoeber.** — Eloge historique du docteur Jacques-Léon Aronssohn, ... prononcé à la séance solonnelle de rentrée des Facultés de l'Académie de Strasbourg, le 15 novembre 1862. — Strasbourg, imp. de Huder, 1862, in-8°, 15 p. 6084

* — (Aug.). — Essai historique et littéraire sur la vie et les sermons de Jean Geiler de Kaisersberg, dissertation présentée à la Faculté de théologie de Strasbourg ... le ... 19 avril 1834. — Strasbourg, imp. de G. Silbermann, 1834, in-4°, 43 p. 6085

* — (Ehr.). — Biographische Notiz über Jeremias-Jacob Oberlin. Nebst einem Verzeichniss seiner Schriften als Anhang zu D. Blessigs Gedächtniss-Rede von Ehrenfried Stöber. — Strassburg, J. H. Heitz (1806), in-8°, 16 p. 6086

* — (E.). — Eloge de Jérémie-Jacques Oberlin, ... prononcé le 17 mars 1807, à la séance publique de

la société libre des sciences, agriculture et arts, du département du Bas-Rhin. — Strasbourg, imp. de F. G. Levrault, 1807, in-8°, 34 p. 6087

Stöger. — Voy. Collectio scriptorum societatis Jesu.

* — (J. N.). — Die aszetische Literatur über die geistlichen Uebungen, nebst einer kurzen Abhandlung über das Exercizien-Büchlein. — Regensburg, Manz, 1850, in-8°. 6088

* —. — Historiographi societatis Jesu ab ejus origine ad nostra usque tempora. — Monasterii, libraria Coppenrathiana, 1851, in-8°. 6089

Stœhr (H. Ad.). — Voy. Literarische Correspondenz.

Störer (D. H.). — Leben des Ritters Carl von Linné. Nebst den biographischen Merkwürdigkeiten seines Sohnes, des Professors Carl von Linné und einem vollständigen Verzeichnisse seiner Schriften, deren Ausgaben, Uebersetzungen, Auszüge und Commentare. — Hamburg, Hoffmann, 1792, in-8°, 2 vol. 6090

Stolle (Ed.). — Die einheimische und ausländische Patentgesetzgebung zum Schutze gewerblicher Erfindungen. Nachgelassenes Manuscript. Geordnet, ergänzt und zum Besten der Familie des Verfassers herausgegeben von Otto Hübner. — Leipzig, Abel (1864), gr. in-8°. 6091

Contient, p. 237-240: »Bibliographie für Patentgesetzgebung«.

— (G.). — Anleitung zur Historie der Gelahrheit, denen zum besten, so der Freyen Künsten und der Philosophie obliegen, in dreyen Theilen nunmehr zum drittenmal, verbessert und mit neuen Zusätzen vermehret, herausgegeben. — Jena, Meyers seel. Wittwe, 1727, in-4°. 6092

Neue Zusätze zur Verbesserung der Historie der Gelahrtheit, so denen zu Nutz, welche die Freyen Künste und Philosophie studiren, nun zum drittenmal heraus kommen. — Jena, Meyer, 1727, in-4°.

— Gantz neue Zusätze und Ausbesserungen der Historie der philosophischen Gelahrtheit. — Jena, Meyers seel. Erben, 1736, in-4°.

Stolle (G.). — Aufrichtige Nachricht von den Leben, Schrifften und Lehren der Kirchen-Väter der ersten vier Hundert Jahre nach der Geburth unsers Heylandes den Studirenden zum besten aufgesetzt. — Jena, Meyers Wittlib., 1733, in-4°. 6093

* **Storch** (H.) et Fr. **Adelung**. — Revue systématique de la littérature en Russie depuis 1801 jusqu'en 1806. — St. Pétersbourg, 1810-1811, 2 vol. in-8°. 6094

En russe.

Storr (W. L.). — Juristische Litteratur der Teutschen von 1771 bis 1780 ein Beitrag zur Kentnis juristischer Bücher. — Dessau, Buchhandlung der Gelehrten, 1783-1787, 3 vol. gr. in-8°. 6095

L'adresse du T. III est; Frankfurt a. M., Varrentrapp und Wenner.

Stosch (F.). — Appendicula ad virorum celeberrimorum Danielis Gerdesii et Joannis Vogtii illius Florilegium et hujus catalogum librorum rariorum potissimum quosdam ab iis omissos recensens. — Lingæ, excud. Korff, 1747, in-8°, 20 p. 6096

* —. — Schediasma de libris rarioribus ad emendationem novorum Lipsiensium num. XXVI. 1749 . . . — Lingæ, excudit Korff, 1750, in-8°. 6097

—. — Voy. Strodtmann (J. Chr.). Das neue Gelehrte Europa.

* **Strackerjan** (Chr. Fr.). — Geschichte der Buchdruckerei im Herzogthum Oldenburg und der Herrschaft Jever nebst einer Beschreibung des ersten in Oldenburg erschienenen Bu-

ches. Eine Festgabe zum vierhundertjährigen Jubelfest der Buchdruckerkunst 24. Juni 1840. Mit Facsimile's. — Oldenburg, Schulze, 1840, in-8°, 48 p. 6098

Strahl (Ph.). — Das gelehrte Russland. — Leipzig, Fleischer, 1828, in-8°. 6099

* **Stratico** (S.). — Bibliografia di marina nelle varie lingue dell' Europa o sia raccolta dei titoli dei libri nelle suddette lingue i quali trattano di quest' arte. — Milano, dall' i. r. stamperia, 1823, in-4°. 6100

* **Strauss** (Andr.). — Opera rariora, quæ latitant in bibliotheca Canon. reg. collegiatæ ecclesiæ ad s. Joannem Baptistam in Rebdorf. Collegit, notis illustravit et edidit ejusdem collegii Bibliothecarius a. d. 1790. — Eichstadii, sumtibus Antonii Francisci Cræt z, in-4°. 6101

* **Strehlke** (Fr.). — Martin Opitz. Eine Monographie. — Leipzig, Brockhaus, 1856, in-8°. 6102

Contient, pages 68-91, une bibliographie de ses écrits et de ses éditions.

—. — Voy. Gœthe's Briefe.

Streit (K. K.). — Alphabetisches Verzeichniss aller im Jahr 1774 in Schlesien lebender Schriftsteller angefertiget. — Breslau, Korn, 1776, in-8°. 6103

Strelinger Chronik (Die). — Voy. Bibliothek älterer Schriftwerke der deutschen Schweiz.

Strickland (H. E.). — Voy. Agassiz. Bibliographia zoologiæ.

* **Strieder** (Fr. W.). — Grundlage zu einer Hessischen Gelehrten und Schriftsteller Geschichte. Seit der Reformation bis auf gegenwärtige Zeiten. — Göttingen, gedr. von Barmeier, 1781-1819, 18 vol. in-8°. 6104

Les T. V-VIII ont paru à Cassel chez Cramer; les T. IX-XV à Cassel, chez Griesbach; le T. XVI, publié par Ludwig Wachler a paru à Marburg, n. Akadem. Buchhandlung; les T. XVII-XVIII ont été publiés par Carl Wilhelm Justi et ont paru à Marburg, gedr. mit Bayrhoffer'schen Schriften.

* **Strobel.** — Recherches sur l'histoire de l'ancienne littérature française. Traduit de l'allemand. (Extrait de la Revue Germanique, septembre 1835.). — Strasbourg, imp. de F. G. Levrault, in-8°, 49 p. 6105

— (Ad. W.). — Voy. Brant (Seb.). Das Narrenschiff.

* — (G. Th.). — Historisch-litterarische Nachricht von Philipp Melanchthons Verdiensten um die heilige Schrift, worinn von allen dessen exegetischen Arbeiten und derselben verschiedenen Ausgaben nähere Anzeige gegeben wird. — Altdorf und Nürnberg, L. Schüpfel, 1773, in-12. 6106

—. — Miscellaneen literarischen Innhalts gröstentheils aus ungedruckten Quellen herausgegeben. 1. Sammlung. — Nürnberg, Bauer, 1778, in-8°. 6107

Contient, pages 1-66: »Nachricht von dem Leben und den Schriften Friedrich Staphyli«.

—. — Miscellaneen Literarischen Inhalts gröstentheils aus ungedruckten Quellen herausgegeben. Sammlung VI. — Nürnberg, Bauer, 1782, in-8°. 6108

Contient, pages 3-80: »Bibliotheca Melanchthoniana«, p. 139-206: »Von Carions Leben und Schriften«.

* **Strodtmann** (J. Chr.). — Das neue Gelehrte Europa als eine Fortsetzung der dreyen Werke, die bisher unter den Aufschriften, Gelehrtes Europa, Geschichte der Gelehrten und Beyträge zur Historie der Gelahrtheit, ans Licht gestellet worden. — Wolfenbüttel, Meissner, 1752-1781, 21 vol. in-8°. 6109

Publié par Ferd. Stosch à partir du T. IX.

—. — Voy. Beyträge zur Historie der Gelahrtheit. — Voy. Rathlef (E. L.). Geschichte Jetztlebender Gelehrten.

* **Strohl**. — Chaire de clinique et de pathologie médicales. Titres scientifiques du Dr. Strohl, candidat à cette chaire. — Strasbourg, imp. de Vve Berger-Levrault (1861), in-4°, 3 p. 6110

* — (E.). — Chaire de matière médicale et de pharmacie. Titres antérieurs présentés par le docteur E. Strohl, à l'appui de sa candidature à la chaire de matière médicale et de pharmacie. — Strasbourg, imp. de Vve Berger-Levrault, 1858, in-4°, 4 p. 6111

* **Struve** (B. B. G.). — Bibliotheca historica selecta in suas classes distributa cujus primas lineas duxit B. B. G. Struvius, emendavit et copiose locupletavit Christian Gottlieb Buder ... — Jenæ, sumpt. Chr. Henr. Cunonis, 1740, in-8°, 2 vol. 6112

* —. — Bibliotheca juris selecta secundum ordinem litterarium disposita atque ad singulas juris partes directa. Accessit selectissima bibliotheca juris atque index auctorum et materiarum editio altera auctior et emendatior. — Jenæ, apud Ernestum Claudium Bailliar, 1705, in-8°. 6113

* —. — Bibliotheca juris selecta secundum ordinem litterarium disposita atque ad singulas juris partes directa. Accessit selectissima bibliotheca juris studiosorum atque index auctorum et materiarum editio sexta, auctior longe et emendatior curante Christiano Gottlieb Budero ... — Jenæ, apud Ern. Cl. Bailliar, 1725, in-8°. 6114

* —. — Bibliotheca juris selecta secundum ordinem literarium disposita et ad singulas juris partes directa. Accessit bibliotheca selectissima juris studiosorum quam ... emendavit et copiose locupletavit Christianus Gottlieb Buder. Editio septima. — Jenæ, apud Christian. Henr. Cuno, 1743, in-8°. 6115

* —. — Editio octova. — Jenæ, apud Chr. H. Cuno, 1756, in-8°.

Struve (B. B. G.). — Bibliotheca numismatam antiquiorum in qua continentur I. Auctores qui de numismatibus scripserunt. II. familiæ et Impp. quorum numismata asservantur. III. nomina et materiæ numismatum. IV. frequentiores numismatum characteres et inscriptiones. V. notæ in numismatibus occurrentes. In gratiam tyronum collecta et disposita cum indicibus necessariis. — Jenæ, Bielke, 1693, in-12. 6116

* —. — Bibliotheca philosophica in suas classes distributa. — Jenæ, apud Ern. Claudium Bailliar, 1704, in-12. 6117

—. — Bibliotheca Saxonica, scriptores rerum Saxonicarum, Misnensium, Thuringicarum et reliquarum provinciarum exhibens, inspersis scholiis utilibus, accuratisque indicibus illustrata. — Halæ, Magdeb., sumt. orphanotrophei, 1736, 2 vol. in-8°. 6118

* —. — Introductio ad notitiam rei litterariæ et usum bibliothecarum. Accessit dissertatio de doctis impostoribus. — Jenæ, sumptibus Ernesti Claudii Bailliar, 1704, in-8°. 6119

* —. ... Editio secunda, auctior et emendatior. — Jenæ, sumptibus Ernesti Claudii Bailliar, 1706, in-8°.

* —. ... Et huic tertiæ editioni accedunt supplementa necessaria et oratio de meritis Germanorum in historiam. — Jenæ, sumptibus Ernesti Claudii Bailliar, 1710, in-8°.

* —. — Introductio in notitiam rei litterariæ et usum bibliothecarum auctoris ipsius mstis observationibus Coleri, Lilienthalii, Kœcheri, aliorumque virorum literatissimorum notis tam editis quam ineditis aucta, illustrata et ad nostra usque tempora producta sextum prodit cura Jo. Christiani Fischeri. — Francofurti et Lipsiæ, apud Henr. Ludovicum Brœnner, 1754, in-8°. 6120

* **Struve** (B. B. G.). — Selecta bibliotheca historica secundum monarchias, regna, secula et materias distincta: accessit index auctorum et rerum. — Jenæ, Ern. Cl. Bailliar, 1705, in-8°. 6121

* — (O.). — Librorum in bibliotheca speculæ Pulcovensis anno 1858 exeunte contentorum catalogus systematicus. — Petropoli, apud Eggers et socios, 1860, in-4°. 6122

*—. — Librorum in bibliotheca speculæ pulcovensis contentorum Catalogus systematicus. Pars secunda ab Eduardo Lindemanno elaborata. Edendum curavit et præfatus est. — Petropoli, 1880, in-4°. 6123

* **Stubenrauch** (M. von). — Bibliotheca juridica austriaca. Verzeichniss der von den ältesten Zeiten bis zum Schlusse des Jahres 1846 in Oesterreich (ausser Ungarn und Siebenbürgen) erschienenen Druckschriften, und der in den österreichischen juridischen Zeitschriften enthaltenen Aufsätze aus allen Theilen der Rechtsgelehrsamkeit. Mit einem ausführlichen Sach-Register. Ein Versuch. — Wien, Friedrich Beck, 1847, in-8°. 6124

* **Stuck** (G. H.). — Verzeichnis von ältern und neuern Land- und Reisebeschreibungen. Ein Versuch eines Hauptstücks der geographischen Litteratur mit einem vollständigen Realregister, und einer Vorrede von Johann Ernst Fabri. — Halle, Johann Christian Hendel, 1784-1787, 2 vol. et un Nachtrag. 6125

Le titre du T. II porte en outre: ... und einer Vorrede herausgegeben von Heinrich Christian Weber.

Stuckenberg (J. C.). — Versuch eines Quellen-Anzeigers alter und neuer Zeit für das Studium der Geographie, Topographie, Ethnographie und Statistik des russischen Reiches. — St. Petersburg, 1849 - 1852, 3 vol. gr. in-8°. 6126

* **Studer** (B.). — Geschichte der Physischen Geographie der Schweiz bis 1815. — Bern, Stämpfli, 1863, in-8°. 6127

* **Studj bibliografici e biografici sulla storia della geografia** in Italia, pubblicati per cura della deputazione ministeriale istituita presso la societa geografica italiana. — Roma, tip. Elzeviriana, 1875, in-4°. 6128

Contient: »Amat (Pietro). Biografia dei viaggiatori italiani e bibliografia delle loro opere; — Uzielli (G.). Mappamondi e carte nautiche e portolani del medio evo, trovati nelle biblioteche d'Italia: studj; — Narducci (E.). Opere principali di geografia esistenti nelle biblioteche governative d'Italia«.

Sturm (Chr. Chr.). — Handbuch zur Kenntniss der theologischen Schriftsteller unter den Deutschen. Theil I., welcher die Schriftsteller vor dem 16. Jahrhundert in sich begreift. — Halle, Hemmerde, 1770, in-8°. 6129

— (L. Chr.). — Architectura militaris hypothetica et eclectica. Das ist: eine getreue Anweisung, wie man sich der gar verschiedenen Teutschen, Französischen, Holländischen und Italienischen Befestigungs-Manieren mit guten Nutzen so wohl in der regular- als irregular-Fortification bedienen könne, aus etlichen und dreissig differenten Manieren, deren einige von den berühmtesten Ingenieure jtziger Zeit gewonnen, theils von dem Auctore selbst erfunden sind, in einem Gesprach mit einer hohen Standes-Person vorgestellet. — Nürnberg, Hofmanns seel. Witt., 1702, in-8°. 6130

Sturmfeder (W. v.). — Repertorium der deutschen Militär-Journalistik. — Cassel, Bertram, 1859, in-8°. 6131

* **Suard**. — Notice sur la personne et les écrits de La Rochefoucauld. — Paris, imp. de Monsieur, 1782, in-18. 24 p. 6132

Ext. de l'édition des Maximes de 1779.

* **Suard** (J.-B.-A.). — Notice sur la vie et les écrits de Vauvenargues. — (S. l. n. d.) in-8°. 6133

Tirage à part de la Notice imprimée en tête des »Oeuvres complètes de Vauvenargues«, édition de 1806.

—. — Voy. Notice sur la personne et les écrits de La Bruyère.

Suchier (H.). — Voy. Bibliotheca Normannica.

* **Sudendorf** (H.). — Berengarius Turonensis oder eine Sammlung ihn betreffender Briefe. — Hamburg und Gotha, Perthes, 1850, in-8°. 6134

Contient, pages 7-68: »Verzeichniss der bisher bekannten Schriften Berengars, seiner Freunde und Gegner, nebst Bemerkungen über dieselben«.

* **Sue** (le jeune). — Eloge historique de M. Devaux, célèbre chirurgien de ce siècle; avec des notes et un extrait raisonné de ses différens ouvrages. — Amsterdam; et Paris, Vincent, 1772, in-8°. 6135

* —. — Précis historique sur la vie et les ouvrages de M. Passemant, ingénieur du roi, pour servir de supplément à l'article qui le concerne dans le »Dictionnaire des artistes«; avec une notice de plusieurs artistes anciens, omis dans cet ouvrage; suivie de quelques notes sur le »Supplément à la France littéraire«. — Amsterdam et Paris, J. F. Bastien, 1778, in-8°. 6136

* — (P.). — Mémoire historique, littéraire et critique, sur la vie et sur les ouvrages tant imprimés que manuscrits de Jean Goulin, professeur de l'histoire de la médecine, à l'Ecole de médecine de Paris. — Paris, Blanchon, an VIII, in-8°. 6137

Suetonius Tranquillus (C.). — Ad optimas editiones collatus. Præmittitur notitia literaria. Accedit index studiis societatis Bipontinæ. Editio accurata. — Biponti, ex typographia societatis, 1783, in-8°. 6138

Contient, pages XII-XXVI: »Index editionum C. Suetonii Tranquilli emendatior et auctior Fabriciano in quatuor ætates digestus«.

Suhl (L.). — Voy. Gesner (J. G.). Verzeichnis der vor 1500 gedrukten auf der öffentlichen Bibliothek zu Lübeck befindlichen Schriften.

Suhm (P. F.). — Voy. Hielmstiernes Bogsamling.

* **Suite d'éditions rares du Dante**, au nombre de vingt quatre, avec les expositions, observations, discours, etc. concernant sa vie et ses œuvres. — S. l., 1786, in-8°, 22 p. 6139

A la page 12, on lit le titre de départ suivant: »Autre suite rare d'éditions de Pétrarque, au nombre de quarante huit; avec les expositions, observations, mémoires, etc. concernant sa vie et ses œuvres«.

Sulpicius (J. G.). — De studio juris publici recte instituendo, et de scriptoribus eo pertinentibus dissertatio. Accessit ejusdem, de studiis academicis juvenis nobilis recte instituendis epistola. — Recusa Wittebergæ, typ. Goderitschii, 1708, in-4°. 6140

Par Joh. Georg Kulpis.

* **Summario da bibliotheca Luzitana.** — Lisboa, na officina de Antonio Gomes, 1786-1787, 3 vol. in-12. 6141

Le T. III est imprimé: Na of. da academia real das scienc. — Par Bento José de Sousa Farinha.

* **Sundby** (Thor). — Molière i Danmark. Bidrag til en dansk Molière-Bibliografi. (Udarbejdet til Paul Lacroix: Bibliographie Moliéresque.) Trykt som Manuskript. — Kjöbenhavn, Andr. Fred. Höst, 1874, in-8°, 8 p. 6142

Tiré à 75 ex.

* **Suomalaisen Kirjallisunden Seuran Toimituksia.** 20 Ofa. — Helsingisfä,

Suomalaisen Kirjallisunden-Seuran Kirjapainossa, 1856-1857, in-4°. 6143

Avec cet autre titre :

Förteckning öfver i tryck utgifna skrifter på Finska, äfvensom öfver några andra arbeten, innehållande någon uppsats på detta språk, eller annars ledande till dess kännedom. Luettelo suomeksi präntätyistä kirjoista, kuin myös muntamista muista teoksista, joissa löytyy joku kirjoitus Suomen kielellä, tahi joku johdatus sitä tuntemaan.— Helsingfors, Finska Litteratur-Sällskapets tryckeri, 1856-1857, in-4°.

La préface est signée : Fredr. Wilh. Pipping. C'est le T. 20 de la collection.

* **Supplément au Catalogue par ordre alphabétique** des ouvrages imprimés de Gabriel Peignot par P. M. — Paris, Auguste Aubry, 1863, in-8°, 15 p. 6144

Tiré à 300 ex.

* **Supplement to the London catalogue of books**, edition dated 1839. Containing the new works and new editions published in London from january 1839 to january 1844, with their sizes, prices, and publishers' names. — London, published by Thomas Hodgson, 1844, in-8°. 6145

Supplementa et observationes ad Vossium de historicis græcis et latinis, sive volumen quadripartitum, quo continentur: I. Bernardi a Mallincrot Paralipomenon de historicis græcis centuriæ circiter quinque. II. Lud. Nogarolæ de viris illustribus genere Italis qui græce scripserunt. III. Christophori Sandii notæ et animadversiones in G. Jo. Vossii libros III de historicis latinis. IV. Jo. Hallervordi de historicis latinis spicilegium. Cum præfatione Jo. Hallervordi de historicis latinis spicilegium. Cum præfatione Jo. Alb. Fabricii. — Hamburgi, Liebezeit, 1709, in-8°. 6146

Supplemento al indice expurgatorio de año de 1790, que contiene los libros prohibidos y mandados expurgar en todos los reynos y señorios del Cátolico rey de España el sr d. Carlos IV., desde el edicto de 13 de diciembre del año de 1789, hasta el 25 de agosto de 1805. — Madrid, en la imprenta real, 1805, in-4°. 6147

Supplementum epitomes bibliothecæ Gesnerianæ. Quo longè plurimi libri continentur qui Conrad. Gesnerum, Jos. Simlerum et Jo. Jac. Frisium postremum hujusce bibliothecæ locupletatorem latuerunt, vel post eorum editiones typis mandati sunt Antonio Verderio Domino Vallis privatæ collectore. Adjecta est ob subjecti similitudinem bibliotheca Constantinopolitana. Qua antiquitates ejusdem urbis et permulti libri manuscripti in hac extantes recensentur. Accessit et de calcographiæ inventione poëma encomiasticum, olim ab Jo. Arnoldo conscriptum: núnque suo candori restitutum. — Lugduni, apud Honorati, 1585, in-fol. 6148

* **Sur les editions elzeviriennes.** Elzevirs véritables et autres inconnus, de la plus grande rareté, ou qui offrent des particularités curieuses, etc. — (Paris), imp. Hennuyer, in-8°, 6 p. 6149

Signé : Ch. M. (Ch. Motteley). — Ext. du »Bulletin des Arts« du 10 juin 1847.

* **Surville** (Mme L.) (née de **Balzac**). — Sa vie et ses œuvres, d'après sa correspondance. — Paris, librairie nouvelle, 1858, in-18. 6150

Bibliothèque nouvelle.

Susani (P.). — Voy. Breitinger (H.). Lo studio dell' italiano.

* **Sutaine** (M.). — Extrait des Travaux de l'Académie impériale de Reims. 1856. Nicolas Regnesson, graveur (XVIIe siècle). — Reims, imp. de P. Régnier (s. d.), in-8°, 7 p. 6151

* **Svensk Bokhandels-Katalog** utgifven år 1845. — På P. A. Norstedt & Söners Förlag, in-8°. 6152

Et supplément. 1848.

* **Svensk bok-katalog** för åren 1866-1875. — Stockholm, Samson & Wallin, 1878, in-4°. 6153

* **Svensk Litteratur-Bulletin.** Förteckning öfver alla nya utkomna Böcker, Musikalier, Gravyrer &c. — Stockholm, Hörberg, 1844-1846, 3 vol. in-8°. 6154

* **Sweertius** (Fr.). — Athenæ Belgicæ sive nomenclator. infer. Germaniæ scriptorum, qui disciplinas philologicas, philosophicas, theologicas, juridicas, medicas et musicas illustrarunt. Franciscus Sweertius Antwerp. pro suo in patriam et literas adfectu digessit et vulgavit. Accessit eodem auct. succincta XVII. ejusdem inf. Germ. provinciar. nec non præcipuarum orbis Bibliothecarum et academiarum luculenta descriptio. — Antwerpiæ, apud Gulielmum a Tungris, 1628, in-fol. 6155

Swensk Bibliographi eller allmän Förteckning öfwer utkomna Böcker, Musikalier, Kartor, Kopparstick och Stentryck. Utgifwen af Boktryckeri-Societeten. — Stockholm, tryckt hos Norstedt & Söner, 1828, in-8°. 6156

Swenska Boktrycknings - Historien. Journal utan Kritik. — Strengnäs, Segerstedt, 1810, in-8°. 6157

Par Lorenz Hammarsköld.

Sybel (H. von). — Voy. Historische Zeitschrift.

* **Sydow** (Em. von). — Uebersicht der wichtigsten Karten Europa's. Mit besonderer Rücksicht auf das militärgeographische Bedürfniss zusammengestellt. — Berlin, Mittler und Sohn, 1864, in-8°. 6158

Avec 9 additions in-fol. supplément au »Militair-Wochenblatt«.

Syllabus, seu collectio librorum prohibitorum, et suspensorum a publicatione novi indicis jussu sanctiss. d. n. felic. recordat. Clementis papæ VIII. de anno 1596. Additis etiam aliis libris, variis erroribus scatentibus, et suspectis, non legendis, neque retinendis quoadusque expurgentur, aut permittantur a sancta universali inquisitione. — Bologna, 1618, in-12. 6159

* **Systematische Uebersicht der Litteratur für Mineralogie,** Berg- und Hüttenkunde vom 1800 bis mit 1820. — Freyberg, bey Craz und Gerlach, 1822, in-8°. 6160

La préface est signée : Johann Carl Freiesleben.

Systematischer Katalog der Grossherzoglich Hessischen Militärbibliothek. — Darmstadt, Druck von Will., 1860, in-8°. 6161

Systematisches Verzeichniss aller derjenigen Bücher, welche die Naturgeschichte betreffen. — Halle, Hendel, 1784, gr. in-8°. 6162

Par Chr. Fr. Prange.

Systematisches Verzeichniss der auserlesenen Bücher in allen Theilen der Theologie. — Giessen, Heyer, 1796, in-8°. 6163

Par K. Chr. Ludw. Schmidt.

* **Systematisches Verzeichniss** der in den Programmen der preussischen Gymnasien und Progymnasien, welche in den Jahren 1825-1841 erschienen sind, enthaltenen Abhandlungen, Reden und Gedichte. Im Auftrage des Königlichen Provinzial-Schulcollegiums zu Münster herausgegeben. — Münster, Druck von Regensberg, 1844, in-4°. 6164

Publié par F. Winiewski. — Pour la suite, voir Gustav Hahn.

Systematisches Verzeichniss der in der philosophischen und pädagogischen Literatur in den Jahren 1785 bis 1790 herausgekommenen deutschen und ausländischen Schriften. — Jena, 1795, in-4°. 6165

Systematisches Verzeichniss der Militair-Literatur Deutschlands von 1850-1861. — Berlin, Schlesier, 1861, gr. in-8°. 6166

* **Szinnyei** (J.). — Bibliotheca hungarica historiæ naturalis et matheseos. Magyarország természettudományi és mathematikai könyvészete 1472-1875. (száz aranynyal jutalmazott pályamii.) — Budapest, az athenaeum r társ. Könyvnyomdája, 1878, in-4°. 6167

T. de **L.** — Notice sur la vie et sur les travaux de M. Duperry. — Voy. Ste Vallière.

Table chronologique générale des ouvrages de Frédéric le Grand et catalogue raisonné des écrits qui lui sont attribués. — Berlin, Decker, 1857, in-8°. 6168

Publié par J. D. E. Preuss à la fin des Oeuvres de Frédéric le Grand.

Table générale analytique et alphabétique des vol. 1-30 de la Revue générale de l'architecture et des travaux publics; par un groupe de collaborateurs de la Revue, sous la direction de M. Lavezzari. — Paris, Ducher, 1877, in-4° à 2 col. 6169

Table générale des auteurs et des mémoires cités dans les tomes I à XXX (1865-1880) de la 4e série du Journal de pharmacie et de chimie, rédigé par MM. Bussy, Boutron-Charlard, Frémy, L. Soubeiran, Poggiale, J. Lefort, Regnauld, Planchon, Riche et Coulier. — Paris, G. Masson, 1881, in-8° à 2 col. 6170

Table générale des matières contenues dans les 26 volumes des Heures du P. Nouet. — Paris & Lyon, 1878, in-12, 60 p. 6171

* **Table générale** par ordre alphabétique des matières contenues dans les vingt premiers volumes de la Revue du Monde catholique. — Paris, Palmé, 1878, in-8° à 2 col. 6172

Tableau bibliographique des ouvrages en tous genres qui ont paru en France; divisé par table alphabétique des ouvrages, table alphabétique des auteurs, table systématique. — Paris, imp. de Pillet aîné, in-8°. 6173

Table pour la Bibliographie de la France comprenant les années 1812 à 1856.

Tableau de la situation des établissements français dans l'Algérie. — Voy. Ministère de la guerre.

* **Tableau de tous les journaux qui se publient à Paris**, classés par ordre alphabétique indiquant l'adresse de leurs bureaux, les jours et époques qu'ils paraissent, le prix d'abonnement pour Paris, les départements, l'étranger ... — Paris, imp. Ed. Proux (1844), gr. in-fol. plano. 6174

* **Tableau des écrivains françois**, ou l'on voit le lieu, l'époque de la naissance et de la mort des savans, des gens de lettres et des historiens; le genre dans lequel ils se sont distingués; leurs ouvrages les plus connus, ou les éditions les plus recherchées. Par E. N. F. D. S. Première partie. — Paris, A. G. Debray, 1809, in-18. 6175

Pour la deuxième partie, voy. ci-dessous le no. 6177.

* **Tableau des libraires**, imprimeurs et éditeurs de livres des principales villes de l'Europe; précédé d'une instruction sur les lois et les réglemens de la librairie, les droits des auteurs et de leurs héritiers; suivi de la liste des ouvrages classiques que la commission a cru les plus propres à assurer les succès de l'enseignement, et d'une notice des ouvrages périodiques qui annoncent les ouvrages nouveaux. On y a joint le catalogue des ouvrages imprimés par souscription, ou qui se vendent chez leurs auteurs; des ren-

seignemens sur les foires de librairie, et un état des villes où se fabriquent les papiers d'impression, etc. — Paris, A. G. Debray, janvier 1804, in-12. 6176

* **Tableau des litterateurs françois,** vivans en 1808; le lieu et l'époque de leur naissance, leurs productions les plus estimées. Par F. N. F. D. S. Deuxième partie. — Paris, A. G. Debray, 1809, in-18. 6177

Pour la 1re partie, voy. ci-dessus le no. 6175.

Tables des matières contenues dans les Publications de la Société des lettres, sciences et arts de l'Aveyron. 1838-1876. — Rodez, imp. Ratery, 1878, in-8°. 6178

* **Tablettes biographiques des écrivains français,** depuis la renaissance des lettres, jusqu'à ce jour; le lieu, l'époque de leur naissance et de leur mort; le genre dans lequel ils se sont distingués, leurs productions marquantes, les éditions estimées et recherchées de leurs œuvres; par N. A. G. D. B. Première partie. Ecrivains morts. (Seconde partie. Ecrivains vivans.). Seconde édition, revue, corrigée et considérablement augmentée. — Paris, G. A. Debray, 1810, in-8°, 2 vol. 6179

Tacitus (C. C.). — Opera ex recensione Georg. Christ. Crollii editio II. Auctior et emendatior curante Frid. Christ. Exter. — Biponti, ex typographia societatis, 1792, in-8°. 6180

Contient, pages XXXIV-LX: »Index codicum mss. C. Corn. Taciti nova ratione digestus. — Index editionum in VIII ætates digestus. — Editiones librorum Taciti minorum. — Versiones«.

Taeglichsbeck (J. Fr.). — Die musikalischen Schätze der St. Katharinenkirche zu Brandenburg a. d. Havel. Ein Beitrag zur musikalischen Literatur des 16. und 17. Jahrhunderts. Eine Kunstgeschichtliche Abhandlung. — Brandenburg, Müller, 1857, in-4°. 6181

* **Taigny** (Edm.). — J.-B. Isabey, sa vie et ses œuvres. Extrait de la »Revue européenne«. — Paris, imp. de E. Panckoucke, 1859, in-8°. 6182

* **Taillandier** (A.). — Notice biographique sur M. J. A. Dulaure . . . Extrait du T. XII des Mémoires de la société royale des antiquaires de France. — Paris, imp. de E. Duverger, 1836, in-8°, 24 p. 6183

* — (A.-H.). — Notice sur la vie et les ouvrages de François-Guillaume-Jean-Stanislas Andrieux. — Paris, imp. de E. Thunot, 1850, in-8°. 6184

Ext. de la Liberté de penser.

* — (A.). — Notice sur la vie et les ouvrages de Leber . . . — Paris, imp. de C. Lahure, 1860, in-8°. 6185

Ext. du Bulletin de la Société . . . des antiquaires de France.

* —. — Notice sur la vie et les travaux de M. Berriat Saint-Prix . . . — Paris, imp. de Duverger, 1846, in-8°, 36 p. 6186

Ext. du T. XVIII des »Mémoires de la Société des antiquaires de France«.

* **Taillandier** (Alph.) et **Girault de St. Fargeau.** — Notices sur la vie et les ouvrages de M. Dulaure. — (S. l. n. d.) in-8°, 15 p. 6187

* **Taillandier** (A.-H.). — Nouvelles Recherches historiques sur la vie et les ouvrages du chancelier de L'Hospital. — Paris, Didot fr. et fils, 1861, in-8°. 6188

Tiré à 300 ex.

Talboys (A.). — Voy. Adelung, an historical sketch of sanscrit-literature.

* **Tamisier** (F.). — Dominique Papety, sa vie et ses œuvres, étude biographique et littéraire. — Marseille, imp. de Arnauld, 1857, in-8°, 22 p. 6189

* **Tamisier** (F.). — Dumarsais, sa vie et ses écrits. — Marseille, V. Boy, 1862, in-8°. 6190

Tiré à 200 ex.

* —. — Etude biographique et littéraire sur Pierre Dorange, poëte marseillais. — Marseille, imp. de Barlatier-Feissat et Demonchy, 1854, in-8°, 34 p. 6191

* —. — M. J. J. Ampère. Etude historique et littéraire. — Marseille, imp. de Barlatier-Feissat et Demonchy, 1864, in-16. 6192

* **Tamizey-de-Larroque** (Ph.). — Notes sur la vie et les ouvrages de l'abbé Jean Jacques Boileau, publiées avec divers documents inédits. — Paris, Aubry, 1877, in-8°. 6193

Ext. du T. V, 2e série des »Travaux de la société d'agriculture, sciences, et arts d'Agen«. — Tiré à 100 ex.

Tannenberg (C. Wurzbach von). — Voy. Wurzbach von Tannenberg.

* **Tanner** (Th.). — Bibliotheca Britannico-Hibernica: sive, de scriptoribus, qui in Anglia, Scotia et Hibernia ad sæculi XVII initium floruerunt, literarum ordine juxta familiarum nomina dispositis commentarius . . . præfixa est reverendi et doctissimi viri Davidis Wilkinsii, . . . præfatio, historiam literariam Britannorum ante Cæsaris adventum, Bibliothecæ hujus schema, Bostonum Buriensem, aliaque scitu non indigna complectens. — Londini, excudit Gulielmus Bowyer, 1748, in-fol. 6194

Tiré à 250 ex.

* **Tarbé** (P.). — La vie et les œuvres de Jean Baptiste Pigalle. — Paris, J. Renouard, 1859, in-8°. 6195

* **Tarbouriech** (Am.). — Bibliographie politique du département du Gers pendant la période révolutionnaire; publiée pour la première fois, d'après les imprimés et les documents authentiques. 2e tirage, avec additions et corrections nouvelles. — Paris, Aug. Aubry, 1867, in-8°. 6196

Tiré à 120 ex.

* **Tarbouriech** (Am.). — Les livres d'heures au seizième siècle. — Paris, Aug. Aubry, 1865, in-8°, 23 p. 6197

* **Tardieu** (Ambr.). — Notice à l'appui de la candidature de M. le Dr. Ambroise Tardieu à la chaire de thérapeutique et de matière médicale à la Faculté de médecine de Paris. — Paris, imp. de Martinet, 1853, in-4°, 14 p. 6198

* —. — Notice à l'appui de la candidature de M. le Dr. Ambroise Tardieu à la place vacante dans la section d'hygiène, médecine légale et police médicale de l'académie impériale de médecine. — Paris, imp. L. Martinet, mars 1855, in-4°, 23 p. 6199

* **Tardy de Montravel** (L.). — A. M.M. les membres de l'Académie des sciences et du Bureau des longitudes. — (Paris), imp. de Bénard (s. d.), in-4°, 4 p. 6200

Titres de candidat.

Targioni Tozzetti (J.). — Bibliografia botanica Targioniana recensita clariss. humaniss. botanicis, Florentiæ congregatis ad 1874, Antonii Targioni Tozz. med. d. et Johannis jun. jurisperiti filii superstites. — Florentiæ, tip. dell' associazione, 1874, in-4°, 24 p. 6201

Relative aux travaux de cinq botanistes de ce nom.

* **Tarissan.** — Faculté de médecine de Paris. Thèse pour le doctorat en médecine présentée et soutenue le 24 mars 1881 . . . Essai sur le béribéri au Brésil. — Paris, imp. A. Parent, 1881, in-4°. 6202

Contient, p. 12-24: »Considérations historiques et bibliographiques«.

Tarlier (J.). — Prodromus editionis Auli Persii Flacci criticæ et hermeneuticæ. Notice bibliographique sur les traductions italiennes, espagnoles, portugaises, françaises, anglaises, allemandes, hollandaises, danoises, polonaises et grecques de satires de Perse. — Bruxelles, Muquardt, 1848, in-8°. 6203

* **Tartarotti** (G.). — Saggio della biblioteca tirolese, o sia notizie istoriche degli scrittori della provincia del Tirolo. — In Venezia, 1727, in-8°. 6204

* **Taschenberg** (O.). — Die Lehre von der Urzeugung sonst und jetzt. Ein Beitrag zur historischen Entwicklung derselben. — Halle, Niemeyer, 1882, in-8°. 6205

Contient, p. 75-111: »Literatur über Urzeugung«.

* **Taschereau** (J.). — Histoire de la vie et des ouvrages de Molière. — Paris, Ponthieu, 1825, in-8°. 6206

* — Bruxelles, 1828, Ode et Wodon, 2 vol. in-18.

* 2e édition revue et augmentée. — Paris, Brissot-Thivars, 1828, in-8°.

* 3e édition. — Paris, J. Hetzel, 1844, in-12.

* 4e édition illustrée par Gérard Seguin. — Paris, Marescq et Cie. 1851, gr. in-8°.

* 5e édition. — Paris, Furne, 1863, in-8°.

Imprimé à 25 ex.

* —. — Histoire de la vie et des ouvrages de P. Corneille. — Paris, Mesnier, 1829, in-8°. 6207

* —. — Seconde édition augmentée. Paris, P. Jannet, 1855, in-16.

Bibliothèque elzévirienne. — Le faux titre porte: Oeuvres complètes de P. Corneille. Préliminaires.

* Troisième édition augmentée. — Paris, Firmin Didot, 1869, 2 vol. in-12.

* —. — Notice sur Boufflers. — Paris, imp. de H. Fournier (s. d.), in-8°. 6208

Tirage à part de la préface des »Oeuvres de Boufflers«. — Paris, Furne, 1827.

Tassin (R. Pr.). — Gelehrtengeschichte der Congregation von St. Maur, Benedictiner Ordens, worinnen man das Leben und die Arbeiten der Schriftsteller antrift, die sie seit ihrem Ursprung von 1618. bis auf gegenwärtige Zeit hervor gebracht: nebst den Aufschriften, den Anzeigen, dem Inhalt, den verschiedenen Ausgaben ihrer Schriften, und den Urtheilen, welche die Gelehrten darüber gefället, samt der Beschreibung vieler Handschriftlicher Werke, die von Benedictinern eben dieser Gesellschaft verfertiget worden. Aus dem französischen ins Teutsche übersetzt. — Frankfurt und Leipzig, Stettin, 1773-1774, 2 vol. in-8°. 6209

Tassy (Garcin de). — Voy. Garcin de Tassy.

Taubert (O.). — De vita et scriptis Pauli Schedii Melissi. Dissertatio historica quam summorum in philosophia honorum auctoritate amplissimi philosophorum ordinis rite obtinendorum causa una cum sententiis controversis die XXV mensis junis a. 1859 publice defendet. — Bonnæ, typ. Carthausii, in-8°, 37 p. 6210

Tavera (C. Schmit Ritter von). — Voy. Schmit Ritter von Tavera.

* **Techener** (J. et L.). — Histoire de la bibliophilie. Reliures. Recherches sur les bibliothèques des plus célèbres amateurs. Armorial des bibliophiles. Publiée avec le concours d'une Société de bibliophiles et accompagnée de planches gravées à l'eau forte par Jules Jacquemart. — Paris, Techener, 1861, gr. in-fol. 6211

—. Voy. Bulletin du bibliophile.

Technologischer Catalog aller im Jahre 1849 erschienenen Werke in den verschiedensten Fächern der Technologie, so wie Verzeichniss der hauptsächlichsten Artikel in den technischen, Forst- und landwirthschaftlichen Zeitschriften. I. Quartal. Herausgegeben und verlegt von Romberg's Verlagsbuchhandlung in Leipzig, gr. in-8°, 24 p. 6212

N'a pas été continué.

Tedder (H. R.). — Voy. Transactions and proceedings of the conference of librarians.

* **Teignmouth** (Lord). — Memoirs of the life, writings, and correspondence of sir William Jones. A new edition. — London, Hatchard, 1807, in-8°. 6213

Teissier (G. F.). — Voy. Essai philologique sur les commencemens de la typographie à Metz.

* **Teisserius** (Ant.). — Catalogi auctorum qui librorum catalogos, indices bibliothecas, virorum litteratorum elogia, vitas, aut orationes funebres, scriptis consignârunt auctuarium ab Antonio Teisserio, uno e viginti sex academiæ regiæ Nemausensis adornatum, sive ejusdem catalogi pars altera, continens ferme bis mille quingentos autores etc. — Genevæ, sumptibus Chouet, G. de Tournes, Cramer, Perachon, Ritter, & s. de Tournes, 1705, in-4°. 6214

* —. — Catalogus auctorum qui librorum catalogos, indices, bibliothecas, virorum litteratorum elogia, vitas, aut orationes funebres, scriptis consignârunt. Cum Philippi Labbæi bibliotheca nummaria in duas partes tributa. I. De antiquis numismatibus, hebræis, græcis et romanis. II. De monetis, ponderibus et mensuris. Et mantissa antiquariæ supellectilis, ex annullis, sigillis, gemmis, lapidibus, statuis, obeliscis, inscriptionibus, ritibus similibusque, romanæ præsertim antiquitatis, monimentis collectâ. — Genevæ, apud Samuelem de Tournes, 1686, in-4°. 6215

* **Templier** (P.-H.). — Notice sur la vie et les ouvrages de M. Du Cauroy. — Paris, imp. de Martinet, 15 octobre 1850, in-8°, 15 p. 6216

* **Tenant de Latour.** — Mémoires d'un bibliophile. — Paris, E. Dentu, 1861, in-16. 6217

Tennemann (W. G.). — Geschichte der Philosophie. — Leipzig, Barth, 1798-1819, 11 vol. in-8°. 6218

Le T. I contient, p. LXXVIII-LXXXVIII: une bibliographie des écrits sur l'histoire de la philosophie.

—. — System der Platonischen Philosophie. — Leipzig, Barth, 1792, in-8°. T. I. 6219

Contient, p. XXVI-XXXIII: »Verzeichniss von Schriften über Plato und seine Philosophie«.

* **Terentius** (P.). — Comœdiæ sex novissime recognitæ cum selecta varietate lectionum et perpetua annotatione. Accedit index latinitatis cum interpretatione studiis societatis Bipontinæ. Editio accurata. — Biponti, ex typographia societatis, 1779, in-8°. 6220

Contient T. I pages XI-XXVII: »Index editionum Terentii longe auctior Westerhoviano et nova ratione descriptus«.

* **Ternaux** (H.). — Bibliothèque américaine, ou Catalogue des ouvrages relatifs à l'Amérique qui ont paru depuis sa découverte jusqu'à l'an 1700. — Paris, Arthus Bertrand, 1837, in-8°. 6221

* —. — Bibliothèque asiatique et africaine ou Catalogue des ouvrages relatifs à l'Asie et à l'Afrique qui ont paru depuis la découverte de l'imprimerie jusqu'en 1700. — Paris, Arthus Bertrand, 1841, in-8°. 6222

* —. — Notice sur les imprimeurs qui existent ou qui ont existé en Europe. — Paris, Arthus Bertrand, 1843, in-8°. 6223

* —. — ... ont existé en Europe et hors d'Europe. Supplément. — Paris, imp. de Guiraudet et Jouaust, 1849, in-8°, 20 p.

Ext. du »Journal de l'amateur de livres«.

* **Ternaux** (H.). — Nouvelles additions à la notice sur les imprimeurs. — Paris, P. Jannet, 1849, in-8°, 19 p. 6224

Ext. du »Journal de l'amateur de livres«. — Tiré à 100 ex.

Terpagrius (P.). — Prodromus Bibliothecæ sacræ, seu designatio præcipuarum sacrorum bibliorum et concordantiarum editionum. — Havniæ, 1680, in-8°. 6225

La Bibliotheca sacra, proprement dite, n'a pas paru.

Terquem. — Voy. Bulletin de bibliographie, d'histoire mathématiques.

* **Tessan** (de). — Notice sur les travaux scientifiques de M. de Tessan. — Paris, Mallet-Bachelier, 1860, in-8°, 15 p. 6226

Tessier (Andr.). — Sub bollettino di bibliografia e di storia delle scienze matematiche e fisiche compilato da D. B. Boncompagni. — Venezia, tip. Naratovich, 1869, in-8°, 26 p. 6227

* **Tettoni** (L.). — Della vita e delle opere del commendatore Dominico Promis. Memorie storiche, biografiche e bibliografiche con documenti inediti. — Torino, stamperia reale di G. B. Paravia e C., 1874, in-8°. 6228

* **Teuffel** (W. S.). — Übersicht der Platonischen Literatur. — Tübingen, Druck von Ludwig Friedrich Fues, 1874, in-4°, 44 p. 6229

Einladung zur akademischen Feier des Geburtsfestes seiner Majestät des Königs Karl von Württemberg am 6. März 1874 im Namen des akademischen Senats der Königlichen Eberhard-Karls-Universität Tübingen.

* **Teulet** (A.). — Notice sur Éginhard et sur ses ouvrages. — (Paris), imp. de Crapelet (1843), in-8°. 6230

La couverture imprimée sert de titre. — Tirage à part des préliminaires de l'édition d'Éginhard, publiée par le même pour la Société de l'histoire de France.

Teutschenbrunn (J. H. de). — Apparatus jurisprudentiæ literarius. Hac secunda editione novis accessionibus locupletatus a Jo. Chr. Siebenkees. — Norimbergæ, Lochnero-Grattenaver, 1780, in-8°. 6231

* **Texier** (Ch.). — Note des travaux scientifiques de M. Charles Texier. — Paris, imp. de F. Didot frères (1855), in-4°, 8 p. 6232

Tharel (A.). — Voy. Lami. Dictionnaire ... de l'industrie.

* **Thayer** (Al. W.). — Chronologisches Verzeichniss der Werke Ludwig van Beethoven's. — Berlin, F. Schneider, 1865, in-8°. 6233

* **Theatrical remembrancer** (The), containing a complete list of all the dramatic performances in the english language; their several editions, dates, and sizes, and the theatres where they were originally performed: together with an account of those which have been acted an are unpublished, and a catalogue of such latin plays as have been written by english authors, from the earliest production of the english drama to the end of the year 1787. To which are added notitia dramatica, being a chronological account of the events relative to the english stage. — London, printed for T. and J. Egerton, 1788, in-8°. 6234

* **Theile** (C. G. G.). — Thesaurus literaturæ theologicæ academicæ, sive recensus dissertationum, programmatum, aliarumque commentationum theologicarum, cum delectu uberrimo scriptionum academicarum philologicarum, philosophicarum, historicarum, pædagogicarum, quæ ab antiquissimis usque ad recentissima tempora editæ in collectione Gœthiana Lipsiensi sunt ... — Lipsiæ, impensis librariæ Gœthianæ, 1840, in-8°. 6235

Theile (J. C.). — Bibliothek der medicinischen, chirurgischen und pharmaceutischen Wissenschaften neuester Zeit, oder Verzeichniss aller Schriften über Medicin, Chirurgie, Geburtshülfe, Pharmacie und dahin gehörende Chemie und Botanik, welche seit Anfang des Jahres 1836 in Deutschland erschienen oder neu aufgelegt worden sind. Für Ärzte, Chirurgen, Apotheker, Bibliothekare, Literatoren und Buchhändler herausgegeben. — Leipzig, bei Polet, 1837-1838, 2 fasc. in-8°. 6236

* **Thematisches Verzeichniss** im Druck erschienener Compositionen von Felix Mendelssohn - Bartholdy. — Leipzig, bei Breitkopf und Härtel, s. d., gr. in-8°. 6237

* **Thénard** (P.). — Notice sur les travaux de M. P. Thénard. — Paris, imp. de Cosson (1863), in-4°, 48 p. 6238

* — Paris, imp. de Cosson, 1863, in-4°, 49 p.

* — Paris, imp. de Cosson, 1864, in-4°, 50 p.

Theologische Bibliothec, das ist: richtiges Verzeichniss, zulängliche Beschreibung, und bescheidene Beurtheilung der dahin gehörigen vornehmsten Schriften welche in Michael Lilienthals Bücher - Vorrath befindlich sind. — Königsberg, Hartung, 1741, 10 livr. in-8°. 6239

Une suite a paru: »Fortgesetzte theologische Bibliothec ... — Königsberg, Hartung, 1744, in-8°, livr. 11-20«.

* **Theologische Literaturzeitung**, Herausgegeben von Prof. Dr. Emil Schürer. — Leipzig, J. C. Hinrichs'sche Buchhandlung, 1876-1881, 6 vol. in-fol. 6240

* **Theologische Nachrichten.** — Rinteln, in der Expedition der theol. Annalen, 1801-1805, 4 vol. in-8°. 6241

* **Theologischer Jahresbericht.** Unter Mitwirkung von Bassermann, Benrath, Böhringer, Dreyer, Gass, Holtzmann, Lipsius, Lüdemann, Seyerlen, Siegfried, Werner herausgegeben von B. Pünjer. Erster Band enthaltend die Literatur des Jahres 1881. — Leipzig, J. A. Barth, 1882, in-8°. 6242

* **Théroigne** (Melle). — Catéchisme libertin à l'usage des filles de joie et des jeunes demoiselles qui se décident à embrasser cette profession. — Sur la copie imprimée à Paris, aux dépens de la veuve Gourdan, 1792 (1882), in-12. 6243

Contient, p. 61-74: »Inventaire des livres du boudoir de très-vénérée et très-amoureuse dame Cypris, à la bibliothèque aphrodisienne de Larnaca, au château de la colombe et du myrte, place de Cupidon, rédigé par G. della Rosa, chevalier de l'étoile de Vénus et grand augure (in partibus) de Cythère et de Paphos«. — Donne avec des notes bibliographiques la liste de 50 ouvrages obscènes.

Thesaurus bibliographicus ex indicibus librorum prohibitorum et expurgatorum romanis, hispanicis, belgicis, bohemicis etc. aliisque id genus monumentis congestus opera Consortii theologici Dresdensis Pensum I-VIII. — Dresdæ, imp. Harpeterus, in-4°. 6244

Pensum I-II, IV, V s. d.; III 1743; V-VIII 1747.

* **Thesaurus bibliothecalis**: das ist Versuch einer allgemeinen und auserlesenen Bibliothec, darinnen nicht nur ein accurates Verzeichnis von allerhand alten und neuen, auf Reisen und sonst, in den vortreflichst - und berühmtesten Bibliothequen, mit Augen selber angesehenen Büchern enthalten ist, sondern auch zugleich von einem jeden Autore und Buch eine hinlängliche und, so viel immer möglich, gründliche Nachricht, nebst richtiger Anzeige der Fontium, wo ein mehrers davon zu finden, samt vielen andern Observat. litterariis, gelehrten Briefen, Manuscriptis, und was nur in die Historiam litterariam einschlägt, treulich mitgetheilet wird. Zu vielen Nutzen

und Vergnügen der Bücher-Liebhaber ans Licht gestellt und mit drey brauchbaren Registern, Autorum, rerum et typographorum, ab an. 1450 bis 1550 versehen. — Norimbergæ, sumtibus Joh. Mich. Seitz & Christoph. Conr. Zell, 1738-1739, 4 vol. in-4°. 6245

Par Georg Jac. Schwindel.

* **Theux** (X. de). — Bibliographie Liégeoise contenant 1° les livres imprimés à Liège depuis le XVIe siècle jusqu'à nos jours. 2° les ouvrages publiés en Belgique et à l'étranger, concernant l'histoire de l'ancienne principauté de Liège et de la province actuelle du même nom. — Bruxelles, Fr. J. Olivier, 1867-1869, 2 vol. in 8°. 6246

* **Thesaurus librorum rei catholicæ.** Handbuch der Bücherkunde der gesammten Literatur des Katholicismus und zunächst der katholischen Theologie; mit sehr vielen biographischen und literärischen Notizen, Hinweisung auf Werke verwandten Inhalts, Aufführung der Gegenschriften, Rücksichtnahme auf Zeitgegenstände, Bezeichnung der heterodoxen und akatholischen Autoren, Preisangaben der selteneren, nur noch bei Antiquaren vorkommenden Werke &c. — Würzburg, Stahel, 1848-1850, 3 vol. in-8°. 6247

* **Thiébaut de Berneaud** (Ars.). — Eloge historique de André Thouin,... — Paris, imp. de Lebel, 1825, in-8°, 35 p. 6248

Thieme (C. G.). — Numismatischer Verkehr. Ein Verzeichniss verkäuflicher und zum Ankauf gesuchter Münzen, Medaillen, Bücher etc. — Leipzig, Serig in Comm., 1865, in-4°. 6249

Thienemann (A. L.). — Literatur der Weinwissenschaft in alphabetischer Anordnung. — Leipzig und Dresden, Fleischer, 1839, in-8°. 6250

A aussi cet autre titre: »Die Weinwissenschaft in ihrem ganzen Umfange bearbeitet. Abth. I«.

* — (G. A. W.). — Leben und Wirken des unvergleichlichen Thiermalers und Kupferstechers Johann Elias Ridinger, mit dem ausführlichen Verzeichniss seiner Kupferstiche, Schwarzkunstblätter und der von ihm hinterlassenen grossen Sammlung von Handzeichnungen, geschildert. Nebst Ridinger's Portrait in Stahlstich und XII aus seinen Zeichnungen entlehnten Kupferstichen. — Leipzig, R. Weigel, 1856, in-8°. 6251

Il a paru 2 suppléments, l'un en 1859, 32 pages; l'autre en 1862, 8 pages, extraits de l'»Archiv für die zeichnenden Künste«.

* **Thierfelder** (J. Th.). — Additamenta ad Henrici Hæseri bibliothecam epidemiographicam collegit atque edidit. — Misenæ, sumtibus et typis C. E. Klinkichtii et fil., 1843, in-8°. 6252

* **Thierry** (A.). — Note des travaux du Dr. A[dre]. Thierry. — Paris, imp. de Cosson (s. d.), in-4°, 4 p. 6253

Thierry-Poux (O.). — Voy. Bibliothèque Nationale, Département des imprimés. Catalogue alphab. des ouvrages mis à la libre disposition du public. — Voy. Corrard de Breban. Recherches sur l'établissement et l'exercice de l'imprimerie à Troyes.

* **Thiessé** (L.). — M. Etienne. Essai biographique et littéraire. — Paris, F. Didot frères, 1853, in-8°. 6254

Thiessen (J. O.). — Entwurf einer Handbibliothek für angehende Theologen zum Gebrauche seiner Vorlesungen. — Altona, Kaven, 1793, in-8°. 6255

—. — Handbuch der neuern besonders deutschen und protestantischen Literatur der Theologie. — Liegnitz und Leipzig, Siegert, 1795-1797, 2 vol. in-8°. 6256

* **Thiessen** (J. O.). — Versuch einer Gelehrtengeschichte von Hamburg nach alphabetischer Ordnung mit kritischen und pragmatischen Bemerkungen. — Hamburg, Herold, 1783, en 2 parties in-8°. 6257

* **Thieury** (J.). — Bibliographie italico-normande, contenant 1° un essai historique sur les relations entre l'Italie et la Normandie; 2° une bibliothèque des ouvrages relatifs aux relations des deux pays; 3° une bibliothèque des ouvrages relatifs à l'Italie, composés par des auteurs normands. — Paris, Auguste Aubry, 1864, in-8°. 6258

* **Thimm** (Fr.). — Shakesperiana from 1564 to 1864. An account of the Shakespearian literature of England, Germany and France during three centuries, with bibliographical introductions. — London, Franz Thimm, 1865, in-8°. 6259

* **Thoinan** (Er.). — Antoine de Cousu et les singulières destinées de son livre rarissime: La musique universelle. — Paris, Claudin, 1866, in-8°. 6260

Tiré à 50 ex.

* **Thoma** (R.). — Untersuchungen über die Grösse und das Gewicht der anatomischen Bestandtheile des menschlichen Körpers im gesunden und im kranken Zustande. Mit 10 Holzschnitten im Texte. — Leipzig, Verlag von F. C. W. Vogel, 1882, in-8°. 6261

Contient, p. 273-275: »Literaturverzeichniss«.

Thomas (C.). — Synopsis of the acrididæ of North America. — Voy. Hayden (F. V.). Department of the interior. Report of the U. S. geological survey of the territories. T. V.

— (Ernest C.). — Voy. Transactions and proceedings of the 2. annual meeting of the library association.

* — (Is.). — The history of printing in America. With a biography of printers, and an account of newspapers. To which is prefixed a concise view of the discovery and progress of the art in other parts of the world. — Worcester, from the press of Isaiah Thomas, 1810, 2 vol. in-8°. 6262

* **Thomassy** (R.). — Essai sur les écrits politiques de Christine de Pisan; suivi d'une notice littéraire et de pièces inédites. — Paris, Debécourt, 1838, in-8°. 6263

* **Thomson** (P. G.). — A Bibliography of the state of Ohio. Being a Catalogue of the Books and Pamphlets relating to the history of the state. With collations and bibliographical and critical notes, together the prices at which many of the books have been sold at the principal public and private sales since 1860. And a complete index by subjects. — Cincinnati, G. Thomson, 1880, in-8°. 6264

* **Thonnelier** (J.). — Catalogue de la bibliothèque d'un orientaliste. — Paris, A. Franck, 1864, in-8°. T. I. 6265

* **Thorburn** (R.). — A catalogue of the books in the admiralty library. — London, printed by G. Edw. Eyre and W. Spottiswoode, 1875, in-4°. 6266

* **Thorin** (E.). — Répertoire bibliographique des ouvrages de législation, de droit et de jurisprudence en matière civile, administrative, commerciale et criminelle publiés spécialement en France depuis 1789 jusqu'à la fin de novembre 1863 avec table analytique et raisonnée des matières. Nouvelle édition corrigée et considérablement augmentée... et précédée d'une notice sur l'enseignement et les études dans les facultés de droit et d'une analyse chronologique des lois, statuts, décrets, règlements et circulaires relatifs à cet enseignement, de 1791 à 1862 par M. A. de Fontaine de Resbecq. —

Paris, Auguste Durand, décembre 1863. in-8°. 6267

* —. — . . . depuis 1789 jusqu'à la fin de novembre 1865 . . . nouvelle édition revue, corrigée et considérablement augmentée. — Paris, Auguste Durand, 1er janvier 1866, in-8°.

* **Thory** (Cl. Ant.). — Bibliotheca botanica rosarum, ou bibliographie spéciale des écrits publiés sur la rose et le rosier, à laquelle on a joint la liste des principaux ouvrages de botanique descriptive qui contiennent des monographies d'espèces du genre rosa. — A Paris, imp. de Firmin Didot, 1818, in-fol., 18 p. 6268

Thory (Cl. Ant.). — Voy. Acta Latomorum.

Thuillié. — Voy. Schulz. Catalogue des journaux publiés à Paris.

* **Thun** (Jh. P.). — Kurzes Verzeichniss sämmtlicher im Jahre 1845 erschienenen Bücher, Landkarten, &c. nebst Angabe der Verleger und Preise in Thalern und Neu- oder Silbergroschen. Zugleich als Register zu Thun's vierteljährlich Bücherverzeichniss. 1845. — Leipzig, Klinkhardt, 1846, in-8°. 6269

* —. — Neues Bücherverzeichniss mit Einschluss der Landkarten und sonstiger im Buchhandel vorkommender Artikel. Nebst Angabe der Bogenzahl, der Verleger, der Preise in Thalern und rhein. Gulden, literarischen Notizen und einem wissenschaftlich geordneten Register. — Leipzig, Julius Klinkhardt, 1843-1848, 6 vol. in-8°. 6270

* **Thura** (Alb.). — Gynæceum Daniæ litteratum, feminis Danorum, eruditione vel scriptis claris conspicuum; præmissa præfatione de feminarum variarum apud Danos in litteras et litteratos munificentia, et adjecto ad calcem, una cum appendice, duplici indice personarum. — Altona, Korte, 1732, in-8°. 6271

* —. — Idea historiæ litterariæ Danorum, in duas partes divisa, quarum prior Danorum linguam, scholas, gymnasia, academias, collegia academica, honores academicos, professores, studiosos, bibliothecas, bibliothecarios, typographea et bibliopolia breviter recenset; posterior studiorum in Dania per duo fere secula posteriora originem, progressum et fata complectitur una cum indice personarum ac rerum. — Hamburgi, sumtibus Theod. Christophori Felgineri, 1823, in-8°. 6272

* **Thurmann** (C.). — Bibliotheca academica, de rebus et juribus non tantum academiarum, et academicorum, sed etiam doctorum, aliorumque eruditorum, extra academias viventium, imò universæ rei Literariæ immunitatibus, privilegiis, atque prærogativis, etc. ex innumeris ferè omnium facultatum autoribus in Europa editis multorum annorum industria collecta, jam verò in orbis literarii commodum publici juris facta. — Halæ Magdeburgicæ, impensis Joh. Friderici Zeitleri, 1700, in-4°. 6273

—. — Bibliotheca salinaria physico-theologico-politico-juridica, in quâ exhibentur auctores fere omnes, tam physici et medici, quam theologi et Icti, qui de salibus et salinis, maxime Halensibus, harumque juribus, commentati sunt. — Halæ Magdeb., 1702, in-4°. 6274

—. — Bibliotheca statistica, s. autores præcipui, qui de ratione status, et quæ eo pertinent, in genere, et in specie, de statistis, seu status aliisque ministris aulicis, et consiliariis, nec non de ambasciatoribus, residentibus, et mediatoribus pacis, ut et de casibus ministrorum aulicorum tragicis, et denique de bonis domanialibus ex professo, et incidenter, fuse tamen, scripserunt. — Halæ Magdeburgicæ, sumpt. autoris, 1701, in-4°. 6275

Tiaden (Enno J. H.). — Voy. Das gelehrte Ost-Friesland.

Ticknor (G.). — Geschichte der schönen Literatur in Spanien. Deutsch mit Zusätzen herausgegeben von Nikolaus Heinrich Julius. — Leipzig, Brockhaus, 1852, 2 vol. in-8°. 6276

* **Tiedemann** (Fr.). — Zoologie. Zu seinen Vorlesungen entworfen. — Landshut, Weber, 1808, in-8°. 6277

Le T. I contient, p. 6-16: »Hauptschriften zum Studio der Zoologie«.

* **Tiele** (P. A.). — Mémoire bibliographique sur les journaux des navigateurs néerlandais réimprimés dans les collections de De Bry et de Hulsius, et dans les collections hollandaises du XVIIe siècle, et sur les anciennes éditions hollandaises des journaux des navigateurs étrangers; la plupart en la possession de Frederik Muller à Amsterdam. Avec tables des voyages, des éditions et des matières. — Amsterdam, Frederik Muller, 1867, in-8°. 6278

Tillmanns (H.). — Erysipelas. — Voy. Deutsche Chirurgie. N°. 5.

* **Timperley** (C. H.). — A dictionary of printers and printing, with the progress of literature, ancient and modern; bibliographical illustrations etc. etc. — London, H. Johnson, 1839, in-8°. 6279

* **Tipaldo** (Em. de). — Biografia degli italiani illustri nelle scienze, lettere ed arti del secolo XVIII, e de' contemporanei compilata da letterati italiani di ogni provincia e pubblicata per cura del professore Emilio de Tipaldo. — Venezia, dalla tipografia di Alvisopoli, 1834-1845, 10 vol. in-8°. 6280

* **Tiraboschi** (G.). — Biblioteca Modenese o notizie della vita e delle opere degli scrittori natii degli stati del serenissimo signor duca di Modena. — In Modena, presso la societa' tipografica, 1781-1786, 6 vol. in-4°. 6281

—. — Notizie biografiche e letterarie in continuazione della biblioteca Modonese. — Reggio, tip. Torregiani e comp., 1833-1835, 5 vol. in-4°. 6282

* **Tiraboschi** (G.). — Storia della letteratura italiana. — Roma, per Luigi Perego Salvioni stampator vaticano nella sapienza, 1782-1785, 9 vol. in-4°. 6283

* —. — Seconda editione modenese riveduta corretta ed accresciuta dall' autore. — In Modena, presso la societa tipografica, 1787-1794, 9 vol. in-4°.

* **Tisseron** et **de Quincy.** — Notice biographique sur la vie et les travaux scientifiques de M. le Cte Pillet-Will. — Paris, rue du faubourg St. Martin, n° 61, 1845, in-8°, 11 p. 6284

* —. — Notice sur M. le docteur Bayard, . . . publiée dans les »Archives des hommes du jour«. — Paris, imp. de Maulde et Renou (s. d.), in-8°, 8 p. 6285

* **Tissot** (J.). — Turgot, sa vie, son administration, ses ouvrages. Mémoire couronné par l'Académie des sciences morales et politiques. — Paris, Didier, 1862, in-8°. 6286

Titeca (G.). — Etude bibliographique et critique du traité des maladies et épidémies des armées de A. Laveran . . . — Bruxelles, imp. H. Manceaux, 1876, in-8°, 29 p. 6287

Ext. des »Archives médicales belges«.

Tlustek (G.). — Pädagogischer Wegweiser. Ein Führer durch die verschiedenen Gebiete des Unterrichts in Volksschulen für angehende Lehrer, Lehrerinnen, Seminaristen und Schulpräparanden verfasst von Gottfried Tlustek und bevorwortet von Chr. G. Scholz. — Breslau, Leuckart, 1863, in-8°. 6288

* **Tobler** (T.). — Bibliographia geographica Palæstinæ. Zunächst kritische Uebersicht gedruckter und ungedruckter Beschreibungen der Reisen ins Heilige

Land. — Leipzig, Verlag von S. Hirzel, 1867, in-8°. 6289

* **Tobler** (T.). — Dritte Wanderung nach Palästina im Jahre 1857. Ritt durch Philistäa, Fussreisen im Gebirge Judäas und Nachlese in Jerusalem. — Mit einer Karte. — Gotha, Justus Perthes, 1859, in-8°. 6290

Renferme, pages 413-440: »Beiträge zur Literatur«.

* —. — Zwei Bücher Topographie von Jerusalem und seinen Umgebungen. — Berlin, Reimer, 1853-1854, 2 vol. in-8°. 6291

Le T. I contient, p. XI-CIV: »La bibliographie des écrits manuscrits et imprimés, celle des cartes, plans et vues de Jérusalem«. Une suite se trouve dans le T. II, p. 984-1012.

* **Toderini** (G.). — Letteratura turchesca. — In Venezia, presso G. Storti, 1787, 3 vol. in-8°. 6292

* —. — De la littérature des turcs. Traduit de l'italien en françois par M. l'abbé de Cournand . . . — Paris, Poinçot, 1789, 3 vol. in-8°. 6293

* **Töppen** (M.). — Geschichte der preussischen Historiographie von P. v. Dusburg bis auf K. Schütz. Oder Nachweisung und Kritik der gedruckten und ungedruckten Chroniken zur Geschichte Preussens unter der Herrschaft des deutschen Ordens. — Berlin, Verlag von Wilhelm Hertz, 1853, in-8°. 6294

* **Tokmakow** (J. Th.). — Guide de matériaux pour l'histoire de Moscou. — Moscou, 1880, in-8° en 8 fasc. 6295

En russe.

* **Tola** (P.). — Dizionario biografico degli uomini di Sardeyna. — Torino, 1837, 3 vol. in-8°. 6296

* **Toland** (J.). — The life of John Milton; containing, besides the history of his works, several extraordinary characters of men, and books, sects, parties, and opinions: with Amyntor; or a defense of Milton's life. And various notes now added. — London, printed for John Darby; 1699, in-8°. 6297

Contient, p. 147-150: »An exact catalogue of all Milton's works in their true order, as they are mention'd in the history of his life« —

Tollabi. — Voy. Bibliographie universelle.

* **Tonelli** (Fr.). — Biblioteca bibliografica antica, e moderna: d'ogni classe, e d'ogni nazione. — In Guastalla, nella regio ducale stamperia di Salvatore Costa e compagno, 1782-1783, 2 vol. in-4°. 6298

Tonini (L.). — Sulle officine tipografiche riminesi. Memorie e documenti. — Bologna, tip. regia, 1874, in-4°, 48 p. 6299

* **Topin** (M.). — Le C[al] de Retz, son génie et ses écrits, ouvrage qui a obtenu le prix d'éloquence décerné par l'Académie française, le 23 juillet 1863. — Paris, Gosselin, 1863, in-18. 6300

* — Troisième édition. — Paris, Didier 1872, in-8°.

* —. — Institut impérial de France. Etude sur le génie et les écrits du C[al] de Retz. — Paris, imp. de F. Didot, 1863, in-4°. 6301

Toppi (N.). — Bibliotheca napoletana, et apparato a gli huomini illustri in lettere di Napoli, e del regno delle famiglie, terre, citta, e religioni, che sono nello stesso regno. Dalle loro origini, per tutto l'anno 1678. Opera divisa in due parti. Nelle quali vengono molte famiglie forastiere lodate, e varij autori illustrati et emendati. — Napoli, Bulifon, 1678, in-fol. 6302

Pour le supplément, voyez: Nicodemo (Lionardo).

Toribio del Campillo. — Voy. Latassa y Ortin. Indice alfabético de autores . . . aragoneses.

* **Torma** (C.). — Repertorium ad literaturam Daciæ archæologicam et epigraphicam. Edidit commissio acad. scient. Hung. archæologica, — Budapest, typis societatis Franklin, 1880, in-8°. 6303

Il y a un autre titre: »Repertorium Dacia régisèg. és Felirettani irodalmához«.

Tornabene (Fr.). — Ricerche bibliografiche sulle opere botaniche del secolo XV. — Catania, 1840, in-8°. 6304

Torreggiani. — Voy. Notizie biografiche e letterarie.

* **Torrentino** (L.). — Annali della tipografia fiorentina. — Firenze, presso Niccolò Carli, 1811, in-8°. 6305

* — Edizione seconda corretta, e aumentata. — In Firenze, per Francesco Daddi, 1819, in-8°.

* **Torres** (Ant. de). — Letteratura dei Numidi. Memoria. — Venezia, appreso Domenico Fracasso, 1789, in-4°. 6306

* **Touchy.** — Enumération des titres antérieurs du docteur Touchy (1er février 1851). — Montpellier, imp. de P. Grollier (s. d.), in-4°, 6 p. 6307

* **Tournaillon** (H.). — Sur Adolphe Adam, Extrait du deuxième Bulletin de la Société littéraire de l'Orléanais . . . — Orléans, imp. de Colas-Gardin, 1857, in-8°, 7 p. 6308

La couverture imprimée sert de titre.

* **Tourneux** (M.). — Prosper Mérimée. Sa bibliographie. Ornée d'un portrait gravé à l'eau forte par M. Frédéric Régamey, d'après une photographie donnée par Mérimée à Sainte-Beuve. — Paris, Baur, 1876, in-8°, 32 p. 6309

Il a été mis en vente: 100 ex. sur papier vergé, et 6 sur chine.

* —. — Prosper Mérimée, ses portraits, ses dessins, sa bibliothèque, étude. — Paris, lib. Charavay frères, 1879, in-16, avec vign. et 2 eaux-fortes. 6310

Tiré à 600 ex. sur papier de Hollande et 12 ex. sur papier de Chine.

* **Tourneux** (M.). — Théophile Gautier. Sa bibliographie. Ornée d'une eau-forte de M. H. Valentin, d'après le portrait de Théophile Gautier peint par lui-même en tenue des représentations de Hernani. (1830). — Paris, Baur, 1876, in-8°. 6311

Tournon (D. J.). — Liste chronologique des ouvrages des médecins et chirurgiens, et de ceux qui ont exercé l'art de guérir dans cette ville (Bordeaux), avec des annotations et l'éloge de Pierre Desault. — Bordeaux, 1799, in-8°. 6312

* **Touroude** (A.). — Les écrivains havrais études biographiques et littéraires. — Hâvre, E. Touroude, 1865, in-8°. 6313

* **Trade circular annual** (The) for 1871, including the american catalogue of books published in the United States during the year 1870, with their sizes, prices, and publishers' names; also, a list of the principal books published in England; a publishers' manufacturers', and importers' directory, and alphabetical list of nearly eight hundred articles suitable for sale at the book, stationery, music, and fancy goods stores; a summary of American and english novelties, and miscellaneous literary and trade information. — New-York, office of the trade circular and literary bulletin, 1871, gr. in-8°. 6314

* **Traduttori italiani** osia notizia de volgarizzamenti d'antichi scrittori latini, e greci, che sono in luce. Aggiunto il volgarizzamento d'alcune insigni iscrizioni greche; e la notizia del nuovo museo d'iscrizioni in Verona, col paragone fra le iscrizioni, e le medaglie. In Venetia, per Sebastian Coleti, 1720, in-8°. 6315

Par Francisco Scipione Maffei.

Traité des pétrifications. — Paris, 1709, in-4°. 6316

Publié par Louis Bourguet et Pierre Cartier. — Contient, p. 223-247: »Indice de plusieurs auteurs qui ont écrit sur les pétrifications«.

* **Transactions and proceedings of the conference of librarians** held in London, october, 1877. Edited by the secretaries of the Conference, Edward B. Nicholson,... and Henry R. Tedder,... — London, Trübner and Co., 1878, in-4°. 6317

* **Transactions and proceedings of the second annual meeting of the library** association of the United Kingdom held at Manchester, september 23, 24, and 25, 1879. Edited by the secretaries, Henry R. Tedder, . . . and Ernest C. Thomas . . . — London, Trübner and Co., 1880, in-4°. 6318

* **Transactions of the college of physicians of Philadelphia.** Third Series, T. V. — Philadelphia, printed for the college, 1881, in-8°. 6319

Contient, pages 168-173: »List of the published writings of the late Isaac Ray,...

Trautmann (M.). — Voy. Anglia.

* **Trautner** (J. K. Fr.). — Wissenschaftliches Verzeichniss der in der Stadtbibliothek zu Nürnberg enthaltenen Ausgaben, Übersetzungen und Erläuterungen medicinisch - physicalischer Werke der griechischen und arabischen, dann der älteren lateinischen Literatur bis zum dreizehnten Jahrhundert. — Nürnberg, Schrag, 1843, in-8°. 6320

* **Trautvetter** (E. R.). — Grundriss einer Geschichte der Botanik in Bezug auf Russland. — St. Petersburg, aus der Druckerei d. Kaiserl. Akademie der Wissenschaften, 1837, in-8°. 6321

Contient, p. 55-145: »Schriften botanischen Inhalts, welche in Beziehung zur Flor oder zu den Botanikern Russlands stehen«.

Trautwein (Th.). — Voy. Zeitschrift des Deutschen und Oesterreichischen Alpenvereins.

* **Travers** (J.). — Baudement de la Bibliothèque nationale. — Caen, imp. Le Blanc-Hardel, 1875, in-8°, 20 p. 6322

Ext. des »Mémoires de l'académie des sciences, arts et belles-lettres de Caen«.

* —. — Biographie de Charles-Gabriel Porée, suivie d'un appendice renfermant des pièces inédites, parmi lesquelles 41 vers du poète Malfillatre, etc. — Caen, A. Hardel, 1854, in-8°, 16 p. 6323

* **Trébutien** (G.-S.). — Notice sur M. Thomas Cauvin. — Caen, imp. de Poisson et fils, 1846, in-8°, 24 p. 6324

* **Trécul** (A.). — Notice des principaux mémoires publiés, de 1843 à 1853, par M. A. Trécul. — Paris, imp. de L. Martinet (1853), in-4°, 24 p. 6325

*... de 1843 à 1860. — Paris, imp. de Mallet-Bachelier (1861), in-4°.

Trefler (Fl.). — Methodus, exhibens per varios indices, et classes subinde, quorumlibet librorum, cujuslibet bibliothecæ, brevem, facilem, imitabilem ordinationem. Qua sane per accomode, et sine multa inquisitione occurat studiosis optata inventio et lectio eorundem elaborata et inventa. — Augustæ per Vlhardum, 1560, in-8°. 6326

Treitschke (G. K.). — Handbuch des Wechselrechts. — Leipzig, E. H. Reclam, 1824, in-8°. 6327

Contient, p. 34-40: »Literatur des Wechselrechts«.

* **Tremblay** (V.). — Hommage à la mémoire de M. Graves. Notice où sont rappelés sommairement les utiles travaux de ce savant, lue à la Société académique de l'Oise, dans sa séance du 15 juin 1857. — Beauvais,

imp. de A. Desjardins, 1857, in-8°, 8 p. 6328

La couverture imprimée sert de titre.

Trevisini. — Pagine di saggio delle edizione della propria libreria. — Milano, tip. Trevisini. 6329

Trew (Chr. J.). — Librorum botanicorum catalogi duo quorum prior recentiores quosdam posterior plerosque antiquos ad annum 1550 usque excusos ad ductum propriæ collectionis breviter recenset conscripti. — Norimbergæ, stanno Fleischmann, 1752, in-fol. 6330

Une troisième partie, avec continuation de la pagination, a paru en 1757. — Tiré à 25 ex.

Tricaud (A.). — Voy. Essai de litterature pour la connoissance des livres.

* **Tricotel** (Ed.). — Claude Le Petit, sa fin tragique en place de Grève, à Paris, et ses ouvrages. — Paris, J. Techener, 1863, in-8°, 19 p. 6331

* —. — Variétés bibliographiques. Paris, J. Gay, 1863, in-12. 6332

Tiré à 250 ex. numérotés, dont 50 sur papier de Hollande.

Trigoso de Aragão Morato (Fr. M.). — Voy. Catalogo das obras . . . de Antonio Pereira de Figueiredo.

Trinchera (Fr.). — Studi e bibliografie giuridiche. Seconda edizione. — Lecce, tip. edit. Salentina, 1874, in-16. 6333

Trinius (C. B.). — Clavis Agrostographiæ antiquioris. Uebersicht des Zustandes der Agrostographie bis auf Linné; und Versuch einer Reduction der alten Synonyme der Gräser bis auf die heutigen Trivialnahmen. — Coburg, Biedermann, 1822, in-8°. 6334

Contient, pages 21-44: »Chronologische Uebersicht der Schriftsteller von Brunfels bis Linnés Zeiten, in deren Werken mehr oder weniger von Gräsern gehandelt wird«.

Tripier (A.). — Notice sur les travaux de M. A. Tripier, à l'appui de sa candidature à l'Académie impériale de médecine. — Paris, imp. de E. Martinet, 1864, in-8°, 32 p. 6335

* **Tritthemius** (J.). — Catalogus scriptorum ecclesiasticorum sive illustrium virorum, cum appendice eorum qui nostro etiam seculo doctissimi claruere. — Coloniæ, Petrus Quētell., 1531, in-4°. 6336

* —. — De scriptoribus ecclesiasticis collectanea: additis nonullorū ex recētioribu' vitis et noībus: qui scriptis suis hac nostra tēpestate clariores evaserunt. — Venūdatur Parrhisi' a magistro Bertholdo Rembolt. (ubi impressus ē.), 1512, in-4°. 6337

* —. — De scriptoribus ecclesiasticis, sive ꝑ scripta illustribus in ecclesia viris, cum appendicibus duobus eorum qui vel a Tritthemio animadversi non fuere, vel seculo interim nostro scriptis suis quàmmaxime claruerunt, aut clarent adhuc, liber unus: à mendis innumeris quibus hucusq. scatuit, sedulo purgatus, multisq. passim additiunculis signo † tali notatis, illustratus et auctus. Appendicum istarum prior nata est nuper in Galliis; posterior nunc recens additur, authore Balthazaro Werlino Colmarieñ. Cum indice fidelissimo, unde prima statim fronte hujus editionis periculum commode sumi potest. — Coloniæ, ex officina Petri Quentel, 1546, in-4°. 6338

* **Trömel** (P.). — Bibliothèque Américaine. Catalogue raisonné d'une collection de livres précieux sur l'Amérique parus depuis sa découverte jusqu'à l'an 1700. — Leipzig, Brockhaus, 1861, in-8°. 6339

Avec liste des prix imprimée à la fin du volume.

* —. — Die Litteratur der deutschen Mundarten. Ein bibliographischer Ver-

such. Aus Petzoldt's Anzeiger für Bibliographie und Bibliothekwissenschaft besonders abgedruckt. — Halle, H. W. Schmidt, 1854, in-8°, 37 p. 6340

* **Trömel** (P.). — Schiller-Bibliothek. Verzeichniss derjenigen Drucke, welche die Grundlage des Textes der Schiller'schen Werke bilden. Aus dem Nachlass. — Leipzig, F. A. Brockhaus, 1865, in-8°. 6341

—. — Uebersicht der wichtigeren Erscheinungen auf dem Gebiete der Bibliographie im Jahre 1854. — Halle, Druck von Schmidt, 1855, in-8°, 23 p. 6342

Tiré à 30 ex. — Ext. de: »Petzholdt's Anzeiger für Bibliographie und Bibliothekwissenschaft«.

—. — Voy. Allgemeine Bibliographie. Monatliches Verzeichniss. — Voy. Bibliographie für Linguistik.

* **Trois poèmes grecs du moyen-âge** inédits recueillis par feu le professeur W. Wagner. Avec le portrait de l'auteur. — Berlin, S. Calvary, 1881, in-8°. 6343

Les pages XVI et suiv. renferment: »Notice bibliographique. Publications de W. Wagner«.

Tromler (C. H.). — Bibliothecæ Copto-Jacobiticæ specimen. Cui præmittitur de linguæ copticæ fatis commentatio. — Lipsiæ, apud Langenhemium, 1767, in-8°. 6344

* **Trouillat** (J.). — Catalogue raisonné des éditions incunables de la bibliothèque du collège de Porrentruy. — Porrentruy, 1838, in-8°. 6345

Truchelut (A.). — Voy. Rivoire (C.). Coutumes et usages des étangs de la Dombes.

* **Trübner's** american, european, and oriental literary record, a register of the most important works published in North and South America, India, China, Europe and the British colonies. — London, Trübner, 1865-1881, in-8°. 6346

* Trübner's catalogue of dictionaries and grammars of the principal languages and dialects of the world. Second edition, considerably enlarged and revised, with an alphabetical index. A guide for students and booksellers. — London, Trübner, 1882, in-8°. 6347

* **Trübner** (N.). — Bibliographical guide to american literature. A classed list of books published in the United States of America during the last forty years, with bibliographical introduction, notes and alphabetical index. — London, Trübner and Co., 1859, in-8°. 6348

—. — Voy. Ludewig (H. E.). The literature of american aboriginal languages.

* **Tubino** (Fr. M.). — Historia del renacimiento literario, contemporáneo en Cataluña, Baleares y Valencia. — Madrid, imprenta de M. Tello, 1880, in-4°. 6349

L'appendice I contient un »Proyecto de catálogo del teatro Catalan-Valenciano-Mallorquin«, — et l'appendice II: »apuntes para un diccionario de los escritores catalanes, baleares y Valencianos en el siglo XIX«.

* **Tulasne** (L. R.). — Notice sur les mémoires et ouvrages de botanique publiés par M. L.-R. Tulasne . . . — Paris, imp. de L. Martinet (1852), in-4°, 16 p. 6350

* — Paris, imp. Martinet, 1853, in-4°, 22 p.

* **Turpin** (P. J. F.). — Notice des travaux de M. P.-J.-F. Turpin. — Paris, imp. de Fain (s. d.), in-4°, 12 p. 6351

* **Turrigius** (Fr. M.). — De eminentissimis s. r. e. scriptoribus cardinalibus. — Romæ, excudebat Stephanus Paolinius, 1641, in-4°. 6352

* **Turrigius** (Fr. M.). — Two dialogues; containing a comparative view of the lives, characters, and writings of Philip, the late earl of Chesterfield, and Dr. Samuel Johnson. — London, 1787, in-8°. 6353

* **Tytler** (Al. Fr.). — Memoirs of the life and writings of Henry Home, of Kames, containing sketches of the progress of literature and general improvement in Scotland, during the greater part of the eighteenth century. — Edinburgh, 1807, 2 vol. in-4°. 6354

Ubicini. — Biblioteca politica El Tanzimat de la Turquia actual en todos sus aspectos politico, economico, relijoso, militar, literario, etc. — Madrid, imp. de Trujillo hijo, 1854, in-8°. 6355

Contient, p. 112-130: »De las bibliotecas. Reseña jeneral de la bibliografia otomana«.

* — (A.). — Notice sur les ouvrages de M. N. Mallouf. — Paris, imp. de Pommeret et Moreau, in-8°, 4 p. 6356

Ext. de la »Revue de l'orient, de l'Algérie et des colonies, numéro d'octobre 1853«.

Ueber die Literatur der **Militär-Oekonomie**, zunächst für die bei der Militär-Administration neu angestellten Offiziere und Beamte. — Leipzig, Leich, 1826, in-8°. 6357

Uebersicht der einzig bestehenden, vollständigen Incunabeln-Sammlung der Lithographie und der übrigen Senefelder'schen Erfindungen als Metallographie, Papyrographie, Papierstereotypen und Oelgemälde - Druck (ohne Presse). Mit einem Vorwort begleitet zur Sechzigjährigen Gedächtniss - Feier der Münchener - Erfindung der Lithographie vom Sammler und lebenslänglichen Hausfreund des Erfinders Franz Maria Ferchl. Mit vielen Abbildungen der seltensten lithographischen Incunabeln. — München, v. Montimorillon in Comm., 1856, gr. in-8°. 6358

Uebersicht der gelesensten Zeitungen und Lokalblätter des In- und Auslandes. 2. Auflage. — Leipzig, Engler, 1865, in-8°, 48 p. 6359

id., 1868 (46 p. avec une carte gr. in-fol. lithographiée des chemins de fer d'Allemagne).

* **Ueberweg** (Fr.). — Grundriss der Geschichte der Philosophie von Thales bis auf die Gegenwart. Dritte, berichtigte und ergänzte und mit einem Philosophen- und Litteratoren-Register versehene Auflage. — Berlin, Mittler & Sohn, 1867-1868, 3 vol. in-8°. 6360

Chaque vol. a en outre son titre particulier:

T. I. Grundriss der Geschichte der Philosophie des Alterthums.

T. II. Grundriss der Geschichte der Philosophie der patriotischen und scholastischen Zeit.

T. III. Grundriss der Geschichte der Philosophie der Neuzeit von dem Aufblühen der Alterthumsstudien bis auf die Gegenwart.

Ugarte. — Voy. Rezabal. Biblioteca de escritores.

Uhlworm (O.). — Voy. Botanisches Centralblatt.

Ukert (G. H. A.). — Dr. Martin Luther's Leben mit einer kurzen Reformationsgeschichte Deutschlands und der Litteratur, nach seinem Tode herausgegeben von F. A. Ukert. — Gotha, Perthes, 1817, 2 vol. in-8°. 6361

Ulmenstein (Fr. G. Albr. ab). — Bibliotheca selecta juris civilis Justinianei nec non ante- et post-Justinianei. — Berolini, Flittner, 1822-1823. gr. in-8°, 4 vol. 6362

—. — Handbibliothek des Civilrechts; nebst einem Verzeichniss der in den letzten 30 Jahren erschienenen juristischen Schriften. — Berlin, Flittner, 1819, in-4°. 6363

Ulrici (H.). — Voy. Sillig (P. H.). Die Shakespeare-Literatur. — Voy. Zeitschrift für Philosophie.

* **Un martyr** de la bibliographie. Notice sur la vie et les travaux de J. M. Quérard . . . (Extrait du T. XI de la »France littéraire«.). — Paris, chez l'éditeur, 1857, in-8°, 15 p. 6364

Signé: Mar. Jozon D. Erquar.

Un publiciste catholique du XVIe **siècle** Richard Versteganus. — Louvain, 1854, in-8°. 6365

Publié par Charles Ruelens. — Ext. de la »Revue catholique de Louvain, 3e série. T. III, 1854«.

* **Une association d'imprimeurs** et de libraires de Paris réfugiés à Tours au XVIe siècle. Jamet Mettayer. Marc Orry. Claude de Montre'œil. Jehan Richer. Matthieu Guillemot. Sébastien Du Molin. Georges de Robet. Abel Langellier. — Tours, imp. Rouillé-Ladevèze, 1878, gr. in-8°. 6366

Tiré à 175 ex.

* **Unflad** (L.). — Die Göthe-Literatur in Deutschland. Bibliographische Zusammenstellung sämmtlicher in Deutschland erschienenen Gesammt- und Einzeln-Ausgaben der Werke Gœthe's aller biographischen Ergänzungs- und Erläuterungsschriften, sowie der sonstigen auf ihn Bezug habenden literarischen Erscheinungen von 1781-1877 mit Angabe des Formats und Verlagsortes, der Verleger, Auflagen, Erscheinungsjahre und Preise. Mit einem Anhange: Chronologie der Entstehung Gœthe'scher Schriften. — München, Verlag von L. Unflad, 1878, in-8°. 6367

* —. — Die Schiller - Literatur in Deutschland. Bibliographische Zusammenstellung sämmtlicher in Deutschland erschienenen Gesammt- und Einzeln - Ausgaben der Werke Schiller's aller biographischen Ergänzungs- und Erläuterungsschriften, sowie der sonstigen auf ihn Bezug habenden literarischen Erscheinungen von 1781-1877 mit Angabe des Formats und Verlagsortes, der Verleger, Auflagen, Erscheinungsjahre und Preise. — München, Verlag von L. Unflad, 1878, in-8°. 49 p. 6368

* **Unflad** (L.). — Die Shakespeare-Literatur in Deutschland. Versuch einer bibliographischen Zusammenstellung der in Deutschland erschienenen Gesammt- und Einzeln - Ausgaben Shakespeares und der literarischen Erscheinungen über Shakespeare und seine Werke von 1762 bis 1879. — München, Verlag von L. Unflad, 1880, in-8°. 6369

* **Ungar** (R.). — Bohuslai Balbini Bohemia docta, opus posthumum editum, notisque illustratum. — Pragæ. Hagen, 1776-1780, 3 parties in-8°. 6370

—. — Voy. Balbin (Boh.). Bohemia docta.

* **Ungarelli** (Al. M.). — Bibliotheca scriptorum e congregatione clerr. regg. s. Paulli. — Romæ, ex officina Josephi Salviucci, 1836, in-4°. T. I. 6371

Unger (Jo. G.). — De libris bibliothecarum nomine notatis, ubi centum et trigenta libri antiqui pariter atque novi secundum seriem facultatum ac disciplinarum, intermixtis ultro citroque virorum eruditorum judiciis, exhibentur, atque ad illustrandam historiam litterariam operose collecti recensentur, disserit simulque etc. Georg Gottlob Vogelio summos Doctoris honores d. IV. Jun. 1734. — Lipsiæ, litteris Langenhemii, in-4°, 24 p. 6372

* **United States Coast and geodetic survey** Carlile P. Patterson superintendent. Pacific coast pilot Coasts and islands of Alaska. Second Series. — Washington, government printing office, 1879, in-4°. 6373

Contient, pages 163-374: »Partial list of charts, maps, and publications relating to Alaska and the adjacent region, from Puget Sound and Hakodadi to the artic ocean, between the Rocky and the Stanovoi mountains«.

* **Upcott** (W.). — A bibliographical account of the principal works relating to english topography. — London, printed by Richard and Arthur Taylor, 1818, 3 vol. in-8°. 6374

* **Upptäckta svenska Pseudonymer** och Homonymer. — Stockholm, Norstedt & Söner, 1859, in-4°. 6375

Publié par C. Eichhorn.

* **Urbánek** (Fr. A.). — Urbánkův věstník bibliografický měsíčník pro rozhled v. literatuře, hudbě a uměni. — V Praze, Fr. A. Urbánek, 1880-1881, 2 vol. gr. in-8°. T. I. 6376

Uricoechea (E.). — Mapoteca Colombiana. Coleccion de los titulos de todos los mapas, planos, vistas, etc. relativos à la América Española, Brasil é islas adyacentes. Arreglada cronologicamente i precedida de una introduccion sobre la historia cartográfica de América. — Londres, Trübner, 1860, in-8°. 6377

* **Usteri** (P.). — Repertorium der medicinischen Litteratur des Jahres 1789 (-1794). — Zürich, bey Ziegler und Söhne, 1790 (-1796), 6 vol. in-8°. 6378

L'adresse du T. VI est: Zürich, in der Peter Philip Wolfischen Buchhandlung.

* **Uzanne** (Oct.). — Caprices d'un bibliophile. — Paris, Ed. Rouveyre, 1878, in-8°. 6379

Avec une eau forte par Lalauze.
Tiré à 572 ex.:
500 papier vergé de Hollande.
50 — Whatmann extra fort.
10 — de Chine (1-10).
10 — de couleur (non dans le commerce).
2 sur parchemin choisi«.

—. — Voy. Besenval Contes. — Voy. Miscellanées bibliographiques.

Uzielli (G.). — Indice bibliografico delle opere pubblicate in Roma da qualunque autore ed anche fuori di Roma da persone residenti nella capitale, dal 1870 a tutto il 1877. — Roma, tip. Elzeviriana, 1878, in-4°. 6380

Ext. de »Monografia archeologica e statistica di Roma e Campagna romana« presentata dal governo Italiano alla Esposizione di Parigi.

* **Vachez** (A.). — Achard-James. Sa vie et ses écrits. — Lyon, imp. de Vingtrinier, 1871, in-8°, 23 p. 6381

* —. — Georges Debombourg, sa vie et ses écrits. — Lyon, imp. de Mougin-Rusand, 1879, in-8°, 16 p. 6382

* **Vachon** (M.). — La bibliothèque du Louvre et la collection bibliographique Motteley. Fac-simile du tableau de Hébert. — Paris, A. Quantin, 1879, in-8°. 6383

Il y a deux faux titres. L'un porte le titre précédent; l'autre: »L'art français pendant la guerre de 1870-1871 et la commune. I«. Enfin sur la couverture imprimée on lit en outre: »Bibliothèque de l'art et de la curiosité«.

* **Vaerini** (L. F. B.). — Gli scrittori di Bergamo o sia notizie storiche, e critiche intorno alla vita, e alle opere de 'letterati bergamaschi raccolte et scritte. — In Bergamo, nella stamperia di Vincenzo Antoine, 1788, in-4°. T. I. 6384

—. — Voy. Mayr (G. S.). Biografie di scrittori e artisti musicali bergamaschi.

* **Vahl** (J.). — Dansk bogfortegnelse for aarene 1859-1868. — Forlagt at forlagsbureauet i Kjöbenhavn, 1871, in-4°. 6385

* —. — ... for Aarene 1869-1880. — Orlagt af forlagsbureauet i Kjöbenhavn, 1881, gr. in-8°.

* **Valade-Gabel.** — Notice sur la vie et les travaux de Jean Saint-Sernin, premier instituteur en chef de l'insti-

tution royale des Sourds-Muets de Bordeaux. Discours prononcé dans la séance publique annuelle du 27 août 1844. — Bordeaux, imp. de Lavigne, 1844, in-8°, 20 p. 6386

* **Valenciennes** (A.). — Exposé des travaux de zoologie de M. A. Valenciennes,... — Paris, A. Sirou, 1844, in-4°, 28 p. 6387

La couverture imprimée sert de titre.

Valentin-Smith. — Voy. Bibliotheca Dumbensis.

Valentinelli (D.). — Saggio di bibliografia storica della città di Sanseverino. — Sanseverino, Corradetti, 1875, in-8°. 6388

— (G.). — Bibliografia dalmata, tratta da codici della Marciana di Venezia. — Venezia, tipografia Cecchini e Naratovich, 1845, in-8°, 48 p. 6389

* —. — Bibliografia del Friuli. Saggio. Edizione sovvenuta dall' Imp. Accademia delle scienze in Vienna. — Venezia, tip. del Commercio, 1861, gr. in-8°. 6390

* —. — Bibliografia della Dalmazia e del Montenegro. Saggio. A spese della societu stessa. — Zagabria, coi tipi del Dr. Ljudevito Gaj, 1855, in-8°. 6391

—. — Sulle antichità spagnuole in generale, e singolarmente delle provincie Nuova Castiglia, Estremadura, Andalusia, Murcia, Valenza, Catalogna, Memoria. (Aus dem Juli-Hefte des Jahrg. 1859 der Sitzungsberichte der phil.-hist. Classe der K. Akademie der Wissenschaften.). — Wien, in Comm. bei Gerold's Sohn, 1859, in-8°. 6392

* —. — Specimen bibliographicum de Dalmatia et agro Labeatium. — Venetiis, typ. Cæcinianis et soc., 1842, in-8°. 6393

* **Valerius Flaccus** (C.). — Argonauticon libri octo ad optimas editiones collati. Præmittitur notitia literaria. Accedit index. Studiis societatis Bipontinæ. Editio accurata. — Biponti, ex typographia societatis, 1786, in-8°. 6394

Contient, pages IX-XVII: »Index editionum C. Valerii Flacci Fabriciano auctior et in ætates IV digestus«.

Valerius Maximus. — Dictorum factorumque memorabilium libri novem ad optimas editiones collati. Præmittitur notitia literaria. Accedit index studiis societatis Bipontinæ. Editio accurata. — Biponti, ex typographia societatis, 1783, in-8°. 6395

Contient, pages 18 - 26: Index editionum Valerii Maximi auctior Fabriciano et in quatuor ætates digestus.

* **Valladier** (R.). — Jean Reboul, étude biographique et littéraire. — Toulouse, Delboy, 1864, in-16, 16 p. 6396

La couverture imprimée sert de titre.

Vallée (L.). — Voy. Gébé (V.). Catalogue de journaux publiés ou paraissant à Paris.

* **Vallée** (L. L.). — Note relative à la candidature sollicitée par M. L.-L. Vallée,... pour l'élection d'un membre libre de l'Académie des sciences en remplacement de M. Francœur présentée à l'Académie le 21 janvier 1850. — Paris, imp. de Thunot (s. d.), in-8°, 4 p. 6397

* ... Suivie d'un précis sur l'œil et la vision. — Paris, imp. de Mallet-Bachelier, 1854, in-8°, 44 p.

La converture imprimée sert de titre.

* —. — Notice sur les ouvrages et les travaux de M. L.-L. Vallée,... rédigée à l'appui de la candidature qu'il sollicite auprès de l'Académie des sciences pour remplir la vacance ouverte par le décès de M. Sturm. — Paris,

imp. de Mallet-Bachelier, 20 janvier 1856, in-12, 24 p. 6398

La couverture imprimée sert de titre.

* **Vallemont** (de). — Eloge de M. Leclerc,... dessinateur et graveur ordinaire du Cabinet du roi, avec le catalogue de ses ouvrages, et des réfléxions sur quelques uns des principaux. — Paris, N. Caillou, 1715, in-16. 6399

* **Vallet de Viriville** (A.). — Notice sur Robert Blondel, poëte, historien et moraliste du temps de Charles VII. (Extrait des »Mémoires de la Société des antiquaires de Normandie«). — Caen, A. Hardel, 1851, in-4°. 6400

—. — Nouvelles recherches sur la vie et les écrits de Robert Blondel... — (Paris), Imp. nationale, 1852, in-4°, 8 p. 6401

Ext. des »Notices des manuscrits«. Tome XVII, 2e partie.

* —. — Recherches iconographiques sur Jeanne D'Arc dite la Pucelle d'Orléans. Analyse critique des portraits ou œuvres d'art faits à sa ressemblance (Extrait de la »Revue archéologique«, XIIe année). — Paris, Dumoulin, 1855, in-8°, 24 p. 6402

* **Valmont-Bomare.** — Notice des travaux du citoyen Valmont-Bomare... — (Paris), imp. de Baudouin (s. d.), in-8°, 4 p. 6403

* **Valon** (Ab. de). — Charles Dufresny. Etude biographique et littéraire. — Lille, imp. de Danel, 1877, in-8°, 46 p. 6404

Valsecchi (Ant.). — Bibliografia analitica della repubblica di Venezia. — Venezia, stab. tip. P. Naratovich, 1880, in-8°, 37 p. 6405

—. — Tre lettere al conte Bonifacio Fregoso intorno il primo libro stampato in Verona. — Vicenza, tip. G. Longo, 1877, in-8°, 23 p. 6406

Per nozze Busetto-Sartori.

* **Valson** (C. A.). — La vie et les travaux du baron Cauchy,... Avec une préface de M. Hermite. — Paris, Gauthier-Villars, 1868, 2 vol. in-8°. 6407

Van Abkoude (J.). — Aanhangsel en Vervolg op het Naam Register of Versaameling van Nederduytsche Boeken, die in her voorgaande ontbreeken, als mede die geene, die na dien tydt tot 1744. zyn uytgekomen of herdrukt: waar in men zal vinden. Godgeleerde, Regtsgeleerde, Medicynsche, Philosophische, Mathematische, Historische, Levensbeschryvingen, Memorien, Reyzen, Poeëten, enz. enz. Als mede waar gedrukt, by wie deselve te bekomen zyn, en in wat Formaat, benevens de pryzen, zoo als deselve Hedendaags uyt de winkels ingenaayt aan Particulieren verkogt werden. Alles gebragt op Order van het Alphabet, op de By Naamen van den Uytgever. Met Aanwysinge der Bladzyden waar dezelve in het Eerste del behooren. Opgestelt en in Order gebragt. — Leiden, Genet, 1745, in-4°. Deel I. Stuk 3. 6408

—. — Tweede Aanhangsel of Vervolg op het Naam Register van Nederduytsche Boeken, die in de Jaaren 1745. tot 1750. zyn uytgekomen, of herdrukt, of de Copye verandert zyn. Als mede waar gedrukt, en in wat Formaat, benevens de pryzen, zoo als dezelve Hedendaags uit de Winkels ingenaayt aan Particulieren verkogt werden. Alles gebragt op order van het Alphabet, op de By-Naamen van den uytgevers, met aanwysinge der Bladzyde, waar dezelve in de voorgaande drie Stukken behoren ingevult te werden. Waar agter nog gevoegt is, een Lyst of Register van alle de Tractaten, Gedigten, Predicatien, Plaaten, Medailles, Pourtretten enz. Uitgekomen ter gelegentheid van het Huwelyk en de verheffing van zyne

Hoog Vorstelyke Doorlugtigheid onse Dierbaare en zeer Geliefde Vorst den Hoog Gebooren Heere Willem Carel Hendrik Friso. Door Gods Genade Prince van Orange en Nassauw, enz. enz. en het geene verder tot op de geslooten Vreede te Aaken is voorgevallen. — Leiden, Genet en de Pecker, 1750, in-4°. Deel I. Stuk 4.

Est suivi de:

1° Lyst of Register van alle Tractaten, Gedichten, Predicatien, Plaaten, Medailles, en Pourtretten, enz. enz. Uytgekomen ter gelegentheid van het Huwelyk, als mede op de gelukkige Verheffing van zyne Hoogvorstelyke Doorluchtigheid onze Dierbaare en Gewenste Vorst, den Hooggebooren Heere Willem Carel Hendrik Friso. Door Gods Genade Prince van Oranje en Nassauw, enz. enz. Opentlyk uytgeroepen op den 3 Mey 1747, ot Stadhouder, Capitein en Admiraal Generaal van de VII. Vereenigde Provintien, enz. enz. enz. Als mede over het aanstellen van het Erf-Stadhouderschap, zoo in de Mannelyke als Vrouwelyke Liniën. Als ook over de Geboorte en Doop van de Jonge Vorst, de Eerstgeboore Erf-Stadhouder Willem de V. Graaf van Buurem, enz. enz. enz. Als mede over het Jubeljaar van de Hondertjaarige Vreede, geslooten te Munster 1648, en over de Onlusten in verscheide Steden en Dorpen, om het Afschaften der Pachten; als ook op de geslooten Vreede te Aaken, den 18 October 1748, en de Viering der zelver enz.

2° Register van alle de gedrukte Schriften, voor en Tegen Het Berugte Werk der Beroering en Bekeering Te Nieukerk, Aalten en andere Plaatsen in de Vereenigde Nederlanden: als mede van Zodanige Schriften en gedrukte Berigten of Bekendmakingen, welke daar toe eenige Betrekking hebben; Opgesteld. en in Ordre gebragt door Bibliophilus. Kunnende dienen tot een Aanhangsel op het Naam-Register van Nederduitsche Boeken, en des zelfs twee Vervolgen, uitgegeven door Johannes van Abkoude, in 1743, 1745 en 1750. — Leyden, de Pecker, 1753, in-4°, 43 p. 6409

* **Van Abkoude** (J.). — Derde Aanhangsel of Vervolg op het Naam Register van Nederduytsche Boeken, die in de Jaren 1750, 1751, 1752, en tot July 1753, zyn uytgekomen, of Herdrukt, of de Copye verandert zyn. Als mede waar gedrukt, en in wat Formaat, benevens de pryzen, zoo als deselve hedendaags uyt de Winkels ingenaayt aan Particulieren verkogt werden. Alles gebragt op Order van het Alphabet, op de By-Naamen van de Uytgevers, met Aanwysinge der Bladzyde, waar de selve in de voorgaande 4 stukken behoren ingevult te worden. Item een Lyst yan al het gene over de Vrye Metselaars is uytgekomen. Waar agter nog gevoegt is, een Lyst of Register van alle de Oratien Redenvoeringen, Predikatien, Historische verhaalen, Brieven, Gedigten, Plaaten en Medaillen enz. Uitgekomen op het aller Onverwagste, en Smertelijk Overlijden, voor gansch Nederland van onse zeer Geliefde en Beminde Erf-Stadhouder, den Heere Willem Carel Hendrik Friso, in zyn Roemr. Leven prince van Oranje en Nassau, Erf-Stadhouder, Capitein en Admiraal Generaal enz. enz. der VII Vereenigde Nederlanden. — Leiden, de Pecker, 1754, in-4°. T. I, 5. 6410

—. — Vierde Aanhangsel of Vervolg, op het Naamregister van Nederduytsche Boeken, die in de Jaaren 1753, 1754 en 1755, zyn uytgekomen, of Herdrukt, of de Copye verandert zyn. Als mede waar gedrukt, en in wat Formaat, benevens de Pryzen, zoo als dezelve hedendaags uyt de Winkels ingenaayt aan Particulieren verkogt werden. Alles gebragt op order van het Alphabet, op de bynamen van de Uytgevers, met aanwyzinge der bladzyde, waar dezelve in de voorige vyf stukken behoren ingevult te werden. Item een

Lyst of Register, van het gene zoo voor, als van, en tegen D° Antonius van der Os, thans appellerent Predicant van Zwolle, is uytgekomen, of in't Ligt gegeven. — Leiden, de Pecker, 1756, in-4°. T. I, 6. 6411

Van Abkoude (J.). — Naam register of verzaameling van nederduytsche Boeken, die sedert de Jaaren 1640 tol 1741 zyn uytgekomen: waar in men zal vinden godgeleerde, regtsgeleerde, medicynsche, philosophische, mathematische, historische, levensbeschryvingen, memorien, reysen, poëten, enz. enz. Als mede waar gedrukt, by wie deselve te bekomen zyn, en in wat formaat, benevens de pryzen zo als deselve hedendaags uyt de winkels verkogt werden ingenaayt aan Particulieren. Alles gebragt op order van het Alphabet, op de bynaamen van den Uytgever. Waar agter nog gevoegt is een lyst van alle soort van aard en hemel globens, hemels pleynen, planeet wysers, quadranten en mathematische Instrumenten, enz. met de pryzen. — Te Leiden, by Johannes van Abkoude, 1743-1745, 2 vol. in-4°. 6412

* — ... Nu overzieen, verbeterd en tot het jaar 1787 vermeederd door Reinier Arrenberg, tweede druk. — Te Rotterdam, by Gerard Abraham Arrenberg, 1788, in-4°.

—. — Naamregister van de bekondste en meest in gebruik zynde Nederduitsche Boeken, welke sedert het jaar 1600 tot het jaar 1761 zyn uitgekomen, met byvoeginge wanneer, waar en by wien dezelven gedrukt zyn, als mede van het Formaat, het getal der Deelen, en de Platen, benevens de Pryzen voor welken die in de Boekwinkels te bekomen zyn; voorheen uitgegeven door ... Nu overzien, verbeterd en tot in het jaar 1772 vermeerderd door Reinier Arrenberg. — Te Rotterdam, by Reinier Arrenberg, 1773, in-4°. 6413

—. — Naamregister van de bekondste en meest in gebruik zynde Nederduitsche Boeken, welke sedert het jaar 1600 tot het jaar 1761 zyn uitgekomen, met byvoeginge wanneer, waar en by wien dezelven gedrukt zyn, als mede van het Formaat, het getal der Deelen, en de Platen, benevens de Pryzen, die op dezelven by de uitgaven gesteld zyn. Nu overzien, verbeterd en tot het jaar 1787 vermeederd door Reinier Arrenberg. Tweede Druk. — Rotterdam, Arrenberg, 1788. 2 vol. in-8°. 6414

* **Van Aken** (C.). — La fable des Monita secreta ou instructions secrètes des Jésuites. Histoire et bibliographie. Extrait de la revue »Précis historiques« 1881. — Bruxelles, Alfred Vromant, in-8°. 6415

Van Cleef. — Voy. Alphabetische Naamlijst van Bœken in Nederland uitgegeven.

* **Van de Kerckhove.** — Le bibliographe catholique: catalogue de livres en tous genres propres à former de bonnes bibliothèques et à être donnés en prix dans les collèges, pensionnats et écoles. 2e édition augmentée et dans laquelle le supplément a été refondu. — Paris, Tournai, H. Casterman, 1857-1861, in-16 en 2 parties et avec 3 suppléments pour la 1re partie. 6416

Van de Velde (C. W. M.). — Memoir to accompany the map of the Holy Land constructed by C. W. M. Van de Velde, from his own surveys in 1851 and 1852; from those made in 1841 by Robe and Rochfort Scott, Symonds and other officers of her Majesty's corps of royal engineers; and from the results of the researches made by Lynch, Robinson, Wilson, Burckhardt, Seetzen etc. — Gotha, Perthes, 1858, in-8°. 6417

Contient, p. 7-21: »Verzeichniss der vom Verf. benutzten litterarischen Hilfsmittel«.

Van de Weyer. — Voy. Revue analytique des ouvrages publiés en centons.

* **Van den Bussche** (Em.). — Bibliographie des Flamands de France. (Extrait d'une lettre écrite, le 9 juin 1867, au président du Comité flamand de France.) — Lille, imp. de Lefebvre-Ducrocq (1867), in-8°, 16 p. 6418

Ext. du »Bulletin du Comité flamand de France«, T. IV. Prospectus.

Van den Eede (Aub.). — Voy. Bibliotheca ecclesiastica.

Van den Ende (A.). — Voy. Algemeene Boekenlijst.

* **Van der Burch**. — Biographie d'un homme de lettres. — Saint-Etienne, imp. de Vve Théolier, 1863, in-8°, 19 p. 6419

Biographie de son père. — La couverture imprimée sert de titre.

* **Van der Haeghen** (F.). — Bibliographie gantoise. Recherches sur la vie et les travaux des imprimeurs de Gand (1482-1850). — Gand, 1858-1860, 7 vol. in-8°. 6420

Tiré à 250 ex.

* **Van der Linde** (A.). — Balthasar Bekker. Bibliografie. — 's Gravenhage, Martinus Nijhoff, 1869, in-8°. 6421

* —. — Bibliografie van Haarlem. — Haarlem, F. J. Mac Donald, 1867, gr. in-8°. 6422

* —. — David Joris. Bibliografie. — 'sGravenhage, Martinus Nijhoff, 1867, in-8°. 6423

* —. — Das erste Jahrtausend der Schachlitteratur (850-1880) zusammengestellt. — Berlin, Julius Springer, 1881, in-8°. 6424

* —. — Geschichte und Literatur des Schachspiels. — Berlin, Julius Springer, 1874, gr. in-8°, T. I-II. 6425

* —. — The Haarlem legend of the invention of printing by Lourens Janszoon Coster, critically examined. From the dutch by J. H. Hessels, with an introduction, and a classified list of the Costerian incunabula. — London, East & Blades, 1871, in-8°. 6426

* **Van der Linde** (A.). — Die Nassauer Drucke der königlichen Landesbibliothek in Wiesbaden beschrieben von Antonius von der Linde. — Wiesbaden, Feller und Gecks, 1882, in-8°, T. I. 6427

—. — Spinoza. Seine Lehre und deren erste Nachwirkungen in Holland. Eine philosophisch-historische Monographie. — Göttingen, v. d. Hoeck u. Ruprecht, 1862, in-8°. 6428

Contient, pages 171-214: »Literatur des Spinozismus«.

* **Van der Linden** (J. A.). — De scriptis medicis libri duo. Quibus præmittitur ad D. Petrum Tulpium manuductio ad medicinam. — Amstelredami, apud Johannem Blaeu, 1637, in-8°. 6429

* — Editio altera, auctior et emendatior. — Amstelredami, apud Blaev, 1651, in-8°.

* — Editio tertia et tertia auctior. — Amstelredami, apud J. Blaev, 1662, in-8°.

Vandermaelen (Ph.). — Voy. Dictionnaire des hommes de lettres . . . de la Belgique.

* **Van der Meersch** (P. C.). — Recherches sur la vie et les travaux de quelques imprimeurs belges, établis à l'étranger, pendant les XVe et XVIe siècles. — Gand, imp. de Léonard Hebbelynck, 1844, in-8°, 3 tomes en 1 vol. 6430

I. Gerardus de Lisa de Flandria.
II. Antonius Mathias d'Anvers.
III. Arnoldus de Bruxella.

* **Van der Meulen** (R.). — Bibliografie der technische Künsten en Wetenschappen 1850-1875. Boeken, Plaatwerken en Kaarten in Nederland verschenen over en met betrekking tot: Fabrieks- en Handwerksnijverheid, de

Bouwkundige en Ingenieurs-Wetenschappen, Mechanica, Stoomwezen, Spoorwegen, Telegrafie, enz. met Inhoudsopgaaf der Voornaamste Periodieken, benevens een uitvoerig alfabetisch zaakregister. — Amsterdam, C. L. Brinkman, 1876, in-8°. 6431

* **Van der Wulp** (J. K.). — Catalogus van de Tractaten, Pamfletten, enz. over de geschiedenis van Nederland, aanwezig in de Bibliotheek van Isaac Meulman. — Gedrukt te Amsterdam, bij de Erven H. van Munster & Zoon, 1866-1868, 3 vol. in-4°. 6432

Comprend les années 1500-1713. N'est pas dans le commerce.

* **Vandeul** (Mme de). — Mémoires pour servir à l'histoire de la vie et des ouvrages de Diderot, par . . . sa fille. — Paris, A. Sautelet, 1830, in-8°. 6433

* **Van Doorninck** (J. I.). — Bibliotheek van nederlandsche Anonymen en Pseudonymen. — 'sGravenhage, Martinus Nijhoff, s. d., in-8°. 6434

La préface est datée: November 1866.

* **Van Drival.** — Liste des ouvrages publiés par M. le chanoine Van Drival. — Arras, imp. A. Courtin, 1877, in-8°, 10 p. 6435

Vangerow (K. Ad. von). — Lehrbuch der Pandekten. Siebente vermehrte und verbesserte Auflage. — Marburg und Leipzig, Elwert, 1863, gr. in-8°, T. I. Abth. I. 6436

Contient, p. 18-34: »Ausgewählte Literatur des Civilrechts«.

* **Van Iseghem** (A. F.). — Biographie de Thierry Martens d'Alost, premier imprimeur de la Belgique, suivie de la bibliographie de ses éditions. — Malines, P. J. Manicq, 1852, in-8°. 6437

Van Meenen (Fr.). — Voy. Lacroix (A.). Notices historiques et bibliographiques sur Philippe de Marnix.

* **Van Praet.** — Recherches sur la vie, les écrits et les éditions de Colard Mansion, imprimeur à Bruges durant le XVe siècle. — Paris, ce 21 décembre 1779, in-12, 12 p. 6438

—. — Voy. Catalogue des livres imprimés sur vélin de la bibliothèque du roi. — Voy. Notice sur Colard Mansion.

* **Van Someren** (J. F.). — Essai d'une bibliographie de l'histoire spéciale de la peinture et de la gravure en Hollande et en Belgique (1500-1875). — Amsterdam, Fred. Muller, 1882, in-8°. 6439

Tiré à 350 ex. dont 300 destinés au commerce.

* **Vapereau** (G.). — L'année littéraire et dramatique ou revue annuelle des principales productions de la littérature française et des traductions des œuvres les plus importantes des littératures étrangères classées et étudiées par genres avec l'indication des événements les plus remarquables appartenant à l'histoire littéraire dramatique et bibliographique de l'année. — Paris, Hachette, 1858-1868, 11 vol. in-8°. 6440

* —. — Dictionnaire universel des contemporains contenant toutes les personnes notables de la France et des pays étrangers, avec leurs noms, prénoms, surnoms et pseudonymes, le lieu et la date de leur naissance, leur famille, leurs débuts, leur profession, leurs fonctions successives, leurs grades et titres, leurs actes publics, leurs œuvres, leurs écrits et les indications bibliographiques qui s'y rapportent, les traits caractéristiques de leur talent, etc. Ouvrage rédigé et tenu à jour avec le concours d'écrivains de tous les pays. Cinquième édition entièrement refondue et considérablement augmentée. — Paris, Hachette, 1880, in-4°. 6441

* —. — Dictionnaire universel des littératures, contenant: 1° des notices

sur les écrivains de tous les temps et de tous les pays et sur les personnages qui ont exercé une influence littéraire; l'analyse et l'appréciation des principales œuvres individuelles, collectives, nationales, anonymes, etc.; des résumés de l'histoire littéraire des diverses nations; les faits et souvenirs intéressant la curiosité littéraire ou bibliographique; les académies, les théâtres, les journaux et revues, etc.; 2° la théorie et l'histoire des différents genres de poésie et de prose, les règles essentielles de rhétorique et de prosodie, les principes d'esthétique littéraire; des notions sur les langues, leurs systèmes particuliers de versification, leurs caractères distinctifs et les principes de leur grammaire; 3° la bibliographie générale et particulière, les ouvrages à consulter sur les questions d'histoire, de théorie et d'érudition. — Paris, Hachette, 1881, gr. in-8°. 6442

* **Varro** (M. Ter.). — De lingua latina libri qui supersunt cum fragmentis ejusdem. Accedunt notæ Antonii Augustini, Adriani Turnebi, Josephi Scaligeri, et Ausonii Popmæ. Editio accurata. — Biponti, ex typographia societatis, 1788, in-8°. 6443

Contient, pages XXVIII-XXXVIII: Index editionum M. Ter. Varronis auctior Fabriciano et Harlesiano et in II ætates digestus.

* **Varusoltis.** — Xylographie de l'imprimerie Troyenne pendant le XVe, le XVIe, le XVIIe et le XVIIIe siècle, précédée d'une lettre du bibliophile Jacob, sur l'histoire de la gravure en bois. — Troyes, chez l'éditeur Varlot père, 1859, in-4°. 6444

Tiré à petit nombre sur papier vergé et ordinaire.

* **Vasari** (G.). — Vies des peintres sculpteurs et architectes, traduites par Léopold Leclanché et commentées par Jeanron et Léopold Leclanché. 121 portraits dessinés par Jeanron et gravés sur acier par Wacquez et Bouquet. — Paris, Just Tessier, 1839-1842, 10 vol. in-8°. 6445

* **Vaschalde** (H.). — Bibliographie survillienne. Description de tout ce qui a été écrit sur Clotilde de Surville, depuis l'apparition de ses poésies jusqu'à nos jours. — Paris, Aubry, 1876, in-8°, 23 p. 6446

Ext. du »Bulletin de la Société des sciences naturelles et historiques de l'Ardèche«.

* —. — Etablissement de l'imprimerie dans le Vivarais, illustré de marques typographiques. — Vienne, E. J. Savigné, 1877, in-8°, 33 p. 6447

Ext. de la »Revue du Dauphiné et du Vivarais«. — Tiré à 100 ex.

* **Vasconcellos** (J. de). — Archeologia artistica. Volume II, fasciculo VIII por Joaquim de Vasconcellos. — Porto imprensa internacional, 1879, in-8°. 6448

Le titre ci-dessus se trouve sur la couverture imprimée. Le véritable titre porte: »Renascença Portugueza estudo sobre as relações artisticas e litterarias de Portugal nos seculos XV e XVI. III. Goësiana b) bibliographia por Joaquim de Vasconcellos. — Porto, imprensa internacional, 1879. — Tiré à 50 ex.

* **Vasseur** (G.). — Thèses présentées à la faculté des sciences de Paris pour obtenir le grade de docteur ès-sciences naturelles. 1re thèse. Recherches géologiques sur les terrains tertiaires de la France occidentale ... — Paris, G. Masson, 1881, in-8°. 6449

Contient, p. 422-425: Index bibliographique (73 art.).

* **Vatel** (Ch.). — Bibliographie dramatique historique de Charlotte de Corday. Extrait de l'ouvrage intitulé: Charlotte de Corday et les Girondins. Avec un portrait de Melle Cléricourt jeune dans le rôle de Charlotte de Corday. — Paris, Henri Plon, 1872, in-8°. 6450

* **Vater** (J. S.). — Litteratur der Grammatiken, Lexica und Wörtersammlungen aller Sprachen der Erde nach alphabetischer Ordnung der Sprachen, mit einer gedrängten Uebersicht des Vaterlandes, der Schicksale und Verwandtschaft derselben. — Berlin, in der Nicolaischen Buchhandlung, 1815, in-8°. 6451

Il y a aussi cet autre titre: »Linguarum totius orbis index alphabeticus, quarum grammaticæ, lexica, collectiones vocabulorum recensentur, pàtria significatur, historia adumbratur. — Berolini, in officina libraria Fr. Nicolai, 1815«.

* —. — Litteratur der Grammatiken, Lexika, und Wörtersammlungen aller Sprachen der Erde von Johann Severin Vater. Zweite, völlig umgearbeitete Ausgabe von B. Jülg. — Berlin, Nicolai, 1847, in-8°. 6452

—. — Voy. Rink. Arabisches, syrisches und Chaldäisches Lesebuch.

Vattel (de). — Le droit des gens, ou principes de la loi naturelle appliqués à la conduite et aux affaires des nations et des souverains. Nouvelle édition, précédée d'un essai sur le droit naturel, pour servir d'introduction à l'étude du droit des gens; illustrée de questions et d'observations par le baron de Chambrier d'Oleires, avec des annexes nouvelles de M. de Vatel et de J. G. Sulzer, et un compendium bibliographique du droit de la nature et des gens, et du droit public moderne par le Comte d'Hauterive. — Paris, Rey et Gravier, 1839, 2 vol. in-8°. 6453

* **Vauban**. — Abrégé des services du maréchal de Vauban, fait par lui en 1703, publié par M. Augoyat, . . . — Paris, Anselin, 1839, in-8°, 31 p. 6454

* **Vaucher** (T. de L. et de). — M. le docteur Nicolas (Jean) Pierre. — (Paris), imp. de Lacombe (s. d.), in-8°, 16 p. 6455

* **Vaudin** (J. F.). — Gazettiers et gazettes, histoire critique et anecdotique de la presse parisienne. — Paris, Dentu, 1860-1863, 2 vol. in-8°. 6456

* **Vaultier**. — Notice sur la vie et les travaux littéraires de feu l'abbé de La Rue, . . . — Caen, Mancel, 1841. in-8°. 6457

Tirage à part des »Nouveaux Essais sur la ville de Caen«.

Vauzelles (J. B. de). — Voy. Histoire de la vie et des ouvrages de François Bacon.

* **Vayssière** (A.). — Les commencements de l'imprimerie à Bourg-en-Bresse. — Bourg-en-Bresse, L. Grandin, 1877. in-8°, 14 p. 6458

Tiré à 25 ex. numérotés.

Veesenmeyer (G.). — Bibliographische und biographische Analekten zu der Litteratur der alten griechischen und lateinischen Schriftsteller. — Ulm, Stettin, 1826, in-8°. 6459

—. — Literarische-bibliographische Nachrichten von einigen evangelischen katecheten Schriften und Katechismen vor und nach Luthers Katechismen, als Beitrag zum Jubel-Andenken an die erste Herausgabe der Katechismen Luthers. — Nürnberg, Campe, 1830, gr. in-8°. 6460

—. — Literaturgeschichte der Briefsammlungen und einiger Schriften von Dr. Martin Luther. Mit einer Vorrede von W. M. L. de Wette. — Berlin, Reimer, 1821, in-8°. 6461

Vegni (G.). — D'una rassegna bibliografica dell' ab. Pietro Valerga. — Siena, tip. Moschini, 1872, in-8°, 20 p. 6462

Veinant (A.). — Voy. Bibliotheca scatologica.

Velde (Van de). — Voy. Van de Velde.

Velleius Paterculus novissime recognitus, emendatus et illustratus. Præmittuntur Henrici Dodwelli Annales Velleiani studiis societatis Bipontinæ. Editio accurata. — Biponti, apud Hallanzy, 1780, in-8°. 6463

Contient, pages VI-XIII: »Index editionum«.

* **Velluz** (F.). — Etude bibliographique sur les mélodies grégoriennes de dom Joseph Pothier, moine bénédictin de l'abbaye de Solesmes. — Grenoble, imp. Vincent et Perroux; au bureau des Alpes dauphinoises, 1881, in-12. 6464

* **Velpeau** (A.). — Notice sur les travaux de M. A. Velpeau, ... — Paris, imp. de Plassan (1834), in-4°, 31 p. 6465

* — Paris, imp. de Bachelier, 1842, in-4°, 58 p.

Venegas (A.). — Primera parte de las differencias de libros que ay en el universo. Declaradas por maestro Alexio Venegas. Dirigida al reverendissimo Señor el doctor Juan Bernal Diaz de Luco, opispo de Calahorra, y del cõsejo desu magestad etc. Su patrono y S. 1545. Aora nuevamente emendada y corregida por el mesmo autor. — Valladolid, imp. por F. de Cordoua, 1583, in-8°. 6466

* **Venn** (J.). — Symbolic logic. — London, Macmillan, 1881, in-8°. 6467

Contient, p. 439-443: »Index of bibliographical references«. (132 art.)

Veralli (G.). — Voy. Piccola bibliografia idrologica minerale della provincia di Bergamo.

* **Vérany** (F.). — Balthazar de Vias, sa vie et ses œuvres. — Marseille, V. Boy, 1862, in-8°. 6468

* **Verdale** (Arn. de). — Catalogus episcoporum Magalonensium. Edition d'après les manuscrits, avec traduction française, notice biographique et littéraire, pièces justificatives, etc. par A. Germain. — Montpellier, imp. de J. Martel, 1881, in-4°. 6469

Ext. des »Mémoires de la Société archéologique de Montpellier«.

* **Verdet** (E.). — Notice sur les travaux scientifiques de M. E. Verdet ... — Paris, imp. de Bachelier, 1851, in-4°, 10 p. 6470

* — Paris, Mallet-Bachelier, 1859, in-4°, 18 p.

Les couvertures imprimées servent de titres.

Verdienst-Liste und Schriften-Verzeichniss Ludwig Gotthard Kosegarten's, Doctors der Theologie und Philosophie, Königlichen Consistorial-Raths ... In Gemässheit des Gesetzes und der jüngst erneuerten königlichen Verordnungen abgefasst im May des Jahrs 1815. — (Greifswald), 1815, in-8°, 16 p. 6471

* **Vergara y Vergara** (J. M.). — Historia de la literatura en Nueva Granada. Parte primera. Desde la conquista hasta la independencia (1538-1820). — Bogota, imprenta de Echeverria Hermanos, 1867, in-18. 6472

Vergé (Ch.). — Voy. Martens (G. F. de). Précis du droit des gens moderne de l'Europe.

Vergerius (P.). — Voy. Catalogus hæreticorum.

* **Vergnaud-Romagnési** (C. F.). — Nécrologie de M. Auguste Vern, compositeur de musique. — Orléans, imp. de Pagnerre (1854), in-8°, 4 p. 6473

* —. — Notice nécrologique sur la vie et les travaux de M. J.-B.-A.-V. Duchalais, ... — Orléans, imp. de Pagnerre, Août 1854, in-8°, 4 p. 6474

* —. — Notice sur la vie et les ouvrages de M. Pellieux aîné, de Beaugency. Extrait du tome XII des Annales de la Société royale des sciences, belles-lettres et arts d'Orléans. — Paris, Roret, 1833, in-8°, 11 p. 6475

* **Vergnaud - Romagnési** (C. F.). — Notice sur M. J. R. D. Riffault, ... Extrait du T. VII des Annales de la Société royale des sciences, belles-lettres et arts d'Orléans. — Orléans, imp. de Danicourt-Huet, 1826, in-8°, 8 p. 6476

Verhandlungen der kaiserlichen Leopoldinisch-Carolinischen Akademie der Naturforscher. — Breslau und Bonn, Weber, 1836, in-4°, T. XVII. 6477

Le travail de H. R. Göppert sur les fougères fossiles contient, p. 7-76 une bibliographie.

* **Verheidenius** (J.). — Imagines et elogia præstantium aliquot theologorum, cum catalogis librorum ab iisdem editorum. Opera Friderici Roth-Scholtzii. II. editio. — Hagæ comitum, 1725, in-fol. 6478

Vericour (R. de). — The life and times of Dante. — London, Hope, 1858, in-8°. 6479

Contient, pages 390-398: »New editions of the »Divina Commedia« and commentaries, documents, researches, published in Italian in the nineteenth century«.

Verlags-Catalog von Carl Gerold's Sohn und Verzeichniss sämmtlicher Druckschriften der Kais. Akademie der Wissenschaften in Wien. — Wien, Gerold Sohn, 1857, in-8°. 6480

* **Verlière** (A.). — Publication rationaliste. Guide du libre penseur, ou catalogue de tous les ouvrages philosophiques et scientifiques basés sur le libre examen et publiés depuis les temps les plus reculés jusqu'à nos jours. Avec une préface par M. S. Morin (Miron). — Bruxelles, imp. de A. Fischlin, 1872, in-16, 48 p. 6481

* **Verly** (C.). — Rapport sur les ouvrages de numismatique de M. E. Vanhende. — Lille, imp. de L. Danel, 1861, in-8°, 5 p. et 3 planches. 6482

Le titre de départ, page I, porte: Société impériale des sciences ... de Lille ... — La couverture imprimée sert de titre.

* **Vermiglioli** (G. B.). — Bibliografia storico-Perugina o sia catalogo degli scrittori che hanno illustrato la storia della città, del contado, delle persone, de' monumenti, della letteratura ec. compilato e con note bibliografiche ampiamente illustrato. — In Perugia, nella tipografia di Francesco Baduel, 1823, in-4°. 6483

* —. — Biografia degli scrittori Perugini e notizie delle opere loro ordinate e pubblicate. — Perugia, presso Vincenzio Bartelli e Giovanni Costantini, 1828-1829, 2 vol. in-4°. 6484

* —. — Della tipografia Perugina del secolo XV. Lettera al signor dottore Luigi Canali. — In Perugia, 1806, presso Carlo Baduel, in-8°. 6485

* —. — Principj della stampa in Perugia e suoi progressi per tutto il secolo XV. Nuovamente illustrati accresciuti e corretti in questa seconda edizione. — Perugia, presso la tipografia Baduel, 1820, in-8°. 6486

Les p. 201-209 renferment: »Scritti a stampa di Gio. Battista Vermiglioli«.

* —. — La tipografia Perugina del sec. XV. illustrata ... e presa in esame da Pietro Brandolese. — Padova, presso Brandolese, 1807, in-8°. 6487

* **Vernazza.** — Osservazioni tipografiche sopra libri impressi in Piemonte nel secolo XV. — Bassano, tipografia Remondiana, 1807, in-8°. 6488

Glim et Beggiano.

* — (G.). — Lezione sopra la stampa. — Cagliari, nella stamperia reale, 1778, in-8°, 37 p. et appendice, 40 p. 6489

* **Verneuil** (de). — Liste des publications de M. de Verneuil. — Paris, imp. de L. Martinet (1853), in-4°, 4 p. 6490

* **Vernois** (M.). — Notice à l'appui de la candidature de M. le Dr. Maxime Vernois à la place vacante dans la section d'hygiène, médecine légale et police médicale de l'Académie impériale de médecine (Mai 1861). — Paris, imp. de L. Martinet (s. d.), in-4°, 23 p. 6491

* **Véron** (Th.). — ... Annuaire. Dictionnaire Véron ou organe de l'institut universel des sciences, des lettres et des arts du XIXe siècle. Feu les savants, les littérateurs et les artistes du XIXe siècle. — Paris, Bazin, 1881, 2 vol. in-16. 6492

* **Verona illustrata** parte seconda contiene l'istoria letteraria o sia la notizia de' scrittori Veronesi. — Verona, Vallarsi e Berno, 1732, in-8°. 6493

Publié par Franc. Scipione Maffei. L'ouvrage est en 4 vol. Il a paru en outre un: »Compendio della Verona illustrata. — Verona, 1795«, 2 vol. in-8°.

* **Versuch einer Litteratur deutscher Reisebeschreibungen**, sowohl Originale als Uebersetzungen; wie auch einzelner Reisenachrichten aus den berühmtesten deutschen Journalen. Mit beigefügten kurzen Recensionen, Notizen von ihren Verfassern und Verlegers Preisen. In alphabetischer Ordnung nach den Ländern chronologisch bearbeitet. — Prag, bei Johann Herrl, 1793, in-8°. 6494

* **Versuch einer Nassauischen Geschichts-Bibliothek.** — Hadamar und Herborn, in der neuen Gelehrten-Buchhandlung, 1799, in-8°. 6495

Versuch einer vollständigen Militair-Bibliothek. — Voy. Essai d'une bibliothèque militaire.

Versuch eines systematischen Verzeichnisses der Schriften und Abhandlungen vom Eisen, als Gegenstand des Naturforschers, Berg- und Hüttenmannes, Künstlers und Handwerkers, Kaufmanns, Staatshaushälters und Gesetzgebers. — Berlin, Rottmann, 1782, in-8°. 6496

Publié par Ephr. Ludw. Gottfr. Abt.

Versuch eines Entwurfs einer Bibliothek des deutschen peinlichen und Lehnrechts. — Frankfurt und Leipzig, 1788. in-8°. 6497

Par Johann Siegmund Gruber.

Verzeichniss aller Schriften J. V. Andrea's. — Tübingen (Osiander), 1793. in-8°. 6498

* **Verzeichniss der Bücher, Landkarten** &c., welche neu erschienen oder neu aufgelegt worden sind, mit Angabe der Seitenzahl, der Verleger, der Preise im 14 Thaler-Fuss, literarischen Nachweisungen und einer wissenschaftlichen Uebersicht. Herausgegeben und verlegt von der J. C. Hinrichs'schen Buchhandlung in Leipzig, 1856-1882, in-8°. 6499

Verzeichniss der gangbarsten ältern und neuern bis Ende 1778 herausgekommenen deutschen und lateinischen Bücher aus allen Theilen der Wissenschaften. — Prag, Gerle, 1779. in-8°. 6500

Verzeichniss der in das Gebiet der Philologie und höhern Schulwissenschaften gehörigen Schriften, welche im Jahr 1826 ganz neu oder in neuen Auflagen erschienen sind. — (Leipzig, Teubner, 1827), in-8°, 48 p. 6501

* **Verzeichniss der Incunabeln der Stiftsbibliothek von St. Gallen** herausgegeben auf Veranstaltung des katholischen Administrationsrathes des Kantons St. Gallen. — St. Gallen, Druck von G. Moosberger, 1880, in-8°. 6502

Verzeichniss der kriegswissenschaftlichen Literatur für die Jahre 1785-1800. — Weimar, 1795-1807, in-4°. 6503

Ext. de l'»Allgemeines Repertorium der Literatur für die Jahre 1785-1800«.

* **Verzeichniss der periodischen und anderen Schriften** welche im Verlage des königl. preussischen Statistischen Bureaus erschienen und durch jede Buchhandlung zu beziehen sind. Ausgegeben im Januar 1881. — Berlin, Verlag des königlichen statistischen Bureaus, 1881, in-8°, 32 p. 6504

* **Verzeichniss der politischen und wissenschaftlichen Zeitschriften,** welche in Deutschland und den angränzenden Ländern erscheinen. — Grimma, bei Julius Moritz Gebhardt, 1838, in-4°. 6505

Verzeichniss der verbotenen Druckschriften auf Grund des Gesetzes vom 21 October 1878. Als Manuscript für Behörden gedruckt. — Hagen, Risel, 1881, in-4°, 32 p. 6506

Verzeichniss der vorzüglichsten ökonomischen und forstwissenschaftlichen Werke. — Berlin, Amelang, 1818, in-8°. 6507

2e verbesserte Auflage. — Berlin, Amelang, 1823, in-8°.

Verzeichniss der vorzüglichsten pädagogischen Werke Deutschlands. — Berlin, Amelang, 1818, in-8°. 6508

Verzeichniss der zur hundertjährigen Geburtstagsfeier Schiller's im Saale der Königlichen Akademie zu Berlin vom 12-22. November 1859 aufgestellten Bildnisse, Handschriften, Drucke, Musikalien und Erinnerungen. Mit zwei Schrifttafeln. Zweiter Abdruck. — Berlin, Schröder (1859), in-8°, 41 p. 6509

Rassemblé par Wendelin von Maltzahn et par von Löper.

* **Verzeichniss des Musikalien-Verlages** von Breitkopf und Härtel in Leipzig. In alphabetischer Reihenfolge mit vorgeschickter systematischer Uebersicht. Vollständig bis Ende 1871 nebst Nachtrag bis Ende 1872, in-8°. 6510

Verzeichniss einer Handbibliothek der nützlichsten deutschen Schriften, zum **Vergnügen und Unterricht,** wie auch der brauchbarsten Ausgaben der lateinischen und griechischen klassischen Autoren und in Deutschland gedruckten ausländischen Bücher. — Berlin, Fr. Nicolai, 1787, in-8°. 6511

Verzeichniss einer Handbibliothek der vorzüglichsten schönwissenschaftlichen Werke Deutschlands, so wie der besten deutschen Uebersetzungen von klassischen Werken fremder Sprachen. — Berlin, Amelang, 1816, in-8°. 6512

Verzeichniss einer Sammlung gut gehaltener, grösstentheils sehr seltener erotischer und sotadischer Schriften. — Dresden, Walther, 1834, in-8°. 6513

Réuni par Gustav Klemm. Contient 1260 nos.

Verzeichniss neuer Kunstsachen als: Kupfer- und Stahlstiche, Lithographien, Photographien, Holzschnitte, Zeichenvorlagen, Albums, illustrirte Prachtwerke etc., welche im Jahre 1858-1863 erschienen sind, mit Angabe der Preise und Verleger. Nebst einer nach den Gegenständen geordneten Uebersicht. — Leipzig, Weigel, 1859 - 1864, in-8°. 6514

Verzeichniss sämmtlicher Abhandlungen in den auf preussischen Gymnasien erschienenen Programmen von 1825-1837, nach dem Inhalte wissenschaftlich geordnet. — Berlin, Logier, 1840, in-4°, 36 p. 6515

Par Johannes v. Gruber.

Verzeichniss sämmtlicher im Jahre 1852-1877 in Deutschland und den angrenzenden Ländern gedruckter Musikalien auch musikalischer Schriften und Abbildungen mit Anzeige der Verleger und Preise. In systematischer Ordnung herausgegeben von Adolph Hofmeister. — Leipzig, Hofmeister, 1852-1878, in-8°, 26 années. 6516

* **Verzeichniss typographischer Denkmäler** aus dem fünfzehnten Jahrhundert,

welche sich in der Bibliothek des regulirten Korherrenstiftes des heil. Augustin zu Neustift in Tyrol befinden. — Brixen, gedruckt bey Thomas Weger, 1789, in-4°. 6517

Verzeichniss und Insertions-Tarif der in Deutschland und allen übrigen Ländern erscheinenden Zeitungen, Wochen- und Kreisblätter, soweit sie Anzeigen aufnehmen. Ausgegeben von A. Retemayer,... — Berlin, 1857-1860, 4 vol. in-8°. 6518

Verzeichniss von den Büchern und Handschriften, Musikalien, Kupferstichen und Münzen der fünf vereinigten Logen in Hamburg. — Hamburg, Campe, 1818, gr. in-8°. 6519

Verzeichniss vorzüglicher Bücher aus allen Fächern der Literatur. — Hamburg, Bohn, 1798, in-8°. 6520

Verzeichnüss einiger Rarer Bücher. — Franckfurt und Leipzig, bey Peetz in Regenspurg, 1723, in-8°. 6521

Par Georg Serpilius.

Vessine (L.). — Aperçu historique des livres scolaires de géographie générale de la Russie publiés depuis l'époque de Pierre le Grand jusqu'en 1876. — St. Pétersbourg, typ. Panteleveikhe, 1877, in-8°. 6522

En russe.

* **Veth** (P. J.) en C. M. **Kan.** — Bibliografie van nederlandsche Boeken, Brochures, Kaarten, enz. over Afrika. — Utrecht, J. L. Beijers, 1876, in-8°. 6523

Vetter (Ferd.). — Voy. Bibliothek älterer Schriftwerke der deutschen Schweiz.

* **Vetterlein** (C. F. R.). — Handbuch der poetischen Litteratur der Deutschen, d. i. Kurze Nachrichten von dem Leben und den Schriften deutscher Dichter. Ein Anhang zu seiner Chrestomathie deutscher Gedichte. — Köthen, Aue, 1800, in-8°. 6524

* **Veuillot** (L.). — Notice sur Charles Sainte-Foi, sa vie et ses écrits. — Bar-le-Duc, imp. de L. Guérin (s. d.), in-8°, 16 p. 6525

Ext. de la »Revue du monde catholique« du 25 décembre 1861.

* **Vezzosi** (A. Fr.). — I scrittori de' cherici regolari detti teatini. — Roma, nella stamperia della sacra congregazione di propaganda fide, 1780, 2 vol. in-4°. 6526

* **Vian** (L.). — Montesquieu. Bibliographie de ses œuvres. — Paris, Durand et Pedone-Lauriel, 1872, in-16, 32 p. 6527

* **Vibert** (Th.). — Les quarante ou grandeur et décadence de l'Académie française. — Paris, Aug. Ghio, 1879, in-16. 6528

Contient, p. 120-124: »Liste des ouvrages de Théodore et de Paul Vibert. Liste des principaux journaux et revues, qui ont rendu compte des dits ouvrages«.

* **Vibraye** (Mis de). — Notice sommaire des études et travaux de sylviculture entrepris par le Mis de Vibraye, candidat à la place vacante dans la section de sylviculture de la Société impériale et centrale d'agriculture. — Paris, Mallet-Bachelier, 1856, in-8°, 7 p. 6529

Vico (G.). — Voy. Azeglio (R. d'). Notizie intorno alla vita di G. Boetto.

Victoroff (A.). — Voy. Oundolski (V. M.). Esquisse de bibliographie slavo-russe.

* **Vidaillet** (J.-B.). — Biographie des hommes célèbres du département du Lot, ou historique des personnages mémorables auxquels ce département a donné le jour depuis la conquête des Gaules jusques à l'année 1827, ouvrage auquel servira d'introduction une histoire abrégée du Querci. — Gourdon, imp. de A. Lescure, 1827, in-8°. 6530

* **Vidal.** — Titres scientifiques du Dr. Vidal (de Cassis)... — Paris, imp. de P. Renouard (1844), in-8°, 31 p. 6531

* — (L. J.). — Conseils pour la formation des bibliothèques spéciales administratives, communales, professionnelles, militaires, hospitalières, pénitentiaires, industrielles et autres. — Paris, Ledoyen, 1864, in-8°. 6532

* **Vie d'Esprit Calvet**, suivie d'une notice sur ses ouvrages et sur les objets les plus curieux que renferme le muséum dont il est le fondateur. — Avignon, Seguin aîné, 1825, in-12. 6533

Par Jean Guérin, d'après Quérard.

* **Vie de Dalayrac**, ... contenant la liste complète des ouvrages de ce compositeur célèbre; par R.-C. G. P. — Paris, Barba, 1810, in-12. 6534

Par René Charles Guilbert Pixérécourt.

* **Vie de M. Du Guet**, prêtre de la congrégation de l'Oratoire, avec le catalogue de ses ouvrages. — (S. l.) 1741, in-12. 6535

Par l'abbé Claude-Pierre Goujet, d'après le P. Lelong.

* **Vie (La) de M. Hecquet**, ... ancien doyen de la Faculté de médecine de Paris, contenant un catalogue raisonné de ses ouvrages. — Paris, Vve Alix, 1740, in-12. 6536

Par Le Fèvre de Saint-Marc, d'après le P. Lelong.

* **Vie (La) de Pélage**, contenant l'histoire des ouvrages de saint Jerome et de saint Augustin contre les Pélagiens. — (S. l.) 1751, in-12. 6537

* **Vie (La) de saint Paulin**, évêque de Nôle; avec l'analyse de ses ouvrages, et trois dissertations surquelques points importans de son histoire. — Paris, Giffard, 1743, in-4°. 6538

Par dom Gervais.

* **Vie (La) et les écrits** de sir Walter Scott. Traduit de l'anglais par M. Villaret. — Rochefort, 1874, in-8°. 6539

N'est pas dans le commerce.

* **Vie (La) et les ouvrages** de William Caxton, premier imprimeur anglais. Extrait de la »Revue britannique«. Mars 1844. — (Paris, 1844) imp. Dondey-Dupré, in-8°, 47 p. 6540

* **Vieillard** (P. A.). — Souvenirs du théâtre. Méhul, sa vie et ses œuvres. — Paris, Ledoyen, 1859, in-12. 6541

Viel. — Seine-Inférieure. — Voy. Loriol. La France.

Vierling (L. Fr.). — De Johannis Geileri Cæsaremontani vulgo dicti von Keysersberg scriptis Germanicis præside Jeremia Jacobo Oberlino disputabit, die XXXI. Julii a. r. s. 1786. — Argentorati, typ. Heitzii, in-4°, 38 p. 6542

* **Vierteljahrs-Catalog aller neuen Erscheinungen im Felde der Literatur in Deutschland.** Nach den Wissenschaften geordnet. Mit alphabetischem Register und Intelligenz-Blatt. Herausgegeben und verlegt von der J. C. Hinrichs'schen Buchhandlung in Leipzig, 1855-1882, in-8°. 6543

* **Viest Lainopts.** — Essais bibliographiques sur deux ouvrages intitulés: de l'utilité de la flagellation par J. H. Meibomius et traité du fouet de F. A. Doppet. Ouvrage orné du fac-simile du joli frontispice de l'édition de la flagellation, Paris, 1795. — Paris, Henri Vaton, 1875, in-16, 36 p. 6544

* **Vigiliis von Kreutzenfeld** (St. H. de). — Bibliotheca chirurgica in qua res omnes ad chirurgiam pertinentes ordine alphabetico, ipsi vero scriptores, quotquot ad annum usque 1779. Innotuerunt, ad singulas materias ordine chronologico exhibentur, adjecto ad libri calcem auctorum indice. — Vindobonæ, J. Th. de Trattnern, 1781, 2 vol in-4°. 6545

* **Vignes** (Ed.). — Esquisse économique sur les pamphlets de Frédéric Bastiat. Lecture faite à la société académique de l'Aube dans sa séance du 20 décembre 1869. — Troyes, imp. de Dufour-Bouquot, 1870, in-8°. 6546

Ext. des »Mémoires de la société académique de l'Aube«. T. XXXIII, 1869.

Villa (Ang. T.). — Voy. Argelati (F.). Biblioteca degli volgarizzatori.

* **Villa-Amil y Castro** (José). — Ensayo de un catálogo sistemático y crítico de algunos libros, folletos y papeles así impresos como manuscritos que tratan en particular de Galicia. — Madrid, imp. T. Fortanet, 1875, in-8°. 6547

* **Villagre** (C.). — Notice sur la vie et les travaux scientifiques et littéraires de M. Albert de Montemont, publiée dans les »Archives des hommes du jour«. — Paris, imp. de Me de Lacombe (s. d.), in-8°, 8 p. 6548

* **Villani** (G. P. G.). — La visiera alzata hecatoste di scrittori, che vaghi d'andare in maschera fuor del tempo di carnouale sono scoperti . . . — In Parma, per gli Heredi del vigna, 1689, in-12. 6549

* **Villarceau** (Yv.). — Notice sur les travaux scientifiques de M. Yvon Villarceau, astronome de l'Observatoire . . . — Paris, Mallet-Bachelier, 1855, in-4°, 16 p. 6550

La couverture imprimée sert de titre.

Villaret. — Voy. Vie (la) et les écrits de sir Walter Scott.

* **Villarroya** (J.). — Disertacion sobre el origen del nobilissimo arte tipografico, y su introduccion y uso en la ciudad de Valencia de los edetanos. — En Valencia, y oficina de D. Benito Monfort, 1796, in-8°. 6551

Villars (D.). — Essai de littérature médicale.—Strasbourg, 1811, in-8°. 6552

* **Ville de Versailles.** Catalogue des livres de la bibliothèque relatifs à l'histoire de la ville. — Versailles, imp. de E. Aubert, 1875, in-8°. 6553

* **Villemain.** — La Tribune moderne. Première partie. M. de Châteaubriand, sa vie, ses écrits, son influence littéraire et politique sur son temps. — Paris, M. Lévy fr., 1858, in-8°. 6554

* **Villenave.** — Abélard et Héloïse, leurs amours, leurs malheurs et leurs ouvrages. — Paris, imp. de Rignoux, 1834, in-8°. 6555

Ext. de la France littéraire.

* **Villiers Du Terrage** (De). — Notice sur la vie et les travaux de M. le Vte Héricart de Thury, . . . lue à la séance du 19 décembre 1854. Extrait de l' »Annuaire de la Société impériale des antiquaires de France«. — Paris, imp. de Lahure, 1855, in-8°. 6556

* **Vinajeras** (Ant.). — André Piquer et ses œuvres. — Montpellier, imp. de Bœhm et fils, 1861, in-8°, 24 p. 6557

Ext. du »Montpellier médical«, juin 1861.

* — Paris, C. Denné Schmitz, 1862, in-8°, 24 p.

* **Vincent** (A.-J.-H.). — Notice sur la vie et les travaux de M. Auguste Bottée de Toulmont, . . . Extrait de l' »Annuaire de la Société des antiquaires de France« pour 1851. — Paris, imp. de Crapelet, 1851, in-18, 17 p. 6558

* — (J.-B.). — Essai de l'histoire de l'imprimerie en Belgique depuis le XVe jusqu'à la fin du XVIIIe siècle. — Bruxelles, imp. de J. Delfosse, 1867, in-8°. 6559

Tiré à 350 ex.

* **Vincenzo** (M.). — Due pelvi con deformazione rara per mancanza congenita della sinfisi pubica e diastasi delle ossa relative Gespaltene Becken

di Th. Litzmann, Bacins fendus dei francesi. Con tavole. — Milano, fratelli Rechiedei, 1881, in-8°. 6560

Les pages 85-87 contiennent: »Letteratura«. (73 art.)

* **Vinet** (E.). — Bibliographie des beaux arts. Répertoire raisonné des ouvrages les plus utiles et les plus intéressants sur l'architecture, la sculpture, la peinture, la gravure, l'art industriel, l'histoire de l'art et des artistes. Accompagné de quatre tables: table de la division méthodique des matières. Table alphabétique des matières. Table alphabétique des noms des artistes. Table alphabétique des noms d'auteurs. — Paris, J. Baudry, 1870, in-8°. 6561

Le faux titre porte: »Complément du manuel du libraire et de l'amateur de livres«. Il a été cet autre titre: »Bibliographie méthodique et raisonnée des beaux-arts; esthétique et histoire de l'art, archéologie, architecture, sculpture, peinture, gravure, arts industriels, etc. etc. accompagnée de tables alphabétiques et analytiques par Ernest Vinet, . . . — Paris, Firmin-Didot, 1874, in-8°, 1re livraison«.

*—. — Résumé des travaux sur l'histoire, l'archéologie et l'art de M. Ernest Vinet (Mai 1862). — Paris, imp. de Remquet, Goupy et Cie, (s. d.) in-4°, 8 p. 6562

* **Vingtrinier** (A.). — Catalogue de la bibliothèque lyonnaise de M. Coste. — Lyon, imp. de Louis Perrin, 1853, 2 vol. in-8°. 6563

—. — Voy. Recueil de pièces concernant la bibliothèque de M. Louis Antoine Coste.

Vinhold (G. Andr.). — Bibliothecarum juris publici generoso atque eximio juveni, Dn. Georgio Heinrico de Gunther, Generosi, strenuissimi, excellentissimique ac dignitatum nobilium ornamentis inclyti domini, dn. Georgii de Gunther, Dynastæ in Niederrabenstein, etc. etc. Filio superstiti unico, avitæ nobilitatis, gloriæque paternæ æmulo, præsentibus paginis, commendat et offert. — Cygneæ, typ. Friderici, 1713, in-fol. 6564

* **Vinhold** (G. Andr.). — Notitia scriptorum juris naturæ, quorumdam elogiis condecorata. Accedit ejusdem juris omnium principiorum, quæ scriptores diversi fovent, inter se collatio, et ex parte conciliatio instituta. — Lipsiæ, apud Jacob Schuster, 1723, in-12. 6565

* **Vinne** (Th. L. de). — The invention of printing. A collection of facts and opinions descriptive of early prints and playing cards, the block-books of the fifteenth century, the legend of Lourens Janszoon Coster, of Haarlem, and the work of John Gutenberg and his associaties. Illustrated with facsimiles of early types and wood-cuts. Second edition. — London, Trübner & Co., 1877, in-8°. 6566

* **Virey** (J. J.). — De la vie et des ouvrages d'Antoine Augustin Parmentier. — Paris, imp. de D. Colas, 1814, in-8°, 21 p. 6567

*—. — Exposé des travaux de J.-J. Virey dans les sciences philosophiques. — Paris, imp. de Fain et Thunot (1842), in-4°, 8 p. 6568

*—. — Notice des travaux et des principaux mémoires de J.-J. Virey, . . . Dr. en médecine . . . — (Paris), imp. de Fain (1832), in-4°, 3 p. 6569

*—. — Notice sur la vie et les travaux de Ch.-Louis Cadet-de-Gassicourt, ... — (Paris), imp. de Fain (s. d.), in-8°, 15 p. 6570

*—. — Resumé des travaux de J.-J. Virey, . . . — Paris, imp. de Fain (s. d.), in-4°, 7 p. 6571

Virgilius Maro (P.). — Opera. Accedit M. Manilii astronomicon cum notitia literaria studiis societatis Bipontinæ. Editio accurata. — Biponti, ex typographia societatis, 1783, 2 vol. in-8°. 6572

Le T. II contient, pages 277-370: »Index editionum P. Virgilii Maronis Fabriciano adhibitis Heynii, Harlesii novisque curis auctior et in quinque ætates digestus«, et pages 377-392; »Index editionum M. Manilii auctior Fabriciano et in ætates III digestus«.

Virgilius Maro (P.). — Publius Virgilius Maro varietate lectionis et perpetua adnotatione illustratus a Christ. Gottl. Heyne. Editio quarta. curavit Ge. Phil. Eberard. Wagner. Vol. IV. Carmina minora. Quæstiones Virgilianæ et notitia literaria. — Lipsiæ, Hahn, 1832, in-8°. 6573

Contient, pages 601-749: »Notitia literaria de codicibus et editionibus P. Virgilii Maronis.

—. — Oeuvres traduites en vers français par Tissot (Bucoliques), et Delille (Géorgiques et Enéide); en vers espagnols par Guzman, Vélasco et Luis de Léon; en vers italiens par Arici et Annibal Caro; en vers anglais par Warton et Dryden; en vers allemands par Voss (texte en regard d'après Heyne); et précédées de la vie de Virgile, de notices bibliographiques etc. Edition polyglotte, publiée sous la direction de J. B. Monfalcon. — Paris et Lyon, Cormon et Blanc, 1838, in-4°. 6574

Contient, pages L-XCVI une table des manuscrits, des éditions et des traductions de Virgile.

Viri celeberrimi Cristophori Cellarii lucubrationum, ab a. 1672 ad a. 1707 editarum catalogus. — Halæ Magdeburgicæ, Zeitler typogr., in-4°, 15 p. 6575

Viri magnifici summeque reverendi domini Michaelis Fœrtschii ss. Theol. Doctoris, et in academia Salana professoris primarii, ordinis sui senioris, civiumque Isenacensium inspectoris vitam, scripta et merita in ecclesiam exponit atque hac scriptione novum ineuntem annum ipsi devotissime gratulatur J. C. K. — Jenæ, litt. Wertherianis, 1723, in-4°. 6576

Par J. Cp. Kœcher.

* **Virlet** (Th.). — Rapport sur les travaux scientifiques de M. Bélanger, de Valenciennes fait à la Société des enfants du Nord, dans sa séance du 15 janvier 1837. — Avesnes, imp. de C. Viroux (1837), in-8°, 7 p. 6577

* — et L. **Macartan.** — Rapport sur les travaux et les titres scientifiques de M. Duponchel, lu à la Société des enfants du Nord, le 27 mars 1836. — Avesnes, imp. de Viroux (s. d.), in-8°, 4 p. 6578

* **Viry** (Oct. de). — Bibliographie forézienne. Notice historique sur Pierre Gontier, de Roanne 1621-1686. Analyse et appréciation de ses Oeuvres, précédées d'une notice généalogique sur sa famille. — Roanne, Durand, 1863, in-8°, 30 p. 6579

* —. — Notice sur la vie et les travaux de Albert Albrier, érudit bourguignon. — Lyon, imp. de Mougin-Rusand, 1879, gr. in-8°, 30 p. 6580

Ext. de la »Revue du Lyonnais«, 45e année, T. 7. 4e série, 41e-42e livraison, mai-juin 1879.

* **Visch** (C. de). — Bibliotheca scriptorum sacri ordinis cisterciensis elogiis plurimorum maxime illustrium adornata. Accedit chronologia antiquissima monasteriorum ordinis Cisterciensis, a quadringentis (et quod excurrit) annis concinnata, ex pervetusto dunensis bibliothecæ codice eruta, et certioribus aliarum aliquot abbatiarum monumentis suppleta per eundem. — Duaci, ex officina Joannis Serrurier, 1649, in-4°. 6581

* —. — Bibliotheca scriptorum sacri ordinis cisterciensis elogiis plurimorum maxime illustrium adornata. Editio secunda, ab authore recognita, et notabiliter aucta; incertis et adjunctis, diversis opusculis antiquorum patrum

ordinis cisterciensis. Accedit chronologia antiquissima monasteriorum ordinis cisterciensis, a quadringentis (et quod excurrit) annis concinnata ex pervetusto Dunensis bibliothecæ codice eruta, et certioribus aliarum aliquot abbatiarum monumentis suppleta, per eundem D. Carolum de Visch Dunensium priorem. — Coloniæ Agrippinæ, apud Joannem Busæum, 1656, in-4°. 6582

Visconti (G. Arc.). — Cenni bibliografici sui viaggi in Terra Santa. — Torino, tip. V. Bona, 1873, in-4°, 24 p. 6583

Vismara (Ant.). — Bibliografia delle pubblicazioni di Ignazio Cantù, estratta dal giornale »La Bibliografia Italiana«. — Milano, tip. Bernardoni, 1878, in-16, 16 p. 6584

* —. — Bibliografia Manzoniana, ossia Serie delle edizioni delle opere di Alessandro Manzoni, aggiuntavi una raccolta di autori che di lui scrissero, col titolo del libro in cui trattasi di questo autore. — Milano, presso G. B. Paravia, 1875, in-8°. 6585

Tiré à 350 ex. numérotés.

* —. — Bibliografia di Massimo d'Azeglio. — Milano, tip. Bernardoni, 1878, in-16, 29 p. 6586

Ext. de la »Bibliografia italiana«.

* —. — Saggio di una bibliografia di Vittorio Emanuele II primo re d'Italia preceduta da una breve cronologia delle epoche piu importanti della sua vita. — Stamperia reale di Torino di G. B. Paravia, 1879, gr. in-8°. 6587

Tiré à 500 ex. dont 200 sur papier chamois.

* **Visser** (J.). — Naamlyst van Boeken, die in de XVII Neederlandsche Provincien geduurende de XV. Eeuw gedrukt zyn. — Te Amsterdam, voor Rekeninge van Pieter van Damme, 1767, in-4°. 6588

* **Vita del cavaliere Giambattista Bodoni** tipografo italiano e catalogo cronologico delle sue edizioni. — Parma, dalla stamperia ducale, 1816, gr. in-8°, T. I-II. 6589

Vita viri perillustris ac Icti summi Henrici de Cocceji in qua fata ejusdem succincte enarrantur, motæ controversiæ ordine recensentur, singulaque scripta exacte enumerantur. — Quedlinburgi et Ascaniæ, Struntz, 1721, in-4°. 6590

* **Vitet** (L.). — Eustache Le Sueur, sa vie et ses œuvres, dessins par M. M. Gsell et Challamel. — Paris, Challamel, 1849, in-4°. 6591

Vitriarius (Ph. R.). — De adminiculis juris publici romano-germanici commentatio ob suam præstantiam iterum publici juris facta. Præmissa est notitia subsidiorum juris publici maxime litteraria auctore Henrico Gottlieb Francke. — Lipsiæ, Trog, 1740, in-4°. 6592

Viviani (Q.). — Voy. Dante Alighieri La divina commedia.

* **Vivien de Saint-Martin.** — L'année géographique revue annuelle des voyages de terre et de mer, ainsi que des explorations, missions, relations et publications diverses relatives aux sciences géographiques et ethnographiques. — Paris, Hachette, 1863-1882, 18 vol. in-12. 6593

* —. — Histoire des découvertes géographiques des nations européennes dans les diverses parties du monde; présentant, d'après les sources originales pour chaque nation, le précis des voyages exécutés par terre et par mer depuis la plus haute antiquité jusqu'à nos jours, et plus spécialement depuis la fin du quinzième siècle; et offrant le tableau complet de nos connaissances actuelles sur les pays et les peuples de l'Asie, de l'Afrique, de l'Amérique et de l'Océanie. Avec un grand nombre

de cartes géographiques dressées sur les relations mêmes des voyageurs et sur les autres documents les plus certains, et une bibliographie complète des voyages. — Paris, Arthus-Bertrand, 1845-1846, 3 vol. in-8°. 6594

* **Vlaamsche Bibliographie.** Lijst van nederlandsche Boeken, tijdschriften en muziekwerken, in 1878 verschenen. — Gent, W. Rogghé, 1879, in-12, 44 p. 6595

Vogel (Alb.). — Ratherius von Verona und das zehnte Jahrhundert. — Jena, Mauke, 1854, 2 vol. in-8°. 6596

Le T. II traite: »Von den Quellen der Geschichte Rather's«.

* — (Er. G.). — Bibliotheca biographica lutherana. Uebersicht der gedruckten Dr. Mart. Luther betreffenden biographischen Schriften zusammengestellt. — Halle, H. W. Schmidt, 1851, in-8°. 6597

* —. — Literatur früherer und noch bestehender europäischer öffentlicher und Corporations-Bibliotheken zusammengestellt. — Leipzig, T. O. Weigel, 1840, in-8°. 6598

—. — Petrus Angelius von Barga, nach der lateinischen Autobiographie dargestellt. — Meissen, gedr. bei Klinkicht und Sohn, 1834, in-8°. 6599

On trouve, pages 39-50: »Chronologische Aufzählung der Schriften von Angelius«.

— (Jo. N. de). — Specimen bibliothecæ Germaniæ Austriacæ sive notitia scriptorum rerum Austriacarum, quotquot auctori innotuerunt. Opus posthumum. Pars I-II. Recensuit, digessit, supplementis indicibusque necessariis auxit Leopoldus Gruber. Curante Josepho Wendt de Wendtenthal. — Viennæ, litt. a Ghelenianis, Sonnleithnerianis et Hœrlingianis, 1779-1785, in-8°. 6600

* **Vogli** (G. G.). — Tavole cronologiche degli uomini illustri per lettere, e inpieghi nudriti dall' università di Bologna, o usciti della medesima dal principio del passato secolo in quà. ad uso di chi volesse scrivere la storia di detta università. — In Bologna, per Clemente Maria Saffi, 1726, in-4°. 6601

* **Vogt** (Jo.). — Catalogus historico-criticus librorum rariorum, jam curis quartis recognitus et copiosa accessione ex symbolis et collatione bibliophilorum per Germaniam doctissimorum adauctus. — Hamburgi, sumtibus Christiani Heroldi, 1753, in-8°. 6602

—. — Catalogus historico-criticus librorum rariorum, post curas tertias et quartas denuo recognitus pluribus locis emendatus et copiosiori longe accessione adauctus. — Francofurti et Lipsiæ, in comm. Stiebneri, 1793, in-8°. 6603

— (P.). — Die chirurgischen Krankheiten der oberen Extremitäten. — Voy. Deutsche Chirurgie No. 64.

* **Voiart.** — Notice historique sur la vie et les ouvrages de P. P. Prudhon, peintre. — Paris, F. Didot, 1824, in-8°, 46 p. 6604

* **Voigt** (Ad.). — Acta litteraria Bohemiæ et Moraviæ recensuit atque edidit... — Pragæ, typ. Hraba, 1774, in-8°. T. I, pars 1. 6605

— (B. Fr.). — Wissenschafts-Uebersicht zum Gebrauche bei Einsichtssendungen an Kunden und um den Verlegern den Novitäten-Bedarf genauer zu bestimmen. — Weimar, Dec. 1844, in-4°. 6606

* **Voisin** (A.). — Notice bibliographique et littéraire sur quelques imprimeries particulières des Pays Bas. Seconde édition, revue et augmentée. — Gand, L. Hebbelynck, 1840, in-8°, 25 p. 6607

Ext. du »Messager des sciences historiques de Belgique«. — Tiré à 40 ex.

* **Volbeding** (J. Er.). — Constantin Tischendorf in seiner fünfundzwanzigjährigen schriftstellerischen Wirksamkeit. Literar-historische Skizze. — Leipzig, Fleischer, 1862, in-8°. 6608

* —. — Index dissertationum, programmatum et libellorum quibus singuli historiæ N. T. et antiquitatum ecclesiasticarum loci illustrantur. — Lipsiæ, Dyk, 1849, gr. in-8°. 6609

—. — Voy. Wuttig's Universal-Bibliographie.

* **Vollständiges Verzeichniss** aller in Druck gekommenen lateinischen und teutschen Schriften des verdienstvollen wirtembergischen gottesgelehrten D. Joh. Valentin Andreæ, in 100 nummern nach der Zeitfolge geordnet von B. — Tübingen, bei Jacob Friedrich Heerbrandt, 1793, in-12, XV et 31 p. 6610

L'ex. de la B. N. est interfolié et contient des addenda manuscrits.

Vollständiges Verzeichniss von I. G. Büsch sämmtlichen Schriften, doch ausser verschiedenen kleinern gelegentlich und von Amts wegen geschriebenen Aufsätzen. — Hamburg, 1800, in-8°. 6611

* **Volta** (L. C.). — Saggio storico-critico sulla tipografia Mantovana del secolo XV. — In Vinegia, nella stamperia Coleti, 1786, in-4°, 44 p. 6612

* **Vossius** (G. J.). — De historicis græcis libri IV; editio altera, priori emendatior, et multis partibus auctior. — Lugduni Batavorum, ex officinâ Joannis Maire, 1601, in-4°. 6613

* —. — Lugduni Batavorum, ex officina J. Maire, 1602, in-4°.

* —. — De historicis latinis libri tres. — Lugduni Batavorum, apud Joannem Maire, 1627, in-4°. 6614

* —. — Editio altera, priori emendatior, et duplo auctior. — Lugduni Batavorum, ex officina Joannis Maire, 1651, in-4°.

* —. — De veterum poetarum temporibus libri duo, qui sunt de poetis græcis et latinis. — Amstelædami, ex typographejo Joannis Blaev, 1654, in-4°. 6615

* **Vriemoet** (Em. L.). — Athenarum Frisiacarum libri duo. Quorum alter, præter historiam academiæ, quæ est Franequeræ, elogia sereniss. et ampl. Ephororum, alter, Cl. Professorum, cum serie secretariorum, bibliothecariorum, nec non inspectorum œconomiæ publicæ, a natalibus ejus ad præsens ævum usque, complectitur. — Leovardiæ, excudit H. Æ. de Chalmot, 1763, in-4°. 6616

* **Vroil** (J. de). — Etude sur Clicquot-Blervache, économiste du 18e siècle — Paris, Guillaumin, 1870, in-8°. 6617

* **Vuy** (J.). — Imprimeurs et libraires de Savoie. Notes bibliographiques. — Annecy, imp. Perrissin, in-8°, 30 p. 6618

Ext. de la »Revue savoisienne«.

Wachler (L.). — Handbuch der Geschichte der Litteratur. Zweite Umarbeitung. — Leipzig, Barth, 1822, gr. in-8°. 6619

A cet autre titre: »Handbuch der Geschichte der alten Litteratur. Nebst einer Einleitung in die allgemeine Geschichte der Litteratur. — Leipzig . . .«

Wackernagel (Ph.). — Johann Heermanns geistliche Lieder. — Stuttgart, Liesching, 1856, in-16. 6620

Contient, pages 315-355: »Zur Bibliographie«.

— (W.). — Voy. Weller (E.). Die Lieder des Dreissigjährigen Krieges.

* **Waddington** (Ch.). — Ramus (Pierre de la Ramée) sa vie, ses écrits et ses opinions. — Paris, Meyrueis, 1855, in-8°. 6621

* **Waddingus** (L.). — Scriptores ordinis minorum quibus accessit syllabus illorum qui ex eodem ordine pro fide christi fortiter occubuerunt. Priores

atramento, posteriores sanguine christianam religionem asserverunt. — Romæ, ex typographia s. Michaelis ad Ripam, 1806, in-fol. 6622

Wächter (Osc.). — Das Verlagsrecht mit Einschluss der Lehren von dem Verlagsvertrag und Nachdruck nach den geltenden Deutschen und internationalen Rechten mit besonderer Rücksicht auf die Gesetzgebungen von Oesterreich, Preussen, Bayern und Sachsen systematisch dargestellt. — Stuttgart, Cotta, 1857, in-8°. 6623

Contient, p. 61-85: »Von der Literatur des Verlagsrechts«.

* —. — Wechsellehre nach den deutschen und ausländischen Gesetzen für den praktischen Gebrauch des Handelsstandes dargestellt. — Stuttgart, Engelhorn, 1861, in-8°. 6624

Contient, p. 40 - 44: »Literatur des Wechselrechts«. — Fait partie de la »Bibliothek der gesammten Handelswissenschaften«.

Wagenmann (A.). — Voy. Bibliotheca œnologica.

* **Wagner** (F. W.). — Grundriss der classischen Bibliographie. Ein Handbuch für Philologen. — Breslau, Aderholz, 1840, in-8°. 6625

* — (H.). — Literatur des Bergreviers Aachen, bearbeitet für den Verein der berg- und Hüttenmännischen Interessen des Aachener Bezirks. Mit einer chronologischen Uebersicht. — Aachen, Commissionsverlag von M. Jacobi, 1876, in 4°. 6626

— (J. T.). — Entwurff einer Soldaten-Bibliothec nebst der gantzen alten, römischen, teutschen, wie auch neuen Kriegs-Verfassung verfertiget. — Leipzig, König, 1724, in-8°. 6627

— (J. M.). — Die Litteratur der Gauner- und Geheim-Sprachen seit 1700. Ein bibliographischer Versuch. — Dresden, Schönfeld, 1861, in-8°, 30 p. 6628

Ext. de: »Petzholdt's Neuer Anzeiger für Bibliographie«.

Wagner (K. Th.). — Voy. Katalog der Pœlitzischen Bibliothek.

— (W.). — Voy. Trois poèmes grecs du moyen-âge.

Wagnière. — Voy. Longchamp. Mémoires sur Voltaire.

Wagnitz (H. B.). — Voy. Niemeyer (D. G.). Bibliothek für Prediger.

Waitz (G.). — Voy. Dahlmann. Quellenkunde der deutschen Geschichte.

* — (Th.). — Anthropologie der Naturvölker. — Leipzig, Fleischer, 1860-1872, 6 vol. in-8°. 6629

Chaque volume a un titre particulier.

T. I. Ueber die Einheit des Menschengeschlechtes und den Naturzustand des Menschen. Zweite Auflage mit Zusätzen des Verfassers vermehrt und herausgegeben von Dr. G. Gerland«.

Contient, p. XVII-XXXII: »Literatur«.

T. II. Die Negervölker und ihre Verwandten. Ethnographisch und culturhistorisch dargestellt.

Contient, p. XVII-XXIV: »Literatur«.

T. III. Die Amerikaner. Ethnographisch und culturhistorisch dargestellt.
Contient, p. XIX-XXXII: »Literatur«.

Walbaum (J. J.). — Petri Artedi Angermannia - Sueci bibliotheca ichthyologica seu historia litteraria ichthyologiæ in qua recensio fit auctorum qui de piscibus scripsere librorum titulis, loco et editionis tempore, additis judiciis, quid quivis auctor præstiterit, quali methodo et successu scripserit, disposita secundum secula in quibus author floruit. Ichthyologiæ pars I. emendata et aucta. — Grypeswaldiæ, Rœse, 1788, in-4°. 6630

Walchius (J. G.). — Bibliotheca theologica selecta litterariis adnotationibus instructa. — Jenæ, Crœcker, 1757-1765, 4 vol. in-8°. 6631

* **Walckenaer** (C.-A.). — Histoire de la vie et des ouvrages de J. de La Fontaine ... — Paris, A. Nepveu, 1820, in-8°. 6632

* — Paris, A. Nepveu, 1821, 2 vol. in-18.

* — 3e éd. — Paris, A. Nepveu, 1824, in-8°.

* — 4e éd. — Paris, Didot fr., 1858, 2 vol. in-18.

* —. — Institut national de France. Notice historique sur la vie et les ouvrages de M. Mongez, lue à la séance publique de l'Académie des inscriptions et belles-lettres du 17 août 1849. — Paris, imp. de F. Didot, 1849, in-4°, 26 p. 6633

* —. — Mémoires touchant la vie et les écrits de Marie de Rabutin-Chantal, dame de Bourbilly, Mise de Sévigné, durant le ministère du Cal Mazarin et la jeunesse de Louis XIV; suivis de notes et d'éclaircissements. — Paris, F. Didot frères, 1842-52, 5 vol. in-12. 6634

* —. — Notice historique sur la vie et les ouvrages de M. le major Rennell, lue à la séance publique du 12 août 1842. — Paris (1842), in-8°. 6635

* —. — Notice historique sur la vie et les ouvrages de M. Raynouard.« — Liège, imp. de J. Desoer (s. d.), in-8°, 7 p. 6636

Compte-rendu extrait du »Journal de Liège«, année 1851, no 255.

* —. — Recueil de notices historiques sur la vie et les ouvrages des membres décédés de l'Académie des inscriptions et belles-lettres, lues dans les séances publiques des 30 juillet 1841, 12 août 1842, 11 août 1843, 9 août 1844, 1er août 1845, 21 août 1846, 30 juillet 1847, 1er septembre 1848, 17 août 1849 et 16 août 1850, suivi de l'examen critique des ouvrages composés par Fréret; par M. le secrétaire perpétuel. — Paris, F. Didot frères, 1850, in-4°. 6637

Waldau (G. Er.). — Nachrichten von Thomas Murners Leben und Schriften. Ein kleiner Beytrag zur Reformationsgeschichte. — Nürnberg, Hausse, 1775, in-8°. 6638

* —. — Thesaurus bio- et bibliographicus. Præfatus est Joh. Georg Meusel. — Chemnicii, apud Carol. Gottl. Hofmannum (1792), in-8°. 6639

—. — Voy. Neues Repertorium von seltenen Büchern.

* **Waldeck-Rousseau.** — Notice sur la vie et les ouvrages de M. G.-L.-J. Carré ... — Rennes, Marteville, 1832, in-8°, 24 p. 6640

* — 2e éd. — Rennes, Molliex, 1832, in-8°.

Waldheim (G. Fischer de). — Voy. Fischer de Waldheim.

* **Walferdin** (H.). — Notice sur les travaux scientifiques de M. H. Walferdin ... — Paris, Bachelier, 1852, in-4°, 11 p. 6641

Wallon. — Voy. Bulletin de Censure.

* — (H). — Institut de France. Notice historique sur la vie et les ouvrages de M. le Cte Arthur Beugnot ... — Paris, Didot, 1873, in-4°. 6642

* **Walter** (F.). — Das alte Wales. Ein Beitrag zur Völker-, Rechts- und Kirchen-Geschichte. — Bonn, Marcus, 1859, in-8°. 6643

Contient, p. 1-17: »Literärische Hülfsmittel«.

* —. — Deutsche Rechtsgeschichte. — Bonn, Ad. Marcus, 1853, en 3 part. in-8°. 6644

Contient, p. XXI-XXVIII: »Verzeichniss der in abgekürzter Form angeführten Werke«.

* —. — Lehrbuch des Kirchenrechts aller christlichen Confessionen. Zwölfte, verbesserte und vermehrte, das öster-

reichische Concordat genau berücksichtigende Ausgabe. — Bonn, Marcus, 1856, in-8°. 6645

Contient, p. 7-12. »Uebersicht der literärischen Hülfsmittel«.

Walter (L.). — Die Fröbelliteratur. Zusammenstellung, Inhalts-Angabe und Kritik derselben. — Dresden, Adler, 1881, in-8°. 6646

* **Walthardus** (L.). — Idea bibliothecæ helveticæ. — Bernæ, 1782, in-8°. 6647

Walther (Ch. Fr.). — Catalogue méthodique des dissertations ou thèses académiques imprimées par les Elzevirs de 1616 à 1712. Recueillies pour la première fois dans la Bibliothèque Impériale publique à Saint-Pétersbourg et décrites par le Dr. Ch. Fr. Walther. Supplément aux Annales de l'imprimerie des Elzevir publiées par M. Charles Pieters, à Gand. — Bruxelles, F. Heussner, libraire-éditeur, 1864, in-4°. 6648

Ext. du Bulletin du Bibliophile belge.

* —. — Les elzevir de la bibliothèque impériale publique de St.-Pétersbourg. Catalogue bibliographique et raisonné publié sous les auspices et aux frais du prince Youssoupoff et rédigé par Ch. Fr. Walther. — St.-Pétersbourg, en commission chez S. Dufour, 1864, in-16. 6649

Cet ouvrage a été publié pour rectifier le Catalogue de M. Rostoptchine rédigé par M. Minzloff.

—. — Schulreden gehalten von Eduard von Collins zum hundertjährigen Jubiläum der St. Petri Schule den 1. October 1862. Als Beitrag zur Geschichte dieser Schule nebst einer biographischen Skizze über Collins und einigen seiner Gedichte, sowie mit einigen die Petri-Schule betreffenden lateinischen Gedichten und anderen Zulagen zum Besten des Unterstützungsfonds für unbemittelte Petri-Schüler herausgegeben von Ch. Fr. Walther. — St.-Petersburg, Hässel in Comm., 1862, in-8°. 6650

Contient, pages 56-57: »Verzeichniss der wichtigsten Schriften und akademischen Abhandlungen von Ed. von Collins«.

Walther (C.). — Voy. Essai d'une bibliothèque militaire.

— (F. W. S. H.). — Die Begründung von Dorf-Schulbibliotheken. Allen Vorstehern von Landschulen und den Lehrern an denselben angelegentlichst empfohlen. — Magdeburg, Heinrichshofen, 1843, in-8°. 6651

Contient, p. 68-76: »Verzeichniss der vorzüglicheren, der Dorfjugend mundgerechten Jugendschriften«.

— (J. G.). — Sylva medica opulentissima, taliter hactenus non visa. In quà non solùm ex aliquot centenis autoribus medicis, tum priscis et Galenicis, tum Neotericis et chymicis, quotquot hactenus inveniri potuerunt, omnia morborum nomina et synonyma, tam barbara et obsoleta, quàm usitata et communia, literâ suâ initiali ordine alphabetico ita sunt collocata, ut extemplò et quasi in speculo videri possit, quid, quinam, et quot autores de unoquoque morbo scripserint, et quo in libro, capite, et paginâ singula statim reperiri queant; sed et plurima experimenta, tam simplicia, quàm composita et chymica, quæ prædicti autores in scriptis suis peculiariter præ aliis commendarunt, et multiplici experientiâ comprobarunt, fideliter inserta sunt: addito in fine duplici indice: altero autorum; in gratiam imprimis et summam utilitatem medicinæ practicæ Tironum edidit. — Budissæ, Arnst, 1679, in-4°. 6652

—. — Musicalisches Lexicon oder musicalische Bibliothec, darinnen nicht allein die Musici, welche so wol in alten als neuern Zeiten, ingleichen bey verschiedenen Nationen, durch Theorie und Praxin sich hervor gethan, und was von jedem bekannt worden, oder er in Schrifften hinterlassen, mit allem Fleisse und nach den vornehmsten Umständen angeführet, sondern auch die in griechischer, lateinischer, italiänischer und frantzösischer Sprache gebräuchliche musicalische Kunst- oder sonst dahin gehörige Wörter nach alphabetischer Ordnung vorgetragen und erkläret, und zugleich die meisten vorkommende Signaturen erläutert werden. — Leipzig, Deer, 1732, gr. in-8°. 6653

Walther (O. A.). — Genetische Entwickelung der Lehre vom sogenannten Manifestationseide. — Marburg, Elwert, 1859, in-8°. 6654

Contient, p. 130-148: »Literatur dieser Lehre«.

*— — Hand-Lexicon der juristischen Literatur des neunzehnten Jahrhunderts. — Weimar, Verlag von Ferd. Jansen und Comp., 1854, in-4°. 6655

*— (Ph. A. F.). — Systematisches Repertorium über die Schriften sämmtlicher historischer Gesellschaften Deutschlands. Auf Veranlassung des historischen Vereins für das Grossherzogthum Hessen bearbeitet von Dr. Ph. A. F. Walther . . . — Darmstadt, Verlag der Hofbuchhandlung von G. Jonghaus, 1845, in-8°. 6656

Walton and Cotton's compleat angler, with notes, for the most part original; a bibliographical preface, giving an account of fishing and fishery books from the earliest antiquity to the time of Walton, and a notice of Cotton and his writings, by the american editor. To which is added an appendix, including illustrative ballads, music, papers on american fishing, and the most complete catalogue of books on angling, etc., ever printed; also general index to the whole work. — New-York, Wiley and Putnam, 1847, in-8°. 6657

Publié par G. W. Bethune.

* **Waræus** (J.). — De scriptoribus Hiberniæ libri duo. Prior continet scriptores in Hiberniâ natos. Posterior, scriptores alios, qui in Hiberniâ munera aliqua obierunt. — Dublinii, ex typographiâ societatis Bibliopolarum. 1639, in-4°. 6658

Warden. — Bibliotheca americo-septentrionalis: being a choice collection of books in various languages, relating to the history, climate, geography, produce, population, agriculture, commerce, arts, sciences, etc. of North America, from its first discovery to its present existing government. — Paris, Nouzon, 1820, in-8°. 6659

Tiré à petit nombre. Les ex. sont passés en Amérique avec la collection qui est maintenant dans le Harvard College.

— (D. B.). — Description statistique, historique et politique des Etats-Unis de l'Amérique septentrionale, depuis l'époque des premiers établissemens jusqu'à nos jours. Edition traduite sur celle d'Angleterre; ornée d'une carte nouvelle et générale des Etats-Unis par M. Tardieu, d'un plan du district de Columbia, et d'une vue du Capitole. — Paris, Rey et Gravier, 1820, 5 vol. in-8°. 6660

Chaque état est suivi de la liste des ouvrages relatifs à son histoire et de celle de ses cartes.

* **Warée** (B.). — Répertoire bibliographique des ouvrages de législation, de droit, de jurisprudence en matière civile, administrative, commerciale et criminelle, publiés spécialement en France depuis 1789 jusqu'à nos jours. Nouvelle édition. — Paris, Cotillon, 1863, in-8°. 6661

* —. — Nouvelle édition revue et continuée jusqu'à nos jours d'après le plan primitif par les éditeurs. — Paris, Cotillon, 1870, in-8°.

* **Warenghien** (de). — Notice sur la vie et les mémoires inédits de Monnier de Richardin. — Valenciennes, imp. de A. Prignet, 1842, in-8°. 6662

* **Warmholtz** (C. G.). — Bibliotheca historica sueo-Gothica; eller Förtekning uppå så vål trykte, som handskrifne Böcker, Tractater och Skrifter, hvilka handla om Swenska Historien, Eller därutinnan kunna gifva Ljus; med Critiska och Historiska Anmärkningar. — Stockholm, trykt hos Anders Jac. Nordström, 1782-1817, 15 vol. in-8°. 6663

Les T. 8-15 sont continués par Aurivillius. — Les p. 2-361 du T. I contiennent une bibliographie de la géographie de la Suède.

* **Warnkœnig** (L. A.) und L. **Stein**. — Französische Staats- und Rechtsgeschichte. — Basel, Schweigerhauser, 1846, 3 vol. in-8°. 6664

A les titres particuliers suivants:

»T. I. Französische Staatsgeschichte«.

Contient, p. 14-34: »Angabe der wichtigsten Quellen der französischen Geschichte und deren bedeutenderen Litteratur«.

T. II. Geschichte der Rechtsquellen und des Privatrechts.

Contient, p. 130-147: »Verzeichniss der wichtigsten Commentare über die Coutumes aus Camus und Dupin Bibliothèque choisie Nro. 1184-1296«.

T. III. Geschichte des französischen Strafrechts und des Processes.

* **Warren** (de). — La vie et les œuvres de Victor Jacquemont, discours de réception à l'Académie de Stanislas, prononcé à Nancy, le 24 juin 1852. — Nancy, Grimblot et Vve Raybois, 1852, in-8°, 47 p. 6665

Ext. des »Mémoires de l'Académie de Stanislas...«

* **Warren** (J. Leicester). — A guide to the study of bookplates (ex-libris). — London, John Pearson, 1880, in-8°. 6666

* **Wartmann** (A. H.). — Recherches sur l'enchondrome, son histologie et sa genèse. Dissertation inaugurale présentée à la faculté de médecine de l'université de Strasbourg pour obtenir le grade de docteur. — Genève et Bâle, H. Georg, 1880, in-8°. 6667

Contient, pages 5-12: »Bibliographie«.

* **Warzée** (A.). — Essai historique et critique sur les journaux belges. Journaux politiques. — Gand, imp. de Léonard Hebbelynck, 1845, in-8°. 6668

—. — Recherches bibliographiques sur les almanachs belges. — Bruxelles, Heberle, 1852, in-8°. 6669

Ext. du »Bulletin du bibliophile belge«, T. VIII et IX. — Tiré à 250 ex.

* **Wasserschleben** (H.). — Beiträge zur Geschichte der vorgratianischen Kirchenrechtsquellen. — Leipzig, Bernh. Tauchnitz, 1839, in-8°. 6670

Watson (S.). — Bibliographical index to North American botany. — Voy. Smithsonian miscellaneous collections. (15).

* **Watt** (R.). — Bibliotheca britannica; or a general index to British and foreign literature. — Edinburgh, printed for Archibald Constable, 1824, 4 vol. in-4°. 6671

—. — Catalogue of medical books for the use of students attending lectures on medicine; with an address to medical students on the best method of prosecuting their studies. — Glasgow, 1812, in-8°. 6672

Wattenbach (W.). — Voy. Inhaltsverzeichnisse der zehn ersten Bände der Monumenta Germaniæ.

* **Watteville** (de). — Rapport à M. Bardoux, ... sur le service des bibliothèques scolaires (1866-1877). — Paris, imp. nationale, 1879, gr. in-8. 6673

Watts (Th.). — Voy. Bibliothecæ americanæ primordia.

* **Weber** (C. G.). — Litteratur der Deutschen Staatengeschichte. — Leipzig, bey Siegfried Lebrecht Crusius, 1800, in-8°. T. I. 6674

* **Weber** (C. M.). — Entwurf einer auserlesenen medicinisch - practischen Bibliothek für angehende Aerzte. — Leipzig, bey Joh. Philipp Haugs Wittwe, 1788, in-8°. 6675

— (E. v.). — Voy. Zeitschrift für Kunst ... und Geschichte des Krieges.

— (Fr. B.). — Handbuch der ökonomischen Literatur; oder systematische Anleitung zur Kenntniss der deutschen ökonomischen Schriften, die sowohl die gesammte Land- und Hauswirthschaft, als die mit derselben verbundenen Hülfs- und Nebenwissenschaften angehen; mit Angabe ihres Ladenpreises und Bemerkung ihres Werthes. — Berlin, Frölich, 1803-1832, 6 vol. in-8°. 6676

* — (Fr.) und C. L. **Hanésse.** — Repertorium der classischen Alterthumswissenschaft. Literatur des Jahres 1826 (-1828). — Essen, Verlag von G. D. Bädeker, 1832-1834, 3 vol. in-8°. 6677

— (H. Chr.). — Voy. Stuck (G. H.). Verzeichnis von ältern... Reisebeschreibungen.

— (J. J.). — Voy. Hielmstiernes Bogsamling.

* **Weddell.** — Notice sur les travaux scientifiques de M. Weddell,... Avril 1856. — Paris, imp. de L. Martinet (s. d.), in-4°, 18 p. 6678

Weddigen (P. Fl.). — Handbuch der historisch-geographischen Litteratur Westphalens. — Dortmund, Mallinckrodt, 1801, in-8°. T. I. 6679

* **Weidler** (J. Fr.). — Bibliographia astronomica temporis, quo libri, vel compositi, vel editi sunt, ordine servato, ad supplendam et illustrandam astronomiæ historiam digesta. Accedunt historiæ astronomiæ supplementa. — Wittenbergæ, sumtu Samuelis Godofredi Zimmermanni, 1755, in-8°. 6680

Weidlich (Chr.). — Vollständiges Verzeichniss aller auf der Königl. Preuss. Friedrichs-Universität zu Halle bis auf den heutigen Tag herausgekommener juristischen Disputationen und Programmen, mit einigen literarischen Anmerkungen. Nebst beygefügter Succession aller Rechtsgelehrten dieser berühmten Universität, und deren kurzgefasste Biographien. Als ein Beitrag zur Gelehrten-Geschichte der Friedrichs-Universität Halle. — Halle, gedr. bey Hendel, 1789, in-8°. 6681

Weigel (Chr. Ehr.). — Einleitung zur allgemeinen Scheidekunst. — Leipzig, Crusius, 1788-1794, 3 vol. in-8°. 6682

* — (J. A. G.). — Bibliotheca dissertationum et minorum librorum theologiam, jurisprudentiam, philologiam, historiam literariam etc. spectantium. — Lipsiæ, ex officina C. P. Melzeri, 1837-1840; in-4° en 4 parties. 6683

— (R.). — Suppléments au Peintre-Graveur de Adam Bartsch, recueillis et publiés par Rudolph Weigel. Tom. I. Peintres et dessinateurs néerlandais. Leipzig, R. Weigel, 1843, in-8°. 6684

—. — Voy. Andresen (A.). Der deutsche Peintre-Graveur. — Voy. Choulant (L.). Geschichte und Bibliographie der anatomischen Abbildung. — Voy. Becker (C.). Jobst Amman Zeichner.

* — (T. O.) und Ad. **Zestermann.** — Die Anfänge der Druckerkunst in Bild und Schrift. An deren frühesten Erzeugnissen in der Weigel'schen Sammlung erläutert. — Leipzig, T. O. Weigel, 1866, 2 vol. in-fol. 6685

Le faux titre porte: »Collectio Weigeliana«.

—. — Verzeichniss der xylographischen Bücher des XV. Jahrhunderts. — Leipzig, Weigel, 1856, in-8°, 10 p. 6686

Ext. du n° 3 du »Serapeum de 1856«. — Tiré à 100 ex.

* **Weil** (Ad.). — Zur Lehre vom Pneumothorax insbesondere vom Pneumothorax bei Lungenschwindsucht. Experimentelle, klinische und anatomische Untersuchungen. Mit 44 Holzschnitten. — Leipzig, Vogel, 1882, in-8°. 6687

Contient, p. VI-IX: »Alphabetisches Literaturverzeichniss«. (116 art.)

Weinart (B. G.). — Litteratur des Staatsrechts und Statistik von Sachsen. — Meissen, Erbstein, 1802, 2 vol. in-8°. 6688

—. — Versuch einer Litteratur der Sächsischen Geschichte und Staatskunde. — Dresden und Leipzig, Breitkopf und Richter, 1790-1791, 2 vol. in-8°. 6689

* **Weislinger** (J. N.). — Armamentarium catholicum perantiquæ, rarissimæ ac pretiosissimæ bibliothecæ, quæ asservatur Argentorati in celeberrima commenda eminentissimi ordinis Melitensis Sancti Johannis Hierosolymitani, nuper in bonum publicum, ex amore veritatis salutiferæ, reseratum, notis historico - theologicis, latino - germanicis, hinc inde interspersis illustratum ex ejusmodi libris, qui ab anno Christi 1463, ordine chronologico prodierunt usque ad annum 1522. Quo prodiit primò Martini Lutheri novum testamentum, nec non locupletissimis indicibus, primo authorum, altero materiarum absolutum. — Argentinæ, typis Joannis Francisci Leroux, 1749, in-fol. 6690

Weiss (Jul.). — Voy. Læschhorn (A.). Wegweiser in der Pianoforte-Literatur.

* **Weisse** (Chr. Er.). — Musäum für die sächsische Geschichte Litteratur und Staatskunde. — Leipzig, Weidmann, 1795-1796, 3 vol. in-8°. 6691

Le T. II 1. contient, pages 126-133: »Verzeichniss der Schriften von Johann Georg Christian Höpfner«.

Weissenbach (J. Ant.). — Critisches Verzeichniss der besten Schriften, welche in verschiedenen Sprachen zum Beweise und zur Vertheidigung der Religion herausgekommen. — Basel, Thurneisen, 1784, in-8°. 6692

Welcker (E.). — Voy. Rotteck (E. v.). Das Staats-Lexikon.

Weller (Em.). — Das alte Volks-Theater der Schweiz. Nach den Quellen der Schweizer und süddeutschen Bibliotheken bearbeitet. — Frauenfeld, Huber, 1863, in-8°. 6693

* —. — Annalen der poetischen National-Literatur der Deutschen im 16. und 17. Jahrhundert. Nach den Quellen bearbeitet. — Freiburg im Breisgau, Herder, 1862-1864, 2 vol. in-8°. 6694

—. — Die falschen und fingirten Druckorte. Repertorium der mit Erfindung der Buchdruckerkunst unter falscher Firma erschienenen deutschen Schriften. Zugleich als der »Maskirten Literatur«. Zweiter Theil. — Leipzig, Falcke und Rössler, 1858, in-8°. 6695

* —. — Die falschen und fingirten Druckorte. Repertorium der seit Erfindung der Buchdruckerkunst unter falscher Firma erschienenen deutschen, lateinischen und französischen Schriften. 2e vermehrte und verbesserte Auflage. — Leipzig, Engelmann, 1864, 2 vol. in-8°. 6696

* —. — Die Freiheitsbestrebungen der Deutschen im 18. und 19. Jahrhundert dargestellt in Zeugnissen ihrer Literatur. 2e vermehrte Auflage. — Leipzig, Weller, 1849, in-8°. 6697

* —. — Index pseudonymorum. Wörterbuch der Pseudonymen oder Verzeichniss aller Autoren die sich falscher Namen bedienten. Drittes Supplement-Heft. Neue Nachträge zu den »Falschen und fingirten Druckorten«.

2e Aufl. Leipzig, 1864. — Glauchau und Leipzig, Theobald Moritz, 1867, gr. in-8°. 6698

* **Weller** (E. O.). — Katalog der seit dem 17. Jahrhunderte bis auf die neueste Zeit unter falscher Firma erschienenen Schriften. — Leipzig, Verlag von E. O. Weller, 1849, in-16. 6699

—. — Zweite vermehrte und verbesserte Auflage. — Leipzig, Weller, 1850, in-8°.

—. — Die Lieder des Dreissigjährigen Krieges nach den Originalen abgedruckt. Zum ersten Male gesammelt. Mit einer Einleitung von W. Wackernagel. — Basel, Neukirch, 1855, in-8°. 6700

Contient, p. XV-L : »Bibliographie dieser Lieder«.

* —. — Die maskirte Literatur der älteren und neueren Sprachen. I. Index Pseudonymorum. — Leipzig, Verlag von Falcke und Rössler, 1856, gr. in-8°. 6701

Avec cet autre titre : »Index pseudonymorum. Wörterbuch der Pseudonymen oder Verzeichniss aller Autoren, die sich falscher Namen bedienten. — Leipzig...«

—. — Zweite neuvermehrte Ausgabe. — Leipzig, Oehme, 1862, in-4°.

* —. — Nachträge zum Index Pseudonymorum. — Leipzig, Verlag von Falcke und Rössler, 1857, gr. in-8°. 6702

* —. — Neue Nachträge zum Index pseudonymorum und zu den falschen und fingirten Druckorten. — Leipzig, Verlag von Gustav Oehme, 1862, gr. in-8°. 6703

* —. — Repertorium typographicum. Die deutsche Literatur im ersten Viertel des 16. Jahrhunderts. Im Anschluss an Hains Repertorium und Panzers deutsche Annalen. — Nördlingen, C. H. Beck, 1864, in-8°. 6704

* Supplement. — Nördlingen, Beck, 1874, in-8°.

* **Weller** (E. O.). — Der Volksdichter Hans Sachs und seine Dichtungen. Eine Bibliographie. — Nürnberg, Verlag von Jacob Sichling, 1868, in-8°. 6705

* **Wells** (W. H.). — Chronological catalogue of english grammars issued prior to 1801: including also several other grammatical works, which bear important relations to the early history of english grammar. — Chicago, Ottoway & Colbert, january 1878, in-8°, 11 p. 6706

Sans titre; celui qui précède est le titre de départ. — L'ex. de la Bibliothèque Nationale est suivi d'une annexe manuscrite de 6 pages donnant les cotes des volumes possédés par l'établissement.

Weltberühmten medici (Des), physici und polyhistoris, Conradi Gesneri, Leben und Schriften. — Leipzig und Zittau, Richter, 1711, in-8°. 6707

Contient, pages 56-103 : »Uebersicht der Gesner'schen Schriften«.

Wenck (C. Fr. Chr.). — Opuscula academica adjectis orationibus ineditis et appendicibus edidit Frid. Carolus Gust. Stieber. Accedit auctoris effigies. — Lipsiæ, Cnobloch, 1834, in-8°. 6708

Contient, pages XV-XXIV, la liste des travaux imprimés de Wenck.

Wenderoth (G. W. Fr.). — Lehrbuch der Botanik zu Vorlesungen und zum Selbststudium. — Marburg, Krieger, 1821, in-8°. 6709

Contient, p. 29-87 : »Literatur der Botanik«.

* **Wendler** (J. Chr.). — De libris a pontificiis aliisque hæreticis in præjudicium doctrinæ purioris nostra et superiori ætate suppressis et corruptis schediasma complectens supplementa ad Danielis Franci et D. Casp. Loescheri scripta, latrocinia quæ in scriptores publicos hæretici commiserunt exponentia ... — Jenæ, sumtibus Viduæ Mayerianæ, 1714, in-4°. 6710

* **Wendler** (J. Chr.). — De libris a pontificiis aliisque hæreticis in præjudicium doctrinæ purioris nostra et superiori ætate suppressis et corruptis schediasma. — Jenæ, apud Jo. Fridericum Ritterum, 1730, in-4°. 6711

—. — Prodromus Bibliothecæ biblicæ perfectioris exhibens historiam criticam commentatorum in epistolas Paulinas. Accedit supplementorum ad Dorschæi biblia numerata specimen, eos enarrans, qui ex recentioribus theologis et criticis vel in integra capita vel commata epistolarum Paulinarum, vel ex instituto, vel data saltem occasione commentati sunt; præstantiorum criticorum exegeses, quibus phraseologiam aut antiquitates in his epistolis obvias explicarunt, integræ exhibentur. — Jenæ, vid. Mayeri, 1721, in-8°. 6712

Wendt de Wendtenthal (J.). — Voy. Vogel (J. N. de). Specimen bibliothecæ Germanicæ Austriacæ.

Wenig (Chr.). — Goethe in seiner welthistorischen Bedeutung, als eine der Hauptsäulen am Tempelbau der Menschheit. Ein möglichst vollständiges Repertorium der von seinen denkwürdigsten Zeitgenossen bekannt gewordenen Urtheile über ihn und der gesammten Goethe-Literatur überhaupt. Während eines Menschenalters zusammengetragen. Zweite, zur Feier der Inauguration des Goethe-Schiller-Denkmals, mit Nachträgen vermehrte Ausgabe, besorgt von Heinrich Doering. — Weimar, Voigt, 1857, in-8°. 6713

Wenzel (C. G.). — Aus Weimar goldenen Tagen. Bibliographische Jubelfestgabe zur hundertjährigen Geburtstagsfeier Friedrich von Schiller's dargebracht. — Dresden, Arnold, 1859, gr. in-8°. 6714

* **Wenzig** (J.). — Literaturbild des Königreiches Böhmen aus den Jahren 1853 und 1854. In hohem Auftrage zusammengestellt. — Prag, F. A. Credner, 1858, in-8°. 6715

* **Werdet** (Ed.). — Histoire du livre en France depuis les temps les plus reculés jusqu'en 1789. — Paris, E. Dentu, 1861-1862, 4 vol. en 5 tomes in-16. 6716

1re partie : Origines du livre manuscrit 1275-1470.

2e partie : Transformation du livre. 1470-1789.

3e partie : Etudes bibliographiques sur les imprimeurs et libraires de Paris les plus célèbres. T. I. Les Estienne 1502-1664, et leurs devanciers depuis 1470. — T. II : Les Didot, leurs devanciers et contemporains (1500 à 1789).

4e partie : Propagation, marche et progrès de l'imprimerie et de la librairie dans les provinces, de 1470 à 1700. Imprimeries clandestines, particulières et de fantaisie de 1470 à 1792.

* —. — De la librairie française. Son passé, son présent, son avenir, avec des notices biographiques sur les libraires-éditeurs les plus distingués depuis 1789. — Paris, E. Dentu, 1860, in-16. 6717

Werl (Ad.). — Robinson's Stammbaum. Eine Skizze der Robinson-Jugendliteratur. Nebst einer Abfertigung der Herren Julius Petzholdt und Emil Hallier. Mit einer Robinson-Stammtafel. — Leipzig, Expedition der Campe'schen Robinson, 1862, in-8°, 17 p. 6718

Werner (J. A. L.). — Das Ganze der Gymnastik oder ausführliches Lehrbuch der Leibesübungen nach den Grundsätzen der bessern Erziehung zum öffentlichen und besondern Unterricht bearbeitet. — Meissen, Goedsche, 1834, in-8°. 6719

Contient, p. 20-28 : »Literatur der Gymnastik«.

Wernher (J. B.). — Dissertatio, in qua judicium de præcipuis nonnullis scriptoribus juris naturæ proponit. — Lipsiæ, 1699, in-4°. 6720

—. — Wittebergæ, 1723, in-8°.

* **Wernich** (A.). — Geographisch-medicinische Studien nach den Erlebnissen einer Reise um die Erde. — Berlin, August Hirschwald, 1878, in 8°. 6721

Contient, pages 407-423, des indications bibliographiques (162 art.) sous le titre: »Anmerkungen«.

* **Wertheim** (G.). — Notice sur les travaux scientifiques de M. Guillaume Wertheim. — Paris, imp. de Bachelier (1851), in-4°, 16 p. 6722

* — Paris, Mallet-Bachelier, 1859, in-4°, 42 p.

* **Wessely** (J. E.). — Anleitung zur Kenntniss und zum sammeln der Werke des Kunstdruckes. Mit zwei Tafeln Monogramme. — Leipzig, T. O. Weigel, 1876, in-8°. 6723

* **Westermayer** (G.). — Jacobus Balde, sein Leben und seine Werke. Eine literärisch-historische Skizze. — München, Lindauer, 1868, in-8°. 6724

Weston (R.). — Tracts on practical agriculture and Gardening: to which is added a chronological catalogue of english authors on agriculture, botany etc. The second edition, greatly improved. — London, 1773, in-8°. 6725

* **Westphal** (Er. Chr.). — Systematische Anleitung zur Kenntniss der besten Bücher in der Rechtsgelahrtheit und in den damit verbundenen Wissenschaften. Zwote vermehrte und verbesserte Auflage. — Leipzig, Weygand, 1779, in-8°. 6726

—. — Dritte umgearbeitete, vermehrte und mit einem vollständigen Register versehene Auflage, herausgegeben von Joh. Sigmund Gruber. — Leipzig, Weygand, 1791, in-8°.

Westwood (T.). — A new Bibliotheca Piscatoria; or, general catalogue of angling and fishing literature. With bibliographical notes and data. — London, Field Office, 1861, in-8°. 6727

Wette (W. M. L. de). — Voy. Veesenmeyer (G.). Literaturgeschichte der Briefsammlungen.

Weyer (Van de). — Voy. Van de Weyer.

* **Weyermann** (Albr.). — Nachrichten von Gelehrten, Künstlern und andern merkwürdigen Personen aus Ulm. — Ulm, Wagner, 1798, in-8°. 6728

—. — Neue historisch-biographisch-artistische Nachrichten von Gelehrten und Künstlern, auch alten und neuen adelichen und bürgerlichen Familien aus der vormaligen Reichstadt Ulm. Fortsetzung der Nachrichten von Gelehrten, Künstlern und andern merkwürdigen Personen aus Ulm. — Ulm, Stettin, 1829, in-8°. 6729

* **Wheeler** (G. M.). — Engineer Department, U. S. army. List of reports and maps of the United States geographical surveys west of the 100 th. meridian. — Washington, government printing Office, 1878, in-8°, 36 p. 6730

* — Second edition. — Washington, government printing office, 1881, in-8°.

* —. (W. A.). — A dictionary of the noted names of fiction including also familiar pseudonyms, surnames bestowed on eminent men, and analogous popular appellations often referred to in literature and conversation. — London, Bell & Daldy, 1866, in-16. 6731

Whistling (A.). — Systematisch geordnetes Verzeichniss der in Druck erschienenen Compositionen von Robert Schumann. Mit Angabe der Verleger und Preise herausgegeben. — Leipzig, Whistling, 1851, in-8°. 6732

* — (C. F.). — Handbuch der musikalischen Literatur oder allgemeines systematisch geordnetes Verzeichniss der in Deutschland und den angrenzenden Ländern gedruckten Musikalien, auch musikalischen Schriften und Ab-

bildungen mit Anzeige der Verleger und Preise. Dritte, bis zum Anfang des Jahres 1844 ergänzte Auflage. Bearbeitet und herausgegeben von Adolph Hofmeister. — Leipzig, bei Friedrich Hofmeister, 1845, in-4°. 6733

* **Whistling** (A.). — Handbuch der musikalischen Literatur oder allgemeines systematisch geordnetes Verzeichniss gedruckter Musikalien, auch musikalischer Schriften und Abbildungen mit Anzeige der Verleger und Preise. Zweite ganz umgearbeitete, vermehrte und verbesserte Auflage, mit alphabetischen Namenregistern der Autoren und Musikalienverleger. — Leipzig, bei C. F. Whistling, 1828, in-8°. 6734

White (C. A.). — Bibliography of North American vertebrate paleontology. — Voy. Department of the interior. U. S. geological survey of the territories. Miscellaneous publications.

Wichern (J. H.). — Material zur Ansammlung von Volksbibliotheken, mitgetheilt an die Theilnehmer des Congresses für innere Mission zu Wittenberg, im September 1849. — Hamburg, Agentur des Rauhen Hauses zu Horn, 1849, in-8°, 30 p. 6735

* **Widekind** (M. L.). — Ausführliches Verzeichnis von raren Büchern mit historischen und kritischen Anmerkungen in alphabetischer Ordnung verfasset. — Berlin, verlegts A. Haude und J. C. Spener, 1755, in-8°, en 4 parties. 6736

Wiechmann - Kadow (C. M.). — Joachim Slüter's ältestes rostocker Gesangbuch vom Jahre 1531 und der demselben zuzuschreibende Katechismus vom Jahre 1525. Nach den Originaldrucken wortgetreu herausgegeben. — Schwerin, Bärensprung, 1858, in-16. 6737

Contient, pages 19-60 : »Von der niederdeutschen Gesangbuch- und Katechismus-Litteratur«.

Wiechmann - Kadow (C. M.). — Beiträge zur ältern Buchdruckergeschichte Meklenburgs. — Voy. Jahrbücher des Vereins für meklenburgische Geschichte.

* **Wiedemann** (Th.). — Johann Turmair, genannt Aventinus, Geschichtschreiber des bayerischen Volkes. Nach seinem Leben und seinen Schriften dargestellt. — Freising, Datterer, 1858, in-8°. 6738

—. — Voy. Allgemeine Literatur-Zeitung zun. für das katholische Deutschland.

* **Wieger** (F.). — Chaire de pathologie et clinique médicales, vacante à la Faculté de médecine de Strasbourg, 1861. Exposé des titres du Dr. F. Wieger. — Strasbourg, imp. de G. Silbermann (1861), in-4°, 3 p. 6739

* **Wiegleb** (J. Chr.). — Handbuch der allgemeinen Chemie. Zwote neuberichtigte Auflage. — Berlin und Stettin, Nicolai, 1786, in-8°, 2 vol. 6740

Le T. II contient, p. 716-740 : »Verzeichniss der vorzüglichsten Schriften, die zum Behuf der allgemeinen und angewandten Chemie nachgelesen werden können, und als eine auserlesene chemische Bibliothek anzusehen sind«.

Wieland - Literatur (Die) **in Deutschland.** Vollständiger Catalog sämmtlicher in Deutschland erschienenen Werke Wieland's sowohl in Gesammt- als Einzel-Ausgaben, aller bezüglichen Erläuterungs- und Ergänzungschriften, wie endlich aller mit ihm in irgend einer Beziehung stehenden sonstigen literarischen Erscheinungen. Von 1751 bis Ende 1851. Supplement zu allen Werken Wieland's. — Cassel, Balde, 1852, in-8°, 28 p. 6741

Wiesand (G. Fr.). — Voy. Beyträge zu gründlicher Beurtheilung der bes. Staatsrechtlichen Verhältnisse d. kön. Sächs. Oberlausitz.

* **Wietersheim** (Ed. von). — Geschichte der Völkerwanderung. Zweite vollständig umgearbeitete Auflage be-

sorgt von Felix Dahn. — Leipzig, T. O. Weigel, 1880-1881, 2 vol. in-8°. 6742

Le T. II renferme, pages 467 - 532: »Quellen- und Literatur-Uebersicht (von F. Dahn)«.

Wigner (G. W.). — Voy. Lock (Ch.). Sugar growing and refining.

* **Wikström** (J. E.). — Conspectus litteraturæ botanicæ in Suecia ab antiquissimis temporibus usque ad finem anni 1831, notis bibliographicis et biographiis auctorum adjectis. — Holmiæ, excud. Norstedt et filii, 1831, in-8°. 6743

* **Wilbrand** (H.). — Über Hemianopsie und ihr Verhältniss zur topischen Diagnose der Gehirnkrankheiten. — Berlin, August Hirschwald, 1881, in-8°. 6744

Les pages 208 à 214 contiennent une bibliographie de l'hemianopsie.

Wildberg (Chr. Fr. L.). — Bibliotheca medicinæ publicæ, in qua scripta ad medicinam et forensem et politicam facientia ab illarum scientiarum initiis ad nostra usque tempora digesta sunt. — Berolini, Flittner, 1819, in - 4°, 2 vol. 6745

Ces deux volumes ont un autre titre particulier:

»T. I. Bibliotheca medicinæ forensis, in qua ex omnibus temporibus scripta ad hanc scientiam spectantia digesta sunt...

T. II. Bibliotheca medicinæ politicæ, in qua ex omnibus temporibus scripta ad hanc scientiam spectantia digesta sunt«.

* **Wildeshausen** (J. Fr.). — Bibliotheca disputationum theologico-philologicarum in v. et n. testamentum, sive notitia, repræsentans elegantiores disputationes in illustriora et selectiora v. et n. testamenti loca, ab excellentissimis theologis, aliisque non obscuris autoribus publice hucusque in celeberrimis academiis maximam partem conscriptas ac citra ullum aut locorum, aut annorum, aut meritorum præjudicium in usum exercitationum similium secundum seriem utriusque testamenti congestas. — Hamburgi, sumptibus Gothofredi Liebezeiti, 1702, in-4°. 6746

* —. — Editio priori rectior, atque longe plurimis locis auctior. — Lipsiæ et Hamburgi, sumptibus Reumannianis, 1710, in-4°.

Wilisch (Chr. G.). — Arcana bibliothecæ Annæbergensis in partes III. divisa Epistolas 72. summorum quorundam principum clarissimorumque sæculi 16. et 17. virorum nondum editas nec non Annalium typograph. usque ad a. 1500. Specimen complexa luci publicæ exposuit. — Lipsiæ, hered. Lanckisch, 1730, in-8°. 6747

—. — Prodromus historiæ Annæbergensis d. i. Vorläuffige Nachricht von einer unter den Händen habenden Annabergischen Historie an statt einer Einladungs-Schrifft zu seiner teutschen Valet-Rede welche &c. soll gehalten werden, ausgefertiget. — St. Annaberg, druckts Friese, 1725, in-4°. 6748

Contient: »Verzeichniss der vom Verf. in Annaberg edirten Schulschriften und seiner vormaligen academischen Specimina«.

* **Will** (G. Andr.). — Bibliotheca Norica Williana. Oder Kritisches Verzeichniss aller Schriften, welche die Stadt Nürnberg angehen, und die zur Erläuterung deren Geschichte seit vielen Jahren gesammlet hat, nun aber in öffentlichen Drucke beschreibet . . . — Altdorf, gedruckt bey Joh. Paul Meyer, 1772-1793, 8 parties in-8°. 6749

* —. — Kleine Beiträge zu der Diplomatik und deren Literatur. Mit einem Kupfer. — Altdorf, im Monathischen Verlag, 1789, in-8°. 6750

* —. — Nürnbergisches Gelehrten-Lexicon oder Beschreibung aller Nürnbergischen Gelehrten beyderley Geschlechtes nach ihrem Leben, Verdiensten und Schrifften zur Erweiterung der gelehrten Geschichtskunde und Verbesserung vieler darinnen vor-

gefallenen Fehler aus den besten Quellen in alphabetischer Ordnung verfasset. — Nürnberg und Altdorf, 1755-1808, 8 vol. in-4°. 6751

Les T. V-VIII ont été publiés par Christian Conrad Nopitsch et ont paru à Altdorf.

* **Willaume** (Ambr.). — Recherches biographiques, historiques et médicales sur Ambroise Paré, de Laval. — Epernay, imp. de Warin-Thierry, 1837, in-8°. 6752

* **Willem** (L.). — Catalogue des livres de bibliophiles. Tirages à petit nombre en caractères antiques livres à estampes du XVIII° siècle, ouvrages sur l'histoire de Paris et collections de gravures publiés à la librairie L. Willem. — Paris, Léon Willem, 1876, in-8°. 6753

* **Willems** (Alph.). — Les Elzevier. Histoire et annales typographiques. — Bruxelles, G. A. Van Trigt, 1880, in-8°. 6754

Willis (W.). — Voy. Norton's literary letter n° 4.

* **Willot** (H.). — Athenæ orthodoxorum Sodalitii Franciscani, qui; vel selecta eruditione; vel floridiore eloquentia; vel editis scriptis, ss. Dei sponsæ romanæ operam nauârunt. — Leodii, excud. Arnoldus à Courswaremia, 1598, in-8°. 6755

Wilson (J.). — The Rod and the gun. Second edition. — Edinburg, 1844, in-8°. 6756

Contient une bibliographie sur la soie.

— (L.). — Catalogue of english bibles (privately printed), 1845, in-4°. 6757

Winckelmann (St. A.). — Literatur der öffentlichen Armen-Krankenpflege in Deutschland. — Braunschweig, Plüchart, 1802, in-8. 6758

Winckler (E.). — Vademecum des Vergolders. Hand- und Hülfsbuch für Metallarbeiter, insbesondere für Gürtler, Schwertfeger, etc. Gründliche Anweisung der Feuervergoldung, der nassen Vergoldung und Versilberung, der Contactvergoldung und Versilberung und der galvanischen Ueberziehung der Metalle überhaupt. Nach den bewährtesten Quellen, der gebräuchlichsten und neuesten Methoden, sowie auf Grund eigener Erfahrungen bearbeitet. — Leipzig, Spamer, 1860, in-8°. 6759

A cet autre titre: »Otto Spamer's Bibliothek der Wissenswürdigsten aus der technischen Chemie und Gewerbskunde. Zweite Serie. Praktische technisch-chemische Haus- und Hülfsbücher. I«. — Contient, p. 2-10: »Wichtigste Literatur«.

* — (J.). — Die periodische Presse Oesterreichs. Eine historisch-statistische Studie. Herausgegeben von der k. k. statistischer Central-Commission. — Wien, Sommer, 1875, gr. in-8°. 6760

* — (Th. Fr.). — Notice sur la vie et les écrits de Jérémie Jacques Oberlin. — (S. l. ni d.), in-8°. 6761

Ext. du »Magasin encyclopédique«, mars 1807.

Windscheid (B.). — Lehrbuch des Pandektenrechts. — Düsseldorf, Buddeus, 1862, in-8°. T. I. 6762

Contient, p. 17-32: »Literatur«.

* **Winer** (G. B.). — Handbuch der theologischen Literatur hauptsächlich der protestantischen nebst kurzen biographischen Notizen über die theologischen Notizen über die theologischen Schriftsteller. Dritte sehr erweiterte Auflage. — Leipzig, bei Carl Heinrich Reclam, 1838, in-8°, 2 vol. 6763

* —. — Erstes Ergänzungsheft. — Leipzig, bei Carl Reclam, 1842, in-8°.

Winiewski (F.). — Voy. Systematisches Verzeichniss der in den Programmen der preussischen Gymnasien... erschienen sind.

* **Winkelmann** (Ed.). — Bibliotheca Livoniæ historica. Systematisches Verzeichniss der Quellen und Hülfsmittel zur Geschichte Esthlands, Livlands und Kurlands. — St. Petersburg, Commissionäre der Kaiserlichen Akademie der Wissenschaften, 1870, gr. in-4°. 6764

* — Zweite verbesserte und sehr vermehrte Ausgabe. — Berlin, Weidmannsche Buchhandlung, 1878, in-4°.

* **Winkler** (E.). — Theorie der Brücken. Theorie der gegliederten Balkenträger. Zweite Auflage. — Wien, Carl Gerold, 1881, in-8°. 6765

Les p. 389 et suiv. contiennent une bibliographie des travaux relatifs à ce sujet.

* **Winklern** (J. B. v.). — Biographische und litterärische Nachrichten von den Schriftstellern und Künstlern, welche in dem Herzogthume Steyermark geboren sind, und in, oder ausser demselben gelebt haben und noch leben. In alphabetischer Ordnung. Ein Beytrag zur National-Litterärgeschichte Oesterreichs. — Grätz, Ferstl., 1810, in-8°. 6766

* **Winsor** (J.). — A bibliography of the original quartos and folios of Shakespeare, with particular reference to copies in America. With 68 heliotype facsimiles. — Boston, J. R. Osgood, 1876, in-fol. 6767

Tiré à 250 ex.

—. — Voy. a Chronological index to historical fiction.

Winter (A.). — Voy. Schmidt's Jahrbücher der In- und Ausländischen gesammten Medicin.

Winther (M.). — Bibliotheca Danorum medica sive plenus conspectus litterarum medicarum et hisce affinium in Dania, Norvegia, Holsatia usque ad annum 1832. — Havniæ, 1832, in-8°. 6768

—. —. Literatura scientiæ rerum naturalium in Dania, Norvegia et Holsatia usque ad annum 1829. Enchiridion in usum physicorum et medicorum scripsit. — Havniæ, Wahl, 1829, in-8°. 6769

* **Wislocki** (Wl.). — Przewodnik Bibliograficzny miesięcznik dla wydawcow, Księgarzy, antykwarsów, jako téż czytających i Kupujących Książki. — Kraków, G. Gebethner, 1878-1881, in-8°. 6770

* **Wismes** (de). — Notice historique et littéraire sur René de Bruc, marquis de Montplaisir, poëte breton du XVIIe siècle. — Nantes, imp. de A. Guéraud, 1853. — Notes rectificatives ou complémentaires de l'article sur René de Bruc-Montplaisir. — Nantes, imp. de Guéraud (s. d.). — Le tout in-8°, 19 p. 6771

Witte (C.). — Quando e da chi sia composto l'Ottimo comento e Dante. Lettera al sign. Seymour Kirkup pittore inglese a Firenze. Colla giunta di alcuni supplimenti alla Bibliografia Dantesca del sign. Visconte Colomb de Batines. — Lipsia, Barth, 1847, in-8°. 6772

—. — Voy. Dante Alighieri. Lyrische Gedichte.

Witten Rigensis (H.). — Repertorium biblicum, in quo ex variis tam orthodoxorum, quàm aliarum quoque religionum ac nationum scriptis, vernaculâ præprimis nostrâ extantibus, materiæ quæcunque theologicæ, maxime morales et practicæ, juxta capita et versus biblicos, ubertim indicantur et recensentur. Opusculum in privatum quondam usum, magno labore compilatum; nunc autem publico bono consecratum. — Francofurti, Nöller, 1682, in-4°. 6773

* **Witzleben** (A. von). — Deutschlands Militär-Literatur im letzten Jahrzehent und Übersicht der wichtigsten Karten und Pläne Central-Europa's. — Berlin, A. Bath, 1850, in-8°. 6774

* **Wöchentliches Verzeichniss** der im deutschen Buchhandel wirklich erschienenen neuen Bücher, Landkarten etc. Januar bis Juni 1842. Mit Einschluss der dänischen Literatur, in wissenschaftlicher Ordnung, nebst Angabe der Bogenzahl, der Preise in Thalern zu 30 Neu- oder Silbergroschen und zu 24 gute Groschen, alphabetischem Register und Intelligenzblatt. — Leipzig, J. E. Hinrichs, in-16. 6775

Wöldicke (J.). — Index bibliothecæ militaris scriptorum veterum græco-latinorum. — Typis regiæ equestris academiæ Soranæ (1782), in-4°, 30 p. 6776

* **Wölfler** (A.). — Über die Entwickelung und den Bau der Schilddrüse mit Rücksicht auf die Entwickelung der Kröpfe. Mit 7 lithographischen Tafeln und 4 Holzschnitten. — Berlin, G. Reimer, 1880, in-4°. 6777

Contient, p. 50-52: Literatur (81 art.).

Wöllner (J. Chr.). — Unterricht zu einer kleinen aber auserlesenen ökonomischen Bibliothek bestehend in einer Anzeige der besten ökonomischen Bücher und derer vornehmsten in grössern Wercken zerstreuet befindlichen Abhandlungen über alle Theile der Landwirthschaft. — Berlin, Buchhandlung der Real-Schule, 1764-1765, 2 vol. in-8°. 6778

Contient surtout la bibliographie de la littérature allemande.

Wötzel (J. C.). — Grundriss eines allgemeinen und fasslichen Lehrgebäudes oder Systems der Declamation nach Schocher's Ideen, für Dichter, Vorleser, Declamatoren, Redner, Lehrer und Kunstschauspieler aller Art, für deren Zuhörer und Zuschauer zur richtigen Würdigung der Erstern. Herausgegeben auf vielfältiges Verlangen wahrer Sachkenner, z. B. selbst des verewigten unsterblichen Schiller's und Reinhard's. — Wien, gedr. bei Stöckholzer v. Hirschfeld, 1814, in-8°. 6779

Contient, p. 53-63: Uebersicht der betreffenden Litteratur.

* **Wolf** (J. Chr.). — Monumenta typographica, quæ artis hujus præstantissimæ originem, laudem et abusum posteris produnt. — Hamburgi, sumtibus Chr. Heroldi, 1740, 2 vol. in-8°. 6780

* —. — Bibliotheca hebræa, sive notitia tum auctorum hebr. cujuscunque ætatis, tum scriptorum, quæ vel hebraice primum exarata vel ab aliis conversa sunt, ad nostram ætatem deducta. Accedit in calce Jacobi Gaffarelli index codicum Cabbalistic. mss. quibus Jo. Picus Mirandulanus comes, usus est. — Hamburgi & Lipsiæ, Liebezeit, 1715, in-4°. 6781

— T. II quæ præter historiam scripturæ sacræ veteris instrumenti, codicumque ejus tum editorum tum mss. tradit notitiam Masoræ, eorumque, quæ ad lexica et grammaticas pertinent, Talmudis item utriusque, tum vero bibliothecam judaicam et antijudaicam aperit, ac post enarratas paraphrases chaldaicas et cabbalam, scripta judæorum anonyma recenset. — Hamburgi, Felginer, 1721.

— Vol. III. Complectens accessiones et emendationes, ad volumen primum totum, et partem secundi, quoad de scriptis anonymis exponit, pertinentes. Inseritur R. Schemuelis fil. Davidis Jemsel, Judæi Karaitæ, itinerarium: in appendice vero, præter specimen versionis Pentateuchi Græco-barbaræ a Judæis factæ, supplementum lacunæ libri Chissuk Aemuna una cum lectionis quibusdam variantibus ex mss. exhibetur. — Hamburgi et Lipsiæ, Felgineri Vid., 1727.

— Vol. IV. et ultimum complectens accessiones et emendationes inprimis ad volumen secundum tum vero ad totum opus pertinentes una cum indicibus auctorum et rerum. Inseruntur hinc inde opuscula quædam rariora, et alia adhuc non edita, quorum nonnulla ad res et commentarios Karæorum biblicos spectant', una cum epitaphiorum judaicorum specimine selecto. — Hamburgi, Felgineri vid., 1733, in-4°.

* —. — Historia lexicorum hebraicorum, quæ tam a judæis quam christianis ad nostra usque tempora in lu-

cem vel edita, vel promissa sunt, vel in bibliothecis adhuc latentia deprehenduntur. Accedit appendix de lexicis biblicis quæ nomina hebraica aliarumve linguarum in veteri vel novo instrumento obvia latina exponunt. — Vitembergæ, apud Chr. Th. Ludovicum, 1705, in-8°. 6782

Wolf (J. Chr.). — Voy. Bibliotheca Aprosiana.

— (J. D.). — Voy. Das gelehrte Schlesien.

Wolff (B. M.). — Manuel bibliographique. Catalogue des meilleurs ouvrages modernes de la littérature française. — St. Pétersbourg, Wolff, 1862, in-8°. 6783

* — (Chr.). — Ausführliche Nachricht von seinen eigenen Schrifften, die er in deutscher Sprache von den verschiedenen Theilen der Welt-Weissheit heraus gegeben, auf Verlangen ans Licht gestellet. Die andere Auflage, hin und wieder vermehret. — Franckfurt a. M., Andreä u. Hort, 1733, in-8°. 6784

* — (E. Th.). — Quellen-Literatur der theoretisch-organischen Chemie oder Verzeichniss der vom Anfang des letzten Viertheils des vorigen Jahrhunderts bis zum Schluss des Jahres 1844 ausgeführten chemischen Untersuchungen über die Eigenschaften und die Constitution der organischen Substanzen, ihrer Verbindungen und Zersetzungsproducte. Mit steter Berücksichtigung der Literatur der Chemie in ihrer Anwendung auf Agricultur, Physiologie und Pathologie aus den wichtigeren deutschen und französischen Zeitschriften der Chemie und Pharmacie gesammelt, in systematische Ordnung zusammengestellt und mit ausführlichen Sach- und Namenregistern versehen. — Halle, Eduard Anton, 1845, in-8°. 6785

* — (O. L. B.). — Allgemeine Geschichte des Romans, von dessen Ursprung bis zur neuesten Zeit. — Jena, Mauke, 1841, in-8°. 6786

—. — Zweite vermehrte Ausgabe. — Jena, Mauke, 1850, in-8°.

Wolowski. — Institut impérial de France. Un grand économiste français du XIVe siècle. Lu dans la séance annuelle des cinq académies du 14 août 1862. — Paris, imp. de Didot frères, 1862, in-4°, 26 p. 6787

Oresme.

Wolter (E.). — Voy. Bibliotheca normannica.

* **Woltersdorf** (E. G.). — Repertorium der Land- und Seekarten, so wie der vorzüglichsten Grundrisse und topographischen Ansichten der merkwürdigsten Städte. — Wien, Camesina, 1813, in-8°. T. I. 6788

Wolzogen (A. Fr. von). — Aus Schinkel's Nachlass. Reisetagebücher, Briefe und Aphorismen. Mitgetheilt und mit einem Verzeichniss sämmtlicher Werke Schinkel's versehen. Mit drei Portraits und einer Skizze in Photographie und einem Fac-Simile. — Berlin, Decker, 1862-1863, 3 vol. in-8°. 6789

* —. — Rafael Santi. Sein Leben und seine Werke. — Leipzig, Brockhaus, 1865, in-8°. 6790

* **Worm** (J.). — Forsög til et Lexicon over danske, norske og islandske lœrde mœnd, som ved trykte Skrifter have giort sig bekiendte, saavelsom andre Ustuderede, som noget have skrevet, hvorudi deres Fodsel, betydeligste Levnets Omstændigheder og Död ved Aarstal Kortelig erindres, og deres Skrifter, saavidt mueligt, fuldstændig anföres. — Helsingöer, 1771-1773, 2 vol. in-8°. 6791

Un T. III supplément a paru à Copenhague chez Stein en 1784.

* **Worrall** (J.). — Bibliotheca legum: or a compleat list of all the common and statute law books of this realm, and some others relating thereunto, from their first publication to Michaelmas Term 1768, giving an account of their several editions, ancient printers, dates, and price, and wherein they differ. A new edition, with improvements; to which is added, a list of the principal scotch law books, and some relating to Ireland. — London, printed for J. Worrall and B. Tovey, 1768, in-12. 6792

* —. — Bibliotheca legum: or, a catalogue of the common and statute law books of this realm, and some others relating thereto; giving an account of their several editions, ancient printers, dates, and prices, and wherein they differ. A new edition, corrected and improved; and interspersed with observations on the principal works, collected from the best authorities; to which is added, a list of the principal scotch law books, and of some relating to Ireland. — London, printed for Edward Brooke, 1782, in-12. 6793

* —. — A new edition, corrected and arranged in a more perspicuous method; and interspersed with observations on the principal woorks, collected from the best authorities. — London, printed for Edward Brooke, 1788, in-12.

Wrede (E. F.). — Die enzyklopädisch-mathematische Literatur. — Leipzig und Züllichau, 1812, in-8°. 6794

Wuelcker (R. P.). — Voy. Anglia.

* **Würdtwein** (St. Al.). — Bibliotheca Moguntina libris sæculo primo typographico Moguntiæ impressis instructa, hinc inde addita inventæ typographiæ historia. — Augustæ Vindelicorum, impensis Christoph. Friderici Bürglen, 1787, in-4°. 6795

Würtembergisches Gelehrten-Lexicon, so vil die jetzlebende Württembergische Schriftensteller betrift. — Stuttgart, Steinkopf, 1772, 2 vol. in-8°. 6796

Publié par Joh. Jacob Moser.

* **Württembergische Jahrbücher** für vaterländische Geschichte, Geographie, Statistik und Topographie. Herausgegeben von dem Königl. statistisch-topographischen Bureau. — Stuttgart, Aue, 1859-1882, in-8°. 6797

Chaque année contient: »Uebersicht der Württembergischen Literatur«.

* **Wüstenfeld** (F.). — Die Geschichtsschreiber der Araber und ihre Werke. Aus dem XXVIII. und XXIX. Bande der Abhandlungen der Königlichen Gesellschaft der Wissenschaften zu Göttingen. — Göttingen, Dieterich, 1882, in-4°. 6798

* **Wüsthoff** (B. H.). — Bibliotheca theologico-philologica, ordine alphabetico distributa, et per modum tabellarum confecta. — Lipsiæ, sumtibus autoris prostat in ædibus Wüstoffianis, 1705, in-4°. 6799

—. — Voy. Bibliotheca juridico-politica.

Wulp (J. K. Van der). — Voy. Van der Wulp.

Wundt (F. Pet.). — Topographisch-Pfälzische Bibliothek, oder systematisches Verzeichniss der bisherigen Pfälzischen topographischen Schriften mit kritischen Bemerkungen. — Speyer und Leipzig, neue typograph. Gesellschaft, 1785-1790, 3 vol. in-8°. 6800

* **Wurtz** (Ad.). — Notice sur les travaux scientifiques de M. Adolphe Wurtz. — (Paris), imp. de Bachelier (1852), in-4°, 6 p. 6801

* — Paris, imp. de Mallet-Bachelier, 1857, in-4°, 23 p.

* **Wurzbach von Tannenberg** (C.). — Bibliographisch - statistische Uebersicht der Literatur des östreichischen Kaiserstaates vom 1. Jänner bis 31. De-

cember 1853. Erster Bericht erstattet im hohen Auftrage seiner Excellenz des Herrn Ministers des Innern Alexander Freiherrn von Bach. — Wien, Friedrich Manz, 1856, in-8°. 6802

* — Vom 1. Jänner bis 31. December 1854. Zweiter Bericht ... Mit 57 Tabellen. — Wien, aus der Kaiserlich-Königlichen Hof- und Staatsdruckerei, 1856, in-8°.

* —. Vom 1. Jänner bis 31. December 1855. Dritter Bericht ... — Wien, aus der kaiserlich-königlichen Hof- und Staatsdruckerei, 1857, 2 vol. in-8°.

*** Wurzbach von Tannenberg** (C.). — Biographisches Lexikon des Kaiserthums Oesterreich, enthaltend die Lebensskizzen der denkwürdigen Personen, welche 1750 bis 1850 in Kaiserstaate und seinen Kronländern gelebt haben. — Wien, typogr.-literar.-artist. Anstalt, 1856-1882, 44 vol. in-8°. 6803

—. — Joseph Freiherr von Hammer-Purgstall. — Wien, aus der k. k. Hof- und Staatsdruckerei, 1861, in-8°, 24 pages. 6804

Ext. du T. VII du: »Biographisches Lexikon des Kaiserthums Oesterreich« de Wurzbach. — N'est pas dans le commerce.

—. — Habsburg und Habsburg-Lothringen. Eine biblio biographisch genealogische Studie. Mit drei Wappentafeln, 14 genealogischen und anderen Tafeln. — Wien, aus der k. k. Hof- und Staatsdruckerei, 1861, in-8°. 6805

Tiré à 100 ex.

—. — Das Schiller-Buch. Festgabe zum ersten Säcular-Feier von Schiller's Geburt 1859. Mit 40 Tafeln Abbildungen und Photo-Autographen. — Wien, aus der K. K. Hof- und Staatsdruckerei (1859), gr. in-4°. 6806

—. — Zur Literatur der Wallenstein-Trilogie von Schiller. Ein bibliographischer Versuch. — Wien, aus der k. k. Hof- und Staatsdruckerei, 1859, in-8°, 35 p. 6807

Wusthoffius (B. H.). — Bibliotheca theologico-philologica, ordine alphabetico distributa, et per modum tabellarum confecta. — Lipsiæ, sumt. autoris, 1705, in-4°. 6808

A aussi cet autre titre: »Bibliothek theologischer und philologischer Teutscher Bücher«.

*** Wuttig** (G. W.). — Bibliotheca juridica. Handbuch der gesammten neueren juristischen und staatswissenschaftlichen Literatur. Eine Zusammenstellung aller seit 1849 bis gegen die Mitte des Jahres 1867 auf dem Gebiete der Rechts- und Staatswissenschaft in den deutschen und benachbarten Staaten erschienenen Schriften. Mit umfassendem Materienregister und Nachweisungen über wichtigere in Zeitschriften enthaltene Abhandlungen. — Leipzig, Verlag von Otto August Schulz, 1867, in-8°. 6809

Il a paru un T. II: »Die Jahre 1867 bis Mitte 1876 umfassend. Bearbeitet von Ludwig Rossberg. Mit einem ausführlichen Materienregister«. — Leipzig, Druck und Verlag der Rossberg'schen Buchhandlung, in-8°.

*—. — Deutscher Zeitschriften-Katalog. Systematische Uebersicht der im deutschen Buchhandel erscheinenden periodischen Schriften aus allen Wissenschaften, nebst einem Anhange der namhafteren politischen Tages- und Localblätter. 1852. — Leipzig, im Selbstverlage des Herausgebers, in-8°. T. II. 6810

Wuttig's Universal-Bibliographie. Systematische Uebersicht der gesammten Literatur der Gegenwart. Herausgegeben von J. E. Vollbeding, O. Fiebig, und H. Helms. Verantwortlicher Redacteur und Verleger: G. Wuttig in Leipzig. — Leipzig, Druck von Breitkopf und Härtel, 1862, in-4°. 6811

Wuttke (H.). — Voy. Gedenkbuch an Friedrich Schiller.

Wyclif (J.). — Fasciculi Zizaniorum magistri Johannis Wyclif cum Tritico.

Ascribed to Thomas Netter of Walden. Edited by Walter Waddington Schirley. Published by the authority of the lords commissioners of Her Majesty's treasury, under the direction of the master of the rolls. — London, Longman & Co., 1858, in-8°. 6812

Contient, pages 529-533: »List of books printed as works of Wyclif & printed works relating chiefly to Wyclif«.

* **Wylie** (Wm. H.). — Thomas Carlyle. The man and his books. Illustrating by personal reminiscences, table talk, and anecdotes of hymself and his friends. — London, Marshall Japp, 1881, in-8°. 6813

Wyman (C. W. H.). — Voy. Bigmore (E. C.). A bibliography of printing.

* **Ximeno** (V.). — Escritores del reyno de Valencia, chronologica mente ordenados desde el año 1738 de la christiana conquista de la misma ciudad, hasta el de 1747. — En Valencia, en la officina de Joseph Estevan Dolz, 1747-1749, 2 vol. in-fol. 6814

Le T. II va jusqu'en 1748.

—. — Voy. Fustér (J. P.). Biblioteca Valenciana de los escritores.

* **Year's art** (The) 1880(-1882). A concise epitome of all matters relating to the arts of painting, sculpture, and architecture which have occurred during the year 1880-(1882) in the United Kingdom, together with information respecting the events of the year 1880-1882. Compiled by Marcus B. Huish. — London, Sampson Low, 1880-1882, in-16. 6815

Contient notamment: »Books connected with the fine arts published during the year . . .«

Young (Th.). — An introduction to medical literature, including a system of practical nosology. Intended as a guide to students, and an assistant to practitioners. Together with detached essays on the study of physic on classification, on chemical affinities, on animal chemistry, on the blood, on the medical effects of climates, on the circulation, and on palpitation. The II. edition, continued and corrected. — London, Philipps, 1823, in-8°. 6816

Yung (P.). — Alphabetische Liste aller gelehrten Juden und Jüdinnen, Patriarchen, Propheten und berühmten Rabbinen, vom Anfange der Welt bis auf unsere Zeiten, nebst einer kurzen Beschreibung ihres Lebens und ihrer Werke. — Leipzig, Kollmann in Comm., 1817, in-8°. 6817

* **Yvart.** — Notice sur les principaux travaux de M. Yvart, inspecteur général des écoles vétérinaires... — Paris, imp. de Gerdès (1852), in-4°, 16 p. 6818

* — (V.). — Titres de M. Victor Yvart pour entrer dans la section d'économie rurale de l'Institut. — (S. l. n. d.), in-4°, 3 p. 6819

* **Zaccaria** (Fr.). — Storia polemica delle proibizioni de' libri scritta da Fr. Zaccaria e consecrata alla santità di nostro signore papa Pio sesto felicemente regnante. — Roma, G. Salomoni, 1777, in-4°. 6820

* — (G.). — Catalogo di opere ebraiche, greche, latine ed italiane stampate dai celebri tipografi soncini né secoli XV e XVI. Con brevi notizie storiche degli stessi tipografi raccolte dal cav. Zefirino de Cesenate. — Fermo, pei tipi dei fratelli Ciferri, 1863, in-8°. 6821

* —. — Catalogo ragionato di opere stampate per Francesco Marcolini da Forli. Con memorie biografiche del medesimo tipografo raccolte dall' avv. Raffaele de Minicis. — Fermo, tipografia de' fratelli Ciferri, 1850, in-8°. 6822

* **Zacharia** (Fr. A.). — Bibliotheca Pistoriensis descripta, inque duos libros distributa, quorum prior manuscriptos trium, præcipuarumque Pistoriensium bibliothecarum codices, posterior Pistorienses scriptores complectitur, cum duplici appendice, una veterum, altera recentium, utraque ineditorum hactenus, præstantiumque monumentorum. — Augustæ Taurinorum, ex typographia regia, 1752, gr. in-4°. 6823

Zachariä (H. A.). — Deutsches Staats- und Bundesrecht. Zweite Auflage. — Göttingen, Vandenhoeck und Ruprecht, 1853-1854, 2 vol. in-8°. 6824

Le T. I contient, p. 23-32: »Literatur des deutschen Staatsrechts«.

Zachariä von Lingenthal (K. E.). — Biographischer und juristischer Nachlass von Dr. Karl Salomo Zachariä von Lingenthal, ordentl. öffentl. Rechtslehrer an der Universität Heidelberg &c. Herausgegeben von dessen Sohne. — Stuttgart und Tübingen, Cotta, 1843, in-8°. 6825

Contient, pages 64-77 la liste de ses travaux depuis 1794.

Zahn (J. v.). — Voy. Steiermärkische Geschichtsblätter.

* **Zambrini** (Fr.). — Catalogo di opere volgari a stampa dei secoli XIII e XIV. — Bologna, presso Carlo Ramazzotti, 1857, in-4°, et appendice. 6826

Tiré à 270 ex. numérotés.

* **Zambrini** (Fr.). — Le opere volgari a stampa dei secoli XIII e XIV indicate e descritte. Edizione quarta notabilmente migliorata e accresciuta. — In Bologna, presso Nicola Zanichelli, 1878, in-8°. 6827

Zannichius (J.). — Bibliotheca theologica, sive catalogus tam auctorum, qui in sacros biblicos libros veteris et novi Testamenti in hunc usque annum scripserunt, quàm materiarum, quarum auctores non extant, non solum ex bibliotheca Gesneriana, quæ anno 1583 prodiit, verum etiam ex catalogis nundinarum Francofurdensium, qui ab anno 1583 in lucem prodierunt, collectus, et plus septuaginta autoribus recentioribus plurimum auctus, ut vice supplementi haberi possit: atque in commune Christianorum commodum divulgatus. Opusculum non bibliothecis tantum publicis privatisve instituendis necessarium, sed et studiosis sacræ theologiæ et pietatis ad studia melius formanda, maxime utilissimum et pernecessarium. — Mulhusii, Hantzsch, 1591, in-4°. 6828

* **Zapf** (G. W.). — Aelteste Buchdrukergeschichte Schwabens. Oder Verzeichniss aller von Erfindung der Buchdrukerkunst bis 1500 in Ulm, Esslingen, Reutlingen, Memmingen, Stuttgart, Tübingen, Urach, Blaubeuren und Costanz gedrukten Bücher, mit literarischen Anmerkungen. — Ulm, Wohler, 1791, in-8°. 6829

* —. — Aelteste Buchdruckergeschichte von Mainz, von derselben Erfindung bis auf das Jahr 1499 verfasst, herausgegeben und mit Anmerkungen erläutert. — Ulm, Wohler, 1790, in-8°. 6830

Le faux titre porte: »Annalen der ältesten Buchdruckergeschichte von Mainz. Vom Jahr 1454 bis auf das Jahr 1499«.

* —. — Annales typographiæ Augustanæ ab ejus origine 1466 usque ad annum 1530. Accedit domini Francisci Antonii Veith diatribe de origine et incrementis artis typographicæ in urbe Augusta Vindelica. Edidit, notisque litterariis illustravit . . . — Augustæ Vindelicorum, impensis Alberti Friederici Bartholomæi, 1778, in-4°. 6831

—. — Augsburgische Bibliothek. Oder historisch-kritisch-literarisches Verzeichniss aller Schriften welche die Stadt Augsburg angehen und deren Geschichte erläutern. Ein Versuch.

— Augsburg, Lotter, 1795, 2 vol. in-8°. 6832

* **Zapf** (G. W.). — Augsburgs Buchdruckergeschichte nebst den Jahrbüchern derselben ... verfasset, herausgegeben und mit literarischen Anmerkungen erläutert. Mit Kupfern. — Augsburg, bey Christoph Friedrich Bürglen, 1788-1791, 2 vol. in-4°. 6833

L'adresse du T. II est: Augsburg, bey Conrad Heinrich Stage, 1791.

* —. — Bibliographische Nachrichten von einem alten lateinischen Psalter und einigen andern biblischen Seltenheiten aus dem fünfzehntem Jahrhundert. Mit Kupfern. — Augsburg, bey Kaspar Philipp Nettesheim, 1800, in-4°. 6834

—. — Litteratur der alten und neuern Geschichte. — Lemgo, Meyer, 1781, in-8°. 6835

* —. — Über das eigentliche Jahr in welchem die ehemaligen berühmte Privatbuchdrukerei ad insigne pinus in Augsburg ihren Anfang genommen. Dem Hochwohlgebohrnen Herrn Paul von Stetten, ... am feierlichen Tage seiner fünfzigjährigen Ehejubelfeier gewidmet. — Augsburg, am 12. Mai 1805, gedruckt mit Geigerschen Schriften, in-8°. 6836

* —. — Ueber eine alte und höchst seltene Ausgabe von des Joannis de Turrecremata explanatio in Psalterium, und einige andere typographische Seltenheiten. Eine literarisch-bibliographische Abhandlung. Mit 6 Kupfertafeln. — Nürnberg, im Verlag der Johann Leonhard sixt Lechnerschen Buchhandlung, 1803, in-4°. 6837

* —. — Von einer höchstseltenen und noch unbekannten Ausgabe der Ars moriendi. An Herrn Hofrath und Bibliothekar Ernst Theodor Langer in Wolfenbüttel. — Augsburg, in Kommission der Stageschen Buchhandlung, 1806, in-8°. 6838

* **Zapf** (G. W.). — Vorläufige Nachricht von der ehemaligen berühmten Privatbuchdruckerey ad insigne pinus in Augsburg. An Herrn Konrektor D. Johann Gottlob Lunze in Leipzig. — Augsburg, 1804, in-8°, 32 p. 6839

Zarncke (Fr.). — Voy. Brant (S.). Narrenschiff. — Voy. Literarisches Centralblatt. — Voy. Müller (W.). Mittelhochdeutsches Wörterbuch.

Zauner (J. Th.). — Biographische Nachrichten von den Salzburgischen Rechtslehren von der Stiftung der Universität an bis auf gegenwärtige Zeiten. — Salzburg, Waisenhausbuchhandlung, 1789, in-8°. 6840

— Nachtrag zu den biographischen Nachrichten &c. Nebst einem Entwurfe einer akademischen Bibliothek von Salzburg. — Salzburg, Duyle, 1797, in-8°.

* **Zavarroni** (A.). — Bibliotheca calabra sive illustrium virorum Calabriæ qui literis claruerunt elenchus ... — Neapoli, ex typogr. J. de Simone, 1753, in-4°. 6841

* **Zébrawski** (Th.). — Bibliografija pismiennictwa polskiego z dzialu matematyki i fizyki oraz ich zastósowań. Na obchód czterechsetletniéj rocznicy urodzin Kopernika. — W Krakowie, w drukarni universytetu jagiellońskiego, 1873, in-8°. 6842

Zechin (I. C. L.). — Verzeichniss der zu einer vollständigen Studentenbibliothek gehörigen juristischen Bücher. — Halle, Hendel, 1793, in-8°. 6843

* **Zeibig** (J.). — Geschichte und Literatur der Geschwindschreibkunst. Herausgegeben vom Königl. stenographischen Institute zu Dresden. — Dresden, Dietze, 1863, in-8°. 6844

* —. — Zweite, vermehrte, verbesserte und mit 41 Tafeln versehene Auflage. — Dresden, G. Dietze, 1878, in-8°.

* **Zeiller** (M.). — Historici chronologi et geographi celebres, ex variis,

qui de eorum ætate, seu tempore, quo vixerunt, et operibus, quæ reliquerunt, scripserunt; ac de plerisque judicium suum tulerunt; secundum ordinem literarum, in gratiam studiosæ juventutis, collecti. Indicantur simul et alia, lectione, et animadversione dignissima. — Ulmæ, impensis Johannis Gerlini, 1652, in-8°. 6845

* **Zeis** (Ed.). — Die Literatur und Geschichte der plastischen Chirurgie. —Leipzig, Engelmann, 1863, in-8°. 6846

— Nachträge. — Leipzig, 1864, in-8°.

—. — Rede zum Gedächtnisse des am 18. Mai 1861 verstorbenen Dr. Friedrich August von Ammon Geheimen Medicinalrathes und Leibarztes Sr. Majestät des Königs von Sachsen etc., im Auftrage der Gesellschaft für Natur- und Heilkunde gehalten am 21. September 1861. Angehängt ist ein vollständiges Literatur-Verzeichniss aller selbständigen Werke und Abhandlungen von Ammon's. — Dresden, am Ende, 1861, in-8°. 6847

* **Zeitschrift des Deutschen und Oesterreichischen Alpenvereins.** Redigirt von Th. Trautwein. — Wien, Verlag des Deutschen und Oesterreichischen Alpenvereins in Wien, 1869-1881, 12 vol. in-8°. 6848

Chaque année contient: Bibliographie der alpinen Literatur.

* **Zeitschrift des Vereins für hesssiche Geschichte** und Landeskunde. — Kassel, A. Freyschmidt, 1837-1882, in-8°. 6849

Les »Mittheilungen« se terminent par la liste des ouvrages récents relatifs à la Hesse et par celle des articles parus dans des collections ou périodiques.

* **Zeitschrift für ägyptische Sprache** und Alterthumskunde herausgegeben von C. R. Lepsius, unter Mitwirkung der Herren H. Brugsch, Ad. Erman, und L. Stern. — Leipzig, J. C. Hinrichs, 1863-1882, in-4°. 6850

Chaque livraison se termine par la liste des: »Erschienene Schriften«.

* **Zeitschrift für allgemeine Erdkunde.** —Berlin, Reimer, 1853-1882, in-8°. 6851

Contient la bibliographie annuelle des ouvrages de géographie, des cartes et plans. — Cet ouvrage parait maintenant sous le titre: »Zeitschrift der Gesellschaft für Erdkunde zu Berlin . . . Herausgegeben von Dr. W. Koner. — Berlin, Reimer«.

* **Zeitschrift für Bauwesen.** — Berlin, 1851-1882, in-fol. 6852

Avec une table méthodique et alphabétique pour les années 1851-1880.

Zeitschrift für die gesammte Staatswissenschaft. — Tübingen, Laupp, 1844-1881, in-8°. 6853

Chaque fascicule se termine par une bibliographie de l'économie politique.

Zeitschrift für Kirchenrecht herausgegeben von R. Dove. — Berlin, Schulte, 1861-1882, in-8°. 6854

Contient: »Uebersicht der Kirchenrechtlichen Literatur geordnet nach Materien«.

Zeitschrift für Kunst, Wissenschaft und Geschichte des Krieges. Redaktion: L. Blesson, E. v. Webern. — Berlin, Mittler und Sohn, in-8°. 6855

Contient, T. 90-107, (1854-1859) avec pagination séparée: »Repertorium der Militair-Literatur mit dem Jahre 1853 beginnend«.

* **Zeitschrift für neufranzösische Sprache** und Literatur mit besonderer Berücksichtigung des Unterrichts im Französischen auf den deutschen Schulen. Herausgegeben von G. Körting und E. Koschwitz. — Oppeln, G. Maske, 1879-1882, in-8°. 6856

* **Zeitschrift für Philosophie** und philosophische Kritik, gegründet von J. H. Fichte, redigirt unter Mitwirkung der

Professoren der Philosophie an der Universität Halle August Krohn und Günther Thiele, von Hermann Ulrici. — Halle, Pfeffer, 1874-1882, in-8°. 6857

Chaque livraison se termine par une bibliographie des ouvrages relatifs à la philosophie.

Zeitschrift für Preussische Geschichte und Landeskunde, unter Mitwirkung von Droysen, L. von Ledebur, Preuss, L. Ranke und Riedel herausgegeben von R. Foss. — Berlin, Bath, 1864-1882, in-8°. 6858

Contient une bibliographie.

* **Zeitschrift für romanische Philologie** herausgegeben von Dr. Gustav Gröber. 1878(-1880). — Halle, Max Niemeyer, 1878-1882, in-8°. 6859

Chaque volume se termine par un fascicule supplémentaire donnant la bibliographie de l'année.

* **Zeitschrift für slavische Literatur,** Kunst und Wissenschaft. Verantwortlicher Redacteur J. E. Schmaler. — Bautzen, Schmaler, 1862-1865, in-8°. 6860

Chaque volume est suivi, avec pagination séparée de : »Slavische Bibliographie«.

Zell (C.). — De vita et scriptis Conradi Celtis Protucii præcipui renascentium in Germania literarum restauratoris primique Germanorum poetæ laureati. Opus posthumum b. Engelberti Klüpfelii auctoritate consistorii academici Friburgensis edendum curavit Joannes Caspar Ruef editionem absolvit Carolus Zell. — Friburgi Brisgoviæ, Wagner, 1827, in-4°. 6861

* **Zeltner** (G. G.). — Kurtz-gefasste Historie der gedruckten Bibel-Version und anderer Schriften D. Mart. Lutheri, in der Beschreibung des Lebens und fatorum Hanns Luffts, berühmten Buchdruckers und Händlers zu Wittenberg, auch anderer dasigen und benachbarten typographorum, an (Tit.) Herrn Leonhardt Lufft, . . . gestellet und mit vielen Anmerkungen erläutert. — Nürnberg und Altdorff, bey Joh. Dan. Taubers sel. Erben, 1727, in-4°. 6862

* **Zeltner** (G. G.). — Kurtzes Denkschreiben worinnen von der alten und höchst-raren teutschen Wormser Bibel zuverlässige Nachricht Tit. Herrn Michael Leinweber berühmten Handelmann in Nürnberg, ertheilet, und bey solcher Gelegenheit zugleich die Fata der Wormser Propheten, wie auch der Wormsischen Kirche selbst, und dann endlich der Veringerischen aller ältesten Harmonie der Evangelisten u. a. m. Kürtzlich erläutert. — Altdorff, gedruckt bey Jobst Wilhelm Kohles, 1734, in-4°. 6863

* **Zenker** (J. Th.). — Bibliotheca orientalis. Manuel de bibliographie orientale . . . — Leipzig, Guillaume Engelmann, 1846-1861, 2 vol. in-8°. 6864

* —. — Bibliotheca orientalis. Pars I libros continens arabicos persicos turcicos inde ab arte typographica inventa ad nostra usque tempora impressos. — Lipsiæ, Guilielmus Engelmann, 1840, in-8°. 6865

Zeno. — Voy. Biblioteca dell' eloquenza italiana. — Voy. Fontanini (G.). Biblioteca dell' eloquenza italiana.

* — (Ap.). — Dissertazioni Vossiane cioè giunte e osservazioni intorno agli storici italiani che hanno scritto latinamente, rammentati dal Vossio nel III. Libro de historicis latinis. — Venezia, Albrizzi, 1752-1753, 2 vol. in-4°. 6866

* — (P. A.). — Memoria de' scrittori veneti patrizj ecclesiastici, e secolari ampliata e dedicata alla inclita nobilità viniziana. — In Venezia, appresso Pietro Bassaglia, 1744, in-18. 6867

* **Zenti** (Ign.). — Elementi di bibliografia ossia regole per la compilazione del Catalogo alfabetico di una pubblica biblioteca. — Verona, Tipògrafia di A. Merlo, 1872, in-8°. 6868

Zepernick (C. Fr.). — Repertorium juris feudalis theoretico-practicum digessit. — Halæ, Renger, 1787, in-8°. 6869

Zerrenner (C.). — Einführung, Fortschritt und Jetztstand der metallurgischen Gasfeuerung im Kaiserthume Österreich. Im Auftrage des Hohen K. K. Finanzministeriums herausgegeben. — Wien, aus der K. K. Hof- und Staatsdruckerei, 1856, in-8°. 6870

Contient, p. 249-278; »Versuch einer Zusammenstellung der europäischen Literatur über Benutzung der den Hohöfen und andern Schmelzräumen entweichenden, so wie der zu metallurgischen und technischen Zwecken selbständig erzeugten Gase«.

Zestermann (Ad.). — Voy. Weigel (T. O.). Die Anfänge der Druckerkunst.

Zetzche (K. Ed.). — Voy. Elektrotechnische Zeitschrift.

Zeumer (J. C.). — Vitæ professorum theologiæ, jurisprudentiæ, medicinæ et philosophiæ qui in illustri academia Ienensi ab ipsius fundatione ad nostra usque tempora vixerunt et adhuc vivunt una cum scriptis a quolibet editis quatuor classibus recensitæ cum censura et adprobatione superiorum præfationem præmisit Christophorus Weissenbornius. — Ienæ, impens. Bielckii, 1711, in-8°. 6871

Zeune (J. K.). — Johann Friderich Christ Abhandlungen über die Litteratur und Kunstwerke vornemlich des Alterthums durchgesehen und mit Anmerkungen begleitet. — Leipzig, Saalbach, 1776, in-8°. 6872

* **Zezi** (P.). — Indice bibliografico delle pubblicazioni italiane e straniere riguardanti la mineralogia, la geologia e la paleontologia della provincia di Roma; con una appendice per le acque potabili, termali e minerali. (Estratto dalla monografia archeologica e statistica di Roma e Campagna romana, presentata dal governo italiano alla esposizione universale di Parigi nel 1878.). — Roma, tip. Elzeviriana, 1878, in-4°, 20 p. 6873

* **Ziegelbauer** (M.). — Historia rei literariæ ordinis S. Benedicti in IV partes distributa. Opus eruditorum votis diu expetitum, ad perfectam historiæ Benedictinæ cognitionem summe necessarium, et universim omnibus bonarum artium cultoribus non utile minus, quam scitu lectuque jucundum . . . Ichnographice adumbratum, recensuit, auxit, jurisque publici fecit R. P. Oliverius Legipontius. — Augustæ Vind. et Herbipoli, sumptibus Martini Veith, 1754, 4 vol. in-fol. 6874

Contient:

Pars I. præliminaris sive generalis studiorum in O. S. B. origines, progressus, fata, instaurationes, Mæcenates et promotores; necnon celebriores scholas, bibliothecas, archiva ac rei literariæ cimelia, horumque custodes, et alia memoratu digna repræsentat.

Pars II specialis sive principalis, in qua texitur historia artium et scientiarum, inde ab ævo S. Benedicti ad nostra usque tempora, per tredecim seculorum seriem apud Benedictinos excultarum.

Pars III biographica, virorum illustrium, ac eorum præcipue, qui ingenio, virtute, doctrina et lucubrationibus orbi universo inclaruerunt, vitas, res gestas et scripta, aliaque memoranda exhibet.

Pars IV bibliographica, sive bibliotheca benedictina historico-critica realis, quæ libros juxta materiarum seriem digestos repræsentat, uniuscujusque scriptoris genio et meritis ad æquitatis lancem perpensis.

Ziehen (C. S.). — Über Zusammenstellung der Theile der Kriegswissenschaft, mit Anzeige der wichtigsten Bücher in den einzelnen Theilen derselben. — Berlin, Boike, 1805, in-8°. 6875

Ziemssen (H.). — De gangrænæ nosocomialis historia et literatura. Dissertatio inauguralis medico-chirurgica. — Gryphiæ, Kunike, 1853, in-8°, 39 p. 6876

Zilettus (J. B.). — Index librorum omnium juris tam pontificii quam cæsarei. Cui ultra alias editiones novissime multa addita sunt consilia, tractatus, praxes, decisiones, summæ, lecturæ, singularia, disputationes, allegationes, vota et alia opuscula, ad juris prudentiam pertinentia. Adjectus est alius index alphabeticus, in quo quis facile poterit invenire nomina omnium, qui hucusque in jure scripserunt, juxta præcedentem librorum indicem ad faciliorem omnium cognitionem. Post hæc sequitur index legum omnium quæ in pandectis continentur, juxta seriem jurisconsultorum: cum ipsius indicis usu, in quo multi juriscons. sensus hucusque obscuri pulchre explicantur. Per d. Jacobum Labittum. — Venetiis, ex officina Jordani Ziletti, 1566, in-4°. 6877

* **Zilettus** (J. B.). — Index librorum omnium nomina complectens, in utroque jure tam pontificio quam cæsareo, ad hanc diem editorum, videlicet. Textus ac lecturas in jure civili extravagantes et feuda, nec non tex. atque lecturas in jure canonico. Practicas, singularia, repertoria, contrarietates, decisiones, repetitiones, tractatus diversos, disputationesque, consilia quoque certis voluminibus redacta, diversa, et extravagantia alphabetico ordine. — Venetiis, ex officina stellæ Jordani Ziletti, 1559, in-4°. 6878

* **Zimmermann** (C.). — Der Kriegs-Schauplatz in Inner-Asien oder Bemerkungen zu der Uebersichts-Karte von Afghanistan, dem Penjab und dem Lande am untern Indus. Nach englischen Quellen herausgegeben, zum leichteren Verständniss der inner-asiatischen Angelegenheiten. — Berlin, Schrœder, 1842, in-8°. 6879

Contient, p. 17-22: Bücher, aus welchen man den Afghanistan-Feldzug kennen lernen kann.

— (Ulr. Er.). — Versuch einer Geschichte der lettischen Literatur. Mit dem Bildniss G. F. Stenders. — Mitau, gedr. bey Steffenhagen, 1812, in-8°. 6880

* **Zinny** (A.). — Bibliografía histórica de las provincias unidas del Rio de la Plata desde el año 1780 hasta el de 1821. Apéndice à la Gaceta de Buenos Aires. — Buenos Aires, imp. americana, 1875, in-4°. 6881

Zipser (E. A.). — Franz der Erste Kaiser von Oesterreich, geehrt im Tode wie im Leben. Eine Zusammenstellung von Nachrichten und Empfindungen über die Todesfeier Sr. verew. Majestät in den sämmtlichen k. k. österreichischen und den übrigen europäischen Staaten. — Stuttgart, Brodhag, 1836, in-8°. 6882

Contient, pages 473-496, une bibliographie des travaux qui ont trait à l'empereur François I.

Zobelius (N. E.). — Notitia indicis librorum expurgandorum editi per fr. Jo. Mariam Brasichellen sacri Palatii apostolici magistrum quæ et introductionis loco in historiam indicum prohibitoriorum et expurgatoriorum esse queat recensente . . . — Altorfii, Hessel, 1745, in-8°. 6883

* **Zöllner** (Fr.). — Über den wissenschaftlichen Missbrauch der Vivisection mit historischen Documenten über die Vivisection von Menschen. Mit 2 Tafeln in Lichtdruck. — Leipzig, L. Staackmann, 1880, in-8°. 6884

Contient, pages 311-325: »Stimmen der Presse über Ernst von Weber's«, — et pages 383-384: »Literatur über die Vivisectionsfrage«.

Zœpfl (H.). — Grundsätze des gemeinen Deutschen Staatsrechts, mit besonderer Rücksicht auf das allgemeine Staatsrecht und auf die neuesten Zeitverhältnisse. Fünfte, durchaus vermehrte und verbesserte Auflage. — Leipzig und Heidelberg, Winter, 1863, 2 vol. in-8°. 6885

***Zœpfl** (H.). — Zoologigal record for 1861 (-1879); being volume I(-XVI) of the record of zoological literature. Edited by Edward Caldwell Rye . . . — London, John van Voorst, 1865-1881, 16 vol. in-8°. 6886

Les T. I-VI (1861-1869) ont été publiés sous le titre: »Record of zoological literature. Edited by Albert C. L. G. Günther . . .«

Les T. VII-IX (1870-1872) ont eu pour éditeur: Alfred Newton, et les T. X-XI (1873-1874) Edward Caldwell Rye.

Zornius (P.). — Bibliotheca antiquaria et exegetica in universam scripturam s. vet. et novi testamenti omnium adhuc locupletissima, nec in lucem hac ratione edita, nec visa unquam. Doctissimi rarissimique ex Hispanis, italicis, gallis, anglis, belgis, germanis &c. antiquarii, quatenus theologorum usui et sacri codicis lectioni inserviunt, optima fide recensentur, emendantur et variis auctoris observationibus adaugentur. Cum indicibus copiosissimis. — Francofurti & Lipsiæ, Nicolai, 1724-1725, in-8°. T. I. Pars I-12. 6887

***Zuchold** (Er. A.). — Additamenta ad Georgii Augusti Pritzelii thesaurum literaturæ botanicæ collegit et composuit. — Halis, typis expressum Plœtzianis, 1853, in-8°. 6888

*—. — Bibliotheca chemica. Verzeichniss der auf dem Gebiete der reinen, pharmaceutischen, physiologischen und technischen Chemie in den Jahren 1840 bis Mitte 1858 in Deutschland und im Auslande erschienenen Schriften. Mit einem ausführlichen Sachregister. — Göttingen, Vandenhœck und Ruprecht's Verlag, 1859, in-4°. 6889

—. — Bibliotheca historico-naturalis Rossica. Verzeichniss der auf dem Gebiete der Naturwissenschaften in Russischer Sprache erschienenen Schriften. — Leipzig, im Selbstverlag (1861), in-8°. 6890

Zuchold (Er. A.). — Bibliotheca photographica. Verzeichniss der auf dem Gebiete der Photographie, sowie der damit verwandten Künste und Wissenschaften seit Erfindung der Daguerreotypie bis zu Anfang des Jahres 1860 erschienenen Schriften. — Leipzig, Selbstverlag des Verf.'s, 1860, in-8°. 6891

*—. — Bibliotheca theologica. Verzeichniss der auf dem Gebiete der evangelischen Theologie nebst den für dieselbe wichtigen während der Jahre 1830-1862 in Deutschland erschienenen Schriften. — Göttingen, Vandenhoeck und Ruprecht's Verlag, 1864, in-8°. T. I. 6892

—. — Voy. Bibliotheca historico-naturalis et physico-chemica. — Voy. Bibliotheca historico-geographica.

***Zum Gedächtniss** der vierten Säcularfeier der Erfindung der Buchdruckerkunst zu Heidelberg am 24. Junius 1840. Inhalt: 1. Programm der Feier. 2. Rede des Herrn Prorector Kirchenrath Dr. Ullmann. 3. Predigt des Herrn Dekan und Stadtpfarrer Sabel. 4. Historische Nachrichten von den Buchdruckereien und Buchhandlungen in Heidelberg von Erfindung der Buchdruckerkunst bis auf unsre Zeiten. 5. Bestand der Buchhandlungen und Buchdruckereien zu Heidelberg am 24. Junius 1840. — Heidelberg, K. Winter, 1840, in-8°. 6893

Zum Schillerfeste winde auch die hebräische Bibliographie ein bescheidenes Blättchen in den Lorbeerkranz: Schiller in der hebraeischen Literatur! Aus der »Hebr. Bibliographie« herausgegeben von M. Steinschneider Nr. 11. — Berlin, Buchdruck von Lange (1859), in-8°. 6894

Tiré à part à quelques exemplaires.

SECONDE PARTIE

Bibliographie

DES

BIBLIOGRAPHIES

PARTIE MÉTHODIQUE

Verzeichniss der vorzüglichsten pädagogischen Werke Deutschlands. 6508

Verzeichniss einer Handbibliothek der nützlichsten deutschen Schriften zum Vergnügen und Unterricht. 6511

Jahresbericht über die erscheinungen auf dem gebiete der germanischen philologie. 3420

Literaturblatt für germanische Philologie. 4007

Handbuch der klassischen philosophischen Literatur der Deutschen, von Schaller. 5729

Handbuch der philosophischen Literatur der Deutschen, von Ersch. 2275

Die philosophische Literatur der Deutschen. 2925

Altdeutsche Gedichte von Adelung. 21, 22

Annalen der poetischen National-Literatur der Deutschen, von Weller. 6694

Deutscher Dichternekrolog, von Rassmann. 5334

Deutsches Dichter-Lexikon, von Brümmer. 1097

Deutschlands Dichterinnen und Schriftstellerinnen, von Gross. 2871

Die dramatische Poesie der Deutschen, von Kehrein. 3537

Grundriss zur Geschichte der deutschen Dichtung, von Gœdeke. 2751

Handbuch der poetischen Litteratur der Deutschen, von Vetterlein. 6524

Pantheon deutscher Dichter, von Rassmann. 5336

Uebersicht der deutschen Poesie, von Giesecke. 2699

Uebersicht der Geschichte der deutschen Dichtung, von Gœdeke. 2753

Gallerie deutscher Pseudonymer Schriftsteller, von Schmidt. 5781

Lexicon deutscher pseudonymer Schriftsteller, von Rassmann. 5335

Bibliographie historique de la statistique en Allemagne, par Heuschling. 3146

Catalog der in den Jahren 1850—1859 in deutscher Sprache erschienenen Theaterstücke, von Büchting. 1140

Das deutsche Singspiel, von Schletterer. 5772

Verzeichniss der deutschen dramatischen Schriften (1852), von Lassar. 3779

Bibliotheca theologica. 779

Bibliotheca theologica, bis 1831, von Löflund. 780

Jahrbüchlein der deutschen theologischen Literatur. 1837

Literarischer Handweiser für das katholische Deutschland. 3997

Uebersicht der Literatur zum deutschen Kirchenliede, von Meister. 4270

Katalog über Käufe aus zweiter Hand. 1056

Versuch einer Litteratur deutscher Reisebeschreibungen. 6494

Beiträge zur Geschichte und Literatur des deutschen Studententhumes, von Pernwerth von Bärnstein. 5040

Voy. aussi, pour les articles spéciaux: Anhalt, Anspach, Augsbourg, Bade, Baireut, Bamberg, Bavière, Berlin, Brandebourg, Breslau, Brunswick, Bütow, Cologne, Danzig, Dresde, Elster, Erfurt, Ermland, Francfort s. le M. & l'Oder, Halberstadt, Halle, Hambourg, Hannovre, Hartz, Heidelberg, Helmstædt, Hesse, Holstein, Jena, Jever, Lauenbourg, Leipzig, Lubeck, Lunebourg, Lusace, Magdebourg, Marienthal, Mayence, Mecklenbourg, Munich, Nassau, Naumbourg, Nurenberg, Oldenbourg, Poméranie, Prusse, Regensbourg, Rhin, Rostock, Rügen, Saxe, Schleswig, Schweidnitz, Silésie, Spire, Souabe, Stade, Thüringe, Ulm, Voigtland, Wernigerode, Westphalie, Wittemberg, Würtemberg.

Allier

Observations sur le catalogue des écrivains de l'Allier de Ripoud, par Dufour. 2116

Allou (C. N.)

Sa vie et ses ouvrages, par Beaulieu. 454

Almanachs

Beitrag zur Kalender-Literatur, von de Bouck. 965

Note sur les almanachs de Baour, par Desbarreaux-Bernard. 1936

Recherches sur les almanachs belges, par Warzée. 6669

Recherches sur les almanachs et calendriers, par Pouy. 5224, 5227

Recherches sur les almanachs orléanais, par de La Place de Montévray. 3753

Verzeichniss von 570 Titeln der gangbarsten Almanachs. 2822

Alonso de Herrera

List of the editions of his works, by Sabin. 5658

Alost

Galerie des hommes nés à Alost, par de Gand d'Alost. 2602

Aloys

Partus litterarius operum quæ edidit. 4960

Alpes

Bibliographie der alpinen Literatur, von Zeis. 6848

Alsace

Altorf

Amabert

Amanton

Ambroise (St.)

Ame

Amérique

Asie

Books in the Astor library relating to the languages of Asia. 1370

Bibliothèque asiatique par Ternaux. 6222
Voy. aussi: Orient.

Asselin

Notice, par Dehaisnes. 1847

Asselineau

Catalogue de sa bibliothèque romantique et de ses écrits. 1313

Assemblée nationale

Liste des portraits des députés à l'Assemblée nationale de 1789, par Lieutaud. 3951

Assurance sur la vie

Bibliographie française de l'assurance sur la vie. 4690

Asthme d'été

Quellen-Literatur, par Phœbus. 5111

Astor library

Catalogue of books in the Astor library. 1370

Astrée

Recherches bibliographiques sur le roman d' Astrée, par Bernard. 543

Astronomie

Bibliographia astronomica, von Weidler. 6680

Bibliographie astronomique (1781—1802), par J. de La Lande. 3718

Bibliographie générale de l'astronomie, par Houzeau. 3249

Catalogue des ouvrages d'astronomie des principales bibliothèques de Belgique. 1347

Librorum in bibliotheca speculæ pulcovensis contentorum catalogus, par Struve. 6123

Athenagore

Opera. 277

Atterbury

His life & writings, by Stackhouse. 6046

Aube

Bibliographie du département de l' Aube. 702, 2663

Catalogue d'ouvrages concernant le département de l' Aube, par Pigeotte. 5131

Aubert

Sa vie et ses travaux, par Munaret. 4546

Aubigné (Th. Agr. d')

Sa vie et ses œuvres, par Postansque. 5204

Auch

Histoire de l'imprimerie à Auch, par Lafforgue. 3704

Aude

Notice, par Dureau. 2176

Audouard

Sa vie et ses travaux scientifiques. 4754

Audouin

Notice analytique de ses travaux. 286

Sa vie et ses travaux, par Milne-Edwards. 4389

Audran

Sa vie et ses travaux, par Duplessis. 2160

Auger de Bousbecques

Etude de ses ouvrages, par Dupuis. 2165

Augsbourg

Annales typographiæ Augustanæ, par Zapf. 6831

Augsburgische Bibliothek, von Zapf. 6832

Augsburgs älteste Druckdenkmale, von Mezger. 4352

Augsburgs Buchdruckergeschichte nebst den Jahrbüchern derselben, von Zapf. 6833

Beschreibung der ältesten Augspurgischen Ausgaben der Bibel, von Panzer. 4930

Die Buchdruckerkunst in Augsburg, von Meyer. 4351

Ueber die Privatbuchdruckerei ad insigne pinus in Augsburg, von Zapf. 6836, 6839

Auguste

Index editionum historiæ Augustæ scriptorum. 3183

Augustin (St.)

Histoire de ses ouvrages contre les Pélagiens. 6537

Augustins

Anastasis Augustiniana, par Gratianus. 2837

De ducentis Augustinianis scriptoribus, par Gandolfus. 2604

Encomiasticon Augustianum, par Elssius Belga. 491

Augustusbad

Literatur des Bades Augustusbad, von Choulant. 1569

Aurore boréale

Bibliographie über die Nordlichter, von Boué. 969

Ausone

Etudes par Demogeot. 1902

Opera. 292

Australie

Essay on the dutch books and pamphlets relating to New-Netherland, by Asher. 264

List of the maps & charts of New-Netherland, & of the views of New-Amsterdam, by Asher. 266

Catalogue of works on the Australian continent, by Etheridge. 2324

Voy. aussi: New South Wales.

Austrasiæ reges et duces

Note sur les différents tirages des planches de ce livre, par Meaume. 4250

Auteurs anciens

Biblioteca degli autori antichi greci e latini, da Paitoni. 4910

Voy. aussi: Classiques, Grec, Latin.

Auteurs sacrés

Voy.: Patrologie.

Autographes

L'amateur d'autographes, par Charavay. 1502

Les autographes, par de Lescure. 3901

Handbuch für Autographensammler, von Günther. 2887

Recherches sur l'autographie, par Peignot. 5007

Revue des autographes. 5471

Autran (J.)

Sa vie et ses œuvres, par de Pontmartin. 5197

Autran (P.)

Sa vie et ses écrits par A. Autran. 295

Autriche

Bibliographisches Central-Organ des österreichischen Kaiserstaates. 695

Oesterreichische Buchhändler-Correspondenz. 4839

Oesterreichischer Catalog. 4840, 4841

Biographisches Lexikon des Kaiserthums Oesterreich, von Wurzbach von Tannenberg. 6803

Bibliotheca juridica austriaca, par Stubenrauch. 6124

Bibliographie zur Geschichte des Oesterreichischen Kaiserstaats, von Schmit Ritter v. Tavera. 5791

Grundriss der österreichischen Geschichte, von Krones. 3636

Recueil des traités concernant l'Autriche et l'Italie. 5375

Uebersicht der Literatur des östreichischen Kaiserstaates (1853—1855), von Wurzbach von Tannenberg. 6802

Die Wiener und österreichische Buchdruckergeschichte, von Koch. 3594

Die periodische Presse Oesterreichs, v. Winckler. 6760

Die Handschriften der k. k. Hofbibliothek in Wien, von Chmel. 1563

Literatur der Zoologie, Botanik und Paläontologie. 528

Voy. aussi: Hongrie, Bohême, Dalmatie, Frioul, Galicie, Istrie, Moravie, Pola, Styrie, Teschen, Transylvanie, Tyrol, Vienne.

Auvergne

Catalogue des ouvrages concernant l'Auvergne, par Gonod. 2781

Dictionnaire historique des personnages d'Auvergne, par Aigueperse. 47

Les journaux et écrits périodiques de la Basse-Auvergne, par Mège. 4261

Auxerre

Histoire de l'imprimerie à Auxerre, par Ribière. 5489

Aveyron

Biographie Aveyronnaise, par Affre. 42

Table des matières contenues dans les Publications de la Société des lettres de l'Aveyron (1838—1876). 6178

Avezac (d')

Ouvrages, mémoires, études et notices. 297

Avignon

Bibliographie des journaux publiés à Avignon. 664

Avocats

Die Reform des Advokatenstandes in Deutschland, von Beschorner. 582

Bannatyne Club

Catalogue of books printed, by Martin. 4202

Bannister (J.)

Memoirs, by Adolphus. 31

Baour

Note sur les almanachs de Baour, par Desbarreaux Bernard. 1936

Baour-Lormian

Etude, par Barghon de Fort-Rion. 388

Bar

Voy.: Barrois.

Barante (de)

Sa vie et ses œuvres, par Boullée. 989

Barbaste

Titres scientifiques. 369

Barbié du Bocage

Sa vie et ses ouvrages. 2036

Barbier

Sa vie et ses travaux scientifiques. 4756

Barbier (A.)

Notice, par L. Barbier. 385

Barbieri

Vita e scritti, da Baseggio. 425

Barchou de Penhoën

Discours, par Laboulaye. 3673

Barclay

Notice of Barclay and his writings. 5919

Bard

Geschichte der Buchdruckerey zu Bard, von Oelrich. 4831

Historische Nachricht von der Buchdruckerey zu Bard, von Oelrich. 4834

Barker-Webb

Sa vie et ses travaux, par Gay. 2636

Barométrie

Bibliographie der Barometrie, von Gieswald. 2700

Barral

Titres et travaux scientifiques. 394

Barré de Saint-Venant

Ses travaux et titres scientifiques. 398

Barroilhet

Sa vie et ses travaux artistiques. 4698

Barrois (le)

Commencements de l'imprimerie, par Beaupré. 462

Liste des portraits des personnages nés dans le duché de Bar, par Lieutaud. 3949

Barry

Sa vie et ses œuvres, par Hittorff. 3187

Sa vie et ses ouvrages, par Gatien-Arnoult. 2619

Barth

Exposé de ses titres. 401—403

Barthélemy

Sa vie et ses ouvrages. 406

Barthélemy aîné

Notice sur sa vie scientifique, par Bouley. 985

Barthez

Titres et travaux scientifiques. 409

Bartholinus

Liste de ses écrits. 413

Bartholmess

Sa vie et ses travaux, par Matter. 4226

Bartsch

Catalogue de ses estampes. 422

Basounoff

Catalogue méthodique des livres russes en vente à sa librairie (1825—1873), par Méjoff. 4278

Bas-Rhin

Catalogue des ouvrages et des cartes sur le département du Bas-Rhin, par Heitz. 3078

Description et bibliographie, par Loriol. 4043

Basque

Bibliographie basque, par Michel. 4359

Noticia de las obras vascongadas que han salido a luz despue de las que cuenta el p. Larramendi. 4784

Bibliographie

Bibliographie des bibliographies

Bibliographies générales

Bibliographies spéciales

Bibliologie

Bibliomanie

Bibliophile

Bibliophilie

Bibliophobie

Biblioteca nazionale

Bibliothécaire

Bibliothéconomie

Bibliothèque bleue

Bibliothèque Bodleienne

Catalogus universalis librorum in bibliotheca Bodleiana. 1451

Early english literature preserved in the Douce collection in the Bodleian library, by Halliwell. 2979

Early english literature preserved in the Malone collection in the Bodleian library, by Halliwell. 2980

Bibliothèque choisie

Bibliotheca exhibens apparatum lectissimum, par Adelung. 26

Bibliothèque de l'académie royale des beaux-arts de Berlin

Verzeichniss der Bücher und Kupferwerke, von Caspar. 1262

Bibliothèque de la jeunesse

Musterung unserer deutschen Jugend-Literatur, von Detmer. 1968

Bibliothèque elzévirienne

Catalogue raisonné de la Bibliothèque elzevirienne. 1395

Bibliothèque impériale de St. Pétersbourg

Catalogue de ses publications jusqu'en 1861. 1357

Catalogue des éditions aldines, par Minzloff. 4408

Catalogue des Russica, par Minzloff. 4409

Les Elzevirs de la Bibliothèque imp. de St. Pétersbourg. 2244

Notice sur ses reliures anciennes, par Minzloff, 4410

Bibliothèque internationale

Bibliothèque internationale universelle. 807

Bibliothèque (impériale ou royale) nationale

Bibliotheca Bigotiana, par Delisle. 1882

La bibliothèque royale et son catalogue, par G. Paris. 4952

Bulletin mensuel des publications étrangères. 1174

Bulletin mensuel des récentes publications françaises. 813

Catalogue de l'histoire de France. 805

Catalogue de l'histoire de la Grande Bretagne. 814

Catalogue des livres imprimés de la bibliothèque du roy. Belles-lettres. Jurisprudence. 1336

Catalogue des livres imprimés de la bibliothèque du roi. Théologie. 1338

Catalogue des livres imprimés sur vélin de la bibliothèque du roi. 1337

Catalogue des manuscrits samskrits, par Hamilton. 2990

Catalogue des ouvrages à la disposition des lecteurs dans la salle de travail. 812

Catalogue des recueils de pièces fugitives rassemblées par Morel de Thoisy. 1302

Catalogue des sciences médicales. 804

Inventaire des livres imprimés sur vélin de la bibliothèque nationale. Complément. 3380

Liste des périodiques reçus. 3992

Notice des objets exposés. 815

Notice sur les anciens catalogues des livres imprimés de la bibliothèque du roi, par Delisle. 1884

Pouillé des manuscrits de la collection Grenier sur la Picardie, à la Bibliothèque du roi, par Dufour. 2115

Principes fondamentaux de la classification bibliographique, par Albert. 55

Bibliothèque Ste Geneviève

Son histoire, par A. de Bougy. 974

Bibliothèque universelle

Plan d'une bibliothèque universelle, par Aimé-Martin. 50

Bibliothèques

Advis pour dresser une bibliothèque, par Naudé. 4593

De bene disponenda bibliotheca, a Fr. de Araoz. 229

De bene ordinanda et ornanda bibliotheca, von Kœler. 3601

Bibliotheca bibliothecarum, par Labbe. 3666

De bibliothecis, par Lomeier. 4025

Du classement des bibliothèques, par Sobolstchikoff. 5985

Del modo di ordinare una pubblica biblioteca, da Salvioni. 5694

Delle biblioteche più specialmente italiane, da Andreucci. 177

Giornale delle biblioteche, da Bianchi. 2716

Dissertation sur les bibliothèques. 2039

Erörterungen zum übereinstimmenden Ordnen öffentlicher Bibliotheken, von Friedrich. 2557

Free town libraries, by Edwards. 2214

Libraries and founders of libraries, by Edwards. 2215

Brevière (L. H.)

Sa vie et ses œuvres, par Adeline. 19

Breyé

Notice, par Digot. 2025

Brierre de Boismont

Titres scientifiques. 1063

Brifaut

Notice, par Poisot. 5180

Briot

Ses travaux mathématiques. 1064

Briquet

Titres scientifiques. 1065

British Museum

The book of British topography, by Anderson. 164

Catalogue of chinese printed books in the British Museum, by Douglas. 2067

Catalogue of maps presented by George IV to the British Museum. 1376

Catalogue of printed books in the British Museum. 1377

Catalogue of the manuscript maps of the topographical drawings in the British Museum. 1384

List of the books of reference in the reading room of the British Museum. 3980

List of the British Museum publications. 1068

Broca

Titres et travaux scientifiques. 1073, 1074

Brochin

Ses travaux et ses titres. 1075

Brockhaus

Verzeichniss der von der Firma Brockhaus bis 1872 verlegten Werke. 1076

Brodie

Sa vie et ses travaux, par Giraldès. 2719

Broglie (duc V. de)

Sa vie et ses travaux, par Mignet. 4375

Brongniart

Eloge, par Dumas. 2127

Brooklyn

Catalogue of his mercantile library. 1385

Brosses

Sa vie et ses ouvrages, par Mamet. 4120

Brosset

Liste de ses travaux. 3993

Brouardel

Titres et travaux scientifiques. 1084, 1085

Brougham

Sa vie et ses travaux, par Mignet. 4365

Broussais

Broussais et son œuvre, par Reis. 5405

Titres. 1087—1089

Brown-Séquard

Notice sur ses travaux. 1092

Bruç (René de)

Notice, par de Wismes. 6771

Bruce

Life & writings, by Murray. 4560

Bruges

De Brugensibus eruditionis fama claris, par Sander. 5699

Brûlure

Literatur der Verbrennungen, von Sonnenburg (14). 1969

Bruneau de Tours

Etude, par Brachet. 1021

Brunel

List of reports and other original documents. 1100

Sa vie et ses travaux, par Frère. 2541

Brunswick

Bibliotheca Brunsvico-Luneburgensis. 726

Conspectus historiæ Brunsvico-Luneburgicæ universalis, ab Erath. 2267

Nachrichten von der Braunschweigischen Bibelsammlung, von Knoch. 3587

Succincta notitia scriptorum rerum Brunsvicensium, par Baring. 389

Cantù

Bibliografia delle pubblicazioni di Ign. Cantù, da Vismara. 6584

Cap

Titres et travaux scientifiques. 1231—1233

Capitolinus

Index editionum. 3183

Cappello

Vita e scritti, da Paravia. 4945

Cardinaux

De eminentissimis s. r. e. scriptoribus cardinalibus, par Turrigius. 6352

Carion

Leben und Schriften. 6108

Caristie

Sa vie et ses ouvrages, par Baltard. 358

Carlyle

The bibliography of Carlyle, by Shepherd. 5914

His life and writings, by Shepherd. 5918

Thomas Carlyle, by Wylie. 6813

Carmélites

Bibliotheca auctorum provinciæ Arragoniæ ordinis Carmelitarum, par Faci. 2383

Bibliotheca scriptorum Carmelitarum excalceatorum, par Baptista. 365

Bibliotheca scriptorum Carmelitarum excalceatorum, par Martial. 4194

Carmelitana bibliotheca, par Lucius. 4057

Carnandet

Sa vie et ses travaux, par Fèvre. 2443

Carnot

Ses ouvrages. 1249

Carpathes

Literatur über die Karpathen, von Heksch. 3080

Carpeaux

Sa vie et son œuvre, par Chesneau. 1545

Carrateyron

Ses chansons. 690

Carré

Sa vie et ses ouvrages, par Waldeck-Rousseau. 6640

Carron du Villards

Ses titres littéraires. 1255

Cartes

La cartographie au dépôt de la guerre, par Rouby. 5623

Catalogue des meilleures cartes géographiques. 1364, 3172

Catalogue des cartes qui composent l'hydrographie française. 1320, 1321, 1393, 1922, 4403

Liste des cartes et plans de l'empire russe. 3990

Répertoire des cartes publié par l'Institut roy. des ingénieurs néerlandais. 5421

Beurtheilende Uebersicht der Karten- und Festungs-Pläne von Europa. 602

Catalog über die im K. Bayer'schen Hauptconservatorium der Armee befindlichen Landkarten. 1275

Der Karten-Freund, von Oesfeld. 4837

Katalog der von Sr. Maj. dem König Friedrich August von Sachsen nachgelassenen Kartensammlung. 3528

Katalog von Kartographischen Werken. 3530

Kritischer Wegweiser im Gebiete der Landkarten-Kunde. 3633

Repertorium der Land- und Seekarten, von Woltersdorf. 6788

Uebersicht der neueren Wandkarten und Atlanten, von Klöden. 3571

Uebersicht der wichtigsten Karten Europa's, von Sydow. 6158

Uebersicht der wichtigsten Karten und Pläne Central-Europa's, von Witzleben. 6774

Verzeichniss der Landkarten der Sächsischen Lande, von Adelung. 28

Admiralty catalogue of charts, plans, by Dunsterville. 2143

Catalogue of charts of the U. St. Coast survey, by Patterson. 4973

Catalogue of charts, plans & views published by the U. S. hydrographic office. 1186

Catalogue of maps of the British possessions in India, by Saunders. 5714

Catalogue of maps presented by George IV to the British Museum. 1376

Catalogue of those maps, charts & surveys relating to America, by Kohl. 3606

Saggio di cartografia della regione Veneta. 5671

Bibliotheca classica, a Draudio. 2080

Bibliotheca philologica classica. 3421

Bibliotheca scriptorum classicorum et græcorum et latinorum, 1700—1852, von Engelmann. 776

Bibliotheca scriptorum classicorum et græcorum et latinorum (1858—1869), von Herrmann. 3133

Dictionarium editionum auctorum classicorum, par Hebenstreit. 3065

Præfationes et epistolæ editionibus principibus auctorum veterum præpositæ, par Botfield. 954

Anzeige der griechischen und lateinischen Klassiker, von Bährens. 319

Ausgaben der griechischen und römischen Classiker, von Harwood. 3033

Grundriss der classischen Bibliographie, von Wagner. 6625

Handbuch der classischen Bibliographie, von Schweiger. 5857

Handbuch der classischen Literatur der Römer. von Fuhrmann. 2572

Repertorium der classischen Philologie, von Mühlmann. 4527

Vorzüglichste Ausgaben der griechischen und römischen Classiker. 2998

Editions of the greek & roman classics, by Harwood. 3032

English editions of the ancient greek & latin authors, by Brüggemann. 1096

Introduction to the Knowledge of rare editions of the greek and latin classics, by Dibdin 1989, 1990, 1991

Introduction to the Knowledge of the best editions of the greek and roman classics. 1598

Manual of clàssical bibliography, by Moss. 4513, 4514

Bibliografia delle opere contenute nella collezione de' classici italiani. 624

Edizioni degli autori classici greci e latini tradotto da Harwood. 3031

Romerske og graeske Klassiker, som haves oversatte i det Danske Sprog, von Baden. 316

Claudianus

Index editionum. 1602

Claudius

Liste de ses écrits, par Herbst. 3120

Clavier

Führer auf dem Felde der Klavierunterrichts-Literatur, von Knorr. 3588

Repertorium der Clavierliteratur, von Köhler. 3599

Clebsch

Sa vie et ses travaux, par Mansion. 4142

Clef (livres à)

Livres à clef, par Quérard. 5298

Clément

Titres et travaux scientifiques. 1608

Clercs de la mère de Dieu

De scriptoribus congregationis clericorum regularium matris Dei, par Sarteschus Lucensis. 5710

Clergé

Vollständige und reele Priester-Bibliothec, von Schwindel. 5863

Clias

Notice sur ses travaux. 1617

Clicquot-Blervache

Etude, par de Vroil. 6617

Sa vie et ses ouvrages, par Jacob. 3397

Clieu (Chevalier de)

Notice, par Dubois. 2095

Cloëz

Ses travaux scientifiques. 1619

Clos

Titres et travaux scientifiques. 1620

Cloué

Ses travaux scientifiques. 1621, 1622

Cocceji (de)

Vita et scripta. 6590

Cochereau

Notice, par Marcille. 4162

Cocheris

Notice bio-bibliographique, par Grélot. 2852

Cochlæus

Scripta. 1629

Cocus

La bibliographie jaune. 679

Code civil

Literatur des allgemeinen bürgerlichen Gesetzbuches, von Damianitsch. 1768

Literatur des österreichischen allgemeinen bürgerlichen Gesetzbuches, von Püttlingen. 5282

Voy. aussi: Droit.

Code Napoléon

Dessen Literatur, von Seidensticker. 5886

Coimbre (Université de)

Bibliographia da imprensa da universidade de Coimbra, por Seabra d'Albuquerque. 5869

Colard Mansion

Ses écrits et ses éditions, par Van Praet. 6438

Notice sur Colard Mansion. 4728

Colardeau

Sa vie et ses ouvrages, par Fayotte. 2409

Coléoptères

Uebersicht der biologischen Literatur der **Käfer**, von Rupertsberger. 5651

Coler

Schediasma historico-literarium de Coleris doctrina scriptisque claris, par Martin. 4197

Colin (F.)

Notice, par Spach. 6026

Colin (G.)

Ses travaux scientifiques. 1641

Colin (L.)

Ses titres. 1642

Collier

Life and writings, by Benson. 512

Collignon

Ses titres. 1650

Collin

Ses titres littéraires. 1651

Collins

Pictures printed by Collins. 1654

Collins (Ed. v.)

Verzeichniss seiner Schriften, par Walther. 6650

Collombet

Notice, par Christophe. 1579

Cologne

Bibliotheca coloniensis, par Hartzheim. 3030

Colombat

Titres scientifiques. 1667

Colombe

Ses ouvrages, par Lambron de Lignim. 3726

Colombie

Bibliotheca hispano-americana. 735

Indice y resumen de los documentos que forman la Biblioteca Pineda. 3364

Mapoteca Colombiana, par Uricoechea. 6377

Colonies hollandaises

Repertorium op de Koloniale litteratuur (1595-1865), door Hooykaas. 3238

Colorado

Bibliography of the birds of the Colorado valley, by Coues (11). 1917

Colportage

Catalogue général des livres approuvés. 4400

Histoire de la littérature populaire, par Nisard. 4662

Combes

Notice sur ses travaux. 1669

Comenius

Seine pädagogische Werke, von K. v. Raumer. 5345

Comines (Ph. de)

Etude de ses ouvrages, par Dupuis. 2165

Comique

Geschichte der Komischen Literatur in Deutschland, von Ebeling. 2199

Commerce

Anleitung zur Handlungswissenschaft, von Beckmann. 475

Beiträge zur Geschichte des deutschen Buchhandels, von Kirchhoff. 3560

Bibliographie des finances, du commerce (1714-1879), par Karataeff. 3513

Bibliothek der Handlungswissenschaft, von Engelmann. 788

Bulletin bibliographique. 1162

Literatur der Kaufleute, von Gruber. 2877

Neues Handbuch der Literatur und Bibliographie für Kaufleute, von Schedel. 5732

Dantzick

Darboy

D'Arcet

Daremberg

Dareste

Darondeau

Dassier

Daubenton

Daubrée

Daullé

Daulne

Dauphiné

Daussy

Davaine

David

David (F.)

David (J.)

David d'Angers

Debombourg

Decaisne

Decamps

Dechambre

Deformation

Defrémery

Droit hambourgeois

Droit hanovrien

Droit hongrois

Droit industriel

Droit italien

Droit maritime

Droit matrimonial

Droit mecklenbourgeois

Droit naturel

Droit oriental

Droit pénal

Droit poméranien

Droit portugais

Droit privé

Droit prussien

Droit public

Droit romain

Droit saxon

Droit wurtembergeois

Erlinger

Sämmtliche gedruckte Schriften, von Heller. 3088

Ermland

Literaturgeschichte des Bisthums Ermland, von Hipler. 3158

Erotiques

Bibliotheca Germanorum erotica, von Nay. 4606

Catéchisme libertin à l'usage des filles de joie, par Melle Théroigne. 6243

Notice sur les écrivains érotiques. 4762

De poetis Alsatiæ eroticis medii ævi, par Prox. 5264

Erycus Putaneus

Operum quæ scripsit catalogus. 2295

Erysipèle

Literatur, von Tillmanns (5). 1969

Escayrac de Lauture (d')

Ses voyages et ses travaux, par Malte-Brun. 4118

Espagne

Ses titres et ses travaux scientifiques. 2301, 2302

El bibliógrafo español. 632

Biblioteca española, por Rodriguez de Castro. 5557

Bibliotheca hispana, ab Antonio. 210

Bibliotheca Hispana, ab Antonio Hispalensi. 212, 213

Boletin bibliográfico español, por Hidalgo. 912, 3151

Boletin de la libreria 1874—1881, Murillo. 913

Catalogue of spanish and portuguese books, by Salvá. 5691

Diccionario de bibliografia española, da Hidalgo. 3152

Handbuch der Spanischen Litteratur, von Lemcke. 3864

Hispaniæ bibliotheca. 3168

Specimen bibliothecæ hispano-majansianæ. 6030

Bibliografia de los escritores españoles del siglo XIX, por Olivo y Otero. 4860

Biblioteca española de libros raros, por Gallardo. 2593

Ensayo de una biblioteca española de los mejores escritores, por Sempere y Guarinos. 5893

Biblioteca de los escritores que han sido individuos de los seis colegios mayores por Rezabal y Ugarte. 5481

Bibliotheca hispano-americana. 735

Tabla ó breve relacion apologetica del merito de los españoles en las ciencias, por Gonzalez. 2786

Ilustres autores e inventores de artilleria que han florecido en España, por de Los Rios. 4045

Plan de una biblioteca de autores arabes españoles, por Gonzalez. 2785

Sulle antichitá spagnuole, da Valentinelli. 6392

Geschichte der schönen Literatur in Spanien, von Ticknor. 6276

Catalogus clarorum Hispaniæ scriptorum, ab Andrea. 172

La botánica de la peninsula Hispano-Lusitana. 1658

Les terrains crétacés et tertiaires du Nord de l'Espagne, par Carez. 1246

Bibliotheca hispanica historico-genealogico-heraldica, par Franckenau. 2530

Diccionario bibliográfico-histórico de España, por Munoz y Romero. 4549

Catalogo de los autores españoles que han escrito de historia natural, por Qüer. 5291

Etablissement de l'art typographique en Espagne, par Née de la Rochelle. 4614

De prima typographiæ Hispanicæ ætate specimen, a Diosdado Caballero. 2035

Biblioteca periodica anual. 713

Biblioteca maritima española, por Fernandez de Navarrette. 2415

Historia bibliografica de la medicina española, por Morejon Hernandez. 4497

Biblioteca militar española, por Garcia de la Huerta. 2609

Bibliografia militar de España, por Almirante. 113

Biblioteca española de libros relativos al riquezas minerales, por Maffei. 4087

Catalogo de las españolas que mas se han distinguido en ciencias y armas, por Cubié. 1733

Catálogo del teatro antiguo español, par de La Barrera y Leirado. 3664

Theatro hespanol, por Garcia de la Huerta. 2610

Ensayo de una bibliotheca de traductores españoles, por Pellicer y Saforcada. 5021

Typographia española, por Mendez. 4318

Catalogo de algunos autores españoles que han escrito de veterinaria. 1284

Bibliografia de la veterinaria española, por Llorente Lázaro. 4016

Epitome de la biblioteca oriental i occidental, por Antonio de Leon. 211, 3881, 3882.

Epitome de la biblioteca oriental, por Leon Pinelo. 5139

The fifty years' work of the royal geographical society, by Markham. 4177

Geographischer Büchersaal, von Hager. 2951

List of publications of the engineer department U. S. Army sent to the international congress of geographical sciences at Paris. 3983

Liste provisoire de bibliographies géographiques spéciales, par J. Jackson. 3389

Museum geographicum, von Hübner. 3263

Boletin de la sociedad geografica de Madrid. 914

Registrande der geographisch-statistischen Abtheilung des grossen Generalstabes. 5381

Zeitschrift für allgemeine Erdkunde. 6851

Repertorium über die allgemeinen deutschen Journale für Erdbeschreibung, von Ersch. 2289

Katalog der geographischen Literatur Badens. 3523

Bibliothèque géographique de la France, par Pihan-Delaforest. 5135

Catalogue des géographes grecs, par Holstenius. 3228

Bibliotheca historica et geographica, a C. a Beughem. 591

Bibliotheca historico-geographica, 1750—1824, von Enslin. 739

Bibliotheca historico-geographica, von Zuchold. 738

Biblionomia historico-politico-geographica, par Bartels. 400

Alphabetische Naamlijst van Boeken, Plaat en Kaartwerken, in Nederland. 117, 118

Geographische Bibliographie van Nederlandsch Oost-Indië (1865—1880), par Kan. 3510

List of the maps & charts of New-Netherland, by Asher. 266

Studj bibliografici sulla storia della geografia in Italia. 6128

Grundzüge der physischen Geographie des Meeres, von Gelcich. 2647

Geschichte der Methodologie der Erdkunde, von Lüdde. 4065

Méthode pour étudier la géographie, par Lenglet du Fresnoy. 3870

Die Methodik der Erde, von Lüdde. 4066

Litteratura geographiæ Ptolomææ, par Nobbius. 4665

Bibliographie de la géographie russe, par Méjoff. 4274

Livres scolaires de géographie générale de la Russie, par Vessine. 6522

Quellen-Anzeiger für das Studium der Geographie des russischen Reichs, von Stuckenberg. 6126

Geschichte der physischen Geographie der Schweiz, von Studer. 6127

Verzeichniss von erschienenen Werken über die Geographie des skandinavischen Nordens, von Lorck. 4038

Auswanderer-Bibliothek. 294

Handbuch der historisch-geographischen Litteratur Westphalens, von Weddigen. 6679

List of publications of the engineer department, U. S. Army. 3983

List of reports, maps, etc. forwarded by the engineer bureau of the war department of the U. S. 3984

List of reports & maps of the U. S. geographical surveys, by Wheeler. 6730

Opere principali di geografia esistenti nelle biblioteche d'Italia, da Narducci. 6128

Catalogo delle più rare opere geografiche, nella bibliotheca del collegio Romano. 1267

Catalogue of map room of the royal geographical society. 1375

Géographie botanique

Verzeichniss der die Pflanzengeographie betreffenden Werke, von Schouw. 5815

Bericht über die Leistungen in der Pflanzengeographie (1843), von Grisebach. 2865

Géographie médicale

Notes sur la géographie médicale de la côte occidentale d'Afrique, par Rey. 5476

Géographie typographique

The typographical Gazetteer, by H. Cotton. 1708

Géologie

Bibliographia zoologiæ et geologiæ, par Agassiz. 43

Catalogue des auteurs qui ont traité des coquilles, par Gersaint. 2683

Jahrbuch der k. k. geologischen Reichsanstalt. 3414

Katalog der Bibliothek der K. geologischen Landesanstalt zu Berlin. 3516

Repertorio italiano per la storia naturale, da Bianconi. 610

American geological bibliography (1851), by Girard. 2720

Catalogue de la collection de cartes géologiques de Cordier. 1316

Les terrains crétacés et tertiaires du nord de l'Espagne, par Carez. 1246

Verzeichniss der wichtigsten geologischen Karten von Central-Europa, von Dechen. 1830

Bibliographie des terrains tertiaires de la France occidentale, par Vasseur. 6449

Geology of England, by Harrison. 3022

Bibliographie géologique de l'Italie. 676

Bibliographie géologique de la Normandie. 675

Rapport sur les travaux géologiques du Portugal, par Pereira da Silva. 5028

Geologische Litteratur der Rheinprovinz, von Dechen. 1829

Indice delle pubblicazioni riguardanti la geologia della provincia di Roma, da Zezi. 6873

Literatur der Geologie Russlands, von E. de Berg. 521

Bibliografia geologica della provincia di Siena, da Pantanelli. 4926

Bibliografia mineralogica, geologica della Toscana, da d'Achiardi. 10

Catalogue of the publications of the United States geological survey, by Hayden. 3054

Géorgie

Ueber Georgianische Litteratur, von Alter. 126

Gérando (baron de)

Eloge, par Bayle-Mouillard. 452

Sa vie et ses travaux, par Jomard. 3467

Sa vie et ses travaux, par Melle Morel. 4498

Sa vie et ses travaux, par Mignet. 4371

Gerberon

Sa vie et ses ouvrages, par Ledru. 3830

Gerbier

Catalogue de ses œuvres, par Hauréau. 3048

Gerdy

Eloge historique, par Broca. 1072

Résumé de ses travaux. 2670, 2671

Gergonne

Sa vie et ses travaux, par Lafon. 3707

Gerhardt

Ses travaux. 2675, 2676

Sa vie et son œuvre, par Papillon. 4939

Sa vie et ses travaux, par Chancel. 1498

Germain de St Pierre

Ses ouvrages. 2681

Germains

Das ethnographische Verhältniss der Kelten und Germanen, von Brandes. 1027

Voy.: Allemagne.

Gers

Bibliographie politique du Gers, par Tarbouriech. 6196

Gerson

Johannes Gerson, von Schwab. 5848

Sa vie et ses écrits, par L'Ecuy. 3825

Gervais

Notice sur ses travaux. 2685

Gerville (de)

Sa vie et ses ouvrages. 4742

Gesner

De libris a se editis. 2689

Uebersicht seiner Schriften. 6707

Ghazzâlis

Leben und Werke, von Gosche. 2796

Gheldres (Philippe de)

Notice sur plusieurs éditions de la vie de Ph. de Gheldres, par Guillaume. 2914

Gherardo

Vita e opere, da Boncompagni. 924

Gibbon

His life & correspondence, by Milman. 4387

Gibelin

Notice nécrologique. 1806

Gibert

Ses titres. 2697, 2698

Giraldès

Titres scientifiques. 2718

Girard

Notice nécrologique, par Bouley. 983

Girard de Cailleux

Titres et travaux scientifiques. 2724

Grandidier

Grandier

Graslin

Gratiolet

Graves

Graveurs

Gravure

Gravure sur bois

Guyon Guérin de Bouscal

Notice, par Desbarreaux-Bernard. 1930

Guyot

Sa vie et ses ouvrages, par Barbier. 388

Guys (P. A.)

Notice, par H. Guys. 2934

Guyton de Morveau

His life & writings, by Granville. 2836

Gymnastique

Literatur der Gymnastik, von Werner. 6719

Neue Jahrbücher für die Turnkunst. 4627

Die Turnschule des Soldaten, von Kloss. 3573

Haarlem

Bibliografie van Haarlem, par Van der Linde. 6422

Catalogus van Boeken over de Geschiedenis van Haarlem, par Ekama. 2225

The Haarlem legend of the invention of printing by C. J. Coster, par Van der Linde. 6426

Habsbourg

Habsburg und Habsburg-Lothringen, von Wurzbach von Tannenberg. 6805

Hachette

Catalogue de ses ouvrages (1867—1878). 4687

Hadeln

Das gelehrte Hadeln, von Müller. 4532

Hadji-Khalfa

Notice sur son dictionnaire bibliographique, par Reinaud. 5403

Händel

Verzeichniss seiner Ausübungswerke. 2664

Haime

Notice, par Lesêble. 3903

Sa vie et ses travaux, par d'Archiac. 283

Hainaut

Bibliographie de l'histoire du Hainaut, par Delecourt. 1865

Haïti

Bibliographie d'Haïti, par Bonneau. 933

Hakluyt society

Liste de ses publications. 4177

Halberstadt

Historische Bibliothek vom Fürstenthum Halberstadt, von Lucanus. 4055

Haldat (de)

Ses travaux. 2958

Haldat Dulys

Sa vie et ses ouvrages, par Simonin. 5945

Halévy

Sa vie et ses ouvrages, par L. Halévy. 2966

Sa vie et ses ouvrages, par Beulé. 599

Hallberg-Broich (v.)

Liste de ses écrits. 2969

Halle

Vorakademische Buchdruckergeschichte der Stadt Halle, von Schwetschke. 5861

Haller

Adnotationes ad bibliothecas Hallerianas, par de Murr. 4555

Haller (Albr. v.)

Gedichte, von Hirzel. 786

Halliwell

Notice, par Moreau. 4492

Hamann

Leben und Schriften, von Gildemeister. 2703

Hamberger

Leben und Schriften, von Blasche. 858

Hambourg

Bibliotheca Hamburgensium scriptis clarorum, par Fogel. 2488

Bibliotheca Hamburgensis tripartita, par Fogel. 2489, 2490

Bibliotheca historica Hamburgensis, par Fincke. 2456

Bibliotheca juris statutarii Hamburgensis. 753

Hamburgische bibliotheca historica. 2987

Hamburgisches Staats- und Gelehrten-Lexicon, von Beuthner. 603

Hamburgum literatum anni 1716. 2988

Lexikon der hamburgischen Schriftsteller, von Schröder. 5822

La presse périodique française à Hambourg (1686—1848), par Hoffmann. 3206

Bibliothèque historique à l'usage des dames. 803

Histoire littéraire

Hollard

Holstein

Home

Homéopathie

Homère

Homilétique

Homme

Homœopathie

Homonymes

Imprimerie de la Propagation de la foi

Imprimerie nationale de Lisbonne

Imprimerie royale de Florence

Imprimeries particulières

Imprimeurs

Incunables

Irlande

Isabey

Isère

Islande

Istrie

Italie

l'Isère en particulier, par Champollion Figeac. 1496

Serie degli scritti impressi in dialetto Veneziano, da Gamba. 2598

Lo studio dell' italiano, da Breitinger. 1046

Uebersicht der teutschen Sprachkunde, von Rüdiger. 5643

Verzeichniss der auf dem Gebiete der altnordischen Sprache erschienenen Schriften, von Möbius. 4435

Zeitschrift für ägyptische Sprache. 6850

Zeitschrift für neufranzösische Sprache und Literatur. 6856

Voy. aussi: Dialectes.

Linné (C. v.)

Verzeichniss seiner Schriften, von Störer. 6090

Lippe

Literatur der lippischen Geschichte, von Preuss. 5242

Lisfranc

Ses travaux. 3978

Lithographie

Essai historique sur la lithographie, par Peignot. 5001

Uebersicht der einzig bestehenden vollständigen Incunabeln-Sammlung der Lithographie. 6358

Lithuanie

De typographiis in magno ducatu Lithuaniæ, par Hoffmann. 3211

Littérature allemande

Compendium der deutschen Literaturgeschichte, von Koch. 3592

Geschichte der deutschen Literatur, von Menge. 4322

Grundriss der Geschichte der deutschen National-Litteratur, von Koberstein. 3591

Handbuch der deutschen Literatur, von Ersch. 2277

Histoire de la littérature allemande, par Heinrich. 3072

Uebersicht der deutschen Nationalliteratur, von L. v. Lancizolle. 3738

Voy. aussi: Allemagne.

Littérature ancienne

Bibliothek der ältern Litteratur, von Pächtermünze. 4905

Uebersetzerbibliothek, von Schummel. 5846

Littérature chrétienne

Geschichte der altchristlichen Literatur, von Gebhardt. 2643

Littérature française

Histoire de la littérature françoise, par Goujet. 2808

Voy. aussi: France.

Littérature grecque

Bibliographisches Handbuch der gesammten neuen griechischen und römischen Literatur, von Brehm. 1044

Voy. aussi.

Littérature italienne

Quadro della letteratura e delle arti d'Italia, da Acerbi. 8

Voy. aussi: Italie.

Littérature latine

Voy.: Latin.

Littérature populaire

Brief list of old-book of early english popular literature. 1061

Uebersicht der Niederländischen Volks-Literatur, von Mone. 4460

Wegweiser im Gebiete der Volksliteratur, von Ludwig. 4063

Littérature romaine

Geschichte der römischen Literatur, von Nicolai. 4647

Voy. aussi: Rome.

Littérature sacrée

View of the succession of Sacred Literature, by Clarke. 1595

Littré

Sa vie et ses travaux, par Ste Beuve. 5679

Liturgie

Bibliothèque liturgique, par Alès. 63

Livres de liturgie des diocèses de Toul et de Verdun, par Beaupré. 459

Des livres de liturgie des églises d'Angleterre imprimés à Rouen, par Frère. 2539

Livres liturgiques du diocèse de Troyes, par Socard. 5989

Slüter's ältestes rostocker Gesangbuch vom Jahre 1531, von Wiechmann-Kadow. 6737

Sveriges äldre liturgiska Literatur, par Klemming. 3569

Livius (Titus)

Index editionum. 4010. 4011

Livonie

Bibliotheca Livoniæ historica, von Winkelmann. 6764

Literatur der Geschichte Liv-, Ehst- und Curlands (1836—1847), von Paucker. 4974

Livländische Bibliothek, von Gadebusch. 2583

Schriftsteller- und Gelehrten-Lexikon der Provinz Livland, von Recke. 5371

Verzeichniss der neu erschienenen Schriften zur Geschichte Liv-, Ehst- und Kurlands, von Napiersky. 4584

Livres

Histoire du livre en France, par Werdet. 6716

The choice of books, by Richardson. 5500

Livres à vignettes

Catalogue des volumes à vignettes (bibliothèque de Cambrai), par Durieux. 2178

Guide de l'amateur de livres à vignettes du XVIIIe siècle, par Cohen. 1633—1636

Mélanges bibliographiques, par Schwab. 4295

Livres d'heures

Les livres d'heures au 16e siècle, par Tarbouriech. 6197

Livres perdus

Livres perdus, par Philomneste junior. 5109

Livres perdus et exemplaires uniques, par Quérard. 5299

Livres populaires

Histoire de livres populaires, par Nisard. 4662

Livres populaires imprimés à Troyes, par Socard. 5990, 5991

Die teutschen Volksbücher, von Görres. 2758

Lodge

Catalogue of Thomas Lodge's works. 1838

Löwenberg

Leorinum eruditum, par Ebert. 2005

Logique

Bibliographical references to symbolic logic, by Venn. 6467

Bibliographie de la logique, par de Reiffenberg. 5396

Loire

Catalogue des ouvrages relatifs au département de la Loire, par Chaverondier. 1534

Loire-Inférieure

Bibliophile de l'ouest de la France. 701

Loiret

Bibliographie du Loiret. 2663

Lombardie

Bibliografia della Lega Lombarda, da Ottino. 4890

Bibliotheca illustrium virorum provinciæ Lombardiæ sacri ordinis prædicatorum, par Rovetta de Brixia. 5631

Lomonosoff

Bibliographie des livres publiés pour son anniversaire, par Méjoff. 4280

Londres

London Catalogue (1800—1834). 4029

London Catalogue of periodicals, newspapers for 1880. 4030

Longet

Travaux scientifiques. 4033, 4034

Lopez del Plano

Poesias selectas, por Lopez del Plano. 4037

Lorient

Bibliographie de publications périodiques de Lorient, par Kerviler. 3551

Lorraine

Bibliographie du patois lorrain, par Jouve. 3488

Bibliothèque Lorraine, par dom Calmet. 1210

Biographie Alsacienne-Lorraine, par Cerfberr de Médelsheim. 1482

Commencements de l'imprimerie en Lorraine, par Beaupré. 461, 462

Etudes de bibliographie lorraine, par Rouyer. 5629

Liste de portraits de personnages nés en Lorraine, par Lieutaud. 3947, 3949

Nouvelles recherches de bibliographie lorraine, par Beaupré. 460

Publications de la Société d'archéologie lorraine. 5271

Lot

Biographie des hommes célèbres du département du Lot, par Vidaillet. 6530

Lottin

Sa vie et ses ouvrages, par Boulard. 980

Mecklenbourg

Beiträge zur ältern Buchdruckergeschichte Meklenburgs. 3417

Bibliothek der Mecklenburgischen Ritter- und Landschaft. 789

Geschichte der Buchdruckerkunst in Meklenburg bis 1540, von Lisch. 3977

Geschichte des evangelischen Kirchengesanges in Mecklenburg, von Bachmann. 311

Jetztlebendes gelehrtes Mecklenburg, von Koppe. 3612

Literatur des Mecklenburgischen Lehenrechts, von Roth. 5620

Médecine

Additamenta ad Choulanti bibliothecam medico-historicam, par Rosenbaum. 5583

Adnotationes ad bibliothecam Hallerianam medicinæ practicæ, par de Murr. 4555

Atlas historique et bibliographique de la médecine, par Broussais. 1086

Biblia iatrica, sive bibliotheca medica, par Schenckius. 5745

Bibliografia italiana delle scienze mediche, da Brugnoli. 1099

Bibliografia sanitaria, da Coletti. 1639

Bibliographia medica, par Planque. 5154

Bibliographia physico-medica, von Meyer. 4350

Bibliographie der Gesundheitspflege und medizinische Statistik, von Schlockow. 5776

Bibliographie médicinale raisonnée. 683

Bibliotheca Danorum medica, par Winther. 6768

Bibliotheca librorum rariorum physico-medicorum, par Bœrner. 888

Bibliotheca medica, par Gallus. 2595

Bibliotheca medica, par Kühn. 3649

Bibliotheca medica, par Schelhammerus. 5740

Bibliotheca medica, von Kestner. 3556

Bibliotheca medica. Catalogue of american & british books. 758

Bibliotheca medicinæ practicæ, par A. v. Haller. 2973

Bibliotheca medicinæ publicæ, par Wildberg. 6745

Bibliotheca medici eruditi, a P. a. Castro. 1269

Bibliotheca medico-chirurgica, von Vandenhoeck & Ruprecht. 761

Bibliotheca medico-chirurgica et pharmaceutico-chemica, von Enslin & Engelmann, 1750—1840. 760

Bibliotheca medico-chirurgica, 1750—1867, von Engelmann. 759

Bibliotheca medico chirurgica in Belgio (1790-1840), von Holtrop. 3231

Bibliotheca medico-historica, von Choulant. 1568

Bibliotheca medico-practica, par Ploucquet. 5164

Bibliotheca physico-medica, von Voss. 770

Bibliotheca realis medica, a Lipenio. 3970

Bibliothek der medicinischen Wissenschaften, von Theile. 6236

Bibliothèque du Paris Médical, par Meding. 4255

Bibliothèque littéraire . . . de la médecine, par Carrere. 1254

Biographia medica, von Hutchinson. 3278

Catalogue des sciences médicales de la Bibliothèque Nationale. 804

Catalogue of medical books, by Watt. 6672

Catalogue of modern medical books, by Highley. 3154

Catalogue of the library of the royal medical & chirurgical society of London. 1383

Catalogue raisonné of the medical society of Edinburgh. 1399

Catalogus bibliothecæ medicæ Cornelii Henrici à Roy. 1409

Catalogus dissertationum et programmatum ad medicinam spectantium, par Goerling. 2757

Catalogus dissertationum inauguralium medicarum academiæ Altorfinæ. 1415

Chronologia et literatura medicinæ, par Nopitsch. 4676

Collectio Salernitana. 1643

Commentatio epistolica qua musei disputatorii physico medici æstimatoribus grates quam maximas persolvit Heffter. 3070

Die deutsche Literatur auf dem Gebiete der Medicin und Pharmacie, 1871—1875, von Baldamus. 335

De scriptis medicis libri duo, par Van der Linden. 6429

Dictionnaire historique de la médecine, par Eloy. 2243

Einleitung in die Bücherkunde der praktischen Medizin, von Ludwig. 4061

Entwurf einer Bibliothek der Staats-Arzneikunde, von Daniel. 1775

Entwurf einer medicinisch-practischen Bibliothek, von Weber. 6675

Enumeratio librorum præcipuorum medici argumenti, par Murray. 4561

Essai de littérature medicale, par Villars. 6552

Médecine légale

Médecine militaire

Médecins

Verzeichniss der Militair-Literatur Deutschlands (1850—1861). 6166

Verzeichniss der Schriften, woraus man die Beschaffenheit von Festungen kennen lernen kann, von Böhm. 4091

Vita e opere degli italiani scrittori di artiglieria . . . militare, da Promis. 5256

Zur Litteratur der Kriege in Folge der französischen Revolution (1789—1815), von Petzholdt. 5085

Voy. aussi: Guerre.

Mill

John Stuart Mill, by Bain. 326

Millon

Résumé de ses travaux scientifiques. 4386

Milne-Edwards

Ses travaux scientifiques. 2209, 4388, 4389

Milton

Sa vie et ses œuvres, par E. de Guerle. 2898

Sa vie et ses travaux. 4750

Catalogue of all Milton's works, by Toland. 6297

Minard

Ses principaux travaux. 4394

Minéralogie

Anleitung zur Kenntniss der besten Bücher in der Mineralogie, von Schall. 5728

Bibliografia mineralogica della Toscana, da d'Achiardi. 10

Biblioteca española de libros relativos al conoscimiento de las riquezas minerales, par Maffei. 4087

Geologische und mineralogische Litteratur der Rheinprovinz, von Dechen. 1829

Indice delle pubblicazioni riguardanti la mineralogia della provincia di Roma, da Zezi. 6873

Katalog der Bibliothek des K. K. Hof-Mineralien-Cabinetes in Wien, von Partsch. 4959

Katalog der Bibliothek des K. K. Hofmineralien-Kabinets in Wien, von Schrauf. 5816

Literatur der Mineralogie Russlands, von E. de Berg. 521

Mineralogische Schriftsteller von Böhmen, von Reuss. 5448

Prodromus bibliothecæ metallicæ, von Leupold. 3916

Propädeutik der Mineralogie, von Leonhard. 3883

Repertorio italiano per la storia naturale, da Bianconi. 610

Repertorium der mineralogischen Literatur, von Gatterer. 2620

Uebersicht der Literatur für Mineralogie (1880 bis 1820). 6160

Verzeichniss aller mineralogischen Schriften, von Gmelin. 2745

Minéralogues

Die lebenden Mineralogen, von Schenkenberg. 5746

Mines

Anleitung zur mineralurgischen Probir-Kunst auf trocknem Wege, von Hollunder. 3225

Bibliotheca rerum metallicarum, bis 1864. 773

Catalogue of books relating to mining, by Folkard. 2493

Katalog der Bibliothek der Ministerial-Abth. für Bergwerke. 1271

Nachrichten von Schriften die Minirkunst betreffend, von Geuss. 2692

Repertorium der bergwerkswissenschaftlichen Literatur, von Gatterer. 2620

Skizze der deutschen Literatur über die Halurgie, von Kleinschrod. 3568

Verzeichniss der vorzüglichsten Schriften über Bergbau. 3531

Miniatures

Les miniatures des mss. de la bibliothèque de Cambrai, par Durieux. 2178

Miquel

Titres scientifiques. 4412

Miracles

Bibliographie des ouvrages relatifs . . . aux miracles. 666

Catalogue d'une collection de livres sur les miracles. 1307

Mirandole (de)

Notizia bibliografica sul generale A. Scarabelli Pedocca di Mirandola. 1481

Mirbel (de)

Sa vie et ses travaux, par Margollé. 4168

Mission

Notices sur les écrivains de la congrégation de la mission. 4780

Missionnaires

Publications of protestant missionaries to the Chinese. 4310

Mnémonique

Literatur der Mnemonik, von Oettinger. 4846

Modène

Biblioteca Modenese, da Tiraboschi. 6281

Notizie biografiche e letterarie in continuazione della biblioteca Modonese, da Tiraboschi. 6282

Notizie in continuazione della biblioteca Modonese, di Tiraboschi. 4789

Moisant de Brieux

Etude bibliographique, par Mancel. 4124

Moldavie

Bibliographie, par Quérard. 5303

Molière

Bibliographie. 4449

Bibliographie Moliéresque, par Lacroix. 3687, 3688

Iconographie Moliéresque, par Lacroix. 3694

Leben und Werke, von Mahrenholtz. 4097

Molière i Danmark, par Sundby. 6142

Molière und seine Bühne, von Schweitzer. 5858

Sa vie et ses ouvrages, par Taschereau. 6206

Molitor (M. de)

Catalogue de son œuvre, par Bartsch. 418

Mollevaut

Etude, par Dottin. 2063

Mollusques

List of authors refered to the mollusks (X). 5978

Note bibliografiche riguardante i molluschi dell' Italia, da Martens. 4191

Mondeville (H. de)

Notice bibliographique, par Chéreau. 1541

Monge

Ses services et ses travaux scientifiques, par Dupin. 2151

Monge Cte[l] de Peluze

Sa vie et ses ouvrages. 2241

Mongez

Sa vie et ses ouvrages, par Walckenaer. 6633

Mongol

On the present state of mongolian researches, by Jülg. 3486

Monita secreta

La fable des Monita secreta, par Van Aken. 6415

Monneret

Titres scientifiques. 4471

Monnier

Ses travaux. 4472

Monnier de Richardin

Sa vie et ses mémoires, par de Warenghien. 6662

Monogrammes

Die Monogrammisten, von Nagler. 4572

Mons

Bibliographie Montoise, par Rousselle. 5626

Montagne

Sa vie et ses ouvrages. 4746

Montaigne

Bibliographie. 4478

Bibliographie, par Réaume. 5357

Inventaire de la collection d'ouvrages réunis par Payen et Bastide, par Richou. 5504

Notice, par Payen. 4988

Montauban

Les débuts de l'imprimerie à Montauban, par Neveu. 4638

Montbéliard

Savants nés ou élevés à Montbéliard, par Goguel. 2771

Montemont (A. de)

Sa vie et ses travaux, par Villagre. 6548

Montenegro

Bibliografia del Montenegro, da Valentinelli. 6391

Bibliographie, par Marmier. 4181

Bibliographie, par Quérard. 5303

Montesquieu

Bibliographie de ses œuvres, par Dangeau. 1771

Bibliographie de ses œuvres, par Vian. 6527

Oefversigt af sveriges ornithologiska Litteratur, von Friesen. 2558

Voy. aussi: Oiseaux.

Orphelinat

Literatur der Waisenpflege, von Ristelhueber. 5522

Orry

Marc Orry. 6366

Orthoptères

Bibliography of the orthoptera of North America (VIII). 5978

Ouragans

Bibliographie cyclonique, par Poëy. 5173

Ouvriers

Die Krankheiten der Arbeiter, von Hirt. 3164

Ovide

Index editionum. 4902

Oxford

Account of the book printed at Oxford in 1468 (Exposicio s. Jeronimi in simbolo apostolorum). 6006

Padelletti

Storia dello studio di Perugia, da Bianchi. 360

Paillard-Ducléré

Sa vie et ses travaux. 4908

Pajot

Titres scientifiques. 4911, 4912

Pajou

Sa vie et ses ouvrages, par Lebreton. 3807

Paleocapa

Scritti. 2236

Paleoethnologie

Bibliografia paleoetnologica italiana (1850—1871), da Pigorini. 5133

Matériaux pour l'histoire de la paléoethnologie italienne, par Pigorini. 5134

Paléographie

Bibliographie paléographique, par Namur. 4580

Mélanges de paléographie et de bibliographie, par Delisle. 1883

Paléontologie

Bibliografia . . . paleontologica della Toscana, da d'Achiardi. 10

Bibliografia paleontologica della provincia di Siena, da Pantanelli. 4926

Bibliografia paleoetnologica italiana, 1850—1871. 625

Bibliographia palaeonthologica, par Fischer de Waldheim. 2461

Bibliographie géologique et paléontologique de l'Italie. 676

Bibliographie sur les découvertes paléontologiques faites en Belgique. 4303

Bibliography of North American invertebrate paleontology, by White (10). 1917

Indice delle pubblicazioni riguardanti la paleontologia della provincia di Roma, da Zezi. 6873

Literatur der Paläontologie Russlands, von E. de Berg. 521

Oesterreichische Literatur der Paläontologie. 528

Repertorio italiano per la storia naturale, da Bianconi. 610

Palestine

Beiträge zur Literatur der Palästina, par Tobler. 6290

Bibliographia geographica Palæstinæ, par Tobler. 6289

Bibliographie, von K. v. Raumer. 5346

Cenni bibliografici sui viaggi in Terra-Santa, da Arconati Visconti. 243

Deutsche Pilgerreisen nach dem Heiligen Lande, von Rohricht. 5566

Expéditions et pélerinages des Scandinaves en Terre Sainte, par Riant. 5483

List of works on Palestine, by Robinson. 5542, 5543

Littérature russe relative à la Palestine, par Ponamoreff. 5190

Memoir to accompany the map of the Holy Land constructed by Van de Velde. 6417

Palestine et Syrie, par Baedeker. 317

Terra-Santa, da Bassi. 426

Pali

Catalogue of pali books in the British Museum, by Haas. 2939

Person

Travaux scientifiques. 5045

Persoz

Ses travaux. 5046

Perussis (L. de)

Notice sur L. de Perussis. 4695

Pesche

Liste de ses travaux. 5048

Pescheck

Liste de ses ouvrages. 3134

Pestalozzi

Literatur, von K. v. Raumer. 5345

Peste

Bibliografia sanitaria, da Coletti. 1639

Bibliographie, von Stamm. 6047

Petavius Aurelianensis

Catalogus librorum qui a p. D. Petavio Aurelianensi scripti fuerunt. 1439

Pétigny (de)

Sa vie et ses ouvrages, par de La Saussaye. 3772

Petit (L. M.)

Notice, par Pauly. 4981

Pétrarque

Ausgabenverzeichnissen, von Fernow. 2420

Bibliografia Petrarchesca, da Ferrazzi. 2424, 2425

Bibliografia, da de Rossetti. 5593

Bio-bibliographie, par Chevalier. 1548

Biblioteca Petrarchesca, par Marsand. 4185

Edizione singolarissima del canzoniere del Petrarca, da de Rossetti. 5594

Pétrifications

Traité des pétrifications. 6316

Petrone

Index editionum. 5058

Petroz

Sa vie et ses travaux, par Simon. 5944

Petzholdt (G. P. Al.)

G. P. Al. Petzholdt, von J. Petzholdt. 5076

Peyre

Sa vie et ses ouvrages, par Quatremère-de-Quincy. 5288

Peytier

Ses travaux. 5087

Pfalz

Topographisch-Pfälzische Bibliothek, von Wundt. 6800

Phalèse

Notice, par Goovaerts. 2790

Pharmacie

Bibliotheca medico-chirurgica et pharmaceutico-chemica (1750—1840), von Enslin und Engelmann. 760

Bibliotheca medico-chirurgica, pharmaceutico-chemica, von Vandenhoeck und Ruprecht. 761

Bibliotheca pharmaceutica, von Ruprecht. 5652

Bibliotheca pharmaceutico-chemica in Belgio (1790—1840), par Holtrop. 3231

Bibliotheca pharmaceutico-chemica (bis 1837), von Engelmann. 2251

Bibliotheca pharmaceutico-medica, par Mangetus. 4133

Bibliothek der Apothekerkunst, von Kuinneth. 3654

Bibliothek der pharmaceutischen Wissenschaften, von Theile. 6236

Die deutsche Literatur auf dem Gebiete der Pharmacie 1871—1875, von Baldamus. 335

Table du Journal de pharmacie et de chimie. 6170

Pharmacie militaire

Bibliographie de la pharmacie militaire, par Rozier. 5635

Pharmaciens

Travaux des médecins et des pharmaciens de la marine française, par Berger. 522

Pharmacopée

Literatura pharmacopœarum collecta, par Scherer. 5747

Pharynx

Literatur der Krankheiten des Pharynx, von Kœnig (35). 1969

Phèdre

Index editionum. 5095, 5096

Proeve van eene Ichthyologische Bibliographie, par Bosgoed. 947

Verzeichniss der Schriften über Fischerei (1820-1879), von Gracklauer. 2821

Poitou

Bibliothèque historique et critique du Poitou, par Dreux du Radier. 2081

Pola

Bibliographie de Pola. 4790

Pôle

Literature on the polar-regions of the earth, by Chavanne. 1533

Police

Litteratur der Policey (1762—1802), von Rössig. 5562

Literatur der Polizei-Wissenschaft, von v. Mohl. 4438

Quelle und Literatur der Polizeiwissenschaft, von Salza. 5697

Police médicale

Tentamen catalogi rationalis ad politiam medicam spectantium, par Schweickhard. 5856

Policiano (A.)

Vida y obras de A. Policiano, por Bonafous.

Politique

Allgemeine Bibliographie der Staats- und Rechtswissenschaften. 80

Bibliographia historico-politico-philologica curiosa. 642

Bibliographia politica, par Naudé. 4595, 4596, 4597

Bibliographie der Staatswissenschaften, von Hildebrandt. 3155

Biblionomia historico-politico-geographica, par Bartels. 400

Bibliotheca juridico-politica. 750

Catalogo di libri italiani di scienze politiche. 1297

Literatur der Politik, von Ersch. 2279

Literatur der Staatswissenschaft, von v. Mohl. 4437

Prodromus bibliothecæ politicæ, par Jochius. 3450

Voy.: Sciences politiques.

Pologne

Bibliografia polska. 626

Bibliografia polska, par Estreicher. 2321

Bibljograficznych ksiag Dwoje, par Lelewel. 3857

Biblioteka pisarzów assystencyi polskiéj Towarzystwa Jezusowego, par Brown. 1091

Bibliotheca poetarum Polonorum. 771

De typographiis in regno Poloniæ, par Hoffmann. 3211

Excerptum Polonicæ litteraturæ, par Janozki. 3429

Historie literatury České, par Jungmann. 3496

Katalog ksiazek polskich drukowanych od roku 1850, par Kallenbach. 3508

Katalog ogólny ksiazek polskich drukowanych od roku 1830 do 1850, par Rafalski. 3529

Lexicon derer itztlebenden Gelehrten in Polen, von Janozki. 3430

Literatur über die Geschichte des Polnischen Aufstandes 1830, von Smitt. 5980

Literatura fisyografii ziemi polskiéy, par Mayer. 4243

Les musiciens polonais, par Sowinski. 6025

Nachricht von denen in der Hochgräflich-Zaluskischen Bibliothek sich befindenden raren polnischen Büchern, von Janozki. 3431

Obraz bibliograficzno-historyczny literatury, par Jocher. 3449

Polnische Bibliothek. 5183

Die polnische Literatur in Deutschland, von Kurtzmann. 3657

Polonia litterata, par Janozki. 3432

Przewodnik Bibliograficzny miesięcznik dla wydawcow. 6770

De scriptorum Poloniæ et Prussiæ virtutibus, par Braun. 1035

Scriptorum polonicorum ἑκατοντάς, par Starovolscus. 6049

Poltoratzky

Notice sur Serge Poltoratzky. 4776

Poméranie

Entwurf einer Pommerschen juristischen Bibliothek, von Oelrich. 4833

Geschichte der Buchdruckerkunst in Pommern, von Mohnike. 4440

Nachrichten vom Herzogthum Pommern, von Oelrich. 4836

Pommersche Bibliothek, von Dähnert. 1760

Pomologie

Catalogue de la bibliothèque pomologique de Leroy. 1312

Pomologische Bibliothek, von Büttner. 1149

Pomologische Literatur, von Schnittspahn. 5798

Pompei

Biblioteca Pompejana, da Furchheim. 2575

Pompiers

Literatur zum Feuerwehren, von Scheibmaier. 5737

Poncelet

Ses travaux. 5191

Poncet

Titres scientifiques. 5192

Pont-à-Mousson

Une restitution bibliographique pour servir à l'histoire de l'imprimerie Mussipontaine, par Ory. 4883

Pontchâteau (de)

Sa vie et ses œuvres, par E. de La Gournerie. 3709

Pont de Vesle

Bibliothèque dramatique de Pont de Vesle. 800

Pontécoulant (G. de)

Ses travaux scientifiques. 5196

Pontier

Notice sur Pontier. 4760

Ponts et chaussées

Catalogue de la bibliothèque de l'école imp. des ponts et chaussées, par Schwebelé. 5852

Theorie und Literatur der Brücken, von Winkler. 6765

Catalogue de la bibliothèque de l'école des ponts et chaussées. 1401

Pontus de Thiard

Sa vie et ses ouvrages, par Marin. 4172

Etude, par Jeandet. 3438

Ponz de Capduoill

Leben und Werke, von Napolski. 4585

Pope

Sa vie et ses ouvrages. 2317

His writings, by Ruffhead. 5647

Publications populaires

Bulletin de la société pour l'amélioration des publications populaires. 1169

Praktischer Wegweiser durch die christliche Volksliteratur. 5231

Verzeichniss von Jugend- und Volksschriften. 116

Wegweiser durch die deutschen Volks- und Jugendschriften, von Bernhardi. 556

Porée

Biographie, par Travers. 6323

Etude bibliographique, par Mancel. 4122

Notice sur les deux Porée, par Alleaume. 75

Porporati

Notízie, da d'Azeglio. 305

Portalis

Sa vie et ses ouvrages, par Boullée. 987

Sa vie et ses travaux, par Mignet. 4364

Portraits

The amateur's pocket companion, by Flindall. 2469

Beschrijvende Catalogus van 7000 Portretten van Nederlanders, door Muller. 4539

Liste de portraits de personnages nés en Lorraine, par Lieutaud. 3947

Liste de portraits français gravés jusqu'en 1775, par Lieutaud. 3948

Liste des portraits de la collection Lieutaud. 3950

Portraits gravés des français et françaises illustres, par Barbeau de La Bruyère. 371

Portugal

Bibliographia historica Portugueza, par Figanière. 2450

Bibliotheca historica de Portugal, por Pinto de Sousa. 5141

Bibliotheca Lusitana. 754

Bibliotheca Lusitana historica, par Machado. 4077

Bibliotheca Lusitana, por Salgado. 5686

Bibliothèque Lusitane par d'Oliveyra. 4857, 4858

La botánica de la peninsula Hispano-Lusitana, por Colmeiro. 1658

Catalogo dos chronistas e escriptores portuguezes. 3473

Catalogo dos livros que se haõ de ler para a continuçaõ do diccionario da lingua portugueza. 1300

Catalogue of spanish and portuguese books, by Salvá. 5691

Demetrio moderno, ovo bibliografo juridico portuguez. 1900

Diccionario bibliographico portuguez, da Francisco da Silva. 2529

Diccionario da lingua portugueza. 1999

Romains

Roman du renard

Romans

Romanelli

Romanes (Langues)

Romanet (Vte de)

Romani

Rome

Romieu

lande, Géorgie, Lettes, Lithuanie, Livonie, Pologne, Sibérie, Varsovie.

Russie méridionale

Indicateur bibliographique relatif à la Russie méridionale, par Méjoff. 4282

Sachs (Hans)

Bibliographie, von Weller. 6705

Sacy (baron S. de)

Notice, par Reinaud. 5402

Sa vie et ses ouvrages, par Daunou. 1800

Saint-Aubin (de)

Augustin de St. Aubin, par Bocher. 875

Saint-Augustin

Sa vie et ses œuvres, par Poujoulat. 5220

Saint-Avite

Sa vie et ses œuvres, par Charaux. 1501

Saint-Barthélémy

Vor der Bartholomäusnacht, von Baumgarten. 439

Saint-Cyr Poncet-Delpech

Sa vie et ses travaux littéraires. 4704

Saint-Germain des Prés

Histoire de l'abbaye de St. Germain des Prez, et catalogue des livres composez par les religieux, par Bouillart. 976

Saint-Hilaire (Isid. Geoffroy)

Eloge, par Joly. 3463

Saint-Hilaire (E. G.)

Sa vie et ses travaux. 2662

Eloge, par Flourens. 2475

Saint-Louis

Catalogue des travaux typographiques de l'imprimerie de Saint-Louis. 1360, 1361

Saint-Marc (Mis de)

Sa vie et ses ouvrages, par Giraud. 2729

Saint-Marin

Bibliografia di San Marino, da Padiglione. 4903

Dizionario bibliografico e istorico della Repubblica di San Marino, da Padiglione. 4904

Saint-Martin

Saint-Martin, lé philosophe inconnu, par Matter. 4225

Essai sur sa vie et sa doctrine, par Caro. 1250

Sa vie et ses ouvrages, par de Sacy. 5668

Saint-Martin (L. Claude de)

Notice, par Gence. 2654

Ses ouvrages. 4723

Saint-Omer

Bibliographie historique de Saint-Omer. 677

Saint-Pétersbourg

Bibliothèque impériale. Catalogue des russica. 806

La Bibliothèque et le Cabinet de curiosités et d'histoire naturelle de l'académie des sciences de St. Pétersbourg, par Bacmeister. 314

Catalogue des manuscrits français de la bibliothèque de Saint-Pétersbourg, par Bertrand. 575

Voy.: Académie des sciences de St. Pétersbourg. — Voy.: Catalogue des publications de la bibliothèque impériale de St. Pétersbourg.

Saint-Pierre (l'abbé de)

Sa vie et ses écrits, par Goumy. 2811

Sa vie et ses œuvres, par de Molinari. 4450

Saint-Sernin

Sa vie et ses travaux, par Valade-Gabel. 6386

Saint-Séverin

Bibliografia storica della città di Sanseverino da Valentinelli. 6388

Saint-Simon

Bibliographie Saint-Simonienne (1802—1832), par Fournel. 2514

Sa vie et ses écrits, par Poitou. 5182

Sa vie et ses travaux, par Hubbard. 3254

Saint-Sorlin (Desmaretz sieur de)

Sa vie et ses écrits, par Kerviler. 3553

Saint-Surin (Me de)

Notice, par Monmerqué. 4470

Sainte-Claire Deville

Ses travaux scientifiques. 5680

Sciences exactes

Biographisch-literarisches Handwörterbuch zur Geschichte der exacten Wissenschaften, von Poggendorff. 5175

Sciences médicales

Bibliographie des sciences médicales, par Pauly. 4980

Bulletin bibliographique des sciences médicales. 1160, 1161

Dictionnaire des sciences médicales. 2007

Dictionnaire encyclopédique des sciences médicales. 2011

Taschenbuch für den Liebhaber der medicinischen Wissenschaften, von Korn. 3616

Voy. aussi: Médecine.

Sciences militaires

Voy.: Militaire.

Sciences naturelles

Bibliotheca regni animalis atque lapidei, par Gronovius. 2869

Bulletin bibliographique des sciences naturelles, par Baillière. 1161

Dictionnaire des sciences naturelles. 2008

Literatura danica scientiarum naturalium, par Brünnichius. 1098

Literatura scientiæ rerum naturalium in Dania, Norvegia et Holsatia, par Winther. 6769

Neues Hamburgisches Magazin. 4630

Repertorium der naturwissenschaftlichen Journal-Literatur, von Schotte. 5814

Verzeichniss der in der Stadtbibliothek zu Nürnberg enthaltenen Ausgaben medicinisch-physicalischer Werke, von Trautner. 6320

Sciences occultes

Catalogue d'une collection de livres sur les sciences occultes. 1307

Sciences secrètes, par Ladrague. 3699

Histoire de la médecine et des sciences occultes, par Dureau. 2174

Voy. aussi: Magie.

Sciences physiques

Bulletin bibliographique des sciences physiques, par Baillière. 1161

Voy. aussi: Physique.

Sciences politiques

Allgemeine Bibliographie der Staats- und Rechtswissenschaften. 80

Allgemeine Staatslehre, von Bischof. 838

Gesammelte und zu gemeinnützigem Gebrauch eingerichtete Bibliothec von öconomischen... Schrifften, von Moser. 4511

Geschichte der volkswirthschaftlichen Anschauungen der Niederländer, von Laspeyre. 3778

Handbuch der Staatswissenschaftlichen Literatur, von Schletter. 5771

Litteratur der Staatslehre, von Placidus. 5151

Literatur des Volks-Erziehungswesens, von Ristelhueber. 5522

Ouvrages composés sur des matières de gouvernement, par de Réal. 5356

Die Staatswissenschaften im Lichte unsrer Zeit dargestellt, von Pölitz. 5171

Verzeichniss von Schriften aus dem Gebiete der Sozialwissenschaften, von Gracklauer. 2823

Scorbut

Uebersicht der Gesammtliteratur des Scorbuts, von Krebel. 3623

Scots

Bibliotheca scoto-celtica, by Reid. 5393

Scott (Walter)

Notice, par Cunningham. 1736

Notice sur Walter Scott et ses écrits, par Pichot. 5118

Sa vie et ses écrits. 6539

Scudder

His writings, by Dimmock (3). 2031

Sculpteurs

Lives of the most eminent british painters, by Cunningham. 1735

Vie des sculpteurs, par Vasari. 6445

Voy. aussi: Artistes.

Sculpture

Bibliothèque de sculpture, par de Murr. 4556

Scultetus

Ses écrits. 4631

Sédillot (A.)

Ses travaux. 5870

Sédillot (C.)

Titres scientifiques. 5871

Seelen (E. S. H.)

De vita, moribus et scriptis, par Overbeck. 4901

Ségalas

Notice, par Latour. 3785

Tabac

Tabes dorsualis

Tacite

Tamoul

Tannhäuser

Tardieu

Tardy de Montravel

Targioni Tozzetti

Tarn-et-Garonne

Tasmanie

Tasse

Taulier

Technologie

Teissier

Télégraphie

Télémaque

Templiers

Tencin (Me de)

Tenerani

Théologie catholique

Théologie protestante

Thermométrie

Thèses

Thiac

Thibert

Thierry

Thiers

Thimerais

Thomas

Thomas (H.)

Thou (J. Aug. de)

Thouin

Thurcus de Laudivio

Thuringe

Walferdin

Ses travaux scientifiques. 6641

Warschau

Warschauer Bibliothek, von Mizler. 4431

Warwick

Catalogue of engraved portraits relating to the County of Warwick, by Merridew. 4332

Watteau

Catalogue de son œuvre, par Goncourt. 2778

Watteville (de)

Sa vie et ses travaux, par Sainte-Vallière. 5683

Weber

Bibliography, by Benedict. 2841

Weber (C. M. v.)

Carl Maria von Weber in seinen Werken, von Jähn. 3407

Weber (E. v.)

Stimmen der Presse über E. v. Weber, von Zöllner. 6884

Weddell

Ses travaux scientifiques. 6678

Weisse

Verzeichniss der Schriften von und über Weisse, von Iphofen. 3381

Welsch

Scripta 111

Wenck

Liste de ses travaux. 6708

Wèrlhof der Grosse

Bibliographie, von Rohlf. 5565

Wernigerode

Die Schriftsteller und Künstler der Grafschaft Wernigerode (1074—1855), von Kesslin. 3555

Wertheim

Ses travaux scientifiques. 6722

Westphalie

Bibliotheca monasteriensis Westphalis, par Driver. 2082

Geologische und mineralogische Litteratur der Provinz Westphalen, von Dechen. 1829

Handbuch der historisch-geographischen Litteratur Westphahlens, von Weddigen. 6679

Nova literaria Westfaliæ. 4809

Sagen, Gebräuche und Märchen aus Westfalen, von Kuhn. 3653

Wicar

Sa vie et ses ouvrages, par Dufay. 2113

Wichmann

Bibliographie, von Rohlf. 5565

Widranges (Cte de)

Notice, par Jacob. 3390

Wieger

Titres scientifiques. 6739

Wieland

Die Wieland-Literatur in Deutschland. 6741

Wierix (J. J. & A.)

Catalogue raisonné de leur œuvre, par Alvin. 129

Wigand

Bibliographie, von Rohlf. 5565

Wildbad

Literatur-Geschichte von Wildbad, von Renz. 5420

Wilhem

Sa vie et ses travaux, par Jomard. 3466

Wilisch

Verzeichniss seiner Schriften. 6748

Wille

Notice, par Lecarpentier. 3814

Willem

Ses publications. 6753

Willemet

Notice, par Justin-Lamoureux. 3498

Notice, par Millin. 4385

Wilson (Lea)

Collection of bibles. 611

IMPRIMERIE KRÖNER FRÈRES A STUTTGART.

ERRATA

N°	ligne	au lieu de	lisez
6	3	Chartes	Chartres.
205	1	Der Antikrikus	Antikritikus.
211	5	Pinello	Pinelo.
470	1	Beeker	Becker.
478	2	Fils	Pils.
490	1	Belga (L.)	Lucius Belga.
491	1	Belga (Elssius)	Elssius Belga.
589	4	primus quartus	primus(—quartus).
917	2	to	tot.
1239	1	Capelletti	Cappelletti.
1239	2	letterature	letteratura.
1300	1	des	dos.
1500	2	Michomachean	Nicomachean.
2189	7	Du Vevdier	Du Verdier.
2200	1	bei	dei.
2297	1	clasoiques	classiques.
2297	2	l'archéslogie	l'archéologie.
2359	26	Gandavencis	Gandavensis.
2359	40	1718	1719.
2806	1	Goubeyre	Gourbeyre.
2911	1	Guignaut	Guigniaut.
3164	7	qu'il traite	dont il traite.
3218	13	Wistling	Whistling.
3580	1	Knauth	Knauthen.
3613	1	Teutsch-	Teutschland.
3663	1	La Barre-Dubarcq	La Barre Duparcq.
3740	6	aucteur	auteur.
3743	2	Englisch	English.
4043	20	Orné	Orne.
4076	5	cher	chez.
4289	1 et 3	jubilée	jubilé.
4612	1	Liégoise	Liégeoise.
4692	1	abrégé	abrégée.
4746	2	Montaigne	Montagne.
4869	2	inserata	inserta.
4877	1	éguestres	équestres.
5014	24	Peigne	Peigue.
5039	2	Kindervatori	Kindervateri.
5062—5082	1	Petzoldt	Petzholdt.
5090	1	introduction	Introductio.
5402	2	Silvestre du Sacy	Silvestre de Sacy.
5425	1	litteratura	letteratura.
6116	2	numismatam	numismatum.
6561	16	Il a été cet autre titre	Il a été tiré cet autre titre
6564	1	bibliothecarum	bibliothecam.
6821	7	pei	dei.

IMPRIMERIE KRÖNER FRÈRES A STUTTGART.

ERRATA

N° 6	ligne 8	au lieu de	Chartes	lisez	Chartres.
„ 205	„ 1	„ „	Der Antikrikus	„	Antikritikus.
„ 211	„ 5	„ „	Pinello	„	Pinelo.
„ 470	„ 1	„ „	Beeker	„	Becker.
„ 478	„ 2	„ „	Fils	„	Pils.
„ 490	„ 1	„ „	Belga (L.)	„	Lucius Belga.
„ 491	„ 1	„ „	Belga (Elssius)	„	Elssius Belga.
„ 589	„ 4	„ „	primus quartus	„	primus(—quartus).
„ 917	„ 2	„ „	to	„	tot.
„ 1239	„ 1	„ „	Capelletti	„	Cappelletti.
„ 1239	„ 2	„ „	letterature	„	letteratura.
„ 1300	„ 1	„ „	des	„	dos.
„ 1500	„ 2	„ „	Michomachean	„	Nicomachean.
„ 2189	„ 7	„ „	Du Vevdier	„	Du Verdier.
„ 2200	„ 1	„ „	bei	„	dei.
„ 2297	„ 1	„ „	clasoiques	„	classiques.
„ 2297	„ 2	„ „	l'archéslogie	„	l'archéologie.
„ 2359	„ 26	„ „	Gandavencis	„	Gandavensis.
„ 2359	„ 40	„ „	1718	„	1719.
„ 2806	„ 1	„ „	Goubeyre	„	Gourbeyre.
„ 2911	„ 1	„ „	Guignaut	„	Guigniaut.
„ 3164	„ 7	„ „	qu'il traite	„	dont il traite.
„ 3218	„ 13	„ „	Wistling	„	Whistling.
„ 3580	„ 1	„ „	Knauth	„	Knauthen.
„ 3613	„ 1	„ „	Teutsch-	„	Teutschland.
„ 3663	„ 1	„ „	La Barre-Dubarcq	„	La Barre Duparcq.
„ 3740	„ 6	„ „	aucteur	„	auteur.
„ 3743	„ 2	„ „	Englisch	„	English.
„ 4043	„ 20	„ „	Orné	„	Orne.
„ 4076	„ 5	„ „	cher	„	chez.
„ 4289	„ 1 et 3	„ „	jubilée	„	jubilé.
„ 4612	„ 1	„ „	Liégoise	„	Liégeoise.
„ 4692	„ 1	„ „	abrégé	„	abrégée.
„ 4746	„ 2	„ „	Montaigne	„	Montagne.
„ 4869	„ 2	„ „	inserata	„	inserta.
„ 4877	„ 1	„ „	éguestres	„	équestres.
„ 5014	„ 24	„ „	Peigne	„	Peigue.
„ 5039	„ 2	„ „	Kindervatori	„	Kindervateri.
„ 5062—5082	„ 1	„ „	Petzoldt	„	Petzholdt.
„ 5090	„ 1	„ „	introduction	„	Introductio.
„ 5402	„ 2	„ „	Silvestre du Sacy	„	Silvestre de Sacy.
„ 5425	„ 1	„ „	litteratura	„	letteratura.
„ 6116	„ 2	„ „	numismatam	„	numismatum.
„ 6561	„ 16	„ „	Il a été cet autre titre	„	Il a été tiré cet autre titre
„ 6564	„ 1	„ „	bibliothecarum	„	bibliothecam.
„ 6821	„ 7	„ „	pei	„	dei.

Principaux ouvrages du même auteur.

Voyage de la Frégate autrichienne *Helgoland*

AUTOUR DE L'AFRIQUE

par **Léopold de Jedina.**

Traduit par L. VALLÉE.

PARIS. MAURICE DREYFOUS. 1878. in-4°.

Lettres de Fernand Cortès à Charles Quint

complétées par les récits d'Antoine de Solis

réduites et annotées par **L. VALLÉE.**

PARIS. MAURICE DREYFOUS. 1879. in-16.

L'allemand réduit aux règles les plus simples.

Nouvelle grammaire raisonnée de la langue allemande

avec exercices, thèmes, versions et vocabulaire à l'usage des lycées et des écoles

par

Germain Meurer et **Léon Vallée.**

PARIS, AUG. BOYER. 1880. in-8°.

A la même librairie.

LES FLEURS BORÉALES

Les Oiseaux de neige, poésies canadiennes

(Ouvrage couronné par l'Académie française)

par

Louis Fréchette

Lauréat de l'Académie française.

Joli volume in-18 de 291 pages, imprimé sur papier vergé teinté, titre rouge et noir, accompagné d'un portrait gravé à l'eau-forte. 3 Fr. 50.

Dans ce livre. les qualités poétiques de M. Fréchette éclatent à chaque page. Il y a à la fois de l'inspiration et du sentiment; mais qu'il soit emporté par l'une ou dominé par l'autre. le poète reste toujours clair et correct... Il a fallu lui faire violence pour le décider à réunir ces vers en volume, et, au dernier moment, pris de cette terreur vague qui est une des marques du talent, il s'est cru obligé de s'excuser de son audace dans un dernier sonnet qui est comme la présentation de ses vers au public...

Figaro du 7 août 1880. *L'homme du jour, JEAN WALTER.*

IMPRIMERIE KRÖNER FRÈRES A STUTTGART.

www.ingramcontent.com/pod-product-compliance
Lightning Source LLC
Chambersburg PA
CBHW060541280326
41932CB00011B/1361

* 9 7 8 2 0 1 2 5 2 5 8 7 0 *